民國時期文獻
保護計劃

成 果

Preservation and Conservation
Project of Materials in Minguo Period (1911-1949)

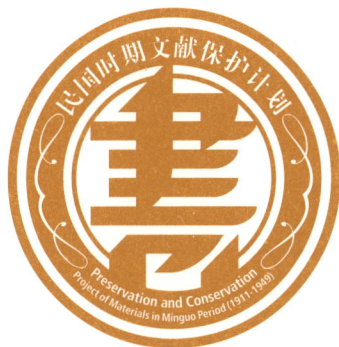

北碚圖書館 編

北碚月刊(一九三三—一九四九)

第四册

國家圖書館出版社

第四册目録

北碚月刊　第二卷第一—六期合刊　一九三八年三月一日出版 …… 一
北碚月刊　第二卷第七—十二期合刊　一九三八年十二月一日出版 …… 一六一
北碚月刊　第三卷第一期　一九三九年十月一日出版 …… 三一九
北碚月刊　第三卷第二期　出版時間不詳 …… 三九九
北碚月刊　第三卷第三期　一九四〇年四月十五日出版 …… 四六七
北碚月刊　第三卷第四期　一九四〇年六月十五日出版 …… 五一五

北碚

林森

第二卷
第一至六期
合刊

廿六年九月
至
廿七年二月

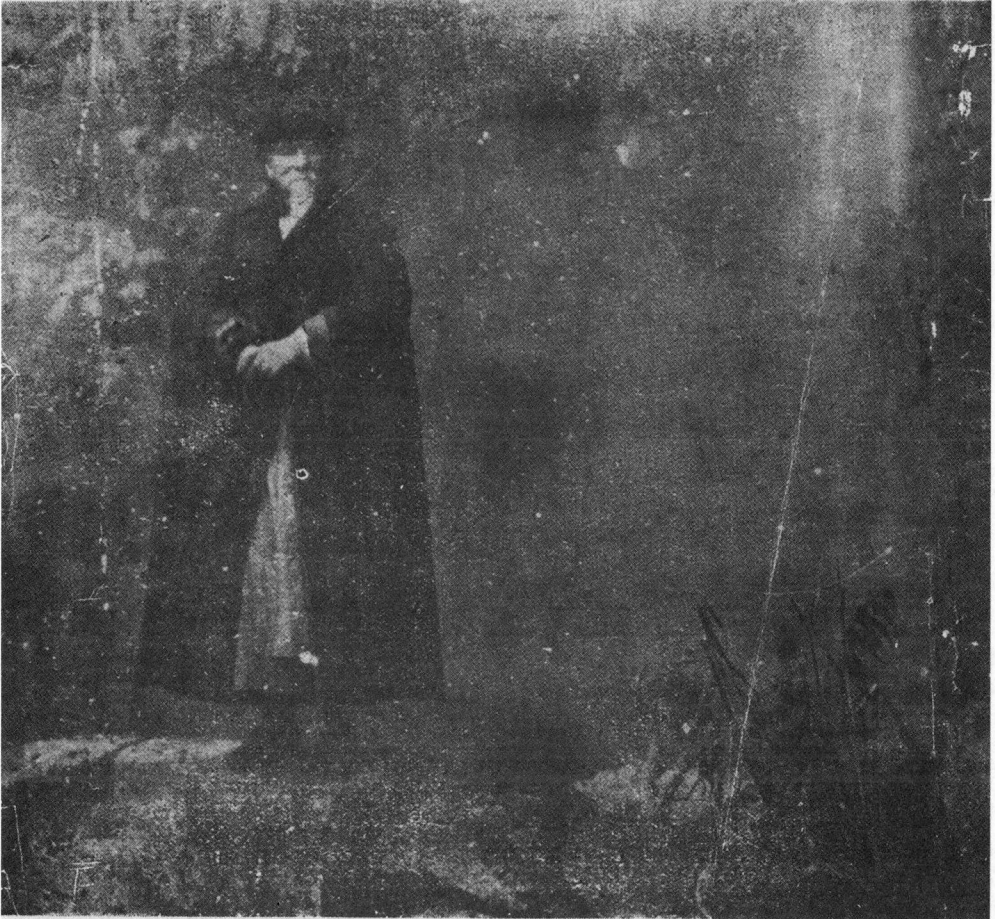

四川嘉陵江三峽鄉村建設實驗區署發行

林主席遊碚留影

郎靜山攝

在中國西部科學院—▽

參觀兼善中學—▽

△—參觀平民公園

國府林主席遊碚紀

葉靜涵

十二月廿五日國府林主席由渝乘民生公司之民視輪，來峽遊覽，同行者有呂參軍超，鄧秘書亞橫，郎先生靜山，民生公司派鄭經理璧成隨侍，此行計帶待衛四名，當日直抵嘉陵江溫泉公園，下場數帆樓，稍息，即乘興往遊縉雲山，參觀漢藏教理院，薄暮仍返數帆樓憩息。

廿六日來碚遊覽，是日天氣黯淡，陰雲密佈，朔風細雨，終日不止，大有降雪之勢，侵晨，峽區各事業機關團體及各界民衆，列隊江邊，參加歡迎者達二千餘人，佇立江干，濛濛細雨，衣衫欲濕，寒風撲面，砭人肌背，而瞻仰元首風采輿竭誠歡迎心切，毫無倦意，各校學生均高唱抗敵歌曲，悲壯之聲，達於九臯，繚繞不絕，益若吾國於艱難困苦中，與侵略者在搏門，愈呈艱決不屈之偉大精神也，十時許，專輪自溫泉峽中撥水而來，各歡迎人員，精神倍加，屏息翹望，虔敬之意達於極點，俄頃，輪靠國船，元首捨輪登岸，步經歡迎行列之夾道間，歡迎者立正致最敬禮，時禮號齊奏，元首頻頻點頭微笑答禮，儀容莊嚴，和藹慈祥，令人油然起敬，號畢，全體民衆高呼歡迎口號，聲震天地，步出夾道，始乘輿而行，沿街市民皆佇立致敬，首至民衆圖書館憩息，對本區煤礦情形，垂詢頗詳，復乘輿經公共體育場，至平民公園，參觀兼善中學，博物館，地方醫院等處，乃赴中國西部科學院午膳，餐畢，稍歇，即參觀該院地資，理化，生物各部，午後二時乘原輪返渝，各團體及學校學生等，仍列隊恭送，直至船離岸遠去始散。

元首此行對峽區農村疾苦，殷殷垂詢，尤其頻行登輪時，對於此番歡迎民衆與小學生，在雨中佇候，深深表示感覺不安，慨嘆再三，囑區署送行人員，轉爲致謝各歡迎民衆，可見元首之愛民，令人感激無己也。更聞主席倘擬就北碚住家，會囑人代爲租定住地。

△—四川省第三區行政督察專員沈鵬於本年元旦日來峽在實驗區署前向本署各機關職員官兵訓話

△—苞谷展覽會全體評判員攝影

△—漢藏教理院院長太虛法師（有×符號者）來碚講演

本區抗敵後援會趕製棉背心一千件慰勞前方將士
—
▽

民國廿五年創始

北碚月刊

第二卷第一至六期合刊目錄
民國二十七年三月一日出版

封面：林主席……郎靜山
插圖：林主席遊覽北碚……郎靜山
國府林主席遊碚紀……葉涵靜
四川第三區行政督察專員沈鵬氏來峽視察
太虛法師來碚講演
本區抗敵後援會趕製棉背心慰勞前方將士
苞谷展覽會全體評判員攝影
三峽實驗區農產展覽會留影
底面：北碚水災之情形
新中國建設與新佛教……太虛法師講演 碧松記（一——三）
沈專員來峽視察之訓話記……葛向榮（三——四）
峽區民衆教育之動向……民教會（五——一八）
國難期中小先生制的推行……葛向榮（一八——二一）
長期抗戰後方應有的戰點小供獻……劉選青（二一——二七）
嘉陵江三峽實驗區之抗敵動員訓練……（二八——三七）
實驗區署年來增加食糧生產的辦法……建設股（三七——三八）
實驗區農產展覽會報告……建設股（三八——五〇）
勸告農人放水田種小麥……劉選青（五〇——五一）
開放水田播種小麥的問題與解答……劉選青（五一——五二）
再爲放水田種麥進一言……劉選青（五二——五三）

讀書問題之研究（上篇）……盧子英（五三—五九）
清水溪生百世俱樂部印象記……盧子英（五九—六〇）
西山坪農場采風錄……黃子裳（六〇—六三）
澄江小學添築校舍紀略……梁拱北（六三—六四）
實驗區徵收保甲經費經過……吳定域（六四—六六）
實驗區徵集倉儲經過……吳定域（六六—七〇）
實驗區署一年來清剿土匪經過……劉學理（七〇—七三）
北碚水災散記……葉靜涵（七三—七五）
嘉陵江三峽鄉村建設實驗區署廿七年上半年度之工作計劃……（七五—一二二）
1 內務股……（七五—七六）
2 壯丁訓練……（七六—七九）
3 情報網……（七九—八〇）
4 教育股……（八〇—八一）
5 教育視導……（八一—八四）
6 建設股……（八四—八九）
7 合作事業……（八九—八九）
8 家畜保育……（八九—九一）
9 鹽水選種……（九一—九二）
10 財務股……（九二—九二）
11 公安第一隊……（九二—九六）
12 公安第二隊……（九六—一〇一）
13 公安第三隊……（一〇一—一〇六）
14 民衆教育館……（一〇六—一〇九）
15 旅客服務處……（一〇九—一一一）
16 民衆圖書館……（一一一—一一三）
17 嘉陵江日報社……（一一三—一一六）
18 北碚月刊社……（一一六—一二〇）
19 地方醫院……（一二〇—一二二）
嘉陵江三峽鄉村建設實驗區署工作報告書（五月至八月份）……趙仲舒（一二二—一四一）
峽區要聞彙誌（六月至十二月份）……成善磬（一四一—一五二）

訂戶須知

1，改址 定戶通信處如有更改，遠地皆須先期一月。通知本社。否則因此遺失，恕不賠補。

2，補寄 本刊每月日一出版，至遲可於五日交郵寄出。逐戶檢寄，從無遺漏。但郵途有時不免遲滯。萬難準期遲到，有時因故亦不免遺失，定戶可淸驗收到日期，如逾應到日期一星期後，則可附郵票五分，向本社索補本期，如當月不發信索補，過時許久始函索補，則恕不遵命。

3，續訂 本刊預訂一年，國內連郵費只須二元三角，國外連郵費只須四元四角。舊定戶續定，每年遞減一角。卽國內第一次續定只須二元二角，第二次續訂只須二元一角，第三次續訂只須二元，以後類推，減至每年一元爲止。國外舊訂戶續訂亦每年遞減一角，減至每年三元而止，但續訂之訂費，不能交與郵局及書局代定，只能交銀行或郵局直接匯與本社。

歡迎分銷

本刊發行以來，內容方面，力求精進充實，幸蒙各界贊許，銷行日廣，茲爲便利各地閱者計，擬廣設分銷，倘荷賜予提倡，概允担任寄售，無任歡迎，詳章函索卽奉，茲將國內已設分銷及代訂處列下：

北碚分銷處：嘉陵江日報社　北碚溫泉公園

合川分銷處：新新書局

成都分銷處：中國圖書雜誌公司　開明書局

重慶分銷處：北新書局　中國圖書雜誌公司　今村出版社　文光書局

本刊代售章程

一，本刊代售處除承担零售外，并得代辦定閱。

二，代售處代辦定閱，每份照訂價，扣除百分之二十爲佣金，欵到本部後，開給定單，直接寄書以省手續。

三，代售處每期銷數在五十冊以下者給予，佣金百分之三十（卽七折）一百冊以上，給予佣金百分之四十（卽六折）在一百冊以上者，給予佣金百分五十（卽五折）

四，代售處每季結賬一次，將每次所銷數目連同扣淨售欵一併開單，逕交本刊發行部，遇有不淸，除停發書外，並以合法手續追繳欠欵。

五，凡代售本刊，每季在十冊以上者得自行刻製「北碚月刊特約代售」印章及懸牌於門首。

六，繳欵須用法幣，郵票代洋以一角以下者爲限，外埠匯欵匯水與郵費、概由寄者負担，如有中途遺失情事本部亦不負責任。

七，代售處於代售本刊，應負保管愛護之責。

八，承担代售者，爲謀增加銷路起見，所有自爲之宣傳費用，歸代售者自己負担。

新中國建設與新佛教

太虛大師在北碚三峽實驗區講

學僧碧松記

一　發端

今天到三峽建設實驗區來參觀，承區中各機關領袖盛情，邀來講演，甚爲欣幸！但以新疾未愈，不能大發詳說，唯略述其大概，是以甚覺歉對各位。此次所提出之題甚大，本人對於此題，實亦講不出多少。不過既遇此難得良機，勉將所想及者說出，以酬答各位耳。

余今到此處爲第二次，在五年前（民二十一年）曾來一次，晤盧作孚先生，承極誠招待，並邀講演，題爲「建設人間淨土」，余所以講此題者，以聞以往某一時期，三峽區範圍，大半淪爲匪區，因此不但當地人士不能安居樂業，亦且爲他方旅客視爲畏途，厥後經盧作孚先生等領導地方民衆，肅清匪患，於是地方人士方有生氣，由是生聚教訓而建設生產與文化，所以現在此地不但不爲人視爲恐怖區域，且就原地已經改造成名勝，及爲川省種種新事業建設地，此在所表現之事實上可證明者也。故余覺佛法上所明淨土之義，不必定在人間以外，即人間亦可改造成淨土，雖人世有煩惱生死痛苦鬥爭等危險，但若有適當方法而改造之，固可在人間建設淨土也，此爲前次所講大意。現在到此處來，其間已經過四五年，覺在此四五年中，三峽區建設更爲進步，比如關於織染工廠，以前雖有，規模甚小，現在不但爲本地冠，即在四川全省其生產亦甚馳名，然三峽中建設事業甚多，此不過舉其一隅耳。又關于文化建設方面，余適參觀科學院，見有多種礦質乃在近數年中研究出者，此不獨關係於四川，亦且關係於全國，將來於國力發展上，當有偉大成績，是皆就所觀見者而言，因此，現在的新三峽建設，可作新中國建設的縮影觀。

然此新三峽建設固非憑空以出，乃就其原有而改造者，此有前後相承之關係，如在此三峽區中，有溫泉寺縉雲寺等多處，皆爲三峽原有佛教事業場所，設使此佛教場所，不能發揮佛教眞義，以適應新三峽建設事業，使三峽中亦有新的佛教建設，則此原有佛教場所當趨消滅，然近年來縉雲山已設有漢藏教理院，縉雲寺佛教場所，亦以新的面目，而出現爲漢藏教理院，與新三峽建設調和，不但於新三峽建設上無所妨礙，且互成爲資助，使新三峽建設更爲充實完美，有精神，因此，故曰新三峽建設亦即新中國建設縮影，而縉雲山漢藏教理院出現，亦即比擬於新中國原有佛教場所能本佛教眞理爲適合時代需要的佛教新建設，故今此一題亦皆就目前事實推想而講者。

二　新中國建設之趨勢

一，由內力統一到外患解除

現代新中國建設之趨勢究爲如何耶？余覺吾中國乃地大物博人衆史遠之民族國家，以中經多年變化，形成積弱不振之邦，以致屢受外力侵略壓迫，其受侵略壓迫之結果，即締結種種不平等條約，束縛我整個中華民族，此於近八十年所謂五口通商以來爲已然，而當國者復不知改進，國內機構，腐敗渙散，失自衛力日甚，中山先生乃提倡國民革命，其主要目的，即欲將國力統一集中，成爲一充實之力量，以解除外患，此內力統一之事業，由蔣委員長繼承努力至最近將完全達到，而外力爲欲永久使中國在其壓迫侵略束縛之下，覺內力統一，可以抵抗侵略，解除束縛，與彼不利，故日本於我國內力統一將完成之時，特加緊壓迫侵略，尤其最近不惜用非常橫暴殘酷之武力，對付中國，此實由現在新中國建設內力統一到解除外患的過程上必經階段，故中國全國國民，在今政府領導之下，莫不一致與日抗戰。如三峽過去爲一匪區，欲走上建設之路，必須用武力掃除匪力。現全中國對日抗戰，雖中國犧牲甚大，人民所蒙痛苦甚深，然爲整個國家人民計，若中國能統一抗戰到底，則最後勝利，必屬於我，固不用其憂恐也，譬成一自由獨立之國家，全在自身內力堅强而能抵抗或解除外患，如土耳其等，所以成爲今日自由獨立之國，亦經與希臘戰爭，中國現抵抗日本果獲勝利，不但日本不能侵略，即以往種種不平等條約亦可解除，此爲由內力統一到外患解除之一點。

二，由農業建設到工商發達

通常以爲國家之國防，唯在軍事，但近代所謂國防，由軍事設施至國民生產力，皆非常重要，若不能提高國民生產力，卽不能建設龐大軍備，故國民生產力，爲根本切要。然各國之生產基礎互有不同，中國國民則十分七八皆務農，卽工商等亦大都出於農村，農村果眞興盛，則生產力自然增加，因此，中國近來特重農村改良建設，卽是此義。此次來三峽，見三峽已成爲鄉村建設實驗區，實卽中國諸建設之基本，蓋農民在農業上能改良進步，則購買力强，其對於工業種種需要自然增加而發達，至於商業更不言可喻，而大都市亦隨之復興矣。

雖近代文明爲工業文明，提高國民生產力的樞紐亦在工業，故一切事業動作，靠以機器代替，中國固應努力於工業建設，蓋工業建設，爲改進生產力提高效率最重要者，但中國大多爲農民，應使從農業上足可維持其生活，若其生活不豐，則對於工商需要不能迫切，工商亦隨之破產，故在新中國建設之趨勢上，農村建設實爲工商發達之基礎。

三、由政治修明到文化開展

以前所說，爲由內力統一到外患解除，及由農村建設到工商發達二點，此則關於政治設施，苟政治設施漸已修明完美，則能提鍊幾千年來中國固有相承的文化，及吸收現在世界所流行之文化，而建立爲現代新中國之文化。由此趨勢，則可達到常所期望以建民國以進大同之目的。蓋依中國歷代相傳天下爲公之主義，擴大發展，不但實行於中國，且宣揚古聖賢文化，去改進全世界的人類趨向大同。以上爲略說新中國建設之趨勢。

三　佛教之特質

在此新中國建設之趨勢中，佛教又何如耶？玆略說其二種特質以適應新中國建設之新佛教：

一、前作後受的因果之非偶然非外得而自力改造

佛教因果之說，往往爲中國人民視作迷信之談，實在佛法中講的因果乃爲明顯之事實及精確之理論，因果律亦適用於科學，不過範圍甚廣，現從比較切近者言之，庶易獲益，佛教言因果卽通俗所謂自作自受，卽前所作如何因，後乃感受如何果，現在所作如何因，將來定受如何果，故佛教講因果，責任全在自己，然所謂自己，非限個人，從自己一人、以至一家一地方一民族，皆可言自己，此一民族以前若作不善因，現在定受不良果，若想將來得好果，現則應改良思想行爲，造作好的因。如中國以五六十年來曾屢有良好機緣，容許振作，固不應使現在有受痛苦之可能。但以前人思想錯謬，雖早接觸西洋文化，以無根本改進計劃，唯認爲購些軍艦大砲便足，致一誤再誤，現受惡果：而日本在前數十年乃同與中國受西洋壓迫，至今日本不但不受侵略而且侵人。此蓋日本有根本維新計劃，故改造成世界第一等强國，故中國所以得今苦果，乃前人所造不良之因，不良因在佛法上謂爲無明惑業因，卽於事理觀察發生錯誤行爲，良因卽很明事理的共同正當行爲、倘今仍續爲下劣思想散漫行爲，則將來不但無良好結果，必更墮落！故佛法所說因果全不迷信，全從各個人各民族的思想行爲上自負其責，絕非中國習慣思想上謂一切事皆礙命運偶然而生，以之唯僥倖趨避。然亦非定命，故可改造。亦非以神等外力爲造作主宰，使成此結果。亦非但由以前的種種歷史相承或周圍的種種環境關係決定，所謂從因得果，重在自力改造，卽憑自力而改造惡因果爲好因果也。

適乃從人事上講，廣從世間萬有上講亦如是，佛法不說萬有以外有神，平常中國人迷信神者，隨有何事卽至廟中求神，此乃出於中國一般風俗習慣，因之對佛亦認爲衆神中之一，此實錯誤！蓋佛乃於眞理覺悟，解脫衆苦，以其所覺眞理，轉示一切人，使一切人亦得覺悟眞理，解除痛苦！至於菩薩之義意，菩是菩提卽佛的覺，薩卽衆生，菩薩卽與佛的學生，隨學於佛，求佛覺悟，亦以其所覺，使人同覺，故對佛菩薩崇拜，崇拜其能指導吾人覺悟眞理而解脫痛苦。如此方謂眞正之信佛，了知此義，則知佛法所謂因果，非操在神等，乃全仗自力改造，卽自作因以後受果，如想將現在之苦果，改造成樂果。或不滿此樂果，更求進步，皆賴各人悔悟的行爲改進，乃至全民族亦皆從思想行爲悔悟改善，方可造成合理因，發生幸福果。

二、衆資一持的緣成之非渙散非專制的和平統一

如一團體成立，貴在衆力相資亦使有一力統持，由統持力，則多方散的關係乃能類集資助，亦以能適合衆多資助之關係，乃得成統持力。若不適合衆多關係，卽不能有衆資而一持功效發生。據此定義，故成國家建設領導者，或團體事業主持人，決非個人私見專欲獨斷違衆所可做到，必要適合於民族需要，方成民族領袖。得全人民服從擁護，此在佛法卽謂衆緣成事。然衆

緣所成事云何彼此不同耶，如此案上花同是衆緣成的，爲何與案外別的花草等差別，應知此花有其特別一種持力以攝所宜衆多資力而成故，彼別的花又另有一種一持衆資力在，故另成一種，因此有彼此不同，即由各有一持力，以適合衆多資助關係而生長，故佛教中說無論何事何物，皆衆緣所成，以凡事物皆團體的，非單獨的，非渙散的：以單獨渙散則不成立，其所以成立，即由平和集合，如種子置於土中，適合土質氣候及種種資養，於是即茂盛生長，故佛法觀察萬有，乃衆緣資助一緣統持，方有一切萬有成立存在，若違此緣成法則即失其存在矣。

三、發揮佛教的特質以成立新信仰

此說緣成及因果義皆眼前事物可證明，亦科學理智所可容許，既洗除一切迷信，復可通過現代科學思想，故發揮此佛教特質，可以建立現代人類的新信仰，雖此種特質原爲佛教本有，然由破除以前所積遺粗陋形迹，而揭顯出佛教眞正面目，故即成爲新的佛教，此發揮其特質所成的新佛教，剪除迷信，使佛學可通過現代的科學哲學，適合人類進步之需要。

四　新中國建設與新佛教

一、緣成義與和平統一

綜合前二說，試問新中國建設於發揮佛教特質的新佛教有何關係？此即應知，佛教所講一切萬有，皆衆緣所成義，若非衆資一持的緣成，即無萬有。如是依此宇宙法則，觀察人生，從人乃至國家社會，皆在此法則之中，如此法則等於鐵則，根深蒂固，不可動搖，即推之於物，無物不如此，推之於國，無國不如此，如現在中國完成統一，其所以完成，即全國之力，不分裂，不渙散，精誠團結，至於得成統一，是用何種方式；此即衆資一持的緣成道理，以中央有一統持力，能適合資助的各種關係力，故能平和集合，若但勉强而不能適合全國需要，不但徒勞，且是分裂，如民國以來，內爭不已，即是此義，故能明此緣成之理以生正確之信仰，由此信仰團結，可獲平和之統一。講至此，余覺最近國人在抗日應戰之下，已能一致團結，昔之分散者，今皆集合，昔之不能合作者，今皆合作，此無他，即適合於全國心理，故能衆緣成事也。

二，因果義與自力更生

現在中國欲復興中華民族，若賴世外之天神，或賴過去之祖先，或依國外若國聯或他國等外力，此等皆不能達復興之目的，結果，覺民族唯有改過自新努力自强方可以復興。此即佛法因果義上所謂責任全在自己，自造良因以自求善果，若了此義，故對自力更生自成强固之信仰。

三，以新信仰振作民族的建國精神

依前所說，發揮佛教特質，成立新信仰的佛教，則能擺脫迷信消極逃避等不良習慣，而爲通得過經得起科哲思想所批評，成爲觀察宇宙人生大法則，建立人生思想行爲新信仰。此用之於中國，可令國力益加平和統一，而堅强信任自力更生，故從新佛教新信仰振作起全民族復興中國的建國精神而佛教乃成適合於現代中國之需要的新佛教，得爲建設新中國相適而不相悖之因素。（完）

沈專員來峽視察之訓話記

葛向榮

第三區行政督察專員沈鵬氏，於本年元旦日來峽視察，該日上午九時，區署各股主任，及各機關主管人員，集合區署辦公廳，向專員報告半年來之工作概況，本篇乃專員於聽取報告後向大衆之訓辭，但原稿未及專員斧正，倘有錯誤之處，編者負責，尚希專員及讀者原諒！

剛才聽了各股主任和各事業機關的報告，非常詳細，非常週密，在工作的各方面，都能顧到，在半年當中，工作能如此努力，達到這種程度，使我私心非常欣慰，

我們辦任何事情，首要是機構的健全，我們各縣發出的政令，往往不能澈底的辦到，最大的原因就是幹部組織的不健全，另一原因就是對於事業上缺乏興趣，致不能積極的負起責任來幹，像各位這樣的有精神，有辦法，對

自己的職務和事業，能天天想法改進，這就是機構健全的結果，才會產生這樣大的效率。

峽區過去的治安，我們曉得是遍地盜匪，夜不安枕，但經盧氏昆仲的不斷努力，很快的把它平息下去，現在是可以高枕無憂了，尤以近來幫助各縣剿匪之勞績，非常之大，但一件事情，每認眞辦起來，總會遭遇到許多意外的攻擊，但不要灰心，要以事業爲前提，更堅苦的幹下去，攻擊者不擊自破，好在各位都是有認識有志趣的朋友，也決不會以少數人的阻礙，而致躊躇不前的。

現在北碚交通日形發達，外間遷來的公私事業，一天天增多，將來必日臻繁榮，負治安責任的，更應該特別要注意，要使小偷扒手都絕跡，如果辦到這程度，那末將來的發展，更是未可限量的。

我對於保甲組織，有一點小的貢獻，就是各家懸掛的門牌，應在他的背面，加貼一張考核表，以保甲的組織程序，按時去淸査各戶的人口，於淸査後在表上加蓋印章，或簽字等，按甲長・保長，聯保主任，及區長的次序按時去淸査，而戶口異動就會在這過程中嚴密起來，這個方法，希望能見諸實行，那末戶口異動調査的困難，卽迎刃而解。

還有訓練壯丁，還很認眞，將來效果必大，不過我們還須更進一步，謀達到訓練的目的和意義。

據教育股的報告，以小學兼辦短期校，並實行保學，這是很好的，我們也曾想以鄉村小學校長的地位，兼任保長，一方面以政治力量協助教育，一方面以師長的地位推進行政，也可相當地收政教合一之效。

民衆教育報告的內容也很豐富，我們所謂全民抗戰，就是要每個民衆都有堅強的意志和抗戰的決心，來爲國家爲民族而犧牲，所以成人的教育，在當前尤爲重要。

建設股的報告說，塘堰已築成了八十多個，今年還在繼續的建築，這樁事情，各縣都還沒有辦，只有這裏算是最努力，只要能多設法輔導，因地制宜，一定會把水利問題解決的。

此地還辦了幾種農業產展覽會，還影響農產改進很大，很値得各縣來仿效。

提倡放水田種小麥，以增加糧食的生產，這項辦法誠然很關重要，但恐怕易生害虫，過去虫害很少，就因爲有冬水，把它凍死了，去年有好幾縣發現蝗虫害，聽說對於天乾也有關係，故放水之後，設有蝗虫發生，這是値得注意的問題，並須請專家研究，方可實際推行。

全區的合作社，現已成立十二個，並計劃在四月以前達到預定的數目，不過第一我們要注意，政治和經濟的機構，要有密切的聯繫，不要在保甲裏面有旁的經濟組織，對將來的推進上發生妨礙，第二組織合作社，不僅只辦信用借貸，還須兼營其他業務，第三我們要知道，平常私人借貸，約二分利的光景，現在合作社利息是一分二釐，自然可減少農民的負担，但我們要知道，譬如借一百元錢給一個農民，一年也不過減少八元錢上下的息金，這決不能眞實的拯救他們，也不能挽回農村的破產，同樣也不能解決他們生活上的困難，還可說是極端嚴重的錯誤，所以我們切莫忽略了監督他們借款的用途，要使他們把錢完全用在生產上去，增加他們的生產，那麼合作社對於農人才能盡量發揮他的功用，但是在組織上，應力求永久的健全，不要指導員一去，合作社就失其效能，第四是一般人錯認合作社爲慈善性質，於是借了就不想還，更還有故意的造謠說，收股金是假設的騙局，這還需民教的力量去矯正他。

現在頂好是先把這已成立的十二個合作社健全起來，然後再求量的發展。

從各位的報告，可看出各位不斷的努力並且得到相當的成績，幾年來，覺得其他縣份的政治機構，還不能和實驗區比較，有很多縣其各部份都互相對立，互相衝突，互相傾軋，並且時常發生爭端，再不然就是各自消極，各管各事，不相聯繫，試想，一個整個政府，在機構上不能健全，行政上失掉聯繫，互相牽制，互相摩擦，一切的政令，還能夠推動嗎？新政之所以不能開展，毛病就在這裏，實驗區署在機構上較能健全，各方面都能確取聯絡，乃爲政令推動的主力，於是很能順利的進行，盼望各位今後更有好的辦法、好的實驗，好的成績，貢獻給各縣採行，這是我們所盼望的。

峽區民衆教育之動向

民衆教育委員會

目錄

甲，概說
乙，民衆教育
一，民衆學校
二，小先生教學
三，補習教育
四、民衆讀物
丙，公民教育
一，民衆會場
二，衛生教育
三，巡迴展覽
四，民衆服務及訓練
丁，生產教育
一，百業教育
二，合作
三，農業改進
戊，休閒教育
一，民衆俱樂部
二，民衆茶社
己，電化教育
一、無線電教育及播音
二，電影

甲，概說

峽區民衆教育，以限於人力，財力，未能大量推行。欲限期掃除文盲，事實上，阻礙尚多。恐難實現，但敵人謀我，朝不待夕，華北風雲，瞬及全國，神聖偉大之民族抗戰，業已展開，如欲普遍喚起民衆，爭取民族解放抗戰之最後勝利，則非强化民教力量不可。茲就力所能及，擇其首要，擬定最低限度之綱要於後：

一、文藝教育　欲激起全國民衆抗敵之熱情，及作最後犧牲之決心，則非着眼於文藝教育不爲功。本年度所擬定之施行計劃，即以民衆學校，教育較固定之失學民衆；以小先生教學，適應較流動之超學齡之文盲；以補習教育，提高已受初步教育者之民族意識及公民教育；以編輯各種民衆讀物以各種不同之方式，矯正民衆之不良思想及習慣，並作民衆學校之幫助。

二、公民教育　以目前而論，公民教育，尤急於識字，本區除壯丁訓練，保甲長小隊附之充分施行公民訓練外，則以民衆會場之開會演說，報告等爲公民教育之主要設施，以宣傳衛生教育作强族强種之唯一要圖；借巡迴展覽，以加强民衆對於新時代之認識，及新知識之吸收。餘則代筆，問事，職業介紹，爲與民衆切取聯絡之準備，成立老人會，婦女會，服務團，爲增進民衆組織之階梯，傳遞新聞，廣播知識，爲認清時代。增進能力之利器。

三，生產教育　民衆生活不安定，生計不充裕。則一切教育，均告束手。所謂衣食足而禮義興也。本年度對於生產教育之計劃，從百業教育以改良工商之技術；從合作事業以復興農村之經濟；從農業改進以增加農民之生產，本會負宣傳之責，聯絡關係各事業機關，作技術上之改進。

四，休閒教育　休閒教育，以消極言可免除煙賭之惡習。以積極言，可激發及陶冶民衆之精神，故擬於舊有之民衆俱樂部，民衆茶社，充實其內容，加强其活動。

五，電化教育　電化教育，其用費雖多，其見效特著，本年度於擴音電影各項，均次第實現。使三峽爲一電化之三峽，使人人均受教育之感應，

乙，民衆教育

一，民衆學校：

甲，原則：

（一）先由市鎮實施，漸推及於鄉，以掃除文盲爲目的。

（二）實行强迫徵學制。

（三）男女適用均等原則。一律入學。

（四）以當地學校，聯保公所，公安隊，保甲長爲推行主幹，並聯絡地方熱心教育人士協助之。

乙，辦法：

（一）準備：

1. 調杳市街文盲——由十六歲至三十歲——由聯保公所公安隊會同保甲長負責辦理，於區立校開學前一週完成。

2. 造具分區應徵學衆名冊於區立校開學後三日內報署。名冊應塡事項，如姓名，年齡，性別，詳細住址，備攷各項，由保甲長調杳塡寫，由公安隊彙集報署。

3. 決定校址，籌備校具，延聘教員，於區立校開學前一週內，決定由公安隊會同聯保公所區立校辦理。

4. 調杳應徵學衆及造報名冊，應由聯保公所，公安隊，區立校，商量派人協助。

5. 第一期應徵入學民衆及應入學校，由民衆校教員會同保甲長於開學前三日分別通知。

（二）實施：

1. 每鎮民衆學校設立之數目，於調杳後決定，但至少須設立兩所。

2. 民衆學校，以三個月爲一期。

3. 各鎮民校，須設成人班及婦女班。

4. 如各鎮已成立婦女會，婦女班之教育進行，由婦女會主持，由公安隊聯保公所協助之。

5. 民校之經費，以最簡單爲原則，由聯保公所，公安隊，區立校，會同本地士紳籌措之，並列具預算，報署呈核。

6. 民校教師爲無給職，如係兼任，得商請其主管機關，相當減輕其本機關之工作。

7. 應徵入學之學衆，如於開學後逾二日不到者得警告之。警告二次不到，時間逾一週，而又未經請假特許者，得科以一元至五元之罰金，或二日至十日之力役。

8. 具左列情形者，得暫免徵學：

（甲）初高級小學畢業而有憑證者。

（乙）義務校，簡易校、或短期校卒業而有憑證者。

（丙）私塾修業。有上述甲乙兩項之程度經考試合格者。

（丁）各級民校畢業而給有憑證者。

（戊）經小先生教學，學完規定課程，而持有憑證者。

（己）具有相當於左列各項之程度，而經考試合格者。

（庚）有特殊情形，經區署特許者。

9. 已入學之民衆，期滿經攷試及格者，得呈請區署給予畢業證。

10 其全家無文盲，或文盲已掃除者，得由保甲長聯保主任呈請區署給予新民證，與門牌並懸，以示獎勵。

11 公安隊，聯保公所，學校，及保甲長，推動民教之獎懲，另定競賽辦法施行之。

12 實施上年度省政府公布之「四川省各縣市保甲人員推進民衆教育義務教育辦法」。（辦法另附）

（三）整理

1. 組織同學會。就民衆校畢業同學組織之，其辦法如左：

（甲）凡一區域有畢業同學十人以上，可組織同學會。

（乙）同學會男女同學，分別組織之。

（丙）同學會有聯絡情誼，促進團結，扶助上進，服務社會之任務。

（丁）同學會設幹事一人，助理幹事一人，進行會務。

（戊）同學會得設各種討論會及俱樂會。

（己）同學會每月開會員大會一次，每週開俱樂會一次。

（庚）每鎮得設同學聯會，全區得設同聯總會。

（辛）同學會及同聯會均須受公安隊及聯保公所之指導及監督。

（壬）同學會之會員，須加入勞動服務，幫助作社會一切活動。

2. 督導辦法，暫定如左：

（甲）由民教處擬定週期巡迴視導辦法，指定專人負責。

（乙）與視導小先生教學，取極密切之聯絡。

（丙）印製週報表，由各校教師按期塡寫，報民教會備杳。

（丁）務做到辦一事即要有一事之成績，督導應以此爲要點。

二，小先生教學。

甲，組織：

（一）校內組織　加强童子軍之組織，依照中國童子軍團組織規程。

1. 編制：

（甲）以九人爲一小隊，隊有隊長隊附。以三小隊爲一中隊，有中隊長中隊副，以若干中隊爲一團「即全校共爲一團」，有團長團副。

（乙）童軍服務組織，分政治，文化。經濟，保健各部「仿定縣大隊組織」，就童軍之程度及才能，分別加入各部，即以中隊長副，分任各部部長。

（丙）於隊長副中，選出助理幹事八人，以助理各部部長之工作。

（丁）於隊員中選出若干優秀者爲小先生，「上期之小先生，除成績特壞者，應全入選。」

2. 職務：

（甲）團隊長副，分任訓練，監察，考核之責。加入政治，文化……之各隊員，作實際教學及其他服務活動。

（乙）校長任團長，童軍教練任團副，教導主任任指導員，各級任及教師分任指導員。

（二）活動組織　以共學處爲獨立之經營，以聯合週會爲聯絡之樞紐，仍照二十五年度本會所印發之辦法辦理。

乙，訓練　加强童子軍之訓練。

（一）訓練方式

1. 會議：

（甲）團務會議　每週一次，團長召集之，中隊長副及指導……均參加之。「會議內容，另定細則。」

（乙）隊務會議　每週二次，各中隊長自行召集，如事務較簡，即併入團務會議，不另開會。

（丙）聯合隊務會議　每日一次，由値星中隊長召集，全部隊員及各部團員均參加。「以朝會或月會代」

（丁）聯合週會　照上年度辦法辦理。

2. 活動：

（甲）教學　實行做學教，實行即知即傳。

（乙）讀書會　實行讀書，筆記，討論，編寫壁報……各項，爲略含研究性質之組織。

（丙）游藝會　視各校情形，定期訓練，找機會表演，以作宣傳及聯絡之主要工具。

（丁）社會服務　宣傳各項建設事業，及幫助各項建設工作，

（二）訓練材料：

（甲）課本　先事研究，再行教人，或由指導員先爲範講、及指示方法。

（乙）臨時指定課目　即知即傳，要求必有成績，必有記載。

（丙）書報雜誌　主要者爲小先生園地、及農民週刊，次則爲記載小先生教學之各項刊物，及小學生之各種讀物。

內，實施：

（一）調査及登記：

（甲）登記舊有學衆。

（乙）調査新的學衆　「可根據失學民衆調査表所記載者復査之」調査新學衆可與登記舊學衆同時舉行，在開學後兩週內完成，由保甲長負責，由小先生協助。

（二）成立共學處　均於開學後第四週星期一成立。

（三）教授課目

（甲）識字　以鄉建常識各大運動爲題材由民教會收集編纂散發。

（乙）音樂　材料由民教會散發。

（丙）算術　以珠算爲主。

（四）教學範圍

（甲）對象　以成年失學之鄉村男女學衆爲主。

（乙）區域　以學校所在地半徑三里以內爲限。

（丙）學衆數目　由區立校成立之共學處、所收學衆之總數、不能少過於該鎭民衆學校所收學生數目之三倍，義務短期各校則以二十人爲基本數。

（五）要求標準

（甲）須有學思

1. 以讀完上期所教課本爲標準。
2. 傳遞本期所擬定的常識。
3. 能寫簡單舊式家用賬。
4. 能以石子與枝等作代替品，算出千位以內之加減法。（珠算）
5. 能讀用白話寫的普通新聞。

（乙）新教的學衆：

1. 識字　包含常識，國語，習字等項。國語能識三百左右常用的字，常識能明瞭本區建設事業及現代狀況，及生活必需之知識。習字能書寫所學之字十分之八以上。
2. 算術　只教珠算，以石子與枝豆類等爲代用教具，能運用普通加減法。（視進行情形，亦可教亞拉伯數字，及千位以內之認數法）。
3. 音樂　能唱規定的歌曲。

（六）教學期限　以三個月爲限，於區立校「或簡易，短期校」開學之第四星期一開始，於開學後十九週星期日結束。「中應除去星期日十五日，足足爲九十日。」

（七）獎懲：

甲，保甲長之獎懲，　照施行民衆教育辦法，及內務股保甲長之獎懲辦法。
乙，學校之獎懲　仍照上學期規定之辦法。
丙，小先生獎懲　同上
丁，學衆之獎懲　依照民衆教育獎懲辦法。

（八）監督及指導　由民教會擬定視導辦法。

三，補習教育：

甲，高級民衆學校：

招生：
1. 收民衆校或共學處修了後之學生而有志深造者。
2. 相當於上述程度之民衆。

意義：
1. 提高文化程度。
2. 增進民族意識。
3. 加强抗敵力量。

課程：
1. 國語（包括公民及常識）。
2 算術
3. 音樂
4. 體育（以拳術爲主，或施行自衛訓練。）
5. 關於職業之課目，

卒業期限　三月

經費　屬於學校者，呈請區署津貼，或由各鎮自行籌措。

教師及設備　照民衆學校辦法辦理。

待遇　期滿考試及格，呈請區署給予高級民校畢業證。退學及輟學照民學學校辦法辦理。

實施　先由北碚彙中開辦一班，各鎮斟酌設立。

乙，婦女補習學校；

1. 北碚由民教會辦理一班，收過去民校畢業生及婦女校學生。
2. 課程照高級民衆校，常識分別教授。
3. 三月畢業，每日上課兩小時，職業實習兩小時。
4. 職業課程，以家事及縫紉刺繡爲主，或斟酌加入地方需用之手工業。
5. 補習校之學生，全入婦女會。
6. 補習校附設婦女班一班。
7. 經費呈請區署按月津貼四元至六元。
8. 實習材料費由學生自備。
9. 畢業後給予畢業證。
10 退學輟學，一如民衆校學生辦理。
11 各場婦女補習校，由各場斟酌設立之。

丙，職業補習學校：

1. 北碚辦理商業補習校一班，收各商店之學徒。
2. 每日上課二小時，於夜間教學。

3. 學徒入學爲强迫式，應需經費。由店主負担。

4. 課程暫定爲國語（包含公民常識），算術（包含珠算），商業常識簿記，音樂各項。

5. 暫定兩月爲一結束期。視需要再爲延長或續辦。

6. 餘悉照民衆校辦法辦理。

7. 各鎮職業補習教育，應與北碚同時舉行，由公安隊聯保公所學校主其事，並呈請區署教育建設兩股備査。

丁，工夫勤務補習班：

繼續上年，辦理結束。

1. 加授業務上應需之知識，並注重書寫。

2. 四十歲以上者得免學。

3. 施行强迫制，實行罰金。

4. 各鎮工夫勤務補習教育，由公安隊，聯保公所，學校斟酌情形，聯合或分別辦理之。其辦理期間，應與北碚同時。並呈請內務教育兩股備査。

四，民衆讀物：

甲，刊物。

（一）農民週刊：

原則　以區署各項建設運動爲運動，滲入抗敵情緒。以農民生活習慣所能了解或吸收之意識（或話言）爲意識，力求通俗化，並漸辦成爲純粹農民自己的刊物。

文字　力求短淺，盡量利用土語，多編韻文。

內容　除（國家大事）（一週消息）倂入（這一週來）（戰嘉陵報特寫地位）外、其餘（談天）（三峽建設）（豆棚瓜架）（有話大家說）仍照舊編輯。（三峽建設）於峽區過去建設介紹完畢之後，即行停止。所有新興事業，以後即在（談天）或（豆棚瓜架）欄中介紹。於可能範圍內，每期材料，力求統一，並多出專號，多介紹農民抗戰殺敵故事。

版式　刊頭及各欄標題，多加變換，並請農民題字，排列形式，務須清楚醒目。

推廣　如農民感覺需要時，即用土紙加印數百張，單獨發行。

（二）小先生園地：

原則：

1. 介紹及研究小先生教學之理論及實際。

2. 公布小先生所不知之事項。（規程，辦法，或教材……等。）

3. 介紹區內小先生的活動（小先生自己的報告，及共學處的活動、整理。）

4. 通訊研究或報告（通信網）。

5. 介紹國內小先生的實際活動。

文字　全用白話，理論則以淺出深入爲原則。報告則以顯明清晰爲主。

內容　略分（言論）（我們的活動）（報告）（參考材料）（通信）各項，而注意左列各點：

1. 區署各種鄉建運動。

2. 抗敵意識及民族意識。

3. 當前各種宣傳、而需小先生傳遞者。

4. 小先生修養之各方面。

版式　仍用原有版式，另換刊頭，力求明晰爽淨。

推廣　於需要時，與教育園地，農民週刊，用土紙增印若干份，以求推廣。

（三）教育園地：

原則　研究新興的教育理論，報告教育實驗的情況，討論教育的技術，介紹教育的方法。

文字　不拘文白，但以白話爲主。

內容：

1. 各校概況，以區內學校爲限。

2. 教學活動，內含教材，教法，生活指導（課內，課外），社會服務……），成績考核……等。

3. 現代教育動態，新興教育之介紹。

4. 教育短論，以區屬教育爲討論中心，並摘要介紹外論，如刊物雜誌所載。

5. 公布：（計劃，法令。辦法，規章……等。）

6. 教員通訊，討論實際問題。

乙，課本：

（一）改編：

1. 民衆婦女課本，將未編完者編完。

2. 韻文民衆常識課本，繼續編撰，於本年度編完。

3. 韻文民衆家事常識課本，同上。

（二）新編；

1. 民衆課本　收集區內各事業機關所編擬之材料，依照其內容，編成淺顯之課文，以備民衆學校及共學處教學之採用。於民衆校開學前三星期開始編輯，限一月編輯完竣。

2 補習課本，依職業種類，分別編纂，於各補習班開學前兩星期收集材料着手編纂，以半月編竣。

丙，小冊子：

（一）收集富有民族性及抗敵性之戲曲，加以改編，教游藝生練習表演，從九月起，每月改編一種。

（二）以救國爲題材『收集過去及現在之歷史材料』，新製曲本，教游藝生練習表演。從九月起，每月新編一種。

（三）從報紙上收集蘆溝橋事變以來材料，繼續編寫中日關係演變演義，交區屬各場說評書者演說。

（四）用上述材料，編寫道琴詞，金錢板詞，案證詞……教游藝生或區內各場營是項職業者表演，從九月起，繼續編寫試驗。

（五）編寫促進區署各項建設運動之小冊子或散文，數目不預定，視需要而定，每月至少有一種以上。各種出版物之編寫，擬用集體編寫法，與嘉陵江報社合作，另訂徵稿辦法。

丙，公民教育

一，民衆會場：

甲，活動要項：

1. 新舊劇及雜耍　舊劇雜耍，由民教會之游藝學生班或約請外來團體表演，新劇請衆中碚小，或其他團體表演。

2. 演說　請名人學者，或富有經驗之農工，及其他技術人才演說。

3. 報告　由區署各機關輪流担任。

4. 會集　有關民衆之各種會集，如農商工藝品展覽會，市民聯歡會老人會，婦女會…等。

乙，活動時間。

1. 固定的　每星期一晚，作舊劇表演及報告等活動，夏節，秋節，元宵，元旦，國慶，作大規模民教運動。

2. 不定的　臨時決定之各種展覽會，歡迎會。聯歡會，及其他會集。

丙，活動內容：

1. 與民衆身心修養有關者。

2. 激發民衆愛國及抗敵情緒者。

3. 促進民衆之組織，加緊民衆之訓練者。

4. 促進鄉村建設運動者

二，衛生教育，與醫院，內務股，體育場切取聯絡。

甲，防疫的：

1. 種痘之宣傳。

2. 防疫之宣傳。

3. 預防各種流行傳染病之宣傳。

乙，防毒的：

1. 滅蠅滅蚊之組織及宣傳。

2. 拒毒宣傳。

3. 防空宣傳。

丙，衛生的：

1. 清潔比賽及宣傳（廚房，市街，家庭，個人）。

2. 健康比賽及宣傳（潔孩，兒童，青年，壯年，老人）。

丁，運動的：

1. 國技之提倡及組織。
2. 陸上各項運動之提倡及組織。
3. 水上各項運動之提倡及組織。
4. 鄉土游戲之提倡及改良、

三，巡迴展覽（與博物館，圖書館，科學院取聯絡）。

甲，巡迴區域　各場各保「以學區爲單位」。

乙，巡迴物品　圖書，簡單之機器，便搬運之實物或模型。

丙，物品種類：

1. 於農民農產有關的。
2. 可以激發民氣的。
3. 爲新知識，新發明。
4. 備有改進農村條件的。
5. 足以促進建設的。
6. 屬於國防，交通，產業、文化四大端的。

丁，巡迴時期，各學校開學後一月開始巡迴。

戊，巡迴辦法：

1. 由民教處收集陳列物品，分類、編目、加簽，幷附簡單說明。
2. 以每場爲一單位，派辦事員一人至三人主其事，公安兵一人至二人協助之，其任務如下：
3. 所到各保之教師，須負協助陳列，及保管解說之責。設計，陳列，解說，保管，運輸，整理。
4. 每地陳列，以一日至二日爲限。
5. 巡迴所至之地，公安隊聯保公所及學區之教育委員，須負協助之責。
6. 於巡迴前半月，由民教處詳列巡迴地點及陳列日期，並負責人員，分別通知聯保公所，公安隊，教育委員，以便先期宣傳，出發前一日，復用電話聯絡。
7. 宣傳大綱及陳列品目錄，陳列品說明，均由民教處擬就，先期送發各有關係之機關及人員。
8. 宣傳責任，除第三第五兩條所列機關人員應負外，各鎮之區立學校、亦負有宣傳之責。
9. 巡迴時，須附帶作各種鄉建宣傳及活動。
10 陳列時須登記參觀之人數，及注意參觀者之觀感，並於可能時徵詢參觀者之意見製成表式，詳細記載。
11 主持巡迴之辦事員，須有巡迴日記，逐日詳記經過，注意之點如次：
(1) 職務內之一切活動經過、
(2) 因職務所發生之感想及意見。
(3) 其他社會問題（如農村經濟，農民生活，主佃問題…）。
(4) 特殊人物之訪問（高壽，苦節，絕技…）。
(5) 特殊技術及物產之調查）如冉大南瓜，與大蘿蔔……之類）。
(6) 古蹟風物之記載（風俗，歌謠，習慣……在內）
12 巡迴完畢後，須整理日記，製表作詳細之文字報告。

四，民衆服務及訓練：

甲，引導及介紹：

（一）引導

1. 引導人員之確定：
一，由民教會指定專人負責。
二，於必要時，即全體出動引導，或商請區署加派人員。
2. 引導人員須注意之事項：
一，須熟悉區內過去現在一切情形。
二，態度，語言，儀節須十分謙恭。
三，須能觀察參觀者之意趣，而爲代定切要之參觀程序。
四，須視參觀者之需要，而審察介紹之應詳應略。
3. 來客住地之確定：
一，團體住地之預定——公共場所，學校，旅社。
二，賓客住地之佈置——清潔，爽朗，簡樸。
4. 適用上期之引導辦法：
5. 於各場公安隊及峽區各事業機關，須指定引導專人，與民教處取密切之聯絡。

二，介紹：

1. 各場路口之指引牌，重新改良，應於路名之下，介紹事業及風景略圖。
2. 各場鎮重要地段，及各公開之總口，立大指引牌一塊或二塊，繪寫「參觀須知」，及市鎮事業風景略圖。
3. 繪製峽區各場平面圖，張貼圖給及公開各處。
4. 於公廕圖給及北碚各大旅社，託其代售區署之各種出版物或風景片。
5. 引導旅客者，須盡量介紹區內之各項事業。
6. 引導旅客者，須介紹旅客購讀區署所出之各種出版物。
7. 引起本署職員有向區外常作文字介紹之興趣。
8. 劃定攝影事款，將本區事業或攝製風景片，或投寄國內各大畫報不斷向外作圖畫之介紹。
9. 促起各事業機關人員，有投寫新聞稿之興趣。
10 旅行區外者，須從各方面採用各種方式，介紹區內各項事業。

乙，代筆及問事。

（一）適用上期所定之辦法。

（二）採取各種有效方法，吸引民衆，使有要求代筆及問事之習慣。

（三）各場各校所設之代筆問事處，用下列方法，要求其增加效率。

1. 填寫統計表，每兩週收集一次。
2. 於巡迴視察時，詳細詢問實際情形，及攷查其所記錄之各種登記表格

（四）於半年終了，作書面報告，并作下列各種攷察及分析。

1. 職業與寫信者之攷察。
2. 季節與寫信者之攷察。
3. 由寫信的類別，以分析社會。

（五）於代筆問事中，施行民教。

1. 作識字運動。
2. 指導社會常識。
3. 講述公民常識。
4. 作愛國運動。
5. 作鄉建宣傳。

（六）各場代筆，均適應此項原則，並列具細則印發。

丙，新聞及新知之廣播。

（一）中學及高級小學應出壁報，其辦法如下：

1. 於涌衢或十字街頭，設壁報牌一塊，或張貼於適當之牆壁上亦可。
2. 指定學生輪流，負選材擬稿及書寫之責。
3. 壁報內容分兩部；一部屬新聞，介紹民衆以必要之國事。一部屬新知，介紹民衆以必要之常識（均以抗戰爲中心活動）。
4. 壁報文字，以簡潔淺顯的白話爲主，以能做到人人看得懂爲目的。
5. 壁報字體，全用楷書，並盡量用簡體字。
6. 壁報在各場者，於逢場期出版，在各鄉村小學，每星期張貼一次。
7. 壁報所用之紙張，由各校公費項下開支，但有浪費，則由書寫者負責賠償。
8. 各校壁報成績，每月應總計一次，每期結束。應有文字上之報告。
9. 壁報之文字，各校校長，教導主任，應負檢查及糾正之責，義務小學，則由教師負全責聚料。三四年級學生分寫張貼。
10 隨時造起機會，施行識字教育。

（二）各公安隊，聯保辦公處，派出所，應寫新聞簡報，其辦法如下：

1. 各公安隊，聯保公所，應設簡報牌，至少兩塊，各派出所至少一塊。
2. 逐日書寫簡報新聞。
3. 除新聞外，并隨時揭示重要之公告及廣告。
4. 關於新聞，從電話上由民教處供給，公告廣告之有普遍性者，由民教處通知，偏於一場者，則公安隊，聯保公所，自行編擬。

5. 每日書寫及聯絡，應由公安隊，學校，指定專人辦理。
6. 新聞材料，以抗敵爲主要部份。

丁，集會：

(1)婦女會：

（一）根據區署所頒布之婦女會簡章，各場成立婦女會。

（二）婦女會於最近期內，以推廣婦女補習教育，訓練婦女生產技能，增進婦女團結力量。提起婦女抗敵意識，爲重要任務。

（三）婦女會爲推廣補習教育起見，得有下列之設施：

1. 各鎮設立婦女校，收不識字或略識字之婦女，以逐漸達到掃除婦女文育之目的，其辦法同民衆校。
2. 各義務校民衆校，應設婦女班，以容納失學之農村婦女。
3. 小先生教學，以鄉村失學婦女爲廣大對象。
4. 區設高級婦女補習校，收民衆校畢業或相當于民衆校畢業程度之婦女，教以公民，救護，工農業等常識，及簡要之技術，其辦法另定之。

（四）婦女會爲訓練婦女生產技能起見，得有下列之設施：

1. 高級婦女補習校，加授職業，與生產事業併合辦理。
2. 發起鹹菜合作社，家畜飼養合作社，或其他有關經濟之組織。

（五）婦女會爲增進婦女團結力量起見，除堅實婦女會之機構外，並作下列之設施：

1. 成立主婦會，以爲家政改革之機構。
2. 成立少婦會，以爲改進少婦生活之準備。
3. 成立母親會，以改良家庭教育。
4. 成立少女會，以提高少女文化。
5. 成立婦女勞動服務團，以促進鄉村建設事業。
6. 成立婦女民校同學會，以作各項身心修養及社會活動。

（六）婦女會爲提起婦女之抗敵意識起見，得有下列之設施。

1. 成立救護隊，作戰時救護之訓練。
2. 成立慰勞隊，慰勞戰士後方之家屬，或募集及製造慰勞物品，寄前方以慰勞抗戰之同胞。
3. 參加各項抗敵運動。

（七）凡民校畢業之學生，均爲婦女會會員。

（八）婦女會須勸導婦女文育，全受補習教育。

（九）婦女會之經費，由各場籌措專款，并呈請區署津貼，以利進行。

（十）婦女會之發起及推動，各場現任教職及曾任教職、現受中等以上教育，或曾受中等以上教育之婦女，均爲主要人員，聯保公所公安隊，則有儘量協助及監督指導之責。

(2)青年勞動服務團，其組織之成份如下：

（一）中小學畢業或曾受中小學教育之青年。

（二）民校同學會之會員。

（三）相當於（一）（二）程度及有正常職業之青年。

由內務股主其事，本會襄助進行。

(3)老人會

（一）由六十歲以上之健康老人組織之。

（二）老人會之組織，以場爲單位。但在鄉間者，得就保區成立分會。

（三）老人會以促進老人身心之康樂爲主。

（四）老人會每年開總會一次，於北碚舉行。

（五）老人與會，每月開談會一次，於各保適中之地點舉行之。

（六）老人分會開會時，主要之事務如下：

1. 足以使老人愉快之娛樂表演，老人自己之娛樂表演。
2. 老人各理衣食住行之討論。
3. 老人福利事項之討論。
4. 老人健康經驗之談話。
5. 老人處事經驗之談話。
6. 聚餐。

（七）老人會開會，聯保主任公安隊隊長，區立校校長均應參加。

（八）老人會會費，由各鎮自行籌募之，得斟酌其家庭情形，而由其子孫担負一部。

（九）老人會開會，應有一永常之中心活動，例如仿舊有之佛會而舉行歌詠會，作山歌或彿偈子之歌唱比賽。

（十）老人會應有精美之環境佈置，而作下列之最低設施。

1. 棋類　由圍棋，象棋，以至於鄉土之三三棋，六子棋……等。

2. 樂器類　鄉土鑼鼓，簫笛，胡琴……等。

8. 圖書類　世界老人肖像，各地老人生活照片，關於老人之新聞（如老子軍，馬相伯之類），各地風景及風俗。

4. 故事類　歷史上關於老人之故事，（如馬援之「老當益壯」，郭子儀之「富貴壽考」……之類）老人之嘉言懿行。

（十一）老人會開會時，須有親屬照料其生活。其費用自己担任。

（十二）由各場籌措專款，逐年增加老人福利之設備。

（2）行幫會議　與內務股會商，另定辦法施行之。

丁，生產教育

一，百業教育：

甲，目的：

1. 改良技術，復興農村經濟。
2. 從職業中進行識字教育，涵養公民道德。
3. 增進土產，作長期抗戰時後方準備。

乙．籌備。

1. 調查區內原有最普遍之工業，如造紙，織布，編織，草鞋，草帽，陶器，裁縫，理髮…之類，分別其普遍性與重要性，而定施教之先後。
2. 調查各地技能精熟之工人。準備請作教授，如巴縣興隆場之草帽，江北靜觀場之草鞋，燒酒房之陶器，成都之漆器……等。
3. 調查應受訓練之學衆，列成名冊。
4. 籌措短期訓練經費。
5. 決定訓練地址，及工藝種類與時間。

丙，辦法；

1. 分期訓練　茲以市街及鄉村，分定其種類於後：

（一）市街

一，理髮業。

二，么司茶房及堂館。

（二）鄉村

一，草鞋，草帽

二，竹籐器。

三，木漆器。

四，陶器。

五，其他。

2. 各種訓練期間　由二月至六月。

3. 理髮堂館各業，從業者，須全體加入訓練，但可斟酌情形，分成兩期或三期。

4. 理髮堂館各業，每日訓練時間為兩小時，或早或晚，以不防礙其本業為原則。

5. 理髮堂館各業之詳細訓練辦法，另行規定之。

6. 理髮堂館各業之訓練，各場同時舉行。

7. 理髮堂館各業之訓練，以公安隊任監督管理之責，及區立校任教授之責。並邀有關機關之人員，作義務之教師。

8. 草鞋各業之訓練辦法，分別另定之。

9. 草鞋各業之訓練，均以技術為主，均取集中訓練方式。

10 草鞋各業之訓練，視原料之豐富，或原有各業之多寡，每保指定抽調若干人至預定訓練之處所學習，其伙食各費，由各保或各受訓練者自行担負，技術教師，則由區署聘請。

11 學成技術之人，回到各保，即組織傳習處，盡義務教授技術之責。

12 各業之業務組織，（製作及銷售）均採取合作社。

13 百業教育所訓練之學衆，如中途退學輟學，均依民衆教育之處罰條例處罰之。

14 百業教育訓練已成之學衆，不遵照規章，而自由行動者，須賠償訓練費，由當地聯保分所，公安隊强迫執行之。

二，合作。

甲，依照本署之合作計劃，盡量宣傳及協助。

乙，促進本區下列之合作事業。

1. 養猪合作。
2. 養鷄合作。
3. 養兔合作。
4. 養魚合作。(稻田養魚，溪流養魚。)
5. 蔬菜合作。
6. 合作倉庫。
7. 各種手工業合作。

三，農業改進：

1. 根據本署農業改進計劃，盡量宣傳及協助。
2. 輔導民衆校及共學處，作農業改進宣傳及實驗。
3. 擬定宣傳方式如次：

(一)民衆會場開放之講演。
(二)擴音機播放要點。
(三)簡報牌上介紹。
(四)農民週刊登載。
(五)視導民校及共學處時附帶宣傳。
(六)必要時派員下鄉。

戊，休閒教育

一，民衆俱樂部：

甲 整理各場之民衆俱樂部

乙，各場民衆俱樂部，須作下列之活動。

1. 担負民衆會場之游藝表演。
2. 檢定來場表演游藝之團體或職業者，及賣西洋鏡唱小調者…在內。
3. 審核屬於游藝之各項文字，如戲曲，評書，竹琴詞……等。
4. 誘掖民衆，加入作游藝活動及練習。
5. 從各種游藝活動上，提起民衆之向上興趣。
6. 訓練游藝技術人員。
7. 試演新編之抗敵游藝曹詞。

丙，民衆俱樂部，卽附設民衆茶社。

丁，民衆俱樂之游藝活動，以下列各時各地爲主要活動範圍：

1. 各重要節日及民衆紀念日。
2. 各公私重要集會，卽喜壽宴集，如係民衆團集之處，均可活動。
3. 舊俗之神廟會。
4. 特定之各種宣傳日。

戊，繼續實施上期之民衆俱樂部辦法。

二，民衆茶社：

甲，各場民衆茶社，卽設於民衆俱樂部內。

乙，民衆茶社，屬於圖書者，須有下列之設備。

1. 地圖　世界地圖，中國地圖，本省地圖，本區地圖，物產，交通，國防各種地圖。
2. 影片　風景片，風物片，時事片，科學新發明影片。
3. 圖畫　通俗掛圖，歷史掛圖，自然掛圖，衞生掛圖，軍事掛圖。
4. 報章　當地報紙，本省重要報紙，農民報，各種白話報。
5. 書籍　平民小說，民衆讀物，各項適於民衆閱讀之小册子，字典及辭典。
6. 雜誌　通俗畫報，屬於大衆閱讀之雜誌刊物。

丙，民衆茶社，屬於消遣益智者，須有下列之設備：

1. 棋類　軍棋，圍棋，象棋…等。
2. 樂器　簡單樂器如胡琴，琵琶，三絃，簫，笛，口琴…等。
3. 其他　七巧板，棹上高爾夫…等。

丁，民衆茶社，屬於娛樂者，須常有下列之活動：

1. 評書　講述抗敵英雄，革命歷史，及抗戰新聞…等。
2. 玩友　演唱新編戲曲，或改良戲曲而足以刺激民衆者。
3. 音樂會　合奏，或獨奏合唱，或獨唱，以慷慨激昂，足以激發志氣者爲主。
4. 竹琴演唱　演唱救亡詞曲。
5. 留音機　放送有意義之唱片及歌曲。

戊，民衆茶社，屬於新知者，須常有下列之活動：

1. 用語言文字或圖畫，介紹本區之建設動態。
2. 用右述方法，介紹世界新知識，新發明。
3. 用右述方法，介紹時事動向。
4. 用右述方法，介紹農民常識。

己，各項設備，由各場籌集款項設置之。

庚，各種掛圖之一部，由民教會巡迴交換陳列。

辛，各種新知，由民教會編輯送發。

壬，評書，竹琴……各種演唱者，由各場民衆茶社雇請。

癸，各民衆茶社，須逐日填寫民教會所發之表示，以作每日活動紀錄之考核。

附游藝學生班改進計劃說明。

游藝學生，訓練已一年有餘，畢業之期，轉瞬即屆，除技術練習，尚著成績外，學科進步，則殊屬有限，考學科進步甚遲之原因，（一）無固定教本，（二）缺課時多，（三）教授者時有更換，（四）無學程標準。因此，於學產，既苦漫無頭緒，於教者亦力多功少，甚至牽涉民教會整個工作。竊思科學之重要，尤有甚於技術。因戲曲改良，非學識豐富，不足以當此重任。欲救此弊，時根據年餘之經驗，作改進之計劃，呈請核准，與既定之計劃，相並施行。

一，於學術之訓練，甄別學生程度，分送礦小及北碚短小聽課，修畢一定學程，以資深造。

理由：

1. 抽出本會辦事員上課之精力及時間，以專責成，而加大民教工作效率。
2. 因材施教，俾程度不齊之學生，得入適當之學校，繼續上進。
3. 學生除學科外，并得加增練習新劇及歌舞之機會。
4. 學生於學校，可造起游藝空氣，俾增多民衆會場活動之內容。

辦法：

1. 用考試法甄別學生程度，以定分送入學之標準。（或直接加各校各級之入學考試）
2. 與各校接洽，請求對於送入各校之學生，全予免費。
3. 全係通學，食宿仍在本會。
4. 讀中學者，其書籍雜用，由學生自行設法籌措。讀高初小者，由本會斟酌津貼。（或向各方募集，略作膏火之助。）
5. 早晚生活，不加入各校，由本會指定專人監督自習，或學習與戲劇有關之事項。
6. 如對於學校學科有缺席者，全由本會預計時間，設法補救，務使趕上學校所授之學科。
7. 學生送入各校，即以修完其課程為度，如已屆畢業，而學程尚未終了，則一面在本會服務，一面仍繼續讀書。
8. 學生送入各校，其重要目的，僅為學科，至於一切生活訓練，仍以本會為主。

二，技術練習時間，力求精富，避免學生偷閒及無事可作之弊。

理由：技術練習，全係以齣為單位。如非此齣劇中腳色，則練習時，即不免借勢偷懶，或無事可作。此種情形，在目前不易免除。於學習義意，甚覺其太不經濟，分送入學，則可另籌適當之方法。

辦法：

1. 各校學科，於游藝生關係不大，或可另抽時間學習者，加勞作，習寫，體育……之類，即可商量，不須參加。而留出此等時間，為練習戲劇之用。
2. 學校學科，通例均在午後二鐘，至多三鐘，即告結束）每日午後三鐘以後，學生即回本會練習戲曲，或練習排演）
3. 每日應練習之戲列出日程，使應出席與不應出席之學生，分別清楚，各作其應作之事。
4. 每齣戲曲之練習，以專一精熟為原則。分組練習，務於學熟一齣之後，再及其次。
5. 舊劇復習，每週必須有二齣以上。
5. 練習戲劇時間，力求其不與學校上課時間衝突，但實質上不能少於現在。

三，生活管理，更加嚴整。

辦法：學生入學校，雖應遵守學校之規則，但仍須繼續本會之管理精神。凡在會內時間，除起居眠食外，如早上之練音技，晚上之自習，均由本會指定專人照料，總做到更加嚴整地步。

四，與藝術有關學科，另行排表教授。

辦法：與藝術有關學科，在文藝上如戲曲理論．文藝常識，詞曲，詩歌…等；在技術上如竹琴，評書，金錢板，案證…等；列定學程。另行分別教授。

五，與已呈請核准之游藝學生班計劃，相並施行。

已，電化教育

一，無綫電收音及擴音

1. 收音機之管理及運用。
2. 收音機收得之重要消息，應於簡報牌上，用白話佈露，或於擴音機擴送。
3. 擴音機由區署指定專人負管理責任。
4. 擴音機擴音之時間，以電燈明後，不出一小時起始。擴送時間，以一時半至兩小時爲度。
5. 每隔三日擴音一次，以逢場期爲準則。如有必須擴送之重要消息或材料，亦可臨時決定。
6. 擴音材料種類之分配，暫定如次：

（一）演說　佔全時間十分之一。（以一點半鐘計算爲九分）。

（二）娛樂　佔全時間十分之六（依上爲五十四分）．

（三）新聞報告　佔全時間十分之二（爲八分）

（四）新知介紹　佔全時間十分之一（爲九分）

7. 娛樂之種類，暫定如下：

（一）留聲機放送唱片。

（二）各種樂器之演奏，及樂歌之歌唱。

（三）演唱川戲或京戲，

（四）演說評書。

（五）雜技（口技，竹琴，金錢板…之類）。

（六）鄉土娛樂（御樂，耍鑼鼓，山歌，秧歌，佛偈子等…）。

8. 担任擴音之機關及團體暫定如下：

（一）區署各股及各隊各機關。

（二）北碚市之中小學。

（三）北碚市之各事業機關。

（四）市民團體及市民。

（五）來峽之學者，名流，奇技，專家。

9. 應有之設備，暫定如下：

（一）新式唱機一具。

（二）新出唱片若干張。

（三）計時之小時鐘一座。

（四）椅凳。

（五）茶水。

（六）表冊

（七）面巾面盆。

10 節目錯綜排列，娛樂雜排於各節目之間。

11 撰擴音須知，列具擴音注意事項，張貼擴音室。

12 擴音節目，由嘉陵江報社負責向各出席機關催收，並於報上先一日發表。

13 應出席擴音之機關，由民教股列成次序表，呈請區長核定。

14 施行擴音教學，細則另定。

二，電影　繼續實施上年度計劃。

附四川省各縣市保甲人員推進民衆教育義務教育辦法（二十六年三月公佈）

一，本府爲實施民衆教育，義務教育，期於限期內掃除文盲起見，特定本辦法以資遵守。

二，本辦法所稱保甲人員，凡聯保主任，保長，甲長，聯隊附，小隊附，班長等均屬之。

三，本辦法所稱民衆教育（以下簡稱民教），義務教育（以下簡稱義教）、保指民衆學校，小學，簡易小學，短期小學等教育而言。

四、各縣市舉辦保長訓練班時，應加入推進民教義教科目及其重要法令。壯丁訓練時，並應加識字課程及公民訓練課程。

五、各縣市保甲人員，應遵照各該管縣市政府與區署之指示，並協助教育委員與學校辦理左列各事項：

甲、調查並報告學齡兒童，及年長失學兒童人數。

乙、調查並報告失學民衆人數。

丙、宣傳民教義教重要性，幷勸導或强迫入學。

丁、籌集義教及民教經費。

戊、覓定校地校舍。

己、借用或添置校具及其他必需之設備。

庚、改良私塾。

辛、救濟貧苦兒童就學。

壬、辦理政府指辦關於民教事項。

六、義教强迫入學及緩學免學辦法，依照部頒實施義務教育暫行辦法大綱施行細則第二章第六第七第八各條規定辦理之。

七、民教强迫人學及緩學免學辦法，得依照左列各項辦理：

1. 各保甲應受强迫教育之民衆，須先調查，並編造詳細名册。

2. 各區教育委員應秉承區長會同保甲人員，就學校附近劃定招生範圍。失學民衆，除自動入學者外，如不足額時，應按册指派入學。

3. 凡應入學而不入學者，予以書面勸告。其不受勸告者，應限期勒令入學。如仍不遵行時，得呈請區署處以一角以上五元以下之罰金。（事後應呈報縣市政府備案）並仍責令入學。

上項罰金，仍作辦理民教之用。

4. 失學民衆之有疾病或因他故一時不能入學者，得具結請求緩學；其有癈疾不堪受教者，具得結請求免學。

八、各縣市失學保甲人員，應儘先投足補習教育，以資倡率。

九、保甲人員，推進民教義教，有左列情形之一者，得由區署（或由區教育委員）呈請縣市政府分別獎勵之。

1. 能照指定事項辦理裕利。

2. 能照規定學生人數督收足額。

十、有左列情形之一者，得由區署（或由區教育委員）呈請縣市政府分別懲處之。

1. 對指定應辦事項，敷衍塞責。

2. 督收學生，不及規定人數百分之七十。（但在劃定範圍內之失學民衆，不足額數者，不在此限）。

十一、奬之種類如左；

1. 傳諭嘉奬。（口頭或文字）

2. 宣布嘉奬。（口頭或文字）

3. 奬狀。

4. 奬金。

十二、懲之種類如左；

1. 傳諭申誡。（口頭或文字）

2. 宣布申誡。（口頭或文字）

3. 罰金。（以不超過修正剿匪區內各縣編查保甲戶口條例第三十七條規定爲限。）

4. 撤職。

十三、各縣市政府應擬定各該縣市保甲人員推進民教義教實施辦法呈報本府查核。

十四、本辦法自公布之日施行，並咨請教育部備案。

國難期中小先生制的推行

葛向榮

一，兩個原則

一，簡而易行：現在我們每個教師，每天都要上六七節課，改幾百本子，還要隨時照料學生生活，填寫許多表格，已有些頭昏眼花了；再加上許多意外的附帶工作，雖然都是分內所必須做的，但是如果太繁難使人望而生畏，事實上那裏還能澈底推行呢？即使可予以很大的輔助的力量，但還不能望其普遍地應用，所以我們必須顧慮到可能的程度，力求簡單易行，既易推動，又可收普遍之效。

二，快而有效：在此緊急關頭，自然我們一切都力求其快，辦起來快，推行也快，效力也要來得快，然而僅注重量的擴充，而忽視「質的進展」，還是過去的疏忽，所以我們現在必須要求以質爲基礎底量的增加，要求做到受過教育以後，舉凡生活，習慣，行動，言語，思想……等與沒有受過教育時，要有迥然的進步。

二，三大教育

教些甚麼呢？我們在這「抗戰」的大目標之下，須實施下列三種教育。

第一是生存教育；現代戰爭是一種全面的戰爭，無論前方和後方，不管軍隊和民衆，都同樣受着敵人殘暴的威脅，爲維護國家民族和自己生存計，每個人都必須具備最切要的抗戰技術與能力，才足以担負前線補充或後方防禦的責任，其內容如防空，防毒，運輸，諜報，救護，警衛，及各種戰鬥的本領或常識。

第二是生產教育：盡力幫助改進各種生產技術，促進各種經濟組織，如農事方面的選種，除害，防災……等工作：畜牧方面的改種品種，防治獸疫……工作：工藝方面的農產製造，特產改進……工作，力求生產品的增加，尤其軍需用品生產的增加。

第三是生活教育：一個現代人底思想和行爲，對自身的常識和訓練，應有起碼的具備，才配說爭生存，其內容如新生活運動，節約運動，社會常識（與國難有關之史地，民族英雄傳略，帝國主義尤其是日本）侵略之方策，及其他極有關之政治，經濟，法律，等常識，）他如自然常識（如常用的理化，氣象……等學）及淺易的讀，寫，算能力……等。

三，幾種動力

我們要把這些事情推動起來，不是靠單方面的努力所能辦到的，必須要各方面的分工合作，整個推進，才有辦法，其職責之分配：

一，民教會——負輔導之責任，工作爲：

（一）供給：教學活動之材料與方法，先應怎樣預備，怎樣應用，一週飭即須擬好發出。

（二）聯絡：學校與學校間，教師與保甲長間，以求各種阻礙之解決。

（三）統計：搜集各種報告，編繪簡明圖表，俾隨時明瞭全般之進展情況。

二，教師——負訓練小先生的責任，工作爲：

（一）活動前之訓練，材料之準備，方法之試習。

（二）活動時之考核，指導解決臨時發生問題，欣賞成績。

（三）活動後之整理，檢閱記載，批評正誤。

三，保甲人員——負召集民衆來學的責任：

（一）招生：調查失學，強迫入學。

（二）留生：處理綴學，集合民衆……

四，小先生——負施教活動的責任：

（一）研究：要從活動上尋求心得。

（二）報告：要從記載上整理經驗。

今以圖示之：

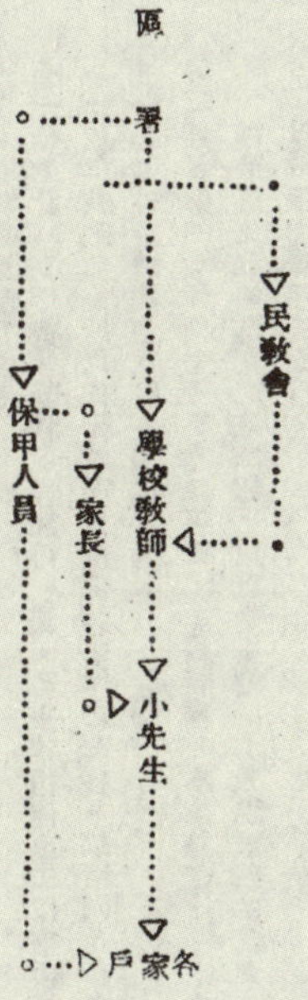

四，組織要點

一，關於小先生者：

甲，採寬軍組織：其編制與訓練，均有一定方案，比較切合實際。

乙，須嚴加選擇：正式担任的小先生，須擇較優秀者充任，但訓練仍須及於全體，服務與否，除指定之人數外，可鼓勵作非正式的廣播運動。

二，關於共學處者：

甲，以成年男女爲對象：由十六歲至三十歲者，（與宜以小學收納之）。

乙，以每一院子爲單位：距離較近之數小單戶，亦可合組一處。

丙，以近校五里爲區域：在市街內者由民衆學校收納之。

五，工作重心

一，訓練——着重「會」：教師對於小先生之訓練，當儘量引起他們自發活動的興趣，都由他們自己預備，互相檢討，教師多從旁指導。

二，教學——着重「做」：小先生出去教學，應先從經驗中教習做的方法，次從講解說明做的道理，再用文字記載做的要點，使他熟識，能夠永記，使其過程變成非常簡單，僅「做（事），說（理），教（字）」三個字。

三，推廣——着重「傳」：根據即知即傳的原則，學衆學會後馬上又可傳給鄰舍或家裏所有的人，一人傳二，二人傳四，則可很容易地普及。所以名義上雖然是「小先生制」，而實質上的要求卻不是「小先生」而是包括所有的大小先生，大小學生的「先生制」了，

六，幾個問題

下面的一些問題，在推行中是常要感覺到的，現在提供小部份意見，尚望大家都留意研究：

甲，關於小先生方面：

一，如何樹立信仰？

第一要注意於人格的表現：凡小先生都要很整潔，很活潑，都有精神，有禮貌，使人覺得敬愛，和藹可親，以引起人們的好感。

第二要努力於事之表現：小先生要隨時樂於幫助人，善於幫助人，而且要多有當衆活動的機會，很能幹很勤奮，使人覺得非常可敬，可感，以引起人們的佩服。

二，如何增進效率？

第一要有充分的訓練！凡工作所需要的技能，都很熟練，對於問題的應付，也預備譜悉，使發生堅强之自信力與勇氣。

第二要有嚴正的考核，在嚴密的組織之下，有未盡責任者，即可馬上查覺，斟酌情形施以訓導，使不致謊報偷懶。

三，如何鼓勵興趣？

第一從理智上去認識：使明瞭現在社會國家的情勢，與自己的利害關係，負其責任。

第二從情感上增多興味：如儘量使活動趣味化，游戲化；有比賽的機會，表揚的機會。——參觀，通信，投稿。

乙，關於學衆方面：

一，如何解除讀書困難？

第一是生計的：因整日勞動，尚難得一飽，若令其稍停止工作來讀書，就會喊餓飯，所以首先當儘量指導其工作之改善，以增加生產之收入，再於時間之利用上善爲支酌。

第二是習俗的：認爲女子不應該讀書，洋書新學也不應該讀…………這種最好先從較開明之家庭起，以社會影響的力量造成新的風氣，再以政治力量相輔而行。

第三是心理的：認自己根本就是個貧窮下賤命，讀了書也是枉然，或者超越過讀書年齡，腦筋焦慮太多，記性又遲鈍，讀不「成器」，並且認爲過了三十歲，就是走下坡，還豈不是讀書來殉葬嗎？這種消極的定命論者很多，是需要多方解釋，鼓勵，或強制，才能成功的。

二，如何提高學衆的信心？

第一要適合需要：使他學了以後，實際上立刻便能應用，或使思想上有新的覺悟與認識，雖費些時間來學，也不是虛耗精力，叫他們心裏發出滿足的微笑，自動來學。

第二要適合程度；教材的深淺，與教的多少，每次均求恰當，使其感覺到懂得的樂趣。

三，如何增加練習機會？

一種是只圖貪多，往前趕，複習起來就無興味，故複習方法，應多用遊戲式，或常舉行測驗及比賽。

一種是舊習慣太深，新習慣就不易養成，故應隨時檢討，提示注意，或

舉定期行檢查，巡閱。

在此全民衆總動員之際，盼望領導學生們的教師，都在軍事統一的組織之下，以小先生即知即傳的方式，作抗敵後援的宣傳工作。

長期抗戰中後方應有的幾點小供獻

劉選青

我國與日本，由局部衝突而進至於全面戰爭，前方忠勇將士，爲國犧牲，不惜一團一營以殉國家，其精神，驚天地而泣鬼神，固屬可歌可喜之壯舉，但全面抗戰、非局部的，是全國的；非單純軍事的，是整個民族的；非暫時的，是持久的，所以局部軍事無論如何勝利，而全國民衆無持久能力，終爲失敗，歐戰時德國之乞降，是其明證，但全國民衆持久之能力，將何戰以應之，是在後防治安上有相當之保障及維持，方足補充前方將士長久作戰的精神，與殺敵致果的毅力，不然行見兵困於缺粮，民乏於供給，將蕉還地，甚礙動搖，敵不我制，我亦自斃。其危險豈僅訂定凡爾賽條約而已哉，欲免上項危險，亦不無其道：（一）在大胆生產，（二）在非常管教，倘能行此二者，則敵人侵略之心必消，國家永久生存可保，此即蕭何之轉運關中，威耳遜之粮食戰勝一切之策也，茲將其辦法錄陳於後，以供我邦人士之指導焉。

甲，關於生產者

（一）實行兩熟制：查我國農民習慣，均於秋獲後，將農田注水休閑，其用意不過防來年乾旱，以免收獲受其損失，殊知蓄水設備，一遇旱年仍無辦法，去年夏秋足可明證，若於秋收後，將稻田放去蓄水加以耕鋤，播種小麥一季，每一年兩收，增加農人經濟不少，或者謂插秧與麥熟期間頗有衝突，且盡屬乾田，何能插秧，然亦有補救之法，本年早春，農人無水田播種，個人以曾吉夫博士所傳之水稻乾田直播法。指導農民辦理，一般人皆不以爲然，惟北碚十九保農人馮時齋斷此施行於秋收時比較其他之移植水稻尤佳，倘於冬季種麥，至春可於麥行中播種稻穀，絕不生任何影響，又查川滇黔三省之稻穀產量，據民國二十二年金陵大學經濟系之估計，四川每年在一五，二〇七萬石，雲南四，〇〇二萬石，貴州三，八八五萬石，合計二三，〇九四萬石，每担一百斤，合舊制三斗，共計舊制七三六五萬石弱，種麥雖不如稻之多產，亦可得其半數，可得四千萬石左右，但與穀實之價相比，亦稍不減，且用途較稻爲廣，其他各省如此，自有補於軍粮實非淺鮮。

（二）提倡雙季稻：查川滇黔氣候，多於十一月方漸寒冷，每見稻禾收獲後，於稻根發生幼苗，仍能成熟結實再收，於此可知田中早晚稻並種，必無妨生長，且增加生產，其法即於前種之麥行田中，以乾田直播法，播種早稻，俟麥收獲後。注滿田水，再移栽晚稻於種麥之行，使之共存共榮，早稻收後，晚稻尤茂，此法在江浙行之頗多、際此非常時期，各地各省，正當倣行。以增生產，

（三）施行稻禾避水法：我國每於夏季值稻禾生長期間，山洪暴發，淹沒田谷，每年所受損失不知凡幾，現得一法，在水淹之田將所種田谷拔取，移於未淹田中栽之，待水退後，復栽回本田，如有不及搬移者，可將已淹之禾苗拔去，於田中另把別田分秧栽植，以上兩法均於黃桷鎮十二保農人李廷輝施行有效，收獲甚佳，凡沿河各地農田做此施行，水災損失自然減少。

（四）厲行塘堰政策：水利工作經政府三令五申而成效仍無，此非人民無錢不樂從之故，實地方政府奉行不力所致，蓋塘堰工程本易，並無何種困難，惟此中人事問題，殊多糾紛，如佃戶願修而地主不願修，或彼疆此界，壅水決流等，一生問題，既行擱淺，鄉典智識簡陋，誰敢訴諸政府，政府亦以無事爲安，即以轉發上峯之命令，爲自己之天職已盡，修與不修是屬人民之自動，如是何能有成效之可言，今後問題不在人民，而在政府，倘政府能嚴厲督促，責成保甲，並派員分赴各鄉視察，倘有糾紛，即予解決，必能順行無阻，個人於本年一二月曾在三峽實驗區作此工作，兩月之間，完成塘須八九十處，灌溉田穀六千餘石，俟後人民尤有自動興修者，於此可見非人民之無錢不修，實以因修而起之糾紛無法解決也，倘政府爲之排除困難，將見風行草偃，何功不成，且塘堰之利，不只灌溉，以之種蓮養魚，受益無窮，誠能於行政進程中。藉以塘堰成績，此項問題得以解決，則上項辦法更無慮也。

（五）擴大造林面積：各省邊荒頗多，但非有大規模殖邊辦法，不克有濟，即內地之墳墓、寓山、河堤岸圩，坡坎荒地等亦復不少，均視爲荒廢無用。其他耕種之地，傾斜在三四十度者，尤爲廣大，此項地帶，每年產量既少，土沙崩潰愈甚，若以之植樹，不但可補將來材用之不足，尤能化無用作有用，防止風沙水災調節氣候等之無上善法。其辦法即以縣府農技土主辦其事，並令各縣所屬各區署，各擇公有地畝十畝或二十畝作爲苗圃，於秋後採集本地森林種子，以備來春播種，至於苗圃播種各技術，由農業技士巡迴指導，並限定時期，將各該區域之荒地及傾斜至三十度以上之耕種地栽植完竣，至於育苗造林保護實施工作，概責成該區壯丁輪流担負，此項工作，不但得荒地利用材木充足，預防水旱天災之功用，尤於防空設備，更顯奇效。

（六）募資開發採鑛：我國後防各省，邊疆荒地，幅員遼闊，鑛山區域亦復不少，只以經濟缺乏，無力開採，現全面抗戰，沿海各省淪爲戰區，市場化爲灰燼，商業盡呈停頓，各資本家已成英雄無用武之地，後防各省，正好勸募投資開發各邊區之荒原，採發各地之鑛產，使之生產增加，軍用資源亦能繼濟，對私對公兩得其利。

（乙）關於教管者

（一）嚴密保甲組織：保甲制度爲肅清匪盜之澈底辦法，然歷年施行以來，隨時整理，不遺餘力，而盜匪橫行如故，何也？此無他，未嚴密組織耳，所謂編聯保甲者，只編而不聯，所謂清查戶口者，只清而不查，凡屬一切政令變爲實際工作，方收效力，保甲亦然，過去之弊，是在將保甲名冊編製完竣，或戶口人數，登記清楚，即認爲職務終了，對於編甲編保之後，甲與甲保與保之如何切取聯絡皆絲毫不聞不問，至於某甲某戶之是否善良或有無藏匿通行匪類之情事，亦皆置諸高閣而已，此種掩耳盜鈴之計，無怪匪愈治而愈多也，今後辦法：對於保甲須認眞稽查，每日由甲長稽查各戶，每十日由保長稽查所屬各甲，每月由聯保主任隨時巡查各保，並限期具無匪切結，具結後犯生匪患，則處以連坐之罰，並及其該保該聯保主任，聯匪則定互相檢擧之約，事有專歸，責無旁貸，盜匪既無潛伏之地，不難聚而殲之。

（二）訓練民衆方式：平時訓練人民均以壯丁爲限，其他婦孺老弱悉行豁免，此在平時固無不可，在此國戰開幕期間，此項訓練尚有不足，擬將老弱婦均亦當受訓，以備非常，並須於最短期間，使其普遍，即以縣府爲單位，召集所屬各區長分期授以生產防匪防空等項常識及技能，使之亦分期轉授聯保主任及聯隊附，由聯保主任聯隊附轉授各保長小隊附，由保長小隊附轉授各壯丁，由各壯丁轉授各家庭，即教了又學，學後就教，輪流學習，轉於授受，不半年間，全體民衆，無不諳熟上項情事，對內則政府亦少後顧防範之憂，對外方有專一策略，民族復興亦在此舉，不但爲內地增强實力，即禦外侮亦可爲後援。

（三）治匪策略：整軍之後，盜匪之風，時有所聞，但彼出沒無常，此擊彼竄，曠日持久，殊非迅速斂攄之道，今欲使之短期內解決，宜採取封鎖及游擊策略，所有各地隘口，由地方保甲設置盤查，凡屬行人均須持有路票，擊匪軍隊，不住於場市，須分駐於匪區，彼此放出步哨切取聯絡，再以少數隊伍，隨時進襲匪區，使外無取掠，內不安枕，資源日竭，坐斃立至，不數月餘間，即可內部肅清，以上三項辦法，係個人前三年在綏定任後防職務時施行有效。

（四）招匪移民以實邊疆：盜匪亦屬國民份子，不過因生活所迫，挺而走險，原其心跡亦有可憫之處，倘能悔罪輸誠，亦可許其自新，並爲活之路，以斷劣性根株，施以招撫，如有來歸，編制成隊，開往邊區，實行屯墾，因匪所過生活，極其惡劣，耐勞忍苦尤爲所長，若以之屯墾邊區，實屬合宜，使地無曠土，國無游民，富無之基，於是夫立，盜匪之風，自然銷弭，至於戰區難民，一般仁人君子，捐資收容，固屬善舉，但不如仍以所捐之資，爲遷徙邊地之用，使之各得其所，從事生產事業，既可使邊地開發，又可減少消耗，以充國用。

（五）和好蠻夷增强實力：魏絳和戎成三駕援楚之功，諸葛平蠻顯六出祁山之績，內安外攘，自古皆然，我國後防各省，苗猺番回蒙藏各族，雖然內附，然漢夷仇殺之事，時有所聞，雖屬跳樑小醜，總爲後顧之憂，此宜急派員聯絡，共敦睦好，不但內附而已，並須宣傳痛癢攸關之處，使之共赴國難，與我同仇，漢夷輯洽，實力愈爲增加，後防各項進行事件，更推行順利矣。

以上各項，不過略陳梗概，施行之先，尤須妥爲規劃，然後下以決心，持以毅力，努力宣傳，認眞督飭，亦不難登高一呼，羣山皆應，大勢所趨，如鵝羽宇，自然風行一時，凡皆樂從，個人本愛國心切，不顧妄加論列，鄙隔之處，因此不免，但芻蕘之獻，聊作學者一得耳。

嘉陵江三峽實驗區之抗敵動員訓練

上篇　動員籌備

一．訓練工作須知

二，宣傳之研究

三，教材實施須知

下篇　訓練經過

一，抗敵動員訓練報告

二，抗敵動員訓練週覽記

上篇．動員籌備

一，訓練工作須知

目錄

甲，基本概念：我們的宗旨，我們的任務，我們的工作　我們的信念，我們的訓條，我們的生活，我們的組織

乙．怎樣工作：準備用品，宣告，出發，到後，調查，集台，施教，補習，整理，檢懲，

丙，日程：廿六年十一廿月廿三日至廿六日

（甲）

我們的宗旨：

實驗區抗戰動員訓練；

促進地方文化建設。

我們的任務：

激發民族精神；

提高文化水準；

增進地方建設。

我們的工作：

執行民衆訓練；

執行社會調查。

我們的信念：

羣衆是我們的生命；

組織羣衆即是建築民族抗戰的長城；

不識字的是瞎子是傻子是殘廢；

肅清文盲便是增加抗敵的戰士；

我們振作起淬勵直前的勇氣向文盲衝鋒；

努力推行即知即傳運動；

幫助人識學問勝過賬送人命銀；

我們要絕對忠勇地幫助民衆教育民衆；

剷除苟安渙散的奴性；

貧愚弱私散的社會便是野蠻的地方；

發揚火力向野蠻進攻；

我們下鄉便是上戰場；

我們誓以大無畏的精神，剷除貧愚弱私散；

推進農村到現代去；

我們深入農村認清社會幫助社會；

我們要認清民生的疾苦湧起改良的要求；

我們快將民衆自覺自動的精神鼓舞起來；

我們要將後方當前方拚命發展抗敵力量；

我們大家團結起來努力建設拚命抗戰；

我們決以熱血貢獻國家；

我們一齊挺進爭取偉大的勝利。

我們的訓條：

我們絕對要尊重組織；
我們絕對服從鐵的紀律；
嚴守時刻卽嚴守紀律；
我們的工作全在實（實事求是）精（精益求精）廣（推廣幫助效能）三點上用功夫；
凡事必要求正確完善迅速效率；
我們絕對要自强不息羣强不息；
我們要經常檢討時事認清時勢；
堅忍卽是堅强有堅忍卽有力量；
有堅强的意志卽有美滿的成功；
百折不回爲成功之母；
雄心勃勃的人才算是中華國民；
我們做事有胆識便應有愉快的態度；
對民衆有禮貌便有文化；
我們下鄉去一切行爲要大衆化；
我們千萬不可給民衆以壞的榜樣；
我們要習於隨時隨地幫助他人教育他人；
願人人都有豪俠尙義的偉大氣概；
願人人都進修「領導人羣服務」的能力；
要戰勝敵人首先要我們的精神戰勝敵人的精神；
我們要生活如打仗做事如用兵；
精神第一問題成整講演通俗；
我們誓創造出偉大的成績；

我們的生活：

每天
必早起，必勤勞，必整潔；
必教學，必宣傳；
必開會；
必記錄，必整理；
必有幫助民衆之成績；
必抽調保甲長人民予以報告或講演之訓練；
必不斷地研究改良管理的方法工作的技術：

作息時間表

時間	事項
拂曉	起床
六點	運動
六點卅分	早飯　預行打綁
七點卅分	集合
八點	行課
十一點	預行打綁
十二點	午飯
十二點卅分	集合
一點至四點	行課
五點	組務會議（檢討工作經過問題研究方法整理心得觀感）
六點	晚飯
七至九點	進修（研究並編製教案）
九點卅分	就寢

我們的組織：

爲求工作之有特效，必須有嚴格之組織與軍事化之紀律，故全體人員對於一切規約必須嚴守對於一切指派之任務皆須奉行。

系統——

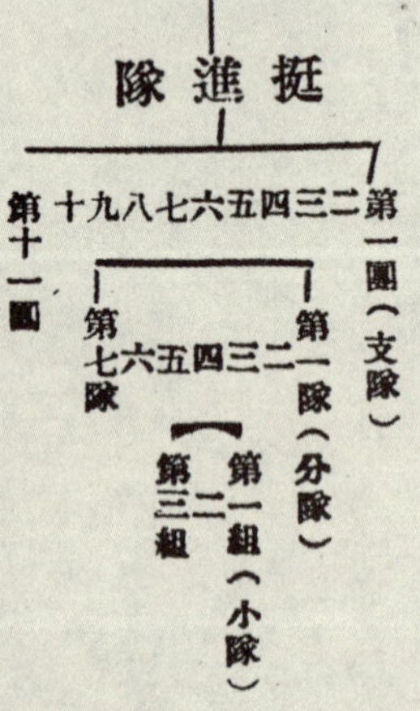

職員證

實驗區抗敵動員訓練挺進隊	
第　　隊	
拚命建設	誓死抗戰

人員；
　　兼中校，師生。
　　區立校，師生。
　　各小學，師生。
　　區　署，主任，職員，官兵。
編配——性別協調，能力强弱協調。
　　按原有各專業，編配分工，以專責任而高効能。
　　兼中，小學，官兵合理編配。
　　每學區有區署之主要職員一人。
　　每場有區署之主要職員巡導。
甄選；
　　為人正大。
　　管理才能。（號召才能）
　　工作技術。

（乙）

準備——由兼中當局，區署內教兩股，暨民教會負主責。
　　教材；須增加——
　　防空，防毒，救護之常識，及徵募担架夫之宣傳，
　　開會選舉法，公共衛生教材（鉛印）
　　唱歌（油印全體熟悉口傳之）

時事（以每日嘉報用紅筆鈎好改編後轉播之，嘉報之傳遞用遞步哨辦法
　　，凡報告右端之寄址等須查閱清楚，簽註收發時刻後，立即派傳達送
　　交鄰保，鄰保隊長仍依樣傳遞之，須迅速確到不誤）。
　　凡訓練員對於各教材之內容，要深切瞭解而融會之，多搜集新奇滑稽有
　　趣之該天材料。
教法：編製每一單元之教案，預先加以演習修正。
社會調查：（由內務股按油印講給全體訓諫人員並檢討之）
用品：
　公物——教育者：教材，粉筆，黑板，圖畫，奬品。
　　參考者：籌備會議錄，書籍（自行選帶）
　　　各種圖表（地圖，區圖，保長姓名住址，總教師一覽表
　　　，訓諫工作組織人員一覽表）。
　　紀錄者：調查表，會議錄，筆記本。（小簿每人一本）
　　日用者：鑼或梆，時鐘，口笛，紅筆，紅色顏料。
　　診療者：每隊均須有簡易診療設備，于歸來時由隊長負責救濟。
　私物——被毯，面巾，牙刷，文具。
　伙食——向各自伙食團提走，須於前一日領定，小學生之通食者，每日津
　　貼一角，共八角，又輪勞一角，餘均每日五仙，八日共四角，又
　　輪勞一角。
宣告；
　　印貼佈告。
　　印發命令（給各保長與義務教師）。
　　印發傳單（市鄉打鑼宣傳詞）。
　　舉行誓師大會。
出發：
　　分別開團隊組會議（編配分工）。
　　須先將所任區域之保長姓名住址（小地名）弄清楚。
　　須先將路線弄明白（如中途問人問路須加一（請）字以示恭敬）
到後：
　　會着保長須先說明來意，次交區署所發之命令，接洽食宿地點及辦法（每

隊集中在一處就保長家或教學地方辦理）

擱置行李或佈置住地，應經常有所在「集合」地。

觀察本地民衆之特殊生活及習性。

觀察本保地勢大概，劃分施教區域，確定施教地點，

會同保長偕甲長暨士紳開會（全保齊集一處舉行之）。

「說明意義辦法及所負責任」

預定義務助理人員。

開會後須速選定壯丁兩名「健步熱心粗識字者」專負傳達勤務，並須詳告以傳遞所應遵守事宜。

調查：

對其當前工作或生活疾苦表示極親善之同情關切，態度須和平，招呼須誠懇，接談須簡明，以消除其疑懼之感。

以與他們生活有利害關係之講題爲號召，說明此次訓練之重要，勸告其願參加聽講，（說讀書他仍是不願意的），（說講演他們比較愛聽些）。

照調查表之各項目，逐一登記其所有人口，（現定男子十二——五〇歲，女子十二——四〇歲，均必須參加入特別生活或問題者，須由甲長及鄰戶證明後始可通融就地加緊補習）

商定應該來的，那些上午來，那些下午來，并成一定，告訴施教地點，集合信號及遲到缺席處罰辦法。

板凳自帶（在鄰戶借或草地者自便）

每一院子或數個單戶，選舉或指派一位組長，每次集合時，由組長催促起一路來，否則實行連坐。

告訴組長聽到信號後，應立將信號傳達較遠之鄰處。

照組織系統及秩序，編造點名冊，「分戶號姓名劃到備攷」並分造一份給各甲長。

集合：

一次信號預備，二次信號動作，三次信號整隊點名。

最後遲到或藉故缺席者，斟酌情形輕重罰錢或罰工「修路傳達哨」民衆將來之前，須安定坐次，調整板凳「要合適」。

民衆來了須有甲長幫忙招呼，不可使感覺無聊。

須予民衆以安慰，不可隨意處罰，不可使其稍有恐怖之感。

須使民衆喜於聽講，抒其所感。

須要求民衆謹守秩序清潔與靜肅。

須招呼吐痰與東池之處所。

一切容易發生錯誤者，均須防患於未然。

據保甲次序編成連排班，以便招集及平時之進修，共同議定遵守之公約如下：

聽到信號迅即到指定地點集合。

絕對服從訓練員助理員之指揮。

隨時隨地要遵守秩序。

在集合場所要保持靜肅。

不隨便吐痰或吸烟。

須從第二日起，檢查民衆身體及服裝之整潔，并予以比較之講評。

施教：

內容故事化，多舉具體的實例。

要以談天的態度講述有談有笑。

多用問答式討論式。

每次只講一個單元，以二分之一時間講述，二分之一時間研討。

時間如過長，中間要有相當時間休息，或調劑的活動。

要多引起民衆，發表意見。

要隨時留意觀察學生的反應。

對於未注意者，應特別對他表示其亦關切或變換自己之教材及教法。

補習：

招呼臨時因事下午不能來者，須上午預來受教。

上午教後，立即將缺席名單通知甲長，督促其在下午補習受教，一面并執行處罰。

有特別情形者，督飭就近義務教師，助理員教之。

待民衆對抗戰有相當認識之後，即可照國府頒佈「戰時後方民衆總動員組織訓練及服役辦法」而組織之，經常訓練指揮其工作及各種活動。

整理：

統計每次出席缺席人數表，分應到，實到，遲到，缺席，給假，備考，

記錄活動之經過，觀感，及心得。

檢討社會問題，公共成績——人民感受的程度。

研究應有何改進——關於宣傳組織訓練事項之方法及精神清算，團體或個人有何功過——最勤勞努力者，新方法，特殊成就「幷由公共及長官加以講評」。

選擇較優之活動，攝製照片「財務股預備膠片兩打」。

按考成表之實施獎懲。成績之優劣，須分別彙載報告書，幷公之於會場及嘉報，最優異者，特贈文化獎章以表光榮。

分頭編製報告書，並由北碚月刊室，及區署各股會編之。

（丙） 日程

十一月十九日，全體齊集編配，籌備研究演習。

二十日，領齊應用公物款項提集伙食用費。

廿一日，各團體各隊限本日午前分別到達目的地，進行一切預備事宜，愈早愈好。

廿二日到二十五日，執行訓練或社會調查。

廿六日，各隊整理清楚，直接歸回北碚大禮堂繳清一切。

附註：一，逢場之日做調查工作講演，順延日期。

二，整理各項總成績問題，另行開會議定。

二，宣傳之研究

（一）宣傳的重要

全面抗戰發生，敵人的飛機大砲，不住的在我們的國土上肆虐，只要是稍具常識及稍有熱血的人，無不深深的感覺到救亡運動的必要，惟救亡運動，最迫切的工作，莫過於宣傳，我們不但要在少數都市的民衆之中宣傳，更要將這種宣傳運動的波浪，普及到數千萬的農村民衆當中去，使他們每個人的腦海深處，都種下一個「救國」的種子，每個人的心坎中，發出一種「救亡」的熱忱，

（二）宣傳的目的

一，使民衆明瞭日本帝國主義侵略中國的橫暴實況，和中華民族的空前危機。

二，使民衆明瞭一切不抵抗主義，失敗主義，悲觀主義，機會主義，等待主義等，都是危害民族生存的投降理論，同時指出未來的抗敵戰爭，是有勝利把握的。

目前的國難，可說是已經到了最後的關頭，國難宣傳，確實是刻不容緩之舉，我們既負了救亡工作的使命，對於佔全國百分之八十以上的同胞，自不能不使他們注意到這種民族救亡之問題，不能不激發他們愛國的熱忱和抗敵的情緒，國家可以亡，土地可以失，而民族的意識，是無論如何不可失去的，失去了民族的意識，其危機當更甚於亡國，我們希望作鄉建工作的同志們，大家起來，喚醒民衆，共同應付這當前的危機，我們幷希望這種宣傳，至少可以得到這樣的收獲：

一，民衆能自願的參加救國工作；

二。全體商民，此後誓不買賣仇貨；

三，大家都能踴躍輸將，

四，民衆能明白時事與戰事常識。

（三）宣傳的步驟

當你還沒有大批對象，而在找尋線索的時候，要同陌生的人談話，不宜於開頭就用宣傳講演的那一套方法，須要依照社交習慣，從尊姓大名，家住那裏，生意好壞等等談起，漸次把談話轉向他的生活狀況，抓住他生活中的苦痛，指出原因，使他明白，同時激動他的憤怒，已經被激動了，就告訴他應該怎樣求出路，這時要緊緊把握他的特性，注意克服他的迷信和自信力不够，最後要告訴他，怎樣去對他們的伙伴宣傳，怎樣去組織他們的伙伴起來，參加救亡的鬥爭，於是談話成功了。

如果是對幾個人或是對大批的民衆談話，你須將日本帝國主義的侵略、漢奸的出賣民衆，救亡的鬥爭當中，抓取一個片段，編成有聯繫有系統的有趣的故事講出來，這樣對多數人談話，容易收效。

對方接受了談話的時候，即刻要求他們組織救亡團體，或是要地們留下住址，以便找他，這樣才不至談話落空。

（四）宣傳的技術

宣傳的技術，是富有藝術性的，能使我們一句話燃起聽者的情感，使富

接受，而共成起來，這就要看我們談話的技術如何了，有很豐富的宣傳內容，而沒有宣傳的技術，且不能把他充分表現完善地傳達出來的，這裏，我們便討論到宣傳的技術問題了；

一，態度：態度要誠懇溫和，絲毫不能露出浮誇和驕傲的習氣，纔能感動聽衆，如果態度魯莽，藐視，輕浮，或勉强，便失去講演的效用，所以態度懇切，是最不可忽視的。

還有，我們要先了解談話不是大衆裏演講，他是日常生活的談話，我們的態度，要絕對自然，不帶着矯揉造作，裝腔作勢的行爲，要盡量地讓對方發表意見，聽取意見，不可「忘我」地不顧對方情緒，而大談特談你的見解和議論，把對方當作發洩你的情感的「填鴨」，無論在廣衆裏或個別的會談，都是要不得的態度，你要以生活談話的自然的態度，去聽取對方的意見，無論好歹，要讓他傾聽，而你再從他提出的要點中加以解釋和讚揚，要用「循循善誘」的熱心，誠懇的態度來感動對方。

我們千萬不要忽視農民心坎裏深藏着對生活和世界的見解，有時候，他們的意見，幾乎都值得我們接受或改變爲實現的，因爲生活的長期的教訓，實際的經驗，是他們所倘蘊的，我們的談話，就是要啓發他們的對人生和世界的見解而加以補充或修正，指出一條正確的道路，所以我們的表情，也要以親切誠懇爲主。

二，語言：最要緊的，是口齒清晰，所謂口齒清晰了，發音準確，說話不顛到，不重複，不凝滯，呆板，如果講演時口音含糊，語言顛倒，根本便會失去聽衆的興趣。

農民因爲知識淺陋，對他們談話，用不着甚麽高深的理論，用語必須明白好懂，要以通俗的話語，清晰的言詞使他們易於了解，不能用許多他們聽不懂的名詞和文縐縐的高調，以免引起他們討厭，對於婦女們談話，尤其要特別注意這點。

對於當地的方言能熟練，當地的俗語能盡量應用和採納，一切有意義的歌謠，都可以成爲加强談話的效果，要熟諳當地農民語言的情調。要具體而少用難懂的新名詞，多多用有趣而生動的譬喻，千萬不要抽象而籠統，不紊亂，不重復；而合於邏輯和經濟，音調和表情，都要自然而美。

三，方式：對民衆講話，最忌帶着一種教訓的方式，要注意自己莫成爲傳教師，應該要站在民衆同一的立場，以溫和的態度，懇切的言詞，處處與他們表同情，就像平時與他們談話一樣，還要注意對方接受你的話，到了什麽程度，要啓發他們發問，啓發他們發表意見，要留意他們的每一句話，要考慮他們話中有些什麽問題，立刻準備談話的新資料。

四，對象：要按對方的意識，傾向，和接受性。而細心地和他交談，千萬不要口直心快，而不按對方的要求的程度，這不但不能使對方感化，而且會引起了反感，在農村裏有各種不同階層的存在，我們要加以選擇地去接近他們，我們知道自耕農，佃農，貧農，僱農，都是受着帝國主義和封建地主，買辦，軍閥，幾重的壓迫和剝削，只有他們最能意識到抗帝，反封建的迫切要求。

至於講題和談話，也當視聽衆而定，不可呆板，例如某一講題與談法，在城市能適合而得到成功，在鄉村便失敗，這是很平常的事，此外應注意的就是聽衆是流動的，在講演中，一羣聽衆，或許已經換過多次，忽而成人多於兒童，忽而婦女多於男子，此時講演人，應對鄉村結構中臨機應變，以適合聽衆。

五，服裝：宣傳員的服裝，最好一律短裝，佩上規定的符號，使民衆一見便知，亦可於無形中增加宣傳的效果。

六，場所：宣傳場所，以平時農民常集合營共同生活之處最適當，如農村茶館，小商店，都是談話的地點，如談心會，兄弟會，節季會，同樂會，游藝會，合作社的組織，救國會的組織，都是和較廣的農民接觸的地方，其他民間固有的集會，如土地會，廟會，季節會等，都是談話的地點，要儘可能的利用。

七，聯絡：假使宣傳的範圍較大，分爲數組時，則各組之間，必須互相聯絡，連成一氣，宣傳的內容與方法，亦務必一致，不宜各行其是，以亂聽聞，尤須與別區域服務的工作人員，取得聯絡。

（五）宣傳應注意之點

一，先對農民應該有個相當的認識。

二，談話內容，要從農村實際生活問題出發。

三，稱呼各地不同，對人禮節，也因地而異，要預先打聽清楚，以免鬧笑話，引起農民的反感。

四，我們的談話，不但要以不妨礙農民生產工作爲條件，同時可能在各種農忙節季裏，或平時參加到他們的勞動生活裏去，譬如刈麥收稻的工作場上，都是我們進行談話的地方，一面勞動，一面談生活的話，利用各種有趣的場合•和動機，同時學習他們的情調，觀察他們更深的生活內容，都是使我們的談話，更順利地進行，使我們和當地的農民的情感，更密切起來，

五，當講演隊下鄉的時候，切忌不要向文化水準低下的或是貧苦的農民募捐

（六）與宣傳有關的事項

一，農民爲了工作的忙碌，不易集會，所以進行個別訪問的工作，也很需要，個別訪問，極容易和農民建立起友誼關係，而且在訪問中，知道他的家庭情形，生活狀況，這是對於我們的工作是會建立起便利的基礎的。

二，如果是舉行講演，聽衆文化的水準比較高，那末介紹一批進步的書目，以及進步的刊物，那是很必要的。

三，沒有圖書館的地方，最好指導大衆，共同訂閱書報，或由比較有閒一些的人，自已出一種壁報。

四，當演說，演戲，唱歌，或私人接洽的時候，隨時要注意發現特殊的前進的人才，當發現那種人才的時候，馬上就應該和他們互換通訊處，這樣，以後就有了互相通訊的機會，那一個地方的民衆工作，就有了繼續負責的人了。

五，不通郵的地方，應該設法在當地建立起寄遞書報的方法，或者由許多人依次輪着傳遞，這樣的辦法，必須努力使他實現。

六，陳列好的連環圖畫使人翻閱。

七，注意工作的自我檢查，與自我批判，凡工作過程中的缺點，弱點，與困難，都必須盡量揭發出來，并隨時設法克復他們特別難解決的問題，應該聯絡別區工作人員，集體討論。

八，注意相當的自我教育。

（七）宣傳的內容

一，對於這一次抗戰的認識

這次抗戰的意義：一，我們是爲爭生存而抗戰：不抗戰則當亡國奴（參看亡國奴的慘狀及東北同胞的苦況）當亡國奴則死，二，我們是爲求解放而戰：不抗戰便不能解除敵人的壓迫和束縛，便不能建設新的中國，我們的生活就無法改好，就只有永遠受窮，永遠作牛馬。

這次抗戰的性質：一，是全面的：敵人侵略的目的是整個中華民國，我們每一個地方，都已受到他的攻擊（尤其是空軍）我們每一個同胞，都已受到他的損害（尤其是經濟），敵人的侵略是全面的，因此我們舉國一致的對外抗戰，也不得不是全面的，我們每個人，都要在抗戰的隊伍中，用盡一切力量來爭取勝利，二，是持久的：敵人的策略是速戰速決，一開始就用它全部力量，想一下把我們打倒，愈持久則愈與他不利，故我們就採持久的消耗戰策略與之周旋，以爭取最後的決定的勝利，，故我們要忍受一切的犧牲，克服一切苦痛，堅持到底。

這次抗戰的前途：最後的勝利必屬我們，因爲：

一，軍事方面

（一）敵人的國防對象，主要是蘇聯，英，美，不能以全力對付中國，我們可以全力對付敵人。

（二）戰爭爆發，敵人國內革命勢力•必乘機抬頭，而我們則因爲是爲全民族生存而戰爭，戰爭愈大，內部愈團結。

（三）他們的軍隊，都是養尊處優，我們的軍隊和民衆，都能吃苦耐勞。

（四）敵人入我內地到處是敵人，而我們到處是自己的戰士。

（五）敵人入我內地，地形不熟，言語不通，處處都與他們不利。

（六）敵人入我內地，戰線愈延長，兵力愈分散，我們可以隨時選擇敵人的弱點，加以攻擊。

二，經濟方面

敵人是個先天不足的國家，資源非常缺乏，食料和原料，都不足以自給，其戰時經濟力，只足六個月用途的，這是決定對方作戰不利的主要條件，至於我們，因地大物博，資源豐富，即使戰時海岸線被封鎖，亦不致受多大的影響。

三，國際政治方面

敵人國內政治的危機，世界弱小民族解放運動的高漲，帝國主義間矛盾的尖銳等等，都是阻礙敵人的侵略，有利於我們抗戰的條件。

二，對於這一次抗戰的努力

精神上武裝起來：使我們每個人都要識字明理，不受一切侵略者及漢奸理論的麻醉（參看普教課題）

加緊生產的活動：（參看糧食，家畜，蠶桑，農村課題等。）

組織成一座鐵的長城：（參看公民課題）

附民衆校

一，一般的民衆校

1. 民衆校的設立：一，隨時聯絡小學教師，要和他們親密地協商；鼓起他們服務的熱情，最好是當工作人員離開他們以後，他們就成立各式各樣的成人補習學校，讀書班閱報處等等。二，開辦識字班，同時叫他們即知即傳。

2. 民衆校的方法：一，關於開辦補習學校的教育方法，要加以討論，要避免注入式的舊方法，注入式往往會使學生感到單調乏味，而減低其學習興趣，採用以討論生活上的問題爲中心的生活法，要把每個學生，引到自動學習，集體研究的路上去。教師要和學生大衆打成一片，只是裏面的一員。要這樣才能够養成大衆求知的習慣，增進大衆求知的方法，同時才能夠用少數的教員，指導多數人求知識。二，一般失學民衆的語言程度，通常比受到中等教育的人爲低，教學的人，應當極力避免應用術語或新名詞，以最淺顯的語言，說出使他們每字每句，都聽得懂才是。三，兼用討論式，問答式，一方面使學生在課堂有發表意見的機會，一方面可以隨時估量學生學習的程度。

二，特殊的民衆校：在城市，在鄉村，都可以進行小先生救國會的組織工作，來領導他們，一共做救亡的工作，這在田邊，河畔，山腰的牧童中去進行，在鄉村的小學生中去進行，通過這些小先生救國會，根據即知即傳的原理，他們會把教育工作，宣傳工作，帶到廣泛的成人和兒童裏去。

三，教材實施須知

農民最歡喜聽講農村課題第四課選種，與合作課題，至各婦女更歡喜聽者則爲家畜保育課題。

區署最近派了幾位職員在北碚第八第九第十一，，十二，十六，二十八保，黄葛鎮第十二，十三保，二岩西山坪等地的合作社，都已組織成功了，北碚第十二保與西山坪合作社都借還錢了，望大家快些都組織起來吧。

故講演之日最好上午講合作課題，下午講其餘生產教材，但講生產救濟一課，只須唸一遍，請民衆隨着複唸一遍，講預防病虫害順便告以四川主要農業受病虫害之損失年約二三萬萬元以上，教史地課題宜先略告時事，再講第八課亡國奴的慘狀，第九課東北同胞的苦況，並應略講地理由北碚引伸到四川，中國，亞洲，五大洲，並及各色人種，各列强暨弱小民族等現勢。

公民課題，宜參以防空防毒之智識，農友都喜歡聽。

凡講各課務要講出我們的利害關係來，這個還有待各位從事的朋友多想辦法哩，運用之妙，在夫一心，講課還不是與打仗之應有戰略戰術一樣。

還有望各位叮嚀民衆的便是發給各農友的教材，務要各自檢好，以後區署要常常派員會同保甲長下鄉挨戶抽査或溫習舊課，如其不自愛而遺失了的呢，必定要受處罰，罰他做工例！

在上課之時，雖然只是一個人在講，但其餘的人，也應注意監督行課，有時還須幫助補充內容哩！

附帶還須講演如左之問題

明年强迫鹽水選谷種

鹽水選谷種，是一斤鹽四斤水的比例，溶化起來，然後將谷種倒在鹽水裏，撈去浮在上面的谷子，用來晒乾推米，再撈取沉在底下的谷子，用來做種，將來栽插下田，根壯苗粗，穗長粒大又多，收穫要比常年增加十分之二三，今年西山坪科學院農場與一家農人分租各一半的田，農場收谷十二石，農人才收四石，相差是好大呵！

實驗區署規定全區農場，明年一體用鹽水選谷種，分爲十八個學區，集中舉行，並且派員指導辦理，有不送谷子去用鹽水選過，就撤下秧田的，要受嚴重的處罰，這是國難非常時期增加生產。對於本署人民有很大益處的事，所以非强迫辦理不可！

下篇　訓練經過

一，抗敵動員訓練報告

葉靜涵

第一節 動員準備

本區署有計劃地展開抗敵總動員訓練工作，於十月初卽召集各事業機關並團體等，共同組織成立訓練委員會，爲時月餘，在這籌備期中，由各員委分任編輯教材事宜，於各項工作均已籌備妥當後，乃劃定北碚第二十八保作爲實驗場所，派員前往實驗。攷察訓練過程中所發生之種種問題，並研究所得結果，提交委員會商討，謀完整辦法的解決，以便突破進行期中的難關，經過了這一個準備工夫，乃於十一月十九日，召開全體委員大會，商討各項重要施行細則，決定工作人員，其動員人數，有區署職員，兼中校師生，區立各小學教師及高級班優等學生，計共四百三十五人，編成十一團，七十七隊，隊之下分若干小組，每組五人至六人爲限，各團於二十日將伙食用具等備置停當，二十一日出發工作，後以天雨關係，遲延了兩天，乃於二十三日午前八鐘在兼中校大禮堂宣佈動員令：在公共體育場舉行總動員集合，男女健兒，身服戎裝，背負衣被等物，行列整齊嚴肅，如赴疆場之勢，抱着無限救國覺人的熱忱，在統一指揮動作之下，浩浩蕩蕩，各向四鄉的目的地開拔了。

第二節 編組工作

各小組均於當日直達指定的保，應卽召開保甲長會議，商定宿食事項，決定訓練地點，編配受訓班次，以一保十甲爲訓練單位，十甲平分兩組，每組各分兩班，由一小組分担工作，保甲長負號召責任，凡年在十二歲以上，四十歲以下，無分男女，均須參加受訓，集合以鳴鑼爲號，屆時不得遲延宥誤，每次教課時間，規定三小時，又以鄉農多有固定工作，不能整天聽講，是以每一組中之兩班，分上下午受課，以免停滯日常工作，組織妥善後，於第二日開始實行施教。

第三節 施教情形

鄉間農人，從未受過紀律生活，祇能被動地編組起來，卒因毫無素養，仍是十分散漫，在集合號令發出時，多未嚴格遵守，參差不齊，零零落落，動作復不敏捷，受訓人數，每班多者竟有達百二三十人，少者亦有四五十人，第一日因有許多人不注意，故到的人數較少，但從第二日起嚴格規定應行注意各點，不到者立卽處罰，人數就大有增加，對於課程中之最能引發其興趣者，則莫如與他們有切身利益之養豬喂蠶等智識，因其可以幫助他們在副業上的收入，故樂於聽聞，其他如農業技術改良，合作社之組織等，因與其有切膚的關係，亦頗能吸引他們的聽力，并傾心的希望能得實現，使他們的經濟活躍起來，在時事宣傳上，他們對日本人的殘暴，飛機大砲的轟炸，自然非常恐懼，所以對於防空防毒避難之類的智識，因其對於他們會發生生命財產的損失，亦肯願意接受，這是施教中好的一些印象；但一面那些爲生計所迫者，被強迫而來，在聽講時多不用心，因其內心已被愴恐的一家數口的生活壓迫，打破了他一切的寧靜。

第四節 戶口調查

本區對於調查工作，隨時都有，一般鄉民多已司空見慣，故於工作之進行，不感多大困難，而戶口調查之事，舉行已非一二次，此次動員訓練附以此項工作，乃在絕對地要求本區的人口數字得以正確，各小組於施行時，時間有先後不同，有在施行訓練之後作此者，有在調查之後再行施教者，緫以斟酌當地便利情形而定。現將調查結果誌次：

總動員訓練全區戶口及壯丁調查統計表

鎮別	戶數	人口		總計		壯丁人數	備攷
		男	女	男	女		

北碚鄉	三，七八〇	一二，〇二一	一〇，六二七	二二，六四八	三，六六七
黃葛鎮	三，〇八九	七，二四五	五，九四三	一三，一八九	二，二四八
文星鎮	二，〇三七	六，六二五	五，〇五九	一一，六八四	一，七八八
澄江鎮	三，三九〇	八，一一四	七，三二八	一五，四四二	二，六八四
二岩鎮	七一七	二，三七六	一，六二三	三，九九九	五六三
合計	一二，〇一三	三六，三八一	三〇，五八一	六六，九六二	一〇，九五〇

第五節　農人影響

此次發動的抗敵動員訓練，目的並不在積極要把農民組織起來，宣傳他們參加前線作戰，無知的人們，都有這宗錯誤觀念，鄉村農人更不用說，所以在下鄉時，自然難免大驚小怪，他們直覺的告訴，是懷疑要被徵調去當兵，聽說各縣都在執行，他們自忖恐難幸免，故有規避現象，然在保甲組織之下命令行事，不容不到，不到時，則當兵之事未見，而目前受罰之事定行，故缺席人數還不很多，不過尚有極少數之年壯力強份子，借故請假。或藉言遠出謀生等語，不與列席，究此番訓練後所獲成績如何，可分下列幾點紀述之：

一、生產教育——這是訓練的首要目的，農村中的生產增加，即是抗戰中國防建設之一，故在這些教給農人的生產課程中，有許多富有趣味為他們很表歡迎的，如養豬，飼蠶，改良種子，組織合作社等，都能扶助他們的生活日漸豐裕起來，亦正為當前最迫切急需不過的，他們很願我們能於宣傳之後，實地的得到幫助，絕對的受我們的指導，這確是他們心裏真誠的期望。

二，時事宣傳——這是第二個重大而有作用的工作，鄉間農人，既少讀書，孤陋寡聞，國家大事，多不明瞭，甚而本身簡直毫無一點國家觀念，訓練的目的，當然在使農村裏的人了解這些，而尤其要促醒他們對當前日本帝國主義殘暴地進攻形勢，必須得知，並喚醒他們的民族意識，國家觀念，和目前在後方農村工作應盡的責任，我們抓着了他們懼怕的心理，利用了那生命的犧牲，把最低限度的這些要求，非要他們澈底接受不可，否則對國家之積極與消極動員有絕大的阻礙，而無異授刀敵人，就須待斃，他們很能由這教訓中，明白日本人會可漸漸進逼到內地來，設使還不趕快團結起來，一致抗戰，那麼日本人打到四川來也是可能的，推想中的事，他們自會明白，屬於所有的一切，都當同歸於盡，一樣的遭受摧殘。

三，普教宣傳——這一個目的不是此次很短促訓練中馬上就可見大功效的，還要靠繼續的工作，方克完成，現在不過要喚起他們明白教育的意義，要他們隨時隨地無忘掉普通智識的學習，因為鄉農都以為他們年紀大了，學而無用，或者是以為命運註定，學之徒然。這是無知而死心的表現，我們要把他死灰復燃，去大胆的鼓勵他們，實地的教育他們，提高其求知的興趣，在此番訓練，很有力的打破那鋼步自封的觀念，不過為生計所迫，不能如願的求知，他們衷心覺悟到自己的子女是非讀書不足以冒將來，像他們做了文盲的痛苦，確不願再有如自已一樣的子女，這可算對普教的先聲上，生了這一點兒的影響。

四，自身認識——鄉農要說能對自身有澈底的認識，在中國的任何農村裏的農人，都可說是難得極了，這次訓練最值得注意的一點，是在他們迷信氣氛的周遭，促起了他們一部分地環境認識，此番訓練中告訴了他們疾苦的淵源，要打破貧苦的鎖鍊，應該絕對的要靠自已，學習了養豬喂蠶，改技術，選擇優良品種等，以這宗智識能够戰勝窮困的環境，這使他們發生了新的環境認識，也可說是對人生觀念的一度轉變，雖覺微乎其微，可是也算寶貴的一滴，然而更有那爲生計逼得過於無法的人，目前的組織和訓練，確難教其自覺，還有待於我們在冉度的計劃中的努力了。

第六節　農村疾苦

總觀全體的報告中，對於本區的農村經濟破產所得的例證，眞是罄竹難書，根據有一個調查，自然是極其貧苦地段的調查，平均一百家農人中，難找一家吃粗米飯的，他們經常是吃紅苕包谷，或他種雜糧，更以本區農產物不能自給，多仰賴於外縣供給，故糧食作物的價值稍較其他地方爲高，區中農人缺乏購買力，只好喫食儉省僅足延命而已，無法中自行那苦力擔挑工作，彌補不足，在這種生活掙扎之下的農村中做訓練工作，獲得了一個有價值的教訓。

第七節　一個教訓

古人說：「衣食足而後知榮辱」，這怕爲人人皆知的話，中國百分之八十的農人，嚴格點說，可謂俱無衣食，他們除充分的接受迫切有如燃眉的生活改善而外，想不到再會有對他們有密切關係的事，那麼有人要問，人民的生活沒有改善的一日；那就一日不能談教育了，這自然是一個再笨不過的問話，由這次動員訓練中，知道農人們並不需要空洞的抽象的教訓，也不要好聽的高深的學問，他們要的是方法與幫助，農人沒有一個是好吃懶做的人，在這社會中被榨盡了他們最後的一點血，沒有人來救助他們，生產力被不斷的剝削而至於窒塞，我們要是在這一個緊忽的時期有人扶護他們，慢實改進可以收巨大的生產效率，即不言之，在疏勞的工作中，也會多收獲不少的農產物，由此而看到了我們目前應趕速辦的中心工作，第一是實現農人的生活改善，第二是解決農人迫切的困難，建立農人對政府的信仰，誠然這些問題不能根本解決，但總不能因噎廢食，而放棄局部的改進；再從這過程中滲入政治的宣傳，使他們進一步的認識國家之重要，國家不存，民族必亡，人民乃國之基本，農人是基本之一，這樣的訓練，一定會生絕大的效力，不然我們做的組織與訓練工作，不但對抗戰無功，反而會成爲消極的破壞；對農人不但是談不上有幫助，反而成了擾民的勾當。

第八節　結語

此次動員訓練，本預定是四星期，所以對編輯之教材，在質與量上相當的多，後以種種關係•而致時間大有變動，由四星期一變而爲四天，教材既經印就無法改訂，故於訓練中，有義務助教人員之選定，以作各保經常負責的指導人，至於此次的工作人員的技術和，……都欠充實，因此當然就有些不如我們所要求的程度，還是最覺抱歉的事情。

二，抗敵動員訓練週覽記

周遠候

我們爲爭求民族之生存與獨立，發動全面抗戰，但現時的戰爭，非單純的軍事所能奏效，必須動員全國各種力量，始能獲得最後的勝利，故後方民衆的組織和訓練，爲當前之切要工作，實驗區署抓住這工作的核心，遂商峽區各機關各學校動員職員學生四百餘人，實際下鄉工作，分爲十一團，七十七隊，每隊五人至六人，以四日爲訓練期間，深入農村服務，期能將本區廣大民衆嚴密地組織起來，記者得此機會乃隨各團下鄉觀察鄉村實況，以記者學識之淺淡，眼光之遲鈍，兼以時間之短促，決難把握農村中之中心問題，不過聊盡報導之責耳！

凡作事，事前有精密的計劃，始能收相當效果，實驗區對民衆總動員訓練係屬創舉，故事先特派職員到北碚二十八保實驗，尋出問題，俾供討論，期在訓練時能更臻完善，且在事前會積極準備，編擬教材，所以，各個團員均爲抗日情緒所激盪着，極爲努力，極爲熱心。

十一月二十三日出發，全體集合在體育場上，先開團長和隊長會議，分組討論，工作區域，早已劃定，這一羣鬥士•多係初次下鄉，興趣甚爲濃厚，整個操場充滿新興氣象，午後二時，分組出發，各人要將腦中所藏的現代智識和思想運輸到鄉村農民的腦海裏去，盡青年應盡的責任。

一，由北碚市到漕上

第一團服務區域，爲北碚十一保至十七保，有四保均在距市數里的觀音峽上面，漕上一帶，實驗區巴縣蔡家場在此分界，記者爲依程序地觀察全區農村計•故決定以此爲工作的起點。

由北碚市到澄上，約十二里，記者於午後三鐘出發，該隊隊長王濂思，已同組長李君等先行，記者一人循路前進，由毛背沱過溪河進峽，路在峽之半山，右面峭壁，嘉陵江從脚下掠過，對岸白廟子很壯麗地呈入眼簾，路旁修竹茂茂，幽靜人稀，人行其中，別有風趣。

過澄房口，有路兩條，記者不識路道，山坡中荒無人跡，徘徊久之，始有兩農人由竹林而來，詢之始悉取右道而進，到圓井，路漸平，山林已無，僅陵邱起伏，業已繁殖，人家亦漸密，沿途麥豆蔴苗，夾雜枯樹荒坡中，一顯出農村遇災後的荒涼氣象，在土地堂，遇山歐姓老嫗，負柴而歸，記者詳與談話，慈祥可親，據云連年遭受天旱，秋收無幾，均以蕃芋雜糧維繫生活，食白米者百家難選一家，合作社之宣傳，已深入農村，惟徒保僅幾人加入，且其家庭又須有相當財產，始能加入，甚者只有保甲長參加，而農民完全不能過問，故農民雖已明瞭合作社對其有利無害，然享其實惠者不過數人而已於此，希望合作社組織，務求普遍，務須以純粹貧農為對象，則農村經濟之崩潰，庶可挽救於萬一也。

義務校設白蝦井蔣姓院內，該校教師王濂思對鄉村教育，經驗甚富，頗得當地民衆之敬愛，將進校門，牆壁上標「普及教育努力鄉建」八字，甚為壯麗，院角立有旗杆，升降國旗，教室秩序甚佳，頗極清潔，對學生之教授方法，亦極優良，王君雖係青年。深得當地民衆衷心信仰，凡有糾紛，均請解決，而保甲人員說話反不及王君說話發生力量大，蓋王君處處以幫助民衆為出發點，且以處事公正毫不偏袒故也。

全面澄鎖，縱約六七里，橫亙十餘里，人民約四百餘家，編成四保，即十一，十二，十三，十四保，下與蔡家場連界，左臨嘉陵江，上接十保地界，土多田少，地質瘦瘠，人民樸實，風俗淳厚，特產土紙，水果花紅亦多，收益極豐，此地民衆多為專業，單以十二保產紙而論，每年收入亦在三千元以上，近年因受洋紙抵制，備受摧殘，種者漸少，年收五六百元亦難，有紙廠數家，亦遭同樣之運命，全保僅田谷二十餘石，居民恆賴紙之收入而維生活，今既遭外國工業的侵襲，而復受連年的天災人禍，整個農村已走上加速破產的地步。

晚宿王君處，同行六人，除王君外，均為衆中校同學，縱談時事，極為歡洽，對於明日的工作，亦分配甚詳，決定首從調查着手，再召開保甲會議，至九鐘許始入夢，午夜犬吠，清晨雞啼，與街市風味迴然不同，內心怡然。

二十四日黎明即起，附近學生已來校讀早書，進早餐後，李君等分別出發工作，記者以職務關係，不能不與此數位好友暫別，途遇團長劉選青，予其工作計劃相告：甲，關於調查方面，每保一，二，十，三甲，各隊派三人單獨負責，餘則本保適中地共同調查，限二日內調查完竣，乙，關於訓練方面，訓練地點全保分三處，一，二，兩甲，以一人任之，十甲亦以一人任之，其餘三四九甲以餘人共同任之，訓練方式，以軍隊行列為主，教一單元後，必須抽問甲長，或有智識之優秀份子，再由甲長或優秀份子抽問其他，務使人人了解，若有故意違拙。並擬定處罰辦法，一，家庭由家長負責，受訓後練習事項如有不知，除處罰其本人外，並罰其家長，一甲由甲長負責，如有一家不知，除處罰其一家外，並罰其甲長，餘類推，二，受訓人員之獎懲，由訓練人員詳細記載，每日交由保長處理，如有重大情形，得報請團長呈請區署處辦。

沿途人家，已有訓練員足跡，開始在各戶調查，在冷寂的農村中，滲入這一羣活潑英勇的青年的活動，頓變活躍起來，記者於十一時三十分返碚，午餐後仍赴農村到第二團工作。

二，青北公路沿線

二十四日午後兩鐘，記者沿青北馬路赴天生橋一帶。觀看第二第三兩團工作情況，本日為北碚市集期，路上行着趕場回家的農夫甚多，東一行西一行漫無秩序的人羣前進着，記者滲入其中，與其詳談近日時事，並詢問伊等困苦，用互相談話方式，務使辭句簡單明瞭，句句打入其心坎，故聽者越聚越多，邊走邊談，講到飛機丟炸彈與防空防毒等常識，莫不靜聽，發生濃厚興趣，至天生橋記者須到學校，即與伊等分路，但伊等猶留戀不去，要求再講，記者以明日各保均有人如此講演，實驗區署總動員訓練，你們須要參加等話相告，始戀戀而去，在此，記者獲得一經驗，凡事務能把握大多數人的利害，而能為大多數人謀幸福者，必能引得大多數人的信仰和幫助，且與大多數人關係愈密切者，亦愈能引起大多數人的興趣，反之失敗無疑。

沿途田土肥沃，傾斜度小，與澄上比較，何啻天壤，農民生活，亦較澄上爲優，不過，因連年天災人禍…來的農村破產的普遍現象，仍未能免，只崩潰程度的深淺不同耳，各農村各院落均有訓練員調查，人民對區署此次的總動員訓練，已有相當明瞭，凡穿黃色制服工作人員，農民均願與接近，毫無疑惑態度，如工作人員找宿營地，則互相幫忙尋找良好地方，在二十三保甚自有將自己寢室讓出者，足見農民對區署已能了解是幫助他們，而同時區署工作人員在不擾民的原則下，已與農民有深厚的感情，將達到政府與人民完全一體的地步了。

在石房子會着李隊長乾俊，正調查後返住地用午餐，詢以黃團長（予裳）蹤跡，據云已到石坑等處視察，李君亦有事須商團長，遂同行，將到石坑，洪君輔隊長迎面而來，云團長已赴雨台山二十二保視察，石坑下面，爲熊家溪，兩岸水竹叢林，蔚碚一片，極爲可觀，矚目四望，左縉雲，右鷄公，兩山遙對，青葱高聳，横山而下，連接無數邱陵，波狀起伏，良田沃土遍佈波狀地形中，無數村莊，漫散各處，星棋羅列，不禁自爽心怡。

石坑左面小邱，有堰一口，可灌田數十石，惜地位太低、若稍上移，乘於適中地段，則不僅溝田數十石可蒙利益，即石坑附近之田百餘石亦可灌溉，記者奇其何不築於上面，詢之保長，蓋上面田土爲另一地主所有，不能合作，致受無意損失，殊爲可惜。

記者與李君尋小路過雨台山，田土中工作農友甚少，玉合場院內預設講堂，李君前往布置，主人吳姓，對我等甚表親睦，李君以借其堂屋作短期講堂之意以告，亦頗歡迎，毫無拒絕之意，並願於明日開講時，妥覓清潔等待，遙望對邱高處有人冉冉而來，細察之知爲黃團長，喜極，狂奔馬路上以待之，晤黃君於青北公路上，遂相尋路側袁保長家下，黃君對農村興趣素極濃厚，故觀察農村，極爲銳敏，解答問題，亦甚正確，據云中國農村破產，已形成普遍現象，若現時欲救濟農村崩潰，非從改善農民的生活實行耕者有其田不可，本區農民對區署已有相當認識，不過此次係初次訓練，故農民的智識離水平線仍太遠，鄉間老婦，迷信仍深，黃君經雨台山下，見一小廟中有東北三省地圖一張，極爲詳盡，想係在學校所失，貼於化錢爐上，與其購買，堅持不賣，云須經菩薩許可，後出卦卜，定爲盛卦，但兩卦不得，再經解說，第三卦始准，乃允出供果錢一千掉換，足見迷信之深，非漸次轉移不能收效，黃君一再叮嚀李君，注意失業農民，婦女可介紹到蠶桑改良場工作，天將暮，同步馬路上，黃君對當前時代的趨勢與青年應取的目標，亦詳爲指示，記者初次觀察農村，聆此經驗之言，增加實際智識不少。

在二十一保第七甲，有農民黃少全者，獨自臥床呻吟，家徒四壁，寂無人跡，問鄰近者言，「伊本精幹男兒，下力營生，害病已有數月，先尚有其老母與弟等設法治療，因病日久，老母與弟均爲生活鞭打，不得不忍泣棄之流落四方，故任其病死榻上，無人料理，」聞之不禁泣下，感慨萬端，蓋人類本爲生存而活動，而競爭，在求取生存的共同目標上，雖不識之人亦弟兄手足，反之即血統關係，亦不能看顧，是乃環境的逼迫，使其不能幫助耳，觀此而益信。

晚宿石房子，在青年的活潑歡笑中度過此寒宵。

二十五日晨五時，各隊已開始工作，傳彌聚會之聲，遍地皆是，整個農村，好像已經踏上新興的道路了。

二十五日晨記者由石房子返碚，便道到二十七保二十六保等處一行，該處接近縉雲山麓，土壤稍差，廣產紅苕，農民賴以爲食，負該處訓練責任者，爲挺進隊第三團第二十七隊隊長蕭蘊琨，已率組員下鄉工作，人民對此次訓練，業已瞭解，故進行成績甚佳，最可貴者，每至一家，農民均表歡迎，且極禮貌，開調查時，有少婦少女願爲嚮導，至爲可佩，訓練成績、亦極優良。蓋該隊組員工作努力，能喚起民衆的酣夢，轉赴二十六保，則較差，隊長鄧彥孚和保長方法上和情誼上都不甚好，集合時如民衆不到，並不向其解說，僅呼義務校小學生家家戶戶去請，故時間太遲緩，收效亦微。

金剛碑一帶，爲第四團服務區域，各隊隊長尚能負責，因此成績尚好，惟團長遍覓不着，詢以宿營地，各隊長亦不知道，僅聞今日上午一次到該處視察，因此記者未能晤談，悵然而返。

三，澄江四鄉的農民

十一鐘許搭民生公司上水輪到澄江鎮，晤第五團團長雷若萍於街角，正準備下鄉視察，見記者甚喜，遂同往公安三隊辦公室詳談，副團長邵拱北亦在坐，據云該團各隊成績均屬不惡，稍差者爲負二十保訓練責任之三十三與十九保之卅四兩隊，隊長陳天寧與劉璧光，組織與號召力均不甚强，決親往協助，以收實效云，旋同記者到第三保視察訓練情況，講堂設在義務校內，校址位於半山上，面臨嘉陵江，碧水激流，蔚爲大觀，隊長吳碧屏，原即該校教師，工作頗力，記者等至時，將鳴鑼召集，民衆紛紛來校聽講，乃該保爲一長竿形，住民寫遠，且因民衆積惰太深，行動遲慢，因之集合不易，校內到三十餘人時，當即開講，而民衆聽講，尚有興趣，尤其講到與其有密切關係，如養蠶避瘟，防空防毒……等事，異常高興，均皆靜聽，全堂寂然，蓋鄉間連年遭受過度的天災人禍，生活陷於絕境，在此黑夜茫茫摸索中，正需找生存的道路，今地方機關，居然能給以求生的方法，猶如在黑暗中得到一線光明，是感到如何的欣慰呵！

副團長梁拱北，兼負三十隊責任，工作區域在第八保，邀記者到該保參觀，由澄江沿楊槐路到夏溪口，兩旁綠樹行列，人行其中，俯視嘉陵江水向峽口流去，甚有趣味。

渡過運河，講堂設在臨河岸之新房子院內，已經聚集齊一大堆人在壩中，老的少的男的女的約八十人以上，這不是新中國農民集會場的狀況嗎！正由衆中同學李光儒數君點名，莫不欣然色舞，開講時，男的一邊，女的一邊，很有秩序地集合在地壩上，有的站着，有的坐着，梁君先講個人與國家的關係，再講日本人對我們的侵略，後講我們應當如何準備，打動了每個人的心坎，在最精采處更發問不停，而農民思想已被梁君的思想所激動，而農民的情緒已被梁君的情緒所揭發，如由酣睡中驚醒轉來，於此，記者又獲一經驗，凡事難而易，易而難，視吾人的幹與不幹而定，再難的事，只要下定決心，苦幹到底，終能成功，今動員訓練民衆工作，且是基於大衆的利益，益以苦幹的青年在其中活動，故一般成績，均屬良好，僅少數不得方法，致遭失敗耳。

暮色漸漸圍攏來，記者告別可愛的農友登途，因明日爲澄江鎮場期，一般農友均要求提在早晨講，免就誤其工作，梁君當即慨允，農友們始紛紛而散。

四，由白廟子到乾洞子

二十六日十鐘許在細雨紛飛下，記者準備出發。雇舟到白廟子，赴北川鐵路沿綫工作，舟行峽中，約十鐘許抵目的地。踏入市街，煤灰遍地，勞動者到處聚集，荷桶負筐，與昨前兩日農村的現象，迥然不同，東一列西一列衣服濫褸，臉色灰白的工人，蠕動在黑色的炭堆上，記者恍然置身於另一世界，非人類棲息的世界。

白廟子乃黃角鎮屬之二十一保地區，有商業，有貿易，有高矮排列不齊的房屋，表面上已具備街市的條件，街市民衆的抗敵訓練，另有詳細辦法，故區署未派員工作。

聞二十保集合在乾洞子訓練，記者遂取道赴乾洞子，遂在峽岩峭壁中，嘉陵江從脚下流過，故荒蕪淒涼，未能繁殖，乾洞子位於峽之橫溝中，有房屋數家，零落不堪，且多數已無人居，頹樑墮棟，雜陳其間，令人倍感淒涼，乃乾洞子在數年前會繁榮一時，洪濟冰廠且於此造冰，近年來抵不住農村破產的襲擊，仍不免陷入崩潰的深淵，現時人民生活，拮据萬狀，其困苦有不堪目睹者。

行至半溝，路旁瓦屋前壩上，聚集一個人羣，正面由該保負訓練責任之五十八隊隊長黃宗道講演，男女約五十餘人，講演者，確實用了心，但聽講者興趣甚微，而講演地又在溪旁，水聲吼激，說話不甚聽得清楚，故收效甚少。

該保地面全在山谷，有小塊荒土，純無田可耕，居民生活恆賴苦力維繫，大多數的壯丁，已爲生活而輾徙四方，家中僅餘老婦幼孩，值此歲歉年頭，日得一食，尤不可得，每天掛心在爲生活打算。何有閒心顧及生活以外的事，記者連至數家，均貧苦不堪，家無一物，以日本敵人向我國侵略，轟炸我同胞之語相告，伊等竟願遭日本炸死，活於現世界受苦煎熬之語相答，蓋其實又係發自內心者，此乃民衆生活陷於絕境，在無法的當中之吼聲，諸大農村問題，已達到較抗日問題同屬重要的境地，若不稍早設法，恐挽救無日也。

由溝中斜上，抵水嵐埡，北川鐵路公司設此，土質較乾洞子爲優，但人民生活同樣惡劣。時唐必直隊長等數人於此用午餐，該隊工作區域係文星場第八條，在牛角廟一帶，人民生活，更爲艱苦，據云第五甲牛角廟下，有一家四口，近因天寒無食，父母均被餓死，現餘數齡子女兩人，嗷嗷待哺，啼泣終日，刻始被鄰家抱去撫養，而其父母仍僵臥室中尚未安埋，傷心哉、記者心破碎矣，此潛伏危機，足以致我國於死地，不知各地類似此種事件，尚未發見者又有若干，故希早爲注意也。

五、北川鐵路沿綫

記者于水岚埡乘車，向文星場前進，隆隆的車聲，拖着一長串的岚車，兩山如飛箭般的逝去，刹那間就走過十餘里的途程，記者坐在車中，岑寂無話，車抵萬家灣，會第十團團長吳定域於此，該團服務區域，在鐵路沿綫，由萬家灣到鄭家灣七保，記者詢以近況，當蒙答話甚詳，並親引導參觀各隊實際工作。到十九保之劉姓院內：負訓練責任者爲第六十七隊，隊長申開團正集合民衆約七十餘人點名，依次排列，秩序尚好，該保民衆內心，對區署下鄉訓練確表敬意，惟感生活的威脅，就誤其工作時間，不甚願意，繼到十八保，負訓練責任者爲六十八隊，隊長唐愉，頗得訓練方法，組員亦極熱心，故聽講民衆極多，超出應來者四十八人以上，圖畫在鄉村發生了大作用，吸引力亦强，該隊除向民衆解說國防圖畫，日本飛機轟炸的殘酷及避免的方法外，並在黑板上繪中國現勢圖一張，何地被日本佔去，何處現在戰爭中，與文星場在中國的位置，所講的話都和民衆發生了密切關係，故收效甚大，聞其地圖爲衆中校一小同學所繪，簡單明瞭，記者以鄉村宣傳，利用此法極爲治當，希望各隊紛起仿效。

到第十七保，隊長何文軒正集合九十餘民衆講演，成績亦佳，再到鄭家，該團工作區域在此完結，第七十一隊隊長邱義燕，正向民衆講選種方法，民衆四週圍着，頗有興趣，該團工作人員，確已盡心盡力，但一般現象，均未深刻瞭解，記者與每一農友接談，但不及北碚與澄江兩鎭的純粹農民所感趣味的濃厚及態度的活潑，蓋受生活鞭打愈厲害，則愈無心討論離生活較遠的問題，是農民與工人所感受壓迫的深淺不同，而其心理亦各異也。

在該地會着第十一團第七十一隊隊長周承祥君，該隊訓練區域在十五保，工作完畢來此商討問題，據云該保人民生活，艱苦異常，全保百家中僅一家有飯吃，其他均以紅苕充飢，甚至連紅苕已無，而以青杠子爲食者，食法係將其外面硬皮剝去　和水磨成細粉，與包谷麵混合，用火熬煮，食之稍帶爽味，該保風俗特異，養童養媳甚多，有男子在三十歲以上而女子僅數歲者，老少懸殊，駭人聽聞，，聽講民衆雖多，而感覺興味者實少。

六，結語

記者隨團工作數日，對鄉村的濃厚興趣業已領略到，此次下鄉工作人員，確實用了很大的心，把冷靜的農村竟濡成活躍躍地，每個農民的心坎上已留着深刻的良好的印象，不過，以記者學識簡陋，很多地方未能詳細記載，把握活動的重心，同時因時間的限制，未能完成本社預期的任務，均望讀者原諒和賜敎。

實驗區署年來增加糧食生產的辦法

建設股

値此全面抗戰之際，人人皆知道此次的抗戰是全民的，是長期的，既認清了這兩點，那末對於全民抗戰之動員，自然是指整個的中華民族的動員，在我國一般民衆文化水準之過低，國家觀念之淺薄，甚至可說毫無，在這迫切的時間裏，應加速的去組織民衆，訓練民衆，使全民族總動員起來，向着急迫的救亡圖存的戰線上勇進去，然而戰爭是不能單憑武力而能勝利的，必須有雄厚的經濟力爲其後盾，方有持久的可能，而在經濟中以各項生產力爲戰時經濟中的主力，是以不可不盡量的做生產建設的工作，以我國地廣人衆，對於生產之建設，如能加緊工作，稍事改良，則不難增加，以本區來說，對於糧食之生產增加，已獲相當效果，故特將過去所施行之各項方法，及過程中之情形，略爲介紹，倘各地能仿照幹去，每一地方都能像本區的得到滿最低限度之糧食生產的增加，深確實對於我們的抗戰前途具有莫大的貢獻，並希望凡有經驗者，對於生產有補益之良法，統希介紹國人，以俾增加我們長期抗戰的實力，得有把握地戰勝我們當前的敵人。

甲，糧食生產地面積之推廣

（一）增加冬季糧食作物面積：全區水田面積約有二萬石，若全數放乾種麥，可增加糧食一萬石左右，但以農民狃於舊習，未敢嘗試，只得就去歲修有塘堰及水源便利之處，約有田六千餘畝，勸其全數種麥，可生產三千餘石。又區中文星黃桷二場澄江等鎭荒地頗多，業經各鎭聯保，學校，公安隊督勸農民竭力開墾，以備造林，而於初期卽可種馬鈴薯，及豆科等類之作物，計本年內可墾荒地千畝以上，增加生產可逾四五百石之多。

（二）減少夏季工藝作物面積：區內糧食生產，每年不敷食用，約三分之二，對於菸草，落花生，甘蔗，高粱，芝蔴等項作物，減少種植，現在更力促農民須盡量減種，以其面積改種糧食。

乙，增加每畝生產量

（一）改良品種：全區農民實行稻麥田間混合選種，玉蜀黍間行抽花，結果稻作增加百分之五；玉蜀黍產量增加百分之二；並開稻作及玉蜀黍展覽會，以審定品種之優良，優者廣爲播種，劣者令其淘汰；更向成都稻麥改進總所領得金陵大學二九〇五號小麥種五十公斤，分給各特約農家種植，備作將來大量推廣之用。

（二）增進地力：本區位居渝合之間，離都市甚遠，又乘耕種之地多在山麓，土質磽薄，作物生產不暢，產量遂以不豐，是以乃將各處之渣滓，各就其地掘坑堆積，於夏冬兩季將各公共廁所之剩餘糞尿，終相混合，上覆糠秕穀草等，儲待春秋需肥時以賤價售與農人。此種肥料，若盡力儲存，每年全區約在十萬斤上下，藉以增加地力，爲益不小。其他種植綠肥，製造堆肥，處理骨骼，製造燐肥等事，均在進行中。

（三）改善耕種方法：區中農民率多墨舊施行連種法，以致生產減少，病虫之害叢生，現勸農家採精耕制，兼倡導輪作方法，於本年放田種麥之區，明年試用水稻乾田直播法播種早秧，且更於麥子收獲後，再於早秧中栽插晚稻，期獲雙熟，以與單季稻比較優劣。

（四）防除病虫害：農作物病虫害之防除，曾施以相當之實際工作：如稻作治螟虫，施行混合及鹽水選種諸法；採用合作秧田以採虫卵及拔除白穗焚燒，以絕將來之患。玉蜀黍大螟虫之結繭窩蟻，稻作臭椿蟓之捕捉殺死，草堆捕殺地蠶等，均獲相當效果，曾以廢車油，漂染水作蔬菜之殺虫劑，亦早見成效，至於麥類黑穗病之防除，則以選種溫湯冷水浸種法治其本，以剪除黑穗治其標，他如勸農人厲行深耕，清潔田疇，於農家之可能範圍內，只要能使其防治病虫害之方法，無不盡量指導，促其切實遂行。

（五）整頓水利：區內曾征工開塹塘堰，歷時兩月有半，已經完成之新舊塘堰水庫共八十七處，蓄水量共爲一，一六一，六六三立方尺，可灌田谷五〇五六石之多，已解決區屬水稻灌溉四分之一，其餘應繼續進行者，限於本年內興工辦理；同時對於根本預防水旱之造林事業，亦有相當之進展，民國十六年時，值峽防局時代，就區署前之曠地，命士兵除去瓦礫，闢成熟土，就地採集森林種子，從事育苗工作，以爲每年造林之用，迄今栽培林區達十八處，栽植林木六五，四〇〇株；現更於平民公園內闢大規模之苗圃，育有桐苗五萬株，以供本年區屬荒地栽培桐林之用，其他苗木亦不下十萬株，惟圃地低下，本年夏間多被洪水淹沒，存活無幾，至爲可惜。

丙，消極的增加粮食辦法

（一）減少食物之拋失：區屬地瘠民貧，一般人民多食雜粮，食米者祗有少數富裕之家，亦多粗糙，對於拋失問題，到不必顧慮，至於用機器米麥者，更屬絕無僅有之事。

（二）減少食物之糜費：區中風氣儉樸，對於婚喪壽慶，早經提倡不請客，不送禮，值茲年歲荒歉，即不待提倡，亦早樹成節約風氣，縱有必不得已之晏會，每席至多所費不過二元．至於以粮食釀酒，早經明令禁止，乳牛牲畜飼養則更是廖廖了。

（三）改變食物之種類：本年春秋兩季均大批提倡栽培馬鈴薯，曾購買一萬零九百斤種子，散發農民廣爲栽培，現在以此物爲粮食者佔全區內人民十分之三，目前紅苕收穫，居山農民大半以玉蜀黍和紅苕爲食，絕少食米。

就以上實行各點，如一般的縣份都能眞實的辦到，那末生產方面決會增加，倘能更進而改良，則產量更會大大地增加起來，抗戰的前途可獲絕對勝利的把握，願國人從最低的本位切實做起，中華民族的前途是光明的。

實驗區農產展覽會報告

第一次　玉蜀黍展覽會報告
第二次　水稻展覽會報告
第三次　蔬菜展覽會報告、

第一次玉蜀黍展覽會報告

（一）叙言

我國古時，有春秋報賽的話，這就是農產展覽會的嚆矢，可見我們對於讚事，老早就很注意，不過秦漢而後，崇尚科名，農學不講，農政不修，農產比賽，就日趨沒落，以致老大的農業先進國，反不如歐美日本進步之速！

又看我國農民生活簡單，經營的方法，還是襲用着幾千年的古法與近世的科學方法完全不相接觸，所以說現在應該注意的在改換古代的舊法，要變成近世的科學農業，如英美德法日本各國巳都從十八世紀起、把農業與科學一天一天的聯接起來，他的收穫量和生產物的品質，都比較從前有充分的進步，我們如果要謀農業的改良進步，第一是要先從農業行政上做起，因為我國農民智識幼稚，尤其是峽區的農民更缺乏見聞，政府非指示楷模，他們不但不知道甚麼是科學，甚麼是改善，恐怕生產的物品與社會有何關係，以及農村對於社會有甚麼影響，這些簡單的道理都還不知道啊！所以我們要舉辦這個農產展覽會，就是要一般農民接受科學的洗禮，其他民衆也知道農村的重要，共同努力來改良峽區的農業以達到自足自給的目的。

但是農業的範圍，非常的廣大，非有相當步驟，一定目標，如理亂絲，愈理愈棼，不但無效，且貽笑柄，故在此項展覽會特別注重玉蜀黍（苞穀）以免擴廣而荒，期成專注，而易成功，以峽區地勢說，山地恐怕要佔全面積的三分之二，其出產當推玉蜀黍為大宗，若不設法日趨於改良方面去研究，從品質上改良，以增進未來產量的收入，仍舊保持舊法，錮步自封的做去，那末不但收入逐年要減少，恐怕連種子亦必受其淘汰，所以開會比賽的原因，就是要使農業的管理企業化，極力講求與農業科學化而達到革新的實現，並且峽區地方所有農產品，除稻麥而外，要算玉蜀黍為大宗，人民作為食品，牲畜飼料，其他烤酒熬糖，都以此種物品是賴，牠的關係不僅在生產而已，並關於牲畜問題，以及發展農村經濟，工業原料等；都要它作為資源，所以我們先從玉蜀黍着手，以後再作稻麥及其他比賽，依次進行，以達完善之域，這是我們開第一次農產展覽會的重大意義。

（二）籌備經過

甲，分令各場組織籌備會，本署以全區五場，如共同一處比賽，必煩瑣難週，且參加人數衆多，參觀勢必擁擠，陳列品亦必雜亂，為便利農人計，各就本場陳列比賽，惟二岩地域狹小，品種不多，故歸入澄江鎮辦理，先由本署擬定辦法，令飭各聯保主任，及公安隊長，小學校長，各就所在地點，舉辦苞谷展覽會，并檢發該會組織大綱，其大綱如下：

包谷（玉蜀黍）展覽會組織大綱：

（一）名稱：本會訂名曰某鎮包穀（玉蜀黍）展覽會。

（二）組織：本會以本鎮聯保主任保長公安隊長小學校長教員及農民經驗宏富者共同組織之，於必要時本署得派員參加，以資協助。

（三）會務：一，主席。二，徵集組。三，宣傳組。四，展覽組。五，評判組。

（四）職務：一，主席總理本會事務並主持一切進行。二，徵集組承主席意旨辦理展覽品之登記（格式另定），保管及製收據並勸募保管獎品。三，宣傳組鼓吹農民踴躍參加，并講演本會意義及包穀改良利益，育種方法，附帶使用脫粒機，宣傳稻作選種等事項，傳單均由本署製發領用。四，展覽組，陳列室之佈置，及陳列器具之借還，地點之選擇等。五，評判組，粘貼標籤（由本署交給領用），評判優劣發給獎品，並交換品種，或購買品種，以備交換。

（五）人數：一，主席一人或二人。二，徵集組由五人至十人，內舉組長一人。三，宣傳組由三人以至七人、內舉組長一人。四，展覽組由徵集宣傳兩組、共同組織之、組長即由兩組組長為正副組長。五，評判組由二人至五人，內舉組長一人。

（六）經費：所有職務，一律義務職。惟於開會時之佈置費，及登記用之紙筆墨等項費用，可於公費內作正開支，但不能超過二元。

乙，佈告農民參加：本署以事關創舉，農民對於參加事務必多不知手續，亦或觀望不前，故由本署將開會意義及參加手續。先期佈告農民，以便遄赴踴躍參加，佈告如後：

嘉陵江三峽鄉村建設實驗區署佈告，照得峽區各地，山多田少，農產物品，除稻麥而外，即以苞穀（玉蜀黍）為大宗，只以農家墨守成法，不知改良，產量遂無由增加，本署曾一再指導改良，雖不無進境，然猶未臻普遍，茲特定於本年八月一日起（即古曆七月二十五日）分別定期徵集苞穀，在各該場開會展覽，以資比賽，優良者予以獎勵，劣窳者知所交換，務期提出意見，共策進行，仰全區農民一體遵照後開辦法，來會參加，是為至要！此告。

本區農民參加苞穀（玉蜀黍）展覽會辦法：

一，展覽日期，北碚八月一日，黃葛八月二日，澄江八日三日，文星八月四日。

二，先期登記，凡參加本會者，須於開會前五日，將苞穀送交該鎮聯保辦公處辦登記，以便屆期展覽，過期不來登記者，不能參加。

三，登記手續，一，（玉蜀黍）數量。二，名稱。三，性質，「粘或糯」。四，色澤。五，用途。六，優點。七，出產地。八，出產人。九，是否抽花。十，製取收條以為將來開會後收回之根據。

四，與會標準，凡來參加者，須有未晚殼而附皮鬚之玉蜀黍十個以上，如已晚粒需要半升，並須註明是若干玉蜀黍湊合而成。

中華民國二十六年七月□日。

區長 盧子英
唐瑞五

丙，呈請贈惠獎品：本署以該會比賽結果，須有紀念物品，贈給農人，以資鼓勵，故特呈請建廳及三區專員公署頒賜獎品，以玉成斯舉。

丁，發出徵募獎品啓事：各鎮包谷覽展會，除本署發給獎品外，各鎮主持人員以提倡農業，關係全區人民經濟，故特撰具徵集獎品啓事，由各該鎮向本鎮殷富紳商，徵求獎品，以表同情，而增聲色，並提高農人興趣，使之愈加努力於生產改良。

戊，印製傳單標籤，本署以斯會開辦，事前及臨時均有廣大宣傳，以啓迪農民，並於農民之陳列品上，粘貼標箋，以便識別，故由本署建設股將各項宣傳品及標籤，印製完善，分交各場，遵照辦理，各項傳單附後，

「附」包穀抽花法

要收好包穀，長管，大個，米米多，趕快實行間行抽花，

種包穀的人，最希望的是包穀長得大個，長管，米米結得多，現在就有一種方法能夠辦得到，這就是實行包穀間行抽花的方法，原來一株包谷長得有兩種花，尖尖上長的是雄花，專門散布花粉，半中腰長的是雌花，專門承受花粉，便是結苞谷的，如果一株苞穀的雄花花粉，散布在自身的雌花上，這叫自花受粉，雖也能結苞谷，但是苞穀長的不好，要使這一株雄花的花粉，散布在別的一株包谷的雌花上，或別一株雄花的花粉，散布在這一株的雌花上，這叫他花受粉，結出來的包谷又長管，又大個，米米又多，品質也好。

我們種的苞穀，要使在一塊土裏便每隔一行抽去一行的雄花，或隔一窩抽去一窩的雄花，抽了雄花的那些苞穀就是要結好包谷的長管，大個，米米多，下回用來做種，以後年年照樣實行間行抽花，就可以得到更大更長更好的包谷品種，再則所抽去了的花，一面就可節省苞穀的養料，同時還可用來飼養牲畜，實在是一舉兩得，至於未經抽花的那一行，或那一窩，還是一樣結包谷，並無何等損害，祇不過不及抽了花的好罷了，從前美國人不明白這個道理，用自花受粉的苞穀種植收獲也是不好，後來改用他花受精的方法，就增加苞穀產量十分之一，大家都知道在美國買回來做種用的好苞穀，原來也就是這樣一年一年種植成功的，奉勸各位農友，快實行間行抽花罷！

（附）苞谷選種法

由於他花受粉苞谷，也就是抽了花的，那行行所結的苞谷，當然用來做種苞谷，這不用說了，不過這些苞谷還是比較的有大有小，事先也要有一番選擇的工夫，不合式的就不用來做種，那選種的標準是：

（一）要莖桿直立不屈的，太長，太短，都不合式。

（二）不要太高的，太高容易被風吹倒。

（三）不要垂倒的，恐怕他受過病蟲的害，將來容易受傳染。

（四）要包谷的葉殼長，才能保護包谷米，免受風雨蟲鳥的侵害。

（五）最後才是包谷管管，要選長的大的米米多的，而且去了兩頭，紙

要中間的米米。

嘉陵江三峽鄉村建設實驗區署印發

（附）徵求包谷展覽

包谷展覽會要開了。

請快送大包谷去比賽吧！

農友們：

這兩年天乾，大家也太苦了！本年的包谷，幸而收穫得好，我們特別定×月×日在××開包谷展覽會，比賽誰家的出得好！出得大個，盼望你們都把留下來做種的大包谷，連同原有包皮的包谷拿十來個（卽沒有包皮亦可）送到會裏去比賽，大家看看認識好的品種，交換好的種植方法，會裏也蒲蒲的預備了點奬品，要送給成績好的農人。

展覽過後的包谷，仍由各人收回，决不會有一粒的損失，若願意出賣，也聽便的。

嘉陵江三峽鄉村建設實驗區署包谷展覽會啓

提倡農產展覽改良農業經營

各位農友；我們中國是以農立國，所以農民，就佔中國人口百分之八〇，就道理說：應該豐衣足食的，爲何往年還要在美國去買棉花，麥子，印度暹邏去買粳米，補充我國的衣食原料呢？

這就是我國農民雖多，經營的方法却不够的緣故，現在英美德法各國，一天一天的用科學方法來改良它的生產物的收量和品質，都有充分的進步。我們如果還是襲用着幾千年前的古法，不用現代的科學方法來改良它，不但粮食不足，恐怕將來還有滅種之憂哩！

尤其是我們峽區糧食的生產，每年只足四個月之用、應該急起直追，以謀產量的增加，所以這次農產展覽會意義就是要實行改良農業，使一般農人，啓發革新農業的心理，深刻研究農業的習慣。但是農業種類極多，如理亂絲，千頭萬緒，若不知先後，亦是枉然，我們改在峽區的農產，除稻麥而外要算包谷最多了，所以我們這次的展覽會，就以包谷爲主，一方面徵集農人的包谷，分門別類，陳列出來，互相競賽觀摩，以資效法，一方面又將陳列的包谷，加以品評，把它的品質加以整理，或提高，這在我們對於農業改良，非常需要的。

總之我們這次農產展覽會的目的，是要政府和人民，通力合作改良峽區的農產，以達到自給自足的境地、希望全區的人民都注意在這裏呢！

嘉陵江三峽鄉村建設實驗區農產展覽會編印。

二十六年八月一日

地蠶的簡單捕殺法

地蠶（又名地老虎）是作物幼苗的最兇害蟲，嚙食包谷豆類的嫩苗莖葉，受害的作物就不能生育，常有重行播種的慘狀。

地蠶在白天潛伏土中，黑夜爬出，在包谷苗出土時，就於近土表處咬斷，實爲包谷的一種大敵。

但是它有一種趨熱的習性，我們可以利用這習性，在包穀土中多放草堆，它便羣集堆下，在晨早翻開草堆，就很容易的捕殺。

因爲地蠶在夜裏覓食，天氣漸冷，草草裏面比較溫暖，它爲避寒起見，就會搬到草裏去，所以我們只須每天晨早翻草一次，就會殺死若干地蠶，眞簡便極了，請大家趕快實行呢。

嘉陵江三峽鄉村建設實驗區署印發

二十六年三月二十五日

包穀展覽會宣傳要點：

一，包谷改良——包谷是要雜種交配，結果才得好的，所以我們施行的間行抽花，就是要他異株受精，也可得到大的包谷，若能把甲項好的品種點一行，又把乙項好的品種點一行，等到將出天花的時候就把甲項品種的天花抽去，等乙項品種的花粉傳到甲項的雌花來，那末，所長的包谷更大了！

請問你們的包谷，長得大的，是怎樣做的？

二，包谷除虫——包谷的虫害，本來很有幾種？在今年發現的，就是一種大螟虫，我們曾經調査出來，爲害的程度，有到百分之十三至百分之三十的，除治的方法，我們也曾做過，第一是用𪉈水灌注，第二是拔取害株燒燬，第三是用人力捉殺三個法子，都是有效的。

三、包谷選擇——我們是等到包谷將成熟時，在包谷土的中間，選擇包谷之壯大、而生長在中間，又無病虫害者，連包谷皮採下曬三四日，懸於當風處使乾，貯藏到播種期，以手摚落，取其中部五分之二的子粒，擇其正大而色佳者，以供種用。

四，交換好種——如果自己的包谷種子不好，可向別人掉換好的種子，自己的很好，便多留種子，預備供別人交換，交換的工作，可以請求區署建設股幫助辦理。

建設股印發　八月一日

嘉陵江三峽鄉村建設實驗區包谷展覽會標簽

名稱
性質
色澤
優點
出產地
出品人
評[illegible]
得獎等第
備考

（已）請求指正，本署對於玉蜀黍改良辦法是否合於現代的趨勢，不敢自信，故特將各種辦法逕呈四川省政府設計委員會，請求指正，茲得其覆示如後：

省設委會對本區所訂定玉蜀黍改良辦法意見：

一，第二年以間行去穗行所結子粒作種，一般多謂能增加產量，實則此僅限於兩種不同的品種實，（即去穗行與不去穗行之品種不同，在同一品種內間行去穗，其效力恐極微，最好由貴區先舉行一試驗，如確有效再推行之可也。

二，土種內行選擇，確能增加產量，似可勸導農民採行。

三，用草堆誘殺地蠶，確有效驗，惟僅限於未腐爛之草，且於堆積中須保持相當濕度，使其能因發酵而生熱，雖經一定時間，草堆過發酵期後，其效即失，而必須另換生草堆，有用三角播種法，（即點播之種子，不使集於一處，四面分散之，將來每穴留苗三株，使分散於各角，及建遲定植時期，以減輕地蠶之爲害者）。

（四）展覽之用意甚善，惟不能過分注重包谷之大小，因大包谷之品種，往往晚熟也。

（庚）寄夯害虫，本區今年，於玉蜀黍幼苗生長期間，發現一種害虫，爲往年所未見者，其狀爲蠕形頭部紅色環節十二，蛀食玉蜀黍桿中心，有如稻螟虫爲害情形，即疑爲包谷螟，因該蟲少見，未便固定，特函致四川稻麥改進所致查，茲得覆函指示防治方法如下：

（一）大螟蟲防治法：

已爲害株之防治法：已爲害者，惟有將被害株連根拔起（此時須留意，勿令蟲外逸）燒之，以免轉移爲害，并得免夏間轉食水稻。

未爲害株之防治法：須隨時於被害株，逐日觀其變化，確定其化蛹及羽化最盛期後，待大都羽化時，逐日尋覓玉蜀黍葉鞘，及葉心間之卵塊，一一捏死之（卵塊長方形，由二列或三列，並數行而成，并甚整齊，但亦有散生，及亂疊呈不規則形者，卵粒作扁圓形，狀若圓南瓜，初產時白色，入後淺黃色）此蟲與天氣尤乾大有關係，因此虫以幼蟲越冬，越冬期由天氣亢旱，濕度較往年爲高，溫度較高，則發育較速，玉蜀黍苗長不及盈尺時，此蟲已羽化產卵於葉心間，往年即因出現遲，而玉蜀黍生長較大，雖被食，倘不致其死命，爲減低產量也。

（二）夜盜蟲防治法：

一，幼蟲入夜出外蠶食玉蜀黍嫩葉，白日匿居葉心之間，或近地面之葉鞘間，故可於有被害，或洩蟲糞之玉蜀黍，逐一搜殺之。

二，幼蟲老熟後，化蛹土中（六月上旬）可於此時入田中耕，見有紅棕色橢圓形蛹一一鋤死之。

（辛）各場分報成立會務，自本署令飭各場組織農產展覽會後，旋經各場呈報組織情形，大略相同，略述如下：

一，會名冠以各場之鎮名。

二，每保至少以五人戶參加爲限。但不加限制。

，與賽者陳列品，須與佈告符合。

四，徵求組人員，以各保長小隊附負担，聯保主任爲組長。

五，宣傳組以小學校之教職員學生負担，校長爲組長。

六，展覽組以市街各保保長及公安隊官佐士兵負担，以公安隊長爲組長。

七，評判組以各場老農富有經驗者負担，以本署建設股技士爲組長。

八，保管陳列品及獎品由聯保辦公處負責。

九，經費和獎品（除區署領給不計外）由聯保辦公處與公安隊會同撥出向峽區各事業機關及富紳殷商募集，以資提倡

以上之籌備經過情形，各鎮大致如是，

（三） 開會情形

甲，努力宣傳，各鎮按期開會，於前數日即組織宣傳隊，向鄉間宣傳，按戶所發傳單，鼓吹農民加入，於開會時，又宣傳各項要點，均說得各農人點頭稱喜，樂於返辦。

乙，派員指導，本署以各場分期開會，特派本署建設股農業技士，分赴各場指導各項工作，以期美善。

丙，品種陳列，各農人送來陳列之品種，先按其種名（均以土名標題）色澤品質並加以評語書貼標箋，又依其等級優劣，分別陳列於案上，以便參觀者之比較觀摩。

丁，參加人數，北碚一一七戶，澄江鎮六三五戶，黃葛鎮一一七戶，文星鎮一〇〇戶。

戊，品種分類，以顏色分有：紅色，灰色，黃色，白色，白色又分粘糯兩種，以形狀分有：大方子，大圓子，小方子，小圓子，馬牙瓣，拖翻山，剌包谷，以用途論，又分煑食，炒食、烤酒，熬糖等。

己，詳究優劣，以上各種包谷，以黃色之大方子大圓子爲第一。該項品種不擇土質，產量亦多，顆粒豐滿，顏色鮮澤，黍穗强壯，澱粉質多，以之充作食品飼料烤酒熬糖均佔優勢，小方子，小圓子稍遜，並馬牙瓣與拖翻山同爲白色種，同類而異名，黍穗特大，產量亦豐，但品質惡劣，非肥沃壤土，難得良好成績，且澱粉質少，每斗顆粒不過磨六七升粉子而已，祇可煑食，不能以之烤酒熬糖，充作人畜食品，據一般老農言，此種包谷係佃戶納租地主，圖產量增加，易於撐交（即俗所謂稱斗）此乃不良習慣，應在取締之列，至其他紅色包谷，乃係一種劣變的種子，鄉人以此爲可避火烟包（俗名玉蜀黍黑穗病）病之預徵，殊不足取，當得解釋，以破除迷信。黃色之洋包谷（又名洋包谷）栽種者甚少，僅具炒食之用，不過備一格，未與各品種比賽之列。

庚，各鎮品評，各場以品種之最優者，錄取三名，特別重獎，得獎人數如下：

一，北碚鎮殷遠清之包谷短壯豐滿第一，蕭鳴全之包谷次之，曾少全之包谷第三。

二，澄江鎮彭金山之包谷第一，方孝良之包谷次之，蔡爾發之包谷第三。

三，黃葛鎮之余成安之包谷第一，農桑改良場之包谷第二，（因該場係屬公家事業機關，故未給獎），韓遠成之包谷第二，劉齊云之包谷第三。

四，文星鎮之倪丙貴包谷爲第一，李有成之包谷爲第二，劉叔聰之包谷爲第三。

辛，巡迴展覽：將各場位列前第之優良包谷，收集運往各場作巡迴展覽，以與各場互相比較，藉資觀摩。

壬，歡迎指導：本會開幕之際，值建設廳長盧作孚，蒞臨峽區，本會特請指導，盧廳長特到北碚文星黃葛等處參觀一週，指導各項推進辦法，使本會生色不少，又承三區專員公署派建設主任陳齋膽送獎品，農林實驗學校全體師生齊送獎品來會參觀之際，深謀指導，對於技術改良方法，亦多有指示及其科學人員，亦不少若干有興趣的批評。

癸，開總評判會，巡迴展覽完畢，乃於八月十日午後一鐘，在北碚民衆會場，開總批評會一次，並敦請本區勞農英雄冉大南瓜，吳大蘿蔔二人參加，發表意見，結果以文星場包谷整齊一致，徵集陳列，均有良善方法，且該場農民觀得黃之包谷出類拔萃，全區品種，莫之與京，故列爲總評第一，全場鼓掌，以資贊獎，並邀請遊藝班學生表演川劇、以助餘興，會畢，由實驗區署備午飯兩席，招待各位担任評判之農友，盡歡而散。

子，頒發獎品，本會事屬創舉，除向盧廳長沈專員請惠獎品外，并由本署特製各項紀念物品以代獎勵，茲將其分配數目列表於後：

嘉陵江三峽鄉村建設實驗區農產（包谷）展覽會各鎮獎品分配表

贈獎者	品名	數量	各鎮分配及其數量 文星	澄江（二岩附）	北碚	黃葛
三區專員沈之萬	綢旗	四首	一	一	一	一
建設廳盧廳長	毛巾	三七張	一二	一〇	八	七
三峽實驗區區署	普獎特印手巾	一〇〇〇張	一〇〇	六五四	一一七	一一七
三峽實驗區區署	毛巾	二四張	八	七	五	四
三峽實驗區區署	布	一段	四分之一	四分之一	四分之一	四分之一
實驗區全體主任人員	手巾	一二四張	四〇	三五	二七	二二

附註　各鎮自行募集之獎品不在此項數內，並於發獎時將所徵集之包谷發還

（四）事後整理

甲，登記好種，於發還各農家繳來參與展覽會之包谷時，由各鎮助員就有好包谷種農家登記其產量，及可供交換之多餘子。

乙，詢問需種農家，仍於退還包谷時詢問需要交換好種之農家即爲介紹其交換，逕向好種農家或由聯保辦公處助其交換。

丙，購種交換，會畢區署特撥銀二十元分交五鎮聯保助理員購買好包谷種，以與該鎮需要農家繼續交換，好種換出，劣種收回，即行售賣，所得之款，不斷作購買好種交換劣種之用。

丁，催報結束，自總評判會結束後，即催各場將所辦包谷展覽會經過情形，呈報來署，以憑彙編報告，所有各場呈報之點，均如前述，茲不分贅。

戊，調查產量，本區所產包谷究有若干，無由知悉，特於展覽會上說明調查意義，歷即派員調查結果如左：

嘉陵江三峽鄉村建設實驗區包穀數量調查表：

場別	面積	播種量	收獲量	備考
北碚	二一一四，一〇〇石	二七，〇四三石	二〇三九，五〇石	本表通以石計此係依據鄉村舊習大致
澄江	一三三四，二五〇石	一六，八〇七石	一一〇四，〇一石	每面積一石合舊制一畝
黃葛	一一四七，六〇〇石	一〇，八四七石	九九五，八〇石	
文星	八六五，四四〇石	一二，一四八石	六四二，三三石	
二岩	六〇，三〇〇石	三，一四三石	二五〇，四〇石	
合計	五七四一，八九⊙石	六九，九八八石	五〇三二，〇四石	

按本表所調查者頗有不確（一）因包谷幼苗期間，即被折食，大致在三分之一，（二）調查時被調查者設詞掩護每以多報少，曾經調查者經驗所得

，從旁調査者，實有十餘石之數，彼即藉肥料不足，或土地瘦薄，鳥獸蟲害等，不能符合，爲理想中所知的減少，成數亦在三分之一。

根據上表及各項情形，以事實之考證，本區包谷產量總在一萬石以上，故特誌於此，以待將來之參攷。

已，攷核間行抽花成績，自本署提倡包谷間行抽花，不過就農民已有之材料，而引入科學方法之一簡便途徑，尙不足以言，即此可以改良品種，有無效果，亦當考核，特製調査表，令飭各學校於各抽花農戶，考核其成績，茲得統計如下：

嘉陵江三峽鄉村建設實驗區苞谷抽花成績統計表

場別	戶數	面積	抽花時間	結實比較	備考
北碚	一四	一二〇石	由六月十日起至六月十八日止	子粒滿顚	石計係依鄉村習慣
澄江	一八	五〇石	由六月十二日起至六月二十日止	較往年肥壯	
黃葛	三〇	一〇〇石	由六月三日起至六月十五日止	比去年好	
文星	一〇	二〇石	由六月十一日起至六月二十日止	充實肥料	
二岩	五	一〇石	由六月二十日起至六月二十二日止	比較的好	
合計	七七	二一〇石	由六月十日起至六月二十二日止	相當良好	

査間行抽花成績，雖如上表，尤有可靠之報告揭載於後，據黃葛鎭農家廖財源說：伊曾以同一石土之面積兩塊，以一塊施行間行抽花，以一塊不施行，結果施行抽花者，收一石四升，未施行者，所收將近一石，又據文星校校長劉孔修調査所得，抽花的包谷，子實皆滿顚，未抽花者，多不滿顚，未據北碚農人蕭鴻全所云，白包谷馬牙瓣抽了花的，他中央的縫限要淺些，又畔花的要深些，由此可證明抽花的包谷，確能增加生產，改良品種，不過見效較微，不如異品種雜交之顯著耳。

庚，所得效果　本署爲包谷一物，幾傾全力進行，頗得相當效果，茲錄於後：

（一）得知本區包谷品種大圓子爲良種，馬牙瓣拖翻山爲劣種。

（二）得知間行抽花有效程度。

（三）得知全區包谷產量：

（四）經各方指導（如設計委員會處廳長稼麥改進所等）得知改良品種及防除病蟲害方法。

（五）老農人供獻意見，得知各品種之土宜適應性。

辛，改良辦法、由以上各點所得之結果，知今後取舍之路，而得改良之步驟如左：

（一）禁種劣種，本區農戶所種之馬牙瓣拖翻山類包谷，既屬不良品種，應加取締，來年絕對一律禁種，以免劣種留傳。

（二）改良播種方式，本年包谷蟲害，既經四川省政府設計委員會之指導，用三角播種法，又免蟲害，用不同兩品種互種，可增收益，於明年屆包谷播期時，令飭農民遵照辦理，并派員指導，以期澈底改善。

（三）交換種子，全區包谷播種量，在七十石上下，除原有良種外，劣種不過佔三分之一，由本署出資購買二十石良種，以與人民照重量交換（因劣種重量每斗較良種輕十餘斤）以期良種普及，劣種斷絕，或由農民照上辦法，自由交換亦可，但發現播種劣種者，須予以相當處罰。

（四）普及間行抽花，間行抽花，在同品種行之，尤收相當效果，如在不同品種行之，必獲奇效，故在出花期間，飭令農人實行間行抽花方法，並派員指導監督，有不如命者罰。

（五）減輕土租，査農人之種劣種，實由多得產量，以便納租於地主，將來由本署布告地主，若佃戶播種良種，可減輕土租十分之二三，（所得容量雖少，而重量不減，以資鼓勵。

（六）切實生產，本區包谷產量，雖經一度調査，然未翔實，擬於明年播種包谷時，即飭令農人將所有播種量及株距行距窩數收獲等詳爲記載，以資參考，如是必能知其產量之多寡矣。

（四）結論

本會開辦，自籌備以至結束，歷時三月之久，所費人力，除本署全體動員而外，尚有各保甲人員及其他學術機關，而所得結果，僅包谷一種品種之核定而已，其他關於技術各問題頗多遺漏之處，可見一事成就之難也，但能由此以謀精進，或各方人士，予以扶掖指導，推而廣之，則將來成就，恐不只包谷一種，峽區一域而已，是所厚望邦人君子者焉，

第二次水稻展覽會報告

本區於兩月前舉行包谷展覽會後，即着手籌備水稻展覽事宜，當經擬定辦法通令區屬各鎮保及公安各隊轉告各保農民選送稻株稻穗展覽，隨於十月十日在北碚民衆俱樂部開幕展覽兩日，玆將經過詳情分述於後：

一，展覽目的

本區地瘠民貧，人口稠密，每年所產稻子僅二萬石，不敷全區四個月之需，所且稻子品種複雜，雜稗尤多，急有改良之必要，區署乃決定從事改良稻作，先以檢定品種着手，因徵集各農家原有水稻種類舉行比賽，俾農民在展覽會中辨別優劣，自動或由區統制選換優種種植，期於數年之內全區水稻悉成優良品種，使產量得以增加，品質得以改進。

二，展覽辦法

甲，徵集手續

（一）指定徵集

指定區內三十三保每保五戶，屆收獲時從事徵集，以資展覽，指定各保名稱如下：

北碚：第六第八第十一第十三第十四第十五第十七第十八第二十第廿九

（二）自由應徵

除向指定農家徵集外，並勸導區內農民自行選擇稻株稻穗送會展覽，爲欲達到普遍徵求目的起見，事前通告區內義務教師，就地向農家宣傳，並派員下鄉褒助農民選擇優種參加展覽。

乙，登記標籤

凡各鎮彙集送來之水稻均由建設股逐一登記粘貼標籤其式樣如下：

嘉陵江三峽鄉村建設實驗區水稻展覽會標籤

產地	鎮　保　甲　姓　名
品種名稱	
性質粘糯	
成熟早晚	
穗的長短	
穗的重量	
粒的大小	
着粒疏密	
脫粒難易	
有何優點	
備註	本表粒的大小以同樣容量之稻粒數比較其多寡多則粒小少則粒大

丙，陳列類別：

（一）以性質分類：有粘稻糯稻各陳列一處。

（二）以成熟早晚分類：有早稻晚稻各陳列一處。

（三）以品種分類：有鬚鬚粘等拋齊浮面跑等各陳列一處，

丁，比賽標準及方法：

（一）以五穗之平均率爲比賽標準而評其等級，

（二）稱五穗之重量。

（三）擇五穗中之一穗取一百粒稱其重量再去殼稱之。

（四）擇五穗中之一穗數其落粒數之多寡。

（五）致察稻粒之色澤。

（六）致藥米粒之色澤，

戊，比賽程序：

參加展覽之農家，每家出品五種，先在各本保預賽場中勝利後，送至各該鎮聯保辦公處複賽，再獲得勝利後，始有在北碚參與決賽之權。

三，展覽日期及會場

甲，預賽日期及會場

（一）日期自十月一日起至十月二日止，

（二）會場在北碚民衆俱樂部舉行。

四，開會情形

甲，會場佈置

先於十月九日由區署建設股會同公安第一隊兩處職員，就北碚聯保辦公處進門之民衆俱樂部茶社爲水稻展覽會場，加以佈置辦公處內面大廳作爲獎品陳列處，會場入口懸掛水稻展覽會區額，旁設參觀人登記處，場內兩壁遍貼標語其間更懸掛防空防毒等掛圖。

乙，水稻陳列處

就會場正中設長方棹一列，周圍空出參觀路線，卽於棹上擺列水稻，最前段爲各種粘谷有等包齊𩯭鬚粘浮面跑等，後段爲各種糯谷有黃谷白谷糯等，其名稱及數量如下表：

水稻名稱	參加戶數	水稻名稱	參加戶數
蜂包齊	二九	𩯭鬚粘	一四
浮面跑	一一	四輪谷	七
四股齊	一一	四葉糯	四
紅鐵粘	三	紅楊粘	三
白線粘	四	四葉糯	四
下長	四	紅楊粘	三
白脚粘	一	白楊粘	二
烏脚粘	一	黃　粘	二
吊葉蘭（粘）	二	白殼粘	一
落花紅	一	黃殼粘	二
大葉粘	一	羅漢谷（粘）	二
雲南草（粘）	四	南瓜早（粘）	一
無名粘	一	白谷糯	一一
黃谷糯	一六	紅線糯	一
矮子糯	西	早　糯	二
醬子糯	二	合　計	一五六
遲　糯	一		

丙，參觀人數

一，第一日到會參觀者約七百餘人。

二，第二日到會參觀者除本區農民職員外有自南充武勝瀘縣等地來者甚多，統計該日約二千餘人。

五，會後感想

此次展覽成績雖未達到理想之境然亦有足記述者。

一，打破農民墨守舊法之習，使知萬事當求改進，如可生存於此競之社會，目前水稻生產至少當力求設法改良增加生產。

二，引起農民對於稻種之注意，過去每遇歉收均歸於天命。經此次公開研究後始知有好種始有豐收，欲求多收，當播種優良品種始可達到目的。

然不滿人意之處亦甚多，如此次參加，農民未能普及稻子脫穗運送，因封疆不周，脫粒者甚多，致評判發生困難等，此後倘再舉辦，當及求改進以收最大之效果。

附件：

一，三峽實驗區水稻展覽會收支報告表。

一，三峽水稻展覽會標語。

一，水稻選種傳單。

一，水稻展覽會收支報告表

甲，收入

一，收三峽實驗區署撥款洋　三〇，〇〇元
一，收北川天府公司捐款洋　一〇，〇〇元
合計　四〇，〇〇元

乙，支出
一，支購買獎品　二九，八四元
計開：
一，大小土碗　十三種　共六十六付　計洋十元另六角（力資三角在內）
二，土白布　二匹　計洋五元二角
三，花手巾　一百另六條　計洋三元八角
四，鏁索　九付　計洋一元八角
五，實鋤　二把　計洋一元二角
六，窄鋤　四把　計洋二元七角
七，面巾　二打　計洋四元三角二仙
八，圖釘　一盒　計洋二角二仙
二，支茶水點心　計洋一元一角六仙
三，支餐席三桌　計洋九元
合計　四〇，〇〇

一，水稻展覽會標語

（一）提倡農產展覽會是要淘汰劣種怯除雜稗保存純種增高品質，（二）實行田間選種增加生產，（三）大量生產小心享用，（四）鋤禾日當午汗滴禾下土誰識盤中餐粒粒皆辛苦，（五）開放水田多種一季小麥種雙季稻要收兩回稻子，（六）預防水旱災害廣乘塘堰多培森林，（七）剷除雜草厲行深耕，是防除病虫害的好方法，（八）多施肥料多收稻子，（九）我們的國家百分之八十是農民，我們的食糧十分之七八是稻米，要加緊生產才能供給需要。

第三次蔬菜展覽會報告

（一）緒言

實驗區轄境內之農產品，除稻麥玉蜀黍產量較多外，其他作物均甚稀少，總計全區農產，均不能自給，須仰給於嘉陵江之上游，始能滿足需要，致察區內土質，各種作物都能獲良好結果，唯農人均沿用舊習，致未能大量生產，故本會舉行之目的，在徵求農家之優良種子，以供相互交換，而淘汰劣稗，俾區內之農產品，因比賽觀摩，逐漸改良，而達於大量生產之境。

（二）籌備經過

此會在峽區尚屬創舉，特先擬具展覽辦法，訓令各縣聯保遵照辦理，并向農人廣爲宣傳其意義，及搜求蔬菜以資展覽，先在各保舉行預賽，其及格者再送集各聯保辦公處復賽，經復賽及格，乃得參加決賽，更藉資訓練各保長集會比賽之知識，茲將徵集蔬菜及比賽辦法列後：

（一）本會以各聯保主任保長等暨區署建設股各職員爲籌備人員。

（二）本會分預賽會復賽會及決賽會，預賽會定於十二月二十日在各保舉行，復賽會於十二月二十五日在各聯保辦公處舉行，決會於十二月三十日在北碚聯保辦公處舉行。

（三）預賽中優勝者方得參與復賽，復賽中優勝者，方得參與決賽；決賽中分別評定等級酌給獎品。

除由區署訓令各聯保遵辦外，並製定陳列品標籤及登記表式，以便分類陳列及統計，登記表式如左：

物名				
塲別				
人名				
備攷				

嘉陵江三峽鄉村建設實驗區蔬菜展覽會標籤

名稱	類別	出產地（鎮保甲）	出產人	品質用途	優點	備考

（三）開會情形

會場佈置——決賽假北碚民衆俱樂部舉行之，於會場進口大書『蔬菜展覽決賽會』橫額，四壁張貼有關蔬菜生產標語，并懸掛防空圖畫，以增觀衆常識，於室之中央設陳列台，將各種產品分類排列台上，簡單藝術，觀者莫不興趣盎然。

陳列方式——依據蔬菜用途分類陳列如下：

（一）葉菜類：如甘藍青菜甜菜等。

（二）根菜類：如蘿蔔水芋蕪青白苕紅苕等。

（三）莖菜類：如萵筍胡蘿蔔等。

（四）其他類：如荳類葱蒜等。

參加種類——此次決賽每類參加之種類分列於下：

（一）葉菜類二十一種。

（二）根菜類三十二種。

（三）莖菜類四種。

（四）其他類荳類葱蒜類共十種。

參加（數——此次決賽各鎮與會家數分列于後：

北碚鄉三十五家。

澄江鎮十七家。

二岩鎮十八家。

黃桷鎮四家。

文星鎮七家。

共計八十一家。

參觀人數——是日來會參觀者頗多，除本鎮各機關學校及第十一行政區之農林學校，便中赴會參觀外，民衆來參觀者不下千餘人。

散發傳單——本會編印蔬菜展覽會傳單，闡明意義，凡來參觀者，均各散發一份，以廣宣傳。

獲獎人名——決賽結果，獲獎者共二十七人，分別給予獎品，以資鼓勵，茲列表如左：

三峽實驗區蔬菜展覽會各鎮產品得獎一覽表：

產地	產品	得獎等第	得獎人	取得獎品名稱及數目	備考
二岩鎮	紅白蘿蔔及紅苕	特等	科學院西山坪農場	相片一張	
北碚鎮	白蘿蔔	第一	吳郁光	犏鋤	
北碚鎮	白蘿蔔	第二	吳玉順	挖鋤一把	
黃桷鎮	白菜	第一	王從云	空鋤一把	
文星鎮	菱角菜	第一	劉祝君	毛巾一張	
文星鎮	紅苕	第二	鄭書田	毛巾一張	
黃桷鎮	胡蘿蔔	第一	官守民	毛巾一張	
黃桷鎮	胡蘿蔔	第二	官吉成	毛巾一張	
北碚鎮	紅苕	第二	周洪成	毛巾一張	
北碚鎮	紅苕	第二	丁榮成	毛巾一張	
二岩鎮	紅苕	第二	明海清	毛巾一張	
澄江鎮	大頭菜	第一	劉文安	毛巾一張	
二岩鎮	水芋	第一	楊明清	毛巾一張	
二岩鎮	芹菜	第一	周學良	毛巾一張	
二岩鎮	毛黃豆	第一	明炳章	同右	
文星鎮	白豆	第一	黃金山	同右	
二岩鎮	白菜	第二	洪源青	同右	
二岩鎮	十月豆	第一	楊雲清	手巾一張	
二岩鎮	棕色豆	第一	劉長林	同右	
文星鎮	冬飯豆	第一	劉述清	同右	
澄江鎮	大頭菜	第二	劉餘三	同右	
二岩鎮	胡蘿蔔	第二	劉九和	同右	

北碚鎮	印花手巾三十一張	普獎參加比賽人家得如上數
黃桷鎮	印花手巾二張	同右
文星鎮	印花手巾五張	同右
二岩鎮	印花手巾十一張	同右
澄江鎮	印花手巾十五張	同右

附蔬菜展覽會傳單

鄉下種菜的人，多半照舊有法子去做，老不改良，所以出產不豐，品質惡劣，價值不高，，獲利也不多，因此改良品質，就是我們目前最緊要的事了，但是必須有長久的時間，方有效果可言，不是馬上可以做到的，若能立馬改良而又能迅速的收效，那只有開展覽會才行。

因爲展覽會，把本區各地的蔬菜聚於一堂，讓其中自然有好有壞，在五相比賽之後，好的我們就照着實行去種植，壞的我們就不要，免得劣種留傳，像這樣去劣留優，在短期內就可以得到一個改良的結果，做出很好的蔬菜來。

改良之後，不但是產量增多，品質佳良，可得高價厚利，並且這種優良菜蔬，含有極豐富的生活素，多量的礦物質，可以適合人們生活上所需要的養分和水分，助長新陳代謝的機能，對於吾人的衛生和健康，實有莫大的幫助。

勸告本區農人放水田種小麥

劉選青

小麥栽培的手續簡單，又不拘土質和燥溼，病虫害也少，價值也高，用途也廣，眞是一件很有利益的事，可惜一般農人，只知種在土裏，不知道擴大面積，把田裏水排去都種起來，那就更有大利可獲，在往年因爲要顧及來春播種栽秧的關係，所以不得不把水關住，現在我們有了水稻乾田直播的法子，就不怕乾了（請看對於開放水田播種小麥的問題及解答就知道了）很可以大胆的把水放乾，通通種起小麥來，十萬元的產額，可以馬上得着，因爲我們全區的水田面積，有二萬石左右，若拿來播種小麥，最低產量有一萬石，每石最低價値十元，合計就有十萬元，你們看區內每年不十分費力的就增加十萬元的生產額，將來經濟上的活動，事業上的振興，必有多大的幫助哪！較之過去呼籲政府，借貸放款，費無數的氣力，結果得千把塊百把塊錢要好得多哩，趕快實行吧！現在再把種小麥的要件寫在下面：

一，種小麥有七層好處

別樣作物要看地方出與不出，獨於小麥到處都能生長，我們三峽裏地土尤爲適宜，這是第一層好處，小麥的特性能夠抗旱。不像水稻離了水田就不易生長了，無論土壤好壞均有收成，這是第二層好處，小麥下種期間，都在降霜時節，水稻收穫過後，已經放水的旱田種了，明年仍可種稻，不會妨礙稻作栽培的時效，恰能填補稻作的空閒，這是第三層好處，小麥栽培的手續，不像種稻那樣麻煩，那樣費時，地畝的大小都很便利，工具也很簡單，這是第四層好處，新墾的荒地，池塘淺流及河邊的冲積地，均可利用來種一季小麥，算做廢地利用，這是第五層好處，小麥的莖桿，可以作草帽，農家婦女，利用空閒時間，作此項家庭工業輕而易舉，實是農家最有利益的副業，例如巴縣與隆歇馬兩鄉，每年草帽的出品，不下萬元，倘若各鄉農民多種點麥子，將此種副業推廣起來，數萬元的增加，可以預料，這是第六層好處，除小麥以外的別樣作物，都容易受病蟲害的危險，水稻防瞑害蝗害，吃棉花的蟋更多，豆類也怕甲殼蟲，唯有小麥的危險少，即有；也很容易防治的，還是小麥的第七層好處。

二，種小麥的七項要訣

（一）耕地　地要耕得早，大約下種前一個月就要耕過來，初次宜深，再耕不要太很整齊了。若是水田，先於田的四週，各向水流方向，掘寬兩尺深一尺的溝，排去水分，然後照上法耕地。

（二）選種　種子要大，要重，要堅實，而且要完全不霉壞，要純粹而不雜，外皮要白色或黃色，最好先用鹽水來選過，汰去輕浮與劣壞的種子，用重而堅實而下沉的種子，這樣不但生長很好，並且還可以減少黑穗病，鹽水的配合量是六兩鹽一斤水，經鹽水選過的種子，馬上就要用清水洗過，以免妨礙發芽，再如不用鹽水，用炭酸銅藥粉拌和使藥粉粘在籽粒面上，防止黑穗病，尤其有效，只要一兩炭酸銅，就可以拌二十斤種子，再有個簡單的法子，就是選出以後，更行冷水溫湯浸種法，先浸入冷水五小時，再投入攝氏寒暑表五十度（即水在半開時）左右溫湯內浸五分鐘（不過一桿葉子菸久）然後取出把水濾乾；就可下種，這樣的手續，不但於種子可以淘弱留强，就是對於小麥的黑穗病（即火焰苞）亦能免掉，大家應該快快照此實行罷！

（三）下種　下種的時候，頂好在未下以前半過月，不得太遲，天氣一冷，便不容易發芽了，要收成好，播種的方法也要注意，頂好用條播，就是將麥種播成條行，用撒播是不行的，點播也不如條播好，播下土中不常一寸多深，天旱或係砂土更要播深點，兩條中間頂好有七八寸的距離，那嗎，雜草便不能生長了。

（四）管理　冬天偶有雨水，應開幾條溝排去水分，可免小麥根部的冰結和冷壞，若恐土壤冰結鬆動點根，可用鋤將土稍爲鎭壓，種後不必着再補吧，可以省一筆用費。

（五）肥料　看地方說話，通常頂好用堆肥，每畝四五担，預備堆肥的法子，在一月以前，將馬糞十二担骨粉一担草灰二担混合，稍加一點水堆在棚裏，以後翻動二次，這種堆肥在沒有播種以前，就要勻勻地撒在土面然後耕到土裏面去。倘若沒有馬糞，用的糞鷄糞和乾的人糞也好，骨粉的用法在我們峽裏從無這種習慣，但從種麥種的收穫上打算這種肥料萬不可少的。

（六）輪種　年年種一樣的東西，不但土力變壞，並使病虫加多，譬如年年種苞谷或高粱，過幾年這塊地就瘦得不堪了，所以種糧食的土，要兼種小麥才好，種過小麥，就可以種旁的東西了，有人說，種過苞谷才種麥子，是很好的，又有說，先種黃荳後種麥子才好，這都是老農經驗之談，說來都不錯，總之種過麥子這一兩年裏頭一定要種一回荳子，不拘黃荳綠荳豌豆都可以，我們南邊收麥後種稻，收稻後種麥，這個法子是不成的，因爲兩年不種荳子，田就要變壞了，這就要運用輪種的法則，來補救他。

（七）留種　如果自己有好麥子，最好自己留種，種要留好的，因爲好種播種的種法，都要花一樣的工夫，一樣的錢，但使好種能夠多收多賣錢，這不是留種是很要緊的嗎，怎樣留法呢，麥子要熟的時候，拿一個籃子跑到田間去，見了個好麥子就摘了，放在籃子裏，見了麥草很直很强壯健全的，穗子長大，麥粒多的，成熟得早的，無病無害的，就可以採下來了，採下之後，好好地收藏起來，下年作種，那就能夠達到一子落地萬子歸倉的了。

開放水田播種小麥的問題與解答

劉渫青

現因全面抗戰期間，後方粮食供給，應當設法增加，以充戰時的軍用及將來息戰後的救濟，愚曾以開放水田廣種小麥爲增加粮食的捷徑，載諸報端，不料各方均認法雖可行，對於水田必多障礙，發生種種問題，觀望不前，愚爲解釋各項懸疑起見，特用問答方式，分述於下：

（問）水田開放，明年即無水播穀種及插秧，豈不是不種穀了。

（答）我們爲增加生產，才想田中種小麥的辦法，若明年不種稻，那就是顧此失彼，又何爲增加生產呢！我們田中種了小麥，到明年春季播穀種的時候，就在麥子行中，依一尺遠近的距離點播穀種，等到小麥收獲，秧子也就長到四五寸高了，那時我們若有塘堰，就灌水進去滋養他，若無塘堰等落雨來灌溉也無妨，這個法子今年北碚十九保馮時齋曾經實行，結果比較他人用栽秧的法子還好，收獲也比別人一畝地多一斗，據他說這法子在辛卯年天乾有貴州人傳述出來的，那年就照樣辦過，結果也好，由這一點看來，水稻乾田直播法，眞是有效，不但播種不成問題，並且還免掉栽秧的麻煩，這是再好沒有了！

（問）秧子長成了，若天仍不下雨又怎樣辦？

（答）據科學家計算，凡有乾地或山地田土十畝的場所，有四千零五十立方尺的水即能預防旱災，我們依此標準，每窩秧子佔一方尺需水六十六立方寸水（大約半斤水）已足，可見需水量還是不見得多，又據一般農人的經

勸告本區農人放水田種小麥

驗，都說秧子在約苗正成熟的時候是不怕乾的，惟在抽穗（出苞）的時候才要水，但是也不多，只要有點跑面水就能過功了！由學理與經驗對對起來都是一樣的，我們在放田種麥的時候，把自己的田，挖深一二塊，蓄起水來，等到穀子抽穗才放進去，那就萬無一失了！

（問）如自春至夏都不落雨，蓄水也沒有，那又怎樣？

（答）去年的春季，水田是關有冷水，播種栽秧，都無問題，可是自夏至秋都乾，穀子就沒有收穫，這是田裏關冬水無濟於事的明證，又看今年春季，因受乾旱的影響，連吃水都成問題，播把栽秧是更無希望，但是我們用水稻乾田直播法及合作秧田法，播種旱秧等法來救濟，却就如願以償，可見田裏沒有冬水，還是要吃飽飯，這是你們眼前見到的實例，我再退一步說，就算沒有辦法，但是已先收一季麥子，很足以抵償所收的穀子，這正是為防來年乾旱，穀子沒收的一個補救的絕妙方法。

（問）種了麥子的田二季種穀子就要減少收穫，這是不妙的？

（答）這話雖有理由，却是理想不是事實，是肥料問題不是產量減少問題，我們就這點來說，如成都的田，一年上種兩季，沒有聽說減少收量，就這來說，你們種的塝田，每年也是種兩季，也未有聽說減少收穫，再以你們的土而論，還有種三季，菜園種菜還有種四次五次的，也未聽說減少收穫，這更足證明產量的多少，不在乎種一季兩季，是在人事盡與未盡。

（問）水田收獲後要耕耙幾次才去種，種麥不能耕耙，田就瘦了，明年種穀，必定不出？

（答）這問題恰與只知二五、不知一十是一樣的，要曉得種麥之前，土地就要深耕一次，然後又要鋤鬆整平，然後下種，生長期間，又要中耕一兩次，經過冬季春初冰雪的凍融，時鬆時解，依漲縮的原理，土塊自然就破裂，來年種穀再用不着犂耙了，兼之土粒經風化作用，把土中所有的無機質變為有效肥料，以供植物的生長，比較你用水淹着，空氣窒塞，水溶肥流還好得多喲！

（問）稻田關水可除虫害，開放之後虫害必多如何是好？

（答）水能殺虫，固然是對，但有些雜草（如鄉間所呼的水岸板剪刀×等，反在水中能生活，有些虫卵，（如青虫卵）也就借他寄生，不但雜草耗肥，害虫仍是繁殖，我們開放種麥，燥溼異趣，環境變遷，那些雜草虫卵，就不能生存了！兼之耕鋤之時，還可以把他埋覆土中爛死，增加土內有機肥料，風霜冰雪，浸入土中，也能凍死一切蝕秧苗的虫卵，這個方法，恐怕比你關水殺虫，還要有效些罷！

（問）水田土質不一，豈能完全放種？

（答）別的作物，就要地方出與不出，獨於小麥是到處都能生長（除濫田不能排水外）不管是新築地或池塘溪邊地均能用來種他，例如歐戰時，德國缺乏糧食的時候，政府下令把城市的邊餘草地，公園的池沼邊緣地及河岸荒山都來播種小麥，仍然生產很多，我們的稻田，雖說土質各有不同，若是播種小麥，那就算良田美土，那有不出的。

（問）種麥雖好但是沒有穀子出們多，還是不強？

（答）這是只計數量不計質量的話，我們以一畝地的產麥與產穀的價值來比，就知誰強誰弱，一畝地普通產穀一石，種麥就可產六斗，就市價穀一石十五元，麥一斗價三元，六斗共十八元，比較多三元，並且種穀的手續比種麥要麻煩些，谷子的虫害水旱害也要多些，小麥就沒有這些弊端，究竟是種麥强還是種稻强呢？再有一層本區稻田面積二萬石，播種小麥，最低產量可收一萬石，每石最低價十元，總計又穫十萬元，你想我們上年大乾，經許多調查旱災，造多少表册，申訴若干苦況，打幾次電給政府，呼籲頻煩力竭聲嘶，幾乎人人都要飢死完了，才得到政府兩千元的賑濟，於是乎大家就認為救命菩薩，彼此就活動，如果我們努力一點每年有這十萬元的收入，可以說人人都能穿暖衣吃飽飯，這是地藏的利益，並不要人家給我，我又何樂而不為，總理說過：人不要與人爭，要與天爭地爭，才有辦法，這話真有道理，請大家趕快實行罷。

再為放水田種麥進一言

劉選青

現在日本既傾全力來侵我，全面抗戰業已展開，前線戰鬥人員，英勇犧牲，後方供給的物資，不能不謀最大的補充，但物質的供給，又以糧食問題爲不可緩的要事，故研究此項問題者甚多，茲分晰如下：

（甲）關於生產者

（一）耕地面積之擴充，（二）勸諭農夫農婦及有閑人們的一致爲耕，役使俘虜做墾殖工作，（三）組織農民自衛團以保護農地的安全，（四）農作栽培的限定，（五）培育農業研究機關。

（乙）關於消費者

（一）組織食品節約勸諭隊，（二）限止個人食糧消費量，（三）限止精米的碾磨碹實及製粉率的規定，（四）禁止釀酒及食料的飼養牲畜，（五）研究並倡導粗食及粗食代用品。

（丙）關於分配者

（一）管理糧食的供給買賣給領保管，（二）規定米價，（三）食糧的運輸，（四）統制對外食糧的輸入。

以上諸端，可謂至矣，盡矣，再好沒有的了！但歸納來說，乙丙兩項的辦法是治標的，甲項辦法是治本的，治本沒有好的辦法，治標無論如何的完善，不但費力多而成功少，並且還是一樣的失敗，如歐戰的德國，即其明證，還且不說。

我們單就治本的生產方式來說：只要生產的增加，必須耕地面積爲之擴充，這個原則很是對的，他的主張是在把各省的荒地開墾出來播種糧食使他生產增加，這個法子若在平時到是妙策，若是現在恐怕時間上有不容許吧！

第一若在內地開墾荒地，地畝有限，且糾紛過多，反生麻煩，第二若在邊地墾殖，卻又需大量資本，交通不便，組織管理，均發生問題，這眞是遠水難救近火。

在個人的愚見，似不若將國內水田，在秋末時間，一律把水放掉，播種一季小麥，所謂施行兩熟制之爲得也，一則面積廣大，二則見效迅速，三則閑人爲耕便利，四川運輸儲蓄均便，有此四利，又何不爲耶！

不過有些人說將來田瘦水缺，難以恢復，此亦極易解決之事，只須政府嚴厲督修塘堰，人民多購肥料就够了！這是不足担憂的。

我們把水田放了種麥就有很大的效果，據國府主計處統計局的估計，全國稻田面積爲三二一，五六六千畝，除去東北四省及華北五省共五，八五六千畝，尚餘三一五，七一〇千畝，再除去沿海戰區各地不能耕作者，估計佔百分之五，計一五，七八五千畝，猶餘二九九，九二五千畝，每畝產麥五舊斗，可得一萬五千萬石弱，補上項之損失而有餘，假定每人每年平均食麥爲二，七七石，可供給五千餘萬人之糧食，足抵日本全國人口之數，以此制敵，何敵不摧，以此長期[illegible]抗，必得最後勝利，昔者日本以蠶絲爲戰勝世界和平利器，譬云纖纖一縷，足以繫國家命脈，我們有此搏搏大土，豈不足以抗日哉！我們要高呼放田抗日的口號了！

讀書問題之研究

盧子英

本篇目錄

一，讀書的意義
二，讀書的計劃
三，讀書的一般注意
（一）讀書的選擇
（二）讀書的態度
甲，讀書方面
一，自我的態度　二，客觀的態度
三，懷疑的態度
乙，形式方面
四，讀書的方法
（一）興趣　（二）專心　（三）速率　（四）瞭解
（五）記憶　（六）應用　（七）筆記與標識
五，讀書與職業
六，讀書運動之提倡
（一）意義
一，於社會的　二，於個人的
（二）組織
一，主席　二，保管　三，會員
（三）方式
一，統制　二，實施　三，整理

一，讀書的意義

讀書，是人人認爲重要的工作。古人之所以讀書，完全以爲讀了書，什麼「千鍾粟」，「黃金屋」，「顏如玉」一類的東西就會來。這樣的讀書、無非是因食色財祿而已。完全是一種利己主義的讀書思想。又有人以爲讀書是爲讀書而讀書。因爲要讀書，所以什麼書都要讀。書愈讀得多、愈能讀書。這樣讀書的目的，僅限於讀書自身之中，疏忽了讀書與現實的社會生活之聯繫，不知讀書須應用到社會發展上去。這都不是我們所希的讀書意義。要明瞭讀書的意義，第一須知道讀書的對象是學問，書本不過是學問的重要泉源，它之於人類，猶如記憶之於個人。人類的歷史，人類的發見，以及人類歷數千百年的經驗與思想，經文字有條理的組織過，都刊載於書籍之中。書籍，可以說是人類的遺產，人類的精華。讀一本書，就無異乎我們經驗了古人所經歷數千百年的經驗，短時間內就將古人千辛萬苦得來的經驗獲得了。倘若不讀書，那嗎，一切的經驗，我們都要從新的經歷過。人生有涯，一生所經驗得到的知識，又有多少呢？如此，我們的文化便永遠不會發展，社會便永遠不會進步！讀書，就是要用最經濟的手段，將前人及時代人用了多少精力所得到的經驗去獲得，然後再將此種經驗根據自己的思想與批判去發揚光大，而尋求一種新的真理，用以解決人類一切問題和促進社會一切發展。這就是就社會方面而言。即就個人而論，個人要謀生活於社會，主要的是靠本身之努力，尤其是要有能力的努力。而「能力」廣義的說來，人格，意志，學問，精神等皆是。其中尤以學問影響於他的能力之修養最大，而學問之修養門徑亦多。但主要的則賴於幾方面：（一）善感與思維，（二）善於觀察與聽取，（三）工作的經驗，（四）處世的經歷，（五）與人的討論切磋，（六）閱讀書報雜誌。就中尤以書報雜誌關係最大，因爲從書報雜誌去參考別人的經驗，在時間上和空間的範圍要寬泛得多，內容也要豐富得多，故讀書爲修養能力之主要門徑。要學做人，要謀生活於社會，就不能不讀書。而且讀書是一種快樂，可藉以解除個人之痛苦。故讀書應爲個人生活之一部分，是人人需要的。人生活一天，便需要它一天！要澈底明瞭讀書的意義，方不致認讀書爲少數人的責任，或是在校學生的責任。

二，讀書的計劃

談到讀書，有很多人都似乎感覺有許多不易克服的困難，如甚麼書應該讀？要怎樣才有興趣去讀？怎樣讀才可獲得較大的效率？至於在職的人們，更會感覺時間成問題。每天工作之餘，似乎已無讀書的時間，要解決這個困難，除了堅強的意志而外，便需要有計劃與方法。所以，讀書亦如工作之先定計劃，然後繼以好的方法去施行，施行之後再加以檢討與批判，這樣，才有好的效率，好的成績！

在一個讀書計劃之前，首先須明瞭讀書計劃是供我們學習研究的一種軌路和工具，而不是束縛我們生活與思想的，它不是死的，機械的，而是適應我們一定時間的實際需要而定出來的，可以隨實際的情形而變更，我們儘可能的定出計劃，抽出時間，使讀書生活與整個的生活有適當的聯繫，而不致彼此衝突，根據計劃循序漸進的做去，精神與時間都非常經濟，一個計劃，要根據實際的需要，與個人的能力及時間而定，不可過於理想，實行起來，寧使我們超過計劃限度而進行，不使做不到計劃上所預定的，以致感到失望的煩惱，所謂計劃，就是一月一年大至於一生所確立的研究目標，與進程之預定，應該研究些什麼問題，學習些什麼科目，根據這個目標去讀書，讀書能力逐漸進步，由淺入深，由一本書而幾本書，由一門學問而數門學問，然後再由博而精，但在一個計劃中，學習，研究，實踐三者須並重，使之趨於系統化，格律化，庶不致智力限於某方面。

三，讀書的一般注意

（一）讀書之選擇

人生最重要的事，第一是擇業。如果擇業不慎，不但是他精神上的一個苦痛，終身的苦痛，也是社會上的一種損失，因爲他精神上既對於這種職業無興趣，便覺苦惱，則對於工作的效率上不知要減少若干倍，第二是擇交。近朱者赤，近墨者黑，入芝蘭之室，久而不聞其香；入鮑魚之市，久而不知其臭，朋友對於個人行爲的影響，有很大的關係，第三就是擇書，如果所看的書壞，則影響於人的思想壞，思想壞，行爲亦隨之而壞，書之影響於人之思想行爲，是同一的重要，所以對於擇書也同樣的重要。

古人說：「開卷有益」，這固然是想勸勉人們勤於攻讀的好意，但不知同時也誤了古今若干蒼生，因爲亂讀書不加選擇，則世界上的書，浩如煙海，人的生命有限，卽盡畢生之力，也看不了多少，若要將所有的書籍看完，事實上是絕辦不到的，也毋須辦到，看着書便去讀，不但浪費了寶貴的光陰，而且消磨了我們有爲的精力。讀着好的書倒不說；倘若讀着壞的，對我們不但無益，反而有損，「開卷有益」，雖然可以廣博我們的常識，但那些不需要不實用的常識，拿來何用？所以我們讀書，要擇其最標準最精粹者而讀之。

我們旣已知道擇書之重要，關於怎樣去擇書這個問題，是我們必須研究的。一個人所讀的書可別爲兩類：一是專門性的，一是普通性的，所謂專門，是廣義的，非狹義的，例如你是專門政治事業的人，則凡關於政治方面各色的書籍，各種的主張，都應去研究它，看它那些是優點劣點，比較其好壞得失，那些可以採用，那些可以作殷鑒，至於普通性的，是與我們專門的相關或不相關的各種書籍，那些是我們應當專門研究的呢？還是要靠興趣與志趣自己決定的，不過，我們所專門研究的，要顧到實際的需要，因爲我們得來的學問，須運用到辦事和各種問題的解決上去，簡單地說，就是要選擇的書，能够「學以致用」。

但是，書的好壞，我們又如何去鑒別呢？擇一本書，首先須知道它是否是一個作家或翻譯家精心之作，切不要爲出版者的廣告所欺，廣告多是帶有吹噓性的，不是完全可靠，書的實質上，須看他內容是否正確，編制是否有統系，理論是否新興，不要以爲名流的作品都是有價值的，要看作品的本身，方可斷定其價值之有無，還有坊間風行一時之書，不一定都是好書，譬如風靡一時之戀愛小說神怪小說，爲一般人士所好尙，就無什麼價值可言，總之，書是要靠我們自己的辨別力去選擇！

（二）讀書的態度

甲，精神的——意識方面

1.自我的態度：一個人要有主腦，要有主見，要有堅强的自信力與自負力。勿爲人所麻醉，也勿爲書所麻醉，所謂「盡信書則不如無書」，「何必讀書然後爲學」。因爲書上有時前人說的話，他行得通，能夠成功，拿另一個人做來，就行不通，不能成功了。這是因爲時間不同，環境已異的關係，所以要因地制宜。有的還要因時因事因人而制其宜，通權達變。不要太盲從，以爲書是絕對可靠的。只可把它當爲一種參考。

中國人往往把書當爲金科玉律，一字不異的經典，所以中國以前的一些儒者，愈讀愈迂，對於它實際的知識能力上每竟無所補益，完全做了書的奴隸。吾人讀書一不注意，尤其是不會認淸意義之人，最容易蹈這種錯誤的。

2.客觀的態度：讀書要以書爲客，我爲主，以書當爲訴訟者之訴詞，我爲裁判官。以客觀的科學方法去觀察，不武斷。仔細攷察作者的理由及根據，公正的審判他們的曲直是非。用一種概括的原則以衡量我們的判決，然後不雜成見的虛心去領受。

3.懷疑的態度——發明家的態度：我們讀書，除精細而深入的尋求書中那些是不對的，那些是對的而外，還須有發明家的態度矯正其不對的，而其對的更謀有以改進，使之更完善。要能觸類旁通，舉一隅而能以三隅反。一本書逐處都應以懷疑的態度去觀察。所謂懷疑，不是盲目地懷疑，要用精密的思想，詳愼的去觀察它的理論，它的辦法，爲甚麼如此？根據何種理由？有不對的，有不完善的，便去改善它、創造它。其實，發明不是好難一回事。人人都可以發明，只要你肯用思想，肯懷疑，多找問題，多費心力去探討方法，就不難成爲一個發明家！例如大發明家愛迪生氏，最初何嘗不是一個不學無術之人呢！何況在較廣義的一切工作方法上正需待發明者，猶多至於無窮的呢！

乙，形式方面——姿勢

讀書的姿勢，要如辦公的姿勢。專心致志的讀，提精會神的讀。不要任意坐臥。否則不但讀書的心不專，生理上也有不少的妨礙。如駝背，近視，就是不良姿勢所養成的。

四，讀書的方法

前面，我們已經說過，讀書需要有好的計劃。但是只有計劃而無進行的方法，計劃自計劃，而不能表現出它的好處來。有方法而無計劃，便無所準繩，無所依據，所以活動的方法與計劃，是同樣的重要。而一般學者，往往有很大的志趣，每又苦於不得其法，只是一味的死讀，寃枉浪費許多精力與時間。學者因此而上當的不知有多少！所以讀書方法之討論，非常重要。說到方法除了老生常談的眼到口到心到手到而外，還須注意普通的基本條件。

（一）興趣：我們無論做甚麼事，興趣最重要。愛運動的人因對運動[illegible]

有興趣，便認運動爲樂事，對運動無興趣的人便認運動爲苦事。讀書亦然。因小說有興趣，便喜閱覽小說。對讀書有興趣，便喜讀書。以讀書爲樂事，以讀書是一種享受，愈喜讀書，書愈讀得多，就愈能支配知識上的一切。因此讀書的興趣更濃。簡單說，就是因興趣而讀書，因讀書而更有興趣。反之，對讀書無興趣，便以讀書爲苦事，讀書就無異乎坐監作囚犯，更得不到益處。所以我們讀書便要有興趣，但并不是專等有了興趣才去讀書。讀書興趣，不是人人生而就有的，是要我們去創造，去培植。

我們開始研究某一門科學時，往往會因書中的艱難意義，而覺枯澀乏味，畏縮不前。其實，只要艱難意義一經瞭解後，興趣便會油然而生，自能得到濃厚的興趣。所以繼續不斷研究的精神和耐心，乃是濃厚興趣的根源。一方面我們所讀的書要由淺入深，適合自己的學力。可以去理解的，不可希圖速成。未讀基本的書，就想讀高深的，這一定會失敗。要有讀書的興趣，還要養成讀書的習慣。譬如愛運動的人，每日成了習慣的，一日不運動，便感覺不舒服。所以讀書成了習慣，興趣自然增加。此外還須多讀同類及相關的書籍。因爲我們對於某種學科的興趣，是與我們對該科所具有的知識成正比例。知識愈多，就愈有興趣去研究了。

（二）專心：讀書是要獲得知識，對於知識要能瞭解，才能吸收過來。要瞭解必須專心致志的讀。不專心便如走馬觀花，隨得隨失，那還有甚麼益處呢？所以讀書需要專心！

說到專心，最好是找個清靜的地方，無人與各種聲音的騷擾，能够聚精會神的讀。但是有時會因某種關係而辦不到。這就要靠自己的修養。雖在人聲嘈雜中，亦能集中注意力，外界的事物置若罔聞，做到「視而不見，聽而不聞」。一方面我們還要能培養讀書的興趣。有興趣，不管在甚麼環境中都能專心。例如在人聲嘈雜中看小說，仍能非常專心，非常起勁，這是我們對小說有興趣的緣故。讀其他的書亦是如此，只要有興趣就能專心的。但是精神疲勞，又足以使我們不能專心。恢復精神，第一要讀書與休息並重。讀書的時候努力讀書，休息的時候儘量休息。倘若沒有時間休息，調換讀物。也是一種休息。腦筋清新的時候讀費思想的讀物，感覺疲倦時就要換另一種不必多費思想的讀物。讀物一變，注意力就轉向另一方面，腦筋中又是一種新印象，自然而然的就會專心起來了。還有一個强迫自己專心的方法，就是做筆記或劃線。因爲要對一本書有充分的瞭解，筆記才記得下來。要認識書中精采的地方，纔方提筆劃綫。這非專心不可。所以做筆記和劃線，是使我們自己專心的一種方法。

（三）速率：人生有限，一個人就以畢生的時間讀書，亦沒有好久，而所應讀的書却是無限。所以我們唯一的方法，便是增進讀書的速率——在同一時間，可以多讀些書。但是，只求讀得快，走馬觀花的不求瞭解，於我們是沒有益處的。要讀得快而又能瞭解，非使情緒緊張，注意集中不可。一方面還要在共精要的地方深入的去理會。

但是，要怎樣才能讀得快呢？解決這個問題，首先須認識書的性質，是須精讀的嗎？或是只須瀏覽的，精讀的，要細細咀嚼，不可過於求快。至於瀏覽的，則只求知其大意而已，不必逐字逐句的去研究。但還不是說瀏覽的就馬虎從事，還是要集中注意，而求其書中的重要意義。還有一種書，某段應當看，其餘的都不值一讀，那嗎，我們僅擇其某段而讀之，不必全書都去觀覽。這樣一來，我們知那種書應該怎樣讀，不會浪費許多時間與精神。自然就讀得快了。其次，須明瞭全書的大概。看序文，看目錄，引言，提要，結論，腦筋中有了該書的整個印象，讀起來不感生澀，自然的就會快了。一方面還須養成句讀與跳讀的能力。重要的，一句一句的讀。不重要的，可以丟掉幾句或幾段不看。有提要或總結的書，有時就只看提要與總結。但是，我們自己還須有看得快的決心。譬如一點鐘非將某書看幾十頁不可，自己驅策著自己，也就會看得快的。最妙能再於閱讀一本書之後，更找到該書之有力的書評作一參考，則其收效益大。

（四）瞭解：讀完一本書，首先就應自問得到了些什麼？所以第一要求瞭解。能瞭解才會有興趣，有興趣才可作書的主宰，應用書，支配書。

讀書既須力求瞭解，關於如何才能瞭解的方法，是須得我們注意的。讀一本書必先知道書名，著者，以及著者的動機與背景，再看序文，目錄，對於整個書有了大概瞭解，就快覽一遍。開始看的時候，先將與該書有關的舊知識儘量的回憶起來。因我們對該書有關的舊知識多一分，則瞭解該書的能力多一分。快覽時要提筆標識，劃線旁批或作筆記。如此，可幫助瞭解。如係精讀的書，又再看一遍二遍……。以求詳盡的理解。大多的書都不能一次讀完，但每次的時間距離不可太久。又必須將某一段或某一節讀完，才可中止。因不讀完某一段或某一節，就得不着整個的印象，下次又須重讀。在下次接讀的時候，須將以前所得的大意回憶一下。如此才能銜接連繫，不是零碎的印象，書中的整個思想也易於了解明瞭。倘遇着我們十分不能瞭解的地方，則可請教師友與圖書之參攷。

（五）記憶：記憶是讀書所必須的一種基本的智的活動。記憶力堅强的人，所過目的書，其中知識，可以隨時記憶起來。書中的知識，等於自己的，隨時可以應用。記憶力薄弱的人，則隨讀隨忘。無論讀多少書，胸中皆空空如也。記憶力雖與智力及身體的强弱有關，但亦可用人爲的方法去訓練它。一個愚笨者，自然不能訓練出非常的記憶力，但他的記憶力可因訓練而加强。記憶力既是讀書所必須的基本活動，則訓練記憶的方法，學者是必需知道的。

要記住某事物或所讀的書，首先須存心去記住它。有了存心，就會留心觀察，所見的細微末節越多，便越容易記憶出來。而且，我們對於所記憶的知識，要有濃厚的興趣，將它充分的瞭解清楚，捉住中心的義理與問題，不去記不重要的細節。理解的去記住它，不是死板的呆唸。思索時多用具體的想像。爲了保持永久，還須時時複習，抄錄，寫筆記、劃線，使所得的印象深刻。一方面應儘量用實踐的活動幫助記憶。如作文，演講，討論等，都可使印象强固，永久不滅。有時也可利用人爲的聯想，幫助記憶。例如我們常由秋海棠葉記憶起中國的地形。雖然有這種種方法幫助我們記憶，可是還得注意休息，使腦筋清新。腦筋昏亂，無論用甚麼方法。都是不能記住知識的。

（六）應用：讀書所得着的知識，算不得我們自己的東西。必須將他應用實行起來，那種知識才算自己的。所謂應用，不是一字不改的呆叫出來，而是要將他變化過，溶化成我們思想的一部。應用最簡單的方式。是作筆記。寫作，口頭與朋友討論，以及生活上的實踐，使生活與知識合一。例如讀傳記，知道別人爲人處事的方法，如果我們遇着相同的問題時，便應當利用別人的經驗。而且還可以改進他們錯的地方，甚還更進一步，類推其方法，而精益求精的去進行一切，如此，照他們的方法，解決自己的問題，應用了所得的知識，不但可增加興趣，易於記憶，并可增進讀書的理解程度，以促進我們繼續的研究。所以應用已獲得的智識，是讀書的有效方法。學者不可不注意！

（七）筆記與標識：筆記與標識是讀書最重要的方法，是讀書最好的自我訓練工作。作了筆記，做了標識，便於自己以後參考，幫助記憶。拿我們的筆記與所標識過的書與朋友切磋，與後學者參考，也可幫助他看書能力，時間精神，可使他經濟不少。

讀書筆記的寫法，因其種類而異。一。提要筆記，是以一章的中心問題，中心思想爲總目，然後再於各節各段，找分目與細目，按照該書的次序，用簡明的字句寫成的。但不是照原文直抄，必須經過自己的分析和綜合。二，批評筆記，是用批判的態度，發表自己對於某書的意見，那些是對的，那些是不對的。三，感想筆記，是讀畢某書，將自己所發生的感想寫下而成就的。通常作筆記，都是將三種一齊寫，沒有分開的。一個讀書筆記，必定要有系統，而且還應簡單明瞭，文字力求簡潔，才便於攷査。最好在筆記簿的後面做索引，攷査起來更便利得多。

至於標識，是用筆，有色筆更好，將所閱讀過的書加批註，或記號。批註最好寫在一段的頭尾或頂上空白。遇着理論精采的地方劃曲線，最準的劃雙曲線，其次的劃直線。那些是不好的，是騙人的話，含有宣傳意味的，可打疑問號。總之，符號是由自己定，不過藉以將書的好壞是非，標識出來，便於複習，參攷，記憶以及應用。倘若書是借來的，那嗎，我們就須預備一本節錄筆記簿，將精采的地方或可供我們著作之用的抄錄下來。

五，讀書與職業

社會上一般人常以爲讀書與職業是分離的。讀了書，畢業後，有了相當知識，便從事職業，以謀個人之生存，社會之發展爲己任，而以讀書爲非任內之事。他們又常感職務繁忙，白天辦公，晚間應酬，每天實在抽不出空餘時間。即有心讀書亦不可能。其實，我們從事了職業，更應該研究與我們職業有關係的書籍，藉以改進我們的職務。能够把我們的職務做得更好，不要當個工匠，而要想當個工程師。就是屬於職務以外的好書，我們仍要常看，藉以充實學問，廣博見聞。不但學識是從書中而來，即我們的才能經驗人格，亦多從書中磨鍊出來。至於職務忙，無暇研究學問，還是空話，根本是自己無心去研究。凡有眞心研究學問的人，不論在何種環境之下，都能找出一點時間來研究。例如德國外長史特萊斯曼。雖身任殷繁之政務，而仍能就暇隙以自修學問。他每晚在九鐘以前、總理國事，九鐘以後，就研究學問。又如中山先生在廣州時，雖身爲元首，總攬萬機，然而仍能於百忙中讀書講學。建國方略，三民主義等書，都是於百忙中所成就的。現在一般在職的人們，根本要存心去研究學問。不要以爲研究學問與自己的職務無關。或更認爲有礙職務。要認爲自己終身都是學生，終身都應不斷的努力於學問的探討

六，讀書運動之提倡

上面已經談過，讀書是人人終身的事。那嗎，讀書就應當普及，使讀書成爲人人的習慣，人人的嗜好。介紹人以衣食，不如介紹人以圖書。幫助人以物質，不如幫助人以知識。故讀書有待於提倡。開運動比賽會，即所以提倡運動。同樣，組織讀書報告會，即所以提倡讀書。關於讀書報告會之意義組織方式，玆分別討論於下：

（1.）意義

一，於社會的：前已說過，體育必須以比賽會洪起體育運動，才能成功一種社會的風氣，才能引起人運動的興趣。讀書亦然。必須以報告會以造起讀書運動，才能成功一種社會的風氣，才能引起讀書的興趣。故讀書報告會，是提倡社會人士讀書的一種手段。

二，於個人的：關於羣育方面：讀書報告會，是由許多人組織而成，是集體化的，是每人讀一篇文章向大家報告，分工合作的，所以讀書報告會可以訓練各個人在團體中有組織有方式的活動。德育方面；讀書報告是含有比賽作用的。如誰的報告最好，誰的遺誤少……每個人的成績都有記錄，最高的記錄，都須公佈。如此可以比賽作用激發其興趣，可以團體紀律督促其努力。養成要求記錄的習慣，遵循團體紀律的習慣，對於作事的精神和爲人的品格，都有相當的影響。智育方面：讀書報告是每一個人看一篇或一部份與大家有關的文章，向大家報告，即每一個人看一篇文章而相互交換，結果一個人等於知道若干篇文章，而得到若干所需要的學問，於知識上的幫助不小。節省了時間，經濟了精力，即等於增加了生命。其他，尚可訓練認識能力，聽力，口頭發表能力，思維力。

（2.）組織

一，主席：甲，長期的；或由會員選舉學問豐富德行兼優之人任之；或由該機關或團體主管人負責。乙，臨時的：或臨時推選，或輪番担任。

二，保管：會中必須設保管一人，以司書籍之集散，和借還之責任。

三，會員：聯合同機關或同性質同地方之若干人員組織之。如有其他公共職務，可推選會員担任之。

（3.）方式

一，統制：甲，自擇：所報告之書，由主席指定，或由自己選擇，經負責而資深之人審定。經指定或選擇後，應否完全報告，須視該書內容之價值而定。有的內容全好的，應完全報告，須一字不差。內容不好的，則去其不重要的，而報告其精采的數節數段或數句。有的又必須改編整理後，方可報告。乙，審定：自己所選定的書須經主席審定有無即行報告的價值。因各會員不一定都有認識能力，所擇的書不一定就是好的，公共所需用的，當前急切所需用的。丙，閱讀：經審定認爲合格後，然後閱讀純熟，再出席報告。

二，實施，甲：提綱：舉行報告時最好在報告之前寫一個簡單明瞭的報告大綱，使聽衆先得一個大概的印象，聽起來比較瞭解而感興趣。大綱內容包括該書的價值，綱要及其讀後的感想。乙，報告，須注意結構之組織，話句之修鍊，聲音之抑揚頓挫，姿態之活潑自然。丙，品評：品評報告成績之優劣，施行獎懲條例，名譽上，或物質上之獎懲。

三，整理：甲，須備有讀書報告成績表紀錄。其形式如下：

姓名	內容方法 性質	程度	考語	組織	語氣	態度	特點	其他備考

乙，每人須有讀書筆記。

最後，尚祈吾人注意於活書之運用，即實際社會生活之運用，則於學業

事業皆極有幫助，例如孔子週遊列國而學業大進，太史公之文章率來自遊歷名山大川之感應等是。今人所謂生活即教育也。至於文化修養之方法頗多，然有目的有辦法的遊歷、却不失爲主要之一，故甚望人人多注意也。

同時、尚望各社會事業的領導者，在領導人工作時，同時要領導人讀書。不但要讀與工作技能有關的書，還應讀爲人修養暨社會問題有關的書。這樣，很能影響人們的思想行爲，更很能影響本身工作的推進。故一般只斤斤於較量人們本身工作成績之要求的而不同時并要求人們讀書之成績者，則該事業之前程一定是有限的。

清水溪生百世俱樂部印象記

盧子英

四五年前一片荒涼的清水溪，近得有心人士之經營，竟已成爲一處有數的名勝，余私心嚮往已久，此次偶得機會前往觀光，特略述其經過，想亦爲人所樂聞歟。

八月十九日自東水門渡江，雇肩輿行一小時，卽抵目的地，肩輿較普通市用者爲輕便，較滑杆尤舒適，輿身或爲藤編，或爲竹製，形式簡單而有研究，布棚顏類質包車所用，高朗通風，聞皆經汪醫生之改良而始成者，星期六與星期日之遊人特多，轎子多至百餘乘，價亦較平日高漲一倍以上，另有馬路通海棠溪，現有公路局汽車往來於廣元壩，如由渝乘私車，可渡江直達清水溪，遠至於廣元壩，余到達淸水溪後，沿馬路行，目視昔日之荒山竟成樂園，山坡峯頭，頻見別墅，花香蟬鳴，頓爽胸襟，時汪醫生恰已進城，黃世端君爲余等嚮遊，據談生百世俱樂部宗旨：在提倡體育，與鄉村生活，會員分普通會員，與團體會員，普通會員，年繳會金十元，團體會員，年繳百元，以金融界人士之加入者爲最多，該會側重於團體會員之吸引，蓋以其更富有社會意義也，凡會員皆有一樣平等與自由之權利，住宿之床與被蓋面巾，率由會員自備，由該會註明會員號碼，代爲保管與洗刷，卽常住經年亦不另有取費，惟伙食除自帶外，如就該會便飯，每餐二角，亦殊可口，刻會員之會費，年約六七千元之收入，聞汪醫生來清水溪，初建屋之時，購地太有限，惟渠早有志趣，與胸有成行，故於來此不久之間，舉凡一帶丁家之地，皆逐一購得，此皆因汪氏之有奮鬥精神與運動方法，始全操勝算，現在已有地千餘畝，初値不過二萬餘金，但幾年來除首先開闢道路外，復一再經佈置，有已一一劃淸區域，如住宅之區則每百方丈爲一段，可建住宅一所。每方丈則值五元，最近爲人購去者已四十餘所，新近何北衡，范崇實先生亦各購去大幅，而汪先生猶設想週至，竟已代爲將通何氏別墅之路建好奉贈。至王師長（芳舟）袁旅長（毅如）等之公館，亦在附近，長途公路穿別墅而過，小道結構如網，遊覽至便，遙眺金佛山，隱約可辨，銅鑼峽，唐家沱亦遙遙在望，景緻甚佳，汪醫生不但善醫，建此渝市別墅，殆亦善相地也哉。

俱樂部中備有渝市電話，故雖遠在山隅，一切尚稱便利，部內設備等皆整潔儉僕，在在可人，就附近小遊一週，始知汪醫生已正大規模從事種桐，而且更聯合業農家協和種桐，先開闢交通，劃淸路線區域，次就各區域挨次工作，其選種，播種及施肥種種經營技術，亦多特別之處，聞率山實際之研究，實驗之心得而來者最多，請教於專家學者猶其次，吾甚望桐林業人士速與聯繫，在全川桐業，最好能更有一專司連絡之機構以從事，則切磋砥礪，收效當不小矣。

俱樂部區域所種之樹，多係常綠，所種者不但求其成長迅速，並要求其能點綴風景與有經濟作用者，梅有梅嶺，桃有桃花山，規模均大，想冬春時節，一定喜氣迎人，另有一番佳景，此外尙有可以幾用之池，不僅可供灌溉附近田土，且各地之佈置深淺有度，適於游泳與訓練操舟，對於景色之點綴頗增光不少。

該部試種西瓜，今年尙有成效，較諸西山坪者味更甘美，擬於明年種植二十萬窩，或可獲利萬元以上，因該地土壤相宜，而交通便利、不但運費廉，且需時短，出品新鮮，其味自當更善，如渝市臨時有需，一經電話通知，不到兩小時便可送達，運輸旣少週折，當不致有西山坪農場之有何損失矣，兼以地近渝市，肥料供應便利，尤以該部所採糞肥，來自銀行者多，其成份較之一般爲上，同時在工作上又係上下一心，皆有研究精神，力求成績之精進，領導之人，不僅能指揮，兼能共同勞苦，聞西山坪今年所產之西瓜，味遜於昔，而又容易破敗，率由於調肥上之問題，該部近更擬種葡桃，並擬就峽區營種籽，蓋胡桃樹幹木質，最宜於飛機兩翼支翅之用，國防需要量大，種後八年即可採用，獲利必豐，該部亦擬於最近大種時菜，供應本部與附近各公館之需，同時連絡各農家舉辦生產消費合作事業等。今後之種種經營，似乎爲數尙多：然主持者僅汪先生與黃君二人，而汪先生雖經營新興之事業頗有聲色，但仍不忘舊業，每日必在渝市行醫業半日。歸來之晚間，常從事農作，雖黑夜猶掌燈移樹或施肥，即其所雇用之轎夫，平日在部仍助農事，星期六與星期日則任茶房之役，故不但汪黃兩氏本人忙，即其雇夫亦一人作幾人之事，較之許多公共事業，其情勢能毋令人感慨繫之。

俱樂部周圍甚平靜，絕無扒手小偷，幾有夜不閉戶，道不拾遺之況，據云：除附近之農家或佃客外，無遊閒破落人戶。僉以汪先生善施醫藥，遇歲荒又能代募賑濟、故人多感之。最近更擬由該部擴充小學校一所，不久更設一療養院，一切均求平民化，對於金佛山，華鎣山亦擬有所連絡，并改製其土產如茶葉等，夥同旅行社助力推銷，余意歡迎其設一生百世分部與旅行分社於北碚，乃聞其已早有此心，竟不約而同謀矣。

更聞王芳舟先生住家附近，居常喜與兒童遊，將兒童組織之更訓練之，頗有天眞生趣。曾擬親率兒童一隊約二十餘人，限時步行來遊北碚，嗣因事不果，不久前亦欲偕汪醫生等前往華鎣山訪勝，以便協助規劃經營，惜竟以政務又不果。

余往清水溪又恰與汪醫生相左，未及與渠面談，就余片面觀察所感者，汪醫生之爲人對人，無論雅俗皆安，公誼私情皆能求全；對事肯求辦法，精益求精的幹，能講求效率，能造起運動，確有政治才能，其用黃君世端也，更相得益彰，汪先生好用功，年不過三十六七，而髮幾全白，黃君初不過一苦學生，然爲人有方，從一坎拿大之老農夫學習農藝三年，不但得其可靠之技術，並獲其可貴之精神，故爾神氣奕奕，有頭腦，有認識，有志趣，非常勤奮，不計當前極菲薄之物質報酬，而能懃懃懇懇努力一切。汪先生與黃君却不愧爲事業上之兩戰將，富有攻擊精神之戰將也。汪先生更曾代爲北溫泉設計將公園之對山佈置一紅綠色之森林，以增北泉之勝景，汪初不過爲一醫師，何其多才多藝如此，余意其或亦不過能正心誠意耳，其奮發有爲，其爲公之苦心，眞令人敬嘆，汪醫生所作所爲，何嘗不算建功立業，竊以爲世有不少嘆英雄無用武之處，而致鬱鬱不得志者，曷鑑諸汪醫生而有以猛省乎興起矣。

余遊清水溪，承汪先生電話上斷挪黃君，代爲招待至週，令人且感且愧，黃君並徵詢興革之意見，余意勸該部仍應附設一嚴格合理的消費合作社，以供遊客零星之需用，於星期日應特出壁報，並連絡遊客幫忙辦圖書館，設備宜求合理化，最好使小學生實習管理，更訓練小學生服務，如嚮遊等事，有的活動並可擬成課文以行教學，至於全部之佈置經營，亦宜製就簡單之圖說，即使不印送，亦宜張貼客廳，以備客人之參攷用。

余此遊頗有興感，擬於日後更抽空並促成團體重往參觀，竊以汪 生激於義務 竟有如此成就，迴思吾人身負社會責任者，更應如何勤勉從公，俾有所成就也。

西山坪農場采風錄

黃子裳

西山坪在以前不過一片荒地而已，經數年之經營，今已煥然一新，成一富饒之農場矣。去歲曾產西瓜二十萬斤，値洋七千元以上，本年春季產小麥十石，包谷十八石，柚子十五石，養豬七十頭，栽菓樹五千株，育苗木十二萬株，仍不過佔全面積十分之二三，若全部開發完成，則其產量必更可觀，作者此次偶得機會，便往該場參觀，就訪問所得作成此文，以供國人在國難期中如何生產建設，充實後防之參證。

一，經營起因

中國西部科學院農林研究所，原有農場設立東陽鎭上壩，種植棉花，栽培菓樹，數年未收效果，聞西山坪楊侯廟，住持僧人有荒地一幅，每年以十元錢之代價租放於人，作砍黃桀賣錢，民國二十二年時乃由院商租入手，初步派人測量地二千畝，旋由前峽防局派兵開墾，一面雇人砍去荊棘，準備培植森林，栽種菓樹，並以一部份栽種其他農作物，以便爲較大規模之經營。

二，西瓜成功

生在四川未出過夔門的人，在前不單是沒有吃過西瓜，連名字亦很少聽見，然而從省外回來的人，則又感覺得四川吃不到西瓜爲一件不快之事，所以科學院的朋友於民國二十三年，就西山坪作第一步的栽植試驗，恰好那年結了幾十個西瓜，送人嘗試，都感覺味道很好，證明種西瓜可以大幹的。第二年遂大大的種植起來，當時種了一萬八千窩，佔地九十畝，出瓜十萬斤，賣了三千五百一十四元，到次年（二十五年）更種得多了，該場報告那年曾搜集國內著名產瓜地方的瓜種，如江蘇，浙江，河北，河南，山東，還些省分好的西瓜種籽均曾搜集，遠如新疆哈密瓜，亦曾託甘肅建設廳在該省農場購得，交商人輾轉運到四川來。合計所種不下兩萬窩，佔地一百畝，出瓜二十萬斤。售洋七千二百餘元，以西瓜一項的收入來說，除了全場開支，尚淨益四千餘元，變無用荒地爲有效之生產，這是何等大的價值喲！本年種西瓜量與去年相同，惜因瓜成熟時八天大雨，瓜在土中發生病害，又兼河下發生大水災，無法運銷，損失西瓜三萬餘斤，以致售出西瓜收入，僅得一千八百元，損失在四五千元以上，聞合川渠河嘴及南岸草街子有數位私人西瓜場，亦因天雨完全損失，至清水溪汪氏私人農場西瓜，今年獨未受到損失，曾收入七八百元，則爲例外。

西瓜王怎樣成功的呢？該場今年最大的西瓜重二十七斤，去年結了一個大西瓜有四十〇半斤，稱曰瓜王，曾一時出現於重慶市場爲航務處何北衡先生以洋二元餘買去，怎樣成功這樣大的西瓜呢？據說平常栽西瓜每一窩施用肥料普通要菜餅五兩灰五斤，骨粉五錢，水糞五斤（約一瓢）作爲基肥，後來幼苗長起及瓜藤生成二三尺長時，更各施追肥，便可結瓜二個，每個約重數斤至數十斤不等，去年有一老工人名陳平安者，曾於一窩西瓜基肥施用菜餅五斤之多，其他肥料亦用多量，遂產生一個瓜王，其另一窩則結瓜七個，共重七十餘斤，售款三元餘。

三，蟠桃結果

場內栽有五千多株果樹，頂有名的是桃子，有二十八個品種，八百株桃樹，名貴的如美國大蟠桃，城古蟠桃，凌園蟠桃，本年試花結實，大者每個約重六兩，味甜香而脆，入口化渣，明年即可大量結實，以應市場需要，此外有蘋果八百株，亦試花結實二三十枚，大如茶碗口徑，另有柑橙八百株，江安李子四十株，櫻桃八十株，杏子六十株，各種葡萄三百餘株，以美國加托最好，粒大味甜，已結實兩年，明歲可大宗生產。

四，旱稻有望

去年曾搜得瓜哇旱稻，試種場內，惜受意外損失未獲成效，本年種定縣旱稻四升，於較潤澤的斜坡土內，收獲四斗餘，此稻質重而堅實粒大，該場擬明年擇定好土全數播種，即以收得者推廣農家播植，藉免旱災影響。

五，水稻豐收

今年春旱雨水過遲，一般農田收穫平均不到五成，且多有一二成者，更加西山坪一帶水田缺乏肥料，常年即告歉收，遑論旱年，惟該場租得僧田一股，田面予十五石，收穫了十二石，實開西山坪農田破天荒之記錄，相同之另一股僧田農人某，僅搭谷二石幾斗不到三石，問是甚麼原因呢？還是因爲西山坪農場施用了肥料，肥料有下面三種，買雜角一百五十斤去洋九角，燒成骨灰，插秧時農工用口袋裝起揹在腰間，每提一個秧子，即在袋裏觸灰一下，然後分窩栽下田內，過後更施以灰糞，全股水田用了草灰四十挑，廄肥六十挑，據說骨內有燐，灰中有鉀，糞水含氮，肥料三要素具備。而且西山坪是冷水田，角粉是熱性肥料，此即農場水稻旱年亦收足八成之故，眞謂豐收了，當地農人說，用了骨粉要天乾，怕是未必罷！

六，棉花栽得

大家都知道川東區域是不產棉花的，何況農場本身，在東陽鎭上場試驗一次結果不好，西山坪的工作人員，今年又冒險的驗種少量美棉棉子，結實甚豐，不但果鈴多而且收花好，在我們到場時，場中技術員特將棉花取來參觀，每對纖維頗長，據云明年更將仿西瓜辦法選擇比較肥沃之地，大量種植，以覘其收穫，如有成效，即在全山推廣，以供一般農民普遍栽植，藉裕收入。

七，洋芋出衆

去年乾旱，今年春荒，實驗區署購買洋芋種一萬餘斤借貸農民，該場亦自購數十斤，栽地畝餘，收穫後計其產量，一畝地播種三千窩，每窩洋芋往往在半斤以上，最多者有十四兩，平均一畝實收洋芋一千二百斤，本年秋季已種植十畝，苗已高長尺許，不久又要收穫，並將作第三季播種了，未經食用之洋芋堆滿一屋角，被沙掩蓋，大者粗如拳頭，較之北碚市場所售者，龐大多矣，據云，收穫起來，此種其他作物出衆，并栽有瓜味洋芋，係一華僑鄉送者。

八，蘿蔔味甜

近兩三年來，該場搜集各處有名的蘿蔔，儘量栽植，本年秋季栽了五十畝地，沿山望去一片青葱被覆大地皆蘿蔔也，大者已可生食，其味頗甜，據云，往年出產雖多，常被附近人家或工廠自行到場挑買，價比市場多出每斤四分之一或五分之一，亦或恐後，甚有稱斤包包來送禮，以求買蘿蔔者，因其實在比他處所出蘿蔔味道好吃的緣故。

九，柚子甚多

農場應着今年春雨太遲的原故，預先大量點種柚子，收穫後用斗一量有十五石，眞多呢！賣去了十二石，并借三石與當地十餘戶農民播種，收本免利，農人異常喜歡。

十，其他作物

包谷今年收了十八石，地瓜去年會有兩斤重一個的，今年紅苕種地百畝，大約可收五六萬斤之譜，餘如洋芋，大者多，將來要拿最大的紅苕，贈送實驗區（明年元旦日開會）展覽會陳列比賽，此外尚種有花生三十畝，約可收十餘石，白菜正在育苗期，預備栽地八畝，種類甚多，定縣所出之五十斤一窩白菜亦收集種植在內，要看他在西山坪農場長的重量，現在不知，待將來再說吧。

十一，成羣的猪

該場初時需用肥料，多在合川購買，運到場裏，價值合四五角錢一挑，太不合算，乃自建豬舍飼養母豬，讓其逐代繁殖，蓄聚廐肥，場內所出蔬菜粮食爲飼料，不必外求，現已有大小豬子七十二頭，內中純種本地豬十頭，隆昌十四頭，波支三頭，雜交十三頭，又架子豬三十二頭，牝豬三頭（隆昌二波支一）奶豬十八頭，行將生產之母豬三頭，產子數最多十五頭最少三頭，一隻母豬能乳活之奶豬只能到十頭，生產率最高是隆昌豬，眞是我們四川的名貴種豬。

十二，結隊的羊

在夕陽含山時，一個牧人趕着結隊的羊從山裏向着場內進發，大尾巴羊大小結成一隊，其他本地山羊或他種羊結隊的，或偶然散在大尾巴羊羣中，大尾巴羊特別愛羣，使人看上感着異常有趣，農場場長報告養羊的歷史，原來只喂了六只大尾巴羊，兩雄四雌，經過兩年的生養教訓，已有五雄八雌了，本地山羊有二十一頭，繁殖力亦强，又有河北毛用黑色山羊雌雄各二，新近產子羊兩頭，不幸數月前爲豹子咬死山羊一頭，又有多根堡雜交母羊一頭，尚未配種，總計現時共有羊四十一頭，在一個牧人領着飼養中，希望將來能够繁殖到幾百頭，山上牧草及氣候絕不成問題，大尾巴羊每年剪毛兩次，西山坪一帶，可喂數千頭之多，惜乎很少有人注意到這個問題！

十三，抓住了水

西山坪常年多鬧旱災，該處過去所以成爲一片荒地，缺水應是其大原因之一，農場見到了這點，幾年來努力築堤修塘結果，目前有了大塘二口大堰一道，把水抓住了，計算總數可有一百萬立方尺的容水量，去年天乾旱災籠罩四川全境，該場獨能靠水灌溉，西瓜收穫至於七千元之鉅，場當門的大堰，蓄水還未挑完，水利功效，其可以思議乎！近來更計劃添修大小塘堰十處，期望永遠不受天乾絲毫影響。

十四，緊縮計劃

該場自開始經營，迄至今日，施用兵工不計外，開墾土地，修造屋宇投下資金不在少數，截至本年八月以前每月人工及各項開支須四百八十元，宇歲計五六千元，以僅僅開闢四五百畝之場地，安能負此若大之費用，并且已負債五千餘元，尙應設法償還，故從九月起實行緊縮計劃，爲便利工作起見，統於場長之下，設總務技術兩股，用職員四人，技工一名，長期工人十五名，月支二百二十元，除每年所產西瓜菓不作爲淨利外，餘就農場所產糧食蔬菜牲畜，足供一切人工消耗之用，從此走上了自給自足的光明大路，科學院農場可以萬壽無疆了。

十五，偉大標語

農場在荒地當中蓋起一座房子，土的牆，木的窗，地下鋪的三合土，外表刷上了石灰，遠遠望去，卻也壯觀，夜來燈光照耀亮得很遠，鄉下農人不知道要怎樣稱呼，給它一個名字叫外國房子，這是策動西山坪農墾工作的大本營，也是一羣苦的人們，開闢新天地的一幅休息處，一次科學院的創造者盧作孚先生到了農場，遊覽了山林，觀察了工作，主持場務的人，要請他編兩句標語寫在牆上，以表示外國房子的更加雄勝，經過深思瞑索之後，兩句標語從盧先生口裏喊了出來「舉鋤將大地開拓，提兵向自然進攻」將它刻在外國的牆上，眞是偉大的標語呢！

澄江小學添建校舍工程紀略

梁拱北

一，澄夏市緣起

澄江鎭爲嘉陵江三峽鄉村建設實驗區屬五鎭之一，地濱江之南，距北碚二十里，附近東山，藏煤豐富，有寶源燧川兩公司大量開採，煤由運河出夏溪口裝船，轉銷上下游各地，夏溪口者，澄江鎭附屬一市場也，原僅茅店數家，後以煤炭出口之故，日就繁榮，現已市街枇櫛，且比澄江鎭爲大，有洋樓馬路聯繫其間，交通頗便，故有澄夏市之稱，兩處共有居民五百七十八戶，人口及總數爲二千四百十七人，經濟及人口，在實驗區中居第二位焉。

二，建築校舍動機

澄夏鑛業發達，前峽防局時代，派有第三特務隊駐防此間，以維持鎭場秩序，該隊於治安之外，盡力於地方教育建設者不少。去夏實驗區成立，該隊隨亦改組爲公安第三隊，由黎繼光君繼任隊長，對於地方教建工作尤爲注意，緣該鎭設小學一所，舊址在澄江鎭王爺廟內，接近市場，煩囂雜鬧，附近并無運動場，週圍更無隙地備作校園，缺點既多，後經多方商量，與公安隊夏溪口駐在地對掉，以適學校環境，但以教室不敷，不能容納多量學生，公安隊長黎繼光對於教育，素極熱心，前駐防黃葛鎭時，亦曾幫助該鎭學校建築西式校舍一座，本其過去經驗，決心添建教室三間，以供需要。

三，設法募款

當時手無一錢，乃多方運動，得本鎭富紳李存源先生之助，慨捐五百元鉅金，以爲基礎，舉凡公安隊處理違警案件之罰金，經營市場利潤，亦完全提作建築費，於是鳩工庀材。動工於本年四月，而完成於九月，歷時幾半年，該隊官兵，集中精力，夜以繼日，無時或休，『有志者事竟成』可爲該隊頌之矣！

四，建築式樣及材料

該校爲長方形西式建築，位於舊校舍左側，兩端教室各一間，中爲辦公室，佔地面積十六方丈，牆壁全係磚砌，共用磚三萬四，瓦三萬四，石灰一千三百餘石，紙筋十二挑，椽子望板十五圈，杉樹一百六十餘株，門窗材料去八十餘元，耗去木工二百三十五工，泥工二百八十六工，解匠三十八工，漆匠三十四工，各種洋釘顏料飾械等，亦在八十元左右，玻窗裝置油漆，地面等工作，均加考慮，不但建築堅固，且光線充足，外表美觀，復於學校前方，繞以半椿圍牆，建竪校門一座，并承佛學泰斗太虛法師題字其上，文曰：『實驗區區立澄江小學校：』等字，極爲壯觀，合計僅用洋七百二十一元零五仙七星正，支出賬目，均經學校當局，加以審核，毫無一文浮支浪費。

五，公安隊盡力最大

該校起初原擬完全招工包建，曾議價一千三百餘元，但包工頭尙不承認，後無感煤大現金，許多材料用費盡量設法，自行供給，如所用石灰十萬斤，完全由士兵打礦裝窰自燒，努力換來，未去分文，雖在六月炎天，亦未停止工作，所用磚瓦，僱用工匠做坯子指導裝窰，運輸及燃料，則由士兵担負，他如燒石灰磚瓦所用煤炭，完全向寶源燧川兩公司募捐而來，紙筋十多挑，則指自附近各紙廠，一切材料運輸，遠至二十里以外，亦由士兵晝夜人力挑運，在工作緊張時，還動員了市街各保及鄉間壯丁，至於運輸料材的車子和船隻，都是得寶源燧川兩公司的幫助，一點未花空錢，所以這座房子，雖然用錢很少，實是各方的血汗的結晶。

六，意外損失

本年漲大水數次，石灰窰子被水淹沒，因此石灰不能如期供給，使建築工程拖延數月，不能迅速完工，算是一樁憾事，又所買的杉條，被大水冲去十幾根，五金玻片，受中日戰事影響，超出預算價值 并幫助學校，安裝電燈，去材料費洋二十幾元，設若沒有這些損失，建築費恐怕還用不到七百元錢。

七，繼續努力

國人最大的毛病，凡做一樁事業，必須要很多的錢才敢動手，但拿此次建築校舍的經驗，在特別情況中，沒錢也能够做事的。拿六七百元錢居然能做一千多元的事，所以相信人力爲先，現在校舍雖然修成了，拿全校學生數量比較，還相差太遠，不能容納，學校從前有個計劃：就是一年修築一處，五年完成五處，就可成功一個最完備的最合理想的小學校，這計劃實現雖屬困難，但以此次獲得的教訓，已並不是不能辦到，若能更爲努力，大家齊心，孰謂明年不能再完成一處校舍呢？特爲記之，以誌不忘云耳。

實驗區徵收保甲經費經過

吳定域

自五年四月峽防局改爲實驗區以來，劃江巴璧所屬之五鎮隸於區署直轄之下，保甲經費一項，亦由區署統籌收支辦法，曾經一再改訂，始創今日徵收之規範。

一，過去的徵收法：

最初所頒法令，每月每保收支以五元爲限，分爲五仙，一角，一角五仙，二角四等，按戶徵收，每三月一徵，以維保甲開支，其徵收方法，由區署統製收據，交各保長直接向各戶徵收，保長自扣辦公費二元，以三元繳交聯保辦公處，作該處公費，全區計一百保，無形中卽有徵收員一百名，良莠不齊，弊端滋生，不僅止此，并時有不公允等情事發生，玆略舉數點於下：

（一）分四等徵收，因貧富懸殊，担負不均。

（二）保長調查等級，礙於情面，分等不公。

（三）三日一徵，形成不苛而擾。

二，改訂的征收法：

緣過去之徵收標準及方法，既有未合，故省府重行頒佈厘訂，乃於二十六年上期 改變辦法，根據人民的財產，作征收標準，其恆產恆業在八十元以上者，每八十元征洋二角至三角，其不足八十元者，不予征收，每保收支，以七元爲度，仍由區署統籌，并由署派員先作一度之調查，將田土價值工業資產，各鎮街房等資產價值，及他項財富，逐一詳加登記，按所訂標準，類推征收，區署曾調撥人員分十組下鄉，逐戶征收，總計共收款二千九百餘元，惟時間拖延太久，未免美中不足，然初步立法，已告端倪，故今將以前缺點及矯正辦法，分述於後：

第一，復查上期調查表，改正錯誤。

第二，集中復查底冊，集合各鎮書記，來署總清理，并辦經征手續。

1. 按每保之恆產，每值八十元以上者征收二角五分，依據調查結果，立卽計算。
2. 填寫各保各戶半年應徵費之單據，交保長催繳。
3. 填寫三聯單收據。
4. 統計全區各保預定征收數目。

第三，擬定二十六年度下季征收保甲經費辦法。

1. 本季決定在各 場期，設櫃征收。

2. 時間暫定一月，從廢歷八月八日起，越限故意不繳者，科以一角以上，二十圓以下之罰金。

3. 區署財務股，派甲乙兩組經收員各一人，每組派助理經收員一人，一管裁票，一管收款收據，共同簽章。

4. 款項繳清，由裁票員裁給三聯單收據，給繳款人爲憑。

5. 經收員每日款收完畢，分別各保塡入統計表內，通以現款繳交區署財務股，不得拉用分文。

6. 每日經收員繳款時，連同三聯單之中聯，報繳財務股，由該股分別裝訂成冊，以便統計核對存查。

7. 三聯單存根。留聯保辦公處，待結束時，交財務股核對總數。

8. 經收員津貼，每鎭額定十元，以作伙食及公費之用。

9. 此項津貼，以一月爲限，二人共同開支。

10 若時間延長，用費增多，由經收員自理，以免經收不力之弊。

11 甲乙兩組經收員之分派及時間地點列後：

甲組担任：北碚：廢歷八月八日起（逢二五八）

澄江：廢歷八月十一日起（逢一四七）

二岩：廢歷八月九日起（逢三六九）

乙組担任：黃桷：廢歷八月九日起（逢三六九）

文星：廢歷八月八日起（逢二五八）

12 津貼費在保甲經費項下支付。

13 萬一收付價錯，可作廢留存備查

14 繳款人如係個人之土地房產，則於收據上註明主各各甲。

附經收員繳款狀況統計表；

保甲年月別／繳款日／繳款次數	第一次	第二次	第三次	第四次	第五次	第六次	合計

三，收支狀況：

本區共有五個聯保，設聯保辦公處於五鎭鄉，計一百保有保長百人，聯保辦公處事務繁重，所用人員，視其大小而決定其開支費用，至於保長辦公費，則只有每月二元之規定，玆將每月各聯保開支數目統計如次：

各鎭聯保辦公處每月開支狀況統計表

鎭別	薪俸	聯保辦公費（元）	保長辦公費（元）	總計	備考
北碚鄉	七，〇〇	一〇，〇〇	六六，〇〇	一四六，〇〇	
黃桷鎭	五三，〇〇	六，〇〇	四四，〇〇	一〇三，〇〇	
文星鎭	四四，〇〇	五，〇〇	三八，〇〇	八七，〇〇	
二岩鎭	三二，〇〇	五，〇〇	一二，〇〇	四九，〇〇	
澄江鎭	五八，〇〇	六，〇〇	四〇，〇〇	一〇四，〇〇	
合計	二五七，〇〇	三二，〇〇	二〇〇，〇〇	四八九，〇〇	

根據上表每月之開支狀況計算其全年之開支則有如下表：

各鎭保甲經費全年開支統計表

鎭別	開支總額(元)	備考
北碚鄉	一，七五二，〇〇	
黃桷鎭	二，二三六，〇〇	
文星鎭	一，〇四四，〇〇	
二岩鎭	五八八，〇〇	
澄江鎭	一，二四八，〇〇	
合計	五，八六，六〇〇	

總觀上表，以全區之保甲經費開支爲五，八六六，〇〇元，至於全區對於此項經費之總收入數字　是否收支平衡，現將本季之收入數目列次：

二十六年下季保甲經費收入統計表

鎭別	實收總額(元)	滯納罰金(元)	總計	備考
北碚鄉	一，一三一，五二	二七，八〇	一，一五九，三五	
黃桷鎭	九五四，一五	三三，八二	九八七，九七	
文星鎭	四四六，一六	一〇，九四	四五七，一〇	
二岩鎭	二八二，一九	一，〇四	二八三，二三	
澄江鎭	八七〇，三三	五二，三二	九二二，六五	
合計	三六八四，三五	三五，九二	三，八一〇，二七	

照理說，上季之徵收數目，應與下季相同，然因上季徵收及調査未臻完善，故僅收款二千九百餘元，與下季合計總收入仍在六千元以上，收支相抵，尙有少數餘款，並無不敷之虞。

實驗區征集倉儲經過

吳定域

徵集倉儲，乃救濟災害之最善工作，當此抗戰展開之時，更成刻不容緩，是以遵奉政府命令，趕急辦理倉儲，以儲抗戰力量，乃遵照國府廿六年一月廿一日民字第一六五一號訓令谷省建倉集谷實施辦法方案，并參照永川徵收集谷辦法，擬定章則，分發各聯保辦公處，斟酌當地實際情形辦理，復經數次商討結果，根據調查，對於谷石數目，均以佃約或契約上所載明單位為準，為避免以多報少之弊，乃於各保各地主自報之後，榜示週知，凡有以多報少者，人人皆得檢舉，被檢舉人須受相當處罰，至於繳納積谷，不問主佃，均由收谷人繳出或由佃者代繳扣除亦可，征收積谷率，則有如下之標準：

十五石至五十石：征收百分之二。

五十一石至一百石：征收百分之四。

一百〇一石至二百石：征收百分之六。

二百〇一石至三百石：征收百分之八。

三百〇一石至六百石：征收百分之十。

其未及十石者免除征收，表面上係採累進辦法，其實際征收上、則行減去本位數之辦法，例如五十一石至一百石者，征收百分之四，其實除去本位數五十石，仍征百分之二，以輕負担而得速效也。

實施征集之時，製定派收集谷對照表，例如收租者其實收之租谷為二十四石，則其征集數為四斗八升，即以此數繳存倉庫，預先報請登記，由各聯保限於九月二十日以前完竣，表填二分，一分存聯保辦公處，一交呈區署存査。

倉儲征集以聯保為單位，各聯保自行成立倉儲保管委員會，但征集事項之調査工作，由區署飭令保甲負責辦理，限於九月底以前，由各保長收集齊全，送各聯保之鄉倉保存，本年因受天災影響，有少數特殊情形，未能全數繳納，經聯保主任確切調査屬實，呈請區署核准，取得緩征證明，得將其緩征之數，俟至次年繳納。

玆將本署訂定之各鎮儲倉管理暫行辦法抄錄於後：

實驗區鄉鎮倉儲管理暫行辦法

第一條　本辦法依部頒「各地倉儲管理規則」第二十三條之規定，并參酌本區情形制定之。

第二條　本區各鎮鄉倉儲除依照部頒規則外，悉依本辦法管理之。

第三條　各鎮鄉倉谷於聯保辦公處所在地，其有二鎮鄉設立二倉以上者以數目字別之，并以區署為監督機關。

第四條　各倉籌集及補充辦法無論為動用地方公款，或派收或募捐，辦理完竣後，由各聯保主任及公安隊長造具收谷清冊，并將出谷人，或捐助人姓名一併開列清冊呈報區署備査，并榜示週知。

第五條　依前條規定，動用地方公款及勸募積谷，倘有辦理不善或舞弊者，應予依法懲處。

第六條　各鎮鄉倉廒儘量利用舊有倉廒或改修適當房屋，仍必須建築新倉，如無公款可支，或有不敷用時得動用舊有積谷款，事前須擬具計劃及預算呈請區署核准，方得動支。

第七條　各聯保對於左列事項，應呈請核准備案。

一，倉廒之建築及修葺事項。

二，倉谷之派收或募捐事項。

三，倉谷出入或推陳出新事項。

四，倉谷之使用事項。

第八條　鎮鄉倉谷之使用依照左列辦法　行之

一、貸與。

二，平糶。

三，散放。

第九條　前條積谷之使用，推陳時得用「貸與」方法准由民衆具承貸借，俟新谷登場均酌加息谷「如借谷一石應還一石一斗」連本一并歸還，如延至九月尚未清繳者，由保人如數賠繳「平糶」於荒象已成後行之，并酌定數目及價格，呈報區署備案「散放」非至兇年萬分不得已時，不得舉行，「平糶」以貧民為限，「散放」以赤貧為限，數量不得超過積谷總額三分之一，亦不得同時并行。

第十條　鄉鎮倉儲之管理，得組織管理委員會，聯保主任任主任委員，另由地方推舉公正士紳三人至五人為委員，公安隊長為當然委員，均為義務職，委員會組織規程另訂之。

第十一條　管理委員會委員除協助管理外，并負監〻檢舉之責，關於集谷事〻之報告及公佈，暨交代清冊均須蓋章劃押。如有管理不力和疏於稽查，應與主任委員同負責任，勾結舞弊者并依法嚴懲。

第十二條　聯保主任交卸時應將經手管理倉谷之谷款，按照公務員交代條正式造冊移交與新任會銜呈報　區署備查。

第十三條　各鎮鄉積谷每年四月至七月推陳出新三分之一由管理委員會事前呈報區署核准

第十四條　平糶所得價款及倉儲公產和追收欠谷所得之現款均存銀行生息，俟新谷登場時，將本息儘數購谷歸倉。

第十五條　前項谷款未經呈報核准而作別用者，無論採取何種方式，聯保主任應如數賠償，管理委員并負連帶責任。

第十六條　各鄉鎮倉谷於每年推陳後翻晒一次，約集地方士紳協同辦理，事前應呈報區署備查，其正常消耗亦應報署核准。

第十七條　區鄉鎮集谷及產款因管理不善所受之損失除不能抗力者外，應由聯保主任負責賠償，并限於三個月內如數繳清，管理委員以失於檢查亦應負連帶責任。

第十八條　區鄉鎮倉應於每年一月將上年實際情況，集谷數量，新收集谷，利息，及實際存谷存款數目，分別項目，造冊報請區署查核，并公佈週知。

第十九條　區鄉鎮倉存谷多者得酌設壯丁工資在地方公款項下呈准開支。

第二十條　鄉鎮倉以不開支經費爲原則，其最低限度必需之費用須先呈由區署核准方可動支。

第二十一條　本辦法由區署公佈施行呈報　省政府備案。

本區自開始徵集積谷後，歷時四月，全區共收得積谷，如下各表：

實驗區北碚鄉二十六年積谷徵集統計表

保別	經募人	募谷石數	備考	保別	經募人	募谷石數
7.	艾少清	四，一七〇		10	申正祿	二，六八〇
8.	馮敏中	三，五八二		12	蔣平川	〇，二〇〇
9.	袁茂鑫	三，一九〇		13	蔣錫堯	一，一〇〇
14	陳沛霖	〇，四〇〇		24	郭永良	一，六六〇
15	相修良	二，〇二〇		26	官少伯	三，六一二
16	張四維	一，八五〇		27	官沛霖	二，六四〇
17	陳全盛	一，七四〇		28	明海清	二，〇二〇
18	徐少清	二，九四〇		29	蕭洪泉	六，一四〇
19	馮時齋	三，四三〇		30	王榮華	三，二五八
20	李鑫源	四，九〇六		32	何予華	一，二〇〇
21	同八順	四，四五八		33	周屏藩	二，六八〇
23	俞榮華	六三，二〇			合計	六九石，六四三

實驗區澄江鎮二十六年積谷徵集統計表

保別	經募人	募谷石數	備攷	保別	經募人	募谷石數	備考
5.	梁純武	〇，九〇〇		13	張云華	一，二〇〇	
6.	易位之	〇，五〇〇		14	向炳云	四，〇四〇	
7.	黃全廷	一，四〇〇		15	錢森林	二，二〇〇	
8.	劉振生	四，二〇〇		16	王炳宣	一，二〇〇	
9.	甘炳成	三，六二〇		17	蕭金山	〇，九〇〇	
10	王德輝	四，五八〇		18	蔣丙光	二，〇〇〇	
11	王炳光	一，七一〇		19	涂合安	四，〇九四	
12	羅吉安	〇，二〇〇		20	貲徽康	四，二九〇	
	合計	三七石，〇三四					

實驗區黃桷鎮二十六年積谷徵集統計表

保別	經徵人	募谷石數	備考	保別	經徵人	募谷石數	備考
8.	江在田	二。四〇〇		13	李希白	三，一二〇	
9.	胡少周	一，九〇〇		15	唐云廷	一，九〇〇	
10	張在灣	〇，九八〇		16	劉學連	〇，八〇〇	
11	李覲輝	〇，七〇〇		17	盧才元	一，九二〇	
12	艾流清	〇，二四〇		19	劉云清	〇，二〇〇	
	合計	一七石，七六〇					

實驗區文星鎮二十六年積穀徵集統計表

保別	經徵人	募谷石數	備考
2.	劉竹君	二，九三〇	
3.	劉運祥	一，三二六	
4.	鄭雲程	○，二二〇	
5.	劉海論	二，八六〇	
6.	馮沛然	一，四六〇	
7.	蕭云欽	一，二〇〇	
8.	劉良成	二，一六〇	
9.	鄧福安	一，五九〇	
10	祝奎一	二，八九〇	
11	蕭裕三	一，〇七〇	
12	蕭光明	二，九二四	
13	全西屏	二，五一〇	
14	張紹浦	〇，八四〇	
15	鄭書田	一，二二四	
16	鄭萬軒	一，三〇〇	
17	鄧子清	一，三二〇	
18	劉耀廷	三，六二〇	
19	劉洪基	三，二二〇	
合計		三四石，六五六	

實驗區二岩鎮二十六年積穀徵集統計表

保別	經征人	募谷數（石）	備考
三	周雷連	一石・二六〇	
四	周文問	一・四〇〇	
五	劉由之	二・四六〇	
六	唐漢臣	二・一四〇	
合計		七石・二六〇	

實驗區五鎮二十六年積谷個人征集比較表

鎮別	最高 經征人	最高 數量（石）	最低 經征人	最低 數量（石）	平均	備考
北碚鄉	曾榮華	六・三六〇	蔣平川	石・二〇〇	二・九〇二	
澄江鎮	王德明	四・五八〇	羅吉安	〇・二〇〇	二・〇七九	
黃桷鎮		三・二〇二		〇・二〇〇	一・六一〇	
文星鎮	劉耀廷	三・六二〇	萬云臣	〇・二〇〇	一・八一四	
二岩鎮		二・四六〇		一・二〇〇		

全區二十六年積谷征集總額統計表

鎮別	保數	征收總額(石)	備考
北碚鄉	二三	六九·六四三	
澄江鎮	一六	一七·〇四三	
黃桷鎮	一〇	一七·七六〇	
文星鎮	一八	三四·六五六	
二岩鎮	四	七·二六〇	
合計	七一	一四六石·三六三	

統計全區一百保中、只徵集七十一保，餘均貧苦已極，不合徵收率，總計共收積谷一百四十六石三斗六升三合、對於鎮上市街各保，雖不產谷不能徵集，但擬以自由樂捐辦法向殷實之家募集之，今後每年仍繼續舉辦，直至能供全區人民四月之糧而後已，那末，對於災害之侵凌、可有相當抵抗之力了。

實驗區署一年來清剿土匪經過

劉學理

一，歷次剿匪經過

年來江巴璧合四縣邊境，仍有匪類嘯聚，實驗區署繼承峽防局之使命、繼續不惜犧牲，迭次派隊清剿，先後不下二十餘次之多，僅列舉其要者，略述於後：

1. 組織便衣隊：江合兩縣屬之白峽口大毛坪一帶，股匪周澄清，黃鵬等，人槍號稱五百餘，區署當派部隊會同江合兩縣剿辦，惟匪區遼闊，此剿彼竄，彼剿此竄，難奏清剿全功，乃特組織便衣隊，喬裝投入匪棚內活動，乘其不備以期一網打盡，是次惜以時機未至，又惟恐洩漏機密，而援隊尚未到達，我便衣隊遂在匪棚內部發動，當時擊斃匪首朱彬等四名，奪獲手步槍四支，嗣將經過情形，呈報上峯核查後，轉奉省府指令，以該區區長唐瑞五副區長盧子英設謀誘匪，格斃匪首朱彬等四名，奪獲手步槍四支，具證治匪之努力，應予各記功一次，以示鼓勵，嗣因匪化整爲零，遂將原有組織之便衣隊，給資遣散。

2. 促成組織聯防辦事處：匪巢毗連，江合邊界，縱橫數十里，大小山谷深林，不計其數，曾用盡軍事上種種方法，終難達到肅清目的，特由區署商諸合川，江北，當局數次，乃得其同意，組織聯防辦事處，成立後乃於溫泉公園開會討論，經費由江合峽三方面負担，人槍由合川籌集，必要時實驗區以人槍協助，聯防辦事處之地址設合川獅灘場，主任一職，以該縣士紳趙璧光先生充任，李炳奎先生副之，嗣後凡有進剿事宜，必須與聯防辦事處確取聯絡，而今白峽口周匪澄清之所以得投誠，地方之得以安寧，聯防會同清剿之功效也。

3. 聯絡軍團第一次圍剿，二十六年春，青黃不接之時，貧民多挺而走險，是以匪勢日益猖獗，聲勢漸次浩大，曾有雙鳳場駐軍一連，偶然接觸，雙方激戰甚久，該連有機槍二挺。幾爲徒劫去，幸賴團隊增援，始脫危機，後即由實驗區之部隊與駐軍四十四軍第一百五十師井團，第一大隊聯絡，會於楊柳場，分四路向大毛坪方向圍剿，特到達目的地時，匪巳逃颺無跡。

4. 聯絡軍團第二次圍剿：實驗區署電話上約定江北第四區署，會剿白峽口股匪，清剿凡三日，初無匪蹤，遂作更前進之搜索，乃於大柏林中突出匪徒十餘人，與軍隊遭遇，當被擊散，僅獲衣被等物多件。

5. 會合聯防作第三次圍剿：區署以近月來匪勢未減，區內實雖安枕，乃密商聯防辦事處設法擊斃匪首周澄清，餘匪可望自散，殊周匪狡詐，戒備甚嚴，實驗區署派投誠自新者四人前往工作，周匪心疑，竟不立即出面，僅得擊斃該匪首之管事楊玉如，及散匪一名，餘黨聞槍聲已恰惰退出合川縣屬之太和場，但尚一面頑抗，忽聞區署及縣防投隊趕至，匪乃潰逃。

6. 聯絡縣防作第四次襲擊：爲得匪類張遂齊之父，令伊規勸其子遂齊爲正，縣東慣誘殺周匪澄清，屢次約周匪行刦，均未親到，嗣探得周匪住清平場屬之石磡堡，碑埡口，鄧家老院子內，卽祕密通知聯防、聯防部隊尙未趕至以前，區署公安隊已逼近匪宅，捕獲匪梢一名，匪當驚恐，遂以手溜彈投入匪住屋內，惜未爆炸，而屋內匪竄突出三次，每次十餘人，頑抗射擊，匪復以手溜彈擲來，傷我兵卒一名，後知援隊趕至，始行潰退，跟蹤追跡，惜清平場團隊，欄腰間隔而來，遂無從再得匪蹤線索，是役當場格斃匪徒二名，奪獲新式步槍一枝，手提機槍彈盤一個，子彈三百餘發，歸來後公安二隊分隊長曾術華，因檢點武器，誤觸手溜彈，炸傷其雙腿、入渝市民醫院治療、鋸去右腿、經十餘日之久、卒因傷重出血過多、不治而死、區署以歷次剿匪，人財兩失之巨，未有若此次之甚，尤以曾君術華，勇敢善戰，兼長國技，忠實誠懇，遭此犧牲，殊覺可惜可憐。

7. 以匪制匪持久游擊匪窟中：區署特將投誠自新之匪，專任偵探匪情，搜索山林，扼守要隘，與匪持久周旋，費時月餘，會擊斃匪棚內外管事鄧美耀鄧康寧等二名，自此之後，剿撫兼施，投誠者日多，先後共有四十一名，而周匪澄清亦投誠聯防辦事處，剿匪工作，遂告全功，昔爲匪窠，而今均一變而爲和平之鄉矣。

8. 區內刦案之破獲：溫泉附近鄧愚山家於十月十二日，澄江鎮義瑞桐林公司於十一月廿四日，先後被刦，區署派員偵查，於十二月中旬，均經破獲，捕得正匪六名，案經訊明判決呈報省府已核准執行槍決矣。

二、自新隊之實況

甲，自新手續：

1. 繳械投誠：凡有匪類之自新者，均先囑其繳所有棚內械彈以示眞誠。
2. 覓保具結：每人須具自願切結，表示決心，並覓妥保，以作保證。
3. 分派工作：專做祕密偵探匪情。建立一二次功績以贖前愆，表示眞誠，對人立自新信仰。

乙，自新調查：

1. 家庭調查：明瞭其家庭經濟狀況。
2. 詳細談話：明瞭各個人之思想，實行，能力，及出身等，以作因人施敎之參攷。

丙，實施訓練

1. 生計訓練：由民委會敎以職業生計之各種智識。
2. 政治訓練：由教育股敎以當前國內外政治情勢，及自己應有之認識和應負之責任。
3. 識字訓練：規定每人至少能識五百字，如不能者，罰築馬路工作，以示懲儆。
4. 體力訓練：授以徒手體操，拳術，凡染有梅毒傳染病者均送院治療。
5. 紀律訓練：如整齊，清潔，簡單，樸素，迅速、確實等新生活之各要項。

丁，自新隊結束：

1. 投誠槍枝：按照法令規定處理。
2. 發給路資：每名給遣散費拾元。

三，歷次剿匪消耗彈藥與投誠及格斃匪徒等情形均有統計！以明整個情形：

歷次剿匪消耗彈藥表

剿匪次數	彈藥			備攷
	步槍彈	手槍彈	手榴彈	
七	五〇	三五七二	二	槍彈以發數計，手溜彈以枚數計，

歷次剿匪奪獲械彈表

土造步槍支數	土造手槍支數	手挽支數	大快槍子彈數	大快槍彈盤	物（棉絮）	物（磁脫）	物（其他）	備考
六	五	一	三六〇	一				

歷次剿匪格斃匪徒統計表

格斃人數		一三
格斃地點	合川三塊田	七
	合川云間朝	二
	合川白峽口	四
斃匪年齡	廿至廿五	四
	廿六至卅	三
	三十一至卅五	五
	四十四	一
籍貫	合川	一〇
	岳池	三
斃匪職業	務農	五
	賭博	二
	當兵	一
	做工	一
	游民	四

歷次投誠自新匪徒一覽表

姓名	年齡	籍貫	職業	原屬何股	保人	自新證號數	備考
李述云	三九	合川保和場	當兵	周澄清	張忠林	十	
劉[illegible]清	二七	同右	中醫	同	蔣炳林	五	
鄧海明	三九	合川獅灘場	農	同	鄧成官	九	
鄧海未	三十	同右	農	同	鄧通理	二四	
周九成	二二	合川太和場	農	同	周玉芝	十一	
張學理	二一	江北清平場	舀紙匠	同	張心全	八	
楊光明	三十	武勝新場	當兵	黃鵬	嚴文明	三六	
陳正國	十九	合川白峽口	小食店	同	周炳寅	二三	
沈文明	二七	同右	小貿	同	袁成五	一	
陳克明	十八	合川獅灘場	幫人	同	楊清澄	十二	
羅紹云	二四	合川保和場	農	同	羅洪修	二十	
張國成	二七	江北清平場	舀紙匠	同	王述成	十三	
鄧云青	二七	同右	舀紙匠	同	鄧明光	二十	
袁哲明	四二	合川白峽口	下力	同	袁作甫	二	
蔡述清	四五	合川三匯場	農	同	楊三合	三	
周文成	三四	江北靜觀場	織匠	同	王述成	六	
唐倘成	四二	江北清平場	小貿	黃鵬	王樹成	十六	
鄧述輝	二四	合川獅灘場	小貿	同	鄧通純	十八	
寇立軒	三三	岳池西溪場	當兵	同	劉予懷	四一	
鄧東凡	三十	同右	小貿	同	李根才	三九	
秦海云	二二	江北清平場	農	同	秦九林	二七	
張治中	二六	岳池石洒場	當兵	同	秦炳安	三八	
李中一	二四	岳池[illegible]渡溪	農	同	何澤民	三七	
張二合	三十	江北清平場	舀紙匠	周澄清	張合廷	二二	
張文相	二一	同	同	同	張明清	二八	
張炳青	一九	同	同	同	張炳田	四	
袁海彬	二三	合川白峽口	農	同	袁炳成	十七	

黃吉生	十九	同	農	黃鵬	袁作甫	二六	
王九成	二三	同	農	同	孫林清	三十	
熊義全	二二	合川保和場	石工	同	劉同欽	十五	
艾國彬	一四	合川獅灘場	小貿	同	鄧良萬	二一	
黃鵬	三十	岳池石盤場	小貿	同	劉憲章	三四	
左海林	三五	合川太和場	挖炭	同	孫殿林	二九	
楊合云	二二	合川太和場	農	周澄清	楊世炳	十四	
鄧海軒	三三	合川獅灘場	中醫	同	鄧運懷	三一	
蔣吉成	三一	合川保和場	裁縫				當壯丁出川去了
余燕光	三三	岳池太平場	賣棉花	黃鵬	嚴文明	三五	
陳德明	一四	岳池石盤場	小工	同	趙治章	三三	
游少清	二八	江北清平場	小貿	同	顧再三	四十	
王吉昌	三五	巴縣歇馬場	做碗匠	同	魏述全	十九	
梁海云	三十	合川獅灘場	佃農	同	鄧世德	三一	

歷次擊匪費用統計表

隊別	科目	支出金額	備考
壯丁隊	獎勵費	一六五 〇〇〇	壯丁隊奪獲匪槍獎勵
	同	六 〇〇〇	緝匪出力壯丁獎勵
	同	一〇 〇〇〇	壯丁隊獲匪獎勵
	撫卹費	一〇 〇〇〇	壯丁隊保長因緝匪殞命撫卹
公安隊	獎勵費	七七九 七〇〇	特殊激戰後之獎勵
	偵緝費	五一 〇〇〇	重慶緝捕匪徒開支
	給養費	四五 一四〇	同右
	津貼費	一五二 〇〇〇	歷次官兵剿匪津貼
	撫卹費	一四二 〇〇〇	公安第一中隊中士楊飛鵬因公殞命等
	撫卹費	四〇〇 〇〇〇	公安第二中隊分隊長曾術華因觸手榴彈殞命等
便衣隊	遣散費	五〇〇 〇〇〇	遣散自新隊路資及生活等費。
	訓練費	三〇九 六三〇	自新隊成立約二月與訓練半月共支如上數。
	治療費	一九 〇〇〇	自新隊送經地方醫院治療共支費用如上數。
合計		二五八九，四七〇	

四，結論

土匪固有剿滅之必要，但自此次數度清剿之後，更知人之所以爲匪，十九均爲文化教育政治經濟社會等遠因近因所造成，此點甚望關心治安者，共謀長久根本之策，其次會剿每每不如獨剿，會剿則意見常有分歧，計劃步調均易參差，甚或顛倒是非，背道而馳，獨剿則指揮一致，運用自如，動作敏捷，且能以寡勝衆，易收清剿之功，然亦自有其弊害，在須視時機而應用，同時一面還要不忘剿撫並用，啓迪其向善改過之心，使其投誠，可避無謂犧牲，易收事半功倍之效也。

北碚水災散記

葉靜涵

一，水漲初勢

苦陽如焚的七月，在十二日那天，嘉陵江水，繼前上週水漲衰落而復漲起來，一天天水位加倍地增高，最快速度，每小時竟達止水二尺有餘，還不可力拒禦威脅，使北碚的居民，極度不安，到十七日晚的水位，由十二日那天的四尺五寸水碼起，氣勢洸洸地直升到八十五尺，而水還沒有定腳，繼有小漲，江中看不見行船，民生公司的小汽輪也已停駛，恐慌與時并增，大有岌岌危殆之勢，靠河居民，盡被淹沒，嘉陵江路口深可沒人，燕平 龍鳳溫泉白廟三路，亦復不能通行，北碚鎮已成三面環水之島國，電燈通霄爍爍，閃灼街角巷尾，及叢樹縮罩之路中，確有都市風味，來往行人都非常忙碌，蒼蒼的老天，還不住地降着傾盆大雨，響着慓人的霹雷，自發泛之日起，點都沒有大停過，照經驗的情形看來「落雨搬水」似成了不易的「定律」，一般，每個人都爲了洪水陡漲，驚心破膽，甚會畏懼交加的雷電，驟馳着的狂風暴雨！而各自搬家，像活螻蟻遷居般，成綫形的進行。

二，天上地下

天老是陰霾密佈，「痛哭流涕」的雨，淅瀝不休。山依舊青葱，水不是綠波一片了，昔日春水漪漣的嘉陵，叫人纏綣的水光山色，突變成怒濤澎湃，濁波狂流，黃浪滔天，舟子不敢撐扞打槳，汽輪也不敢與牠交鋒，一切埃攏他的什物，都遭受牠猛力摧毀，萬物之靈的人們，也「退避三舍」或有爲其鯨吞，大哉，洪水之可畏，眞無異於猛獸哩。

三，經驗推測

據本鎮有經驗的人說：「嘉陵江漲大水，幾乎成了「週期循環「的樣子，遠溯庚午大水，距今約有六十年矣，認爲一輪甲子將屆，定有一度大水，要是眞正應了的話，北碚鎮上人家無一能幸免，以這次水災之速猝而論，確有庚午水災重演趨勢，倘嘉陵江上游各河之發源處，俱都盡量溶化積雪，而復淒雨不休，匯合而來，預測的浩劫，恐眞難逃避了喲！

四，遠眺江流

隨水而漂沒冲來的房屋，牲畜，傢具，不知凡幾，尤以十五六日爲衆多，江水呈紅黃色，箭流而行，水潮之聲霍霍，自遠傳來，偶有一二撈棟什物的小船，冒險向物追逐，好像追獲他們自己的生命一般，不顧一切地向前！

五，遙望彼岸

隔岸之黃桷鎮上下壩已成綠洲一片，有似浮着的巨鯨大鱷，在江邊顯着龐大的背脊，上面的房尾，隨時有坍塌之虞，隔江可聞，上壩蠶桑改良川東分場的桑株，淹沒水中，如剛出水的秧針，在水上搖動着，望此大地勢將陸沉，叫人不勝追懾呀！

六，近景堪賞

本鎮佘龍橋的兩岸，水深數丈，沿溪林木皆浸水中，矮者已遭滅頂之災，高者只剩小半部，不住在水中戰戰兢兢的佇立，公共體育場靠江邊坎下的白揚，亦半截沒水中，船舶濃蔭之下，水面離岸，高不盈尺，自船中上下，很可自如，形成長堤一段，水中白揚挺存，岸上垂柳輕飄，操場邊堆積撤卸的房料，沐在雨中，觀水的人們，望江生愁，搬水的居民，搭起篷盞，做成「漏室」，這幅風景絕佳，氣象淒涼的畫圖，逗引起不少惆悵的心情！

七，義務幫忙

浸沐在這風雨飄搖中的市民，能得人幫助搬水，委實是件千萬難得的事情，還可減少他們不少搬遷的損失，這些用全力的義務幫忙者是什麼人，就是民生公司在碚受訓的水手隊，理貨生隊，本鎮的公安一中隊，他們不惜夜以繼日的苦幹，馳驅於雨中，匍匐在雷霆之下，用踴躍可佩的精神，爲人們服務，使他們總於累了，而那毫不容情的水，仍不歇地漲，眞個像非掃蕩北碚，心頭不甘，最後距離五里之外的一六一師六團一營修寄北馬路的官兵動了員，生力軍加入了！困難就迎刃而解。

八，洗心革面

兵燹之於四川老百姓，在過去可算無人不畏，這瀆鴻溝，堪稱天壤，來幫助的一六一師的官兵，似也明白這點，雖然他們現已洗心革面不是昔日了，可是在老百姓心頭，還有點放心不下哩，安知他們不和從前一樣，幹那趁混水撈魚的把戲嗎？所以他們在紀律方面，特別嚴明，凡往每戶民家搬物時，非待物主把物順出室外，不准擅入，去時亦有次序，不得七零八落，差前掉後，運到後方亦須明白交付主人，可見川軍對自身也漸有認識了，不是軍閥時代那樣的烏糟了呀！

九，民衆馬路

民國二十三年時，因爲顧念防禦洪水計，由那時的北碚市政管理委員會議決興修，少數市民認爲修築這短短的馬路，毫無意義可言，即是將就說防水患吧，如果眞個大水來了，這馬路又會濟什麼「大事」，這是市民在苛捐雜稅重壓之下，怕修馬路要出錢的怨惡心情，但當時的峽防局，無論如何，堅持要修，總把這條短路完成，修好以來，還時受人「毆怨」，不想這次也有「顯聖」的一天，把水隔斷不能通過體育場之後方，減少損失，更況現在肯北馬路。亦以此爲北碚的起點，所費不過四百餘元，而其最大的效用，迄今方現了。

十，搬水情形

通常搬水秩序都非常紊亂，但我們感到此次北碚搬水，殊有未然，第一是拆卸分先後，第二堆積有一定地方，第三搬運有定人，就此解決了一切混亂的成因，造成有紀律的因素，有廣大的體育場及高陵可以疏散災民，而堆積地有公安隊就情劃定，是以人民雖感水勢浸蕁可畏，而不十分覺得搬迁之困苦艱難，即是夜間亦不致有慘劇發生。受災民衆在電燈照耀之下往還，已蕩除其驚駭的心情。

十一，損失約情

北碚鄉共有三十三保，單就街市上六保來說，罹災人家有二百四十戶，估計損失五千五百四十一元，遺落毀壞等項損失，倘未計及，若以北碚鄉全體而論，受災計有十九保，超逾二分之一强，據公安隊事後挨戶調查結果，約值二萬五千餘元，觀此而知其他黃桷，二岩，澄江，三鎮之損失亦恐不在北碚之下，噫此，不數日之間，即遭此絕大災患，其爲患於本區之速，則遠勝於旱災之害多矣。

十二，善後情形

本鎮沿河居住的多是貧民，純靠自力活家，此次遭災不能自食者，自然不言而喻的多，不施急救，恐生不虞，實驗區署。特撥款施粥，幸告安瀾無事，在水勢轉緩并已下退後，特開市容整頓，並恢復交通之討論會，趕快做道路，及電話線之修補，復植倒塌之樹木等工作，限時完竣，致於有所改進之處，飭遭摧毀！則決照改進之計劃施工，至施粥情形，共辦五天，日共需米八斗二升五合，值洋三十餘元，嗣後江水漸退，乃告停止，以上乃北碚水災之略情，其他遭患各鎮，個人因水大關係，不能前往一睹，故知之頗鮮，未予紀敘。

區署內務股之工作計劃

甲，保甲方面

一，增設保甲翻號牌　限期二月底完

1.由內務股統製　用牛皮紙膠貼

2.由各鎮聯保辦公處先編街保後塡編鄉保

3.由內務股寫好交辦公處編訂

二，修理公私槍砲　限期三月底完

1.由各聯保辦公處造冊聯保修理每次二三十枝

2.提高槍工修槍效率　逐日檢討並有記錄

3.公槍由保甲經費開支私槍由私人減半付款

三，籌備壯丁檢閱其詳細辦法另訂之，就各場各保檢閱并加各常識講話

1.時間在正月十五日以後

2.注意閱操注意宣傳

3.征集獎品

四，保甲經費　案報省府

1.征收二十七年保甲經費

2.復查核定保甲經費底冊注意公平

3.印製表冊

4.派遣原人仍在聯保辦公處徵收

五，調整機構

1.調整聯保辦公處及公安隊機構

2.每聯保辦公處設正副主任各一人

3.公安隊兵直隸於聯保辦公處之下

4.內設政務助理員管理內務保甲壯丁

5.教育助理員管理民衆教育學校教育

6.建設助理員管理農業技術改良家畜保育一切建設事宜

7.二岩文星黃桷共設合作人員一人北碚澄江各設合作人員一人

乙，治安方面

一，爲預防盜匪而佈置情報網詳細辦法另訂之

二，壯丁動員演習

1.伙食由保甲經費內開支 2.籌劃演習科目 3.嚴格獎懲 4.發出召集命令

三，公安隊方面

（一）調整公安隊內部

1.裁減人員 2.嚴格揀選士兵不足者另補 3.籌劃裝具預算

（二）公安隊訓練要目

1.教練完成排教練

2.野外完成排對抗

3.完成刺槍術

4.拳術學成三套人人能交手

5.游泳操舟人人皆會

6.田徑賽球類

7.徒手體操持槍體操器械體操

8.各種簡易之軍事學科

9.警察之實施訓練與知識之教學以教完警士必修科學爲度

10偵探實施與知識訓練

11讀書識字訓練讀完抗戰時讀本民衆課本進修區署預定之常識讀物爲止

21談話訓練

丙，公益方面

一，成立糧食調整委員會分會限期調整完善

1.預定參加人員 2.發出簡單通報定期開會 3.進行工作 4.呈報上峯

二，辦理年關急賑

1.各鎮分面勸募濟米　2.區署製定平民調查表交各保調查

3.監票由各聯保辦公處製定　4.商地方人士作公平之分配

三，清理新收和舊有積谷

1.由財務股派員到各場點收新收積谷查封

2.另募市街積谷

3.追收舊有積谷由財務股統管其賬

丁，內務方面

1.勤務夫役之訓練　限二月底續辦

2.澈底整理人事管理　限期二月底

3.整理會客室招待室

4.嚴勵執行全區各級公務人員應守紀律

5.組織職員眷屬加以訓練三月十五日開動

戊，其他內務多屬民政，對於教建財各方面概須協同努力，例如圖書館，合作社，家畜保育，旅客服務，醫院等一切之進行，多須動員保甲方能事半工倍，至動員之時機與事宜及其辦法，詳各事業之計劃或臨時而確定兹從略。

全區壯丁之訓練計劃

（一）調查

〞應受訓練之壯丁由各該保保長小隊附會同保甲長逐戶調查確實（至令規定免操者例外）

2.「調查壯丁務按下列兩種方法爲標準

一，根據去（二十五）年壯丁訓練數字和壯丁名冊稽核

二，根據區署總動員訓練戶口調查之壯丁名冊一一清查

3.由各該保甲長小隊附負責挨戶清查後得相互取具規避壯訓切結

4.准由受訓壯丁密告應受訓壯丁而故意規避者得視其情節輕重施以獎懲

（二）登記

1.壯丁人數調查確實後必有詳細之登記以作壯丁異動之標準和壯丁統計之根據

2.壯丁登記必按左列之分類登記之

一，甲組壯丁以資質特別優良者服裝械彈齊全者身體强健者生活優裕者為限

二，乙組壯丁以每次受訓均到者著普通短服者為限

三，特別組壯丁永久出外有職業者因職業不定時出外貿易者常因病缺席受訓者常因嗜好缺席受訓者

3. 除以分組登記外並得按其壯丁年齡籍貫職業住址行為等清清楚楚登記之

(三)統計

1. 壯丁分類調查統計

一，家庭關係較輕現無職業及曾服務軍團或曾受軍訓之壯丁人數

二，同戶共有壯丁五人以上之壯丁人數

三，同戶共有壯丁三人以上五人以內之壯丁人數

四，緩役停役禁役免役之壯丁人數

五，不合緩停禁免各役條件而又確係文弱之壯丁人數

2. 壯丁年齡調查統計

一，二十五年以前年滿十八歲以上三十五歲以下壯丁人數

二，二十五年以前年齡三十五歲以上四十五歲以下之壯丁人數

三，本年年滿十八歲之壯丁人數

(四)編配

1. 以一保為一小隊（即以一小隊為單位）無論分班分組由小隊長應當顧全建制

2. 小隊所有壯丁可按情形分為甲乙兩組

一，甲組壯丁

1. 生活較優者　2. 家有壯丁兩人以上者

3. 身體健康無嗜好者　4. 服裝械彈齊全者

二，乙組壯丁

1. 著普通短服者　2. 使用刀矛者

3. 編配班次

一，在操場甲組按甲組次序編班乙組按乙組次序編班以便整齊劃一並得各選定正副班長

二，在平時每甲為一班（不分甲乙組）以甲長為班長以甲乙組正副班長均為副班長

三，在發生匪警時就按操場編制甲組壯丁則担任巡察乙組壯丁則担任防守

(五)訓練

1. 訓練要點

甲，精神訓練

一，遵守時間

二，服從命令

三，激發抗敵意識

四，鞏固團結精神

五，擬定壯訓唱歌口號每次操畢必唱呼數便適以

(一)養成中心思想

(二)正確的目標

(三)澈底的認識

(四)堅決的信力

(五)繼續不斷努力的精神

乙，行動訓練

一，步法整齊劃一

二，動作迅速確實

三，服裝樸素整潔

四，武器刀矛裝具警號齊全清潔

五，操作熟練精確

丙，勤務訓練

一，警察勤務訓練

(一)隨時清查戶口

(二)嚴殺戶口異動

（三）爲政府當耳目充任明密偵探凡有人非法行爲立即密報聯保辦公處或公安隊大則直報區署

二，軍事勤務訓練

1. 多演習晝夜間緊急集合

2. 甲組壯丁多演習追擊巡查搜捕及按交通網之巡查動作乙組壯丁多演習警戒聯絡守護隘口要點或碉堡更棚

3. 多演習各種號音

一，平時的各種日用號音

二，發生匪警時的期必壯丁都能熟聽號音隨號音即行動

4. 多演習射擊技術刺槍術拳術及使用刀矛等以應付實際發生匪患時之應用自若

2. 訓練時間

一，農隙時間（從二十六年十二月一日起至二十七年二月底止）

甲，按照規定每十天操三次共操二十七次爲止

乙，得按各鎮壯丁環境生活習慣酌定操期或一四七，二五八，三六九，午前或午後均可但每次至少兩小時爲限

二，農忙時間

甲，按照規定每十天操一次

乙，操期和時間與農隙時間同

3. 訓練辦法

一，計劃訓練時間以不妨害各壯丁生計爲原則所以每次操期規定授訓者須比受訓者先到保甲長正副班長須比壯丁先到以作模範

二，嚴格檢舉規避受訓之壯丁

三，嚴格執行壯丁到操場受訓的劃到時間

四，就聯保辦公處人員會同公安隊官長分赴各保監督訓練責任茲將實際分配負責各鎮各保壯訓人員列舉於左

1. 北碚一至十保和三十保梁崙十一保至二十一保魏宣俊二十二保至三十二保顏肇章

2. 黃葛一保至六保楊錫科二十保二十二保張子揚七保至十三保羅之慶十四保至十九保陳仲堯

3. 文星一保至三保十六保至十九保萬鵬搏四保至八保唐必直九保至十五保劉祝君

4. 二岩共六保由周人舉楊相成負責

5. 澄江一保至五保由卿之科王成憲十二保十三保黃焰溝十六保十七保新門洞十八保十九保二十保王庭槐六保八保十一保十四保十五保蕭仲堯負責

五，由區署派員到各鎮或各保實地抽查和指導

（六）檢閱

1. 確定各聯保壯丁檢閱時間就新劃之訓練區以舉行之

一，北碚　二，黃桷　三，文星　四，二岩　五，澄江

2. 確定全區壯丁集中檢閱時間

3. 藉檢閱時間示以

一，相互觀摩團體的學術科技術精神服裝裝具等好的影響

二，宣傳抗敵意識發揚民衆力量

三，論成績之優劣予以獎懲以鼓其今後努力競賽之勇氣和熱心

（七）運用

1. 運用壯丁力量

一，運用壯丁力量維持地方安寧建設地方秩序

二，運用壯丁力量清查戶口聯辦戶口異動

三，運用壯丁力量密布偵探網緝捕盜匪犯

2. 相互運用加强壯丁力量

一，運用壯丁實施生產建設促進農業技術改良

二，運用壯丁推進民衆教育促成人均識字有常識

三，運用壯丁實施義務教育

四，運用壯丁推進合作社

五，運用壯丁促進家畜保育作防疫訓練

六，運用壯丁幫助地方醫院促其注意衛生預防疾病及施以戰地救護等訓

練

七，運用壯丁施以各種集會結社之組織訓練

八，運用壯丁幫助公安隊施以警衛的連繫訓練

(八)檢討

1. 檢討進度

一，按照壯訓計劃由區署負責壯訓者隨時檢查各鎮負責壯訓者是否嚴格監督和執行

二，預定壯訓之學術科和計劃與實際教授進展程度相對是否達到訓練的要求和目的

2. 檢討成績

一，學術科成績

二，精神(儀容態度姿勢等)的成績

三，裝具成績

3. 檢討方法

一，抽查　二，比賽　三，獎勵

4. 檢討計劃

一，計劃不合實際情形需要者則請核改之

二，從實際訓練中新發現辦法者則增補之

三，本計劃自二十七年一月起施行

區署組織情報網之計劃

第一 情報人員

1. 棧房之么師茶酒館之堂倌

2. 船上之撓工船夫子

3. 力夫，轎夫，小販商，小工，煙堂倌

4. 各學校教師及成年之學生

5. 各合作社人員

6. 各保之保甲長及熱心公務之居民

7. 鑛廠工廠之工頭老板及可靠之工友

8. 各處之自警隊及護廠隊

第二 組織系統

1. 區署為情報網總機關由內務股主管之

2. 公安隊及派出所為情報網支部機關由公安隊主管之

3. 各保辦公處為情報分機關由隊長小隊附主管之

4. 各保至少有情報員一小組街市或河邊愈多愈好每鄉組成若干小隊每小組設五人至九人另設組長一人一切祇有縱的關係普遍組員無橫的連絡。

5. 每一公安隊派出所製一隊員底冊由區署印發其式樣如下

隊別	姓名	年齡	職業	住址	編制號數	備考

並製情報員證發給各情報員祕密攜帶以免發生誤會其式樣如下

(正面)

嘉陵江三峽鄉村建設實驗區署情報員證

第　　號

情報員

剛明沉着　熱心敏慧

(背面)

偵探信條

1，勇於偵察　2，勤於報告　3，存心正大　4，嚴守秘密　5，戒貪贓　6，戒枉法　7，戒賭嫖　8，戒酒色

6. 情報員應有保證手續

7. 情報有成績者得有相當之津貼與服務之優先權利

第三 組織步驟

1. 由區署先印製情報證及底冊

2. 各公安隊崗派官長一員主管其事以保為單位分別組織情報小組隊擬

定組長隊長等報請主管人核定之

3. 炭廠工廠以廠為單位分別組織之

4. 每組隊組織完善後即個別訓練以後由專人負責每月視導一次

5. 限期加速完善

第四　情報員應注意事項

1. 凡遇可疑之人可疑之事皆須注意偵察須得確切詳明之結果

2. 凡探得盜匪案件因密報而破獲者按情形之輕重由區署給以物質之獎勵

3. 土豪劣紳流氓厭紳之違法事件得密報之

4. 各級公務人員有違法之事件得越級報告之

5. 因密報而破獲之案件所得沒收之物質得酌量提獎

6. 偵察不力隱瞞不報者得懲處之

6. 利用情報員之名義招搖撞騙者得懲處之

7. 類此之特務情報事宜由區署內務股另行組織之

本區初等教育之計劃

一　小學教育

（一）小學行政方面

甲，完全小學（請小）須附設短小班四學級，人數須二百人，方能足額，半部小學須附設短小班一班，人數須五十人，附設之短小班，應設班主任一人，方符規定，（二月底實現）

乙，實施強迫入學，在開學前調查學齡兒童，關於調查所需表式，由區署發給，（三月底辦理清楚）

丙，嚴飭所有資歷相符之教師，一律呈報登記或檢定，登記及檢定手續，業已明令公佈在案，須遵照辦理，（四月底辦完）

丁，充實高級班學額，凡鄉小有願意升入高級班者，可在原校附讀，在不足學額之小學呈報表冊，以減輕學生負担（四月底辦完）

（二）教材之編輯

甲，家畜教材，由家畜保育所於開學前編好，交本股印發各校，并利用集會機會，請專人指導教師如何施教，教師教授學生，如有活動事項，應與保育所切取密切聯絡，（教材於三月內印發，每次月會時講解，）

乙，合作教材，由合作指導員編輯，並指導教師如何施教，再由教師領導學生作實際之活動，（目前）

丙，農藝教材，由農業技士負責編輯，并指導教師如何教授學生，再由教師領導學生作選種運動，除麥黑穗運動，（目前）

丁，戰時教材，除採用生活書店出版之戰時讀本作為補充教材外，並由各科教師，根據現有合乎戰時之題材，選編戰時教材，以適應戰時之需要，上項自編教材，均作補充教材，由教師於寒假期中編好，於開學前一週繳交戰時補充教材審核委員會審查，（目前）

（三）訓練實施

甲，查去歲學生自治活動，頗見成效，本年亦須繼續辦理，活動所得之結果，應於月會時報告，（期終考查成績）

乙，公民訓練條目，應增加含有抗敵及生產意義條目，以免脫離時代（三月）

丙，小先生教學團活動內容，不僅是掃除文盲而已，應有抗敵宣傳，抗敵歌詠，協助生產建設事宜等活動，（開學兩週後成立教學團，期終考查成績）

二，義務教育

（一）強化義教行政機構

甲，積極訓練助理學董，使能執行強迫學齡兒童入學，以免公安隊人員之不足，訓練辦法，仍利用保甲會議，（每月訓練，）

乙，學董之任務，過去多未執行，實有積極指導之必要，但最大原因，實由於時間分配不過，以致無暇兼顧，今後凡兼任學董者，而該校學生人數超過六十人，則添設助教，以分其精力，注意其任務之執行，（三月）

（二）添設學級以容納失學兒童

甲，完小附設之短小班，除黃小碚小共設六學級外，文小澄小均應增設短小班各一學級，（卽班）

乙，充實原有特設短小之學額，可增加八學級，（班）

丙，除增設上列十學級外，應於其餘初級小學添設短小班學級，原有初級小學附設短小班者十六所，未設短小班者八校，均應添設短小班，共有八學級。

丁，原有初級小學之有兩學級（有教師二人）者，共有五所，單級小學者十九所，均應添聘助教，共有十九人，可增十九個學級，助教視成績定月薪或津貼。

總計可增設初小十九班，短小十八班，共有三十七班，若與本區初等教育四年普及計劃各相比較，應增設四十三班，故尚缺六班。

（三）可能減少之失學兒童數。

甲，按照二十五年之調查，本區學童有一一七五九名，二十六年下半年，有入學兒童四三六〇人，故既有失學兒童七三九九人，根據四年普及計劃，本期應收容一〇五七名，添設之三十七班，每班以四十人計算，應收容一四八〇人，可超過預定數目四二三人。

乙，應增加女童入學比額，本區入學女童，根據二十六年下半年之比例，僅及男童三分之一，本期應設法增加其入學比額。

（四）添設助教所增加之經費

添設助教十九人，平均每人每月十元，若以五個半月計算，共該一千〇四十五元，故於支出預算八二四一元上增加一〇四五元，共該洋九千二百八十六元。

教育視導之計劃大綱

一，視導事項：

甲，學校概況：

1. 校舍。
2. 學生人數——缺席情形。
3. 教師人數——告假情形。
4. 週圍環境。
5. 經費情形：

一，經常費之支配，能照預算表否。

二，經常開支力求撙節否。

乙，關於課程及教學事項：

1. 科目，時間，是否確照部定標準。
2. 能切實遵照小學課程標準實施，並改進教學方法否。
3. 教材是否適合抗戰需要。
4. 所用教科書是審定本否。
5. 教學用語是否能用國語。
6. 兒童抄寫工作太多否。
7. 責令兒童傾聽否。
8. 課外宿題太多否。
9. 教員在教學之前準備充分否。
10. 教學不浪費時間否。
11. 作文命題合於學生的程度否。
12. 教學進程如何？能照預定計劃否。
13. 學生學習能力如何？完全能接受否。
14. 教師能盡力教學否。

丙，關於訓導事項：

1. 課外自治活動如何？
2. 作救亡工作否？有那幾種？
3. 小先生教學情形如何？
4. 實施公民訓練否？
5. 每日上課時間太早或太晚否？
6. 兒童休息運動時有無教師監護。
7. 兒童購買零食設法制止否。

8．施行體罰否。　9．有背罰否。

10　必須穿著制服否。　11　舉行健康檢查否。

12　教室的建築佈置合於衛生否。

13　注意飲料及廁所之清潔否。

丁，關於學校行政及其他事項：

1．有學費否？學費能全部收足否。

2．免費學額好多？清貧好多，公務員子弟好多。

3．學額充實否。

4．厲行二部制否。

5．校長資格合規定否。

6．教員資格合規定否。

7．校長與地方人士能合作否。

8．校長教師能幫助推行區署一切行政事務否？（如合作，農業改良，家畜保育等。）

9．校長教師課外能幫助附近民衆否？（如講解代寫信件契約等）

10　校方能與學生家屬聯絡否？聯絡方法如何？

11　教師生活情形如何？

12　放農忙假否，什麼時候？放幾天？

13　農忙期中學生出席人數如何？

視導用表格另訂

二，視導方法：

1．直接赴校視察。

2．間接調查：

（一）向附近民衆調查訪問。（二）向保甲長小隊附調查。

（三）向學生或其家屬調查。（四）向其他學校教員或其友人調查。

3．視導以每日視察一至二校為原則。

4．以鎮為單位。

（一）北碚——二週，（二）黃桷——一週，（三）文星——半週，（四）二岩——半週，（五）澄江——一週。

5．不時抽查。

6．視察中相機予以指導外猶須實施如左之事項：

（一）查詢各項問題，

（二）簡單介紹以時事（抗戰及國際省外省內區內本署之近勢。）

（三）本署有關一般之新規律。

（四）視察各校之比較的講評。（獎懲）

（五）對該校之講評。

（六）徵詢其校教師學生地方人士之意見。

（七）半年工作計劃書有否擬定？每週中心工作有否擬定？

三，視導日程

1．開學後兩週出發

2．以每週返署報告一次為原則。

3．預定日程（詳細日程另訂）

a　三月八日——三十一日視察北碚全鎮小學（本鎮共小學十五所，私塾三所）

b　四月一日——十日視察黃桷鎮全鎮小學（本鎮小學共六所）

c　四月十一日——十五日視察文星場全場小學（全場小學五所私塾二所）

d　四月十六日——二十日視察二岩鎮全鎮小學（本鎮小學共二所）

e　四月二十一日——三十日視察澄江鎮全鎮小學（本鎮小學九所私塾一所）

四，視導準備及整理。

1．事前準備

（一）須帶用品：鍊子，視導用表，視導日記本，表冊，本區地圖，文具，面巾，牙刷，鋪蓋，日常應用物品。

（二）須帶人員：公差兵一名，扛文件物件。

2．事後整理：整理報告。

（一）每校視察完後，作一校視察記錄。

（二）每日視察完後，作視察日記。

（三）一鎮視察完後，整理該鎮報告。

（四）全區視察完後，作全區總視察報告。

視導表(一) 民國　年　月　日視導者

校名		校址		鎮		
				保		
學生	本保學齡兒童數	男	人	共	人	
		女	人			
	本校學生數	男	人	共	人	
		女	人			
	該日出席數	男	人	共	人	
		女	人			
	學級編制	高級				
		初級				
		每級人數				
設備	校舍	1.方向： 2.間數： 3.何年建築： 4.所屬何人：				
	教室	1.教室數： 2.方向： 3.光線： 4.空氣： 5.清潔： 6.佈置： 7.面積： 8.桌椅數：				
	黑板	1.塊數： 2.面積：　長：　寬： 3.離地： 4.學生能十分看清楚否：				
	桌椅	1.排列： 2.高低： 3.寬窄： 4.坐位： 5.所屬何人：				

教學方面	科目	
	教法	1.方式： 2.動機引起之方法： 3.進展： 甲，講解情形： 乙，問答情形： 丙，練習： 丁，研究問題：
	學習	1.學生學習能力 2.學生能完全接受否： 3.歡迎否
訓導方面	訓導標準	
	訓導方法	1.採取中心訓練否： 2.體罰否： 3.責罵否： 4.教導合一否： 5.個別訓導否：
	學生活動	1.學生自治活動： 2.抗敵救亡活動： 3.先生制推行否：
	學校與家庭聯絡法：	

視字第　號　(以視察先後爲序)

教育視導之計劃大綱

視導表（二）　民國　年　月　日視導者

校長	姓名		年齡　　（男）（女）
校長	曾否受檢定		到校年月　　年　月
校長	做事	辦法	1.能設計否： 2.能切實執行否： 3.精益求精否： 4.其他技能：
校長	做事	精神	1.好作事否： 2.負責否： 3.守紀律否： 4.能克苦耐勞否： 5.能互助否：
校長	為人		1.好學否： 2.好扶助他人否： 3.思想如何： 4.志趣如何： 5.態度如何：
教師	人數		最優 最劣
教師	姓名		到校年月
社會服務			1.民衆教育情形： 2.合作社方面： 3.農業技術改良： 4.家畜保育： 5.其他：

視導者意見	1.學校概況方面： 2.教學與訓導方面： 3.教師與學生方面： 4.其他方面：
特殊問題	1.有何困難之點： 2.運動設備： 3.保長學董有何補助： 4.免費情形：
需要幫助之點	
備考	

視　字第　號　（以視察先後為序）

區署建設股之工作計劃

A，農業

一，農業改良

子，水稻

1.鹽水選種

一，調查區內農家所有稻種數量……由區署派員會同義務教師保甲長辦理……二月。

二，預備曆

甲，計算應需鹽量

乙，購買及分區分配鹽量，以保爲單位，或以保學地點爲單位。

三，實施

甲，先由區署命令全區農民遵辦，違者處罰。

乙，訓練教師及保甲長及担任工作職員……由農業技士辦理。

丙，實施鹽水選種……由區署命令保甲長教師督促農民辦理。

2.秧田插燃薰防除螟害試驗……三月

3.田間選穗……七月至八月

4.捕殺螟蟲……十一月

丑，苞谷

1.捕殺地蠶……四月

2.捕殺大螟蟲……四月

3.間行抽花……依照去年成例辦理……五月

4.苞谷選種

寅，小麥

1.推廣優良麥種……十月　2.炭酸銅拌種……十月

3.防治麥黑穗病……四月　4.麥田選穗……六月

5.收集特約農家二九〇五小麥……六月

卯，洋芋

1.指導栽培……二月　2.指導選種……十月

辰，甘藷

1.指導選種……十二月

二，農業調查

子，水稻產量……十月　丑，苞穀產量……六月

寅，小麥產量……五月　卯，洋芋產量……十一月

辰，甘藷產量……十二月　已，雜糧產量……十二月

午，蔬菜產量……十二月

三，農業展覽

子，小麥……召開特約農家會議……五月

丑，水稻……十月

寅，蔬菜……十二月

四，農貸結束

子，催還洋芋貸款……由各聯保收扣清楚。……三月

丑，催還兩次小麥胡豆貸款。五月

寅，催還農藝貸款。五月

卯，催還塘堰貸款。十月

五，荒地墾殖

子，調查全區荒　三月

丑，調查全區公私坟地　三月

寅，計劃開墾　四月

B，蠶業

一，栽桑　二月

子，指導全區農民栽桑　丑，收用官荒地畝栽桑

二，養蠶

子，登記蠶農　二月

丑，領發春蠶種并指導飼養售繭　商蠶絲製種場及蠶桑指導所絲業公司辦理　四月

寅，領發秋蠶種并指導飼養僖繭　（同右）　八月

G，畜牧業

一，舉行全區猪隻總調查　三月。

二，施行防疫注射……聯合家畜保育所辦理。

子，預備藥料。　四月

丑，派定人員。　五月

寅，施行注射。　六月

卯，調查結果。　七月

辰，辦理家畜保險……聯絡家畜保育所及農本局重慶辦事處辦理、

六月

D，魚業……三月

一、目的

（一）提倡農田養魚　（二）提倡塘堰養魚

（三）提倡溪河養魚

二，辦法

（一）撈取魚苗　上自合川雲門鎮下迄水土沱沿江放置水草培養魚　二月

子並撈取幼魚並在萬縣收買草魚幼苗散發

（二）指導并保護飼養　四至七月

（三）集中都市售賣　八至十二月

E，林業

一，散發桐苗栽植需要地段。　二月

二，覓取廉價菓樹介植全區農家。　三月

F，鑛業

一，調查全區煤產

二，調查全區鑛工，　六月

三，指導各煤廠改良鑛工生活。　七月至十二月

子，改善工作。　丑，縮短工時。

寅，增高工資。

卯，辦理工人儲蓄及傷病保險。

辰，添加衞生設備。

G，工商業

一，調查北碚織布業。　三月

二，籌備棕葉編製帽鞋業。　四月

三，協助外來工廠移峽及辦理營建廠址各事宜。　三月

四，繼續辦理全區工廠登記。

五，協助內務股成立各種職業工會。

H，水利

一，督修塘堰　二月，十一月。

二，致察用水情形　五月

三，測量水源及蓄水地域（商全國水利局辦理）　四月

1，交通

一，馬路

子，促設青北馬路車棧　六月

丑，促設黃包車行并爲各種車輛之管理　六月

寅，促修北溫馬路……測量，計劃，籌款，動工，完成……呈請省府及行營核辦……八月

二，水道

子，登記區內大小船隻　三月

丑，補測區內沿江水表……商航務處辦理……二月

三，電話

子，繼續整修渝合電話線

1. 完成渝碚段　一月

2. 完成碚合段　十一月

3. 添設由北碚到紹隆寺專線　二月

4. 添設新來各事業機關專線　七至十二月

J，合作

一，改組舊社十一所　二月

二，籌組新社六十九所　三至四月

三，訓練合作人員開辦合作講習班　二月

四，籌備并貸放款子

子，預備合作放款五萬六千元　商洽農本局辦理　二月

丑，分期放款　商合川縣金庫隨時派人此來此辦理

1. 舉行購買豬牛貸款　三月，十二月
2. 舉行蠶農貸款春蠶明秋蠶期各舉行一次　五月，九月
3. 舉行種籽貸款　春季稻種，秋季小麥豆類　五月，十月
4. 舉行水利貸款　二月，十一月，十二月
5. 舉行各種生產貸款　如墾荒，造林等　一月，十二月

k，市政

一，繼續籌建北碚新村

子，去年計劃實行者

1. 籌備規劃　九月已辦
2. 測量地址　十月已辦
3. 擬報章則　十一月已辦
4. 籌備委員會成立　十二月已辦

丑，本年計劃辦理者

5. 商洽收購土地　一月
6. （一）進行分段複測　二月
（二）馬路開工　二月
（三）推廣原有新村範圍（報文，測圖）
7. （一）籌建平民住宅（為新村原有農民移住）　三月
（二）協助辦理新村範圍農民領取押金事宜
8. 指導開始建築住宅　四月

二，指導改良黃桷鎮市場

全區合作事業之工作計劃

甲，總則

一，合作組織應注意量之發展及質之健全

二，合作社組織暫偏重於信用合作社

三，在側重信用合作社組織中本區之特產商請合作社亦謀同時發展之

四，全部工作進行得劃分地域按照工作性質估定時間分別完成合作社及聯合作社之組織

五，普遍吸收小農加强合作機構

六，合作社之組織得以保為單位及小學區為單位進行組織

七，單位合作社完成至相當數量而在組織健全之下指導其組織聯合社以建立合作系統使其『自力更生』

八，辦理農倉業務，俾有補於抗戰期中之食料問題

九，盡力於農村副業之倡導以充裕農民收益

十，試辦礦工消費合作社改善礦工生活

十一，增加研究工作

乙，實施方案

一，關於組織方面

1. 改組舊社
（1）限二月十五號以前將舊有各社改組完竣請合委會登記
（2）舊社整理要點
（一）整理簿表文件（二）指導登帳（三）調整職員
（四）增加新社員（五）淘汰壞社員
2. 新社組織
（1）組織新社範圍
（一）採點線網方式逐漸推進
（二）初步完成北碚黃桷二鎮單位社組織
（一）擇教育程度較高經濟力量較優之處創立中心社
（二）以保甲及小學區之單位為組織單位
（2）本區組織社數目　本年份終結預算成立七十五所

3. 聯合社之組織

（1）組織聯合社之條件

（一）量的條件

一，單位社在十社以上　二，社員總計在五百人以上

（二）質的條件

一，有經營業務的人材　二，有共同經營之業務

三，單位社組織健全　四，開支能自給

（2）聯合社之業務

（一）經濟的

一，信放　代理社員之收付辦理小額放款

二，儲金　辦理小額存款

三，供給　辦理供給業務但以代辦性質爲原則

四，消費　辦理消費業務但以接收單位社之委託爲原則

五，農倉　辦理農倉經營儲押業務

（二）非經濟的　扶助社員辦理合作教育

（3）聯合辦事處之設置　在不能設置聯合社之區域酌量辦理聯合辦事處

二，關於放款方面

1. 每社平均暫定七四六元每

2. 全區七十五社放款額五萬六千元

3. 款予請由農本局供給

4. 貸放商由合川縣金庫派員來區辦理

三，業務經營方面

1. 中心業務之確定

（1）在普通區域以放款儲蓄及經營農村副業爲中心業務

（2）在特產區域注重產銷業務之發展

（3）舉辦農倉業務以調節糧食流通金融平衡物價穩定市場

（一）聯合社　每一聯合社最少經營農倉一所

（二）單位合作社　凡社員在二十人以上之單位合作社必須經營簡易農倉一所否則連合鄰社共同經營

2. 現有業務之充實

（1）擴大放款範圍及提高放款金額　（2）勵行按期儲蓄

（3）推行養魚植樹業務　（4）辦理小額放款

（5）酌量經營公田

3. 未來業務之發展

（1）擴大儲金範圍　（2）墾荒造林

（3）經營公田　（4）辦理倉庫

（5）提倡家畜保險　（6）提倡家庭副業

（7）經營肥料供給　（8）經營特產產銷

四，關於訓練方面

1. 訓練目標

（1）目標

（一）合作社職員　社員明瞭合作社之意義職員熟練社務之處理及業務之經營

（二）其他人士及社幽　認識合作意義發生濃厚興趣而能從事協助推進合作事業

（2）對象

（一）合作社社職員　（二）小學教師及中學生

（三）保甲長及壯丁　（四）其它

2. 訓練方法

（1）方式

（一）談話或講演

1. 個別談話（隨時隨地）　2　集體演說（鄉場或民教館）

（2）集會

1. 特設集會（講習會訓練班觀摩展覽或競賽會等）

2. 刊物發行合作通訊

（2）方法

（一）口頭　談話講演教授　（二）書面　小冊標語

（三）示範　中心社　（四）觀摩或展覽競賽

3. 訓練教材

（1.）材料內容

（一）社員 合作常識社員之義務及權利抗敵意識

（二）職員 （理監事會計司庫）——合作技術（會計司庫之簿表、簿記等）與理事之職責等

（三）小學教師 合作大意組織步驟學校與合作社之關係及協助方之法

（四）中學生 合作之理論與實際

（五）保甲長及壯丁 合作大意組織步驟農村自治與合作之關係及促進之步驟

（六）其他 因時因地而異

（2.）材料來源、

（一）自編訓練教材 （二）請農村合作委員會供給教材及講師

四，研究工作

（1.）題目

（一）如何使小農加入合作社組織 （二）簿表簡單化之研究

（三）儲金業務之研究 （四）經營公田之研究

（五）礦工消費合作社之研究

（2）方法

（一）呈請合委會核准對研究工作之合作社免依照合作社法辦理

（二）研究工作設施方案呈請合委會核准後施行其施行細則另定之

丙，進行步驟

第一期 一月至三月

一，改組舊社

二，舉辦第一屆合作講習會

三，完成北碚黃桷二鎮單位合作社組織

第二期 四月至六月

一，完成文星場單位合作社組織 二，完成澄江鎮單位合作社組織

三，完成二岩鄉單位合作社組織

第三期 七月至九月

一，辦理農倉 二，組織聯合社

第四期 十月至十二月

一，按社訓練社員 二，檢討全區工作

三，籌備區聯合社 四，指導年終結算與業務報告

全區家畜防疫運動之計劃

焦龍華

技術方面由家畜保育所負責。

宣傳與組織之準備工作由實驗區署負責。

技術方面：

預計注射頭數：五〇〇〇頭。

分次：第一次——第二次。

時期：七月份——八月份

藥品：注射器即刻從事準備。

藥品：注射器及用具。

（一）血清：每頭以八〇〇計，共需四萬西西。

抗豬丹毒血清，成本每百西西四元，共為一千六百元。

（二）菌苗第一次每豬〇·五西西，第二次每頭一西西，荒廢〇·五西西，則每豬需二西西，共需二百西西，每百西西以四元計，共值四百元。

（三）注射器：五〇西西三具，四八，〇〇元，配用零件三套一五，〇〇元，一〇西西三具，三六，〇〇元，配用零件三套，八，二五元。

（四）體溫表：華氏一打十五元。

（五）棉花六斤三元六角。

(六)紗布消毒棉花三斤二元。
(七)消毒器(鍋)二個三元。
(八)注射針頭六包四十五元。
(九)酒精及臭水約一斗十元。
(十)碘片及氯化鉀十元。
(十一)石灰酸及肥皂六元。
(十二)藥箱及磁盤各二個二十五元。
(十三)剪耳鉗二把十二元。
(十四)鑷子酒精燈三元。
(十五)長統靴子一雙,鑷鉗夾子二個六元,
(十六)洗劑及開胃藥八元。
以上由所預備。
以上總計二千二百五十五元八角五仙,
六月份以前須將藥品用具準備妥善(由所負責)
血清菌苗必由成都總所供給,其餘物品家畜保育所無法供給時,須由實驗區署出資購備。
六月十五日以前須動員一次。
(一)動員之目的與內容:
一,宣傳,二,調查。三,登記。四,聯絡。
(二)動員之組織
街保由聯保辦公處助理員負責通知。
鄉保七十八保,須派定負責人,(人一三保)挨戶說明,限兩日完成,登記清楚——登記手續。問明懷孕將產之母豬,一百三十斤以上之肥豬及三個月以下之小豬,不在此限(不計數),總數能達五千以上者,則為計劃成功。
(三)動員之日期:臨時決定,以星期六及星期日兩天日為宜。
(四)動員之方法:
1. 事先訓練幹部宣傳員,由區長指派精幹者三十人。
(一)保甲,(二)教師學生,(三)鎮中師生。
2. 訓練之內容宜向農民說明以下各點:
一,「打火印」(豬丹毒)是什麼?——現紅疱疱。
二,打火印之死亡概況,及其治癒後之缺陷——後腿癱瘓,不肯長。
三,傳染病之原因與預防法,預防注射等於(小孩種牛痘),為根本辦法。
四,此次只防打火印,効力半年,不收費,並保不發火印,不然,照價賠錢。
五,預防注射,須經兩次,豬耳根打一針,並不痛,等於放痧,場上賣買豬隻一律須打針。
(以上訓練時間約二小時)
3. 動員後隨即統計登記豬隻之頭數,並斟配研究動員各員所得之實地印象,以便施行注射時,再加以協助宣傳與聯絡。
4. 即日開始宣傳(仍有組織有辦法的,由零化整的)使農民民早日得知,以樹信仰。
5. 六月份造成極濃厚之防疫運動空氣,預防注射外,畜舍清潔,如每日打掃一次,十日灑石灰水一次,亦應附帶推動。
五月份訓練之助手六名:
「一」此項助手,最好來自農家子弟,(峽區內)年二十歲左右,曾為公衆服務較有成績者,將來下鄉工作進行必較方便。
「二」助手訓練一週,七月份雇用一月,由區署每人支津貼洋六元。
工作程序:
(一)北碚三十三保——澄江二十保——二岩六保——黃桷二十二保——文星十九保——。
七月一——六——七——十——十一——十二——十三——十六——十七——十九。
依保之次序進行,第一次,可於七月十九日完成。
(二)分成三組,每組四人,組長一,助手二,工人一。
(三)每組每日至少須進行二保,即每天注射最低限度為六保。
(四)七月一日開始,無星期,無例假,膳食於鄉間農家。
(五)助手甲乙二人,第一日開始同行。第二日助手甲即單獨往第一日所注射之各家檢驗反應及有無意外,第一二日助手甲乙工作相調,以後如

法輪流，以資調整。

（六）每組尤須有宣傳之幹員一二人同行，向各農戶準備放豬下鄉，以便迅速工作，否則甚難按期進行。

萬一之準備：

按北碚二十六年豬之死亡率為百分之八，死於豬丹毒者，約佔其半，即以百分之四之死亡率統計全峽一萬頭豬，其損失假定最低數達四百頭，（事實上不止此）每頭以二十元計，則值法幣八千元，以二千餘元而換取八千元，其利當已數倍，但此項運動之成功，乃不僅益及其本身，即如其他各項行政功績，亦必以此大著也。

然則預防注射，十分之三四之手續錯誤，在所難免，五千頭，則有十餘頭之危險，萬一此十餘頭仍發現「火印」致死，則必由區署賠償賠償，故實驗區署對此項運動，須預計有二百元之賠償費，此款備萬一意外之發生，勿致臨時有失農民之信仰。

全區實施鹽水選稻種之計劃

鹽水選稻種，在本區歷年勸導農民試行以來，成效甚著，田若北碚之徐煥林科學院農場……收穫，均較原來產量增加十分之二以上，超過尋常紀錄實驗區為以此種成效，嚴格推行全區，特製定本計劃大綱：

一，調查谷種　全區所有農家共存留各種若干石斗：

甲，擬印調查表格　除明瞭所留谷種外，並附帶知道其種田土收穫，及存餘食糧情形表式如下：

鄉別　保別　甲別　戶別　農家姓名

種田若干石　種土若干石　租銀若干元　佃銀若干元

去年收谷若干　去年收糧食若干　現存谷子雜糧若干

所留谷種若干　備考

調查人　調查時間

乙，編印鹽水選種傳單，　二月六日印　二月十二日完成

丙，撰發普通選種獎勵命令　二月七日

一，訓令各聯保遵照　二月八日

二，佈告全區農民遵照　二月九日

丁，實施調查工作　二月五日交印　二月七日完成

二，統計數量

一，每保若干石　二，全區若干石

暫以每日每人調查五十戶，全區農民又假定為一萬戶，暫需二人，如用二十人工作則十日可以完成　二月八日至十七日

（依去年春季旱災調查本區水稻秧田播有谷種三百七十餘石，照普通農人每石谷種秧苗可栽插百石田畝，全區田畝約計二萬石，以常年種秧計似需兩百石谷種已足）

如每人每日統計兩百戶共需百日工作

如交兼善學校辦理，約以五日完成　二月十二日

三，計劃鹽量

暫依每用一斤鹽四斤水選谷種一斗，全區暫定三百石計需鹽三千斤每斤一角一，合洋三百三十元（此款由區署津貼一半，人民自出一半）

（但實際仍依統計工作為準）　二月十三日

四，分配地段

一，以若干保或特殊地域為一區（共分十六學區）

二，每區依其谷種多少分配多少鹽去

五，確定選種技術指導員（十六人由區署職員及義務教師煮派担任）

一，集中訓練一日，由農業專家施以鹽水選種手術訓練　二月十四日十五日

二，分赴指定地點　四月十六至二十日

六，實施鹽水選種

一，技術指導員召集民衆開會宣傳。

二，該區保甲長曉諭當地農家挑選谷種送到集中地點。

三，確定選種日約依於當地播種時間限七日內完成。

七，派員視察秧苗　五月

八，視察秧苗成長情況　六月七日

九，視察結穗情況　九月

十，調查谷子產量　十月

區署財務股改進工作之計劃

一，切實統一收支款項：本署財務管理範圍甚廣，故性質不同之款項甚多欲求賬務之有系統有條理則非切實統一收支款項分別記賬不可故今後各機關無論其本身經費特別款項募捐款項均須依照規定交財務股統收統支造成一有條理之賬目。

二，劃清機關科目：科目一項在賬務中甚爲重要故今後務須劃清科目絕不混淆以達非常正確之境先與秘書次與區長商訂明白列表張貼。

三，限制暫支範圍：暫支範圍甚廣則懸賬必多故此後極力縮小暫支範圍以減少懸賬並限期催清舊有暫支。

四，會計員須受會計智識訓練：本區各機關會計人員大多缺乏之新式簿記之基礎智識自今年起設法抽調加以會計智識之訓練。

五，整理事項：本署成立已一年有半而所整理事項甚多如武器房屋及其他公物等但過去多未整理致無法通曉本署之資產情形自今年起極應詳細調查資產製一正確之資產負債表以專人計劃辦理之。

一，整理學產　二，加收租押金　三，擬定報賬，會計，保管須知　四，擬定稽核須知、五，擬定預算，計算，決報須知。

六，嚴格稽核：凡一切正規確定如有違犯者由司其事之人是問。

七，考核預算之注意：以後如有任何機關臨時需要補修或建造房屋與什物者須將所需材料費用詳造預算呈報區署核准後方能執行但仍須注意下列各點：

一，凡修建房屋及配備什物除列預算表件外並須將物品等之式樣繪圖說明以便實地之考核。

二，在動工時，須請財務股派員視察是否與所列條件相符例如：

1. 材料與工作　否經濟確實。
2. 地勢是否適宜。
3. 形式是否藝術便利。
4. 光線空氣是否充足流通。

一切務力求其有充分經營之意識絕不能聽其敷衍而且塞責。

區署公安第一隊之工作計劃

隊務及士兵訓練

一，隊務的整理及勤務的改組（限三月一號實行）

市街一至六保仍恢復派出所制其所址設置地點及勤務分配方法如左

第一派出所設西山路管轄第一二兩保共三百餘戶

第二派出所設嘉陵路碼頭管轄第三四兩保共三百餘戶

第三派出所設民衆馬路管轄第五六兩保共三百餘戶

每派出所設軍士一名負在勤〃指揮責任設戶籍警一名專管戶口調查人事登記事項設衛生警一名專管公共衛生家庭衛生個人衛生及防疫工作事項設交通警一名專管所區交通協助治安工作其普通警兩名協助其他一切工作設清道夫一名專司所區之清潔工作

值班之分配如左

巡邏：每班每派出所兩名依照固定路線在所區不斷巡邏其工作大要與以前巡邏略同

崗警：每班一名由軍士與戶籍警輪流充任之，在值班時間負照料巡邏到登記巡邏及戶籍警應登記之事宜

二，士兵訓練

1. 訓練辦法：抽調班士兵輪流施行警察必備知識及時事問題研究之訓練

2. 訓練科目

甲，警察科目

關於治安的：偵探學摘要，嫌疑人及嫌疑住戶察查法

關於防空的：防空常識

關於普通的：違警罰法，警察法摘要，新生活須知

關於戶籍的：戶口調查常識，人事登記須知

關於衛生的：公共衛生，防疫須知，急救法常識，穢物處置法

關於交通的：車輛管理

關於消防的：消防常識

乙，普通科目

保甲須知　統計學淺說　民衆教育　讀書常識　讀報常識　時事研究法　演說學摘要　峽區事業概說

以上科目，無論警察與普通學科，均以實用爲爲主，故採取極簡單之科目數種

警察任務執行方面

一，治安

1. 健全保甲組織：爲肅清本地匪盜依左列步驟健全保甲之組織

甲，澈底清查戶口：一月份辦

乙，取具五戶聯保連坐切結：二月份辦

丙，協定保甲規約：四月份辦

丁，繪製保區詳圖：五月份辦

戊，登記無業流民及貧民并作家庭經濟詳細調查：六月份辦

2. 嚴密公共處所管理

甲，餐旅館及茶坊酒肆之登記：二月份辦

乙，訓練茶房堂館協助偵緝奸細：三月份辦

丙，全市舉行總調查，統計留娼，窩賭，私設煙燈各戶住：四月份辦

3. 嚴密船戶管理

甲，統計船隻：三月份辦

乙，訓練船夫協助登記奸細：四月份辦

丙，切實檢查過道之攬載船留宿匪盜與否：五月份辦

4. 設置偵探網：三四月份辦

甲，應設置之地方及處所

一，特殊區域：壯元牌，長灘，天生橋，三元淡，芭蕉灣，白雲寺，金剛碑

二，普通處所：旅館，餐館，船戶，生熟膏店，市場

乙，情報人員之選擇

一，四鄉以保甲人員爲最妥當，如保甲長距么店子太遠管理不便，則就地擇其最忠實之士人爲之但須與本隊切取聯絡

二，市場內以餐館茶房堂館及做小賣之小孩爲之

三，水上則以船夫爲之

丙，應行報告之事項

一，有匪徒嫌疑人　二，有漢奸嫌疑人

三，出入人最複雜之處所及住宅　四，賭窟

五，私藏違禁物品及軍火的

六，有危及人之生命財產之行爲及準備作爲者

二，秩序

1. 會場（民衆會場）秩序

甲，設備方面的：五六月份辦

一，添設板凳

二，做活動木欄，以區別男女賓座位及擴大交通道。

乙，秩序訓練：三四月份辦

一，依次入座依次離座　二，取締包帕子

三，取締在會場吸煙　四，靜肅的訓練　五，鼓掌的訓練

2. 圍船秩序

甲，設備方面的：三月份辦

一，書報設備商民教館辦理

二，休息室的設備商囤船辦理

乙，秩序的維持方法：四月份辦

一，出入須依次序

二，行李集中一處專門派人管理并為之傳遞

三，走㮄上及囤船頭尾不得站人

四，送客或接客者停止於一定的地點

3. 規定各種市場

甲，肉市遷出市外商教育股辦理：四月份辦

乙，建桑米市場於禹公廟：擬辦中待籌經費

丙，規定雜貨市場：待擇地辦理

丁，併雞鴨豬市於河邊：三月份辦理

4. 取締市面晒晾衣物及懸掛其他物品

三，衛生

1. 關於市面的

甲，整理公共廁所：三月份辦

一，減少公共廁所數量　二，規定清早出糞并嚴格執行

三，改建不合格之公廁　四，統管理公共廁所

乙，整理明暗溝渠：三月　辦

一，登記全市明暗溝渠，并圖說溝渠概况

二，登記不合格應行改修之溝渠

三，督飭各住戶隨時疏通各斷

四，每一週溝渠整理之後加石油乳濟以滅污虫

丙，渣滓之處理

一，規定地點傾到渣滓　二，挖大渣坑掩埋或填溝

三，火焚

丁，實行滅蠅滅鼠

一，採用購買死蠅死鼠辦法

二，督促人民為防疫而自動舉行

三，組織滅蠅隊有如左辦法

可利用的機構：小學校的學生，游藝班的學生，小貿小孩，各機關學校的小工雜役

獎勵物：獎金，糖菓，玩具，文具，用具

獎勵之發給：有個人與團體兩種

2. 關於旅食店方面的

甲，房舍之清潔：房屋牆壁地板均應力求清潔

乙，用具之清潔

一，餐館之碗具抹佈

二，旅館之床鋪用具茶器　三，餐館及服裝

丙，食品之清潔：四月份辦

一，餐館須製紗罩　二，飲水須用沙缸

三，禁售陳腐食品　四，禁售不合衛生之食品

丁，工作人員方面：五月份辦

一，檢查茶房堂倌有無傳染病商同醫院辦理

二，收締茶房堂倌指甲頭髮牙齒服裝

三，飭令茶房堂倌隨時洗澡並定期或不時檢查

3. 關於住戶的

甲，工作的步驟

一，先從保長小隊附做起：三月份辦

二，次及於甲長：四月份辦

三，再次及於住戶：五月份辦

乙，住戶檢查應注意之點

一，留意廚房廁所　二，留意空房

三，留意寢室及客堂　四，附注意空氣及光線

4. 關於個人者：注意個別宣傳及指導

甲，指導個人衛生習慣

乙，指導公共衛生習慣

丙，登記患病者并留意傳染病與地方醫院切取聯絡

5. 其他

甲，屠宰場

一，遷出市外　二，禁賣腐肉

乙，理髮店：四月份辦

一，檢查理髮工人有無傳染病　二，設消毒藥水

三，理髮店房舍及用具之清潔

丙，涼食挑担：四月份辦

一、涼食挑担之登記　二，切實檢查食品及用具

四，交通：

1. 關於車輛管理的

甲，民衆馬路派出所登記出入車輛：三月份

乙，市內修汽車間，以便停放汽車：四月份

丙，依照車行及車輛管理規則隨時施行檢查：五月份

丁，指導并管理人力車夫：六月份

2. 道路

甲　培修麻柳灣道路，以便溝通市街與河邊之交通：一月份辦

乙　建築金佛路：一月份辦

丙　修理不能通車或不便通車之街道

3. 船舶管理

甲，組織船夫公會以便管理：二月份辦

乙，規定船舶價目

丙，檢查攬載船隻搭客人數有無過多情事

五，消防

1. 消防隊組織：五月份辦

甲，市街六保每保壯丁十名組織運水隊

乙，市街泥木工人全數組織拆卸隊

丙，本隊派兵十名組織水龍管理班

2. 消防隊之訓練．五六月份辦

甲，在壯丁訓練時間，訓練防空常識

乙，每逢星期十日演習緊急集合一次　丙，專門召集訓練

3. 消防隊之設備

甲，添設帆布水管：二月份辦，乙，添設斧頭火叉：四月份

丙，每戶挑河沙一挑備滅火之用：二月份

六，防空

1. 訓練防護團員：二月份辦　2. 塗灰色牆壁：一月份辦

3. 召集市民大會講防空常識：三月份辦　4. 建築防空壕

民衆教育方面

一，組織民衆的分類

1. 組織力夫轎夫：二月份辦

2. 組織船夫：二月份辦

3. 組織各行幫：四五月　辦

甲，米幫　乙，雜糧幫　丙，旅食店幫

丁，理髮幫　戊，雜貨幫　己，山貨幫

庚，絲綢幫　辛，保甲組織　壬，壯丁勞服團組織

二．訓練民衆

1. 依保甲組織實行公民訓練

2. 以壯丁勞服團之組織實行自衛訓練

3. 以各行幫之組織實行職業有關之訓練

以上各種組織與訓練，均與民教館切取聯絡施行之

三，協助民教館掃除文盲

1. 督促應入學之民衆到校　2. 強迫學齡兒童入學

3. 協助推進換戶教育

四，代筆問事處之成立——二月份辦

1. 幫助民衆代寫信件　2. 幫助民衆代寫條據

3. 幫助民衆解答疑難問題

五，職業介紹所之成立——二月份辦

1. 幫助貧民介紹職業　2. 幫助僱用人者徵求需用人才

工作時限提要

一月份應辦工作

（一）培修麻柳灣道路　（二）建築金佛路

（三）塗灰色牆壁　（四）澈底清查戶口

二月份應辦工作

（一）餐旅館茶坊酒肆之登記　（二）組織船轎力夫工會

（三）添設抽水機帆布水管　（四）每戶挑河沙一挑準備滅火用

（五）訓練防護團員　（六）召集市民大會講防空常識

三月份應辦工作

（一）改組勤務增設三個派出所（二）取具五戶聯保連坐切結

（三）訓練茶房堂倌協助偵緝奸細（四）統計船隻

（五）設置情報網（六）整理民衆會場秩序

（七）國船設備（八）併雞鴨豬市於河邊

（九）整理公共廁所　（十）整理明暗溝渠

（十一）整理旅食店房舍之清潔（十二）整理家庭清潔（保長小隊附家庭）

（十三）民衆馬路派出所登記出入車輛（十四）各派出所戶籍警講防空常識

（十五）組織船夫（十六）代辦問事處之成立

（十七）職業介紹所之成立

四月份應辦工作

（一）協訂保甲規約　（二）全市留娼窩賭，私設煙燈各住戶總登記

（三）訓練船夫協助偵緝奸細　（四）前月第五項

（五）前月第六項　（六）國船秩序的整理

（七）肉市遷出市外商教育股　（八）旅食店食品用具清潔檢查

（九）整理家庭清潔（甲長家庭）（十）理髮店清潔檢查

（十一）涼食挑担之清潔檢查　（十二）修汽車間

（十三）添設消防器具（斧頭火×）（十四）組織行幫

五月份應辦工作

（一）切實檢查過道之攬載船　（二）民衆會場設備

（三）旅食店工作人員清潔檢查　（四）整理家庭清潔（住戶家庭清潔）

（五）檢查車行車輛是否合管理規則（六）組織消防隊

（七）消防隊訓練（八）繪製保區詳圖

六月份應辦工作

（一）登記無業流民及貧民並作家庭經濟詳細調查

（二）訓練消防隊（三）民衆會場設備

區署公安第二隊之工作計劃

隊務及士兵訓練：

一，隊務的整理及勤務的改組（限三月十五日實行）

1. 市街六保分設派出所，其駐址及管轄區域分配如下：

甲，第一派出所設於廠標路管轄一二兩保

乙，第二派出所設獅疱路管轄三四兩保

丙，第三派出所設出蠶路管轄五六兩保

2. 警士，警兵分配及任務如下：

甲，每派出所設警士一名，負檢查勤務指揮責任，并戶口調查，人事登記等項

乙，每派出所設警兵三名，管理公共，家庭，及個人衛生，防疫工作，暨協助治安事項，輪流出巡。（其巡邏路線另行規定）

3. 設清道夫二名，負全市清潔責任。

二，士兵訓練：

1. 訓練辦法——抽閒班士兵輪流施行警察必備知識及時事問題研究之訓練。

2. 訓練科目

甲．警察科目

關於治安的——偵探學摘要，嫌疑人及嫌疑住戶查察法

關於防空的——防空常識

關於普通的——違警罰法，警察學摘要，新生活須知

關於戶籍的——戶口調查常識，人事登記須知

關於衛生的——公共衛生，防疫須知，急救法常識，　物處置法

關於消防的——消防常識

乙，普通科目——保甲須知，統計學淺說，民衆教育，讀書常識，讀

般常識，時事研究法，演說學撮要，峽區事業概況以上科目無論警察與普通學科均以實用爲主，故採取極簡單之科目教授而已。

警察任務執行方面：

一，治安：

1. 健全保甲組織——爲肅淸本地匪盜，以左列步驟健全保甲之組織。

甲，澈底淸查戶口（三月份辦）

乙，取具五戶聯保連坐切結（三月份辦）

丙，協定保甲規約（四月份辦）

丁，繪製保區詳圖（五月份辦）

戊，登記無業游民及煙民，并作家庭經濟詳細調查，（六月份辦）

己，派便衣兵隨時偵察所轄境內各幺店子炭廠及要隘地方。

庚，組織白廟子挑炭工人隊發給力夫證并取安保。

辛，文星鎭街保及附近兩保籌幹壯丁，改爲勞服團（二月份辦）

壬，商白廟子炭坪及公司募捐建築各車站調撥出工人隊駐紮，藉以集中力夫住宿并負治安責任。（四月份辦）

癸，文星鎭隨時派兵偵查各炭廠工人及鐵路沿線并利用保甲人員組織偵探網，（一至六月）

2. 嚴格公共處所管理。

甲，旅食店及茶房之登記（三月份辦）

乙，訓練茶房及堂倌協助偵緝奸細（三月份辦）

丙，單行調查窩賭及私烟館（四月份辦）

3. 嚴密船戶管理。

甲，統計船隻（三月份辦）

乙，訓練船夫協助偵緝奸細

丙，切實檢查過道攬幫船，留宿匪盜與否（二月份辦）

丁，白廟子辦理宿船報到單（一月份起）

二，秩序：

1. 市街秩序

甲，每逢場期派兵維持市場秩序

乙，規劃全市清潔渣滓堆，菜層船及裝蓋盒之安置（二月份辦）

丙，凡有會集演劇派兵維持會場秩序

丁，規劃全市攤子及挑担之安置（二月份辦）

戊，規定凡有婚喪房屋須事先來隊報告（三月份起）

己，隨時取締私屠私押及包攬訴訟等（一月份起）

庚，取締市街牆壁廣告（二月份起）

辛，雞鴨蛋市遷移於河邊（三月份辦）

壬，肉市遷移樹人路（三月份辦）

2. 白廟子碼船秩序

甲，設備方面：

（一）休息的設備商圝船辦理　（二）籌報設備商民敎館辦理

乙，秩序的維持方法：

（一）上下依次序　（二）行李集中一處，督促水手辦理（三月分起）

（三）走梛下及圝船頭尾不得站人　（四）送客及接客者停止於一定的地點

3. 小船秩序

甲，規定船資價目　三月份辦

乙，規定載客人數　三月份辦

三，衛生：

1. 關於市面的

甲，整理公共廁所（三月份起）

（一）減少公共廁所數量　（二）規定晨早出糞，并嚴密執行

（三）改建不合規定之廁所　（四）統管公共廁所

（五）每三日檢查一次并洒石灰以除蛆

乙，整理明暗溝渠：（四月份辦）

（一）登記不合格應行改修之溝渠　（二）督促各住戶隨時輸通各段

（三）每週溝渠整理之後，加石灰以殺汚虫

（四）土主路陽溝改爲陰溝（四月份辦）

丙，渣滓堆之處理：

（一）規定傾倒渣滓地點（一月份起）

（二）挖大渣坑掩埋，或火焚之
丁，滅蠅滅鼠：
（一）採用購買死鼠死蠅辦法（六月份起）
（二）督促爲防疫而自動舉行
（三）組織滅蠅隊——連絡區立校，民衆校，義務校之學生及小買小孩
（四）獎勵物——獎金，獎章，文具，用具，玩具。獎勵之發給個人與團體

2. 關於旅食店的。（四月份辦）
甲房舍之清潔——房屋牆壁地板均應力求清潔
乙，用具之清潔
（一）食店之碗具桌布
（二）旅館之床鋪用具
（三）堂倌之服裝
丙，食品之清潔　四月份辦
（一）食店須製紗罩　（二）飲水須用沙缸
（三）禁售陳腐食物　（四）禁售不合衛生之食品
丁，工作人員方面　五月份辦
（一）檢查茶房堂倌有無傳染病，商同醫院辦理
（二）取締茶房堂倌指甲
（三）清潔牙齒服裝
（四）飭令茶房堂倌隨時洗澡并定期或不定時檢查

3. 關於住戶的
甲，工作的步驟：
（一）先從保甲人員做起　四月份辦
（二）次及於勞服團做起　五月份辦
（三）再次及於住戶　六月份起
乙，住戶檢查應注意之點：
（一）留意廚房廁所　（二）留意臥房
（三）留意寢室及客堂　（四）注意空氣及光綫

4. 關於個人的——注意個別宣傳及指導
甲，指導個人衛生習慣
乙，指導公共衛生習慣
丙，取締包白帕
丁，取締跣牛節鞋
戊，登記患病者并留意傳染病與地方醫院切取連絡

四，交通：
1. 規定划竿價目　二月份辦
2. 檢查電綫電機連絡建設股修理　二月份起
3. 補修道路及其橋樑　二月份起
4. 規定文白力夫價目表　三月份辦
5. 規定白轎子力夫靠左邊走　三月份辦
6. 改修土主路　四月份辦
7. 改修東陽路　五月份辦

五，消防：
1. 消防隊組織　四月份辦
甲，市街六保每保以壯丁十五名組織運水隊
乙，市街泥木石工組織拆卸隊
丙，市街六保每保以壯丁十名組織搬運隊
丁，連絡市街醫生組織救護隊
戊，連絡第一聯大消防隊
2. 消防隊之訓練（四月份辦）
甲，在壯丁訓練時間講授消防常識
乙，每半月演習緊急集合一次
丙，聯絡第一聯大消防人員講授消防知識
丁，在夏天加緊訓練
3. 消防隊之設備（三月份辦）
甲，搜集洋油桶作爲運水桶　乙，募捐購買火×斧頭
丙，每住戶備沙二挑

六，救護：

1. 凡有孤兒難民過境以罰金項下或募捐救濟
2. 隨時預備救急藥水
3. 夏天組織救護隊(六月份)
4. 凡有難產重病立即通知醫院
5. 文白募捐設立分診所(五月份)
6. 每逢年關募集寒衣濟米救濟貧民(一月份)

七，防空：

1. 分班訓練防護人員(二月份)
2. 防護員分班演習(二月份)
3. 召集市民大會講授防空常識(二月份)
4. 牆壁塗灰色(二月份)
5. 黃，文，白，市街每保各建防空壕一所(二月)
6. 兵力配置

甲，黃桷鎮配置飛鵝山　乙，白廟子配置車站嘴

民衆教育：

一，充實圖書館內容：

1. 隨時向北碚圖書館掉換巡迴文庫(一月份起)
2. 添購保甲警察書籍及報章雜誌(三月份辦)
3. 聯絡北大圖書館(三月份辦)
4. 選派精幹士兵一名到北碚圖書館實習(四月份辦)
5. 擴充館內設備(四月份辦)
6. 購置防空防毒及國防武器之掛圖(三月份辦)

二，時事宣傳：

1. 增設黃，文，白各重要街口新聞簡報牌(一月份辦)
2. 訓練士兵在隊內外作時事報告(二月份)，
3. 聯絡學校宣傳隊於場期向民衆作時事報告
4. 借防空演習機會向民衆宣傳防空常識(三月份辦)
5. 聯絡聯合大學廣製漫畫並化裝宣傳(三月份)
6. 聯絡游藝學生班隨時來鎮，游藝集衆作抗敵宣傳
7. 聯絡外來劇團(二月份起)
8. 選派市民數人訓練抗戰金錢板隨時沿街表演(三月份)
9. 聯絡北川鐵路自衛隊及由文白兩派出所派兵在車上宣傳(三月份)
10. 安置收音機(五月份)

三，掃除文盲

1. 繼續辦理民衆校及短期校(二月份起)
2. 增設白廟子文星場民衆短期校(三月份辦)
3. 調查及督促應入民衆短期校之學生入學(三月份辦)
4. 强迫學齡兒童入學(三月份辦)
5. 推行挨戶教育(三月份辦)

四，組織民衆

1. 組織力夫轎夫(一月份辦)
2. 組織船夫(二月份辦)
3. 組織各行幫(三四月份辦)

甲，炭幫　乙，米幫　丙，雜糧幫
丁，旅食店幫　戊，屠幫　己，雜貨幫
庚，保甲組織　辛，壯丁勞服團之組織

五，訓練民衆

1. 訓練項目

甲，各種合作社　乙，家畜保育　丙，防空防毒　丁，保甲須知
戊，公共衛生　己，時事　庚，糧食選種

2. 辦法

甲，以保甲組織實行公民訓練
乙，以壯丁勞服團之組織實行自衛訓練
丙，以各行幫之組織實行各職業有關之訓練
丁，導各種合作施行相關之訓練
戊，聯絡家畜保育所建設股內務股民教館

六、設立民衆茶社(四月份)

1. 購置各種棋子　2. 聯絡圖書館借存書報
3. 聯絡說評書者宣傳時事

七，組織民衆俱樂部(四月份)

1. 聯絡各玩友乃第一聯大組織京川劇　2. 購置各種娛樂用具
3. 聯絡各場玩友籌資觀摩

八，恢復代筆問事處(三月份)
1. 幫助民衆代寫信件　2. 幫助民衆代寫佈據
3. 幫助民衆代寫各種約據　4. 幫助民衆解答各種疑難問題

九，設立職業介紹所(三月份辦)
1. 幫助貧民介紹職業　2. 幫助僱用人者徵求需用人才
3. 幫助租佃房屋

地方經營：

一，關於房舍的。
1. 商內務股改建公安隊聯保辦公處聯合辦公室(二月份辦)
2. 撤卸擇屋修建營門(二月份辦)
3. 租佃房屋改建短期校民衆學校及圖書館(二月份辦)
4. 幫助學校佃建校舍(二月份辦)
5. 幾稠樓作區立校教職員宿舍
6. 調查全市空屋幷勸市民整修(二月份辦)
7. 建立黃，文民衆會場(六月份辦)
8. 聯絡第一聯大設計改建黃桷鎮各公私廁所(四月份辦)
9. 統制全市房屋地皮之租佃及購賣(三月份)
10 飭令改修將傾之房舍(五月份辦)

二，關於道路的
1. 建築中隊部道路石梯及圍牆(二月份)
2. 改建區立校及到碉樓之道路(六月份)
3. 文星鎮改建沿街馬路(四月辦)
4. 整理黃，文，白，街道(四月份)
5. 加實河邊到東陽路之馬路(五月辦)

三，運動場
1. 建築黃桷鎮運動場(五月份)
2. 擴大文星場運動場(五月份)
3. 運動場之設備(五月份)

甲，黃桷鎮運動場聯絡聯大設置籃排網球鞦韆浪橋
乙，文星場運動場聯絡臨時中學添設排網球浪橋
丙，設置各處乒乓球

四，森林
1. 蓄苗(一月份)
甲，文星場
(一)蓄珠水杉五千株　(二)楊槐一千株
(三)法國梧桐二千株　(四)楊柳一千五百株
乙，黃桷鎮(一三月份)
(一)楊槐二千株　(二)法國梧桐一千株
(三)楊柳一千株
丙，白廟子(三月份)
(一)法國梧桐一千株　(二)白楊一千株
2. 造林(三月份)
甲，利用植樹節栽植各種樹苗　乙，利用各官山空地造林
丙，勸各市民多植樹木
3. 培植(三月份)
甲，培植沿鎮疏柳林　乙，培植正碼頭楊柳
丙，培植運動場楊槐　丁，培栽禁署法國梧桐

其他；
一，聯絡市民組織消費合作社(三月份)
二，集合全隊士兵眷屬開辦漿店減輕士兵負担(四月份)
三，調查士兵眷屬能作工者介紹入蠶桑改良場及染確實織工廠作工(一四月份)
四，調查全鎮土，木，石，工人並規定每日工資(五月份)

說明；
一，本計劃經核閱後各分所分發一份
二，除指定白，文，應辦外其餘概照本計劃辦理
三，如有特殊事件斟酌情形辦理之
統計——一月份應辦工作

一，淤滓堆之處理
二。募集寒衣濟米分發貧民
三，增設黃，白，文新聞牆報牌
四，組織力夫轎夫
五，文星鎮籌苗圃
統計——二月份應辦工作
一，整理市街秩序　二，整理白廟子團船秩序
三，整理黃，白小船秩序　四，規定船隻力夫轎夫價目
五，分班訓練防護團員及建築防空壕　六，召開市民大會講授防空知識
七，按期向民衆作時事報告　八，聯絡外來團體宣傳時事
九，繼續辦理民衆校短期校　十，牆壁塗灰色
十一，組織船夫　十二，改建聯合辦公室
十三，撤卸壞屋修建營門　十四，租佃房屋改建圖書館民衆校短期校
十五，調查全市茶房并勸其改修
統計——三月份應辦工作
一，整理隊務　二，改組勤務增設之派出所
三，分配警士警兵任務　四，警察訓練
五，嚴密船戶管理　六，加強治安力量
七，嚴格管理公共廁所　八，整理公共廁所
九，充實消防隊設備　十，充實圖書館內容
十一，借防空演習機會宣傳防空常識
十二，聯絡聯大廣製漫畫并化裝宣傳
十三，聯絡北川自衛隊令派文，白兩分所在車站宣傳時事
十四，增設白，文民衆校
十五，黃，白籌苗圃
十六，建築中隊部圍牆道路，石梯
統計——四月份應辦工作
一，整理明暗溝渠　二，嚴密檢查旅食店
三，檢查住戶之清潔　四，檢查個人之清潔
五，改建土主路　六，嚴密組織消防隊及訓練消防隊
七，擴充圖書館設備　八，組織各行幫
九，設立民衆茶社及民衆俱樂部　十，介紹士兵眷屬作工
十一，聯絡士兵開洗漿房　十二，文星鎮改建沿街馬路
十三，聯絡第一聯大設計改建各公私廁所
統計——五日應辦工作
一，檢查茶房館之清潔　二，改修東陽路
三，文，白募捐設立分診所　四，加寬河邊到東陽路之馬路
五，改建大運動場，增設運動器具　六，調查土木石工
七，飭令改建將傾之房屋
統計——六月份應辦工作
一，滅蠅滅鼠　二，組織救護隊
三，建設民衆會場　四，改建區立校到碉樓之道路

區署公安第三隊之工作計劃

甲，警區分配及勤務的改組　三月份辦

本隊警區共轄澄江鎮二十保及二岩六保：除中隊部駐澄江鎮外，尚設有二岩，新門洞，黃焰溝等三個派駐所，為管轄便利，特將担任區域，劃分如左：

一，中隊部担任澄江鎮一至五保及第九第十第十四第十八第十九第二十各保，並司督促考核分所工作責任。

二，新門洞派出所担任澄鎮第十一第十三第十四第十五第十六第十七等各保責任。

三，黃焰溝派出所担任澄鎮第六第七第八第十二等各保責任。

四，二岩派出所担任二岩全鎮六保責任。

五，每派駐所設軍士一名，負查勤務及指揮責任。設戶籍警一名，專管戶口調查人事登記事項。設衛生警一名，專管公共衛生，家庭衛生

、個人衛生，及防疫工作事項。設交通警一名，專管屬區交通協助治安工作。其普通警二名，協助其他一切工作，澄鎮市街設清道夫二名，二岩鎮設清道夫一名，受衞生警之監督指揮。

六，上列各警，須深入民間，與保甲長切取連絡，使有事即向各該警報告處理之。

乙，訓練方面

（一）民衆訓練

一　組織民衆的分類

1，組織力夫轎夫　　三月份辦

2，組織船夫　　三月份辦

3，組織各行幫　　四五月份辦

甲　米糧幫　乙　旅食店幫　丙　理髮幫　丁　雜貨及山貨幫　戊　絲麵幫　巳　泥木石工幫　庚　保甲組織　辛　壯丁勞服團組織

二　訓練民衆

一，依保甲組織實行公民訓練

二，以壯丁勞服團之組織實行自衞訓練，擬組織第二期勞動服務團，凡合格保甲長及年富力强稍具知識之壯丁，均須鼓勵其加入　　五月份辦

三，以各行幫之組織，實行職業有關之訓練。

四，各保應有司號，由每保申送合格壯丁一名，集中由本隊司號負責訓練　　五月份辦

五，利用保甲開會時，派員灌輸警察知識，以作鄉村警察之準備。

以上各種組織與訓練，均與民教館切取連絡施行之。

（二）自身的訓練

一，調整各處駐兵，中隊部注意士兵警察訓練。新實兩分所注意士兵技術訓練，二岩担任學術科訓練，每月輪番調駐，使各盡所能，並認眞考核　　三月份辦

二，每逢場期輪番派遣士兵一名，到分診所受醫生之指導，實習簡單手術，使每人均有簡單醫藥常識，以能做救護工作爲目的。

三，訓練辦法　抽暇班士兵輪流施行警察知識，及時事問題研究之訓練。士兵行爲確實辦到簡單樸素，整齊，清潔，迅速，個別行爲，加以詳細登記與考核。每週於星期六開全隊官長會議時舉行總評判一次。

四，訓練科目

甲，警察科目

關於普通的　違警罰法，警察法摘要，新生活須知。

關於戶籍的　戶口調查常識。人事登記須知。

關於衞生的　公共衞生，防疫須知，急救法常識，污物處置法

關於交通的　秩序的維持。

關於消防的　消防常識。

關於治安的　偵探學摘要，疑嫌人及嫌疑住戶察查法。

關於防空的　防空常識。

乙，普通科目　讀書常識，讀報常識，時事研究法，演說摘要，統計學淺說，民衆教育，保甲須知，峽區事業概要，各種術科訓練。

以上科目，無論警察與普通學科，均以實用爲主，故採取極簡單之科目數種

丙，警察任務方面

（一）治安

一　健全保甲組織　爲肅淸本地匪盜，依左列步驟，健全保甲之組織。

一，徹底淸查戶口　　一月份辦

二，製全鎮戶籍名牌　　三月份辦

三，取具五戶聯保連坐切結　　三月份辦

四，協定保甲規約　　四月份辦

五，繪製保區詳圖　　五月份辦

六，登記無業游民標民，並作家庭經濟詳細調查　　六月份辦

七，製市街門牌，及街道指引牌。　　六份月辦

二　嚴密公共處所管理

一，餐旅館，茶坊酒肆之登記　二月份辦
二，訓練茶房堂倌，協助偵緝奸細　三月份辦
三，全鎮舉行總調查，統計流娼，窩賭，私設煙燈各住戶　四月份辦

三　嚴密船戶整理
一，統計船隻　三月份辦
二，訓練船夫協助偵緝奸細　四月份辦
三，切實檢查過道之擺渡船留宿匪盜與否　五月份辦

四　設置偵探網　四月份辦
甲，應設置之地方及處所
一，特殊區域　菜子溝，菩薩溝，三花石，腰神堂，蔡家溝，黃焰溝，竹林塌，雙石溝。
二，普通處所　旅食店，船戶，生熟膏店，市場。
乙，情報人員之選擇　五月份辦
一，四鄉以保甲人員爲最妥當，如保甲長距以店子太遠管理不便，則就地擇其誠實之土人爲之，但須與本隊切取聯絡。
二，市場內以餐館旅茶房堂倌及做小買之小孩爲之。
三，水上則以船夫爲之。
丙，應行報告之事項
一，有匪盜嫌疑人　二，有漢奸嫌疑人
五，私藏違禁物品及軍火等　六，有危及人之生命財產之行爲及準備作爲者。

四　評定物價，取締奸商操縱『辦法』設評價委員會，以市政委員會原有之各員兼任之。　四月份辦

（二）秩序
一，會場及市場秩序　五，六月份辦
甲，設備方面的
一，添設板凳　二，劃各市場地點　三月份辦
乙，秩序訓練　三，四月份辦
一，依次入座，依次離座　二，取締包帕子
三，取締在會場吸煙　四，靜肅的訓練
五，鼓掌的訓練　六，取締浮灘

二　碼船秩序
甲，設備方面的　三月份辦
一，警報設備，商民致館辦理。
二，休息室的設備，商團船辦理。
乙，秩序的維持方法　四月份辦
一，出入須依秩序。
二，行李集中一處，專門派人管理，並爲之傳遞，
三，走廊上及囤船頭尾不得站人。
四，送客或接客者，停絡於一定的地點。

三　規定各種市場
甲，遷移米糧市於𡶕溪口　六月份辦
乙，遷移菜市於夏溪口　五月份辦
丙，規定雜貨市場　現籌備中　四月份辦

（三）衛生
一　關於市面的
甲，整理公共廁所　三月份辦
一，減少公共廁所數量　二，規定清早出糞，並嚴格執行
三，改建不合衛生之公共廁所　四，統一管理公共廁所
乙，整理明暗溝渠　四月份辦
一，登記全區明暗溝渠，並圖設溝渠概況。
二，登記不合格應行改修之溝渠。
三，督飭各住戶隨時疏通不使淤塞。
丙，渣滓之處理
一，規定地點傾倒渣滓二，挖大渣坑掩埋或填溝渠三，火焚渣滓
丁，實行滅蠅滅鼠　五六月份辦
一，採用購買死蠅死鼠辦法。
二，督促人民爲防疫而自動舉行。
三，組織滅蠅隊有如左辦法　五，六月份　辦

可利由的機構　小學校的學生，小賀小孩，各機關炭廠小工雜役。

獎勵小工雜役　獎狀，菓果，玩具，文具，用具。

獎勵之發給　有個人與團體兩種。

二，關於旅食店方面的

甲，房舍之清潔　房舍牆壁地板，均應力求清潔　三月份辦

乙，用具之清潔　四月份辦

一，餐館之碗具棹布。　二，旅棧之床鋪用具茶具

丙，食品之清潔　四月份辦

一、餐館須備紗罩。　二，飲水須用沙缸。　三，禁售陳腐食品。

丁，工作人員方面　五月份辦

一，檢查廚房堂倌有無傳染病，商同醫院辦理。

二，禁止廚房堂倌蓄指甲頭髮。

三，嚴令廚房堂倌隨時洗澡。

三　關於住戶的

甲，工作的步驟

一，先從保長小隊附做起　三月份辦

二，次及於甲長　三月份辦

三，再次及於住戶　三月份辦

乙，住戶檢查應注意之地點

一，留意廚房廁所。　二，留意空屋。

三，留意寢室及客堂。　四，附注意空氣及光線。

四　關於個人者　注意個別宣傳及指導。

甲，指導個人衛生習慣。

乙，指導公共衛生習慣。

丙，登記患病者并留意傳染病與地方醫院切取連絡。

五　其他

甲，屠宰場

一，遷出市外　五，六月份辦　二，禁賣腐肉

乙，理髮店　四月份辦

一，檢查理髮工人有無傳染病。　二，設消毒藥水。

三，理髮店房舍及用具之清潔。

丙，涼食挑担　五月份辦

一，涼食挑担之登記，并發營業執照。

二，切實檢查食品及用具。

（四）消防

甲，消防隊組織　應分門別類組織，如挑水，木工，運水，醫生等組織，使有專責，不定期演習　五月份辦

乙，消防隊之訓練　五六月份辦

一，在壯丁訓練時間，訓練消防常識。　二，每廢歷十日演習緊急集合一次。　三，專門召集訓練。

丙消防隊之設備

一，設備斧頭火叉　五月份辦

二，設備樓梯四架　五月份辦

每戶備河沙一挑，備滅火之用　二月份辦

（五）防空

甲，訓練防護團員　三月份辦

乙，全市建築物塗成灰色　二月份辦

丙，召開市民大會，講防空常識　二月份辦

丁，場期派兵講防空常識　三月份辦

戊，河邊建築防空壕　三月份辦

丁民衆教育方面

一，改建民衆會場，并裝設收音機，款由本隊向各方勸募。　六月份辦

二，籌備成立澄夏民衆體育場，并設置場內運動器具，如籃球架，秋韆架，小足球門，旗竿等所有設備費及地租，由本隊會同聯保辦公處設法募捐。　五六月份

三，協助各幫會組織同業公會，俾　組織，以便運用。　四月份辦

四，成立民衆學校一所，專門辦理澄夏市成人文育。　三月份辦

五，強迫學齡兒童入學。　二月份辦

六，協助推進挨戶教育。

七，辦理百業教育，凡幺師理髮匠及船夫轎夫等特別加以組織和訓練，材料由民衆館供給　　五六月份辦

八，成立代筆問事處　　三月份辦

1. 幫助民衆代寫信件。

2. 幫助民衆解答疑難問題。

九，成立職業介紹所　　三月份辦

1. 幫助貧民介紹職業。　2. 幫助僱用人者，徵求需用人才。

十，澄鎮圖書館設法每月至少以十元添購圖書，并運動各炭廠設立蔡家溝，及二岩圖書館，訂購必要之書報雜誌　　四月份辦

十一，二岩分所修築露天會場，并健全民衆俱樂部。　　五月份辦

十二，每月公佈時事消息，集期向民衆宣傳新聞。

十三，各士兵熟讀「抗敵金錢板」以便向民衆演唱。

戊地方經營

一，植樹節擴大舉行植樹運動　與平民公園取聯絡　　三月份月

二，運河沿岸造林　　三四月份辦

三，全鎮劃定官山數處，并出示標識之　　三月份辦

四，警區內官山加以種植，現有公墓加以風景佈置　　四月份辦

五，修理運河公園道路　　四五月份辦

六，溝通黃焰溝至新門洞電話線以利交通。　　二月份辦

七，[illegible]全隊力量再爲澄江小學建築西式教室三間。　　五六月辦

八，幫助寶源公司，建造碉樓兩座於場後，以鞏固本隊治安。四五月份辦

工作時限提要

一月份應辦工作：

一，澈底清查戶口　二，撰定二十七年上年度工作計劃。

三，聯保辦公處與公安隊合併大辦公室。　四，考核士兵成績。

五，加緊壯丁訓練。　六，收集全鎮破銅爛鐵。

七，全市鋪戶舉行大掃除。　八，掩埋各處渣滓。

九，各分所特別注意整理礦區清潔。　十，規定力夫滑竿價目。

十一，規定船資價目。

二月份應辦工作：

一，分配警區及所組勤務。　二，登記食店旅棧。

三，登記茶坊酒肆。　四，每戶預備河沙一挑，作滅火用。

五，全市建築塗灰色。　六，召開市民大會講防空常識。

七，强迫學齡兒童入學　八，溝通黃焰溝至新門洞電話。

九，推廣約克公豬配種。

三月份應辦工作：

一，組織力夫轎夫船夫等工會。　二，健全保甲組織。

三，整理壯丁勞服團組織　四，調整各處駐兵。

五，製全鎮戶籍名牌。　六，取具五戶聯保連坐切結。

七，訓練茶房堂倌。　八，劃各市場地點。

九，訓練會場秩序。　十，製風船設備。

十一，整理公共廁所　十二，整理市街房舍清潔。

十三，檢查保長小隊附室內清潔。　十四，訓練防護團員。

十五，場期宣傳防空常識。　十六，河邊建築防空壕。

十七，成立民衆學校一所。　十八，成立代筆問事處。

十九，成立職業介紹所。　廿，擴大植樹運動。

廿一，運河沿岸造林。　廿二，規劃全鎮官山。

廿三，繪製保區詳圖。

四月份應辦工作：

一，組織各行幫。　二，協定保甲規約。

三，調查流妓窩賭。　四，調查違禁吸戶。

五，統計船隻。　六，訓練船夫。

七，設僱偵探網。　八，成立評價委員會。

九，繼續訓練會場秩序。　十，訓練維持風船秩序方法。

十一，規定雜貨市場。　十二，整理明暗溝渠。

十三，整理旅食店用具清潔。　十四，規定旅食店食品清潔辦法。

十五，檢查各甲長室內清潔。　十六，檢查理髮店清潔。

十七，添僱澄鎮民衆圖書館圖書。　十八，二岩設民衆圖書館。

十九，蔡家溝設民衆圖書館。　廿，運河沿岸造林。

廿一，佈置官山風景。

廿二，幫助實源公司建造碉樓。

十七，籌備成立民衆體育場。

十八，辦理百業教育

五月份應辦工作：

一，繼續組織各行幫。

二，組織第二期勞動服務團。

三，訓練各保司號。

四，檢查過道擺攤船。

五，徵求情報人員。

六，設置會場板凳。

七，遷菜市於夏溪口。

八，組織滅蠅隊。

九，檢驗茶房館身體。

十，取締茶房堂倌蓄長髮長指甲。

十一，檢查各住戶室內清潔。

十二，遷屠宰場於市外。

十三，檢查流食挑担。

十四，健全消防隊組織。

十五，訓練消防隊人員。

十六，製備簡單消防器具。

六月份應月工作：

一，登記無業游民及貧民。

二，調查游民貧民家庭經濟情形。

三，製市街門牌。

四，製街道指引牌。

五，設製會場板凳。

六，遷米粮市於夏溪口。

七，實行滅蠅運動。

八，遷屠宰場於市外。

九，訓練消防隊。

十，改建民衆會場。

十一，裝設會場收音機。

十二，設立民衆會場。

十三，辦理百業教育。

十四，為澄江鎮小學添建校舍。

十五，辦討過去五月來未完工作，趕辦完善。

驗實區民衆教育館之工作計劃

甲·組織的調整

依照部頒規程，適應本區實況，斟酌損益，暫設各組如下：

一，教導組　凡民衆學校，講演，休閒教育……等屬之。

二，生計組　凡合作組織暨農產之改良，及農家副業之指導等屬之。

三，遊覽組　凡庭園之佈置，標本模型珍奇之陳列，動物之飼養……等屬之。

四，事務組　凡文書會計及不屬於他組之事項屬之。

五，抗戰組　關於抗戰之各項宣傳組織訓練等活動等屬之。

乙·人員的分配

一，教導組　組長陳

1，民衆學校

（1）男成年民校——陳漣漪

（ ）婦女民校——劉一平　潘惠君　（劉一平請假期內由周遇芩代理）

2．講演——陳漣漪

3．編輯——羅中典　潘惠君協助

4．休閒教育——陳漣漪　陳華益協助

5．電影——陳漣漪　陳華益協助

6．幻燈——陳漣漪　藍際權協助

二，生計組　組長陳副主任兼任

1．農產改良及副業指導——陳作師　黃源協助

2．庶務經理——黃源　藍際樓協助

三，遊覽組　組長陳副主任兼任

1．博物館動物園平民公園之管理——黃源

2．陳列所之看顧庶務之協助——藍際楨

四，事務組　組長陳華益

文書　擬稿羅中典　繕寫潘惠君　保管藍際權

記會議錄潘惠君　寫辦事日記劉一平

會計　記賬出納陳華益　庶務藍際權藍際樓協助

伙食藍際權藍際樓辦理

保管　陳華益

館內雜務指派游藝學生練習

丙·輔導的設施

一，各場設民教輔導員一人，即以各聯保辦公處之任教育責任者任之，負起場整個民教輔導責任。
二，各場成立民衆教育委員會，爲民教輔導機關。
三，由主任副主任定期及不定期巡迴視導，以考核成績，指示辦法，解決困難，安慰文化戰士們。
四，與義務教育打成一氣，進行各項活動。

丁·事業的推進

一，教導組

（甲）民衆學校

1. 事業　北碚辦高級民衆學校一所，招足學生四十名，辦高級婦女民校一所，招足學生二十名，辦初級婦女民校一所，招足學生四十名，各場成立初級民校一所，招足學生至少四十名，

2. 辦法　由各場聯保辦公處及民衆教育委員會負責籌備及成立，課程照部頒科目並增抗戰常識及時事報告，高級民校籌組合作社

3. 時限　北碚高級婦女民校於二月二十日開學，四月二十日結束，時間兩月，初級婦女民校廿七日開學，五月卅日結束，時間三月，高級民衆學校，商衆中辦理，於衆校開學後第四星期日開學，辦三月各場民衆校於三月一日招生三月五日開學，辦三月

4. 聯絡　與衆中校聯絡，與各聯保辦公處及公安隊聯絡，與外來各大中校聯絡，與區內各文化事業機關聯絡。

（乙）演講

1. 事業　促成各校之街頭講演，規定各場民衆會場之公開講演。鼓勵初小教師及各地小先生之農家訪問，及個別談話運動，提起區立小學之活報運動。

2. 辦法　組織各校宣傳隊，加強其活動力量，由各聯保辦公處負責約定經常負責講演人員，按排定秩序，出場講演，製定活動記載表，交各初小教師填寫其進行談話之經過，由各區立校成立活報宣傳隊，主持編報，訓練，活動各項，講演及活報材料，主要由本館供給。

3. 時限　民衆會場講演，以各場民衆會場第一次開放日開始活動，以後即繼續講演，街頭講演，以各校開學後第四星期起始於放學前三週暫告結束，農家訪問及個別談話，於開學後即舉行，放假後仍繼續活報宣傳隊，於區立校開學四週後開始組織，於五週後進行訓練，於六週後開始活動，放假前兩週結束。

4. 聯絡　聯絡各場各保辦公處，各區立校，各初小，各事業機關，各大中校，各文化機關，各地方教育人士。

（丙）編輯

1. 事業　農民週刊，曲本，雜曲，壁報。

2. 辦法　農民週刊，以韻文爲主，以區署中心事業爲材料，以抗戰爲意識，取集中編輯法，曲本注重改作，其次創作，雜曲以金錢板詞，蓮簫詞，蓮花落詞，道琴詞，車車燈詞，山歌詞，秧歌詞，案證……等舊有形式，編製新的詞曲，壁報由各區立校，各初級校辦理爲原則，並鼓動各大中學各救亡團體辦理。

3. 時限　農民週刊，以三月起，共出十二期，內合作運動三期，家畜保育兩期，農業改良三期，其他四期，曲本每月改編四至八種，創作一至四種，雜曲每週至少一種，壁報區立校每週一期，初小每十天一期，開學後三週起編，放學前二週停止，

4. 聯絡　聯絡建設股，聯絡家畜保育所，聯絡報社，合作指導員，聯絡各學校。

（丁）休閒教育

（一）游藝學生班

1. 有學生八人，應於本期畢業，其辦法擬定如下：

一·擬定畢業限度表呈區署核定

二，學科限度，第一級以修完高小課程而能參加會考及格爲度，第二級以有高小第一學年程度爲度。

三，須具備普通藝術常識，及普通抗戰常識。

三，須有政治及民教之基本觀念。

四，技術之標準限度如下：

川戲，除指定有專門之任務者外，於皮簧須能唱普通應用之調，於高腔須能唱普通應用之牌子，須能自描臉譜，自行化裝，須能記戲卅種以上。須能以主角身份出演十種以上

雜技　評書，金錢板，花鼓，道琴，連簫，口技……或其他雜技，至少須會三種以上。

話劇　須能以主脚身份或次要脚色參加表演十種脚本以上。

歌詠　須能加入各種歌詠隊，唱抗敵歌曲三十曲以上，

音樂　須能使用兩種以上之樂器。

四，行爲　須合於本館所規定之該班學生行爲標準。

2. 畢業之學生，屆期由本館考試，呈請區署派員監試，合格者則呈請區署發給證書。

3. 未屆畢業期限之學生，關於學科，仍繼續隨畢業生分配入小學讀書。

4. 經費之分配，除繼續呈請區署照舊津貼外，生產收入之錢，以「學生找，學生用」爲原則，以作增加道具，添聘特技教師，及改善學生生活，建設學生福利………等之用。

5. 學生生活，加强軍事管理，并實施初步之軍事訓練。

6. 演唱戲曲之分配如下：

一，舊有戲曲，注重複習，及身法之練習，并補足中缺之戲，以成大幕。

二，每月改編戲曲四種至八種。

三，每月新編抗敵戲曲一至四種。

四，每月新編抗敵雜曲四種至十種。

7. 注重學生生產技能之學習，及生產事業之舉辦。

8. 作旅行募捐運動，（計劃另擬）

9. 繼續上年計劃，作話劇雜技等訓練。

（二）民衆俱樂部

1，事業　成立業餘俱樂會，進行各項游藝練習。

2，辦法　由當地聯保辦公處及公安隊發起，廣大地吸引民衆加入，普遍地成立。

3，時限　各場民衆俱樂部，由三月起組織，三月底完全成立。

4，聯絡　聯絡公安隊聯保辦公處，當地市民，各場民衆俱樂部并互取聯絡。

（三）民衆茶社

1，事業　圖片陳列，書報展覽，雜技活動，音樂演奏，爲其主要事業，各場至少成立一處。

2，辦法　由各場聯保辦公處，特約一普通茶社爲民衆茶社，（或自行籌資設立）

3，時限　與民衆俱樂部同時進行。

4，聯絡　與民衆俱樂部切取聯絡。

（四）民衆會場

1，事業　建立新會場，改建舊會場，增加活動範圍。

2，辦法　在北碚者，募捐建築新會場，在各場者，即以舊樂樓改建，由各聯保辦公處，民衆教育委員會公安隊，籌資建築。

3，時限　在北碚者，從三月起開始，六月底完工，在各場者四月起六月完工。

4，聯絡　與公安隊聯保辦公處當地士紳，當地經濟事業聯絡，活動則與當地大中小學民衆俱樂部聯絡。

（戊）電影幻燈

1，事業　購置或租用小型手搖電影機一部，巡迴在各場映放。

2，辦法　與重慶青年會商量交換映放合作辦法。

3，時限　從三月起，即作此項運動，擬在四月底完成。

4，聯絡　與重慶青年會聯絡，與各場公安隊………保辦公處聯絡，

二，生計組

（1），事業

甲，農產改良

1. 作物—稻麥菽黍…………等。

2．園藝—苗圃蔬菜花卉……等。
3．造林—松杉桐……等。
4．藥物—梔子，巴豆，白臘樹……等。
5．水利—塘堰……等。
6．蟲害—森林害蟲，蔬菜害蟲，作物害虫，花卉害蟲……等

乙，副業提倡

1．畜牧—雞鴨豬羊兔魚……等。
2．獸醫—預防治療。
3．小手工業—草帽，縫級，刺繡，草鞋……等。
4．烹調—甜，鹹，葷，素。
5．製造—鹹菜，醃肉等。
6．合作—提倡消費合作社，小手工業合作社，（生產合作社
7．商業—於暑期成立清涼茶社於火焰山，以利遊人。

（2）辦法　以本區署建設股之各項事業為宣傳資料，副業則從合作方式入手，作小規模之試驗。

（3）時限　農業改良，隨建設股之活動為活動，副業則從三月份起，依次運動，茶園於六月間籌劃成立。

（4）聯絡　與家畜保育所，西山坪農場，本署建設股，樂園種植公司，農村合作社，病蟲害防治所聯絡。

三，遊覽組

1，事業

（1）博物館

一，史地陳列　照片，寶物。
二，風物陳列　峽區風物邊地風物……等。
三，標本陳列　動物標本，衛生標本，貨幣標本。
四，模型陳列　煤層模型，人體模型，鹽井模型，碉堡模型

五，抗戰陳列　照片，勝利品，圖畫。
六，藝術陳列　圖畫，雕塑。刺繡，編織……等。

（2）動物園　野生動物，獸，禽，魚……等。
（3）平民公園　庭園，花壇，行道，亭閣……等。
（4）農場　雞場，豬場，作物，苗圃。
（5）環境　新村，學校。

2．辦法　分類陳列，巡迴展覽，徵求本地野獸飛禽，徵求外地奇獸珍禽，陳列品多加更換，說明隨時改編，每月舉行展覽。

3．時限　陳列形式，每月改換一次，預定三月舉行國畫展覽，四月舉行西畫展覽，五月舉行攝影展覽，六月舉行漫畫展覽。

4．聯絡　與旅客服務處，溫泉公園，重慶市公園，青年會，合川民教館，西部科學院，嘉陵江報社，公安隊，本區收藏家，外來藝術家聯絡。

四，事務組

1．事業　文書，會計，保管，庶務。

2．辦法　用科學的方法整理，記載，以求做到整齊，迅速，準確、清楚，公物加標籤，編號碼，安置一定地方，不亂取，亂放，賬目力求清晰，隨時可以報告結果數字。

3．時限　公物至遲在三月底須整理完畢，列出表格。

4．聯絡　與會計專家聯絡。

五，抗戰組

1．事業　組織各場支會，及各業別支會，加強作工團隊之組織，籌劃固定經費。

2．辦法　與區署動員訓練合流，由坑敵分會組織組加緊組織工作。

3．時限　各支會在三月內組織完畢。

4．聯絡　與各機關各學校聯絡。

實驗區旅客服務處之工作計劃

一，宗旨　服務社會，便利旅客。

二，組織　分二處：

(一)詢問處　解答旅客及民衆疑難。

(二)接待處　辦理引導，招待，介紹，連絡，代辦等事系統如下：

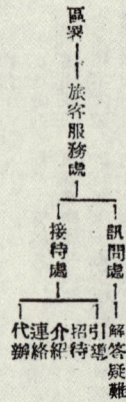

- 區署——旅客服務處
  - 詢問處——解答疑難
  - 接待處
    - 引導
    - 招待
    - 介紹
    - 連絡
    - 代辦

三，工作

(一)詢問

1. 詢問範圍

一，關於本區事業情形；二，關於本區居住情形；

三，關於本區物價情形；四，關於本區參觀情形；

五，關於本區人事雜問；六，其他

2. 詢問方法

一，口頭問答　如在附近旅客，民衆，有疑難問題時，能來本處詢問者，均用口頭答覆。

二，通信問答　如在區外旅客及民衆，可用通信信問，但須通郵之處，並附郵票五分，以作覆信之用，否則須指定地址，以便轉託代遞。

3. 解答方法，如所問問題，爲管理員所知者，卽可直接詳爲解答，不知者，則由管理員轉本區各當事人爲之解答。

4. 詢問處之設備(限二月內完成)

一，本區地圖：分圖，全圖，各機關路線圖；

二，本區刊物：峽區事業紀要，三峽遊覽指南，北碚月刊磋；

三，本區物價調查表；

四，本區各事業人事備忘錄；

五，登記簿，筆墨，辭典等。

(二)引導

1. 對旅客之幫助

一，引導旅客及旅行團體參觀。

二，代爲接洽住地，飲食所在。

三　代爲計劃參觀日程，及旅行中之種種活動。

四，代爲訂購，徵求各機關之刊物及印刷品。

五，其他

2. 對旅客之登記

一，團體：名稱；性質；人數；(男女)組織；負責人；來處；參觀日程；暫住地點；引導人；備考。

二，旅客：姓名；性別；年齡；籍貫；職位；來同行人數(男女)；通訊；(臨時；永久)；引導人；備考。

3. 對旅客之觀察

一，旅行意義：爲參觀；遊覽；考察；研究；住家等；

二，紀律：行動；精神；活動；一切起居等；

三，參觀與趣：一般的；特殊的；

四，閒餘活動；

五，對各事業的批評，或其他之意見。

(三)招待：

1. 事業來賓，招待宿食。　2. 一般來賓，招待休息。

(四)介紹：

1. 介紹峽區事業，人物，名勝，古蹟，刊物，特產等。

2. 介紹租佃房屋，或買賣田產。

3. 介紹職業及雇請用人。

(五)聯絡　爲便利旅客之遊覽，參觀，食宿起見，與下列機關切取聯絡。

1. 聯絡各事業機關；　2. 聯絡水陸交通機關；

3. 聯絡旅館食店。

(六)代辦　先作介紹，視需要情形，酌設代辦處，合作社。

1. 代辦蕭菜及日用品。

2. 代爲訂購刊物，或徵求印刷品。

四，進行

（一）佈置（限二月內完成）

1. 訊問處　佈置於囤船，並裝置標幟，於上下水汽船來時前往照料。

2. 接待處　佈置於體育場事務所，作辦工地點。

（二）調查（限三月內完成）

1. 調查峽區渝合行情及物價；

2. 調查各段處途程，運費；

3. 調查峽區空房空地，及能居留人數；

4. 調查旅食情形及房間數目；

5. 調查峽區事業及進展情形；

6. 徵求各公團或私人對於本區一切暨本處一切之興革意見以資改進。

7. 其他

（三）會議　會同公安隊辦理如左事宜（限三月內完成）

1. 召集力夫開會，商定各段路程力資；

2. 召集船夫開會，商定各段路程船資；

3. 召集旅食店開會，商討清潔，招待，介紹，聯絡問題，訓練茶房，賬房，及應興應革事宜；

4. 印製旅費價目表張貼各要道。

5. 製訂簡明旅客須知，張貼各旅食店，及囤船。

（四）進行程序

1. 各種事業應由小而大，逐步擴充。

2. 視當前情形，及旅客需要，將來可設置代辦處，在渝合購運大批日常用品。

3. 要求辦到凡來峽旅客或團體皆得良好幫助，皆樂於遊覽居住。

五，人員

（一）設主任一人，總覽全部事務；

（二）辦事員一至三人，協助各種工作；

（三）服務生一至三人學習。

（四）臨時急需人員，逕商內務股從各部調用之。

（五）勤務一至二人，擔任灑掃，傳達，跑跳，照料旅客等事。

（六）夫役一人，擔任炊爨等事。

實驗區民衆圖書館之工作計劃

目錄

1. 改進組織機構（人事的調整）
2. 各組工作程序之整理
3. 各種工程之改進
4. 新館之佈置
5. 圖書之搜求
6. 藏書清點
7. 舊書之修裝及書籍之曝晒
8. 圖書分類編目效率之要求
9. 分類法之增補
10 目錄整理
11 閱覽推動
12 流通事務
13 參考收集
14 其他

1. 改進組織機構（人事的調整）

管理
張惠生
- 館務會議
  - 專務部（張惠生）
    - 文書（韓際欽）
    - 會計（韓際欽）
    - 庶務（賀春宣）
  - 圖書部（劉漢村）
    - 徵求（鄧馨珍）
    - 編目（劉漢村）（兼）
    - 典藏（唐鼎銘）——修裝（李文達）
    - 外借（劉漢村）——出納（李文達）（兼）（賀春宣）（兼）
    - 期刊（陳以淑）
    - 參考——參考室（張惠生）（兼）
    - 流通圖書担（周予、……銘）
    - 閱覽（陳以淑）
      - 成人閱覽（陳以淑）
      - 兒童閱覽室（陳以淑）
      - 閱覽室　（陳以淑）
      - 釋疑詢問處（陳以淑）

2. 各種工作程序之整理（三月十五日以前辦完）

3. 各種規程之改進（三月十五日以前辦完）

一，閱覽須知　二，典藏室規則　三，閱覽規則

四，兒童閱覽室規則　五，值日須知　六，參考室規則　先後完成

4. 新館佈置

一，清潔館舍

二，牆壁新刷灰漿

三，裝置閱覽室典藏室各處地板玻璃天花板

四，裝置電燈

五，佈置館園

三月內全部完成

5. 徵求書報以下列各種方法促其實現

一，登報徵求　在嘉陵江報上長期登載請求捐書啓事

二，訪問徵求　訪問來本市之各文化機關大中學收藏家造起捐書運動請其捐贈書報

三，信緘徵求　發緘各地方文化機關各地文化人近戰區之圖書館各刊物雜誌社請其捐贈書籍或委託本館代辦

四，委託徵求　委託本地或外地熱心文化事業朋友於口頭上或書面上代本館大量徵求書報

以上各種辦法在三四月份內次第完成

6. 藏書清點

一、清點書籍之有無　二，清點目錄之有無

三，檢查登記之有無

7. 舊書之修裝及書籍之曝晒

一，經常修理破損書籍

二，按月裝訂各種日報及各種簿本雜誌

三，六月份舉行曝晒全館圖書一次并舉行全館大掃除

8. 圖書之分類編目

一，隨時完成到館新購圖書分類編目

二，繼續分類編　李果生先生捐贈本館書籍（希望半年內能完成千冊左右）

一，校對登記之有無錯誤

二，分期清查書架排列之有無錯誤

甲，註明失踪書籍　乙，註明銷清出書籍

時間　前四項五月內完成

第五項經常工作

9. 分類法之增補

辦法以杜定友新法增補杜氏舊法

三月內完成

10 目錄整理

一，著者目錄之清查　二，書名目錄之清查

三，分類目錄之清查　四，指引卡片之更換

五，破汚卡片之更換

時間　四月份完成一，二，三，項五，六兩月完成

11　閱覽推動

一，圖書陳列設施力求藝術便利

二，釋疑詢問處之成立（二月底辦）

三，書籍之介紹　運用日報及各種會議以推進之

四，切實聯絡各機關人員各學校學生到館閱讀

五，書訊之印編——關於新書之介紹名著提要雜誌要目介紹及館內消息等事

六，經常準備新到書籍供給區署各種會集臨時閱覽

七，設立臨時閱覽處

八，促起讀書運動

（一）促起業餘讀書會聯絡各事業工作人員成立之（三四月份次第舉辦之）

（二）成立兒童讀書會與各小學教職員各賢明之家長及前進兒童聯絡成立之（三四月份次第舉辦）

（三）成立青年讀書會就本市職業青年鼓勵成立之

（四）成立學生讀書會聯絡各大中學校學生成立之

（五）成立婦女讀書會聯絡婦女支會及民教館成立之

（六）成立夏令讀書會及工餘讀書會於年中冬夏假期中成立之

（七）促起寫作競賽及演說競賽以增加讀書之興趣

1　流通事務

一，經常配備巡迴文庫供給全區小學及公安各隊閱讀

二，改訂文庫管理須知（二月底完成）

三，編製文庫閱覽統計

巡迴書担

一，送本市之小商人學徒檔館力夫及手工業工人

二，送民衆校學生

三，送各機關各學校各隊之兵夫勤務

四，送新村內之工人（包含廚子大娘轎夫車夫在內）

五，送街市周圍五里內之農民

13　參攷收集

（1）繼續普通參攷室之工作

一，書籍種類　字書辭書彙書規章法令年鑑手册……等

二，材料整理　散在書報雜誌上之可供普通參攷者隨時收集製成目錄索引以備翻閱

（2）成立各種特殊參攷室

一，隨區署內各種中心活動設立各種臨時參攷室如家畜保育運動則成立家畜保育參攷室如作合作運動則成立合作參考室……等

二，隨區署各機關中心事業之活動設立各種臨時參攷室如公安隊作消防運動即成立警務參攷室醫院作種痘運動，即成立嬰兒保育參考室

三，隨時勢需要成立抗戰參考室

以上一二種之實施以各股各事業機關所計劃之時間爲標準三種於三月十五以前完成

14　其他

（1）主持訓練區署勤務兵夫之補習教育繼續開辦上年工人補習教育訓練班

（2）代澄江黃桷文星二岩各鎮民衆圖書館訓練館員

（3）廷攬一圖書館學專家担任輔導之責

（4）廣爲徵求閱者及捐書人與各界人士對於本館應興應革之意見

嘉陵江日報之工作計劃

甲，目標

1. 着重抗敵救亡之宣傳

2. 着重生産建設之宣傳

3. 着重鄉村建設之宣傳

4. 做到鄉村報紙的典型

乙，工作及辦法

子，編輯

(1)改革版式 新定版式與印刷社聯絡增加材料

( )充實內容

1. 增置真流電收音機隨時取用國內外新聞（十一月初辦）

2. 強化通訊網每月召通訊員會議一次商討進行事宜（每月第一次週會後開會地點在本社）

3. 擴大採訪範圍以電話書信拜訪交際之機會與工具採訪本區新聞全社同人均負採訪責任

4. 興革各版內容

一，各版宜多採小字標題以經濟地位增加內容（如新民報重慶版）

二，各版新聞應明晰分類同性質者必有同標符號與式樣使之醒目

三，各版宜求美術

四，文字務求通俗

5. 內容之改革與新增

一，論評

（一）社評：每週兩次全社職員開會決定要點一人執筆社長審核注意下列事項

移風易俗，指導社會，造起運動（問題限於地方）

（二）短評：每日一二則全社開會決定大意一人執筆社長審核注重時事分析（限於地方問題）

（三）論評彙述：節錄各報及什志論評

（四）每週時事彙述

二，人物誌

（一）世界名人 節錄名人傳記

（二）國內名人 節錄名人傳記

（三）來峽聞人 節錄名人傳記如朱梓蕃馬寅初周海濤等

（四）勞働英雄 如冉大南瓜吳大蘿葡——訪鄉老

（五）本區奇人 如修明家橋之募捐者與施主等

三，地方誌

（一）本區形勢 山川河流名勝古蹟物產等

（二）鄰縣概況 江巴璧合著重產業節各縣志

（三）戰區形勢 節地理及各報

（四）戰區情況 節各報記者專訪

四，事業紀要

（一）本區政治文化經濟事業機關者商請各事業機關寫作

（二）各業現況向各對領袖訪問

（三）紀事本末各方中心之活動

（四）各方報告

五，副刊

（一）嘉陵副刊 著重文藝與現代園地合版每週四次

（二）現代園地 著重報章什志專論之轉載及文化產業交通國防之新發明新發現每週四次

（三）農民週刊 通俗常識（民教館編）

（四）農業週刊 農業技術改良及合作家畜等文字

（五）教育園地 注重戰時生產教育每週出刊一次（民教館與教育股合編）

丑，印刷改良

一，改良土紙，請有經驗之專家與紙商商討改良辦法

二，增加印刷社材料增加字釘線條及符號零件等並多購油墨

三，工作管理訂立合同依點辦理

寅，發行事務

一，擴大推銷

1. 宣傳

一，同業義務刊登廣告 二，要道給與廣告

三，相關事業之聯絡

2. 規定優待辦法

一，長期優待 二，紀念優待

三，介紹優待 四，批銷優待

3. 零售　一，接販　二，報丁上下汽船　三，本社

4. 勸銷　一，就過去訂戶勸銷　二、相關事業勸銷　三，新來住戶與事業勸銷（每週公開報告成績）

二，發行管理

1. 隨時抽查交郵傳遞送報情形
2. 交換訂閱贈送目錄之編製
3. 各種報紙什志文件之登記管理
4. 存報之清點

卯，事務

一，會計　依財務規程辦理

二，庶務

1. 清潔　一，定時檢查　二，排列項目以免遺漏
2. 管理報丁生活嚴守紀律

三，文事　專人負責

1. 文件之辦理　一，會議記錄　二，週會報告　三，工作月報　四，往來文件
2. 文件之管理　一，登錄總簿　二，分類明晰　應有號碼　三，各種目錄　分類目錄件名目錄

丙，其他

一，須與各事業共同努力尤其須注意努力幫助各方面

二，技術　1. 須努力作新聞學的專門進修

三，組織　1. 社務會議　推進社務包括工作讀書生活之檢討（以本社人員爲主漸及印刷社職工每週舉行兩次）

2. 論評討論會　擬定論評要點
3. 通訊員會議　每月舉行一次

丁，工作時限——與各方面聯絡事項時間表：

內　務

二月　一，舉行壯丁檢閱　二，增設保甲翻號牌　三，組織糧食調整會
三月　一，商同醫院遍種牛痘
四月　一，協同醫院強迫注射防疫針　二，宣傳預防傳染病
五月　一，組織職員眷屬加以訓練

建　設

二月　一，疏水選種　二，栽種洋芋　三、植桑養蠶　四．組合區水利工程協會　五，整理渝合電線
三月　一，舉行全區豬隻調查
四月　一，頒發春蠶種　二，完成鄉保合作　三，訓練合作社職員
五月　一，小麥展覽　二，小麥產量調查　三，包谷產量調查
六月　一，舉行包谷展覽會

教　育

二月　一，强化義務小學行政機構　二，編撰家畜合作農藝戰時教材
三月　一，實施强迫入學　二，人民訓練條目增加生產抗戰意義
四月　一，完成教師檢定手續　二，充實高級小學學額

公　安

二月　一，健全保甲組織　二，培修本市道路　三，澈底清査戶口
三月　一，取具聯保切結　二，登記茶房酒肆　三，成立職業介紹所
四月　一，整理隊務勤務　二，統計船隻　三，書報休息室之設備　四，整理公共廁所
五月　一，繪製保區詳圖　二，澈底檢查行船　三、組織消防隊
六月　一，登記無業游民　二，舉行家庭經濟調查　三，指導管理人力車夫

家　畜

二月　一，各種豬隻推廣　二、預防打火印
五月　一，准備防疫藥品　二，訓練防疫助手

六月　一，總動員打針　二，造起防疫運動

合作

二月　一，改組舊社　二，辦農合研究會　三，完成北碚二鎮單位合作社組織

四月　一，完成文星澄江二岩三鎮合作社之組織

醫院

二月　一，派員下鄉普遍種牛痘

四月　一，撲蠅運動　二，注射防疫針

五月　一，下鄉宣傳霍亂病之傳染預防

六月　一，預防和治療瘧病痢疾

民衆圖書館

三月　一，募書運動

六月　一，夏令讀書會

紀念日

三月　一，三八國際婦女節　二，三一二總理逝世　三，三二九七二逝世

四月　一，四一八建都南京

五月　一，五一國際勞工　二，五三濟南慘案　三，五四學生運動　四，總理任非常總統　五，五九二十一條

六月　一，六一九總理廣州蒙難

北碚月刊之工作計劃

編緝部

(一)徵稿問題　(二)編輯問題　(三)付梓問題　一　校刊　二　印刷

(一)徵稿問題

一，徵集本區各項報告文

二，徵集本區之介紹文

三，徵文方式應多方設法　1.直接的或間接的　2.口頭的或書面的

四，徵文不載時應退還原作者

五，徵文揭載後應有函答謝

六，徵文可以現金作酬

七，應集自有關本區之材料編著爲文

(二)編緝問題

一，封面設計應當有社會意義之象徵

二，插圖應與文章有關

三，插圖標題用字均須考究，不可太大

四，文章力求短小精幹有力，評文均可

五，文字排列宜緊縮，節省篇幅

六，附表宜小巧

七，補白大小內容均應力求合式

八，每期字數以六萬字爲限

九，文章性質及字數分配如下：

1. 本區各種報告乃介紹：三萬至四萬
2. 關於鄉建及有關論文：五千至一萬
3. 關於時事及專論：五千至一萬
4. 文藝雜感：五千至一萬

十，每月按期編緝

十一，國戰期中紙價騰貴，不能按期出版時，須出合刊

(三)付梓問題

一，校刊

1. 付印前校刊者應將全稿看過一次始行寄渝
2. 原稿如經核改者其底紙須保留存查
3. 校刊者應往印刷局監視工作
4. 校刊力求減少錯誤以至絕無

5. 對原來計劃有改變之事務須事先商討

6. 校刊人員每晚七至八時應有電話與主任會談一切

二，印刷

1. 在重慶覓較善之印刷局付印

2. 印價應力求便宜

3. 印刷每期一千册，內容關係特別者可酌加印五百至一千册

4. 應與印局訂立條約

5. 條約包含之要點如下：

（1）預定印價，不得中途提價

（2）預定排印時間，不得過期，否則須累賠損失

（3）排工技術須防過劣，如偶有惡劣情勢須立即改正之

（4）不得有破濫污損之弊

（5）裝訂錯落印局應按價賠償

（6）文字錯落於印局者應受處罰（扣印費）（另詳）

（7.）不按時交貨亦應處罰（另詳）

事務部

（一）文書 （二）會計 （三）廣告 （四）款項處理 （五）其他

（一）文書

一，收發方面：

（1）來文應有摘要之登記

（2）發文應有摘要之登記

二，函稿方面：

（1）函稿由主任擬定

（2）重要稿件請示社長辦理

三，公文方面：

（1）由社長簽註辦法後，主任起稿，轉祕書室辦之

（ ）文稿交社長核閱後發出

（3）檔案參照祕書室者辦理

（二）會計——應確立各項賬目

一，設立現金收付日記總賬

現金日記總賬

年		科目摘要	總頁	收方金額						付方金額						收或付	餘額					
月	日			千	百	十	元	角	分	千	百	十	元	角	分		千	百	十	元	角	分

二，賬目應立之科目如下：

1. 補助費　補助總賬

2. 應收未收—（1.）代售已收　代售未收　應收未收總賬
　　　　　　（2.）訂戶已收　訂戶未收　訂戶總賬
　　　　　　（3.）廣告已收　廣告未收　廣告費總賬

3. 印刷開支：印費總賬（印費已付　印費未付

4. 雜項開支：雜項總賬—（酬稿費　雜費　郵費

三，各項總賬依現金日記總賬轉記之

四，現金日記總賬依單據爲憑登記之

五，總賬格式與現金日記總賬同

（三）廣告

一，應以廉價招登廣告

二，廣告地位以文末之空白刊登之

三，廣告費應預收

（四）款項處理

一，收入方面：

1. 各項現金收入應即時交財務股

2. 繳款應塡送金簿

3. 現金簿格式如下：

送金簿

年 月日	摘要	金額 千	百	十	元	角	分
合計							

4. 財務股主任應於簿上簽章

主任　　會計員

二，付出方面：

1. 設備開支應先經財務股核定

2. 各項付出應有收據爲憑

3. 各項收據應繳交財務股報銷

（五）其他

賬據檢閱按財務股立會計規程辦理

發行部

——書刊發行應有總登記，每日應根據總册轉錄分類登記册上——

（一）代售方面

（1）代售書刊送出時，應通知財務股以數目幷須經其簽字

通知單

年 月日	書名	代售書店	數量	地址	備考
合計					

（2）代售店書刊應有分期登記册

地址

年 月日	書名	卷期	數量	備考

（3）代售店退回書刊登記應有專册

退書登記總册

年 月日	書名	店名	數量	地址	備考

(二)訂戶方面

1. 應有訂單之設置
2. 訂單應有存根
3. 存根應永遠保留
4. 訂單應有主任簽章並經財務股獨根爲有效
5. 每月應將訂單存根送社長核閱蓋章。
6. 訂費應立即填送金簿送繳財務股。

(三)贈送方面

2. 應有贈送書刊單之設置。
2. 上單應永遠保留。

贈送書籍登記單

年 月 日	姓名	職別	與本區之關係	住地	書名	卷期	數量	備註

主持人簽章　　經手人簽章

3. 凡有贈送必填上單
4. 贈送單須交社長核准始發給。(在特別情勢可由主任先行發爲處理事後補辦手續)
5. 設置贈送每日登記冊(根據贈送單轉錄此冊)

每日贈送書刊登記冊

年 月 日	姓名	書名	卷期	數量	備考

6. 長期贈戶應出社長核准爲有效
7. 每月應造贈送書刊登記表交財務股核銷

每月贈送書刊報銷表

年 月 日	書名	卷期	數量	備考

(四)交換方面

1. 交換來函出社長核准爲有效
2. 交換戶應有登記
一，本刊發出之分期登記冊

△△△刊交換本刊登記冊

年 月 日	書名	卷期	數量	地址	備考

二，收到交換刊物分期登記冊

△△刊分登記冊

社址＿＿＿＿

年 月 日	卷 期	數 量	備 考

3. 隨時清查停止交換者
4. 交換刊物交圖書館陳列之（另立送件專簿）

一，登記冊連書送該館點收由館長簽章冊上

冊

年 月 日	書名	卷 期	數 量	備 考

二，每月造表交財務股報銷（表與贈送報銷表同）

（財務股圖書館本社各存一份）

（五）保管方面

（一）文卷管理

1. 收入文件應有分類卷
2. 發出文件應有分類卷
3. 公文應有分類專卷
4. 應設保管文件登記專冊

（二）刊物保管

1. 保管箱櫃須嚴鎖
2. 保管地宜乾燥
3. 保管方法宜週密

一，分期分卷排列

二，取刊出櫃應有登記

三，登記冊上之書額與櫃內之數符合

4. 每月由主任點查一次
5. 隨時由財務股派員查核

定三月份實結之各項手續

一，清理與財務股之往來賬目

二，澈底清理各代售店之往來賬目

三，澈底澄清各種書刊之贈出數目并造報銷

四，重新依照新擬賬目單據辦理各項事務

半年中應繼續不斷之特別工作

五，每一週內必往訪請託爲本刊寫文之作者一人（另須略有計劃）

六，每一星期內必有一日往訪相關事業起碼一處徵求材料爲文介紹

七，每月必有一日赴各名勝地探訪勝蹟作三峽風光之介紹

八，應夥同嘉報社組一峽區經濟調查團每週必有一日赴區內各地訪問調查

本室附帶兩種會議紀錄

一，星期五日之主幹聯席會議錄限於第二日午前十鐘整理完竣交教育股印發

二，臨時本署主任聯席會議錄於會後卽行整理登記冊上有需油印者交教育股印製分發

三，會議錄除正規本備查外另立一草本以便保存底稿

地方醫院之工作計劃

（甲）醫務方面：

本院醫務可分四種

一，內科　二，外科　三，產婦小兒科　四，病院

（一）內科：內科病人，需要藥品甚夥，且診斷病症，須科學工具，故除整理舊有藥品外，在可能範圍內，擬添置藥品及工具，另詳預算

（二）外科：治療外科疾病，最重消毒與割治，本院在可能範圍內，擬添置外科器械。

（三）產婦小兒科：

（甲）聯合聯保辦公處，擬訂孕婦登記

（乙）初生兒及嬰兒每週施行檢查

（丙）產婦小兒科充實設備及器械（另詳）

（四）病房：

（甲）添建職員宿舍

（乙）應用現有職員房間，作爲單房間，以便病人及家屬倍伴住宿。

（丙）添設病人澡塘

（丁）添置病人內外衣（不允病人穿自己內外衣）

（戊）病房內窗戶裝置紗窗

（乙）事務方面：

醫務方面之進行，端賴事務方面編配之適當，事務方面可分財務及人事兩點，述之如下：

1. 財務：本院財務方面，以量入爲出爲原則，收入方面，務須儘量開源，支出方面，以最少經費，謀最大利益，并力謀經費之得以自給。

2. 人事：本院現有人員共十六名其職位及掌管職務如下：

（一）院長一人，主持全院事務及醫務

（二）會計一人，担任會計事項及保管公物

（三）護士長一人，担任護病專責及管理護生

（四）護士四人，担任護病工作

（五）服務生四人，學習護病工作

（六）工役五人，担任廚房及病房內清潔工作

（丙）公共衛生事業之推進：

本院除爲病人治療，減除痛苦外，對於公共衛生事務，亦擬積極推行，以謀全區民衆之福利，使人人咸具衛生常識，間接可減少疾病之發生直接可增加人民之健康，茲擬分期辦理下述事項：

（一）宣傳各種流行傳染病之危險及預防（連合報社及民教館）（四，五，六，七，　月）

（二）強迫注射防疫針：四月間

（三）會同公安隊人員，清潔街上各處水溝，以免蚊虫孳生。

（四）繼續訓練產婆（每年舉行二次　正月九月）

（五）繼續訓練江湖醫生及未經區署登記之醫生（每年舉行二次　二月十月）

（六）四季佈種牛痘

（丁）業務方面之擴充

關於本院業務本年度尚擬興辦下述事項以謀擴充

（一）籌備傷兵病院

（二）籌設平民戒煙醫院

（三）籌設療養院

（四）訓練各分診所醫務人員

（五）訓練院內護生

（六）籌備護士學校

（七）培植醫院四週林木

嘉陵江三峽鄉村建設實驗區署工作報告書

（二十六年五月至八月份）

趙仲舒

五月份

甲，內務方面

一，核定各聯保開支預算：

(1)經常費：區屬各聯保薪工各費，本月按照收入數目，重新規定，計全區百保，約可收入七千八百元，計五鎮經常費月需四百九十七元分配如下表：

鎮別	年支數目		月支數目		備考
北碚	一，七五二	〇〇〇	一四六	〇〇〇	以元為單位
黃桷	一，二三六	〇〇〇	一〇三	〇〇〇	
文星	一，一四〇	〇〇〇	九五	〇〇〇	
澄江	一，二四八	〇〇〇	一〇四	〇〇〇	
二岩	五八八	〇〇〇	四九	〇〇〇	
合計	五•九六四	〇〇〇	四九七	〇〇〇	

(2)臨時費：五鎮所需臨時費分列如下：

1. 文具報費戶口登記表等，核定月支四十六元六角七仙，全年共需五百六十元。
2. 訓練費：如壯丁訓練獎勵費等，核定月支三十三元三角三仙，全年共需四百元。
3. 特別費：如醫藥撫卹等，核定月支四十五元八角三仙，全年共需五百五十元。
4. 武器費如修理槍支，補充子彈，核定月支二十七元一角六仙，全年共需三百二十六元。

以上五鎮合計年需臨時費一千八百三十六元月需一百五十三元。

二，補行自衛槍砲登記烙印：區屬澄江鎮聯保主任易位之，以年來鄰邇旱災，盜匪橫生，地方治安，非有充實之武力不足以資維持，乃商同該鎮士紳，并呈准本署集資在區外購買土夾板步槍十九支，新式步槍二支，新式馬槍一支，土孝慈槍二支，共計二十四支，當經呈請本署登記烙印，計自「一千三百五十二號起至一千三百七十五號止」，現已分別完竣，并發給執照去訖。

三，防禦匪患：竊據大茅坪之匪徒周澄清股，近來常在區外邊境各場出沒，勢頗猖獗，本署為恐擾及區內工作，先事防範計，特召集黃桷文星兩鎮聯保主任開會，籌商防禦辦法，議決要點如次：

1. 槍彈配備：檢查各鎮現有槍支，是否堪用，如有損壞者，即行送交本署修理，并配備各保必需槍彈，以備應用。
2. 修築工事：修理舊有碉堡，并在邊境各要隘修築簡單工事。
3. 壯丁：邊境各地每保抽送生活優裕壯丁一班作為常備隊，有警即先出發，使匪風平定之後即行解散。

四，結束保甲長訓練：保甲長訓練，原定期限兩月，共分六次，每十日輪流訓練一次，前四次為保甲知識訓練，後二次為水利合作及家畜防疫等訓練，自三月二十一日即已開始，應於本月二十日結束，惟至本月初間天降大雨，連續二晝夜，農民等均忙予整田栽秧，本署以耕種較重於訓練，乃提前十餘日結束，待農民稍有暇餘時，再為補訓。

五，調查災戶呈請發賑：重慶委員長行營撥款四萬賑濟江巴兩縣災民，飭造冊呈報本署，所轄北碚，黃桷，文星，二岩四鎮，原隸江巴兩縣，乃於本月五日，調集職員三十人，學生卅人，出發上述四場調查，造冊呈報行營，並附帶將區屬澄江鎮一併調查完竣，旋奉　三區專署轉　省府訓令飭造報災民統計表，當即依照災民調查冊，分別極貧，次貧，大口，小口，確為統計，列表呈報在案，茲將統計數字分列如下：

1. 極貧：三，五七四戶　大口：九，三四一人　小口：五，七〇九人
2. 次貧：一，九八六戶　大口：五，四〇五人　小口：二，五五九人

合計　五，五六〇戶，大口，一四，七四六人　小口八，二六八人

六．呈報受災面積：奉　四川省賑務委員會訓令，呈報災害損失及賑濟情形，當即調查明晰按表呈報，除賑救情形一次上月已報，不再列敍外，謹將災害損失分述於下：

1. 受災面積：四三二一公方里。
2. 災民戶數：五，五六〇戶。
3. 災民人數：二三，〇一四人。

4. 財產損失：田谷一〇，〇八五石，每石以十五元計約值洋一五一，二七五元，一糧食六，八五一石，每石以二十五元計約值洋一七一，二七五元。

七，辦理婢女登記：奉 三區專署轉 省政府訓令飭辦新頒婢女登記解放辦法，辦理登記，當即轉令區屬各聯保調查彙報，除文星二岩兩鎮地居小鎮，富家稀少，據報無人蓄婢外，其餘蓄婢者計北碚二人，黃桷三人，澄江二人，均令遵照解放在案。

八，結束孤民收容所：本月天降大雨，農事正忙，所內災民有家可歸者，紛紛請求歸家耕種，無家災民亦能自覓工作，乃於上月底將該所結束，各給國幣二元遣散回家，所餘孤兒五名當送交北碚孤兒院收養。

九，促設孤兒院：峽區人民窮苦無生者十居六七，兼以連年旱災，糧食恐慌，更不易生活，一般窮民，遂致拋棄兒女，街頭巷尾，被棄嬰孩，隨時可視，乃促勸北碚慈善人士李會楓馮啻勳等，籌設平兒院，收容災童，自五月一日成立之後，現有災童五十餘名，刻仍在勸捐準備教養中。

十，案件統計：

案件類別	承審室	公安第一隊	公安第二隊	公安第三隊	案件合計
竊盜	六	六	一		一三
敎經	一				一
殺人	二				二
遺棄	一				一
債務	二	五	一二		一九
租佃	一				一
風化		一			一
鬥毆		四	一		五
賭博		三			三
欺騙		一	三		四
誘姦				一	一
婚姻				一	一
強刼			一		一
糾紛		六	一五	二七	四八
合計	一三	二六	三三	二九	一〇一

十一，公安狀況：

1.，屬於公安第一中隊者：(一)開始訓練北碚第二期勞動服務團，計有團員五十三名，每值三六九日晨早出操一次，由第一期團員輪流學習指揮，逢一四七晚間一二兩期團員均須齊集本鎮聯保辦公處上課，教授學科。(二)本月舉行消防演習三次，市街各太平缸儲滿清水，以防萬一。(三)召開市政會一次，商討消防問題，及成立公募事項。

2. 屬於公安第二中隊者：(一)規定黃桷鎮市街六保每週開保甲會議一次，商討治安問題，由中隊部派員主持，特稱慈理防務。(二)本月區屬邊境，匪風日熾，該隊乃集中市區各小隊附，規定須搭更棚，晚間派丁防守隘口，守夜伙食由本地士紳捐助，巡夜步哨由該隊派官長担任。(三)本月十日江北清平場徃店子發生匪患，全隊官兵分別在黃桷鎮牛角廟，黃崗坡，石橋等處警戒通宵，并派隊搜索文星鎮馮家灣一帶，尚無匪徒竄來，(四)區屬黃桷鎮白廟子地方，爲北川鐵路出河終點，煤炭集散於此，商業日漸繁榮，現有居民一百餘戶，民衆尚無組織，該隊乃召集該地居民開會，組織勞動服務團，當得地方一致同意，正籌備成立中，(五)檢查黃葛鎮旅食店清潔四次，市街清潔一次，大掃除市街溝通陰陽溝一次。

3. 屬於公安第三中隊者：（一）成立勞服團：澄江鎮勁服務團本月組織成立，計有團員五十人，於本月六日開始訓練。（二）聯絡防衛：聯絡寶源公司自衛隊丁共同担任黃炎溝一帶防務，并派員幫助義瑞桐林公司訓練工人，教以簡單軍事常識，施行打靶一次。（三）恢復守夜：前因農忙之際，壯丁守夜暫時停止，本月匪風復起，為防患未然計，仍商各保甲長分派壯丁輪流守夜，以防不虞。（四）成立蔡家溝勞動服務團，蔡家溝岩磨林立，居民衆多，地方人士深感居於山間民衆缺乏組織，一日有事，不足應變，乃籌組勞服團，呈請該隊派員訓練，計有團員三十二名，本月下旬已正式開始訓練。（五）組織消防隊：本月就澄江鎮夏溪口兩處居民，聯合組織消防隊一隊，該隊就挑水者一百五十人，每人水桶一挑，編為運水隊，有泥水木匠二十二人，樓梯十五架，編為拆卸隊，醫生八名編為救護隊，本月曾召集演習三次，按照預定計劃實施，頗為整齊熱烈。（六）整頓市容：本月由勞服團全體團員負責整理市街牆壁，并加刷灰漿一次，規定廣告標語張貼處所，以歸劃一。（七）召開旅食店清潔會議：食店旅館關係旅客健康甚大，用特召開澄夏兩鎮店主么司開會，計到三十五人，商定清潔辦法如下：1. 食品須製紗罩蓋上以免蚊蠅麕集傳染疾病。2. 厨司須着白色布圍腰每日應洗滌一次，3. 厨司不准蓄留指甲及蓄長髮須常沐浴。（八）召開理髮店清潔會議；澄夏兩鎮理髮匠共到十人，商定清潔辦法如下：1. 用具每週須消毒二次，如遇剃有傳染病者，其刀剪須立即消毒。2. 消毒藥品由地方醫院贈送，3. 店中須隨時掃除不得滿地拋棄頭髮，4. 教以認識砂眼如有砂眼洗過之面巾須消毒後乃能使用於第二人。

十二，地方醫院工作摘要：

1. 籌備訓練江湖醫生：在區屬各場每逢場期設攤之江湖醫生，備有少數中西藥品，與人治病，號稱萬能，騙人錢財，為害實大，以此該院於本月五日召集區屬各場江湖醫生到院予以訓勉并為攝影登記，關於醫藥手術特加指示，尤於外科中醫，令其注意消毒，以後如學識不逮，勿濫施醫療，以濟人命，并定於下月內開辦江湖醫生訓練班，現正籌備進行，將來積極提高其技能，消極取締未經訓練之醫生。

2. 添置器具：入夏以來，患病者日有增加，病室器具均感不敷，本月特就院內樓上大廳改建手術室一間，養病室二間，添購木器用具九件，以備應用。

3. 整理藥櫥：本院辦公室，手術室，司藥室等處，本月均從新整理，煥然一新，並新製藥櫥陳列藥品，並將本院作大掃除一次。

4. 治療情形：本月份共出診十三次，接生六次，施行重病手術五次，門診治療區內外病人九百八十三人，普通內外病人八百三十九名，共計治療病人一千八百二十二名。

5. 住院人數：本月份住院病人共計五十七名。

乙，建設方面

一，施行玉蜀黍間行抽花：玉蜀黍間行抽花辦法，本署曾於去年編印傳單，派員下鄉宣傳，現值包谷生穗之際，仍繼續派員下鄉，選擇適中地點，指示農民照行，并分令區屬各學生教師，率領學生就各該校附近勸導民農照辦，農民雖未肯全部遵照抽花，而做照試行者，實居多數，此事擬待玉蜀黍成熟以後，舉行全區比賽會，以驗抽花與未抽花者結實之大小如何，用解農民之懷疑。

二，徵集麥種：本署曾於去年秋間，徵集金陵大學二十六號小麥一袋，推廣區屬特約農家，試種成績尚佳，本月復致函四川稻麥改進所，請其贈送該所試種成功之二九〇五號小麥，作為改良本區麥種之用，業准該所贈送一市斗到署，擬定本年秋季分發各特約農家點種。

三，整理交通：本月十八日因狂風大雨，區內電話桿線多被吹折，交通立即梗阻，隨派電話兵六名，分段前往本區及渝合各處限三日修理完竣，當即依限完成。

四，添設電話：本月促成區屬北碚小學，三峽工廠北碚售貨處各安設電話一部，所有桿架線工作完全由本署派電話兵幫助。

五，培育森林：植樹節在區署附近馬安溪及馬鞍山等地所植楊槐楊柳等，現均長成，本月平特派民公園工人前往整枝，并培護樹根一次。

六，陳列優良麥種：本年農場試種之各種小麥，特製就標籤將其號數品種等詳爲介紹陳列，以供農家參攷。

七，添置動物：本署動物園本月添買狐狸一隻，岩鷹一隻，分別陳列，借作遊人參觀，又購買本地白色雄雞一隻，作與意大利母雞雜交實驗之用。

八，地方經營：

一，屬於公安第一中隊者：（一）前奉通令各機關禁搭涼棚，以資節省經費，値茲盛暑，又極需要，在區署辦公室前涼棚，乃由一中隊士兵到附近山上採折百餘綑搭蓋，既少耗費，又極合用，蠲除人工及竹木約費數金外，照峽中習慣採折松毛概不索費也。（二）北碚河邊溫泉嘉陵兩路本月被洪水淹沒數日，又連遭大雨冲刷，大部壞濫，不便行走，該隊乃派兵整理，恢復原狀，以利交通。（三）區署後面馬安石碉樓，爲該隊第一展望哨駐所，地勢非常重要，本月特在該處建造防禦工事，如交通溝，立射散兵壕等，以防不測。

二，屬於公安第二中隊者：（一）黃桷鎮後山之大碉樓，俯瞰全市，爲該鎮軍事要地，因年久失修，牆垣多圮，一遇大風雨，即發生動搖，該隊乃會商聯保辦公處，募款用兵工培修，共耗七十餘元，業已完竣，該隊士兵本月遷入住紮，今後治安當可愈更鞏固。

丙，教育方面

一，呈請撥發教育補助費：本區現有短期小學一十九所，義務小學五十五所，每年經費不敷達四千餘元之鉅，乃填繕各項圖表二十八件，備文呈請省府轉行四川省義務教育委員會，援照各縣定例，核撥二十五年度本區上項義務教育補助費以維進行。

二，劃分學區：遵照教育部公佈修正市縣劃分小學區辦法，及實施義務教育辦法大綱施行細則第九條之規定，劃分本區爲一百小學區爲實施義務教育單位，茲將劃分各聯合小學區情形詳述如後：

甲，北碚鄉

第一聯合小學區——第一小學區至第六小學區屬之。

第二聯合小學區——第七小學區至第十二小學區屬之。

第三聯合小學區——第十三小學區至第十九小學區屬之。

第四聯合小學區——第二十小學區至第二十七小學區屬之。

第五聯合小學區——第二十八小學區至第三十三小學區屬之。

乙，黃桷鎮

第一聯合小學區——第一小學區至第六小學區屬之。

第二聯合小學區——第七小學區至第十二小學區屬之。

第三聯合小學區——第十三小學區至第十七小學區屬之。

第四聯合小學區——第十八小學區至第二十二小學區屬之。

丙，文星鎮

第一聯合小學區——第一聯合小學區至第五小學區又十九小學區屬之。

第二聯合小學區——第六小學區至第十二小學區屬之

第三聯合小學區——第十三小學區至第十八小學區屬之。

丁，二岩鎮

一聯合小學區——第一小學區至第六小學區屬之。

戊，澄江鎮

第一聯合小學區——第一小學區至第五小學區及第十八小學區至第二十小學區屬之。

第二聯合小學區——第六小學區至第十一小學區屬之。

第三聯合小學區——第十二小學區至第十七小學區屬之。

每一聯合小學區設立教育委員一人，以本區小學校長或聯保主任兼任，均爲無給職，每一小學區設學董一人，以保長及本地有資望并熱心教育者充任之。

三，編擬計劃及預算：二十六年度實施義務教育計劃，并地方教育經費收支預算，均經於本月擬編完竣，呈報上峯核示，計地方教育經費預算年約收入一萬二千四百七十二元二角，年約支出一萬六千四百八十二元，收支比較約不敷洋四千零零九元八角。

四，教授國音字母及育蠶法：本月特約義務教師中熟習國音字母之劉一萍女士，於教師月會席上教授各義務教師國音字母及音韻讀法與運用法，藉資增加學力，并請四川蠶桑改良場川東分場潘指導員，開明講演育蠶方法，以便各義務教師轉向農村宣傳飼養秋蠶，提倡蠶業。

五，開辦婦女職業補習班：峽區婦女近年以生活困難，多願學一職業以補助家庭，職署乃有婦女職業補習班之創辦，曾於上月調查願學人數，及願學工藝之名目，本月復發出招生廣告，定期考試，業已取錄學生二十五名，分甲乙兩級授課，定三個月畢業，學科以工藝及家事常識爲教材，採取江西特種教育婦女課本爲參考資料，工藝暫以編草帽，編扇子，織涼鞋，縫級等手工業爲初步工作，以後視學生之進步如何，斟酌施教。

六，民衆圖書館工作撮要：

1. 清點藏書：本年第一度清點藏書工作，在四月份即已開始，本月份繼將史地小說雜誌清點完竣，茲將數字分錄於後．（一）截至本年四月份止計有普通書籍八千六百九十七冊。（二）海關貿易書籍九十九冊。（三）萬有文庫二千七百一十九冊。（四）重慶李果生先生捐贈本館新舊書籍四千五百另二冊。（五）各種雜誌刊物五千一百一十九冊，合計二萬一千一百三十六冊。

2. 整理歷年報紙：本館所訂及外間贈送各種報紙，約有二十餘種，本月爲便利參考起見，將各報按月裝訂成冊，并將名稱及出版年月日及缺期在封面上逐一註明，并填目錄卡片以便查考。

3. 介紹新書：本館爲求吸引閱覽人起見，將新書要目寫錄廣告牌上，廣爲宣傳，一面用新書通知單，就經常讀書者個別通知，提起注意。

4. 閱覽統計：本月份開館三十一日，共計閱覽人數爲八千一百零七人，職員佔一千零六十四人，市民佔二千八百四十四人，學生佔三千一百零五人，兒童佔一千零九十四人，館外借還一千七百四十次，巡迴圖書借還二千一百二十七冊。

七，民衆教育活動：

1. 屬於公安第一中隊者：（一）每週於民衆會場開放時約請各機關人員臨場報告時事及衛生常識。並由該隊報告北碚市政一切興革事宜，如成立消防隊之意義，消防隊演習之關係，及讀演者婦注意公共衛生等事以灌輸民衆常識。

2. 屬於公安第五中隊者：（一）代寫信件：本月份對助人民代寫信八件，佣約二件，借約五件，條據八件（二）閱覽統計：本月份本隊圖書室閱覽人數共計六百八十五人。

3. 屬於公安第三中隊者：（一）閱覽統計：本月份本隊圖書室閱覽人數共計六百一十一人（二）訓練澄夏兩鎮之勞力者，如船夫，么司，力夫，理髮工人等，多不識字，本月召集到隊登記，分別予以教育，每週兩次，其教材除全授識字外，船夫則以沿江險灘之注意，水表之認法，及今昔水上交通工具之比較，收費之必須遵照區署規定等，力夫以接洽客人態度須親切，搬運貨物須誠實，勿竊取，在途中必向客人介紹當地古蹟名勝等，旅食店么司則以對客人須有禮貌，須注重清潔，處處予客人以便利等，理髮工人則以注重衛生，器具須隨時消毒，及擯擲病人用過之刀剪，患有砂眼者洗過之面巾，務須特別消毒後，方可再行使用，以防傳染。

六月份

甲，內務方面

一，視察邊區防務：近來區屬邊境，如江北縣屬之土主，清平等鎮，匪風猖獗，影響區內治安，挨近邊區各場富紳，多相率逃避，區長乃於本月十二日率同內務股主任吳定域，辦事員劉文漢等，隨帶手槍兵兩班，巡視文星二岩等鎮邊境防務，除各重要隘口曾於月前規劃建築簡單防禦工事，並設立更棚巡哨外，復指導各保長迅將保內壯丁編爲巡查，守護，通訊三隊，各依其任務加緊訓練，一面集中保內槍彈，妥爲分配，以便臨時應用，限一週辦理竣事，由區署隨時派員查驗，以杜因循敷衍之弊。

二，整理保甲：近以匪風四起，誠恐防範稍疎，竄入區內，危害治安，於視查邊區防務之後，隨即擬定壯丁整理辦法，召集各場保長小隊附開會，對於壯丁及武器之編配整理，發生匪警時信號之使用，及互取聯絡等項，以免臨時倉惶，茫無頭緒，一面飭造壯丁花名清冊，呈署備查，以備點驗。

三，幫助行營放賑：重慶委員長行營官佐本月捐薪賑救江巴兩縣災民，本區五鎮除澄江鎮外其餘二岩，北碚，黃桷，文星四鎮，均屬江巴兩縣，本月下旬行營派員攜款來區放賑，當派職員幫助一切，並予維持秩序，其發放辦法重災每人二角，輕災每人一角，計散放北碚四百五十七元五角，黃桷鎮六百四十元，文星鎮六百七十一元，二岩鎮一百一十元，共計發放一千八百七十八元五角。

四，查放賑款：去歲旱災奇重，迭經呈請省府撥款賑濟，本月八日奉四川賑務委員會發下賑款二千元，當即會同賑務分會按照查賑規程派員分頭調查，因省派查賑長未到，又以災民待賑甚殷，乃派區署內務股主任代爲查放，並聘請中國西部科學院總務主任張博和爲賑款監放員，二十九日開始發放，僅將區屬黃桷一鎮發放完畢，其餘俟下月辦理竣事，再爲統計彙報。

五，案件統計：

案件類別	承審室	公安第一隊	公安第二隊	公安第三隊	合計案件
軍法	六				六
教經	一				一
妨害	二				二
損毀	一				一
殺人	二				二
傷害	一	二	二		五
竊盜	三	一	一〇		一四
教唆	一				一
債務	三	一	一〇	七	二一
租佃	三				三
婚姻	三				三
誘姦		二			二
賭博			三		三
風化			二		二
糾紛			一二	一二	二四
違警				五	五
總計案件	二六	六	三九	二四	九五

六，公安狀況及訓練：

1. 公安一中隊：一，每逢三六九日晨早，集合北碚第二期勞動服務團訓練術科一次，現已完成單人教練，每逢一，四，七晚間即在北碚聯保公處教授步兵操典，及違警罰法，音樂等學科，每次兩小時。二，每晨全隊士兵，厲蒞教練拳術，及練習急行軍一小時，夜間督飭士兵讀書習字，并由值日官長講述時事，灌輸士兵常識。三，派手槍隊士兵分駐區屬黃桷鎮文星場一帶，幫助二中隊游擊，以防匪患。四，本月正值廢歷端節，以旱災之餘，盜匪蠡起，特呈准區署禁止龍舟競賽，凡區屬沿江各場聯合各公安隊均一致辦理，以防不虞。

2. 公安第二中隊：一，黃葛鎮勞動服務團，曾於月前籌備就緒，本月正式成立，開始訓練，共有團員四十八名，每晨訓練術科一次，教官由二中隊官長義務担任。二，與文星鎮商洽，就邊境聯絡防匪事宜，由文星鎮挨近黃葛鎮各保，每保挑選壯丁十名，由聯保處發給械彈，黃葛鎮壯丁切取聯絡，分段防守，每夜出隊派員查看步哨。三，訓練與一中隊情形相同。

3. 公安三中隊：一，繼續訓練澄江鎮勞動服務團。二，訓練與一中隊情形相同。三，本月十日夏溪鎮所屬之黃炎嘴發生火警，延燒四十餘家，當即督同消防隊人員施救，一面派隊維持秩序，隨即撲滅，並募集捐款，散發被災居民，以資救濟。

七，舉行滅蠅運動：本年夏季，因雨水過多，蠅蚊較往歲特別繁殖，乃由本署擬定滅蠅辦法，令飭公安各隊，就駐在各地舉行大規模之滅蠅運動，其辦法如次：

一，印發傳單，向人民宣傳蒼蠅之害。二，組織兒童撲蠅隊，每日撲蠅一次，比賽撲蠅多寡，在民衆會場公佈嘉獎，三。募捐購製蠅拍贈送人民，四。凡兒童撲得蒼蠅一小杯者送到公安隊獎錢二百文。五，各食店食品一律須製紗罩蓋上，以免蚊蠅停止傳染疾病。六，凡送蠅拍之家每日至少須打蒼蠅一酒杯，傍晚由公安隊派兵逐戶清收。七，撲得蒼蠅逐日和以石灰在野外淹埋。

八。規定揭示處：黃葛鎮揭示處，早經指定地點，告知市民一體照辦，殊爲時過久，紙條廣告又復隨意張貼，對於市容殊屬有礙，該隊乃重申前令，並將揭示處加以整理，促起人民注意，免有遺誤，以壯觀瞻。

九，設置指引牌：在黃葛鎮街道，仍照北碚就街口竪立指引牌，上書街道名稱，以利行人。

十，編釘門牌，該隊駐紮之黃葛鎮，白廟子，文星鎮三處市街，均無門牌，乃給就樣式，呈准本署用鉛皮製成，塗以油漆，藍底白字，上書路名及號數，釘於各戶門首，以便查閱，本月業將三處編釘完竣，計黃葛鎮十路共編爲五百九十號，文星鎮三路編爲九十四號，白廟子十路編爲二百三十五號。

十一，舉行全場大掃除：該鎮爲煤炭集散之地，煤灰飛揚，常不清潔，且市民亦鮮清潔訓練，以是全市街面大半烏黑，本月值天降大雨之際，派兵率同市民分段作大掃除二次，市容頓時改觀，人民亦頗感清潔之重要也。

十二，製設病榻蚊帳：該院病榻概係平床，向無帳子，値玆暑季，蚊蟲繁多，對於病人健康大有防害，乃採購紗布數十匹，製成帳子，將所有病榻一律掛齊，實屬價廉適用。

十三，治療事項：（一）本月戒煙計脫癮出院者廿二人，（二）本月接生五次。出診險症八次，經施手術後均轉危爲安，施行普通手術七次。（三）本月住院病人五十八名，病愈出院者二十八名。（四）門診區署官兵九五七名，普通病人八五九名，統計治療一千八百七十四名。

十四，繼續訓練江湖醫生：本院以江湖外科醫生，每逢場期，流行各場，設攤治病，既鮮學識，又不注重消毒，對於人民生命，危害滋大，前曾召集訓練一批，計有十一名，本月復繼續訓練，共計授課四次。作手術實習三次。

乙，建設方面

一，調節秧苗：本年亢旱，得雨過遲，農民無法播種，卽有挨溪挨山農民，賴溪流或山泉播種，以及撒播旱稻者，實預備不多，且無合作組織，各不相謀，不知以有餘助不足，因此本月一降大雨，便感秧苗缺乏，本署乃規定調節秧苗辦法，令飭各聯保鎮知保甲長遍斷辦理，並派員分頭下鄉調查，令有餘者撥注不足之家，以免缺秧農民坐失時機，本月經本署調節者，計有四百餘戶，區內農民一律插齊，尚無荒蕪田畝之家。

二，考查害虫，本月在玉蜀黍中發現一種極爲少見之害虫，其形如蛆，蛀食莖心，凡遭嚼食者，無不枯萎而死，查其爲害情形，在近河沙土每百株中約有十三至二十七株，近山泥土中約有七株至十三株，當將該項害虫捕裝二瓶，送請中央農業實驗所及四川稻麥改良場查驗定名，並乞指導防止辦法，已得稻麥改進所復函，據研究結果，謂係大螟虫，防止辦法，須將被害苗株，連根拔起，勿令害虫外逸，用火焚燒，以免轉移爲害，並可免夏秋間轉食水稻，尤須每日觀察未經虫害之玉蜀黍，如見葉稍及葉心間之害虫卵塊，須一一捏死，免其繁殖長成爲害。

三，調查蠶農：本區蠶農，前經函請江北水土沱蠶桑指導所，發給春蠶種子七百張，轉發區屬農民飼養，本月已屆收繭之期，爲明瞭飼養成績及分配秋蠶種起見，特派職員分往區內各養蠶之家調查登記，計春季全區共收繭子二千一百二十三斤，悉數售與生絲公司，卽以此爲秋季散發蠶種之根據。

四，整理縣峯岩水堰：區屬縣峯岩水堰，長達二百一十六丈，蓄水可灌農田三百餘石，前曾一再籌商，全堰用石質建築，預計需銀六百餘元，因此費用過大，無法籌措，停止進行，本年入夏以後，該堰附近農民被旱之田，多賴此堰之水播種秧苗，惟稍遠農田不能引以灌溉，乃爲暫時救濟計，商得受益農家代表喩元輝同意，改用楠竹修造，業已購好一百五十根，商定待農民玉蜀黍收穫後卽行興工。

五，整理電話：本署鄉村電話，上通合川，下達重慶，尤在峽區與江巴璧合四縣各場，相互通達，素稱便利，本月因洪水爲災，又兼一再暴風急雨，電線電杆倒斷極多，乃派工分段加緊修理，安杆架線，尅日辦理完竣，照常通話，又新安署後馬鞍石碉樓電話機一部，該處爲北碚陸道咽喉，公安一隊展崗哨設置於此，以資靈通消息。

六，補修馬路：北碚清和路爲市街通區署三峽工廠及科學院之要道，終日行人絡繹不絕，本月因洪水爲災，冲毀一段約長十餘丈，乃由該隊負責補修，派兵搬運鵝卵石石灰等材料，加工修築，挑挖土方及砌面等工作，由士兵擔任，安砌脚石及溝坎，雇石工担任，全部工程現僅作有十分之一，須待下月乃可完成，所需費用由區署工廠科學院三機關担任。

七，整理河街；北碚河街之溫泉嘉陵兩路，本月均被洪水淹沒，街道多被沖壞；水退後即由該隊派兵挑洗潮泥，並雇石工補修街面。

八，繼續燒磚贈送學校；該隊新門洞黃炎溝兩礦場之派出所士兵，燒磚贈送澄江小學建築校舍一事，本月仍繼續辦理，計燒出青磚一萬五千塊，已派兵運到澄江小學八千塊，其餘待下月起運，此項工作所需燒窰煤炭，係向寶源燧川兩煤礦公司勸募，本月各募得八石，故成本不多，對澄江小學祇取極少代價以作津貼。

九，博物館參觀人數統計；本館五月份參觀人數共一千三百三十八人，男佔一千一百九十六人，女佔四十七人，以職業分農民佔六七十人，工人三百五十六人，商民六十三人，學生四百六十六人，軍人三百六十人，政界三十三人，無職業者二十一人，以籍貫分，安徽二人，湖北四人，河北十人，江蘇三人，省內一千三百一十九人，與四月份人數相較，本月減少二十五人。

十，孵化北平鴨蛋三十六枚，意大利雜交蛋二十枚。

十一，修理孔雀籠；上海市動物園贈送本園孔雀一隻，已於本月運到，放入原有孔雀籠內飼養，以便遊人參觀。

丙，教育方面

一，學校教育

1. 檢查學校清潔：本月十六日，全教育股職員分三路出發，視察區屬各校清潔，共計視察高級小學四所，初級小學四十五所，其中高級小學清潔成績最優者，以北碚小學爲最，得七十四分，澄江小學次之，得六九，五分，黃桷小學又次之，得六七，三分，初級小學成績最優者，以黃桷鎮第七保者爲最，得八三分，黃葛鎮十九保者次之，得七九，四分，北碚十六保者又次之，得七六分。

2. 造報教經收支計算：本區二十五年度七至十二月地方教育經費收支計算，業於本月造報專署及省府核示，計收入五千七百四十七元四角七仙，支出一萬另三百八十六元六角七仙，收不敷支，息借四千七百元，收支相較計結存洋六十元另八仙。

3. 視察學校；本月派員視察各校成績，優良者予以加薪，或嘉獎，庸劣者予以處罰或停職，以資獎懲，玆將本學期初級小學五十四所，校中成績優良各校教員表列如下；

鎮別	校址	教員姓名	備考	鎮別	校址	教員姓名	備考
北碚	二十保	童道一		澄江	七保	王仲倫	
	廿四保	鄧少安			二十保	陳天寧	
	十九保	洪君輔		文星	六保	曾國光	
	十六保	陳大仁		黃桷	十一保	顏士咸	
黃桷	十三保	余文華		北碚	九保	楊奇勛	
	十六保	劉學濂			十二保	王滌恩	
	十九保	周緝熙			三十保	王興誠	

二，整理二十五年度下期教育經費：區屬黃桷文星兩鎮教育經費，原係由該兩鎮區立學校代收，但各承包商人常有拖延不繳情事，以致應需經費，常感困難，幾陷於不可維持之境，本署鑒於此弊，乃派員將全區教經切實整理，由署派員招商承包，較前計增一千六百四十二元五角，玆將標包各捐列表比較如下；

捐目	原收金額	現收金額	比較往年增收金額	備考
黃桷碗捐	一九二·〇〇	二〇五·〇〇	一三·〇〇	係標包以年計

北碚斗息捐	三四〇，〇〇	一四二〇，〇〇	一〇八〇，〇〇	同右
房地租	六二九，〇〇	八八九，九〇	二六〇，九〇	整理增加
北碚猪市官秤	一〇八，〇〇	三〇一，〇〇	一九二，〇〇	
屠市地租		九六，〇〇	九六，〇〇	
合計	一二六九，四〇	二九一一，九〇	一六四二，五〇	

三，民衆教育

1. 演習消防；本月一日晚十時就北碚崗上瀟廁所點燃，一面派兵沿街鳴鑼，召集全市消防隊前往施救，原來編定之運水撤卸各隊，登時趕到火場，分頭施救，當即將火撲滅，事後召集救火各隊，在民衆體育場逐一獎評，使咸知此種工作之意義及重要。

2. 勸令儲水防火：本月天氣亢陽，誠恐市民不愼，發生火警，乃勸告市民，各將本段太平缸挑水儲滿，并每戶水缸每日亦須挑滿，隨時由公安隊派員檢驗，以防不虞。

3. 清潔訓導：就檢查市民清潔之便，告以溽暑時期必須注意公共衛生，方能發生疾疫，減少病患，訓導事項：（一）居室須隨時掃除清淨，凡有渣滓必交清道夫運出掩埋，（二）飲用水須用沙缸濾過，須用河水，不可挑換塲不潔井水，（三）各旅食店如茶館，酒館，酒店，飯店之類，須照舊定辦法，比賽清潔，每週由公安隊派員檢查，成績優者獎給清潔牌一塊，以資鼓勵，劣者則給予不清潔牌，懸掛店門，以資懲戒，凡受給予不清潔牌之處分者，隨即掃除清潔，報請查驗，三日外即撤去，因此無不注意清潔。

4. 增添巡迴文庫：該隊駐在之黃葛鎭原設有閱報室圖書室供給民衆閱覽，本月以閱覽者加多，原有之圖書甚少，又巡迴文庫又祇一個，不敷應用，乃請求北碚民衆圖書館增發巡迴文庫二個，共增圖書二百餘册，陳列圖書架上供人閱覽。

5. 圖書巡迴：本月份民衆圖書館繼續發出巡迴文庫十個，計區署內財教建各股一個，北碚黃葛區立小學共二個，公安二中隊北碚十七保二十保十保義務小學各一個，皆係按照各機關人員所需要者配借，又巡迴圖書担本月在北碚市內各路送書四十一次。

6. 整理報紙；民衆圖書館歷年搜藏各種日報，除按月裝訂成册外，缺少整理功夫，本月特逐一追加登記，并記入目錄卡片，一面用牛皮紙加裝封面，每月一册，註明報紙名稱年月，計共有成，渝，京，滬，天津，北平，廣州，武漢等處日報十四種，四百另二册。

7. 添設新聞簡報；該隊駐在之澄夏兩鎭，因交通不如北碚之便利，每於時事消息難以得聞，又前設之新聞簡報牌，感覺甚少，不敷應用，乃添做六塊，懸掛市內衝要地點，每日將嘉陵江日報收音機收得消息，就簡報牌上摘要公佈，俾人民得悉目前國家情事。

8. 閱覽圖書統計，本月公安第二隊所設之圖書閱覽人數爲五百一十三人，又澄江鎭圖書館統計閱覽外借一千五百六十三人。

9. 閱覽圖書統計：本月公安第三隊所設之圖書閱覽室閱覽人計一千零五十人，公安第三隊計閱覽人數爲五百一十三人，又澄江鎭圖書館統計閱覽外借一千五百六十三人。

七月份

甲，內務方面

一，點驗壯丁：本署上月會訓令區屬各鎮整頓壯丁，預備點驗，本月據各鎮先後造具壯丁武器清冊，呈報到署，卽於二十三日起派員分兩組，擇北碚貧富懸殊兩保（八保與二十四保），試行點驗，作爲實習，以便看出問題，於進行方法上取統一之步驟，實習結果，復於二十五日派員分頭出發，到各保正式點驗，預計全區百保，在下月中旬，方能點驗完竣，所有點驗成績，俟下月彙報。

二，調查本期保甲經費：本年度保甲經費，遵照省府規定，以恆產恆業之多寡作徵收之標準，本月正值二十六年度開始之期，所有上期保甲經費亟應着手調查，以便徵收備用，茲爲預防隱漏及描同作弊起見，先行令飭各鎮保長，按戶查報，再爲派員前往復查，幷將調查結果，列表公佈，如有發現公佈之恆業恆產數目不實者，准保內居民在半月內密報來署，以憑查究，本月正派員復查中，預計在八月上旬，方可查竣公佈。

三，結束茶房訓練：民生公司於本年五月招致茶房五十二名，送請本署代作軍事訓練，當經指定北碚新營房爲駐地，派員幫助，於五月十日起，開始訓練，術科由單人教練至排教練，學科由軍事常識至茶房技術，截至上月底，訓練完結，於本月五日，派員率領送渝，交該公司點收，分別調上輪船服務。

四，賑災統計：本區災情慘重。前經呈准省賑委會，撥款二千元，到區賑濟，於六月二十九日開始發放，經於上月份具報在案，本月發放完結，會將散放經過，專案呈報省府及省賑會備查，茲將統計數字列表如左：

鎮別	發出賑票數	散放賑款數		受賑戶數	受賑人數	備註
北碚	三二一張	四五二	〇〇	三二一	一，四六二	
黃桷	三六九	五一六	〇〇	三六九	一，六七二	
文星	三二九	四八四	〇〇	三二九	一，五七〇	
澄江	三九一	四四五	〇〇	三九一	一，二七三	
二岩	七九	一〇三	〇〇	七九	三三九	
合計	一，三八九	二，000	〇〇	一，三八九	六，三一六	

五，案件統計：

案件類別	承審室	公安第一隊	公安第二隊	公安第三隊	案件合計
竊盜	七	三	五	三	一八
教經	二				二
神會	二				二
姦拐	一	一			二
遺棄	一				一
傷害	一				一
債務	二	五		三	一〇
家務	一				一
鬥毆	一	三			三
違警		八		一	九
賭博			三		三
會務			五		
租佃			二		二
糾紛			一八	二	二〇
婚姻				一	一
總計	一七	二〇	三三	一〇	八〇

六，公安狀況：

1. 公安第一中隊：一，救助水災，本月嘉陵江水暴漲達八十七尺以上，北碚沿江各街，悉被淹沒，幾占全場戶口半數以上，此次江水上漲，非常迅速，居民運物撤房，俱來不及，該隊乃全體動員，一面就場之西端搭設浮橋（因大水時三面環水）以利交通，一面派兵日夜幫助災民搬運器具，及代撤房屋等事，復請修築靑北馬路駐軍，一六一師三旅六團一營官兵，幫助人民搬水，在大雨淋漓下，前後工作兩晝夜，頗得一般民衆之感頌。二，募捐施粥，當北碚江水暴漲之際，江邊人民舉室搬遷，無家可歸者，逐處俱是，該隊一面設法收容，指定駐地；一面勸募捐款，會同民教委員會，設廠施粥，以資救濟，計共施粥五日，共耗米三石一斗。三，統計受災戶口：此次漲水，前後計達半月之久，從七月十三日起，至七月下旬，始退還原狀，當上漲至最高度時，猶穩定三日，方漸下退，統計北碚市街，被淹災民，共二百四十戶，占全市戶口十分之三，損失約達六千元，調查全區人民之財產房屋及農作物等損失，約計在六萬元以上。

2. 公安第二中隊：一，繼續訓練勞服團，黃桷鎮勞服團，從六月一日起加緊訓練後，迄未改變課程。本月以天候過熱，乃開會決定，改爲逢五逢十兩日晨間，各訓練一次，并每十日演習緊急集合一次，又白廟子勞動服務團，業於本月上旬正式開始訓練，共有團員四十二人。二，訓練勞服團幫助公安工作，黃桷鎮及白廟子勞服兩團團員，令於場期及操作之餘，實習下列工作，（一）演習防火。（二）檢查清潔。（三）宣傳公共衛生，禁售瘟豬肉。（四）禁打赤膊。（五）檢驗小食攤担，清潔者始發給營業證。三，限制小船搭客人數，本月洪水泛漲，過河小船，及順江攬儎，間有失吉事件，爰派兵常川檢查渡口，除注意盜匪外，尤限制容量，過江小船以載八人爲度，出口攬儎，則以裝至該船所劃之保險綫爲度，俾防不虞。

3. 公安第三中隊，一，檢查船隻，該隊爲嚴防匪徒乘隙竄入計，每逢場期，規定停泊木船，一律靠澄江鎮碼頭，以便檢查，凡有形跡可疑之人，須經檢查後，方准入場，以免土匪喬裝混入，爲害治安。二，清潔檢查，規定澄夏兩鎮市街，須隨時掃除，陰陽溝渠，須隨時疏通，不准留儲汚水，由該隊派員，每日檢查一次，如不清潔，即由當地保甲長負責，并召集各旅食店，開清潔會議，飭其注意公共衛生，凡與生活有關之一切器具及飲食等，須十分清潔，每日由隊派員檢查一次，分別優劣予以奬懲。

七，組織救護隊——本月份因洪水爲災，避水人民，風餐露宿，疾病叢生，本院除組織救護隊，隨時巡迴治療外，復將門診處治療時間延長，以便受病人民，多有診斷機會。

八，幫助北碚小學檢驗新生體格——北碚小學，秋季招考新生，報名者達四百餘名，該校函請本院代爲檢驗體格，當經驗出有心臟病及有砂眼者，共一百餘名。

九，治療情形——（一）治療區署內外病官兵四百二十五名，普通內外病一千一百六十三名，共計一千五百八十八名。（二）割除痔瘡兩次，膿腫三次，乳腺膿腫切開一次，在肋骨取刺入腹壁鋼針一次，施接骨手術二次，接生三次。（三）戒脫煙民八人。

乙，建設方面

一，籌辦包谷展覽會；本區農產品，除稻麥外，以包谷爲大宗，因一般農民，墨守成法，不知改良，生產無由增加，乃籌備舉辦包谷展覽會，分別在區內各場舉行，公開展覽，以資提倡，選擇優種，淘汰劣種，限於本月籌備就緒，定八月一日至五日，每場展覽一日，復合五場品種，在北碚總展覽一日，以謀改進耕作方法，增加生產數量。

二，徵集奬品；上述籌備之包谷展覽會，爲提起農民參加興趣起見，除向農民解說展覽意義，及比賽優劣外，特編印募捐啓事，公開募捐，業已奉到三區專員公署奬旗四面，分題爲「務農爲本」，「以富敎民」，「生聚有方」，「物阜民康」等字，并由本署製發毛巾一打，手巾一千張，白布一段，以作奬品，此外各方奬品，正陸續收集中。一俟展覽結果，即分別優劣給奬。

三，籌商改良水稻育種：我國農產品，以水稻爲大宗，祇一般農民，墨守成法，不加改良，遂致生產日漸減少，外米侵入，成爲極大漏卮，以此水稻育種改良，實爲目前當務之急，本月特派建設股主任黃子裳，偕同農業技士到四川稻麥改進所合川分場，籌商本區水稻育種改良辦法，并聯絡一切，一面函請成都總場，派專門人員前來指導進行，已得復函允可，一俟成都總場派員到達，本區水稻育種改良事宜，即着手辦理。

四，收回洋芋借款：本署於本年春夏之間，爲救濟旱荒，曾派員購買洋芋種子一萬餘斤，借發區屬農民栽植，本月已獲豐收，各鎮農民紛紛還種，本署以收回後，又須借出，殊費周折，乃佈告區屬農民，凡借洋芋種子之家，悉照成本折合市價歸還，每斤以三仙五釐計算，前定加一償還之息，概予豁免，以示體恤，定本月二十二日至三十日爲歸還期，繳由各鎮聯保辦公處彙送本署，用省手續。

五，調查蠶農收穫：本區蠶桑，曾於去年派員調查，本年春季接洽江北蠶桑指導所，領回改良蠶種七百張，散發區屬蠶農飼養，本月蠶繭登市，所有飼養成績，急待明瞭，特派員分別下鄉調查，所得結果分述於下：

（一）北碚鎮——有桑樹五九九一一株，約產桑葉三四，五七〇斤，領春蠶種二三六張，收繭一，四五四斤，售款四八四，二六〇元。

（二）黃桷鎮——有桑樹一四四五八株，約產桑葉一二〇，一〇〇斤，共領春蠶種一四四張，收繭一，九四一斤，售款七五七，四八〇元。

（三）文星鎮——有桑樹六，二六五株，約產桑葉九六，五五〇斤，共領春蠶種二，四四張，收繭三，七〇八斤，售款一，三八九，五四〇元，合計共收繭子七，一〇三斤，售款二，六三一，二八〇元，本年春蠶因受蚊虫之害，故收穫欠佳。

本署於調查蠶農飼養春蠶成績之便，復作需用秋蠶蠶種之調查，計北碚需一七六張，黃桷一七四張，文星一六一張、合計五一一張，正與蠶桑指導所商領轉發中。

六，提議建設方案：本月二十二日，奉省府建字第一三四三五號訓令，召開第二次建設行政會議，令飭赴省參加，惟時因地方不靖，點驗壯丁，救護水災諸務，急須辦理，未克赴省參加，當即擬具提案，請託四川蠶桑改良場川東分場場長陶英，代表本署出席，玆將本署提案，分述於下：

（一）創設區鄉及學校寺院苗圃，勵行造林案。

（二）創設燐肥廠，以助農業案。

（三）倡辦表證農業，以資改進案。

（四）獎勵自耕，爲改良農業基本案。

（五）有富力之縣份，應設小廣播電台，以資聯絡案。

（六）臨江各縣，沿岸劃設水表，預悉水災案。

（七）設薰蒸室及巡迴消毒，以防病虫害，而增生產案。

（八）設立農具製造廠，以利農工案。

（九）創設除防病虫藥劑廠案。

（十）鄉村學校，須繪製各項農作物及病虫害之圖說，及模型標本，與實物對照作爲教材案。

（十一）普修塘堰，以防旱災案。

七，整頓廁所：黃桷鎮附場各處，以窮民漁利，挖設露天廁所，行人通過，穢氣四溢，實於公共衛生大有妨害，特爲開導該地居民，令其一律取銷，又鎮內公共廁所，無人注意清潔，在玆溽暑之際，穢氣薰蒸，殊爲羣衆之害，乃責成廁所主人，每日用石灰消毒一次，並掃除乾淨，以重衛生。

八，挑運潮泥：本月洪水泛漲。黃葛鎮之街道橋樑，多被淹沒，潮泥堆積，高至數尺，水退之後，交通頓行不便，公安第二中隊，乃派閒班士兵，加緊挑運，經時三日，各道完全回復原狀，行人稱便。

九，修整道路：黃桷鎮馬房巷子，爲往來要道，惟年久失修，行走不便，該隊乃派兵協同勞服團團員，募捐石灰，將該巷完全改築，計長十餘丈，打成三合土，以利交通。

十，石灰業之經營：公安第三中隊派駐新門洞維持礦場治安之士兵，每於操課之暇，就地取石，設窰燒石灰，每週可出石灰一窰，約重二千六百斤，合計本年已出石灰四萬餘斤，大部份作供澄江鎮建築學校之用，祇取最低本金，作爲士兵獎勵，不算利息。

十一，水災後之整理：本月嘉陵江水漲至八十七尺以上，災害之大，爲十餘年來所未有，澄江夏溪兩鎮房屋，多被淹毀，當於水退後，派兵逐一整理，辦法如次：

（一）凡必須取締之廁所，已被潮泥壞者，卽行取銷，令知市民，不得再建，以重衛生。

（二）從前建築不合規定之房舍，既被水淹，拆卸以後，重建之時，悉依規定建築。

（三）各處淤積潮泥，由公安第三中隊派兵會同當地居民，協力挑運，以利行人。

（四）各處路道被水冲壞者，由隊派兵修復，以利交通。

丙・教育方面

一，舉行小學畢業競考：本署爲愼重考試起見，所有區屬各小學畢業學生，一律令其到署會考，當於本月六日，在北碚小學舉行考試，情形如後：

（一）考試人員：教育股全體職員担任。

（二）考試科目：高級部國語，算術，歷史，地理，自然，衞生，初級部國語，算術，常識。

（三）與考學生人數：高級生十九名，初級生八十八名，

（四）考試成績：此屆會考成績，以北碚小學爲佳，各義務校次之，黃桷小學又次之，高級畢業生第一名喻顯偉，平均分數八十三分，初級生第一名鄧石柱，平均分數八十八分，均屬北碚小學學生，隨即分別塡發畢業證書。

二，申送教師受訓：本署奉到省府訓令，規定申送小學教師三十名，前赴重慶暑期普及教育師資訓練班受訓，本署當即遵令申送，除周傳微一名，因病中途折回外，其餘齊往受訓，計有舒杰等二十九名，茲將姓名列後

舒　傑　傅新波　章石若　吳純儀　楊奇勳
余俊賢　王滌思　陳大仁　童道一　陳　樸
洪君輔　鄧少安　鄧彥夫　王興誠　顏士威
陳天寧　劉宗廉　周吉熙　曾國光　劉敏樹
周洪淵　羅樹卿　舒　瑞　吳碧屏　陳致中
邱競華　楊輔勛　錢光武

三，考核教師成績：本月正値各校期終試驗完結之後，所有區屬各校小學教師，教學成績，特加考核，其成績優良者，加薪留任，劣者記過停職，以資獎懲，茲將考核結果，表列於後：

（一）加薪留任教師姓名表

姓名	原有月薪	加給數目	姓名	原有月薪	加給數目
劉一萍	十一元	一元	周傳微	十一元	一元
鄧少安	同	一元	周洪淵	同	一元
劉學濂	同	一元	洪居輔	同	一元
王滌恩	同	一元	顏士威	十二元	一元
王興誠	同	一元	劉壁光	十一元	一元
周緝熙	同	一元	陳天寧	同	一元
陳大仁	同	一元	陳致中	同	一元

（二）留任教師姓名表

羅素卿　楊奇勳　余俊賢　童道一　張　思
曾濂君　鄧少安　鄧彥孚　陳　樸　舒君瑞
余文華　明旭之　曾國光　劉敏樹　邱競華
吳碧屏　楊輔勛　王仲倫　何堯階　馮　超
錢光武

（三）停職教師姓名

吳素樸　右中權　吳龍文　吳進修　馮凝冰
汪能曲　梁　星　祝維恆　黎　浣　馮壽康
賀向郭　郭敬修　姚明喬　劉晏林　祝維珍
何謙修

四，婦女補習班授課情形：本署爲謀增加婦女生活技能及知識起見，在北碚創辦婦女職業補習班一班，於五月十八日開學授課，共有學生二十五名，分爲兩級教授，茲將本月份教授情形述後

（一）國語：民衆婦女課本第二冊第四冊，均將教完。

（二）常識：搜羅婦女必需之常識，用韻文編成講義，學生誦讀，頗有興趣。

（三）手工：編麥草扇及草帽，本月共編草帽二十五頂，完全贈送救水人員。

五，幫助訓練孤兒：北碚士紳李會楓等，勸募捐款，設立孤兒院，收容棄養兒童，計已先後收容孤兒七十餘名，特由本署派員幫助該院訓練，情形

如左：

（一）讀書：教完老少通課本八課。

（二）音樂：教會黨歌，不買仇貨，歡迎歌等壹二首。

（三）國術：授國術十一小時。

（四）軍訓：整隊法及轉法。

六，民衆圖書館工作摘要：

（一）蒐求組：：北碚月刊社贈送雜誌刊物五十四種，內有二十餘種，均爲本館過去收藏所無，悉數編目陳列。

（二）典藏組——本月十六日江水暴漲，本館將及進水，故將全館圖書，搶運出館，江水下退時，又復搬回，依次上架，恢復原有秩序，故典藏工作，非常忙碌。

（三）閱覽組：：按日選擇新到雜誌要目，向閱覽人介紹，並編寫廣告宣傳，吸引大衆讀書興趣，隨時更換陳列室閱覽室新書，以便觀衆閱覽。

（四）閱覽統計：本月份共開館二十九日，閱覽人數，共計八千七百三十九人，職員佔一千零四十七人，市民佔三千一百五十一人，學生佔二千七百零九人，兒童佔一千六百七十四人，室內借閱一百五十八人。

八月份

甲，內務方面

一，點驗壯丁成績：本署爲明瞭區屬民衆武力，及各鎮辦理壯丁成績起見，上月會訓令各鎮，造報壯丁武器清册，聽候點驗，業於上月二十五日派員分赴區屬各鎮開始點驗，迄本月下旬逐保點驗完畢，所有成績優良之保長，分別特等甲等，給予奬勵，計特等奬洋五元，甲等三元，成績庸劣者，處七日以下之拘留，或三元至五元之罰金，其奬金係購成磁碗等予等，題字給予，玆將點驗情形列表於下；

鎮別	壯丁人數（名）	槍支數目 步槍	槍支數目 明火槍	子彈數目（發）
北碚	一一五一	二五三	一三六	一四二二
黃桷	一〇一五	一一九	三一	一三一一
文星	四九一	一三五	四六	七八二
二岩	二四三	七〇	一三	一三八五

受奬者 保別	受奬者 姓名	考語	奬金數目	處罰者 保別	處罰者 姓名	考語	拘留或罰金
十二保	蔣平川	集合迅速人數特多	五元	十三保	蔣錫堯	訓練不力壯丁特少	三日
廿八保	明海清	同上	五元	廿二保	何子華	不盡職守	七日
十二保	李庭輝	同上	五元	十六保	李石磬	集合遲緩	二日
十三保	李西北	勤於職務集合迅速	三元	十六保	劉義成	同上	三元
八保	劉銀成	同上	三元	十二保	肖玉仙	訓練不力壯丁特少	三日
四保	周文問	同上	三元	五保	劉合泉	不盡職守	七日

澄江	九二五	二三六	九八	四三九九	十四保	向炳云	同上	三元	十保	王光武	訓練不力	三日
					十五保	王賓彬	同上	三元	十保	王德明	同上	三日
合計	三八二五	八一三	三二四	九二九九	八保	八名		三〇元	七保	八名		
說明	黃桷鎮十六保交卸保長李石聲及新任保長劉羲臣互相推卸兩不負責貽誤要公各處拘留三日以示薄懲											

二，參加聯防成立會：江合邊境之大茅坪白峽口等地，接近華鎣山，爲歷來盜匪盤踞之所，山深林密，幅員遼闊，不易搜剿，以致成爲盜匪淵藪，年來雖經本署一再痛剿，然兵來匪去，兵去匪來，卒無肅清之望，因此乃於去年秋間，會同江合兩縣縣長，商定在白峽口設立江合兩縣暨峽區聯防辦事處，公推趙璧光爲主任，李秉奎爲副主任，以資常川駐剿，當經擬定辦法，會銜呈准三區專員公署，委任籌劃進行在案，該辦事處因種種障礙，遲至本月四日，始正式成立，本署曾派內務股主任，率隊前往參加，并派左分隊長明德，率同士兵一分隊，駐紮該處，幫助勦捕事宜。

三，整理倉儲：區屬各鎮積谷，除北碚現有九十八石，文星五十九石，可以清理收回外，其餘或爲軍隊提賣，或爲劣紳侵吞，早已無存，值茲旱災頻仍，迭奉上峯嚴令整理倉儲之際，特遵照三區專署所頒辦法，製定積谷調查表，徵收倉谷比率表，分別令飭區屬各保，限一週內調查完竣，俟秋收後，即按照比率收谷，由各鎮公推正紳，成立倉儲管理委員會，負責保管。

四，慰勞救水員兵：上月江水暴漲七十餘尺，爲十餘年來所未有，北碚低下街道，全被淹沒，當由本區公安一中隊，主持救水，請同修築青北馬路駐軍，一六一師部營派兵一排，及區署代民生公司訓練之職工義勇十餘人，又公安一中隊全體官兵，一致幫助民衆搬水，房屋器具，多賴保全，以此北碚民衆深感救護之力，本月水已大退，秩序恢復，紛紛請求區署轉飭民衆教育委員會游藝學生班，演戲慰勞，以申謝忱，當經准許於本月二日，在北碚民衆會場，開會慰勞，由區署派員主持，一面令民衆代表申述謝忱，並演說互助意義，會畢表演川劇助興。

五，結束孤兒院：北碚富紳李會極等，月前爲救濟被棄兒童，在北碚設立之孤兒院，先後收容孤兒七十餘名，所需經費，因毫無基金，概係募捐維持，實感無法繼續，乃派員赴渝與重慶孤兒院接洽，請將北碚孤兒院併入該院，當得同意，於本月十三日，由該院教務賀雪生先生來碚接收去訖，北碚孤兒院遂告結束。

六，案件統計：

案件類別	承審室	公安第一隊	公安第二隊	公安第三隊	案件合計
盜	五	三	五	五	一八
清理公欵	三				三
傷害	一				一
姦拐	一				一
侵佔	一				一
債務	五	三	一〇		一八
	一				一一

槍彈	一				一
拐逃		一	一		二
鬥		三		五	八
口角		四			四
糾紛		五	一七	一二	三四
會務			五		五
租佃			二		二
婚姻				二	二
誘姦				一	一
總計	一九	一九	四〇	二五	一〇三

七，公安狀况及訓練

1. 公安第一中隊：一，訓練士兵報告時事，該隊以抗戰展開，爲喚起民衆抗敵情緒起見，每月選擇關於抗戰重要消息數則，訓練士兵熟讀，於場期向民衆報告，二，舉行清潔大檢查，該隊於未施行檢查之前，通知北碚全鎮居民，每戶一人，到民衆會場開會，說明檢查清潔意義，及檢查辦法，隨於本月十六日，由該隊官長，分六路出發，分別檢查街戶清潔，會將檢查成績，在民衆會場，當衆公佈，以資獎勵，三，整理旅食店清潔，北碚旅食店清潔，早經施行檢查，製有「清潔」及「不清潔」木牌，懸掛戶首，作爲獎懲，推爲時稍久，漸多廢弛，本月復召開會議，加以整理，凡與旅客生活有關之一切器具及食物等，皆須注意清潔，每十日派員檢查一次。

2. 公安第二中隊，一，提倡清潔，該隊就分住黃桷文星白廟子等三處維持治安之隊伍，竭力提倡清潔，凡街市商店住戶，隨時派員檢查是否清潔，且須相互比賽，其持清潔者，在公共集會中公佈嘉獎，並製紅色清潔牌二十塊，分給最清潔之旅食店懸掛，以資鼓勵，其不清潔者，則以黑色不清潔牌懸掛其門首，以資懲儆，待其清潔可觀後，方予取銷，二，整頓東陽鎮清潔，東陽鎮爲黃桷鎮所屬之么店子，有住民百餘戶，從前辦有兩級小學一所，所有該地清潔責任，經公安隊整頓就緒後，交該校督促住民繼續保持，年前該地小學停辦，清潔逐漸廢弛，該隊乃於本月派兵一班，幫助該處大掃除一次，以後清潔，交由該地保甲辦理，每日派巡邏檢查一次，並予說明清潔與人生之關係，俾明公共衛生之重要。

3. 公安第三中隊：一，加緊訓練勞服團，澄夏兩鎮勞動服務團，由該隊負責訓練，本月爲完成第二個月訓練計劃起見，將學術各科於三六九日晨間，各加授半小時，如無故缺課者，即罰令幫助澄江小學挑運磚瓦及補修馬路工作，故人數整齊，尚少缺課，二，小食担清潔檢查，該隊對於街市清潔，及滅蠅運動，本月定爲中心工作之一，茲復規定小食攤担之清潔檢查，凡以攤担售賣食物者，每日須先挑到公安隊檢查，認爲合於規定，發給檢查證者，方准營業，以免防害公共衛生。

八，第三次訓練江湖醫生：逢場設攤賣藥之江湖醫生，區內各場爲數甚多，曾經地方醫院先後召集訓練兩次，醫術過劣者，飭其改業，合格者，由該院發給執照，以憑行業，本月該院查有伍鴻洲，萬少林，孫煥章，殷惠生等四名，尚未受訓，乃召集到院，加以訓練，現已訓練出院。

九，治療情形：本月施行急救十一次，出診七次，施行手術五次，接生三次，門診治療本署官兵四百四十一名，普通病人一千二百五十八名。

乙，建設方面

一，舉辦包谷展覽會：本區農產品除稻麥外，以包谷爲大宗，因一般農民，不知改良，致鮮成績，區署爲提倡改良品種計，於上月令飭區屬各鎮，籌備開會展覽，以資選擇優種，比賽成績，旋於本月一日至十五日，分別在各鎮聯保辦公處先後舉行，由區署建設股派員到場主持，并函請各地老農及本區在農業上素負盛名之冉大南瓜吳大蘿蔔等多人，担任本會評判，最後復在北碚聚五鎮包谷，作總展覽一次，成績分述於後：

（一）參加戶數：北碚鄉一百一十七戶，文星鎮一百戶，黃桷鎮一百一十七戶，二岩澄江兩鎮共六百一十六戶，總計九百五十戶。

（二）核定成績：以五鎮比較，文星鎮爲第一，澄江二岩兩鎮爲第二，北碚鄉爲第三，黃桷鎮爲第四，以農民單位比較，文星鎮祝得貴第一，李有成第二，劉淑聯第三，澄江鎮彭金山第一，方孝良第二，蔡順發第三，北碚鄉蘇德清第一，蕭洪全第二，蕭少全第三，黃桷鎮余成安第一，蠶絲改良場第二，劉青霖第三。

（三）獎品分配列表如次：

贈獎機關名稱	獎品名稱	數目	獎勵量：文星鎮	澄江二岩鎮	北碚鎮	黃桷鎮
三區專員公署沈專員	獎旗	四首	一首	一首	一首	一首
四川建設廳盧廳長	毛巾	三七張	一二首	一〇張	八張	七張
三峽實驗區署	特印手巾	一〇〇〇張	一〇〇首	六五四張	二七張	二七張
三峽實驗區署	毛巾	二四張	八張	七張	五張	四張
三峽實驗區署	土布一疋	四丈四	一丈一	一丈一	一丈一	一丈一
區署各股主任	手巾	一二四張	四〇張	三五張	二七張	二二張
附記	一，表列獎品係由本署發函各方徵集其有各鎮自行徵募之獎品即由各鎮聯保辦公處自行獎發成績優良農家未列入本表 二，徵集陳列之苞谷展覽後仍發還原徵農民					

二，調查全區包谷產量；本署為明瞭全區包谷產量起見，印製表式，派員下鄉挨戶調查，茲將調查結果表列如下：

鎮別	面積	數量：播種量	收穫量	備考

北碚	二一一四，一〇石	二七，〇四三石	二〇三九，五石	本表數字係以石爲單位面積一石約合舊制一畝
澄江	一三三四，二五石	一六，八〇七石	一一〇四，〇一石	
黃桷	一一四七，六〇石	一〇，八四七石	九九五，八〇石	
文星	八六五，四〇石	一二，一四八石	六四二，三三石	
二岩	六〇，三〇石	三，一四三石	二五〇，四〇石	
合計	五五二一，六五石	六九，九八八石	五〇三二，〇四石	

三，成立水稻檢定委員會；本區爲改良稻種，增加農村生產起見，前會函請四川省稻麥改進所，派員蒞區指導，該所於本月五日派遣農業技佐胡世昌前來，會同本署即日組織水稻檢定委員會，一面派區署建設股農業技士劉選青，協同胡技佐分赴本區各鎮調查水稻，擇定北碚鎮三十三保爲選種區，每保以五戶或十戶爲比較，當經選出『葉下長』『小葉糯』等粘谷水稻十餘種，每種徵集三百穗，送請稻麥改進所考驗品質優劣，區署復作播種試驗。以作將來改良參攷，茲將調查水稻種類分述於下。

1. 等泡齊 2. 葉下長 3. 小葉粘 4. 青線粘 5. 鬚鬚粘

6. 南端草 7. 鈎魚蘭 8. 大葉粘 9. 白陽粘 10 齊頭黃

以上十種，均係水稻粘穀。 11 黃殼糯 12 白殼糯

13 黑殼糯 以上三種，係水稻糯穀。

四，添設電話綫道：區署電話，原辦有相當成績，早於區屬各鎮，及重慶合川間架線通話、惟峽區各場，地瀕江畔，因之沿江電線常被水淹，或被暴風吹斷，茲爲預防交通阻礙計，復在江北境內東陽鎮上壩暨蠶桑改良場川東分場，添設電話，與本署啣接，以備重慶北碚專綫發生障礙時，可由江北與重慶通話。

五，認眞收音工作：區署收音機，本屬照常工作，近奉層峯命令，飭於收音工作，認眞辦理，因更嚴加整頓，以期靈通消息，每晚所收前綫抗戰情報，及內外重要消息，次晨即刊載嘉陵江日報，并用電話通知區屬各鎮聯保辦公處公安隊，用新聞簡報牌披露，俾使區屬民衆一體週知，激起愛國情緒。

六，限期採桐：區署奉到省府規定採桐時間之令文後，當即佈告週知，并轉令各鎮保中人員，對於農民詳加曉諭，須桐實成熟後，方能採摘，不准違規先期摘售，以致油質不良，區屬農民，均已遵辦。

七，豬畜調查：本署受家畜保育所三峽實驗區請託，代爲調查區內豬畜，當由本署派出調查包谷產量各員，附帶工作，除將調查所得，函送家畜保育所，作爲改良豬種參攷外，茲將統計數目表列於下：

豬畜種類表

鎮別	公豬	母豬	肥豬	架豬	奶豬	合計	備考
北碚	二	一七一	一三二	二，三三四	三五〇	二，九八九	

澄江	三	四七	五二	一•〇八二	一一三四	一•三一八
文星	一一四	六二	三一	一•〇一八	三三五	一，四六〇
黃桷	一	六一	五六	九五一	四二五	一，四九四
二岩	一	一二	一八	三一〇	一一六	四五七
總計	二一	三五三	二八九	五•六九五	一•三六〇	七•七一八
說明						

八，規劃建築：北碚挨河街道，建築多不一致，每擬取締，未得良機，上月洪水泛漲，溜河一帶街道，多被淹沒，或因避水撤卸，本月水退重新建築，公安一隊特規定建築房屋尺度式樣，令民衆遵照辦理，以重觀瞻。

九，開墾荒地：公安一隊利用士兵閒暇，開墾北碚馬鞍山荒地，以作將來造林之用，最近已開墾者，約計三畝有奇，現仍繼續進行。

十，豎立道路指引牌：公安二隊白廟子派出所，鑒於該處居民日漸增多，已成小型市場，惟各街道尙無標識。乃僱工製就街道指引牌二十塊，豎立該處各街巷口，以資識別，並於黃桷鎮安置道路牌四塊，指示車道渝合路線，便利行人。

十一，開闢黃桷鎮菜市場：公安二隊以黃桷鎮賣菜，尙無固定場所，每逢場期，菜販沿街叫賣，落葉遍地，不惟有礙市街清潔，亦復妨害交通，乃商同聯保辦公處，在場外租賃熟土，派兵開闢小菜市場一所，俾使人民交易，已於本月完成，并擬在場之週圍，栽植楊槐，點綴風景。

十二，規劃建築黃桷鎮溜河市街房屋：前因江水暴漲，溜河街房撤卸甚多，本月次第修復，由公安二隊恐其建築高低不齊，有礙市容，於尙未動工之先，規定建築式樣，及尺寸標準，佈告人民，遵照辦理。

十三，修整市街：自前兩次大水之後。澄江夏溪兩鎮，溜河民房，多半倒塌，街道被水冲壞，泥石堆積，凌亂不堪，公安三隊乃於本月力謀整理，派兵補助人民建修房屋，挑運淤泥，培築道路，現已恢復舊觀。

十四，幫助建築學校：澄江小學，因本年學生人數增加，原有校舍不敷應用，乃趁暑假期間，添修教室一幢，除將公安二隊新門洞黃炎溝兩處派出所士兵每月所燒石灰磚瓦。完全照工本售與該校；以資補助外，現以開學期近，爲期新修教室早日完成計，該隊復派士兵一分隊，幫助建築，純盡義務，刻已完成十分之八，下月即可竣工。

十五，修整道路：夏溪口到運河公園之道路，爲遊覽要道，本月因大雨冲刷，傾陷數處，行人咸感不便，公安三隊業於本月派兵修復。

十六，農場水災損失：民衆博物館農場一部份土地，位在嘉陵江河畔，前月江水暴漲，該館農場所育苗木全被淹沒，茲經調查完竣，計損失各類苗木共十五萬五千九百餘株，此項苗木以二十五年秋季及二十六年春季所種植者，佔十分之六，其餘則屬北碚小學附辦之農場菜蔬，連同農場房屋損失，約在一百三十元以上。

十七，更換陳列品：博物館峽區物產品陳列室，自二十五年雙十節征集峽區特產品陳列以來，迄今歷時已久，多被害蟲蛀蝕，本月份乃悉行更換他處風物，并加石炭酸保護，以防虫害，而利參觀。

十八，統計一年來參觀人數：博物館自二十五年四月份起，至二十六年七月份止，統計到館參觀人數，共三萬七千二百三十四人，團體八百二十個（共四千四百二十九人），合計男數佔四萬二千七百九十一人，女數佔一萬〇〇一四人。

十九，引導攝影，上海聯華影片公司來碚攝製風景照片，由博物館派員引導至澄江鎮運河公園，東陽鎮上壩蠶桑改良場，三峽染織工廠，北川鐵路沿綫等地，攝製風景照片。

二十，統計七月份參觀人數：計七月份到博物館參觀人數，共一千六百一十五人，女數佔六百二十五人，男數佔九百九十人，與上月份參觀人數比較增加二百〇六人。

丙，教育方面

一，調查學齡兒童：本署爲明瞭區屬學齡兒童總額起見，藉暑假期中，各校教職員休假之便，由教育股印製學齡兒童調查表一萬張，召集區屬各校校長教師會同教育股全體職員，分頭下鄉調查，並訓令公安一二三隊，及五鎮聯保辦公處，各保保長，盡力協助，現已調查完竣，所有學齡兒童數目統計如後：

1. 全區學齡兒童總數五千〇八十二名。
2. 應就學之兒童四千〇九十八名。
3. 初小畢業兒童數五十五名。
4. 輟學兒童數五百七十名。
5. 無力求學兒童數二百五十九名。

二，舉辦暑期教育研究會：區屬高初各校校長教師，共計六十五員，本期暑假，除申送二十九名入普及教育師資訓練班受訓外，其餘三十六名，乃由本署舉辦暑期小學教育研究會，召集各校長教師到會研究，研究科目爲，一，國音注音字母，二，各科教學法，三，二部制小先生教學實施辦法，此外并加授普通軍事訓練，研究時間爲兩星期。

三，佈告區屬民衆申送子弟入學：本署在未施行強迫教育之先，佈告區屬民衆，曉以施行普及教育之意義，凡學齡兒童，務須申送入學，以期教育普及，如不遵辦，查出實罰家長，至開學日期，區立各小學規定二十三日，短期及簡易小學規定九月一日。

四，規定推行義教辦法：本署爲求教育計劃，一體明瞭計，遵照部令印刷實施二部制辦法，巡迴教學辦法，及本署呈准之改良私塾辦法，及二年制短期小學暫行規程，課程標準總綱，學齡兒童強迫入學暫行辦法等項，印發各學校，按照規定方案實施，以規劃一，而免紛歧。

五，婦女補習班籌備畢業考試：民衆教育委員會辦理之婦女補習班，本月份趕將國語，算術，工藝學科等項課程，講授完畢，現正籌備畢業考試，下月可告結束。

六，問事處工作：本月幫助人民寫信十七封，引導參觀旅客四次，并收集防空常識圖片及國恥紀念日掛圖百餘幅，陳列民衆俱樂部，以資激起民衆愛國熱忱。

七、民衆圖書館工作摘要：

1. 編纂新書目錄，本月份編纂新書目錄八十一冊，填寫新書目錄卡片一百一十張，登記萬有文庫二集三期四期四百一十冊，添寫萬有文庫二集三，四期目錄卡片二百八十五張。
2. 續定書報，本月續定新蜀報及高初級英文週報各一份，又四川教育，新亞細亞，青年界等項雜誌，本月多未寄到，分別去函查詢補寄，并按日登記新到雜誌日報，并每日新到書報陳列於閱覽室，便人取閱。
3. 閱覽統計，本月份開館三十一日，閱覽人數共一萬一千二百三十九人，職員佔一千二百三十一人，市民佔四千七百二十五人，學生佔二千九百一十九人，兒童佔三千三百六十四人。

峽區要聞彙誌

（二十六年六月至十二月份）

成善磬

六月份

四日　一，區署派員前往區屬各小學視察義教施教情形。

二，省府發來民衆課本五百餘冊作本區民衆學校之用。

三，本區黃桷鎮文星北碚等小學教師紛紛遄往各該鎮各共學處視察。

四，前峽防局團務指導員戴爾勤創辦之瓦店子三塊田炭窰招雇力夫四五百名工資每名每月八元。

五日　一，北碚孤兒院召開院務會議推定李會極爲院會議長李君實爲院會議人數不得超過六十名院址暫藉公廟。

二，澄江小學利用端節宣傳民教灌輸現代知識。

三，區署派員至附近興隆歇馬兩場施種牛痘計時五日共種二〇三二人

六日　一，本區遭受旱災災情慘重會一再籲懇賑濟現已奉到省府訓令准撥款二千元。

二，鹽井溪今日突來匪徒二十餘人掠去槍數支拉去士紳二十餘名。

七日　一，家畜保育所兩月來共診治病豬六十一頭其中以患腸炎者最多。

二，民衆圖書館爲明瞭巡迴文庫閱覽情況考察巡迴路綫是否妥當並所配圖書是否適合讀者特派員巡往視察。

三，澄江鎮水嵐埡王香普等主辦一施粥廠救濟苦力。

四，金剛碑義務校舉行懇親會。

八日　一，北碚市政管理委員會召開改組會議遵照區署頒發組織章程辦理並選定馮智書爲主席。

九日　一，本區文獻委員會召開籌備會商討進行事宜並通過組織章程。

二，四川蠶桑改良場川東場場長井良瑩來峽參觀並赴東陽鎮上壩川東分場視察。

三，澄江鎮黃連嘴失火焚燬房屋三十餘家燒死小孩兩名。

十日　一，黃桷鎮公安第二隊召開遞防會議。

二，北碚小學組織兒童家畜保育團下鄉活動宣傳家畜保育常識。

三，黃桷小學新增四共學處連前共計有共學處五所學生二一三人。

十一日　一，修築璇峯岩水利造經計劃進行現已派員購妥材料督飭開工計堰長一六一〇尺需竹一三六根鉛絲一百丈總共需洋七十四元。

二，北碚第十六保召集全體農友成立農業改進會。

三，北碚孤兒院實施服務訓練分組拾檢桃核及組織滅蠅隊。

十二日　一，本區小學校長教師月會商組時事研究會規定各小學校均應一律遵辦。

二，北碚二十一保義校教師指導該保小先生閱讀嘉陵江日報。

三，黃桷鎮召街保甲開會商定恢復壯丁守夜輪流防守隘口嚴密清查戶口以防盜匪混跡。

十三日　一，區署建設股前在江北蠶桑指導所領回之改良蠶種七百張分發本

決收區蠶農茲特派員下鄉調查。

二，中國西部科學院地質研究所前受省府建廳委託調查四川地質礦產現第一組（卽敍屬一帶調查組）已返院調查結果以古藺礦產爲最富。

十七日　一，北碚孤兒院召開第二次院務會議。

二，區署派員赴北碚鄉各小學檢查清潔。

三，重慶行營官長捐薪兩萬救濟江巴兩縣災民巴縣散放組亦一組於本月抵碚賡卽開始發放。

十八日　一，前峽防局團務指導員盧爾勤君素秉熱心科學特於所經營之煤礦業收入項下每銷炭一噸卽抽銀一元捐助科學院。

十九日　一，夏節運動籃球比賽參加者共八隊結果體聯隊獲得冠軍。

二，區署派員檢查清潔結果以北碚小學最優文星小學最劣。

三，行營所捐賑款在北碚民衆會場開始散發重災者二角輕災者一角。

二十日　一，本區文獻委員會開成立會通過辦事規則修改大會章程辦公地點暫設關廟內。

二，中央軍校分校屯墾班學員五十二名來峽參觀。

廿一日　一，重慶行營派員來碚放賑三日共發出洋四百六十餘元受賑輕重災民共計二七九四人。

二，黃桷鎮第十一保成立農業自治會全保劃爲三區五日開會一次。

三，北碚聯保辦公處召開保甲會議商組聯合辦公處。

廿二日　一，本區禁煙分局督察長由局委鄧文炳充任於本日到職視事。

二，峽區地方醫院召江湖外科醫生開茶話會，由院長講演醫藥衛生常識。

廿四日　一，北碚公安第一隊召全市旅食店開會議決茶房衣服圍腰隨時洗滌并挨戶散發蠅拍。

二，區署代重慶民生公司訓練之職工義勇隊已於本日結束。

廿五日　一，距北碚約七十里之楊柳壩突來匪約七八十人區署得報當卽派兵四分隊前往進擊。

二，本區蠶農調查完竣據云一般農民因飼養清潔太差故多受實腫病

害。

廿六日 一，鄉村建設專家梁漱溟先生本日來碚參觀區署及各事業機關均派代表赴江干午歡迎後開歡迎大會並請梁氏講演。

二，區署爲推進新運工作及澈底整理清潔特派員赴各機關檢査結果以理化所及兼善校爲最佳。

廿八日 一，區署前由省賑會領得賑款二千元當卽派員復査各鎭災戶現已將黃桷鎭災戶調査完竣共有極貧災戶三百四十戶於本日按戶發賑共發出賑款五百一十六元。

二，文星鎭災民三千餘人行營派員前往放賑七百餘元。

三，北碚孤兒院孤兒增多已達七十餘名。

七月份

一日 一，民生公司在碚訓練之水手隊及理貨生以訓練期滿本日在河壩練習實彈射擊。

二，西部科學院前爲省展覽會參加展覽之物茲頃接建設廳來函全部移少成公園博物館陳列估計價格一千一百元由該館經費內撥付。

二日 一，本區散放賑款澄江北碚兩鎭每鎭均核定爲四百五十元。

二，建設廳長盧作孚氏來峽巡視。

三，區署建設股派員調査本區石灰業，並攷察水稻乾田直播法生長情況。

四，區署函請重慶民生公司收集廢車油備作撲滅農作物害虫用。

三日 一，北碚十九保義務校學生親赴農家檢査畜舍清潔並製發清潔牌以資鼓勵。

二，兼善中學舉行擴大講演比賽會，比賽結果會繁澤獲得第一。

六日 一，黃桷鎭公安第二隊整理該市旅棧業。

二，兼中校舉行放學典禮。

七日 一，漢藏教理院藏文教授悅西格西本日抵院。

八日 一，縉雲寺漢藏教理院附設女衆部已由該院籌備委員會向理事陳覺捨等二十餘人募得經費三千元。

二，北碚澄江兩小學舉行畢業禮并規定暑期學生作業。

三，西山坪農場西瓜成熟大批運渝銷售。

四，家畜保育所三峽實驗區前向江浙友人代峽區災民募得賑款六十元交由區署賑分會散發。

五，民教會以各校小先生推行一期甚爲努力特擬定給奬標準奬以農民週刊手巾書籍等。

九日 一，省府敎廳在渝舉辦之師資訓練班區署已決定選送本區中敎師優良者三十名前往受訓。

二，區署爲健全公安能力分兩期集中公安隊訓練。

十日 一，本區賑款散發完畢共發出二千零五元受賑者五一八八人。

十一日 一，區署召開義務敎師結束會議檢討本期敎育成績。

二，民生公司盧作孚總理率領民生公司經管理六十餘人來溫泉開會。

三，本區小學畢業會攷成績高級部北碚小學喻顯偉獲得第一。

十二日 一，黃桷鎭公安隊擬在麻柳林新闢一圖書閱報室派員前往査勘限期修建。

二，區署救濟農村將組合作倉庫特函農本局駐渝辦事處商討成立辦法。

三，北碚月刊社在國內交換刊物五十六種特贈民衆圖書館陳列。

十三日 一，家畜保育所三峽實驗區擴大施行豬丹毒預防注射三日間注射七十三頭。

二，北碚小學敎師申開函等籌辦中奪補習班分初中預備及小學複習。

十四日 一，黃桷鎭公安隊召開屠商會議改用新秤。

二，黃桷小學校長區署委定周鑾田充任。

三，嘉陵江大水漲達零度上四十二尺。

廿一日 一，中國西部科學院地質研究所出發古藺一帶調査。

廿四日 一，民衆敎育委員會購得擴音機一部備作時事及新知識等之宣傳今開始試播。

廿六日 一，盧老太夫人於二十五日午後五時在北碚盧府逝世盧作孚氏特由渝飛川於本日返宅治喪。

二，三峽工廠前招收藝徒二十名準備申送川外各大紗廠學習因時局關係決定暫緩出川。

三，溫泉公園新闢圖書館一所以供遊客參觀瀏覽。

廿七日　一，盧老太夫人於本日安葬距北碚約十里許之雨台山之陽參加送葬者約千餘人。

二，青北公路石工業已完竣正趕築土工下月即可通車。

廿八日　一，豐台廊坊被我軍收復全區民衆熱烈慶祝。

二，家畜保育所畜舍因大水淹沒現值水退特重新興工建造。

廿九日　一，北碚此次水災損失經公安第一隊調查結果罹災者達二百四十戶損失估計值洋五千五百四十元。

二，盧太夫人逝世盧作孚氏由上海返川治喪今晚在西山路盧府內舉行家祭。

三十日　一，北碚黃桷澄江三鎮此次水災全部損失經調查估計共達五萬元區署以災情重大現正設法救濟。

二，第三區農業技術學校師生三十餘人來峽參觀。

三，盧太夫人逝世後國內各界名人紛電弔唁本日在兼善大禮堂舉行展奠儀式。

四，區署前派員赴北碚鄉下各保點驗壯丁現已完畢成績以第十一保爲最佳。

五，溫泉公園爲便利渝埠來峽遊覽人士商由民生公司備渝合中路汽船一隻在渝十二鐘可抵溫泉午後三鐘可返渝。

八月份

一日　一，本區小學教師規定於暑假期中集中研究各科教學法兩星期定於本日開始。

二，北碚市包谷展覽會本日在聯保辦公處舉行計參加展覽者一一五戶三區專員公署特派農林實驗學校學生來碚參觀並帶來獎旗四首盧作孚廳長亦親臨指導。

二日　一，火焰山平民公園在上海募得爐通管子已運抵北碚備作建鳥獸合樓園之用。

三日　一，西山坪農場今年所收西瓜第一批結瓜前遭受旱災第二批雖結瓜較豐又以江水大漲運輸困難以致產量不及往年三分之一。

四日　一，江合峽聯防辦事處本日在合川獅灘場成立委趙鱗光李秉奎分任正副主任，署派劉學理主任前往參加。

二，文星場包谷展覽會本日舉行應徵農家共一百戶。

五日　一，區署派員點驗北碚街保壯丁共到一二三名。

二，稻麥改進所胡世昌技佐來峽商組稻麥檢定委員會本日在北碚小學開成立會。

三，成渝鐵路經濟調查員李應元袁維平兩君來峽調查本區各工業礦業暢銷情形。

四，東陽鎮蠶桑改良場川東分場修築蠶房興工逾數月現已完竣。

六日　一，南京金陵大學教授植物學專家焦啓源博士應建廳之邀來川考察桐林本日來峽區署特派員引導參觀並赴義瑯桐林公司及西山坪調查。

二，北碚之清和馬路因嘉陵江大水中段冲潰區署特派手槍重新修復。

三，北碚河壩自大水退後各商家多遷回原處重新起造房屋公安隊派員修復路綫以資整齊。

九日　一，區署以本區水災損失過重呈請省府設法救濟省府特電派江北徵收局長鄧思中於本月九日來峽查勘。

二，區立地方醫院召集江湖醫生開會除將舊日工作加以整理外并共同研究曾經遇到之重症。

三，區屬二岩鎮家畜調查刻已統計完結共計六保喂豬農民三百二十七家共喂豬四百五十六頭。

四，本區包谷展覽成績業經評定個人第一爲北碚鄉之嚴海青全區以文星鎮第一。

十日　營業稅局將在本區設立稽徵所已由財廳委令唐區長瑞五兼任所長。

十一日　一，前選赴參加省運會之彭彪禮陳超然兩君於本日出發先往三區專署報到受訓一週後始能赴省。

二，區署召集各小學教師主持小學教育研究會現由各教師提供經驗及所感困難擬具教學法互相研究特以游藝學生班作實習對象。

三，成都中央軍分校屯墾班鑒於家畜保育所之安古拉兔品種優良毛質特佳利於屯墾之地畜養特派楊電勳等三人來峽購買關於飼養管理等方法特留楊秋白君住此學習兩月後隨帶該兔返蓉。

十二日 一，區署以此次嘉陵江大水損及田畝過重特召開調査田糧會議議決將其淹損畝數根據糧冊將其損失折合應免糧稅製就表冊幷具聯保切結彙請省府減免。

二，北碚孤兒完承樂園種植公司之請本日派孤兒十三名前往幫助除草及接木等工作。

三，渝民生公司請託區署代其訓練之水手隊訓練期屆本日舉行攷試定十六日離碚返渝。

十三日 一，區署奉教育部令從本年下期起實行强迫教育遵照强迫入學辦法施行。

二，本區養蠶農家調査完竣應需秋季蠶種五百五十一張區署派員往水土沱蠶桑指導所領取。

十四日 一，澄江鎭公安第三隊派員調査各業其組有同業公會者則協助改進未成立者指導速予組織。

二，三區專署在渝所辦之普及教育師資訓練班職員二十餘人來峽參觀。

十五日 一，本區家畜保育所前由各小學組織兒童家畜保育團幫助推行工作現經攷核成績對努力教師特函請區署給奬。

二，區署招攷小學教師本月舉行攷試結果取錄馬淑芳等三名。

十六日 一，區署以稻子形將成熟為期明春有更徹底之改進特舉行稻作選種運動派員分赴各場調査幷散發傳單使其有深刻明瞭務期實行。

二，焦啓源博士來峽調査桐林在西山坪農場發現最優良桐種。

十七日 一，北碚壯丁點驗完竣計全場應到壯丁一五一一人除請假缺席外實到點驗八六六名。

二，北碚農業調査完竣全場田土共計九千餘石連同各種產業估計值洋七十餘萬元。

三，成都稻麥改進所為改進四川水稻前派胡世昌技佐來峽在每保抽選優良者五種俾供研究。

四，兼中校添辦之商業財政講習班攷試結果在北碚報名者錄取十二名。

五，暑期小學教育研究會研究期滿定今日分組下鄉調査學齡兒童並乘機宣傳水稻選種法。

十八日 一，區署派員分赴各場調査包谷產量統計結果全區包谷栽種面積共五七四一石八斗九升播種量六十九石九斗八升每年可收穫五千零三十二石。

十九日 一，北碚孤兒院收容孤兒七十名商得重慶慈幼院接收該院事宜本日結束赴渝。

二，區署組織農業推廣會召集富有經驗之農民共同研究以資改進。

三，民生公司在碚訓練之水手隊學術科均已結束於本日赴渝。

二十日 一，農本局調査員石曉鐘氏來川策進合作事業本日到碚參觀對本區合作事業有所指導。

廿一日 一，江合峽聯防辦事處召開聯防會議商肅清土匪具體辦法。

二，兼善初級中校招攷新生計投攷者四十餘名錄取十八名。

三，澄江鎭光華電燈廠因大水搬移電機停止發電現安修完竣復再開燈。

廿三日 一，本區各區立小學今日開學。

二，區署奉省府訓令轉飭各鎭趕辦倉儲本日藉發保甲經費之便向保長解說倉儲意義及徵集辦法幷限日趕辦完結。

三，上海聯華影片公司來川攝製災害影片本日來碚便中在附近平民公園溫泉公園縉雲寺等處攝製風景片。

廿四日 一，靑北公路自本年三月開工以來達九月之久全路工程業已修竣今日由該路督修員張家瑞自重慶試車來碚。

二，區署改良稻種派員赴各場指導農民選種。

廿五日 一，江合峽聯防辦事處商討會剿合川太和場股匪區署當派偵探多名前往偵査遇匪六十餘人當即擊斃二名奪獲手槍一支子彈三夾。

二，黃桷鎭一二三月份保長辦公費由區署派員散發共計發出一三二一元。

廿六日 一，本年春季乾旱播種困難區署依照曾吉夫博士貢獻之水稻乾田直播法擇北碚第十九保試驗現收穫期屆區署派農業技士劉選青前往該保調查據云穗粒豐長實較他保水稻尤佳。

二，澄江鎮保長辦公費共發洋一百二十元。

廿七日　一，本區申送到重慶普及師資訓練班受訓之義務教師受訓期滿於本日返碚。

二，營業稅局在本區設立稽徵所特派該局科員程仲璀充任主任。

三，本區壯丁點驗完竣以北碚澄江兩鎮成績最優。

四，文星鎮召開保甲會議籌備組織倉儲并商定稻子選種辦法。

五，區署前以施行普及教育在各保設立初級小學私塾學校即無形減少甚多。

廿八日　一，兼善中校本期招考新生分地舉行在重慶考取九十名合川考取十五名北碚考取十八名。

廿九日　一，區署召集各校長開教育研究會當即報告本期教育計劃分配各校長及地址並決定採用半日二部制與巡迴教學法。

二，家畜保育所託區署代辦豬籍調查已統計完畢計全區五鎮共有豬七七一八頭。

三十日　一，黃桷鎮農民護織成以連年水災禾苗淹沒受損不貲今年特將水淹之稻移植於未淹田中水退後搬回原田結果竟毫無損失。

二，東陽鎮蠶桑改良場川東分場試製之蠶種已開始喂養共喂蠶卵一百二十張成績甚佳。

九月份

一日　一，合川合作金庫經理胥璐吾先生來峽指導組織合作社。

二，本區壯丁點驗完畢共有壯丁三八二五名快槍八一三支子彈九一九發。

三，本區奉令組織營業稅稽徵所該所派陳仲璀充主任於本日抵碚覓得縉雲路前民衆俱樂部爲所址。

二日　一，區署於本日召集教育及公安機關開聯席會議商定登記沿江渡船事宜。

二，黃桷鎮公安隊派員調查戶口計市街各保共有人口二二一九四人。

三，嘉陵江大水上漲本日已達七十三尺沿江房屋稻子多被淹沒。

三日　一，澄江小學增加時事教學一科。

四日　一，區署特派員赴各鎮選種之便飭其調查塘水蓄水量及秋蠶飼育等工作。

五日　一，黃桷鎮聯保辦公處成立開始辦公。

二，民衆教育委員會促起區內各學校創辦壁報。

六日　一，兼善中學舉行開學禮報到學生共二百餘人。

七日　一，區屬澄夏兩市戶口重新調查完竣共五七〇戶二四七人。

二，此間各事業機關女職員等共組一中興籃球隊提倡女子體育。

八日　一，本年兩次水災受災面積竟達三千四百餘畝區署特呈請省府豁免糧稅。

二，區署收到省府教育廳寄來兒童問題研究等五種小學參攷書籍數百冊已分發各小學教師。

三，北碚學園路二十三號今晚突然起火幸經迅速施救當即撲滅。

十日　一，本區今年旱災損失過鉅區署特於本日召集各聯保主任開會商討主佃公平納租辦法議決以所收實數按原有租額主佃各得其半。

二，區署訓令本區煤業公會飭各炭廠自本月十五日起改用新衡定二十五日派員檢舉。

十一日　一，區署前派各小學教師赴各保調查學齡兒童調查完畢統計結果全區共有男女學童五〇八二名。

十二日　一，成渝鐵路局長鄧益光偕民生公司鄭璧成經理等一行七人來碚遊覽。

二，保安第十五團集中北碚點驗團部各員已於本日到碚。

十三日　一，縉雲寺世界佛學苑漢藏教理院院長太虛法師應本區各事業機關之請本日來碚講演。

二，民衆教育委員會徵製戰區地圖作宣傳資料。

三，民衆圖書館以九一八紀念日將臨特蒐集關於九一八之歷史資料新闢九一八參攷室一間。

十四日　一，稻麥改進所技佐胡世昌已收集水稻多種運蓉總所選擇。

十五日　一，區署前派員調查農業狀況統計全區農民共九三五一戶耕地面積約六八九二〇畝。

十八日　二，民衆教育委員會所辦之遊藝學生班創辦壁報。

一，本區各事業機關召開九一八週年紀念大會各場分別舉行總計參加團體人數共達萬餘人。

二十日　二，澄江鎮勞動服務團自本日起加緊訓練。

一，農本局張科長偕駐渝辦事處吳主任暨合川合作金庫胥經理來峽參觀。

二，澄江鎮市政管理委員會召開市民大會計到澄夏兩鎮市民共三百餘名。

廿一日　一，區署令飭本區各場趕組倉儲管理委員會。

廿二日　一，保安二十二團集中北碚訓練本日全團在體育場點驗編制。

二，本區家畜保育所由成都總所運到種豬十頭內計約克縣豬四榮昌豬六。

廿三日　一，區署派隊與江合峽聯防辦事處會剿合川太和場一帶股匪。

廿五日　一，西山坪農場鄉組合作社本日召開創立會。

二，區署爲使教育迅速普及除原有學董外又規定保長應充任助理學董職務。

三，北碚保安二十二團團本部裝設電話靈通消息。

廿六日　一，本區小學教師月會開下期第一次月會。

廿八日　一，北碚小學佈置一兒童玩具展覽室供給兒童課餘賞玩。

二，澄江小學新校舍將落成共用去建築費七百餘元。

三，區署爲改進農業組農業推廣委員會組織規章及經過詳情已呈報省府備查本日奉覆照准。

四，黃桷鎮渡船調查結果共有八十二艘。

五，清和馬路前修復後殊於二次大水再度淹潰仍由公安第一中隊每日派兵復修。

廿九日　一，區署擬定全區壯丁演習計劃全區抽編一營與江北聯絡演習。

十月份

一日　一，本區西山坪農民組織信用合作社本日召開創立會計到農民共十六人。

二，南京科學社遷移來峽儀器用具已運到一部份。

三，璧山縣立中學校師生七十餘人來峽參觀。

二日　一，兼善中學開第三屆校友大會計到會員三百餘人。

二，實驗區署前在稻麥改進所徵得金大二九〇五與二十六號小麥優良品種特分配各農場各勞農英雄與學商佃戶及前次各場包谷展覽會頭獎農民種植。

三日　一，澄江鎮勞動服務團舉行畢業禮。

四日　一，區署教育股派員分赴各鎮鄉視察各小學并考察教學成績。

二，黃桷鎮第十一保組織合作社召開籌備會。

三，區署召開學董會議商定推行各項教育行政。

六日　一，北碚第八保農民馮敏中等八名自動組織合作社本日召開創立會。

七日　一，區署以本年谷旱麥子欠收現值小麥播種之期恐農民缺乏種籽特撥款一百五十元購買麥種五石借與貧農不准充作食用并定明年六月歸還。

二，黃桷鎮第十一保自動組織合作社於本日召開創立會。

八日　一，溫泉公園整理舊日藏書二萬餘冊成立一圖書館於本日開始閱覽。

二，實驗區署近組議務教育委員會已擬定組織章程委員長下分總務設計考核三組。

九日　一，本區稻作展覽會在民衆會場開幕出品甚多參觀民衆亦甚擁擠達二千餘人。

二，西部科學院召開院務會議決定認購救國公債以薪金多寡爲標準抽扣百分之十至百分之五十。

十日　一，北碚農村銀行本日召開股東大會議定將該行合作基金二千二百元以一千八百元購備棉衣捐助前方抗敵將士餘四百元捐與文獻委員會作基金。

二，稻作展覽會總評判結果粘稻以北碚周興全之每刁三一二粒得特等糯稻以黃桷鎮劉春和之每刁四〇四粒得特等粒稻以每刁三一二粒得特等。

三，溫泉公園新修遊船一隻專航北碚與溫泉間於本日開航上下船費各八百每兩鐘往返一次。

四，成渝鐵路局長鄧益光等一行十餘人來峽遊覽。

十二日 一，本區各場成立倉儲管理委員會管理委員已選定各場聯保主任及公安隊長爲當然委員均呈由區署加委。

二，科學社生物研究所捐一日所得洋三十元匯助前方將士。

三，重慶精益中學師生二百餘人及合川瑞山小學師生三十餘人來峽旅行。

四，漢藏教理院太虛法師在溫泉公園鬻字作救國捐。

十三日 一，澄江小學本期繼續推行小先生教學制全場編成四區定於第九週星期一開始。

二，北碚十二保合作社召開創立會。

十四日 一，地政委員會江巴清丈辦事處來碚丈量土地發土地陳報單限保長五日查畢。

二，民衆教育委員會倡辦民衆學校規定凡在十二歲以上三十歲以下爲應徵年齡無論男女强迫入學調查結果北碚全市應徵男女共一八七人分男女兩班於今日開學。

三，南京中國科學社生物研究所遷移來峽已正式辦公。

四，區署派員到觀音峽一帶調查石灰業并組同業公會。

十五日 一，民教委員會所辦之民衆校男生班於本日開學。

十六日 一，民衆圖書館配就巡迴文庫三十五個分發各義務小學。

二，北碚小學因原有圖書館簡陋不堪特在該校左側建築一室以資擴張。

三，重慶商業中學一部份學生約十餘人來峽參觀。

十七日 一，區署教育股召開第三次小學教育研究會。

二，江北縣立初級中學師生約三百餘人來峽參觀。

十八日 一，中央大學教授陳之長等來峽參觀。

二，民衆教育委員會訓練之遊藝學生班應重慶又新舞台之約赴渝表演。

三，北碚民衆學校開學爲中學生自願參加調查工作本日午後課餘並動員學生七十餘人分頭清查市內失學民衆。

十九日 一，區署辦理麥種貸與貧農播種北碚領麥農家四十餘戶發麥一石五斗。

二，重慶私立會計人員訓練班男女十七名來碚參觀。

三，本區營業稅稽征所派員調查各場商業狀況現已完畢決從十月份起開始徵收。

二十日 一，區署撥款一百元購買胡豆種散發貧農播種。

二，區署派員散放麥種二岩鎮散放完畢共發麥二石。

三，北碚火焰山平民公園近由涪陵運到之老虎於抵碚之二日竟染病身死。

廿一日 一，本區抗敵後援會開成立大會參加團體代表約一百餘名當選定執行委員及監察委員等負責推行。

二，江津縣立簡易師範校男女生約四十餘人來峽參觀。

三，財政部科長戴正誠及其公子等由渝搭輪來峽參觀。

廿二日 一，此間抗敵後援會召開全體執監委員會選定內部職員分祕書總務宣傳……等六部。

二，二岩鎮商民周宗武等多人提倡正當娛樂組織俱樂部。

三，區署積極進行北碚新村之建設本日特請科學院職員羅正遠前往測勘。

廿三日 一，區署近商農村銀行貸放農村借款二千元限於借給農民週轉農村經濟。

二，本區抗敵後援會婦女支會由唐愉金鑑等發起組織於本日召開籌備會。

三，此間保安二十二團前奉令赴銅梁縣山一帶圍剿土匪已返碚。

廿四日 一，本區普及教育研究會今日開會。

二，澄夏兩鎮舉行壯丁演習區署派員前往檢閱。

三，平民公園動物園所陳列之孔雀忽於今晚被野貓咬斃。

廿五日 一，本區提倡播種旱稻據北碚馮時齋李秉奎等所得收穫均甚圓滿，

二，中央大學農學院贈送家畜保育所西洋豬數頭已由該所派員赴渝搬運。

廿六日 一，四川區稅務局長丁春高偕同鐵道局王工程師雲飛等來峽遊覽。

廿七日 一，本區抗敵後援會宣傳組召集本市富有戲劇興趣者組織新劇團。

二，江巴區土地清丈辦事處清丈隊抵碚共組十四隊每隊丈量一保。

廿八日 一，本區抗敵後援會婦女支會開成立大會參加婦女共一〇六人。

二，兼善中學及北碚小學宣傳隊藉本日趕場期沿街向民衆作抗敵宣傳。

廿九日 一，溫泉公園旅客劉旅長被竊損失各物約值洋三千餘元當由區署派人偵緝後經公安第三隊士兵彭少清等將賊捕獲所失各物完全歸還。

三十日 一，北碚小學學生本日出發勸募救國捐北碚住居之雷旅長唐團長盧指導員爾勤等之夫人均各慨捐金戒指一枚。

十一月份

一日 一，本區各界抗敵後援會在北碚大禮堂開擴大會，計到會員約二千餘人。

二，區署派隊往合川太和場一帶游擊股匪，格斃要匪五名，奪獲手步槍數支，救出肥主銜全興。

三，本區壯丁點驗評定成績，並散發獎品，計特等者共三保，各獎五元，甲等者五保，各獎三元，俱購買應用物品發給。

四，漢藏教理院教職員捐三日所得共三十元，交本區抗敵後援會兌付前方，慰勞將士。

五，五省禁煙特派員李其鴻等一行五六人來峽遊覽。

二日 一，中央大學農學院將其純種約克縣豬贈送五頭與家畜保育所，以備推廣，由區署撥款一百二十元補助建築豬舍，分設黃桷北碚澄江三處。

二，北碚壯丁檢閱將全鎮分七區舉行，區署派員分頭點驗。

三，北碚二十八保組織合作社，於本日召開創立會。

三日 一，黃桷小學師生百餘人，全體出發募捐，募得捐款十餘元。

四日 一，區署派員赴各鄉鎮視察義務小學實施情形。

二，中國西部科學院前奉省府令赴犍爲考察礦產，於本日返碚。

三，重慶復旦中學師生約三百餘人本日由渝乘輪來峽參觀。

四，青北公路完成北碚車站站長已委定楊家興，於本日來碚設立辦事處。

五日 一，本區抗敵後援會召開常務委員會，決定以所募捐款暫製背心一千件。

二，北碚二十三保荒地調查結果共十二畝，由保長向區署領去桐苗五百株栽植。

六日 一，公安第二隊分隊長曾樹華偶因手榴彈失慎，炸傷兩足，赴渝醫治無效，於本日逝世。

二，北碚小學利用勞作時間，學生自動修築馬路一條，由該校校門起銜接青北公路。

三，游藝學生班自四日起三日演劇募捐，結果共募得捐款二十餘元。

四，澄江鎮荒地調查，全場共四八八畝，已由區署發交該鎮桐苗二七二八株栽植。

七日 一，救國公債勸募委員會實驗區支會在區署開成立大會。

八日 一，區署前派員赴各場散放種糧，現已完竣，全區共發出麥二十餘石領種農家計二百七十五戶。

二，蠶桑改良場新建蠶房與孵蠶室刻已開始闢地基搬運材料等工作。

十日 一，區署近商農本局在區內成立合作金庫，經成立之合作社，其可借款者爲北碚第十二保合作社，已向金庫借得法幣一百玖十元分放社員。

二，川黔鐵路局成渝鐵路工程段郭總段長鐵梅，偕同多人來碚會同區署建設股測勘溫泉公園到北碚之馬路。

十一日 一，本區二十五年度第一度義務教育補助費，經省府教育廳核定，依照第三等縣攤發九四一，五〇元。

二，北碚第九保組織合作社，於本日開創立會。

十二日 一，北碚壯丁於本日集合大檢閱，共到壯丁二百二十名。

二，本區抗敵後援會交渝中央銀行匯轉前方捐款，先後共計七百餘元。

三，此間抗敵後援會議定各機關職員捐三日所得薪金共計洋二百三三十元另三角匯助前方。

十三日 一，區署爲改進蔬菜種子，由建設股擬具蔬菜展覽辦法，定下月三十一日在碚舉行。

二，北碚大生小學有共學處五處，均於本日開學，共計到學生四十餘人。

三，本區抗敵後援會又匯出捐款一百元。

四，兼善中學召開校董會議。

五，抗敵後援會商組縫紉隊，担任縫製棉背心工作。

六，江北縣治平復興兩中學男女學生九十餘人來峽參觀。

十四日 一，本區小學教育研究會在區署召開。

二，區署倡種旱谷，據北碚十五保農民徐萬林報告，成績平均有八成以上，與水稻不相上下。

三，救國公債本區煤業公會開會商定認購一萬零五百元，中國西部科學院認購五百元。

十五日 一，兼善中學學生周予芹等十一名，以軍政部招考護士，請求校長准往應考，均獲錄取，本日乘輪離碚。

二，本區西山坪農場合作社組織完善，向合作金庫借款七六七元轉貸社員。

十六日 一，西山坪農場積極從事小麥，胡豆，豌豆等項作物栽培試驗。

二，北碚第十六保組織合作社開創立大會。

三，重慶大學學生三十餘人，徒步來峽，作童軍露營演習。

四，區署以糧食生產目前極爲重要，特倡開放水田播種小麥，并擬定詳細辦法，函商四川稻麥改進所，已經覆函認爲確屬可靠。即應廣爲宣傳。

五，中央大學農學院贈送本區約克縣豬三頭，業已運碚。

六，文星鎮北川天府兩公司職工捐三日所得薪資共洋一百三十元。

七，北碚第十九保保長馮石齋今年試種旱谷，以同樣面積土地之收穫，較水稻十足收成時尤多。

廿四日 一，本區抗敵總動員訓練委員會，集合峽區四百元青年，於本日編配組織後分赴鄉下作民衆訓練工作。

二，重慶民生公司利用冬季停輪時間，在北碚開辦船員訓練班，已派冉慶之君來碚籌備。

三，公安第一中隊爲保護消防器具不易損毀，及使用方便，特建消防儲藏室一間。

廿五日 一，溫泉公園乳花洞由該園主管人商請康心之先生，近向渝中銀行界募捐七百餘元，作修建道路費用。

廿六日 一，中國西部科學院及兼善中學月前呈報省府撥核補助費，現已接得指令，允撥西部科學院補助費八千元，兼善中學補助費一千五百元。

二，本區奉令登記高級衛人員，業已登記完竣，共計九十九名，呈報省府。

廿七日 一，北碚前因水災，街道崩壞甚多，經由公安一中隊修整，各路工程均於本日完竣。

廿八日 一，北碚公安第一隊爲整理市內交通，特將鷄鴨市遷移河邊新街，

二，地方醫院院長攜款赴渝購配大批藥品。

廿九日 一，北碚第八保鄉長發喂有母豬二頭，其一頭與本地豬配種，另一頭與家畜保育所約克縣豬雜交，兩窩小豬之生日先後相差一月，而體重則將相等，在其同樣飼養管理之下，雜交豬生長較爲迅速。

十二月份

一日 一，家畜保育所於本年上季選購榮昌公豬四頭，本日起開始配種工作。

二，溫泉公園新添遊覽艇一艘，於本日正式開航。

二日 一，實驗區署以全面戰事發展，應速統制民力，加緊壯丁訓練，自本日起每日訓練三次，每次兩小時。

二，實驗區署培育大批桐苗，以備墾荒造林之用，北碚第三十三保領去八百株植於荒地。

三日 一，民生公司調集各輪水手在碚開辦之船員訓練班，已於本日開始報到

二，本區抗敵後援會於本日召開第二次全體執監大會。

三，黃桷鎮東陽初級小學校舉辦民衆學校一所，晚間上課，學生百餘人。

四日 一，蠶桑改良場川東分場以桑苗二十萬株分與本區農民普遍栽植，規定佃戶植桑，業主不得加押升租，但得想受十分之三的收益。

二，本區抗敵後援會託農行兌出捐款一百七十元，連前共計九百元。

三，本區北碚新村自經測定地圖，呈報省府後，現正積極籌備購買地址事宜。

四，稻麥改進所發給本區油菪子三十餘斤，區署已轉發農民種植。

五，本區到合川重慶電話線，因年久失修，特擬定預算修整約需費九百九十六元，除由民生公司担任四百九十六元外，餘由區署與本區各事業機關共同担負。

五日 一，本區普及教育研究會於本日召開第四次會議。

二，北碚第八保合作社召開理事會辦理貸款手續。

三，澄江鎮小先生教學推動極力，現有共學處四十六所，學友達一百六十人。

六日 一，家畜保育所三峽實驗區調查本鄉脚豬不堪種用，擬定脚豬改造暫行辦法。

七日 一，萬縣第九區農林實驗學校學生三十餘人來峽實習家畜保育。

八日 一，本區抗敵後援會製就棉背心一千一百件，於本日運渝交新蜀報社代轉前方。

二，合廣岳著名匪首黃鵬投誠來署，計有匪黨三十餘名，繳手槍十三支，於本日請示王處長辦理投誠手續及處理人槍等辦法。

三，地政委員會江巴清丈處於本日在碚招考見習員計投考者卅餘人。

九日 一，實驗區署以區立各小學貧苦學生甚多，特派員到各鎮實地調查，如有確屬貧苦者，各費全免，以資體卹。

十日 一，由北碚至重慶與合川間電話綫，已於本日由區署派員出發修整。

二，中央工業試驗所所長顧毓珍氏，本日來碚覓擇房屋，決定將該所遷移來碚。

三，峽區抗敵後援會本日召開聯席會議。

四，四川省農村合作委員會應實驗區署之請，派合川縣指導員黃明德君本日來碚工作。

十二日 一，區立各小學於本日召開第五次教師月會。

二，本區蠶桑改良場移植桑苗二十萬株於三台縣。

三，中國西部科學院月前奉重慶委員長行營發交該院礦石標本一百九十九件，化石岩石標本五十二件，由該院化驗完竣，呈報行營。

十三日 一，家畜保育所奉成都總所訓令，抗戰期間，粮食極關重要，禁止包谷麥子飼養牲畜。

十四日 一，澄江小學於本日舉行懇親大會，計到家長來賓二百餘人。

二，澄江小學規定自本日起每逢四日集中訓練全鎮壯丁一次。

三，地政委員會土地清丈處來碚清丈土地於本日測量完竣。

十五日 一，實驗區署奉令調查各類重要工業，於本日辦理完竣。

二，北碚第七保信用合作社於本日召開創立會。

三，重慶民生公司在碚舉辦之船員訓練班於本日補行開學典禮。

十六日 一，實驗區戶口調查統計，總計全區共有一二〇一三戶，男女共六六九六二人，壯丁一〇九五〇人。

二，江北縣立時中小學師生六十餘人來峽參觀。

三，民衆教育委員會遊藝學生班，前應江津歡迎參加募捐會表演，於本日出發。

四，火焰山平民公園慈壽閣改名清涼亭，特請林主席題字，於本日樂請刻製。

十七日 一，本區抗敵後援會，召開第四次執監會議。

二，實驗區署計劃在西山坪農場建築水庫，曾函請水利局派工程師李秀蘭來峽，已於本日抵碚。

十八日 一，重慶文化界救亡協會鄉村移動演劇隊，第一隊本日來碚，上午於區署開座談會，下午開始表演戲劇。

二，實驗區署調查區內所有自衛槍炮數目，統計有槍一八八〇枝，彈四八一二七發。

十九日 一，本日召開全區義務教師同會。

二，重慶青年會博物館運碚標本十餘件，與此間博物館交換南洋西康等地標本八十七件帶回該會陳列。

二十日　一，黃桷小學師生本日全體冒雨出發街保勸募破銅爛鐵。

二，北碚住宅牆壁多爲白色，爲預防敵機轟炸，減少目標起見，改糊灰色，於本日開始工作。

廿一日　一，本區抗敵後援會於本日開始登記各種仇貨。

廿二日　一，投誠股匪本日起開始施以公民，政治，軍事等之訓練。

廿三日　一，華洋義賑會擬在本區辦理合作工作，派楊駿昌君於本日來碚磋商。

二，民衆博物館商得西部科學院之動物標本事，本日由該院派員前往搬取。

廿四日　一，民衆教育委員會在民衆會場牆壁上繪製本國大地圖一幅。

廿五日　一，青北公路鋪蓋碎石工程，現正分段工作，定明年四月內完成。

廿六日　一，國府林主席本日上午由溫泉來碚參觀，盧區長率各機關職員及各團體暨各界民衆赴江干歡迎者達三千餘人，下午卽乘専輪返渝。

二，四川省第十一區南充農林實驗學校，本日來碚，在家畜保育所實習。

廿七日　一，區屬文星小學以該校學生衆多，特在江北縣府之教育經費項下提撥一千七百餘元建築新校舍。

二，兼善初級中學校以抗戰期間，學生極應加授軍訓，特商請區署派軍事教官一員前往教授。

三，本區小學畢業會考今日在碚舉行，參加學生二百餘人。

廿八日　一，復旦，大夏，第一聯合大學，師生六十餘人，由法學院孫院長率領來碚參觀。

二，本區抗敵後援分會收到捐款統計先後共已匯出一千元。

廿九日　一，溫泉義瑞桐林公司被劫案，經區署多方調查，捕獲正匪六名，

三十日　一，本區蔬菜展覽會於本日在北碚民衆俱樂部開幕，出品甚多，參觀人民亦衆。

歡迎訂閱　歡迎介紹

本刊已呈請內政部及中宣會登記

北碚月刊

中華郵政特准掛號認為新聞紙類

定價

訂購辦法	冊數	價目	郵費 國內及日本	郵費 澳門香港	郵費 國外
零售	一冊	二角	三分	八分	二角
預定全年	十二冊	二元	三角	九角六分	二元四角

每月一冊　一日出版、全年十二冊

郵票代價十足通用

第二卷第一至六期合刊

民國廿七年三月十五日發行

編輯者　嘉陵江三峽鄉村建設實驗區北碚月刊編輯部（四川巴縣北碚）

發行者　嘉陵江三峽鄉村建設實驗區署

印刷者　新記巴蜀印刷社代印

分售處　各埠大書局

廣告刊例

等第	地位	全面	半面	四分之一
特別	底封面外面	四十元		
優等	前後封面之內面及對面	三十元	十六元	
上等	圖書前後及正文首篇對面	廿五元	十四元	九元
普通	首篇以外之正文前後對面	二十元	十二元	八元

詳細廣告刊例函索即寄

招登廣告　敬請批評

北碚月刊徵稿條例

一，本刊以記述農村實況傳達鄉建實施方法研究農村改良技術等為主旨歡迎投稿其範圍如下：

1 農村社會實況
2 鄉村建設之理論及實施
3 各地鄉村運動之消息及現況
4 鄉村事業之調查及報告
5 時代知識之介紹學術問題之商榷
6 寫實的文藝作品國內外旅行實紀等

二，本刊暫分論著調查計劃報告科學教育文藝通訊隨筆等欄

三，來稿須繕寫清楚并加新式標點符號如用洋紙忌寫兩面

四，來稿以每篇自一千字至一萬字為限過長者不收文體不拘

五，本刊暫不收譯稿

六，來稿如不願增刪修改者須先聲明

七，來稿署名聽作者自便但須將真姓名及通訊處寫明以便通信

八，凡須將原稿退還者須預先付足郵票否則無論登載與否概不退還

九，來稿登載後酌致薄酬如左：

1 每篇二十元左右
每千字一元至五元
3 贈本刊若干期或其他名著刊物等

十，來稿交四川巴縣北碚三峽鄉村建設實驗區北碚月刊社

北碚水災之情形

囤船移舶小山頭

施粥

嘉陵路口望江流

儼若汪洋

流離失所

小朋友不知愁

北碚

林森

第二卷
第七至十二期
合刊

廿七年三月
至
廿七年八月

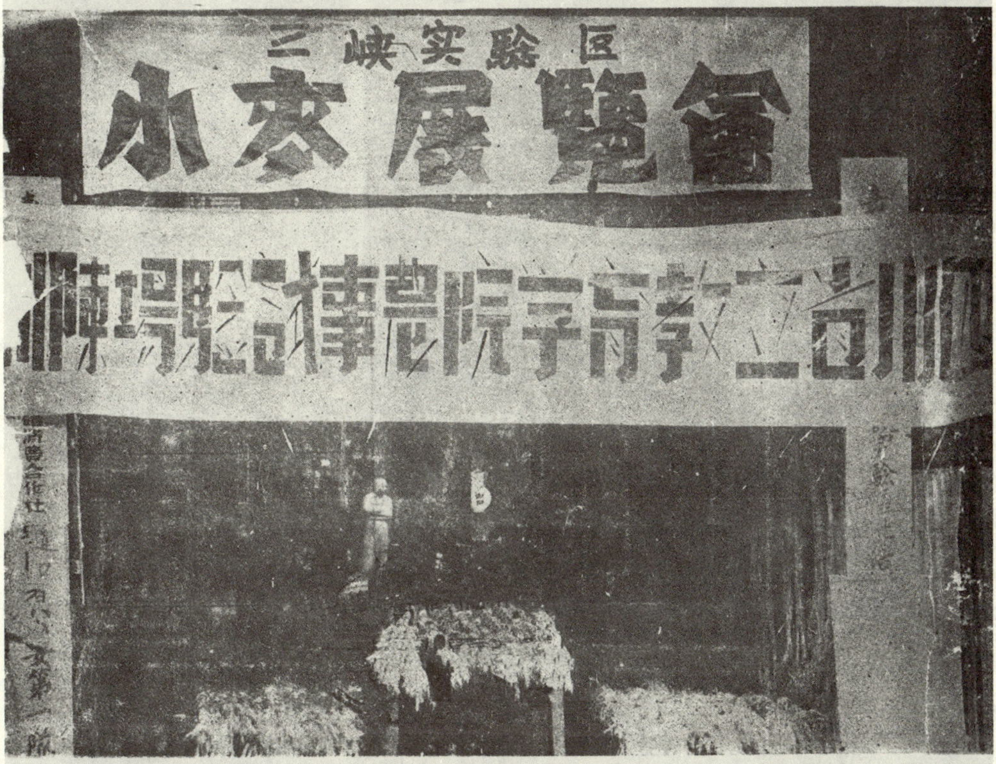

四川嘉陵江三峽鄉村建設實驗區署發行

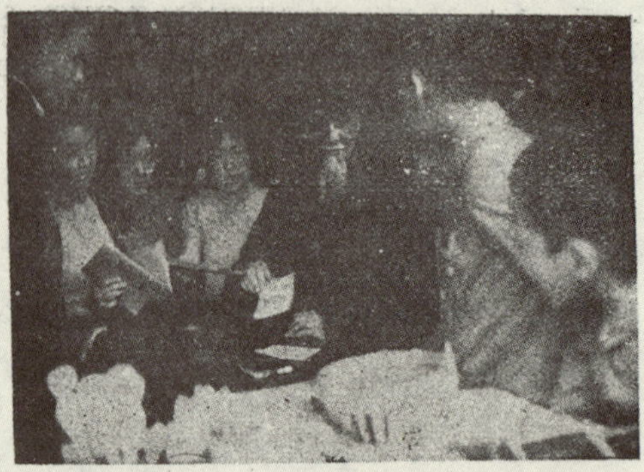

民衆紛請題字

林主席二次來遊囤船待舟

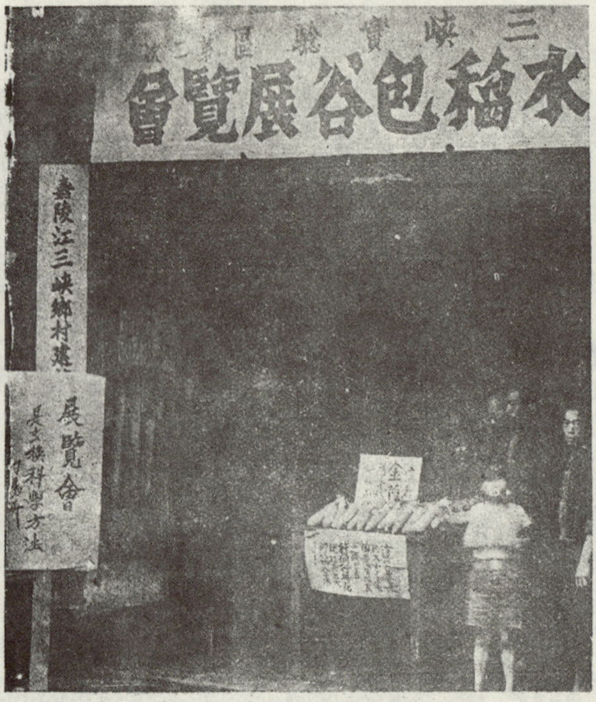

陳銘樞(×)
陳濟棠(○)
遊縉雲山留影

第一卷六期要目
廿六年二月一日出版

一年來四川新政之推行……稽祖佑
一年來之四川財政……劉航琛
一年來之四川教育……蔣志澄
一年來之四川建設行政……可迺仁
民衆圖書館如何吸引讀者……彭湘
教育與兒童……申覲園
怎樣做小學教員……姜孔章
嘉陵江實驗區鑿塘築堰實施經過……黃子裳
半年來的北碚小學……北碚小學
半年來的黃葛小學……北碚小學

第一卷七期要目
廿六年三月一日出版

防旱與救荒……編者
如何救四川之饑饉……李儀祉
如何救濟荒災……奚燕堯
開鑿塘堰與目前救濟災荒……吳耀椿
救濟四川旱災治本治標意見……稅西恆
四川救荒問題……鄒公復
我們應如何救濟四川的旱災……高孟先
嘉陵江實驗區的防旱救荒運動……高孟先
六年來嘉陵江之水位變化……黃子裳
嘉陵江實驗區表證區畜牧獸醫之調查……焦龍華 余聖任
一幅大衆的生活……雪西

第一卷八期要目
廿六年四月一日出版

四川保甲之今昔……高孟先
保甲與警察合一之我見……梁崙
嘉陵江實驗區的壯丁訓練……吳定域 劉學理
舊工具之民衆教育化……羅中典
圖書陳列與管理……彭湘
談談百業教育……中典
白蠟虫之飼育法……鄭倬甫
川東北邊區之採集雜記……黃楷
天泉植物採集記……孫辟麟
半年來的教學自述……傅碧波

第一卷九十期合刊要目
廿六年六月一日出版

——四川嘉陵江三峽鄉村建設實驗區署成立週年紀念專號——

一年來的民教運動……羅中典 舒傑 葛向榮
一年來的民衆圖書館……張惠生
一年來的民衆博物館……劉選青
一年來的民衆體育……陳年邵
一年來辦理鄉村醫務的總檢討……左立樑
一年來的公安概況……梁崙

第一卷十一期要目
廿六年七月一日出版

家畜保育特輯

家畜保育運動……編者
家畜保育制度推行問題的檢討……焦龍華
家畜之重要傳染病……焦龍華
約克縣豬之介紹……羅文信
爲什麼要預防豬丹毒……劉茂修
家畜傳染病之鑑別……余聖任
半年來的家畜保育所三峽實驗區……鄭燿宗
家畜傳染病之普通預防方法……劉茂修 焦龍華
家畜飼養與管理……同前

第一卷十二期要目
廿六年八月一日出版

鄉建的三大意義與智識份子下鄉……梁漱溟講 王永收記
中西文化的差異……梁漱溟講 葛向榮記
成都之行……盧子英 黃子裳
嘉陵江三峽實驗區署教育視導暫行辦法
嘉陵江三峽實驗區署聯合視導暫行辦法
農村教育實施計劃……王新民
嘉陵江三峽實驗區民國二十六年義務教育實施計劃……劉忠義
保甲長底基礎知識……劉文襄

北碚月刊

民國二十五年創始

第二卷第七至十二期合刊目錄

廿七年三月至八月份

封面：三峽實驗區之小麥展覽會

插圖：

(1.)林主席二次來遊　(2.)水稻包谷展覽會

(3.)陳銘樞陳濟棠遊縉雲山留影　(4.)川滇鐵路測勘隊之領導人

(5.)巧家攀之花南羊圈之大瀑布　(6.)牛欄江溜索之一

(7.)雷波縣吊耳岩　(8.)民國十八年少年義勇隊於峨嵋採集標本之留影

(9.)七七抗戰週年紀念

嘉陵江三峽鄉村建設實驗區署抗戰時期中心工作報告（自民國廿六年七月起至民國廿七年八月止）……（一—二四）

為抗戰建國之礎石的社會與經濟改造……楊家駱（二五—三一）

三峽實驗區改進農田水利及發展水力之設計……劉夢錫　林平一（三一—三三）

三峽實驗區衛生院初期計劃草案……孫家齊（三四—三七）

社會概況調查綱要……言心哲（三八—三九）

三峽實驗區社會概況調查計劃大綱……言心哲（四〇—四一）

三峽實驗區社會調查設計大要……言心哲（四一—四二）

復旦大學教育系研究本區教育之工作大綱……（四二—四三）

嘉陵江三峽鄉村建設實驗區合作事業概況報告……（四三—五四）

三峽實驗區之鹽水選稻種運動……建設股（五四—六一）

嘉陵江三峽鄉村建設實驗區小麥展覽會經過……黃子裳　顏光照（六一—六二）

三峽實驗區廿七年七期小先生活動計劃大綱……教育股（六三—六九）
實驗區署廿七年春季種痘經過……劉文襄（六五—六八）
中國教育服務社狀況……（六八—七〇）
國立四川中學師範部青年勞動服務團近況……（七〇—七一）
聞人講演彙載：
（1.）青年的人生觀與職業觀……馮客談講演 傅碧波記（七一—七三）
（2.）中國目前所需要的教育……李清悚講演 傅心波記（七三—七六）
（3.）情感與人生……章柳泉講演 華文綸記（七六—七七）
（4.）職業……喻鑑清講演 陳西庚記（七七—七九）
（5.）楊家駱先生講演詞……舒傑 葛向榮記（七九—八六）
（6.）歐遊觀感述要……吳錫麟講演 劉運隆記（八六—八九）
（7.）中國底戰時經濟與戰後經濟……馬寅初講演 葉靜涵記（八九—九一）
（8.）我的奮鬥史……周海濤講演 劉文襄記（九一—九四）
（9.）營養與健康……桑蘭谷講演（九四—九六）
（10）良師與國運動的發展及意義……馬客談講演 張連宗等記（九六—九八）
（11）教師節的意義……李清悚講演（九八—九九）
高孟旦先生傳……楊家駱（九九—一〇〇）
旅蓉回憶記……盧子英（一〇一—一〇三）
嘉陵江三峽鄉村建設實驗區署工作報告書（廿六年九月至廿七年四月份）……趙仲舒（一〇三—一三六）
峽區要聞彙誌（二十七年一月至六月份）……成善碧（一三六—一四五）
歡仄與感謝……編者

訂戶須知

1，改址 定戶通信處如有更改，遠地皆須先期一月，通知本社。否則因此遺失，恕不賠補。

2，補寄 本刊每月一日出版，至遲可於五日交郵寄出，逐戶檢寄，從無遺漏。但郵途有時不免遲滯。萬難準期遞到，有時因故亦不免遺失，定戶可清點收到日期，如逾應到日期一星期後，則可附郵票五分，向本社索補本期，如當月不發信索補，通時許久始函索補，則恕不遵命。

3，續訂 本刊預訂一年，國內連郵費只須二元三角，國外連郵費只須四元四角，舊定戶續訂，每年遞減一角，即國內第一次續訂只須二元二角，第二次續訂只須二元一角，第三次續訂只須二元，以後類推，減至每年一元爲止。國外舊訂戶續訂亦每年遞減一角，減至每年三元而止，但續訂之訂費不能交與郵局及書局代訂，只能交銀行或郵局直接匯與本社。

歡迎分銷

本刊發行以來，內容方面，力求精進充實，幸蒙各界贊許，銷行日廣，茲爲便利各地閱者計，擬廣設分銷，倘荷賜予提倡，慨允担任寄售，無任歡迎，詳章函索即奉，茲將國內已設分銷及代訂處列下：

北碚分銷處：嘉陵江日報社　北碚溫泉公園

合川分銷處：新新書局

成都分銷處：中國圖書雜誌公司　開明書局

重慶分銷處：北新書局　中國圖書雜誌公司　今日出版社　文光書局

本刊代售章程

一，本刊代售處除承担零售外，並得代辦定閱。

二，代售處代辦定閱，每份照訂價扣除百分之二十爲佣金，欵到本部後，開給訂單，直接寄書以省手續。

三，代售處每期銷數在五十册以下者給予佣金百分之三十（即七折）一百册以上，給予佣金百分之四十（即六折）在百册以上者，給予佣金百分五十（即五折）。

四，代售處每季結賬一次，將每次所銷數目連同扣淨售欵一併開單，逕交本刊發行部，遇有不清，除停發書外，並以合法手續追繳欠款。

五，凡代售本刊，每季在十册以上者得自行刻製『北碚月刊特約代售』印章及懸牌於門首。

六，繳欵須用法幣，郵匯代洋以一角以下者爲限，外埠匯欵匯水與郵費，槪由寄者負担，如有中途遺失情事本部亦不負責任。

七，代售處於代售本刊，應負保管愛護之責。

八，承担代售者，爲謀增加銷路起見，所有自爲之宣傳費用，歸代售者負担。

川滇鐵路測勘隊之領導人
(1)總工程師劉宗濤
(2)地質專家常兆寧
(3)生物專家俞季川

巧家拳之花南羊圈之大瀑布高四六〇米

牛欄江溜索之一

雷波縣吊耳岩

民國十八年少年義勇隊於峨嵋金頂採集標本之留影

七七抗戰週年紀念

七月七日攝影

獻花圈

主祭禮

唸經

獻金台

嘉陵江三峽鄉村建設實驗區署 抗戰時期中心工作報告

（自民國廿六年七月起至民國廿七年八月止）

目錄

甲，訓練民衆
一，一年來辦理社會軍事訓練概況
1.工人訓練 2.集訓小隊附
二，一年來訓練壯丁之數目：（本區壯丁訓練……云云）
三，一年來辦理特種訓練之實施
1.選訓精銳壯丁 2.公務員訓練
3.總動員訓練 4.組訓防護團
5.訓練茶房堂倌 6.利用集會訓練民衆
7.組織話劇團及歌詠隊 8.集訓成年男女
9.編纂壁報 10新聞廣播
四，推行國民軍事組訓進度情況：（本區社會軍事訓練……云云）
1.常備隊 2.預備隊 3.後備隊
4.保訓合一幹部訓練 5.幹部人員訓練
6.準備訓練第一期壯丁 7.經費來源
乙，補充兵員
，一年來辦理徵募壯丁概況
二，一年來徵募壯丁人數：（此項工作本區尚未奉令辦理）
丙，儲備糧食及社會救濟
倉儲概況 二，地方慈善事業概況
一 救濟難民之準備
1.自抗戰以來 2.戰區兒童保育
丁，禁政辦理
一.禁種禁毒情況 二.運售情形
三，禁吸情形
四，本區官膏店及烟民人數統計列表如左：
1.各官膏店統計表 2.全區煙民人數統計表
3.全區煙民年齡統計表 4.全區煙民職業統計表
5.全區煙民吸量統計表
戊，戰時財政
一，勸募救國公債辦理經過：（廿六年十一月奉令成立……云云）
二，營業稅之整理：（三峽實驗區自廿六年七月設立營業稅……云云）
1.追繳欠稅 2.注意調查工作 3.嚴查漏稅實行罰則
4.實施滯納金辦法 5.努力推行增加稅收
三，房捐之創辦
四，催徵田賦情況
五，編造地方預算之實況：（本署……）
六，地方經費收支情形：
1.教育經費 2.保甲經費
巳，實施戰時教育
一，各學校抗戰課業之實施：（在茲抗戰時期……）
1.戰時教材：（教學目的……）
（1東北和華北）
（2我們美麗的首都）
（中略）

（12前方和後方）

2.生產教材：（教學目的…………）

1.農藝課題

（a堅塘築堰）（b苗圃育苗）（中略）（f生產救濟）

2.家畜課題

（a要選好豬種）（中略）　（f豬的打火印）

3.養蠶課題

（a養蠶）　（中略）　（h空氣）

4.合作課題

（a甚麼是合作社）　（中略）

（f社員入社的條件）

3.鄉土教材：（教學目的…………）

（1峽區的煤）（中略）（2北碚的故事）

二，教職員戰時工作之研究及訓練：（抗戰教育之實施有。於～…………）

1.申送教師受訓　2.舉辦廿六年小學教育暑期研究會

3.研究會議　4.舉辦救護訓練班

5.舉辦廿七年小學教員暑期講習會

三，學生戰時勤務之組訓；（區屬各級小學學生……）

1.募集破銅濫鐵　2.擴大兒童節紀念

3.舉辦雪恥與兵役宣傳週　4.募捐戰區難民兒童保育經費

5.小先生制之推進

四，學生軍訓之施行

五，童軍訓練之實施：（本區鄉間初級小學………）

六，民教義教之推進

1.民教之推進

1在民教設施方面　2在民教活動方面

2.義教之推進

七，原有各級學校之改進

1.劃一學校校名　2.改組北碚小學

3.增設初級小學十六所　4.各小學概況數字的報告

八，教育經費之收支實況及其支配標準

（1.本區初等教育……）

（1薪工）　（2購置費）　（3辦公費）

（2.本區社會教育……）

（1薪工）　（2購置）　（3辦公費約佔……）

九，聲明：（本區僅有私立兼善中學一所……）

庚，實施戰時建設及復興農村

一，促進生產之實施

1.農業改良

1檢定水稻品種

2大量栽種小麥

3鹽水選稻種

（a.調查稻種）　（b.計劃鹽量）　（c.確定人員）

（d.選種人員）　（e.收獲成績）

4苞谷間行抽花

2.農產展覽

1苞谷　2水稻　3蔬菜　4小麥

3.蠶業推廣：（二十六年秋季………）

4.畜牧改良

（1北碚種用公豬統制………）

（2全區豬數為一六二八七頭………）

（3純種約克縣公豬………）

（4豬本貸款………）

5．植樹造林：（本區植樹造林……）

（1澄江鎮大石壩合作社）（2澄江鎮蔡家溝合作社）

6．提倡養魚：（本區爲提倡養魚）

7．發展工商：（本區自抗戰發生……）

8．整理鑛業：（區內鑛業）

二，修治水利之實況：（本區倡辦水利……）

（1．馬鞍溪）（2．桊子溝）（3．龍虎溪）

（4．明家溪）（5．農田就田）（6．耕種坡地防砂）

（7．高坑岩及）（8．又温泉公園……）

三，協助國防建設情形：（北青馬路通車後……）

四，鄉村電話之情況：（本區鄉村電話）

五，合作社辦理概況

1．本區辦理合作事業之經過：（峽區合作事業……）

2．工作與事業及未來計劃

（1．工作與事業）

（a．講習會：合作社之經營……）

（b．總動員組織合作社：本區合作事業……）

（c．信用合作社：本區照每保……）

（d．消費合作社：峽區消費物……）

—2．未來計劃：本區合作事業……）

六，合作金庫進行情形

1．籌備經過　2．營業狀況　3．將來之計劃

七，農倉之籌備：（峽區面積……）

1．合作社兼營儲押：（全區合作社……）

2．邀請農本局籌立運銷倉庫：（本區爲……）

（設倉地點之調查）

（1川主廟）（2觀音廟）（3王爺廟）

八，農貸之實施：（本區農貸……）

九，其他

1．改良市政

（1在北碚者）

（a．市街（子）均和路……（丑）金佛路……（寅）文華路……）

（b．新村：（子）協助收買……（丑）督建……）

（c．指導村民……）

（2在黃桷樹者）

（a．改修由市街……）（b．改修正街……）

（3在二岩者：籌建……）

辛，維持治安

一，編整保甲概況：（本區行政區域……）

二，聯防清剿情形：

（1．本署去秋聯合……）（2．本年秋據報……）

三，鄉村壯丁之實力：（本區五鎮……）

四，自衛槍砲之管理狀況：

（1．本區民有自衛槍砲……）（2．本年秋後……）

五，城厢警察之現狀：（本區警察……）

甲，訓練民衆

一年來辦理社會軍事訓練概况：

工人訓練：指導所屬五鎮力夫轎夫船夫分別組織工會，計北碚力夫轎夫各四十名，黃桷文星澄江合二十名，二岩力夫一百二十名，分別督飭各鎮公安隊隨時召集施以軍事訓練及軍事管理。

集訓小隊附：召集五鎮共一百保，每保小隊附二名，合計二百名，除授以必須術科外，并按社會軍事訓練學科，施以相

當訓練，以養成下級幹部人才。

一年來訓練壯丁之數目：

本區壯丁訓練，已及兩年，其訓練科目，操期次數，均遵照規定辦理，每年訓練後，舉行檢閱，評定成績，本年度檢閱小隊成績，以北碚十二保爲最優，聯隊成績，北碚第一，二岩第二，文星第三，成績惡劣者，予以處分，優良者酌給獎品，計分甲，乙，丙，三等發給，列甲等者給草帽蒲扇各一，乙等給草帽一頂，丙等給蒲扇一把，草帽上面，用彩色烘印「自衛抗日」四字，總計獎草帽四百六十頂，蒲扇三百二十把，茲將本年度壯丁檢閱成績表報如下：

二十七年春季壯丁檢閱成績紀錄表

全區保數		100
實到壯丁幹部		251
實到壯丁人數		3890
武器	刀	180
	矛	967
	棍	86
	槍	1030
	彈	15269
	警號	1589
服裝	徒手	30
	軍服	920
	短服	1340
	長服	576
壯丁考語	精神	51.5
	儀容	62.0
	動作	46.7
壯丁幹部考語	精神	63.9
	動作	58.6
	指揮能力	58.0
全區號兵數		22
分區檢閱數		19
檢閱日數		19
備註		另有火藥槍二八六支未計入

一年來辦理特種訓練之實施：

選訓精銳壯丁：本區一百保，每保挑選家境寬裕年富力強之壯丁七名，於農忙時期，每十日訓練一次，每月由各鎮集訓一次，每三月由區署集訓一次，俾各有軍事常識，以資自衛及後備之用，至農隙時，仍編入普通壯丁隊受訓及服役。

公務員訓練：本區各級公務員，間有少數未經受軍訓者，本年一月間，特派員施以訓練，每日早晚集訓一次。

總動員訓練：去年十一月，本署爲使全區民衆澈底認清敵人，激發抗敵情緒，明瞭後方民衆應有之任務起見，特集合本區各級公務員及中等學生四百餘人，組織訓練團，分赴區屬各保，舉行各種戰時訓練，及民力調查等工作，前後歷時十餘日，收效頗多。

組織防護團：本年二月敵機數次企圖襲渝之際，即嚴令各鎮組織訓練防護團，全區訓練團員四百五十八人，每鎮分任警報，消防，救護，及避難所等工作，並將警報辨別，防護須知，由團員轉授民衆，曾舉行防空演習三次。

訓練茶房堂倌：令飭各鎮分別開班訓練，除加強本身技能外，更灌輸以抗戰智識，及偵探衛生常識等。

利用集會訓練民衆：每遇各種紀念會，即擴大舉行紀念，張貼標語，散發傳單，並使民衆多多參加集會遊行，以激發民衆抗敵情緒。

組織話劇團及歌詠隊：本區抗戰宣傳，關於話劇與歌詠方面，除本署之游藝班外，復有復旦大學，四川中學，兼善中學，北碚小學等，均組織有劇團，由本署聯絡，時赴各鎮各保甲表演抗敵歌劇，并作常識及時事講話，有時并教民衆唱抗敵歌曲，呼抗敵口號。

集訓成年男女：由本區民教館，分期開班集訓，凡失學之成人男女，均召集訓練之，以抗戰知識爲教材，既可使其識字，又可灌輸抗戰常識。

編纂壁報：由民教館編撰淺顯之抗戰知識，簡要時事，及大衆文藝等，每三日出刊一次。

新聞廣播：在各鎮鄉通衢要道，設置新聞廣播牌，每日由各聯保辦公處派人繕寫抗戰消息，以促起民衆對於國事之注意，而引起同仇敵愾之心。

推行國民軍事組訓進度情形：

本區社會軍事訓練，奉令自本年下年度起舉辦。於七月十八日始比照各縣區社訓組織，成立區社訓隊，旋又奉令依照戰時國民軍事組訓整備綱領第三條之規定，改組為國民自衛區隊，當即擬定預算，委派職員，積極籌劃進行，茲將辦理情形，報告如左：

常備隊：以經費無着，已請准緩辦。

預備隊：本隊現共編五鄉鎮隊，十三分隊。以聯保主任為名譽隊長，副主任為鄉鎮隊長，其次隊附助教，卽選擇已往壯訓幹部之優秀者充任。

後備隊：現已依照戰時國民軍事組訓綱領第四條第三項之規定，以每甲設一甲隊，各保設一保隊，每鄉鎮設一鄉鎮隊，復照同綱領第六條第四項以鄉鎮保甲長為隊長。

保訓合一幹部訓練：是項訓練，以經費無着，刻正呈請緩辦中。

幹部人員訓練：現依社訓綱要第十三條規定，施以教育，於本月十二日起，已依次訓練，刻在施教中。

準備訓練第一期壯丁：本隊組織伊始，關於各級幹部人員之委派與訓練，及其他各項準備事宜，漸次佈署完竣。第一期壯丁訓練，定十月三日開始。業已令飭各鎮鄉，凡年滿十八歲，至三十五歲者，由每保挑選三十名，遵限送到受訓。

經費來源：社訓經費，遵照規定，係將已往民團經費保甲經費教育經費及其他地方費等，以全部或一部移用之，惟本區情形特殊。能直接由區署征收者。只有保甲經費，其他地方費款，仍由各鎮原屬各縣府征收。業已請示上峯。本奉准在保甲經費項下攤征。但每月每保不得超過七元。現尚未起征。所有費用暫由區署墊支。

乙，補充兵員

一年來辦理征募壯丁概況：本區征募壯丁。尚未奉令辦理，惟本年五六兩月。此間駐軍一六一師楊旅王團。及保安十七團與二十二團，奉令出川抗敵，曾函達本署代為招募力夫，前後共計征送二百一十名。

一年來征募壯丁人數：（此項工作本區尚未奉命辦理）

丙，儲備糧食及社會救濟

倉儲概況：徵集倉儲為救濟災荒要政。在此抗戰時期，民食更關重要。本署奉令一面整修各鎮鄉倉廒。清查舊存積穀，一面擬訂倉儲管理辦法，令飭各鎮鄉遵照。組織倉儲管理委員會，主持一切，去年天旱。收穫欠佳，各鄉鎮積穀僅收四百八十七石七斗四升九合，連舊存積穀四百七十一石六斗六升，共存儲積穀九百五十九石四升九合，本年豐收，積穀收數，約可增加一倍，已令飭各鄉鎮徵募，現正在募集中，茲將廿六年各鄉鎮徵收積穀數量，列表如左：

廿六年度徵收各鄉鎮積穀數量表

鎮別	舊有數(石)	新收數(石)	合計數(石)	備攷
北碚	二九四・〇〇〇	二〇八・九二九	五〇二・九二九	本表數量概況以市石為單位
澄江		九九・七九二	九九・七九二	

二岩		二一・七八〇	二一・七八〇
黃桷		五三・二八〇	五三・二八〇
文星	一七七・六六〇	一〇三・九六八	二八一・六二八
總計	四七一・六六〇	四八七・七四九	九五九・四〇九

地方慈善事業概況：本區地瘠民貧，時屆嚴冬，一般貧民，嗷嗷待哺者，遍地皆是，近兩年來，水旱頻仍，民生益見凋敝，故本署對於慈善工作，無時或忘，在各鎮皆設有賑濟委員會，遴選地方公正士紳組織之，每屆冬末，勸募大量賑款或食糧，普遍賑濟，施惠貧民不少，去年天旱水災及本年大水時，本署募款舉辦施粥，至經常方面，己商同中國西部科學院，在慈善中學地點，辦有孤兒院一所，收容貧兒廿名，施以教養，此外在區屬禪巖寺地方，賑務委員會設有慈幼院一所，本署亦隨時聯絡，辦理一切慈善事務，本年洪水爲災，損失至鉅，現正在調査請賑中，玆將去年舉辦急賑情形，報告如下：

廿六年舉辦各鎮急賑災民及賑款統計表

鎮別	災民統計		賑濟情形		備考
	戶數	口數	米(石)	款(元)	
北碚	一八三九	九四〇六	三一・八五〇	一四・〇〇〇	上列五鎮鄉賑款賑米餘由五鎮聯保及士紳勸募散發之
黃桷	八二〇	二三八七	一〇・七七五	四七・六〇〇	
文星	一四五六	四六四三	二一・八〇〇	二一・八〇〇	
二岩	二七三	九三四	四・八五〇	一三九・〇〇〇	
澄江	一一七二	四六四四	三・五六〇	七五六・〇〇〇	
合計	五五六〇	二三〇一四	七二・八三五	九五七・一〇〇	米係以舊制石斗升合計

救濟難民之準備：自抗戰以來，戰區同胞，遷移來區居住者，爲數至衆，惟均能自給生活，嘗無請求救濟情事，本署鑒於外來民衆，絡繹不絕，以不諳地方情形，如租佃房屋等，每感困難，或發生糾紛，應環境需要，於今春特設旅客服務處，派員專爲旅客解決居住及其他一切問題，以後如有難民到境請求救濟者，即由該服務處負責辦理，設法介紹職業，以維持其生活，如人數衆多時，自當另外籌欵設法救濟也。

戰區兒童保育：現己籌得每保經費約百餘元，預計可籌經費約二百元，領養兒童五十名，按地方情勢，名額尚可漸逐增加，預定地點平民公園，目前正在積極籌備中。

丁，辦理禁政

禁種禁毒情形：本區乃禁種區域，巳禁絕多年，仍隨時嚴飭保甲人員徹底清查，并無偸种情事，至嗎啡及海落英等毒品，因本區人民尙未染有此種嗜好，同時本署查禁綦嚴，故未發現。

運售情形　本區照規定應設土行，但以範圍狹小，經濟困難，迭次招商承包，均無人接洽，故由本署代辦，二十六年度係在重慶禁煙一區局領土，現係向合川禁煙專務所領土，按月分發各官膏店，計全區有官膏店八家，每月共銷官土壹千陸百兩。

禁吸情形，本區對于清查癮民，向極嚴密，除照規定飭令保甲長及聯保主任具結外，并由本署隨時派員分赴各鄉場挨戶清查，計巳登記之癮民共一千一百九十八名，二十六年分爲四季徵費，共應收執照費二百九十八元六角，每月勒戒煙民數目平均每月約十五名，因經濟困難，未能特設戒煙所，係委託峽區地方醫院代辦，藥費由本署開支，手術由醫院盡義務，不另取費，本區禁煙委員會規正組織中。

本區官膏店及煙民人數統計列表如左：

各官膏店統計表

鎮別	官膏店 家數	官膏店 等級	月銷膏量 千百十兩	月銷膏量 錢分厘	備考
北碚	1	丙	五〇〇	〇〇〇	
文星	1	丁	二二四	〇〇〇	
二岩	1	丁	九八	〇〇〇	
黃桷	2	丁	二六〇	〇〇〇	
澄江	3	丁	五一八	〇〇〇	
總計	8		一六〇〇	〇〇〇	

全區煙民人數統計表

鎮別	人數 男	人數 女	人數 合計	每日吸量合計 土	每日吸量合計 膏	應領各種等級戒煙執照人數 甲	應領各種等級戒煙執照人數 乙	應領各種等級戒煙執照人數 丙	應領各種等級戒煙執照人數 赤貧	赤貧而兼流動者	貧民而兼流動者	以前漏登經此次查明補登者
北碚	178	36	214	1.9	8.4	1	7	113	72	10	11	
黃桷	272	59	331	0.4	13.4		4	64	230	11	22	
文星	271	76	346	0.82	14.8	1	84	75	164	73	30	
二岩	156	6	162	0.54	7.2		[illegible]	19	71	52	26	

澄江	總計
130	1007
15	191
145	1198
0.64	3.8
5.8	49.6
	1
3	18
30	301
52	589
24	170
36	110

全區煙民年齡統計表

年齡	人數 男	人數 女	人數 合計
二十歲以下	78	7	85
二十一歲至三十歲	255	22	277
三十一歲至四十歲	297	61	358
四十一歲至五十歲	229	82	311
五十一歲至六十歲	125	17	142
六十歲以上	23	2	25
總計	1007	191	1198

全區煙民職業統計表

職業	人數 男	人數 女	人數 合計
農	141		141
工	567		567
商	167	6	173
家事		113	113
無業	132	72	204
總計	1007	191	1198

全區煙民吸量統計表

應領戒煙執照等級	吸量 土	吸量 膏
甲		0.4
乙	1.3	2.8
丙	1.2	27.2
赤貧	1.3	19.2
總計	3.8	49.6

戊，戰時財政

勸募救國公債辦理經過：二十六年十一月奉令成立勸募救國公債委員會本區支會，以本區地面狹小，且貧瘠異常，未奉派定應募數額，乃開會全區五鎮擬派募二萬元，正起收間，忽奉　省令停止，本區逐未勸募民間公債，祗區署職員應募三百餘元，逕解省會核收。又勸農村銀行買救國公債一千元。

營業稅之整理：三峽實驗區自二十六年七月設立營業稅稽徵所，開征營業稅，迄本年五月止，以稅收短少，遂併歸合川稽徵所代辦。本年七月，總局以値此抗戰時期，營業稅收，爲抗戰軍需來源之一，非積極進行不可，委韓帥嬰到區重新組織分所，整理巳往稅收，爰將經過畧述如左：

一，追繳欠稅　本區各商店店主，愛國者固早知按期繳納稅欵，惟亦有少數玩忽稅政，甚至累欠達五六個月者，故第一步從追繳欠稅做起，逐一告知欠繳各商應納營業稅之重要性，且詳細解釋章程，並激發其愛國心，兩月以來，除一二情形特殊外，均巳繳納淸楚矣！

二，注意調查工作　本區各工商業日常售貨，均無確實賬簿，採用循環單者極少，每月徵稅全憑估計，故必須注意調查工作，一方面重視國家稅政，而另一方面又必顧及店主營業實在情形，如某商店營業發達，則應增稅，如某商店營業實係不足應徵標準，則減少或豁免之，以昭覈實。

三，嚴查漏稅 實行罰則 本區常有不肖商人私行營業，漏納稅欵，例如木筏自合川撑來北碚兜售，未售前已由本所調查知悉，通知其繳納短期營業稅欵，而竟有售後不納稅欵逃逸者，似此玩忽稅政，殊堪痛惡，故以後決定實行罰則，漏稅者一經捕獲後，即送區署押繳應納之營業稅，並科以相當罰金，以裕收入。

四，實施滯納金辦法 去年抗戰軍興，十月一日即頒佈營業稅非常時期暫行辦法，內有加繳滯納金一項，即應徵稅欵，限於奉到徵收機關所發通知單於五日內繳納清楚，如逾期則照規定處罰，或停止其營業，仍追繳應完之稅款，在未清繳前，不得復業，本所現既將欠稅追繳清楚，然以前方抗戰軍需孔亟，恐商人或有一時忘懷國事，發生惰性，故擬自九月份起，實行加徵滯納金辦法，俾可按期報濟，增加抗戰力量。

五，努力推行，增加稅收 本區尙有若干業迄今仍未徵稅，如運輸業製造業等，現正努力推行中，若果實現，則對於稅收，必可增進也。

房捐之創辦：（本區歷未徵收房捐。）

催徵田賦情形：（本區田賦，歷由各原管縣負責徵收，）

編造地方預算之實況：本署權責，與一般縣府署異，行政僅及民政保安及教育建設諸端，關於司法之管理與田賦之徵收，仍由原隸各縣負責辦理。所有區署經費，大部份由省府撥建設經費補助之，而由本署徵收者，僅保甲與教育經費兩項，玆將收支預算表列於次：

第一表 二十六年度教育經費收入預算

科目	收入數（元角分）	備考
第一項 肉稅附加	三〇〇.〇〇	
第一目 黃桷肉稅附加	三〇〇.〇〇	
第二項 斗息捐	二九六八.〇〇	
第一目 北碚斗息捐	三四〇.〇〇	
第二目 黃桷斗息捐	七二〇.〇〇	
第三目 文星斗息捐	二八〇.〇〇	
第四目 澄江斗息捐	一六二八.〇〇	
第三項 契稅附加	二三四〇.〇〇	
第一目 北碚中資紅莊登記	一八四〇.〇〇	
第二目 黃桷中資紅莊登記	三〇〇.〇〇	
第三目 文星中資紅莊登記	二〇〇.〇〇	
第四項 地方雜捐	二一八〇.〇〇	
第一目 黃桷炭挑捐	六〇〇.〇〇	
第二目 黃桷盌捐	一九二.〇〇	
第三目 黃桷[illegible]市官稱捐	六六.〇〇	
第四目 文星猪市捐	五〇.〇〇	
第五目 文星柒市捐	四.〇〇	
第六目 文星牙行捐	一〇.〇〇	
第七目 文星炭挑捐	三〇〇.〇〇	
第八目 澄江豬押捐	三八五.〇〇	
第九目 澄江雜捐	三六五.〇〇	
第十目 澄江毛捐	二〇八.〇〇	
第五項 房租捐	六六六.〇〇	

科目	收入數（元角分）	備考
第一目　北碚房地租	六二九・四〇	
第二目　文星房地租	四・〇〇	
第三目　澄江房地租	三二・六〇	
第六項　穀租	二〇〇・二〇	
第一目　北碚穀租	二〇〇・〇〇	
第二目　澄江穀租	二・〇〇	
第七項　學費	三〇〇・〇〇	
第一目　北碚小學	二〇〇・〇〇	
第二目　黃桷小學	四〇・〇〇	
第三目　文星小學	三〇・〇〇	
第四目　澄江小學	三〇・〇〇	
第八項　雜費	一八・〇〇	
第一目　北碚小學	一〇・〇〇	
第二目　黃桷小學	三・〇〇	
第三目　澄江小學	五・〇〇	
第九項　補助費	三五〇・〇〇	
第一目　寶源公司	九〇・〇〇	
第二目　燧川公司	二〇・〇〇	
第三目　實驗區署	二四〇・〇〇	
合計	一二四七二・二〇	

第二表　廿六年度教育經費支出預算

甲・經常門

科目	支出數（元角分）	備考
第一項　區屬各小學教育經費	七四四九・〇〇	
第一目　北碚小學經費	二九〇七・〇〇	
第二目　黃桷小學經費	一三一六・〇〇	
第三目　文星小學經費	一三一六・〇〇	
第四目　澄江小學經費	一三一六・〇〇	
第五目　各校房地租	二五二・〇〇	
第六目　經收員薪津	三四二・〇〇	
第二項　義務教育經費	六五八九・〇〇	
第一目　短期小學	三五二〇・〇〇	
第二目　鄉區簡易小學	三〇六九・〇〇	
第三項　社會教育經費	一二〇八・〇〇	
第一目　民衆補習教育	四〇〇・〇〇	
第二目　民衆播音教育	四〇八・〇〇	
第三目　民衆電影教育	四〇〇・〇〇	
合計	一五二四六・〇〇	

乙・臨時門

科目	收入數	備考
第一項　區教臨時費	一二三六・〇〇	
第一目　修建費	六〇〇・〇〇	
第二目　補助費	六三六・〇〇	
總計	一六四八二・〇〇	

第三表　廿七年半年度教經收入預算

經常臨時	科目	收入數（元角分）	備考
	第一項　本區教經收入	八二七八・〇五	
	第一目　附加	九〇〇・〇〇	
	第二目　雜捐收入	三三九三・〇五	
	第三目　學產收入	四五八・〇〇	

科目	數
第四目 公產收入	五〇．〇〇
第五目 地方事業收入	六七五．〇〇
第六目 補助費收入	二九〇二．〇〇
合計	八三七八．〇五

第四表 廿七年半年度支出預算

科目	支出數（元角分）	備考
甲·經常門		
第一項 教育文化費	一一五八三．〇〇	
第一目 教育行政費	二〇五．〇〇	
第二目 小學教育經費	八一六〇．〇〇	
第三目 普及教育經費	二三五〇．〇〇	
第四目 電化教育經費	三〇〇．〇〇	
第五目 其他支出	五六八．〇〇	
合計	一一五八三．〇〇	
乙·臨時門		
第一項 其他支出	五〇〇．〇〇	
第一目 修建費	五〇〇．〇〇	
經常臨時總計	一二〇八三．〇〇	

第五表 保甲經費收入預算

科目	廿六年度預算收入數（元角分）	廿七年半年度預算收入數（元角分）
第一項 全區保甲經費收入	七八〇〇．〇〇	四二〇〇．〇〇
第一目 北碚	二五七四．〇〇	一三八六．〇〇
第二目 黃桷	一七一六．〇〇	九二四．〇〇
第三目 文星	一四八二．〇〇	七九八．〇〇
第四目 二岩	四六八．〇〇	二五二．〇〇
第五目 澄江	一五六〇．〇〇	八四〇．〇〇
合計	七八〇〇．〇〇	四二〇〇．〇〇

第六表 保甲經費支出預算

科目	廿六年度支出預算數（元·角分）	廿七年半年度支出預算數（元·角分）
甲·經常門		
第一項 全區保甲經費	五九六四．〇〇	二七九〇．〇〇
第一目 北碚	一七五二．〇〇	七六二．〇〇
第二目 澄江	一二四八．〇〇	五五二．〇〇
第三目 二岩	五八八．〇〇	三〇六．〇〇
第四目 黃桷	一二三六．〇〇	六〇〇．〇〇
第五目 文星	一一四〇．〇〇	五七〇．〇〇
合計	五九六四．〇〇	二七九〇．〇〇
乙，臨時門		
第一項 全區臨時辦公費	一八三六．〇〇	一四一〇．〇〇
第一目 文具	五六〇．〇〇	六九一．五〇
第二目 訓練費	四〇〇．〇〇	二五五．〇〇
第三目 特別費	五五〇．〇〇	二二三．五〇
第四目 武器	三二六．〇〇	二四〇．〇〇
經常臨時總計	一八三六．〇〇	一四一〇．〇〇

六、地方經費收支情況：

教育經費：本區教經收入，除由各鎮原轉縣府稍有補助外，其餘全賴整理地方收入，以資應用。收入之稍特殊者，如澄江鎮寶源煤礦公司修築運河淹沒公共橋樑三座，每年補助九百元，又燧川炭號因炭窰荒渣堆佔學校地土，年助二百元，然爲數有限，得助殊微。年來收支相抵，負債已深，截至目前，約近萬元左右，平時借東應西，捉襟見肘，困難之情，可以想見也。

保甲經費：每年分兩季征收，在未開征以前，須派員調查恆產之增減及有無變異情形，作爲征收之根據，惟征收異常困難，人民之窮苦者，自不能依限措繳，而士劣輩以及資產較大之事業機關，更多藉故推宕，雖竭盡宣傳及勸導之力，仍難如期照繳，且所收又瑣碎細微，多不成整，此保甲經費之籌措，更難於教育經費也。

己，實施戰時教育

一，各學校抗戰課業之實施：

在茲抗戰時期，區屬各級小學除於正常課程之外，加授戰時補充教材，外並注重生產教育之講授，使兒童影響家庭，努力于生產之增加，並作增加生產之宣傳，以增強抗戰力量，一年來本署編印各校講授之戰時補充教材及生產教材約有下列數種：

（1.）戰時教材：教學目的：係激發兒童之民族意識，國家觀念，抗戰熱情，及明瞭日帝國主義之殘暴情形，養成健全之小戰士，以備將來報效國家。

1 東北和華北　2 我們美麗的首都　3 「九一八」
4 蘆溝橋事變　5 偉大的「八一三」　6 救國公債
7 兵役　8 糧食　9 新生活公約
10 節約運動　11 肅清漢奸　12 前方和後方

（2.）生產教材：教學目的：使兒童知道：（一）增加生產的重要（二）增加生產的方法（三）最易增加生產的副業，藉兒童的宣傳達到增加生產的目的，以增加抗戰力量。

1. 農藝課題：
a. 鑿塘築堰　b. 苗圃育苗　c. 荒地造林　d. 選種
e. 包穀抽花　f. 二穫穀　g. 預防病虫害　h. 生產救濟

2. 家畜課題：
a. 要選好猪種　b. 選猪種標準　c. 家畜能服役
d. 家畜的食料　e. 畜舍的清潔　f. 夏天防瘟的辦法
g. 清潔和打防疫針　h. 猪的打火印

3. 養蠶課題：
a. 養蠶　b. 選種　c. 選桑　d. 撒桑
e. 除沙　f. 分區　g. 温濕　h. 空氣

4. 合作課題：
a. 甚麼是合作社　b. 合作社做些什麼事情
c. 合作社有些甚麼特點　d. 合作社的組織及步驟
e. 社員資格的限制　f. 社員入社的條件

（3.）鄉土教材：教學目的：使兒童知道（一）本鄉的地理歷史和社會現況（二）本鄉的特產（三）本鄉的風俗習慣和人情（四）本鄉的古蹟名勝，以激發兒童的愛鄉觀念，擴而大之愛護國家。現已編好七種名目如下：（其他尚在編擬中）

a. 峽區的煤　b. 到北温泉去　c. 峽區的交通　d. 峽區的竹
e. 北碚的夏節　f. 峽區的家畜保育所　g. 北碚的故事

二，教職員戰時工作之研究及訓練：

抗戰教育之實施，有賴於健全之教師之推進，故師資之訓練，爲實施抗戰教育之先決條件，一年來本區教職員對於戰時工作之研究及訓練，約有數端，今述之如下：

1.申送教師受訓：二十六年夏本署奉到省府訓令，規定申送小學教師三十名，前赴重慶暑期普及教育師資訓練班受訓，本署當即遵令於七月上旬申送教師三十名，除周傳檄一名，因病中途折回外，其餘實往受訓，計有舒傑等二十九名，玆將姓名列後：

舒　傑　傅新波　章石若　吳純儀　楊奇勛
余俊賢　王灝思　陳大江　童道一　陳　樸
洪君輔　鄧少安　鄧彥夫　王興誠　顏士咸
陳天寧　劉宗廉　周吉熙　曾國光　劉敏樹
周洪溫　羅素卿　舒君瑞　吳碧屏　陳致中
邱競華　楊輔勛　錢先武　吳素樸

2.舉辦二十六年小學教育暑期研究會：區屬各級小學校長教師，共計六十五人，除遵令申送二十九名入重慶普及教育師資訓練班受訓外，其餘三十六名，乃由本署舉辦小學教育暑期研究會，召集各校校長教師到會研究，研究科目為：一，國音注音符號，二，各科教學法，三，二部制小先生教學實施辦法，此外并加授普通軍事訓練，研究時間為兩星期，自二十六年七月十六日起至七月三十日結束。

3.研究會議：本區關於教育研究會議，計分兩種，一為普及教育研究會，係由本區義教及民教人員組成，專事研究義教及民教方面之問題，一為小學教育研究會，係由本區完全小學及半部小學教職員組成，專事研究兒童生活所表現之事實，及小學行政組織教學訓導等方法，會期均為每月一次，自去歲一月召開第一次研究會議以來，截至本年六月底止，已各舉行十二次，每次研究會除討論及解決教學上發生之實際困難問題外，對於抗戰教育之計劃及實施方案均有詳盡之討論。

4.舉辦救護訓練班：當此國難嚴重，前方將士浴血抗戰之際，後方救護訓練實不容緩，區署乃利用寒假期間，召集區屬各學校女教師暨區屬各機關女職員共二十九人，在北碚地方醫院實施救護訓練，會期自本年底一月十二日起至二十六日止，共兩星期，訓練科目，注意實際應用技術，如救護學，担架術，包紮學，護病學等，均由該院院長醫務主任及護士長等分別担任，每日除下午授課外，並於上午在該院門診處實習，各學員工作甚為熱情。

5.舉辦二十七年小學教員暑期講習會：本署為謀本區小學教員進修起見，特利用本年暑假舉辦暑期講習會，自七月十一日開始，至八月六日終結，共計四星期，計講授國語算術常識各科教材及教學法各十二小時，現代教育思潮六小時，小學行政十二小時，複式教學法十二小時，學校衛生八小時，教育心理八小時，教育測驗十小時，共計授九十二小時，學術演講前後共十次，小組討論會前後計舉行八次，參加學員均區屬各級小學校長教師共計六十五人，各科講師均國內著名之教育專家，復旦大學教授及國立四川中學教師，如沈子善先生熊子容先生馬客談先生陳子展先生言心哲先生李炳煥先生等，上列各種學科除現代教育思潮因係學術演講性質未舉行試驗外，其餘均舉行試驗，業將成績列表呈報。

三，學生戰時勤務之組訓：

區屬各級小學學生之愛國熱誠，與服務社會之精神，均不亞於成年學子。每當舉行運動，均能遵照指導，盡心盡力，克底於成，玆將一年來全區小學生服務社會之工作及其自身之訓練，概述如左：

1.募集破銅爛鐵：本署於去年十一月接奉　省府訓令募集破銅爛鐵，當即訓令區屬各級小學發動小學生就地募集，除保留各寺院之鐘磬鼎爐外，（該項鐘磬鼎爐業已奉令調查保留備用），區屬各校學生共計募得二千餘斤，解繳重慶市府，彙轉政府備用。

2.擴大兒童節紀念：本年兒童節擴大紀念於三月中即着手籌備

，同時舉行兒童健康比賽大會，區立小學聯合運動會及兒童照片玩具展覽會，於該日上午九時十五分在北碚民衆體育場舉行紀念儀式，由北碚小學十二歲學生張漳民任大會主席，儀式完畢，即舉行健康比賽大會，參加比賽兒童二百二十九名，先二日舉行體格檢查，每歲錄取三人參加決賽，計參加決賽兒童有三十三名，均精神煥發，活潑可愛，當由評判員以態度精神動作姿態爲評判標準，選出標準健康兒童四名，第一名周立坤，第二名李代萱，第三名黃碚容，第四名盧歐林，分別給獎攝影，午後一時舉行區立小學聯合運動會，參加運動員計北碚小學五十四人，黃葛小學二十八人，文星小學二十七人，澄江小學二十四人，北碚短小四十八人，北川小學三十六人，共計二百另九人，分男女甲乙四組比賽，比賽結果，團體第一名爲北碚小學，第二名文星小學，第三名澄江小學，個人總分第一名爲北碚小學女生馮瑞雙，均經分別給獎。晚在民衆會場舉行游藝大會，北碚小學兼善中學復旦大學均參加表演抗敵話劇及抗敵歌，頗能激起民衆愛國情緒。同日並在民衆體育場之右角展覽兒童照片及玩具，任人參觀。

3. 舉辦「雪恥與兵役」宣傳週：本區遵照中央政治部規定之「雪恥與兵役」宣傳大綱，於本年五月三日至九日舉行宣傳，先於一日召集本區各中小學及民教機關在區署開籌備會議，議決自三日起，在嘉陵江日報副刊登宣傳大綱及特刊，各校組織宣傳隊，深入鄉間，對農民宣傳，宣傳方式以能引起聽衆之興趣及了解爲主，計出發宣傳人員，共二千八百餘人，內參加之小學生約計千餘人，聽衆約在三萬人以上，復於五月九日擴大舉行紀念，並請名人講演，情況至爲熱烈。

4. 募捐戰區難民兒童保育經費：本署四月間奉　省府訓令協助中國婦女慰勞自衛抗戰將士總會戰時兒童保育分會，勸募保育經費，以事收容戰區難民兒童，本署乃召集區屬各級小學校長，並會同四川中學師範部女子部初中部兼善初級中學商討一切進行事宜，當經議決，動員所有本區中小學生，全體出發募捐，經三星期始告結束，共計募得四百五十一元八角，嗣即直匯重慶戰區難民兒童保育分會查收，並呈復　省府在案。

5. 小先生之推進：本署自改組成立以來，即努力於小先生制之推行，歷將全區小學中成績優良之學生，充任小先生，幫助並督促於課暇在其學校或住宅附近，組織共學處，招收不識字之成年男女負教學之責，茲將一年來小先生學生之增減情形，製表如下：

一年來小先生增減比較表（廿七年九月製）

年度	共學處所數	小先生數	學生人數 男	女	合計	備考
廿五年度第二學期	二四	一三二	一二一	一八七	三〇八	
廿六年度第二學期	七五	三一〇	三三四	五一三	八四七	
增加數	五一	一七八	二一三	三二六	五三九	

四，童軍訓練之實施：

本區鄉間初級小學每校學生人數甚少，且年齡均甚幼稚，故有童軍訓練者甚少，該項訓練僅在四所區立完全小學中實施，中以北碚小學之童軍訓練，較有成績。自全面抗戰爆發以來，本區童軍訓練，除授規定之童子軍課程及訓練外，尤着重於抗戰時期之勤務及抗戰智識技術之訓練，前者如紀念日會場秩序之維持，抗敵宣傳，抗敵募捐，慰勞抗敵將士家屬等運動，後者如防空防毒消防救護之訓練及演習等，均以童軍組織活動以培養小學生之戰時知識及技能，俾一旦有事亦可貢獻一份力量也。

五，民教義教之推進：

民教之推進，本區民衆教育，係以民教館爲推動之中心，以各鎮聯保及各校學生爲工作之骨幹，對於固定性的學校式教育，及活動性的社會式教育，均同時並重。

1.在民校設施方面：各鎮市街及人口密集地方特設學校九所，復旦大學兼善中學四川中學師範部女子部各附設一所，在北碚之婦女補習班，並授以打毛線編麥草等小手工藝，在市街之民校，則注重轎夫力夫茶房，么師等之訓練，在鄉間因民衆之集中施教，較爲困難，則訓練小先生組織共學處施教，教材除部頒民衆課本外，並編輯鄉土教材及抗戰三字經各一種以作補助，茲將廿六年度第一二學期民校學生數目比較如下，

年度			廿六年度	
期別			第一學期	第二學期
校數	特設		9	9
	附設		3	3
	合計		12	12
班數	高級		5	5
	初級		12	12
	合計		17	17
教習數	男		15	15
	女		5	5
	合計		20	20
在校學生人數	高級	男	85	82
		女	59	75
	合計		144	157
	初級	男	175	168
		女	142	184
	合計		319	332
總計			461	509
備考				

2.在民教活動方面：盡量利用季節及各種紀念集會作擴大宣傳，各機關團體學校均一致參加活動，計舉行擴大紀念五次，除每次文字和口頭報告外，曾映放電影兩次，舉行物產展覽，農產展覽，兒童照片玩具展覽各一次，每次參觀民衆約五千人，平時則以民衆會場爲主要活動場所，以游藝學生班爲主要表演人員，沿用舊有娛樂方式，換以新的有關抗敵意義的內容，開放每週至少一次，每次約八百人，計全年共開放九十次以上，除表演新舊戲劇外，特偏重於適合民衆口味之雜曲，計新編者有金錢板詞九篇，山歌十一首，小調十二首，花鼓詞兩種，蓮蕭詞三十二首，蓮花落兩種，評書四則，並創編川劇木蘭從軍，弦高犒師，漢奸恨三種，又改編其他舊劇廿餘種，該班除於區內表演外，在一年內並先後旅行合川，重慶，並巴縣歇馬鄉，鳳凰鄉，青木關，土主場，興隆場，江北戴家溝，合川雙鳳場，草街子，灘子坎，鹽井溪等處，作抗敵宣傳，其主要活動爲川劇，話劇，評書，金錢板，山歌，歌詠，講演，壁報，漫畫，及談話會等，歷時約兩月，此外於嘉報副刊先後編教育園地，農民週刊各八期，現每日經常編撰常識文藝教材三欄。所有廿六年度各民教事業，每月參加受教之人數列表如次：

事業機關	每月參加受教人數 男	女	合計
民教館	五，〇〇〇	三，〇〇〇	八，〇〇〇
圖書館	五，〇〇〇	四，〇〇〇	九，〇〇〇
博物館	一三，〇〇〇	二，〇〇〇	一五，〇〇〇
問事識字處	四七〇	五七三	一，〇四三
遊藝場	五，〇〇〇	四，五〇〇	九，五〇〇

體育場	三〇，〇〇〇	一三，〇〇〇	四三，〇〇〇
公園	一七，〇〇〇	一〇，〇〇〇	二七，〇〇〇

3.義教之推進：本署成立之初，爲救濟將近百分之九十失學兒童起見：遂於每保設立義務小學一所，並根據廿六年度義務教育實施計劃，委任學董十六人，由本區現任學校教職員兼任，担任該學區義教之宣傳，實施計劃之擬具，經費之籌劃，學齡兒童之調查，學童入學之強迫，校務進行之監督與考察，私塾改良之督促，共學處之推進等，另委助理學董一百八，由保長兼任，以收政教合一之效，所負任務爲調查學童，並強迫入學，增籌經費，協助校務，援助共學處之進行等，又根據實施義教暫行辦法大綱施行細則之規定，特籌設義教委員會，下設總務，設計，考核三組，以輔助義教之推行，惟因當時各縣教經收不敷支，兼廿五年冬間旱災慘重，多數兒童均須回家工作，以爲家庭經濟之幫助，若強令入學四年，事實上殊感困難，故將義校以十八所改爲一年制短期小學，並逐漸招足學額，擴充校數，玆將辦理以來短小學生增加之趨勢列表如後：

本區兩年來短期小學概況比較表（廿七年九月製）

年度	期別	校數 特設	校數 附設	校數 合計	班數	教職員數 男	教職員數 女	教職員數 合計	學生數 男	學生數 女	學生數 合計	學生逐期增加數 男	學生逐期增加數 女	學生逐期增加數 合計
廿五	第一期	1		1	4	1	2	3	82	70	152			
廿五	第二期	19		19	40	18	3	21	1019	478	1497	936	408	1345
廿六	第一期	8	19	27	39	26	6	32	1033	587	1620	14	109	123
廿六	第二期	9	18	27	41	26	6	32	1129	737	1866	96	150	246

六，原有各級學校之改進

1.劃一學校校名：根據修正小學規程等九條之規定，縣市以下公立小學以區域較小之地名爲校名，故本區各小學校名有不符此項規定者，均得改正，於去年九月卽一律改變現有之校名，以符規定，玆將改正後之新校名，錄之如下：

北碚鎮：
龍鳳初級小學　白蝦初級小學　中間短期小學
龍腹初級小學　石坑初級小學　天生初級小學
僉佛初級小學　鍋廠初級小學　雨台短期小學
黑石初級小學　清和初級小學　金剛初級小學
杜家短期小學

黃桷鎮：
東陽初級小學　石龍初級小學　天神初級小學
項家初級小學　白廟初級小學

文星鎮：
八角短期小學　天台初級小學　藥王初級小學

二岩鎮：
二岩初級小學　龍井短期小學

澄江鎮：
藍家短期小學　大石初級小學　栗子初級小學
三花初級小學　青雲短期小學　高家初級小學

石廟初級小學　竹林初級小學

2.改組北碚小學：　北碚小學爲區內完全小學中規摸最大學級最多之校，以前限於人力財力未能使其盡善盡美，此次國立四川中學師範部設校於此，乃與該校當局商討改進北碚小學計劃，決定將該校仍爲區立外，同時並爲川中師範部附屬小學，當卽委託小學專家潘揖山爲該校校長，並商請戰區中小學教師四川服務團派團員三十三人來校服務，當蒙允諾，潘校長偕全體教師於本年四月開始接收，五月上旬改組完竣，教師方面，改組前十六人，改組後三十五人，較前增加十九人，學生方面，改組前五百六十餘人，改組後增添幼稚園一班，全校學生共計六百三十餘人，較前增加七十餘人，校內行政組織，亦改爲總務教導研究推廣四部，每部設主任一人，其他各種研究會討論會亦次第成立，故現在之北碚小學在川中師範部教師服務團及本區署三方面之指導與扶助下謀改進，此後內容之充實，教學之進步，當更有望矣。

3.增設初級小學十六所：　本區增設學校，已商得戰區中小學教師四川服務團之同意，允派教師來區服務，自本年五月起開始籌備，積極設立，截至六月底止，除北碚小學派來教師三十三人不計外，服務於鄉間者共計派來教師五十四人，設立學校十六所，茲將新設各校地址及校長姓名，列表如下：

新設學校校名校長一覽表（二十七年七月製）

鎮別	保	校名	校長	備致
北碚	7	劉家院初級小學	李瓔	
同	9	觀音菴初級小學	黃禮玉	
同	31	金剛初級小學	周抑堂	代辦
同	18	龍崗初級小學	趙[illegible]潤	
同	21	柑子灣初級小學	胡錫疇	
同	32	馮家灣初級小學	尹洪生	
同	29	莊子初級小學	徐婉若	
同	17	姚家灣初級小學	劉敬如	
同	28	張家壩初級小學	史澄	
黃葛	9	胡家埡初級小學	徐希元	
同	8	么店子初級小學	胡球	
同	17	班竹園初級小學	金行坦	
同	18	石橋初級小學	朱雲初	
文星	1-3	文昌宮初級小學	李之順	
同	5	板橋初級小學	丁治修	
二岩	2	二岩初級小學	田達瑞	代辦
澄江	2	望水埡初級小學	王成誠	
同	8	碾房子初級小學	吳瑞芳	

4.各級小學概況數字的報告：　全區小學在未改組爲實驗區以前，不過七八所而已，實驗區署改組成立後，當年卽擴充爲七十九所之多，學生較之從前增加七倍以上，教師六倍以上，但因教經拮据，碍難維持，不得已合併爲二十四校，但自去歲來因抗戰之激勵，同時民衆亦感覺讀書之需要，又因強迫入學之結果，與農産豐收之影響，故學校學生激增，鄉間初級小學學生之增加到一百名以上者己有多所，每校教師原爲一人，今增加助教至一人二人三人者亦復不少，總計學生較年半以前增加十餘倍以上，茲將一年來各級小學增減情形，製表如下，可得一正確的認識：（短期小學及附設短期班數字已於上節記述，茲不列入）

一年來各級小學概況增減比較表（廿七年九月製）

年度	校別	學校所數	學校所數	學生人數	備考
廿五年度	完全小學	四	三五	七八一	
第二學期	初級小學	二四	三〇	一，六八五	
廿六年度	完全小學	四	五五	一，二四三	

第二學期	初級小學	四〇	九八	三，〇三四
增加數	完全小學	無	二〇	四六二
	初級小學	一六	六八	一，三四九

附註 廿六年度教師人數內有戰區教師服務團派來完全小學教師三十三人，初級小學教師五十四人。

七，教育經費之收支實況及其支配標準：全區教經原約萬有餘元，二十五年四月區署成立，接收僅有半月，即奉省令將黃桷鎮過道济捐裁撤，年即減少約五千元，而巴縣縣府又較往年減少補助費四百餘元，實有教經不過九千餘元，幸整理之後增加約千有餘元，而全年經常及臨時費之支出達二萬餘元，其差額竟達五千餘元，故本區教經拮据萬狀，而待辦教育事業甚多，實一大困難也。茲將本區二十六年度全年度教育經費決算數，列表如下：

教育經費來源：

項目		數量
（補助）	義教補助	二，〇〇〇元
	區署及機關	三，五〇〇元
（稅收）	地方雜捐	四，八二〇元
	斗息	二，九六八元
（產息）	田租	二〇〇元
	房地租	六五七元
學	雜費	三二〇元
	收入總額	一四，四六五元

教育經費支出；

項目	數量	百分比
教育行政	三，六〇〇元	一八%
初等教育	一四，〇五八元	六八%
社會教育	一，二〇八元	七%
其他	一，三七二元	七%
支出總額	二〇，二三八元	一〇〇

收支不敷年虧：五，七七三元

1.本區初等教育小學經常費以左列之百分比爲支配標準：

薪工（包括教職員薪俸校工工食等）約佔百分之六十八。

購置費（包括圖書運動器具教具等設備費）約佔百分之十二。

辦公費（包括消耗費修理費雜支等）約佔百分之二〇。

2.本區社會教育經常費以左列之百分比爲支配標準：

薪工約佔百分之七〇

購置費約佔百分之一六

辦公費約佔百分之一四

八，聲明：本區僅有私立兼善初級中學一所，區屬各校，均爲各級小學及短期小學，小學僅有童軍訓練，並無軍事訓練，故第四節「學生軍訓之施行」從略，特此聲明。

庚，實施戰時建設及復興農村

一，促進生產之實施（包括農業，蠶絲，畜牧，造林，附工業，鑛業等）。

農業改良：

檢定水稻品種——本區出產水稻，年約四萬八千市石，其品種至繁，爲謀改善品質，增加生產起見，曾於二十六年八月成立水稻品種檢定委員會，由四川稻麥改進所派員協助，調查全區稻種，並施以檢定。計全區亦稻品種四十有餘，優良者僅十種，最優者爲鬍鬚粘，浮面跑，等拋齊。南塌早四種：當經通令全區，擇取種植，藉以增加產量。

大量栽種小麥——廿六年春旱秋潦，本區乃於秋間，提倡開放部份水田，大量種植小麥，農民遵行者頗多，本年春收，亦稱豐稔。

鹽水選稻種：

調查稻種　曾於本年二月，派職員下鄉調查全區農人所留稻種，有二百五十六石五斗六升。

計劃鹽量　旋即計劃施行鹽水選種應需鹽量，暫依每用鹽一斤水四斤，選穀一斗計算，全區稻種共需鹽二千五百餘斤，合洋二百七十餘元。由區署津貼一半，人民自出一半。

確定人員　由區署指派職員及義務教師十六人担任選種技術指導員，並集中一處，盡一日之時間，施以鹽水選種之訓練，以便指導農民施行，旋即分赴區屬各鎮四鄉，從事工作。

選種結果　完全辦到以鹽水選種之農家計有一千一百一十九戶，鹽選稻種一百二十六石二斗六升。

收穫成績　從一般農家報告。凡經鹽水選種之稻種，生長整齊，結實豐滿，確較未經鹽選者為優，今年又值雨暘時若，一般農田，收穫已有九提十賠。而鹽選者搭澱多在十賠以上。

苞谷間行抽花本年繼續指導農民施行，惜以發動較遲，四鄉早苞谷受粉之期已過。遲者正合時令，施行結果，其成績最好者以澄江鎮黃桷鎮抽穗達十餘萬株，苞谷結實狀況亦較優良。

農產展覽：

苞谷（即玉蜀黍）　二十六年八月一日至四日在區屬北碚，黃桷，澄江，文星四鎮，輪番舉行展覽。參加農人九百七十九戶。展覽苞谷有紅色，黃色，灰色，白色四大類，依其形狀，分為大方子，大圓子，小方子，小圓子，馬牙瓣，刺苞谷等。評判結果，以黃色之大方子大圓子為第一。是項品種，不擇土質，產量亦多，顆粒豐滿，顏色鮮澤，黍穗強壯，澱粉質多，以之充作食品，飼料，烤酒，熬糖，均佔優勢。小方子小圓子稍遜，馬牙瓣產量雖豐，但品質惡劣，倘非肥沃壤土，難期種植，自經展覽會後，即通令全區農民，明年盡量採購大方子大圓子種植，期能品質改善，產量增加。

水稻　二十六年雙十節舉行展覽，其辦法先由區屬各聯保擇地預賽，更以所得優良水稻集送各該鎮預賽，最後送北碚展覽決賽評判。計參與決賽水稻之農民一百四十六家。稻子有等苞齊，浮面跑，四股齊，紅綫粘，白綫粘，葉下長，白脚粘，吊葉藍，鬚鬚粘，四輪谷，四葉腔，紅楊粘，黃粘，白殼粘，落花紅，大葉粘，雲南早（粘），黃眼粘，羅漢谷（粘），南塌早（粘），白殼糯，黃殼糯，矮子糯，鐵子糯，早糯，遲糯等二十七種：評判結果，以官國順之等苞齊，楊海雲之落花紅，蔡元亨之雲南早，周與全之四股齊，洪元清之黃殼糯為最優良。各給以特等獎品。

蔬菜　二十六年十二月二十五日，於北碚聯保辦公處舉行，仍先由各鎮鄉舉行預賽後，集中北碚，作為決賽，除參加預賽人家不計外，參與決賽者共八十一家。參加展覽之蔬菜種類計：（一）葉菜類二十一種。（二）根菜類三十二種。（三）莖菜類四種。其他豆類，葱，蒜類共十種。評判結果，以科學院西山坪農場紅白蘿蔔，及紅苕（甘藷）為特等。北碚農民吳郁光（即吳大羅蔔）之白蘿蔔，黃桷鎮官守民之紅蘿蔔，王從雲之白菜，文星鎮劉祝君之菱角菜，澄江鎮劉文安之大頭菜，二岩鎮楊明清之水芋，周學良之水芹，均各為第一名。其餘分別等第，給獎有差。

小麥　本年五月十一日，在北碚展覽，仍由區屬各鎮將初賽獲選小麥，送來集中陳列。是日並約有四川教育學院運來大宗麥類，及有關小麥各種製品及病虫害標本，同時陳列，來參觀民衆達二千餘人。因農民特感興味，延期一日，直至十二日乃閉會，評判結果，以推廣區內之金大二九〇五小麥，及本區原有之二發早，排登麥，紅花麥，為最優，均以抗風力強，不易倒伏，麥粒大，麪粉多，每斗重四十四斤（市斤），每穗多至一百十五粒。對於本區土質氣候，亦最適宜。除金大二九〇五小麥外，北碚何子華之二發早，張一清之排登麥，黃桷鎮廖錫三之紅花麥，均列為第一名，其餘分、別給獎有差。

蠶業推廣：　二十六年秋季在蠶絲改良場領得秋蠶種三百張，發散農家，本年春季，復領春蠶種一千一百張，發散蠶農一百六十九家。秋蠶因農民養蠶設備不周，半有死亡！春蠶則因今年雨水過多，育成蠶繭僅有五[illegible]。總計一年以來，區屬農民收益約有五六千元，對於生計，不無小補。

畜牧改良：

甲，北碚種用公猪統制——（子）七十斤以下之母猪不准配。（丑）一公猪每天只准配一次。（寅）發出優良榮昌公豬四頭，配二一五次，發給獎金七元九角

乙，全區猪數為一六，二八七頭，本年經防疫注射（防豬丹毒）者三六四頭，診治畜病七八〇次。

丙，純種約克縣公豬區內共十頭，雜交五十九次，已生雜交猪十九窠，共計一八六頭，成立四個公共交配處。

丁，猪本貸款兼辦保險，計共十三頭，全無意外。

植樹造林：　本區植樹造林，經多年提倡，人民已能於春秋兩季，自動栽植。二十七年春季於植樹節日更督率區屬各公共機關，覓定荒地，分別栽植公有林。所植法國梧桐，洋槐，白楊，油桐，合計佔地八十三畝七分，育苗植樹二萬七千七百四十株。

提倡養魚：　本區為提倡養魚，增加農民副業起見，曾佈告農民，利用塘堰及稻田養魚，並先派員調查沿江漁船業，計由草街子起，迄觀音峽止，有漁戶十四家，罾船三隻，鈎船十四隻，漁戶男女共五十二人，每日約可捕魚三十斤，小量銷售本地。繼於二十七年三月，調查合川上游渠河佘灘，及峽區下游沿江各鎮鄉培養魚苗人家，大量蓄取魚卵，來區售賣。到時有梁山草魚客，由家沱魚子客，挑取魚草十餘挑，分往區屬各鎮鄉銷售，每把十只，粘魚卵數千顆，售洋一元，區內農家如遇時[illegible]等均購有大批，放置池塘飼養。其餘農人，就農田鑿小塘孵化者亦有之。又萬縣魚商運草魚數挑來區售賣，人民購買者不下數萬頭。至於集資購買魚苗，合作經營者，則有下列二處：

澄江鎮大石壩合作社　集資十元，買魚苗三千頭，先養在塘，隨即分流在該塘下流一濤農田之內。

澄汀鎮蔡家溝合作社　集資五十元，購魚苗一萬八千頭，散養在該處社員，約一百石農田之內，成長極好。嗣至本年搭谷時期，每尾約重斤許，已全部打撈出售。

發展工商：　本區自抗戰發生，各種事業遷來日多，尤以來此覓地建造廠屋之工商事業，更行活躍，本署在可能範圍，曾盡量予以協助。除曾來考察而未設立者不計外：其設立北碚之工商事業有：大成染織工廠，大鑫鋼鐵廠火磚部，同心釀造廠，慈幼院第一農場，又文化或科學事業有：復旦大學，國立四川中學，清華無綫電研究室，中山文化教育館，中國科學社，中央地質調查所。中央黨史史料編纂委員會。

整理礦業：區內礦業，以煤為大宗，大小炭廠每年產量共約四十四萬噸。天府煤礦公司之產量，當佔半數以上。國難期間，該公司深感小規模開採，不敷供應，乃聯絡中興煤礦公司，中福公司，合併改組為天府路礦公司，積極添建廠房，籌劃改用機器開採。現正着手積極進行。

二，修治水利之實況：本區倡辦水利，在二十五年秋季，曾大規模舉行一次，當時修整塘堰八十九處，能灌溉田穀五千餘石。倘

餘應修塘堰百餘處，中有數處較大工程，非鉅欵莫辦，尤非水利專家勘察，測量，設計，預算不能進行，爰於本年三月，商請導淮委員會，派劉夢錫，林平一兩工程師，前來勘察去後，作成報告書，擬具方案，由本區分別採用施行，計有：

馬鞍溪流域之蓄水灌溉。 柒子溝蓄水灌溉。 龍虎溪防潦。 明家溪防潦。 農田就田鑿塘防旱。 耕種坡地防砂。

高坑岩及高灘岩的發展水利。

溫泉公園後山紹隆寺附近有凹田六十石，可築塘蓄水成湖，除灌溉農田外並可增加溫泉風景。經調查結果，凡澄江鎮屬三花石第五六兩保田畝七百二十餘石，均可賴以灌溉。餘如北碚浸口，二岩，西山坪，文星場後磄，均應急於興修塘堰。已由本署函請農本局派測量隊來峽測量，將來卽向該局貸欵完成本區農田水利事業，此一年以來本署致力於水利工程之大概情形也。

三，協助國防建設情形：北青馬路通車後，三峽交通可算一大進展。但北碚到溫泉一段，尚未修築，於渝溫間之交通，仍感不便。業由本署轉商鐵道局，派工程隊來峽，將北溫馬路路綫及橋樑涵洞工程測量竣事，列出預算，需欵九萬九千元，商請四川建設廳廳長轉請行營及 省府各撥款半數，俾資修築，因値國難時期，一切財力集中於抗戰，故暫緩動工。又在區署附近募捐建築一長二十咪寬三咪高一咪七十之防空山洞一道，業於本年夏間竣工。

四，鄉村電話之情況：本區鄉村電話自民十七年開始安設，首先完成北碚貢嚴及北碚合川一線，計長一百零六公里，以後添設區屬各鎮鄉及各事業機關，迄今綫道共有一百廿七公里七，區內現有卅門交換機三部，十門交換機二部，談話機廿八部，綫道設置多年，歷有損壞，亦迭經修理，尤以去年秋季大水，損毀最鉅。本署乃於去今兩年之交，商洽峽中各事業機關，及重慶民生公司共同分担費用，徹底換置重慶北碚一綫，今年一月開始工作，費時四十五日完成，總共用款九百餘元，皆由本署與民生公司及峽中各事業共同分擔。目前電話暢通，區內其他各處電話，亦隨時修理完好無異。

五，合作社辦理概況：

本區辦理合作事業經過：峽區合作事業，創始於民國十七年，首僅舉辦消費合作社，資本達萬元，專供社員日需物品，民廿年七月歸併農村銀行，由合作專家伍玉璋先生領導辦理，旋因業務關係宣告停止。民念六年九月，農本局派員來峽指導合作，計成立信社十一所，貸款二千餘元，由區署設法借墊。本年一月正式由四川省農村合作委員會派員駐區指導，自獲有專人負責以後：發展益速。現區屬各保，未成立合作社者，只十分之三四耳。

工作與事業及未來計劃

工作與事業

講習會：合作社之經營，全賴職員之能力及熱忱，爲增高農民合作認識暨訓練幹部人材計，曾于本年春間舉辦合作事業講習會一次，受訓學員爲全區義務教師，保甲長，合作社職員，共計一百七十六人。除合作課程外：尤講授農藝，家畜保育，社訓，民教等科。

總動員組織合作社

本區合作事業，爲期早日分佈全區，曾於本年二月動員全區小學教師各保甲人員，作普遍宣傳暨組織工作一次。俾期全區各保，一齊設立。

信用合作社：本區照每保必有一社，每戶必爲社員之計劃，分頭組織，全區除市街及窮鄉僻壤無辦事人才之一二特殊地域外，六月底已組成信社六四所，社員……………多屬佃農及半自耕農，登記者已達一六八四戶，平均每百戶中有社員二五戶，貸款…至八月底止，已開始業務者有六二社，貸款二六．一五五元，用途以買猪爲多。

全區信社貸款人數及用途統計表

用途	人數	百分率	金額(元)	百分率	備考
買豬	八六七	六一，四九	一四，九四三．〇〇	五七．一三	二十七年八月底止
押佃	一一九	八，四四	二，七二四．〇〇	一〇．四一	
買肥料	一三八	九，七八	二，三〇〇．〇〇	八．七九	
買種籽	九四	六，六六	一，六四四．〇〇	六．三〇	
買牛	九九	七，〇二	二，三九八．〇〇	九．一七	
買粮食	五四	三，八〇	九一三．〇〇	三．四九	
買農具	六	四二	一四八．〇〇	五七	
修房築堰	二	一四	四〇．〇〇	一五	
買羊馬	一〇	七〇	一二九．〇〇	四九	
其他	二一	一，五〇	九一六．〇〇	三．五〇	
合計	一四一〇		二六，一五五．〇〇		

各社經營業務之概況：本區合作社以經營信貸爲主外：並辦理小額放欵，儲蓄，更兼營養魚，稻谷儲押等業務。

消費合作社：峽區消費物品素感缺乏，近因抗戰關係，人口激增，爲避免商人操縱剝削，平抑物價計，乃於本年三月組織成立消費合作社一所，以供給社員米，鹽，肉，煤炭等主要日用品，並已漸與鄉村各信社切取聯絡，以期達到消費與生產者直接發生聯繫之目的。

未來計劃　本區合作事業，在初步工作中，僅謀普遍設立合作社，使農民獲得合作組織之效益，強固農村之經濟機構，增高生產比率，而生產之運銷，技術之改進，副業之提倡，家畜之防疫及保險，倉庫之經營等，正擬於最短期內擬具計劃，逐步實施。

六，合作金庫進行情形：

籌備經過　區署爲充分供給合作資金，推進合作組織，爰請四川農村合作委員會，及四川省合作總金庫，派員於三月間來碚籌備，并暫借平民公園清凉亭房屋爲庫址，隨於四月二十日開幕，開始放欵。

營業狀況　開幕時由總金庫認撥股本十萬元，嗣合作社陸續成立，迄今已有六十五社，共認購股本七十二股，實繳股金三百六十元，其餘正在分期繳納中。至於放欵情形，營業不及半年，貸欵者截至目前計六十四社，共貸出二萬七千六百六十八元，尙有申請貸款者，正在審核中，各社貸得資金，業務正形活躍。

將來之計劃　現於不違庫規之原則內，竭力與各合作社聯絡，務使庫社打成一片，俾金庫資金，一分一毫，都落在農民身上，庶農村經濟機構，日趨鞏固，鄉村建設，得以進展。

七，農倉之籌備：峽區面積約一千八百方里，耕地面積約六八，九二〇畝，佔總面積百分之三三，水田佔可耕地四分之一，故本區稻作極少，歲入不敷三月食料之供給，多賴合川廣安等縣輸入接濟，因此除廿六年已有積谷一千二百市石不計外，對於農倉之樹立，急謀進行。

合作社兼營儲押　全區合作社，就各產稻之區分別籌辦儲押，惟社員之收入有限，復以地勢崎嶇，工價昂貴，社員自願儲押者，爲數極微。但本區關於各作社兼營儲押業務，仍積極進行，以期逐漸達到儲押目的。

邀請農本局籌立運銷倉庫　本區爲適應戰時需要，後方糧食急應統制，即以本區食量之供給，亦需有一規模較大之倉庫亟須成立，故迭函農本局派員來峽籌辦運銷倉庫，籌備情形，仍在商洽中。

設倉地點之調查

川主廟　在區屬黃桷樹之東洋鎮，地位臨江，交通便利，於此可建容六百餘市石之倉庫。

觀音廟　在區屬北碚之金剛碑臨江，廟宇獨立，水火危險，俱可無虞，以之建倉，可容一千五百餘市石。

王爺廟　亦在金剛碑鎮上，四週有石牆圍護，以之建倉，能藏一萬市石。

八，農貸之實施　本區農貸，曾於廿五年着手辦理，如種糧借貸，塘堰借款，均次第施行，農民頗收實效。去年秋季，以區屬春旱秋潦演成巨災，又由本署撥款二百三十九元七角五分，採購小麥葫豆種子，貸與農民，總共貸出麥子八市石九斗四升三合，葫豆十二市石一斗八升九合，均就當日購買市價，折成現金貸與，定期本年春收後歸還，嗣以多數農民，仍感資金缺乏，不能活動，而合作金庫，尚未到區（在廿六年十二月以前）成立，乃由本署商請農本局借放四千元，由本署暫先籌組合作社貸與農民，計貸出二千餘元後，區合作金庫旋即請准設立，農民貸款，改由金庫直接貸放與合作社各社員，本區舉辦之各種農民貸款，即陸續收回，至今雖有小數未收，正設法集收中。

九，其他

改良市政

在北碚者

市街：均和路完全改修，由舊式平房，改造成新式樓房。

金佛路開始南向舖面之改修。

文華路有農村銀行舖面開始改修。

新村：一，協助收買地畝，成功三分之一。

二，將建村內西部馬路全部路基。

三，指導村民開始建造居宅，截至六月底止，完成住宅兩幢，正在建築中者三幢，正擬動工建築者十餘幢。

在黃桷樹者

改修由街市通過復旦大學之馬路。

改修正街之舖房。

在二岩者

籌建民衆會場，其工程近已完成一半。

辛，維持治安

編整保甲概況：本區行政區域，係劃巴縣屬之北碚，江北縣屬之黃桷，文星，二岩，及璧山縣屬之澄江五鎮鄉而成，本署仍依原有地域，編爲五聯保，茲將保甲人口情形，表誌如次：

聯保名稱	統計保數	甲數	戶數	人口統計
北碚	三三	三〇八	四〇七一	二一九七五
黃桷	二二	二二九	二五八〇	一三一五五
文	一九	一八三	二一九五	一一三一一
二岩	六	六〇	六四八	三五九七
澄江	二〇	二二九	二二七一	一三一五五
總計	一〇〇	一〇〇九	一一七六五	六三一九三
備考	平均每戶人口爲五·四，男女比爲五六比四四			

聯防清剿情形：本署去秋聯合江北合川兩縣，組織江合峽聯防辦事處，會剿江合交界地方大茅坪白峽口等處股匪，該處周澄清等股，人槍號稱五百餘，耗時年餘，進剿不下數十次，耗費二千五百八十九元四角，始得平靖，其欵悉由本署開支，各公安隊官兵伙食津貼尚未計入，又耗步槍彈五千發，手槍彈三五七二發，手溜彈二枚，計奪匪土造步槍六枝 手槍五枝，手挽子一枝，大快槍子彈三六〇發，又彈盤一個，並格斃匪徒十三人，投誠自新者四十一人，經訓練一月後，給費遣散。

本年秋據報由鄰水廣安等縣清鄉戒嚴之際，驅逐匪首范朋等，人槍約八十餘，機槍二挺，本署又聯絡江合兩縣團隊及壯丁隊，預約符號，會同本署派隊分路進剿，當於八月二十八日夜，由區長親自率隊由北川鐵路經瓦店子，準於次日拂曉向大茅坪方面進擊，經各路搜索，該匪已聞風化整為零，逃竄無蹤，現在正偵查各零匪行動，以期肅清。

鄉村壯丁之實力：本區五鎮一百保，計有壯丁一〇二〇五人，除公務員及學生，他往，三種而外，實有壯丁約五千四百餘人，經兩年訓練，隨時均可動員，如擴大紀念日之集合舉行，如冬防守夜，如協同剿匪，均行有成效。

自衛槍砲之管理狀況：本區民有自衛槍砲，經二十五年十二月辦完槍砲烙印，發給執照後，即辦理槍砲異動。

本年秋後將本區所有槍砲已發給執照者重新換發，如有未經烙印者，即補具申請書聯保結後，再為烙印給照，現正派員辦理中。茲將本區民有公私槍砲數目統計列表如後：

全區民有公私槍砲統計表

	種類	數量
公有槍彈	廣步槍	55
	土步槍	226
	廣手槍	10
	土手槍	11
	步槍彈	1089
	手槍彈	20
私有槍彈	廣步槍	49
	土步槍	991
	廣手槍	11
	土手槍	0
	步槍彈	11816
	手槍彈	463
備註	火藥槍未計入	

城廂警察之現狀：本區警察，由二十五年本署成立以來，即有公安隊三中隊，每隊官兵共一百〇八名，分駐北碚黃桷文星澄江二岩五鎮，担任游擊，保安，兵工、及輔助民教，建設地方等事宜，近因人口激增，社會情形複雜，本署於本年二月招考警士一百名，訓練兩月後，即撥各鎮工作，兩月前又以加緊戰時訓練及民運工作，保甲長能力有限，不能達到預期效果，又將全區一百保劃為二十六警衛區（每三保至五保為一區視地勢而定）每區設助理員一人，警士一人，承聯保主任之命，指導辦理該區各保內一切行政事宜。推行以來，頗能收指臂之效。

為抗戰建國之礎石的社會與經濟改造

——初期公社論導言——

楊家駱

羅素博士：「有中國之改良家，開創一種較現今更良之經濟制度，則中國對世界可謂實行其適當之職務；而於吾人失望之時代，與人類以全新之希望！余欲以此新希望喚起中國之新少年：此希望非不能實現者。唯其能實現也，故中國當受愛人類者極高之推崇！」（編者自「中國之問題」漢譯本第一一五頁中節錄）

中國經濟的第一病型及公社之對策——中國經濟的第二病型及公社之對策——大衆生活的水準與社會化的必然性——人力與物力的配合——公社之組織及其業務人事諸問題——公社設立之外緣的諸問題——抗戰建國力量產生的泉源——執行社會與經濟興革之實務的機構——計劃原理之澈底的應用，——地域單位與復合分配制——歷史結論中的建議部分

十餘年來我和一些朋友致力於現代史料和古今學術之大規模的整理，運用着「最小單位之機械式的集納法」，將時，空，人，物四者的潛，顯，動，靜各態，展開於我們的面前。遂得從其中的一部分，深深的窺到現階段之社會的病態，和由那病態而激起的改造思潮與實際行動。因為肩任着歷史工作和批評工作的職責，於是對於那病態，思潮，行動的衡量，為日常生活之一。而衡量的結果，自然會走上擷長棄短之體驗的配合之途，「公社制度」便成立於這樣的情形之下。當我們與四十萬冊史料和書籍接觸之後，一面編撰為五千數百萬言的縮影，一面鑄成共信之思想的型系，公社制度便據有那思想型系的一角。自一九三三年之秋我開始計劃著分理論，批判，實踐三大部，將那一角思想鄭重的描繪出來。理論之部將闡明公社制度之哲學的，社會學的，經濟學的，教育學的，心理學的，生物學的和歷史的地理的基礎；批判之部將批判各派社會主義，大同思想和各國社會政策，經濟政策的實值；實踐之部分公社制度之實現，為「初期公社」，「二期公社」，「三期公社」三大時期，各將其時，空背景和推行方法，加以論述。可是五年來的光陰，大部分仍消磨於史料與學術的整理中，對於「公社制度論」僅僅寫成理論之部的「公社制度之社會學的基礎」三卷，和批判之部的「各國社會政策及經濟政策的批判」二卷。此次西行，甚感初期公社的設立，在「抗戰建國」期中，尤為急要。因將實踐之部的「初期公社論」寫出，（以下稱「初期公社」為「公社」，稱「公社制度之整個型系」為「公社制度」）。以求教於邦彥；且予推行時以一種憑藉。初期公社論計三十餘萬言，分為六卷：——

卷一　中國經濟的第一病型及公社之對策；

卷二　中國經濟的第二病型及公社之對策；

卷三　大衆生活的水準與其社會化的必然性；

卷四　人力與物力的配合；

卷五　公社之組織及其業務人事的諸問題；

卷六　公社設立之外緣的諸問題。

組成中國的分子，百分之八十是農民，且以歷史進展及地理環境的決定，在現階段上，他是以農業為其經濟主流的國民。從中國農業的本身所暴露與其外力所腐蝕的一切病態，我們稱之為「中國經濟的第一病型」。公社的第一目的，便在根治這第一病型，而使國民經濟為健全的發展。横陳於這企圖之前的便是「土地分配問題」與「農村破產問題」。公社承認現在所謂「合法的土地所有權」，但一切買，賣，租，佃，雙方無直接關係，而以公社為之代理。地價和租金由公社為合理的評定，以控制過量的榨取。因為雙方無直接的接觸，地主，佃農之間的階段差異，自然消滅。公社又估定每一農戶的勞動力與其消費量，對於其所需的土地與副業，為適當的調配，且貸予資金。同時將荒蕪和荒廢之地，為計劃的開復。進一步實現集體經營及技術種子的改良，以求民食及原料品的生產，達到極度的充裕。食料一層，須注意其對於體力，智力的營養價值，俾於民族本身健康，有所增進。第一卷所討論的除了「土地分配問題」，「農村階級問題」，「糧食問題」，「原

料生產問題」，「農村副業問題」，「農業經濟問題」，「農業技術問題」，「集體經營問題」，「墾殖問題」，的形成與對策之外，尙有「賦稅」，「徭役」，「防災」，「水利」，「造林」，「農民生活與教育的設施」等端。

「殖民地」之經濟的特徵，是祇准生產食糧和原料，不准發展工業，因富源而成立的工業，亦爲外資所霸有。所謂殖民地在經濟上講，是工業先進國原料的府庫與熟貨的銷場。而殖民地求取獨立解放的必由之路，也正是建設「統系的民族工業」。在中國國際貿易上表示出與純殖民地有其不同之點；中國國際貿易不爲一國所壟斷；而列强侵蝕的成分亦時有變化。這雖與殖民地不同，而仍然明顯的表示出其爲「半殖民地」：中國的工業，爲外資所操縱；中國的國際貿易，其作用爲各國原料的府庫與熟貨的銷場。而其解脫鐐銬的必由之路，也不出建設統系的民族工業之一途！ 中國農村之破產，政府與經濟帝國主義者應各負其責之半。我們除了希望政府的覺悟之外；對於經濟帝國主義者抗衡之策，亦惟有建設統系的民族工業，這統系的民族工業，纔是保衛中國農村的壁壘！ 所謂統系的民族工業，與「工業化」實不雜同。政府以整個計劃之一面，運用「民族資本」去建設同時去調整全國的重工業，基本工業與超越地方經營能力的工業；公社再以整個計劃之一面，運用其微妙的經濟機構去建設，同時去調整各地中小工業，手工業與農家副業。兩者在適應消費與國際貿易的需要上，爲計劃的生產；且從機能上構成民族工業之堅强的統系，而後者實爲前者的基染！ 現階段的「工業問題」，與其有關的「資本問題」，「勞動問題」，「國際貿易問題」，「商人問題」，「價格問題」，「金融問題」，以及都市的一切「貧富階級問題」，「德性頹落問題」，「失業問題」，「犯罪問題」…………等等，恰恰構成「中國經濟第二病型」的一環。在中國工業以上述的姿態躍動於那「特型經濟的國度」時，將不復墮入在崩潰途程中之「資本主義」的陷阱；而這些問題，便將如秋後之葉，迎風披落。第二卷中卽以闡明這病型的類系且籌劃對策爲其職志。

中國民衆大部分棲息於饑饉線下；所謂溫飽階級甚至富有階級，因爲社會不安和經濟制度變動的可能，亦難担保其終身不至有饑寒的襲擊。在現實的壓迫和瞻望的悲觀之愴然的生活中，無遠志者自不易尋出人生的眞義，且將影響其行爲，而爲社會病態的癥結！因之第三卷中，對於「大衆水準生活」之消費需要的分配問題，與過度享受的「社會控制」，有所建議。我們希望人人能享受安適而有意義的生活，所以在消費需要的分配手段上，將以公社之「供應制」替代以剝削爲目的之商業；而將商人化爲社會服務與生產的分子。同時以此供應制及公社「福利設備」，對於每一個人，滿足其合理的需要，控制其過度的奢靡！ 在公社供應制下之消費，是爲生產或間接生產而消費，是爲民族與人羣的前程而消費，凡未鑽入這神聖工作之一環的，如閒蕩分子寄生分子之類，公社將以「消費之封鎖」促其覺悟！

既然社會的每一份子，皆須參加生產或間接生產的行列，而爲其一員，則教育的第一企圖，無疑的是審視社會之需要，賦予任何人以一種可以鑽入於這行列的能力；而意識形態的扶植與文化的滿足，則爲構成社會環性與進展動力的根源，和參與上項行列之能力的培養，又同爲不可忽略的要求。中國現階段教育的病態，正在與這企圖相背馳。我們將一般教育牽入公社而爲其業務之一部，實因公社制度本身之需要，而將痛予糾正。從第四卷之所示，可知在公社轄下的學校，不是盲目的知識店；而所謂義務教育，非以教授方塊字爲極則；社會教育亦不徒作地方建設的裝飾品！ 還有爲幸福遺忘的人們，如因社會因素，經濟因素，自然因素，生物因素所構成的衰，鰥，孤，孀，殘廢，低能，頑童，游民，罪犯之流，公社將爲積極的拯救。至公社之人事制度，與教育制度同其意義；他將對全國的人事，經濟及各項需要，爲普遍的調査與調整。經過這樣的調査與調整之後，甲地剩餘的人力，可移植於乙地，乙地不足的人力，可取補於甲地；各地共同缺乏的人力，從教育上爲敏速的培植，各地共同剩餘的人力，從能量上爲應用的設計。凡業已參加生產或間接生產之各員，務使其性能與職業的需要及其環境相配合。庶可人盡其才，地盡其利；世無失業之人，人有樂業之感；進而以人事調配的適度，促成理想社會組織的實現。近世所因職業變營的譏嘲，而釀成德性的墮落與社會普遍的不安，如此當能得到一個挽救的機會吧！

公社爲由國家頒佈「公社法」而設立的「廣義社會福利與經濟的綜合有機體」，以各級政府及其他法人，自然人爲其「成員」。政府有監助之責，人民有評議之權。但其本身却爲一獨立性的制度，在公社法許可之內，其業務與人事，不受任何勢力或成員的干預。而其本身因那詳密的公社法之限制，亦不能脫軌而馳。政府以原有公社一部份業務爲對象之機關及原定經營，完全無條件的加入爲公社之成員；人民以原營事業以公社一部分業務爲對象者及原有資產分爲强制及自由兩式加入爲公社之成員。人民爲成員者，得享受息金及他項規定以內之利益。公社以某一市縣爲其設立的單位，亦得合二三縣成立「聯社」，其下除各局外，得設「支社」。因各地對公社需要程度的差別，公社得以其業務的繁簡，分爲等級。約以每四十個公社成爲一區，設「區管理委員會」。所有的區管理委員會，同隸於一個「全國管理委員會」之下，現將其在「國家機構」中的地位圖示大略如下：——

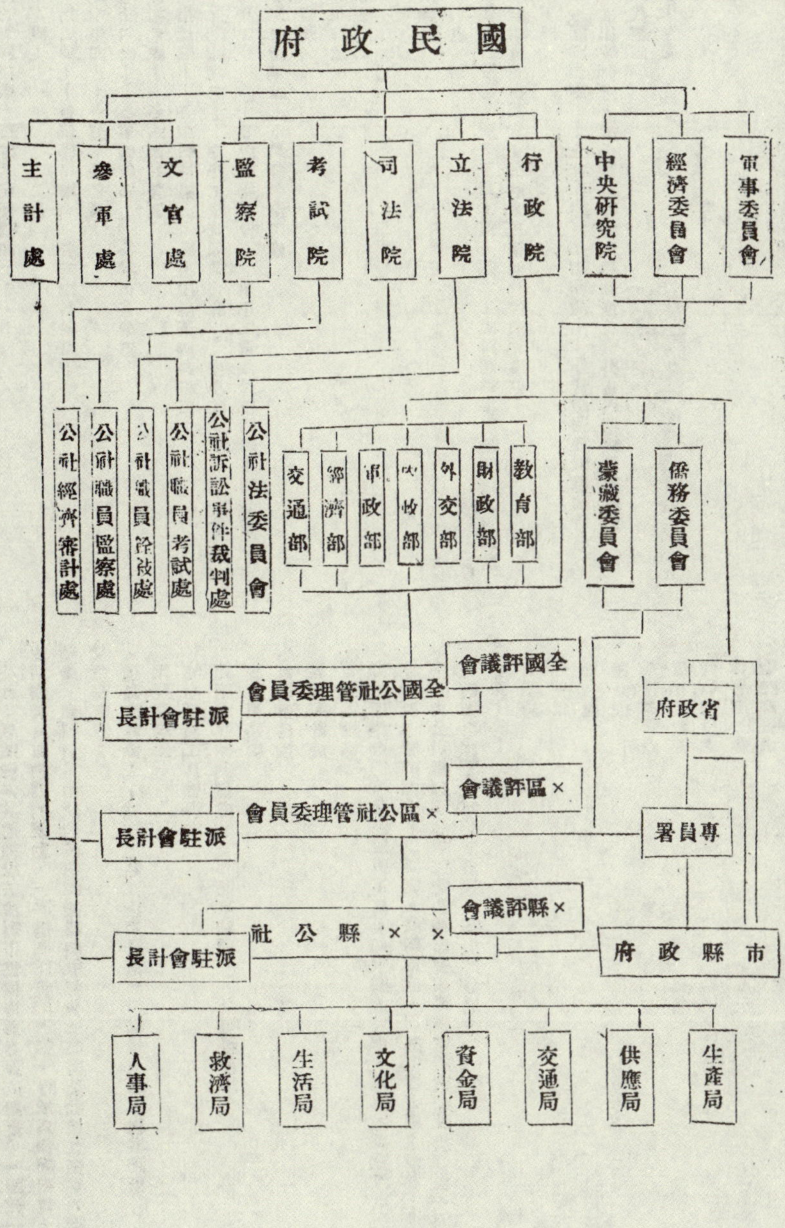

公社內部的業務組織，茲亦示其梗概如下：——

生產局下設：

農業指導處——各集體農場　各菜圃共營區
蠶業指導處——各蠶業共營區
畜牧指導處——各集體牧場　各家畜共營區
水產指導處——各水產共營區
林業指導處——各集體林場．各果樹園茶園共營區
中小工業指導處——中小工業管理聯合會（中小工業技術聯合會
　中小工業生產工具調整聯合會　中小工業生產部門調整聯合會
農餘工業指導處——農餘合作工廠
土地事務處
勞動事務處
測候處
水利事務處
獸醫處
植物病蟲害防治處

農，工業實驗場，所，及重工業，基本工業與超越地方經營能力的工業，以國辦或省辦為宜；公社處於協助及代理的地位。

供應局下設：

商品檢驗評價處——土產檢驗評價事務所　外貨檢驗評價事務所
商品進出統制處——土產外運統制事務所　外貨內運統制事務所
物產代辦處
百貨供應處
菜場
水廠　冰廠
電廠
工藝供應處——服用工藝供應事務所　器用工藝供應事務所　建築
　工程供應事務所　文化工藝供應事務所
公共貨棧
公共谷倉

公社可以運輸及其他種種方法對市場價格為必要的操縱，一面使一般「生活指數」無劇烈的變動，一面遏制洋貨的內輸，而成為保護國貨土產的壁壘。國際貿易由政府設統制機關集中經營，而與公社成立密切的聯絡。

交通局下設：

道路工程處——城市道路工程事務所　鄉鎮道路工程事務所
水道管理處
簡型交通工具管理處
遠距離運輸業務處——客運事務所　貨運事務所
旅客招待處
郵政事務所
電報事務處
電話事務處

關於遠距離的交通路線與工具，如飛機，火車，輪船，長途汽車等，其技術與工程的部分，以國辦，省辦為宜；而其運輸方面之業務，則須完全委由公社辦理。此項運輸業務與郵政電報電話由公社接管後，因其本身需要之強烈，可促成普遍及高度的發展。

資金局下設：

存款課
儲蓄處
發行處
匯兌處
抵押放款處
信用放款處
代收代付處
保管處
委託經營處
投資計劃處
全國銀行錢莊業務代理處
典當業代理處

政府於設立公社時，應佈頒一種詳密的「民間資金管理法」，以及收受

民間資金，供公社為開發產業及建設社會福利事業之用。辦法大意：規定每人其每年經濟的出入超過某一數量者，概應委託資金局代收代付；但每一星期仍得另行支取若干現款，以備雜需；其身邊所有貨幣或金，銀器物，不得超過每一數量，超過者應即送存資金局；商舖，公司，及其他財團，未運用的資金除為必要的準備外，存入資金局；因該法而存於資金局之款，予以息金。資金局對於有關生產及社會福利之需要，儘量放款。全國公社管理委員會得發行紙幣公債，以發展業務或投資於各相關事業。至公社收入，除成員及存款之息金外，完全作為發展自身或投資相關事業之用；但須由全國公社管理委員會統籌支配。

文化局下設：

普通中學

普通小學

幼稚園

市民託兒所　農忙託兒所　工人託兒所

公社職業學校——中學部　小學部　轉業補習班

普通補習學校　民衆學校　民衆識字班　公民教育短期傳習所

　生計教育短期傳習所

鄉村教育巡迴團

函授學校收發處

圖書館

博物館

科學實驗館

報館　通訊社

修志館　地方叢書編輯處

普通中學及普通小學之高級部的學生，每一星期使有一日服務於公社；至公社職業學校完全採用『學徒制』；俾將講堂式的教育，變為社會式的教育。大學，專科學校，公社職業學校以外之職業學校，仍由國辦。或省辦。圖書館，博物館，科學實驗館及其他各部之設備，可由公社管理委員會統一購辦，與各項卡片說明一併印製分發，庶可提高水準，增加正確性，而減少其購置，管理各費。

生活局下設：

市民生活改良處　農民生活改良處　工人生活改良處

市廛整理處

集體生活指導處——青年營　兒童營

新村　公共宿舍　公共食堂　民衆茶園　公共浴室　公共理髮室

運動場　健身房　游泳池

公共衛生事務處

醫院

食品營養檢定處

婚姻事務處

公園　娛樂場　動物園　植物園

劇院　音樂會　舞廳

民衆禮堂——嘉禮館　殯儀館、公墓　火葬場

健康休閒智能講習處——衛生智能講習所　體育智能講習所　文學智能講習所　藝術智能講習所　音樂智能講習所　戲劇智能講習所

療治中國民族性之沈痾的良法，端在紀律的團體生活之養成。生活局將畀予每個青年及有正當工作的人們，在團體的紀律之下，以均等機會享受健康的，舒適的，快樂的，藝術的生活，這生活將使生命為無障礙的發展，洋溢着人生的真意。對於食物的檢定，不但求其衛生條件的適合，尤應注意其營養的價值。如「鈣質」及「乙種維生素」關係體力及智力者甚鉅，則對於含有二者的食物，應大量生產，俾衆食用。兩性結合的適否，不祇為當事者雙方幸福的問題，卽於社會及民族的前途，亦有莫大的關係，公社將從社會學及優生學的觀點上，對每一青年為有效的指導。

救濟局下設：

社會保險處

私益保險處

消防事務處

臨時救濟處
育兒院
養老院
殘廢教育院
低能教育院
感化教育院
游民教育院
罪犯教育院

保險事業由政府指定公社專營，私營保險業應將其資產，業務移交於公社爲其成員。 公社應使「社會保險」的業務得普遍的發展；所謂社會保險如農業的「水旱災保險」「病蟲害保險」「改良失敗保險」等是。

人事局下設：

戶籍調查處
人事調查處
工商徵信處
經濟調查處
職業指導處
職業訓練處
職業介紹處
人事調劑處
人力物力配合處
心理測驗處
民衆議事廳
公共社團聯合辦事處
公證處
民衆律務代辦處

現社會有一種奇象，即在無一件事不須專家指導之時，而對培植艱難的專家，不但不加以呵護，不加以利用；甚或加以摧殘，加以隱蔽。公社爲其需要及爲國家珍惜人才起見，將使每一專家能在公社中無障礙的發展其能力與抱負。

第五卷所顯示的公社，是因業務部門的衆多而形成的一個龐大組織。假如你將現在每一市，縣中所有的農戶，工廠，商店，公司，交通機關，金融機關，教育機關，公共福利及娛樂的機關…………列爲一張詳細的名單，你將一面覺其繁複而無系統，且浮溢着各色各樣的病態；一面又覺其對於大衆的需要，實有供不應求之嫌，那麼你會回過頭來承認公社是個簡單健全而有微妙配合的機構。

第六卷將以次討論下列諸問題：設立公社之立法準備，行政準備，人事準備，經濟準備；公社成員與公社之關係；行政職權與公社業務之劃分與合作；國營省營事業與公社之聯繫；地方自治與公社之關係；公社如何始可避免一種勢力之覇據；爲公社推進障礙的諸勢力，如何融化爲公社推進的助力

二次世界大戰，已啓幕於百孔千瘡的中國，炎黃貴胄在亘敵連天砲火的囚燄之下，展開神聖的抗戰；我們將藉着千萬壯士的熱血，渲染民族史中那燦耀着萬丈光芒的篇章，成爲殷紅的一頁。在此存亡絕續之秋，舉國上下，應一致爲最大的努力，從事「抗戰建國」力量的儲成，而整個國家之社會與經濟的改造實爲產生這偉大力量的泉源！ 抗戰建國的大業，設不以此爲其途徑，則戰時的支持與戰後的恢復，其努力雖不至於徒勞，亦將有事倍功半之苦；而以此爲其途徑者，實即建築理想社會的礎石，非徒「抗戰必勝」「建國必成」已也！ 可是在滿目風雲的國際環境之下，中國之社會與經濟的改造，絕不容再以掠奪政權的戰爭與陰謀爲其手段；否則無疑的是自召覆滅而已！除了對外抗戰之外，今後的對內興革：始終要以詳愼的辦法，替代流血的恐怖；要以切實的建設，替代殘酷的破壞。歷史的教訓，鐵一般的橫在我們的面前；創痛的呻吟，至今猶波動於我們的耳鼓，所以公社必須產生於現政府之下。

政府過去關於社會與經濟的興革，往往以一紙「仰即轉飭所屬」的命令，爲已盡其能事；結果那命令却長眠於縣政府的檔案室中，甚至反爲胥吏舞文弄法之具！癥結所在，爲各縣並無一個可以「執行社會與經濟興革之實務的機構」。姑不論今日縣政府機構的作用與職員的能力如何，在現階段的中國欲以單純的行政力量，去執行此項實務，從不勝枚舉的實例中，已證明其絕難有完美的效果。蓋行政重在縱的系統，而事業貴有橫的關聯；在業務處理辦法和人事制度上均有其不可强同之點；是以分之兩美，合則兩傷。 但

若以此項實務的執行交由地方人民自辦，政府僅居於指導及監督的地位，則又萬萬不可。中國民衆之現代智能的貧乏，與其民族性上所顯示之自治的弱點，正有待於國家的滋榮扶植，何能肩此巨任。即從另一方面去看，此事由地方人民自辦後，縱不爲豪紳所刼持，亦將失去其全國的整一性與各地間的聯作用，卒以此疆爾界之見，形成割裂閉拒之局，人力，物力無從爲整個的調配，而所企圖的效果，自難實現其萬一！由此以觀：此項實務執行的重責，惟有以政府與人民共爲成員，而在各地普遍設立之有全國整一性的公社，始克荷負！

對於社會與經濟的興革，須從大處着眼，小處着手。即是對過去與現在的情況，應爲普遍的分析；對未來的演變，應爲深遠的展望；而後將整個方案的逐個部門，以精密而篤實的方法，去按其需要，同時或先後去執行他。因爲一問題的存在，無不與其他問題，和另一關聯空間的問題，構成環性，互爲因果；設不將所有問題和及另一關聯空間的問題，謀整個的解決，且預防若干問題於發生之前，則所解決的問題，僅爲治標性質；甚至因一問題之解決，而反增另一問題或另一關聯空間的問題之重負；也許釀成更棘手的新問題。絕對的一勞永逸，固爲吾人的夢想；而相對的一勞永逸，則非無實現的可能。且零碎的解決，所濫費的人力，物力，亦甚可惜。公社對可合併解決之社會與經濟的問題，儘量爲整個的解決。其一項業務與另一項業務間，往往因配置的微妙，而產生特異的功效；社與社間，亦復如此；故在各問題爲整個的解決時，反足增高其能率。這係以「計劃的原理」澈底應用於經濟改造及一切社會改造之上；不但經濟情況，而且一切社會情況，將因公社而成極度的調諧。

就各地原有事業而言。各地原有事業，設能合併，將其事業單位，化爲業務項目，而節其人力，物力，以擴充地域單位，則沾溉所及，自更廣大。

中國所有現代式事業，其效力不能彰著者，即因地域單位太少，而各事業間又少聯繫之故。公社爲各事業的綜合體，設立公社較諸每一事業各增其地域單位者，不惟人力，物力得大量的節省，即管理方面，亦較便利。況公社的業務，大部分爲各地所未有，而綜合辦理後，所應顯示的特效，尤難縷舉。

再就各地原有事業的從業者說：因爲各業間工作艱，易，苦，樂的不同，以及待遇，保障的差別，所形成之不平衡的現象，實爲敷衍，怠惰，營私，舞弊及見裕思遷等等不良行爲產生的主因之一。公社將採用一種「複合分配制」，將其對工作之單調的，機械的感覺，化爲趣味的，創造的感覺；將其對工作之懈惰的，自私的態度，化爲緊張的，社會的態度。而在錄用上，保障上，報酬上，公共設備享用上，使每一從業者，皆有公平的獲得。

公社制度是歷史結論中的建議部分。他的特徵：是在將現代一切專題之零星紀錄，經過大規模的，普遍的，科學的搜集，歸納，衡量，課餘的途程，爲其基本工作；然後一面鋪陳他的病型，一面博採各家，各派和各國，各地的思想與策略，試作病理與方劑的配合。質言之：公社制度並非一種創作，亦非某某數種辦法的折衷；他滌清一切思想與策略的渣滓，擷取其有效而且可能實現的部分，以成整個的方案。

「公社」一辭最初出現於禮記，其後又出現於史記，和毛詩鄭箋。但禮記「祠於公社」史記「令縣爲公社」和毛詩鄭箋「謂祈來年百穀於公社」的「公社」並非我們所謂公社制度的公社。同時他與「Commune」亦非一物「Commune」係指古代和中世的自治體，及法國的鄉村市區；其後無產階級的政權組織又借用此稱，如「Paris Commune」是。「Commune」在中國的書籍中譯爲「公社」然不如譯爲「公區」較爲妥當。由「Commune」譯出的「公社」與我們所謂公社制度，在本質上和淵源上，毫無關係，在此謹作鄭重的聲明。

本文轉錄自東方雜誌第三十五卷第十四號附此誌謝——編者識

三峽實驗區改進農田水利及發展水力之設計

劉夢錫
林平一

實驗區署特請導淮委員會技正劉夢錫林平一兩先生義務代爲勘測計劃農田水利之改良，及水力之發展，冒風雨而工作，並備受飢寒之苦，茲就實際考察所獲，擬具報告，擘劃方案，用特誌之。

（一）經過述略

嘉陵江三峽位於巴縣合川之間，爲嘉陵江下游之一段，三峽實驗區管轄巴縣之北碚鄉，璧山之澄江鎮，江北之文星鎮，黃桷鎮，二岩鎮，全區面積共計一千八百方里，人口約六萬六千人，現有稻田約二萬畝，據查此二萬畝中，約四分之一已有相當塘堰，可資灌溉，尚有四分之三全賴天時，此外尚有旱地一萬畝，餘均山坡，山多田少，地瘠民貧，向來出產，供不應求，一遇旱年，災情立見，實驗區署爲澈底辦理塘堰蓄水起見，曾分組派員往各鄉鎮實際督築，至去冬已成塘堰八十餘處，現仍在繼續趕築中，每年雨量自民國廿四年起始有記載，計二十四年全年爲一千〇三十七公厘，廿五年大旱，全年僅七百五十三公厘，廿六年全年爲一千一百六十八公厘，三年記載，爲期太短，未可作爲標準，爲求避免旱荒計，除廣築塘堰外，並宜蓄積溪流，引爲灌溉，再峽中河道狹隘，水位變化，漲落甚大，每至夏秋常發洪水，沿江各大溪流兩岸，輒遭淹沒，災情慘重，不亞於旱荒，爲保護農田計，亦宜急爲設法，於溪流之口，築堤攔水，以防潦渚，至於溪流瀑布可資發展水力者，更應利用興辦工廠，以裕民生，惟實施各項工程，應先詳測地勢，確定塘，堰地點，以便設計，茲將改進農田水利及發展水力之各方案分述如次：

（二）水利方案

一，馬鞍溪流域蓄水灌溉方案：馬鞍溪位於北碚之西南，長約八公里，各嶺之水匯注於溪而入嘉陵江，左岸有支流，其溪床較高，溪口爲峭壁，名縣峰岩，高約二十公尺，寬約十公尺，水大時成懸瀑，岩口有尺許高天然石檻，農民利用之以攔水，攔之兩端鑿石爲槽，引水以灌馬鞍溪右岸上下游之坡地，惜其所蓄水量有限，而天然地勢亦未盡利用，故灌溉未臻普及，且每屆旱季，輒感水量缺乏，應有改進之必要。

建議，利用該支流居高臨下之地勢，儘量積蓄溪水，以供馬鞍溪流域農田之灌溉。

（一），在縣峰岩口築二公尺許高之石堰，蓄高水位，以不淹沒附近田地爲度，作第一蓄水堰。

（二），在縣峰岩里許之上游，鄉民熊姓宅旁岩峽，擇其堅密不漏水之處，築第二蓄水堰，高可三四公尺，該處附近岩壁地位較高，田地不致淹沒。

（三），向上游擇適宜之處，再築數小堰，擴充蓄水量。

二，茶子溝蓄水灌溉方案：茶子溝位於澄江鎮之西，水源發於巴豈灣之山嶺間，下流入嘉陵江，長約八公里，巴豈灣以下沿溪兩旁地勢坦緩，水田連亘，便於灌溉，惟支流少而水源短，故水易竭，每值旱季，溪流輒涸，農田缺水，收成減色，挽救之策，應積蓄水源，以補不足。

建議：於巴豈灣峽口築八公尺高之亂石堰一道，利用巴豈灣爲蓄水庫，於下游擇適宜處，築攔水小堰數道，以資高於各段水位，而便引水灌田。

三，明家溪防潦方案：明家溪在北碚對岸，江北縣屬之黃桷鎮，位於嘉陵江之左岸，長約十五公里，沿溪兩傍農作物甚繁茂，其溪床及兩岸地勢均低窪，上游部份益平緩，水田尤多，每遇嘉陵江洪水時期，江水倒灌入溪，兩岸田地均遭淹沒，被淹面積往往達萬餘畝之多，欲求是項田地避免泛濫之患，應即興辦防潦工程。

建議：於溪口築攔水土壩一道，底部通以涵洞，以司啓閉，則外可抵禦江洪，內可節制溪流，以資灌溉及行舟之用。

四，龍虎溪防潦方案．龍虎溪在北碚下游嘉陵江之右岸，自溪口至高坑岩長約十五公里，該段溪床低平，其沿岸地勢及農田之受江洪倒灌情形，與明家溪相同，故亦須舉辦防潦工程，以免泛濫之害。

建議：於溪口建築土壩，涵洞以禦江洪，並於溪內蓄水，除供給農田灌溉外，將來與辦高坑岩水力工廠，則原料之進出，復可利用該溪通航，以資運輸。

五，農田築塘防旱方案．實驗區內，皆屬山地，崗阜起伏，無河湖蓄水之利，農民墾山而種，作物生長，全恃雨澤，雨澤不勻，輒成災荒，歷年損失，不可勝計，目前挽救之策，應修塘堰以防旱荒。

建議：凡有溪谷之水可資灌溉者，應隨處築堰儲蓄，引而溉田，無溪水可取之區，宜於山隴高處，令農民共同修築蓄水大塘，塘之面積，至少須有全部田畝十分之二，愈大愈佳，蓄水深度，約三四公尺，倘因地勢所限，面積或深度不足時，則彼此擴充以彌補之，塘之上游闢引水溝，以承坡水入塘，下口裝設水閘及分水溝，輸水至田畝，至零散田地，不宜合修大塘者，則於每畝田內劃十分之一面積，挖掘小塘深約二公尺，能更深愈佳，平時蓄水，旱時設而灌田，是項水塘雖佔面積，利用之以種蒲荷等類，亦可收副產之利，塘之功用，小旱之年可免歉收，大旱之年亦足免全荒，爲目前自標之要策，至於根本給水問題，則須待大規模灌溉工程之興辦也。

六，改善耕種坡地防砂方案：山地坡陡，雨水流急，一經耕種，土壤疏鬆，尤易冲失，此次觀察所見，各處山地種植作物，皆順坡列行，成爲人工的流道，以致肥料土壤，隨時冲失，倘每年流失土壤厚二三分，則數十年後，積而盈尺，上游土地既失生產能力，下遊溪川復遭淤塞之患，農業水利，俱蒙其害，爲保護地方及控制土砂計，應令農民改善耕種方法，並注意防砂工事。

建議：耕種山坡，須一律平治爲梯地，作物行列與同高線平行，使水流不致順坡直下，以免冲失土壤，梯地分爲兩種如下：

甲，爲階級式之梯地，與川省各地現行之階田相似，但地面仍傾斜，沿綫修埝一道，埝之高低隨坡度及階層級差而定，通常以三尺至六尺爲度，埝身須鋪草皮，其側坡視土質自一比二至一比三，沙土宜平後，粘土無妨直平，或砌以石埂更佳，是項梯地如土質肥沃，逐年平治，可變爲水平之稻田。

乙，爲埝紋式之梯地，平治工較省，近年盛行於美國，凡梯地之集水溝，均沿同高綫方向略帶傾斜，以資排洩雨水，而不冲刷溝槽爲度，集水溝引水至總溝渠或附近澗谷，而入於溪川，總溝如係土槽，亦有冲刷之處，須種蔓草，或鋪石以資防護，或用木石等所建之過流堰壩，以減流速而免冲刷。

此外復於山腰及坡脚，種植叢樹，亦可爲攔沙之助也。

（三）水力方案

一，高坑岩與高灘岩發展水力方案：高坑岩在巴縣歇馬鄉，距北碚約二十里，岩爲峭壁，高度達四十公尺以上，岩口寬約六十公尺，水流傾注成懸瀑，洩入龍虎溪，巖之上下游附近溪槽寬廣，地勢平緩，足供建設水力廠之地位，岩之上游里許有磨灘村，居民數十戶，灘爲低瀑布，高約二公尺，其右岸有磨粉廠一所，內設大小磨各一具，藉水力推動之，磨灘上游十數里內之溪槽亦相當寬平，故平時溪流甚緩，低水時期流量微小，在查勘之日，（二十七年三月十日）估計約每秒僅半立方尺，能發二百五十四馬力，但該溪上游來自山嶺，夏秋兩季，山洪暴發，流量激增，不數日傾瀉而盡，以致每一年流量，變遷甚鉅，欲求水量均勻，增加水力之功效，應儲蓄兩季水量，以供枯流時期之用。

二，高灘岩在璧山縣臨江場，距澄江鎮約二十里，溪水下洩匯河入嘉陵江，岩高約二十公尺，其形勢及溪槽情形，大致與高坑岩相侔，低水有期，巖上分爲數小流，附近居民設小輪於流槽中，藉水力轉動以磨檜木爲香粉，岩之上游二里許爲碓子坪，有連續之低瀑布三級，其高亦在十公尺以上，其最下級爲傾斜之岩坡，水流湍急，居民亦設水輪以製香粉，高灘巖之下游五里許爲石灘，有低瀑布二級，爲高約五公尺，燧川公司於灘之左岸設水力發電廠一所，其電力爲三瓩，製造電池供探煤之用，其右岸有寫興廠，附設水輪一具以椿香粉，高灘巖低水流量，每秒僅半立方公尺之譜，水力亦屬有限，其需要蓄水與高坑巖相同。

建議：高坑巖及高灘巖兩處瀑流，形勢天成，俱有相當之高度，爲發展水力之良好場合，惜乎枯水流量微小，必須儲蓄充足水量，方可發生四五百匹之馬力，惟該二溪之流量究有若干，向無測量及記載，故須先從研究水文著手，確定常年水流變遷情形，及需要儲蓄之數量，擇就二溪適當之處，設立流量站，測記水位及流量，須有連續五年之記載，方可供確切之估計，及進行詳細之計劃，倘欲迅即進行工程，則有一二年之記載，亦可作爲略估之根據矣。

三峽實驗區衛生院初期計劃草案

孫家齊

目次：

（一）組織
（二）人員
（三）職掌
（四）工作計劃
（五）開辦費
（六）工作人員薪俸表
（七）實支薪俸表（中央各機關協助人員除外）
（八）經常預算
（九）實驗區署已有之的款

本區自廿五年改為嘉陵江三峽鄉村建設實驗區，轄區五鎮，面積一千八百方里，人口六萬五千餘人，過去二年中，披荊斬棘，對於教育之普遍推進，農作物之改良，農村經濟之調整，治安之維持，均有長足之進展，事實俱在，勿庸彝述，惟關於醫療救濟事業，則僅有地方醫院之設置，而晚近醫學進步，已由治療醫學進而為預防醫學，各國莫不舉辦公共衛生為根絕疾病之要務，所謂一倍預防，等於十倍治療是也，我國各省市，年來均積極推行公共衛生不遺餘力者，亦以此也，區署年來已注意及此，徒以經費人員之限制，祇能在技術上由地方醫院予以抽象之指導，未能有固定之組織，統籌辦理，不無遺憾，查公共衛生之推行，約有下列數項目標：（一）預防傳染病之流行，減低人民之死亡率及疾病之痛苦。（二）灌輸衛生常識，改善環境衛生，指導食品養料之配合，以期提高人民之生活力，增加人民生產。（三）辦理學校衛生，培養兒童體格之健康，增進其求知機能，更冀其於服務社會時期，得有最大之工作效率。（四）提倡婦嬰衛生，為改良家庭培植國本之基礎。（五）注意民衆生理心理兩方面之健康，減少社會中寡廉鮮恥等不道德之份子，凡此數端，又與區中積極解決社會問題之五項目標若合符節，況實驗區情形與使命，原非一般縣份可比，為早期達到鄉村建設之目的，對於公共衛生事宜，有不得不統籌辦理，積極推動之情勢，爰擬初期衛生計劃如下：

（一）組織

設衛生院於北碚，隸屬於鄉村建設實驗區署，辦理實驗區內衛生事宜，實驗區署所屬各鎮設衛生所，由衛生院直接指導之，衛生院暫設總務，醫務，保健，環境衛生，獸醫等五股，分掌院務。

由實驗區署聘請衛生專家為本院顧問，指導技術工作之進行。

附組織系統表：

三峽鄉村建設實驗區衛生院
組織系統表

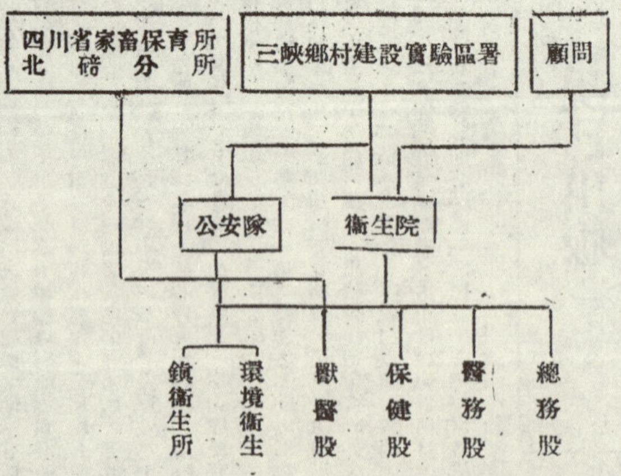

（二）人員

一，衛生院設院長一人。

二，文星二岩黃桷澄江四鎮各設一衛生所，所設所長。

三，衛生院暫設五股（必要時得增設立），每股股主任一人，醫師護士雇員各若干人。

（三）職掌

一，衛生院長秉承實驗區區長綜理本區一切衛生事宜。

二，衛生所所長秉承院長辦理全鎮衛生事宜。

三，衛生院各股主任秉承院長分掌各該股一切事宜。

四，各股工作職掌如左：

總務股：辦理文書事務會計等事宜。

醫務股：辦理醫院及門診各部工作，並監督各衛生所之醫務工作。

保健股：辦理本區婦嬰衛生，學校衛生，工廠衛生，防疫檢驗等工作。

（上列各項工作，遇必要時，得單獨另行成立專股辦理之）

環境衛生股：辦理本區街道清潔，井水消毒，飲食店之管理等工作。

獸醫股：改良本區牲畜獸疫之預防施行，宰前宰後等肉品檢驗。

（四）工作計劃

一，本區現正進行建築地方醫院新舍，地皮業經購就，院舍建築費規定約一萬二千元，擬由實驗區設法增加建築費三四千元，將衛生院所需之各辦公室，合併建築，改名爲三峽鄉村建設實驗區衛生院，而衛生院之設置，按中央規定爲縣中之衛生機關，辦理全縣預防及治療等衛生工作，惟本區情形特殊，對於需要醫藥衛生之情形，不減於一縣，故尚無不合之處。

二，設立各鎮衛生所，即起始訓練或調整各鎮醫務人員，擬具工作方案，各鎮一律遵照施行，規定日報，每週巡報衛生院，衛生院派員抽察巡視各鎮工作情形，俾資改進。

三，在新屋未落成前，除因房屋比較無從改進外，其他工作，即相機調整，徐徐改進，務求於新舍落成時，各項工作已入正軌。

總務股：主任由院長自兼，文牘事務會計暫用一人，兼有對外宣傳，經濟之出納及一切零碎事務均屬之。

醫務股，在院舍未落成前，維持現在醫院之各部工作，門診由一醫師多負其責，醫院由醫務主任多負其責，惟門診住院病人之巡視，值夜由衛生院長醫務主任醫師輪流辦理之，而由醫務主任調度一切。婦產科在中央助產學校協助之下，所有婦產科門診及住院病人，由該科師醫負其專責，惟一本互助會商精神，謀病人之福利，與事業之進步。

保健股：與婦產科切實聯絡，辦理本區婦嬰衛生工作。

辦理本區師範中小學校衛生，探顧經濟、工作、在可能情形之下，互相提攜，工廠衛生爲保障工人健康，增加工廠生產之設施，得協助三峽工廠辦理工廠衛生，與學校衛生合用醫師一人，護士二人，防疫檢驗，按期爲本區市民施行種痘及預防注射，並協助本院各股之細菌與寄生蟲檢驗。

環境衛生股：本區環境衛生事宜，向由公安隊在醫院技術指導之下負責辦理，今後仍擬照舊辦理，惟衛生院長，應兼公安隊衛生股長，則技術行政雙方兼顧（中央原亦爲此規定）於事業之進步，俾益良多。

獸醫股：過去本區關於獸醫問題，概由家畜保育所協助辦理，茲爲求指導切實，工作進步，保障市民食品安全起見，擬聘請家畜保育所主任爲本院獸醫股主任，辦理家畜防疫，宰前宰後各種肉品檢驗，與該保育所工作並行不背，一舉兩得。

四，本區國立四川中學師範部（他部或將遷移）該部施行最新教育方法，寓教育於生活，嗣後各班學生於生理衛生課講授完畢後，即予以實際參加學校衛生，婦嬰衛生工作之機會，分組實習，期限半年，則將來小學教師家庭主婦均有相當之學校衛生婦嬰衛生知識與技能，如是則中央多年想像之事業，乃於本區見諸實行，開我國教育與衛生溶合之先例。

五，分期舉辦下列訓練班，間接直接促進本區市民健康。

甲，衛生員訓練班，訓練本區市民之初中畢業而無力升學之女生爲衛生員，畢業後執行護士或助產士之助理工作，爲將來本院及各衛生所護士助產之副手。

乙，公安隊衛生講習班：輪流訓練本區公安隊全體或衛生勤務人員，務使每個衛生隊員明瞭起居飲食等一般環境衛生及簡單救急工作衛生法規等，庶知何者爲有礙市民健康，應予取締，取締之適當方法如何，如何予以正確之指導與監督，監督之法又如何，斯則爲本區公安隊員不可少之知識與技能。

丙、廚師衛生訓練班：分班分區夜間訓練各飯館機關團體等之廚師及堂倌，俾廚師明瞭營養料之支配，蒼蠅之危險，器具揩布及其本人清潔之重要，以資減少市民之傳染性腸胃病。

丁、教師學校衛生講習班：利用假期訓練本區各級學校教師，明瞭學校衛生之重要，如學童衛生習慣之養成，清潔衛生與檢查，急救法之知識與技術，兒童傳染病之解識，及一般環境衛生之注意，則將來該教師可於其所在地協助本區衛生教育之推進。

上列計劃係參酌中央推行衛生之法則，切重事實之需要，為初期簡要之擬訂，至詳細實則辦法均未列入，目的將本區之行政教育醫務與衛生打成一片，為唯一之對象『民衆謀最大之福利，至內容實現之遲早，當視本區環境阻力之大小而定，有待於各方努力督正長，本計劃草草成篇，雖經一再實地調查，遺漏亦未切實際之處恐多，尚望衛生同道，地方人士予以切實之改正，實驗區人民幸甚，衛生事業幸甚。

（五）開辦費

三峽實驗區衛生院開辦費預算（醫務股應補充各項於遷移院舍時另案辦理）。

第一項購置費	八一〇·〇〇	
第一目藥械傢俱	七八〇·〇〇	
第一節辦公用具	二〇〇·〇〇	辦公，會客室，廚房，餐廳等處。
第二節急救藥箱六只	一八〇·〇〇	四衛生所及本院
第三節補充各鎮衛生所藥	二〇〇·〇〇	
第四節郵便磅秤三具	八〇·〇〇	
第五節應用衛生器械	二〇·〇〇	
第六節防疫器械六套	一〇〇·〇〇	四所及本院
第二目書籍圖表	三〇·〇〇	
第一節書籍圖表	三〇·〇〇	
第二項雜費	四〇〇·〇〇	
第一目修繕	一〇〇·〇〇	
第一節修繕	一〇〇·〇〇	修理各鎮現有之衛生所
第二目旅運費	五〇·〇〇	
第一節運費	五〇·〇〇	開辦時旅運費
第三目印刷費	一五〇·〇〇	
第一節印刷費	一五〇·〇〇	各股應用之表格
第四目雜支	一〇〇·〇〇	
第一節雜支	一〇〇·〇〇	
合計	一二一〇·〇〇	

（六）工作人員薪俸表

職務	薪給	備考
衛生院長	一四〇·〇〇	
股主任	四〇〇·〇〇	每人每月支八十元五人合如上數
醫師	一四〇·〇〇	每人七十元二人合如上數
護士長	五〇·〇〇	
護士	四七〇·〇〇	月支四十元者八人，支三十元者五人，共十三人合計如上數
助產士	九〇·〇〇	每人月支三十元，三人合支如上數
總務股員	五〇·〇〇	
技術生	四〇·〇〇	
藥劑生	三〇·〇〇	
掛號員	二〇·〇〇	
公役	七七·〇〇	十二人薪水三元膳費四元以七元計算合如上數
合計	一五〇七·〇〇	

（七）實支薪俸表（中央各機關協助人員除外）

職務及人數	不支薪人數	支薪額數	備考
院長一人	希望中央補助		
股主任五人	三人不支薪	一六〇·〇〇	總務股醫務股環境衛生各股主任兼任不支薪醫務保健二股主任每人月支八十元合如上數
醫師二人		一四〇·〇〇	醫務股一人保健股一人每人月支七十元合如上數。

護士長一人		五〇・〇〇	
護士十三人	內四人不支薪由醫學教育委員會協助。	三五〇・〇〇	支三十元者一人，支四十元者八人，（四鎮及保健股護士須有經驗之人員）
助產士三人	三人不支薪由助產學校幫助		
總務股一人		五〇・〇〇	
技術生一人		四〇・〇〇	
藥劑生一人		三〇・〇〇	
掛號員一人		二〇・〇〇	
公役十一人		七七・〇〇	廚房三人洗衣縫二人病房二人門診一人辦公室一人門房一人係人工資數三元伙食四元共七元十一人合如上
合計		九一七・〇〇	

兩比每月本區可少負薪俸五百九十元

（八）經常費預算

科目	月經常費	年經常費
第一項薪俸	九一七・〇〇	一一，〇〇四・〇〇
第一目薪俸	八四〇・〇〇	一〇，〇八〇・〇〇
第一節薪俸	八四〇・〇〇	一〇，〇八〇・〇〇
第二目工資	七七・〇〇	九二四・〇〇
第一節工資	七七・〇〇	九二四・〇〇
第二項辦公費		
第一目文具	一〇・〇〇	一二〇・〇〇
第一節文具	一〇・〇〇	一二〇・〇〇
第二目郵電	五・〇〇	六〇・〇〇
第一節郵電	五・〇〇	六〇・〇〇
第三目水電	一五・〇〇	一八〇・〇〇
第一節水電	一五・〇〇	一八〇・〇〇
第四目印刷	二〇・〇〇	二四〇・〇〇
第一節印刷	二〇・〇〇	二四〇・〇〇
第五目修繕	二五・〇〇	三〇〇・〇〇
第一節修繕	二五・〇〇	三〇〇・〇〇
第六目旅運費	四五・〇〇	五四〇・〇〇
第一節旅運費	四五・〇〇	五四〇・〇〇
第七目雜費	三〇・〇〇	三六〇・〇〇
第一目雜費	三〇・〇〇	三六〇・〇〇
第三項購置（器械）	五〇・〇〇	六〇〇・〇〇
第一目購置（器械）	五〇・〇〇	六〇〇・〇〇
第一節購置（器械）	五〇・〇〇	六〇〇・〇〇
第四項特別費（藥品）	五〇〇・〇〇	六，〇〇〇・〇〇
第一目藥品	五〇〇・〇〇	六，〇〇〇・〇〇
第一節藥品	五〇〇・〇〇	六，〇〇〇・〇〇
合計	一，六一七・〇〇	一九，四〇四・〇〇

（九）實驗區署已有之的款

一，地方醫院薪俸　三六〇・〇〇

二，地方醫院辦公費　一一〇・〇〇

三，地方醫院藥品月約　六〇・〇〇

估計將來衞生院之收入

一，師範學校協助　三〇・〇〇如担任課程等互惠辦法每廠五〇元，本院負其醫護之責

一，三峽及嘉陵兩染織廠協助一〇〇・〇〇，如無此收人保健股可減少一二人。

一，門診收入每日以一元計月可入三〇・〇〇實際當過之。

一，病房費收入月盈餘　五〇・〇〇頭二等病房月可盈餘上數或不敷此。綜合上項原有之底款及估計之收入共計可得七四〇元支出與收入兩比，每月需另籌款八百七十七元。每年需另籌款一萬零五百二十四元。

區署如能與省府或民教建各廳設法稍加籌措；所需之款或不致成何問題。

社會概況調查綱要

言心哲編

引言

本綱要係就社會各方面的情形，加以大略的指示，以供調查社會概況時候的參考，調查者可就調查的任務及當地的情形，擇要調查之。

（一）歷史： 起源；最初土著，最初移民之種族，數目，特性；文化程度；最初移民的領袖，數目，姓名，職業；歷史沿革；歷史上之重大事變；歷史上之人物；歷史上之紀念物，過去移民的來源，數目等；過去人口增減情形及現在的趨勢。

（二）地理： 名稱由來；面積及區劃，東西南北距離；位置，地層構造，土壤概況；地形，山川大勢，盆地形狀；山：數目，名稱，山脈，高低；江河湖：數目，名稱，河床寬狹，水量，水勢，水力，水流速度，通舟情形，隄，渠，數目等；氣候；溫度，最高，最低，平均；雨量，濕度，最高，最低，平均，總量，分佈；風力；經緯度；礦產：種類，儲藏數量，開採情形。

（三）人口： 人口總數與戶數，每戶平均人數；男女數目性別比例；人口各級年齡分配；全年人口生育及死亡數目，生育率及死亡率；婚姻狀況，已婚人數，未婚人數，離婚人數，再婚人數，獨身人數，結婚年齡，初婚平均年齡，婚嫁率，婚姻制度。職業；人口密度，每方里人數；人口流動情形，遷入及遷出數目，性質，原因；殘廢人口，瞎子，聾啞者，跛足者，低能人口，瘋癲人口；其他。

（四）土地： 總面積，疆域；耕地面積；荒地面積；耕地面積與荒地面積之比較；已耕地及可耕地在總面積中之比較；山地面積；水田面積；沙田面積；旱地面積，湖塘面積；墳地面積；土地分配；土地利用；土質；土地價格，每畝最高，最低與平均價格，農場大小數量，平均大小。

（五）政治： 立法組織；司法組織；行政組織，各局各科組織，省，市，縣，區，鄉，鎮公所之行政組織；行政人員之數目，職務，資歷，薪水；敎養衞各方面之事業；經常及臨時費用數目；行政效率。

（六）財政與金融：全區每年收入總數；稅收狀況如田賦，契稅，營業稅，所得稅，遺產稅，雜稅等；地方公債；財產收入；地方事業收入，地方營業收入；徵稅方法，計算方法，有無弊端，有無預徵情事，預徵總額，預徵年度；支出分配；財政及行政系統，財政關係（與縣，省及中央之關係）；貨幣制度，銀幣，輔幣，紙幣，臨時流通券；有無地方或私人發行之兌換券與他種紙幣，其總額若干，信用如何；金融組織；銀行，錢莊，典當業之數量，性質與組織等；金融流通情形；金融之整理；政局與金融之關係；人民之借貸利率，方法，種類及期限等。

（七）敎育： 敎育機關的種類，組織與數目；敎育經費的數目，來源及保管等情形；全區受過小學，中學，及大學敎育之人數；在學青年及失學青年之比較；公立及私立學校數目，性質，設備，建築，經費來源，學生入學年齡，性別，分級狀況，及佔全區學齡兒童百分數；敎職員之性別，年齡，籍貫，資格，待遇，人數；課目之種類，時數，分組，敎材，學校衞生概況（參閱衞生條）；圖書館的組織設備，管理，書籍數目，幼稚園的數目，敎員與學生人數，設備等；民衆敎育與義務敎育之推行情形。

（八）衞生： 家庭衞生設備：公共衞生設備，街道管理，飲水來源，垃圾處理，食物保護，蚊蠅防滅，廚室清潔，浴室，陰溝，傳染病的種類，蔓延及預防，醫院之數目，種類，組織，病牀數目，經費來源，醫生，護士，助產士及產婆之數目，資格，待遇，中西藥店之數目，種痘，預防注射。

（九）交通： 概況；公路里數，鐵道里數，河道，港埠，航運；電話，電報；郵政，郵局數目；無線電，電台，收音機；車輛數量，汽油及木炭供給情形；交通安全設備，交通警務，交通管理。

（十）農業： 糧食作物種類如米，麥，玉米，甘薯等產量，價值；特種作物種類如藥材，水菓，蔬菜等產量，價值；工藝作物種類如大豆，棉花，茶葉，甘蔗，花生等產量，價值；蠶桑；農家經濟，田場大小，農家收益；農家副產種類；自耕農，半自耕農及佃農之分配；牲畜種類，數量，價值；森林，面積，種類，漁業；灌溉，排水方法，肥料種類，農具種類，種子。

（十一）工業： 全區工廠數目，資本，性質，組織，產品種類，製造情形，營業現狀，手工業種類及其盛衰原因與趨勢，木材工業，家具工業，冶鍊工業，機械工業，交通工業，土石工業，建築工業，動力工業，化學工業，紡織工業，衣服工業，皮革工業，飲食煙草工業，印刷工業，儀器飾物工業，美術工業的種類，產量等。

（十二）商業： 概況；出口貿易種類如桐油，豬鬃，夏布等數量，價值；入口貿易種類如五金，煤油，棉紗等數量價值；商業組織，販賣商，行棧；商業團體如商會等；特種商業如保險，報關等，每年最易銷售之商品種類及數量；大部分商品之來源與銷售概況；商店數目，資本，組織，經營情形，盈虧，集市，日期，種類，組織，交易概況等。

（十三）勞工： 概況；各種工人數目，粗工與精工數目，生活狀況，工資，工作時間，休假日數，其他待遇如勞工福利設施，勞資糾紛，意外傷害，勞工團體，學徒制度。

（十四）生活費用與生活程度： 家庭人口，性別，年齡，每家平均人口；家長姓名，職業，家庭的收入，家庭的財產；家庭的支出如食品，衣服，房屋，燃料，雜費各項支出細賬；田場供給之用品；自外購買之用品，借款數目，貸款數目；家庭的傭工人數，性別，年齡，職務等。

（十五）社會病態及社會救濟事業： 犯人數目，性別，罪名，成年犯，幼年犯；自殺人數，性別，年齡，原因；娼妓人數；蓄婢；納妾；婦女纏足；童養媳；毒品；失業人數；無業人數；乞丐；殘廢；瘋人；低能；賭博，偷竊；匪患。救濟院：如養老院，孤兒院，殘廢院，乞丐收容所，育嬰堂，感化院，瘋人院，盲啞學校，紅十字會，濟良所等機關的組織，經費，職員，以及收容人數，性別，年齡等。

（十六）娛樂： 概況，娛樂設備，家庭娛樂設備，公共娛樂設備，娛樂季節，娛樂組織，娛樂費用，娛樂種類（兒童的及成人的），流行之各種音樂，戲劇（話劇，平劇，土劇，電影），各種運動如游泳，國術，球類，各種遊戲，秧歌，廟會，茶館，書場，雜耍（名稱，期限，地點，性質），公園，運動場，跳舞場，文學，字畫，美術，古蹟，名勝之欣賞。

（十七）風俗： 婚姻，婚禮，訂婚手續儀式費用，親迎，租妻，重婚，納妾，再醮，同姓婚，指腹婚，童婚，喪禮，喪事，儀式，手續，費用，弊害，慶祝，迎神賽會，燒香，年節風俗，應酬，陋俗，纏足，蓄辮，訴訟，風俗之變遷及其趨勢，祀祖（見信仰條）。

（十八）信仰： 概況；黨員人數，宗教種類，佛教，道教，耶教，回教，天主教，其他，何種宗教最盛，人數，組織，人民信仰程度，廟宇，教堂，祠堂之數目，產業，僧道尼姑教徒之人數，祀祖之儀式，時期及費用。迷信種類，風水，星相，卜筮，鬼怪等，菩薩種類，歷史及其任務（如華陀醫病，觀音送子），宗教團體所舉辦之公益事業，人民對於宗教之態度，新舊宗教的衝突，宗教的作用，神話。

（十九）家庭及家族組織： 家庭制度，大小家庭之利弊，婚姻制度，家庭主權，家庭資產，承繼方法，家庭設備，家庭生計，家庭傭僕。家族組織，姓氏，人口比較，祠堂之數目，產業，地點，族譜編製之期限，方法，族長之人數，班次，資格，年齡，權利，義務，族規，祭祀之次數，儀式，時期，費用，族內其他組織如族學及其他事業。

（二十）災害： 水災，虫災，旱災，雹災，風災，地震，受災之原因；時期，期限，有無補救之方法。

三峽實驗區社會概況調查計劃大綱

言心哲擬

一、序言

二、地圖

（一）四川省全圖 （二）四川巴縣全圖

（三）三峽實驗區全圖 （四）北碚區全圖

三、照片（或插圖）

四、三峽實驗區社會概況調查目次

第一章 地理環境

（一）位置 （二）疆域 （三）地勢 （四）面積

（五）山川 （六）土壤 （七）氣候

第二章 歷史沿革

（一）名稱的由來 （二）起源及其發展經過 （三）古蹟

第三章 地方組織

（一）三峽實驗區的組織 （二）保衛治安的團體

（三）原有的地方團體 （四）其他地方組織

第四章 人口分佈

（一）人口總數 （二）人口年齡與性別 （三）人口生育與死亡率

（四）家庭人口之結構 （五）婚姻狀況 （六）職業分配

第五章 土地問題

（一）全區耕地面積及荒地面積

（二）地權分配 1.自耕農 2.半自耕農 3.佃農與租佃制度

（三） 土地利用概況

第六章 教育事業

（一）幼稚園 （二）小學 （三）中學

（四）高等教育 （五）職業學校 （六）文盲與識字人數

（七）民衆教育實施情形

第七章 衛生事業

（一）食品與飲水供給

（二）住宅環境衛生

（三）衣服

（四）公共衛生

（五）一般衛生及醫藥設備

1.地方醫院 2.診療所 3.藥店

（六）溫泉公園浴室

第八章 娛樂事業

（一）一般娛樂情形及其設備 （二）民衆會場

（三）民衆體育場 （四）溫泉公園

（五）兒童娛樂 （六）成人娛樂

（七）年節娛樂

第九章 文化事業

（一）圖書館

（二）博物館

（三）動物園

（四）報館

（五）印刷館

（六）中國西部科學院

1.理化研究所 2.地質研究所

3.生物研究所 4.農村研究所

第十章 社會事業與社會病態

（一）兒童福利事業 （二）峽區感化院

（三）社會救濟事業 （四）犯罪

（五）毒品 （六）娼妓

（七）蓄婢 （八）纏足

（九）失業 （十）乞丐

（十一）鴉毆　（十二）賭博
（十三）瘋癲及低能　（十四）自殺
（十五）其他

第十一章　農民生活費用與生活程度
（一）食品費用　（二）衣服費用
（三）房屋費用　（四）燃料費用
（五）雜費　（六）農民生活費用之分配
（七）農家收入概況　（八）農家借貸情形
（九）農家生活程度之分析

第十二章　風俗信仰
（一）婚喪禮節　（二）迷信
（三）歌謠　（四）新年風俗
（五）其他習慣　（六）人民之信仰

第十三章　農林事業
（一）農產種類　（二）田場大小
（三）灌溉方法　（四）農具種類
（五）農村副業　（六）牲畜調查
（七）森林事業

第十四章　工商與交通事業
（一）工業　（二）商業　（三）交通與運輸

第十五章　財政金融與賦稅
（一）金融流通情形　（二）農村銀行
（三）地方財政收支概況　（四）賦稅種類及其沿革

第十六章　勞工概況
（一）各種工人生活狀況　（二）工資
（三）工作時間　（四）休假
（五）勞工福利設施　（六）勞資糾紛
（七）勞工團體　（八）學徒制度

第十七章　災害
（一）過去的兵災與匪患
（二）天災
1. 水災　2. 旱災　3. 風災
4. 蟲災　5. 疫災　6. 其他災害

三峽實驗區社會調查設計大要

言心哲擬

一、擬舉行之調查種類

（一）社會概況調查（見綱要及大綱）。

（二）農村家庭調查（注重農民生活費用與生活程度之分析）。

二、調查的主要目的

（一）實用的目的

（1）明悉各種社會概況，發現各種問題，以作各項社會建設的張本。

（2）分析農村家庭的生活，調查農村的經濟狀況，以作鄉村建設實驗的參考。

（3）使學生多多認識各種問題，以作服務社會國家的準備。

（4）此類調查，宜定期舉行（如二年或三年調查一次），藉以明瞭社會變遷之情形及趨勢。

（二）學理的目的

（1）研究社會現象，發現社會法則，以創立新的原理原則。

三、經費來源

（一）由三峽鄉村建設實驗區署及復旦大學共同籌措。

（二）私人捐助。

四、需要的時間

約需半年至一年，暫定前半年爲準備及調查時期，後半年爲整理時期。

五、負責人員的姓名及略歷

言心哲（指導主任）復旦大學社會學系主任

葛三立（調查員）復旦大學社會學系助教

高　適（調查員）前內政部禮俗司民俗調查科員

陳定閎（調查員）前江蘇醫政學院社會調查講師

六、合作機關

（一）嘉陵江三峽鄉村建設實驗區署

（二）復旦大學社會學系

（三）其他機關

七、經費預算（暫定國幣貳千元）

（一）房租器具　二六〇元

（1）房租　二一〇元

（2）桌椅傢具等　三〇元

（3）檔案櫃　六〇元

（二）薪資　一〇〇〇元

（1）調查員薪資　九〇〇元

（2）工人工資　一〇〇元

（三）文具儀器刊物等　二二〇元

（1）紙墨筆費　二〇元

（2）卡片　二〇元

（3）地圖　一〇元

（4）書籍雜誌　五〇元

（5）儀器　二〇元

（四）實地調查費　九〇元

（1）調查員旅行費　三〇元

（2）調查員宿膳費　三〇元

（3）宣傳費　二〇元

（4）贈給費　二〇元

（五）印刷費　三九〇元

（1）表格　五〇元

（2）講義　二〇元

（3）[illegible]　一〇元

（4）宣傳品　一〇元

（5）報告　三〇〇元

（六）雜費　一五〇元

（1）照相　三〇元

（2）郵費　一〇元

（3）其他　一一〇元

（七）預備費　九〇元

（1）預備費　九〇元

合計　二〇〇〇元

復旦大學教育系研究本區教育之工作大綱

引　言

教育因時而異，因地制宜，教育科學，亦因時因地發展，未有止境，本斯義以研求，則教育理論，既不蹈空，教育方法，復臻實効，本校教育系，設有研究工作，在上海江灣時已然，然今值抗戰之時，非昔時所可同日而語，本校由東南遷至西南，供研究之資料者，又非可等量齊觀，爰本此旨，揭櫫數事！嘉陵江三峽實驗區，供教育研究之條件，較爲完備，本系自生，在實驗區署領導下共同貢獻棉薄，此其一；而實驗區全區文盲，有三萬一千餘人，幾估全區人口總數二分之一，於此亦足見區內人民，衣食不裕，無暇求知，本系社會教育工作，期寓教育於生產訓練中，且施生產訓練於百業，此其二，語云：「十年樹樹，百年樹人」，教育效能，匪爲欲速則不達，且今日之教育，爲未來社會之基本，教育研究，不僅求現時生活之資，且須決定未來社會必有之知識與修養，故本系本民族復興之目標，努力於中小學校教材之改編，此其三。

工作範圍

依據以上三點規定研究工作如次：

第一，北碚實驗區署委託研究之教育工作。

第二，搜集本區農產品種舉行農民講習會。

第三，黃桷鎮民衆學校之推廣，以及教材，教法！編制改進之實驗。

第四，推廣礦工補習教育，舉行一般識字運動。

第五，搜集并分析中小學各種教材內容以爲改進課程張本。

實施步驟

就上列工作範圍同時并進，惟各種工作進度長短緩急有差異，茲規定實施之原則如次：

第一，凡屬實驗區署委託研究之工作儘先完成。

第二，凡屬搜集工作儘先完成。

第三，凡屬增進農民生產力之實驗事業儘先完成。

第四，凡屬教材教法等實驗與本系有關之學程密切聯絡進行。

第五，凡屬推廣事業，酌視本校財力人力，漸次完成。（三）合辦機關

組織

甲，人員——本系全體員生，皆有擔當兩種以上研究工作之權利和義務——設主任一人，綜理本系全體研究工作，以本系主任擔任爲原則。設指導員若干人，指導各組研究工作，以本系教授講師擔任爲原則，設組長若干人，經管各組研究事務，以同學担任爲原則。丙，討論會——研究工作在每學期開學兩週後，研究主任會同指導員分配每組工作，開始後每兩週舉行組別討論會，指導員出席指導之。每兩週舉行本系全體討論會一次，各組報告工作進度，并提出討論問題付討論。

（工作考核）每學期開課前由研究主任提出一學期或一年度中進行之研究工作，呈請校長核准施行，凡已完成之工作，隨時彙成書面報告備校長考核，凡值一學期或一學年未完成之工作，用書面報告進度備校長攷查。

嘉陵江三峽鄉村建設實驗區合作事業概況報告

一、緒論
二、改組舊社
三、舉辦合作研究會
四、組社登記
五、貸款情形
六、各區單位社之完成
七、業務經營
八、訓練工作
九、結語

一、總論

三峽實驗區之推行鄉建，萌芽於峽防局時代，二十五年四月，本署改組成立，乃積極進行；向管教養衛三方面齊頭併進，以謀復興已經崩潰之窮苦農村。抗戰以來，更加强生產速率，以厚國力，是以將大部力量，集中於合作事業，使工作易於進展。

値此抗戰時期的合作事業，不僅是辦理貸款，救濟農村，即爲已足。同時更負荷了一種偉大的使命，以急進的工作，加速農村生產效率，增進抗戰力量，使鄉村一切建設，都以抗戰爲中心。使一般農民都能爲抗戰而努力生產。這是我們組織合作社在當前最不可忽略的一個觀念。通常一般農民，都有一個心理上的病象，就是他們把政府眞誠救助的設施，錯認爲欺騙，或有其他作用，在心內隱潛着疑懼，思慮，推原其故，實因昔日政府是剝削農民，從無救濟和援助他們的事實。故我們在此合作事業開始之時，要使農民對合作社發生信念，非先剷除他們的疑懼心理不可，不然，合作將無法推行。

爲了要急切的破除一般農民的疑懼心理，動員了不少的人力，抓着了良好的機會，努力宣傳，經過許多困難，終於達到了目的，一般農民對於合作事業漸生信仰，在這信仰初立之時，爲實現我們的諾言，乃迅速的舉辦局部信用小額放款，一般生產的農村，貧苦的農民，得着了經濟的援助，都自覺合作

的眞意，許多前此的問題，幾可謂迎刃而解了，懔懔於心中的疑慮也漸漸消失了。

本區農民因過去稍受建設意識的薰陶，文化水準較高，是以民智自非他縣可比，然而合作社組織手續之繁複，及貸款之不易，他們非常感覺麻煩，大有望洋興歎之勢。因此我們開辦合作人員訓練班，加速琢育合作幹部，以減少技術過程的困難，然後以有限的人力，作親臨的指導，對每個合作社的一切，不厭其詳，予以教導，期遂每社之內外事務，能自動的辦理，此次訓練結果，產生了相當的成功，然尚有許多繁複的工作，一時還不能使其自力的好好作起來，更需我們給以進一步的訓練，始克有成。

二，改組舊社

本區對於農村合作素極注意，研究倡導，爲時亦早，惟因種種環境關係，未能見諸實行，萬難中方有農村銀行之設立，然以業務關係，僅有一般的信用放款，而貸款亦屬有限，故對於農村殊難作普遍之救濟。年來僅以胡豆，小麥，玉蜀黍，馬鈴薯等，作種粮借貸。迄至去歲中央農本局來川辦理農貸，乃由該局派員來區籌組信用合作社，以保爲單位，經秋迄冬，組成者共有十二社，貸款者僅五社而已。嗣以農本局到合設立縣合作金庫，乃撤回工作人員，由四川省農村合作委員會令派指導員來區指導，推動本區合作事宜，因鑒於舊社之社務業務未臻健全，乃改組舊社，並創立新社，茲將舊社組成的情形，表誌如左：

社名	社員	社股	已收股金	未收股金	已還貸款	未還貸款	備考
無限責任三峽實驗區北碚第八保信用合作社	八	八	一六·〇〇	三六五·〇〇			
無限責任三峽實驗區北碚第十二保信用合作社	九	九	一八·〇〇		一九〇·〇〇		
無限責任三峽實驗區北碚第十一保信用合作社	三二	三二	一六·〇〇	四八·〇〇	三二〇·〇〇		
無限責任三峽實驗區西山坪信用合作社	一六	一六	一六·〇〇	一六·〇〇	七六七·〇〇		法團社員一人
無限責任三峽實驗區黃桷鎮第十一保信用合作社	八	四〇	八〇·〇〇		四二〇·〇〇		
無限責任三峽實驗區新石坎信用合作社	一七	一七					
無限責任三峽實驗區北碚第廿八保信用合作社	八	八	一六·〇〇				
無限責任三峽實驗區北碚第九保信用合作社	一一	一一	一一·〇〇	一一·〇〇			
無限責任三峽實驗區北碚第十六保信用合作社	八	八	八〇·〇〇	八〇·〇〇			
無限責任三峽實驗區黃桷第十三保信用合作社	一一	一一	二三·〇〇				
無限責任三峽實實驗區黃桷第七保信用合作社	一〇	一〇					
無限責任三峽實驗區文星第六保信用合作社	三五	三五	二八·〇〇	四二·〇〇			
合計	一七三	二〇五	二三一·〇〇	一二五·〇〇	二〇六二·〇〇		

三，舉辦合作研究會

甲，舉辦研究會之動機：本署感於農民對合作認識，缺乏信仰，且生懷疑，乃先事訓練幹部人材，以謀發展，經於二月十六日起至廿一日止，召集區屬各小學教師及合作社員並優秀農人，講習合作知識及技術，造成合作幹部人材，俾易於興舉。

乙，籌辦經過：在未開始集中研究以前，即擬定簡章，並預備一切，詳情如左：

一，擬具簡章

嘉陵江三峽鄉村建設實驗區農村合作研究會簡章

第一條　本會定名嘉陵江三峽鄉村建設實驗區農村合作研究會。

第二條　本會灌輸合作智識及技能造就低級合作幹部人才，以適應非常時期合作事業之發展爲宗旨。

第三條　本會講習地點設本區澄江鎮聯保辦公處內。

第四條　本會設輔導員三人由建設股主任暨合作指導員等兼任負責訓育事宜之責，又僱辦事員三人，概由區署派定，另聘講師若干人由區署分別聘任或調充之。

第五條　學員總額定爲一百〇八人就原有合作社中每社抽調二人至三人並每保抽調保甲人員二人及本區義務教員若干人。

第六條　講習期中定期五天自二十七年二月十六日至廿一日止，各受訓學員應於開講期前一日報到。

第七條　講習課程暫分左列數科：

（一）合作法規　（二）合作概論　（三）合作簿記

（四）組社須知　（五）書表實習　（六）農業常識
（七）農業倉庫　（八）戰時知識講話　（九）壯丁訓練
（十）防空常識　（十一）防毒常識　（十二）家畜防疫
（十三）義務教育　（十四）民衆教育　（十五）鄉村建設

第八條　凡受訓學員一律施以軍事管理。
第九條　經費由保甲經費項內開支。
第十條　凡受訓學員伙食講義等費由本會供給，其餘一切物品概歸自備。
第十一條　各受訓學員原有職務者在受訓期間內應予保留其工作得託人代理
第十二條　講師職員概係無給職。

二，經費籌措：本區舉辦研究會原擬訓練十日，旋以經費支絀，又無其他預備費可以動用，乃改爲五日，由保甲經費項下樽節二百五十元備充本會之用。

三，委聘教職員：本會教職員除由區署委任外餘皆聘請，玆將教職各員列表如後：

合作研究會教職員一覽表

姓名	略歷	現任本會職別	担任課程	備考
黃子雲	三峽實驗區署建設股主任	常務輔導員	鄉村建設	
黃明德	省合委會派駐三峽實驗區合作指導員	同	書表實習 組社須知 合作概論	
黎織光	三峽實驗區署公安三中隊中隊長	同	防空常識	
李乾俊	三峽實驗區署辦事員兼合作見習員	隊附	軍訓 軍事管理	
李爵如	三峽實驗區署公安三中隊分隊長	隊附	同	
周承烈	三峽實驗區署辦事員	隊附	同	
卿之科	同	司務長		
梁拱北	同	書記		
馮杞靖	省合委會督察員	講師	合作法規 農業倉庫 合作概論	
胥聯吾	農本局合川縣合作金庫經理	同	合作簿記	
譚邵農	義瑞林場場長	同	農業常識	
師鑑明	三峽實驗區署秘書	同	戰時知識講話	
劉忠義	三峽實驗區署教育股主任	同	義教	
劉學理	三峽實驗區署內務股主任	同	壯訓	
羅中典	三峽實驗區署民教委員會委員	同	民教	
焦龍蓀	三峽實驗區署家畜保畜所主任	同	家畜防疫	

四，預備會址：研究會址原擬設北碚新營房，至期因民生公司水手訓練隊尙未結束，乃改移澄江鎮公安三中隊駐地，一切設備裝置，悉託該隊代爲辦理。

五，登記學員：預計入會學員資格，計分三種：一，每社調訓職員二人至三人；二，每保抽調二人；三，鄉村小學全體教員計有一百八十餘名，但實際參加者，教師二十八名，北碚五十二名，黃桷二十六名，文星三十三名，澄江二十七名，二岩八名，共祇一百七十四名，比較預定計少六名，玆將學員類別列後：

職別＼鎮別	北碚	黃桷	文星	澄江	二岩	總計
合作社監理事	一六	三	二			二一
合作社社員	一					一
保長	一一	二	八	三	三	二七
小隊附	一〇	八	七	一〇	二	三七
甲長	二	一	一三	七	二	二五
佳戶	一二	一一	四	七	一	三五
小學教員	一二	四	三	七	二	二八
合計	六四	二九	三七	三四	一〇	一七四

丙，學員生活：全體學員自二月十六日午後入會註册編隊，每日生活；午前六時起床，午後八時半歸寢，除正式室內聽課外，餘時皆施以軍事訓練，課程除主要學科外，每日加授普通社會常識一小時，因時間短促，各講師均異常努力，學員雖程度不齊，然均能黽勉學習，秩序亦佳，玆將研究會生活日程表列後：

嘉陵江三峽實驗區農村合作研究會生活日程表

時間 課程 日月	二月十六日	二月十七日	二月十八日	二月十九日	二月廿日	二月廿一日	備註
六點至六點廿分		起床					
六點廿分至六點卅分		昇旗					
六點卅分至七點		晨操					
七點至七點二十分		早餐					
七點廿至七點五十分		整理內務					
八點至九點五十分		開會式	合作法規	農業倉庫	合作概論	鄉村建設	
十點至十一點五十分		合作概論	組社須知	合作簿記	書表實習	書表實習	
十二點至十二點廿分		午餐					
一點至二點五十分	報到編隊	合作簿記	合作簿記	書表實習	農事常識	合作概論	
三點至三點五十分		戰時智識講話	壯訓	防空常識	家畜防疫	義教	
四點廿分至五點廿分	整理內務	軍訓					
五點廿分至五點卅分		降旗					
六點至六點二十分		晚餐					
七點至八點		唱歌		民教		歌唱	
八點卅分		滅燈					

丁，測驗：五天學習後，學員等都覺時間過短，以十日之課程，五日完之，當然要加足速度，始能完成，末後一天晚間，舉行測驗，因程度不齊和時間促迫，只用口試方法評定成績。每一學員之成績，係合兩方面評定：一，口頭問答。二，根據五日來的筆記和實習表冊製作。考試結果，計列甲等者三四名，乙等者五六名，丙等者七〇名，丁等者一四名，茲將測驗各題誌後：

實驗區農村合作研究會測驗題

宣傳

一，加入合作社有那些利益？

二，你如何去徵求社員？

三，合作社有那幾種？

組織

一，合作社有那幾種職員？那種人才有被選舉資格？

二，社員爲什麼要認股？繳股的方法怎樣？

三，信用合作社的業務區域應如何決定？

社務處理

一，理事主席，司庫，會計，監事：各人做些甚麼事？

二，一個不熱心的社員怎樣處理？

三，合作社有那些社務？

業務經營

一，合作社應不應當興辦儲金？

二，怎樣防止合作社貸款不發生危險？

三，你當理事主席怎樣經營你的合作社？

理論

一，合作制度發源于何地何人？

二，合作社之意義爲何？

三，我國合作社是怎樣產生的？

戊，會後影響：此次舉辦合作研究會之目的，在灌輸合作常識及技能，造就低級幹部人材，受訓學員，對於合作事業，頗爲興奮，咸願肩負幹部責任，初部之工作預備已成，於是擬定總動員計劃大綱，大綱附后：

嘉陵江三峽鄉村建設實驗區推行農村合作事業總動員計劃大綱

甲，目標

一，最短期間捉成本區各鎮單位信用合作社組織

二，最短期間完成本區各合作社第一次生產貸款

乙，方法

一，本區全體義務學校教員在合作研究會受訓後担任指定各該區域內合作宣傳徵募社員及一切籌備工作

二，本區保甲人員在合作研究會受訓後協助各該保義務學校教員進行工作

三，各合作社籌備就緒後即填具請求成立書表交聯保辦公處轉呈區署請求派員指導

四，本區各聯保辦公處應負責督捉進行並將該聯保所屬各保合作社請求成立書表彙呈區署請求派員指導

五，區署接到各社請求成立書表復編定次序按期舉行創立會並派員指導

六，本區各社奉到核准登記令文後即函請農本局派員辦理貸款手續

丙，工作區域分配

一，本區合作指導員担任北碚黃桷二鎮指導工作

二，本區所派合作助理員担任澄江二岩文星三鎮指導工作

三，本區義務校教員每人就所任學區 担任一保至三保 之宣傳及籌備工作

丁，進行步驟

一，二月廿三日至廿八日爲宣傳週全體總動員作宣傳及徵募社員工作

二，三月一日至三月廿一日爲進行組織時間每週組織一社

三，各聯保助理接到各保合作社請求成立書表後應即呈報區署不得擱置延誤農時（此項工作限於三月廿一日以前辦理完畢）

四，本區各合作社組織務須於四月十五日以前呈報完竣

五，六月份以前將本區各單位合作社第一次生產貸款完畢

三峽實驗區義務教師參加總動員工作分配表

姓名	年齡	性別	分配區域鎮別保數	姓名	年齡	性別	分配區域鎮別保數	備考
佘俊賢	二三	男	北碚 11 14	顧士咸	三〇	男	黃桷 11 12	
王淮恩	二一	男	12 13	劉學濂	三〇	男	15 16 17	
張　思	四六	男	15	曾國光	二三	男	文星 5 6 7	
洪君輔	二六	男	19	劉敏樹	二六	男	9 10	
寶道一	二四	男	20 21	姚鳴鶴	一六	男	15 16 17	
曾良能	二二	男	16 17	劉之明	二三	男	18 19	
陳　樸	一九	男	22	劉鑒光	三五	男	澄江 19 20	
陳大仁	二三	男	9 10 18	王仲倫	一九	男	6 7	
鄧彥學	二二	男	27 26	揚輔勳	二〇	男	9 10	
鄧紹安	二五	男	23 24 25	何堯階	三六	男	13	
楊奇勳	二三	男	31 32	馮　超	四六	男	14 15	
馬淑芳	二二	女	29 33	錢光武	二〇	男	16 17	
周鶴田	二四	男	黃桷 18 19	馮壽康	五七	男	8 11 12	
周緝熙	三八	男	7 8	陳致中	二三	男	二岩 3 4	
余文華	二三	男	13 14	陳履詳	二三	男		

四，組社登記

本省合作社登記，係依照四川省合作社登記程序辦理，須經合委會核定方照施行。嗣因本省轄員廣闊，交通不便，辦理登記殊嫌滯緩，實不足以應戰時之需要，且當時正植春耕，社員大都需要生產資金，誠恐有誤農時，故於三月十五日奉令遵照實業部頒行登記須知之規定，由本署直接辦理，以期迅捷，計實呈成立登記表章，由合委會核准登記者十四社，由本署直接登記者四十九社，茲將已登記各社列表於後：

社名	鎮別	保別	社員	社股	已繳股金	理事	監事	登記日期年月日	登記證號數
水嵐埡信社	北碚	七	三〇	三一	三七・〇〇	熊吉安 劉仲蒿 張少臣	江懷清 艾少卿 艾少云	27 2 5	1
大灣信社	同	八	一六	一七	二八・〇〇	馮徽中 吳春輝 官九如	江海濤 劉銀山 李金山	27 2 9	2
新廟信社	同	九	二五	二五	二六・〇〇	袁懸鑫 王槐辛 吳少卿	張炳山 炳紹清 趙銀洲	27 2 5	3
芭蕉灣信社	同	一一	五〇	八五	一三一・〇〇	張佐卿 張公樸 張元林	張治安 張紹宣 張渙周	27 2 5	4
白蝦井信社	同	一二	三七	三七	四八・〇〇	蔣榮森 蔣子榮 李晏楷	歐竹生 蔣序成 蔣萬才	27 2 5	5
二台溝信社	同	一四	五七	五七	六三・〇〇	張質彬 張三合 陳沛霖	張海官 張運伯 張興安	27 2 8	6
龍腹山信社	同	一六 一七	一六	一六	二五・〇〇	張四維 張德輝 張文明	張龍泉 萬紹安 吳其昌	27 2 7	7
高石坎信社	同	二一	一九	一九	一三・〇〇	熊止於 李存繁 周合順	朋伯林 楊成武 李定輝	27 2 8	8
雨台山信社	同	二三	二六	二六	二六・〇〇	袁正和 楊徽修 在瑞生	馮海全 劉宗益 牟恆章	27 2 7	9
明家場信社	同	二八	五〇	五〇	二五・五〇	明海清 艾如磁 陳雲章	張樹雲 陳紹全 劉一光	27 2 6	10
團田信社	同	三〇	一九	一九	一二・五〇	王榮華 王紹棠 羅官齋	羅遜九 萬紹成 龍世成	27 3 11	11
新石坑信社	同	一九	三六	三六	二六・〇〇	馮時齋 唐楨祿 李樹章	劉澤海 黃炳成 鄧春廷	27 3 11	12
麻柳灣信社	文星	六	六六	六六	三六・〇〇	馮沛然 劉永游 馮桂臣	萬宅均 龔雲安 吳漢臣	27 3 11	13
金銀崗信社	北碚	三三 六	一七	二九	二五・[illegible]〇	周嘉陵 周屏藩 李興發	朗元臣 譚榮森 羅樹清	27 3 11	14

寶龍寺信社	文星	一七	二七	二七	一三·五〇	馮明光 祝鱗書 蕭雲欽	馮尊三 祝以立 吳平之	27 4 7	15
新舖子信社	黃桷	一四	二四	二七	一三·五〇	王從雲 熊全生 王炳文	熊致謙 汪生林 周子良	27 4 8	16
石龍寺信社	同	一一	四二	四二	二一·〇〇	吳海濤 賴士咸 羅吉臣	張文俊 張文學 吳月樵	27 4 8	17
小灘溪信社	二岩	四	二一	二一	一〇·五〇	張莉成 張合安 周金山	張樹三 張復三 王銀宗	27 4 6	18
西山坪信社	同	六	三三	三三	三三·〇〇	鄧文俊 張甫成 許玉山	翁進忠 唐純武 譚渙澄	27 4 13	19
樓房崗信社	北碚	二三	二六	二六	二〇·〇〇	馮北海 劉治明 鄺紹安	曾榮森 姚治清 劉炳榮	27 4 8	20
黑石坪信社	同	二四	二二	二二	一四·五〇	劉樹林 劉炳森 何銀清	陳海平 姚治清 劉光明	27 4 8	21
天神廟信社	黃桷	一三	二六	二六	二一·〇〇	王翰園 羅緒北 李雲根	李紹虞 明瑞禎 李宗白	27 4 8	22
鮮家灣信社	同	八	一二	二五	一二·五〇	張靜軒 江施陶 李永淑	曹忠剛 李永錫 劉春發	27 4 8	23
東陽鎮信社	同	七	二五	二五	一五·〇〇	周緝熙 李席珍 向錫昌	周煥章 明合周 隆厚生	27 4 13	24
天台寺信社	文星	九	二四	二四	一五·〇〇	蕭相成 鄧步恆 鄧顯安	鄧銀洲 萬銀軒 張燕臣	27 4 13	25
石龍橋信社	北碚	二六	二〇	二〇	一三·〇〇	官紹柏 張作良 官鑑生	張克明 張壽柏 曾源浦	27 4 8	26
龍崗信社	北碚	一八	二六	二八	二六·五〇	左燧生 楊宇暉 王炳章	徐德軒 李川之 賓少安	27 4 8	27
雷家院信社	同	一三	二〇	二〇	二七·五〇	蔣曾勳 蔣傳章 張順發	雷森林 蔣希武 蔣炳暄	27 4 8	28
龍鳳山信社	同	一〇	二二	二二	一一·五〇	劉懷修 嵐廣國 黃玉林	徐成章 吳銀成 吳方義	27 4 16	29
李家坪信社	黃桷	九	二六	二三	一四·〇〇	鄧洪銓 劉兆乾 李良山	劉冲合 胡紹周 馮海源	27 4 8	30
天生橋信社	北碚	二〇	二三	二三	三六·〇〇	袁紹安 吳子剛 劉子恩	黃紹柏 周炳榮 蕭和廷	27 4 8	31
灰壩信社	二岩	三	三五	三五	一九·五〇	周硯農 周霽臣 周炳常	劉合全 蕭萬興 劉樹榮	27 4 8	32
[illegible]家碥信社	黃桷	一二	三四	三四	二〇·〇〇	艾濟清 蕭榮五 龍鶴城	邵合成 劉華舟 李紹軒	27 4 19	33
三官廟信社	二岩	五	一六	一六	八·〇〇	劉興之 劉本然 劉炳臣	艾幽清 楊茂才 雷友臣	27 4 19	34
白[illegible]寺信社	北碚	二五	一九	一九	九·五〇	況錫田 馮匯泉 官鑑發	王炳榮 蔡銀生 何源吉	27 4 8	35
大嵐埡信社	同	三二	二五	二七	三二·〇〇	何子[illegible] 葉澤三 吳壽[illegible]	周炳清 熊西谷 葉樹林	27 4 8	36
[illegible]子灣信社	澄江	二〇	二六	三二	五八·〇〇	林元亭 董南山 董伯榮	于西江 劉炳全 蕭萍氏	27 4 21	37
大石壩信社	同	一九	二三	二三	二一·〇〇	謝榮安 劉肇光 賴祥昌	彭開高 [illegible]國鈞 劉樹青	27 4 21	38
金佛寺信社	北碚	一五	二五	二七	二六·〇〇	楊必祿 陳吉軒 金海山	[illegible]松林 陳德泉 張樹泉	27 5 11	39
鄭家灣信社	文星	一六	一七	一七	八·五〇	鄭銀成 鄭漢清 鄭紹清	鄭萬榮 鄭開榮 鄭顯清	27 5 13	40

41	五井堰信社	同	一三	二三	二三	二五·五〇	劉竹君 楊海雲 蔣玉臣 費典臣 劉柏村 蔣隆太	27	5	20
42	大田坎信社	同	八	二〇	二〇	一四·〇〇	劉銀成 鄒和平 劉伸煊 王良成 鄧東山 鄭心清	27	3	25
43	天星橋信社	同	四	二〇	二〇	一八·〇〇	萬雲程 萬應霖 萬炳然 王述安 萬明成 萬紹猷	27	5	25
44	三官殿信社	同	一〇	二五	二五	一五·五〇	程國清 吳炳清 倪遐齡 張瑞卿 倪李一 龍炳臣	27	5	26
45	石廟信社	澄江	一四	一九	一九	一五·五〇	向炳榮 甘乘奎 趙清泉 鄭茂卿 劉述文 彭海洲	27	5	30
46	留家山信社	文星	一二	三二	三二	一九·〇〇	龔光明 龔裕三 胡方國 胡方泰 龔裕清 龔興壽	27	6	9
47	河西洞信社	同	一四	二四	二四	二五·〇〇	劉一盛 劉方全 馮成洲 張紹涌 李合林 李永壽	27	6	9
48	土地埡信社	同	一五	二八	二八	二三·〇〇	劉長春 鄭金安 劉安明 李少成 鄭帶田 鄭臣洲	27	6	9
49	沙鍋信社	同	一七	一九	一九	九·五〇	鄧[illegible]清 劉德全 熊秀廷 林全發 劉子森 劉一成	27	5	7
50	後峯岩信社	同	一八	二〇	二〇	一三·〇〇	李海潭 王炳成 潘合興 李紹泉 王成章 劉金山	27	6	9
51	張家坡信社	澄江	一一	二七	二七	一八·五〇	王炳光 吳吉周 王旋全 王紹卿 王述成 官學良	27	6	9
52	青槓廟信社	同	一〇	二五	二五	二三·五〇	蔡墉安 曾錫林 黎瀚 劉棣成 蔡仲成 黎成章	27	6	6
53	大黃溝信社	同	一五	三三	三三	三四·五〇	黃彬 黃輝吉 黃國武 胡仲康 黃餘清 黃金發	27	6	13
54	蔡家溝信社	同	一三	一六	一六	一九·五〇	黃維之 江仲淹 何堯階 黃炳光 張榮森 張文才	27	6	13
55	石盤信社	同	九	二六	二六	二六·五〇	王光武 甘錫安 林燮嶠 甘潤成 劉錫三 艾榮發	27	6	13
56	熊家灣信社	同	五	二一	二一	三九·〇〇	梁純武 陳鼎榮 陳國藩 郭錫海 陳德之 甘自祥	27	6	20
57	鳳凰灣信社	文星	三	二二	二二	一四·五〇	劉運祥 余孝貴 劉育生 李明軒 李洪成 胡長發	27	7	4
58	山王廟信社	同	一三	二五	二五	一五·五〇	劉海泉 潘襄合 劉海良 劉紹林 廖海廷 張樹官	27	7	4
59	板橋信社	同	五	二〇	二〇	一三·〇〇	黃海倫 黃從龍 劉維則 劉宅云 王易倫 劉一讓	27	7	4
60	佛耳岩信社	黃桷	一六	一五	一五	二一·五〇	廖應成 袁樹榮 廖承恩 張宗槐 廖燮之 廖玉廷	27	7	4
61	斑竹園信社	同	一七	二二	二二	一五·〇〇	江益成 廖財源 廖長青 蔣樹榮 廖澤祥 袁樹成	27	7	4
62	竹林灣信社	澄江	一七	二六	二六	一七·五〇	王汝霖 袁海林 錢光武 錢雲凱 王九林 王庶虞	27	7	7
63	三花石信社	同	七	三〇						

本區合作社，計核准登記者六十三社，社員一六六七人，社股一·七二四股，股金三，四四八元，已繳金額一，四四〇元。

各合作社之組織，係按保別單位成立，除有四社情形特殊外，均悉以每百家成立一社，社員最多者達六六人，最少一六人，平均每社有社員二六·四人，換言之，每一百戶中有二六·四戶參加，最近本區日漸繁榮，人口不斷增加，據五月份全區戶口調查，為一二，三四七家，合作社社員與全區戶口比例為為百分之一三·四。

五，貸款情形

本區合作組織之初步工作本年六月已告完成，在每社組織完善之後，即指導辦理貸款手續，進行監放貸款共五一社，計貸出洋二一，二七七元，平均每社貸款四一七·三〇元，社員平均每人貸洋一八·八三元，茲將各社貸款情形列後：

區合作社社員貸款用途統計表

社名	買猪		作押佃		買肥料		買種		買牛		買糧食		買農具		修房築堰		買羊馬		其他		合計	
	金額	人數	金額	人數	金額	人數	金額	人數	金額	人數	金額	人數	金額	人數	金額	人數	金額	人數	金額	人數	金額	人數
留家院	310	16			70	3															380	19
高石坎	250	11			120	5			80	3											450	19
白蝦非	670	37	160	7	150	7													20	1	1000	52
明家灣	215	20			30	3	45	4	15	2							35	6			340	35
芭蕉灣	645	32	65	3	220	8															980	43
龍腹山	484	22	116	6					90	4	50	2									740	34
大灣			290	4							50	1							25	2	365	6
石龍橋	80	7	60	3							110	9									250	19
白雲寺	185	11	90	6					20	1									35	2	330	20
佛台山	80	7			45	4			30	1	135	9	30	1							320	22
黑石坪	61	7	40	2					112	7	7	1					20	1			240	18
園田	186	8					30	1	120	4							44	2			380	15
龍崗	260	18			60	4															320	22
天生橋	356	17			58	2			28	1			28	1							470	21
二台溝	430	27	230	11	170	13			100	5											930	56
梯房崗	110	5	30	1					30	1	60	3									230	10
金銀崗	185	11			40	3					10	1									235	15
新廟	278	16	52	2					50	2											380	20
大嵐埡	310	21	90	4																	400	25
李家坪	70	4			5	1					65	6									140	11
二陽鎮	280	18			60	4	60	2													400	24
鮮家灣	170	8	30	1	40	2			50	3									10	1	300	15
楊柳灣	270	16	20	1			300	20							20	1					610	38
雲龍寺	146	14	174	7	80	6															400	27
天台寺	310	23							40	1											350	24
蔡鋪子	230	10	90	3	10	1			90	3											420	17
譚家碳	335	21	5	1					130	6											470	28
石龍寺	283	22	110	5	20	1	77	5	220	8											710	41
天神廟	510	26	60	2					60	2											630	30
石井壩	150	7	60	2	20	2															230	11
鄭家灣	220	10			40	4															260	14
大田坎	135	9	155	7																	290	16
三官殿	287	19			83	5															370	24
大學橋	130	11					130	9													260	20
紗壩	110	5					60	4													170	9
張家坡	165	10					17	3											118	7	300	20
西山坪	115	8	10	1					14	1	28	1							600	1	767	12
石廟	190	7							30	1	210	9									430	17
大石壩	290	11							90	3			60	3							440	17
柴子溝	230	10	80	4					120	5			30	1							460	20
灰壩	50	3			57	41													63	6	170	13
三官廟	150	12							170	7											320	19
小湖溪	280	15			10	1	60	2	20	1											370	19
土地埡	100	6			120	6	90	5													310	17
河壩洞	190	13					110	6	20	1											320	20
水嵐埡	390	17	95	4	65	3			90	3					20	1					660	28
賀家山	150	11			110	9	200	12													460	32
核桃岩	220	13			100	7															320	20
金佛寺	160	8	30	2					80	3											270	13
石盤	250	12	50	3	10	1	150	6	30	1											490	23
青雲廟	340	14			30	1	110	4	10	1											490	20
總計	13001	686	2192	92	1823	110	1439	83	1939	81	725	42	148	6	40	2	99	9	871	19	21277	1130

根據上列用途統計表數字，第一次貸款最多投於買猪之用，而直接充作農作物生產者不及百分之三〇，由是可見此番貸款成效，只做到增加副產收入，但鄉村副業，其對作物生產潛伏着很大的力量，蓋農民養猪即變象的購買肥料也。

貸款金額人數比較表

用途	金額	人數
買猪	56·4%	60·2%
作押佃	10·3%	8·2%
買肥料	8·57%	9·7%
買種	6·76%	7·3%
買牛	9·11%	7·2%
買糧食	3·41%	3·7%
買農具	0·7%	0·5%
修房築堰	0·19%	0·2%
買羊馬	0·47%	0·8%
其他	4·09%	1·7 %

此次因省金庫與農本局投資問題久未解决，致貸款稍失時效，從五月份起始辦手貸款，故貸款資金之用途，直接用在作物生產者較少，玆將各月份貸款金額列表於後：

年度月份	貸款社數	金額	備考
廿六年十一月	五	二〇六二·〇〇	內有三社係貸第二次
廿七年三月	一	七四〇·〇〇	
四月	二	一一八〇·〇〇	
五月	三一	一二四一五·〇〇	
六月	一五	四八八五·〇〇	
合計	五四	二一二七七·〇〇	

六，全區單位社之完成

本區合作事業，自二十六年十二月起始，由四川省農村合作委員會正式調派指導員一人來區工作，於一月份方開始積極推動，本區農村狀況，根據調查結果，金融方面非常枯竭，農產不足自給，山地特多，可耕面積極少，總計耕地面積約六八九二〇畝，佔全面積三分之一，而稻田僅佔耕地四分之一，約一七二六〇畝，旱地佔四分之三，約五一七八〇畝。

在每戶平均一畝稻田，三畝山地的農村，加上捐稅，天災，匪患，及土劣之高利貸等等剝削，農民已奄奄待斃，根據調查事實之提示，應首先組織信用合作社，給農民低利貸資金，以增強農民生產力量，是爲當務之急，不可稍忽也，自一月份開始組織，工作頗稱順利，每月組社之多寡不一，總以當時情勢，就各鎮的可能性，分別推進，如發生困難時，則組社之數少，工作順利時則組成之社多，因之各月組成社數之多少不一，玆將進度比較圖列次：

（附進度比較圖）

合作社組織進度比較圖：

（每格一社）

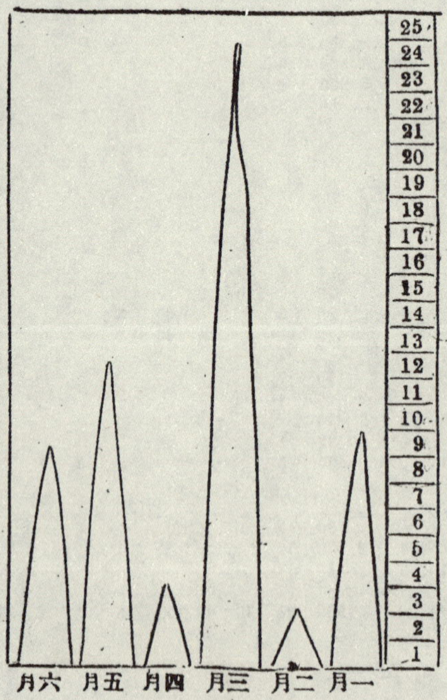

上示圖式，二月份和四月份組織進度滯緩，其原因係二月份開辦講習會、前後籌備整理，費時不資，四月份因合作社不能行使放款業務；在農民需款孔急，合作社不能執行信用貸款，乃呈極度低落現象，造成的原因，係金庫與農本局對合作社投資問題未予解决，嗣經成立北碚區合作金庫，於是組織工作始形活躍。

五月六月份一面貸款，一面組社，在預定六月份完成之計劃，竟已達到

嘉陵江三峡乡村建设实验区合作社分布图

二十七年六月份合作指导室制

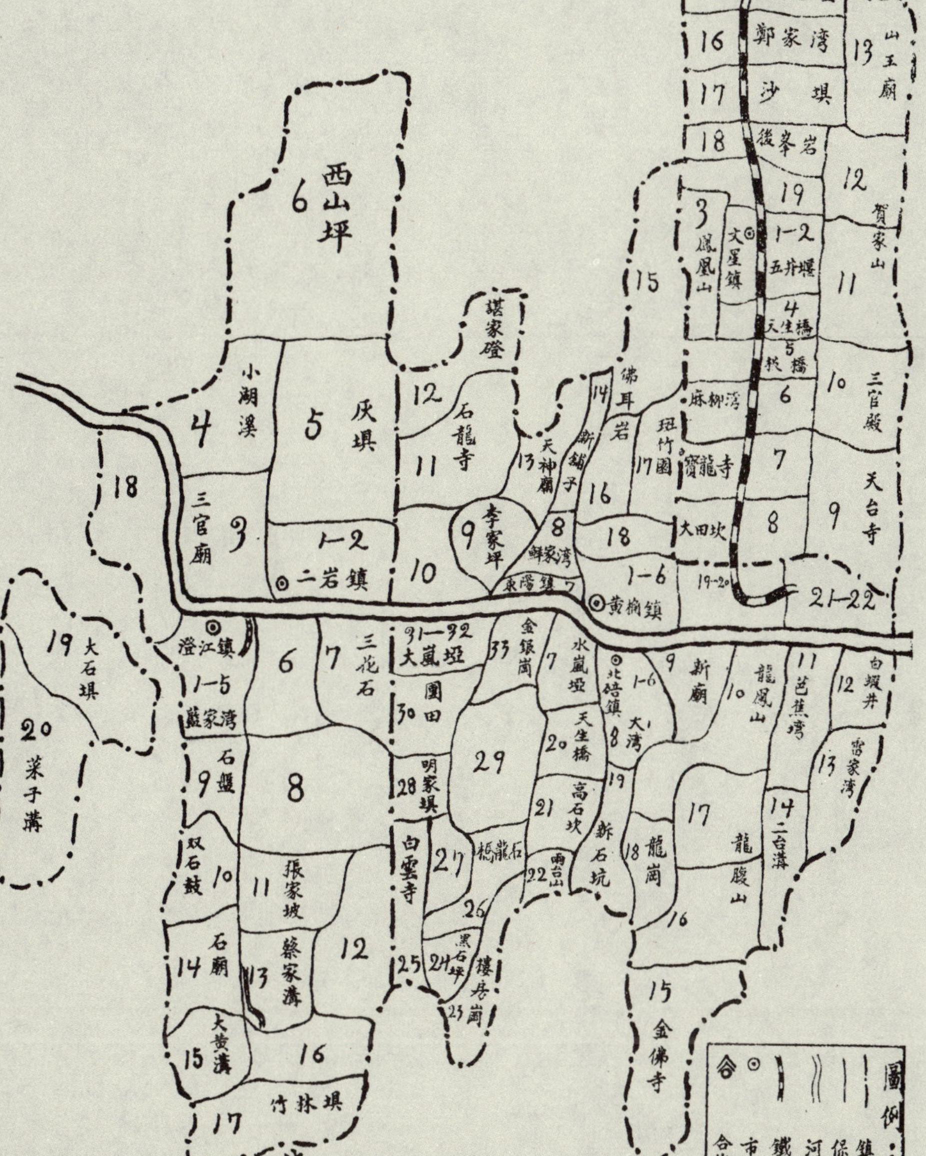

，如果四月份不因金庫貸款問題拖延，全部組織，決能在預定期前完成，茲將全區合作社分佈情形列後：

全區信用合作社，共計組織六三所，每社依保甲之劃分，作為業務區域，每保均有一合作社，然有個社因人力與地域關係，由兩保共組一社，計全區共一百保，除二十五個街保不予組織外；有十二保因士劣從中破壞，或農民智識過低，現暫無法組成，然要亦不過時間問題耳，茲將全區各鎮合作社組織比較列後：

全區合作社組織比較圖

說明：已成 ▮ 未成 ▯ 每格一社

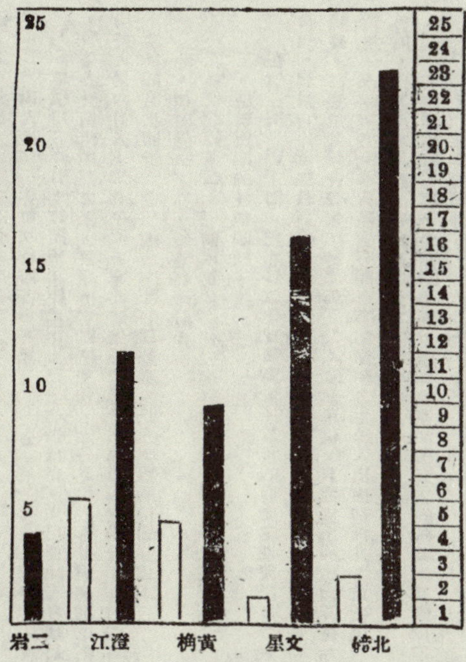

七，業務經營

合作社在初設的時期，雖經指導者訓練，然要求無和農民對合作發生深厚的信仰，確為不易，尤其是興辦不久之本區合作社，在業務經營上，實有不少困難，其惟一可憑者，則在農民獲得實惠為先決條件，以簡而易舉為原則，故每一個合作社，自創始之後，業務部份貫徹始終，茲將業務情形分述於後：

社員儲蓄：為奠定各合作社經濟基礎，養成社員節儉之風；培植其儲蓄習慣，乃首定此項業務，凡社員有零星資金，得隨時存放入社，但每月每社員規定儲金一角，不在此例，此項規定儲金，俟若較多時，得採用接會方式以擲骰決定接會先後，而接會者，必須以此資金全部充作儲蓄，不能認意取用。

信用放款：合作社社員如感生產資金不敷，（由二社員之保證）得向合作社申請借款，（月利一分二厘）但第一年度貸款時間不得超過一年。

小額放款：社員除舉借定期信用放款外；每因臨時事故，告貸無門者，特舉辦小額短期貸放，以濟急需，但此項貸款時間，不得超過三月，所借金額，至多不能超過五元。

八，訓練工作

本區信用合作社，最近半年中，雖指導人員在工作時間不敷分配狀況之下，仍不忘訓練，因此有訓練工作之確定，訓練方面，約分三點。

一，職員訓練——要有好的合作社，就要有好的職員，因此對於職員任用之條件，頗為嚴格，而施予他們的指導功夫亦特多。

職員訓練分兩方着手，第一採集體的，如本區第一屆合作研究會之召開，首在切重職員之技術訓練，其次為北碚合作事業工作之討論，此純係過去工作之檢討，包括合作社業務實施中之一切，但仍多技術問題之討論，第二則為個別訓練。還個訓練，可以隨時隨地舉行，比如視察該社時之就地指導，每逢場期則於茶館內的個別談話。或解決特殊之社務等等，要皆以增進其對合作業務處理之能力，培養其有公正的態度，熱忱的情感，絕不因人廢事，則合作事業之基礎方無慮也。

二，社員訓練——如欲合作社整個組織之健全，則社員為一社的細胞，不習團體行動，組織散漫，對社務即多障礙，是以社員首在使其有若開會的習慣，次在其進而有勝任職員之力量。

三，一般訓練——訓練的對象，除對社內社職員外；於區中整個人士，亦得注意，方得造起合作運動濃厚的空氣，因此對一般宣傳亦須努力，故就區署各項集會，提出有關合作問題之事項，以供討論，其他則如嘉陵江日報對合作消息之披露，參加小學教師月會，國立四川中學師範部之合作課程，各鎮保甲會議中之合作宣傳等等，可謂時刻不忘，而對其他人士合作智識之灌輸，遇有機會，亦儘量解說，使其認識漸漸深刻，則今後進一步的工作計劃，方可無慮，而本區合作事業基礎乃可望奠定也。

、附北碚鎮合作社工作討論會經過

本區信用合作社，在緊張工作之下，已告普遍成立，並已開始業務進行，乘着各社情緒熱烈之際，展開預定訓練工作，除各單位合作社有個別的討論外，於六月二十二日午前，在北碚兼善大禮堂召開第一度聯合工作討論會，參加的有北碚鎮二十三個合作社的理監事，此次會議的目的即爲：

一、檢討過去工作，策進將來計劃。

二、使北碚鎮二十三個單位合作社發生聯繫，樹立聯合社之基礎。

三、施以短期的技術訓練。

在這三個目標下面，把北碚當作實驗區域，故意的在會議期前二日才發通知，測驗合作社職員對合作事業的信認，觀其聚集是否敏捷，及能否按時開會，并養成其開會習慣，結果到了二十二個單位，只龍鳳山一社因未開始業務，未能列席，本會除請有關各事業團體之主幹人出席演講外；並依預定目的，作精密地檢討，在討論中最可注意者可分三部：

一、怎樣作理監事？希望理事視社務如家事，有公正的行爲，眞摯的態度，能幹的精神。

二、怎樣處理社務？訓練職員知道合作社是個團體機構，自已佈置社址處理社員所提出的問題、並養成開會的一切習慣。

三、怎樣經營業務？訓練職員怎樣辦理申請貸款手續？如何經營儲金和存款？怎樣記帳和編造月報？

在整個討論中，大家發生共有的反應，希望——有一個組織健全的機構，於是在臨時動議中提出了三個議決案：

一、以地域形勢分組，各單位社應互取聯絡，策進社務。

二設立通信隊。

三、定期舉行第二次聯席會議。

九，結語

七七事變已屆週年，長期抗戰陣容展開，很多在大都市的事業，被敵人破壞，農產地面亦失去收獲，現在惟一的期望，是我們後方的加强生產，以應抗戰期中之急需！

目前堪積極注意者，在如何能維持和發展工農業之生產，沿海大埠之工業既摧，則扶植內地之手工業，和加强農業生產，實爲當務之急，故合作事業之調劑農村，其所抱宗旨，即在設法解除不合法之剝削，保障農人生活，加緊生產，使人盡其力，地盡其利，使農村合作加速完成，方於長期抗戰勝利有所保證也，然更不可忽視者，實有使合作組織傾於政治之認識，期社員之民族意識加濃，一掃昔日對國家之淡漠觀念。築成一個有力恢復民族獨立的壁壘。

本區農民在六個月中，已有二千多戶參加合作組織，但還有多數同胞受着奸商之物價壟斷，借抗戰之機，作居奇剝削之行，本區爲免除此種病象，乃開始組織消費合作社，今後得視本區之需要，得斟酌設辦各種對公衆有利之合作社，雖不能改造現社會不良之整個病象，然亦足以救濟於萬一也。

三峽實驗區之鹽水選稻種運動

建設股

鹽水選種之意義

甚麼是鹽水選種；把鹽水溶化在水裏面，再把種子放在鹽水裏面，使需要的種子沉底，不需要的種子浮在水裏，去了浮的，留下沉的來做種子之用，這叫做鹽水選種。

不論要多少水和多少鹽才合式。這是作鹽水選種的時候要先弄清楚的。從我們的經驗，知道用四斤清水一斤鹽的比例溶化起來，可以使新鮮的雜種浮在水裏面，比重計可到（一比五）或（一比六）即能使一般農民用的稻種浮起十分之三四，甚者到十分之五，但依一般農學專家之意見，鹽分頗多，比重計到二比二乃爲最適合的鹽水濃度。

鹽水選種的好處，據學術的研究與經驗的告訴，凡經過鹽水選種的作物，因其子粒堅實，生長發芽力均較優，并且整齊一律，其收穫自然也就相當旺盛，所以就稻子來說，增加十分之一以上的產量，是不會成問題的，鹽水有消毒的功用，種子經鹽水洗滌，自身如果附有病菌等物，也就被撲滅，不會爲害種子了，至於就實驗區去年的耕種情形看來，經過鹽水選種的稻子，不但收穫有增，而於抗旱能力也比較大，這些都是施了鹽水選種的好處。

實驗區之鹽水選種運動

三峽實驗區提倡鹽水選種，在數年前峽防局時代，卽早已舉辦過，當時係屬試驗性質，祇有勸導人民自行施行，雖連年有倡導，而實行者實屬甚少，去年二岩西山坪科學院農場，經鹽水選種之稻，收穫遠過於同樣之農田，（農場收十二石比之接近的農家以一樣的面積，而僅收四石，相差三倍，自然除鹽水選種外，尚有施肥等工作，也有關係），同時北碚十七保劉子才用鹽水選種，收穫達於九挑，其他農家同樣情形。僅收三四挑，兩者均在旱年，收穫數量相離如此，若在常年其成績必更有可觀，實驗區乃依據科學原理，參考農學專家之意見，始有本期大規模之鹽水選稻種之施行，因宣傳普遍之故，中有不少農民，會自動如法辦理，這才是我們所預料不到的，至於施行統制用鹽水選種的初步工作，是調查谷種數量，需用多少鹽斤，農戶如何担負鹽的費用，須派指導員若干人下鄉調查，凡此種種，均經精密研究之後，乃逐步完成此項鹽水選種運動，玆特將經過情形分報如次：

一，調查稻種

二月十六日在區署辦公廳集中了十六位青年辦員開一次籌備會議過後，他們每人預備了簡單行裝，第二天便開始分赴各鎮鄉下作全區農民稻種的調查，一共工作了十日，先先後後繳回報告，經統計之後，得了兩種調查表的數字如下：

（一）全區各鎮農家稻種調查表

鎮別	保別	留種農家	留種數量	總田谷石	備考
北碚	七	二四戶	四·八七石	四二四·〇〇石	
	八	一六戶	五·五九石	五四四·五〇	
	九	二四戶	四·六石	三三八·〇〇	
	一〇	三四戶	四·一七石	三九八·〇〇	
	一一	八戶	〇·七九石	三七·三〇	
	一二	四戶	〇·三[illegible]石	一一·五〇	
	一三	二二戶	一·一〇石	七四·〇〇	
	一四	二一戶	二·三二石	九七·八〇	
	一五	四四戶	三·九九石	二九八·二〇	
	一六	五三戶	五·四三石	四五一·五〇	
	一七	三五戶	三·〇五石	三二七·〇〇	
	一八	二一戶	四·七〇石	四五六·〇〇	
	一九	二八戶	三·四一石	二二七·二〇	
	二〇	二一戶	五·六一石	五〇九·〇〇	
	二一	二一戶	五·五八石	六〇五·〇〇	
	二二	一一戶	五·三九石	五〇六·〇〇	
	二三	四四戶	四·六九石	四六九·〇〇	
	二四	三九戶	一·七六石	二四二·四〇	
	二五				無田
	二六	三六戶	四·六二石	一七八·八五	
	二七	二九戶	二·三六石	二四一·〇〇	
	二八	二一戶	一·三三石	一六九·〇〇	
	二九	三〇戶	三·八一石	四五九·〇〇	
	三〇	二五戶	二·八三石	二七八·〇〇	
	三一				市街無田
	三二	九戶	一·一二石	九六·〇〇	
	三三	二四戶	四·七四石	四一〇·〇〇	
二岩	三	一〇戶	二·一九石	一二四·〇〇	
	四	三九戶	九·〇〇石	五一四·〇〇	
	五	五五戶	一一·四四石	七三二·〇〇	
	六	八〇戶	一五·六九石	八六六·五〇	
黃桷	七	三戶	〇·五四石	一〇〇·〇〇	

	八	四九戶	六・〇四石	五一六・三〇	
	九	四二戶	五・五七石	六二四・二〇	
	一〇	一六戶	二・一三石	一三五・〇〇	
	一一	五六戶	五・九一石	六六八・九〇	
	一二	五二戶	三・四九石	三〇二・六〇	
	一三	四七戶	四・六一五石	二九九・五〇	
	一四	四七戶	三・一三〇石	三〇一・〇〇	
	一五	二四戶	一・八六〇石	一六七・五〇	
	一六	五一戶	四・一二石	三六六・二〇	
	一七	一九戶	一・二九石	一〇七・二〇	
	一八	一三戶	一・九六石	一七五・〇〇	
	一九	七戶	〇・七二石	七一・〇〇	
	二〇				市街
	二一				市街
	二二				市街
文星	二	一〇戶	二・〇五石	二五七・〇〇	
	三	八戶	〇・九六石	七八・五〇	
	四	四戶	〇・一六石	一一・〇五	
	五	九戶	一・二二石	一〇・〇〇	
	六	一五戶	一・三二石	八九・六〇	
	七	八戶	一・六四石	一三一・〇〇	
	八	一二戶	〇・六三石	五二・〇〇	
	九	三五戶	四・一五石	一五一・二〇	
	一〇	二八戶	一・九七石	一七六・一〇	
	一一	二八戶	〇・三五石	四・八〇	
	一二	二三戶	一・六四石	一四八・一〇	
	一三	二三戶	一・六四石	一四八・一〇	
	一四	一三戶	一・二四石	六九・〇〇	
	一五	九戶	〇・三七石	三八・〇〇	
	一六	三二戶	八・三五石	一三四・八〇	
	一七	六戶	〇・五五石	三八・〇〇	
	一八	五戶	〇・三一石	一七〇・〇〇	
	一九	七戶	二・二〇石	二〇四・〇〇	
澄江	五	二一戶	〇・八四石	一六一・〇〇	
	六	一二戶	二・〇〇石	一五五・〇〇	
	七	五一戶	二・七一石	四四四・五〇	
	八	一四戶	一・三二石	一一九・五〇	
	九	四六戶	三・〇五石	四〇八・〇〇	
	一〇	三四戶	六九・一五石	七五五・二〇	
	一一	三三戶	五・八八石	四四六・〇〇	
	一二	一二戶	二・五二石	一二二・〇〇	
	一三	一三戶	一・二八石	九〇・八〇	
	一四	二四戶	五・七六石	五一〇・〇〇	
	一五	四〇戶	七・九一石	六一二・〇〇	
	一六	一二戶	一・九七石	一七九・〇〇	
	一七	二一戶	二・〇八石	七〇七・六〇	
	一八	三八戶	三・〇七石	一〇四・〇〇	
	一九	四八戶	七・一八石	六九八・〇〇	
	二〇	三五戶	三・五七石	一四三・三〇	

（三）全區農家稻種調查各組工作統計表

調查員姓名	組別	保別	留種戶數（戶）	留種數量（石）	種田若干（石）	備考
關鑒章	1	七，八，九，一〇，二三	一一二戶	二三・七五石	二一一四・五〇石	
劉子良	2	一一，一二，一三，一四，一五	九九戶	八・四一石	九一六・八〇石	
曾慕琴	3	一六，一七，一八，一九，二〇，二一	一六九戶	二七・七八石	二五七五・八〇石	

孫開清	4	二二，二三，二四，二五，二六	三〇戶	一六.四六石	一四九六.〇五石
尹維邦	5	二七，二八，二九，三〇，三一，三二	一一四戶	一一.五四	一二四三.〇〇
朱栢柯	6	四，五	一一戶	二.一九	一四四.〇〇
雞之慶	7	六，三	一三三戶	二七.一七	一五九九.五〇
楊席科	8	七，八，一九，二〇，二一，二二	六八戶	七.三〇	六八七.三〇
王　恕	9	九，一〇，一一，一二，一三	二一三戶	二一.七二	二〇三〇.二〇
鄧光顯	10	一四，一五，一六，一七，一八	一五四戶	一二.三六	一一〇六.九〇
唐必西	11	二，三，四，五，六，七，八	六六戶	七.九八	六一九.六五
陳琨健	12	九，一〇，一一，一二，一三	一四一戶	九.六四	五七八.六〇
傅心波	13	一四，一五，一六，一七，一八，一九	九七一戶	一三.二〇	六五二.八〇
卿之科	14	六，七，八，一一	一一〇戶	一〇.九三	一一六五.〇〇
王成學	15	五，九，一〇，一八，一九，二〇	二二二戶	二四.六二	二二六九.五〇
蔡仲發	16	一二，一三，一四，一五，一六，一七	一二二戶	二一.五二	二二二一.四〇
合計	16	八九保	一九三五戶	二五六.五六	二一，一四三.九〇

二，準備用鹽

幾年以來，對於鹽水選種，我們做了多次的試驗，用鹽水的數量很可以供選出稻種的數量是多少呢？大致一舊斗稻子用鹽二斤，水八斤，分幾次浸選，可以勉強敷用，所以我們這次調查全區所存留來做種的稻子，是二百九十六石五斗六升，所用之鹽，由區署農人各出一半，依照比例由區署統購一，三一五斤食鹽，其另一半鹽則由農民自行預備，為便供用，因了有五個鎮鄉，兩個鹽岸的關係，分別購買，（在澄江鎮是賣川北射洪的鹽，是鍋巴鹽，其餘北碚，黃桷，文星，二岩，四鎮是賣的川南自流井的鹽，是子鹽，我們便也派人赴各該鎮所需鹽的數量分別購備，購買鹽的錢，完全由區署担任，作為幫助農民的），鹽買到後，再有一個小的分配，便是依各個工作人員担負的地方之大小，而分稱為幾十斤或百數十斤為若干份，由工作者雇工或覓便人挑去。

三，進行工作

調查稻種的工作人是十六位，實行下鄉指導農民鹽水選種的指導員，也是十六位．位數相同，亦非完全都是同前的人，內中人員亦小有變更，指是因為他們的工作或中途有人生病的關係，致有調動，把種種事物預備齊全之後，一月十七日下午一同出發，恰逢天降大雨，綿延至一個星期之久，後來天氣放晴，用電話查詢各鎮鄉指導員的行蹤，均經趕着時機出發工作，不幾天他們都陸續有報告寄來，都很迅速的完成了他們相當的任務，他們都感覺這一次鹽水選種運動很有趣味，有的指導選了全數，有的僅選一大部份，有的農民自己都用鹽水選了，亦有少數地方發生些微困難，或農民起了懷疑，經多方開導仍然接受了，總而說來．大多數的農家對於實驗區派員的幫助，他們都表示了欣喜的態度，我們現在把這一次實行選種結果的統計表列在下面，便可知道究竟達到若何程度。

實驗區指導農民鹽水選種統計表

鎮別	保別	指導員姓名	已選谷種	計選戶數	津貼鹽巴	備考
北碚	七	龔肇[illegible]	二.八〇石	一七戶	二七.〇斤	
	八		二.九〇石	一五戶	三〇.〇斤	
	九		二.六〇石	一八戶	二五.〇斤	
	十		一.七〇石	一一戶	一三.〇斤	

各鎮自選谷種統計表

	三三		二·五〇〇石	一七戶	二六·〇斤
	一一	劉子良	〇·五三三石	一〇戶	四·〇斤
	一二		〇·二二二石	四戶	一·五斤
	一三		〇·六五八石	一六戶	六·〇斤
	一四		一·三五四石	二二戶	一二·〇斤
	一五		一·九三八石	四〇戶	二一·五斤
北碚	十六至廿一保	曾藻琴	二二·〇〇石、	一六二戶	八三·〇斤
	二二	孫開清	〇·七九石	一六戶	一〇·〇斤
	二三	孫開清	二·一九石	四七戶	二二·〇斤
	二四		一·九〇五石	二九戶	二〇·〇斤
	二六		二·二五石	三九戶	二三·〇斤
	二七	韋希吾	〇·三二石	四戶	一·五斤
	二八		〇·九〇石	一一戶	四·〇斤
	二九		一·六〇石	一五戶	八·〇斤
	三〇		〇·〇五石	一戶	〇·五斤
	三二		〇·七五石	五戶	四·〇斤
黃桷	九	王恕	一·四六五石	一三三戶	一四·五斤
	十		〇·九九〇石	一二戶	九·五斤
	一一		一·〇二〇石	一一戶	一〇·〇斤
	一二		一·五九石	三〇戶	一六·〇斤
	一三		〇·八一石	三一戶	八·〇斤
	一四	顧光熙	〇·八六石	二五戶	一〇·五斤
	一五		〇·二四石	一一戶	四·〇斤
	一六		〇·六三石	二三戶	八·五斤
	一七		〇·一七石	九戶	四·五斤
	一八		〇·〇九石	六戶	二·〇斤
	九保十九保至廿二保	楊席科	三·五〇石	六四戶	二七·〇斤
文星	二一	唐必直	〇·五三石	七戶	五·〇斤
	三		〇·二三石	三戶	二·〇斤
	四		〇·四〇石	二戶	四·〇斤
	五		〇·五四石	六戶	五·五斤
	六		〇·五一石	一三戶	五·〇斤
	七		〇·五三石	九戶	五·〇斤
	八		〇·四〇石	六戶	四·〇斤
	九	鄒世金	一·一〇石	一九戶	五·〇斤
	十		〇·八八石	一一戶	五·〇斤
	一一		〇·二二石	五戶	二·〇斤
	一二		〇·三九石	八戶	三·〇斤
	一三		〇·一五石	一四戶	二·〇斤
二岩	十四至十九保	黃源	五·七〇二石	八七戶	五三·〇斤
	三	朱樹柯	八·二四石	二三戶	四〇·〇斤
	四	鄒之慶	四·〇八石	三四戶	一五·〇斤
	五		一〇·〇七石	三一戶	四五·〇斤
	六	朱樹柯	一一·二〇石	三七戶	五〇·〇斤
澄江	五	王成學	〇·八三石	二四戶	四·二斤
	九		二·九九石	四六戶	一八·四斤
	一〇		六·八三石	四四戶	三八·二斤
	一二	蔣仲堯	二·一五石		一〇·二斤
	一三		一·二八石		六·六斤
	一四		五·七六石		二八·三斤
	一五		五·八八石		二九·四斤
	一六		一·九七石		九·三斤
	一七		二·〇八石		一〇四·斤
總計			二二六·二六七石	一一一九戶	八七四·一斤

北碚計選谷種三九·九六石，選種農戶五〇〇戶，津貼鹽巴三五二·〇斤

黃桷已選谷種一一·三六五石，津貼鹽巴二四·八斤

文星已選谷一一·四八二石，選種農家一九〇戶，津貼鹽巴一〇〇·五斤

二岩選谷種三三·六九石，選種農家一二四戶，津貼鹽巴一五〇斤

澄江已選谷種二九·七七石，津貼鹽巴一五六·八斤

鎮別	保別	指導員姓名	已選谷種
黃桷	九	王恕	四·一〇石
	一〇		一·一四石
	一一		四·八九石
	一二		一·九〇石
	一三		三·八〇石
	一四	顏光熙	四·二五石
	一五		〇·四〇石
	一六		〇·三〇石
北碚	二七	韋希吾	二·一七石
	二八		〇·七八石
	三〇		〇·三五石
合計			二四·〇八石

以上表看來，實驗區施行鹽水選種，經選的稻種僅佔調查稻種之總數二分之一強，用雖不足預定需要的數目，由準備調查到施行中間，不過經歷二十餘日，如以一石谷種顯一般栽插，收穫百石田谷，計全區實為收穫二萬五千餘石稻子，顯已選稻種增加十分之一產量計（除了非常災害）全區應增加一千石，以十二元一石稻子折價谷數有一萬二千元，對於整個全區農民，實在是一筆頗大的收入啊！以經驗的告訴，有科學方法的證明，這樣的數字，應該是一個實數。

這個出力調查及指導選種的工作人員，也已報經區署獎勵，藉以表示崇德報功之意。

至於指導員是怎樣進行他們的工作，每一個指導員對各保工作的成績如何，我們擇兩篇他們的報告，讓大家看，也可作來日一點參攷：

（一）韋希吾君之工作報告

一、開會：每到一保，即先召集保甲長開會，詳細宣傳鹽水選種利益，請轉知農家按時挑谷和鹽到指定地點來，并預備必需用具，在選時當指示以鹽蛋試水是否適度的方法，以增加其來年自行選種之技能。

二、統計：

保別	指導家數	稻種數量石	津貼數量斤	自選家數	自選數量石	未選家數	未選數量石
廿七	四	〇·三二	一·八〇	二二	二·一七	二	〇·一二
廿八	一一	〇·九〇	四·八〇	九	〇·七八		
廿九	一五	一·六〇	八·〇〇			一五	二·〇一
三十	一	〇·〇五	〇·八〇	二〇	二·五二	七	〇·三五
卅二	五	〇·七五	四·〇〇			四	〇·三六
合計	三六	三·六二	一八·八〇	五一	五·四七	二八	二·八四

三、感想：（一）自選原因：他們自動選種的原因：（a）去歲曾因實行鹽水選稻而獲豐收，（b）受了宣傳，（c）連年天災虫害損失浩大，一聞良方，皆齊起採用（d）現值播種時期，個人所任區域比較平坦，較高山播種略早，故自選者特多。（二）借機宣傳：此次工作頗受農民歡迎和信仰，因藉他們增加生產的關係罷？故借工作前後餘暇和晚間聚會談天的機會，略述些農業常識及如何組織信用合作社，救濟農人自身的窮困。伊等歡喜如狂，於是更進而談及中日戰爭情形，敵人如何侵佔我土地，屠殺我同胞，甚至姦淫擄刦，無惡不作，似此不但亡我國，且欲滅我種族，我忠勇將士正以血肉橫飛為國家求獨立，為民族求解放，我們後方民衆當怎樣呢？縱不完全上前線殺敵，亦當在後方幫助政府，應努力生產充實抗戰力量，長期支持而獲最後勝利，這也是愛國救國啊！話猶未畢，即有不少平日拙誠懇和藹的農民，轉瞬間則變為猛張飛樣，氣憤填膺，皆摩拳擦掌，恨不得插翅飛往，躍臨上前，因此我覺平日不去和羣衆接近，只是在屋裏憑空想聰明腦筋定出一些計劃，或是根據自己的想像下幾道命令，再喊幾聲口號，貼幾張標語，更激烈點不過遊行示威，還是不成功的，試問全面長期抗戰，所需人力物力財力何等頗大，舍此偉大力量——民衆，尤其是農民，而不去啓發他，組織，訓練，運用他，又何貴於有政府呢？而今政府雖早就認清些是當前急務，惜乎達官貴人們，不屑與農民接近，以致釀成政府與農民漠不相關，雖欲組織而使用之，安得不類緣木而求魚？鄉建工作的人隨時深入農村，隨時與農民親近，能得伊們的信仰，但為何為而不成？皆以鄉建工作者過少，而不能完此有意義有效驗之工作故也。

（二）鄭驊亭君之工作報告

值此長期抗戰之際，前方將士英勇殺敵，後方壯丁亦紛紛抽調前線，增援補充，耕作人員，日益減少，食糧需要，日趨恐慌，若不設法增加生產，何能操必勝之權，本署有鑒及此，故積極從事農業技術改良，以期食粮有所增加，農民生活得以改進，前方給養得以無虞匱乏，此次推行鹽水選種，即增加食粮生產之重要工作，乃抗戰時期之急務也，茲將個人參加工作之經過情形錄後，以作異日之參考。

一，籌備經過：

1.確定區域：北碚七，八，九，十及卅三，共計五保爲余之工作範圍。

2.調查及統計：先到各保調查一次，俾知種田農家及種田石數，留種農家及留種數量，而便進行工作，，其統計如下：

七保種田者二四戶，共種四二四石，留種者二四戶，共留種四，八七石、

八保種田者二八戶，共種五四四·五石，留種者一六戶，共留種五·五九石。

九保種田者二四戶，共種三三八石，留種者二四戶，共留種四·三八石。

十保種田者四〇戶，共種三九八石，留種者三四戶，共留種四·一七石

三十三保種田者二四戶，共種四一〇石，留種者二四戶，共留種四·七四石。

3.津貼用鹽之分配；此次鹽水選種所需之鹽，除與選農家自担負一半外由區署津貼一半，茲按各保留種之多寡分配如下：

七保二四斤　合洋三·〇二元。

八保二八斤　合洋三·五三元。

九保二二斤　合洋二·七七元。

十保二二斤　合洋二·七七元。

卅三保二四斤合洋三·〇二元。

二，時間及地點；自三月十七日起，至三月三十日止，共費時四日，即將全部工作辦理完竣，其各保之工作地點及時間如次：

1.三月十七日選三十三保，地點在該保屬之金銀崗。

2.三月十八日晨六時選七保，地點在該保屬之爆塘坎，十時選第八保，地點在該保屬之大灣，午後二時選第九保，地點在該保保長袁茂鑫家。

3.三月二十日選第十保；在該保住戶吳炳成家。

三，工作方法：按四與一之比（即四斤水一斤鹽），將鹽水混好，然後將與選之谷種浸入，因所混之鹽水密度較大，比重較高，非優良品種不能沉底，於是將浮起之全殼或半殼者除去，所餘者悉爲體質堅實之良種，再將良種撈起，用清水漂淨，浸選工作即成，依此繼續工作，每小時可選一石至一石五斗。

四，各類谷種浮沉之程度：根據工作時之記錄，而得各類谷種浮沉之比較如後：（受災或未經風車颺過之谷種例外）

1.鬚鬚粘沉水之成份最高，平均在九成以上。

2.浮面跑沉水之成分較次，平均在八五成左右。

3.蜂苞齊，南瑞苕及大小葉粘等沉水之成分又較次，平均在八成左右。

4.若浸選各種糯谷，須將鹽水混爲七與一之比（即七斤水一斤鹽）使密度減小，方可得八成左右之沉底，否則必有十分之八不能沉底，蓋糯谷顆粒較大而體質又輕故也。

五，各保與選之比較：

1.七保與選者十七戶，共選種二一·八石，共用鹽二七斤。

2.八保與選者十五戶，共選種二一·九石，共用鹽三〇斤。

3.九保與選者十八戶，共選種二一·六石，共用鹽二五斤。

4.十保與選者十二戶，共選　一·七石，　用鹽二三斤。

5.三十三保與選者十七戶，共選種二一·五石，用鹽二六斤。

六，施行鹽水選種應注意之事項：

1.浸選地點須在距水較近處，以便漂洗谷種。

2.經鹽水浸過之谷種，務須用清水漂洗，否則不易生長。

3.鹽與水之比可因谷種之大小輕重及有無細毛而變更，如選糯谷種須將鹽水密度減小是也，不過通常須爲四與一之比。

4.經過浸選之谷種，不可與未選之谷種混合撒播/或栽秧，蓋經浸選之谷種將來苗齊而強，且生長較速，未選者則反是也。

5.經浸選之谷種，如不及時撒播，可用清水泡起，每日傾換一次，雖泡至二十日左右亦不會發芽，而且毫無妨礙，但若乾其水，或使谷露出水面，則不到數日即可萌芽。

附實行鹽水選谷種傳單

各位農友：春天到了，谷種快要下田了。泡種之先，應該用鹽水選過，將來播種發芽，收成要多出十分之一以上啊。

這幾年來，實驗區都提倡鹽水選谷種，實行了的人家，都知道好處，去年科學院農場和北碚天坪垢徐煥林……在一般旱災情況下，都是收到特別效果的。今年實驗區更要普遍的施行起來。

選的方法怎樣呢？就是在泡谷種之先，用清水百分，鹽二十五分，或是清水四斤鹽一斤（鹽與水用的多少，照此推算）放在水桶或瓦缸裏面溶化攪勻後將谷種傾入，使竹棍用力攪轉，浮在水面的撈起不要，拿來曬乾摺米，沉在水底的取出用清水淘過，然後泡種發芽，撒到秧田裏，長出的秧苗要強壯得多，將來結出谷穗，谷粒也都要旺盛些，並且禾苗不得白線，不得遭虫吃，產量收穫起來至少要多出一挑。

如果大家做不成。實驗區署派人下鄉來指導，只希望大家聽保甲長吩咐，到時間把谷種送到指定集中的地點去當衆選好了，用了的鹽，大家共同担任一半的錢，區署也津貼一半的錢。鹽水還可以泡鹹菜，並不是白丢了的。

嘉陵江三峽鄉村建設實驗區小麥展覽會經過

黃子裳
顏光照

敘　言

本區農產品展覽會在去年六月至今年五月，一年之中已舉辦三次，第一次是包谷，二次是水稻，三次是蔬菜，這回是第四次了，舉辦的是小麥展覽會，展覽小麥的意義是喚起農民注意小麥品種改良種植的方法，并推廣優良麥種，防除病虫害，減少損失。使得小麥在本區大量生產，以補助食糧之不足。

爲要達到此種目的，我們在幾年以前即曾爲相當努力，例如勸導農民秋季播種時間，用石灰或鹽水選種，春季剪除麥黑穗，夏季屆收穫時，就麥田選穗留種，特在前年天旱時勸農民多種小麥，并借給麥種，去年并勸農民開放水田，大量種麥，并協助貸款購種，又介紹金大二六號及二九〇五號小麥，推廣種植，本年春夏之交，因雨水調勻，各鎮四鄉麥苗秀綠，到處俱是，當時實驗區署派員親往考查，四川稻麥改進所亦派員來區巡視二九〇五小麥生長狀況，因即決定舉辦小麥展覽會，以看農民種麥之成績，爰擬定辦法，規定時間，并約請農業專門研究機關，屆時派員前來參加指導，幸得如期舉辦，舉辦結果可分四節述之：

一，籌備

先開籌備會議一次，由建設股擬具小麥展覽會辦法，印製標籤，擬繕傳單，訓令各鎮聯保遵照，飭各鎮農民，每戶搜集小麥五窩，送聯保處須行比賽，再由聯保處以獲選者集送北碚參加展覽會決賽，規定事項有：

（1）比賽標準

1.麥穗長短大小重量　2.麥粒重量大小　3.麥窩　4.學力　5.優劣依五窩麥穗之平均率定其等級。

（2）陳列方式

1.早熟或晚熟者爲一類　2.有芒無芒者爲一類　3.推廣麥種爲一類

（3）參加評判

邀請區屬有經驗之老農各保一名，及歷屆展覽成績特優之農人，又聘請外來機關農業專門人員，及合川稻麥分場技正．四川省教育學院教授詹純鑑，及農業專家．北碚各機關主體人亦邀請參加。

（4）購備獎品

由區署撥款辦理，以合於農人有用之物品爲限，如鋤頭，菜刀，碗，手巾，面巾之類。

二，開會

五月十日在北碚聯保辦公處正式開會，先期區署各鎮已將初賽獲選各小麥送會，并有四川鄉村建設學院運到大宗麥類，麥粉，麥麩，及小麥病虫害，各種標本均集中該處，分兩部份陳列，省教院陳列一部，區署陳列一部，由建設股職員會同鄉建院來賓佈置會場，粘貼標語，開會之日因標本太多，陳列不及，臨時商請兼善中學派學生八名前來幫助，登記來賓，維持會場秩序・散發傳單，幷協同担任對民衆解說等工作，從午前九鐘起到午後六鐘止，參觀民衆亦異常擁擠，簽名者一千六百餘人，自由參觀者亦多，因民衆參加熱烈，乃商請鄉建院延會一日，在區內各中學小學均集體前來參觀，直到十二日午後乃畢會。

三，評判

十日午刻，實驗區署特備便飯，邀請各評判員在民衆會場聚餐，計到三十餘人，餐後即行到展覽會場公開評判，推定鄉建院詹純鑑先生負責主持一切，先將各類同性同型麥子集在一起，選出優良麥子，更於其中選出四秼，當衆品評，一，二，三，四等級，就全般說，以金大二九〇五小麥，二發早，排登麥，紅花麥爲優，均以抗風力强，不易倒伏，麥粒大，麪粉多，每斗重四十四斤（市斤）每穗粒多至一百十五粒，對於本區土質氣候，亦最適宜，應爲優良小麥，除金大二九〇五小麥外，計二發早第一名爲北碚何子華，二名爲澄江鎮蔡錫清，三名廖國興，四名張一濃，排登麥第一名爲澄江鎮殷元清，二名爲文星鎮黃金山，三名爲黃桷鎮李久漢，四名爲李久富，紅花麥二名爲黃桷鎮廖錫山，三名爲澄江鎮卜銀舟，四名爲黃桷鎮雒春林。

四，給獎

由區署備辦之獎品亦陳列在會場中，在評判完結攝影紀念後，本欲立時將獎品分發農民，因須延期，並且農民散在各鎮，乃由建設股分配送發。

附小麥比賽會傳單

農友們！

三峽最感缺乏的是糧食，三峽出產最多的糧食，是谷（稻子），苞谷，小麥，紅苕：即使年歲好的話，每年谷子祇能出一萬六千石，苞谷六千石，小麥一千石，紅苕六十萬斤，也不够峽裏七萬多人吃啊！

我們要從這些供人吃的東西，逐漸改良牠，使牠產量大大的增加起來，方法是很多的，總不外修築塘堰以防天乾，選用優良種子，改良土壤肥料，防除病虫害，改善種植方法，和比賽優良產品。

我們籌辦小麥展覽會，便是比賽小麥的優良產品的，這回展覽會中，有全國馳名的金大二九〇五小麥，二十六號小麥，和本地出的好小麥，種類很多，大家如果認爲那些是本地方的好小麥，便多多種植，那些是外來的好小麥，。便多多推廣，如果麥子不好的，與土質不合的，就完全不要牠。這就是我們開展覽會的意思。

盼望各位農友們！把小麥拿到會裏來展覽，都來看展覽會，以後都用好的麥種，大量的種植，我們希望小麥的產量年年增加，峽裏糧食漸漸够吃，未來還做到有點盈餘，那就好了。

三峽實驗區地方教育輔導委員會成立經過

教育股

近攷歐美各國國民，均已實施義務教育，凡屬國民，至少須受教六年，多有達八年九年者，反觀吾國，尚無一地普及實施義務教育者，實堪浩嘆，蓋有健全之公民，始有健全之社會，有健全之社會，國家乃臻富强，吾國人民百分之八十以上，現尚文盲，國家烏得而强哉，處此國難嚴重之秋，教育民衆實爲當務之急。

本署自民二十五年四月改組以來，即以掃除文盲，提高文化，爲重要施政之一，競競業業，未敢稍懈，惟限於人力財力，鮮有特殊成績，然亦有堪告慰國人者，溯在本署未成立以前，五鎮小學僅約十所，學生僅一千人，而現在全區小學則已增至五十所，學生已達五千四百餘人，學校較前增加三倍，學生較前增加五倍，以現有區區之教經（經費倒反而減少三分之一以上），得茲微績，可謂困苦掙扎，聲嘶力竭矣。

本年春教育部設國立四川中學於區屬北碚及文星兩鎮，峽中頓增不少對於教育有深刻研究之教師及千餘優秀青年學子，對於區中文化之影響，俾益不少，後復聞得戰區中小學教師四川服務團之扶持，派來小學教師百餘人，來區服務，於本區教育工作人員中，無異增加兩支生力軍，惟爲謀辦事上切取聯絡與提高進展之效率起見，實有組織一委員會之必要，乃於四月二十八日假實驗區署會議廳召開成立大會，出席有戰區服務團川中代表及區署主管人員，當即通過該會簡章，正式成立。

該會由戰區中小學教師四川服務團團務委員三人，四川中學校務委員及師範部主任三人，實驗區署區長及內務教育建設三股主任五人，共十一人組織之，其宗旨爲協助地方推進教育，提高文化，該會誕生伊始，任務重大，設計不週之處甚多，甚望邦人君子不吝教言，時加指導，不特該會幸甚，地方文化亦蒙惠不淺矣。

附錄該會簡章於後：

三峽實驗區地方教育輔導委員會簡章

1.名稱：三峽實驗區地方教育輔導委員會。

2.宗旨：本會以協助地方推進教育提高文化爲宗旨。

3.組織：一，本會由戰區中小學教師四川服務團國立四川中學及實驗區署主管人員十一人組成之，其分配如下：

甲，戰區中小學教師四川服務團團務委員三人。

乙，四川中學校校務委員及師範部主任共三人。

丙，實驗區署區長，內務股主任，教育股主任，建設股主任共五人。

二，本會設常務委員五人，由全體委員會互推之，於全體委員會開會時間執行一切經常會務。

4.職務，本會職務如下：

一，設計區內一切教育事宜。

二，輔導區內一切教育事宜。

三，接洽外間教育界人士來區服務。

四，延請學術專家來區講演。

五，接受實驗區署關於教育問題之諮詢。

六，研究及解答區內教育工作人員之疑難。

七，出版教育刊物。

5.會期

一，全體會議每月一次。

二，常務會議每月二次，遇必要時均得召集臨時會議。

6.經費：本年所需經費之性質臨時籌措之。

7.會址：本會會址暫設北碚實驗區署內。

8.附則：

一，本簡章經全體會議通過施行。

二，本簡章經全體會議議決修改之。

附三峽實驗區地方教育輔導委員會全體委員名單：

戰區教師服務團方面：相菊潭　王桂林　丁叔明

國立四川中學方面：馬客談　李清悚　章柳泉

實驗區署方面：盧子英　吳定域　歸鑑明　劉忠義　黃子裳

三峽實驗區廿七年上期小先生活動計劃大綱

教育股

本區小先生制推行，過去僅有少數學校切實實施，其餘區屬學校，尚未舉辦者實佔十之八九，故在本學期內，要求在區屬各小學均有小先生教學團之組織，均有活動，玆將實施辦法，工作步驟，考成標準及所需經費等項，逐一分別述之如下，以作各校推行小先生制之根據。

一，實施辦法

1.區屬各小學得就中高級學生中選擇品學較優者充當小先生，至活動能力較強之學生，得爲組織之幹部。

2.各小學小先生，以學校爲單位，組織××小學小先生教學團，團以下得依各共學處之地名或街名，分爲若干小隊（三人至五人）三小隊爲一中隊，三中隊爲一團，凡不足三中隊者，亦得以團名之。

3.每小隊担任教學共學處一所，每一共學處區域，至少一甲，多則二甲，每一小先生，至少須招收校外學生二人，并將其姓名，性別，年齡，住址等項報告學校註冊。

4.校外學生稱爲學友，入共學處讀書。

5.每個小先生施教時間，每天至少則二十分鐘，多則一點鐘。

6.小先生施教時間，教師必往視之，若遇問題，必須設法代爲解決。

7.小先生活動時間，應列入學校日課表內，作爲課程之一，至於活動時間之長短，得依各校本身情形，酌量決定。

8.小先生教學成績，若不及格，即不能升級或畢業。

9.小先生每日應抽空時間，開會討論各種問題，并由教師作精神講話。

10小先生教學的課程，暫定時事報告，識字，常識，歌唱四種。

11小先生施教材料，由各小學採用國語常識課本及區署編輯之教材。

12小先生教學團之學友，每週應集會一次，養成團體生活習慣。

13各小學推行小先生制之成績，作爲學校考成之一。

14保甲人員，應有召集失學民衆之責，區署得依推行成績之優劣，分別獎懲之。

15學友年齡暫定十二歲以上，三十歲以下之失學男女。

16各校共學處之學友，應詳加登記，限期入學，若有抗不入學者，應處以一角以上，五元以下之罰金，詳細辦法根據四川省府頒發之「四川省各縣市保甲人員推進民衆教育義務教育辦法」第七條之規定辦理，至抗不入學罰金，由各聯保經收，此項罰金移作獎勵小先生之獎金。

17小先生除在規定時間教學外，并須舉辦代筆，問事，壁報，簡報等工作，如本區有其他各種之重要活動，亦應參加，如抗戰宣傳，農業技術改良，家畜防疫等運動。

18小先生活動，應有記載，應隨時改進。

二，教育股之工作步驟

第一，擬定應用之章則及表册

1.小先生教學團組織章程。

2.訓練小先生須知。

3.推行小先生制須知。

4.應行入學學友調查及統計表。

5.共學處學友及小先生登記表，綴學免學文盲登記表。

6.文盲副籤一覽表。

7.強迫入學執行人員須知。

8.小先生教學視導表。

9.週會表。

第二，指示各校關於小先生制之宣傳組織與訓練：

1.舉行小先生宣傳週：各小學奉到各種章則及表册之後，即籌備并舉行小先生宣傳週，宣傳內容應以掃除文盲，增強抗戰力量爲主，宣傳方式採文字的，口頭的，及表演的三種，宣傳對象以保甲人員，壯丁，趕場鄉民，農村婦女，以及校內學生爲主。

2.組織教學團及共學處：宣傳，調查，組織，是三位一體，不能分開來做，宣傳時即含有調查，調查時也就要注意組織，惟調查時必須注意應行入學之文盲的各方面，以作組織工作之根據，關於建立組織，應先從小先生教學團之組織入手，身爲導師者，更應明瞭每個小先生之各方面，以免於活動時發生阻礙，隨之調查應行入學之文盲，依據空間與時間的客觀情況，確定共學處之組織及其所在地與乎教學時間。

3.訓練標準：對於小先生之訓練，非常重要，小先生教學團之是否活躍，組織是否嚴密，全視訓練工作之優劣以爲斷，除小先生之訓練另定詳細辦法外，關于學友之訓練的要點及方式，各校可根據以如下之標準，自訂實施辦法。

（甲）能認識用字在六百以上。

（乙）能略知抗戰情形，并有必勝之信心。

（丙）有開會的知識和習慣。

（丁）養成「即知即傳人」的美德。

第三，與有關機關切取聯絡：

1.聯絡聯保，查小先生制之進行，最爲困難者，莫過於共學處之招生與留生，故非與聯保取得聯絡，以便動員各保甲長，召集應行入學之文盲入學，對於抗不入學文盲之處罰，亦當以保甲人員是賴。

2.聯絡建設股及保育所，爲使小先生教學團及共學處參加本區各項建設工作起見，應與建設股聯絡，俾使其能參加農業技術改良運動，并與家畜保育所聯絡，以便推大家畜衛生，家畜防疫及家畜品種改良運動。

3.聯絡民教館，請其介紹資料，供給教材，以及方法上工作上之協助。

4.聯絡圖書館，請其供給小先生以民衆讀物，各種抗戰畫，防空的，各種掛圖；聯絡嘉陵江日報社，請其記載小先生之活動，及刊登小先生與學友之作品。

三，考成標準

甲，對於小先生之考成：（一）每期至少須出席教學八十小時，（二）能教一人認讀一冊者可得一分，二冊者可得二分，三冊者三分，其餘類推，（三）按日填具週報表，（四）有刻苦耐勞之精神，（五）熱心抗敵宣傳。

乙，對於學友之考成：（一）按照規定時間入學否？（二）規定之讀本能讀完否，（三）能寫常用的字否？（四）能『即知即傳人』否？（五）熱心開會否？（六）敬重小先生否？（七）尊重教師及保甲人員之指導否？（八）能够按規請假否？（九）能作抗敵宣傳否？（十）有進取精神否？

四，經費

1．翻印讀本（老少通，民衆課本，及自編之抗戰教材）五千冊，每冊成本四分，需洋二百元。

2．教學團及學友所需之白墨，每一小學以一團計算，應有三十七團，本期每團最低消耗白墨洋三元，合計該洋一百一十一元。

3．教學團所需之黑板，暫定二百面，均屬自製，所需成本應爲二百元。

4．爲獎勵小先生教學成績及學友成績優良者，與保甲人員召集學友得力者，應購備獎品，平均每團以四元計算，共該洋一百四十八元，總計各項所需經費共該洋六百五十九元。

實驗區署廿七年春季種痘經過

劉文襄

一，前言

本署爲種牛痘，預防天花　係開始於民十六年盧作孚先生接長峽防局時，此後十餘年來，每年春秋兩季，必派人分往江巴璧合四縣峽區二十餘場普遍點種一次，民二十一年曾遠至廣岳兩縣及巴縣南里一帶點放，迄至去年秋季止，點放人數有數可查者，已達三十五萬有奇，耗款在一萬五千元以上，先後曾動員過峽防局的職員官兵及歷屆學生隊學生，兼善學校的中小學生，民生職工義勇各隊學生與本署職員官兵……等，各次工作除點種牛痘外，更利用許多機會舉行清潔運動，衛生講演，時事報告，游藝表演，運動比賽……等活動，這樣各地民衆已漸漸了解我們工作的意義了，曾經爲一般民衆誤爲「共產黨打記號」的種種笑話，而今再也不復聽聞了，不但如此，假定我們出發時間，比之往年稍遲數日，各場民衆則有要求該鎮聯保辦公處人員用電話詢問本署，乃至催促，我們每到各場，尚未到達聯保辦公處，沿街就有許多民衆來問我們是否種痘的，深怕他們失望一樣，所以，我們對於這項工作，最初數年很感困難，現在大家都覺得是一件最愜意的事了！

正當春光明媚，桃李爭妍時節，我們的種痘工作又將開始了。

二，籌備經過

三月十六日由重慶購回痘苗兩百打，十七日開會商定派職員孫禹績等十人與民生公司船員訓練班學生三十人，計編十組，分往舊有峽區各場從事工作，區內五鎮由地方醫院及各分診所直接施種，各組費用，除伙食自備外，另由公家津貼二元，以補充衛生材料及其他雜用，非特殊情形，不得超出此額。

十八日午前召集全體工作人員，在區署編配工作并分別發出公物公費，午後齊赴地方醫院領取衛生材料，并請夏院長和指導實習種痘手術。

又爲便於各組工作有所準則計，特依據以往經驗編訂種痘工作大要，內容分「準備」「實施」「整理」三段，茲附於後，以供參考和指正。

種痘工作大要

（一）準備

A．物的方面：

1．衛生材料——痘苗，痘刀，棉花，酒精，肥皂，毛巾……等。

2．文件文具——種痘統計表（正草兩種），消費日報表，種痘工作日記，信箋，信封，筆，墨，種痘報告書（二十二年春季），各種傳單。

3．費用——公費，伙食津貼，伙食費。

4.日常用品——被毯，衣褲，鞋襪，手巾，面巾，牙刷，牙膏，漱口盅，麻繩，鷄腸帶，白紙，火柴……等。

以上各項須於出發前準備妥當，檢點清楚，以免臨用無着，並須配置一定秩序，以便取用。

B·事的方面：

1.各組人員工作，須於事前分配清楚；誰任消毒，誰任施刀，誰任點苗，誰任維持秩序與人數統計，俾使各人先有準備，並將其職務內應用物件分配其管理。

2.各組組長事前須明瞭工作之全部，各組員須熟悉其本身工作之技術，否則必須一一詢問明白，方可出發。

(二)實施

A·接洽———每到一地，即向當地各界首領接頭，商洽鳴鑼宣傳，種放日期，地點，及食宿問題等，並告以本區事業近況，以聯絡其好感。

B·工作———在工作中應注意下述諸事：(一)秩秩序要嚴肅，不容爭先恐後，但對人必須謙恭和靄，萬不可令人見之生畏。(二)種放學校團體，必須另約時間，不可與普通民衆同時，以免紊亂秩序，(三)宣傳時即須週知民衆，凡來種放牛痘者，須先更換清潔衣服。以免細菌傳染，(四)如遇患感冒或皮膚病者，應請其緩種，(五)每點放一人，須告訴其保護傷處之方法。(六)留意凡有頭髮指甲太長，皮膚牙齒積垢之人，隨即予以親切的勸導，(七)留意民間疾苦，可能幫助者須盡力予以解除。

C·晚會———每晚必須會商一次，檢討日間工作成敗，預計翌日工作方針，同時將各項消耗與點放人數分記於表上，如日間見聞中有社會意識者，可即函告嘉陵江日報登載。

(三)整理

·事的方面

1.各組人員於歸回前一晚，即須共同檢討此番工作的寶貴經驗，與特殊成績及社會教育情況等，記述成文，回署時繳交內務股彙編報告。

2.各組人員歸來時，須齊至內務股完清手續。

B·物的方面

1.衛生材料有不消耗(如痘刀毛巾)或消耗未罄者，一律繳還地方醫院。

2.各種冊表，填具完善後，繳交內務股彙呈區長考核

3.公費及伙食津貼如有剩餘，須繳交內務股轉區署財務股。

三，實施概況

三月二十日晨，各組分頭出發各指定區域，開始工作，二十六日返署，計時七日，茲將各組工作區域分配列表於後：

組別	組長姓名	組員姓名	工作區域	工作日數	備考
一	孫禹績	杜信發 李歐如 錢德棻	合川 龍洞沱 沙溪廟	七	
二	蔡鴻勛	何文才 王全美 幸彝山	合川 鹽井溪 草街子	七	
三	吳恆春	姜少清 魯靈樹 項能清	璧山 石板場 八塘場	七	
四	羅從紀	鄧瑞樹 何興發 張高清	璧山 七塘場 依鳳場	七	
五	胡見文	鄒朝忠 趙炳山 胥樹藩	江北 清平場 土主場	七	
六	衛北燕	向中旗 李元林 張榮華	江北 復興場 靜觀場	七	
七	李舜如	牟桂全 游德[illegible] 陳掖德	江北 土沱場 悅來場	七	
八	熊新波	何予輝 彭海賜 楊美成	巴縣 井口鄉 同興鄉	七	
九	鄧伯初	傅維富 楊志修 姚海樵	巴縣 歇馬鄉 楊家廟	七	

十　凌厚遠　李文俊 王樹清 楊六和　巴縣興隆鄉 蔡家鄉　七

此次種痘費用，除十組四十人共津貼食宿費洋四十二元外，因補充衛生材料及其他臨時開支去洋二十二元二角六分六，玆將各項費用及消耗衛生材料分別表報如後：

衛生材料消耗表

組別 / 物品 / 數量	白布	乾酒	開水	肥皂	毛巾	白紙	鋼針	燈油	船資	力資	雜支	總計
單位	元	元	元	元	元	元	元	元	元	元	元	元
1	1.18	0.09	0.32	0.12	0.15	0.04	0.03	0.04	0.514	○	○	2.511
2	○	0.20	0.30	0.12	0.15	○	○	0.30	1.000	○	○	2.07
3	0.54	0.30	0.01	○	○	○	○	0.04	0.45	0.74	○	2.08
4	0.52	0.10	0.29	○	○	0.12	○	0.07	0.50	0.26	○	1.86
5	○	0.20	0.40	○	○	○	○	0.20	0.10	0.35	0.45	1.76
6	1.80	0.33	0.08	○	○	○	○	○	0.17	○	○	2.38
7	0.50	0.35	○	○	0.10	○	0.05	0.14	0.32	○	0.28	1.74
8	○	0.10	0.14	0.05	0.33	0.06	○	0.10	1.15	○	0.30	2.23
9	1.50	0.40	0.58	0.02	○	0.05	○	0.27	○	○	0.30	3.30
10	0.30	0.625	0.22	○	○	○	○	0.40	0.15	○	0.70	2.395
合計	6.34	2.695	2.34	0.49	0.73	0.27	0.08	1.56	4.381	1.35	2.03	22.266

組別 / 數量 / 物名	痘苗	棉花	繃帶	紗布	酒精	痘針
單位	管	斤	捲	尺	磅	顆
1	180	1	40	13	1	4
2	180	1	40	13	1	4
3	180	1	40	13	1	4
4	240	1	40	13	1	4
5	180	1	40	13	1	4
6	240	1	40	13	1	4
7	240	1	40	13	1	4
8	180	1	40	13	1	4
9	240	1	40	13	1	4
10	300	1	40	13	1	4
總計	2160	10	400	130	10	40

此次種痘人數，計有一萬四千一百三十三人，玆將各地點種人數中分別男女孩童成人，統計如次：

組別	第一組		第二組				第三組			第四組	
點種地方	龍洞沱	沙溪廟	鹽井溪	吳粟溪	草街子	澄江鎮	石板場	八塘場	臨江場	七塘場	依鳳場
男 一至四歲	47	113	56	15	89	0	105	30	70	131	122
五至八歲	40	121	47	20	98	18	108	74	79	65	141
九至十二歲	25	114	43	16	58	47	63	148	53	47	71
十三至十六歲 孩	10	25	17	6	12	40	14	19	12	44	68
成人（男）	4	6	14	14	13	0	6	9	3	25	26
女 一至四歲	25	101	50	3	57	3	81	22	31	98	26
五至八歲	15	60	32	5	44	26	55	45	32	59	40
九至十二歲	20	48	26	10	27	13	34	45	18	30	31
十三至十六歲 孩	10	6	5	0	7	1	11	6	5	70	12
成人（女）	1	8	15	1	10	0	14	2	2	15	5
總計	197	602	305	90	415	148	491	400	309	521	542

第五組	土主場	159	83	76	16	11	136	64	64	10	9	628
	清平場	170	103	85	25	18	108	60	42	12	12	640
第六組	靜觀場	118	160	270	106	54	74	91	89	52	12	1026
	復興場	161	194	136	86	25	140	114	63	60	23	1002
第七組	土沱場	154	169	169	15	18	82	68	93	28	35	831
	悅來場	75	59	55	16	0	73	50	57	1	8	394
第八組	澄家溪	78	103	81	26	11	63	88	44	16	3	513
	井口鄉	42	34	30	7	1	37	20	22	6	4	203
	磁器口	26	114	121	54	8	19	70	66	19	4	501
第九組	歇馬鄉	162	213	72	20	1	62	87	40	10	4	671
	楊家廟	123	302	114	44	14	54	114	54	30	7	856
第十組	蔡家場	139	185	261	88	17	108	90	135	40	17	1080
	興隆鄉	293	236	325	150	55	301	164	120	89	35	1768
合計		2478	2771	2480	920	353	1754	1493	1191	447	246	14133

四，後語

此番工作，如將所有消費價值平均分配於點放人數，即得如下之結果：（一）食宿——四十人工作七日，合計二百八十天，每人每天合洋三角，共計洋八十四元。（二）衛生材料——包括痘苗，棉花，綳帶，紗布，酒精，痘針……等合洋一百一十四元四角。（三）公差雜費——如補充衛生材料與燈油，白紙，往來結費力資——等洋廿二元二角八分六，三項總計為二百二十元零六角六分，以一萬四千一百三十三人分之，每人應得洋一分五星強，這也就是此次每救一人的代價。

> 工作須如打仗
> 種痘須如抗日

中國教育服務社狀況

中國教育服務社成立於民國廿五年六月，呈准中央立案，係國內教育界人士劉百閔李清悚等所發起。設總社於首都，聯絡教育文化事業，已有數載。自首都淪陷，人員星散，社務停頓。現該社常務董事李清悚等入川，最近與在武漢各董事商於北碚西山路六十九號設立通訊機關，漸謀恢復各項事業，該社各概況探志如下：

（一）設立緣起　我國設立學校舉辦新教育已卅餘年，在職工作人員無慮數百萬人，即以中小教師而論，全國當在八十萬人以上。平時除盡力本身工作外，教師私生活之充實與激勵教師間聯絡與研究，教師家屬子女之養教……等一切生活上福利，公家甚少顧及，社會上亦無是項組織，以專營教師福利事業。教育為建國之基礎的力量，教師乃建國戰線上鬥士，國家待遇教師本不豐富，教師常懷生活清苦，見異思遷之志，實為目前教育上之重要危機。又我國社會對於教育忽視，有資財者或以之修廟祈福，或辦理消極慈善事業，甚少捐助於教育者，偶有一二有心之士，如武訓，葉澄衷，楊斯盛，陳嘉庚之流，亦足誇耀於一時矣。此因由社會人士對於教育缺乏信念，而亦不明教育之事，無可托之人而吝其資者，教育缺乏社會之資助，實進展上之一大缺失，倘有一種機關可資社會之信託，代有教育志願之資產者設計經營，必能為教育廣闢園地也。以上二事均為人所忽視，中國教育服務社同人有鑒於此，乃有服務社之創立。

（二）創立主旨　該社創立主旨有四：

1.為全國教育界服務。 2.補公家教育設施之不足。

3.謀教師生活之福利及促進其進修。 4.謀青年與兒童生活之福利。

（三）性質　社團兼財團。

（四）組織概況　該社組織簡略如下表：

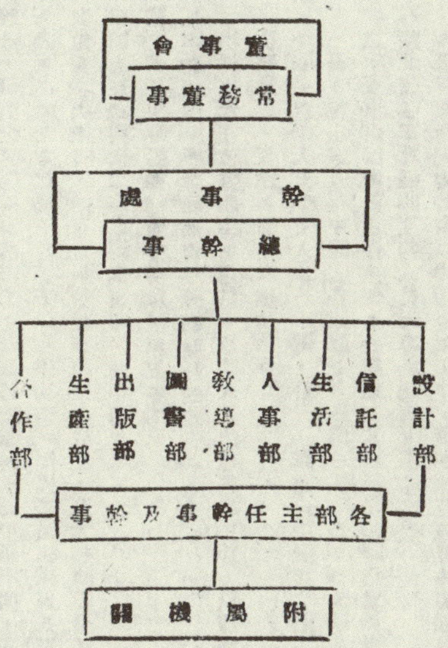

（附語）

（1）董事會　由基本社員推舉九人至十一人組織之，互推三人為常務董事，為社中最高設計監察機關。

（2）幹事處　由董事會聘請總幹事一人，副總幹事二人，及各部主任幹事各一人組織之，為本社執行機關，以總幹事主持一切對內對外事務，幹事處另設會計，文書，庶務職員若干人。

（3）各部　各部設主任幹事一人，幹事若干人，各部所辦事務如下：

1.教導部　主持辦理本社主辦之各科教育機關，如才學團，補習學校，托兒所，百業訓練班，青年生活指導處，兒童教育館等。

2.人事部　主辦關於教師服務指導與介紹，教育上各種調查，教育團體之參觀與招待，學術團體開會，代辦留學手續，青年升學指導，代辦招考等事宜。

3.生活部　主辦教師俱樂部，教育公寓，食堂，醫室，青年旅舍等事業。

4.信託部　主辦關於教育界人士各種信託事業，如教師人壽保險，教育儲金，升學貸金，各種獎學基金，及其他保護存託等事項。

5.設計部　主辦受託有關教育之設計，如代擬辦理學校計劃，建築校舍計劃等事項。

6.圖書部　主辦經營書報流通處，教育圖書館，教育研究資料，蒐藏所等事項。

7.出版部　主辦各種教育書報編輯與出版事項。

8.生產部　主辦製造與販賣教育用品，經營學習農場與工場等事項。

9.合作部　主辦各項教育研究，教育事業上合作事項。

（五）已辦事業與合作機關

（甲）已辦事業

1.前進教育半月刊　主編者李清悚

2.南京補習學校　校長林予碩

3.承楓教育圖書館　主持籌備人　許澄遠等

4.附辦秋潭獎學金　此基金為南京孤兒院長陳經畬氏紀念其尊人秋潭公而設，共五萬元，董事為任仲文，李清悚，盧孝侯，鄭錫和，常導之，顧少儀等十餘人。

6.附辦志成獎學金　此基金為南京名醫張簡齋氏所設，額二萬元，董事為李清悚，盧孝侯，傅選青，朱錦江，常導之等十餘人。

（乙）合作機關

1.中國辭典館　館長楊家駱，已出版二三十種，資產二十餘萬。

2.中國青年服務社　主持人王興舟章柳泉。

3.私立南京孤兒院　院長陳經畬趙叔平，董事李清悚等，院在南京和平門外，自建院舍佔地八十畝，收孤兒三百餘人，資產二十萬，常年經費二萬四千元。

4.首都學生半月刊社　主編人章柳泉。

5.衆聲編輯出版合作社　常務委員章柳泉，李清悚，余介侯。

6. 集團牛乳場 資本三萬元，經理高振鏞

7. 金陵雲社 社長李清悚

（六）現任主要職員

1. 董事，劉百閔 李清悚 章柳泉 項學儒 朱錦江 馬客談 沈子善 林子硯 汪懋祖 楊家駱 陳鶴琴

2. 常務董事 李清悚 劉百閔 章柳泉

3. 總幹事與副幹事 總幹事李清悚 副總幹事陳重寅 楊掬塵

國立四川中學師範部青年勞動服務團近況

此次教育部設立國立中學，其目的不僅救濟，實欲實驗新課程，依部頒課程共有五種訓練，即精神訓練，體格訓練，學科訓練，生產勞動訓練及特殊教學與後方服務訓練。後二種訓練爲此次課程之特色，并規定集中學科訓練於上午，而以整個下午時間爲此二項訓練之時間，其重視可想而知，本部係師範部，應對教育方面多所努力，故服務對象與普通中學不同，同時欲使服務有效，必與地方打成一片，方能事半功倍，因與實驗區區長及各股主任民教館長多次商討，始有青年勞動服務團之成立，茲先將簡章介紹於後，本團組織之意義與夫工作之範圍皆可於此中得之：

國立四川中學師範部青年勞動服務團簡章

名稱 國立四川中學師範部青年勞動服務團。

宗旨 本團宗旨在依據新生活運動，及國民經濟建設之主旨，以服務地方，提高文化，推進教育，改進生活。

組織 （一）以十人至十五人爲一小隊，合三小隊爲一中隊，合若干中隊爲一團，每小隊及每中隊，各設隊長及隊附一人．由團長就學生中選派之，團長由師範部主任充任，各組組長及各級任導師皆爲團附，并聘請北碚各事業機關主幹人員爲專業導師。

（二）設指導委員會以指導全團工作，由本校及區署主要職員十三人組成之，其分配如下：

甲．本校：主席委員，駐部校委，校長，師範部主任，教務，訓導，推廣各組組長 附小校長。

乙．區署：區長，內務，教育，建設三股主任，民衆教育館館長。

工作

（一）範圍

1. 組織民衆 協助鄉村自治工作：如人事調查，戶籍整理，公民訓練等。組織會社，合作社，婦女會，讀書會，民衆團體。

2. 訓練民衆 掃除文育，辦民衆學校，民衆識字班，補習教育。辦短期訓練班：担任公民，語文，算學，常識各科課程，并間接傳授技術。

宣傳：內容——抗敵自衛，戰時常識，戰時法令，國內外政情大勢，衛生常識，風俗改良，農業新知……等。

方式——室內講演，街頭，村頭講演，文字宣傳。圖畫宣傳，化裝宣傳。

3. 生產示範 分區養豬，養雞，養魚，種棉，種稻，種麥，種菓樹及其他有利植物，并改良竹木籐紙各工藝品，一方自身生產，一方備農人及工人參考模倣。

4. 協助機關 圖書館服務，醫院看護服務，體育場服務，託兒所或兒童教養院服務。

5. 農家見習 分住農家共同食宿，共同操作，共同休息。

6. 調查訪問 農民生活問題、民情風俗調查，鄉土教材調查與考察，家庭訪問——灌輸家庭改良知識，塾師及小學教師訪問。

7. 休閒指導 參加民衆體育組合，并指導方法，組歌詠班，組街頭劇班。

8. 編輯刊物 嘉陵江日報副刊，校刊，鄉士教材。

9. 勞動動員 （1.）警衛：協助公安隊集合糾察等。（2.）救護：防毒

，消毒，急救，看護，担架等。（3.）防空消防：信號，警報，燈火管制，救火等。（4.）工程：修橋，補路，平地，開荒等。（5.）衛生：種痘，清除，預防等。（6.）募集與慰勞：募軍事需要品及難民需要品，慰勞受傷軍民，撫濟戰區流亡婦孺。

（二）方法

1.區域　先北碚市街，次北碚鄉間，再次其他各場。

2.步驟　先調查數字，次估計時間，再次訂分期工作程序。

3.方式　每類工作先試辦一二種，逐漸加多。

訓練

（一）精神訓練：升降旗，紀念週講話，導師訓話，師生談話，個別談話等。

（二）體格訓練：早操，跑步，爬山，游泳，遠足，負重行軍，邊地考察等。

（三）工作訓練：（1.）方法討論，（2.）設境練習，（3.）實地見習，（4.）工作指導。

考查

（一）考核：（1.）計劃報告之考核，（2.）工作勤惰之考核，（3.）工作效率之考核。

（二）懲獎：（1.）利用競爭，控制，最高效率等方法，以鼓勵其工作。（2.）成績不良者，除勸告，警告外，得受留級處分。

附則

（一）本簡章經指導委員會會議通過施行。

（二）本簡章得經指導委員會議修改之。

青年勞動服務團成立後，即各方加緊工作，茲將工作近况分述於次：

1.民教館所辦之婦女補習班，游藝學生班，及婦女識字班，已由本部師一女生接收辦理，上課已近二月，每週並有討論會，研究教學改進等問題。

2.合作訓練班為指導農民舉辦合作事業而設，由區署黃指導員主講，現已訓練完畢，如有需要，即可下鄉工作。

3.五月兵役及雪恥宣傳，自五三至五九，各隊全體動員，分赴各保宣傳，有一下午來回三十餘里者，最遠者為澄江鎮第一中隊曾留宿該處，日夜宣傳。

4.歌泳隊及話劇團已組成，五九宣傳，教育部巡迴施教車來碚，教師節游藝，均參加表演，刻正努力訓練，準備分赴各保作喚起民衆工作。

5.看護訓練班，已上課一月，至相當時間，即可派至醫院服務。

6.關於生產方面，因[illegible]用缺乏，刻正從手工業上謀發展，已生產之品而在市上出售者，有竹簾，蒸飯笼用紗罩及信紙信封等，現備研究者為教育用品，農事方面現備服務公[illegible]，由各小隊分別設計花壇。

7.關於編輯方面，現編有兩種副刊；一為教育園地，一為火網文藝週刊，均在嘉陵江日報上發表，教育園地已出四期，火網已出二期。

8.戰區兒童保育基金之募集，各隊亦極努力，二三日內共募得一百三十二元八角四分。

此外關於團員之訓練，亦爲學校課程之主要部份，簡章中所訂之講話，訓話，以及早操，跑步，爬山，游泳，遠足等，均為經常活動，茲不另贅。此種辦法，尚在初行，成效如何，不敢臆斷，以最近之經驗言之，無論在理論方面，或在事實方面，皆較讀死書之課程豐富而有效，所感困難者，現階段經濟限制下設備之不易充實，與專業指導之不易物色耳。

聞人講演彙載：

青年的人生觀與職業觀

馬客談演講　傅碧波記

諸位先生：兄弟非常榮幸，今天得到我所久慕的理想的農村裏來參觀，欣賞了許多新興事業，會見了許多勇猛有為的事業家，眞是難得的機會，在這裏有這樣多的朋友要我講話，剛才盧區長又把我過度的誇獎，眞使我不敢當，并且十分慚愧，因為今天在坐諸君，多半是青年事業家，所以我想把青年的人生觀和職業觀當做一個研究問題，提出來和諸位討論一下。

一，青年的人生觀

我常常遇見許多青年的朋友，他們很喜歡和我談起人生的未來，究竟怎樣？社會上的事業，那一種最爲重要？我因此想到凡是有爲的青年，沒有一個不是蘊藏着無限的熱情和渴望，求做世界上第一等人和第一等事，這是青年最可寶貴的向上心，也是國家最可寶貴的原動力，我們的國家弄到如此衰弱的地步，不是沒有好的方法和制度，實在是缺少，像這樣以國家社會爲心的好人，你看自清末維新以來，幾乎把世界各國的良法美制，都搬運來試行過一度，但是他國所行之有效的制度方法，一到我國試行起來，不但沒有成績可見，反而發生許多的流弊，可想徒有良法美制而沒有好人去行，是沒有用的。

但是如何才能產生多量的好人呢？這就非從訓練青年入手不可，而訓練青年的第一步驟，又非端正其人生觀不可，因爲青年是國家未來的中間分子，國運的隆替，即繫乎青年的良莠，而青年的良莠，又繫乎其人生基本觀念的是否正確，所以有爲的青年，很喜歡談人生觀，正是極好的現象，就是不歡喜談人生觀的青年，我們也應當常引起他們的討論和研究的興趣。

青年的人生，往往偏於理想而遠於事實，有時因理想太高，慾望太奢，希求太急，希求太急，一旦碰到困難的境遇，或不易實現的事實，他們很容易從高度的樂觀，而轉爲高度的悲觀，甚或趨向高度的個人享樂主義，這是負了訓練青年責任者不可不好好的預防的，所以如何能使青年覺到人生的希望無窮，人生責任亦無窮，這就非建立青年的正確的人生觀不可。我不願多談微妙的玄理，亦不能高標不能實現的希求，我想從實際生活中提出兩句口號來，做青年們的正確的人生基本觀念，這就是：

「發展自我，服務人羣。」

所謂發展自我，是要先從認識自己的個性和知能入手，進而勇猛精進的利用個性，發展知能以實現其抱負，因爲人苦不自知，使假以有限的資稟而妄作過量的希求，或從事不適應的工作，一旦失敗，頓起悲觀，這是人生極大的錯誤，也是極大損失，還有資稟甚優，大可有爲，而立志不堅，或不知進取的樂趣，因而浪費其知能，戕賊其身心，無論對於個人或對於社會國家，皆甚可惜，惟有認定人生的樂事，即在適當的發展自我，不要求也不錯走，不浪費也不戕賊，持之以恆，赴之以勇，自然社會走上人生的坦途。

不過單單發展自我，仍不能解決人生的究竟，必須找到正確的對象，做我人終身活動的舞台，這才不負自我發展的原意，而生活也才有意義，所以自我發展以後，要緊接着服務人羣，這就是希望青年知道自我發展是爲的什麼，我們知道人類是羣的動物，社會是建立於個人和個人的結合上的，每一個社會中的人，只有忠實的爲人羣服務才能使國家和民族健全而繁榮，同時也只有健全的國家和繁榮的民族中的個人，才能使自身和子孫們眞正享受到現代的人生樂趣，再從歷史上看來，自私自利的民族，也只有衰頹和滅亡，生且不能，還有什麼人生樂趣呢？所以處處爲人羣服務，其實處處仍爲自已服務，所謂人人爲我，我爲人人，就是這個道理，因此我們更知道發展自我是手段，服務人羣是目的，合攏起來是青年正確的人生觀。

二，青年的職業觀

談起青年的職業觀來，更是一個嚴重的問題，中國人深中科舉的毒害，普遍的懷着一種偏見，以爲做官高於一切，這種謬見流傳，不知害了多少有爲的青年，因爲積習成爲社會上認爲當然，不問青年的天資如何，多使之學而爲政，即或所學非政，最後仍希其轉入於政，於是國家政法方面，人浮於事，而其他各種建設事業，則事浮於人，加以從政者流，別有肺肝的，頗不乏人，政治的前途遂愈無光明，這種謬誤的職業觀，對於民族國家，爲害甚大，所以我想提出兩句口號來，以矯正以往的謬誤，就是：

「職業平等，本位向上。」

社會上各種不同的職業，皆是爲適應社會上各種不同的需要而設的，所以各種職業，一律平等，本沒有什麼貴賤尊卑的分別，譬如政府裏缺少了一個部長，必致一部份政事無人主管，政府的機構就發生停滯不便的現象，同時我們也要知道，假如四川社會上缺少了抬滑桿，和拉灘船的工人，我們在水陸交通上也立刻感到十分的不便，并且使這兩種職業者異地而處，抬滑桿和拉灘船的固然不能主管一部的政事，同時做部長的，亦未必能抬滑桿拉灘船，於此可見這兩種職業者，是社會上缺一不可的，這就是職業平等的道理，我們既認識了職業的平等性，那麼當我們選擇職業時候，就不應當先有成見，把做官這一類的職業，看得太高，卻要先認清了自己的秉賦和特能適宜於學習社會上何種正當而需要的職業，我們就認定了那種職業專一從事，自然對於個人能發生極大的興趣，對於社會國家也能有極大的貢獻。

不過我們還要知道各職業間雖然平等，而從事某種職業的各個人所表現的成績和效能，都不平等，并且因各人努力的程度不同，其所表現的成績和效能，千差萬別，相去甚遠，所以凡是既然立志從事某種專門職業了，就要在這種職業本位上努力向上，以發揮其最大的效能，我們常聽見社會上有兩句流行俗話說：「三十六行，行行出狀元」這就是說任何職業裏都可產生出第一流的人物，祇要從業者，認清目標，立定志向，快快樂樂的在本位上求發展，盡量去改良，創造牠，不斷的努力，不斷的向上，以求達到最高度，絕高峯，有志者事竟成，他的成績自然會超出一般人以上的，最怕的，就是就業之初，就沒有認清目標，而從業期間，又不努力向上，等到自己發現自己的成績落後了，馬上又起了「做一行怨一行」的厭心理，羨慕別種職業，改業惟恐不及，及至改業以後，成績還不見好，於是「見異思遷」的老脾氣又發作了，所謂「此山看著彼山高」結果是徒耗時間，徒費精力，終身碌碌，一無成就，覺悟的人們，懊悔已遲，不覺悟的還是怨天尤人，而不自知其病根的何在，這也是人生可惜而且可憐的一幕，我不願青年們蹈此覆轍，所以特提「職業平等」四字，以為擇業的標準，更提出「本位向上」四字，以為從業的指針。

總之，青年的人生觀和職業觀原有一貫的精神，簡直說就是：「人生的目的，在展其所長，用其所能，為社會人羣造幸福，為民族國家爭生存，而當其入事服務之初，要慎選最適宜於自己的工作，以求個人的能力容易表現，及其從事工作的時候，又應一志專攻，努力向上，以求效率的增高，結果的圓滿」，這就是今天就正於諸君的一個結論，倘希諸君多多指教。

中國目前所需要的教育

李清悚講演　傅心波記

這一次到北碚來，一方面是觀光的性質，一方面是為職務上的關係，到預兒來承盧區長盛意招待，感謝異常，滿意同北碚的諸先生領教一切，並不預備說什麼話，承區長的堅邀，實在沒有什麼好的貢獻，兄弟是學教育與從事教育工作的人，應該是「三句話不離本行」仍舊和諸位來談談教育上的問題，好在在座諸君，一半是教師，一定是歡喜研究本身工作上的問題的，我今天的題目可以稱為中國目前所需要的教育，也可稱為中國教育上的三個大問題。

教育！我們始終認為是一種革命的基礎力量，廿餘年來的革命，始終沒有充分利用這種力量。因為過去的革命仍重在以武力奪取政權，在政治上革命，這是自上而下的革命方法，同時我們應當用教育力奪取民衆，在社會上革命，用自下而上的革命方法，二者同時并進，方能樹立革命的真基礎，過去幾年中我們已忽略了，近兩三年來蔣委員長提倡新生活運動，提倡國民經濟建設運動，一是心理的建設，一是物質的建設，用着社會運動的方法來推行，也可以說是一種教育，但如果能達到整個教育制度與方法中去，他的效能一定來得更大，為什麼過去就沒有能如此做法呢？這其間最大的原因是教育與政治在過去分了家，沒有合攏，我們應當認為教育是一種傳遞文化，改進生活，創樹文明，推行國家政策的工具，政治的本身也就是求全民族生活安寧與向上的一種方術運用，教育必須輔助這種應用，使政治易完成其目的，過去的教育既忘卻他這神聖的任務，今後我們在這抗拒敵人侵略的大局面下，復興民族的歷程中，應當忠實而爽利的校正了以往的錯誤，走入一個新的動向，欲完成這一個努力有三個當前的大問題，一是如何根據我國固有的環境整理設立一適宜的教育制度？二是如何推行一有統轄的教育計劃？

（一）如何根據我國固有的環境整理設立一適宜的教育制度。

這一個問題太大，在今天這短時間內我不能詳細的來說。簡單的說：「我國是一個農業的國家，社會是一個農業的社會，農業上最重要的是土地，土地的性質是固定的，我們自來的農業又是小農的制度，所用的技術又沒有科學的洗禮，與機械化，所以一家庭中的各員往往都成了工作的伴侶，於是家庭成為一個經濟團體，家庭間倫理關係格外重要，於是造成倫理關係的社會，因為土地是固定，於是安土重遷成為必然，因人民不喜離家冒險遠行，所以求安定和平是一般人的理想，因為求和平，所以博愛二字就成為我們人生的哲學，大同思想成為一般政治理論的歸向，這種社會關係！人生觀念，經濟制度，四千數百年如一日，未有多少變遷，到了海禁一開，西洋文明輸到中國來，鴉片一戰，打破國人自給自足的好夢，由於接二連三的外交失敗，而有曾國藩李鴻章張之洞等的洋務運動，康有為梁啟超等的維新運動，辛亥反正的三民政策，五四時代的文化運動，以至於現在將中國固有的社會形態變遷了。固有的文化搖動了，更將西洋工業國家，資本主義，個人主義等形成的社會中教育制度，完全抄襲來，並不問他能不能合於我國固有環境，其結果所造成享受西洋物質文明人比適應中國社會的人多，反形成我國社會與文化殖民地化，並不能解決中國的問題，這是政治上教育上一個很嚴重的錯誤。西洋文明自然有他的特質，可是中國畢竟還是中國，中國人還是中國人，中國五千多年的歷史性，自然有他繼續存在的道理，是不容忽視的，中國在這廣大的土地面上，已經多年應用她固有的文化，也是不容忽視的，我們應當根據我們的優點，改造我們的缺點，以西洋制度與方法做參考，全盤應用西洋的總不是辦法，如何樹立現階段新的中國文化，當然不是一個簡單的問題，然而我們根據了現階段國民生活形態及其現在和未來的需要，樹立一個適宜的教育制度是可能的，比如說我國有三萬萬七千多萬的農民與三萬多鄉村，那末農業教育與鄉村教育自應在教育上佔重要地位。又如說我國社會上缺乏組織能力，人民國家意識不強，科學智識與技術落後，那嗎我們教育上自應特別注意這幾點，所以我以為今後我國所需要的教育，是集團化的，生產化的，科學化的，合此三者都是浪費，在學校制度上現行的學制最發生問題的是中等教育，每年中學畢業者至多只有十分之一能升學，十分之九的不能升學，而學校專門施的升學教育，只好為了十分之一的人，十分之九的人在社會上閒浪了，這已經是不可諱的事實，社會上一般人偏要送子弟入中學，不入職業學校。這實在是一個病態，我主張現行的學制實有變更的必要，最好將現在中小學的十二年改為四年的國民基礎學校，四年初級生活學校，四年高級生活學校，高等教育添設二年大學預科或專修科二年，大學本科，國民基礎學校實施義務教育，專為一般公民教育的訓練，初級生活學校，注意鄉村幹部人才，農業人才之訓練，高級生活學校注意農業化的工業，及其他工業的訓練，為都市幹部人才的培養，其優秀分子之升學的以大學預科二年的外國語及其他工具科目的訓練，到本科以後分科，與高級生活學校並行的有師範學校，與大學並行的有高等師範學校，現有的職業學校一概取消，這樣的一個學制對於我國環境是比較的合宜的，這不過是一個例子，其他各種制度皆不妨準此整理。

（二）如何訓練擔負這種教育工作的師資

教育制度優良與否，尚須看運用的人如何？始能看出制度的效果，教師是運用制度的基礎人力，在我們復興民族的教育過程中，需要多量健全的師資是必然的事，我國現有的師資，在質與量兩方面都感到極度的缺乏。先以量說，據教育部廿二年度統計，全國中學生四十萬九千五百八十六人，師範生九萬九千六百〇六人，廿一年度統計，全國小學一千二百十七萬九千八百九十四人，如依人口統計慣性，每五人中有一學齡兒童，則四萬萬七千萬國民中當有學齡兒童九千四百萬人，以每五十人一個教師計，當需小學教師一百八十萬人，相差太巨。中學方面，即以目前小學生數，每年至少有十分之一入升學為一百廿萬人，加上固有學生數，需中學教師三四萬人，如小學生增多，中學生必同時增多，教師需要更多，現在小學教師每年尚有三萬初級教師可以培養出來，中學教師本來就沒有培養的機關，何處可得每年三萬人，所以以此簡單估計，已足了解教師數量的缺乏。至於質的方面說，小學教師有正式的師範學校在那兒訓練，尚無多問題，中等學校教師以無來源，大學非培養教師機關，教育學院僅能訓練教育行政人才及教育學教師，故中等學校缺乏正常師資，無幾的只有借用普通大學畢業生，此等學生雖有各科特長者，而無教育素養，其素質必差，所以目前對師資訓練制度的整理，是不容或緩的工作，最好恢復高等師範學校與實行師範區制度，全國劃若干高等師範區，擔負該區內中等學校師資訓練，與在職教師服務和研究的指導，每省劃為若干普通師範區，擔負該區內小學師資訓練與在職教師服務和研究的指導，各級師範學校校長，皆由中央遴選教學專家具有中小學教學經驗人士為校長，師範訓練的方針，由部統籌令各校統一奉行，這是第一點。至於在職的教師，一定要樹立起教育上建國精神必做到「經師人師合一」的方式。因為如果不能樹立一中心的建國精神。教育上所能造就的人才，至多是具有生活能力的個人或具有某種技術的匠者，不是健全的國民，更不是民族的鬥士。這種精神的樹立，其責任當然在教師。教師能不能擔負起責任，先決問題要在做到做不到經師人師合一。教育的本來目的，是要教學生怎樣做一個人，不是僅為販賣知識，不幸我國自施行新教育制度以來，就將「經師人師合一」之優良的實際制精神失去，將教育上人的關係，變為制度的關係，於是校長爲老闆，教師爲夥計，學生爲顧客，學校等於商店，校長一天到晚不是在應付政治上或社會上人的應酬，就是就憂着經濟問題，籌劃着經費，能以十分之四五時間來注意教導問題，已不可多得，校長至多做了一個行政的中心，很少能做到一個全校的思想領導者或行爲表率者，至於教師未來之先，已存有應用的性質，既來之後，自然將權利和義務對待的關係，看得太分明，教幾小時的課，拿一小時的鐘點費，自然上課以外，不能白盡義務，更想不到行爲表率，有時有一二學識優長教學良好的教師，各校爭相延攬，身價一高，名士氣愈重，唱高調批評行政，學生以及能反抗權力階級，相率仰從，遂造成一種刁風，學潮之起，大半由於此，其學識稍遜者，爲了怕惹學生的反對，而失卻地位，於是儘量用種種方法籠絡學生，予學生以卑鄙印象，種種弊端，都是生於教育太重制度不重人，教師只能做經師不能做人師。經師人師合一，時下就沒有這種弊端了，在經師人師合一的狀況下，教師不但是智識上的領導者，也是思想上領導者，也是行爲上的領導者，這種教師必需（一）要崇尚智識行爲具有相當素養，（二）要受過相當教育的陶冶，（三）對教育具有忠誠能專其業，（四）能了解國家的政策並奉行教育上法令，（五）與學校當局在意思上充分合作，（六）在可能範圍內肯與學生共同生活（七）知行合一的原則下以身作則（八）能吃得相當的苦，不把權利和義務的關係看得太明太重（九）能將學生看作自己的子弟，（十）能了解和欣賞青年的生活對青年同情。這十個條件若不奢求，能做到雙方可稱爲經師人師合一，自然做教育事業，比較其他職業要苦些，因爲要遏制自己的物質慾望，要時時刻刻對自己行爲負責，自覺力與自制力不免需用的要多些，可是能將這些行爲變成習慣時，就不覺得苦了，我們并不希望每一個教師都是聖人，尤不希望教師所說的話，都是太上感應篇，只不過我們所希望於青年者，我們自已先做到，我們覺得國家所需要的是何種青年，我們自已先成爲國家所需要的人物而已，如果能將這一點做到時，即可以稱爲教師。

我們爲了提倡「經師人師合一」教育應當厲行導師制度，導師制是（一）增加師生間了解與親密的關係，（二）使學生不但在智識上得一個領導者，且在行爲上也得一個領導者，（三）將學校訓育責任擴大擔負，使每一個專任教師都要分担，（四）使訓育方法易於由消極的變成積極的。實行導師制以後，每一導師與他所指導的學生，在智識上就變爲藝徒與業師的關係，在行爲上可以變成父兄與子弟的關係，甚至變成昔日樸學大師與其門弟子關係，終身不能分離，在這種關係中施行教育，方能親切，方能有更大的效能，人天然是一個感情的動物，對於感情親密的人所說的話易被重視，是自然的趨勢。教師如僅能立在制度上說話，只多能以力服學生，不能改其心，一時的服從不能影響他以後的行爲，更不能造成他的習慣，導師制度下的訓育是：動以情，爲方法的素調；明以理，爲方法的本體；繩以法，爲最不得已的手段，如此影響一個青年的前途是很大的，俗說「一日之師，終身爲父」，要如此的師方能有終身爲父的資格。一方面在校以內厲行導師制度，一方面在校以外的社會上要提倡尊師，社會尊師是教師的精神上一個極大安慰與鼓勵。我們在教育上應當希望教師不僅是青年的領導者，而且是社會領導者，就不能不積極提倡尊師，假使將來管教合一的制度與方法能自然的確立起來，那嗎做這一種導師的責任更重大，關係更深長。社會應當更尊敬他鼓勵他成功。如何提倡尊師，第一要在教育制度上存尊師的表示，第二要造成社會上尊師的輿論，第三要使社會風俗習慣上有尊師的制度，以上三點是訓練我們目前所最需要的師資重要方法。

（三）如何推行一有統緒的教育計劃

第三個問題是中國目前需要將來全盤教育制度來作一個極大的調整，依着現在及未來的需要，製成一種有統緒的教育計劃，來用統制力量去推行，過去的教育在效果上不能說沒有相當的成就，在制度上也不能說沒有相當的計劃，在方法上也不能說沒有過相當的努力。只是一種制度與方法的建立，在時間與空間上沒有經過通盤的籌劃，每一種制度與方法的實施在時間上變動也太快太速，往往沒有看見他的成効就變易了。這是無可諱言的事實。在以往我國各種事業都逗留在自生自滅的狀態中，於是教育也帶上不少自由發展的偏重性，但是必然的。今後各種事業是必須以統制姿態出現的一種有統緒有步驟的實施，在經濟建設上要明白宣佈實施計劃經濟，教育必與政治合流，必與建設合作，也必實施計劃教育，這還有疑問嗎？計劃教育的實施要有種種準備，如製訂計劃以先必要充分調查事實，根據事實在空間上顧及內地與邊疆的需要，在時間上顧及二三十年內國家社會的需要，就時間空間上劃定幾個觀察的據點，製成有嚴密統緒的計劃。

而擬定計劃的機關，必是教育上最高審議與設計的機構，其中包括教育的專家，有經驗的教育學者，及各種經濟學的專家。計劃擬成以後，還要調整行政的機構。目前教育行政機關太缺乏自身的統制性。各地方教育行政機關只知道尊重各該地方政府的行政主體，對於中央教育行政機關的政令不能必從，這是一種很大的病態。

四 調整機構中最大的一件事是要行政人員的遴選與任命方法的集權化：比如各省教育廳長應由教育部選請國府任命，不要由主席直接選擇，這是統制實施上很重要的一點，然後再求平日行政方法的靈活，務使這種統制機構恰如一個生物機體一樣，以造成一種有機性的制度，來推行這一種有統緒的計劃教育，必定能發生最大的效能。

以上這四個問題，我認爲是目前我國教育上很重要的問題，如果這一個問題，不能得到相當的解決，要希望教育能在復興民族工作上有所貢獻是不可能的，我總認爲教育是一種革命的基礎力量，教師是復興民族工作中一支主力軍隊。在德國在波蘭都有很顯明的成功例子，在座諸君，雖非完全是教育上工作的人員。而教育的影響，總是普遍的。尤其我們從事地方工作的行政人員，應當將政治的事認爲教導民衆與管理民衆是並重的，而教導工作，尤應在先，假使一般民衆的教育水準提高，對於政令的推行，還有什麼困難呢？

貴區的政治在盧區長領導之下，我們已看出，管教養衞合一的努力成績，最後我們希望這種成績蒸蒸日上，今天費了諸位許多寶貴時間，聽我拉雜的話，實在對不住，請原諒。

情感與人生

韋栩泉演講
華文綸記

今天如果是一個演說比賽會，我的地位當是不利，在先講的人，因爲「前因」的關係，很給人注意，在後講的人，因爲「後果」的關係，也很給人注意，只有我站在中間講的人，最不容易討好，我本來不預備講話，盧區長說每人都要講一點，一時又想不出什麼好的題目，剛才聽了馬先生講「青年的人生觀與職業觀」，想起一些關於做人的材料，隨便講講。

每個人都有一種職業，同時也很容易養成一種對他那種職業的態度，譬如商人在營業上一定要錙銖必較，律師在執行業務時很審愼，和人談話都要錢；化學家在實驗室只記得分析化合，電子原子，這都對的，但是職業的態度不能作做人的態度，如果商人對朋友都錙銖必較，律師對朋友談話都要錢，化學家把朋友看作電子原子，那就要不得了。因每個人固然都有一種職業，然而每個人都是一個人，既然是人，就應當有廣大的做人態度。

中國一向是農村社會，就是現在也還是擁有廣大的農村，農村社會裏的人，往往偏重情感，所以中國人做人的態度也是重情感。

「情感」這東西，有他的缺點，可是也有他的長處，情感是熱的，是一種動力，人類如果沒有情感，什麼事都辦不成，我們翻開歷史，那上面所記載的許多可歌可泣的事，以我們親眼所見的許多精彩的人生，那一件不是情感推動的呢！左伯桃爲羊角哀凍死，曹娥爲覓父投江，一個十來歲的孩子，走七千里尋母，一個貧賤伶仃的女子，爲着孩子可以受盡折磨，公孫杵臼可以爲趙孤而死，革命志士可以爲主義而犧牲，凡此種種，那一件不動人，又那一件不是情感造成的呢！中國人的「篤情無我」的人生，處處都可以看得出，因此中國社會，始終是熱烘烘的。

中國人重情感，固然是由於中國是農村社會，但是先哲的教訓，關係也極大，中國思想界的大宗主是孔子，孔子哲學的中心是一個「仁字」，仁便是由情感出發的，後儒祖述孔子，都從這上面發揮，因此影響中國社會極深，其他像墨子的哲學，雖然不免有點功利的色彩，而愛人的精神却極濃厚，他爲着止楚攻宋，不睡覺，跑破了脚，說服了楚王，多麼可敬，多麼偉大。

我們再看西洋社會，人與人之間，就不如中國熱烈，一則因爲他們是工業社會，二則因爲西洋人重理智，重理智並不是一件壞事，但是太重理智，就事事打算，事事計較，因此權利義務的觀念便深入人心，他們父親可以和兒子算賬，兒子也可以向父親要房錢，朋友之間也是一同吃飯，各會各的賬，一同看戲各給各的錢，冷冰冰的情形，決不如我們中國「禮尚往來那」樣親切有味。

西洋人因爲重理智，因爲事事比較計算，不安故常求好了還想好，精了還想精，所以是前進的，物質文明的進步，還是重要的因素，不過把這種計較打算的精神，用在做人的方面，却有很多的痛苦，世間上沒有絕對的好，也沒有絕對的精，你以爲好，前面還有好的，一比較之下，馬上就感着不滿，等到你進一步，人家又進一步，或者你在這一方面趕上人，那一方面又落了人後，始終是彷徨，始終是煩悶，也始終是悲哀，我們只要一看西洋人外部生活緊張，內部生活矛盾的情形，就可以知道他們的人生是如何的痛苦。

中國人做學問前進的精神，雖然不如西洋人，做人的道理却比他們高妙，最大的長處，就是崇尚情感，不比較，不計算，在任何環境之下，都能找得着樂趣，顏回在陋巷，王陽明在龍場驛，是何等惡劣的環境，然而他們能自有天地，自有樂趣，不但聖賢能「無入而不自得」，就是販夫走卒，他們也能享受人生，一個拾滑桿的，只要他今天收入不錯，買着了一點他喜歡吃的東西，一家團聚，吸一袋烟，喝一盅酒，他就滿足，他決不和那坐在高樓大廈裏的人們比較，因此他也最樂，如果這拾滑桿的太理智了，拿他的不避風雨的茅屋和上等洋房比，拿他的粗惡不堪的飲食和珍饈美味比，那他就一輩子得不着人生的樂趣。

情感和人生的關係，上面已經略略地說過，不過我們要的情感，決不是那最原始的激動，而是最高的情操，第一要把我們的情感加以擴大，第二要把我們的情感加以提鍊。

擴大　人之情往往爲私，充其極一定是損人利已，所以要擴大，孔子所講的仁，就是最廣大的同情，雖然從親親做起，結果是要做到「天下爲一家，中國爲一人」的，中國人只知愛家，不知愛國，只愛個人，不知愛民族，還是要糾正的，愛家並不是不對，然而到了愛家就停止了，不再擴大，那就不對的。

提鍊　人之情又往往容易失之野，充其極就是汎濫，所以要提鍊，提鍊不是斷絕，汎濫的情，固失之太過，斬絕了情感，又失之不及，所謂提鍊，就是使情感得中，遇得意事或失意事而無動於中，非人之情，遇得意事狂喜跳躍，遇失意事號啕痛哭如瘋如顛，也不合式，亞里斯多德說：勇敢是美德，過之則爲魯莽，不及則爲懦怯，又說慷慨是美德，過之則爲奢侈，不及則爲慳吝，正和孔子所說的「文勝質則史，質勝文則野」一樣，古詩人的情感「哀而不傷」「樂而不淫」，最能表現中庸之美，我們一定要把情感提鍊到這個程度。

總結起來說，中國有中國的歷史，中國的社會環境，也和西洋不同，無地域限制的自然科學，我們可以跟西洋人學，有史地背景的做人態度，不必跟西洋人學，我們熱烘烘的社會，決不讓冷冰冰的空氣來破壞，博大的感情無我的情懷，也決不讓狹隘的權利義務觀念來侵蝕，我們將來雖然也要踏上工業社會的路，但是仍希望保持農村社會的情調，現在大都市已有利用電力分散成多數小鄉村化的都市的傾向，生緊張，機械化，個人主義的色彩，已經可以減少不少，我們又何必一定要學人家呢！

職　業

喻鑑清　講演
陳西庚　記

職業的定義

今天承盧區長厚意，也要兄弟來講，事前沒有準備，只隨便談談好了，要向諸位談的是：「職業」，到底職業是什麼？，記得基督教的舊約上，有着這樣個故事：「上帝造人，首先創造亞當，夏娃，上帝以他們來看守樂園，園中有無花果樹，結有果實，上帝曾曉示他們這果子不能吃，但後因受了蛇地引誘，他們終於摘食了無花果，頓卽自覺其變成了無衣掩蔽的裸體人，上帝走來，他們感覺難爲情，用樹葉遮身，因此上帝就懲罰他們，教他們以後必須耕種才能生活，以勞苦的工作，來贖取自己的罪惡」，（男子要汗流滿面地工作，女子須受生產痛苦），所以有許多人以爲「職業」就是：「罪惡的代價」，還有些人說：職業是上帝的使命(Calling)，是一種服務人羣的任務，現在更有人說：職業就是混飯吃的工具，這句話也有相當的理由，確不甚適當，若是職業的唯一目的在混飯吃，那末強盜，土匪，叫化子，也是職業了，這樣的看法是絕不能夠的，果眞如此，強盜與教會的就無絲毫差別了，所以我覺得職業的定義，必須綜合兩方面的意義，即是一方面混飯吃，維持個人生活；一方面是要服務人羣，要各盡所能，為社會作事。

職業的特性

我們為什麼要有職業呢？要解釋這個，首先應該了解職業上幾個最基本的特性：

職業的普遍性：社會上每個人都應該有職業，可以沒有職業的僅有兩種人，一種是年幼無知的小孩，一種是老邁無力的人們，前者是在職業的準備時期，後者是已經過長期在社會上的服務，而應得此種的享受，此外就是殘廢者亦都要有職業。

職業的改進性：社會是一天一天的向前推進，職業是社會的產物，所以也要隨着社會向前改進，職業有進步，人類才能得到更多的幸福，我國職業多墨守成法，不予以改進，譬如二千年前看見這樣一個犁鋤子，現在還是像這個樣子，「現代」的職業是積極改革的，天天改進的，否則就失了「現代」人的資格了。

職業的互助性：「一夫不耕，或為之饑，一婦不織，或為之寒」，一個農夫，一個女工，在社會上的地位雖然不高，若是罷工，人們就受不了「饑寒」的痛苦了，社會上任何職業與人們的生活，都發生密切關係，整個的社會同巨大的發動機一樣，每一部分都有他的功用，倘若失掉了一個小小的螺絲釘，這機器整個組織機構會因此不健全，發生毛病了，職業也是這樣需要相互幫助的，分工合作是社會進步的原動力。

職業的平等性：站在職業的立場上來說，一國的領袖與一個苦力，大學教授與一個小學校的工友，是一樣的，是平等的，職業無貴賤，普通位置的高低，不是先天智力的差異，就是環境的不同所造成的，所以職業的本身決不分貴賤，可是人格雖有貴賤，貴賤的區別，不在職業的名稱，而在能不能「各盡所長，各盡所能」。

職業的選擇

一個人對職業的選擇，要自忖個人的個性和環境，對於未成年的青年，為父母的，為師長的，就應循着種種觀點的觀察，科學的方法，去研究他們將來能作什麼？假如不根據人的個性社會的環境去選擇職業，這不但是個人的損失，也是國家的損失！

職業的指導

在社會上有的人缺乏自我的認識，即是說他們多不能自己知道自己，因此而對自己的職業不能選擇，國家應有職業指導機關，幫助大家選擇職業，用種種科學的方法，測驗人們的個性，進而再根據社會的需要，指導他們選擇職業，人與事配合適宜，社會才不會有損失。

職業的訓練

祇辦指導而不施以訓練，還是耗費的，自然在擇定了職業之時要受相當的訓練，但已在就業中的人，亦應不忘掉了訓練，否則這種職業是要崩潰的，整個社會是不會有進步的，過去中國的職業教育有兩種錯誤，一是學校教育祇重口頭上的教，而不多做實習，一是藝師教學徒，又只重做，而成知其然而不知其所以然，造成盲目的做，結果均遭失敗，近來國人主張「職業應與教育合一」，舉辦職業學校，我國提倡職業教育，對中等教育經費支配，規訂百分之三十五辦職業教育，百分之二十五辦師範教育，百分之四十辦普通教育，但職業教育真正辦理完善的，仍佔少數，在美國不但有好的正式職業學校培植人材，而且有不少的各種職業補習學校，予以就業的人們改進職業的機會，我國需要職業與教育打成一片的職業教育，及真正適合社會需要的職業學校。

職業的介紹

一個學生在學校畢了業後，就應該找到職業。如果成了「畢業即失業」，那末只好在畢業後，為環境所迫而隨便找一行職業做做，來實行所謂「混飯吃」，結果「學非所用」使人力與職業不能配合，造成人事不經濟的現象。所以一個國家又應該舉辦職業介紹所，調查有什麼樣的人材失業，有什麼樣的職缺找不着人做，從此方能把人與事配合適度，解決種種職業問題。美國的職業介紹所，不僅只作職業介紹，而且還幫助政府解決了不少的社會問題。

職業的改進

各種職業應注意改進，不能改進則不能與人競爭，所以一個國家應該有各部門的職業補習學校之設立，定期的或不定期的，自動的或強迫的召集就業或失業中來作短期的訓練，將技術差的人再施以進步的訓練，美國舊金山公立補習學校長，我親自會見一位十二歲的小孩同一個九十九歲的老人在一起補習，美國政府命令六十歲以上的人，應該退休，前江蘇省昆虫局第一任局長（Woodworth）現在已八十歲了，（可是他服務社會的心很切）因法令之規定，很是着急，後來他商承他的學生（某大學校長），為他特設一間復習室，我每天親自看見他總是按時工作，從不稍懈，此則一例，類似者更不知凡幾，可見外國人研究的精神，社會服務的興趣，和改進職業的熱忱，實在令人佩服，這種自強不息的精神，我們應該仿效的，最後的希望是無論農業者有職業，有職業者要更精求其進步。

楊家駱先生講演詞

舒傑　葛向榮　記錄

一，律動論之形成與實踐

無關社會人生別無意義與價值之可言——律動論——集納辯證決——知難行論——哲學之實踐

二，中國辭典館之理想與事實

政治設施與社會改造的憑藉——如萬里長城一樣的工程——中國學術百科全書——替每個人建築了一所大學——拓殖那蘊有無限寶藏的荒原——中國圖書大辭典——學術界之長生藥——愚公移山精衛填海——超過淵博的二十五史之上——最小單位之機械式的歸納法——十九國四千個圖書館——不及南京原藏百分之一——權借金剛碑屋數十間為館址

三，公社制度之初期的實施

中國經濟的第一病型及公社之對策——中國經濟的第二病型及公社之對策——大衆生活的水準與社會化的必然性——人力與物力的配合——公社之組織及其業務人事的諸問題——公社設立之外緣的諸問題——抗戰建國力量產生於泉源中執行社會與經濟興革之實務的機構——計劃原理之徹底的應用——地域單位與復合分配制——歷史結論中的建議部分

北碚是兄弟久嚮慕的地方，此次身歷其地，眼見一切苦心經營的設施，不勝欽服！而諸位蓬蓬勃勃的朝氣，尤非他處所易見到，故稱北碚為中國曙光所在之地，亦非過譽！今天承盧區長約兄弟來此講演，兄弟覺得非常快慰，同時又覺得非常慚愧；快慰的是得與諸位聚話於一室，慚愧的是兄弟並無什麼可以貢獻於諸位，叫兄弟講演，尤其不敢當，今天不過隨便談談而已：據剛纔盧區長對兄弟的介紹，所舉約有三點：一為兄弟的思想；二為兄弟的事業；三為兄弟所擬訂的社會制度。所有盧區長過獎之處，兄弟一概謙謝，因為兄弟的思想，事業和所擬訂的社會制度，均尚在研究的途程中，實不能當此盛譽。惟今天兄弟想不出談話的題目來，不妨即就此三點，向諸位報告一番，以求指教！

一，律動論之形成與實踐

大概是我十四歲的時候吧，三年之間，我的父親，我的祖母，我的祖父，相繼見背，在悲痛的刺激之下，粉碎了童年所認為一切皆係「當然現象」的宇宙。開始詛咒造物者的無知，覺得他真是不憚煩勞，為什麼要以生老病死四象，玩弄着人類，有一天讀到波斯莪默伽亞謨（Omar Khayyam）的魯拜集，（Rubaiyat）他說：

哦！入世，
如水之不得不流。
不知何故來，
亦不知來自何處！
哦！出世，
如風之不得不吹。
風過漠地，
亦不知吹向何許！

他又說：

莫問是在納霞堡或在巴比倫，
莫問杯中物是苦汁或是芳醪，

生命的酒漿滴滴地浸漏不已！

生命的綠葉葉葉地飄墜不停！

他又說：

今日猶如昨日，

明朝也是如今！

我讀了之後，足足痛哭了三天，但並非懷想死者的[illegible]，而是否定了人生意義與價值的悲哀！再環顧四圍社會的一切病態，無邊的苦悶更是層層的壓在我的心頭，有時直壓得連呼吸都發生了困難。於是整日整夜的為了下列諸問題而徘徊：

一，人類在宇宙間，是否僅為自然演進的機件？

二，人類社會，究竟要走向何種歸宿？

三，個人與社會，應有自覺的行為呢？還是應如盲人騎馬一般的含混過去呢？

四，如果應有自覺的行為，那什麼纔是形成自覺行為的鵠的？

離開社會人生別無意義與價值之可言

上面對人生意義與價值的否定，似乎是一種消極的態度，而其實是一種積極的態度。倭鏗（Eucken）說：

我們之所以否定一切，是因要肯定一切的。為肯定而否定，其中實含有無限的光明！

那時我不但整日整夜的想，又從中國哲學著作，翻到印度哲學著作，西洋哲學著作，企圖從古今哲籍給我一座[illegible]。但哲學史卻告訴我：自從我們那穴居野處的遠祖，直到今日大學講壇上的白髮教授，對於這些問題，都不能給我們以絕對完滿的答覆。誠如魯拜集所說：

不過是癡人說夢，

醒後告了同儕，

匆匆又歸大夢！

然而尼采（Nietzsche）畢竟給我一線啓示，他說：

人生如無意義，我必與之意義，而造一有意之人生！

[illegible]更廣其道，亦以[illegible]者，

我們生活的意義與價值，若不能發現，我們當自進而創造之；縱人類曾此一切努力，俱歸無效，我們亦決不因而失望！

從歷史上證明人類所居的世界，乃由人類社會的創造力與物質所構成，現仍繼續在構造之中。個人誠然渺小，但個人社會行列而為其一細胞時，則其生命便與人類歷史同其恆永，以至那無盡的光明的將來！所以離開社會，人類別無意義與價值之可言；而社會共同企求之理想的生活，恰恰是控緊人生意義與價值而為每個人共同趨赴的所在。可是我們的祖先，因為智識與經驗的限制，故其理，知，情，意未能擴大至最大的一圈；而其能力又不能充分表達以成絕對「自覺的行為」。我們既繼承着那愈累積而愈豐富的知識與經驗的遺產，即應竭盡每一細胞應有的努力，光大那遺產的威能，而以「自覺的行為」達到社會共同企求的理想生活！

律動論

以上是兄弟「哲學的活動」之造端與將來歸宿的輪廓，然而是一個未完工的建築。這建築物我們名之為「律動論」。上一節話的後半段，便是基於「律動論」之人生觀的「素影」。要兄弟目前對「律動論」下一簡短而完整的定義，真比寫一部「律動論」的書籍還難。在哲學著作中，那些著者往往在書前告訴讀者，你要知道哲學的定義，最好在你讀完這本書之後；因此，要知道「律動論」的整個定義，亦祇有等兄弟完成「律動論」的體系，而寫成書籍之後。諸位聽到此處，不免失望，但是諸位如果肯到圖書館中翻一翻哲學書籍，必能明白兄弟的苦衷，正是哲學的特徵！否則我將串聚一大堆哲學的專辭，以玄妙的口吻，朗誦一過，諸位聽了之後，其失望必更甚於此！然而「律動論」究竟較諸其他哲學有何進步，而足跟可以立穩：這因為「律動論」並非由空想而成立，而是經過「集納衡證法」之精密嚴整的歷程而產生；更因為「律動論」並非為哲學而哲學，他的「理境」是以「知察行論」為其動力而可臻於實現的。今天所要貢獻於諸位者，除了一點關於人生觀的意見外，便是「集納衡證法」與「知察行論」的應用。

集納衡證法

所謂「集納衡證法」，最初祇是兄弟從事編撰「民國史」及「百科全書」時所採用的工作程序，以後運用日精，遂以為凡是未經過這種程序的學術，不能成為真知與真理。這話並非欲以一手而去推翻過去歸於學術上的努力，其實過去凡是學術上的成功，無不曾在不自覺之中經過了這種的程序。不過到兄弟纔將這程序明白的標舉出來，

且錫予一個名稱。在未將這程序明白標舉出來之前，學者自然不免要走許多寃枉路，最後無意中走上這條途徑時，雖以成功，而仍不自覺。我們現在要將這途徑明白標舉出來之故，卽在使大家不致再走那寃枉路。我們對於每一學術工作，必大規模的蒐集所有的相關資料；復將這些資料，按其各級各式的最小單位，爲機械式的歸納，於是可從歸納的結果，展開極客觀的敷陳，而後再加以縝實精密的衡量與辯證。其結果則一切現象由孤立的變爲相關的；由散漫的變爲系統的；由複雜的變爲單純的。一洗過去的武斷，而發見永恆的眞實。「律動論」便產生於這工作之下，他以古今中外的思潮，和科學與歷史爲其資料，再經過歸納衡量，辯證的途程，而鑄成一個哲學的型系；所以他非因襲，亦非創作，而爲濾清一切滓渣，彌補一切罅隙，再綜合而成的新整一體。有人問那末「律動論」將成爲永恆的眞理麽，我不敢否認我有這樣狂妄的企圖，一切從事「哲學的活動」者，亦正如我一樣，以達到這企圖爲其鵠的；可是「集納衡證法」的應用，是一種很大的工程，「律動論」尙在那工程的進行中，他最後是否成爲永恆的眞理，尙有待於那工程的完成之後。

知察行論

固然，哲學是精神的食糧，他集納宇宙與人生的森羅萬象，使成爲我們的財產；於是我們得以領略宇宙的偉大與人生的恆永，而從狹隘的個人的目的裏解放出來。其實，他更是我們精神的武器，他發動我們之「自覺的行爲」，以從事光明的創造！所謂「自覺的行爲」卽爲哲學之實踐。這哲學之實踐的歷程，在「律動論」上，卽所謂「知察行論」者是。我們認爲凡未經過「知」「察」「行」之嚴整的歷程，不能稱爲「自覺的行爲」。此後人類社會，應爲「自覺的行爲」所支配，絕不容其再停滯於盲人瞎馬的黑域，及如今日之半自覺的狀態。所謂「知」，爲對累積的知識與經驗爲廣博精深的認識；此爲「自覺的行爲」之資源。所謂「察」：爲以其認識爲資料，再以社會與個人的情况爲尺度，而來審決未來行爲的趨向及步驟；此爲「自覺的行爲」之準備。不但使將發動的行爲受意識的支配，尤須檢點其「潛伏意識」，以防其與「顯著意識」相背馳。「潛伏意識」實爲吾人罪惡與矛盾的泉源，其勢力遠較「顯著意識」爲大。而約束之道，有賴於長期的修養；但遇事檢點，及減少外界的暗示，多少足以削弱其作祟的勢力。此處所謂「潛伏意識」，不惟指個人的「潛伏意識」，而且包括羣集的「潛伏意識」。所謂羣集的「潛伏意識」常表現於羣衆心理之中。故吾人行爲之關係社會者，對於羣衆心理，尤不容加以忽視。此種學問，諸位一讀 Freud 的精神分析引論及 Allport 的社會心理學等書，當能知其梗概，此處無暇詳言。所謂「行」卽經過上述二歷程所發動有計劃之「自覺的行爲」。此種「自覺的行爲」，將以自救，且以救人，而相偕以進於光明的樂園，然非無代價的獲得！（向來論「知」「行」者，多忽略「察」之階段，故本節所述於「察」特詳）。

哲學之實踐

我的終身事業，卽爲我對「律動論」之實踐；而且將獻給任何實踐此哲學者以工具。這就是說：我個人因爲浸潤於我的哲學之中，遂至發動其「自覺的行爲」，奔赴於律動論之「理境」；然而這「理境」不是縹渺的天國，而是一個合理的人類社會，因之獨善其身，永無到達「理境」之一日，必須兼善天下，始有到達「理境」的可能；是以除了個人之「自覺的行爲」之外，更應以種種工具爲推動社會自覺的輪齒，使任何人皆能發動其「自覺的行爲」。第一我想編譔一部「百科全書」，網羅那廣博無垠的智識經驗及其歷綜的記錄，而爲一總冊，以充實我的認識，且獻給任何人以充實其認識以工具。第二我想編譔一部「民國史」，敷陳近數十年間一切「史値活動」與各類社會各類人物的「型範」，而爲一總冊，以爲改造既存狀態，計劃未來行爲的依據；且於此展開社會與個人之「顯著意識」與「潛伏意識」的各類形態，而予吾人以扶植「顯著意識」與控制「潛伏意識」的殷鑑。既然說「離開社會別無人生意義與價值之可言」，則所謂「造一有望之人生」，卽係造一「有望之社會」。今日之社會，雖非聽其自然演變，聽其自相矛盾，聽其因襲腐蝕而不改的盲目社會，然其病態紛陳，及停滯於一半自覺的狀態之中，絕非爲意識及計劃所支配的理想社會，則可斷言。吾人不需要有意義與價值之人生則已，否則必改造此社會使爲一「自覺行爲」之有機體，始能構成一「有望的社會」。所以第三我便以前項關於「知」「察」的工作爲基礎，而擬定了一個改造社會使成爲「自覺行爲」之有機體的方案，卽所謂「公社制度」者是。羅素（Russell）在其所著「中國之問題」一書中，（中譯本二五三頁）曾鄭重的昭示我們：

苟中國之改良家，開創一種較現今更良之經濟制度，則中國對世界可謂實行其適當之職務，而於吾人失望之時代，與人類以全新之希望，余欲以此新希望喚起中國之新少年，此希望非不能實現者，唯其能實現乎，故中國當受愛人類者極高之推崇。

蓋羅素在其詳細觀察中國文化之後，深以爲中國現在雖陷於極端困苦的情勢之下，然却最富有調和世界文化而實現一理想社會的可能。所以他信任中國一定可以產生一理想的經濟制度，而此項制度又將超國家而爲全人類新希望之所繫。這位哲人對我們所寄的厚望如此，「公社制度」至少是想仰答他那厚望的一種努力，關於這些在後面「中國辭典館之理想與事實」及「初期公社之輪廓」二章內尚有較詳細的闡述。此外所要聲明者：即兄弟在前面已經說過，個人僅係社會行列中的一個細胞，兄弟自然不能例外，上面所舉的工作，皆係關係社會全體而又極其艱巨的工程。欲其完成，將有賴於大多數人以其最大的力量去推動，兄弟亦不過竭盡其一細胞之努力而已，可知此種工作非一人之力所可完成，亦非短時間內所可完成。然兄弟確信其必有完成之一日，誠如羅素所言：

思想的權力，在其最後，是必要勝過人類別的一種權力的，思想家如果有思想的本領，又有想像去配合人類的需要，那末，所志的目的，雖不能在生前達到，遲早必能完成的！

二，中國辭典館之理想與事實

我的祖父（諱星橋）畢生致力於現代史料的蒐集，而我的父親（諱紫極）則是一個狄特羅（Diderot）的崇拜者，他們爲了完成他們的理想而教育我，於是我在童年時即妄想着將來能成功一個「現代史」和「百科全書」的編撰者。其後又因思想上認其爲實踐律動論之工具，遂更增強其從事於此的興趣！

政治設施與社會改造的憑藉

這裏所謂「現代史」，並非如「史綱」「教科書」之類，而是一種「基本史」。 在中國史籍中尚無一部可以稱爲「基本史」的。所謂「正史」差可比擬，但以「正史」作爲「基本史」，實嫌簡略。他將詳細的記錄着現代的一切「史值活動」與其「空間的靜態」。一方面將予政治設施與社會改造以一種確切的憑藉，一方面供給以後研究這一時代的史績，或專門問題者以一個取之不盡用之不竭的府庫。編撰「基本史」的工作，正如伐山取石去建築一座萬里長城一樣，而「史綱」「教科書」之類，祇是這萬里長城的局部攝影罷了。

如萬里長城一樣的工程

那如萬里長城一樣的工程的基本史：要以「直接性的史料」爲根據；要以「普遍性的歸納」爲方法；要以「同時代的體驗」爲判斷；最後出以「超越史境」的敍述，如此總能鑄成一部理想的「基本史」。但是除了「同時代的體驗」與「超越史境」的敍述，是修養和手法的問題之外，如果去重編「往代史」，決不能得到多少「直接性的史料」；史料既不完全，整理時更何能用來作「普遍性的歸納」呢？所以我的史學理想，也祇有寄託於這一部「現代史」上。 這一部「現代史」，我名之爲「民國史稿」。所包容的時間，將以我及身所見者爲其範圍。但史的階段，不能與我的壽命相適應，所以這部「現代史」將以「戊戌政變」到「辛亥革命」爲前編；而以南京臨時政府的成立，到國民政府遷設於南京爲初編；從南京國民政府的成立到去歲「蘆溝橋事變」以前爲二編；更將以現在正在展開的抗戰史爲其三編，……

中國學術百科全書

正史中如史記八書，漢書十志，實具有「百科全書」的雛型。現代式的「百科全書」是將宇宙間林林總總的智識，各予以一簡括的命題，按照極機械極單純的方式排列着；每一命題下，鎔合所有的資料，各成一篇極精博而又極簡明的條文。編撰「百科全書」的工作，正是編撰「基本史」工作的又一面；而「基本史」恰恰是以歷史形態表示出來的「百科全書」。 在工作進行上，兩書同時編撰，尤有其莫大的便利，所以我在從事編撰「基本史」之外，敢於同時肩起這編撰「百科全書」的工作。這「百科全書」我名之爲「中國學術百科全書」。

替每個人建築了一所大學

在此我謹略略的將狄特羅主編的「百科全書」介紹一番：一七七二年法國「百科全書學派」的哲人狄特羅，達倫培爾（d'Alembert），魁斯奈（Quesney），杜爾閣（Turgot），馬孟德（Marmontel），荷爾巴赫（d'Holbach），麥萊勒（Marellet），盧梭（Rousseau），孟德斯鳩（Montusquieu），福祿特爾（Voltaire），龔狄亞克（Condillac），愛耳惠特（Helvetius），康多塞（Condorcet）等，耗費二十一年精力所著成的「百料全書」(L'Encyclopedie)三十五巨冊全部出齊，這是一部世界上最光榮的「百科全書」！這部書將十八世紀和其以前歐洲的文化學術，施以大規模的清算，立了幾萬個命題，於每一命題下，作一詳備摘中的論文。提特羅時代所有的知識，都網羅在這一部書之內了！歐洲學術還時正封鎖在僧侶與貴族的古廟和象牙塔中，自從這部「百科全書」出版以後，無異『替每一個人建築了一所大學』，（福祿特爾）術爾巴赫在一個大集會中歡呼：『我慶祝每一個人從今天都得到了全部的知識遺產』！所有的歷史家都在那沉重的書冊之一卷上立了一個很大的標題：『提特羅的「百科全書」是「文藝復興的紀念碑」是「自由思想的導路標！」』

拓殖那蘊有無限寶藏的莽原

自從「百科全書派」學者的努力提倡，二百年中歐美及日本的「百科全書」業已發達到最高峯！據完備的書目，現在世界的「百科全書」，（嚴格的）有九種文字，三百三十餘種之多！最有名而且最流行的如「大英百科全書」（Encyclopaedia Britannica）他雖是世界性的，但對中國的記述，會不如歐陸一個小國所佔的篇幅。那依然祇是「半世界的」「百科全書」罷了！東半球的學術，實以中國為其主體，想補成世界半部未成的「百科全書」，祇有中國纔能肩相起這個責任，而且不應放棄這個責任，但是中國的「百科全書」界還是一片莽原！中國現存的歷代著作，至少有三十萬種，二百數十萬卷；而民國以來的出版物，亦將達十萬冊的巨量！我們為了清算先民遺留給我們的智識與經驗的遺產；我們為了將先民的收穫貢佈於全民及全人類；我們為了濾清固有文化的渣滓，吸取外來文化的精英，以創造世界性的新文化，我們應以十二萬萬分的努力，去拓殖那蘊有無限寶藏的莽原！

中國圖書大辭典

在「基本史」與「百科全書」編撰工作的進行中尚有一個重要的準備工作，即「中國圖書大辭典」的編撰。這辭典是中國古今著作的總目錄：他詳細陳述着一切著作的內容，版本，及著作人的事跡，就「基本史說」，他是「史料的簿錄」；就「百科全書」說，他是取材的館鑰！但是他的功用尚不祇此。

「四庫大辭典」序謂：

夫簡策山積，學者一披卷帙，不啻鼴鼠飲河，河伯向若，四顧茫然，罔知所屆！初學之士，何者為先？參考研究，將焉取資？同一書矣，而不知其內容，知一書矣，而不究其存亡！版刻有幾？孰得孰失？祕笈孤本，藏於何處？如是輾轉檢考，廣諮旁詢，為力甚勞，為功極微！求於一書，周知犬凡，未睹原編，識其梗概，而不可得！此天下所共苦，而「圖書大辭典」之作，不容緩者一也！

吾國典籍，刊刻不易，流傳不廣，每有孤本祕笈，扃鐍既久，與蠹俱盡；兼之兵燹時起，狼烟所至，千緗為灰；或以指陳利弊，喪亂所關，論令禁燬；往往名著珍帙，玄儒鴻碩畢生精力所粹之作，淪泯消滅，不著於世；故書籍孳乳日出，而亦散亡代譜。苟有簿錄，存彼蛻痕，雖湮淪已淪，尚可識其名數；其或幸存於天壤，按目求索，或可復顯現於人間。良以懷祕忱圖，識者知珍，纖微備存，流傳有緒，臚諸家著錄於一編，窺輾轉儲藏之所在，按圖索驥，整理流通，此天下所共急，而「圖書大辭典」之作，不容緩者二也！

吾國文化學術，為世界所共仰，然試問古今著林，綜計若干？為卷何數？為帙幾何？散亡已幾？何代最多？存者之數，略當何率？某類之書，創體何時，或蓍落孕胎，嗣響繼治？何種學問，著述最富？以覈四部，疇當居首？往世藝文，何代為最？一代之中，所宗何學？殊邦文獻，盛者何處？一方之士，風尚何說？古今藏家，其數有幾？叢書之僨，已得何數？麻沙黑口，匯起若干？著述種類，日趨繁賾，辨析流別，業成專識，門類分屬，蛻化遞遷，子略經郛，部類幾易？吾知嫥學之士，猶且結舌而不能對矣，此天下所共恥，而「圖書大辭典」之作，不容緩者三也！

學術界之長生藥

總之，卽在建設「治學工具」一層上說：「基本史」「百科全書」「圖書大辭典」亦為必要！蓋人的記憶力終屬有限，而學術著作，卻那樣的浩如烟海，決非一個人之力所能盡讀盡記的；須作一番大規模的澈底的整理，結撰為幾部應用便利體例單純的書，以節省世人珍貴的腦力與時間。楊杏佛先生曾在拙著上題了這樣幾個字：「為學者惜陰省力，誠學術界之長生藥」！我不諱言我有這樣的妄想，我曾在「叢書大辭典」序上說：

吾人以有涯之生，逐無涯之智，設不求所以節省時力之道，則所獲殊不足饜吾人之望！夫治一學也：當其未成，蒐求資料，已耗其時之十九；及其既成，勘覆印證，又耗其時之泰半；設資料之簿錄與印證所憑籍，列之既詳博而不遺，檢之復應手而可得，學者乃可節其時力，進而更專其他，於是一人而可乘數人之能，一人而可竟數年之效，學術之興趣既濃，文化之進步亦速！假如我的著作眞是學術界的「長生藥」，那這一段話，便是那「長生藥」的「藥性賦」了！

愚公移山精衛塡海

「民國史稿」「中國學術百科全書」「中國圖書大辭典」「三百種」，印刷完成後，在分量上也許比「永樂大典」「圖書集成」「牛津大辭典」「大英百科全書」還要巨大，字數大概要超過三萬萬以上！在編撰進行的方法上，我們將「民國史稿」正史分為六大部，副刊分為六組，八十二個單位；「中國學術百科全書」分為十組，四十八個單位；「中國圖書大辭典」分為十組，八十六個單位，共六大部又二百一十六個單位，每一部或每一單位工作完成後，即編為一種「草創本」；俟全部告成後，再編為全書。現在「辭典館」所出版的便是其中若干單位工作所完成的「草創本」。至於全部計劃，詳載拙作「我的終身事業」一文中。（民國二十五年有單行本印行）。這是學術界一個巨大的工程，與萬里長城蘇彝士運河巴拿馬運河一樣巨大的工程！我在「圖書年鑑」上曾說：「或竟老死而無成，亦願葬此生於書堆稿冊之中，總有作者，將以之為礎石焉」！我不敢躲避「狂誕」「僭妄」等字面連繫在我的名字上，我願如「愚公移山」「精衛塡海」一般的脚踏實地的實現我那幻想！

超過流傳的二十五史之上

自民國十六年起，我開始對我的編撰工作，為計劃的進行。十九年完成了幾部重要的作品，其字數多在二百萬以上。二十年二月成立「辭典館」，以個人的全部私產，作為基金。並於是時開始出版「四庫大辭典」一書。自這一年起，直到二十六年八月止，「辭典館」出版我的著作如下：

書名	冊數	頁數	字數	價格	備註
甲、中國圖書大辭典之部					
1. 四庫大辭典	一	一,六八二	二,〇八五,六八〇	一五.〇〇	
2. 叢書大辭典	一	一,五〇〇	二,五六〇,〇〇〇	一八.〇〇	亦名叢書六千種索引
3. 歷代經籍志					
一、國際版	八	二,一二一	二,〇〇七,三四一	三二.〇〇	
二、普通版	二	二,一二一	二,〇〇七,三四一	二八.〇〇	上冊印刷未完
4. 圖書年鑑	一				
5. 圖書年鑑二編	二	四,〇九二	二,七六〇,一〇五	一五.五〇	下冊印刷未完
6. 四庫全書概述	一			二.八〇	
7. 藝文志十七種	一			一四.〇〇	
8. 藝文志十七種書名索引	一			四.〇〇	印刷未完
9. 現代圖書事業志	一			五.〇〇	
10 圖書事業法令彙編	一			一.五〇	
乙、中國學術百科全書之部					
11 中國文學百科全書					
一、國際版（二箱十六函）	八〇	一〇,〇〇〇	八,〇〇〇,〇〇〇	二〇〇.〇〇	
二、普通版（前中後三部）	八	一〇,〇〇〇	八,〇〇〇,〇〇〇	四八.〇〇	後四冊印刷未完
12 唐詩初集簡編（十二卷）	一			四.〇〇	

13 羣經大辭書（二函六十四卷）	一二			二四·〇〇	印刷未完
14 尚書辭故	三			五·〇〇	仝右
15 毛詩辭故	五			七·〇〇	仝右
16 儀禮辭故	七			一七·〇〇	仝右
丙、民國史稿副刊之部					
17 民國名人圖鑑	四	四，〇〇〇	三，〇〇〇，〇〇〇	三二·〇〇	後二冊印刷未完
18 全國機關公團名錄	一	一，〇〇〇	四，五〇〇，〇〇〇	一八·〇〇	
19 民國以來出版新書總目提要	三	三，〇六一	二，〇四四，四一四	一六·〇〇	第三冊印刷未完
20 中國政治機關一覽表	一			三·〇〇	
21 中國大學中學一覽表	一			三·〇〇	
22 中國教育館圖書館博物館一覽表	一			三·〇〇	
23 中國學術文獻宗教衛生機關團體一覽表	一			一·五〇	
24 中國報社期刊社通訊社一覽表	一			三·〇〇	
25 中國經濟機關一覽表	一			三·〇〇	
附 我的終身事業	一			〇·五〇	
共二十六種	一四八	三八，三三〇	三五，四七二，七九〇	五二八·八〇	

上表所列一百四十八冊，中有三十四冊印刷出完，已出版者一百一十四冊，那三十四冊原可在二十六年十一月底完全印完，但二十六年九月「辭典館」上海印刷所爲敵軍所毀，故至今未能出版。從冊數上看，一百餘冊似乎不爲多，但如按舊書分卷，可分爲三千五百餘卷，超過那冊所驚爲浩博的「二十五史」之上；如印爲新書的普通版式，每冊三萬字，亦可分印一千二百餘冊。這已出版者，不過是佔我那全計劃中的十分之一，字數已達三千五百餘萬，則全部完成，字數在三萬萬以上，當然是可能的事。至於其他正在編撰中的，亦有十餘種，二千餘萬字之譜。

最小單位的機械式的歸納

「辭典館」顧名稱去看，似乎是一個專編「辭典」的的機關；其實「百科全書」已與「辭典」不同。就條目講：「辭典」只收「辭語」，而不收「專題」：就條文講：「辭典」祇尋求該辭的來源，或擷取一種定義或結論，而出以簡括的文字，「百科全書」則每題必蒐集關係資料，羅列各種論證，其較長的條文，幾乎可以獨立成爲一部著作。至於「民國史稿」除了他副刊的一部份之外，幾乎完全與「辭典」無涉。那麼「辭典館」豈非名實不符？「辭典」是我們工作進行時的主要方法，並非我們努力目標的全部。在我的治學與著述工作的程序裏，對於各項資料之「最小單位的機械式歸納」，視爲一種極重要而且必經的過程。所謂「最小單位的機械式歸納」，卽每當遇到每一專題每一名辭時，都立卽爲他成立一張卡片，這卡片上記載着一切有關的資料，以供編撰時取材及參考之需。這些卡片都按照「辭典式」排在卡片櫥內，同對象的資料，自然會歸納到一處來，當需用某條或某類資料時，祇要將關係各卡檢出卽可。這個方法的好處，就是無論門類怎樣廣博，資料怎樣紛繁，都可於最少的時間中，覓得那滄海中的一粟。在館中最繁重最主要的工作，就是繕寫和整理這種卡片。我在十年前卽開始從事這種卡片的編製，二十年「辭典館」成立之後，更有猛速的進展，截至二十六年十一月止，「辭典館」藏「辭典式」卡片，達七百數十萬張，其中已整理發表者不過半數。這是一種徹底的科學方法，也就是「辭典館」工作的特徵，故以「辭典館」爲名。

除了出版品和卡片之外，從各項數字上，也可看出「辭典館」業務的情況：「辭典館」藏書五七，六二五册；藏特有的「現代史料」三一五一卷；報張雜誌公報尙未

十九國四千個圖書館

整理竣事，約在一〇〇〇〇種左右。「辭典館」的組織分三處，五科，二十股及編審委員會；職員連平滬合計五十一人；成立以來至二十六年六月止計用二三八，二〇〇元，印刷費佔六一%；出版各書已售出者用價一三六，〇〇〇元，未售出者約值八〇，〇〇〇元。　購藏區域以國計凡十九國；國內以省計凡二八省，以市縣計凡一一，三六四市縣；國內外圖書館購藏者達四，〇七五館，學校購藏者達二，一四七校；各省府教廳通令介紹六七次；此外私人及其他機關社團購藏者總數多於圖書館及學校，但無確數。　成立以來至二十六年十一月發出函件及史料調查表約六〇，〇〇〇件；收得函件及史料調查表約九〇，〇〇〇件。

不及南京原藏百分之一

這次因抗戰而受的損失，尙難估計：北平方面的資料，據保管人函告，至今幸尙無恙。上海方面損失一個值五萬元的印刷所。南京方面僅移出特有的「現代史料」二千餘卷；未發表的卡片一百餘萬張；稿本四百餘册；已刊著作二百餘册；雜書三百餘册而已。至辭典館出版各書之版片三萬餘塊，銅版四千餘塊，移至蕪湖後，因交通困難，無法上運，因託蕪湖商務印書館移存無爲該館堆棧，現尙無恙；移至蕪湖而未運出者尙有書籍資料數十箱，存安徽省立第二區圖書館館長劉楢岡先生處，此次蕪湖十室九空，想該項書籍資料，殆難幸存，蓋自南京方面運去之物，不及南京原藏百分之一，所幸大部分未發表之卡片稿本皆已搬出耳。

撥借金剛碑屋數十間爲館址

二十六年八月十五日日本開始空襲南京，當局某君告以：「南京於一二年內，決不至有失守之虞，所遷者惟轟炸耳」，因勸我不必遷遷，我甚感其意，遂於次日與同人遷往蕪湖，蓋當時運輸極爲困難，蕪湖距南京兩小時火車可達，館內各物原已裝箱收藏，遷蕪不必全部搬出，故僅以工作必需者帶往蕪湖應用。孰知東戰場在十一月間勢如破竹，不數日蕪湖已密邇前方，同人倉皇西遷，擬以長沙爲其目的地，書物至長沙後，長沙又爲敵機所炸，是時政府機關如教育部等，皆準備遷渝，「辭典館」遂又有遷設北碚之議。北碚地方人士擬撥金剛碑及澄江鎮屋數十間爲館址，我們至爲感謝，然以印刷不便，資料缺乏，仍未能集中同人恢復工作，現又擬遷往香港，先將印刷未完各書，印刷完成，但其中困難甚多，尙未能作最後的決定。

三，公社制度之初期的實施

（編者按：本章講詞與本期所載「初期公社論選實」詞意大致相同，故照楊氏所囑，將本章講詞刪去，讀者欲知初期公社之輪廓，請讀「初期公社論選實」可也。）

歐遊觀感述要

吳錫瀛演講　劉運隆記

各位先生：

今天盧區長約我到這裏來參加貴署的盛會，我心裏十分的歡喜！如果要我向各位作一種講演，實在是不敢當！今晚諸位當我是一旅外數年纔回故鄉之人，對鄉人談談國外風光，及個人所得印象。

第一我先報告去來沿途情形，我由上海到英國，是乘意國郵船，航行廿三日到意大利之（Venice）城，由此乘火車卅小時經瑞士比國而到倫敦，回國是由倫敦搭車到法國馬賽，乘法郵船到安南之西貢，由此乘車一直到昆明轉滬，由中國到歐洲，各國郵船皆有，獨我地大物博，人口衆多之五千餘年文化之古國，付諸闕如，去歲英皇加冕，我國派往致賀的專員孔院長及陳海軍總長等，還是坐的意大利郵船，赴歐沿途所經之地，多屬熱帶，爲英法殖民地，而以英國所佔有者爲最多，沿海口岸均高廈大樓，樹木蔭翳，儼然繁榮景象，而實際人民生活，至爲痛苦，蓋帝國主義之國家，均粉飾其表，而桀紂其心，市面不過表示將野蠻之區，改造爲文明樂土，殊不知市面繁榮，不過是商務發達，商務發達即足以表示殖民地購買力强，帝國主義者侵略得手，記在英時與一愛爾蘭人及印度人閒談，愛爾蘭人問印度人說，自英國佔據印度後，印度人口增多，而人民教育程度減低，人口多則購買力增加，

可多銷英國出品，教育程度低，則人民無革命思想，帝國主義國家絕不輕易在殖民地辦一工廠，所要者殖民地之原料及農產物，運回本國製成工藝品，然後以此種出品灌輸殖民地市場，如此一則可以容納本國工人，使不致失業，再則可將殖民地人民血汗錢賺回本國，國人往往宴會非吃美國漫挑，美國飽魚，穿衣非用外國綢或人造絲不可，甘願將本國金錢送給外人，直是愚不可及。安南人外形與吾國廣西人相類似，風俗習慣亦與吾國相同，前用漢文，今由法國主持改用拉丁文，新加坡百分之八十以上為中國人，餘為馬來人及印度人。

第二要報告我在歐洲幾年生活當中，對於歐洲各國的觀感：歐洲的國家很多，先就意國說：意國人很窮，街道很狹小，而且一點也不清潔。有名的羅馬城，街道上的蒼蠅還是很多的。小兒三五成羣，滿街亂鬧，無人管束，意國既是這樣，為甚麼還能成為強國？很簡單：就是因為他有強有力的政府，而且國防工業很發達，能自製飛機大砲，他可以恃這些飛機大砲，睥睨一切，故能在世界稱起雄來！德國如意國一樣的窮，人民生活非常之苦，但國防工業及其他工業，則較意國更為發達，人民刻苦耐勞的精神，恐為其他任何國家所不能及！大戰後德國遭逢了空前大難，不數年間又為世界強國，可見德人眞在臥薪嘗膽以求恢復，德國因食糧缺乏，原料稀少，現刻一切食物已由政府統制，例如每個人每天只准買兩個雞蛋，每星期只准買半磅牛油等，德國無牛皮，皮鞋多用紙做，其他人生日用品多用化學物代替。由柏林到比利時沿途的一帶，煙囪林立，工業發達，可見一斑。吾國普通一般所用的顏料和機器，多半是德國出品，法國是個農業國，國民很富庶，所以人民生活較為浪漫，工業雖不如德國那樣發達，但他與德國是世仇，故國防工業亦極發達完善。

英國是三島——愛爾蘭，英格蘭，蘇格蘭——合攏來組織成功的一個國家，面積不及四川大，人口約有七千萬，大宗出產是煤鐵，煤層很厚，他們採煤的方法，我所見到的還是用高壓空氣錐子鑽入煤層，使其大塊脫落，然後用電力爆炸，故每日產量甚大，英國每年出鐵也很多，因此他是歐洲工業的先進國家，發明水蒸氣的瓦特和有名的科學家牛頓，都是英國人，英國完全不出農產物，地面上除了有些供作飼養牛羊的青草及少許洋芋外，其餘甚麼也不生長，雖然蘇格蘭山地可以種麥，但地面狹小，出產量極為有限！所以英國的工業原料和人民生活的必需品，完全要靠其他的國家和殖民地供給，英國政府的行政機構，是責任內閣制，雖有一個皇帝，不過是個蓋印官，上議院是元老重臣，沒有什麼權力，下議院是普通人民選舉代表組織而成，勢力甚大，凡一椿事情，政府提出經下議院議決，上議院照例通過，皇帝蓋章執行，英國的法制精神很好，國家的法律，無論何人都要遵守，就是皇帝也不能例外！去年英皇愛德華八世要和辛伯生夫人結婚，因辛夫人是個曾經兩次結婚的婦人，並且與她結婚的兩個男子都還健在，以一堂堂大國皇帝和曾經兩次結婚的婦人結婚，這於國家似乎太不體面，所以全國民衆都不承認，一致起來反對，結果終於是愛德華退了王位，以達到他與辛伯生夫人結婚的目的，報載一次英首相保爾溫的狗攙入不許狗入內之公園，被罰五磅，首相不以為辱，欣然受罰，反顧吾國法律，等於具文，其原因多半由於上者既不守法，在下者尤而效之。英國習慣，禮拜六午後及晚上非常熱鬧，禮拜日大家都關門閉戶在家休息，街上除了賣鮮花及巧克力糖者外，其餘甚麼都買不出，電影院，運動場都不開放，公園雖開放，但只能談天散步，這意思是要人民都在禮拜日靜養，以便恢復幾天來的疲勞，後來雖然有人請求電影院和公園內之運動場開放半天，仍未得着地方政府的准許，全國交通至為發達便利，鐵路縱橫，密如蛛網，均係雙軌，公路均用柏油砌成，火車分頭三兩等，均有沙發及熱汽管，故旅行至為舒適，公共汽車內均係沙發椅櫈，乘客人數有一定限制，如超過限制時，賣票者即可不許客人再上，已上者賣票員得請最後上者下車，絕無爭執，英國的氣候很冷，一年四季中除六七兩月外，其餘月份的氣候，通常是和我們這些地方裏冬樣的冷，因為英國的氣候有這樣的冷，蒼蠅和微生物等天然的就生長不起來，所以英國人的生體很強健。

英國的教育：有國民學校，中級學校，專門學校，大學數種，各大學均設有夜校，以便一面作事者，仍可一面念書，凡為英國人必須從七歲到十四歲受國民教育，否則罪及家長，畢業後如學生家庭環境好，即繼續進入中級學校肄業，三年畢業，不好的就可到工廠去作工，在工作期間，仍可受補助教育，故有志上進的學生，每星期抽出一日及三晚上到學校去念書，四年之後可得中級學校文憑，中級學校畢業，境遇好的即直接進大學，三年畢業，不好的或進工廠，或進公司裏，每星期仍可抽出一日及三晚上去上課，四年之後得大學畢業文憑，仍可遂得與大學同樣的學位，而廠方亦給予證明書，中學畢業生須工廠實習四年，大學畢業生須實習兩年，方能得到負責工作，十四歲以後到工廠去作工，如不受補助教育，則終其生爲一工匠，滿了二十一歲爲幫工，二十三歲爲正式工匠，工資方面由政府規定，同一工作之工匠，其所得工資一樣，並無年終進級之說，手藝好的可多得特別花紅，蓋英國工廠多半點工制，故工匠仍不願偷懶，這種辦法，可以免去每年因年終進級而生糾紛，一個大工廠裏，不管有多少工人，絕少發生口角或彼此鬥毆的事，這是他們工人教育程度很高的緣故！英國人很喜歡讀報，工人亦然，幾乎每幾人各一份，故他們對於國事和世界情形，都非常清楚！大學畢業生多半找事做，做事多年有了經驗，遇有難題，并得有獎學金，然後去進研究院，他們眞是做到學以致用這一點，中國大學生往往畢業後，小事不願做，凡事多花幾個本錢到外國去研究一下，混過學位，以便回國騙騙外行，眞用功研究者亦很多，但中國科學工業均極幼稚，連抄襲都談不上，那裏去說發明。

英國的社會：秩序很好，警察的成績，簡直要爲歐洲各國之冠，英國人每到禮拜天就全家到海濱去玩，家裏的東西，可請警察看管，鑰匙也可交給警察，等到回來時亦不會有一件東西遺失，但在英國的任何城市中很難看到警察，間或看到一兩個，都是在做指示交通的工作，或在路上執行特別的勤務，他們的警察，態度莊嚴，和藹，身體魁梧，凡高不滿六呎的人是不會有資格充當警察，他們服務精神很好，除了在市街上忠實執行勤務外，並且歡喜幫助人，有人向他問路或是要求他有別的幫助，他總是歡歡喜喜的爲你解說，盡量的幫助你，對外國人及他們殖民地的人，幫助更爲熱烈，英國國內駐軍很少，大半住在殖民地較多，他們的軍隊紀律甚好，將軍人應有的天職弄得很清楚，對於政治上的事情，不發一言，不作一點主張，純全由政府負責辦理，以戰爭說：打與不打？其權操在政府！軍隊不能妄加一詞，至於要如何去打，方可獲得勝利，這是屬於技術問題，屬於軍隊的本能，政府是不會摻加過問的，這是說他們國家軍政權力劃分得很清楚，去年英皇的結婚風潮，如果此事發生在日本或我國，必致動起武來，因我國軍人，不特愛作政治主張，即偶有拂意之處，亦本着槍桿萬能的道理，就動起武來，此次中日戰事，如日本軍閥不干政治，也就不會發生的，英國人的私生活，也很值得我們注意，父母養育子女，不是爲防老，同時對於子女也不負一輩子生活的責任，女子嫁出門去了，除後來承繼遺產外，即於娘家不再發生經濟關係，兒子結婚後就另行組織小家庭，獨立生活，並不依靠父母，這種獨立生活的精神，是歐洲人特有的長處！他們結婚的手續很簡單，只要是在法定的年齡內，彼此同意，到教堂去請牧師證明登記就算完事，家庭是由太太當家，每月所得的工資或薪俸。除留自己少數零用外，完全是交由太太主持，他們朋友往還，無論感情是如何的好，絕少花錢招待，進餐館和娛樂場所，費用完全自理，自己不花錢招待人，也決不使人花錢招待自己，他們人與人間的關係弄得很清楚，彼此皆各人自掃門前雪，極不愛管極不愛談人家的事，所以社會上爭執吵鬧這類事端很少發生，然而在集會場中，他們有意見是必定要發揮的，簡直無絲毫的顧慮，議決了的事情，大家都絕對服從遵守，不像我們有些人，在一邊很有勁，到了會場上正式討論的時候，一句話都不說，對於當衆議決的事情，也不負責任進行，這好壞的比較，眞有天淵之別！英國人很守紀律，凡在公共場合，縱然沒有警察維持秩序，各人都是魚貫出入，決不會爭先恐後，英國人很講究禮節，假如他對你有不禮的地方，你要和他極力的爭辯，他才會稱讚你，如果不然，反被他們瞧不起，認你是傻子。

第三是歐洲各國對遠東事件的態度和立場：最近歐洲的國家，大致可分做兩派，一派是法蘇的和平勢力，一派是德意的法西斯集團，表現得最明顯的是在西班牙的戰爭，幫助政府軍的是法國蘇俄，扶持叛軍的是德國意國，表面上是西班牙的內亂——政府軍和叛軍的相互屠殺，實際上却是這兩派勢力猛烈的鬥爭！德意兩國雖然積極準備未來戰爭，隨處挑釁，但自己太窮，不敢輕於一試，至各國人民歐洲大戰時所受痛苦，猶未忘記，故一聞戰爭，即愁容滿面，只是資本家軍火商又在設法傾銷貨物，犧牲他人生命，以求自己發財，日德意的法西集團，雖然是高揭反共的招牌，而他們還是同床異夢，各懷着鬼胎！日本軍閥在遠東的強盜行爲，德國的國社黨似乎對日同情，而德國的國防部及一切商人百姓，都對中國同情，即使日本能戰勝中國，對德國亦未見得有何利益，「九一八」以前德國在東三省每年的貿易額很高，九一八以後即逐漸減少，英美對中日事件，都對中國同情，厭惡日本，但英國政府當局是以穩健老練圓滑著稱的，他對日本在中國的強暴行動，不管是權益怎樣的剝削，面子怎樣的損害，但在他自身對戰爭沒有絕對勝利把握以前，是要完全忍耐下去的，去年英駐華大使許介森，慘遭日寇飛機投炸彈炸傷的不幸事件，和英艦被日機轟炸等事，如果不是英國人，那裏會有那樣馬虎就能解決！但英國的忍耐，是有計劃的，爭取時間，使自已有充分準備，單就牠在新加坡的軍事設備而論，實在是以驚人！我們這次對日的抗戰，英國幫助實在很大！在倫敦，在新加坡，在香港，各方面都可以看到英國對我們抗戰幫忙的事實，倫敦幾家大報館，凡登載中日大戰的消息和評論，無一不說這次的戰爭，純全是由日本想征服中國而引起的反抗，戰爭的責任，應由日本負担。並且天天都將日軍在中國慘無人道的獸行盡量登出，尤其是屠殺婦孺，爲該國民衆認爲最可痛恨的事，倫敦市長也常常向市民講演日軍在華的獸行，和日機慘炸不設防的非軍事區域，並爲我受害的無辜民衆呼籲，請求各界捐款和藥品，不過我們還須認識清楚，日寇對我們的侵略，原想獨霸中國，剷除白種人在遠東的勢力，因之英美對我的幫助，也是在維持牠們在遠東既有的經濟權益。使不爲日本所獨佔享受，換句話說，日本對我的戰爭，是要遂其亞細亞洲門羅主義的迷夢，英美對我們的幫助是要保持東亞門戶的長期開放，日寇對我侵略愈猛烈，英美對於遠東問題的操縱也愈要緊緊地把握着，在中日戰事發動不久後，英美各種雜誌上，都可看到「責禍勿要了」這類的文章，於此我們就可看到歐洲各國對於遠東中日事件的態度和立場了！我們在抗戰期中，要爭取國家的生存獨立，亦須利用帝國主義相互間的矛盾，以補助和增強我們抗戰的力量，過去我們一般人對日本的估價似嫌太低，以爲在三月九月或半年之後，日本受了戰事延長的影響，財政無法支持，就要崩潰瓦解，殊不知日本是遠東新興的工業國家，如此幾個月的戰事，牠都不能撑持，怎麼可以稱爲强國？我們對日抗戰要保持長期優勢，要把握着最後勝利，必須全國民衆節衣縮食，努力生產，並且要動員廣大的民衆參加抗戰，單憑一部份的軍隊力量，是無多大勝利希望，同時要發展軍事工業，使我國國防設備，能與現代的新興國家並駕齊驅！俄國在一二次五年計劃之前，牠把英國最大的飛機廠的圖樣，出重金購買，連人材都一併搬到莫斯科去，工廠的組織管理及方法……等，完全和英國廠一樣，經過了幾年不斷的努力，結果俄國製造出的飛機，還是同英國出品同樣的好。我們要趕上英美，也必須步俄國對國防生產的後塵，仿效他的精神和辦法，把人家已經試驗成功的方法，整個的搬到我們國內來，不數年之後，我們也能自造飛機，大炮，軍艦等，則任何人也不敢欺侮我們了，望全國同胞一致努力，渡過難關。

今晚說得太久，浪費諸君時間，深以爲歉。

中國底「戰時經濟」與「戰後經濟」

馬寅初演講
葉靜涵記

諸位先生；今天主席和盧區長叫兄弟來演講，但不知講什麼好，他們都說現在正値抗戰期中，頂好是應當講戰時經濟吧，兄弟無成見，只好來講講「戰時經濟」和「戰後經濟」吧：一，經濟是戰時決定勝負的要素，試看九個月抗戰期內，一般人對於經濟觀察其說不一，有說只能維持三月或兩個月，可是到現在抗戰經時一年、而經濟顯得穩固，毫沒有崩潰的現象，這是什麼道理？二，戰時經濟維持還容易，最困難的還是戰後經濟的調整。—

譬如兩家人打官司，在打的時候，大家都拚命把財產變賣了拿來打，發洩各自的氣憤，可是等到官司打完，大家的財產都打光了，結果是兩造俱傷，一無所得，回想起來，又是多麼傷財！日本侵略我們，初意是想不費一兵一彈，得到東三省，進而察綏，再進而得到華北五省，逼得我們起來抗戰，我們并非要同他們打，乃出於不得已而抵禦，結果雖是如同兩家人打官司一樣，但是我們總要弄得日本一無所得，中國在抗戰中有英美法蘇及世界各國表同情，直接間接予我們以幫助，而日本則在世界上已成孤立，雖然德意日訂立同盟，而德意也非眞心想助日本侵華，其目的亦在以反共爲號召，各懷野心，幹那同床異夢的把戲。

大家都知道，中國現使用的法幣，幣制統一，也算是抗戰支持的主要原因，如幣制不統一，仍如從前行使鈔票，那中國絕對打不起戰，可是法幣與鈔票的不同點在那裏呢？其最大不同之點在於鈔票係由各銀行負責而發出來的，過去中國幾乎每一個銀行都可發鈔票，而法幣則爲國家請託銀行而發，係國家法定的貨幣，現在的中央，中國，交通，農民四大銀行，爲法幣發行之樞紐。中交兩行雖非完全國家銀行，而國家有浩大的資本投入，中中交農各行的法幣係受中央政府之委託而發行，故中國現在是法幣爲本位幣，而非從前之以銀洋爲本位了，過去的鈔票可以向發行銀行換銀洋，而現在的法幣不能換銀洋了，不但此也，根本銀元就不能在市面流行，有使用的當受法律制裁，換言之，從前是銀洋高於鈔票，現在是法幣高於銀洋，如果中國還是使行鈔票，藉此作戰，那末比方中國各銀行共發行了四萬萬元的鈔票，日本人就盡量的收買我們兩萬萬元的鈔票，來向銀行兌銀洋，我們的銀行當然不能拒付，否則那個發鈔銀行，便有擠兌提存的危險，設是我們的準備金是六成，計算所貯下來的現金僅二萬萬四千萬元，日本如以兩萬萬元的鈔票來兌去了現款，我們的準備金當為之一空了，但現在我們幣制統一，通行法幣，法幣是不能兌銀洋的，所以日本不能破壞我們法幣的信用，設若他來收買我們的法幣，來向中中交農兌現，但是各行可以推脫這是政府託發，依法不能兌現，那末他們就要向銀行買外匯，但又非經我們財政部核准不行，即是銀行代為申請，試想我們財政部能予以核准嗎？當然不可能哪！這樣我們的金融基礎，當然有磐石之安了，所以現行的法幣，既能不分前後方，全國通行無阻，前線的戰事，當不致受到影響，即以現在的物價觀之，亦非因法幣澎漲關係而致大漲其價的，如五金鐵紗玻璃洋油及其他洋貨，雖大大地漲了價，但都是因缺貨而漲，而非法幣跌價，如米價沒有漲而反有下跌之勢，這就是法幣沒有跌價的鐵證。

但是日本帝國主義之想破壞我國經濟基礎，可說是無孔不入，現在他在華北設立了一個偽「華北準備銀行」，發行若干萬的偽幣，其偽幣的作用，第一是發展他在華北的經濟力量，第二並於稅收中收進我們的法幣，但是他搜集了我們的法幣，將怎樣去處理呢？我想只有兩個調整的方法，一個是在香港買貨物，一個是買成港紙再外兌倫敦或紐約—中國的準備金在那兒（這對我國的準備金的減少，並無多大妨害，因其數量實屬有限，現在中國的外匯漲價，外觀似乎法幣價跌，也並不是日本兌了多少法幣來買了港紙，再外匯出去了，而主要的是外國的商人，在中國賣貨賺了高價，，他們的賺錢太多，即這此十餘元的損失兌回國去，也還是大賺而特賺了，所以這並不足以動搖我法幣的國際信用，抗戰之能順利的支持，可說幣制統一是產生了相當的力量。

至於就我國的財政說，簡直是不能應付抗戰，我中央的收入每年主要的是關稅，約三萬萬八千萬元，次為長蘆等的鹽稅，約二萬萬二千元，再則只有統稅了，約一萬八千萬元，其他稅收皆不足為道，年計統共不過六七萬萬元，何足以賞打仗，何況開戰以來，海口被封鎖，海關收入斷絕，沿海的鹽稅要失無餘，統稅呢？最繁華的江浙各省的工廠被燬，也無收入之可言，是此而能應付長期抗戰的原因，我想諸位都知道，是借外債和發公債，至於外債如何借法，日本造謠為係將中國之礦權抵予外人，想來當非事實，此事當然除一二人知道而外，旁的人怕不會得知，其次是發行公債，政府的發行公債，是在調整法幣的澎漲，在這抗戰中，法幣慢性的澎漲是必屬當然，不過國家不能以其澎漲而至於有如德國馬克之濫賤，所以是發行五萬萬公債之用意在換進法幣來，換回之後，再陸續用出來，於是再來一個五萬萬的公債，這樣一翻一翻的輪流下去，而使法幣成為漫性的澎漲，得保持穩定的地位，至於兩種債務的歸還，兄弟以為不成問題，外債縱使不效法歐洲各國之賴賬，延長攤還期間，這也是好辦法，假設一百年，那末償債的是我們的子孫的責任了，而公債呢，也規定有三十年，或四十年還清，這要靠我們的兒子來償了，我們現在犧牲了血肉，為國家謀獨立，民族求生存，後輩兒孫担任這一點債務是絕對應該的，而況外債上還有一種看法，日本是九國公約之一，他違犯約章，在約各國都應與以制裁，現在英美對我們的幫助，也是公約中間接應有的責任，也是變象的制裁，他們出東西，我們出人力，也可謂均等，即使退一步說，戰爭結束之後，對他們的幫助應予償還，那末總不能逼償我們馬上要若干萬的現款，那末儘可延長歸還期間，讓我們的孫子來担負吧，有一位英國人到俄國去，看見他們發行了很多鈔票，他懷疑他們那裏來那許多準備金呢？於是就問俄國人說：「你們的準備金那裏來這許多，而發行如此大量的鈔票？」一個俄國人說：「我們某地有金礦，某地有銀礦，要準備金嗎？馬上開發好了，不過開出來之後，會發生危險，讓他好好地藏在地下好了」，我國的礦也極多，就是四川的如金沙江的沙金財！松，理，茂，汶的金礦財，不知凡幾，我們難道還愁法幣缺少基金嗎？只要我們努力幹，和日本拚個命，戰到他精疲力竭，而至於不敢再窺覦中國為止。

不過問題多不在戰前，而在戰後，我認為戰後的問題實不讓於目前抗戰的重要，所以兄弟對這一點正在寫一本書，等到戰爭結束，我這本書也就可以出版了，但是戰後的經濟在甚麼地方表現出問題呢？我可提點出來說說，第一是提存問題，都够麻煩了，譬如江浙皖等省私人對銀行的存款，銀行將大量的黃金投在工廠裏，戰事發生，工廠被敵人炸燬，休戰後存款人要向銀行取款，銀行問工廠，工廠又有法可想嗎？要不是現在政府規定銀行存款只能提取發成的話，那末這個問題現在也會鬧得很大了，再則是戰後首先要發展的是重工業，那末就成了一方面重工業生產品增多，他方面輕工業所生產的日用品減少，建設重工業又不能不使通貨膨脹，於是法幣或不免趨跌，所以兄弟認爲戰後的經濟調整，應該先從公共事業創始，而此中就當以交通爲最重要，交通最好的莫如築鐵路，無論何時均有大用，中國的鐵路網成功了，那末就能將許多價值小的物品，變成價值很大，前次兄弟到成都，見楠木參用充牛棚之樑柱，此物如交通方便，輸往江浙銷售，其價值當在百倍以上，此其一宗，似此者又不知凡幾，但是修鐵路要錢，歐戰後德國之能復興，全靠美國貸放鉅款，而德國則不實踐債務之歸還，美國因之對外放款多有警惕，至於英國因於戰爭中極力幫助過，在戰後恐亦無力顧及，舉債不成，那末，照俄國的辦法，俄國五年計劃之成功，非借外債，而是將全國的農產品由政府廉價收買集中，大量的廉價售予國外，而購進機器與生產工具，可是中國對此道不易通行，這樣一來，我們豈不是束手無策嗎？這也不然，以兄弟的意思，是如上述，積極的把全國的公共事業趕快的創立起來，開發的儘量開發，以交通之便，不但使無價值的東西變而爲有價值，即對軍事及政治上也有極大的關係，同時並獎勵出口，如四川的桐油爲全世界各國所不及，我們的農產品可以出口，就可由外國兌大量的款回國，再以匯票賣給政府，政府以此購買生產品來振興工業，在另一方面限制洋米，棉花，奢侈品一類的東西，儘量的提倡用土貨，使利益不得外溢，如此我們戰後經濟的調整，方可得到完滿的解決。

我的奮鬥史

周海青講述
劉文襄筆記

本文是民生實業公司民本輪船船長周海清氏的一段講話記錄

按周氏乃開川江第一位中國人做船長的人物，因爲他有超越於人的駕駛技能，故建立了中國人做船長的資格與信仰，打破了歷來保險公司只有外國人才能做船主的規定，他曾在長江各險灘樹立了不少的奇功偉績，使得中外人士驚服，但他係一個苦階級出身，沒有受過學校教育，他的成功，完全是他由西總遞任到船長那十餘年中不斷地在改變環境所堆積起來的奮鬥中寶貴經驗賜予的，去年十二月底，周氏來峽避兇，峽中同人以其奮鬥精神堪爲吾輩青年效法，特歡迎爲我們作親身經歷的講述，予吾儕素苦環境制人者，以精神上之鼓發，圖與日之發展，同人爲不欲專享此興奮良劑，特將記錄轉介紹予掙扎生活線上的青年朋友們。

再本文刊載前曾經請周船長校正過，錯誤遺漏之點均經增補，實屬難能可貴之舉，至於標題爲我的奮鬥史，係取本文內容，乃周氏個人一身奮鬥經歷之記載，而又係其口述之故，謹此附誌。

今天承盧區長約我到此地來講話，自己感覺非常地慚愧！因爲我很少在大衆面前講過話，而且我也沒有什麼值得講的話，但是我又不敢辜負諸位的厚望，祇好將我一生的經歷，拉雜地報告給諸位，不過這些事講起來，不免有些使人討厭，那末我告罪在先，盼望諸位原諒！原諒！

我是萬縣人，父親趁健搖過河船的，母親就在南岸玄壇廟河邊上一所雀籠式的房子裏經營度其勤苦的生活，當我十一歲的那年，玄壇廟碼頭突然停着川江公司七隻初航川的輪船，名老蜀通，好奇心驅使，命我跳上了過駁的划兒，跑上了成爲我此生事業的道路——輪船，船上的船員們，都是海派十足一個個的，我在不知不覺中便成了他們的使役，替他們割肉打酒，買煙燃火……他們給我的報酬，就是一頓殘湯剩飯，這樣過了六七天，船快開宜昌了，船員們多喜歡我腳輕手快，做事忠實，要留我長期供他們的呼喚，我是有這種希望，既有這個機會，當然非常的高興，於是連忙跑回家去告訴母親，但她老人家年邁無依，不願我去，因爲我父親一天勞苦的代價，僅夠他一人的吃喝，母親生活，則靠我一人維持，不過我對於上洋船作事，已抱定很大的希望了，我絕不因母親的留戀，阻止了去的雄心，於是在當晚半夜趁着母親熟睡的時候，做了一個「夜奔」，未到船上，好似「困鳥脫籠」心裏有說不出的快活，但到天明船一離開重慶，山與景變，望不見爹娘的故鄉，心裏便感到無限的悽愴！同時想到前路茫茫，更不禁悽然泣下！

我在船上做了十二個人的使役，每月的工資共計一串二百文，我的生活，一天都在脚不停，手不住的作，吃的是別人剩下來的東西，睡的就是船在尾底下的東横艙裏，船到宜昌，機器出了毛病，停下來修理，我很耽心母親在家懸望，不惜犧牲睡眠，加長工作的時間，夜裏船員們打麻將，我就去替他們倒茶燃火，到終局來，分點紅錢，如此不久就積下了有四串多錢，船回重慶，我給母親買了兩疋布，另外還把一些零錢，她老人家見了非常歡喜，這一來她也願意我出門了，可是不幸得很，眞算「嚼鐵命淺」，當衣布和錢都被竊盜偷個精光！母親非常惡氣，後來不到幾個月工夫，我就漸漸把母親的生活改變好了，從此，由蜀通到新蜀的蜀亭輪，做了很長的時間。

在這段服務生活當中，有兩件事情是我最值得回憶的，也算是我一生爲人做事的兩個寶貴教訓，第一件事情是在我所幫的十二位船員中有一位在機器艙做生火工作的陳老么（我須叫他做陳么爺），因爲我幫他的緣故，一天早上我請他起來洗臉，他隔了一些時候才起身來，一聲不響的走到我面前，就在我的臉上一邊給我一個耳光，打得我頭暈眼花轉身就走了，我很奇怪，我不知道我犯了什麼法？也不知道還是他發了瘋？但他究竟是「陳么爺」，我不敢反抗他，也不敢立刻質問他，爲什麼要這樣大發雷霆？祇好把他該的兩個五根「乞蘿梗」暫時收下，過了一會，陳么爺的氣也平了，我强作笑臉去請示他老人家的教訓，他說：「我工作疲倦正睡得舒服的時候，你不該用手推醒我」，我又問他：「以後要用什麼方法才對呢？」「陳么爺扳起面孔說：「以後喊我須敲床邊，以免驚我」，這時我才恍然大悟，原來人間還有這樣不投機的事！一個生火匠一早有人送洗臉水進房裏來，我以爲是最幸福的事了，然而偏偏又驚動他的美夢，我覺得未免有點過分，這是我在老蜀通的一個教訓。第二件事情是在蜀亭輪，就是蜀亭新船到四川的時候，我不知道規矩，我提着茶壺跑到三樓西廚去取開水，剛爬樓梯上完，忽然遇着西廚的管事老爺，向我前胸一腳，就把我踢下樓來，跌得我幾乎回不過氣來！我不知冒瀆了那那神君？好在這位老爺很爽直，立刻就是一頓教訓：「敲馬兒的（罵人的話），這上面的開水是供洋人吃的，豈由你隨便來倒！」我當時非常驚駭的就逃了，以上這兩件事當時給我的刺激最深，我常常這樣想，假若我是一個生火的，那我睡眠絕不會有他那樣睡的舒服，又假若我是一個西廚的管事，那嗎西廚的開水決看不着那樣神祕！因此我非常慪氣，很想把這受氣的職務丟掉，希望改變我的工作——做一個水手，在技術方面發展去。

自此以後，我便時時刻刻都留意水手的動作，有空的時候就去幫忙做水手的事，以資練習，因此船上有兩位水手見我很能作事，就想提拔我，不久果然機會到了，便是介紹我到聯萊船上去做水手，那時我已滿十八歲了，可是我自幼的營養不良，兼之以歷來過分的勞苦，身體不很發達，所以表面上看來，好像一個小孩，因此聯萊船的頭腦嫌我太小，不願意收留我，還說一些譏諷話，後來經介紹人多方的說情，才勉强的把我收下，但是頭腦很不高興，總是出些難題與我做，然而事情又是這樣的凑巧，上船不幾天就遇有車葉子打掛了，同事的六位都是老水手，頭腦並不派他們，偏偏要派我這「新毛頭」下河去檢查，好在我老早就學會了泅水，對於船身各部的構造，我也相當熟習，大都以爲我這次下去必丟臉，好趁此開除我，結果我竟出乎衆人意料之外，因此惹起了同事六人很大的嫉妒，次日船開重慶，在半途地方將船底擋了，上頭腦又派我下去填塞漏孔，我整整在水裏泡了三天三夜，因此不久我便病得很厲害，在上海醫治了三個多月纔告痊癒。

回到船上，同事對於我的感情愈加惡化，無論作事和吃飯睡覺……總是打擊我和我搗蛋，處處留難，時時想方設法來責難我，但我愈覺得環境惡劣，我愈加拚命，努力同環境奮鬥，於是我也隨時打定主意學取他們的技藝，希望做一個不受氣的水手頭腦，如像同事在調油漆，我要想學，我就跑去幫他捧梯子，同事在結繩子，我要想學，我就去幫他送燈燃火，可是他們都知道我有用意，無論怎樣用盡方法，他們總不肯做給我看，後來我纔想出一個交換條件的辦法來，晚間輪班守夜，最是他們感覺討厭的事，於是我就利用他們這個弱點和他們商議，每幫他們守一班，教我一套手藝，這樣纔算克服了這個困難，但我又想到，當頭腦僅這一點普通的技能還是不够，船主都是外國人，不懂英文，怎麼聽的懂他的話呢？於是我在宜昌一家西式理髮店裏找着一位理髮師，他的英語很好，但不大會寫？我就專請他教我說話，船每到宜昌，我必去請教他，不久便學會了許多應用的話了，我感到非常濃厚的興趣，隨時隨地都把學得來的拿來練習，因此又惹起了同事們的熱嘲冷笑，乃至不堪入耳的極諷刺的言詞，我心痛了，我想到這環境欺人太甚了，假如再繼續處下去，前途必發生很大的阻礙！於是我決心設法離開，尋求一個可能上進的良好環境，恰巧那時有隻英國兵船在宜昌，我便想法要到兵船去，機會正好！上面有個水手是中國人，他不願在兵船上做，因爲上面不能辦私貨，於是我就和他商量對掉職務，他承認了，但聯華的領江很看得起我，寧願借三百塊錢與我做生意，不願我到其船去，他那裏知道我的用心，終於推辭了他們的好意，硬着頭皮，堅定了我的主張。

上了兵船，我便下定決心除非做比水手高級的職務，決不回商船，於是一天除了在勤苦工作中取得經驗以外，日夜都不斷在尋求學習的機會，同時上面的水兵也很高興教人，並不像我們中國人，自己的本領深怕人學會了，奪了自己的飯碗，外國人剛剛相反，深怕教你不會，比方教你結纜子吧，若干種花樣，惟恐其有一樣沒有把你教會，他心裏不快活，教英語吧，不單教會說話，而且要教會寫出來，那種「誨人不倦」的精神，真令人欽服！因此我不到數月，各種各樣的技能，都有長足的進展。

在那時候，聯華船的領江羅興發接了鴻江輪船的大領江，他深知我的能力，他要找我去做水手頭腦，我感覺我那時還有許多技能可以繼續學，我不願丟掉，因此推辭了他的美意，後來大來洋行又請羅興發去做大領江，他和洋行訂約說：「水手頭腦要由他用人，」洋行承認了，他又來信叫我去，我感覺能力可以勝任了，於是向兵船告了三個月假，去到上海，不料事情變了卦，因爲訂的約不妥當，被洋行耍了滑頭，沒有辦法再回到兵船，住了三四個月光景，川江公司造了一隻新船叫新蜀通，又請到楊華清去做大領江，這人和羅興發一樣，都很器重我，因此他也來找我去做水手頭腦，但是我去的時候，又聽說有一位名叫陳啓發的，先去接了事了！楊領江又叫我做二頭腦，寫信命我到上海去會同陳啓發去接船，可是到時我把信交給他看，他看之後，兩抓將信撕得粉碎，我見情形不妙，又才跑回宜昌，楊領江又設法叫我去做學習領江，沒有成功，結果我便得了一個學習舵工的位置，丟掉了兵船的水手。

我在做舵工的時候，很得領江的嘉許，我不但對於工作很謹慎，而且長江一帶的水性也很熟悉，每當我工作的時候，領江都要放心些，後來楊華清又接了昌大的大領江，他又要我去當水手頭腦，我剛去的時候，不料又遇着陳啓發，他向楊領江說：「昌大是一隻新船，周海清怎能去充頭腦呢！」同時要求楊領江給他自己做，楊領江承認了，但是我想他既要做昌大的頭腦，這也無妨，那個新蜀通的頭腦，總應輪到我的身上了，果然經楊領江的商量，我做了新蜀通的頭腦，不過那些領江很不願意我做頭腦，都向楊領江說，「周海清是個領江人才，讓他做了頭腦很可惜！」但我堅決要做頭腦，目的是要償還過去的宿願。

那時在聯華船上專門和我搗蛋的那六位同事，有四位都在失業當中，我便將我自己薪水提出，都增加四個水手名額，把他們請到船上來，但我是出乎他們意料之外，我不但不絲毫對他們爲難，反而處處待他們非常客氣，在工作中我很親切地指示他們，在技術上，我也樂於教練他們，從前他們自以爲很神秘的調油結纜子等等的技能，而且我很公開地教出他們許多很新奇的東西來，他們自己覺得抱慚了！同時以我的熱忱和正大，更感動他們那種污濁的心，他們隨時都感覺難過得無地可容，我見他們這個樣子，心裏很不忍，於是我常常說些話去安慰他們，後來經過了很長的時間，彼此都習以爲常了，他們纔算很安心地工作下去。

到了這個時候，生活就比較一天一天的優裕了，心境也很快活，再也感受不到從前那種種的壓迫，因此，奮鬥的精神，也就漸漸地消沉下去！朋友的交往也一天多一天，吃花酒，打麻雀，竟當作日常的生活，一月開支到一千元以上，滿不在乎，後來那幾位很關心我的老前輩，看見我這種墮落情形，就很沉痛地勸告了我一番，說得我痛哭流涕！並且勸我學習駕駛，我便從此斂心，革除一切不良習慣，重振旗鼓，繼續奮鬥，學駕駛技能，那時我便希望着要做二副大副乃至船主了。

隔數年後，有一次同幾位朋友到上海湖南會館去爲一個知友劉紹清上坟，同行中有一位名叫廖瑞章的，他是上海駕駛聯合會的主任，經楊煥章的介紹他認識了我，在談話中，他看出我對於駕駛工作還有相當經驗，那時北京政府交通部正在上海舉行駕駛人員考試，凡有十年以上的駕駛經驗者，均可報名投考，因此廖主任再三勸我去應考，我當時並沒有想到會考得起的，因爲我從沒有進過學校，怎會行呢？但是因機會太好，所以我就去報了名，不幾天就舉行考試，應考的有一百五十餘人，考試的方法有筆試口試兩種，我因不會用筆，就是用口試的，結果錄取三名，我就是其中之一個，我非常感謝廖主任的指示，我回到船上，沒有一個人知道我這個消息，過了兩個月，交通部的二副證書發到我的手上，大家都非常驚異，我才把這事的原尾告訴他們，從此他們對于自己的工作技能，都異常地熱心求上進了，我見着他們這種奮鬥的景況，很想幫助他們有我同樣的機會，於是我到上海去見廖主任，要求他替這些力圖上進的朋友們登記起來，參加下次的考試，同時又請求他設法在重慶設立一個駕駛分會，以促進我們川江駕駛界的發展。不久這件成功了，在重慶成立分會，在幾個月中川江的駕駛人員有幾個經再參加考試而領得證書，他們都很佩服我。後來永豐輪到重慶的時候，我便當著大副，後來升昌大輪船船長，繼後永慶公司請我任和豐輪船長，但是保險行不保險，系因為很早以前有位中國船長，因不遵航行規章，致發生海難，後保險公會開會議決，凡中國人做船長均不保險，所以那時川江的船長沒有一個是中國人，都是外國人，沒有辦法，永慶公司才請一位美國人來對付保險公司，做名譽船長，實際仍由我負責任，後來保險公司的公證人皮託千到船上來看出我的駕駛技能，很佩服我，特地向三家保險行證明，這樣保險行才大胆地承認了我，中國人做船長，而且通過了保險公會，在川江要算是我開天闢地哩！

做船長是將近兩年的光景。後來在三北公司的峨輪，不幸船在雲陽地方失事了，我便被革了職，回到重慶，非常懊惱，親朋友都冷淡我了，連十塊錢也沒有人相信！再轉到宜昌（我那時家住在宜昌）把心一橫，我於是把門關起來，請汪英波先生來教我讀書，專門學習船長職務相關的中西文字，如此四個月之久，我耐心不住了，隨帶了旅費遊歷長江各輪船碼頭，專門去看別人調頭靠碼方法，在上海時常包一隻小划子特別和划手人商量由我執舵，我便將所學的許多方法在黃浦江中親來開去作試驗，結果效驗很好，我非常高興！

交涉數月後，瓦江輪船公司請我做吉安輪船長，約四月之久，又到蜀平公司做福順輪船長，後來該輪賣與民生公司，旋即另就中興公司之萬安輪船長，後民生公司又收買萬安，改名民懋，當即隨進民生公司，仍任民懋船長，數月後轉調民貴（原名劉鑑，海青曾在此輪服役）當我調進民貴船長室的時候，使我起了悲喜無端的感覺，悲者以我過去在這船上做苦工時候，感到非人的待遇，常常使我感到人間的無情，人生的無味，及人世間的不平，喜的是我竟能由艱苦奮鬥中達到我的期望，真有所謂「皇天不負苦心人」之諺，在民貴做了一年多，公司新造民權，又調我到民權去，去年（二十五年）民本造好，即轉調往民本，一直到現在仍在該輪工作。

我的話太雜了，就擱各位的時間，真抱歉得很，我生平奮鬥的生涯，總括幾句，就是「抱定努力前進的決心，不達目的不休，從工作中去求學習，從失敗中去求改進」，這就是一生奮鬥的法子，妥不妥當還請諸位指教改正，現在的航業是「日新月異」的，我們所知道的，雖然已成過去，我們惟有不斷的學習，始能與大時代「并駕齊驅」，如是我們方能担負交通之重大任務

營養與健康

桑蘭谷

食物由口入胃腸，經口涎胃酸與腸液之消化後，即在腸胃內被吸收入血，藉血液之輸送至全身。在兒童期助其生長骨骼發達筋肉，使身體有正常之發育，在成人能填補身體之消耗，培養體力與精神，使能維持正常之生活狀況，此謂之營養。蓋發育正常者謂之營養良好，反之即謂營養不良，故凡日常生活對於飲食不可不妥為選擇也。

一般國人對於飲食衛生素乏研究，故一日三餐，漫無標準，貧人之飲食，祇求果腹，不求營養，因此發育多半不能正常，而富人之飲食，但求豐富，適口，甚至營養，亦不過計，以致每致消化機能發生障礙，營養不能吸收營養料，反而時患胃腸病。其營養何能良好？今數青年，因自幼營養不良，身心精神易於衰弱，不能任重致遠，或有肺癆之偏向性，每當壯年，即現衰老之象雖有種種緣因，然營養不良，要亦是其中最大緣因之一端。吾人值此國家危急存亡之秋，應各就經濟之力量，就當地之物產分配之，改良之，使一日三餐既富於營養，又易于消化，合乎衛生為原則，使後方同胞皆有正常之發育，精神蓄銳，成為來日英勇之戰士，建國之豪傑。茲將食物之種類分配與選擇，約略述之如左：

第一、食物之種類

（一）蛋白質——

來源——動物之肌肉，植物之豆，米之糠，飛禽之卵，走獸之乳內為最多。

功用——補充身體之消耗，造成各組織，發生熱與力。

（二）澱粉質

來源——五穀，蔬菜之莖塊與根塊，如芋頭，甘薯。馬鈴薯，百合，藕，菱角等數種水菓，以及動物之獸臘（即肝臟內之澱粉質）。

功用——供給身體之熱與力。

（三）脂肪質

來源——動物之脂肪如豬油，與牛羊油。植物之油類如芝麻，花生，茶子，菜子等油。

功用——供給身體之熱與力。

（四）礦鹽質

來源——在多種食物內，如魚肉與鷄蛋，多含磷鈣；牛肉，菠菜，白菜之含鐵，紫菜海帶多含碘，與食鹽之含鈉與氯等。

功用——構造組織，如小兒之生長牙齒，增長骨骼，並助紅血素之生長或填補，又能組成紅血素及細胞夾帶養氣之功能。

（五）水

來源——各種食品內之水分及飲料。

功用——調和體力。

（六）生活素：又名維生素，可分多種，如甲，乙1，乙2，丙，丁等多種。

來源——常與蛋白質或蔬菜水菓合併存在。

功用——幫助人體之發育，增加身體之抵抗力及預防疾病等。

二，食料

常人飲食宜有適宜之定量與分配。若專用一種食品，即有不平衡之弊，故採用食物宜以植物佔六成，動物佔四成，若蛋白質之爲物。過少則精力不足，過多則消化發生障礙，如頭痛，口臭，腹瀉，不可不注意也。再多用體力者，蛋白質之量宜稍加多，用腦力者，多食澱粉質亦無妨礙。

三，食料之經濟

一樣功用之食料，有價值甚貴者，亦有價值甚賤者，故吾人宜有採取食料之常識，以符合家庭經濟狀況，而不致使家人受到食品缺乏或過剩之害。如蛋白質之在鷄肉內者，較牛肉內者爲貴，而在牛肉內者，又較豆腐內者爲貴，即其例也。然豆漿，豆腐等食物價值雖賤，而其內所含之蛋白質暨磷，鐵等，礦鹽質；以及甲種生活素亦頗豐富，故亦可用以代肉也。

四，食料之揀擇

（一）食物要揀清潔而新鮮者。不潔之食物不但細菌叢集，且能發生腐敗毒質，偶一不慎，疾病叢生，或因細菌而發生傷寒，副型傷寒，霍亂，痢疾等病，或因中毒質而發生吐瀉，腹痛，頭暈等中毒症，危險非常。至醃燻之物，滋養料減少，故宜少食之爲佳。

（二）要揀比較粗糙之食物。如糙生米（即未去糠者）或糙米黑麵供較白米麵爲佳，因乙種生活素全在米麥之糠皮麩皮上與胚芽中也。潔白米麵其胚芽與糠皮等，全被棄置不用，致常食白米麵之人除發生脚氣病外，尚有患眼視翳，神經營養障礙，便呆（綠色大便），或消化不良，未老先衰。至爲可惜也！），故西醫常用糠麩治療以上種種病症，西人常吃麩子麵包，亦正因此故也。再粗糙米麵，能增進腸子蠕動，可免大便乾燥之弊。

（三）要多揀紅綠葉蔬菜食之。如各種青菜，白菜，各種豆類，紅綠色莧菜，菠菜，胡蘿蔔，柳葉，番茄，蔓菁，馬鈴薯等，因其多含各種礦鹽質與各種生活素。據最近研究所得，動物體內之生活素幾全由動物於青草旺盛之際嚼食青草得來，貯存乳，卵，肝，肉內。冬天因動物多給乾草，故其含量亦大減，以上所提各種蔬菜，尤以番茄所含之丙種生活素爲最富，因其可以生食，略加白糖其味鮮美。惜四川少有種植者，應獎勵農民普遍栽種之。

（四）要揀擇多含礦鹽質之食料。動物如魚蝦，各種蛋類，牛羊奶，植物如海帶，萵苣，紫菜，各種新鮮青菜？與各種新鮮豆類，蘿蔔，馬鈴薯，水菓如橘，柚，香蕉，梨，李等，以其內多含鈣，磷，鐵，碘等礦鹽質，至食鹽則含鈉與氯，礦鹽質不但爲長骨健牙之要素，且能補血健腦，增加身體之抵抗力。以禦防疾病之侵入。

（五）在可能範圍內當盡量生食。如各種水菓，蘿蔔。萵筍，番茄，薤，蒜，蜂糖，甘蔗等。以上諸物，洗淨去皮食之，可無染細菌與寄生虫之危險，因未經火之食物，各種生活素完全存在，尤以其富於丙種生活素，故能抵抗壞血病，血斑病，與發育不良，貧血，癆病，並能增加天然之抵抗力，以抵抗各種傳染病如白喉，天花，猩紅熱等。

（六）當揀擇多滋養而易於消化之食物，常人以填飽胃囊爲飽，殊容爲餓。其實能飽之物，未必滋養身體，徒使腸胃受累，如魚翅一物，不但價貴，而極難消化，於經濟，身體，兩無裨益也。

五，食物之烹飪

生活素中之乙$_1$，對於抗熱，抗鹼之力較弱而乙$_2$，能抗熱而不能抗鹼，而尤以丙種生活素遇鹼性物質，即起變化作用，故於烹飪食物時，除絕對避免用鹼外，尚須避免高熱度，因各種生活素在高溫度中與養氣接觸即起養化作用，故以不開鍋為上。如不得已時，開鍋時間應儘量減少，或改用文火煮之。

蛋白質在未凝固時較易消化，故不宜煮之過久。澱粉質須煮熟後，其消化較易，故宜煮透而食之，但煮之過久，恐消失乙種生活素時，可以用烘蒸，烤等法，如烤麵包，蒸饅頭以代之。

食物之質，欲其落入湯內者，宜以文火長期煮之，如欲保存在肉內者，須急火煮之，平常炒菜，當以旺火炒之，使之急速炒熟，炒時過久，恐消失生活素也，

六，食物之檢查及注意

食物之檢查，原屬行政上之公共衛生工作，由政府管理之。但在國內，吾人亦宜個別注意，以補不足。凡腐敗肉類，不新鮮之菓品，蔬菜均不宜用。生食之品，尤宜注意。其有傳染之可能者，如螺螄，田螺肉內常有吸血虫，菱角荸薺內常有薑片虫之幼虫。其他生水洗過之食物，或未炒熟之青菜，疑有蛔虫之卵附着；而細菌之由生水而來者，如傷寒，霍亂，赤痢等病症其尤著者也。即煮熟之物品，若有蒼蠅停過者，即有極大之危險，蓋蒼蠅為逐臭之虫，生於廁所中，其身可挾帶無數細菌。危險之大，實非常人所能意測者，語云：「病從口入」此之謂也。

七，太陽紫外光線與食物之關係

常經太陽紫外光線照射之穀類，小麥，果實中，所含之丁種生活素必為加多，故常受太陽紫外光線照射之人體，亦自然在體內發生丁種生活素，以運用體內之磷，鈣，發育全體骨骼。如正在發育之小兒則尤為需要，倘身體缺少丁種生活素時，在小兒易患軟骨症，或長牙遲緩，蛀牙，在孕婦易患蛀牙，骨盤軟化等症，可多食牛奶，奶油，卵黃及魚肝油等，以補其不足，故欲身體之強健，適當之飲食與日光之照射，同為重要也。

良師興國運動的發展及意義

馮客講
張運宗 巫榮德記

幾年以前，我們在南京教育界工作的人們，大家普遍的感覺到現在的優良教師缺乏，卻偶有少數的良師，又因種種關係，常廢然而去，另作他圖，這是中國教育一種很大的損失，因此我們提倡了「良師興國運動」。

前年——二十五年——中華兒童教育社在廬山舉行年會，我們即將推進此種運動的議案提出，當時會場上博得熱烈的同情，全體通過，即以中華兒童教育社為發動中心，擴大而及全國，去年教師節——二十六年六月六日——在南京舉行了一個擴大宣傳，自中央代表至大中小學各級教師，都踴躍參加，同時全國各大都市若上海廣州濟南太原漢口蘭州安慶南昌及其他各地，亦都在熱烈推進此種運動，當時廿二家報紙登載宣言論文，并有許多好的社評，可見此種運動已為世所注意，我們當時又在「前進教育」刊物上發行「良師興國運動」的專號，這樣全國各地都風起雲湧般的推行起來了，可惜自去年盧案發生，因機關及人事的變遷，此事稍稍停頓，現在我們既然一面抗戰，一面建國，應當舊事重提，繼續努力的推進這個偉大的運動，並且趁着今年教師節再把這個運動解釋一番，為什麼要提倡「良師興國運動」呢？

我們知道，教育事業為國家各種行政事業之一種，無論任何一種行政事業，如交通，經濟，實業等都與教育有密切關係，因各種事業，必須從教育去推廣他，教育遂成為推動各種行政事業的唯一工具，因為做各種行政事業的人，必須以教育方法去培養他，此即教育惟一的重要性，倘若沒有教育，社會國家的各種事業，即無從進行了，至於如何能使教育改良合於理想化呢？有人說要有好制度，好方法，不錯，制度，方法，當然是要緊的，但是如

果缺少了「優良的教師」那還是無濟於事的，我們自已應反省一下，中國的新教育已有卅年的歷史，當初看到日本明治維新後，日漸强盛，於是就模仿了日本的教育制度，廿年內有人從美國回來，說我國的教育，應模仿美國，雖曾盛極一時，不久又冷淡了，民國十六七年間也曾提倡法國的教育制度，後來看到德國蘇俄的日趨富强，於是一般人大唱德俄教育之說，結果又是不成，爲什麼人家行了就發生效果，而我們反一事無成呢？難道是「江南之橘逾淮爲枳」嗎？我想環境和歷史的不同，當然是失敗原因之一，而其主要原因，還是缺少優良教師去切實施行，僅僅得其皮毛，敷衍塞責，如何能推動起來，又如何能收穫實效呢？

我們又感到目前的最大需要，在義務教育的推廣，中國失學兒童甚多，成人文盲亦衆，因使社會的進化，遲滯不前，非普及教育，不能促進社會的改造，不過推廣義敎，首應注重優良師資之養成，否則易生危險，因推廣義敎，很容易走上兩條路，一條是好的路——好的教師，實施好的教育，敎成好的公民．一條是壞的路——壞的教師，實施壞的教育，敎成壞的公民，所以有了優良教師，然後方有優良的民族，痛快的說，若無良師，則不必辦害人的教育，由此可知良師的重要，和良師興國運動實有提倡的必要了。

但是如何推動這種運動呢？我們應從兩方面入手，第一：確立良師標準，用各種鼓勵的方法，使已做教師和將做教師的人們篤信力行，於是訂定了良師興國運動的六大信條。

第二：我們覺得雖有良師，往往因生活不能安定，受着環境與家庭的壓迫，乃不能安於其位，所以如何使現任的良師，無凍餒之虞，和後顧之憂，亦是本運動應有的工作，因此我們又向國家和社會提出合理的五大要求，現在先來解釋「良師興國運動」六大信條的意義：

良師興國運動的六大信條是什麼？

一，復興民族保衛國家

中國一般國民頂壞的習性就是「自私自利」「一切爲自已」，「個人本位」，無論對社會，對一切，總是先替自已着想，以致弄到民族國家如此衰微，所以用教育入手辦法，應該先將民族國家的觀念，引入國民腦中，否則長此蹉延，非亡國滅種不可，我們做教師的對這一點，首要認識清楚，要以身許國，個個都是鬥士，與前線作戰士兵相比，不過僅有前方後方的不同，要一切爲民族，一切爲國家，今日做師範生和教師的，皆有以身許國的最好的機會，吾人於此必須下最大決心！方對得起民族與國家，至於教師能够復興民族，保衛國家，在歷史上也有許多的昭示，如德國，如日本，如波蘭都是先例，吾人切勿自餒，必須自信。

二，敦品勵行轉移風氣

我們要敦品勵行，以身作則，才能轉移社會的風氣，中國歷史上往往有一二名儒碩士，本其道德學問，造成一種社會上良善的風氣，并能傳之後世，播之異邦，德國的教師，最重人格的修養，故亦最受社會的尊敬，而尤其是鄉村間的小學教師，多爲一方的人望，偶出校門，隨時隨地皆受人民的敬禮，最可佩的是人民間發生糾紛，不往法庭控訴，而到小學校中請求評判，小學校長「片言可以折獄」，其爲人民所信仰可知，這皆是轉移風氣的現實證明，所以我說敦品勵行，即可轉移風氣，而行爲不檢，信義不符的人，絕不能爲人師表。

三、愛護學子盡力教養

做教師的人，第一要具有深厚廣博的「愛」心，然後才能盡力教養學子，否則，也許只能做其他機械的工作，但絕不能做教師，因爲必須有「愛」的動力，對於一切學子才能一視同仁，不會發生偏愛歧視厭惡的現象，裴斯托來齊一生盡力於兒童教育，常與貧兒病兒癡兒爲伍，但他還是十分快樂，盡最大的力量從事教養，裴氏的精神，足資模範，我們對於此點應先自反省，繼以修養，假使自己覺得對於學生缺乏愛的同情，我看還是不做教師，另改他業爲宜。

四、注重實用講求效率

教育要切合時代和環境才能實用，抄襲他國和空談理想未必有益於實際，尤其要注意工作的效率，無論做什麼事，消耗少而效果大，就是效率高，做教育工作的人，更應注意效率，不能因爲教育上的效率，一時不能見到，就不講效率，甚至於懷疑教育不是科學，要知道教育實是應用科學，現代教育者已能應用各種科學方法於教育的各方面，更能使用種種測驗的方法，以測量教育的效率，所以教育已經專業化，絕非一般人所謂教育是常識，任何人皆可從事的了。

五，奮公好義敬業樂羣

教師的責任，非僅教育兒童，還要領導民衆推動社會，所以不可沒有奮公好義爲羣服務的精神，尤其是現代中國最需要慷慨激昂的人物，最不要畏首畏尾的懦夫，我們做教師的，除掉學校以內工作盡心從事外，還要在校外找事做，要提倡公共社會事業，使一般民衆隨我而起，努力建設所在的一切自治事業，而謀社會的幸福，同時尤要認識和重視自身的職業，不可羨慕虛榮，見異思遷，常見許多聰明人，終身未能盡量發揮其才智，以致一無成就，其原因就在職業不專，今天辦教育，明天任行政，後天又做實業，一件事也沒有做了，還談什麼成績呢？所以我們要認識職業，是不等的，是分工的，只要能够在本位上求進步，都能有益於社會的，我們要先能自重起來，然後才能得到社會的尊重哩。

六，鍛煉身體研究學術

體格的缺陷，是我們民族最大的致命傷，我們常看見外國許多大學問家，大事業家，多是白髮老翁，力負重任，其身體精神之健强，我們實在是望塵莫及，故其成就亦未可限量，反觀中國人一過四十歲即頹廢不堪，漸入老境，眞是可恥，西方人有一句話說，四十歲是人類事業生命的開始期，何爲人從出生到十歲是遊戲時期，十歲到二十歲是求學時期，廿歲到三十歲是學習服務時期，卅歲到四十歲是試驗服務時期，四十歲起是正眞服務時期，也是事業的開始時期，可惜我們中國一些有志向有能力的人，因身體太壞，一到四五十歲就百病叢生，甚至夭折，即或帶病延年，也多半不耐煩劇，這眞是國家社會的一大損失，我們教師的職務相當的繁重，若是平時不注重身體的鍛煉，如何相任得起呢？至所謂研究學術，是說我們在服務時，刻刻要注意進修，學問是無盡止的，而且是刻刻進步的，美國有位學者說！「最寶貴的經驗，是在最近的五年內得到的」。這就說學術是進步的，從坡近的學術研究中所得到的經驗，才適用於最近代的社會，二三十年前的學問經驗也已經不適用了，所以我們要及時進取，每天規定一個時間去讀書研究，使學問日新，經驗也日新，纔才不致落伍呢！

上面所說的六大信條，包括教師對於國家社會學子學校民衆及個人各方面應盡的責任，深願我們不久即將加入教師隊伍的師範生和已經服務的教師們乃早準備起來，實行起來，建立起良師興國的大業，此外關于良師興國運動的五大要求是（一）維持生活（二）救濟意外（三）培植子女（四）獎勵進修（五）尊重師道，這些要求的目的！在安定教師生活，使優良的教師可以專心一志，久於其事，在其他的文明國家早經實現了。我相信一日抗戰勝利，我們的行政當局，爲發展教育事業計，自能見諸實行，我們且拭目以待。

總而言之，無論拯救國家的危亡，或保持民族的興盛，非從改善教育入手不可，而改善教育又非養成多數良師不可，所以這個良師興國運動，實在是目前我國教育界裏的一個根本運動，我很希望，凡是已做教師，或將做教師的同志們都來參加推動，做一番基礎事業，以盡我們應盡的責任，尤其是在這國難嚴重關頭，更要領導民衆，鼓勵士氣，發揮我中華民族偉大的抗戰力量，以爭取最後的勝利，這才不愧爲師儒，也才不愧爲國民，特是今年教師節裏，我們做教師的人應當自勉自勵的！

教師節的意義

李清悚

在六年以前一個暴風雨到臨了東亞，我國開始受着日本帝國主義侵凌的時候，在南京有許多教育界人士如程其保，邵爽秋，夏承楓，馬客談，李清悚等數十人，發了一篇宣言，要求政府和社會承認三月六日爲教師節，並於是年「六，六」在南京上海各地舉行了一個盛大成立式，自此以後，一年一度的六月六日，遂成全國教師的佳節了。

教師節具有一般節日的時間上意義——六月六日的教師節，與元旦，上巳，端午，中秋，重陽，冬至，乃至兒童節，雙十節等同樣的在時間上對有一個意義的，所謂：「應時序之循環，發人生之樂趣，或競渡登高以强健身心，或吊水濤祭以紀念往事」。都是藉當前的景物，緬懷往事，策勵來茲，以激發工作的情趣。

教師節具有深刻的民族意識——「吃月餅殺韃子」是我們歷史上一種悲壯動人的節日民族劇，我們民族到了現期間遇到比「韃子」更殘暴的敵人，比「殺韃子」更艱苦的工作，非集中全國意志與力量不能操持最後的成功，期望國民意志與力量的集中，又非先將訓練國民爲國民前導的教師團結集中起來不可，三年來我們將「良師興國運動」合併在教師節中，就是增加起深刻的民族意識的。

教師節具有廣泛的社會意識——三十年來的新教育將教育上的「人」的關係變爲「制度」的關係，打破了經師人師合一的風範？將教師從「天地君親師」的席位拖入「智識販子」「教書匠」的行列中，教師已成爲社會上坡窮酸最破落的工作者，實在是國家的不幸，我們要求國家提高教師的地位與物質報酬，我們要求社會遵重師道！我們要求教師自身努力修養前進，獻身給社會國家，教師節是全國教師集合起來對國家社會發出偉大呼聲的時候。

教師節具有機動的心理上意識——行爲是刺激和反應結合的一個歷程，工作是行爲的一個最顯明的表現，我們希望教師專業，希望教師終身從事之，就是希望他們在一個悠長的工作歷程中發生深厚的效果，這個歷程太悠長了，結果的希望太大了，無疑的是需要不斷的發生機動性的內在或外在的刺激的，教師節一年一度，在時間上假定律動的興起，喚起社會的注意，要求社會的鼓勵，激動教師內心的興奮，是教師工作上一個最大的刺激，信任他是能鼓勵教師向上前進的。

教師們！我們將我們的血做成最醇的酒，澆在民族種子上，結成一朵朵的茂盛美麗的花，這是中華民族的光明啊！教師節！我們熱烈的慶祝吧！在這「抗戰必勝，建國必成」的信念下，完成我們最神聖的工作吧！

高夢旦先生傳

楊家駱

高夢旦先生，名鳳謙，以字行，福建長樂人，清同治九年生，民國二十五年卒，享年六十八歲，幼應童子試，補博士弟子員，卽不復進取，以教讀自給，光緒二十一年，林迪臣宰杭州，舉行新政，創辦西湖蠶學館，爲中國實業教育之先河，而爲林畫策者，先生及其伯兄嘯桐之力爲多，二十七年求是書院改爲浙江大學堂（卽今國立浙江大學），勞玉初任監督，聘先生爲總教習，翌年大學堂選送生徒赴日，先生以留學監督率之東渡，在日年餘，深感日本教育之盛，而教育之根本在小學，因發編輯小學教科書之宏願，二十九年冬，解職歸，商務印書館編輯所長張菊生，與之遇，談及小學教科書之重要，張因勞之入所，任國文部長，定編輯小學國文教科書之全部計劃，編輯時用合議制，有時爲一問題，同人相互討論，至移晷而不能決，稿成輒袖去示友人，以就正焉，自來文人結習，自撰文，不願他人增損一字，先生力矯之，以爲一人腦力有限，必互相批改，以求至當，時公司資本有限，經理夏粹芳，以爲一書之成不易者如此，耗資既巨，公司將不支，及第一冊出，不脛而走者數萬冊，夏始有意續營，由國文科擴充而至修身地理歷史唱歌等科，由小學所用，擴充而至中學師範大學所用，由教科書擴充而至自習書教學法參考書，皆由先生依照部頒學制擬計進行，延攬專才，分任編輯，書成，則風行一時，蓋十數載中，凡有學校之處，無不取給於是，是時全國人士，咸懷革新之想，而於新法律知識，想望尤切，留日生徒，雖有選譯，東鱗西爪，難覩其全，先生創譯日本法律大全，三載成書，國中官署公團，與夫習策論，譚維新者，無不從藏，今日視之，已成士苴，而當時實不啻饋貧之糧也，研求學術，以工具書爲首要，而舊日字典難應時需，先生又創編新字典辭源等書，新字典先出，辭源歷八載成，至今猶爲學人必備之辭書，先生策劃既密，張菊倚之如左右手，事無大小，悉以諮之，先生獻替可否，知無不言，言無不盡，宣統元年，一兼復旦學堂監督（卽今復旦大學），逾年卽辭去，將委其身於公司以終焉，時位雖一國文部長，而公司全部計劃，罔不參與，公司規模，由小而大，各項規章，逐漸訂立，殆皆出於先生之手，厥後張主持總公司，先生實任編輯所長，於影印四庫全書，奔走甚力，民國二十二年且爲文佈于東方雜誌，且校印四庫全書，及其他叢書計劃，後四庫珍本得由公司印行，分贈列邦，而先生實爲先聲之導，民國八年仲其、兄子益，出使各大利，先生因隨以遍遊歐陸，乃歸，居原職，值五四運動起，先生以不識西方行文，自謂不足爲新文化之媒介，嘗曰，公司猶國家也，謀國者不可尸位，當爲國求賢，舊令尹之政，以告新令尹，俾國家生命，得以長久，吾既老矣，若不爲公司求繼起之人，如公司何，於是親赴北平，謁胡適曰，君若許公司爲我國最大之文化機關，應屈爲編輯所長，適感其誠，試主所務者兩月，自度才性不宜，舉王雲五以自代，王至而先生退居編譯所中之出版部長，以佐之，王初入公司，舊人皆驚疑，嗣王任總經理，倡科學管理，職工益不滿，迨一二八以後，公司總廠及東方圖書館，燬於國難，王不辭勞怨，不惜生命，卒成復興之業，然後公司內外皆知先生之知人善任，有非尋常所可度量者也，十七年後，以年邁去職，而任董事如故，竭力於公司，亦如故，公司被燬時，以退職之身，被髮纓冠，倉皇赴救，忠心耿耿，幾忘寢食，王之得竟復興之功，先生實與有力焉。

二十年夏，拙著四庫大辭典圖書年鑑四百數十萬言，將付剞劂，先生與張菊生王雲五，見其稿，以爲二百年來未有之作，欲發數萬金市之，俾公司得印行焉，家駱既未之許，先生又爲規劃印刷發行事，六十老翁日親至印刷所奔走接洽，愛助之殷，可以概見，及一二八之變，拙著稿本之在公司者，皆成灰燼，獨二書以先生之呵護得全，其後重印四次，流傳於世者無慮萬帙，所藏者逾十九國四千餘館之多，辭典館之得僅其基，卒至出版拙著逾二十五種三千五百餘萬言者，蓋皆先生之所賜也，是年冬公司設研究部於涵芬樓，委家駱主其事，越一載公司與辭典館合組編輯處於上海，又以家駱任處長，家駱主研究部時年纔十九，與先生又非素識，而知遇之隆如此，並世如嚴復林紓蔣夢麟王雲五郭沫若林語堂鄭振鐸輩皆得先生助，而臻於大成，家駱何人，誠不足計，而先生晚年獨譽以國士器之，此家駱所終身不能或忘者也，先生性慈祥，生平無疾言厲色，而貞幹內含，又非他人之所能及，公司職工親之如保母，遇有工潮，輒以先生之調解而得平，且多由先生率領以歸工廠焉，其學崇尚實用，而尤注意於各種器用制度之改革，二十二年家駱創公社論，得先生之啓示者亦不少，先生幼讀沈括夢溪筆談，見沈所改曆法，謂於當行之陰陽曆，惟世界各國既已注重星期，則理想之曆法，應使年月週有連貫調和之可能，乃於民元前十一年，創議分年爲十三月，月爲二十八日，其方案先後刊佈於新民叢報及東方雜誌中，民國十六年全國教育會議開幕於南京，通過交中央研究院呈請國府訓令出席國聯代表提供國際改曆會議之採行，早年與勞乃宣王照輩研求漢字改革之道，勞王簡字書，多取其意，而先生不居其名，因康熙字典檢查困難，苦思力索，創八十部首法，研求十餘年，屢易其稿而終不自慊，聞林語堂有志於是，乃請公司月資百金，俾其成，復以已稿弁王雲五，而王卒以創四角號碼檢字法，王法既成，先生復謀宣傳推行之道，今者，王法風行寰宇，而先生亦不居其名焉，於度量衡制則力倡最合科學之米突制，而反對任何折中制，及流行最廣之英美制，嘗謂大同之說，猶爲學者之理想，惟符號器用之不可不齊同，以其無關得失，但求便用，不必立異也，且被國人之譏爲新制度也，則曰泥人之情，蹈常習故，尊古卑今，舊法習用既久，即甚不便，亦以爲事勢之當然，至於今人新創之法，則求全責備，稍有疑議，輒望望然而去之，語曰，利不百，不變法，功不十，不易器，我國萬事之不進步，皆斯言階之厲，光緒二十二年，著論謂中國變法，當自用西曆，服西服始，蓋將化炎夏之畛域，新全國之人心，而後種種變法，方無阻礙，即就事實言之，齊萬爲一，去繁就簡，亦爲至約至便者也，又疾士習之競尚風雅也，則曰，昔人謂俗士不可醫，吾則謂雅人最無用，雅人吟風弄月，對於日用之權度數目，時且不辨，試問此等人，於世何益，今日之士宜俗，俗則可深入社會，切合實用，凡此皆救世之良言，而前人所未發者，其他如現時幣制電政郵政之改革，亦多由先生獻策於當局之所致，其稿皆隨手散去，新民彩報，東方雜誌，時務報，時事新報，教育雜誌，嘗載其文，署崇乃，或一崇字，或一有字，蓋取晉裴頠之崇有論，以矯此時俗虛浮爲已往也，除與衆合編之教科書字典辭典外，有十三月新曆法，泰西格言集，九年籌備憲政一覽表等作，二十五年夏以蔣委員長之邀與張菊生同乘飛機入川，既歸以疾入寶隆醫院，爲醫師斧明珠用玄黜藥過量，且以酬應誤病機，遂於七月二十三日卒。

旅蓉回憶記

盧子英

前次旅蓉公幹，乃八月中旬之決計，因公務之遷延，遲至月底方得成行，往返約十三日，逗留成都僅六日耳，茲將追憶所及，擇其較有關係者錄之於下：

一，買票難

二十八日下渝擬買車票，殊知車站擁擠異常，車待客人約二三百，竟有候至四五日尚未購得客票者，小車亦缺之，真無術可包，飛機票皆為人前週所預定，現有的飛機雖已保險還明，但客人仍不之顧，爭先買票，余因汽車太成問題，乃於翌日轉歸，復於卅日下渝，至公路售票處購票，但見人衆潮湧，叫罵呼囂，非常紛擾，不少婦女望之却步，大非文明城市之應有氣象，經半日之奮鬥，始購得客票，亦云幸矣。

二，感慨太多

三十一日登車，各車皆為木炭汽車，表面尚新式，但內部灰塵滿佈，殊欠清潔與舒適，車過來鳳驛，早膳飲食髒臟，定價高昂，故意大敲過客竹槓，市街野宜甚多，客到紛至打扇，客用殘餚，則爭先搶食，竟不畏館主之鞭以巨棒，同是人類，遭際如此，令人感慨至矣，車到椑木鎮，因漲水僅略退，前行之車，有七八輛尚滯江邊，故祇好就鎮投宿，逆旅之臭，令人難耐，滿街乞丐爭奪過客剩飯，揮之不已，同行張君偶一不慎，身伴皮夾被扒，夾中除旅費外，更有軍政機關證件與車票幾紙，車票遺失，找人證明，麻煩久之，旅行人們應該特別謹慎，椑木鎮隸屬於內江，產蜜餞亦至豐。

三，誰說蜀道不難

九月一日，余所乘之車為第四次木炭汽車，發動引擎，頗不易易，而第四次車機件更有問題，故拂曉前即由第五次車拖拽，期以引發，乃費三鐘以上之時間俱無效，找該站站長與商數次，尚謂當即由內江開新車來接，余等欣然從之，殊渡江時車，歷時又久不至，下行車由內江開來者，皆紛至已久，乃知為站長所給，遂復推派同人找該站長要求下車互換車輛，減除渡江困難，此來兩便，下行車客，竟多欣然從商，渠輩尚乏經驗，未加考慮，實不知余等之車，引擎略有問題也，換車後全車歡喜，過內江，過毬溪河，皆不進飯，以為一直開成都，不臆途次資陽，恰值溪水大漲，波濤洶洶，竟莫能渡，全車客人無不飢腸轆轆，幸劉懷隆代辦給養，每人僅費五六個錢，竟得果腹，候水又久不退，乃將車開返毬溪，時已入夜矣，余與劉懷隆等多就車中宿。

二日開車達五小時，俱莫能動，木炭汽車燃料僅費汽油價值十分之一弱，本甚經濟，惟開車最費力，余意倘加上一小小汽油之開車機關，必能解除此種苦難，但據司機語我，謂誠如此，則每車須多去費百餘元之設備，公路局如不為乘客便利計，當然吝惜，引擎久不能動，車客焦灼萬分，誰說蜀道不難，司機也無精打彩，似乎夜間不曾安眠者，據聞大致喜嫖賭消遣，果爾，則當局應情柄另製一完善管理之道，尤望當局加以訓練，使各人員有更好的服務精神與方法，至於沿途市政，如能特加整頓，潔淨衛生特加管訓，則對於旅客之苦難，可以說是減除了一半。

十一點鐘以後引擎開動，車客相約，醵洋六元，以謝司機，使特別努力，錢却真能通人，通下俗之人，本來車到簡州，站上的人就招呼停宿，然余車因此之關係，司機尚能勉強振作，繼續開行，過龍泉驛，已八點鐘，途中機器又時發生困難，旅客有如逃難難民之狼狽不堪，好容易於九點鐘纔得入城，夜半始入睡。

四，國社黨員的論調一斑

偶與特務幽德蘇顧問波勒法郎次君談及時事，渠頗願赴前方參觀或參加戰事，增加閱歷，渠感當前我國最大的遺憾，是海軍無潛水艇，所以敵艦敢於縱横，陸軍砲太少，尤其是專用於防禦坦克車的砲太少得可憐了，所以北方之敵勢較爲得遂，梁頗反對聯蘇，第一是因爲世界大同，雖爲大多數人的願望，但事實上決不容易，現在倡導世界主義者等於造亂的，第二是蘇聯的精神雖很好，但他還在學習資本帝國主義的一些辦法，何能一旦實現社會的最高的理想，第三是人能以爲公理爲第一，自然很好，但今世之人，都是比較的習於爲自己，一切主要的爲公，談何容易做到，在事實上還非有所持不爲功，因此等等，梁所以反對之至，余即以倘使日德意眞正成爲聯合戰線，君將如何自處，梁慨然謂自當一切唯希特拉之命是聽，余意德國人，尤其是希特拉政黨下的德國公務員的論調如此，乃勢所必然，原不足怪，何況未必便是胥皆由衷之論呢。

五，渴慕都江堰

四日分赴省府各廳處辦公，或述職，或了照例公文，嗣因翌日爲星期，各機關事業皆休息，於是我定汽車，預備以一日之力致祭都江堰水利之工程，並遊青城山，蓋都江堰之一切，頗富有文化之意義，以李冰一外行，竟能興起如此偉大之事業，爲現代科學專家所興感，其人格，其精神，其志趣，其思想，無不令人敬禮，無怪吾人尊之曰「川祖」，其次子竟能繼父志，而充實其工程，俗人呼曰「二郎」者，亦難能可貴極矣，慨附近有古蹟種種，頗值一一拜訪，并擬供諸大衆，其中當不少精神教育之材料，殊入晚天雨，公路滯泥，無法通車，竟不果。

六，久雨之災

川西平原三週來皆苦雨，水稻十之八九尚未成收，故田中因雨發芽而損失之穀約十分之二以上，因此成都市面奸商，得以藉口提高米價，每斗約高一元以上，五日六日多就省府與綏靖公署辦公或訪友，七日訪水利局孫邵局長趕抄農貸辦法見賜。

七，可怕的病虫害

訪病虫害防治所周所長仲吉談甚久，據云：吾川重要經濟作物如稻麥棉麻等之遭病虫害損失者，年約值二萬萬元以上　倉庫儲藏穀米之受病虫損失者，亦至大至多，即以成都之米市而言，平時存米亦常遭穀象之損失，約百分之一至五之數字，單就成都本市食米而論，平均每月損失亦起碼在一二千元以上，水稻遭遇螟虫，在成都附近，竟達百分之八十，螟虫產卵，年約三次第一次爲四月，二次爲七月，三次爲八月，一螟每次約產五百卵，在春初時季，以一螟之微，倘繁殖之後，不遭農家益虫之收拾，則中秋之時，其子孫之繁進，當在一萬萬以上，何等可怕，難怪中原有時防螟甚於防匪，猖獗之時，幾乎佈滿田間，成一螟虫世界，余關於選種與病虫害之防治問題，與棉象之防除辦法，頗領教不少，另有記錄存區署建設股卷可供參攷。

八日訪稻麥改進所，已商得楊允奎先生同意，將合川分場之經營區域擴展至三峽實驗區，以便經常有人在峽指導一切，至關於稻田種麥與水稻選種暨肥料問題，與談二小時，得教良多，另略有記錄亦可參攷建設股卷宗。

八，岷江風光

九日晨出東門包雇木船，九鐘開頭，順流而下，經望江樓與造藥廠，該廠已非十七年前之狀，全部頹敗不堪，沿江通過橋樑數十座，大牟工程甚好，頗合乎科學原理與技術，蘇碼頭一帶安置收苔機甚多，江濱白鷺江鷗，時起時落，山青而土紅，森林蔭翳，鳴聲上下，淺草如茵，茅房三五，點綴其間，間有溪流，狀頗幽秀，河畔沙洲，饒似浮島，風景之動人，似勝江南農村多矣，晚宿彭山。

九，社會問題之一

十日細雨紛飛，增人煩悶，船夫非常苟安，每停工而賭錢，其生活之低，令人望而生憐，每餐多無菜，更無味，夜臥棕件上，被不能蓋體，如萬一有病，則但憑命運，可謂苦極矣，但習慣成自然，似尚安之若無事者，船夫們未曾受任何教育，故習慣多壞，性格亦壞，動輒叫罵，感情易變，而能力又至薄弱，合數百人尚不能抵一小小汽船機器之効能，僅以人力構成之交通工具，當然其功至微，欲改良船伕生活，擴大其生活前途，除船伕有覺悟與振作等外，尤須多賴政府之負責，循循善管善教，在經濟辦法上尤須謀根本改造之道。

抵嘉定後遊大佛寺，遠眺峨眉，悉爲雲霧所蔽。

十一日搭民望輪東下，輪之二樓，搭軍人十數人，勤務兵數人，最無規矩，上下一切祇顧自己，不依秩序，開船後水流湍急，船行甚快，大有乘風破浪之慨，移時河霧橫空，不便下駛，遂扎霧約三四小時，始再開行，嘉敍一段，水流較快，汽船下行更危，搭客爭據民望二樓，只顧一時之安逸，不顧全船之危害，搭客中固不少智識份子，然行爲的要求，却是另一回事，抵敍府後不待時輪復開，在敍新搭之客中有一自稱副官長者，率獵犬七八隻上船，氣意揚揚，非常自得，犬身不潔，臭氣逼人，鄰近乘客，率皆掩鼻，而此副官長者，竟謂該犬羣中尤有價值數十萬，其飲食起居較之一般軍師長生活尤爲優美，其清潔較之中國人不知好到若干倍，其價值比多少中國人實高貴多矣，客中稍有頭腦者，皆以此祭狗官實過誇大，竟儼然外國人之口吻，甚至出言侮及同胞，故均嘩之責之，若此人者，難怪同行稱子敬君尊稱之爲「狗頭」矣。

船過納溪，搭船之客，皆編餘士兵，滿船亂闖，不顧一切秩序，同人對此，亦皆見慣不驚，輪至江安，下船者有女客一人，行李多，并有小孩在抱，厥狀憫憫，不免稍帶慘象，而同船乘客，幾無甚同情之者，吁！我們的文化程度，可慨也乎？夜間換槳五十里，始安抵瀘縣。

翌日午後吉渝，計此行費錢不過二十四五元，蓋水陸路俱蒙折扣優待，往返所過各地，皆平靜如常，尤以岷江一帶，不像抗戰之後方，抵渝後復買得王光祈先生旅德存稿兩冊，王先生以苦行而博學，其人格，精神，學問，成績，俱在在令人敬重，不幸因腦出血，竟在德病故，其文成者尚夥，余購此一部，不僅用以紀念，尤注意在勸人閱讀，便中在成渝兩地訪問商務印書館，擬爲同人購備遂生遺著，以供修養之資，殊早絕印矣、嗟夫！

嘉陵江三峽鄉村建設實驗區署工作報告書

廿六年九月至廿七年四月份

趙仲舒

廿六年九月份

甲，內務方面

一，加緊訓練壯丁：當此國難嚴重時期，凡屬國民俱應具軍事常識，俾於自衛抗戰諸事，知所應付，除令飭公安各隊加緊訓練住紮各地壯丁，並每月舉行點驗大演習一次外，復令各鎮聯保主任對於保甲人員嚴加督飭，加緊壯丁軍事訓練，如有不盡職責或不諳軍事之保長小隊附等，隨時報請撤換，以資整頓。

二，籌備全區壯丁大演習：本區壯丁聯合大演習，業將演習計劃擬定，抽調各保曾經受訓保甲長小隊附及精幹壯丁每保合計五名，全區自保共五百名，編爲一營，劃定文星鎮爲演習區，伙食由本署統籌。現已訓令各鎮遵照計劃準備，並飭各保甲長依照規定造具動員名冊，呈由本署確定編製，更于各鎮當場日期集合動員壯丁，由署派員先事點驗人員武器裝具等是否合於規定，一俟奉到專署所示演習日期即照原定計劃舉行演習。

三，整理倉儲：區屬各鎮倉儲之整理，迭奉上峯命令，積極進行，本月抄發倉庫徵集谷石辦法，倉庫管理暫行辦法，及倉庫管理委員會組織暫行規程等，分別令飭及佈告區屬聯保人民一體遵照辦理，各鎮倉庫管理委員會，業已組織成立，據報到署，所有新舊積谷，正按比率表，切實催收中。

四，調查全區水災糧畝損失：本年七月江水暴漲，高達八十七尺以上，全區財產房屋，損失殊大，除當時施賑外，曾將詳細災情電請 四川省政府撥款賑濟，旋奉覆電，派江北徵收局長鄧思忠來區查勘，當經派員隨往受災區域，監製定水災田畝糧額調查冊，逐一勘好登記，計北碚，黃桷，澄江，三鎮受災農民共三百五十四戶，水淹及沙淤田畝共三千四百三十四畝二分，共佔糧額廿二兩一錢八分八厘八絲八忽七，此次被淹田畝，因淹爲過久，顆粒無收，除將勘察結果，造具調查冊統計表各四份，呈請 省府減免糧稅在案。

五，舉行「九一八」擴大抗日宣傳：本月爲「九一八」六週年紀念，奉令擴大抗敵宣傳，事前籌備，編輯專刊，繪製漫畫，印刷傳單標語，組織宣傳隊，並派員到區屬各鎮指導開會宣傳暴日殘暴行爲，以資激勵民衆抗日情緒。是日北碚參加民衆約八千餘人，對於暴日行爲，非常痛恨，率有同仇敵愾之致。

六、圍剿太和場股匪：合川縣屬之太和場，毗連華鎣山，年來周澄清彭竹三兩股匪徒時常出沒其間，四出刦掠，屢經搜剿，以山深林密，兵去匪來，未得肅清。本月又復四出為害，職署乃商同江合兩縣暨峽區聯防辦事處，共同出兵會剿，當於八月廿四日夜午派公安第三中隊隊長黎穠光，率領公安隊一中隊，前往圍剿。於廿五日拂曉，到達太和場。先是廿二日派諜查潛往該場探查，是日適逢場期，該匪等多數前往趕場，竟公然在場外隘口設有盤查，前往盤查，突被匪哨，喝令檢查，當時情勢緊迫，互相開槍，當場擊斃兩匪，並獲仿造新德式手槍一支，復乘匪徒不備，衝入場內，匪徒等以大軍已至，遂四散潛逃，事後清查被擊斃之兩匪，一名楊裕如，為周澄清股之外管事，一係柳某，乃彭匪之司務長。二十五日到達太和場後，與聯防辦事處主任趙鐵光磋商會剿辦法，採取夜襲游擊戰術，匪徒等遂化整為零，匿居深山，嗣在羊子溪地方，捕獲彭匪伙夫李少林一名，由趙主任親訊，得悉匪內秘密消息甚多，及彭雙林通匪情形，當由聯防辦事處派兵查捕，抄獲手槍二支，子彈十一夾，夾板槍七枝，救出被架肥主黃姓七歲小孩一名，經黃姓領去，自出獎洋壹百元，所有獎金及奪獲槍彈，均由聯防辦事處處理。旋聞周匪澄清匿居四方井蔣家大院子，經本署與聯防處隊伍前往包圍搜索，未有所獲，除留左分隊長明德率領歸聯防指揮，作久遠防剿外，其餘於九月四日完全回防。此役動員官兵一百另三員名，費時十二時，以匪徒之方法治匪，晝伏夜動，分頭穩打，予以痛擊，匪徒完全潰散。所有圍剿經過，業經呈報上峯在案。

七、案件統計

甲、軍法室處理案件如下：

1.強盜案三件　2.保甲經費案二件　3.捐款興學案一件
4.搶奪案一件　5.敎唆殺人案一件　6.妨害自由案一件
7.妨害營業案一件　8.傷害案一件　9.賠償案一件
10.田畝案一件

乙、公安第一中隊：

1.債務案二件　2.竊盜案一件　3.賭博案二件
4.口頭糾紛案二件　5.鬥毆案三件

丙、公安第二中隊：

1.竊盜案九件　2.賭博案四件　3.債務案八件
4.拐誘案二件　5.婚姻案二件　6.口頭糾紛三十二件

丁、公安第三中隊：

1.租佃案五件　2.婚姻案一件　3.竊盜案二件
4.口頭糾紛案十六件

以上共計一百一十一件

八、公安狀況

甲、公安第一中隊

1.編訓壯丁：該隊自本月一日起，加緊將勞動服務團訓練完畢，暫告結束，從事編制北碚市街六保壯丁，業已編制完竣，下月即行開始訓練。

2.召開治安會議：該隊為維持北碚市街治安，防範盜匪計，乃召集本鎮保甲長開治安會議，討論防範辦法，議定從九月份起每保選出精選壯丁十五名，輪流守夜，全市勞動服務團員，加入各保担任巡查勤務，以防不虞。

3.舉行家庭清潔檢查：本月份該隊舉行家庭清潔檢查二次，北碚市街各保，以第一第二兩保長之家庭，及四五兩保小隊附家庭為最清潔。其最不清潔者，各罰多輪守夜一次，以示薄懲。

4.救火：本月八日北碚附近黃山堡發生火警，當由該隊走馬鞍石瞭望哨發覺，通知消防隊攜帶滅火器具，立往施救，隨即撲滅，只失慎之家全部被焚，隣近各戶均無損失。

乙、公安第二中隊

1.撲滅石橋火警：本月十二日，距黃桷鎮半里之石橋，發生火警，該隊聞訊後，即率領全隊士兵，隨同消防隊前往施救，當即撲滅，幸未延燒成災。並告誡失慎之家及該處人民，以後務須小心火燭，免再失事。

2.調查市街六保戶口：該隊為明瞭黃桷鎮住民異動情形起見，本月澈底調查一次，統計結果計有五百四十二戶，二千二百九十四人，復製小木牌每戶一塊，上書戶主姓名及號數，懸釘當眼之處，以便一覽瞭然

3.救濟難民：往歲隨窗紅軍走出之通南巴人民，前在西安解散，遣令回籍，本月經過區屬白廟子，約男女六十餘人，當由該隊白廟子派出所暫行救濟，並予覓定住所，經宿即去。

丙，公安第三隊

1.結束勞服團訓練：該隊因訓練壯丁在即，本月趕將勞動服務團訓練結束，着手籌備訓練壯丁定下月內開始。

2.統計澄夏兩鎮戶口：澄夏兩鎮，本年因遭兩次水災，倚河居民，搬遷甚多，異動變遷頗大，該隊乃於八月份着手重新調查，已於本月查畢，統計完善，計兩鎮正戶共四百三十八戶，附戶一百三十二戶，合計五百七十戶，男共一千四百另一人，女共一千零四十一人，合計兩鎮人口共二千四百四十七人，與上年比較減少戶數五十二戶，人口三百四十二人。

乙，建設方面

一，籌組鄉村信用合作社，本區合作事宜，曾於前月派員前赴合川南京提本局合川合作金庫經理胥磬吾君接洽，來區指導組織，旋胥經理於本月來署，當即派本署職員劉文選，秦鴻勛，舒傑等三名，在胥經理指導下，協助工作。於十九日在北碚第三保蔣維周家，召集農民，說明合作社之宗旨，辦理調劑農村金融，及改善農民之生活，當經全體農民之贊助，籌備組織，現正進行調查中，一俟調查完竣，本月即可着手組織。

二，成立稻種改良委員會：本署爲謀改良稻種，增加農村生產計，乃成立稻種改良委員會，並將區內三十餘種之稻種，選擇五種，送請四川稻麥改進所試驗，以作改良之根據，已於本月十九日由稻麥改進所技正胡世昌君來署檢查，計選出五十餘種。

三，試種榨菜：本署建設股得涪陵陳年邵君贈送榨菜種籽兩包，按涪陵榨菜，爲川中名産，其種籽較各地爲優，乃由該股，將此項種籽，分送科學院，蠶桑改良分場，江北農場，北碚樂陳種植公司，平民公園，溫泉公園等處試種，若成績優良，則分發農民種植，以增加農民之副收入。

四、籌建北碚新村，本區治安認真，且地方安謐，且風景幽美，故遷來住居者甚多，致原有房舍已感不敷。本署爲滿足需要，並謀繁榮市面計，乃籌建北碚新村，劃定北碚鎮附近長一公里，寬半公里爲建築新村區域，凡有自願在該新村區域內建築房舍者，本署代爲設計規劃一切。本月由北碚市政管理委員會，召集本市紳民，商討收買地基問題，當經商定，不得收買或出租，均不得任意抬高價格，有礙進行。現正派員調查該區域之（一）業主姓名（二）佃戶姓名（三）押佃情形（四）地價等項，俾便按步積極推進。

五，兵工修築清和路：署側清和路爲洪水淹沒，傾圮約長三十餘丈，修復費用，所需殊大，乃商由科學院三峽工廠及職署共同負擔，土工概由公安隊兵担任，本月已商請膺北公路工程師劉德成幫助測量，計劃工程除由士兵担任之工程不計外，約需費用三百元，議定職署担任六分之一，科學院担任六分之二，三峽工廠担任六分之三，本月正由兵工建築路基中。

六，民衆博物館

1.修理欄杆：該館門首月台欄杆，與古人陳列室欄杆，均已敗壞不堪，不惟有礙觀瞻，且甚危險，乃於本月中僱木工數名從事修理，並加塗綠色油漆，現已煥然一新矣。

2.播花苗：現值秋季播種時期，該館於本月中播種花卉種籽四十九種。

3.參觀人數：八月份至該館參觀者，茲統計如下：總數爲一千四百二十八人，男性一千二百一十人，女性二百一十八人。以職業分類，則農人三百九十八人，工人二百四十二人，商人三百二十九人，學生二百七十六人，軍界八十一人，政界五十八人，其他四十四人。

七，地方綏靖

甲，公安第一中隊

1.修補街道：本年七月前後兩次大水，沖毀街道多處，雖經該隊逕行修補，但尚未完全修竣，本月該隊仍繼續修補工作。

乙，公安第二隊

1.修築陰溝：該隊所駐黃葛鎮之偏僻街道，有陽溝數道，雖天氣已入秋，溝中仍臭氣外溢，該隊爲一勞永逸計，乃會同當地民衆共同將所有陽溝一律開石蓋好，改爲陰溝，以重公共衛生。

2.籌燒石灰：該隊爲利用士兵閑暇增加生產計，乃令駐白廟子派出所士兵，就近籌燒石灰，因該處石質適合燒石灰之用，且距離駐地又近，既可利用閑暇增加生產，復不致礙及公務，實一舉兩得，現正進行開辦。

丙，公安第三隊

1.登記船戶：現值冬防期近，地方治安，更應加緊防範之時，該隊召集船戶小甲會議，凡屬澄江夏溪兩鎮船隻，均須由小甲逐一登記，呈報該隊，轉呈本署，以便稽查，並規定橫江每夜二更封渡，封渡後，禁止一切船隻通行，外來船隻，須泊各鎮馬頭，以免盜匪乘機混入。

2.修築碉堡：該隊在澄江夏溪兩鎮間之鐵欄地方，築有防禦工事一道，長期駐步哨於此，嚴防匪盜，近因連日大雨，將該處工事冲壞一部，該隊當即派工兵趕修，以重公安。

丙，教育方面

一，委任學董：根據本區二十六年度義務教育實施計劃，全區應委任學董十六人，助理學董一百人，學董由現任區立各小學教職員兼任，助理學董則由區屬各保保長兼任，以收政教合一之效。各學董之任務有（一）宣傳學董任務之重要（二）擬具該學區義教實施計劃（三）籌劃經費（四）調查學齡兒童（五）強迫學童入學（六）監督并考查學校之進行（七）扶助共學處之進行（八）督促私塾之改良。——助理學董有（1）調查學齡兒童，（2）強迫學齡兒童入學，（3）協籌該區經費，（4）協助校務，（5）扶助共學處之進行，除將各保學董分別加委外，並編學董須知及助理學董須知，印發各學董遵照辦理。復於本月召開第一次學董會議，討論推行義務教育之各項積極辦法。

二，更改校名：按照修正小學規程第九條之規定，縣市以公立小學，應以區域較小之地方爲校名，本區各小學校名有不符此項規定者，均一律更改，所有校名悉照所在地點命名，以符規定，茲將更改校名各校，列表如下：

鎮別	現名	原名	校址	現名	原名	校址	備考
北碚	龍鳳初級小學	十保義務小學	龍鳳橋	白蝦初級小學	十二保義務小學	白蝦井	
	中間短期小學	十四保短期校	中間瓦房	龍腹初級小學	十六保義務小學	龍腹山	
	石坑初級小學	十九保短期校	石坑	天生初級小學	二十保義務小學	天生橋	
	金佛初級小學	十五保義務校	金佛寺	鍋廠初級小學	廿六保義務小學	鍋廠灣	
	雨台初級小學	廿二保短期小學	雨台山	黑石初級小學	廿四保義務小學	黑石坪	
	清和初級小學	三十保初級小學	清和寺	金剛初級小學	卅一保義務小學	金剛碑	
	杜家短期小學	三十三保義務校	杜家街				
黃桷	東陽初級小學	七保義務小學	東陽鎮	石龍初級小學	十二保義務小學	石龍寺	
	天神初級小學	十三保初級小學	天神廟	項家初級小學	十六保義務小學	項家林	
	白廟初級小學	廿一保義務小學	白廟子				
文星	八角短期小學	六保義務小學	八角廟	三官初級小學	十五保義務小學	三官廟	
	藥王初級小學	十六保義務小學	藥王廟				
二岩	二岩初級小學	三保義務小學	二岩	龍井短期小學	三保義務小學	龍井灣	
澄江	晉家短期小學	五保義務小學	晉家灣	大石初級小學	十九保義務小學	大石壩	
	茶子初級小學	二十保義務小學	茶子灣	三花初級小學	七保義務小學	三花石	

青峯初級小學	十保義務小學	青峯鄉
石剛初級小學	十四保義務小學	石　剛
高家初級小學	十三保義務小學、	高家灣
竹林初級小學	十七保義務小學	竹林灣

三，登記私塾：本署爲整頓區內教育計，對區內私塾，在本年上學期，曾經擬定改進辦法，呈准施行在案，即凡在區內設立私塾者，均由當地保長呈請本署核准後，才得開課。本期區屬北碚鎮二十八保戴體光，二十九保劉漢卿，文星鎮十五保郭進修，澄江鎮十一保馮齊康等四名，各設私塾一所，尚未來署登記，當即召集各該塾師到署登記，並發給私塾教育推行方案，囑其遵照規定教授，以免貽誤兒童學業。

四，組織義務教育委員會：根據實施義務教育暫行辦法大綱施行細則第二十七二十八條之規定，組織本區義務教育委員會。委員長由區長兼任，並指派教育股主任吳定域等爲委員外，加聘兼善中學校長張博和，世界佛學院法尊法師，寧嚴法師，江北縣教育委員王蔭槐，澄江鎮紳士王香普，二岩鎮聯保主任周雨樓，北碚鎮聯保主任馮齊勛，文星鎮聯保主任胡源棠等八人爲委員，會址暫設北碚民衆圖書館，該會之組織及職權分述如左：

1.總務組：掌理下列事項：（一）關於文書之撰擬及收發保管，（二）關於全區義務教育經費之審核及籌募。（三）關於中央及省政府補助費之保管及分配。

2.設計組：掌理下列事項：（一）關於全區義務教育推行之設計，（二）關於訓練義務教師師資辦法之擬定。

3.考核組：掌理下列事項：關於全區辦理義教成績之考核。

五，組織教育研究會：本署爲提高教育推行效率計，由教育股發起組織教育研究會兩種，一爲普及教育研究會，由本區各義務學校教師，及民衆校教師組織之，專事研究義務教育及民衆教育等問題。一爲小學教育研究會，由本區各完全小學及中部小學之教職員組織之，專事研究兒童生活之改善及小學行政組織，教學訓導等項。

六，民衆圖書館

1.新書編目：本月份編入新書計有：國民說部全集一百冊，民衆基本叢書四部共三百二十冊，小學生文庫五十八冊，幼稚園讀本十六冊，非常時期叢書卅二冊，塞上行一冊，萬有文庫二集四期二百三十餘冊。

2.陳列救亡書報：自八一三神聖偉大之民族抗戰爆發後，爲提高民衆抗敵之情緒起見，時事之認識，該館逐日將各種日報所載重要消息，用紅線標註，以便引起閱者注意外，並選擇有關中日問題之書籍數十種，專門陳列一室。又蒐集關於民衆總動員及日本侵略我國之重要圖書計五百餘冊，亦陳列一室，以供閱覽。

3.閱覽統計：本月份計開館三十日，閱覽人數總計一萬零七百九十四人，本署職員一千二百四十八人，市民三千九百五十九人，學生三千六百五十六人，兒童一千七百八十人。館外借出書籍，計一千零七次。

七，民衆教育委員會

1.擬定壁報編輯法：該館鑒於國事日急，後方民衆應有同仇敵愾之心，奮起救國，故壁報之出版，實屬必要，編印壁報編輯法，分發區內各校，依照編輯，至少每週須出版一次。本月中已有澄江黃桷兩校先後出版二次，內容尚屬豐富，張貼該鎮通衢要道，民衆閱覽，終日不斷。

2.代寫信件：該會民衆問事處本月份代寫信件共二十封。

3.宣傳合作社意義：本區合作事業，已於建設項中詳述，惟鄉間農民，尚有不明瞭合作社之意義者甚多，該會有鑒於此，乃於本月派員分赴各鄉宣傳，詳爲解說合作社之宗旨，性質等，俾便一般農民澈底明瞭，以利進行。

4.繪貼戰區地圖：該會將戰區形勢，繪製簡明而醒目之地圖，張貼於北碚揭示處，供民衆閱覽，俾便明瞭戰區之情形，以激發同仇敵愾之情緒，圖中以中日小旗，用鐵插於圖上，表示進退情況，

八，民衆教育

甲，公安第一中隊

報告戰事狀況：該隊爲提高民衆抗敵情緒起見，利用民衆會場開放之機會，由該隊官佐輪流在場，向民衆報告我軍英勇作戰之狀況，使民衆深切了解此次抗戰之重大意義。

乙，公安第二中隊

1.調查未入學民衆：該隊襄助民衆夜校調查黃桷鎮未入學民衆，尚有四十四名，除將調查結果送夜校外，並令飭未入學民衆，速往夜校就讀，以期肅清文盲。

2.添訂書報：該隊在黃桷鎮鄉公所內設有閱報室一所，茲為充實內容計，本月份復添訂保甲月刊，東方雜誌，良友畫刊，有關鄉建等項刊物數種，以利閱讀；又文星場閱覽室從本月起亦添訂國民公報一份。

丙，公安第三中隊

1.擴大宣傳「九一八」紀念——該隊奉到區署訓令籌備本年「九一八」紀念日擴大抗日宣傳後，即與澄江鎮各機關學校會同籌備，當該日參加民衆計到一千八百餘名，開紀念會後即舉行大遊行，表演抗敵話劇，一般民衆抗敵情緒異常激昂。（在公安一二隊仍有同樣之舉行）

丁，地方醫院

一，編印戰地救護須知——抗戰日形擴大，益感民衆對於戰地救護智識，有迫切之需要，該院有鑒於斯，乃編印簡單之戰地救護須知，分發各校作為衛生講義，並組織區內民衆輪流訓練，以期救護智識之普及。

二，組織臨時救護隊——本年「九一八」紀念日，因擴大宣傳，到會民衆達八千餘人，且是日天氣酷熱，該院特組織臨時救護隊，到場服務，當有北碚小學初級部學生數人及壯丁二名忽然暈倒，幸經該隊施救，均告無恙。

三，訓練工人——醫院工人較其他機關工人稍有不同，不但對病人之態度宜親切，且須稍具醫藥知識，該院乃將全院工人施以衛生訓練，以期能勝任職務。

四，增添看護——該院以近來住院病人日漸增多，原有看護不敷分配，於本月份起，增添護士劉汝中一名，助產士曾國瓊二名。

五，治療情形——該院本月份計：接生四次，施行截腿，接手，取子彈，手術八次，出診二次，施救急病及觸電四次，門診治療普通病人六百六十一名，區署官兵七十八名，住院四十五名，共計治療病人七八十四名。

二十六年十月份

甲，內務方面

一，登記技術人員：本署奉令「為準備抗戰需要，辦理高級技術人員之調查登記事項」，當由內務兩股選派職員四名，分赴區內各地調查，登記機械，化學，礦冶，司機，水泥，木石，皮革等各項技術人材，分別登記組織，以備國家應用，一俟下月辦理完竣，即可彙報。

二，編保甲訓練教材：本署奉令舉辦全區民衆總動員訓練，以養成自衛抗敵力量，查訓練民衆，應以保甲為先，若保甲長尚未受嚴格訓練，則無組織民衆，指揮民衆之能力，必於總動員之推行難收實效，以此，乃由內務股編撰保甲訓練教材，以資實施，而達到總動員訓練之目的，茲將該項教材重要綱目撮述於後：

1.保甲制度之意義，2.保甲組織，3.如何編組保甲，4.保甲長之選舉，5.保甲長之職權及範圍，6.如何清查戶口，7.何謂聯保連坐切結，8.協訂保甲規約，9.查報戶口異動，10.編練壯丁，11.保甲人員之獎懲，12.保甲經費，13.保甲長信條，14.保甲住戶須知等十四項，關於保甲組織闡述甚詳。

三，舉行檢閱各鎮壯丁：上月曾訓令各鎮聯保辦公處，任保抽調精幹壯丁五名，配發裝具武器，加以編制，施行訓練，兩月後舉行壯丁大演習，並印訓練細則分發各鎮後，各鎮均已先後編隊訓練，且澄江二岩兩鎮壯丁，學術科基本訓練已告完畢，乃於本月二十二日，派員前往檢閱，兩鎮共到二十六保，壯丁一百三十名，服裝軍械尚稱完整，操演純熟，其餘各鎮正分別挨次檢閱中。

四，整頓聯保辦公處：際此非常時期，在公務人員，尤應加倍努力，共濟時艱，近查各聯保辦公處公務人員，辦事因循，不甚負責，且有擅離職守者，殊屬不成事體，本署乃嚴加整頓，規定每日辦公八小時，有事務須請假，不得無故缺席，隨時由內務股派員前赴各場嚴查，如有故違規定，查出記過罰薪，以肅風紀。

五，調查鄰接區鄉長姓名：現距冬防期近，本署為謀共同防範以收實効計，深感有與鄰接場鎮切取聯絡之必要，乃將鄰接各場區鄉長姓名逐一調查清楚，列表張貼，俾便發生匪發時，在電話上切取聯絡，共作防衛緝捕事宜。

六，辦理禁種烟苗切結：省府及禁烟督察專員公署，以本年烟苗下種時期，轉瞬即屆，亟應先期嚴禁，以免再有烟苗發現，令飭各縣認眞辦理禁種切結，本區自奉得該項訓令後，即飭所屬各鎮，嚴密査禁，並塡具切結來署，俾憑轉報，且本區地土本不適于種烟，在昔曾種時期，區內亦未播種，故本區杜絕烟苗，毫無問題也。

七，利用輕犯築路：本署附近清和路，前遭洪水冲壞，業於上月會同科學院三峽工廠共同出資修築，以需要土工甚多，由本署每日抽派士兵一分隊會同修築外，並利用匪盜各犯廿餘名，派兵監視，補助築路，俾資早日完成，現該路已完成四分之三，下月可以竣工。

八，1.整頓市容：碚北公路現將通車，來往旅客漸呈頻繁，設於路旁之食物攤担，一律撤出舖內，並令每日打掃街道，注重清潔，以肅市容。

九，案件統計：

案件類別	承審室	公安第一隊	公安第二隊	公安第三隊	案件合計
鹽盜	3				3
鬮齎	1				1
捐款	2				2
竊賊	5	4	4	2	15
傷害	1				1
賭博	1				1
債務	5	5	5	5	20
租佃	3		5	5	13
離異	2				2
婚姻				2	2
嫖娼	2				2
家務糾紛	2				2
口角糾紛	30	24			54
鬥毆	5				5
田產	1				1
合計	63	33	14	14	124

十，公安狀況及訓練

1.公安第一中隊：（一）肅清竊賊：上月北碚迭生竊案，雖每次均被破獲，但未澈底肅清，深覺爲治安上一大障礙，乃特組捕賊網，每夜九點鐘後，派官兵十組（每組二名），輪流防守隘口，巡邏市街，嚴密偵緝，先後拏獲竊賊多名，經本署鞫訊後，始悉該竊賊潛匿區外之水土沱，晨去夜來，行竊北碚，當供出窩戶同犯數名，本署立派幹員，前往土沱通知地方派丁協助，按名拘捕，帶署鞫訊，供認不諱，乃處以拘禁，發充苦工，令其改悔前非，覓保開釋，經此次大破獲後，場內已無盜案發生。（二）督飭壯丁守夜，現屆冬防盜匪容易滋生之際，該隊乃召集北碚市街各保保甲長開會商討治安問題，當經商定每保每夜輪派壯丁十名，設立帽棚守夜，由該隊担任巡查，若公安隊出差擊匪，後方治安則由壯丁担任，以防不虞。

2.公安第二中隊：（一）整頓保甲：該隊爲充實保甲力量起見，凡市內能力薄弱或不盡職責之保甲長小隊附，本月由該隊會同黃桷鎮聯保主任澈底査換，市內六保計有小隊九名不盡職責，均經遴選相當人員接充。（二）提倡清潔，該隊鑒於公共衛生之重要，本月中派士兵督飭人民共同將黃桷鎮，文星鎮，白廟子三處大掃除一次，所有垃圾，掘穴燒行掩埋，同時并將不清潔及不必要之廁所一律取締，以免穢氣四溢，妨害衛生。

3.公安第三中隊：（一）結束勞服團訓練：該隊以壯丁總動員訓練在即，自九月份起，將澄江夏溪兩鎮勞服團加緊訓練，現已將預定科目訓練完畢，并實行打靶一次，已於本月十三日在聯保辦公處舉行結業禮，澄夏勞服團即告結束。（二）點驗壯丁：該隊爲訓練壯丁集合迅速計，乃會同澄江二岩兩鎮聯保辦公處商定點驗辦法，通知各保長，每保已派五名，于本月十五日，全體集合澄江鎮點編，該日計到廿六保壯丁一百一十名，復於二十三日舉行第二次點編，計到廿六保壯丁一百三十名，規定點編各保壯丁均如數到齊，並無缺席，并請內務股主任到場檢閱，精神尙屬飽滿，所有服裝除二岩鎮不甚整齊外，在澄江鎮全係新製，尙稱整齊，（三）捕獲竊賊：本月二十三日夜半，溫泉公園住客劉旅長失竊，損失達二千餘元之鉅，本署接得公園電話後即分別通知金剛碑，二岩公安隊，並轉達各處派出所，加緊緝捕，當經該隊巫長彭少卿士兵雷文甫在澄江鎮河邊，將該竊賊捕獲，當在身上搜出金葉十三張，金鍊一根，金殼掛表一只，衣物數件，共值洋二千餘元，即將原物悉數點交失主劉旅長檢收，劉旅長因感該隊辦事出力，熱心公務，除保致謝意外，並給獎洋三十元，該兵士堅持未受，由本署酌給獎金，以資鼓勵。

乙，建設方面

一，舉辦稻種展覽會：本署爲良稻種，增加農村生產計，特籌開稻種展覽會，選擇優種，作改良根據，於本月十日在北碚鎮公所開幕，參加農家一百五十七戶，陳列優良種子三十二種，到會參觀人數達二十餘人，由本署邀請本區有名農家暨各事業機關主幹人，會同評判，僉以粳谷以北碚農民周興全之鬚鬚粘，糯谷以文星場劉春和之白殼糯爲最佳，列爲特等，其餘甲乙丙等共十三名，由本署獎洋三十元，天府煤礦公司獎洋十元，購買鐮漿，飯碗，布疋，鋤頭等，作爲獎品，分給各農民，以資鼓勵，另有報告書專案呈報。

二，發撥稻種貸償：本署爲改良水稻，前曾函請四川省稻麥改進所，派技佐胡世昌君來區，作檢定稻種工作，本署當即派農業技士劉選青及職員二名，隨同胡技佐下鄉向農民徵集稻種，每種三百穗，共計征七十三戶，以該項稻種爲農民辛勤所得，不能無償取用；乃按照當時市價核算，每戶給費二角五仙，計共發給十八元七角五仙，此項工作，在月中即已告竣。

三，貸出雜糧種籽，現值雜糧播種時期，因連年天災，影響所及，貧農缺乏雜糧種籽者，爲數甚多，區署乃撥款二百五十元，派員購買優良小麥，胡豆等種子，無利貸與貧農，由農政股派職員四名，分赴區局各鎮會同各保保長辦理借貸工作，已貸出胡豆一石六斗，小麥四石，仍尙繼續貸放中。

四，散發金大麥種：本署爲改良麥種，增加農村生產計，於本年六月在成都四川稻麥改進所，領回金陵大學第二九零五號小麥五十公斤，又收得平民公園農場自育二十六號京陵麥十公斤，已於本月分發科學院西山坪農場，川東蠶桑改良分場，江北縣農場，杜家街果園，饒瑞桐林公司等五處，暨北碚特約農民八戶，黃桷鎮特約農民七戶，澄江鎮特約農民三戶，文星鎮特約農民三戶，及本署職員劉運隆，羅從紀，蕭文綸，雷雅生等四人，寄家閒地播種，嗣後當逐年推廣，俾全區農民均得此項優良麥種播種也。

五，復勘北溫路線：此路前經青北公路劉段長偕溫泉公園經理鄧少琴等會同查勘一次，自北碚溯嘉陵江直達溫泉峽，估計需工程費洋十六萬元，本月復由盧區長偕同鐵路局王法飛工程師，親往查勘，路線略有變動，估計需工程費洋十萬元，較前已可節省六萬元矣。

六，調查沿河船隻：本署對於區內船隻，每年調查一次，以資明瞭本區船業情形，茲將此次調查結果記載於後：

1. 北碚鎮共有大小木船四十八隻。
2. 澄江鎮共有大小木船三十九隻。
3. 黃桷鎮共有大小木船八十二隻。
4. 二岩鎮共有大小木船十二隻。

七，規定管理車輛規則：本區青北馬路行將通車，各種車輛正由商人紛紛組織奉行呈請備案，惟各車行管理規則，凡在區內營業者，須遵章備案，經本署核准，發給執照後始准營業，現此項管理規則業已備文呈請四川省第三區行政專員公署，審核備案，一俟核准，即照章施行。

八，成立信用合作社：本署爲調劑農村金融，改善農民生活起見，前曾商請南京農本局合川金庫經理胥懋吾君來區指導，辦理合作事宜，當得胥經理概予贊助，即派員積極進行，並接洽農本局重慶倉庫還款辦事處借款四千元，作爲合作放款之用，現已成立者，計有二岩鎮西山坪，北碚八保，十二保，二十八保四所，并已開始放款。

九，徵集核桃殼：本署奉到「徵集核桃殼供給政府防毒材料」訓令後，當即轄令區屬各鎮火速徵集，並規定每保至少徵集四斤，愈多愈好，如無核桃區域，則自行設法徵集繳納，同時并由本署職員私人出資收買，將其完全捐之公家，一俟集有成數，即呈報上峯儲存備用。

十，民衆博物館

1.移植花卉：該館為調整景緻計，於本月將平民公園花卉加以移植，使紅白相間，濃淡相宜，以添遊人興趣，計移植洋蝴蝶，洋繡球，金盞花，金邊蘭等於孔雀園側，又移月季，無花果等於大禮堂外空地栽植，並將園內第二雞場佈置成一桃花園，俾於來春桃花開時，增添景色。

2.蒐集林木種籽：該館為預備明春大批植花造林計，乃於附近搜集成熟之夜合歡，洋槐，法國梧桐等種籽，以備明春播種之用。

3.統計九月份參觀人數：該館九月份參觀人數總計二千三百八十七人，男一千九百二十九人，女四百五十八人，以職業分則農民一百七十九人，工人二百九十三人，商界四百六十三人，學界五百七十八人，軍界六百九十八人，政界一百五十三人，其他二十三人。

4.殺除虫害：該館農場所種蘿蔔，白菜，甘藍菜等菜蔬，近被一種極小害虫（俗名地格蚤）食害，菜蔬一經蛀蝕，即行枯萎，為害甚烈，如用手捉，則立即跳走，捕來頗感困難，該館乃用機器廢車油合水，灑於葉上，害虫遭之立斃。

5.修剪樹枝，該館本月份代北碚小學兼善中學修剪法國梧桐架枝一次。

十一，地方經營

甲、公安第一中隊

1.重建公共廁所：該隊以北碚鎮臨河麻柳路，溫泉路，嘉陵路等處公共廁所，上年因被洪水淹浸，致遭淤塞，現水已完全退出，惟各路公共廁所尚未修復，該隊乃於本月僱工人數名會同士兵重加建築，以重衛生。

2.修理街道：該隊因鑒於北碚鎮肉市及新街等處街面高低不平，於交通上殊多不便，乃於本月召開市政會議，商討修理辦法，討論結果，決定重修該兩處街面，所有材料工資，由當地居民共同分担，修築期中由公安隊派兵維持秩序。現已動工矣。

3.修葺學園路草亭：北碚鎮學園路側草亭一座，供遊人休憩甚稱方便，唯因係谷草蓋成，故年須一換，現已破壞不堪，該隊乃於本月中派兵購料修復完好。

乙，公安第二中隊

1.開闢運動場：該隊鑒於黃葛鎮缺乏運動場所，故民衆體育甚不發達，乃商同聯保辦公處，將該鎮二郎諧擴平闢作運動場，並安置籃球架，組織市民球隊等，民衆均熱心參加，運動之風頓然彌漫全鎮。

2.修理木橋：該隊白廟子派出所士兵於本月份合同工人數名將吼灘路木橋修復，來往行人，均稱便利。又該處運動場之籃球架子，亦由該隊重新修竣。

丙，公安第三中隊

1.添設街燈：該隊所駐澄江鎮，第一四兩保，街面路燈，不敷需要，乃於本月商同該地居民，在該兩保添設街燈八盞，以利夜間行人，每月燈費按照街上營業之大小分派，以昭公允。

2.建築道路：該隊與燧川煤礦公司間；道路窄狹，往來甚感不便，乃於本月用兵工修築自斬閘洞派出所至燧川公司碉樓間寬廣土路一條，約長六千米，以利交通。

丙，教育方面

一，觀察小學成績：本月為考察各校成績起見，於十三日由教育股聯合民衆教育委員會，開視察會議一次，決定由兩處共同派員分區視察，根據各校成績，予以獎懲，茲將各校成績，分述於後：

1.加薪記功者：（一）龍鳳小學教員陳大仁推行小先生制異常努力，白蝦小學教員王滌思辦事認眞，各記小功一次。（二）金剛小學教師褟奇勛成績優良，加薪一元，（三）東陽小學教師周緝熙石龍小學教師顏士威八角小學教師付寶光熱心公務各記大功一次，（四）龍復初小教師盧三益，石坑小學教師洪君輔，黑石小學教師鄧少安，項家小學教師劉學濂，白廟子小學教師徐榮鮮，龍井小學教師陳致中，昔家小學教師吳碧暉，三官小學教師劉敏樹，熱心教學，辦事努力，各記小功一次。(二)清和小學教師王興誠，杜家小學教師朱蜀冰，鍋廠小學教師鄧彥孚，天神初小教師余文華，竹林初小教師錢光武，案予初小教師陳天寧推進教育尚稱努力，各嘉獎一次。

2.記過者：(一)中間小學教師余俊賢，藥王小學教師邱競華，辦事不力，擅離職守，各記小過一次，以示薄懲，其他未加獎懲各教師，逐一召集訓誡，以後務須加倍努力，認眞服務，以完成非常時期教育之偉大使命。

二，調查學校概況：本署爲澈底明瞭區內學校狀況起見，本月中旬派員分赴區內各校詳細調査一次，茲將調査結果分述於後：

(甲)學校數：1.區立完全小學一所，本部小學三所，2.區立初級小學二十四所，3.私立初級小學一所，4.特設區立短期小學八所，5.附設區立短期小學班十九所，6.改良私塾六所。

(乙)學級數：1.區立小學高級十級初級卅級，2.區立初級小學卅五級，3.私立初級小學四級，4.特設短小十六級，5.附設短小班二十二級，6.改良私塾五級，7.共計高小十級，初小五十九級，短小三十八級，私塾六級。

(丙)教職員數：高初級小學教職員計男五十人，女二十二人，共計七十二人。

(丁)學生人數：1.區立小學高級學生數，男生一百九十六人，女生八十人，共計二百七十六人。至區立小學初級學生連村小學附設短小班學生，男生二千二百八十一人，女生一千一百零五人，共計三千三百九十六人，3.改良私塾學生一百二十六人，總計全區小學學生數爲三千七百九十八人，佔全區學齡兒童總數百分之三四．六强。

(戊)全年經費：全區小學每年經費計經常費爲一萬一千五百二十元。

三，調査學齡兒童：本署過去調査之學齡兒童數與戶口調査之學童數比較，不符之處甚多，爲正確計，乃令區內學董，及各校助理學董，師教等再事切實詳細調査一次，茲將調査結果統計如次：

1.已入學者二千八百三十六人，2.未入學者一千六百八十七人，3.綴學者六百五十二人，4.免學者二百九十人，5.共計學齡兒童五千四百六十九人。

以學童之年齡分類，得如下數：

1.六足歲者八百五十五人，2.七足歲者八百四十九人，3.八足歲者九百零八人，4.九足歲者六百九十九人，5.十足歲者九百七十人，6.十一足歲者六百六十六人，7.十二足歲者五百一十八人。

四，實施學童强迫入學：查本區各鄉學齡兒童不邀入學者甚多，察其原因均由兒童家長不知現代教育之重要，多有誤解，或謂農人讀書乃多餘之事，或謂現在學校，既不收學費，亦不收書費，若將兒童入此種學校讀書後，則兒童即爲公家所有，本署有鑒於斯，除將此種荒謬觀念，亟力矯正，並宣傳教育之重要外，並實施强迫教育，以期肅清文盲，據調査所得，學童五千四百六十五人中，除已入學者二千八百三十六名外，二千六百八十七名尚未入學，均應實施强迫入學辦法，方能收効，現已印製處罰三聯單據，分發各公安隊及聯保辦公處，嚴厲督促兒童家長遄送兒童入學，如家長故意違抗，即照章處罰，以期速收普及教育之効，如經處罰通知送達後，即送子弟入學，仍不處罰。

五，民衆教育委員會

1.添設民衆學校：該會鑒於原有民衆學校已不敷需要，乃與兼善中學校長張博和君商籌添設民衆學校一所，由兼善教師學生分任教師，由民委會協助計劃，當得該校師贊同，即着手籌備一切，現已成立，開始授課，實到學生四十七名，茲將該校組織情形分述後：

甲，組織：校長以下設教務主任一人，教務幹事二人，訓育主任一人，訓育幹事五人，文書主任一人，文書幹事五人，事務三人，均由兼善中學校學生担任，另聘音樂珠算義務教師各一人，以每週星期六午後之校務會議討論一切教學問題及實施辦法。

乙，編制：共分兩班，一班設兼中食堂，一班設北碚小學低級部。

丙，課程：設國語，算數，音樂，精神講話四科，國語中包括常識，并每日作簡單之時事報告俾對於國稍事認識，算數包括珠算以切實用。

丁，開學時間：本月十九開始上課，無例假。

戊，公民訓練：每週星期六開紀念週一次。

2.設立婦女民衆學校：該會爲適應民衆需要計，與民衆學校同時設立婦女民衆學校一所，以供失學婦女得求學之機會，茲將婦女學校情形分法如下：

甲、組織：該校由民委會常務委員兼任，下設教導主任一人，主持全校教[illegible]，[illegible]各級級任教員，襄助教導主任，推進全校校務。該校於十九日[illegible]至高級學生廿二人，初級七十六人。於課外並熱心救國[illegible]之工作，如組織[illegible]分赴：夏溪口，二岩，金剛碑，東陽鎮等處勸募捐款，及為前方戰士縫製棉衣等。

乙、編制：設高級一班，初級一班，合複級並按照程度之高下分為甲乙丙三組。

丙、授課時間：高級上午九至十一時，初級下午三至五時。

丁、課程：高初級均分國語（包括常識，公民，習字，日記，文字應用等），算術（包括珠算筆算），音樂，高級並加授救護常識。

3. 小先生教學統計：（一）區立黃葛小學現有共學處二十四所，學生一百一十六人，（二）區立北碚小學現有共學處二十所，學生九十三人，（三）區立澄江小學劃分四區進行，由該校教師分頭指導，現有學生八十五人。

4. 統計壁報：該會為提高抗敵情緒起見，除前會與區內各校輪流出版壁報，各校已於本月起先後出版，茲將本月份各校出刊次數統計於後：

（一）北碚小學出四期，（二）澄江黃葛兩小學各出四期，（三）文星小學，北碚竹林初級小學，黃葛天神小學各出二期，（四）石龍小學東陽小學文星小學八角小學各出一期。

5. 引導遊行：本月份該會引導示威參觀團體八個，計中學校三個，男生五百一十五人，小學三個，男生一百三十六人，女生八十二人，商業會計學校一個，男生八人，女生十二人，師範學校一個，男生二十四人，女生二十四人，合計男生七百八十一人，女生一百一十八人，內有依照軍事組織者六起，悉由該會派員照料。

6. 代寫信件：該會民衆問事處，本月份代民衆寫信十三件，契約一件。

7. 編制總動員訓練教材：本署因鑒於國事日急，應喚起民衆熱烈之抗敵情緒，以資增強後方抗敵力量，乃籌備總動員訓練，下鄉作宣傳運動，激發鄉村農民之愛國思想，同時並乘機指示改進農村事宜，爰會飭該會編撰總動員訓練教材，內容分：（一）史地九課，（二）公民十四課，（三）書及數育四課，（四）[illegible]八課。

六、民衆圖書館

1. 編入新書：該館本月份續入新到書籍計有文庫第四期八十四種，共四百二十冊，北碚採購[illegible]書目[illegible]冊，國民設部一百八十冊，兒童書籍二百冊。

2. 張貼軍事掛圖：該館為灌輸民衆軍事常識計，此次購買大批軍事掛圖及防空防毒等掛圖多種，張貼該館門前及進門兩壁，以供民衆之閱覽：

3. 整理巡迴文庫：該館發出之巡迴文庫，因歷時已久，卡片書壳破壞者甚多，乃于本月全數收回，逐一加以整理，俟修補完竣後，仍繼續傳遞各機關學校閱讀。

4. 閱覽人數：該館本月份開館三十一日，閱覽人數總計一萬一千一百零五人，職員一千一百八十八人，市民三千一百人，學生四千二百零四人，兒童二千零六十二人。館外借書計一千零五十六次，巡迴圖書借書計四百八十次。

七、民衆教育

甲、公安第一中隊

1. 勸導民衆入學：該隊為協助學校實施強迫教育，于本月召開保甲長會議，說明政府推行教育之宗旨，請各保甲長切實開導民衆，令學齡兒童及文盲遵章入學，若存心違抗不入學者，即執行強迫辦法。

2. 報告戰事消息：該隊為使一般民衆明瞭戰事消息起見，乃長期訓練士兵熟讀各報戰事消息，逢趕場期間向民衆廣為宣傳，俾資激發民衆抗敵情緒。

乙、公安第二中隊

1. 組織民衆小學校董會：查該[illegible]民衆小學校成立不久，為鞏固該校基礎計，該隊乃邀集當地士紳組織校董會，協助民校解決一切困難問題，以利教育之普及。

丙、公安第三中隊

1. 查封私塾：該隊本月份查得澄江夏溪兩鎮有不合本署規定之私塾三所，經報請本署查封，並查明照准開導私塾各學生家長令入附近義務小學就讀，以免貽誤子弟學業。

丁、地方醫院

一，治療情形：該院本月份門診共計五百廿七名，區署官兵一百三十二名，外科占百分之八十以上，中以瘰癧性濕疹為最多，內科約占百分之十五，中以瘧疾痢疾為多，其次牙科占百分之二，喉科鼻科占百分之二三。

二，出診次數：本月份出診接生四次，內兩次難產。

三，住院人數：本月份住院病人，共計二十八名，中以瘧疾，痢疾為最多，其治癒出院者共十八名。

四，關於標本陳列室：該院正籌備設標本陳列室一間，陳列各種標本，以供研究參觀。

二十六年十一月份

甲，內務方面

一，登記技術人員，本署奉令辦理戰時技術人員調查登記一案，上月即已派員分赴區內各地調查登記，現已辦理完竣，分別統計，其數字如下：

（一）普通技術工人數

項別	人數	項別	人數
泥水	一〇〇名	皮匠	一二名
木匠	一六〇名	槍械修理	十六名
石匠	一二四名	合計	四一二名

（二）高級技術人員數

科別	人數	科別	人數
化學	四人	機械	十人
鑛冶			
土木工程	二人	合計	十六人

二，蒐集核桃殼，本署奉令徵集核桃殼，以備製造防毒面具之用一案，當即派員分赴核桃出產地方，大批購買，以原價分配本署各機關職員，食肉捐殼，一面並飭令區屬五鎮聯保徵收，現已先後收到各處徵到核桃殼四百五十餘斤，存儲區署，一俟奉令飭解，即遵繳送。

三，抗敵募捐：本區各界抗敵後援分會為發起縫製棉背心轉送前方，一事籌款，乃令飭各保甲長勸募人民踴躍輸將，截至現在止，各保已陸續繳到捐款達三百餘元，如數轉交抗敵後援會驗收，縫製棉背心，該會本月份已縫好棉背心一千二百件，已交渝新蜀報館轉寄前方矣。

四，案件統計：本月份處理案件如下：

案件類別	承審室	公安第一隊	公安第二隊	公安第三隊	合計
强窃	4	7	2	3	16
公產	2				2
傷害	3	1	2		6
婚姻	1			2	3
債務	5	2	5	6	18
租佃	3		7	7	17
遺產	2				2
賭博	2				2
會務		5			5
鬥毆		1			1
違警			8	7	15
口訴糾紛		1	24	19	44
共計	22	17	48	44	131

五，公安隊分防及訓練

1. 公安第十中隊：

（1）繼續剿匪：該隊每月抽出士兵一分隊會同二三兩中隊各一分隊前往白峽口一帶常川搜剿股匪，本月份仍在該地繼續清剿，期達肅清目的。

（2）壯丁演習：該隊為訓練民衆增强抗敵自衛力量計，本月份將北碚全鎮壯丁先後施行演習二次，第一次分北碚全鎮為七區，每區派官長一員輪流點驗，每保已受訓壯丁五名，到場演習，第二次集合全鎮三十三保實到壯丁共一百零五名，及市街勞動服務團員一百十三名，合計二百一十八名，舉行聯合演習，該日午前八時，由本署派員臨場檢閱，演習術科有解散集合裝退子彈，射擊姿勢等項，學科有：對外勤務，偵探動作，及地形地物之識別利用等項，演習結果，集合評判，俱有相當成績。

（3）籌備壯丁訓練：該隊為普遍訓練計，于本月份召開保甲會議，規定凡在十八歲以上，四十五歲以下之男丁，均應受訓，現已發給調查表式，籍調查戶口限於本月調查完竣,下月開始謄錄。

2.公安第二中隊

(一)調訓士兵:該隊因担任黃桷文星白廟子三處治安責任,士兵分住三處,訓練多感不便,本月爲肅清士兵文盲計,乃將各派出所不識字之士兵編列成班,輪流調集中隊部訓練,另由中隊部撥兵担任被調士兵遺缺,以[illegible]職公。

(二)清查力夫:該隊所屬白廟子派出所,以現值冬防期間,該地爲北川鐵路出河終點,煤炭集散之區,所住担煤力夫爲數甚夥,誠恐匪類乘機混入,有礙治安,除派巡邏隨時注意外,并規定力夫棧房每晚必須將住宿力夫號簿呈驗一次,以資考查。

3.公安第三中隊

(一)舉行大掃除:該隊所駐澄江夏溪兩鎮,本月份舉行大掃除四次,將各街陰溝加以疏通冲洗,各旅館飲食店亦大加掃除洗刷,清潔成績,較前爲優。

(二)修理揭示處:該隊以澄夏兩鎮指定揭示處,日久失修,破壞不堪,乃於本月份逐一修繕,并將揭示欄上標語另行撰寫,俾資醒目。

(三)取締沿街晒衣:該隊以市民復有過街晒晾衣服之事,於交通秩序,均有妨礙,用特指定各街晒晾地點,以後鎮內居民一律不准過街晾晒衣服,以壯市容,而重觀瞻。

乙,建設方面

一,貸借種糧:去年冬旱,糧食歉收,農民多告破產,雖經本署多方設法救濟,率因受災過重,家無種糧者,比比皆是,本署誠恐一般農民無糧可播,減少生產,影響民食,乃撥款四百五十元,派員購買大批豆麥,分赴區屬五鎮貸發農民播種,俟明年收穫後無息歸還,至借還手續仍照過去發借洋芋辦法,由借糧農民出具借條,將來本署即憑條照數收回,茲將借發種糧數目列表於後:

鎮別	種類	借發數量(石)	借發戶數	價值(元)	備註
北碚	小麥	四·三六九	七九	四五·三○○	本表以市斗計算
	胡荳	三·三○五	四一	四五·五八○	
黃桷	小麥	二·五○○	一九	二五·一一○	
	胡荳	三·二八四	三九	三九·三○○	
文星	小麥	一·三○七	一九	一五·四五○	
	胡荳	二·三八○	二四	二五·四九○	
二岩	小麥	三三○	五	三·一二○	
	胡荳	一·三三○	一三	一五·九六○	
澄江	小麥	九三○	一三	八·九五○	
	胡荳	二·一三○	二二	二七·八六○	
合計	小麥	九·四三一	一三五	九七·九三○	
	胡荳	一二·四二九	一三九	一五二·一九○	

二,推廣優良豬種:本署承中央大學農學院贈送英國約克夏優良豬種三頭,乃商同三峽實驗區家畜保育所,擬具推廣辦法,當經決定將該項豬種分發於區屬北碚,澄江,黃桷三鎮,便利農民母豬就地交配,以資改良豬種,會由本署撥發每鎮洋四十元,作建築改良畜舍之用,以後按月并發給飼養費每頭五元,設置專人管理,現已派員勘定三處建築畜舍地點,令飭公安一二三中隊派兵襄助一切矣。

三,墾荒植桐:本署農場前種有大批桐苗,現已長成,除免費散給本區農民栽植外,並令各荒地業主開墾栽植,現已開墾者計有北碚三十三保荒地十畝,植桐八百株,殷家山荒地三十畝,植桐苗二千株,黃桷鎮文星沱飛蛾山兩處荒山十畝,植桐五百株,共墾荒地五十畝,植桐三千三百株。

四,組織合作社:前曾派員函請南京農本局向合川合作金庫經理胥馨吾君來區指導組設鄉村信用合作社,設在農本局重慶辦倉庫辦事處,以本區倉儲積谷抵借現款四千元,作爲合作社基金放款,現已組織成立者計北碚八保魏家灣一所,十二保白蝦井一所,二十八保保長辦公處一所,九保觀音廟一所,十一保糟房口一所,六保龍鳳山一所,黃桷鎮十三保天神廟一所,十一保石龍寺一所,七保東陽鎮初級小學校一所,二岩鎮西山坪中國西部科學院農林研究所一所,共計十所,共有社員一百二十一人,貸款共達二千餘元,均由本署派員監督指導,依照省合作委員會規章辦理,現仍繼續組設中。

五,調查煤礦產量:本區爲產煤區域,蘊藏甚富,出產較川中其他地方爲多,茲值銷場暢旺之際,區內各廠產量亟須明瞭,特於本月派員下廠逐一調査，現已調査完竣，所有各廠每月產量分述於下：1.天府煤礦公司月產一○○○○噸、2.寶源公司月產七○○○噸，燧川公司月產四○○○噸，甲子洞月產三○○○噸，其他各廠月產二○○○噸，合計每月共產二六○○○噸，年產三一二○○○噸，外加三才生（該廠位於土主場，惟辦事處仍設在區內白廟子）共計每年產煤四四四○○○噸。

六，籌建新村：抗戰發生，沿海一帶相繼淪陷，省外各界人士，紛紛入川避難，來碚卜居，致原有房屋，不敷應用，乃籌建北碚新村，以供需要，前已擬就新村組織大綱，並繪製二千分之一地圖呈請三區專署轉呈四川省政府備查在案，本月份乃根據進行程序，召集北碚地主，籌商收買土地問題，一俟地價解決，即開始籌建。

七，民衆博物館

1.蒐藏苗木種籽：該館爲備春季播種之需，派人搜集菁稻，法國梧桐，夜合歡，拐爪，楊槐等項種籽，備將來年春播之用。

2.修理禽舍：該館所屬動物園馬雞舍，畜有馬雞、鴨鴿鵝等數種，惟四週鉛網久失修理，多有銹壞，乃於本月份用鉛絲水竹編織籬笆，將破壞各處重新修理完整，免有逃逸。

3.移植蘇瑞香：該館陳列路一帶之蘇瑞香長得茂密，枝葉幾將路道遮蔽，乃於本月派工將繁枝修剪三千餘株，播植於兔園附近，以備長成作爲佈置花壇點綴風景之用。

4.整理貨幣陳列室：該館藏有極珍貴之今昔紙幣古錢等物數十種陳列一櫃，於參觀者殊多不便，乃於本月改用玻璃鏡裝置，懸釘壁間，以便觀覽。

5.統計參觀人數：十月份到館參觀人數總計二千九百九十五人，內男性一千九百五十四人，女性一千○四十一人，以職業分則農民一百二十人，工人一百四十二人，商界三百四十二人，學生一千六百四十一人，軍界六百七十二人，政界五十八人。

八，地方經營

甲，公安第一中隊

1.開闢新街：本年北碚遭水災，沿江街道及民房多被冲毀，本月江水退落，居民紛紛遷回原地，該隊乃就麻柳路一帶闢爲平民住宅區，派兵修築大道一條，居民就大道兩邊建築房屋，長約營造尺三十餘丈，已於本月建築完成，行人稱便。

2.取締浮攤：該隊爲整頓市容，便利交通計，曾將市內兩邊階簷上之攤担，一律取締，爲時稍久，又復擺設，該隊乃於本月澈底整理，將街道兩旁之小攤一律取締，以便人行，蓋近來青北公路通車，時有汽車在街上通行，非嚴格取締，不足以便利交通防止危險也。

3.修整街道：北碚街道以年久破壞，待修之處甚多，該隊因召開市政會議，討論整修問題，當經議決費用由當地舖戶負担，公安隊負責維持交通秩序，上月已將文華街等兩路街面陸續整修完竣，本月份繼續修竣內市街三合土路面，下月份擬修和睦路新街。

乙，公安第二中隊

1.掩埋渣滓：該隊所駐白廟子第一派出所，本月份將該地渣滓掘行挖坑掩埋，並製傾倒渣滓指示牌九塊，插立於傾渣地點，禁止居民隨地傾倒，以重公共衛生。

2.劃定泊船保險線：該隊因鑒於白廟子運炭船隻載量，動輒超出限度，船舷幾及於水，時有失事之事，乃派兵將該處所有泊船用白色油漆塗劃保險線，計共劃一百五十一隻，規定載重不得超過此線，以免發生危險。

3.建築公共廁所：該隊本月在黃桷鎮菜市場側建築公共廁所一個，除士兵担任挑運泥石工作外，計耗去木料泥工費用十八元四角，現已完成，以後該廁所售糞收入，規定撥作補助該鎮民衆學校之用。又在白廟子上下碼頭亦各建公共廁所一個，工作純由士兵担負，現均先後完成矣。

丙，公安第三中隊

1.規定河邊建築：該隊所駐夏溪口，每屆冬季水落，一般貧民均在河邊架搭棚房居住，爲求整齊計，本月乃派兵劃出建築房屋界綫，并打樁設立標識，俾便貧民遵照建築，以歸劃一。

2.建修道路：該隊爲便利交通計，本月份在澄江口由民生公司囤船碼頭至街口一段，開修土道一條，約長五十餘丈，寬約四丈，行人往來均稱便利。

3.修竣公共廁所：該隊所駐澄江鎮，本年因兩度洪水，市街被淹過半，因而公共廁所多被壞塞，該隊乃派兵先後修復四處，本月復將合陽路之公共面所修竣，以重衛生。

丙，教育方面

一，組織抗敵宣傳隊：本署為喚起一般民衆抗敵情緒起見，召集兼善中學，區立高初各級小學校長及義務小學教師等開會，討論組織抗敵宣傳隊，深入農村宣傳，俾使一般民衆了解抗敵情形，宣傳材料以「抗敵情形」「一般民衆任務」「防空防毒常識」「肅清漢奸」等項為中心題材，宣傳方法係編組若干小隊，就各校所在地分別宣傳，每小隊小者五人，多者十人，每隊隊員以各校學生充任，隊長由校長教師或成年學生充任，由本區抗敵後援分會正式聘任，茲將區內各校已編竣之宣傳隊數目分述於後：1.私立兼善中學二十隊，2.區立北碚小學六隊，3.區立黃桷文星澄江各小學各組三隊，共計九隊，全區合計六十七隊。

二，召開第四次小學教育研究會：本署為明瞭小先生教學進展起見，召集區屬各校校長教師開第四次教育研究會議，討論如何推行小先生制，茲將討論事項摘要分述於下：（甲）小先生之選擇標準：1.應以小學高中年級，品學兼優，口齒清白，及具有活動能力之學生充任，2.小先生活動範圍，應以小先生居住地點為中心，再劃分區域，3.小先生之活動應具體記載，4.小先生及學友所舉行之集合應有會議記錄，5.小先生及學友姓名應列表詳細登記，（丙）小先生教學課程：1.國語，常識（包括時事教材），算術等科，（丁）發給識字證：1.學友認識六百單字以上者給識字證，（戊）寒假教學：1.小先生在寒假期中仍應繼續活動，惟指導教師應代為設計，襄助進行。

三，具領義務教育補助費：本署前經呈請　四川省政府核發二十五年度第二度義務教育補助費，旋奉教字第三三六五〇號訓令核准本區本年下期義務教育補助費九百四十五元，奉令後即備具印領呈請核發去訖。

四，實施民衆抗敵訓練：值此全民抗戰之際，凡屬國民均有抗敵救亡之責，因於本月籌備抗敵總動員訓練，計動員本署職員，區立各小學校長教員，暨兼善中學教師學生等四百三十三人，共編為十一團，七十七隊，一百五十四組，每團設正副團長各一人，設隊長七名，每隊分兩組，每組設組長一人，組員廿一名至廿七名，動員宣傳區域依大小而定，宣傳課目分生產，保甲，民教三大項，生產方面農村課題有：（1）墾塘築堤，（2）苗圃育苗，（3）荒地造林，（4）選種，（5）預防病虫害，（6）生產教訓。家畜方面課題有：（1）選擇好種，（2）選豬種標準，（3）家畜的服秒，（4）夏天防瘟的辦法，（5）清潔和打防疫針，（6）豬的打火印，養蠶課題有：（1）養蠶，（2）選種，（3）選葉，（4）撒葉，（5）除沙，（6）分區，（7）溫濕，（8）空氣。合作課題有：（1）甚麼是合作社，（2）合作社做些甚麼事情，（3）合作社有些甚麼特點，（4）合作社組織法及步驟怎樣，（5）社員資格的限制，（6）社員入社的條件。保甲方面：保甲課題有：保甲住戶須知，保甲應用知識，（1）禁煙，（2）義務徵工，（3）倉儲，（4）治安，（5）偵探，（6）步哨，（7）抗敵募捐。民教方面：史地課題有：（1）東北與華北，（2）南京與上海，（3）沿海與三江，（4）九一八，（5）蘆溝橋，（6）帝國主義與蘇聯，（7）抗敵領袖，（8）亡國奴的慘狀，（9）東北同胞的苦況。公民課題有：（1）救國公債，（2）兵役，（3）糧食，（4）抗敵後援會，（5）前方和後方，（6）鐵與血，（7）開會，（8）新生活公約，（9）家事，（10）公共衛生，（11）節約，（12）農工商學兵，（13）數目字號碼，（14）肅清漢奸，普通課題有：（1）強迫讀書，（2）小先生制等，于出發前先將指定下鄉訓練民衆各隊員，召集訓練三日，然後於三日出發下鄉，費時一週，回顧訓練結果，尚有相當收穫，同時編印特刊，俾廣宣傳。

五，民衆教育委員會

1.民教之推進：該會本月辦理民教工作如下：（1）計劃文星場馮家灣民衆學校開學事宜，（2）商請北碚公安第一中隊派兵督催本市應讀書之民衆入學，（3）催促各民衆校呈報學生一覽表，（4）指導天生橋小學成立共學處四處，共有學生二百餘人，其中以成年婦女為多，（5）製發各小學小先生教學統計表，（6）催報共學處學生一覽表。

2.引導參觀團體：該會本月引導參觀團體計有四個，係惠通中學，復旦中學，重慶市立商職校，合川孤兒院等，共計五百二十七人，又個人參觀三起。

3.勸募抗敵捐款：本區抗敵後援分會，因無適當地址，為便利推行工作計，乃附設該會辦理，大部份事務由該會襄助，本月份募得抗敵捐款九百餘，銀盃銀盾各一只，金戒指一枚，再併交由重慶中央農民銀行轉寄前方將士，俾助抗敵力量。

4.募製棉背心：本署以前線將士在雪地冰天，浴血抗戰，需要禦寒物品非常急切，乃發起募製棉背心運動，先行就本署農村銀行捐款內撥出八百元，派員採購材料，交由該會民衆婦女學校學生及本區婦女抗敵後援會會員，以及本區各機關女職員等趕工縫成棉背心一千一百件，派員專運至渝，託新蜀報轉寄前方。

六、民衆圖書館

1.編目：本月續編漢書暨後漢書目錄共計六十冊，又抗戰叢書新書十六冊，分別編好上架，俾便借閱。

2.添訂抗戰畫報：本月添訂關於抗敵方面雜誌書籍等十餘種，逐一陳列，俾便激發民衆抗敵情緒。

3.修理破書：本月修補破爛書籍二百四十一冊，雜誌五十七冊，省政公報二十三冊，省內外各種日報十四冊。

4.閱覽人數統計：該館本月開放三十日，到館閱覽人數共計為一萬〇二百五十三人，其中職員有一千〇一人，市民二千九百人，學生四千五百六十一人，兒童二千六百九十二人，館外借書計八百六十一次，巡迴書報計借三百九十八次。

丁、地方醫院

一、裝置標本：該院為備研究起見，前曾在院內闢出標本室一間，作陳列標本之用，本月已將標本架子製好，裝好人體標本一個，俾作人體各部研究之用。

二、治療情形：本月共計治療普通病人三百五十一名，本署官兵七十名，住院治療十名，又治療險症丹毒一名，咽頭潰爛一名，極危險之腦膜炎三名，並接生難產兩次，施行大手術止血二次，施行正骨一次。

廿六年十二月份

甲、內務方面

一、續施壯丁訓練：本區壯丁訓練，早經施行，前以農忙期間，暫行停止，近值農暇之期，乃將全區壯丁，續施軍訓，自本月一日起，每五日集中訓練一次，所有區屬五鎮小隊附，並令每十日輪流訓練一次，俾資熟習軍事知識，養成自衛能力。

二、修理自衛槍砲：區屬各鎮計有公私步槍一千三百四十八支，惟其中殘缺不全者，約佔半數，際此非常時期，民衆武力極為重要，本署乃於本月令飭各鎮將不能應用之壞槍，限期送呈本署修理，所需五金材料，由保甲經費項下開支。不取工資，如係私槍其材料費則由私人負担，本月已將北碚鎮送到壞槍七十餘支，趕工修理完竣，其餘各鎮正陸續呈送中。

三、肅淸股匪：上月奉令同江合峽聯防辦事處清剿白峽口大毛坪一帶股匪，當由區長率領公安隊一中隊，前往白峽口大毛坪等處，與聯防辦事處及保安團取得聯絡後，即進行清剿，以該處毗連華鎣山，脊嶺林深，匪徒時聚時散，不易肅淸，乃剿撫兼施，以期根株斷絕，該處著名匪首黃鵬，周澄淸，寇章軒等遂先後率衆來署及聯防辦事處自新，計投誠本署者有黃鵬等四十一名，繳出土質手槍十三支，業已專案呈報四川省保安處暨四川省第三區行政督察專員公署備查在案，投誠各匪，除將匪徒自新辦法，辦理自新手續外，復由本署將該匪編隊，名曰自新隊，每日派員施以簡單軍訓及教各種普通常識，使其澈底覺悟，俾遣散歸家後，不致故態復萌，約訓練一月，乃輪資遣散，各歸本鄉務農，茲將自新各匪姓名，列表於後：

姓名	年齡	籍貫	原有職業	備攷	姓名	年齡	籍貫	原有職業	備攷
[illegible]	三〇	岳池	商	係盤據華鎣山白峽口等地匪首之一	鄧海明	三九	合川	農	係周澄淸股
李遠云	三九	合川	兵	係周澄淸股	鄧海木	三〇	同右	同右	同右
劉崇淸	二七	合川	中醫	同右	周九成	二二	同右	同右	同右
張學理	二一	江北	紙匠	同右	張文相	二五	江北	紙匠	同右
張炳淸	二九	同右	同右	同右	楊合云	二二	合川	農	同右
鄧輝軒	三三	合川	中醫	同右	蔣吉成	三二	合川	裁縫	同右
劉克明	二〇	武勝	兵	係黃鵬股	陳正國	一九	合川	商	係黃鵬股
沈舜明	二七	合川		同右	陳克明	一八	同右	工	同右

羅紹云	二四	同右	農	同右	張國成	二七	江北	造紙匠	同右
鄧[illegible]	二七	江北	造紙匠	同右	[illegible]華明	四二	合川	下力	同右
[illegible]	五	合川	農	同右	周文成	三四	江北	鐵匠	同右
唐[illegible]成	四二	江北	商	同右	鄧遠輝	二四	同右	商	同右
[illegible]立軒	三三	岳池	兵	同右	鄧東[illegible]	[illegible]	岳池	商	同右
樂海云	三二	江北	農	同右	張治中	二六	同右	兵	同右
李[illegible]中	二四	岳池	同右	[illegible]	張[illegible]台	[illegible]	江北	造紙匠	同右
[illegible]	[illegible]	合川	農	同右	[illegible]	一九	合川	農	同右
[illegible]九成	三三	同右	同右	同右	熊[illegible]	二三	同右	石匠	同右
[illegible]國彬	二四	同右	商	同右	[illegible]海林	三五	同右	工人	同右
余[illegible]	二三	岳池	同右	同右	游少清	二八	江北	商	同右
王吉昌	三五	巴縣	碗匠	同右	梁海云	三〇	合川	[illegible]	同右

四，破獲刦案：本區溫泉公園附近鄧愚山家乃澄江鎮[illegible]瑞桐林公司經理唐劭農家，於七月廿五日夜，[illegible]十四日夜，先後被刦，本署得報，即令飭各公安隊暨密偵緝，並派密探十名四出秘密偵察，嗣在[illegible]山縣屬之三花石緝獲該兩案正犯黃維城、[illegible]、黃炳宣、朱茂林、楊瑞青（即楊矮子）、黃世章[illegible]等六名送署審訊，據該匪等供稱夥同行刦不諱，除黃世章[illegible]名年僅十七歲減處有期徒刑三年外，其餘五名，一併依法判處死刑，擬具判決書呈請四川省保安司令部行營核示，奉令照准，經依判分別執行在案。

五，調查破銅爛鐵：本署前奉令調查區內破銅爛鐵，以備抗戰需用，經令保甲令飭區屬各鎮鄉爲調查，並令區立各校學生廣爲勸募，俾收集腋成裘之效，除區屬各小學現正勸募次第徵送外，共有五鎮，據調查統計結果，約可調查破銅爛鐵[illegible]千五百斤，調查數目分列如左：

北碚鎮[illegible]百[illegible]十[illegible]斤，澄江鎮五百八十[illegible]斤。

[illegible]鎮[illegible]二百[illegible]斤，[illegible]鎮三百二十斤，

[illegible]鎮一百二十斤，合計一千四百[illegible]十三斤。

六，幫助訓練船員：本署受[illegible]民生實業公司之託，代該公司訓練船員，本月由該公司調到第一批水手八十一名，當派中隊長一名，分隊長二名擔任軍事教官，於本月十五日開始施以軍事訓練，[illegible]四週[illegible]。

七，案件統計：

案件類別	承寧區	公安第一隊	公安第二隊	公安第三隊	合計
盜匪	4				4
竊盜	4	4	3	[illegible]	13
妨害公務	2				2
妨害家庭	1				1
傷害	4	6	5	6	21
租佃	2				2
經界	1				1
口訴糾紛		4	24	19	47
鬥毆	2				2
口角	1		5		8
總計	20	14	40	23	103

八，公安狀況及訓練：

1. 公安第一中隊

（1）訓練壯丁：該隊擔任北碚市街六保壯丁訓練，自本月起每逢二五八早晨召集各保壯丁在民衆體育場，施行軍訓兩小時，市民參加受訓已成習慣，殊無規避事情發生。（2）辦理旅客登記：該隊鑒於外界人士遷來北碚居住者日益增多，份子[illegible]複雜，應即週密調查，方可預防事端，且旅客每感覺居屋或遊覽無處接洽，該隊有鑒于斯，乃印製旅客調查表，發交本市各旅館，將所住旅客經[illegible]式詳細填報，若有請求事件，俾便派員幫助，並防止宵小乘機混入，俾維治安，而便稽察。（3）調查新增戶口：邇來外界人士移居北碚者，日益增多，且多屬公務人員[illegible]，該隊爲便於聯絡計，乃將北碚新增戶口，派員隨時調查登記，俾資查考。

2. 公安第二中隊

（1）訓練壯丁：[illegible]市轄六保壯丁，由該隊官長擔任訓練，規定三六九日爲訓練時間，每次施行軍訓兩小時，又該隊因感小隊附之訓練，較壯丁尤爲重要，故從本月起以一四七日連續訓練小隊附一月，以期養成壯丁幹

部人員。（2）另製挑力夫證，該隊以該區白廟子爲煤炭集散之地，挑炭力夫往來甚夥，誠恐宵小乘機混入，有礙治安，特印製挑力夫證，逐一發給，凡在該處挑炭之力夫須先覓取舖保，領得該項力夫證後，始准挑運煤炭。（3）清潔檢查：該隊爲澈底督飭黃葛文星白廟子三處清潔計，乃規定每日檢查市街清潔一次，每場檢查食店旅館清潔一次，每旬檢查住戶清潔一次，以重公共衛生，施行以來，尚稱順利。

3.公安第三中隊

（1）壯丁訓練：澄江夏溪兩鎮市街四保壯丁，由該隊官長擔任訓練，規定一四七各日每晨施行軍訓兩小時，又該隊士兵亦予輪授違警罰法，警察須知等以增進其警察知識。（2）調查民槍：該隊以際此非常時期，民衆武力甚屬重要，爲明瞭民衆武力計，乃派員重新調查澄江鎮公私槍支，約有六百餘支，其中壞槍甚多，須修理完好方可適用，其確數若干應俟分別統計清楚再報。

乙，建設方面

一，舉辦蔬菜展覽會：本署爲提倡優種，增加農作物生產計，本年曾先後舉辦苞谷及稻子展覽會，藉資提倡，本月復感蔬菜爲日常必需食物，有設法改進之必要，乃決定舉辦蔬菜展覽會，藉資觀摩，中分：葉菜，莖菜，根菜，瓜果等四大類，於本月三十一日在北碚民衆俱樂部開幕，計到參加農家七十三戶，展覽蔬菜四十二種，并約請本區老農吳興發，鄧爵齋，李煥章，袁正林，王興發，陳全盛，明壽清等八人爲評判員，會同本署農業股全體職員共同評判，結果以澗山坪農場之白蘿蔔爲第一，現會將展覽經過專案呈報專署備查在案。

二，修理渝北電話：重慶至合川間鄉村電話，爲本署與外界唯一之交通線，成立時間已久，沿途桿線大多朽壞，因而常生梗阻，不便交通，本署久擬修理，以經費無着，未果，本月乃商請民生公司協助經費，其餘由本署負擔，民生公司乃撥款四百九十六元，本署亦撥出四百元，派員赴渝購材料，於本月十日開始動工，先修渝碚間一段，現正修理中。

三，整理合作事宜：本區合作社先後組設，已達十四所，因初爲草創，內工作繁多，僅由區署職員一名負責辦理，深恐料理不週，有滋貽誤，特呈請四川省農村合作委員會請派合作指導員來區指導工作，以資加強力量，旋奉指令准調貴指導員明德來區襄助；該員已于本月十七日來署，從事整理社務矣。

四，新村籌備近況：抗戰展開，沿海各地相繼淪陷敵手，公私人士避難入川來碚居住者日多，致原有房屋不敷應用，勢不得不另建新村，以應需要，乃擬具北碚新村計劃書，收地放地規程，多幅具圖案等件先後呈請三區專署四川省政府及軍事委員會委員長行營核准在案，並已委託黃子裳，張博和，黃雲龍，陶代華，鄭璧成，姚蘅樵，王□飛等七人爲新村籌備委員，鄭璧成張博和爲正副主任委員，先後已開會四次，一切事宜正積極進行，預計明年二月可開始建築房屋。

五，徵集優良品種：本署前奉省令代川大農學院在區內徵集麵類，乃稻麥改進所函請本署徵集優良大豆，小米，紅苕，洋芋等項品種，作研究之用，現正派員積極徵集中，一俟徵有成數，即予分別寄送。

六，代覓廠地：本署前受軍需部陸軍被服廠囑託，在區內代覓能容納數千工人之廠房，俾移本區開工，本署當即派員調查，僉以區屬黃葛鎮最爲適宜，因該鎮空房甚多，只須略加修葺，即可適用，目前該廠特派茅惜安君來區踏勘，本署即派員陪同至黃桷鎮預定廠地察勘，經茅君認爲適當，惟空房不敷應用，現正再爲磋討中。

七，民衆博物館

1.商借標本：該館爲擴充標本室，商請中國西部科學院，借得禽獸類標本八十件，浸製標本一百一十二瓶，藥品浸製標本二十九瓶，藥材木蘭等類標本三十六盒，苗木及芬蔬等種籽一百二十五瓶。共計三百五十三件，并借得高架陳列櫃七個，現分別安設該館陳列，供人參觀。

2.借出標本：重慶青年會本月派員至館商借西康風物，南洋風物，乃清代兵器等珍貴物品，共八十七件，當即慨諾，現已運渝該會陳列，供人參觀。

3.增加動物：該館承民生實業公司船務處經理黃鎮璧捐贈金雞一隻，業已運到，陳列動物園內供人閱覽。

4.贈送花木：本區北碚小學及短期小學爲點綴校中風景，需用花木，函該館贈送，當即贈送北碚小學洋葱二萬株，蘇瑞香二百株，翠柏二十四株，菊花二十株，金盞花一百株，紫羅蘭小學金盞花五十株，四季菊一百株，并代爲計劃一切，派工栽植，又贈送台川民衆教育館草本花十二種　共計四百株。

5.修築道路：該館爲便利公園遊人起見，計劃將峽區地方醫院到豹窩一段建築寬闊道路一條，約各長百米，用三合土鋪面，由民生實業公司船員訓練班學生利用暇時修築，現已完成。

八，地方警衛

1.公安第一中隊：（1）辦理防空：北碚防空問題，除由本署成立防空委員會策劃進行外，市街防空事宜則由該隊負責推行，該隊乃於本月十七日召開市政會議，討論防空問題，議決事項如下：（一）全市白壁，一律塗成灰色，減小目標，（二）全市分段指定臨時避難所，通告市民知照，以免臨時倉惶，紊亂秩序，（三）規定每戶預備河沙一擔，多貯備河水作滅火之用，（四）在公共體育場坎外，建築大規模防空壕一道，（2）辦理空屋登記：抗戰延長，外間人士紛紛移峽居住者日多，但因人地生疏，尋覓房屋至感不易，該隊爲便利卜居者計，乃派員調查北碚現有空房，辦理登記，并佈告凡有空屋之房主，速即到隊登記，以便介紹外來人士租居。

2.公安第二中隊：（1）添備菓屑箱：該隊以黃葛文星白廟子等鎮原有之菓屑箱，不敷應用，乃於本月份添製五十個分發三鎮，以維清潔。（2）挑運污泥：黃葛鎮東陽鎮柳兩路陽溝，因梗塞不通，污泥積水儲存其間，妨害衛生，該隊乃於本月份派兵疏通，挑出泥滓，并運水沖洗，以重衛生，（3）籌備防空：該隊遵照防空會議議決，將白色牆壁一律塗成灰色，現正派兵督飭黃葛文星兩鎮及白廟子三處居民塗刷中。

3.公安第三中隊：（1）粉刷牆壁：該隊亦照一二兩隊之辦法，將澄江夏溪兩地房屋之白色牆壁均塗爲灰色，現已竣工。（2）整飭清潔：黃葛鎮市街本月督飭大掃除一次，并將各處渣滓掩埋，及檢查各旅舍飲食店各處清潔一次。（3）完成豬舍：本署前令該隊建築改良豬舍，飼養約克公豬，以便改良區內豬種，茲該舍現已完成，計長一丈八尺，寬一丈二尺，窗口豬床俱甚完備，并搭建豬床還有遊動欄一所，與豬舍間樓實隔，四圍用松條訂成梳形柵欄，以便流通空氣，共費洋四十七元。

丙，教育方面

一，修建小學校舍：本區各小學校舍，均因教款奇絀，未加擴充，輒感不敷應用，且年久失修，破頹不堪，久擬游修，卒因經費無着而不果，本月乃多方設法籌募捐款，已稍有頭緒，茲將計劃建修各校列後：

1.黃葛鎮士民李廷輝吳鉞綸等自願將該兩姓清明會款六百元捐作該鎮石龍初級小學建築校舍之用。

2.北碚十二保住民，經本署勸募，願將公挑收益捐作該鎮白蝦初級小學建築校舍之用。

3.二岩鎮三保鮑井短期小學徵得當地保甲人員及地方士紳同意，在該鎮發騰地方建築房屋一間，作爲該校校舍，所需經費，一面勸募，一面由罰款項下補助，報請省府核示，本署以事關教育，當即令准照辦。

二，編輯戰時教材：自全面抗戰爆發以來，小學教育目標，應即增添戰時教材，以合實際需要，乃於本月十二日召集區屬各校校長教師第五次小學教育研究會，商討編輯戰時教材，當將各科編輯人員選定，統限寒假期中編輯完竣，送交本署教育股審核后，發交各校採用。

三，舉行小學畢業競考：本區小學畢業，自區署成立以來，即採取競考辦法，各校程度漸趨一致，現屆第二屆畢業競考，乃於本月二十三日召集區屬各小學校長教員及教育股全體職員共同組織考試委員會，辦理競考事宜，確定於二十八日爲初小及短小畢業學生考試日期，二十八二十九兩日爲高小畢業生競考日期，考試科目高級國語，算術，社會，自然四科，初級國語，算術，常識三科，短小國語算術兩科，此次參加競考各校學生共計二百一十名，茲將考試結果，分述於后，（一）高級團體第一文星小學，第二北碚小學，第三澄江小學。（二）初級團體第一黑石初小，第二鍋廠初小，第三澄江小學初級部。（三）短期團體第一：北碚小學附設短期小學班，第二龍鳳初小附設短期小學班，第三兩台短期小學。（四）高級個人第一唐賢考，第二馮瑞生，第三劉德清，以上均係北碚小學學生。（五）初級個人第一大石初小學生劉傑，第二黑石初小李代模，第三北碚小學學生余少[illegible]，（六）短期小學個人第一龍井短小學生劉元方，第二龍鳳初小附設短期小學班學生張忠貴，第三朴家短小學生江國明。

四，民衆教育委員會

1.舉行民衆學校考試：該會前辦臨時民衆學校，現屆結束，乃於本月十三日在該會舉行結業考試，計到參加試驗學生七十六名，內讀民衆課本第四冊者有卅七名，考試結果及格者四十二人。

2.引導參觀：該會本月中共計引導來峽參觀團體四起，計復旦大夏第一聯合大學重慶大學抗敵宣傳隊，四川第十一區農林學校，江北時中小學個人參觀則達十數起。

3.代寫信件：該會民衆問事處，本月中代民衆寫信計十七件，保證書一件。

4.襄助劇隊：本月重慶文化界救亡協會鄉村移動劇隊及重慶大學農村宣傳隊，先後來峽表演抗敵話劇，該會派員襄助一切，減少彼等人地生疏之苦。

五，民衆圖書館

1.編目：該館本月中繼續將重慶李果生先生捐贈之二十四史、隨書，遼史等書，分類編目，分別存列，，又將抗戰必勝論等新書十三冊，分別編目完竣。

2.視察巡迴文庫推進情形：該館爲明瞭巡迴文庫推進情形起見，于本月中旬派員下鄉視察，以作改良參考，茲據視察結果，所發出之文庫三十九個，鄉間者多數係機務教師及學生借閱，農民借閱仍屬少數，惟所配書籍仍多不適用，因一般農民智識水準甚低，能閱讀小學程度之課本者已甚少，故今後務須盡量選擇淺顯之書籍，配備農村文庫，俾使農民亦得有閱讀機會。

3.修補破書：該館本月中補好破舊書籍一百五十冊，裝訂省內外報紙九十餘冊。

4.閱覽人數：該館本月共計開放三十一日，閱覽人數總計爲一萬二千零四十三人，內職員一千五百三十人，市民三千八百四十六人，學生四千七百七十六人，兒童一千六百〇九人，館外借書達八百九十二冊，巡迴圖書租借三百二十六次。

六，民衆教育

1.公安第一中隊：（1）時事報告；該隊爲使民衆明瞭抗敵情形，激發抗敵情緒起見，仍照上月訓練士兵將當天報載重要時事讀熟後每逢集期向民衆報告。（2）督促民衆入學；該隊襄助民衆學校推行普教，隨時派兵督促應入學校就讀之民衆讀書，實施强迫教育。

2.公安第二中隊：（1）輔助民教；當葛鎮民衆校于本月十五日開學，規定每保申送十五名學生入校讀書，有名額不足者，該隊乃派兵幫助督促，以期早日入校讀書（2）督飭士兵讀書：該隊爲求提高士兵能力起見，督飭不識字士兵入民衆學校讀書，以期肅清該隊文盲。

3.公安第三中隊：（1）推行民教；該隊爲輔助民衆學校進行順利計，乃派兵督催澄江鎮各保民衆升送子女入校讀書，以期收普教之效。

丁，地方醫院

一，播種牛痘：本月購得新鮮牛痘苗一批，當派護士六人，分赴區屬各鄉施種牛痘。

二，宣傳救護常識：抗戰日漸擴大，後方民衆亦當奮起作救亡工作，本區一般女子平日對於救護常識素不知曉，該院因即派員分赴區屬五鎮講解救護常識，並宣傳防空防毒常識，一面於院中候診室向門診病人講演，以增加民衆戰時知識。

三，治療情形：本月施行大手術一次（全身麻醉），戒除烟毒七名，接生兩次，均係平產。

四，治療人數：門診總計五九五名，內本署職員及各隊官兵一六五名，普通病人四三〇名，住院一八名，內戒烟七名，內科二名，外科九名。

廿七年一月份

甲，內務方面

一，派員檢閱各保壯丁：本區壯丁訓練，自上月一日開始，每十日訓練三次，由聯保辦公處與公安隊共同負監督指揮之責，本月月底適屆年終，鄉間舊習，凡事際此均皆結束，本署特令各負責者分往各保舉行檢閱一次。

二，彙集倉庫積谷：本區倉庫積谷，自去歲秋收時即令各保切實辦認眞辦理，至本月底始告竣，茲將各鎮積谷統計如下：

鎮別	原有石數 單位舊制斗	新收石數 單位舊制斗	新收石數 折合新制斗	合計 單位舊制斗
北碚	九八，〇〇〇	六九，六四三	一二七，七三三	一六七，六四三

澄江	無	三三，二六四	一○八，七七三	三三，二六四
文星	五九，二三○	三四，六五六	一一三，三二五	九三，八七六
二岩	無	七，二六○	一二三，七四○	七，二六○
黃桷	無	一七，七六○	五八，○七五	一七，七六○
總計	一五七，二二○	一六二，五八三	五三一，六四六	三一九，八○三

三，規定物價：近以抗戰擴大，外界公私人士避難來碚者，絡繹不絕，本地小商力夫，不明大義，每以遠道來客不諳當地情形，認為可欺，遂高抬市價，擾亂秩序，除佈告取締外，並將日常物價，列表規定張貼於各公共場所，俾外來人士一體週知，免受意外敲索。

四，修築新村馬路：北碚新村積極修築，本署應新村籌備委員會之函請，乃抽調公安隊士兵三十人，襄助新村，修築馬路，本月中完成者計有黃山路全段之三合馬路約長二十餘丈。

五，派員担任兼中學生軍訓：省令中等以上學校寒假期中，學生須一律受軍事訓練，本署受區內兼善中學之託，乃派分隊長三員，担任該校軍事教官，自本月一日至二十一日止，訓練三週，訓練科目自個別教練至班教練，結束時并舉行實彈打靶一次，成績尚佳。

六，案件統計：

案件類別	軍法室	公安第一隊	公安第二隊	公安第三隊	合計
盜匪	3				3
妨害公務	3				3
竊盜	2	12	3	4	21
傷害	1				1
侵佔	1				1
妨害自由	1				1
債務	4		4	6	14
租佃	3			4	7
妨害風化	1	1	1		3
擄贖		1			1
鬥毆		4		3	7
口角糾紛		5		15	20
賭博				5	5
偽造幣帑				1	1
殺人				1	1
產業糾紛				1	1
壯丁規避訓練				15	15
總計	19	23	8	56	105

七，公安狀況及訓練：

1.公安第一中隊

（一）士兵訓練：每晨集合全隊士兵，舉行跑步，自馬鞍石出發，經天生橋，循着北馬路，折過北碚，往返約十里，跑步後即施行術科訓練，并於晚間及暇時督率士兵讀書，閱讀報章，及練習時事報告等學科訓練。

（二）整理隊伍：近以外來人士日益增多，北碚市街，更臻繁榮，負治安責任之公安隊兵，非斟酌環境之要求，特加訓練，勢難勝任，本月因為澈底整理，將較優士兵調至中隊部工作，其餘則加緊訓練。

（三）議定力費：北碚各種力資船價，過去雖有規定，為時過久，情勢更變，因此本月特召集力伕船伕各幫開會，將各種力資船價，重行規定，造具力資船價表，呈由區署核准後公佈施行。

2.公安第二中隊：

（一）訓練勞服隊：該隊對於勞動服務團之訓練，素極注意，本月又規定於一四七晨訓練術科二小時，共訓練十七小時，現已完成班教練，並於三六九日晚間施行學科訓練一小時，共授九小時，訓練科目為陸軍禮節，衛警常識，保甲須知，新生活公約等。

（二）緝獲小竊：每值歲暮即多竊賊，該隊特加意防範，派兵日夜巡邏，於黃桷鎮街上先後破獲扒手十名，均係十二三歲幼童，詢係由重慶方面有人犧使而來，念其年幼無知，加以訓斥，驅逐出境。

（三）清潔工作：本月該隊在黃桷鎮作清潔工作如次：

（1.）大檢查全鎮旅食店三次，全鎮住民一次，廁所二次。

（2.）掩埋渣滓及掃除陰陽溝四次。

（3.）派兵將飭船夫大掃除渡船及渡船碼頭一次。

3.公安第三中隊：

（一）幫助訓練工人：巍瑞桐林公司自被土匪行刼後，頗感前雇工人約五十餘名，缺乏軍事訓練，爲最大之缺憾，如商得該隊同意，調派俊秀士兵一名，長駐該公司，擔任訓練，并擬就訓練計劃，按步實現。

（二）清潔工作：本月份該隊在澄江鎮作清潔工作如下：（1）舉行駐營地大掃除，并派員分赴各派出所檢查士兵服裝，（2）藉廢曆年關，舉行全市民衆大掃除一次，（3）掩埋各處渣滓。

乙，建設方面

一，散發獎品：本署月前舉辦之蔬菜展覽會，當時因等級難於評定，故未發獎品，至本月六日始得評定，始分別發給獎品，玆將得獎人姓名及獎品列表於次：

產地	產品	等第	得獎人姓名	獎品	備攷
二岩	紅白蘿蔔及紅苕	特等	科學院西山坪農場	鐵犁壹架	
北碚	白蘿蔔	第一	吳郁光	鋤鋤一把	
北碚	白蘿蔔	第二	吳玉順	挖鋤一把	
黃桷	白菜	第一	王從雲	窄鋤一把	
文星	菱角菜	第一	劉觀君	毛巾一方	
文星	紅苕	第二	鄭雲山	毛巾一方	
黃桷	胡蘿蔔	第一	官守民	毛巾一方	
北碚	紅苕	第二	周洪成	毛巾一方	
北碚	紅苕	第二	丁榮成	毛巾一方	
二岩	紅苕	第二	明漢清	毛巾一方	
澄江	大頭菜	第一	劉文安	毛巾一方	
二岩	水芋	第一	楊明清	毛巾一方	
二岩	芹菜	第一	周學良	毛巾一方	
	毛黃豆	第一	明炳章	毛巾一方	
文星	占豆	第一	費金山	毛巾一方	
二岩	白菜	第二	洪源清	毛巾一方	
二岩	十月豆	第一	楊雲清	毛巾一方	
二岩	棕色豆	第一	劉長林	毛巾一方	
文星	冬飯豆	第一	劉述清	毛巾一方	
澄江	大頭菜	第二	劉餘三	毛巾一方	
二岩	胡蘿蔔	第二	劉九和	毛巾一方	

此外並對於凡參加展覽會之農民，均發給手巾一方，以資鼓勵。計共發出：

北碚	印花手巾三十一方	二岩	印花手巾十一方
黃桷	印花手巾二方	澄江	印花手巾十五方
文星	印花手巾五方		

二，測量北溫馬路：本署鑒於北碚至溫泉一段交通，實屬重要，擬修馬路一條，銜接青北馬路，前雖屢度測量，均欠正確，此次乃商請成渝鐵路工程師郭鳴源先生來峽主持測量，自本月十七日至二十五日止，計費時九日，全路測量完竣，正繪圖中。

三，積極籌建北碚新村，籌建北碚新村已逾一月，近來外界人士紛紛來函詢問，盼早日開工，本署乃幫助新村籌備委員會，進行一切，如購地選坟等工作，均積極商討接洽，本月中已由該會購得大批米料，計費二千餘元，并定燒青磚二十六萬匹，青瓦二十萬匹，預備應用。

四，渝碚電話修理完竣：本署於二十六年冬間擬具修理渝合電話辦法及預算書，因經費支絀，延未實行，旋與民生公司數度籌商，至去年十二月十日始開始動工，本月底完成，計費時四十四日，耗工三百四十六個，材料費九二六元餘，因抗戰關係，材料來源斷絕，價格飛漲，致較預算超過一半。

五，協助覓地，協助朱慶瀾將軍爲慈幼院覓院址，經數日奔勘決定大沱口及歸嚮寺一帶土地爲院址，現正與地主商討收買事宜，不日即可解決。

六，籌查石灰業：本區出產以礦業爲大宗，除煤業外，以石灰業爲本區主要產品，過去對於石灰業之調查，不甚精確，本署乃派員復行調查，所得結果會經編製報告登載嘉陵江日報，以供社會人士之參考，計全區有石灰廠二十六家，礦區面積一六〇四公畝（內自有七九，二公畝，租佃八一，二公畝），資本達一一三五五．〇〇元，工人二六一人，每月產量爲二四，五六〇挑，每年產量爲二九四，七二二挑，折合約一七，〇〇〇噸，每噸售價三元，年可售五萬餘元，對峽區經濟關係殊大。

七，民衆博物館：

1.收回標本：前借與本區地方醫院德國製造之衞生標本六十八件，及合川民衆教育館清代風物六件，西康風物用具等類四十件。本月一併收回，分別陳列，供人參觀。

2.孵化鴨種：該館爲改良農家鴨種起見，特將意大利卵用天然孵化法孵化，於本月十九日開始，結果成績尚佳。

3.統計參觀人數：本月份參觀人數共計八二二四人。

八，地方經營

1.公安第一中隊

（一）整理渡船：本月該隊召集東陽鎮北碚兩碼頭渡船船主開會，商討整理渡船辦法，當經決定：（1）須隨時修理完好，不得稍有滲漏。（2）須隨時洗刷清潔。（3）渡船碼頭須各船依輪逐日打掃，以後隨時由隊負責檢查，如違即予處罰，若屢戒不悛，則暫停其營業。

（二）修築新街面：本月經北碚市政會議議決，將北碚金佛路右邊新街街面，重新修築，以利交通，本隊跟即召集該段居民開會，商定費用由房主負担，依房屋之大小分攤，工程則完全由公安隊負責，本月十四日開工，所有填平地基，挑運灰渣，打磨路面等工作，均由該隊士兵義務担任，於本月底業已完成，計用石灰等材料共計三十七元。

（三）建築炭市坎子：北碚麻柳路至河街馬路，前已修通，惟炭市坎子太狹，尤恐通車發生危險，該隊特派兵挑運鵝卵石加寬一半，砌築完竣。

（四）修理道路：北碚費山堡至學園路一段道路，因上年漲水，破壞不堪，該隊於本月中亦已派隊修理完竣。

2.公安第二中隊：

（一）對覓房地：軍政部軍需處第一軍被服廠派員來碚接洽覓地，擬遷設黃桷鎮，需要大批房屋土地，該隊乃於本月中召集該地地主房主開會，說明被服廠遷來之意義，及將來對於黃桷鎮居民之福利，當得該地居民欣然承諾，願依照需要完全遷讓，惟該廠因尚在斟酌中，未即決定。

（二）修理馬路：該隊所駐黃桷鎮之新生路，頹壞不堪，乃於本月中令無故缺席之壯丁，罰令修築，現已修竣。

3.公安第三中隊：

（一）派兵築路：該隊調派長於工作之士兵十六名，由徐隊附率領，赴北碚協助新村建築新村馬路。

（二）修築馬路：澄江口團船上岸馬路，崎嶇不平，旅客均感不便，且最近旅客上下，日漸增多，該隊乃派士兵六名，修築擴大平垻馬路一段，現已完成。

（三）改良豬種：本月十九日該隊在家畜保育所領約克縣公豬一隻，建好豬舍飼養，作改良該鎮豬種之用。

丙，教育方面

一，視導各小學：一月四日本署召開小學視導會議，出席者有教育股及民衆教育委員會全體工作人員，當經決定視導日期爲三天，五日出發，七日返署，每人每日須視導小學一所，視導完畢後，於十四日開整理會議，交換視導意見，結果計小學教員記大功者一名，小功者二名，記小過者一名，特予嘉獎者二名。

二，轉呈各小學畢業學生表：本區第三屆小學畢業會攷業於本月舉行，並將各生成績逐一評定，計出席參加攷試者有二百一十名，已將該項成績造冊賫呈省府察核。

三，召開第六次小學教育研究會，此次月會除結束本學期一切事宜外，並商討下學期應興應革事項，茲將其重要議決案件錄下：（1）二月十六日本署舉辦合作人員訓練班，本區各小學校長教師全體參加受訓，（2）各教師證明文件務於短期內繳署，以憑審核，（3）各校長教師務須留校一週，整理一年來學校事宜。

四，召開第六次義務教師月會：本項重要議案，茲分錄如下：（一）推定五人組織戰事補充教材審核委員會，負責編擬戰時補充教材，限於一月八日編輯完竣送交教育股審核，（2）春季開學日期定於二月十五日，各教師務須先期一律到校，（3）各教師於開學前蒐集各小學生之舊書，備作貧苦學生之用。

五，民衆教育委員會：

1.編輯工作：本月爲貫輸抗敵思想及激起抗敵情緒起見，決定改編舊劇或新編劇本以資宣傳，計編竣有，（一）一二八金錢板詞一篇，（二）大戰平型關金錢板詞一篇，（三）岳母剌字劇本一篇，（四）教育園地三期，（五）農民週刊二期，（六）壁報六期。

2.結束婦女民衆校：寒假在即，該會乃將附設之婦女民衆學校，作一結束，計高級授完高級民衆課本第一冊，初級第一組授完初級民衆課本第四冊，第二組授完初級第二冊，第三組授完初級第一冊。

3.時事報告：元旦日，一二八紀念日及每週星期一日，該會特聯絡各機關人員在民衆會場報告時事，並演說抗戰常識，激發民衆之抗戰情緒。

4.代寫信件：該會民衆問事處，本月中代寫信函共計十三件。

5.引導參觀：本月引導外來人士，異常忙碌，且十九均係省外高級長官來碚接洽房屋土地者如：中委鄒魯，慈幼院朱慶瀾將軍，教育部許逢熙督學，國立四川中學校長周厚樞，經濟學家馬寅初，實業家穆藕初，中華職業教育社江問漁，江蘇教育廳長徐曉湘等氏，及西人柯百里等多爲因公租用房屋土地。

六，民衆圖書館

1.編目：本月中該館編竣新書四十六冊，計社會類十八冊，應用書籍二冊，美術類二冊，文學類十七冊，史地類七冊。

2.收到期刊：該館本月中收到斷出雜誌共五十冊，均隨到隨登記，列入書架，俾供取閱。

3.整理藏書數字：本月內將二十六年下半年圖書增加數，整理完竣：計：（1）萬有文庫增加七百〇四冊，（2）雜誌期刊增加六百二十六冊，（3.）普通圖書增加一千〇八十二冊，合計共增加二千四百十二冊，截至二十六年年底止，藏書共計一萬〇一百二十三冊。

4.統計全年閱覽人數：二十六年全年閱覽人數，現已統計完竣，計全年閱覽總人數爲十萬零七百六十七人，其中學生佔三萬七千八百七十九人，市民佔三萬五千三百六十七人，職員佔一萬四千六百二十八人，兒童佔一萬七千七百另九人。

5.閱覽狀況：一月份共計開館三十日，閱覽人數爲八千三百另二人，其中市民佔三千一百另三人，學生佔二千五百另九人，職員佔一千另四十五人，兒童佔一千五百三十六人，館外借書共三百十七冊，巡週書担借書共一百三十五冊。

丁，地方醫院

一，舉辦救護訓練班：全面抗戰中，婦女應有救護智識，實爲要舉，本區各學校女教師，各機關女職員及集中女生，對於救護常識，尚少訓練，該院有鑒於斯，乃於本月舉辦救護訓練班一班，報到受訓人員共四十二名，受訓期間爲兩週，訓練科目計有急救學，生理解剖學，綳帶學，藥物學，內外科學，看護病學，實習七項，期滿結束，考試成績甚佳。

二，添設單人病室：該院病室過去均爲普通病室，缺乏單人病室，致病人甚感不便，且有時傳染病人須隔離者亦置於普通病室，非常不合衛生，乃於本月中添闢單人病室一室，便利重病者之應用，且家屬亦可住院陪伴矣。

三，添闢浴室：沐浴關於病人之康健至鉅，該院過去對此設備尚付闕如，本月份乃闢浴室一間，作病人沐浴之用。

四，添製護生制服：過去護生不著制服，致形式不一，精神渙散，乃於本月中添製護生制服十套，式樣照規定辦理，俾發給護生著用。

五，治療情形：本月份施行外科手術五次，內病一次，全身麻醉，接生四次，內難產兩次，平產兩次，結果母子均安好無恙。

六，治療人數：本月份門診病人共八七二名，內計外科六五〇名，內科二二二名，住院病人共十七名，內計外科十名，內科七名。

二十七年二月份

甲，內務方面

一，戶口異動：本月份戶口異動情形列表如下：

保甲戶數			出生數		死亡數		婚姻數		遷入數			遷出數			本月戶口數			與上月份比較數					
保	甲	戶	男	女	男	女	娶	嫁	戶	男	女	戶	男	女	戶	男	女	戶增	戶減	增男	增女	減男	減女
100	1009	12073	35	31	42	40	5	3	57	86	103	7	15	18	12,123	37822	29427	50	0	64	78	0	0

二，籌備招考警士：抗戰以來，本區人口激增，省外事業機關，如大中學校工廠等，遷來益多，社會情形愈趨複雜，將來必需多量之校警門警以維秩序。現有公安隊士兵非特於量不敷，於質亦嫌不足，妥擬招考警士一百名，限於高小畢業以上程度爲合格，以應社會之需要。業已印佈招生廣告，定三月一日開始報名，二十一日考試，一俟招考足額，訓練三個月後即分發各機關服務，關於考試手續及訓練計劃，現正積極籌備，並專案呈報核示中。

三，防空：本區因抗戰關係，省外避難人士，或城市疏散之人口，以及戰區之經濟文化等機關，紛紛遷移來區，值此敵機到處肆虐之際，自當努力作防空之準備，以防萬一，茲將本月份工作情形陳述于下：

1.組織防護團：該團以鎮爲組織單位，團以下分設警報，警備，消防，避難所，管制，救護等五班，班以下視其職務情形，又分爲若干組，每班十餘人至數十人。由各鎮公安隊勞動服務團及優秀壯丁組成之，隨時予以訓練，訓練方法分講習，演習兩種，本月份各鎮已舉行防空演習兩次，今後當繼續督促各鎮加緊組織及訓練，以臻健全。

2.灌輸民衆防空常識：即擬「民衆防空須知」作爲教材，先集合各保甲長講習，期其純熟後，再分教各戶男女民衆。此事各鎮尚在進行中，同時并分令各保製銅鑼一面，爲空襲時警報之用。

3.開鑿防空洞，本署爲防禦敵機轟炸計，經勘定北碚附近馬鞍山，包工開鑿防空洞一道，計每一立方咪需費二元八角，側量結果長二十咪，高二咪七十，寬三咪，約需費一千五六百元，已於本月十九日動工開鑿，所需經費由北碚各事業機關攤派，不足則募捐支應，其餘各鎮亦在積極勘地點，將採義務征工辦法，建築防空壕或洞，以資防衛。

四，公安狀況

1.組織偵探網：本署爲維持地方秩序，偵查漢奸活動起見，特組織民衆偵探網，以期周密，組織辦法，以區署爲情報總機關，各聯保爲情報支部，各保爲分機關，保以下爲情報組，每組五人至九人，組員以區內各保甲人員及公正之居民，義務爲之，對於茶館酒館之堂倌，工廠之工友，以及船夫水手，轎夫挑夫等，均予特別訓練，並以獎勵辦法，俾各負起偵查責任，此項工作，業已派員負責進行。

2.屬于公安一中隊者：

（一）繼續壯丁訓練：每逢二五八日，仍由該隊集合市街六保壯丁及勞服團員，施行術科訓練，現已完成排教練，每逢舊曆初十，並集合全鎮小隊附，教授十天內各保所操科目，以資轉教。

（二）劃分警管區：爲增强警務效能及訓練士兵作事能力起見：特將北碚劃分爲三個警管區，每區設一派出所，將全隊士兵分駐各所，專司各該區內一切警務，如戶籍，衛生，治安等事宜，並派幹練士兵負責辦理，每日由上級官長，輪流考查各區勤務，登記士兵功績，至晚間宣佈各區工作成績，俾資互相策勵改進。

3.屬於公安第二中隊者：

（一）革除舊習慣：舊曆新年：每有賭博等不良習慣，及請客送禮等無謂應酬，該隊爲推行新生活起見，除佈告禁止外，並一面提倡正當娛樂，勸導人民節省消耗，捐助國家。

（二）防空：一，黃桷鎮於本月十九日舉行防空演習一次，成績尚佳，二，全鎮白色牆壁令人民一律改爲灰色，在市街附近及郊外，指定避難處。

4.屬於公安三中隊者：

（一）加緊壯丁訓練：該鎮（澄江鎮）壯丁，原定每逢二五八日，各訓練一次，自本月起復規定每逢三六九日，各增加訓練一次。俾照預定計劃，如期訓完。

（二）防空：一，支配防空工作人員，分爲六班，其警報，警備兩班，由該隊担任，避難所管理班，交通管制班，消防班，救護班由勞動服務團團員及壯丁担任。二，訓練防空工作人員及灌輸民衆防空常識。三，舉行防空演習二次。四，督促人民將全場白色牆壁一律塗成灰色。

五，案件統計：

案件類別	軍法室	公安一中隊	公安二中隊	公安三中隊	合計
煙案	2	3		5	10
軍法案	5				5
刑事案	3				3
債務		4	2	8	14
鬥毆		5		11	16
兇傷			1		1
賭博			2	4	6
失火				1	1
糾紛	8	6	17	10	41
共計	18	18	22	39	97

乙，建設方面

一、調查穀種：本署爲改良農產推行鹽水選擇稻種一事，派職員十六名分赴各場調查應需谷種數量，以便預備鹽斤，分發應用，計費時八日，統計種田之需一千四百三十一石九斗，留種二百五十六石五斗六升，留種人家一千九百三十五戶，調查時並散發傳單，宣傳鹽水選種利益與方法，全區農家因有往歲之試辦，完全相信照辦。

二、檢查水稻品種：本區水稻品種，共三十餘種，曾搜集送請四川稻麥改進所檢定，茲經檢定得優良者爲龍頭糯，浮面跑，等撈齊等十種，其中尤以龍頭糯出米最多，分量最重，列爲第一，本月召集五鎮小學校長及富有農事經驗之農民，到署公開決選，亦復相同，業經通飭各鄉勸導農民採種檢定之優良稻種，以裕收穫。

三、組織信用合作社：北碚鎮十九保信用合作社，業經派員前往指導組織成立，計有社員三十一人，該保民衆對合作社信仰濃厚，故入社者頗爲踴躍，又應各事業機關事實上之需要，籌組北碚消費合作社，業經召集各該機關舉行籌備會，商議進行。

四、開辦農村合作社研究會：本區爲造就合作基幹人才，加緊推進合作事業起見，特開辦合作研究會，抽調各保保甲人員，合作社員，義務教師等，授以合作基本常識，業于本月十七日在澄江鎮開課，訓練期間，定爲九日，成績尚屬優良。

五，地方經營

1. 民衆博物館

（一）參觀人數統計：一月份總共八千二百二十四人，其中男性未成年者一三四三人，成年者二六九九人，老年者九一四人，女性未成年者一〇一九人，成年者一五三三人，年老者七一六人。

（二）展覽貨幣：該館承高孟先先生贈送國內各省輔幣拾九張，劉炳成先生贈送糧契稅券一千元票一張，業已嵌入照片匣子，連同世界貨幣一併陳列館內，供人參觀。

2. 動物園：

（一）飼養野貓：承民公生司冉經理慶之贈送野貓一頭，已飼養園中，供人參觀。

（二）孵育意種雛雞：該園爲改良雞種，將意大利種雞孵出雛雞五隻，飼養園中，又將該種雞卵十枚發與農民孵化，以後擬將大批雞卵，陸續發與農家孵化，以期推廣。

3. 平民公園：

（1）插枝：該園所有法國梧桐本月均剪枝一次，爲育苗之用，計插枝一萬二千餘株，以供各機關將來培栽行道樹及造林之需。

（2）栽植行道樹：爲北碚小學栽植法國梧桐，自校門到實北馬路，共栽植卅二株，并幫助三峽染織工廠修剪所有道旁白楊枝條。

4、公安一中隊：

（1）建築派出所房屋：該隊實行警管區，經勘定重要地點，設立派出所三處，所有所房均行建築，除少數泥木工雇工辦理外，其餘工作概由士兵担任，僅用去建築費十餘元。

（2）勘定市政會新村界址，黃出堡新村範圍內有一部分土地係北碚馮方谷所捐贈，主權屬於北碚市政管理委員會，近被當地農民侵佔，私行點種糧食，該隊業已會同市政會服劝勸阻，并將界地劃分清楚。

5公安二中隊：

（1）植樹：派兵到河邊東陽路口一帶植樹廿株，補種正碼頭未活之缺窩八株。

（2）文星場分所覓得蘇瑞香種子五千餘株，選定苗圃培植，俟長成後擬移植場之四週及鐵路沿線，以資點綴風景。

6公安三中隊：

（1）改良豬種：掉換大約克公豬到隊飼養，并指派專人下鄉調查母豬，取締劣種腳豬，宣傳改良豬種益處。以期增加農民副產收入。

（2）培修馬路：為便利交通起見，經派士兵培修各馬路缺坯地方，并修剪道旁樹枝，業已辦理竣事。

丙，教育方面

一，編纂抗戰教材：抗戰期中，教育兒童應以抗戰為中心，小學教材，自應大量採用有關戰時之各種智識與技術訓練，俾使兒童將來能為國家効力，故由本區小學教育研究會選舉五人，組織戰時教材編纂委員會，負責偏擬各科戰時教材，本日業已擬得高級體育，國語，歷史三科，由該會改編審核中。

二，召開教育研究會：在各校開學前，為使各教員明瞭本區教育狀況與確定本學期之中心活動，故於本月十六日召集全區教員在本署舉行小學教育研究會及普及教育研究會，開會時由署中職員分別講演實驗區情况及動向，並最近時事，及本區教育的回顧與前瞻，會中確定本學期各小學中心活動四項：（1）抗敵宣傳，（2）合作運動，（3）家畜防疫，（4）擴大推行小先生制。

三，擬定小先生制實施計劃：小先生制，係普及教育之良策，去歲民教處曾作一度推行，頗著成效，茲為普遍推行起見，經派員草擬本期小先生制實施計劃，現正在擬定中。

四，續辦北碚婦女民衆校：北碚婦女民衆校本期由民教會繼續辦理，事先作招生等籌備，業於本月廿二日開學，到學生廿四名，至各鎮婦女民衆學校正在調查失學婦女，籌劃進行。

五，排演抗敵救國戲劇：游藝學生班本月在北碚民衆會場排演富有愛國思想舊劇二十二次，演出土橋之戰，斗升米話劇各一次，及流亡曲，北平花鼓，抗敵金錢板等，於廿五日赴區屬各場巡演，計演舊劇七次，話劇有流亡曲，三江好，戲曲有抗敵金錢板，北平花鼓，評劇有飛將軍全部，在演劇之餘，並作各種活動如左：歌唱救亡歌曲，張貼抗敵標語，出版怒吼壁報等，以激發民衆抗敵救國情緒。

六，民衆圖書館

（1）登記新書：本月份增加新書二百六十六冊，其中捐贈者卅八冊，渝購者二百二十八冊，業已登記，並按照性質，分別編目。

（2）統計閱覽人數：本月份因舊館址讓給四川中學備用，另遷前地方醫院內設立，曾停止閱覽上週，故閱覽人數較上月為少，計閱覽人總數五千七百七十六人，其中市民二千五百九十三人，學生九百三十七人，職員一千一百零四人，兒童一千一百四十二人，館外個別借書凡二百七十四冊。

丁，地方醫院

一，訓練防空救護隊：際茲抗戰期間，防空救護工作，殊有訓練必要，爰由該院挑選北碚壯丁三十名，組織防空救護訓練隊，規定每日午後三時至四時為訓練時間，教授科目：（1）担架運搬病人法。（2）受傷急救法。（3）止血法。（4）簡易治療法。受訓一週後派員領導參加防空演習，成績頗佳。

二，宣傳戰時衛生常識：每日派員在門診處宣傳戰時衛生常識之重要，其要點如下：（1）防空防毒須知及救護常識，并教以簡易治療技術，（2）預防時疫流行及公共衛生常識，并詳加解說，務使每個民衆均能充分了解。

三，治療情況：（1）接生二次，均屬平產。（2）施行局部麻醉包皮環切手術一次，又割切眼瞼手術一次，膿胞切開手術四次，肘關脫臼術一次。（3）出診急病二次。

四，治療人數統計：（1）治療本署官兵外病二四四名，內病五〇名。（2）治療普通外病二九〇名，內病一〇四名。總計門診治療人數六八八名，（3）住院治療外科七名，內病十四名。總計住院治療二十一名。

廿七年三月份

甲，內務方面

一，戶口異動：本年二月份戶口異動除已列表呈署核轉省府察核備案外，茲將全區異動情形，列表如次：

保甲戶數			出生數		死亡數		婚姻數		遷入數			遷出數			本月份戶口數			與上月份比較數		
保	甲	戶	男	女	男	女	娶	嫁	戶	男	女	戶	男	女	戶	男	女	戶 增 減	增 男 女	減 男 女
100	1009	12123	31	35	41	35	12	8	86	379	267	22	47	43	12187	38144	29653	64 0	322 226	0 0

二，壯丁檢閱：本區壯丁自去年十二月開始訓練以來，已三閱月，其中曾由各聯保分保點驗一次，現屆訓練期滿，本股特派職員一名，前往各聯保舉行檢閱，自本月十七日開始，月底檢閱完竣。

三，招致警士：本署鑒於社會需要，決定招考警士一百二十餘名，業於上月籌備招致手續，本月廿一日舉行考試，應致者計一百二十餘名，經考試國文，算術，常識及體格檢查後，結果取錄四十七名，因不足預定數額，決定四月一日，舉行第二次考試，一俟名額滿足，擬於四月十日開始訓練。

四，普種牛痘：本署爲預防天花，特組織播種牛痘衛生隊十隊，赴鄉普種牛痘，本月二十日出發，二十六日反署，費時七日，共播種一萬一千五百零九人，消耗痘苗二千一百六十七管，繃帶四百捲，棉花十了，酒精十磅，紗布十一丈七尺，痘針四十顆，外衛生材料及各種雜費用去洋二十二元二角六仙，四十人工作七日，每人每日津貼伙食洋一角五仙，共計津貼洋四十二元，此次種痘所需費用約計二百元左右，平均每種一人，約費洋二分。

五，追悼劉故上將大會：省府主席劉甫澄上將於本年一月二十日在漢積勞病故，聞耗之餘，至深哀悼，乃於本月三日午前十一時在北碚民衆會場舉行追悼大會，以誌哀悼，參加四十一個團體，民衆二千餘人，由保安團盧團長唐惕伯先生主祭，行禮如儀後，即由主祭者報告劉故上將事略，并希望今後川中軍民須切實合作，努力抗敵，以完成劉故上將未竟之志，次由各機關代表相繼演說，歷三小時追悼完畢。

六，翻曬積穀：本區積穀，自去年秋間籌集以來，尚未翻曬，誠恐日久腐爛，乃派員趁春光和煦之際，馳赴各場，次第開倉僱工翻曬一次，本月僅將北碚澄江兩鎮晒畢，當憑保管委員過斗入倉，計北碚實收入倉爲八十三石五斗，減十一石，澄江鎮實收入倉三十一石六斗八升，減十一石七斗五升九合，其餘三場待下月天晴再晒。

乙，建設方面

一，試種優良稻種：本區爲改良水稻起見，由農業股主任赴台川稻麥改良場分場，領取浙江三號稻種，交北碚聯保辦公處轉給農民試種，如將來收穫優良，再行推廣播種。

二，指導鹽水選種：本署改進農業增加生產，派職員十六名，赴各鎮指導鹽水選種工作，並由本署津貼鹽斤半數，以示倡導，費時十日，指導竣事，茲將各鎮選種戶數石數及津貼鹽斤數量，統計列表如左：

鎮別	選種戶數	選種石數	津貼鹽斤數量
北碚	五〇〇戶	三九·九六石	三五一·〇斤
黃桷	三二〇戶	一一·三六五石	一一四·八斤
文星	一九〇戶	一一·四八二石	一〇〇·五斤
澄江	一九〇戶	二九·七七石	一五六·八斤
二岩	一二四戶	三三·六九石	一五〇·九斤
總計	一三二四戶	一二六·二六七石	八七四·〇斤

三，觀察二九〇五號小麥：去年在成都領回二九〇五號小麥五〇公斤，分發各特約農家種植，茲屆收穫之期，派員赴各鎮觀察生長情形，據報告該項麥種較本地小麥優點有四：（一）無黑穗病，（二）穗長整齊，（三）莖

選堅硬可作編織草帽之原料，（四）顆粒充實。因此規定由署備價收買該項小麥，為明春推廣種植之用。

四，修理堰溝：區屬縣岩堰溝，值大雨之後，多有崩潰，本月乃派員召集該地受益人開灌水會議，並商修補事宜，當經推定地主負責修補，限期兩月完成。

五，勘察全區水利：本署為推進全區水利事宜，特商請導淮水利委員會，派該工程師林一平技正劉孝錫兩先生來峽察勘，當經派員引導，計費時八日，視察地點有磨子溝，高灘岩，高坑岩，龍虎灘，明家溪，縣岩，西山坪等，並承劉林兩工程師將察勘情形，擬有詳細報告及改進計劃送署，對於本區水利事業之推進，貢獻殊多。

六，舉行植樹運動：本年總理逝世紀念日，本區舉行擴大植樹運動，在北碚平民公園清涼亭開紀念大會，由建設股主任作歷年植樹報告，并先期發出桐苗二九〇〇株，令各鎮栽植，隨將上年及本年種樹成活狀況，統計列表呈報在案。

七，登記飼蠶農戶：本署於本月中登記文星，黃桷，北碚三鎮飼蠶農戶，俾便向蠶絲改良場川東製種分場領取蠶種，此次登記飼蠶農戶，共計一六九戶，需蠶種一千一百張，擬於四月八日前往領取散發。

八，組織信用合作社：合作社組織成立者，截至本月底止總計已達三十八社，社員一百〇五十三人，社股一一二一股，應繳股金二二四二元，已繳金一〇二四元五角，貸出借款達一三九七元。

九，組織北碚消費合作社，自抗戰以來，遷碚機關及人民日多，物價因之高漲，本署為大衆謀福利及應各機關之需要起見，於上月召集各機關，籌組北碚消費合作社，現已依法組織成立，向合作金庫低利借款，開始營業，當派員赴合川採購食米兩次，供應各社員機關。

丙，教育方面

一，第一次視導各鎮小學校：此項視導，自二月二十三日出發，至本月四日返署，費時旬日，視導學校計區立小學四所，初級小學十所，短期小學三所，私立初級小學一所，共計十八所，視導要點約有：（1）開學狀況，（2）本期學生到校人數情形，（3）應興應革之點，（4）校中感覺之困難問題（2），臨時發生問題須急待解決者，當即指示解決之，視導結果，本學期各校學生，均較上學期增多，有增至十分之五者，至少亦增加十分之一二，此種良好現象，一面由鄉村農民已感識字之需要，一面則須歸功於過去各校實施強迫教育之努力有以致之，惟各校所用教科書太舊，均為民二十三年二十四年出版，已不適於目前抗戰時期之需要，應斟量補充戰時教材，鄉間失學女生甚多，應設法勸導入學，又學校與家庭之間，缺乏聯絡，自本學期起，應力矯其弊，此次視導，酌予獎懲者，計記功者三校，記過者二校，存記者一校。

二，籌備紀念兒童節：本月四日兒童節，本區擴大紀念，故於本月二十六日召集各機關開會籌備，議決要案如下：（1）發函本區事業機關徵求獎品，并派代表參加，（2）由民教館圖書館負責籌備兒童照片玩具圖書展覽會，（3）由地方醫院負責籌備兒童健康比賽會，（4）由民衆體育場負責籌備區立小學聯合運動會，（5）凡關佈置，募捐，庶務等不屬於其他各部之事務，均由區署教育股負責辦理。

三，擴大小先生活動：本署為普及教育，自本學期起普遍推行小先生制，即經製定本期小先生活動實施辦法，推行小先生制須知，及小先生教學圖說積草案等令飭各聯保各小學切實遵照推行。

四，召開第八次教育研究會：本月六日召開小學教育及普及教育研究會會聯席會議，議決要案有：（1）各校教科書改用生活書店出版之戰時讀本，以提高學生之抗敵情緒，（2）戰時補充教材編審委員會分科負責審查，其委員分配如下：1.劉忠義先生担任高級國語，2.周蔚川先生担任四工科，，3.袁毅新先生担任高級社會科及初級常識，4.李亞蘭先生担任自然衛生，5.申開南先生担任高級算術，（3）通知圖書館將巡迴文庫大加擴充，內容力求新穎，務須適合小學生及鄉村民衆之需要，（4）本期各校務須注重學校與家庭之切取聯絡，其辦法大致以下列三種方式：1.平常多作家庭訪問，2.本學期舉行春季運動會成績展覽會各一次，3.每學期開座談會一次，學生家長不分男女老幼，每月出席一次，（5）本月十三日各小學在各該鎮參加植樹典禮，並種植桐苗。

五，擬定教職員服務須知：本署為謀教育之發展，特將各小學教職員服務上應該注意事項，擬訂服務須知，凡二十二條，對於服從紀律，盡忠職守，以及個人之修養，講授之手續等，均經分別予以規定，幷將服務須知分發各教職員，俾資有所遵循。

六，民衆圖書館

（1）新書編目：本月份增加新書共一百五十五冊，內社會類一百二十八冊，應用技術類十二冊，語言類五冊，文學類九冊，哲學類一冊。

（2）增闢閱覽室：該館自讓歸國立四川中學，遷移天上宮新址後，僅設閱覽室三間，但近來到館閱覽人數，日漸增多，座次擁擠，大有供不應求之勢，故特將辦公室移出，改爲閱覽室，可增容四十人。

（三）閱覽人數：該館本月份館內閱覽人總數爲一萬二千零七十七人，內職員四百五十八人，市民四千八百十九人，學生四千七百八十八人，兒童一千九百四十二人，館外借出書籍達一千〇四冊。

七，民衆教育館

（1）編輯工作：本月份該館編輯教育園地四期，農民週刊三期，數理旅行日記共九十餘頁，改編話劇乙幕。

（2）出外宣傳：該館附設之游藝學生班，本月內赴黃木關，土主場，興隆場一帶作抗敵游藝宣傳，演出抗敵話劇甚多，備受當地民衆歡迎。

（2）參觀人數統計：該館陳列室本月份參觀人數總計爲九八五五人，以籍貫分：國外計蘇聯三人，省外計山西三人，貴州七人，湖南五人，陝西四人，河南十人，廣東三人，安徽七人，江西三人，雲南三人，山東二人，湖北二人，江蘇八一人，浙江四十四人。

丁，地方醫院

一，主辦普種牛痘：每年春秋兩季，照舊例普種牛痘一次，以預防天花之流行，本月份與區署會同舉辦普種牛痘運動，其詳已見內務方面第四項。

二，舉辦孕婦登記：我國之出生死亡率，在世界各國中爲最高，對於國家人口，妨害殊大，究其原因，實由鄉間婦於舊習，相信舊式產婆接生，並不知講求衛生所致，該院爲減少出生死亡率計，本月舉辦孕婦登記，凡登記之孕婦，均應由醫院免費接生，本月份到院登記人數，計有二十八名，擬自下月份起分派女護士作家庭訪問。

三，治療狀況：

（1）門診治療：計本署職員一九四名，普通病人六二五名，總計門診治療八一九名。

（2）住院治療：本署職員計六名，普通病人二四名，總計住院治療三〇名。

（3）手術：肢體割除一次，割治膿胞術四次。

（4）出診：接生三次，診視疾病三次。

廿七年四月份

甲，內務方面

一，呈報戶口異動：本區三月份戶口異動，業已表報專署核轉省府察核備查在案，茲將戶口異動情形列表如左：

保甲戶數			出生數		死亡數		婚姻數		遷入數			遷出數			本月份戶口數			與上月份比較數					
保	甲	戶	男	女	男	女	娶	嫁	戶	男	女	戶	男	女	戶	男	女	戶增	戶減	增男	增女	減男	減女
100	1009	12187	59	58	51	32	8	9	110	246	197	41	110	86	12256	38268	29789	69	0	144	136	0	0

二，整理保甲戶口：數月以來，戰區人士遷移來區者不下五千人，戶口驟增，人口亦較前複雜，爲防止宵小活動，安定後方秩序計，本區保甲實有嚴格整理之必要，本區整理步驟，則分爲八項：（一）清理甲戶次序，（二）審查保甲人員，（三）澈底清查戶口，（四）重新製發門牌，（五）擬具聯保切結，（六）議定保甲規約，（七）澈底查報異動，（八）調訓保甲人員。本月份已將甲戶次序編排清楚。

三，評定壯丁成績：本區壯丁訓練，曾於三月底舉行檢閱，檢閱情形業經列表報告，茲復將各聯保與各保成績分別評定如次：

甲，全區小隊（保）特優者：北碚十二保。

乙，各聯保成績特優者：第一北碚，第二二岩。

丙，各聯保小隊成績優異者：

（一）北碚：，第一，廿保，第二，廿一保與第四保，第三，十三保與十九保。

（二）黃桷：第一，十一保，第二，廿二保，第三，十三保。

（三）文星：第一，第一保，第二，第十保，第三，第八保。

（四）澄江：第一，十八保，十九保，第二，廿保，第三，十一保

（五）二岩：第一，第六保，第二，第二，第三，第一保。

四，調查保甲經費：本區每年所需保甲經費，去年曾經按照預算總額，依法公平分派於各有恆產之家，惟因近數月來，人口激增，異動頻繁，勢不能不重行調查分配，以昭公允，乃於本月派職員二人分赴各保挨戶調查，現已調查統計完竣，所有本年上季應徵數額，定下月初開始徵收。

五，續招警士：本署為適應社會需要，招致警士一百名，前月二十一日會舉行考試，錄取四十七名，尚差五十三名，茲於本月一日繼續招致足額，業於十日在澄江鎮編組四隊，開始訓練。

六，設立旅客服務處：自抗戰展開，外地人士紛紛遷移來區居住，並參觀者，絡繹於道，以人地生疏，一切不便，本署乃於前二月籌設旅客服務處，內分引導，訊問，代辦，招待，介紹五組，幫助旅客，辦理一切事務，不取費用，隨於二月二十一日：正式成立，茲將四月份工作情形分述如後：

（一）引導：引導來峽參觀學校十個，計男生三二一人，女生一二二人，共計四四三人，引導外來旅客八起，計男性一五人，女性一人。

（二）代辦：代旅客覓房訂約兩起，查覓遺失行李一起，徵求物品及醫方各一起。

（三）介紹：介紹房屋於旅客廿三起，介紹養蠶小工及傭工等五起。

乙，建設方面

一，籌開小麥展覽會：本署為增加糧食生產，改良麥種起見，特籌開小麥展覽會，先後擬具展覽會辦法，傳單，標語，及告農友們收穫金大小麥辦法等，訓令各鎮於五月四日以前舉行預賽，五月十一日在北碚舉行決賽，計參加農人二百六十二戶，機關兩起，評定成績，以二號早，排燈麥，紅花麥三種為最優，北碚以二號早得特獎者何子鑲一名，得普通獎者張錫金等一百廿名，澄江鎮以排燈麥得特獎者段元清一名，以二號早得特獎者蔡錫清，廖國興，張一清等三名，得普通獎者甘少清等五十五名，黃桷鎮以排燈麥得特獎者李久機李久富兩名，以紅花麥得特獎者廖錫之羅春富兩名，得普通獎者劉云清等三十九名，文星鎮以排燈麥得特獎者黃金山一名，得普通獎者寅錦山等三十名，二岩鎮得普通獎者殷海清等八名，凡特獎第一者每名給鋤頭柴刀一把，第二者大碗小碗各二付，第三者葛巾四張，手巾一張，第四者葛巾三張，手巾二張，普通獎各給手巾一張，又參加機關各贈獎狀一紙。

二，試驗速性油餅肥料，四川省稻麥改進所為改進各地肥料起見，特送本區速性油餅兩罐，平式速堆肥法製造二本，業已轉送科學院西山坪農場，代為試驗，藉資改進。

三，調查榨菜生產：榨菜為川省著名土產，而本區境內，尚無是項優良品種，本署於去歲特徵購涪陵榨菜種子，分發特約各農家播種，以資提倡，茲值成熟之期，派員下鄉視察，成績甚為良好，重者每篼七八市斤，肥沃土壤，發育更佳，此後當設法將該項榨菜普及全區，以裕農民收入。

四，調查縉湖水利：溫泉公園擬於紹隆寺附近因應地勢築湖一個，定名縉湖，一面可以增加風景，並可藉以蓄水灌田，計在旱年可灌農田八百八十七石五斗，於農田水利，關係甚鉅，本署特派員會同溫泉公園當局，前往該地調查可供灌溉之農田及農戶姓名，隨即函請導淮水利委員會派測量隊協助測量，並擬組織水利工程委員會，以便負責進行一切。

五，散發蠶種：本區黃桷，文星，北碚三鎮飼蠶農戶，業於上月登記完竣，本月初即派員向蠶絲改良區川東分場領取蠶種，以便及時分發各農戶飼育，計共領到蠶種九百五十二張，北碚領種農戶八十四戶，散發蠶種四百十二張。

六，調查沿江漁業：本署為提倡漁業，增加農村副業收入，特佈告全區大量養魚，並派員調查沿江漁業狀況，由草街子起，迄觀音峽止，計共有船戶十四家，罾船三只，鉤船十四只，共計十七只，船戶人數，男三十三人，女十九人，共計五十二人，捕魚工具有四種，即罾，鉤，滾鉤，釣竿等，捕魚地點，合川沙溪廟，兩非溪，草街子，土沱，悅來場等，捕得之魚，除渝

合等地漁販收買外，其餘則售於沿江各鎮。

七，舉辦農本貸款：本署為調濟農村金融，努力組織信用合作社，成立者已有三十八所，由各該社向區金庫借款轉貸於農民為農本者，已達六千〇九十二元，惟一般農民需款迫切，未貸放者尚多，現正設法向金庫繼續借款貸放，以資救濟。

丙，教育方面

一，擴大兒童節紀念：，本年兒童節擴大紀念，於上月着手籌備，參加各機關代表及來賓三千餘人，首由北碚小學學生導演民主席報告紀念意義，繼由各機關代表演說，十一時儀式完畢，隨即舉行健康比賽大會，參加兒童二百二十九名，先二日舉行體格檢查，每歲錄取數人參加決賽，故該日參加決賽兒童計三十三名，以態度，精神，動作，姿勢為評判標準，評判結束，以周立坤，李代宜，皓容，邱歐林等四兒童為最健康，分別給獎攝影，午後一時舉行區立小學聯合運動會，參加運動委員計北碚小學五十四人，黃桷小學二十人，文星小學二十七人，澄江小學二十四人，北碚小學四十八人，北川小學三十六人，共達二百零九人，分男女高初四組，比賽成績，尚稱滿意，團體第一名為北碚小學，第二名文星小學，第三名澄江小學，個人總分第一名為北碚小學女生胡瑞雙，分別給獎，至薄暮始告結束，各校學生精神均甚飽滿，誠屬難能可貴，晚間在民衆會場舉行遊藝大會，有復旦大學，兼善中學，北碚小學等參加表演抗敵話劇及歌詠，以激發民衆抗敵情緒，觀衆不下二千人，同日並在民衆體育場之左角，展覽兒童照片及玩具，任人參觀。

二，舉行台兒莊祝捷大會：本月九日接得台兒莊大勝利消息，即晚六時在民衆體育場舉行祝捷大會，到有各界民衆三千餘人，由盧子英區長報告勝利情形，及各機關代表演說後，即列隊遊行，沿途高呼祝捷口號及歌唱救亡歌曲，人心興奮，情況熱烈，至九時許散會。

三，籌設各鄉初級小學：本區鄉間初級小學過去最多時達七十五所，嗣因教經拮据，無法維持，縮減為現有之三十八所，此次本署為普及識數，特商請戰區中小學教師四川服務團，派教師來區服務，當蒙該團慨諾，除調查學齡兒童外，復派員下鄉查勘設校地點及接洽教師食宿等事宜，決定增設新校者，北碚十三所，黃桷九所，文星十二所，二岩四所，澄江八所，共計四十六所，定下月內開學。

四，組織青年勞動服務團指導委員會，本市國立四川中學師範部當局，鑒於國難方殷，學生應儘量利用課餘時間為社會服務，乃將該校師範部全體學生組織青年勞動服務團，以協助地方推進教育，改進生產，上設指導委員會，由該校當局與區署有關機關主管人員組織之，負監督指導之責，該會已於本月二十六日在該師範部組織成立。

五，成立地方教育輔導委員會：本署為推行地方教育，特集合熱心教育之同志組織地方教育輔導委員會，俾收集思廣益之效，該會由區署主管人員五人，及國立四川中學校務委員，師範部主任，戰區中小學教師服務團團務委員三人，共十一人組織之，已於二十八日在區署開會成立，此後對於本區教育，藉期改進。

六，召開第九次教育研究會：本月三日十七日分別召開第九次小學及普及教育研究會，重要議案如下：（1）戰區教師服務團派遣大批教師來峽工作，到達各校時各校教師應盡量協助，（2）為戰區兒童募捐，（3）調查清貧學生免費，（4）宣傳剷除麻風痼病利益及防制地蠶方法。

七，民衆圖書館：

1.收到贈書：本月份收到各方面惠贈書籍，計有機關一起，私人四起，共計二十二冊。

2.編目：本月份完成編目圖書共二百六十四冊，內計普通類二百〇一冊，教育類四冊，社會類四十七冊，應用類一冊，文學類十冊，史地類一冊。

3.新增雜誌：本月份新增雜誌共七十九冊，內捐贈者計三十六冊。

4.舉辦兒童節展覽會：本年兒童節擴大紀念，由區署主辦，至於展覽會事宜，則由該館負責徵求陳列，展覽會分三部：一，兒童照片展覽，二，兒童玩具展覽，三，兒童圖書展覽，參觀人終日不絕，頗極一時之盛。

5.分發巡迴文庫：本月份該館分發二三中隊巡迴文庫各一個，同時派員赴北碚，文星，黃葛，澄山，二岩各鎮視察各小學之巡迴文庫管理及閱覽狀況，結果尚佳。

6.閱覽狀況：本月份館內閱覽人數，總計一一八七五人，內職員四一六人，市民四一〇六人，學生五三四七人，兒童二〇〇六人，館外借出書籍有[illegible]千三百七十九冊。

八、民衆教育

1.民衆學校：北碚民衆婦女學校，由民教處派員照規定課程授課，黃桷鎮民衆學校，由復旦大學代辦，內設補習班，成人高級班，婦女高級班，又有識字班兩班，一由復旦授課，一由聯保辦公處辦理，共有學生一四三人。文星鎮民衆校，由該鎮區立小學辦理，有共學處四處，工人夜課兩校，授授兩處，現正籌備中，澄江鎮民衆校有學生六十餘人，已授民衆課本十八課。

2.遊藝學生班：該班學生除在北碚民衆會場演劇外，並赴歇馬場楊家灣青木關土主場興隆場等處，作各種抗敵宣傳，又應民生公司之邀約，赴重慶表演川劇七幕。

3.編輯工作：本月份編成教育園地一期，農民週刊一期，改編川劇拾黃金一齣。

4.參觀人數：本月份博物館參觀人數，總計爲一〇四八二人，內有外省人九七人。

5.接贈禽雞：本月份收到齊聯吾先生贈送貴州產雄金雞一隻，品種名貴，現已放置動物園飼養，供衆參觀。

九、民衆體育場

1.友誼比賽：區署職員組有排球籃球足球等隊，每當公餘之暇，除努力練習外，並常與來碚觀光之各團體作友誼比賽，本月內之對外比賽以排球對益壯，籃球對南屏，足球對聯中爲最精彩。

2.測繪球場：體育場內之各球場，因日久未經測檢，故多不合規則，本月由體育指導員創導勸務兵每週測校一次。

3.組織民衆體育社：該場於本月內發起組織民衆體育社，以資提倡民衆體育，報名入社者，甚爲踴躍，規定每晨六時至七時爲練習時間，社員精神振作，技術亦日有進步。

丁，地方醫院

一、創編衛生週刊：該院爲普及衛生常識起見，特自本月份起創辦衛生週刊，每週假嘉陵江日報副刊出版，以期民衆衛生常識有所影響。

二，注射防疫針：邇來傳染病流行，尤以白喉猩紅熱發現頗多，該院乃於本月份購回大批傷寒霍亂及白喉預防針普遍注射，以杜傳染。

三，治療狀況：

1.門診治療：本署職員三一七名，普通病人八九九名，總計治療人數共一二一六名。

2.住院治療：內科八人，外科十六人，傳染病五人，共二十四人。

3.傳染病治療：天氣漸熱，本月發現傳染病甚多，計：一，腦膜炎二人，二，白喉三人。三，瘧疾八人。四，猩紅熱四人。五，傷寒十二人。

4.種痘：本月來門診種痘者計四八六名。

5.手術：接骨一次，縫合二次，割雞胞一次。

6.接生：接生一次。

7.出診，本月總計出診一十二次。

峽區要聞彙誌（二十七年一至六月份）

成善譽

一月份

1.第三區行政督察專員沈鵬氏來峽視察。

2.四川省農林植物病虫害防治所技師陳家祥等來峽調查螟虫害稻情形。

3.黃桷鎮建一新式種豬欄，共用洋四十餘元，向家嘴保育所領養約克斯公豬一頭。

4.本日時逢歲首，渝中計有中大醫院，交通銀行，民生公司等事業團體來峽遊覽。

三日 1.兼善初級中學開始軍事訓練，由實驗區署派楊相臣等三人担任教授。

2.區立地方醫院院長一職已委任夏子和君充任。

3. 本區區立北碚澄江黃桷文星四兩級小學，本日起開始期終考試。

4. 文星鎮聯保辦公處抗敵捐款計募得六十餘元。

5. 本區月前舉辦菜蔬展覽會，本日在聯保辦公處給獎。

四日 1. 區署第二次派員視察各村小學教學狀況。

2. 黃桷鎮內船戶組織船幫工會。

3. 蘇崎紗廠考察團二十餘人來峽考查。

五日 1. 實驗區署就區內創建新村，本日召開籌備會議。

2. 醫院派員檢查北碚小學低級部學生體格，病眼最多，佔百分之七十以上。

3. 南京中山文化教育館遷移來碚，館址設天生橋。

六日 1. 本區小學競考成績團體單位文星校第一，個人單位李紹海第一。

2. 民衆圖書館二十六年度閱覽人數總計十萬零七千零六十七人，館外借閱六千八百九十八冊，巡迴書担借閱書籍八千七百八十一冊。

3. 澄夏兩鎮召開市政管理會議，商討防空事宜。

4. 實驗區署奉令收集破銅爛鐵轉飭五鎮經收。

七日 1. 民教會創辦之游藝學生班，內部澈底整理。

2. 兼善中學女生利用寒假往此地方醫院學習救護常識。

3. 澄江鎮公安第三隊檢查全市仇貨。

4. 地方醫院開始送種牛痘。

八日 1. 病虫害防治所陳家祥技師調查本區虫害，螟虫害最多，損失約百分之十五。

2. 澄江鎮聯保辦公處募得抗敵捐九十餘元。

九日 1. 本區小學教育研究會開會組織戰時教材審核委員會。

十日 1. 北碚二岩兩鎮抗敵募捐，北碚共募一百三十五元，二岩共募三十元。

2. 成渝鐵路郭工程師來峽測量北碚到溫泉之馬路線。

3. 中央航空委員會油料研究所，清華大學無線電研究室，中央工業試驗所等紛紛遷移來碚。

4. 永川民教館館長周徵承來峽考察，并在民衆會場表演自編之抗敵宣傳金錢板。

5. 朱慶瀾將軍來峽遊覽，并擬在區內代慈幼院覓院址。

十一日 1. 本區女教師開始施行救護訓練。

2. 本區四區立兩級小學期考完畢舉行散學典禮。

十二日 1. 四川省農村合作委員會總幹事石體元來碚籌劃本區合作運動，并撰商辦家畜保險。

十三日 1. 北碚到溫泉之馬路郭工程師率領測工七名開始測量。

2. 上海南星歌劇社來碚表演歌劇。

十四日 1. 家畜保育所三峽實驗區在區屬各鎮普遍注射防疫針。

2. 文星場八角小學附設民衆婦女工學團聘專門學習打襪子草鞋編織等。

十五日 1. 各小學校教師及兼善校女生合組之救護訓練班商圖書館增闢醫務參攷室以供常識之參攷。

2. 本區義務教育補助費經省府核定二十五年度爲九百四十五元。

3. 稻麥改進所徵求品種，此間區署將選十餘種郵送該所。

4. 兼善中學附設之民衆學校舉行畢業禮。

十六日 1. 本鄉高石坎二十一保及兩台山二十一保各成立合作社一所。

2. 澄江鎮運河馬路因去夏被大水淹潰，現由該鎮公安隊派兵修復。

3. 重慶慈幼院遷移區內之禪岩寺。

十七日 1. 本區小學教育研究會與普及教育研究會聯合在區署開會。

2. 本區自由抗敵捐款共募四百二十餘元。

十八日 1. 本區石灰業經區署調查共有二十六家，每年產石灰約十四萬八千餘石，值洋四萬四千六百餘元。

2. 青北公路現全路桿工鋪築碎石工作。

3. 北碚三十保組織合作社。

十九日 1. 救護訓練班於本日期滿結束。

2. 北碚新村籌備委員會劃定工務管理，總務，幹事，幹工作人員，并聘請重慶各界人士爲顧問，積極進行工作。

二十日 1. 澄江鎮修建新式種豬欄完竣，已向家畜保育所領取約克縣豬一頭。

2. 黃桷鎮米糧市行棧成立。

3. 實驗區署前爲推廣金大二九〇五號小麥，特約優秀農家領去播種，現派員查報稻麥改進所。

二十一日 1. 兼善中學軍訓完畢，實習打靶一次。

2.北碚新村範圍內之墳塋，統限二月十日以前遷移，貧苦者酌給三元至五元津貼。

3.本區舉行中醫考試，取錄嚴耀成等九名。

4.民衆博物館陳列品之一部與合川博物館交換陳列。

廿二日 1.中山文化教育館總館名貴書籍二百餘箱運峽。

廿三日 1.北碚鎮地面積近據調查共計七千六百畝，年約生產一萬七千餘石（包括雜糧在內）全鎮男女共二萬一千四百八十四人。

2.澄江鎮公安第三隊以舊曆年關將屆，召集士紳開會籌募濟米。

廿四日 1.實驗區署調查本地總面積二百二十五方公里，耕種面積佔百分之七十，以包谷水稻甘藷爲大宗，油桐年可產九千餘石。

廿五日 1.實驗區署徹底完成塘堰，藉農隙時期繼續監修。

2.上海大成紗廠移川與此間民生三峽染織工廠合作，機器已運到一部份。

3.舊曆年關將屆，區署特佈告禁止應酬，以資節儉，不准賭博，以養成良好的習慣。

4.重慶慈幼院遷本區歸岩寺，收買大沱口一帶土地，採自耕自給教育，學生已繼續來峽。

廿六日 1.劉主席逝世，奉令自本日起下半旗三日紀念。

2.北碚到重慶電話前由實驗區署派員修理完竣。

廿七日 1.文星場第六保農民組織合作社，參加人數特多，計七十餘人。

2.北碚新村現已呈由省府批准施行。

廿八日 1.本市防空委員會劃定北碚附近某地建防空壕，業已測量完竣，長約九十米達，需費約二千元。

2.兼善中學經該校董事會議決由重慶民生公司省銀行等分担經常費用共七千一百元。

廿九日 1.國立四川中學女生部師範部校址決設北碚附近，男生初中部設文星場。

2.北碚鄉合作社理事主席舉行聯合辦公，參加理事九人。

3.北碚新村籌備委員會召第四次全體會議，商討進行事宜。

二月份

一日 1.漢藏教理院名譽院長親赴前線督師。

2.家畜保育所三峽實驗區育得優良榮昌豬四頭，便待農民取喂。

3.溫泉公園新添遊覽艇一隻，正式開航。

4.北碚三十三保向區署領去桐苗八百株，作墾荒地帶培植之用。

5.本區煤產極豐，各煤廠總計年共可產四十餘萬噸，中以天府公司產量最多，月產萬噸左右。

二日 1.區署規定全區壯丁訓練，每十日訓練三次，每次兩小時。

2.漢藏教理院全體學員加授軍訓及防護訓練。

3.青北公路完成，區署特擬定管理車行規則，令飭公安隊執行。

4.西山坪農場全部工人自動捐薪一日救國。

三日 1.實驗區署召開北碚市民大會講演防空常識。

2.國立四川中學校址決定在北碚關廟及地方醫院院址。

四日 1.區署繼續塘堰工作，并提倡塘內養魚，塘岸植樹，以增副業收入。

2.澄江鎮舉行防空演習，秩序肅然，成績頗佳。

3.本區合作社成立已多，區署預定計劃，每社貸款八百元，共需洋五萬六千元，特函商合川縣金庫早爲準備，俾便領借。

五日 1.本區水稻經四川稻麥改進所派技佐胡世昌君來區檢定，以烏陽粘，齒粘，葉下茂三種最好。

2.博物館十月份參觀人數總計八千二百二十四人。

3.永利化學工業公司工程師趙如晏來碚考察。

六日 1.青北公路碎石工作，預計月內可完成二段，全部工程，四月內可竣工。

2.駐紮北碚之保安第二十二團，前奉令往華鎣山剿匪，現任務完畢，仍返原駐地。

七日 1.黃桷鎮十一保李子埡地方，發現明代古墓，墓內墳起塔狀，係由白礦造起，現仍保存原狀，準備送民衆博物館供人參觀。

2.溫泉公園乳花洞原爲避暑勝地，但其洞口甚小，現由該園雇工開闢。

3.復旦第一聯合大學，決遷來峽，一部工作人員抵碚。

峽區四開盡陸

八日 1.區署奉省府令轉飭各機關極力提倡食用糙米。以抑制消耗。
2.北碚抗敵自由捐款，各保捐輸極爲踴躍，已繳有一百五十元。
3.中央黨史編纂委員會遷移來峽，已覓定紹隆寺爲會址。
4.武漢大學教授邵逸周等來峽參觀。

九日 1.區署舉辦合作人員傳習所，召集各合作社理事幹事等施以訓練，養成合作社之基礎人材。
2.北碚新村收買土地，召開地價評價委員會。
3.民衆圖書館一月份閱覽人數共八三〇二人，巡迴書担借還一百三十五次。

十日 1.國立四川中學學生陸續來峽復課。
2.區署爲便利來峽社會人士，特組旅客服務處，派定舒傑草擬計劃。
3.區署以過去即曾積極提倡造林，現北碚新村區內，亦應加倍培植，對原有樹木應嚴令禁止砍伐，已發出佈告週知。
4.復旦第一聯大校長吳南軒來峽視察校址。

十一日 1.省外二十餘工廠將遷來峽，由廠礦遷移監督處派林繼庸先生來碚視察。
2.實驗區署普遍推行鹽水選種，全區預計需鹽三千斤，由農民與區署各負担一半。
3.東陽鎮蠶桑改良場由南充運來桑苗十萬株，由區署在西山坪租地二十幅栽植，造成模範桑園。
4.上海大公職業校遷移來峽，已覓定張家沱一帶興築校舍，派工程師三名前赴該地測量地基。

十二日 1.本區各鎮分期舉行防空演習。
2.國立四川臨時中學決分三處復課，男生高初兩部分設本區文星鎮及合川濮岩寺，女生部設北碚。

十三日 1.北碚新村在來龍灣舉行開工典禮，計到籌備委員及來賓五十餘人。
2.中央委員吳稚暉來峽遊覽。
3.黃桷鎮公安第二隊調查應徵入學市民，執行強迫教育。

十四日 1.經濟部資源委員會單基乾等來峽，并赴獻馬溪調查高坑岩水力，估計約有一千匹馬力以上，發電可供將來沿峽各工廠之用。
2.國立四川中學現奉教育部令改爲四川中學，永久校址確定北碚。
3.三峽工廠汽笛因作警報器用，正午停止拉放，以免誤會。

十五日 1.本市防空洞已由區署派員測量，計算結果約需建築經費一千四百元。
2.北碚小學招考新生取錄一四一名。
3.復旦大夏第一聯合大學永久校址測定本區三花石。

十六日 1.本區小學教育與義務教育兩研究會召開聯合會。
2.實驗區署合作社預計需貸款五萬六千元，特函由農本局準備，已得該局同意允許貸放。
3.本區荒地甚多，特派員詳加調查，準備大量栽植桐苗。
4.實驗區署派員調查學齡，增加教育經費。
5.滬江大學教授裴楷君來碚遊覽。

十七日 1.實驗區署辦農村合作研究會，舉行開學典禮，受訓學員六十六名，中以保甲長小隊附最多。
2.北碚公安隊召集力夫轎夫開會，商討改進辦法。
3.北碚新村已經區署呈准省府劃定建築範圍，佈告禁止在新村區域內不得私擅售賣。
4.中國西部科學院地質理化兩所與省府地質調查所合作。
5.北碚小學舉行開學禮。

十八日 1.區署爲調整機構，改組各聯保辦公處與公安隊合作，加設內教經財四組，增派工作人員。
2.本日渝飛機場被炸，本市於午前十一點五十分發出空襲警報。
3.民生公司近派專輪每日往返渝溫一次。

十九日 1.區署通飭各機關提倡節食運動，禁民用食米烤酒熬糖，及以糧食飼養牲畜。
2.區署派員調查農家種子，準備鹽量，施行鹽水選種。

二十日 1.本區劃爲工業區，省外工廠將大部移峽，省府特令區署盡力幫助，所有各廠機器原料即將陸續運到，已由廠礦遷移委員會林繼庸先生商同區署就河邊兩岸覓地搭棚，以備卸運。
2.黃桷鎮舉行防空演習。

峽區要聞彙誌

廿一日 1.區署舉辦之農村合作研究會，期滿畢業，仍返原地進行社務工作。
2.復旦大夏第一聯合大學前由該校校長吳南軒覓定本區黃桷鎮下壩為校址，現第一批學生約百餘人已抵峽。
3.北碚小學本期學生特為發達，新舊生共達五百餘人。
4.兼善初級中學為預防敵機空襲，改訂上課時間，午前十鐘左右改為野外演習。

廿二日 1.本區近來因遷峽住戶增多，並因稅率增高，糧食來源減少，物價騰貴，一般商民特向稅局請求減輕稅額，未獲允准。
2.本區農村合作研究會考試成績評定，場單位以北碚最好。
3.澄江鎮空房調查完竣，共三十五間。
4.實驗區署派教育股代理主任歸鑑明赴各鄉視察義務小學開學情況。

廿三日 1.北碚公安第一隊施行管理制，全市劃分三區，設三個派出所，經常負責疾病調查及辦理戶口異動等。
2.本區鄉建設計委員會在重慶民生公司開會。
3.復旦大夏第一聯合大學第二批員生來峽。

廿四日 1.區署前選水稻十種送稻麥改進所考驗，現就十種中再選五種，在本區分區實驗。
2.游藝學生班應歇馬場之邀請，前往表演抗敵戲劇。

廿五日 1.礦礦遷移委員汪泰經蒞來碚作最後之決定，遷峽工廠建築下壩。
2.本區煤礦銷路擴大，經濟部派員來峽購炭五千噸。

廿六日 1.北碚新村籌備以來，頗為順利，於本月十二日即舉行開工，少數地主橫生阻礙，專署特派陳視察員雁鼎及劉科長仁庵來碚召集業主訓話，設法解決。
2.民衆教育委員會創辦之民衆婦女班，開始行課，有學生二十餘人。
3.本區各事業機關共組消費合作社，在農村銀行召開籌備會。

廿七日 1.本區水稻品種選擇，選定鬍鬚粘，綠苞齊，白楊粘，浮面跑，闌壩草等五種，用作推廣之用。
2.區署前派員視察區內各小學，現黃桷文星兩鎮視察完畢，感覺男女學生相差太大。

三月份

一日 1.區署以春蠶飼養期屆，特商蠶桑改良場領取優良蠶種一二〇〇張，轉發農民飼養。
2.區署為改良水稻，施行全區鹽水選種，派員下鄉調查，計全區所留谷種約兩百石，計需鹽約三千餘斤。
3.民衆教育館所辦之游藝學生班，在巴縣歇馬鄉作抗敵宣傳工作，受民衆熱烈歡迎。
4.中國辭典館館長楊家駱來碚商尋館址。

二日 1.民衆博物館二月份參觀人數計一四，八七七人，中以商業界占多數
2.二岩鎮第四保小湖溪信用合作社開創立會，區署合作指導室派員前往指導。
3.科學院西山坪農場商水利會借款兩千元，以作興辦水利事業。

三日 1.民教館所辦之民衆校婦女學生班開學，幷作學生家庭訪問。
2.澄江鎮聯保辦公處召開保甲會議，商討建築防空壕事宜。
3.劉上將追悼大會於本日午前十鐘在民衆會場舉行，參加之機關法團共達三千餘人。

四日 1.區署教育股派員視察區屬各小學，各校人數均較去歲增加二三十人
2.區署合作指導室派員到黃桷鎮五七兩保組織信用合作社。

五日 1.文星場馮家灣組織合作社召開創立會議。
2.今年植樹節將屆，區署發起擴大造林運動。
3.北碚聯保辦公處，實施衛生教育，登記各茶社旅館之僕役，輪番訓練，合計共有僕役五十七名。
4.北碚二十三保信用合作社開成立大會，計到社員二十七人。
5.澄江小學舉行學生家庭訪問，幷準備按期召開父子會，母子會，謀取聯繫。

六日 1.區署召開小學教育研究會，商討教育進行步驟。
2.澄江鎮十九二十兩保召開合作社創立會。
3.大夏大學教授邵爽秋，與學博士劉大鈞來峽參觀。

4.本區消費合作社召開第二次籌備會。

七日 1.經濟部應區署之請轉商導淮委員會派專家劉夢錫林平一兩先生來峽指導水利工程，本日抵碚。

2.青北公路經一六一師加緊鋪築碎石，現第三段由迴龍橋到北碚工程已開始。

八日 1.家畜保育所施行豬瘟保險，并設法辦理豬本貸款，以資救濟貧農。

2.班禪大師漢經華誦在區中縉雲山漢藏教理院舉行，由太虛法師主壇，由考試院院長戴傳賢主辦追薦。

九日 1.區署職員組織旅行隊赴渝參觀各大企業。

2.四川省家畜保育所，贈送實驗區約克縣豬六隻，計公豬四隻，母豬二隻，以備推廣。

十日 1.北碚保證負責消費合作社召開創立會，地址設聯保辦公處內。

2.公安第一隊登記北碚全市力夫轎夫。

3.黃桷鎮聯保辦公處派員下鄉指導農民栽植桐苗。

十一日 1.四川蠶桑改良場川東分場，運到桑苗十五萬株，全數分植本區。

2.國立四川中校移碚後，校舍整修完竣，定下月中旬開學。

3.河南中福煤礦公司經理孫越崎來峽致察礦產事業。

十二日 1.本日爲植樹節，又值總理逝世十三週年紀念日，區署特召集各校學生齊集平民公園，舉行紀念。

2.漢口大鑫鋼鐵廠派員來峽尋覓廠址，并調查原料。

3.國立四川中學定本日上課，各部主要職員均已聘定。

4.來峽指導水利之導淮水利委員劉夢錫林平一兩君冒雨下鄉工作。

十三日 1.本週天氣突轉寒冷，飛下雪片，縉雲山上積雪數寸。

2.澄江鎮公安隊所辦婦女學校，共有學生三十餘人。

十四日 1.區署建設股黃主任赴合川稻麥改進分場領取浙江改進場第三號優良稻種，發散模範農家播種。

十五日 1.本區合作金庫即將成立，省金庫已派高孟先君來峽籌備一切。

2.本區合作社新成立者有北碚二十三保，二十四保，均已先後召開創立會。

十六日 1.本區普遍施行鹽水選種，區署派職員十六人分赴各鎮指導。

2.北碚市街學齡兒童調查，計共四四一名，入學人數六分之五。

3.北碚十一保及西山坪各成立合作社一所，已召開創立會。

4.民衆教育館組織識字班，採用導生游擊方式，施行普及教育。

十七日 1.區署將派員分赴本區附近二十餘場，點放牛痘，共備痘苗兩萬打，可點萬人以上。

2.區署建設股由合川稻麥改進場領得浙江稻麥改進場第三號稻種共十二斤，發十九保農民馮家齊播種，俾作比較試驗。

3.樂園墾殖公司贈送平民公園果苗多種。

十八日 1.區署對剪除麥黑穗運動，令各聯保辦公處督飭施行。

2.區署召集全體職員于辦公室歡迎中國辭典館館長楊家駱，四川中學校務委員馬客談，李清悚等五人講演。

3.區署派員到地方醫院實習種痘，以便分發各場工作。

十九日 1.區署舉行公共衛生坐談會，邀請公共衛生專家潘泰階列席指導。

2.省家畜保育所贈送實驗區約克公豬五隻，已運碚分發各場推廣。

3.復旦大學今日開始行課，并將施行軍事管理。

4.兼善中學學生自動組織抗敵宣傳隊赴黃桷鎮做宣傳工作。

二十日 1.區署教育股召開普及教育研究會。

2.中央黨史編纂委員會移峽工作。本日設晏溫泉公園，邀峽中各事業機關赴晏，以資互相聯絡。

3.國立四川學定四月一日開學。

廿一日 1.縉雲寺漢藏教理院，由該院到新龍塢馬路一段已開始工作。

2.蠶桑改良川東製種場，本季可製種五萬張。

廿二日 1.本區合作社已組成者達三十四所。

2.北碚聯保辦公處嚴密整理戶口，重新調查五戶切結。

3.北碚農村銀行以黃桷鎮山地繁華，特在該場設立辦事處。

4.北碚小學學生本期登記發達，已有男女學生六百二十四名。

廿三日 1.家畜保育所發出公豬四隻與各鎮農家喂養，以作交配之用，規定每日交配一隻，母豬須在七十斤以上者，方能交配。

廿四日 1.區署向蠶桑改良場川東分場領得蠶種一二〇〇張，預備散發蠶農喂養。

廿五日 1.此間三峽染織工廠與常州大成紗廠合組大明紡織公司。

2.溫泉公園以峽中石質可製石硯，特聘請著名技師精工刻製出售。

廿六日 1.黃桷鎮民衆短期校開學，該鎮託由復旦大學學生担任教師。

2.地方醫院新聘承錫玉博士爲該院醫務主任。

廿七日 1.區署建設水利工程，旋風岩開始鑿堰，溝長約六百餘尺，可灌田百餘畝。

2.地方醫院因原院址讓與川中，特暫移北碚附近里許之石院牆。

廿八日 1.民教館爲紀念兒童節，籌開玩具展覽會，歡迎勞苦兒童照片。

2.川中學生分批乘輪來碚。

廿九日 1.合川縣立女中校來峽參觀，并作抗敵宣傳。

2.川女中生第一批到峽一百五十名。

三十日 1.區署派員分赴附近區屬各場送種牛痘，各組均已工畢返署，計共點一一，五〇九人，中以男孩占多數，女子及成人最少。

2.本區兒童節民衆體育場籌備舉行小學聯合運動會。

3.旅客服務處調查本區附近空房，以備介紹住客。

卅一日 1.川中師範部男生到碚一二〇名，又該校已聘教師一百五十名，定四月一日開學。

2.中央工業職校校長魏元光來峽參觀，并尋覓校址。

四月份

一日 1.兒童節將屆，本日教育股召開籌備會，舉行兒童健康比賽會，區內各小學校均一律參加。

2.民衆教育館三月份參觀人數共九八五五人，比二月份減五〇二三人。

3.科學院西山坪農場場長張博和，憐惜該地農民貧苦，私貸洋五十元，以作購備肥料之用。

二日 1.黃葛小學近作學生家庭訪問，俾學校與家庭切實聯絡。

三日 1.經濟部礦冶研究所擬遷來峽，該所技正俞再麟已來本區澄江鎮覓所址。

2.新生活運動會總幹事寶楚，中央助產學校校長屈錦，及衛生署秘書萬成懋女士來峽參觀。

3.省立教育學院救亡宣傳團來峽宣傳，計有男女學生共八十餘名。

4.本區已組成信用合作社三十七所，其中業有八所開始借貸，計貸出洋三〇一七元。

四日 1.實驗區署歡迎立法委員衛琛甫夫婦講演。

2.內政部次長凌寶來峽參觀。

3.本日兒童節在體育場舉行，參加團體除各級學校外，各事業機關團體均派有代表參加，全體計到約共三千餘人。

五日 1.二岩全鎮壯丁檢閱共到一四七名。

2.鹽山縣職業中學生來峽參觀。

六日 1.國立四川中學初中部男生校址決設本區文星場。

2.區署派員調查區屬北碚黃桷文星三鎮蠶戶，計凡一六〇家，需種共六二六張，已向蠶絲製種場川東分場領取。

七日 1.北碚聯保辦公處調查全市戶口共九七三戶，計四七七一人。

八日 1.民衆圖書館組織巡迴文庫，巡迴區內，并派職員用予歇下鄉視查。

2.重慶四維小學來峽參觀。

九日 1.北碚聯保辦公處昨發蠶種三九八張，計蠶戶八十餘戶。

2.北碚舉行台兒莊慶祝大會，參加人數達二千餘人。

十一日 1.復旦大學組織軍事訓練，全校共分二十七分隊，每隊十四人，女生編爲一中隊。

十二日 1.區署先後招致警士三次，一次收錄四七名，二次五四名，三次八名，計共一〇九名。

2.戰區小學教師服務團來峽工作，區署於北碚新增小學一三所，黃桷鎮增九所，文星鎮增十二所，二岩鎮增四所，澄江鎮增八所。又每保增教師二人或三人，均係該團團員執任。

十三日 1.南渝中學第三宣傳隊來峽，作農村宣傳工作。

2.區署警士隊校址，設澄江鎮，被取警士，已紛紛入校，編制受訓。

十四日 1.地方醫院遷北碚石院牆後，交通不便，刻正謀建築新院。

2.四川中學總辦事處，由渝遷移北碚前地方醫院舊址辦公。

十五日 1.區署舉行小麥展覽會，並邀請省立鄉村教育學院選小麥展覽品來峽參加。

2.西彭小學學生三十餘人來峽參觀。

3.一三四歲老人陳元慶及其夫人於本日蒞峽參觀，精神甚爲矍鑠。

十七日 1.杜重遠何北衡盧作孚蔡承新四氏同時來碚，區屬各事業機關歡迎在大禮堂講演。

2.民生公司在此間訓練之水手隊於前舉行畢業典禮已紛紛返渝服務。

十八日 1.本區普及教育會，本日在區署開會，出席人員共三十餘人。

2.實驗區署，四川中學，兼善中學，均奉省府命令籌備募捐救濟戰區兒童。

十九日 1.成都合作委員會委高孟先來峽籌備成立區合作金庫，已覓定火焰山清涼亭爲辦公址。

二十日 1.中山文化教育館在北碚新村領地一幅，聘定茶泰工程師建築館址。

廿一日 1.黃桷鎮市街六保據調查計有男丁一三四七人，婦女一一三一人，合計二九七八人，就總額中文育佔二七九人，失業者佔二九六人。

2.稻麥改進所合川分場主任諸正平，昨日來峽考查金大小麥生長情況，區署已派建設股主任黃子裳會同下鄉視查。

廿二日 1.重慶高工校學生來峽參觀。

廿三日 1.區署注重地方教育，組織輔導委員會，新舉辦小學四六所，民衆校十五所，計需教師二八五人，已函教師服務團唐惜芬先生提派團員來峽工作。

廿四日 1.北川鐵路公司前與天府煤礦公司合股，茲再與河南中福煤礦公司合辦，雙方資本爲八十萬元。

2.四川中學公費生又核五七四名，其間五四二名爲純公費生，半公費生爲三二名。

廿五日 1.浙江大學校長竺可楨君昨日來峽遊覽，並到各事業參觀。

2.區立北碚小學爲倂國立四川中學師範部學生實習，由雙方委潘撰山先生接充校長，並增派戰區小學教師服務團團員加入工作。

3.瑞山小學昨日來峽參觀。

廿六日 1.本區地方醫院聘孫家齊氏爲該院名譽院長。

2.全國著名經濟學者家馬寅初氏來峽，北碚各學校會同區署歡迎馬氏演講。

廿七日 1.重慶高工校應化科學生十餘名來峽參觀。

廿八日 1.區署擬定管理房屋土地買賣租佃辦法呈交省府批核。

廿九日 1.本區教育輔導委員會昨開第一次會議。議決本區小學四六所需校教師三人，并致函教服團機關員來峽工作。

2.北碚小學新舊教師舉行聯歡會，交換意見，報告教育狀況：

三十日 1.本區沿江各鎮渡船調查，計北碚二六隻黃桷鎮三八隻澄江鎮三九隻

2.區署調查全區蠶繭，計一七五家，業向四川蠶絲製種場川東分場領蠶種九五二張，分發文星鎮計四二一張，黃桷鎮計九三張，北碚鎮計四〇五張。

五月份

一日 1.北川鐵路公司與天府中福兩煤礦公司合資經營，資本共爲一百二十萬，以新式機器開發煤礦。

2.國立四川中學經教育部登記核定公費及半公費生總數爲一千一百二十名。

3.圖書館四月份閱覽人數統計共一一八七五人，館外借閱之一三七九冊。

4.本區合作區金庫整理就緒，已正式開業。

二日 1.本區小學教育研究會，召開第十一次月會。

三日 1.國立四川中學女生加投軍訓。

2.實驗區署增聘楊家駱，馬客談，李清悚，章柳泉四君爲本區設計委員會委員。

四日 1.小麥展覽會，本日在各場預賽。

2.本區新村徵收土地糾紛問題，由三區沈專員特派龔新明科長來碚處理。

五日 1.復旦大學舉行校友大會，并定是日爲遷碚立校紀念日。

2.戰區中小學教師服務團來峽工作，第一批十餘名抵碚。

3.民衆教育館四月份參觀人數共一〇四八二人。

六日 1.家畜保育所推廣約克縣優良豬種，在各鎮建築豬舍，俾使農人交配豬隻。

2.溫泉公園餐室現特重新修葺，備作林主席避暑之用。

3.戰區中小學教師服務團第二批九名到碚工作。

七日 1.北碚小麥展覽預賽會參加農家百餘戶，小麥數十種，評判結果，以金大二九〇五小麥最優。
2.民教館遊藝學生維克強，赴各場唱打金錢板，募得洋五元二角，捐作嘉陵兒童號飛機之用。
3.國立中央大學體育科三十餘人來碚旅行。
4.攝影專家郎靜山先生，以其最珍貴之作品百餘幅，在溫泉公園開展覽會。

八日 1.戰區教師服務團來碚工作者三十餘人，本日由區署召開會議，分配職務。

九日 1.北碚各事業機關學校本日擴大紀念五九，參加者達二千餘人。

十日 1.黃桷鎮聯保辦公處提倡正當娛樂，建築民衆會場。
2.四川省立教育學院，運來小麥百餘種，參加本區小麥展覽會。

十一日 1.北碚小麥展覽決賽，參加農家共四百七十五戶，參觀人數達千餘名。
2.天府，北川，中福三公司合組煤礦公司，預定於七月內開始掘發。

十二日 1.區合作社金庫成立，各保信用合作社已組成四十七所，借出款項計達萬元。
2.黃桷鎮聯保辦公處派員下鄉調查桐林，擦明增減，而求改進。

十三日 1.澄江鎮聯保辦公處召集全市旅食店主人商討公共衛生問題。
2.本市力夫經聯保辦公處登記完善，組織割會，規定力資。

十四日 1.平民公園慈壽閣，前林主席遊碚時，覩題清涼亭爲紀念，現已製成匾額，高懸閣上。

十五日 1.復旦大學永久校址決建築在本區三花石。
2.實驗區署壯丁檢閱獎品分爲三等發給，一等獎草帽，二等獎草鞋，三等獎扇子。

十六日 1.本市聯保辦公處察飭食店清潔衛生。

十七日 1.實驗區署派員視察全區各小學教育情況。
2.本區地方醫院重新建築院址，地基收買完竣，額定經費兩萬元。

十八日 1.教育部次長張道藩來峽視察復旦大學及四川中學。

十九日 1.中委陳濟棠，陳銘樞，兩氏來遊覽。
2.稻麥改進所推廣員周永江君來碚徵求本區所種之金大二九〇五號小麥，以資推廣。

二十日 1.戰區中小學教師服務團在旅客服務處成立北碚辦事處。

廿一日 1.教育部民衆教育巡迴施教車來碚，在民衆體育場映放抗戰教育影片觀衆達五千餘人。
2.教育部次長張道藩在四川中學講演。
3.兼善中學童軍團正式成立。

廿二日 1.北碚聯保辦公處調查全鎮概況。
2.兼善中學童子軍舉行授旗典禮，本市各機關各學校均派代表參加。
3.國立四川中學女子部實施軍事訓練。

廿三日 1.本區新增保學多所，均業已開學。
2.峽區地方醫院新址開工建築。

廿五日 1.實驗區署派員視察各鎮保中近況。
2.本區稽徵所與合川合併，刻正辦理交代。

廿六日 1.實業部地質研究所儀器用具二百餘箱運碚，以供資源委員會油料研究所之應用。
2.北青公路修築完竣，扒任修路之一六一師，奉令集中重慶，待命出川。

廿七日 1.北碚小學組織新運兒童促進隊，共組一大隊，九小隊。

廿九日 1.本市清和路以與青北公路御接，特將街面修寬以便汽車通行。

六月份

一日 1.本區小學教育研究會召開第十一次會議。

二日 1.兼善中學學生盧三益等五人投考航空學校，被取錄者四名。
2.國立四川中學女子部本日開始軍事訓練。
3.民生公司職員二十餘人來峽遊覽。

三日 1.區合作金庫農民貸款達到一萬七千餘元。
2.民衆圖書館五月份參觀人數共計一〇九六四人，借出書籍一千三百七十五冊。
3.日來風雨之後，江水暴漲，汽船停駛。

四日 1.實驗區署奉令覓擇適當地點兩處建築倉庫。

五日 1.中國教育服務社，擇定北碚西山路六十九號設立通訊機關。
2.修築街北馬路之一六一師奉令開赴前線，北碚民衆及學校代表等，整隊歡送，并舉行獻旗禮。

六日 1.文星場六保組織搗砂廠，以泡砂石搗成粉末，專供天府公司建造房屋之用。
2.本日教師節在兼善大禮堂舉行紀念儀式，參加教師達二百餘人。
3.四川中學女子部商租民衆博物館農場，作實習勞動服務之用。
4.兼善中學畢業班開始舉行期考。
5.中央高級助產學校在本市設立門診處。擇定民衆會場左側爲地址。

七日 1.實驗區署擬定管理土地房屋買賣租佃辦法，呈請省府核示，現奉令批准，佈告施行。
2.澄江鎮籌組磚瓦同業公會。
3.澄江鎮聯保辦公處舉行全區戶口調查。

八日 1.區屬各小學本期定七月九日放假，下期於八月二十九日開學。
2.區署盧子英區長，月前因公赴蓉，在隆昌車覆受傷，遵醫生之囑，請假一月，以資靜養。
3.本區合作社成立者達五十餘社。

九日 1.實驗區署月前舉辦之小麥展覽會，本日發給獎品。

十一日 1.黃桷鎮公安第二中隊本日捕獲巨匪譚贊元等三人，並清得一歲之肥豬兒一名。
2.四川中學女子部本晚在民衆體育場舉行對火大會。
3.澄江鎮至草街子電桿蝕壞，公安第三隊特派工前往修整。

十二日 1.澄江小學學生利用課餘時間，撿拾杏核出售，作兒童抗敵飛機捐。
2.嘉陵江水暴漲，水位達四丈五尺。
3.新醫院地基築平，旋即繼續建造房屋。

十三日 1.保安十七團奉令出川抗戰，本區各事業機關代表前往獻旗。
2.實驗區署召開第十一次普及教育研究會。
3.中國教育電影協會工作人員，隨帶教育影片十種來碚映放。

十四日 1.實驗區署開辦之警士訓練期滿，將屆畢業。
2.科學院西山坪農場，西瓜生長茂盛，預料今年必可豐收。

十五日 1.兼善中學初六班及商業班均於本期畢業，在兼善大禮堂舉行畢業典禮。
2.中央委員張繼偕隨員多人來峽處理歷史編纂委員會事宜。
3.衞生署防疫隊第一中隊來峽注射傷寒霍亂預防針。

十六日 1.戰區教師服務團來本區工作人員約五十餘人，先後成立學校十五所。
2.北碚聯保辦公處集中全市茶房么師施以衞生常識及新生活公約等訓練，第一期於本日開學。

十七日 1.四川中學本期畢業生共四百六十六名。
2.澄江鎮十六，十七兩保各組合作社一所。
3.澄江文星兩鎮各增設義務校一所，已正式開課。

十八日 1.澄江鎮聯保辦公處，以該鎮沿運河一帶之水田，適宜養魚，特佈告農民經營飼養，以增副業收入。

十九日 1.北碚聯保辦公處召開保甲會議。
2.區署盧子英區長因公負傷，今日赴渝醫治。
3.復旦大學兩廣同學會濟助粵省難民捐款，共募得一百六十八元。

二十日 1.家畜保育所運到大批血清菌苗，準備今年擴大防疫注射。

廿一日 1.軍政部衞生署防疫隊來鎮注射防疫針開始工作。
2.復旦大學商學院及新聞系，下學期決遷重慶。

廿二日 1.實驗區署派員分赴各場點種牛痘，均於本日開始工作。
2.嘉陵江大發洪水，水碼高達五十四尺，河邊房屋多被淹沒。

廿三日 1.本區合作社召開社員大會，計到二十二單位，六十八人。

廿四日 1.家畜保育所推廣純種約克縣豬，奉贈公母豬，不取一切代價。
2.本市公安一隊，規定船幫輪流擔任差船，向家嘴嘉陵碼頭各經常準備一隻。
3.溫泉公園因應旅客需要，趕建房屋，現已竣工數處。
4.軍政部衞生署防疫隊來碚分赴市街各保注射防疫針。

廿五日 1.復旦大學新聞學系在大衆生活館歡送畢業同學，計到該系師生三十餘人。

2.兼善中學講演比賽會，舉行決賽，結果十名成績最優，賴阿秀獲得冠軍。
3.北碚十九保保長馮時齋，曾將其母豬與家畜保育所約克縣豬雜交，生產小豬六頭，大者竟達大秤二十三斤。

廿六日
1.永川小學教師參觀團一行九十人來峽參觀。
2.四川中學女子部創辦民衆識字班，由學生擔任教師，每日操演一小時。

廿七日
1.實驗區署召開全區第四屆小學畢業競攷籌備會議。
2.國府林主席三次來碚，隨行有呂參軍漢羣，林科長叔向，當即乘輿赴溫泉，并高登縉雲山，遊覽石華寺勝地。
3.本區壯丁檢閱成績評定，當捐鎮於本日由區署派員前往散發獎品，計發出草帽一百二十八頂，及扇子多把。
4.全國著名漫畫家牛鼻子（黃堯）先生來碚遊覽。

廿八日
1.本市電燈因三峽工廠將停止供電，市政管理委員會特召開會議，議決租借該廠瓦斯機，由實驗區署派員經營。
2.小學教育研究會召開第十二次會議。
3.軍政部衞生署防疫隊來峽工作十日，已注射防疫針四千餘次。
4.家畜保育所由蓉寄到大貴豬丹毒菌苗與血清第一批計一萬餘西西。
5.北碚農村銀行新屋落成，全部遷入新址正式開始營業。

廿九日
1.復旦大學今晚在民衆會場表演抗敵戲劇，歡迎民衆，不收票費。
2.兼善中學招攷下期新生分別在北碚重慶兩處報名。

歉仄與感謝

自從二卷一至六期，刊出版之後，當時我們就預備按期每月出版，不過因了印刷上特別困難的關係，在篇幅方面有所縮減，但後以種種的原因，未克達此目的，而只能仍走向發行合刊的道路，是以有許多稿件，以其較有時間性局限之故，而竟在可惜中割愛了，這無論內外均使人感覺十分歉然。

正當這個期間，蒞峽名人特多，演講次數可說開峽區歷來的新紀元，有很多具有抗戰意識和新生意義的演詞，感覺很有轉而介紹於大衆同胞之前，使我們整個正站在民族革命戰線上的人們，得到精神上的慰藉，和方法上的參攷，但終是不幸因了時間性的關係，更又脫離了空間底聯繫，而使這些寶貴的東西大部份消失了最有效的價值，更以印刷困難，不能全部的登刊出來，遭此雙重的影響，這也是一個十分歉然的事實。

擇茲所錄載的幾篇演講，具備了各方面的意義，在詞意方面並承諸位先生的加以修補，這等於給我們吃了可口衞生的食物，使我們更加興奮和愉悅，並難得的是桑先生在講演之後，更爲我們就講稿中之各點，選述爲文，致我們人手此冊的時候，不忘飲食衞生的注意，更有萬分難得是我們中國的，也可算世界的名學者楊家駱先生，不但化了不少的時間，爲我們講了許多具有「真理性」的與人生有着無限意義的智識，使我們感覺真是幸福，爲了把楊先生整個思想與事業的輪廓介紹於舉國人士之前，特邀請楊先生將近著於本期中發表，使我們對其思想，學問，人格，事業之發軔的「基點」有初期的接近和認識，至其最近寫作之初期公社論一至八卷亦將惠賜做刊披露，該文對於國事之前途，定能發生非常之幫助。

做刊因了諸位先生將他們的學識，人格，事業，用來充實了做刊的內容，使清陋的本刊，生了一股未有過的靈光，做刊是十分的榮幸，十二萬分的感謝，再有報者，做刊自下月起，每月出版一期，絕不更誤，現並預定三卷一期出版公社論一至六卷，二期出版初期公社論七八兩卷，至於三期四期尚擬另出專號，俱屬名家所惠宏文，不同過去內容，用特附聞。

編者

北碚月刊 第一卷

第一期要目

民國二十五年九月一日出版

四川嘉陵江三峽的鄉村運動……盧作孚
嘉陵江三峽鄉村建設實驗區成立經過……黃子裳
我們應該一齊努力鄉建……盧子英
國內鄉建運動的現勢……羅中典
一年來的北碚民衆教育……葛向榮
實驗區畜牧調查……韓子枋
昆虫採集製作經驗談……黃楷

第二期要目

民國二十五年十月一日出版

民教與義教合一制之商榷……羅中典
鄉村教育應有的動向……葉心符
教育與社會……蜀子
嘉陵江三峽岩石之用途……羅正遠
四川的旱災及其救濟……高孟先
北碚的夏節運動……
雜記(記金沙江斷流事)……常兆寧
義務小學的障礙……葉心符
廣西最近的建設……

第三期要目

民國二十五年十一月一日出版

如何加速國家的進步……盧作孚
中國應該怎樣辦……盧作孚
西瓜栽培法……鄧文俊
西山坪農場奮鬥的經歷……周復
實驗區當前應努力的中心工作……盧作孚講演 劉文濱筆記
舉辦保長壯丁幹部訓練班之經過……研究班編
峽區物產展覽經過報告……蕭蘊琨
科學院生物研究所五年來之進展……蔣卓然

第四期要目

民國二十五年十二月一日出版

地方自治實施辦法……胡汝航
四川桐油之重要性及其改進的方法……周復
巡廻圖書担的實驗……張憲生
秋蠶飼育法……蠶桑改良場
北平鴨的雜交實驗……蕭蘊琨
九年來之溫泉公園……鄧少琴
科學院生物研究所五年來之進展……蔣卓然

招登廣告　敬請批評

本刊已呈請內政部及中宣會登記

北碚月刊

中華郵政特准掛號認為新聞紙類

定價

每月一册　一日出版　全年十二册

訂購辦法	零售	預定全年
册數	一册	十二册
價目	二角	二元
郵費 國內	三分	三角
郵費 澳門香港	八分	九角六分
郵費 國外	二角	二元四角

郵費代價十足通用

第二卷第七至十二期合刊

民國二十七年十二月一日發行

編輯者　嘉陵江三峽鄉村建設實驗區　北碚月刊編輯部

發行者　嘉陵江三峽鄉村建設實驗區署　四川　巴縣　北碚

印刷者　新記巴蜀印刷社代印

分售處　各埠大書局

廣告刊例

等第	地位	全面	半面	四分之一
特別	底封面外面	四十元		
優等	前後封面之內面及對面	三十元	十六元	
上等	圖畫前後及正文首篇對面	廿五元	十四元	九元
普通	首篇以外之正文前後對面	二十元	十二元	八元

詳細廣告刊例函索即寄

歡迎

北碚月刊徵稿條例

一．本刊以記述農村實況傳達鄉建實施方法研究農村改良技術等為主旨歡迎投稿其範圍如下：

1．農村社會實況

2．鄉村建設之理論及實施

3．各地鄉村運動之消息及現況

4．鄉村事業之調查及報告

5．時代知識之介紹學術問題之商榷

6．寫實的文藝作品國內外旅行實記等

二．本刊暫分論著調查計劃報告科學教育文藝通訊隨筆等欄

三．來稿須繕寫清楚幷加新式標點符號如用洋紙忌寫兩面

四．來稿以每篇自一千字至一萬字為限過長者不收文體不拘

五．本刊暫不收譯稿

六．來稿如不願刪修改者須先聲明

七．來稿署名聽作者自便但須將真姓名及通訊處寫明以便通信

八．凡須將原稿退還者須預先付足郵票否則無論登載與否概不退還

九．來稿登載後酌致薄酬如左：

1．每篇二十元左右

2．每千字一元至五元

3．贈本刊若干冊或其他名著刊物等

十．來稿交四川巴縣北碚三峽鄉村建設實驗區北碚月刊社

欲知三峽情形　請看

嘉陵江三峽鄉村建設實驗區概况

每册定價國幣三角

欲知三峽風光　請看

三峽遊覽指南

每册定價國幣四角

欲知三峽事業　請看

峽區事業紀要

每册定價國幣二角

第三卷 第一期

北碚

林森 [林森]

廿八年九月號

0277

特載

論目前抗戰形勢……白崇禧先生講演（1）

新兵訓練的要點……馮玉祥先生講演（3）

兵役宣傳之研究……陶行知（7）

兵役特輯

大家努力促進志願軍運動……葛向榮（11）

志願從軍的發動……葛向榮（14）

參加兵役宣傳歸來……謝德耀（18）

本區優待抗戰軍人家屬的實施……唐璧質（22）

幾個集會……朱苓[illegible]（25）

志願軍生活片斷……梁崙等（31）

赴綦江慰勞志願記……楊芳衡（35）

端午節慰勞抗屬記……舒傑（39）

志願軍故事……曉莊研究所集（41）

志願軍運動的幾種文件……（47）

論述

新生活運動與中國的新生……張曾蔭（53）

強迫教育的實踐……劉忠義（56）

三峽實驗區工程處工作計劃綱要……（71）

替猪打防疫針的故事……龍焦華（73）

四川嘉陵江三峽鄉村建設實驗區署發行

總理遺像

總理遺囑

余致力國民革命凡四十年其目的在求中國之自由平等積四十年之經驗深知欲達到此目的必須喚起民衆及聯合世界上以平等待我之民族共同奮鬭

現在革命尚未成功凡我同志務須依照余所著建國方略建國大綱三民主義及第一次全國代表大會宣言繼續努力以求貫澈最近主張開國民會議及廢除不平等條約尤須於最短期間促其實現是所至囑

特載

論目前抗戰形勢

白崇禧先生講

陶先生，盧區長，各位先生，各位同志：

本人這次能參加這個盛大的慰勞大會，很覺榮幸！我想趁此把二期抗戰的形勢對諸位作一簡單的報告：

抗戰已達兩年多了。在第一期抗戰中，我們已將持久戰的原則與基礎樹立。如今二期抗戰開始，我們的力量是更加強了，這證明我們持久抗戰的原則的正確。而我們的敵人却陷入了死境。幾次的變更戰略，但是並沒有得到一些進展與好處，這首先是由於他對中國的估計錯誤。自「九一八」以來，他以爲中國總是「不戰自服」的，所以他並沒有預備過動員像現在這樣多的——一百多萬軍隊來對付我們。可是，盧溝橋的事變起了，中央認爲這是最後的關頭，因而決定了全國一致抗戰，否則華北又必如東北一樣，拱手奉送給他，於是，中華民族的鐵拳打碎了他的夢想。

由盧溝橋而淞滬大戰，他開始明白了「不戰自服」的不可能，乃改爲「速戰速決」。欲仗其武器的優勢，一鼓而擊破中國的主力。但是，四個月抗戰的結果，又使他大失所望。及後魯南，臨沂，台兒莊諸役，長江南北之戰，他所得的是大量的傷亡與消耗，和幾個空無一物的據點，不但不能「速決」，而且戰綫越拖越長。近衛着慌了，又才出一個主意：一面加強軍事冒險，攻佔廣州，武漢；一面進行政治分化，勾引投降，以遂其所謂「速戰速和」的迷夢。但是他雖架了天大一個勢，其結果只勾引了一個甘心做狗的汪精衛，而汪精衛的出走，對我們的抗戰不但無損，反而有利，因爲現在只有兩條戰綫：一條是革命戰綫，一條是漢奸戰綫，我們要革命，就要肅清漢奸，汪逆的走，使我們的革命陣綫更清楚，更嚴整，更有力了。

兩年來敵人的政策改變了三次。兵力增加到了四十六個師團（每一師團約二萬五千至三萬人），然而並沒有得到勝利。從前，他以爲只要用三四個師團，兩三個月的時間，就可亡中國，現在是用了十倍以上的兵力，廿倍以上的時間，並不能使我們屈服，並沒有消滅我們的主力，恰相反地，我們的抗戰意志更堅決了，我們的軍力更強大了！只要我們持久戰下去，我們一定可以得到最後的勝利！敵人如果要再進攻，則必需更增加兵力，犧牲也一定更大。據報告：敵死傷已達七十餘萬，每個師團補充了十六次之多，老者超過卅五歲，幼者剛十八歲，他的國力已消耗到將不能再支持了，所以，現在他又改取守勢，而提出：「以戰養戰，以華制華」的口號來，這就是說：牢守既得的據點，而抽回兵力去「掃蕩」其後方的游擊隊，企圖穩定漢奸政權，從事開發佔領區域內的經濟，但這已證明了他屢次對華政策的失敗，我們如果堅持戰下去，如像山西一樣：軍民配合，民衆眞正動員，敵人曾用十一個師團的兵力，作若干次的所謂「掃蕩」，都遭受了慘敗。

我敢向諸位担保：最後的勝利是一定有把握的。

其次要解說的是：在二期抗戰中，敵人是以政治經濟爲第一，軍事放在第二。他勾引汪精衛以號召投降，當然我們不會爲之迷惑，汪逆或要組織僞政府，但是，他並不能減少我們抗戰的絲毫力量與削弱我們勝利的信心。不過，我們也必需要動員政治的力量，粉碎敵人的陰謀。如像山西的民衆與軍隊的配合，粉碎了敵人若干次的進攻，不但前方應如此，後方也應這樣。我希望後方的同志們，青年同胞們，大家努力，領導民衆：有力出力，有錢出錢，如盧區長領導擴大兵役宣傳後，自願軍便踴躍而來了。我甚願此種現象普遍到全川，全國。

敵人除以軍事，政治向我進攻外，又與我作經濟戰，他封鎖我海口，使我們需要的東西不能進來，需要輸出的物件也不能運出。他又發行僞鈔，破壞我國法幣，這樣好動搖我經濟基礎，同時運用淪陷區中之銅，鐵、煤、棉花，糧食等。他以四五千萬元的經費成立了一個「興亞院」，作爲侵略的大本營。經濟在戰時佔着最重要的位置，它是一切的基礎。德國在第一次歐戰失敗的原因就是爲此。日本是一個先天不足，而後天又失調的小國。我們只要發動使外國不幫助他，只要持久抗戰下去，使他的「以戰養戰」的陰謀粉碎，他就會一定崩潰的。一九三五年時他國內的公債就已達到了一百萬萬元，現在已增到了一百六十萬萬元之多，據估計：到明年他的公債會增高到二百四十萬萬元，以前他國內的存金是十二萬萬元，現在只餘一萬萬元了。戰前民衆每人的負担是十一元，現在則增到了卅二元多，物價高了三四倍，工廠由生產變成消費了。他們的高橋藏相曾說：「日本如到了百萬萬公債即會亡」，現在已超過此數了，由此，我們可以推知敵人已離死亡綫很近了。現在，美國已廢止了日美商約，這是給日寇的一個大的打擊，以後他的軍火及許多軍事工業原料都不能從美國獲得了，只要英國不與他通商，他就會立刻崩潰。即如英國不這樣做，只要我們自己努力，他也不能持久，我們從俘擄的家信中看出人民都在叫苦連天，國內一切都實行統制，反戰的情緒日愈高漲。我們才與他打兩年，他就已不得了了，如果再打兩年，他一定會崩潰，反轉來看看我們自己，國內安靜如常，中國爲農業國，富源在農村。我們只要有米、鹽、子彈，即可夠持久打下去。就可以打勝仗。

現在，在敵人「掃蕩」的政策下，在敵人「以戰養戰，以華制華」的毒計下，我們的對策是：反「掃蕩」，加強游擊區的軍事力量，加強淪陷區的政治經濟機構，粉碎敵人「以戰養戰」的毒計；加緊團結，肅清漢奸，打破敵人「以華制華」的陰謀。我們應廣泛的動員全國民衆，爲抗戰而盡力；我們要爭取外援，聯合友邦來加強我們抗戰的力量打擊敵寇，孤立敵寇。同時，我們應有必勝的信念，應經艱苦的決心，不要動搖，也切不要依賴。蔣委員長說：「我們要有獨立作戰的精神。」所以，今天歸結起來說，就是：要有抗戰的決心，前進是生路，後退是死路，戰是生路，妥協是死路。我們看看歷史吧；宋朝是後退亡國的，不是前進亡國的。明代也是不戰而亡的。所以今天擺在我們面前的只有兩條路，一條是：前進的，戰到底的，革命的路，這是生路；一條是：後退的，不戰的，妥協的，這是死路。希望諸位同胞要認識清楚。我們只要持久戰下去，敵人一定會崩潰，我們一定會勝利。

×　×　×　×

這篇稿子是白犍生先生八月七號在北碚各界慰勞第二期志願軍及抗戰將士家屬大會上的演講詞，事後並未經白先生的校閱，如有遺誤，應由記者負責，特此申明。（記者

新兵訓練的要點

馮玉祥先生講

本文係馮玉祥先生講演，許啓斌君紀錄，我們覺得馮先生所訓示的許多寶貴的意見，對於訓練新兵的人應當留心，卽其他部門的工作者也應當類推運用，故特爲刊載，惟本文未經馮先生本人校訂，語意如有出入，應由記者負責。

——記者

……前幾天接陶先生的信，要我來這裏講一點關於新兵訓練的材料，而今天在場的朋友，却不僅是一般的男女老幼，而且有羽材楚楚的靑年學生，天眞活潑的小朋友，忙裏抽閒的公務員。我是丘八出身，粗人也只好說幾句粗話，但陶先生出定的題，還是不改變好些。

現在是全面抗戰的時候，也就是「地無分南北，人無分老幼」跟鬼子拚命的時候，但其中當然以軍人爲主。軍人是比較有組織，有訓練的。未經訓練的老百姓像螞蟻，一打就散。新兵訓練，就是要把一打就散的老百姓變成千錘不破的鋼板。

此間，因了盧區長的能幹，團結了許多熱心於抗戰建國宣傳的工作人員，共同努力，已經使得人民知道：要想安居樂業，保家立身，就只有打倒侵略我們的敵人—日本帝國主義，而自願的來當兵了，今後，便是如何訓練的問題。

、新兵教育，可分「內」「外」兩部份來說明。所謂「內」「外」的區分：「外」是可以看見的，就是動作教育；「內」是無形的，就是精神教育——這較「外」尤爲重要，爲一切教育的基本教育。譬如說：「我們爲什麼要打仗？」這便是精神教育，也就是政治教育。一定要他明白國家是什麼，世界情形怎樣，一個人在世界上要怎樣地活着，才能夠正確地回答這個問題，也才樂意去打仗。

說到精神教育，大家都能夠來一大套理論，但是，對於來自江邊拖縴唱歌的，來自田裏種糧食的，來自礦洞中掘煤的，如講得太抽象，太文謅了，就好像「對牛彈琴」，莫名其妙地一無所得；然而，一般訓練軍隊的官長，爲了要表現自己底學識才能，總是離不掉「總之」，「目的」，「消極」，「積極」……一類的字眼。「總之」二字，有人聽了以爲「糭子」，有人以爲「松子」，又有人以爲「盅子」，故太文謅了，等於沒有說，而新兵呢，爲了畏懼長官，不懂也說「懂了！」，若問他們「懂了什麼呢」，他們便會畏葸的回答：「我們聽不懂！」

要怎樣講才聽得懂呢？我舉點例子——這是我先前練兵時，編來在每天集合時對士兵的問答。現在改成了抗戰問答：(一)是誰殺死了我們同胞的父母和兄弟？答：「是日本鬼子！」(二)是誰姦淫了我們同胞的妻女和姊妹？答「是日本鬼子！」（三）是誰燒燬了我們同胞的房屋和工廠？答：「是日本鬼子！」（四）是誰搶去了我們同胞的金銀和財寶？答：「是日本鬼子！」（五）是誰侵佔了我們的東北四省及北平、天津、上海、南京、武漢、廣州等處？答：「是日本鬼子！」（六）這樣說來日本鬼子是不是我們的仇人呢？答：「是的！」（七）這仇有多大呢？答：「不共戴天之仇！」（八）這仇有多麼深呢？答：「比海還深！」（九）不報此仇，是人不是人呢？答：「不報此仇不是人類，而且連猪狗不如！」（十）你可以從今天下一個决心去報仇嗎？答：「一定去報仇！」這樣可使他們從晨至晚一直在腦子裏牢記着，反省着。這是目前最基本的精神教育，至於國際形勢要不要對他們講呢？要的，不過同樣要講得通俗，從容易的說到難的，從不知的漸漸說到他們知道的，因爲十八九歲的鄉下佬是見少知淺的，否則會越說越使他們糊塗起來。

此外，政治教育的第二要義，便是要做到軍民一致，所謂一致，是心，腦，手，足合一起來，軍隊能與百姓的意志和行動一樣，這力量就是頂大的了。因此在每天集合時，可以用這樣的問答：（一）你們的父母是什麼人？答「老百姓！」（二）你們的兄弟是什麼人？答「老百姓！」（三）你們的隣居是什麼人？答「老百姓！」（四）你們的親戚是什麼人？答「老百姓！」（五）你們的朋友是什麼人？答「老百姓」（六）當兵的是什麼人？答「老百姓！」（七）打退鬼子過後回家去呢？答「還是老百姓！」（八）老百姓爲什麼好的不吃？答「好的給我們吃，」（九）老百姓爲什麼好的不穿？答「好的給我們穿」（十）老百姓爲什麼好的不住？答「好的給我們住」，……那末我們應該保衛老百姓。老百姓養狗是爲守門，養猪是爲肥料，養我們呢，是爲他們防賊，殺強盜。穿吃老百姓而不保護老百姓，簡直是喪盡天良，不如猪狗　所以我們要良心抗戰，良心救國。

這種「糧食」，必每天三餐二頓，不可缺少，故各長官，必須切實注意，使人人的良心健康起來，猶使少不要緊，而良心却萬不可缺乏——這便是訓練新兵的「內」，就是精神教育，也就是政治教育。

新兵教育的「外」，就是動作教育，除了「立正」「敬禮」「開步走」以外，最重要的是射擊，而射擊又以測距爲最重要。測距，可分目測，影測。

目測的訓練，切不可以抽象的說明，必須實地測驗，譬如說「這裏到花壇有多遠？有幾步」？

「五步。」

「知不知一步多遠？」

「一單步爲二尺五，二單步爲一複步，一複步爲五尺，五單步爲四公尺，一公尺爲三尺一寸五；」

這樣記熟後，官長說明目標幾公尺，士兵一定標尺，卽可打中敵人，故爲射擊中最重要的，但測距不用實驗而專用說明是不中用的，平時，我們的營地或營房，操場，便是最好的測距地點。每隔五百公尺或一千公尺，用二種不同的記號，當做起點和終點，沒事就叫士兵自己以此練習，到熟悉爲止。不講究目測，就說不準，說不準也就打不準。

影測。見光。不論槍彈，子彈，你必須以手數着一二三四……一二三爲一秒鐘，一秒鐘彈速爲三百三十公尺，數十二指爲一千三百公尺，廿四指爲二千六百公尺。普通練兵，這辦法做得很少，這是每個士兵必需會的，最怕粗知皮毛就算，說了就算，寫了就算，做了一下就算。測不準，打不準，槍彈雖多，你奈敵人何？

射擊的準確，除測距外還有彈道，諸位可知道彈道？所謂「彈道」就是子彈出槍口後所經的道路。這道路，是彎曲的，並不是平直的——這當然又有關空氣的阻力和地心吸引力了，說起來又是不易懂的，但好在不講明這些也沒關係。定標尺就是計算子彈下落點的距離，而不致失效。

訓練新兵，這些問題不弄清楚，簡直是罪惡！記得有一個笑話，是值得特別注意的：一處新兵訓練所，訓了八個月的新兵，測距是熟悉了，但不會定標尺！問其所以然，原來才是「我不認識字」！

這也不怪，這些新兵就算認得幾個方塊字，但這橫起寫的洋字——羅馬字，阿拉伯字，他們是不認識的，而一般長官們却忽略了。所以每天必須教他們自己在地上劃，一直到熟悉爲止。

這種教育也是很重要的，必須要耐心去做的，而一般的官長們的教法却如像水潑濕地皮一樣就完了，這些軍官們，一天到晚，叫小兵跑街，打水，買東西，補衣服，甚至買廢紙！他們眞在「做官」，而招牌却掛得響響亮亮：「抗戰」「救國」·「打日本」！若問他們的軍隊，他們會說：「教育好，操法好，衛生好，軍紀好……什麼什麼都好！」

不錯，樣樣都好，只是槍口對不準敵人，子彈打不中敵人不好！

許多官長都怕消費子彈，平時不練習打靶，將子彈留待戰時用。用意誠佳，但一遇事，三百發也未打中一個敵人！其實只須平時練習打過二百發，這時一百發的效力也定要超過三百發所收的效果好幾倍！

所以什麼好，樣樣好，只是子彈打不中敵人一點不好的軍隊，也就等於廢物。記得我從前軍隊裏有五六個蘇聯顧問，一次我請全體長官射擊，蘇聯顧問於五百公尺遠，三寸寬的鋼板上，一發四槍，連中四槍（其中至少也中三槍）我問自己的軍官時，則成績最好的也說：「我僅能中二槍」！

這便是平時忽略了實際練習的原故．要成爲神槍手，也並非難事，只要每天打，打上六個月後，便能打一個中一個，不待衝鋒，肉搏，便可以殲滅若干敵人。新兵訓練，這也是要注意的地方。

此外，利用地形地物，使敵人的射擊不能中傷自己，也是夠重要的，「保存自己，消滅敵人」這是作戰的基本原則之一，故我們要時時注意選擇地形地物，有利自己而發揮火力對準敵人。即使在行軍間，或駐軍間，遭遇了意外的襲擊，也要做到即刻掩蔽下去，自己能打中敵人，而敵人却看不見自己。我們必須時常練習——如山溝，土坎，墳墓，一切前高後低的地勢，伏倒射擊敵人而又能掩蔽自己，（馮先生講至此，作伏倒射襲姿式）在平時，這樣做，似乎覺得太麻煩，可是在戰時就必須而太重要了，有一次，我聽得一個兵說，他「入學八個月還沒見咱們營長伏過一次地」！這成啥話呢？這樣練兵怎成呢？故「以身作則」是很緊要的，一個帶兵的人，不單是在打衝鋒時要能拔槍前進，即平時的起居飲食也要以身作則才行。近來常有些好像很淵博的人，他們喜歡說，與登堡怎樣怎樣，拿破侖又怎樣怎樣，天花亂墜的，好像居然韜略家一樣，其實，如不切實地從細處着手——射擊，利用地形，這些基本動作不弄好的話，一遇敵人，恭喜你！只有當俘擄！（全場鼓掌）。

要使一個士兵成爲眞正的戰鬥員，這是先決條件。關於士兵訓練的「內」「外」兩方面，我要談的大概已是如此，現在我要談談官長的事情了。

記得有一次我檢閱某處的軍隊，看完了班教練，排教練，戰鬥教練……過後，我問一位同儕在看的，該部隊所屬的連長：「這操得對不？」他說「對。」我又說「你不要認我是官長，我也不認爲你是下屬，憑你的良心說，這種教練在戰時好不好？」他却很懇切的回答：「不好。這僅是紙上的陣勢！」諸位，你想，現在的戰爭，是不是把花槍花刀舞會就可以制勝敵人！所以我們並不需要看什麼班教練，排教練，我們要看的是切切實實的如何打退敵人的方法——射擊的準確，以及「攻其不備」「聲東擊西」「斷其後路」，「伏擊」，「誘擊」……等活的戰術，這才是很要緊的東西。張自忠的截得汽車八百輛，中條山的大勝利，就是這種戰法。光講排場，如河北人打架，只喊「你來！你來！你來！」（做要打不打的姿式）那是不能打勝仗的，如其捧了幾本書本，專指與登堡，拿破命出來駭人，那情形也是等於河北人打架一樣的。

此外，官長們還有要特別留心和反省的，就是蔣委員所說：要做到「視兵如子，使兵有情」才能達到「軍令如山」，即使有時潰不成軍，而他們仍然不忍心離開你，同你突圍，同生死，共患難。可是，現在一般的下級軍官們，每於調任時，第一次同士兵見面就說：「兄弟本是不願來的，不過爲了服從命令，只得……」像這樣不負責任，自鳴清高的態度，那是會完全同士兵隔離，官與兵之間，就等於搬幾架機器來一同使用。這樣的軍隊是打不得仗的，至於如果再「清高」一點，官長有客來一次，要扣士兵茶葉錢五兩……那就會見官如仇了，不要想打仗，有機會，他們就會舉槍對準你的腦袋！

平時士兵有病痛，我們即使不能親奉湯藥，能夠慰問一聲也好，這比臨時在戰場上吶喊：「我們要打退日本鬼子，我們要與鬼子拚命」有效得多。我們不能專仗威勢的鞭子，我們得有情感作基礎，才會「戰無不勝，攻無不克」（下略）；

敬告後方同胞

陶行知

志願戰士可欽佩，打得東洋如潮退。
一家大小誰照顧，他們受罪即我罪。
有力已經出了力，有錢出錢才無愧。
若想不做亡國奴，快快來出保險費。

兵役特輯

兵役宣傳之研究

——曉莊研究所報告第二號

陶行知

中國人口衆多，不怕沒有兵。但是如何可以叫人願意當兵，這是要有好幾個辦法同時實行出來，才能達到目的：例如下層政治機構民主化，出征軍人家屬有飯吃，受傷害病戰士有人救，貪官汚吏虐待能肅清，三平主義兵役能實行，抗戰建國教育能普及，這幾個重要條件俱備了，我們的兵不但可以源源而來，而且是可以一當十，以一當百與敵人拚命，以保證最後之勝利，我現在所要談的只是這幾個重要條件中之一小部分，即抗戰建國教育中之兵役宣傳。

第一期抗戰的時候的兵役宣傳是做得不夠，做得不適當，這是無可諱言的。素來不和民衆接近的學生羣，忽然如同狂風暴雨出現于街頭巷尾，三家村，五家店，把洋化的文人話，像炒蠶豆一樣說了一大套，民衆是一知半解的聽了莫明其妙。有時候，青年人還碰了一鼻子灰回來。懂事的鄉下人老實不客氣的對他們訓話：「你們年紀輕輕的不去打仗，在這里空嘴講白話做什麼；我的兒子早去上陣了，你們不必白費工夫呀。」這是去年十一月，廣西的一位學生在鄉下碰了釘子回來告訴我的幾句話。從這幾句話裏我們知道：(一)空嘴講白話不行；(二)不打仗的少爺向打仗的農人宣傳不行。

衡山會議以後，軍委會政治部提出了兩個口號：「宣傳即教育；服務即宣傳。」而後兵役宣傳才得了正確的方針。依我的愚見，這兩句口號如果排列成「服務即宣傳，宣傳即教育，」便覺得更有力。用服務當宣傳，則宣傳自然具有豐富的教育意義了。此外，新近從觀察兵役宣傳工作中得了一些意思，可以歸納成一個新的口號：「實行即宣傳」。自己當兵，自己的兒子當兵，自己的丈夫當兵的人，出來爲兵役宣傳才有力量，才有豐富的教育意義。

「服務即宣傳」及「實行即宣傳」是從事實產生出來的口號，必定能夠號召新方法以產生新事實。

新近我遇到了好幾件事，有的合乎上述的方針，有的不合。從老百姓的反應中，暗示出幾種關于兵役宣傳的有效方法。

(一)老太太現身說法：　義勇軍之母趙洪文國老太太今年四月一日到北碚。三峽實驗區區長盧子英先生邀請全區各鎮老太太和太太們來北碚看戲並和趙老太太相見。四月三日下午三時在兼善中學大禮堂開老太太歡迎趙老太太大會。到會的老太太有五百人之多。連趙老太太在內共有七位老太太和太太演講，個個激昂慷慨，眞是空前的一個盛會　有兩位老太太講到感動人的地方，聽衆拍掌．講話的老太太自己也拍掌；拍了再講，講了又拍，引得哄堂大笑，這天最大的收獲是全場老太太和太太們都接收了三代打游擊的趙老太太的精神，個個都希望做一個趙老太太把兒女貢獻出來，以爭取中華民族之自由平等。這天的成功是由于下列幾條辦法：

（一）老太太們是邀請來的，不是拉來的。

（二）看戲和看趙老太太並重。

（三）太老的人由地方上年青的人給以便利把她抬來

（四）不以兵役宣傳號召而結果是眞正道地的兵役宣傳

（五）主講的人是一位能說能行的抗日戰士，抗日戰士之母，抗日小戰士之祖母。

我們知道抽調壯丁，遇到最大困難之一即是母親妻子們的感情作用。國家要把壯丁拉出來，他們要把壯丁拉回去。這一個爭奪戰的勝負是要靠婦女們的民族意識來決定。誰配向妻子要她的丈夫？誰配向母親要她的兒子？誰配向祖母要她的孫兒？有以身作則的趙老太太和曾大娘們才好開口。一位趙老太太或是一位曾大娘抵得上一萬個乃至十萬個空嘴講白話的少爺小姐。現今的問題是：（一）要善用趙老太太和曾大娘們出來提倡，（二）要各地細心發現同樣的先知先覺的婦女，好好的加以培養，予以便利，俾能自動的感化別的不懂事的婦女。

（二）志願兵現身說法：　四月二十一日文星鎮有王德福等十九人，報告三峽實驗區署，志願從軍，上前殺敵，並願參加兵役宣傳。二十五日早晨即已傳遍各鎮、共有一百廿一人志願當兵，當日下午即加到一百五十八人。二十六日下午即加到二百二十三人。最感動人的，有從前逃役而現來投效。有一位要投效，父親打他，他說：「我是中國的兵，你不該打。」還有一位保長的兩個兒子，爭着報名，結果是哥哥得到登記。現在這二百二十三人預備在各鎮趕場（即趕集）的日子、分頭在茶館里擺龍門陣，要把每個年富力強的人的民族意識燃燒起來。這是一件値得注意的事。古人說：「身教者從」．自己願意當兵，自然能夠說服朋友和別人了。

（三）英勇戰士現身說法：　二十八個月的抗戰已經醫好了許多人的「恐日病」，但因爲漢奸的散佈謠言，民族教育普及得不夠快，偏僻的鄉村和閉塞的內地，還有一些人害着恐日病。只有從前綫回來的英勇戰士才能有效的破除這種錯誤的心理。從前綫回來的戰士有幾種！一是爲公事回來的戰士，二是輕傷醫好回來的戰士。這種戰士無論是游擊隊或是正式軍隊里的，都要給他們一個機會，沿路或在固定的地點，和民衆接近。最好是請他們講前綫英勇抗戰的做事，和解答民衆關于中日軍力士氣的疑問。我在四月廿五日聽到一位游擊隊的戰士向聽衆演說突擊日軍的故事；深信這種演講能夠粉碎漢奸手造的恐日病而掃除兵役宣傳的一個障礙。至于傷愈士兵從事當地的民衆教育，自去秋各地試行以來，已稍著成效，但還要大規模的起勁的幹，才能給抗戰以更大的幫助。

（四）學生宣傳方法要改變：　四月廿二，廿三兩日爲三峽實驗區的兵役宣傳日，動員了三千人，赴各鄉宣傳。這三千人中多數是學生。廿五夜爲了要研究兵役宣傳問題及因難起見，約了十幾隊的隊長，詳細的向他們請教。老百姓對學生宣傳的反應有兩種。一種是好的反應；他們相信學生公道，還希望學生穿便衣來監視兵役的實施，以免保甲長作弊。這是澄江五保十甲的情形。一種是不好的反應：學堂灣的鄉下人看見學生來就說：『打下江鬼子。』學生說：『我們不是鬼子，爲什麼要打我們呢？』鄉下人說：『下江人來吃我們飯。』北碚十四保鄉下人問：『你們是不是我們這一邊的人？』又有人說：『你們是我們的敵人。』十一保有人說：『你們被日本鬼打，跑到我們這里來，現在來拉我們代你們打仗，給你們好回家吧：』這是多麼大的誤解啊！但學生終歸是學生，聰明，能隨機應變；農人終歸是農人，老實，天真，懂道理。到後來，誤會的鄉下人都被學生說服了：『好，我們是一家，只要公平，家里人不會餓死，我們願意當兵把日本鬼趕出去，』從這說談話里，我們得到下面的結論：

（一）有些四川鄉下人對于「下江人」和「日本鬼」還分不清。

（二）誤會一經彼此接近解釋，便可消除；誤會既經消除，精神便能團結。

由此說來，學生的宣傳是須要改革。生疏的人是不會彼此了解的。偶而下鄉一次的宣傳是不會發生多大的效力。要宣傳能發生長久的效力，似乎要注意下例幾個要點：

（一）學生要與老百姓做朋友。

（二）朋友要互相服務。讓友誼從服務上長起來，讓宣傳由友誼介紹進去。

（三）把學校的大門開起來，讓學生可以運用一部份時間爲當地的老百姓去服務。

（四）服務比如下雨，一年半載下一次雨不能叫友誼的幼苗好好的長起來。

（五）每一隊學生有一定的地點，一定的時間，一定的老百姓，經常的去爲他們服務。

（六）服務不尚空談。代老百姓打聽丈夫兒子的消息送去；爲他們寫一封信；害病的爲他們找點藥；優待金遲發了，代他們催催；唱幾個歌兒，講點新聞故事給他們聽；演兩齣戲給他們看；他們歡喜擺龍門陣，我們何妨參加：老太太抱一個，背一個避空襲，我代她抱一個，你代她背一個；這都是真正的服務。在服務上結了朋友，立了互信，這便是有力的宣傳的基礎。在這種基礎上，幫助他們取得抗戰建國的正確知識，他們是願意接受的。丟掉這種基礎不顧，偶爾下鄉，去說一套空話，那就難免變成『宣傳八股，』于自己無益，于老百姓無益。

這是對于後方的學生所說的話：關于戰地的學生，例如救護傷兵，幫助難民，爲傷兵寫信，對前綫士兵輸送精神糧食，都是最重要的服務。戰地學生的服務，無形的提高後方民衆對學生的信任。如果和後方的聯繫起來，那更是可以做有效宣傳的基礎。

（五）小孩宣傳應該擴大： 在二十二個月的抗戰當中，小孩是表現了充分的力量。新安旅行團，孩子劇團，廈門兒童劇團，廣西戰時兒童服務團和無數的小孩團體，都對抗戰有了很好的貢獻。青年在鄉村里宣傳，有時會碰釘，小孩們的工作是到處受人歡迎，順利進行。有些事大人和青年不能做，而小孩能做。有些話大人和青年不便說，而小孩說起來，人家不能怪，這次北碚的兵役宣傳，也有許多小孩參加，難童工作團的兩十位小孩也是參加的分子。我曾問他們，知道他們的工作是比較順利得多，他們不但是勸人來當兵，而且勸人出錢來養活出征軍人的家屬；現在他們正忙着聯合各學校公演，爲志願兵家屬籌款。但就我所觀察，小孩從事宣傳，是要有組織，有計劃，有訓練，有集體的行動。每一個小學，應該有這樣一個兒童團體。或是兒童歌詠隊，或是兒童劇團，或是兒童工學團都可以採用。這種兒童團體應該大規模的繁殖出來。政府，社會應該鼓勵有經驗的兒童團體，幫助校外的兒童組織起來，使得每一個小孩子的小小力量，都能發揮出去，幫助抗戰。

（十六）幾種有效的宣傳方式：有人說中國是一個戲劇國。的確 中國人歡喜看戲，也歡喜唱戲，歡喜做戲。隨便什麼地方的人，只要聽見做戲，男女老少都擁得來看。所以戲劇是最有效的宣傳方式。我們需要好的劇本，至少需要一萬個業餘劇團；十萬個兒童劇團來負起這個任務。我們要做救國的戲，來救做戲之國。演戲不但本身是最好的宣傳，而且能吸引群衆來接受別的方式之宣傳。他的吸引力量大于一切。如老太太，志願兵，凱旋戰士及青年小孩之宣傳，倘能用戲劇來幫忙，一定是更有效力 其次是戰利品及作戰照片的巡迴展覽大會。再就是唱歌，說書，雙簧，金錢板，茶館里擺龍門陣。倘能得到電影，幻燈，留聲唱片也要充分運用。壯丁出征應該有一個空前的莊嚴的歡送大會。在大會上由各團體向出征戰士獻旗致敬。這種莊嚴的大會本身也就是很自然的好的宣傳方式。

最後我要說兵役宣傳只是整個兵役問題之一環。狹義宣傳之外，其餘應該做的都要做到，抽調公平，安家費到期卽發，變虐待壯丁而爲敬愛壯丁，等等，雖不是狹義的宣傳，而實在是最好的宣傳，所以我們注重宣傳的時候，同時要注重整個兵役問題有關係的各方面，求一總解決，然後兵源自然充裕，抗戰必然勝利。

本刊第二卷一至六期要目

二十七年三月一日出版

新中國建設與新佛教
沈專員來峽訓話記
峽區民衆教育之動向
國難期中小先生制的推行
長期抗戰中後方應有的幾點小貢獻
實驗區之抗敵總動員訓練

大家努力促進志願從軍運動！

葛向榮

「志願從軍」運動在峽裏，雖然並不是一個甚麼奇蹟，但，至少掃除了下列的幾個恐怖：

在後方

第一，它維持了生產事業：一般礦場工廠的老板先生們，僅憑他們本身局部的經驗，以爲：凡是工人都是怕當兵的，都是怕當兵而才來當工人的，如果今天要抽他們當兵的話，那一定會逃個光，雖然他們也知道所抽不多，充其量一年不過百分之幾而已，但他們仍然恐怖着：會「打草驚蛇」，不但會影響他們整個事業的維持，而且更會影響抗戰資源的接濟。其實，事實恰與他們想像的相反：第一期志願從軍運動的結果，證明；工人不但不怕當兵，而且願當兵，願當兵的非常之多，多得來，也使他們恐怖，恐怖得不開廠門，不准請假

例如××工廠，起初深恐廠裏沒有人志願當兵，很不面子，於是便盡量鼓勵，說：「工友們！有志願當兵的，廠方不但送他安家費，而且每月還補助他家庭的生活，直到抗戰爲止。」其實，工友們還用不着他這樣的獎勵，老早暗自報名的已好幾十了，而且工人宣傳工人，幾有全廠推空之勢，這時，老板先生們發覺了，才感到「唉呀，不對：」於是趕忙下封鎖令，把大門關起來，並且暗把作宣傳的工人志願兵拉去揍一頓，說他「不該自己參加了志願兵還來鼓動我們的工人！」這事幾乎釀出一場風波。

像這類的事例，有好幾個，如大沱口，上壩……

工人怕當兵，使他們恐怖；工人願當兵，也使他們恐怖；到底應該怎麼樣？眞令人啼笑皆非！

好了，只要志願兵運動，能好好地發展，不斷地發展，廠方就可按照政府配賦的兵額，准許幾名志願兵就行了。「願者上前」「能者上前。」「生產」「兵源」兩得兼顧，滿天恐怖的陰霾，豈不化爲一片春風？

第二，它安定了社會人心：一般民衆，一提到當兵二字，他們便聯想起從前四川內戰時的軍隊生活來，那種三操兩講，脚尖拳頭，衣不蔽體，食不果腹，疾病呻吟，輾轉流離……的非人生活，同時又顧慮到出征之後，孩子的幼小無靠，將怎樣成長？妻子的孤苦伶仃，將怎樣維持？風燭殘年的老親，將怎樣歸山？……這一切的問題，都在腦海裏一一地迴旋，都在腦海裏產生着恐怖，都在腦海裏尋求着解脫。

突然這個鬱積的沉悶的空氣打破了，王德福等十九人率先從軍，嘉陵江報社用大字發出了號外後，接着各事業機關，各公安中隊的士兵，傳達伕子，甚至護士，職員，有八九十人都願上前線；接着聯保主任，中隊長的「官」也不當了，小學生，中學生的書，也不唸了，都一齊來當志願兵！

於是民衆們，眼見着他們行動的自由，團體的嚴整；眼見着他們在社會上所享受底一切崇高的尊榮，眼見着他們家屬所受到的政府及各方面的一切實際的優待。………於是他們的腦海裏起着變化了：「當兵並不是可怕或可惡的事。」「當兵也有這樣的面子，」「爲人一世，像這樣轟轟烈烈地幹一番，死也值得」，「只要無牽無掛，那個不曉得愛國？」「他們那樣多的人都去得，我還怕甚麼？」「去吧，橫順是早遲免不了的！」

於是，準備逃避兵役的，也不逃避了；已經逃避出去的也逃回來了，甚至有好幾位因逃避兵役而躲進公務機關的職員，也參加到志願軍的陣營裏面來了。

重重盪漾的恐怖的陰霾，就這樣被志願軍的光輝掃去！

在前方

第一，它可減少部隊的逃亡：　在民族意識及國家觀念尚未普遍的今天，「逃亡」問題，無容諱飾的是部隊裏面一個很嚴重的問題，一般幹部們用以對付逃亡之方，便是「手連手」的講親善！「脚跟脚」的講愛慕！「警衛重重」的表示尊崇！……

今天志願軍並不需要這一套表示，也能維繫，這對於領導的官長們可說是一個很大的感動，對於同處的友軍，更可說是一個很好的影響：「尚有這許多人志願來當兵，我們還逃甚麼？」「到不如大家好好相處，還樂得過些快意的日子。」

雖然第一期的志願軍，在後來，也不幸發生了幾次不幸的事件，但可說兩方面都有問題，尤以領導者本身的問題最多，最值得嚴格的反省，試想：我們今天把敵人都能變成朋友，難道，對於同一黃帝的子孫，不能更親密的熔成一爐？

如果我們能「曉之以理，」使他自己能有透澈的覺悟；「動之以情」使他發出衷心的感激；（尤重在精神和物質生活的改善）再「繩之以法」使他們絕對不敢苟圖徼倖：我想情勢必大有異於現在。

總之：我們既有比較良好的素質，（他們志願來）若能再加以好好地保育與發展，則其影響所及，更是我們建立強大新軍的基礎。

第二，它可加強戰鬥的力量：日本原來是世界上一個頭等的強國，有着精良的武器，和有着精良的訓練，我們之所以能抵抗兩年有餘，而愈戰愈強者，可說是全靠我們團結與精神的力量，所謂：「精神戰勝物質」，「政治重於軍事」是也。

今天參加志願軍的，都是中華民族當中，最熱情，最果敢，而且最有覺悟的一羣優秀青年，如果他們將來（不久）馳騁疆場，他們決定知道：他們唯一的敵人是甚麼，他們偉大的使命是甚麼，……必然要艱若奮鬥，沉着上前，拚命衝鋒。他們決定想得起，在北碚出發前，他們的親友，對他們餞別，是如何的期望，民衆對他們的歡宴，是如何的殷懃，對他們的頂禮，是如何的崇高，對他們的歡送，是如何的熱烈，……他們也決定了解：他們的子女在公立學校裏，是如何受先生及同學們的特別愛待，他們的父母，是如何靠他的抵禦強暴，而得樂享晚年……他們也決定記得起，在熱烈的歡宴席上，他們自己曾經作過甚麼豪語，在莊嚴的宣誓中，他們曾表示過如何眞誠的決心，在嘉陵江邊臨別時，自己曾是如何悲歌慷慨，氣壯山河！……

這一切一切的光榮回憶，可以隨時使他們清醒，使他們興奮：「我是一個志願軍，我是一個光榮勇敢的志願軍，我的使命是如何重大？我的崗位是如何寶貴，我能輕易退讓嗎？我能失棄一寸土地嗎？不！我們要前進，我們要忍受一切以前進；我們要抵抗，我們要犧牲一切以抵抗！」

我想，我們每個光榮的志願軍同志，都將有這種感覺，我們只要有這樣自覺的英勇將士，對於敵人的進擊必能「以一敵十，以十當百」的給予嚴重的回擊！必能倍增戰鬥的力量而驅逐鬼子回東京去！

與敵方對照

最後我們又一試看日本的國民怎麼樣？他們的反戰思潮日益高漲，無論政治或軍事方面，都瀰漫着一種不安的氣氛，悲觀與失望的心情，深深地支配着他們民族的意識，而我們呢，則是前仆後繼的抗戰到底！爭先恐後的跑上戰場！希望與信心，鼓舞着全民族不斷地前進！這樣，在國際上，看見這種情形，也必然地更同情我們，更有效的援助我們！

所以，志願從軍運動，實是毀滅敵人的喪鐘，是「以戰止戰」的和平徵兆，是我們最後勝利的保證！盼望社會人士加以熱烈的提倡，加以有力的督導，而去發展它，普遍它！

我們要使國家能夠獨立，民族能夠自由：第一要健全我們本身—即須時時刻刻來鍛鍊強健的體魄，修養高尚的人格，造就豐富的智能，發揚剛毅勇敢的精神，養成刻苦耐勞與重紀律，守秩序的習慣，造成一個獨立國家的健全國民。有了這種健全的國民，國家纔有獨立自由的穩固基礎，有了這穩固基礎，然後纔可以復興民族。

—蔣委員長—

志願從軍的發動

藹向榮

志願軍要怎樣才發動得起來？我們從這一次的工作經驗裏，得出兩點認識：

第一、要加強宣傳

甲、個別的教導：要注意平時的啓發，要注意深入和普遍。

1.宣傳的人員：最好完全從民衆當中，選拔較有聲望，較有能力和耐心的人物，負起一個區域，或一個團體，經常工作的責任，例如每保的兵役監察委員，就不應只限於監察，而應兼負宣傳和優待的責任，許多職業團體的職員，在平時担任聯絡，也可同時担任宣傳，更應以「點火把」（即知即傳）的方式，把每個份子，都變爲有效的宣傳廣播員，無論是，小孩，婦女，或老年，甚至餐旅館的茶房堂倌，抬滑竿的力伕，推船的船伕……其宣傳都有不可磨滅的力量，記得「棄官從軍」的梁崙同志曾說過：「當我打算從軍而還沒有十分決定的時候，一天，忽然有位不相識的人很熱忱地來會我，他說：他是由重慶上來，路過北碚的。他在船上聽得船伕子說，「這裏的志願軍辦得是如何好，是如何熱鬧，連聯保辦公處的梁主任，官都不當，要當兵去了。」這引起他非常濃厚的興趣。於是特別跑上來拜訪我，表示非常欽慕，這樣一來，曉得大家都知道我是志願兵了，所以我不得不立下決心去！」可見這種宣傳力量之大。

2.宣傳的材料：這種宣傳是茶餘酒後的漫談，是街頭巷尾的瑣話，是燈前月下的絮語，所以宣傳的材料，要帶有新聞性，要帶有故事性，例如日寇暴行的事蹟，英勇抗戰的事蹟，慷慨從軍的事蹟，……都是很適合的資料，有時也要討論到個人與國家的關係，抗戰的情勢等，但要把它譬喩得很具體。

3.宣傳的攷核：如何推進這種宣傳的活動，如何使這種宣傳者感到興趣，除隨時不斷的供給材料和指導方法外，還要隨時比賽成績，看那一個所負責宣傳的區域或團體內，逃避兵役的有多少，志願服役的有多少，以定其工作之成績而奬揚之。

乙、集體的鼓動：這尤重於征集前之臨時，務使他熱烈，使他盛大。

1.採最有效的方式：例如這次新運會和優待會聯絡各團體各學校，組織了一個鄉村巡迴服務團到各鎮，同時舉行了好幾個大會，一個是展覽大會，搜集了許多抗戰的漫畫，掛圖，照片等物，尤其是戰利品，如日本軍官的大衣，表現怕死的千針袋，日本女人的木鞋，日本飛機的零件，還有敵人的鈔票，洋錢，手槍，俘虜照片……等，有二百多件，有系統的陳列出來，讓民衆參觀，讓民衆欣賞，並使他們瞭解；

一個是遊藝大會，有民衆抗戰劇團的改良川劇，有通俗讀物編刊社宣傳隊的話劇，歌劇，及大鼓小調，有新運總會的活動幻燈，有中國製片廠的電影「敵機轟炸重慶」「保家鄉」等名片……這許多許多的活動，配合起來舉行，幾乎把滿街滿鄉的民衆，都吸引起來了。

2.請最有聲望的人物：我們曾特別約請了三代打游擊，在敵後抗戰七年的趙老太太，到峽裏來舉行一個「全區老太太歡迎趙老太太大會」集合了六十歲以上的老太太五百多名，招待她們看戲，招待她們坐席，招待她們往來船資，歡迎她們來瞻仰瞻仰這位游擊隊的母親，抗日的女老英雄！她們聽了這位女老將軍的講演，非常感動，頓時就有好幾位老太太上台來講演，說她們的感想，並表示欽慕，確如陶行知先生在最後所說：「大家進會場來的時候，各是張老太太，李老太太，劉老太太……很多很多不同的老太太，但是，現在大家都變成了一個老太太—趙老太太了。」是的，後來有許多模範母親，親自把她們心愛的兒子送來參加志願軍，並親自爲他們掛紅打火炮，使她們的兒子，更興奮，更努力殺敵，這不都是「趙老太太」的化身嗎？

這還不夠，我們又舉行了好幾次民衆大會，由本區的區長，盧子英先生，親自現身說法，剴切曉喻當兵的道理，絕對保障他們家屬的生活；另有前線歸來的抗戰將士現身說法，敘述他們英勇的勛績，說明了抗戰光明的前途，使大家更堅信唯有抗戰，才是中國唯一的出路，唯有當兵才是民衆最好的辦法。

還不夠，我們又對於已經參加的志願兵，在尚未出發前，特聯絡各場的事業首長及民衆士紳，舉行公宴，歡宴志願軍，爲他們獻旗，爲他們掛紅，爲他們放火炮，爲他們製慰勞品，——擺滿好幾抬盒，從而歡迎他們現身說法，——藉此機會向民衆講演，於是，又是一番慷慷慨慨的激動，記得北碚第一期那次公宴，在民衆體育場大壩子裏舉行。擺了一百五十桌筵席，有好幾十位民衆代表和事業首長；有好幾百位志願軍人和抗戰家屬，聚會一堂，相互敬酒，尤其是向志願軍敬酒，都預祝他們鵬程萬里，所向無敵！都預祝他們大打勝仗，早日榮歸！其活動之熱烈，其情況之盛大，直把天上過路的飛機也引起下來了，機聲掌聲，登時隆起，它是那樣神速地敏活地，一上一下，大圈小圈，在我們頂上盤旋，機中將士頻頻地向我們揮手招呼。旗影招展，機飛翱翔，很久很久，才特別作了一度精彩的表演，戛然地離去，這使我們每個同志和民衆，都感到非常興奮。

有人說：峽區的志願軍從運動，全是，一股熱，一股氣，一股風，造成的，而這股熱，這股氣，這股風　尤其這些人，這些話，這些事的激成。

第二、要加重優待

甲、對志願軍本身·

1.提高社會地位：瘦薄的瘠土，長不出豐美的鮮花，沒有人類同情的社會，很難有偉大創造的天才，當志願軍在街上遊行的時候，社會對他們那種熱情，那種盛況，使很多人覺得：「我如果是那樣，死了也值得！」還有一個志願軍，現在作了少尉附員，因公回到北碚來的時候，他很自矜地說：他已被攝在銀幕裏了，他在銀幕上執着大旗昂然前進，他說，他親自看見這影片，他又親自看見全場的觀衆們向他們的影像熱烈地歡呼鼓掌，他又說，他爲了這件事，就是戰死在九泉下，也會發笑的。

許多人說：人是獎勵成功的，許多人都樂意地受着自尊心的驅使，所以，我們對每個同胞，一經參加志願軍之後，便極力從各方面表示對他的尊崇，例如，一進隊，便立換整潔之服裝，佩帶光榮之紀念章，特殊之胸章，並於報端上露佈其姓名，於公共場所張貼其照片，於刊物上介紹其生平，於集會上介紹其慷慨從軍之壯舉，凡路上個人相遇均向之行禮，團體行進，均向之立正；凡走路讓走前頭，凡坐席讓坐上面，並發動民衆，聯合歡宴，發動學生，輪流慰勞……舉凡所見所聞，所接觸一切，均對之極爲尊崇，則他們自能爽心適意，果敢向前了。

2.改善入營生話：初由民衆的個人的生活，驟改爲軍隊的集體的生活，這是使許多新兵感覺到不便的地方，益以已往對於軍隊之食衣住行之惡劣與乎動作之機械無聊的印象，更是使許多民衆提懼當兵，所以我們對於志願兵入隊之後即發給必需之用品，如軍毯，面巾，草鞋……。即注意宿地之清潔，飲食之衛生：使能滿足最低物質生活之合理要求。並加以基本之軍事訓練，使養成生活之紀律，加以簡要之政治訓練，使剔新思想之歧誤，指導其宣傳活動，以增強團體之活力，指導其娛樂活動，以充實生活之樂趣。我們一方面提高其自尊心，使其意志能蓬勃向上；一方面培養其自制力，使其行動能平正適中，逐漸養成生活習慣之協調。

乙、對志願軍家屬

1.發動志願月捐，保障抗屬生活：本有錢出錢，有力出力之義，前方既已獻身抗戰，後方亦應獻力抗屬。自然，峽裏社會人士是深明大義的，自動獻捐的非常踴躍，尤以第一次遊藝募捐榮譽卷就售了好幾千元，但他們還感覺得出了這囘錢，就能使志願軍家屬過活一輩子嗎？即使再多，分配下來，也用不了好久，所以他們又發起常月捐款的運動，首先，藍紹估先生就月捐千金，天府，大明也相繼爭出，直至抗戰最後勝利爲止。許多志願兵眼見着有這許多許多實際的可靠的保障，更一心一力地樂於上前殺敵了，的確，峽區的志願「月捐」運動，可與志願「從軍」運動同時媲美了。

2.籌組工業合作，幫助抗屬職業：雖然月捐運動成績的良好，抗屬生活似可有保障多了，但抗戰勝利完結之後，又怎樣辦呢？所以最可靠的辦法，還是要憑自己的能力，去創造一些生產事業，尤其是有生產能力的抗屬，更不應該自成怠墮，所以我們便在東陽鎮籌組一個棉紡織工廠，以優待金作爲資金，一方面是寓優待於工作，可以維持生活之長遠，（不僅可得工資，而且可分股息）一方面是增加物資生產，以增強抗戰力量，我們依照合作方式，使共謀經濟之獨立，代爲籌募資金，計劃事業，代爲設備工具，購買原料，代爲指導技術，接洽銷場，我們更依照合作方式，共謀生活之充實，爲謀公共之食宿設施，以增進便利，爲謀公共之教育設施，以提高文化，爲謀公共之娛樂設施，以安慰精神，使物質的與精神的生活，均不受到出征者之影響。

至於優待條例所規定之一般優待辦法，我們更絕對地嚴格實施，尤以過時過節，做得熱鬧，在今年的端午，中秋，我們都曾發動紳耆送皮蛋送粽子，送月餅，送糍粑，熱熱鬧鬧，也使他們得到無限的慰安！所以無怪許多旁觀的民衆，都有「致令天下父母心，不重生女重生男」之感慨了！

尾語

自然，除宣傳與優待之外，勇的因素還很多，有如對峽區志願軍運動領導最力的陶行知先生在兵役宣傳之研究一文的前言所說一樣。不過，在這個環境裏，這兩者——宣傳與優待，確爲推行兵役的兩大利器。

總之，任何偉大之事功，除有賴於正確之政策外，更有賴於強力之運動，尤其有賴於運動之辦法與精神！吾人果有宗教家與革命家之意志及熱忱者，則自能攻無不克，戰無不勝，更何往而不成功？

送志願兵

星光

中華如太陽，光芒照十方，威德之所被，天下爲之仰，扶桑如草木，日寇如冰霜，草木日以長，冰霜日以亡，太陽有榮光，中華永無疆。

惟有大中華，手把旌旗揚，峽中產健兒，志願赴疆場，爲國爲民族，壯哉別爹娘，齊赴戰場行，爲國爭榮光，倭奴蠢小醜，爾敢擋吾疆。

獅子夜呑日，志士朝點兵，兵行一以下，千里不留行，壯士得兵符，中夜起秣馬，秣馬望天明，長嘯大旗下。

髮妻送壯士，手把黃旌旆，朔風粟以冽，凜凜傾城姿，美人語壯士，此去無濡遲，生當立英績，死亦壯志兮，勿爲作降虜，令我無容儀。

壯士推手笑，何事多言爲，我有七寶刀，礪志與相期，悵望日少久，而今始得之，躍馬一揚鞭，去去不復遲，白馬濺赤血，少女施胭脂，壯士赴沙場，還似新婚時。

參加兵役宣傳歸來

謝德耀

在目前，抗戰正由有計劃的退却轉入相持階段這一重要的過程中，兵源的補充，無可諱言的，是更其迫切。必須要有大量的精兵，加入勝利的反攻，才能保證這一反攻勝利的必然。但是，另一方面，使地方政府，特別是下層行政機構，最感頭痛之問題，也正是抽調壯丁，補充兵源的問題。多少壯丁須用繩綑索縛，押解運送，如此抽來壯丁，豈有鬥志？因此，作爲整個兵役問題中之一環的兵役宣傳，自有其重要性，在三峽實驗區因于四月廿二，廿三兩日，定爲兵役宣傳日，動員全區公務員及學生，人數在三千以上，作大規模的兵役宣傳。

我參加的隊伍的宣傳區域，是北碚十九保，同行有國立第二中學女子部教師一人，學生十七人，警士一人，工人義勇隊士兵一名；從廿二日上午十時起廿三日下午四時止。計共宣傳一日有半。

廿二日上午九時過，我們就到達了指定地點。學生們有着可敬佩的熱心，到保長家里還沒有喝完兩杯熱茶，就決定立卽召開民衆大會，開始宣傳：憑保長對此提議，也深表贊同。因此，我在無從發現別的正當理由來推翻這一提議時，便非常興奮的承受了她們的意見。可是，誰知道事情的進行，並不順利。我們原定在十一點鐘于石坑小學開全保民衆大會，而結果是到十二點過，石坑小學的禮堂里還是冷冷清清，我們宛如在演一齣「空城計」，到會的盡是些「老弱殘丁」。

壯丁們到那裏去了？這事情是不可解的，我們無論如何不能相信十九保僅僅只是一些老人，如果說十九保不是「老人村」，那末，所有的壯丁又到那里去了？而且，這現象不僅十九保如此，宣傳歸來，我才知道當宣傳隊下鄉時，壯丁們「四散逃竄，落荒而走，」原是普遍現象，不足爲怪。事後經多方調查，才知我們不該穿着「老虎皮」的「官服」，不該帶着警察，更不該叫警察荷槍實彈，而後繼以浩浩蕩蕩，的奔向村莊而去，以致使鄉下壯丁們望而生畏，以爲這大批人馬，不是來拉壯丁，便是來搶壯丁，于是，「三十六着，走爲上着，」人同此心，心同此理，鄉下壯丁們便都一齊「溜之大吉。」

但鄉下壯丁們雖然一齊「溜之大吉，」而我們却不甘演齣「空城計」就算了事，在探得使壯丁們所以逃避的眞正原因以後，便對那些到會的「老弱殘丁，」百般解釋，用突擊方式擊破他們成見的堡壘；因爲我們知道：只要他們肯對他們的兒子，孫兒說一句話，便可勝過我們說十句話，壯丁們一定相信地方父老的話，比相信宣傳隊的演講更甚。我們料得一點沒有錯，經過我們解釋以後，下午開會，便是濟濟一堂，談笑風生。

由此，我得到下面的結論：

（一）宣傳工作應該常常地在鄉下推行，使鄉民們「見慣不驚，」若偶然下鄉一次，倏忽而來，倏忽而去，鄉民們少見多怪，難免疑惑宣傳隊別有作用。

（二）宣傳隊最好不帶隨從，不帶武裝同志，（如爲自衛計，不妨自佩槍枝。）以防有官僚傾向，引起農民疑惑。服裝亦應力求樸素，在可能範圍內，以不穿「西裝」爲宜。我們要記得必須我們先「農民化，」然後才能「化農民。」

（三）爲什麼鄉民們相信地方父老的話比信宣傳工作者的話更甚？這主要的，是壯丁們對地方父老因爲居處同地，生活習慣相同，鷄犬相聞，守望相助，有濃厚的鄉土感情。所以宣傳工作者每到一地，必須先聯絡當地民衆，設法取得民衆的友誼與信任，作爲有效的宣傳基礎。

（四）鄉下地方父老，既因爲他們與鄉民們有鄉土上的感情，一言一語，容易取得鄉民信任；則宣傳工作者就不妨直接了當，由這些父老們下手；取得他們信任之後，事情就易辦，因爲老年人往往喜歡多嘴，就能「一傳十，」「十傳百，」收效就大，這種方法，依我個人意見，不妨叫做宣傳技術上的「老先生制。」

（五）鄉下地方父老，多以爲自己是飽經世故，懂道理的人，因此，宣傳工作者爲工作便利起見，不妨對他們由「恭維」而婉轉規勸。。。。。。再曉以大義，切忌與他們引起正面衝突。謹防被宣傳者的「反攻」！　宣傳者應該說是戰士，因爲宣傳者主要的任務，是從事人們心理上的戰爭，突破被宣傳者成見的堡壘。如我以上所述，我們下午的民衆大會，雖然是順利地舉行了，但是就在這順利地舉行的會議上，我們非常狼狽的發現了我們宣傳的對象——壯丁們對我們作了有力的「反攻！」一個壯丁說：『先生！抽丁是不是只抽窮人？下江來的紳粮抽不抽？紳粮可以設法做公務員，教師，不是可以緩抽嗎？難道叫他們專來造洋房，吃飯？』一個壯丁說：『先生！你們年紀輕輕的，爲什麼你們自己不去？』

何等厲害的反攻呵！我手里執着的兵役法令明明有着公務員，教師，准予緩役的條文，而我們這一羣又確確實實是年紀青青的！

我回答了第一個問題：『抽丁不管紳粮不紳粮，一律公平。紳粮也得抽，公務員在將來也還得當兵。』第二個難題，有一位學生給我解圍了：『我們不去，是因爲我們家里已經出了人，所以國家才叫我們免費入學，好好培植我們……』這是一位聰明，能夠隨機應變的學生，她這樣信口開河，還接着講了「出征壯丁優待辦法，」使聽者心動。

而我，却因此又有了感想：

（1）宣傳必須拿眞的事實給民衆看，所謂抽調公平，決不是空口講白話能使民衆相信。

（2）消極的應絕對防止各層行政機構，有營私舞弊，勒索款項等事發生，以免使民衆有藉口。

（3）宣傳者最好本身爲志願兵或戰士，則現身說法，收放定宏。

（4）反對宣傳隊的「商標主義，」扯起一面「××宣傳隊」的大旗，滿口是：『我們是宣傳隊，我們是來勸你們去……』要知救國無分你我，有鄉民們的責任，也有我們的責任，宣傳者應有「我不入地獄，誰入地獄？」的苦幹精神及實例，表現給民衆看。

（5）宣傳者演詞應妥爲預備，多多設想民衆可能要提出來的質問反攻，而嚴密進行準備在論戰中自己的措詞，但如萬一準備不足，臨時倉皇，則雖可臨機應變，但切忌撒謊，因爲如一旦民衆覺察眞情，則宣傳者在民衆中的信用卽將盡失。

巧妙的規避方法。全保民衆大會，順利的開好以後，第二天就分甲宣傳，並作家庭訪問。這里我們發見了一個極重要的事實，就是鄉民們有他們巧妙的規避兵役的方法。第一個方法是大家庭的『化盤爲零，』鄉下任何一個大家庭，現在都忙着分家，自立門戶，這樣，在形式上除了要維持全家生計的戶長以外，就別無適齡壯丁可抽。另一個方法是在報戶口時儘量把適齡壯丁的年歲報小，使成爲「不適齡。」但是，鄉下人雖然聰明，方法雖然妙，還是被我們「戳穿了西洋鏡；」因爲關于第一個事實，我們在保長辦公處的「戶口異動登記册」上，並未見有「分居，」「遷出」登記，可知其「分居」關係，成立未久，足見現在名義上的分居，顯係「貌離神合，」純爲規避。關于第二件事實，憑保長提供了一件有趣的笑話：在未滿十八歲的壯丁，在兵役法上固可暫准免抽，而在教育法令上十二歲以下的兒童却須強迫入學，有一次一個鄉民在抽丁時說：「我家沒有適齡壯丁。」在強迫入學時又說「我家沒有學齡兒童。」等到保長指名索人，才知所謂學齡兒童，原是年歲「以多報少」的壯丁。「顧頭不顧尾」的鄉民們雖然聰明到此亦無法可施。

因此，對地方政教當局，我想提供如下的意見：

（1）政教當局應取得密切聯繫，以期澈底合作。目前鄉下的保甲人員與當地義務教師，每多各自爲政，此種現象，亟應糾正。義務教師可否兼任副保長或保甲助理員，負責政分實施之宣傳，而保長，依峽區法令，既兼助理學董 則對學校興革事宜，困難問題，卽應嚴密監督，盡力協助。

（2）在兵役法令上關于民衆法定分居關係之成立，須嚴密查究其理由是否純正。

（3）保甲長調查戶口異動，最好在可能範圍內召集全戶人口，以免戶長有謊報朦混情事。

（4）保甲長對其所轄境內之戶口異動狀況，應嚴密調查，登記存卷，如有謊報情事，似應酌予連坐處分。

宣傳的材料應該怎樣？ 我們家庭訪問的目的，主要的是在求明白民衆對于我們的宣傳究有何種反應。好的，是壞的？一方面，也調查調查他們的生活狀況，看他們一天除了維持生活的必要勞動以外，是不是還可在「衣食足」的餘暇，使他們受一點教育而「知禮義」。

訪問結果，鄉民們的生活可以說極苦，但對我們宣傳的反應，却不能算壞。我們不惜窮的根究底盤問他們：『我們昨天對大家講了些什麼，』『要大家去當兵。』『爲什麼要大家去當兵，』『當兵殺敵人。』『我們的敵人是那一個，』『是——日本。』『爲什麼我們非打日本不可，』『因爲我們不打日本，日本便要把我們打倒他的脚底下去了，永世不得翻身。』

鄉民們對我們的宣傳有着這樣良好的反應，使我們深爲欣喜。但我們非常誠懇地也不想隱瞞自己的弱點：

第一、最大的問題，是我們與民衆之間，有着語言不通的隔閡，須經過當地保長與義務教師的翻譯，義務教師及保長有時不免有時也誤解我們的意思。

第二、鄉村里看各種各樣的人：婦女，老婆婆，佃農，自耕農，雇農，小地主，……各人聽講的脾胃不同，而我們的宣傳材料，却總是一成不變的老套。

第三、我們的宣傳材料，對于「緩役」等特定名詞還沒有附加解釋，

因此，對于宣傳材料，我以爲應注意下列數點：

(1)宣傳材料最好要有地方性，我們需要地方文化界先進，儘量編撰山歌，民謠，方言劇。

(2)應該有各種各樣的宣傳材料，來適合各種各樣的民衆的聽講的「胃口。」

(3)文字宣傳材料，應儘量附加插圖。

(4)宣傳材料應力求通俗，對于普通成語，特定名詞，尤應附加解釋。

綜上所述，我在此次兵役宣傳中可說是着實增加了不少見聞。一方面我固然十分寶貴這一點小小的心得；另一方面，我也極誠懇的希望大家來研究這些問題，使今後的宣傳工作能收更好的效果。

送志願戰士

陶行知

志願戰士了不得，
以一當十十當百。
打一打，
太陽打成一團黑，
打兩打，
日本打成兩等國，
打三打，
日本打成三等國，
打四打，
日本軍閥變白骨，
日本革命，日本帝國變成民主國，
志願戰士福氣好，戰必勝利攻必克。

本區優待抗敵軍人家屬的實施

唐璧質

三峽實驗區的志願軍，狂熱地發動了。先後報名入營的，已經有了四百多人，他們是慷慨的出征了，他們的軀體和生命都獻給民族，國家了。可是，他們的父母妻室兒女呢？這些父母妻兒，慷慨的捐出了他們的兒子，丈夫，爸爸，去保衛大家的祖國，保衛大家的生命財產，保衛大家的父母妻室兒女，難道我們竟置他們於不顧麼？不能的，這是決不能的，所以我們在發動志願軍，一面即由各事業機關首領和民衆，共同組織了抗屬優待委員會。工作分總務，經濟，調查，慰勞，稽核五股。每個人都熱烈的把責任放在自己的肩上，努力的推進工作。

一個基本的調查

我們要優待抗敵戰士家屬，首先就要知道他們需要優待的是什麼？重精神呢？重物質呢？家庭情況怎樣？有些什麼困難？……一切都要有詳細的了解，才能從頭做起，而做到適合他們的需要，所以這是最基本的工作，我們製定了一種表格：動員一大羣熱情的青年來切實的担任這一工作。調查的內容除姓名，年齡，住址，教育，職業……外，特重家庭經濟狀況，及「有何困難」，「需要何種幫助」，幾項，表末還另附調查者的意見，及處置辦法等。幾天之內這一大羣青年拜訪了四百多家，其中有二百多家是志願從軍的。從這工作當中，無形中也就做了很滿意的慰問工作，使他們腦子裏留下了最好的印象。調查的結果，發現了各種各樣的問題：如生活困難呀！被催還欠賬呀！地主退佃呀！房租加價呀！被人欺侮呀！……這些都是需得迫切解決的問題，所以我們調查清楚之後就立刻設法實施各種優待。

臨時捐款都得完全減免

「除法定賦稅外得免一切臨時捐款」這是政府早已頒佈了的法令，可是大多沒有把他實行！只是空談而已！所以我們首先把這免臨時捐款的事，切實的實行起來，結果使每個抗敵戰士家屬，都得着享受這點免納捐款的權利。如像地方保甲經費呀，防空捐呀，清潔費呀，甚至違法的罰款呀，我們都幫助他們要求減免了。這減免的捐款中，從幾角錢起，直到一元幾十元止，甚至有到一百幾十元的，如像北碚有個抗屬叫楊海云，他違犯了防空的建築法令，已決定要罰他一百五十元，結果，經我們的幫助，拿起抗屬證書去請求，就得完全免了，像這樣減的，免的，總共算起來，要在一千元左右。

公益設施都得優先享受

「免服勞役幷儘先享受一切公益設施」這也是優待抗屬

條例上規定了的，同時也是比較「惠而不費」的事，但也需要認眞做才行，所以我們儘量設法，使其兌現，如像農村合作的貸款，我們要求設法提前發放，衛生所治療疾病，完全免費送診。抗屬的子女，無論在區內那個學校讀書，都要免他的學費，雜費，書籍費，並且特別愛護和重視，有些過於貧苦的抗屬子女，我們更已向中華慈幼協會所辦的抗屬子女教育院，請求容納了五十名，我們並準備在兩保當中選擇一個聰明的，體健的送往育才學校。他們的衣食住，都由公家負擔，要把這些兒女，造成抗戰建國的新英雄。此外一些很小的事情，都特別注意，比如到民衆會場看戲，不要錢，而且還要坐在前排，受特別招待，參加公共的宴會，也要他們坐上席，而且陪坐的人也都要向他們敬酒。

特殊救濟和幫助

有許多抗屬，往往發生生活難於維持，疾病無力醫治，死亡無力埋葬，子女無力教養，田地無人栽種等困難，這些特殊情形，一定要設法救濟，我們準備着臨時救濟的補助費，遇有上述的情形，卽給以金錢上，或事務上的幫助，並勸員當地保甲士紳給以經常的援助，我們曾經組織打谷隊，幫助抗屬打谷子，完全義務，不受任何酬勞。有一個外籍志願軍的家屬缺乏人力，在萬難中，我們也替他顧了四個人，幫助他打谷子。此外，如欠債，退佃，以及訴頌等事，我們都得幫助他們解決。

抗屬欠了債，債權人要追收，我們就直接或代請明大義的士紳，勸導債權人緩收，並取銷利息。有要被迫退佃房屋田土的，也同樣去進行予以便宜。這類的事，做了若干起，結果大都圓滿，債權人和佃主也大都樂意，有少數固執的人，我們就幫助請求政府，依照優待條例，加以制裁，有一家抗屬已吃了三年多的官司。經過我們的幫助，很快地就把這案件了結了。一個石印社的工人，欠了主人的一百幾十元錢，因他參加志願軍，經了我們的說情，他的主人，不但不要所有的欠債，反而送了他五十元！

優待金完全兌現

在區內志願從軍的，有四百多人，在他們未入營以前，就發給每人家屬安置費二十元，在一月以後，又發給五元生活費，當發給時候，他們的父母兄弟兒女，都歡天喜地的跑來領受，他們把這筆優待金拿回家之後，有的去佃了田土做莊稼，有的買了貨物做買賣，雖然這數目不算大，但是都兌了現，他們也就很滿意了。所以我們對抗屬的優待，不在乎多寡，不在乎吹得漂亮，總之要公平，要兌現。

職業將得到保障

我們要使抗屬的生活，不致發生問題，得着相當的保障，單靠優待金，是萬分不行的，所以再從他的職業上着手，要使得每個抗屬都有相當職業，所以我們就用了兩個方式：第一替他們介紹職業，我們盡量調查各抗屬的才能，適當的介紹到各事業，各機關，各工廠裏去工作，並代爲請求對他們以特殊的待遇，現在已經有些主人特多給他們的工資了第二就是舉辦抗屬工廠，我們已聯絡了中國婦女慰勞會和新運會及中國工業合作社來共同投資進行，將來區內所有的抗屬，都可在這工廠內作工，並採合作社的方式，公家并不得一分利潤，所有一切利益，都歸抗屬享受，工作部門分紡紗，織布，織毛巾，織襪，等。現在已做了一個初步的調查，和登記，願意加入的已有百多人。在不久的將來，我們的抗屬工廠就可以實現了。

精神上的崇敬

我們不單使抗屬在物質上得到補助，而且在精神上使他們得到無限的光榮和慰安，所以，我們用多種方法去使得他們感到尊貴。首先贈送他們一個「光榮之家」的門牌，上面附印着優待條例，並說明，無論來往官員，都要登門叩賀致敬，每逢紀念節日，都發動廣大的慰問和送禮，在端午節我們聯絡了區屬的各事業機關及保甲士紳，各慰問團員等自動捐出了毛巾，手巾，罐頭，猪肉，香花，皮蛋，鹽蛋，粽子，糯米，溫泉麵，甜茶，白橙糖，白糖，水糖以及法幣等，親往各抗屬家裏賀節，各聯保主任和區長都親自出勤，提的提，抬的抬，火炮連天，「恭喜！賀喜！」之聲一充滿了每家抗屬門前，弄得非常熱鬧，把這舊式的端午節，變成了抗屬的慰勞節了，在這當中，我們聽着了一個老嫗和一個女孩談話『唉！可惜你是一個女孩兒！要是一個男子！我家也可以得着這樣的好處呀！』她表示了女子不如男子好，男子不如當兵好。從這當中，我們可以看出這八百多個皮蛋，二千一百多個粽子，八十多斤猪肉，五十多斤白糖，六十多斤溫泉麵，五百多元法幣，……甜茶……所交換得的代價，對於國家民族，是無可比擬的，因爲這不單是最好的兵役宣傳，而且無形中提起了一般人的國家觀念，所以我們對這工作更加注意，接着，七七紀念日，我們又聯絡了各大中學學生，分隊出發慰問，並替他們唸信，寫信，談時事……。此外我們還舉行過兩個擴大的勞軍和抗屬公宴。參加的有各機關各學校各民衆團體四十多單位，總共辦了二百多席，在大露天壩裏，敬酒猜拳，鬧了半天……

除了這些之外，有值得特殊褒獎者，我們也不忽略，比如，送子從軍的劉老太太和馮保長，我們又舉行了擴大的慶祝會，各送一塊很大的匾額，刊上蠻大的金字「模範母親」，「模範家庭，」集合了一千多民衆，敲鑼打鼓，大放鞭炮，驚天動地的送起去，那情形，據說就像從前家裏出了狀元一樣的了不得！

經費來源

「這樣做很好，可是，錢呢？政府那裏有這多錢來辦呢？」我想一定有人要這樣疑問了，我們回答說：事在人爲。這並不完全要靠政府拿錢出來辦，我們用了許多方法，努力勸募，只要做得公平，眞正用在抗屬身上去了，有錢的人還是願出錢的。我們首次直接勸募的結果，事業機關團體，士紳，商人，職員，教師，小學生，以及工人，因見了志願從軍的踴躍，都很感動，而盡量捐錢，在第一次就達到了三千幾百元。過後我們又採取了別種方式募捐，一種是聯絡各教育機關來演戲，買榮譽座票，榮譽票價，由一元起，到百元止，一面直接出售，一面托有關方面的熱忱青年，送到那些有錢的太太，少爺，小姐，家裏去勸買，這樣一共又捐得了六千多元 另一種方式是勸募月捐了。每月捐一次，一直到戰士凱旋歸來爲止。但這決對是出於樂意，沒有絲毫的強制行爲，現在區內每月大概也有三千元的左右了。總之，只要努力做，用得當，經費問題是並不如一些人想像那末困難的。

幾個集會

一　婦女會與志願出征團的聯歡會

幾千個聽衆，都抱着同一顆希望的心，無形中發生了音調相同的共鳴。一個小小的民衆會場上，吸滿了這樣的一大羣。這是晚上七點鐘的時候，但是地暑還未消盡，濃熱的氣氛，仍然包圍着大地，深黑的天空，只有點點的疎星，佈成了一局天棋。台上的三盞燈，光芒四射，照透了場內黑的魔力。一個簡樸的會場，在這燈下，更顯出了格外的優美。

志願軍坐在正對台面的一塊方地上，右邊是婦女會和民衆，左邊是女校的學生，這雖然是志願出征團與婦女會合組的聯歡會，但事實上對志願軍深深的呈現出歡送和敬戴的意味，婦女民衆們坐在南旁，這是她們謙遜的表現，敬戴的象徵。

十分沉靜的時候，突然在場的右角上，發出了掌聲，傳播到全場，翻天震宇的掌聲，便繼之而起，在齊一的口令下，大家悄然起立，理想中所希望的兩位人物，踏進了會場，入坐。

主席和司儀，都是志願軍的兩位女同志担任，她倆滿身充滿了的是勁，興奮佔滿了她們整個的精神，十分的注意，十分的愼重，因而似近於拘滯的神氣了。儀式畢後，便是主席致開會詞。短短的一段語，確充分地表達出了這晚開會的眞義：「……我們轉瞬就要離開峽區入營受訓，將與大後方的婦女同胞暫別了，也許是永別，——全場悽然無聲——在這臨別的當兒，我們需要有一次共同話別的機會，今晚，就是我們志願軍團與婦女界話別的時候了，我們在今晚筵席會上，是想獲得偉大的成效，能加強我們殺敵的決心，堅定我們報國的意志，在精神上，智能上，更給我們以大的教訓，尤其希望在今晚的會中的同胞，能使前方工作與後方打成一片，溶成一鑪，切實的取得聯繫，同時，今晚恰逢頗負盛名的李將軍士珍和湯女士慧敏到北碚，所以，特別請這兩位來向我們大家講演，指導我們，啓示我們……」

李將軍是個精幹的模範軍人，身着一套麻色制服，非常樸素，他是在黃埔軍校第二期畢業，歷經戰事不少，軍學教育，尤有研究，任警校教育長，此次來碚，眞是如自天降臨。

李將軍在掌聲中上台說：「……最感困難的是兵役問題，而大家却能澈底的覺悟起來志願去當兵，這就是最偉大的志向，頂天立地的精神，我今天深深的自信，中華民族不會亡，絕對可能打走鬼子收復失地，復興民族的，……」最後，「……狂敵愈打愈弱，我愈打愈強的現在，加上志願軍的力量，敵無不拆，我無不勝，現在，我們要共勉共勵。我們作軍人的，我們要完成我們軍人的天職，我們要爲我們死難同胞報仇，我們要用我們的熱血去洗淸我們的國恥，我們未獲得最後勝利，誓不生還，各各報此決心，中華民國指日可勝的，……」這一段話，更博得羣衆同情和敬佩的掌聲。

李將軍是用着尖銳的鋒利的音調，結束了他的演講，手的揮揚，身體的擺動，凝聚的刺人的目光，激起了全場熱血的高潮，加強了全場心田的火焰，十分的興奮。

接着便是楊女士慧敏的演講，楊女士是中材體段，結實的女童子軍。身着一件黃童子軍上裝，一條青色的西式的長下裝。是個年紀廿左右的青年，所以，她的言行舉止也是一個青年的風度，眞的，給未老先衰的朋友，一個很大的教訓，在楊女士的感照下，會澈底的翻然的覺悟起來的。楊女士很活潑的，天眞的，在掌聲四起中，上台了。

剛要開講而未發出音的那一瞬氣息，卽壓平了全場的囂譁，在死一般的沉靜中，只聽得楊女士流利的尖銳的演說，她頌楊志願軍，鼓勵志願軍後，接着她敘述了她在九一八時候的英勇的歷史，「……九一八的時候，我是一個很安逸孩子，但是，因了國難不能讓我有一片刻的安逸，熱情的衝動，我不顧抱着殘缺的現實，我不怕習俗的風波和打擊。我毅然的參加了東北義勇軍，作慰勞和救護的工作……」因此，我們知道了在民族解放的抗戰中，全民的任何部份，都有他的責任的，所以，在這大時代中，沒有一個人可以推延他的責任，沒有一個人可以苟且偸生，在生理的可能範圍內，應該盡量的掮荷起自己的担子。

她更用力的說：「…… 我們女界同胞！不要認爲自己仍然是過去封建時代的婦女様，自卑自棄，現在的婦女們，我希望大家拍拍胸膛，要認爲男子可以做的，我們都能幹，有些事，不是我們不能幹，是因爲社會的環境的影響和歷史的因襲作用，這不是我們本能的缺乏，是教育的太差 女同胞！翻身的機會到了，起來吧！我們參加到抗戰的陣營去，從抗戰的陣營，去建築我們堅實的婦女界的基石……」這一束穿心的心箭，射中了每個婦女的胸膛，一個強烈的反應，便是一場鼓掌。

經了一段長時間緊張的演說後，楊女士臉上的肌肉，漸漸的放鬆了下來，開始敘述她最有價值的最得意的故事，——四行倉庫的獻旗——在掌聲夾雜着稀微的笑聲，迎接着她這驚人的敘述了，「……當八一三上海事情發生後，不久，我們的大軍暫時爲了長期抗戰的國策撤退了，當時，有八百個兵，死不願退，決志堅守，並說，「來了一個日本鬼，我們就打死一個，我們用我們的一切，去同敵人拚了，」不懼一切困難，不怕挨飢受餓，在萬難中掙扎，他們留下了，在敵人的包圍中。我們的民衆，不能通過，當時我是個童軍，我受了智仁勇三字的教育，我覺得我應該去慰問他們，替他們通通消息，所以，我冒了最大的危險，第一次得偸入到四行倉庫，我深深感覺他們的精神可愛，我們要盡我們的責任，去援助他們，慰勞他們，鼓勵他們，所以第二次我決志贈送他們三首國旗。我尋着密道，爬到了四行倉庫，把這禮物，送給他們。第二天，在滿地異國旗幟飄揚中，亦有我們的國旗飄揚了，這出奇的事情，惹得許多人莫知所由，後來經了許久的調查，纔知道是我，國爲我第一次到那邊去的時候，有個英國警察，要檢查我，在我的肩章上，他記清了我的號數（四十四號），由這個線索，清出了我，因此，全國知道了我，乃致全世界都知道了我，這自然可以說是我的其實也是我們婦女界的光榮……」似乎是勝利的微笑，引起全場哈哈大笑，眞的，這種大無畏的精神，是值得敬佩愛載的。

她有一番很感動人的合理的最勉，她誠摯的問着聽衆，「我們有兩個敵人，你們知道嗎？」聽衆齊聲的答：「我們知道，第一是日本鬼子，第二是賣國漢奸，」楊女士滿意的笑着說：「對的！我們要參加抗戰，我們鏟除漢奸，我們要不顧一切，在有關全民利益之下，我們當盡量從事抗戰工作，不管自己的爹媽，在必要時，也可以大義滅親？」她舉了一些例證，末了她聚精會神的說；「……國難嚴重的今天，我們只有起來幹，拿出精神來幹，負起責任來幹，我希望大家起來，這樣才能打倒日本，才能取得最後勝利，」「……我是一個童子軍，在坐的也有不少的童子軍，希望要隨時根據智仁勇三字，隨時反應在生活裏，這是童子軍切實的注意……」。

在這兩位講演畢了，七七少年劇團的一個天眞的小妹妹，上台來致答詞，對楊女士的一些訓示，她們願誠懇的接受，從實的奉行，

末了，便是歌泳和戲劇，在鑼鼓喧嚷的時候，結果了這晚的會，

——記者衆生——

二　盛大的公宴

1　北碚

五月三日本區各事業機關法團二十九個單位，慰勞各志願軍及出征軍人家屬，并請各鎮士紳作陪，於歡送大會散勇會遊行市街後，在民衆體育場露天舉行公宴，席爲一百五十桌。排列成陣，每人就席立食，開懷暢飲，爲各出征將士道賀，預祝抗戰勝利，盧子英區長登司令台舉行各種酒會，當由優待委員會委員楊兆齡登台爲各出征將士舉杯致敬，藍紹侶先生，對出征將士舉杯而相約曰：「諸君在前線殺敵，如能每人盛得一瓶血，他日凱旋歸來，當與諸君痛飲倭奴血也，」繼由溫泉公園鄧少琴先生，舉酒而言曰，「諸君能割得倭奴之肉，他日得勝歸來，當與諸君分而食之，」各皆轟笑鼓掌。後由陶行知先生舉杯而歌曰：「一杯酒，各位志願軍動手，二杯酒，日本鬼子出醜，三杯酒中華民國天長地久，」後爲復旦大學代表，天府公司代表舉杯敬酒，最後爲盧子英區長舉酒而稱曰：「今日爲各出征將士敬酒三杯」，「一杯酒，敬祝各位出去打大勝仗，二杯酒，敬祝各位打大大的勝仗，三杯酒敬祝各位打個無大八大的勝仗，」全場轟笑，掌聲大作，出征將士亦推志願軍發動人王德福代表轉敬各出席敬酒者，騰歡之狀，無以言表，而各抗戰將士家屬，對此種熱烈情況，有不願其子弟出征者，亦已釋然，談笑自若也。

2　文星場

文星場的全場同胞和事業首長們，昨天傍晚才决定舉行一個歡宴會，來歡迎歡送我們志願軍同志，不過一晚上的籌備今天竟有這樣盛大的集會。

當我們乘的火車，駛到了萬家灣車站，就遠遠地望着場頭和鐵道的兩邊，飛揚着五彩紛紛，鮮耀奪目的大旗幟，成千成萬的老幼男女萬頭鑽動，歡迎我們的到臨。我們見着這樣熱烈隆重的情況，每個同志的心靈都不禁肅然振奮。

接着，我們便在「歡迎精忠報國的志願軍！」「歡迎勇

殺敵的志願軍！」「歡迎民族英雄的志願軍！」的口號下，和震動全場鎮的熱烈的鼓掌聲鞭炮聲中，心神飄然地遊行過了大街，兩邊商店的夥計們，婦女兒童們，都趕出店門來，好像向我們表示着無疑的驚訝和欣羨．

全場疏疏密密的地站滿了，主席李校長宣佈開會，並致歡迎詞，末說：「我們無以表示我們永遠的崇高的敬意，只不過由各警衛區民衆和幾個事業國體製了幾首旗子贈獻各位同志」於是便抱了一捆上來，一首首地講授：「這是天府業餘救亡團贈的，這是中央社俱樂部的，……祝諸君爲國家爭光榮，爲世界求正義，爲民族英雄；爲民族之干城，希望大家旗開得勝，馬到功成，那時再凱旋返鄉，共享太平：」

最動人的一幕，算是掛紅放火炮了，有五，六，七，八，十五，十七，十八的保長們，各爲其保上所參加的同志，如劉培根，黃炳全，熊口口，楊海林，鄧宅民，張永何，劉建國，劉淵儒，劉爾洞等掛紅放火炮，此外，有的是師父與徒弟掛紅，如鄧海清，艾述云，有的是朋友與朋友，如譚華林，劉璧光，劉建國．李樹林，鄧茂臣，劉耀珠，劉竹君，陳桂林……均一一請上台來，勸勉有加，尤以艾述云之母親，親爲之搭紅放火炮，懇摯之情，難於言表．大家只有報以同情之掌聲而已。

次由第一期志願軍王德福同志報告，報告綦江人營後的生活和慰勞，隣近的壯丁們都非常自悔：「當初何不我也參加志願軍！」他還說：「現在已有兩連人了，盼望我們二期三期，奮起直追，湊成一營一團，甚至一軍一師，組成一個鋼鐵般的勁旅，誓把無理倭寇驅出長白山脈，趕他們回東京去！」

末了，由萬鵬摶同志致答詞，「各位：事業首長和全場的父老兄弟姊妹們，我們很感謝，今天這樣盛大的歡宴，尤其這樣盛大歡宴的熱情，我們尤其感謝對我們家屬的經常幫助，尤其是月捐運動當中踴躍認捐來優待我們家屬的慷慨情形，使我們解除了後顧之憂，使得我們能夠從從容容的安心殺敵，同胞們，我們還有甚麼顧慮呢？决當衝上前線，拚此熱血，驅逐倭寇，還我河山，以酬諸君之盛意，完了」。

在驕陽的淫威下，便趕快結束了會，午後一時，舉行歡宴，同志家屬，士紳，首長擠擠一堂，飛觴豪飲，雖然是「勸君更進一杯酒」，但却不是「西出陽關無故人」之兒女態，聯保副主任蘇隣生要敬獻三杯，只喝了兩觥，萬同志說：「這一杯我要留在凱旋榮歸時候，再來領受盛情！」

斜陽西墜了，我們在沿途火炮歡送聲中趕回了北碚，在我們每個同志的各生命史上，將永遠留着這頁「堪深回味」的光輝，

末荅、於八，三，

三 嘉陵江上的旗影

青天白日滿地紅的旗幟飄蕩在每家檐前。莊嚴，愉快的氣氛籠罩了早晨的北碚。小朋友們在穿來穿去的商量什麼，婦女們憑在門口，凭在櫃台上，等待着看什麼東西。

紅的，綠的；方的，長的；大的，小的——花花浪浪的旗子擁擠在民衆體育的右側方，「青年先鋒」……蠻大的黑字在晨光中閃耀；學生，軍人，太太，小姐；西裝客，黃泥腿……男男女女，老老少少，繞場圍了一大圈。

中間，一字長蛇、身着白色短袖汗衫，胸脯上印着鮮紅

字樣——「北碚民衆敬贈」——的健兒們，嚴肅整齊的排例着。

「一，二，三，……」

「李海云！」

「有！」

「張××！」

「有！」

報數，點名後，游擊隊的母親趙老太太親自帶來了兩百幅手絹，一一的分贈給他們。

雄壯的一聲軍號，出發了，光榮的行例——志願軍的健兒門出發了。

送行的隊伍一長串：四川中學男生部，女生部、區署全體工作人員；黃桷樹，白廟子，東陽鎮，澄江口……各場的老百姓，都來了。

歡送，歡送，歡還「志願軍」的健兒們去打日本鬼子！妻子送丈夫，母親送兒子，弟妹送哥哥，親戚送親戚，朋友送朋友……沒有惜別的顏色，沒有「早歸」的囑語；有的，只是「犧牲已到最後關頭……」，「大刀，向鬼子們的頭上……」一片壯烈的歌聲，和千百付興奮，緊張的面孔，在震天的爆竹聲中，在飄飛的旗幟下面，激盪，滾動……

到河邊了。事先已佈置好會場：兩根竹竿交叉高聳着黨國旗，莊嚴而復和藹的 總理遺像在當中，栩栩如生的看着他面前大羣的中華兒女，嘉陵江水奏着雄偉的祖國進行曲，於是，這奇特的「江干送別」大會便開始了。

「今天有這多人來歡送你們，就是因爲你們的肩上負有神聖的任務——到前綫打日本鬼子，爭取中華民族的解放自由，及全世界的和平，正義，」主席盧子英先生這樣致開會詞：「並且，你們是志願去的，所以，不但今天我們歡送你們，你們不論走到什麼地方，都有人歡迎，歡送……」

「最後我還希望你們幾件事」盧先生再勗勉：「第一，要會看，看報紙，看雜誌，看書；更重要的看人們如何爲人與做事。第二，要會聽，聽朋友的勸勉，聽一般人的言論，講演等。第三，要會問，要善問者乃是善學者；第四，要會想。看了，聽了，還不夠，還要加以思維，舉一隅而以三隅反。第五．尤要的是學習上一級人的能力，並培養自己的代替人……」。

太陽是晒得火熱了，趙老太太仍然精神勃勃的上台來致一翻懇勉的歡送詞。一見着她，誰也會感到中華民族的偉大及抗戰建國的光明燦爛的前途；她真是我們民族的褓母。

藍布長衫，大蒲扇，民衆的優良導師——陶行知先生的談話更使人感動！

「今天我要講四件事情」他說：有兩件是關於志願軍同胞們的，其餘兩件是今天在這兒送行的同胞們的。他說：志願軍的同胞們出發後，第一件事要注意防害健康的蒼蠅，蚊子。防害了你們的健康，就是直接防害了抗戰，因爲你們都是打日本鬼子的最優秀的戰士。而蒼蠅會傳霍亂，蚊子咬了要害瘧疾，所以，蒼蠅蚊子就等於日本的飛機一樣的毒辣。蒼蠅蚊子就是日本的飛機。第二件事是要幫助別的弟兄們，把你們這種自願去當兵的精神去安慰他們，勸勉他們，使得大家團結，一心去打日本鬼子！

「至於留得後方的同胞們呢」陶先生回過頭來，大聲的說：「第一件事情是我們吃飯的時候，要想一想：志願軍的家屬有沒有飯吃？我們穿衣的時候，要想一想：志願軍的家屬有沒有衣穿？第二件事是，我們今後還要努力，三次，四次……的送志願兵到前方去……。

接下去，十八師的代表談話，憲兵隊的代表唱「當兵神聖」歌，新運會代表致「實行新生活，收拾舊山河」的臨別詞。

最後，志願軍代表致答詞，一個結實的高個字，親屬們給他掛的紅，在寬濶的兩肩飛躍。

「沒有多話說了，我只重說一遍，八一三那天，趙老太太和陶先生授我們的旗上是：「精忠報國」，「萬里長城」等字樣。我們感覺到，我國原來的萬里長城，已被日本帝國主義突破了。現在，我們本着精忠報國的訓詞，憑我們的頭臚和熱血，重新建築起中華民族的萬里長城，並把這長城背到鴨綠江邊去。此外，我們只希望留在後方的父老們照管我們的家，還在後方的兄弟們要繼續着來！……」

預定好的汽船早已停在江邊 欄杆上許多男女在期待着我們的健兒。紅綠的旗幟插滿了船身。

在雄壯的軍號聲中，戰士們魚貫的走上了跳板。十幾竿爆竹在怒吼，「大刀向鬼子們的頭上砍去…」的歌聲又在飛揚。「嗚嗚」汽笛長叫一聲，這壯烈的歡送大會結束了，江心，河岸上，一齊爲高着千百幅手巾，歌聲和爆竹更激烈的滾動。

遠了，載着戰士們的汽船去遠了。還有人燃起爆竹在沿岸追送，回答這盛情的，只有在江心飄蕩着的旗影，隱約可看出「還我河山」四個大字。

——小亞記

蔣委員長訓示

明禮義！知廉恥！

負責任！守紀律！

志願軍生活片斷

一 夜行服務

姜伯倫

晚霞燒着西天的時候，忽然得到了一個驚人的消息，說天府公司后峯岩和泰廠電火爆發，傷了幾十個礦工，我們立刻决定前往救護 準備好，出發時，天已黑了。

二十幾個男女同志做着第一次夜行軍。到草街子，始乘船順江而下，靜靜的河水被我們的歌聲震動了，很快的，船抵白廟子，接着就爬幾十丈高的石梯，一個不小心的同志，一下從山頂岩上的邊滾下去了！大家非常驚急地把他救起來，幸未受傷，搭火車繼續前進。

天上稀微的星光突被黑雲遮完了，不一會，暴風雨來了，這樣經了幾個鐘頭後我們才達到文星鎮，次晨便到廠工作。

死傷的礦工有五十幾個，我們立刻參加換藥和看護工作。好的皮膚被電火燒過就變成紅肉，並發出一種腐臭的氣味！我們當然不因臭氣衝鼻就停下我們工作，我們知道多救好一個礦工就多增加了一份生產力量，大家都聚精會神地擦藥換藥。但醫生悄悄的告訴我們了：「同志！火傷到全體皮膚三分之二卽無救了，他們是無多大辦法了！」我們不相信「他們無多大辦法」的，仔細底查看受傷礦工究竟怎樣；天哪！他們全身皮膚幾乎燒光了！他們除了微微的呼吸，低微的哀叫外，甚麼也不知了。我們不忍守到他們活活地被痛死去，我們守着也是無用的了。集合返營令下了，只好默默地離開可憐的他們，在歸途中還在暗暗祈禱他們的傷好！但又明知道是無用的。

二 吃定心湯元

裕文鈺

最近幾天來，我們都感到生活的刻板與單調，但劉文襄同志來後，大家活潑而安心下來了，他眞像與我們帶來了「定心湯元」似的。

是正當我們在點晚名的時候，一個急促的白影從昏暗中走上前來，站在台階上沉毅的說起話來，大家聽出是劉文襄同志了•

他說：「我今天從古聖寺趕回北培，又從北培黑摸幾十里才到這里，本來我們還有許多職務內的事情，只得暫把它停下，因區長講：「其他的事都沒有志願兵事情重要，大家搬到古廟去决不是離棄大家，我對大家决不忘懷的。

『明天有七七少年劇團來演戲慰問你們，後天區長親身要來爲大家發零用錢，後天，我國有名的教育家陶行知先生要來慰問和講演，』他稍停一會又接着說：『中送問題已派員立卽赴渝接洽，幾天過後就可解决。』」

我們每個同志聽了等于吃了一碗定心湯元，眞的過後幾天一一都實現了。同志們耐心吧，還有最後的勝利靠我們去爭取咧！

三　趕快

才偉孝

今天是我們的「迅速日」，晨五鐘起床，馬上集合，一些同志，爲好奇心所驅使，一個個都比平時來得快，點名後，就到野外去跑，原來的命令是女同志跑前面，不料剛跑不遠，男同志就跑前面去了，尤其是轉來時，正走在一條獨田坎上，有幾位男同志，險些將我打在水田裏了。

往日吃飯集合，最低的限度，都要十分鐘，今天就大不相同了，號聲剛響，就排好了班，吃飯時，很多同志三分鐘就吃完了，上午的講堂，仍是很快，整天的生活，都是非常緊張，從晨至晚，一切都在趕快的聲浪中，很快的過去了，

這種生活，過得非常地痛快，希望我們的迅速，不但能永久的保持，而且比前更好，那嗎；我們不久的將來，開赴前方定能縮短我們的抗戰，把握着最後勝利。

四　從軍日記

梁崙

二十八年五月二十五日

昨晚因爲準備出發和應付許多朋友別離的談話，以至睡得很遲。

晨起，枕邊放了四封信，是族人，親戚，朋友們知道我參加了志願兵，特別來勉勵我的，他們是想出離別前的一種會面方法，也可以說是給我的興奮劑。

九點鐘，民衆體育場的中央，擺好了整齊雄壯的隊伍——「志願兵」場子的周圍是二中女子部師範部，縣中，附小的全體教師和同學，末後是各機關法團的代表以及五場的民衆，有許多預約來送行的朋友，也佔在行列裏面，滿臉堆着笑容，在總指揮分配之下，依次通過北碚的市街，各團體整齊的步伐，雄壯的歌聲，民衆夾道的歡呼和鼓掌，加上鞭炮的聲音，悲壯激昂，每一個人都生出無限的感想。

歡送大會是在江干舉行的，因爲要顧着疲勞，所以祇有主席馬客談先生和志願同志代表劉正勛君致歡送詞和答詞，全體志願兵上船了，船剛離岸，船上和岸上的人都發一種狂呼，岸上的角巾，船上的手巾，都相應高舉着不斷的擺動。每一個同志目注岸上的歡送者，和可愛的北碚。船行往遠，瞬間便使我們不能望見北碚，黃桷，黃桷，白廟子了。最動人的是黃桷，白廟擁擠了江干的歡送者。口號，歡呼，以及鞭炮的聲音，引起我們自動的唱起歌來了，多數富於情感的同志哭起來了，尤其是女同志哭得更厲害。

午后船到重慶，全體同志在南岸登岸，正由團管區司令部派員爲我們找住營地的時候，空襲警報來了，我們隊伍分爲三段向郊外疏散，卅分鐘左右，敵機侵入市空，我們的高射砲聲敵機投彈的聲音，震驚了全市，直至晚間十鐘才解除警報。

晚間住裕華小學，因爲今天只吃了一次飯，又因爲避空襲時間太久，所以很疲勞，以致秩序不很好，解除警報之後，大家都出去找水找飯吃，直至一鐘始睡覺。

六月六日

到城裏去看昨日調到的學兵隊的幾個同志，見我到了他

們隊裏，他們都出來了，見了我非常親熱，大家都說他們到隊後的生活情形，我安慰他們，勉勵他們努力求學，並轉達營長待他們受訓期滿就調他們回來的意思，他們很高興，離隊的時候，大家都來送我。

久雨未晴，各同志身體多不很好，今天突然晴了，大家都來跑山（病假走得慢些），這也是却病的方法。

整天的整理清潔，住營地的牆壁柱子通通用水洗過。

晚間到營部寫黨員守則，軍人讀訓，寫完後與營長談起士兵管教問題，營長是最求進步的人，他對於這些問題俱留心，而且也有豐富的經驗，談得很高興，至十二鐘始離開營部。

六月七日

午前處部有命令，要「服務員」到處部考試，十點鐘，我們到處部裏，一個參謀室的參謀來主考我們，寫了一編自傳，典，範令三科各一題，試前，他傳達了軍政部同本處處長的意思，並說明本處各長官佐都要經考試合格才能任用。

進晚七點鐘，發出空襲警報，我們全體疏散出去，至晚九點始解除。綦江交通不便，文化低落，究竟什麼地方被炸，以及敵機入川否，我們現在還是不知道。

六月八日

區署公安一中隊警士曾洪池，請假回家，過綦江各同志都請託他帶信，我也有事要託他，所以入城去會他，大家見了很高興，因為好久未曾會着區內的熟人了，他是我過去的同事，所以更顯出快樂。

今天是××部派員來檢閱。先檢閱我們五，六團。檢閱官很讚美志願兵的精神，但因檢閱未完，沒有正式的講評。

六月九日

今天操場教練的時間，檢閱官突然來了，到我們的駐營地來，檢閱內務，並且作個別的問話，問話的內容是：「一，你是怎樣來的，二，你的家庭狀況，三，你的志願，」志願兵都答得很好，檢閱官也很高興。

午後營長集合講話，對全體獎勵一番，並勉勵大家繼續努力。

今天接着劉文襄與唐必直二君的慰勞信，大家傳觀，都非常高興，因為我們到綦近十天，從沒有接着家信，更沒有接着公開的慰勞信。

六月十日

午前正在寫家信，團長召講話，講話的內容是勉勵我們努力，尤其是維繫志願兵。

午後團長來駐營地為全體同志訓話，內容是：團長明天要到重慶校兵，勉大家要努力學術科的學習。

營長今天午后又約一次談話，也是說明要出去接兵，對一二三連的志願兵，叫我多負責教導，安定他們的心，並且商量到唐玉樞公差回區署的事，營長也已經准了，並由副官辦理通過證。

明天團部和營部都要移重慶，因為在重慶接兵，須要費時半月，今天他們準備很忙，志願軍中也調了幾個隨營團部出發。

六月十一日

為了到重慶接兵，五六團的團部和我們的營部都遷重慶，今天從晨早至午前九鐘都在忙着進行，何平章也調團部服務，同到重慶幫助工作，唐玉樞公差回峽，也是今天同營長一道，到了重慶之後才單獨回峽。

午后入城，幾個志願同志要想打籃球，找我幫助他們借球，應了他們的請求，才到縣黨部去會一位朋友——黃琳澄江鎮人，他現在黨部做執行委員。

借球，作了一小時的擲籃運動後，回到黨部還球，正休息時，空襲警報來了，我們同出去避空襲，這次有個經驗：避空襲就是每日必要運動，身體可以因而健強，避空襲就是野外的會議時機，黃君避空襲的時候，就和黨部的朋友在研究問題，至八時始解除，回黨部又談起三峽最近的建設情形，十時始回營。

六月十二日

譚連長認爲我有向志願兵講話的必要，他很客氣的把他的一堂課讓我講話，這次對大衆講話，是入營以來的第一次，我講的內容是對這幾天所產生的問題，接着兩個講題是「對人與對事」「快樂與憂鬱」，志願同志因爲很久就盼我同他們講話，今天達到他們的目的，所以他們聽來很高興。

以後講話的機會多了，從本週起，爲我多了兩堂課，新生活綱要內則，並且多負士兵的管理責任，爲了這點，我特別做了一個管理計劃，寫好了簡單的幾條，同長官們商量

聽說北碚昨日被炸，志願兵全體都想知道確當的消息，晚飯後入城去找着韓所長，到縣府，長途電話局，各旅館去訪問，都說得似是而非，最後我到電報局發電，才知道是不確的。

六月十三日

從昨天起，我才入手工作，每天除計劃自己的學科外，就是實行我的管理計劃，整個管理的方法是重在個別談話，與一切操課時間決不衝突，個別談話又重在副班長去依着執行，以班長爲單位，作各個或各班的成績競賽，今天有六個副班長實行個別談話，其餘要待明天舉行。

這幾天的病假又多起來了，午前的操場時間，我帶二十個病假到野外去，在休息的當兒，就研究養身和療病的方法問題，我是主張以精神克服病魔最力的一個，他們有很多也表同情。

午後入城，到稽征所晤慕陶兄，藉此看報上究載有北碚被炸消息否？讀報始知，果未炸。慕陶約往桐油公棧和桐油公司會幾位合川同鄉，楊，李，蔣君都是在桐油公司和公棧工作的朋友，因爲同鄉關係，大家談得非常高興，至晚十一時始回營。

六月十四日

第三連志願兵陳福國寡廉鮮恥，昨竟拐去伙食洋二十餘元私逃，本日午前即晤朱連長商量處置辦法，朱甚客氣，願由自己賠償以資了息。

午後執行我的執務，開始個別談話，一部份的列兵也從今天開始，副班長諒是辦了。

公安隊萬鵬摶隊附來信，報告峽區近况頗詳，尤其是對於北碚的防空特別加以描寫，甚有趣味。

六月十五日

今天是規律的生活，操課時間都參加，午後是我講新生活綱要，我覺得這種刻本的書本教育，應該改良，應該改成實生活，由做上去學，那個效力來得大得多，但是不能，非我小小的力量所能辦，縱然幹下去，也是不完整的不滿足的，或許還會發生一些更大的問題。

爲第三連的管理問題，特約劉正勛王德福二君來，就第一連的成法，教他們去實行，午後據他們兩位來談，還很有效，我甚快慰……。

赴綦江慰勞志願軍記

揚秀衡

關於本區志願軍之發起，及經過詳情，與乎一切可歌可泣之事，在本期其他各大塊中想必記載得夠詳明了，無容再來嚕嗦，茲僅就慰勞的經過略加追述，以了夙愿。

本區第一期志願軍係於本年五月二十五日歡送赴綦受訓的，優待委員會覺得他們初初離開了幸福的家庭，及可愛的故鄉……在精神上之飼料，有常加供給之必要，乃決定端午節籌集大批慰勞物品，當即派個人爲優待委員會及全區民衆之代表前往慰勞，在受命之頃，自覺一切幼稚不堪，不足以作代表，深恐有負使命，惶悚之情，莫可言狀，第念各志願同志，率皆往日同事、同學、或親友，慰問之責，弗敢旁貸，遂冒昧從命，於六月十八日（即舊曆五月初二日）即將所收各方慰勞品（計現金二百五十元、香烟二百五十合，香港鹽球一個，鹽梅十斤，榮譽證章二百五十枚，慰勞信四十六）件，攜搭小輪赴渝，同行計有唐同志玉樞，（因公返部之志願軍，改編後即升爲附員）及梁太太（志願軍領隊者梁崙同志之夫人，亦帶無數慰勞品物前往，梁已升爲附員）等二八，是夜宿南岸海棠溪。

十九日晨八鐘復乘汽車赴綦，至巳薄午，午飯后，稍事休息，即由唐附員引赴志願軍駐地——南門外東嶽廟，（時志願軍已編爲十六補訓處第一團第一營之第一第三兩連，第一連駐此，第二連分住土爺廟（相距約半里之遙，距城約五里許）；因路多爬山，而慰問之心頗切，一鼓作氣，即登達營門，雖赤日炎天，汗流氣喘，義忘其苦。至時適爲將士午后休息之際，營門外，三五成羣，屈膝談心者，頗足自得，近而大家偶然相見，莫不喜形於色，歡騰備至，所謂「他鄉遇故知」之樂趣珠足令人憶戀，尤以梁附員之雄姿，益發令人景仰，見則握手爲禮，互不忍釋，聯袂而入營門，不意更呈滿堂歡欣。離情千端，大家相顧，不知從何說起，情緒之熱烈洵爲余今生所僅見，至今憶及，猶欣然不置。

初入該連官長室休息，適衆長官飯後，正聚坐歡談，由梁附員一一介紹畢，彼此攀談，頗洽；當即將志願軍之近況，略加訽詢，並把自己赴綦使命，大略的表白了一番，衆極表贊同，且謂急切需要，因至那時止，已有多數的份子須得加以撫慰，尤需「娘家人」多加開導，給他們以鎮靜劑或興奮劑，使他們堅忍下去，達成其志願。

斯時各志願同志已擁擠於室外，爭先的問着；有問峽區各事業之近況者，有問優待委員會之近況者；有問家庭近況及其親友近況者，有問其有無家信及衣物食品者……余以嘴巴無多，不暇一一回答，那時才感覺得「嘴多」亦有嘴多的用處！

午後三鐘，余以精神漸覺疲憊，辭出；梁附員知其夫人另帶有大批慰勞物品在城中等候，乃與余同道入城。將志願軍之慰勞品分配，稍事商議後，即各歸佈所。是後各志願軍同志，前來晤談者絡繹不絕，可惜對每個人的談話，這時已不能詳憶，（因當時以自己不能文，未作準備，而記之以筆，）茲僅就其大家談吐的共通點摘示於後。

一、在受訓中精神深感痛苦，使每個同志不願接受訓練；

二、發生疾病後的苦衷；

三、不能趕赴前線去殺日本鬼子，爲大家最大的失望；

四、各志願軍及其家屬之優待事件；

五、第四期志願軍應注意的事項；

對以上各點，除勸慰，解釋及答覆外，於目前抗戰期中之兵員的補充，及新兵訓練中所應注意的事項，略有所管見，附誌於此：

一、兵員之補充問題，切盼實施以下各點：

1. 改善人民生活，使無飢寒之虞而加強其抗日的意志，並確定有錢出錢，有力出力的原則；同時於已頒的抗戰將士家屬的優待條例必須實施，務使適當無遺，這樣一方面可以使將士在前方抗戰，無後顧之憂，更勇於殺敵，另一方面，可使人民勇於服行兵役；

2. 不要強迫拉丁，頂好採取積極的教育方式，使每個人民了解抗戰的意義，和情勢而自動的爲國家效勞：

二、訓練新兵應注意事項：

1. 政治教育工作務須加速推進，使他們由老百姓的生活很快的變爲軍隊的生活習慣，自覺的服從軍事紀律，明瞭我們抗戰的意義，加強其抗戰的決心；

2. 改善軍人待遇及教育方式，使每個入伍的壯丁，尤其是志願軍，在精神上很快慰而樂於受訓，以發展其抗敵的意志及力量；不可施行壓制手段，使民衆視入伍爲畏途。

3. 對於軍民關係，務使每個壯丁認識清楚，深入腦海，並了解其應盡之天職，對民衆應盡的責任及應取的態度。

廿日晨，爲了商定慰勞品之發給時間，乃與第一連譚連長及梁附員同赴該團團部面會着胡團附長，當允以是日午后五鐘集合兩連志願軍，點名發給，並略謂「……志願軍中當不乏優秀份子，稍事訓練，即可派充下級幹部，在處長的意思，調選一部份入學兵隊受訓，以備將來派作新兵中的下級幹部，而使他們的精神更延展到廣大的壯丁中去，發生更大的力量，但是他們絲毫不聽命，堅持要他們大家一起去，不容分散，真是糊塗！若時來到了前線，而某處只需一排或一班人來補充，也不是要兩連人去麼？又譬如以蔣委員長之才，今天編個兵去拿了槍桿殺幾個鬼子，究孰利於我們抗戰……」余辭出後。即以胡團附長這一段話，轉叩各個志願同志，率皆答曰：「……吾等原爲痛恨日本鬼子而志願從軍，早已抱定『有我無敵』之決心，我們非『渴飲鬼子血』後不願見鄉中父老親友，……倘若受訓後，過那小小的『官生活』，殊非吾等所希望於萬一者，尤其這種不合理的訓練，不仁的……！萬一病死在這綦江，那更是寃枉極了……」於此，我更深切的感到：

一、新兵訓練的方式不合理，致使各兵士往往不願受訓，不求自己殺敵技術之增進，而冒昧的濺着熱血，甘於消極的犧牲，

二、官長對士兵不能夠親切，合作，對管，教，養，衛生，各方面，似有漠不關心的樣子，致每個士兵不慣於軍隊生活！人民有鑒於此，誰願意入伍？

正午，梁附員，與王附員德福…等十餘同志大事招待，並邀譚連長朱連長(第三連)，作陪，大家爲着國家的前途慶幸，盡與歡飲，無不豪放；惟自己身負慰勞之責，實則反厚擾了各同志，深覺不安。今猶引爲遺憾！

午后五鐘，余趨往該團一營操場，時志願同志在各處長指導下已集候良久；首由胡團附長對全體訓話後，余便繼以報告，其大要如左：

一、到綦江的重大使命及其動機

二、峽區各事業機關之動態；

三、優待委員會工作之進度及其正計劃辦理的工作；

四、關於優待金之各方面的情形及今後之月捐運動；

五、優待金對及各同志家屬之優待情形；

六、奉勸志願軍各點：

1.服從命令，遵守紀律，努力學習殺敵技術，增進殺敵能力；

2.羣策羣力，共赴國難，

3.注意飲食與環境衛生，

後由梁附員將帶去的各慰勞信中比較重要與有義意的當場一一宣讀，衆聞之下，莫不高興采烈；甚至臥病者，精神亦頓振，無一告假，此種觀象，實爲空前，殊足令人感動！

讀畢，即開始發給慰勞品，計每人現金一元，香烟壹合，獎章一枚，鹽梅與籃球公用。發畢，已八鐘，而衆同志咸稱：「此雖一元之微，却比平常有拾元之數，正要用得開心些！」探究其由，乃以他們個個正囊空如洗，眼巴巴的看看端節放假沒錢使用，而偶然得此微數之人，尤其是「慰勞金」自有「久旱逢甘霖」之感。

嗣因清理優待金之收據，及等候各同志給家庭之信帶回，於二十四日始返碚；對於綦江城鄉霍亂之流行情形及慰勞志願軍之前後所感覺之一切問題即向盧區長（兼優待會委員）有所報告。於霍亂之預防一項，亦立將解決，旋於六月三十日復行攜帶霍亂藥苗，空針，…等赴綦與第三連的志願軍普遍施行預防注射（第一連的志願軍已由該團醫務所負責注射完畢），茲特同併略記之，以示不忘。

最後還有各椿事情，值得介紹出來，以爲志願軍慶：

一、志願軍，入營後，究與普遍一般壯丁入營後有不通的地方，就是在他們的營門口，沒有衛兵，像看犯人一樣的去看守他們，同時他們也很能自治，

二、志願軍到各鋪店去買東西，老板對他們客氣，其價值亦必較普遍一般軍人去買要便宜，尤其是女同胞對他們更沒有「濫丘八」之稱呼且極敬重。

三、原來帶去的慰勞金盡是伍元或拾元鈔票，不便分發，於是因梁附員的關係到營業稅稽徵所去找韓所長，設法換掉爲壹元的和貳角票，殊韓亦一時沒法，其夫人因係志願軍的慰勞金，很快的由內房裏取了出來，毅然的承認到省銀行去代爲掉換，最初…

行裏面的人，雖平時卽與韓太太相識，但不承認掉換，後來韓太太卽聲明道：「這是志願軍的慰勞金，要換爲小票，便於發給，不是我私人掉來作別的用途，這是要請貴行特別幫忙的！」這樣一來，行裏的人員卽毫未加思考的說：「啊　啊！關於志願軍的事情那是絕對要幫辦的！」結果，二百五十元，悉被掉爲角票了；

四、綦江城裏，別隊部的壯丁，見了志願軍每個人都得着無數的慰勞品，又有人來慰問他們，不禁長嘆曰：「我們應該參加志願軍去！啊」後來，聽說果有幾位壯丁亦加入了我們的志願軍；

以上四端，是將記完畢的時候才憶起的，且僅就其大者而言，其實，像這類的事實還多，誠恐「又長又臭」使人厭煩故從略

端節慰勞抗屬記

舒傑

今天是廢歷的端節，天氣也異常地清朗，峽裏雖然禁止了划龍船，却免不了吃粽子。所以我們區署昨天也準備了不少的粽子。粽子代替了我們今天的早飯，當我剝粽子葉，裹白糖的時候，便想起了一裝事，「今天不能紀念那古時代的屈原，却應來慰勞抗戰將士的家屬」。於是這「慰勞」的工課，便在我們腦海裏不斷的縈迴，霎時佔據了整個的身心。

噹！噹！噹！上辦公室的鈴響了，走到自己掉案，馬上將今天應辦的工作很快的告個結束，與優待會的唐君去向區長請示，說明我們到黃桷鎮去慰勞模範的母親——劉老太太，與志願軍發起者——王德福的家屬的意思，區長本來也準備要去的，便讓我們到黃桷鎮，他自己便去慰勞那模範的保長馮時齋等。

我們得了區長的允許，看時鐘已過九點半了。廣郎出了辦公室，在紅男綠女，車水馬龍的北碚市街裏；匆匆地買了溫泉掛麵，合川桃片，涪州榨菜，專雇一隻小船，單送過江。船攏河岸，許多小孩和船夫，都圍着我們來看希奇，說：「這是送給志願軍的禮品」，我們攜帶着這些禮品，便到黃桷鎮聯保去休息，問路。

「恰巧我們黃桷的禮品，已分送給了抗戰家屬」，周助理員很得意地向我們介紹，他說；「我們市街幾保的禮品，是整個的統籌，平均分配給各家屬，今天擺了幾十盒，約集本市士紳，很熱鬧地抬着遊街，當我們遊街的時候，全街的市民，莫不現出歡迎，羨慕的眼光，最有趣的，是一個五十多歲的老太婆，用手拍他女兒的臂膀，笑迷着雙眼說，「哼！可惜你是一個女兒!!」我聽到此處，想起一句古詩，「遂令天下父母心，不重生男重生女」，今天的情況，應改作「致令天下父母心，不重生女重生男」了。

稍停，周助理員和楊隊附陪我們同到模範母親的家裏，她家是住在黃桷樹的正街，開着一個小店，陳列着各種糖菓，鞋子，等日用物品，正中掛了很大一幅紅底金字的匾額，「模範母親」，貨物不多，排列整齊，看情形好像開張不久。我們點交了禮品，先致最誠懇欽佩的敬意，再告訴他志願軍近況，劉老大太是一個頂撲實豪爽的人，她說：「我覺得區長和民衆對我太好，尤其是這種慰勞的舉動，真不敢當！平時得到的幫助已經不少，……」同時她又介紹我們認識劉楷的父親，於是我們便很坦白地攀談起來。

首先我問她最近的生意如何？她回覆說：「生意到還不壞，不過牌面不久，貨色不齊，但房東因爲尊敬我們，房租很相因，經營的人是我女婿，」

唐君問她最近得到劉楷的信沒有？她說：「信是收到好幾封，我不歡喜，我拜托唐先生替我回一封信，叫他不要常常寫信，做起扭扭怩怩那樣子，兒捨不得娘，娘捨不得兒，入了營，好像嫁出去的姑娘，要好好練習本領，遵守軍規，當娘的人，三兩年後將家事料理歸一，還是要到前線的」。

我們爲着時間的迫切，在很短的談話裏就告辭出來，在炎炎的烈日下，又向那蔣家灣紡織合作社去慰勞志願軍的發起者王德福——的家屬，王老太太住在蔣家院裏，大家都以爲她在紡織社工作，殊知帶一個半歲大的小孩，竟無法工作，因爲鄉間大人細娃都有事做，託人帶人很困難，請奶媽要兩三塊錢一月，還要跟吃，很不合算，因此她只得自帶了。

在歸途中，我們到想組織各種工業社，雖然是救濟抗戰家屬的唯一辦法，但成立託兒所，也是農村中一個刻不容緩的問題。

北碚月刊

第二卷第七至十二期合刊目錄

封面；三峽實驗區之小麥展覽會

插插圖：九幅

題目	作者	頁數
嘉陵江三峽鄉村建設實驗區署抗戰時期中心工作報告【自民國廿六年七月起至民國廿七年八月止】		一—二四
爲抗戰建國之礎石的社會與經濟改造	楊家駱	二五—三一
三峽實驗區改進農田水利及發展水力之設計	劉夢錫　林平一	三一—三三
三峽實驗區衛生院初期計劃草案	孫家齊	三四—三七
社會概況調查綱要	言心哲	三八—三九
三峽實驗區社會概況調查計劃大綱	言心哲	四〇—四一
三峽實驗區社會調查設計大要	言心哲	四一—四二
復旦大學教育系研究本區教育之工作大綱		四二—四三
嘉陵江三峽鄉村建設實驗區合作事業概況報告		四三—五四
三峽實驗區之驗水選稻種運動	建設股	五四—六一
嘉陵江三峽鄉村建設實驗區小麥展覽會經過	黃子裳　顏光照	六一—六二
三峽實驗區地方教育輔導委員會成立經過	教育股	六二—六三
三峽實驗區廿七年上期小先生活動計劃大綱	教育股	六三—六五
實驗區署廿七年春季種痘經過	劉文襄	六五—六八
中國教育服務社狀況		六八—七〇
國立四川中學師範部青年勞動服務團近況		七〇—七一
聞人講演彙載：		
高孟旦先生傳	楊家駱	九九—一〇〇
旅蓉回憶記	盧子英	一〇一—一〇三
嘉陵江三峽鄉村建設實驗區署工作報告書【廿六年九月至廿七年四月份】	趙仲舒	一〇三—一三六
峽區要聞彙誌（二十七年一月至六月份）	成善舉	一三六—一四五
歉仄與感謝	編者	

志願軍故事

曉莊研究所集

一　模範母親—劉老太太

她是歇馬鄉人。她的兒子劉楷，十六歲。未加入志願軍前爲通俗讀物編刊社採買，月薪五元。從前讀過五年書，過去歇馬鄉某保長，曾說要他當兵，他也知道遲早年青人要當兵的，所以這次他就參加志願軍了。

通俗讀物編刊社在石子山，離家遠，所以他參加志願軍時沒有回到家里稟知他的母親。但是，四月廿八日，當志願軍在黃桷樹遊行的時候，她母親恰好在黃桷樹一心昌油蠟鋪女兒家里，見了他參加了志願軍，快活地了不得，特別拿了一塊紅府綢爲他掛紅，並買了兩包火炮托人放，祝志願軍勝利。當時又對兒子說：「兒，家中之事有娘管，你到前綫去，爲娘望你努力殺敵，得勝回來！」之後，她的女兒爲了鼓勵弟弟，也送了劉楷一套綠軍服，同時她的在東陽鎮作校長的弟弟周吉西，也送了外甥五塊錢。

劉老太太家里並不怎麼豐富，每年只能收谷物十一二石，年成不好，只能收十石，這點收入只夠家中半年吃，劉楷入伍後，三峽區署送她一塊匾額，上面題了「模範母親」四個字，她參加送匾典禮後回到歇馬鄉家里，路過聯保辦公處，見有保長們在那兒開會，她想和他們談談，勸他們也把志願軍提倡出來．不要再拉壯丁，但是那些保長們推她出去，說：「你的兒子不在本地投效，跑到北碚去作志願兵，你不配在這里對我們講話！」劉老太太受了這一排氣，並不灰心。她下了決心．要以她的精誠，來感化故鄉的地方官吏

二　王德福

王德福，志願軍之創始者，合川人，三十二歲，初中一年級肄業，未入志願軍時爲峽區公安隊中士，先是王君鑑於保甲制度之腐化，且目覩××鎮駐軍之強拉民夫，王君因立志：第一、力求合理負担，免得出錢出力都是苦人，老百姓受壓迫，第二•糾合青年同志共起殺敵否，則中國前途可慮，第三、民衆要組織，以迎合二期抗戰之需要。會文星鎮開會討論兵役問題，地方當局，頗感棘手，王君振臂一呼，保甲長雖于當時響應，但于組織時則裹足不前，王君乃糾合公安隊友人及其他友人，于是志願軍之雛形遂產生，十日後，投效者日衆，數目達五百名之多，其中且有各地之逃避兵役者來歸。王君謂所以形成此種狀況之原因，第一、因志願軍有地方政府之優遇，可免後顧之憂，第二、保甲長辦法不合理，故有許多人甯死不當兵，但志願軍則非壯丁可比，其光榮實莫大焉，至於志願軍之好處，王君意：第一、可消滅兵販子，消滅保甲長之營私舞弊，第二、抽壯丁往往將生產能力大之人抽去，志願軍則否。

王君家道不豐，且有妻子各一，此次出征，妻子均委身岳父彭玉發。彭老者深明大義，慷慨納之，且聲言彼亦想從軍焉。

三　梁崙

梁崙：他是青年抗敵出征團的主任委員。未入志願出征團之先，任北碚公安隊隊長，和北碚聯保辦公處主任，每月有五十二元的薪水。

本年春，北碚第一次抽丁，首先作兵役宣傳，但羣衆多觀望，梁主任便對羣衆講，必要的時候，他必定軍從去，因為他覺得他應以身作則，並且保甲長和聯保主任若能從軍，則一切營私舞弊可以減少些，另外他見到××場徵壯丁時，曾強拉北碚的人，××場的保甲長曾因徵壯丁逼死過人，這樣的不公平，不合理的慘痛的事實，很使他感動，因之此次他毅然決然地加入志願出征團。

四　萬鵬搏

四川榮縣人，年卅四歲，任北碚公安一中隊隊附，家清貧，有老母。兒一，女二。常肄業小學，民十九年十月初九於此間常備二中隊入伍，以為人誠樸，求精進，有毅力，凡事每自告奮勇，務達目的為長官獎譽，入伍後，受六月嚴格軍訓，服務於此間第一特務隊（即今公安隊）及第三特務隊，三峽五中隊。成績頗佳。廿三年任公安第三中見習隊附，同年峽區國術比賽得二獎。廿四年入合川班長訓練班受訓，成績優異。廿五年再任公安第三中隊見習隊附，廿六年冬任公安二中隊文星鎮派出所隊附，對抗敵宣傳與地方建設，皆極努力，後調白廟子派出所，成績大著。萬君除公安勤務外，對於組織苦力，訓練民衆；整理市場，興辦學校均極熱心，在萬君組織下之挑炭伕，及其他苦力達千餘人，為之設法保障合理待遇。其訓練民衆，除創辦民衆校短期校，教以國民基礎常識，歌詠等外，并訓練大刀隊，司號隊，防護團，兒童拳術隊各數十人，藉以喚醒民衆同仇敵愾之慨。萬君不善歌，然而在民衆之前，每作獨唱，滿場皆大歡喜。其整理白廟子市場，興辦白廟小學，整理住家及本地船戶，亦頗有成績，本年春調此間公安一中隊，任分隊長，時適發起第一期自願軍，萬君即欲參加，因職務方調，不克抽身。萬君以軍人應效命疆場為志，故決然拋妻別子，發起本區二期志願軍。

五　保長馮時齋

家庭狀況　馮時齋保長，是峽區十九保保長，有子女七人，全家共十三人，長子瑞海務農，次子瑞全，現在志願軍內受訓，三子四子及兩女在區立石坑小學裏念書，幼子只四五歲，每年收入三十石穀，每年須用洋四十元，還債息三十元，共用七十元，每月所收之錢不夠付出，全家愛國熱忱很高，三子四子念書很不錯，小字寫得很好，馮保長每夜督促其子，努力求學，為國效勞。

馮保長的話：「抗戰已進到二期，前綫極需要補充，以便積極反攻，現在我們本區還未抽丁，我們應該把有用的青年人，弄到前綫去反攻，志願兵發起前，我即有送子之念，好以身作則，使本保的青年人，自動的加入志願兵，志願兵發起後，我還不知我子已參加了呢，現在本保就有七人參加

了志願軍」馮保長慷慨的話，很使人感動，實爲峽區保長的模範

兄弟爭先：志願軍發起後，瑞全方由重慶回鄉，見到此事，很快的報了名，後來瑞全之兄瑞海，也報了名，他們還家之後，就在家裏大門口，石磴上互相爭着要去，瑞海說：『你年紀還少，只有十七歲，還未到服兵役年齡，我比你大，年青力壯，該我去。瑞全接着說：『我十七歲也不算小，何况你有妻子，還要種莊稼，我在家無事，正是出力時，這事應該我去，』兄弟相爭結果，還是瑞全參加了志願兵。

六　保長吳子剛

吳保長（子剛）之子俊卿，又名崇禮，年十八，先在余家鞋店當學徒，現在北碚巳加入了志願軍，次子崇厚，在重慶第二菜市場肉店做學徒，

保長家中小康，每月有三十五元的進項，家中只有三人，自從志願兵發起後，他的兒子俊卿，因不願在鞋店當學徒，毅然決然的參加了志願軍，在俊卿參加志願軍時，曾說這樣話：「世界太不平不講道理，東洋人強打惡要的來和我們中國打仗，我眞不服氣，我也是中國人，非去打鬼子不可。」我們問保長，喜不喜歡你兒去當兵呢？保長說：「我怎樣不叫他去當兵呢？現在正是有錢出錢，有力出力的時候，那麼一個青年人，就應該到前綫去殺敵」，

吳保長又對其子說：「我希望你在前方多流血，拚命殺敵，當兵是最光榮的，在隊伍裏應該守紀律，守秩序，小心謹愼，」吳保長訓子之精神，眞令人佩服。

七　李母

李天全，十八歲，家中父母雙全，他聽說馮保長之子都從軍去了，並且每年還有一石穀，所以不顧一切的參加了志願軍。家中靠種莊稼過活，每年可得八石穀，這樣，一年的生活即可安穩的過下去。

李臨走時，其母曾送了四包禮品，四塊錢，設了一桌酒，在喝酒時，其母說：「你要好好的聽長官的話，多多受訓，不荒廢學業，還要多多來信，等到打走鬼子再回鄉，不要忘記了在家的父母」，李天全聽了之後，就跟其他同志到志願軍出征團裏了，

八　張輝

張輝年廿三，四川忠州人，從前在萬縣四師範修業，修業後即在忠州初小教書，兩年後由忠州回鄉，過踏灘場，遇着土匪，會籍行李連人一齊沒收，匪首蔣士地並強迫她爲妻，因此她就住在山上和土匪一起生活，這樣過了一年半，去年冬月初，蔣到北碚投誠，棄邪歸正，在北碚住家。

她說：「以前在山上，不知一切，胡亂地鬧了這麼久，抗戰以來將近兩年，我還不知道中國和誰打仗！自到北碚投誠，才知日本帝國主義侵略我國，想滅我種族，佔我土地，所以我早想加入軍隊，爲國效勞，可是總沒有機會，」

接着我又問她：「你從軍去，家中生活怎樣？在報名投軍時受到何種阻礙？」她答道：「家中只有一個丈夫，他還有錢，沒關係，不過我曾受到丈夫的阻礙，他不准我去，然而我的丈夫頭腦不清醒，我不願這樣跟他過下去，要幹點有意義的事才好！」張先生回答我之後，我又問：「張先生參加志願軍有何感想？」她答：「國家到這時期，我們青年正

是爲國出力的時候，何况我會打仗！我有這種技術就得參加抗戰，所以這次參加志願軍，非常高興，再說，一個人也該爲自己的國家爭生存，不但要爲個人找出路，」

「那末，你對這次抗戰有何意見？」我再問，

「這個嗎？我覺我以前錯了，以前是爲個人打算，現在是整個的民族戰爭，不能顧慮個人，要爲整個民族而奮鬥，所以每個中國人，都得負担起抗戰工作，我是中個人．就得負担起一份責任，由於敵機這次轟炸重慶，這些沒有抵抗的平民，都死傷在炸彈下，我們要爲死難的同胞復仇，武裝自己，趕走鬼子，這樣每個人都得武裝起來，充實自己力量，日本就不會打進來。」

她對於抗戰發表了以上的意見，可見牠這次參加志願軍是有極大的決心的；她實在可作一般婦女的模範，她的話以及英勇的行動，不但一般婦女要學她，就是一般男子，也得照她這樣作下去才是中華民族的好兒女！（編者案：因政府目前還不收女兵，所以張先生後來沒有去得成！）

九　逃避兵役者之從軍

公安二中隊士兵丁楷成．陳海榮，袁峯山，係去歲補入的新兵，他們三人都是爲躱兵役而來，奇怪，他們現在都掛着紅的胸章，摩拳擦掌地，要和日本鬼子拚命去了，他們自己也好笑，逃兵役竟自逃到前綫去了。

十　徐道士

徐光明：泰安鎮人，在北碚禹王廟爲道士，此次志願軍成立時，多人報名。徐同志深爲所動；感到國家需人日亟，乃毅然報名參加，並笑說：「從此我大開殺戒去捉鬼子」！

十一　卿先聘卿節文

卿氏弟兄係合川三匯壩人，家中共有兄弟四人，除他們兩人已來投軍外，長兄在山西第四十六軍里，另外一兄在合川女中服務，所以他們兄弟四人，已經有三個人參加到抗戰中來了，他們來的時候，家中母親和嫂嫂眼見着重慶被敵機狂炸，所以不但不阻止他們來，反而鼓勵他們兩人，他們家裏以前還算殷實，現在每年有十多石谷（十石左右）的收入，但是一方面父親被土匪打死，因而惹起了訴訟，一方面因爲先聘和兩個妹妹的讀書，所以家庭經濟很困難，卿先聘今年十七歲，就在今年失學，卿節文今年十九歲，未加入志願軍之先，在嘉陵煤球場作辦事員，每月薪水十四元，先聘平日的言論，很使節文感動，節文有一句話，總掛在自己的心上，就是：「雖一槍一彈，必抗戰到底！」

先聘這一次還未讀完兼善中學一年級，便回家了，在家鄉裏他見到一些可怕的事實：第一、許多能生產的壯丁，都被拉走了；因而合川出現不少荒地。第二、他家的一個佃戶；第一回保長拉他，這佃戶給保長二元錢，算是緩役了，第二次保長又拉他，他又給這保長二元錢，這樣重復了十次，結果共花了二十元錢，這佃戶竟被這保長派作甲長，他便照保長的方法拉旁人，旁人也照他這樣暗中給他錢。第三、被抽到的人，往往不去當兵却僱一個人替他去，這樣便造了兵販子，這兵販子，入伍之後逃回來再替別人去，不可忽略的是這兵販子與保甲長有着密切的聯絡。第四、有錢就是有三個兒子，也可以一個也不去當兵，保甲長不但不強制他去，

反諂媚他，第五、抽壯丁不抽而用拉的方法，過路商人，田壩農人，甚至于有職務的公務員與出差的士兵，都往往被他們將符號撕下拉去當兵，過去每一個小鎮上，趕場的差不多全是女人，最近已經好些了。

他們見了這些事實，非志願從軍不足以救國，非以身作則，不能有廣大的効果，所以毅然投軍。

十二 劉正勛、唐亞民、吳嘉賓、雷鑫清

四人爲王德福之友，亦卽最初響應王德福之號召者。四人皆爲峽區手槍隊，四人意志頗堅決，來時曾發誓：「若不趕走日本強盜誓不還鄉！」

四人組織志願軍之動機，可分下列數點：a本身爲軍人，過去作太平兵，吃民脂民膏，現在戰爭日極，出征乃彼等之天職。b「我們生活固不成問題，但如國不保家何在！」c日本帝國主義之殘暴，d保甲長營私舞弊，以致許多人甯爲匪不當兵，非自動從軍不可。劉君去歲開石灰窰，月入甚豐，北碚電力廠廠長劉文襄君，卽其弟兄也。

十三 陳錫權

合川人，在二岩聯辦公處送公文，送公事時，許多壯丁都說：「你們來抽我們，你們吃國家粮，却不上前線！」等一類譏刺的話。當時他聽了心裏非常難過，其後兵役問題日趨嚴重，陳君覺保甲長人員乃「衆人之代表」乃決然加入志願軍。陳君家有叔父及兄弟，目前均不知彼已來此。陳君家開棧房，收入尚可。

十四 張伯霖

張伯霖丟了他的教鞭生活，前來志願軍報名，他說：「我過去也是一個軍人，成都巷戰我的脚桿曾受着傷，這個傷痕——是我在內戰時得到的最大恥辱——這個恥辱，惟有日本鬼子的血，才可洗得乾淨的」。

十五 楊紹雲

楊紹雲每天在廚房里作切菜和烹調的工作，你以爲他的腦海冷靜麽？不，他現在已是個抗日軍人了，他在臨去時的談話中，說：「我不會用槍！」我回答他道：「你不會用槍，你會切菜！」他說·「我不但能切菜，我更能切日本鬼子的頭！」

十六 熊子愚

熊子愚北碚天生橋人，家境富裕，每年收租一百五十石，這次北碚志願抗敵出征團發動後，各保都有人響應，惟獨天生橋所屬一保，一個志願軍也沒有，熊君覺得很不好，便告訴大家說：「我可恨有脚氣病，沒有資格去當兵，但是如果我們這一保里有人願意當志願兵，我每年每人奉贈谷一石。倘若有一百五十人去，我全把一百五十石谷奉送，倘若超過此數，我願賣屋補助本保出征將士家屬，到他們得勝回來爲止」，自從這個消息傳出之後，天生橋便有五位壯丁自動加入出征團。

十七 侯壽庭自述從軍經過

原籍潼南保龍場人，因本地義勇不主張公道，遂往合川舖家工作。個人並不是逃避兵役，確實因爲本地辦事人用一種手段非常痛苦！受繩索綑綁！本人正值青年，願盡責任，何須用這種手段！有些人講北碚志願出征青年團，我聽到就到北碚參加，是我自願來的。

第一卷十二期要目

廿六年八月一日出版

鄉建的三大意義與智識份子下鄉……梁漱溟講　王永政記

中西文化的差異……梁漱溟講　葛向榮記

成都之行……盧子英　黃子裳

嘉陵江三峽實驗區署教育視導暫行辦法

嘉陵江三峽實驗區署聯合視導暫行辦法

農村教育實施計劃……王新民

嘉陵江三峽實驗區民國二十六年義務教育實施計劃……劉忠義

保甲長底基礎知識……劉文襄

志願軍運動的幾種文件

一 宣傳大綱

宣傳大綱的擬訂，主要的目的在求宣傳材料有所根據，不敢信口開河；并對宣傳方法有所提示，筆者曾草兵役宣傳的技術問題一文，刊載兵中。原大綱全文甚長，茲節錄各要目如后：

我們老百姓應盡的責任
——保衛我們的大家庭

(甲)我們為什麼要抵抗日本鬼子？

一、日本鬼子要亡我們國家，滅我們種族。

二、日本鬼子對我們慘無人道的暴行種種。

三、亡國慘狀：世世為人奴才，永遠不能翻身。

四、淪陷區的壯丁被日本鬼子征了當兵來殺自家人

五、淪陷區的老百姓都起來打游擊。

(乙)我們越打越強，快到勝利關頭。

一、現在我們傷亡和敵人傷亡的比例。

二、我們只要「熬起」就可打倒日本強盜。

三、最近已經轉好運了，我們不但得着地利人和還得了天助。

(丙)我們為什麼要去當兵呢？

一、廣西出兵最多。

二、老百姓死的比前綫士兵還多。

三、我們四川出征將士光榮的情形。

四、出去當兵，不但沒有什麼危險並可陞官發財。

五、我們現在快要勝利了，今後出兵更是佔了便利。

六、大家要明白征兵的道理。

七、外國人都幫忙做志願兵，難道我們自己不出來幹嗎？

八、大家要勸壯丁當兵去。

九、我們的壯丁直送中央部隊訓練。

(丁)我們對于出征壯丁家屬的優待和保障。

(戊)峽區徵調困難情形：

我們三峽地方有很多的苦處，第一，地方窮，因為山多田土少，粮食出產只夠兩個多月用，大多數農人種的土地，不過幾斗粮食地，主要的平時靠做工，尤其是礦工苦力謀生。第二，前年天災乾旱，本饑區餓死的人比江巴璧合隣近十幾縣，任何一縣多，特別的慘，（可參攷二十六年二月號北碚月刊）第三，試看看被迫兒童入學，多艱難，因為多少童

工，要自己找活路做，故雖強迫迄無效果，第四，試看看六十七歲的老者，當礦工挑煤炭的都不少，第五，從社會調查戶籍簿上看，就知道最大多數的老百姓，是什麼樣的人，過的什麼樣苦的生活，第六，這樣的人家抽兵之後，他的家庭善後頗難辦，不過我們區內礦窰和大房東等，近年來還算很賺錢，將來他們自會大大的樂捐一吓，第七，農人做礦工的很多，所以各礦廠聽到說征兵就非常恐慌，這些都是事實，只要下鄉一看，就一目了然，第八，各縣的保甲，有的都是隨便在造，以多報少，實驗區對於戶口異動素很認真，當然正確，比較起來，就大成問題，例如巴縣約八十餘聯保，而北碚鄉算是八十聯保中之下等者而已，配賦征兵，充其量不過按八十分之一比例配，……較之有的縣份，保甲編制極其馬虎的，更成問題了，第九，何況舊編之一百六十一師在峽駐防一年，保安團兩個團駐防很久，八十八軍往來幾次促着拉夫拉兵 又有形無形的參加抗戰去了，可數的本地人就有六百多人，現在持有前方證件的，就已有三百人左右。

（己）我們辦理徵兵原則：

（一）平等

（二）嚴禁舞弊

（三）以身作則

（四）優待出征壯丁和國士一樣

（五）絕對求功絕不貪功

我們實驗區雖然最後補征，但有了其他各地的經驗，對於抽兵，比較的熟悉，自然會辦到第一平等。例如不論富貴貧賤一樣出錢出力出人。第二、對貪汚，我們大衆百姓更要相互監督，如有亂派人亂派錢的，小則嚴辦，大則懇請上峯予以槍決，第三，公務人員就是區長聯保主任等人，也是以身作則，倡導一切，大家一鼓作氣的做去，因爲這個抗戰關頭，好像煮飯一樣，快到煮熟的程度了，祇還需加上一把火，便會成熟，第四，本區待壯丁一定要當國士優待他，慰勞他，歡迎歡送他，絕不會把他當成罪犯的，第五以後如其是兼理稅收，經費獨立，那嗎以後自當在抽兵之後，就地加以訓練，然後再送，對於壯丁各方面，一定多有幫助。第六，本區經辦兵役人員都是以大義相勸勉，自然是要爲國求功立功的，但絕不至於昧起良心不顧百姓的萬分苦衷，而竟貪功的。

（庚）怎麼樣徵調

（一）這次本區要征多少？

（二）怎樣才辦得平？

（三）那些人該參加抽籤？

（四）那些人可以緩抽？

（五）那些人可不抽？

（六）該抽的怎樣抽法？

（七）抽了後怎樣召集？

二　爲徵求志願抗敵將士告本區青年同胞書

親愛的同胞們！

抵抗日本鬼子侵略的戰爭，已經打了兩年了，兩年裏面，我們已把他們打得精疲力竭，走頭無路，要開始總崩潰了，這是什麼緣故呢？一句話，他們人少兵少，經不住我國人多兵多，實行長期抗戰，俗話說：「祇要青山在，那怕沒柴燒」，我們今天也可以這樣說：「祇要雄兵廣，那怕戰不贏！」日寇的兵額不夠分配，所以現在常常打敗仗了，雖然如此，但是我們要把鬼子完全趕出中國去，兵力還是不夠。我們爲充實前線兵力，提早趕走鬼子，縮短抗戰日期起見，特發起了一道志願從軍運動，號召每個有志氣，有見識，有熱血，而不願做亡國奴的青年同胞們都來參加，第一期報名加入的，計有五百餘名，他們轟動了北碚和重慶，引起了全川全國的注意，社會對他們極其尊重極其敬仰，紛紛地贈以旗幟，款以酒食，捐以金銀。他們走到那裏，那裏就有盛大熱烈的歡迎，就有殷勤誠懇的慰問，他們和他們的家屬都已攝製成了活動電影，每個人的英勇姿態都將於銀幕上表現在全國全世界人們的眼前，就在火焰山的民教館，我們也可瞻仰到他們豪壯的風采，最近軍委會政治部又準備；把他們的事蹟編成戲劇出演，他們的名字，他們的史實，將永遠成爲歷史上最榮耀最光彩的一頁！

當他們出發前的時候，全區各界各幫的同胞，各大中小學的男女同學，和各事業機關的同志們，都感於他們的義憤，慨慷地湊起錢來，送了他們每人二十元的安家費，無家室的就帶到路上去作零用，並保證他們家屬以後的生活，絕對沒有凍餒之虞，在入營後的生活及行動，也遠較一般優厚及自由，官長對我們更可說是禮遇有加了，現在他們中間，有的已經任了醫官，有的任了司書，有的任了特務長，有的當了少尉，中尉，學兵大隊也要在他們當中選兩百名出來，作爲軍隊的基本幹部，但爲他們所謝絕了，說：「我們是來受訓殺敵的，非共赴前線，趕走日本鬼子，不足以洗雪我們歷年來的奇恥大辱，而且有負峽區這數萬同胞的殷切期望」，他們眞可算是一羣中華民族最優秀的好兒女！

最近，區署曾兩次派員去慰勞他們，爲他們打霍亂預防針，爲他們寫信帶信，發給他們的零用，並在他們每個同志的胸前佩上上一個很好看的光榮紀念章，在每個同志的家庭門首，掛上一塊「光榮之家」的門牌，規定往來官員，過門時，都要登堂叩問，志願軍家屬若是參加任何公共的會集，大家都得對他讓坐，讓他坐首席，坐前面，以表示崇敬。

現在區署正在積極進行工業合作，爲每個同志的家庭，尋求適當的職業，爲他們出本錢，爲他們買工具，爲他們教技術，代他們尋銷場，代他們買原料，不但每日齡件給工資，而且還可以年終分紅息，他們生了病，可以免費到公立醫院治療，有子女可以免費進學校讀書，至於那些臨時捐款，更可以完全不出，如像這次徵收防空經費，就有好幾位同志的家庭，免脫了一百幾十元！這些都是事實，都是可問得到，查得出來的事實！

前幾天，他們紛紛寫信回來說：他們三個月的訓練期間，快要挨滿一半了，不久的將來，就可以齊赴前線，馳騁疆場，大戰南北了，他們現在才兩連人，很盼望我們二期，三期。奮起直追，前仆後繼，編成一營一團，甚至一軍一師，成爲一個鋼鐵般的勁旅，誓把此無理倭寇，趕出長白山脈，追他鬼子回東京去！

因此，我們便決定辦理第二期志願軍了，辦法與前一樣。

同胞們！連日敵機肆意狂炸，何處還有安樂土？何處不是枉死城？與其在後方受死等死，到不如衝上前線，轟轟烈烈，痛痛快快地幹他一場！不但可撈回了本錢，而且更可算還老賬！同胞們，「國破家何在」「寇臨患已深」，這正是我們每個有志男兒巾幗丈夫「立功立名」精忠報國的時候了，這正是我們積小勝為大勝，轉退守為反攻的緊要關頭了，我們若再不興然奮起，以盡國民的天職，難道忍心看著國士的淪喪，忍心看著同胞的流亡，而上辱祖先，下絕子孫嗎？

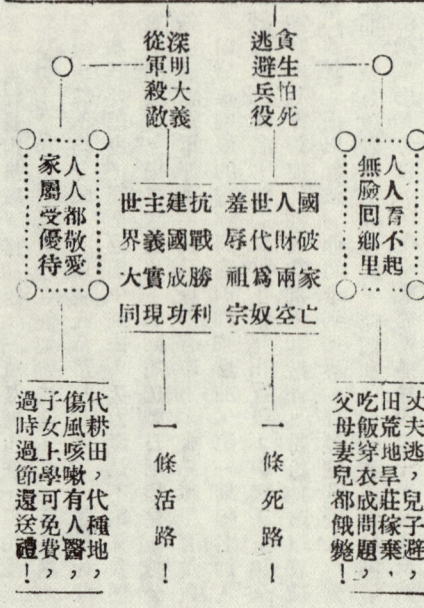

我們是神明華胄的優秀子孫，我們是中華民族的好兒女，幾千年來的光榮歷史，不應在我們手裏葬送，我們要保衛千百代祖先的陵墓，我們要保證千百代子孫們幸福，這偉大的使命，這緊迫的時機，已不容許我們再逃避，再留戀，再遲疑了，人活百歲終須死，再不去拚死，再不去從死裏求生，連死亦將無葬身之地了！趙老太太以一文盲老嫗，猶復在敵人後方抗戰七年而矍然健在，難道我們青年尚不及一老太太嗎？

青年！可愛的青年！眼前只有兩條路了，何去何從，請自擇決！

青年同胞的兩條路

貪生怕死　逃避兵役
→ 人人看不起　無臉回鄉里
→ 國破家亡　人財兩空　世代為奴　羞辱祖宗
→ 丈夫逃，兒子避，田荒地旱，莊稼棄，吃飯穿衣成問題，父母妻兒都餓斃！
→ 一條死路！

深明大義　從軍殺敵
→ 人人都敬愛　家屬受優待
→ 抗戰勝利　建國成功　主義實現　世界大同
→ 代耕田，代種地，傷風咳嗽有人醫，子女上學可免費，過時過節還送禮！
→ 一條活路！

三　志願軍誓詞和宣誓儀式

誓詞

我以最真誠的良心和人格，當天當衆宣誓，我是絕對為了愛國救國的關係，保衛國家的意志，而來志願服兵役的，尤其是趕到前方努力殺敵打跑日本鬼子，取得最後勝利，凱旋而後回來，共享太平之樂，意志堅絕，永無後悔，絕不至於半途或臨陣脫逃，辱我祖先與我全體同志，從今以後，絕對明禮義，知廉恥，負責任，守紀律，學成模範軍人，矢志不渝，倘有萬一違誓情形，甘受長官與民衆最嚴厲之處分，謹誓！

宣誓儀式

1. 開會
2. 向總理遺像行三鞠躬禮
3. 主席報告
4. 宣誓（高聲）
5. 誓詞簽字
6. 長官訓詞
7. 自由演說
8. 呼口號，放鞭炮
9. 攝影
10 散會

四　標語

誓死保衛我們的大家庭——國家

我們要以鉄血保衛我們的大家庭——國家！

我們要不忘日本強盜對待我們淪陷區的同胞！

姦摟燒殺　無惡不作　強征壯丁　迫使作戰
強征婦女　供應獸行　搶擄兒童　抽取血液
治療寇軍　或運寇巢　充當奴才　對我男女
註射藥針　永絕生育　破壞廬墓　辱我祖先
洗刼財產　不分貧富　慘殺同胞　用盡毒刑
屠燒村鎮　鷄犬不留　戰區同胞　奮起抗敵
後方同胞　同心協力　努力生產　從軍殺敵

我們第二期的抗戰已經逐漸在勝利中！

我們的抗戰是佔天時地利人和自助人助天助

我們的抗戰已到最後決勝關頭我們要一鼓作氣爭取最後的偉大勝利

我們要學趙老太太六十歲了還在爲我們與敵人拚命

我們要學趙老太太的全家從軍

我們要學趙老太太三代人打游擊

我們至少要學鮑超諱咸從軍

中籤壯丁便是國士，我們要以國士之禮待之

日本強盜是貪生怕死的，是兵無鬥志的，是不適於在中國作戰的，最後一定要大打敗仗，全體覆沒的

日本強盜幷沒有華鎣山的股匪兒，幷沒有什麼可怕，所以前方將士被獎勵到後方休息的，都非常歡喜再去打——日本強盜

我們要以剿滅華鎣山股匪的精神去消滅日本強盜

我們愛國，要踴躍從軍

大丈夫要踴躍從軍！

好鐵要打釘

好人才當兵

大丈夫當馬革裹屍

好男兒要喋血疆場

我們要努力殺賊爲死難同胞復仇

抗戰軍人是最光榮的人物

服兵役是人人的義務，也是人人的權利，褫奪公權者，是沒有資格的

賢明的父兄要愛子弟以德——鼓勵子弟從軍創造一番驚天動地的大事業

逃避兵役便是

不愛護國家——不忠

不保護父母及祖先的廬墓——不孝

不保護妻室兒女——不仁不義

就是天下第一大罪人

逃避兵役就是甘心作亡國奴

亡國奴更是要被敵人強服兵役，幫助敵人殺害同胞，

逃避兵役是人生最大的恥辱

凡是壯丁，逃遍天下，還是要服兵役

我們公務人員，大家是要以身作則服兵役的

我們今後對出征家屬，一定要負相當供養責任的

我們征兵，要求無論富貴貧賤一律平等

本區征兵倘有違法者絕對嚴辦

本區征兵倘有營私舞弊者絕對嚴辦

本區征兵倘有貪汚者定請槍決

本區征兵選送最優良的長勝軍他們的待遇比一般官兵更

好些

五 口號

1. 我們要盡力保衛我們的大家庭！
2. 擁護政府，抗戰到底
3. 我們要努力殺敵！
4. 我們要不分前方和後方，一樣的努力！
5. 我們要為遇難同胞復仇！
6. 我們要為殉國將士復仇！
7. 我們要精忠報國！
8. 我們要卽早收後河山！
9. 我們要提早打跑日本鬼子共享天下太平！
10 我們要敬愛志願出征將士！
11 我們要特別優待志願出征將士家屬！
12 我們要勸人有錢出錢有力出力！
13 擁護總裁復興中華民族！
14 中國國民黨萬歲！
15 中華民國萬歲！

第一卷八期要目

廿六年四月一日出版

四川保甲之今昔……高孟先
保甲與警察合一之我見……梁崙
嘉陵江實驗區的壯丁訓練……吳定域 劉學理
舊工具之民衆教育化……羅中典
圖書陳列與管理……彭湘
談談百業教育……中典
白蠟虫之飼育法……郭倬甫
川東北邊區之採集雜記……黃楷
天泉植物採集記……孫祥麟
半年來的教學自述……傅碧賓

論述

新生活運動與中國的新生

張曾蔭

現階段中的新生活

過去，新生活運動是着在消極方面的，譬如叫人民如何把衣服穿得整齊清潔，吃東西應該怎樣求滋補衛生；住房子應該如何的光明乾淨……。現在，在這個抗戰建國的大時代中，我們覺得消極的新生活是不夠了；我們要求積極的新生活。

譬如，在軍事上講：大家都知道要幫助前方的將士作戰，必須後方有新兵的補充，所以兵役宣傳成了新生活運動的一種；從甲地到乙地的交通不方便，軍事上的運輸很困難，現在要動員修路，所以號召民衆，從事築路也成了新生活運動的一種；再說，在軍事時期中，要有堅決的信心，不聽信謠言；要節約制慾，以物力財力供獻國家，也是新生活運動的一種。

在政治上講：目前應該有一致的共同信念，養成勤懇服務，和忠勇犧牲的精神，這是新生活運動；把過去複雜歧異的政見，一概丟開，在一個三民主義的旗幟之下，服從最高領袖的指揮，這是新生活運動；站在世界反侵略的陣線上，爲人類和平而奮鬥，也是新生活運動。

在經濟上講：努力生產，增加稅收，提倡土貨，維持外匯，這是新生活運動；踴躍的購買救國公債，熱心的從事國防捐款，自動的參加慰勞運動，這是新生活運動；嚴厲禁止私買外匯以及防止現金的出口，也是新生活運動。

戰時的生活，根本與平時的生活不同，所以戰時的新生活運動，亦應與平時相迥異。

現階段是中華民族生死存亡的關頭，我們的生活是動的，緊張的，奮鬥的。動的中間要有規律，緊張的中間要沉着；奮鬥的中間要能大無畏的犧牲。

我們不能以形式邏輯限制了思想，以簡單的規則忽略了時間與空間的變化，所以爲着要適應目前的環境起見，對於新生活運動不能不有更高的估價。

新生活與農村建設

以前，新生活運動只是展開在幾個大都會中：現在，我們要盡力把它介紹到農村中來。因爲農村的範圍比都市大，農村的人口比都市多，而農村中之需要新生活運動亦比較更親切。

農村中的生活，要說簡單樸素，那是夠了；說到「整齊清潔」則談不上。要說「守法循理」，倒不成問題；而「扶善去惡」，則未必做得到。這只是就消極方面講，如民族意識的缺乏，家族觀念的拘泥，都有糾正的必要。

農村是保守的，尤其是中國的農村，更爲守舊。一切新穎的制度不但不受農村的歡迎，而且遭農民的拒絕。所以欲求中國之現代化，首先應該打破農村的保守性，這種工作說起來是很輕易，而做起來則很艱鉅。第一走進農村，要能吃苦；要放棄都市中安樂舒適的生活，而與愚昧無知衣服襤褸的農夫村婦爲伍。第二要能夠了解農民的心理，生活同他們打成一片，不要帶着「自我的優越感」去藐視農民，而引起他們的反感，第三要使農村中得到新生活的洗禮，決非一朝一夕之功，必須要有忍耐的性格，積年累月的做下去，纔有成效。

說到這裏，我很佩服外國傳教師的精神，他們披星戴月，餐風宿露，走進中國最荒蕪最孤陋的鄉村裏去，宣揚耶蘇的教義，有些在鄉村中生活了四五十年，甚至於死在中國。我們應當倣傚教徒的精神，去替農村創造一個新生活。

農村中有水旱之災，我們要幫助他們去與辦水利；農村中有流行的時疫，我們要幫助他們設立診療所和衞生局；農村中盜匪橫行，我們幫助農民訓練團防，維護治安。

是的，貼標語呼口號的時代過去了；我們要拿出工作來證實我們的理想。

只是勸人「衣服的鈕子要扣」，「走路要靠左首」，這都不足以代表新生活的全面，我們要從積極方面去改進大多數人民的生活！

新生活運動是萬能的麼？

有人問：新生活運動是萬能麼？我說「在職權上不是萬能的，在事業上是萬能的。」

在職務上，各種機關都有它們的專司，例如公安局是維持秩序的機關；衞生局是改進公共健康的機關，水利局是防災杜害的機關，新生活運動促進會當然不侵犯其他機關的權限的，只是站在客體上協助各種機關的進行。新生活運動促進會不是一個衙門，而是一個受政府領導的民衆運動。

在事業上，新生活運動中包括了許多任務，大凡可以糾正頹廢生活而爲社會服務者，都在新生活範圍之內。卽以提倡禮義廉恥而論，其所屬的範圍亦非常的廣大與遼闊。在每個人一舉一動之中，都有合理與謬誤之分，正常與越軌之別，所以我們要擴大範圍，成爲一種全民運動，使每個中華民國的國民，都能了解和力行新生活運動。

新生活運動促進會雖只是一小部份人在負責，而欲使每個國民的了解與力行，則有待於各階層人士之參加，舉最小的例子來說：工人不賭博，農人不迷信，文官不愛財，武官不怕死，都在新生活的範圍之內，所以我們要說：「新生活運動在事業上是萬能的。」

萬能的偉業，要千萬個人的血汗來完成！

新中國的誕生

中國太衰老了。在這個破舊的國家裏，一切都是頹廢與消沉。這次對日的抗戰，是一條鋼鞭，把中國這隻雄偉的睡獅打醒，我們不但不認爲這是中國的不幸，恰恰相反，適是中國復興千載難逢的好機會。孟子說：「無敵國外患者國恆亡」，假使這次日本不對中國侵略，中國再醉生夢死的下去，也許無形中眞滅亡了。

新生活運動在戰前播下了一些種子，在戰時又蔓延到中國的內地與廣大鄉村，如果說因抗戰而誕生了一個新中國，那末新生活運動便是新中國的靈魂。戰爭是一種自然的淘汰，把陳腐的組織與萎頓的精神一律「摧枯拉朽」的掃除，而剩下的是「身經百煉」的新國民，這些優秀的份子，便依賴新生活運動使他們健康起來！

我們從事於新生活運動的人們，永遠樂於做民衆的公役，我們的任務是在勸導民衆，使大家的生活，納於正軌，養成規矩的態度，正當的行爲，清白的辨別，切實的覺悟。把禮義廉恥這些中國固有的美德，注入我們的日常生活之中。

抗戰必勝，這是天經地義；目前我們要沉着，忍耐，堅定，和犧牲！我們要：

1.厲行新生活運動的法則2.發揮新生活運動的意義，3.擴大新生活運動的範圍4.創造新生活的新中國！

總裁在「新生活運動綱要」中不是明白的指示了我們麼：

「……値此國家存亡危急之時，吾人倘不願束手待斃者，應不坐俟其自然之推演，必以非常手段，謀社會之更新。質言之，當以勁疾之風，掃除社會上汚穢之惡習，更以薰和之風，培養社會上之生機與正氣，負此重大使命者，唯新生活之運動。」

我們當如何記牢這可貴箴言，更如何深入民間與民衆攜手推動現階段的新生活運動！

第一卷十一期要目

廿六年七月一日出版

家畜保育運動推行問題的檢討……編者
家畜保育制度……焦龍華
家畜之重要傳染病……焦龍華
約克縣豬之介紹……羅文信
爲什麽要預防豬丹毒……劉茂修
家畜傳染病之起因……余聖任
半年來的家畜保育所三峽實驗區……郭耀宗
家畜傳染病之普通預防方法……劉茂修　焦龍華
家畜飼養與管理……同前

強迫教育的實踐

劉忠義

目次

一、強迫教育的意義
二、強迫教育的對象
三、實施強迫教育的社會根據
四、實施強迫教育的行政機構
五、實驗區實施強迫教育的過程1.義務教育之部2.民衆學校教育之部
六、實驗區實施強迫教育的效果

一、強迫教育的意義

我們在三峽實驗區從事教育工作多年，從幾年的工作經驗中，在強迫教育實施過程中，將散漫龐雜的經驗加以提鍊和整理，姑作爲我們實施強迫教育的理論：教育是社會經驗底傳受和不斷底生長進行而無止境的，人類生活永續到何年代，教育也是要隨之永續到何年代；但是強迫教育却沒有永續性，祇有暫時性，僅是實施普及教育的一種手段一種方法而已。倘若教育既經普及，強迫教育也就不需要了。這是強迫教育的第一點意義。其次就範圍上說，強迫教育沒有一般性，只能局限於義務教育及狹義的民衆學校教育可以施行，在教育法規上覓得根據。有許多軍事的或政治的學校，它們也帶着一種強制性的教育，可是不稱爲強迫教育，因爲它們入學方法是考試形式的居多。另一方面，學生對於讀書，目的是在要求一種較高的知識和技能，而義務小學和民衆學校的學生入學讀書是國民應盡的義務。故不入學者即未盡其義務，即應加以強迫，使其應盡之義務盡了。這是第二點。一般學校的入學方式是採用自由主義的，不藉行政機關的權力，然而強迫教育是以政治力爲原動力，強制的色調特別濃厚，是一種計劃的統治性的教育。無論設置學校，調查學童，學童入學緩學免學，執行罰鍰徵工等，均離不了政治力量，必須在精密的計劃完整的行政機構之下才能實施。這是第三點意義。

以上三點，已可說將強迫教育的意義大體闡明，至於提及之點，還要在以下各節提到。

二、強迫教育的對象

依據民國十八年所定我國教育宗旨，「中華民國之教育，根據三民主義，以充實人民生活，扶植社會生存，發展國民生計，延續民族生命爲目的。務期民族獨立，民權普遍，民生發展，以促進世界大同」根據這個宗旨，非教育普及，不能推進中國的各種建設，鞏固國基，抵抗帝國主義的侵略

，爭取中華民族的獨立。但是中國未受義務教育的兒童佔全國兒童總數百分之六十以上，而超過義教年齡的失學民衆又佔全國人口百分之八十以上，是則三萬萬以上的文盲未受公民教育，民族意識缺乏，今欲使其負担救國責任，以謀民族之獨立，那眞是「戛戛乎其難」矣。因此，我們爲謀教育普及，不能不實施強迫教育，而強迫教育的對象，就是失學兒童和失學民衆了。

凡年在六歲以上十二歲以下未入學的兒童，即爲失學兒童。根據教育部廿六年七月十五日公佈之「學齡兒童強迫入學暫行辦法」凡應入學而不入學之兒童，得強令入學。而失學民衆，依據教育部公佈之「實施失學民衆補習教育辦法大綱施行細則」第十條之規定：『凡超過義務教育年齡（十二歲）之失學民衆，均應入校學習，但應先自十六歲至三十歲之男女實施，繼續推及年齡較長及較幼之民衆。』同時根據第二章第六條得由各省市訂定強迫入學辦法，施行強迫入學。故於初辦強迫教育的地方，應先以十六歲至三十幾歲之失學民衆爲對象，年齡較長及較幼者得令其自由入學。

我國教育宗旨，要求發展國民生計，但目前失業民衆，爲數極多，這種現象無處沒有。考其原因，自然有其重要者在，可是因其職業技能太缺乏，以致不能勝任而致失業者亦復不少。假定設有職業補習學校或商業教育之類，他們當然也是施教的對象了。如此，即符我國的教育宗旨，因以發展我國的國民生計。

凡曾入短期小學或普通小學肄業一年者，或已受他種訓練，及已在私塾，家庭或場廠、公司、商店受有與民衆學校相當之教育，經當地民衆學校或辦理失學民衆補習教育機關考查及格予以證明者，均以曾受民衆補習教育論。倘若經考查與未合格者，仍須督令其入民衆學校。

三、實施強迫教育的社會根據

從前鄉村裏創設了義務小學與民衆學校，書籍筆墨由學校供給，當地的兒童與民衆只須分幾小時的工夫入學讀書，可是入學讀書的學生並不見踴躍。有人以爲中國農村經濟破產，人民生計太困難，誰有時間讀書啊！誠然我們決不否認生計困難的原因，但是我們在從另一方面去考查：生計困難就不是唯一的原因了。三峽實驗區民國廿五年五月的教育調查，區內的私塾六十六所，塾生一二〇三人，而公立小學僅十五所（內有完全小學二所）學生七百七十四人，除兩所完小學生人數三百廿二人外平均每校三十三人，學校均未招足學額。在公立小學讀書，每年所需費用，並不比進私館爲多，何以私塾特別發達呢？還有一件有趣的故事，就是熊晏淸先生，棄中學的國文教員不幹，而願設私館一所。從這兩件事實觀察起來，就知道人民生計困難是中國社會實施普及教育的一種障礙，但此中尙有他種障礙，也必需檢舉出來以供研究。

我們會見鄉村兒童的家長，問他們爲什麼不將兒女送進學校讀書呢？他們的答覆是：「我們做莊稼的人讀書有什麼用處呢？讀了書將來當先生，我們的兒子是讀不出來的。」再不然就是「我們做莊稼人的命運是生就的，讀了書也不會好起來。」還有鄉下人會着鄉下人，他們談到有關學校的話，總以爲學校裏教的是洋書，沒有舊學好。甚至疑惑到公家辦學校，既不要學錢又不要書錢，惟恐申送子女入學讀書，將來他們的子女就屬於公家所有了。

上面的現象不是偶然的，而是中國半封建社會裏，舊思想舊觀念的表現。新思想在中國鄉村裏的勢力單薄得很，統治着鄉民思想的是宗法思想，支配鄉民行爲的是舊觀念。因此我們既欲新文化在鄉裏生長，就必須由外力的作用，達到內在的改革，這就是說以人爲的力量，促使大家知識的增長。精神思想以發展而變革，由量的增加，從而否定舊思想舊觀念的存在。我們有了這個社會根據，故以人爲的力量，也就是用政治力量施行強迫教育，以達成普及教育的目的。

四、實施強迫教育的行政機構

中國一般大小事業，辦得完善與否，首先在乎人才問題。因此，無論其計劃如何周詳，組織系統如何嚴密，倘人才成問題，雖是一件小事，也是不會辦得盡如人意。我們所謂人才問題，並不是在行政機構裏的每一個份子都要專家或學者，而是需要刻苦耐勞富於朝氣的青年朋友。他們要有堅強的意志，要以服務社會爲目的的熱情。其次我們就需用周詳的計劃，嚴密的行政組織。我們實施強迫教育的第一個條件，就是行政機構的健全。

三峽實驗區各事業的幹部人才並無特別了不起的人物。但大部都曾受過盧作孚先生和盧子英先生的薰陶，故均有刻苦耐勞的習慣和服務社會的熱忱。各部事業的幹部人才，既大部是這些青年作爲骨幹，因是人事上的變遷和附帶的問題，較之各地，沒有可慮之點。有了這個好條件，所以爲推行強教的各種辦法，能夠貫澈到底。

關於三峽實驗區實施強迫教育的計劃，我們在實施程部分，即可談到。茲先將三峽實驗區的行政系統作下表以說明之：

實驗區署——聯保——保——甲
　　　　　　　　└警衛區

右表與一般不同之點，就是聯保與保之間多設若干警衛區。警衛區不僅單負警衛之責而已，舉凡民政、教育、建設等項，也都負有專責。每個警衛區設助理員一人，警士一人，他們都是各聯保的工作人員。每警衛區的範圍，至少三保，至多八保，全以地形劃分，而使政教建合一，故聯合小學區之畫分與警衛區完全相同，故警衛區的範圍亦即聯合小學區。聯合小學區的學董由警衛區助理員兼任。保爲小學區，由保長兼任助理學董。因此，各聯保，各警衛區，各保長均負有強迫入學執行事宜，及調查學童，協助學校，籌措經費等事之責。

關於實驗區義教民教經費的統籌，審核，以及教育計籌，由『實驗區義務教育委員會』及『戰時民衆教育推行委員會』主持之。關於教育行政，教育視導，及其他教育事宜，統由實驗區署主管之。

五、實驗區實施強迫教育的過程

甲、義務教育之部

三峽實驗區推行強迫教育的開端，時在廿六年八月。八月初旬調查全區學齡兒童，同時公佈「三峽實驗區學齡兒童強迫入學辦法」並作普遍的宣傳。茲將該辦法全文錄下：

嘉陵江三峽鄉村建設實驗區學齡兒童強迫入學辦法

第一條　本辦法根據部頒實施義務教育暫行辦法大綱施行細則第二章第六，七，八各條之規定，及廿六年七日十五日教育部公佈之學齡兒童強迫入學暫行辦法訂定之。

第二條　學齡兒童之強迫入學年期如左：

一，自二十六年八月起至廿九年七月止爲第一期，在此期內，區內一切年長失學兒童及未入學之學齡兒童，至少應受一年之義務教育。

二，自民國二十九年八月起至三十年七月止爲第二期，在此期內區內一切學齡兒重，至少應受兩年之義務教育。

三，自民國卅三年起爲第三期，以後義務教育之期間，定爲四年。

第三條　本區內施行學齡兒童強迫入學（以下簡稱「強迫入學」）時，應先將學齡兒童調查竣事，依據實施。

第四條　本區施行強迫入學之先應由各公安隊，各警衞區，各聯保，各區學董及各小學校長，及各保甲長，普遍宣傳務使區屬民衆，澈底明瞭強迫入學之意義，以免發生阻礙。

第五條　學齡兒童強迫入學事宜，由本署督飭公安隊，聯保主任，各警衞區助理員，各聯合小學區學董，各鎮鄉助理學董，及各小學校長協同辦理，以上各員均爲強迫入學執行人員。

第六條　施行強迫入學，除經核准緩學免學之兒童者外。其餘須於各校開學時，分別由該學董家長或保護人，遣送入學，如違，則強迫令其入學，

第七條　本區各聯合小學區應依據已調查竣事之小學學齡兒童調查表册，執行強迫入學及緩學免學等事宜，前項學齡兒童之調查表册，除本署存全區表册一份，各聯合小學區存各該區內表册一份外，其學期內之各小學均應存各該校附近各小學區之學齡兒童表册一份，以便當地強迫入學執行人員，按照執行，

第八條　學齡兒童強迫入學，除應依照實施義務教育暫行辦法大綱施行細則第六條之規定外，對其家長或保護人並依照下列程序辦理。

一，勸告，凡入學之兒童而不入學，逾各種義務小學及小學開學期十日內，必須令其兒童入學，

二，榜示姓名，經勸告後仍不遵照令其兒童入學，得於勸告限滿七日內將其姓名榜示，並仍限於十日內入學

三，罰鍰，榜示姓名後，仍不遵行者，將於限滿七日內由當地強迫入學執行人員報請本署處以五角之上三元以下之罰鍰，並仍限於十日內入學，前項罰鍰，得送由各該警衞區執行，呈報本署備案。

第九條　已入學之兒童無故缺課者，對其家長或保護人之處罰如下：

一，入學後曠課一週以上者，罰金半元，征工兩日，

二，入學後曠課兩週以上者，罰金一元，或征工四日。

三，入學後曠課三週以上者，罰金一元五角，或征工六日。

四，入學後曠課四週以上者，罰金二元，或征工八日。

五，入學後曠課二月以上者處罰及征工之標準由此類推

。

第十條　凡已入學之兒童，如不經學校之許可無故退學者，應照上列兩條之規定標準，分別處罰，並仍督令其入學。

第十一條　已入學之兒童，如有中途輟學或任意缺課情事，應由各聯合小學區，或小學區內之強迫入學執行人員共同勸導督促如不遵照得照此第八第九，第十三各條之規定標準處罰。

第十二條　前列各條之罰鍰，應由當地強迫入學執行人員，繳呈本署財務股保管，其被徵工者之姓名及日數，並應由當地強迫入學執行人員報請區署登記。

第十三條　由本署製發三連單據式樣（每一聯內具列被處罰人姓名，處罰事由，及罰金數額，征工日數，及強迫入學人員，蓋章簽名等欄）應用時，以最末聯填給被處罰人，中聯填存屬該聯合小學區，或小學區學校，其存根一聯則由強迫入學執行人員填呈財務股存查以資查考。

第十四條　學齡兒童之有疾病，或有其他原因，一時不能入學者，得應照下列辦法，分別請求緩學或免學。

一，凡學齡兒童體弱或發育不完全，經指定醫生證明屬實者，得准其緩學，兒童身體狀況認為足以入學時，仍應督令入學，

二，凡兒童有痼疾或肢體殘廢，經指定醫生證明，不堪入學，並請當地強迫入學人員證明屬實者，為准其免學

第十五條　凡已入學或已屆入學期限之兒童，如隨同其家長保護人，或雇主遷移時，該區強迫入學人員，應致函移居之聯合小學區，或小學區內之強迫執行人員，執行強迫或轉學事宜，

第十六條　入學兒童之家長或保護人，如確係赤貧，無力令其兒童入學者，應予以下各項之救濟，使得有就學機會，

一，各校長應設置免學額，俾使赤貧兒童，有就學機會，

二，各地方如有公款，應撥給若干，在當地義務小學或小學內設置貧苦兒童公費學額

三，在工廠或農田工作之學齡兒童，廠主或農主有令其半日二部制學校之義務，不得扣減其全日額，或全月工或全年之工資，

四，就地方慈善人士慈善機關勸募捐款，為貧苦兒童就學時衣食之用，

五，各種義務小學或小學之就學時間，及上課時間，應按照當地學齡兒童之生活環境，酌予伸縮，使於幫助家庭工作及農田工作之餘，仍得有就學機會，

第十七條　本辦法自呈請。

四川省政府核准之日施行。

調查學齡兒童，由學董會同助理學董初查應行入學之兒童，緩學兒童及免學兒童。如認為調查不確時，得再由學董復查。調查所用表式種類如下：

第一種表式

鎮第　　聯合小學區第　　小學區應行入學學童一覽表

學童姓名	性別	住址	曾否入學		應入何校	保護人			備考
			曾入何校	肄業年限		姓名	職業	與兒童之關係	

三峽實驗區署製

塡表人　　蓋章

塡表年月　　年　　月　　日

第二種表式

三峽實驗區　　鎮第　　聯合小學區第　　小學區緩學兒童一覽表

兒童姓名	性別	年齡	住址	緩學		保護人			備考
				原因	時間起訖	姓名	職業	與兒童關係	
					年月起 年月止				
					年月起 年月止				

調查人　　蓋章

調查年月　　年　　月　　日

第三種表式

三峽實驗區　　鎮第　　聯合小學區第　　小學區免學兒童一覽表

學童姓名	性別	年齡	住址	免學原因	保護人			備攷
					姓名	職業	與兒童關係	

以上三種表格，共須填寫三份，一份呈報實驗區署，一份存各該聯合小學區，其餘由該學區內之小學保存各該校附近各小學區之學齡兒童表冊一份，以作執行強迫入學之根據。

學齡兒童調查完畢，全區各小學卽屆開學之期，學董根據應行入學兒童一覽表，填發入學通知單，限期令其入學。通知單式樣如下：

中華民國二十　年　月　日

義字第　號

茲查　之子弟已屆入學年齡遵照部頒義務教育暫行辦法大綱第六條限於　月　日前應入　小學肄業除通知外特留存根備查

學董（簽名蓋章）

逕啓者　茲查貴子弟已屆入學年齡遵照部頒實施義務教育暫行辦法大綱第六條限於　月　日前應入　小學肄業逾限不到遵章處罰倘希　依限申送子弟入學免干懲處爲要

此致

　　先生

三峽實驗區義務教育委員會

學董（簽名蓋章）

中華民國二十　年　月　日

倘按通知單所訂日期，有逾限不入學者，由學董榜示姓名，並限以日期，令其入學。着仍有不遵限入學者，得於限滿十日內由當地強迫入學執行人員報請區署處以五角以上三元以下之罰鍰。執行處罰之迫，並仍限期令其入學，直到入學爲止。學董報請處罰時，應填報被處罰者姓名金額一覽表。表式如下：

鎮第　聯合小學區第　小學區被處罰者姓名金額一覽表

保護人姓名	學童姓名	處罰				備攷
		事由	金額	徵工日數	徵作何事	

三峽實驗區署製

填表人　蓋章

填表年月　年　月　日

根據上表由實驗區署審核之後，卽填發強迫學童入學處罰單據。其樣式如左：

存根

嘉陵江三峽鄉村建設實驗區　　鎮第　　聯合小學區　小學區強迫學童入學處罰單據

保護人姓名
學童姓名
處罰事由
罰金額
徵工日數
備考

此致
實驗區署財務股審核

強迫學童入學執行人員　　蓋章

中華民國廿　年　月　日

此聯存財務股

字第　　號

通知單

嘉陵江三峽鄉村建設實驗區　　鎮第　　聯合小學區　小學區強迫學童入學處罰單據

保護人姓名
學童姓名
處罰事由
罰金額
徵工日數
備考

此致
小學存查

強迫學童入學執行人員　　蓋章

中華民國廿　年　月　日

此聯交小學校

字第　　號

收據

嘉陵江三峽鄉村建設實驗區　　鎮第　　聯合小學區　小學區強迫學童入學處罰單據

保護人姓名
學童姓名
處罰事由
罰金額
徵工日數
備考

強迫學童入學執行人員　　蓋章

中華民國廿　年　月　日

此聯交被罰人

自勸告學童家長申送子弟入學起，至該學區應行入學兒童到校讀書止；仍有許多細節之處為各個強迫入學執行人員所必需注意的。故為使其澈底明瞭起見，特由實驗區署公佈三峽實驗區強迫入學執行人員須知。茲照錄如次。

三峽實驗區強迫入學執行人員須知

一、本須知所指強迫入學執行人員包括聯合小學區學董（即警衞署助理員）聯保辦公處職員及小學校長助理學董（即合小學區保長）。

二、本須知所指罰鍰有二種：（一）對抗不申送學童入學之家長或保識人之罰鍰（二）對入學兒童授課之罰鍰。

三、執行抗不入學罰鍰應有以下之步驟：

一、勸告　凡應行入學之學齡兒童開學後之十日內由學董及助理學董勸告其家屬於某月某日前送子女入學讀書。

二、榜示　經勸告後仍不遵限令送其子女入者者學董得於聯勸告限滿將其姓名榜示并限於十日內入學。

三、罰鍰　榜示姓名後仍未遵行者得於限滿由當地強迫入學執行人員（學董）呈請區署發給罰鍰單據處以五角以上三元以下之罰鍰并仍限於十日內入學。

四、徵工　無力繳納罰鍰者得按罰鍰最目代以相當之徵工日數并仍限於十日內入學。

四、凡抗不申送兒童入學之家長均須照章罰鍰罰金數填單據經收人須按額取齊不得短少。

五、被處罰者將罰金繳齊之後經收人員須將收據截交被罰者並通知於十日內申送兒童入學如仍違抗者再度處罰直至申送兒童入學為止。

六、經收罰鍰人應將第二聯單彙交當地小學校長榜示週知。

七、凡有抗不繳納罰鍰者即將其解送聯保處核辦。

八、凡有請求核減罰鍰數目者得經該區學董查明有核減之必要時即予單據上核改金額數字上加蓋學董圖章。

九、凡有不能立即繳納現金或繳納不齊自願約期繳清者必須填具期票交經收人員收執到期再收。

十、上項罰鍰必須每月報銷公佈一次每學期結了時呈報區署備查核銷一次。

十一、上項罰鍰存區署財務股指作該區學校建築設備及修繕費用不得挪作其他浪費。

十二、被處罰徵工者由被處罰者出具應徵條單交與學董保存經收人俟處被罰者工作完了後即將收據交與被處罰者收執。

十三、待該區內整修校舍或須工作人員時可根據應徵條單召集被處罰人到校工作。

十四、本須知如有未盡事宜得呈請區長隨時修改之。

普及教育的推行，是以教師學董及助理學董為主要力量。他們相互之間必須取得密切聯絡，權職分明，以免互相推諉或發生抵觸。身為教師者全以教育指導為主要責任，對於強迫入學執行部分不能過問，而且不可過問。至於學董與助理學董之職責，明訂於學董須知及助理學董須知內，茲將該種須知附下：

學董須知

一、每一聯合小學區，設學董一人　負該區義務教育實施之責，其職權除監督指導該區義教事宜外，尤應以身作則，不畏艱苦，期收普及之效。

二、凡教育法令所指定及層峯指派之事宜，均應妥為遵行，倘有困難，須即呈明理由，請示辦法，不得隱匿敷衍。

三、各區學董，每月至少應召集該區各校教職員及助理學董開會一次，討論并籌劃義務教育推進事宜。

四、學董任務如左：

甲、宣傳義務教育之重要——我國民智不開，國運不振，均由教育之不普及。在另一方面，生產技術之不能改善，人民生計日迫，亦由文化落後，教育不普及有以致之。欲使國家地位提高，生產技術改良，人民生活改善，應由普及義務教育着手。蓋義教為國民之根本教育，凡屬中華民國之國民，均須受四年之義務教育，若此項教育不能普及，或辦理不善，其害之大，難以估量，義教既如是之重要，故身為學董者，應隨時宣傳，以引起一般民衆之注意。

乙、擬具該學區義務教育實施計劃——學董應於每年度之開始，就該區實際情形，擬具義教實施計劃呈署察核，如關於經費籌措，學董調查，強迫入學，改良私塾，扶助共學處，督導學校之進行等事宜。

丙、籌劃經費——本區教經雖係統籌統支，但各聯合小學區學董，亦得自為籌劃，如何鼓勵區內士紳樂助義教經費，如何開闢官山荒地，以備培植森林，如何利用公款公產，增收收益等，均當詳為籌劃。

丁、調查學齡兒童——每年八月，本區必須舉行學齡兒童調查一次，為學董者，應督導調查人員切實調查。各員調查之結果，如認為有復查之必要者，應即覆查，以期確實。調查應用之表册，學董應抄錄所轄各小學區之學區一覽表三份，一份呈報區署，一份自存，一份送交該區內之小學，抄錄工作，得由指定該區小學教師分担一部分。

戊、強迫學童入學——凡在六歲至十二歲之兒童，若未經本署核准緩學或免學者，須一律令入附近學校讀書，在開學前，即將督促各家學區助理學董，及學校教職員，分別向學生家長或保護人勸導申送子弟入校，并多方利用機會，廣為宣傳，務使民衆明瞭強迫入學之意義，以免事後執行罰鍰時，籍口推諉，經勸告即榜示之後、若仍有未送子弟入學者，即督令各小學區之助理學董，即區內小學教師會同商議，查其家庭經濟情形，斟酌處以五角至三元之罰鍰，被處罰鍰者之姓名住址及所罰金額子弟姓名等項由學董填具表册，呈報區署核准後，依照執行，學童入學之後，若無故缺課，對其家長或保護人之處罰時，得依本區學董強迫入學辦法第九條之規定辦理，該項兒童之家長或保護人姓名住址所罰金額學生姓名等項，由學校教師填具表册，交學董轉呈區署核准後，依照執行。

己、監督並考查學校之進行——學董對於區內之義教事宜，負有監督之責各校辦理之良否，應隨時注意，凡各校有困難之處，應代為解決，若遇情形重大者，得請示區署辦理，各校教職員之品行性格學力勤惰等項，須完全了解，相互間感情亦應融洽，但不得通同作僞，或狐假虎威，自干懲處。

庚、扶助共學處之進行——學校附設之共學處，學董應予扶助，聯合學區內有小先生若干，共學處若干，應有明確之統計。該區先生制之推行若遇困難，應設法解決。

辛、督促私塾改良——或有請求設立私塾之私人或團體，如能遵本署公佈之辦法辦理者，應准其設立，但學董須先考查，認爲合格者，始呈請本署檢定，一經檢定合格之後，本署即行登記，發給許可證，以憑設塾，倘有未遵上項手續辦理者，即由學董呈請區署查封，各聯合小學區內，業經許可設立之私塾概況，及教學實施等項，學董有輔導之責，倘有辦理不善者，即行呈請本署停閉之。

五、上項職務，學董若能確實辦到，成績優良者，本署即酌予獎勵，若不盡責任有所貽誤者，除撤職外，定即斟酌輕重，予以懲處。

六、本須知如有未盡事宜，得呈請區長隨時修改之。

助理學董須知

一、助理學董，是由保長兼任的，除了辦理保長應辦的事務外，還要辦該小學區的學務

二、甚麼叫小學區呢？因爲該保管轄的區域內，辦有小學的意思。

三、助理學董要做下面五件事情：

甲、幫助學董調查學齡兒童——這件事情在實驗區內，每年要在陽歷八月間，作一次學齡兒童的調查，當助理學董的，就要幫助該區內的學董，同到區內各處逐一調查，不得借故規避，或扶同隱匿，查報不實。若是區署訓令助理學董有單獨調查或復查的事件，亦按規定辦理。

乙、強迫學齡兒童入學——凡在六歲以上十二歲以下之兒童，若未經本署核准緩學或免學者，須一律入附近學校讀書，在開學的時候，助理學董即勸導兒童家長，或保護人，申送子弟入學，並將本區學齡兒童強迫入學辦法第八條之規定，向當地民衆詳爲宣傳，使其明瞭以免事後罰鍰時，藉口推諉，經勸告與榜示之後，若仍有未送子弟入學的家長或保護人，即就其家庭經濟情形，斟酌處以五角至二元之罰鍰，隨將被罰鍰者之姓名住址，及所罰金額子弟姓名等項，列表彙報該區學董轉呈區署核准後，依照執行，學童入學之後，若無故缺課，對其家長或保護人之處罰時，得依本區學董強迫入學辦法第九條之規定辦理。

丙、增籌該區經費——義務教育經費，完全應由本地籌募，籌募辦法如下；

一、向本區的士紳募集捐款或赤貧學生公費名額；

二、移提原有公產公款。

丁、協助校務——學區內學校成績的好壞，關係教育前途甚大。欲就優良的學生，必使學校辦得盡善盡美，方克有濟，倘學校如教員不好的地方，助理學董，要規勸他改好，教員有困難的地方，要幫助他解決。學校的校舍壞了，要幫助雇工修理，或另找較好校地，學校的桌凳不敷，要幫助借齊使用，或募集舊桌凳照樣改製，以求整齊，總之學校的事情，助理學董都有協助之責。

戊、扶助共學處之進行——本區各小學，都有小先生的組織，設有共學處，共學處是小先生教人識字的地方，所以助理學董，爲了擴大識字運動，應盡力扶助共學處之設立，使識字的民衆加多。

四、上項職務，助理學董若能克盡職守，成績良好者，即予獎勵。若不盡責任貽誤事體者，除撤職外，定即斟酌輕重，予以懲處。

五、本須知如有未盡事宜，得隨時呈請區長隨時修改之。

己、民衆學校教育之部

三峽實驗區民衆學校教育之採用強迫入學辦法，試驗時

期在廿七年二月，當時北碚民衆教育館附設民衆婦女學校，以北碚一至六保之失學婦女爲施教對象，負執行強迫入學責任的是公安隊。計辦一期，畢業人數三十二人，而中途退學者僅九人而已。故與以前所辦的學校相比較，已獲相當成績。試驗既得成效，乃於今年春季開學時，卽擴大範圍，凡年在十六歲至三十五歲之失學民衆，在辦有民衆學校的地方，除准予緩學及免學者外，一律強制入學。

在今日第二期抗戰中，精神重於物質，這是爲人人所公認。要振作國民精神和發揚民族意識，而普及民衆補習教育，又成爲達到上項目的的不二法門。故積極推行戰時民衆補習教育，刻不容緩。又三峽實驗區推行失學民衆補習教育，無論在目標方面，教材方面，訓導方面，均着重於戰時的實際需要。二十七年二月公佈「嘉陵江三峽鄉村建設實驗區失學民衆補習教育實施辦法」。玆將該兩項辦法附之於下：

嘉陵江三峽鄉村建設實驗區戰時失學民衆強迫入學暫行辦法

一，本辦法根據三峽實驗區戰時民衆補習教育實施辦法並參照教育部頒行各省市失學民衆強迫入學暫行辦法訂定之

二，本區民衆年在十六以上三十以下不分性別職業除心神喪失或廢疾篤疾經查明屬實者外凡不識字或略識字而未受公民教育者一律強迫入民衆學校

三，本區強迫入學事宜由本區戰時民衆補習教育推行委員會及各聯保主任各保甲人員負責辦理；

四，強迫入學時間爲兩個月除星期日外每日受課時間爲二小時

五，失學民衆由本區戰時民衆補習教育推行委員會同各聯保各警衛區分期編派入學但每期每戶不得超過男女各一人

六，失學民衆經編派指定校所入學時卽應按時到校上課不得藉故規避

七，失學民衆如屬僱工在被強迫入學期間僱主不得藉故阻止入學或扣減工資

八，失學民衆應由其戶主或僱主負責指導督令按時入學如不遵時上課或上課無恆者其本人或戶主店主須受下列之懲處

（一）書面或口頭勸告

（二）書面或口頭警告

（三）五角以上五元以下之罰金此項罰金撥充辦理民衆補習教育之用

（四）一日以上三日以內之工役

九，上項懲處聯保主任及保甲長執行其細則另訂之

十，戶主僱主受懲處後仍應負督促本戶或本店失學者入學之責凡已入學之民衆如因事遷移仍在本區內居住時應取具轉學證書向遷移所在地之民衆學校繼續入學

十一，本辦法經三峽實驗區戰時民衆補習教育推行委員會通過並由區署呈請專署轉呈　四川省政府備案施行

嘉陵江三峽鄉村建設實驗區戰時民衆補習教育實施辦法

一、辦法要旨以激發民衆抗敵意識，培養抗戰知能，並肅清文盲提高文化水準爲宗旨。

二、行政組織由復旦大學，國立第二中學師範部，女子部，兼善中學，戰區中小學教師四川服務團，實驗區署民衆教育館。嘉陵江日報社，各鎮聯保辦公處，及其他有關團體組織「三峽實驗區戰時民衆補習教育推行委員會」一，（以下簡稱推行委員會）主持其事。推行委員會設常務委員七人，由復旦大學，國立二中師範部，女子部，兼中，教師服團實驗區署民教館担任之，以實驗區署區長爲主席。

三、教育內容：依照戰時需要暫定下列二項：一、公民教育二、識字教育

四、施教對象：暫以十六歲以上三十歲以下之男女失學民衆爲限

五，實施方法：就區內原有保甲組織將文盲調查清楚，運用行政力量及保甲組織，分期抽調，強迫入學。

六、施教機關：以民衆學校爲主，每校以辦兩班（每班二十八）爲原則，并得利用社會軍訓識字班，巡迴教學，小先生制及其他教學方法辦理之，民衆學校，市街以專設爲主，鄉間則由各學校儘量附設。

七、施教人員及待遇：（一）教師服務團團員所辦學校均一律至少兼辦成人班及婦女班各一班（二）各小學教師（三）當地大中學辦理之（四）以上人員均爲義務職

八、校舍：民校學校校舍儘利用原有學校祠堂，廟宇，及其他公共場所，不足時得借用民房。

九、教學期間及班級分配：每期教學時間定爲一個月，每日至少教學二小時。以讀畢教育部民衆課本第一二册爲準每年至少舉辦三期

十、督導：（一）由推行委員會隨時分赴各區督導（二）由各鎮保甲人員督促民衆入學。

關於失學民衆之調查，仍由各聯合小學區學員（即警衛區助理員）負責辦理，所用表式 與調查學齡兒童所用者大體相同，玆附表式如下：

第一種表式

鎮第 警衛區第 保應行入學民衆（一六——三〇）一覽表 三峽實驗區署製

姓名	性別	年齡	住址	曾否入學		應入何校	戶主或店主			備考
				曾入何校	肄業年限		姓名	職業	關係	

填表人 蓋章

填表年月 年 月 日

第二種表式

三峽實驗區　　鎮第　　警衛區第　　保失學民衆緩學一覽表

姓名	性別	年齡	住址	緩學原因	時間起訖	學戶主或店主姓名	職業	關係	備考
					年月起 年月止				
					年月起 年月止				
					年月起 年月止				

調查人　　蓋章

調查年月　　年　　月　　日

第三種表式

三峽實驗區　　鎮第　　警衛區第　　保失學民衆免學一覽表

姓名	性別	年齡	住址	免學原因	戶主或店主姓名	職業	關係	備考

調查人　　蓋章

調查　　年　　月　　日

以上三表所需份數及保存者，全與學齡兒童調查各表相同。應行入學之失學民衆，亦用通知單令其入附近民衆學校讀書，通知單如下：

逕啓者　茲查貴戶（店）　遵照本區戰時失學民衆強迫入學暫行辦法第二條之規定應受　個月之初習教育茲限於　月　日前　應入　民衆學校肄業逾限不到遵章處罰同

希依限申送入學免干懲處爲要此致

　　先生

三峽實驗區戰時民衆補習教育推行委員會

學董　簽名蓋章

中華民國二十　年　月　日

民字第　號

茲查　之　遵照本區戰時失學民衆強迫入學暫行辦法第二條之規定應受　個月之補習教育茲限於　月　日前　應入　民衆學校肄業除通知外特留存根備查

學董　簽名蓋章

中華民國二十　年　月　日

倘不遵限入學或上課無恆者，即遵照戰時失學民衆強迫入學暫行辦法第八、第九條辦理。至於執行罰鍰所用單據，將強迫學齡兒童入學處罰單據略加修改，即可運用，餘從略

六、實驗區推行強迫教育的效果

三峽實驗區署成立之後，於二十五年九月接管巴縣江北壁山三縣移交之五鎭鄉教育事，當時除原有學校十五所外，新設義務小學六十四所，共有學校七十九所，，學生三千二百人，若減去區立完全小學四所學生人數八百六十八人則義務小學七十五所人數合計二千三百四十八人，平均每校僅學生三十一人，故有三分之二的學校學額不足。二十六年下季，已感歷期教經負債積累太鉅，非妥籌良善辦法以謀救濟不可。我們要求教經開支減少，但同時又要求入學讀書之兒童人數，最低限度能保持原有數字。這兩個目的是矛盾的，很難雙全。正當難以解決困難的時候，教育部於廿六年七月十五日公佈「學齡兒童強迫入學暫行辦法」，因此，乃參酌地方情形，擬具「嘉陵江三峽鄉村建設實驗區學齡兒童強迫入學辦法」呈准省政府准予試行，於是毅然決然將原有學校合併，除完全小學四所保留外，區內初小短小減爲三十五所，同時遵照學童強迫入學辦法逐步實施，是期各校人數驟形增加。區立小學四所共有學生一千二百四十二人，各初小短小共三千五百三十七人，合計四千七百七十九人。至二十七年下季，呈請劃爲普及教育厲行區，商請戰區教師四川服務團調派教師一百零三人到峽增設初小短小共十八所，更增闢原有學校學級，於是學生增爲五千三百八十六人，較之二十五年下季入學學生人數增加幾及一倍。關於二十七年實驗區之民衆學校，共辦六十二班，學生二七〇〇人，本期戰時民衆補習教育推行委員會於三月成立，規定本區大中小學，最低限度兼辦一班，現正設備。故各校學生人數尙在增加中——我們在推行強迫教育，雖然是民衆學校教育方面一時不能有數目字的報告，但過去的已有紀錄相信在推行強迫入學之後　能夠突破。至於義務教育方面，業已收到意外的效果，現在我們不耽心學校學額不足，反感得學校校舍不敷，眞使我們焦慮而致於抱愧！

三峽實驗區工程處工作計劃綱要

工程處成立伊始，設備組織，均極簡單，然以待辦工程甚多，各項工程費復屬臨時籌措，同時舉辦各項工程，勢所難能，茲將擬辦事項，列為綱要，作為鵠的，再經實地勘查各種情勢，選擇緩急，分別施行，

(一)測繪峽區地圖：峽區原無詳細地圖，全區地勢茫無所知，茲擬訂建設工程計劃，以無準則，殊感困難，故經勘查全區地勢之後，擬先測量，製定地圖，地勢明瞭，既可有助於建設，對於其他事業為公安之維持，軍事之演進等，亦有相當之裨益也，

(二)道路建設與改良：道路普通分為國有，省有，縣有，鄉有，村有數種，因路綫之重要情形不同。國有，省有道路常因上級建設機關，負責修築，村有道路由人民按照規定標準，自行修築，縣有及鄉有道路則由縣單位負責辦理，故實驗區對于縣有鄉有道路之建築改良，應負直接之責任，參照各地情形，劃分本區各處路綫，確定新建與改良，對于新建路綫施行測量，設計估工，對于改良路綫，製定標準方案，如路面寬度，路面等級，曲綫限制等，以利施工。

往年政府有令利用農暇，實行徵工服役，進行各項建設，故築路亦以征工為原則，既可節省公帑，人民亦可得一為國家服務之機會，各處路成之後，并擬設立養路組織，教以養路方法以便養護而利交通，

(三)橋涵：修建橋涵之種類，因工程所在地之重要程度不同，而有差異，國有省有縣有各路橋涵，行駛汽車，多關軍運，市鎮橋涵，行人眾多，均較重要，擬先分別整理及修建，設計各種橋涵標準，以作準則，

(四)市場整理：改良市政，關係商業之發展，市面之繁榮，人民之健康，抗戰軍興，峽區集人眾多，尤以各鎮為甚，改良市政實不容緩，關於工程方面，計分：

1.街道整理：包括市街測量與規劃，路面之改良，排水設備之完備，市房之改善公共場所之佈置測量之後，擬即設計各種方案以利進行，

2.污水處置：污水處置包括宣洩路綫之規定與測量排水溝管之設置，污水處置所之規定與修建，糞土之處置等，因各處情形(如人口多少，有無工廠等)之不同，污水處置所，應當分別設置。

3.自來水供給：峽區各鎮水之供給多取自嘉陵江，江水清濁無定兼以污穢傾倒，殊不衛生；再以人口增多，需水量大，如遇火災，需水更切，故有建設自來水之必要，此項工程包括水道之規定與測量，水管之按裝，蓄水池之修建，抽水站之設置，抽水設備之籌劃，用水之過濾，消毒化驗等。

4.房屋建築：房屋建築包括市房之改善，以增市容；民房之檢查與改修，以杜危險：各項住宅區域之測量設計及各

級標準房屋之規定，以利興建等。

（五）灌溉：灌溉包含農田水之供給及水之宣洩，以免農作物受旱澇不均之害，工程方面包括地形測量，渠綫佈置，供水站之規定，堰堤閘壩橋涵之修建等，本區已有之灌溉區域，當設法改進，與推廣，應設立者，勘測設計以便施工。

（六）浚河：浚河分挑挖與打灘，有專爲航運者，有專爲排洪者，有爲航運並排洪者，考查目的，分別設計。

（七）涸窪：窪地俗名盆地，積水不洩，耕植不易，有損收穫，涸窪分地形測量，面積計算，積水量之估計，宣洩渠綫設計宣洩處之規定，及閘壩之設計等，本區地勢多山，窪地必多，逐步施行涸窪工程，有益收穫必多也。

（八）航運：便于航運，爲整理河道之重要目標，裁灣取直以縮短航程；防護堤岸，以免河道變遷；挑泥打灘，以加深水勢；設置閘壩以提高水位；修建橋樑以利行旅而免礙航行設置穿河涵洞，以洩坡水而免礙航行水位等，均屬待辦之工程，本區河道重要者，有嘉陵江與運河，當就可能範圍分別整理之。

（九）防洪：防洪爲防止河水氾濫，避免水害之謂，低水時期設計修築各項險工　護岸計挑溜，避免冲刷：洪水時期督護堤岸，藉免冲決，設計各項搶險方案，分發督工人員，以利防護。

（十）水電：峽區以地勢關係，利用水力發電，藉爲他種工業動力之用者，爲數頗多，擬分別勘查設計以廣應用。

（十一）設置簡易氣象觀測站：氣象觀測概分水文，風向溫度，濕度，氣化，地溫，雨量等各次觀測與記載，積年累月，詳加比較，以求各種變遷之差異，足爲工程設計之重要資料，且有助農業之改良，設置觀測站專人觀測，予以審核計算，以求記載詳確。

（十二）審核區屬各項公共工程計劃：過去區屬各處公共工程之實施，概無通盤籌劃，工程計劃及工程費預決算之訂定，難望正確，此後擬製定各處公共工程進行辦法，由區分發施行，工程施工之先應將計劃呈區發處審核校正；定工之後，由本處派員驗收以策工程之安全。

定期工務人員訓練班之設立：本區各警衛區助理員負直接推行各該區一切行政之責任，工程進行，多賴協助，本處擬於可能範圍內分別教以各項工程常識，施以短期訓練，以利工程之推進。

不親則離，不愛則妬，不精則雜，而不誠且無以致親致愛與致精也

——蔣委員長釋「親愛精誠」—

替猪打防疫針的故事

焦龍華

一、說來眞有趣，猪都要打防疫針、故事是這樣來的。

民國二十五年，盧作孚先生做四川建設廳廳長的時候，很費心血地要想對猪下一番功夫，把猪種改良，並要牠不發瘟，幾個月之後，就有一兩個人，（專管猪的先生，）跟着盧先生，來到了他的發祥地——北碚，慢慢地，峽區就聽到說猪也好打防疫針。

怎樣打法呢？當然附近的人先看到。二十六年四月，北碚第七保內居民，大家認熟了，請他們不妨試試。

這是開天闢地的嘗試，沒有那個聽到過，更沒有那個看到，一副正經準備不少時間。

做注射工作的三個人，每人穿着白色工作服，白帽子，長統膠皮靴，鄉人都不免要走攏來看希奇，手洗得乾乾淨淨，擦了肥皂又洗，洗了又擦乾，再以酒精擦，指甲早剪得光光的，一塵不沾，一個工人跟在後面，提兩個箱箱，兩位女先生走前面，先到人家通知，保長跟在一路幫忙登記，同時填寫保證書，每打一隻猪發一張保證書，等于給他一張保險單，保險單上無非是這樣的意思：某縣某區某鎮某保某甲某人猪一隻，體重，特徵，爲其預防猪丹毒保半年內不出「火印」，不要錢，如其半年內出了「火印」死了，照價賠償，此證。

先由女先生在前邊說明了用意和好處，接着保長問明是否願意，答應了試一個，就登記一個，工人把箱子放下來，在當門壩子上或側旁空地上就開始請主婦打盆溫熱水來，同時叫主人把他的要打針的猪放出猪欄來，替它搔痒，使它睡倒在地上，一面由辦事員在旁觀察問明而寫注射記錄，注射記錄上也就是載明畜主姓名，住址，保、甲、猪數，大小，特徵，血對種類數量，菌苗的來源，和數量，體溫和備攷等。

等主婦或孩子們把水舀來之後，技工把箱子打開，取出來蘇或克遼林，倒幾滴在水里，水馬上變乳白色而不透明，技工和工作的人，都浸手在水中去洗，說是可以消毒的，孩子們看了很奇怪地發笑，「阿，喲！多大一股藥氣呀！」

二、大家來看猪打針

技工洗了手，取了體溫表（檢溫器），走到猪的背後面，提起尾巴，同時輕手輕脚地關照別人不要驚擾，娃兒走開點，找到猪的肛門，慢慢轉動把小小的圓圓的一支體溫表插進直腸三分之二，一手握住尾根，一手提緊三分之一的體溫表的一端，像這般地靜候着二三分鐘。另一面就只見工作者從箱中取出經消毒過的注射針筒和針頭，用鉗子取針頭，裝上針筒，將針頭插入石炭酸瓶中去，倒轉瓶子，吸入十幾西西的百分之五的石炭酸溶液，顛轉反覆，抽推幾遍，然後把洗濁了的石炭酸液打出去，這也是消毒的意思。

針頭有大小長短，針筒也是有幾種，不過全是外國貨，注射器，體溫表（與人用的不同，要粗長得多）都是美國健牲公司出品，這里用的是兩種：一種是專注射血清用的，就是五十西西，一種是注射菌苗用的，是十西西，菌苗和血清是德國製的，航空寄起來的，你想單是郵費要好多錢啊。

菌苗是一小瓶一小瓶裝好的，用注射器裝菌苗，須先把小瓶子的頸子切斷，用酒精棉花濾了口，針頭放到頸子以下去吸出菌液來，這些手續，非常小心，針頭絕不露在空氣中，菌液絕不弄到外面或地上，沾到棉花上的，也得連棉花一起燒掉。

裝血清的時候，先把瓶口用酒精棉花擦過，插針頭進去，可把瓶倒立，然後抽血清到玻筒里，等裝滿五十西西爲止，復原位以後，針頭不拉出，和針筒分離，另裝一消毒過的針頭在針筒上，瓶上針頭的口，仍以酒精棉花蓋好，隨手把針筒向上，打一下，使針筒內不稍有一點小氣泡存在，針頭與針筒裝接的地方和針尖開口處，隨時有酒精濕了的藥棉包着的，總使不汚染到其他細菌。

技工把體溫表抽出來，以棉花擦淨後，看了如是在華氏一百零二度左右，他們毫不遲疑地，走過去，先由技工拿碘酒棉花在耳根處擦一大塊紅褐色，以作消毒，再就由注射血清的人，左手大指和食指拈起鬆而薄的皮，右手跟着大指中指食指所捏着的針頭與針筒，向皮下注去，這時候猪稍會動一下，因爲多少還是像大蚊虫一樣地叮一下。隨手就是左手捉針頭處，右手後移，將血清用力推進，幾秒鐘就完事 打菌苗也照樣只是換一邊耳根處，更快只二秒鐘就好了。一面是因菌苗每隻猪只打半西西，血清就看猪的大小而有多少，多的二三十西西，少的也總六七西西，每個猪是要打兩針的，多是依體溫表和口頭問喂猪的人健康情形如何而定，如是體溫在一百零四度或更高的，那就不替那猪打針，因爲它體溫表示不正常而有問題，本來不好，不要打了針就說是打針打壞的，身體不好就不能打針，或者有些懷疑的時候，就可單注射血清，不再用菌苗。

血清菌苗同時打，可保半年，單打血清只保二星期，所以單打血清是不給保證書的，而且是事先給他們說得明明白白的，菌苗是不能單獨打的，因爲它就等于是禍根。

大猪有時不聽話，見人害怕，沒有常常摸慣，見人就逃，那就不容易行事，要多消耗些時間，並且也有很大的危險，有時不但把捉猪的人咬破了皮出血，身上滿撒糞尿，而且正在注射的時候，一撅一揮，很容易把針頭都斷在猪的身上，那才費時費事，至少針頭是要弄斷得很多，有時莫明其妙地打在人的手上去或者把針筒也摔在地打破。

在四十斤以下的豬兒呢，那反而還便當些，捉豬另外一種方式，小豬兒多半是比較活潑肯逃不肯睡，所以遇捉得起的豬兒，簡直爽快地告訴畜主，叫他把後脚提起來一手捉一腿，左手捉左腿，右手捉左腿，肚皮向外，提高些，使頭不着地，不能亂動，兩膝還可把豬兒頸子挾住，碘酒就擦在後腿內側，就在擦碘酒處注射，注射後，隨即又用碘酒棉花按捺週靡，促注射藥液易于消散。

每到一家，重新立一個場面，如是一天不斷地進行，也只能注射五十條豬，若是每到一院子，一放下來五六個甚至十多個，那一天一百隻以上也不費勁。

三、廿六年試驗的結果

春天的太陽作怪，使氣候時晴時雨，喂豬的人，耙了恐慌，豬價又貴，你說你的豬不吃，他說他的豬又在病「格答屎」，有的說是「火症」，有的說是「爛腸症」，西方傳來一個科學名詞叫，「豬霍亂」，它不像人的霍亂是既吐又瀉，完全不同，在北碚的第七保，注射以資預防的是卅四頭，全數沒有患霍亂。（就是豬瘟，在春天，尤其小豬易染此病而死）效力很好，血清血毒也是家畜保育所自造的，不過，這種預防注射工作，沒有多做，爲的是豬有幾種傳染病，外表的病狀是相似的，當然農人更難分辨青紅皂白，凡是豬發瘟症，他就會連想起，他的豬已預防注射過，打過保險針的，如今還是發病，他們就會根本不相信，于是找到一個更好的辦法。同年七月，又舉行預防豬的「打火印」。

「打火印」是川省特別流行得厲害的豬病，病狀顯然與別的瘟症有一點特點，就是身現「紅疤疤」，所以提起「火印」，種莊稼的都有深刻的印象，在穀子收割的時候流行着好像大家認得清楚，于是又爲周圍的人預防豬丹毒，一共注射了九十三頭，情況甚好，沒有一條是出「火印」的。

四、廿七年秋的防疫運動

二十七年七月，有計劃地想在全峽普遍的做。

剿匪式的想從兩路進行，不過臨陣的時候，主事的元帥病了，臨時編爲一路，由北碚第十九保開始，連進行三天，問題來了，多少人來報告豬不吃了，就是注射的豬才不吃，不打針的還是好好的，馬上停止進行，去施行補救，可是連着三天，成績非常可觀，共注射二百七十七頭，地方只跨十九和廿一兩保，不吃的豬達卅餘頭，再歷一天，就抬來了兩三頭死豬，一星期內，連抬來七八條，這眞是飛來大禍。總算是補注射丹毒血清，救到了一部分，死了的豬，在一星期后，全數按價賠以現金，可是鄉村運動是准成功不准失敗的，這次等于是大失敗了，反宣傳勢力與影響極大，幾乎使以往的成績，全功盡棄。

原因在那里呢？

去年替豬打防疫針的運動之所以失敗，原因甚多，其中主要的是血清效力不足，按標籤每體重十市斤注射一西西，發事以後，其他方面來信報告，血清效力太低，應照標籤五倍使用，這一來，眞震動了我的心房，其效力那里可差得如此之遠，害人匪淺，其次是主事者未能親臨陣地，多少手續上有些疏忽，如沒有問清畜主，沒有檢查體溫，隨便叫無訓練的助手幫忙注射，沒有估計準確的體重，以致比標準還少得一點血清，這樣多的原因湊合起來還加上注射後第二天沒有去檢查，照規定是連續要檢查五天，察其有無反應的，更還有一點是人少而希圖工作效率高，進行快，所以結果如此如此！每個人都沮喪了，各方面的印象都不好。

五、鼓氣又作今年的事

由去年防疫的結果，眞令我們灰了心，盧先生一再鼓氣催促，失敗爲成功之母，今年該士氣更旺盛去做，要得，又來吧。

七月底，血清菌苗寄到了，一共一星期的樣子，注射了二百三十一頭，完全無恙，其中糾正了去年的弊病不少，如血清都照四倍用，所以一千頭的血清量簡直只夠四分之一，詳情另載嘉陵江日報農民週刊第十四期十五兩期。

訂戶須知

1.改址 定戶通信處如有更改，遠地皆須先期一月，通知本社。否則因此遺失，恕不賠補。

2.補寄 本刊每月一日出版，至遲可於五日交郵寄出，逐戶檢寄，從無遺漏：但郵途有時不免遲滯。萬難準期遞到，有時因故亦不免遺失，定戶可清驗收到日期，如逾應到日期一星期後，則可附郵票五分，向本社索補本期，如當月不發信索補，則恕不遵命。

3.續訂 本刊預訂一年，國內連郵費只須三元二角，國外連郵費只須五元四角。舊定戶續訂，每年遞減一角，即國內第一次續訂只須三元二角，第二次續訂只須三元一角，第三次續訂只須三元，以後類推，減至每年二元半為止，國外舊訂戶續訂亦每年遞減一角，減至每年三元半而止，但續訂之訂費，不能交與郵局及書局代訂，只能交銀行或郵局直接匯與本社。

本刊代售章程

一．本刊代售處除承担零售外，並得代辦定閱。

二．代售處代辦定閱，每份照訂價扣除百分之二十為佣金，款到本部後，開給訂單，直接寄書以省手續。

三．代售處每期銷數在五十册以下者給予佣金百分之三十（即七折）一百册以上，給予佣金百分之四十（即六折）在百册以上者，給予佣金百分之五十（即五折）。

四．代售處每季結賬一次，將每次所銷數連同扣淨售款一併開單，逕交本刊發行部，遇有不清，除停發書外。並以合法手續追繳欠款。

五．凡代售本刊，每季在十册以上者得自行刻製「北碚月刊特約代售」印章及懸牌於門首。

六．繳款須用法幣，郵票代洋一角以下者為限，外埠匯款匯水與郵費，概由寄者負担，如有中途遺失情事本部亦不負責任。

七．代售處於代售本刊，應負保管愛護之責。

八．承担代售者，為謀增加銷路起見，所有自為之宣傳費用，歸代售者負担。

北碚月刊

本刊已呈請內政部及中宣會登記

中華郵政特准掛號認為新聞紙類

定價

訂購辦法	冊數	價目	郵費 國內	郵費 澳門香港	郵費 國外
零售	一冊	三角	三分	八分	二角
預定全年	十二冊	三元	三角	九角六分	二元四角

每月一冊　一日出版　全年十二冊

郵費代價十足通用

第三卷第一期

民國二十八年十月一日發行

編輯者　北碚月刊編輯部（嘉陵江三峽鄉村建設實驗區）　四川巴縣北碚

發行者　嘉陵江三峽鄉村建設實驗區署

印刷者　南京京華印書館重慶分館

分售處　各埠大書局

廣告刊例

等第	地位	全面	半面	四分之一
特別	底封面外面	四十元		
優等	前後封面之內面及對面	三十元	十六元	
上等	圖畫前後及正文首篇對面	廿五元	十四元	九元
普通	首篇以外之正文前後對面	二十元	十二元	八元

詳細廣告刊例函索即寄

招登廣告　敬請批評

本刊徵稿條例

一．本刊以記述農村實況傳達鄉建實施方針研究農村改良技術等為主旨歡迎投稿其範圍如下：

1.農村社會實況

2.鄉村建設之理論及實施

3.各地鄉村運動之消息及現況

4.鄉村事業之調查及報告

5.時代知識之介紹學術問題之商權

6.寫實的文藝作品，國內外旅行實記等

二．本刊暫分論著調查計劃報告科學教育文藝通訊隨筆等欄

三．來稿須繕寫清楚並加新式標點符號如用洋紙忌寫兩面

四．來稿以每篇自一千字至一萬字為限過長者不收文體不拘

五．本刊暫不收譯稿

六．來稿如不願增刪修改者須先聲明

七．來稿署名聽作者自便但須將真名姓及通訊處寫明以便通信

八．凡須將原稿退還者須預先付足郵票否則無論登載與否概不退還

九．來稿登載後酌致薄酬如左：

1.每篇二十元左右

2.每千字一元至五元

3.贈本刊若干期或其他名著刊物等

十．來稿交四川巴縣北碚三峽鄉村建設實驗區北碚月刊社

第三卷 第二期

北碚

林森 [印]

廿八年 十二月號

三峽鄉建實驗區廿八年紀念國慶各界事物聯合檢閱大會特刊

目次

壹 意義
貳 計劃
第一部
1.意義
2.要求
3.精神
4.信念
第二部
1.人員分配
2.工作分配
3.時間分配
4.地點分配
叁 準備
第一股
文書組 趙仲舒
事務組 吳定域
交際組 江澄
佈置組 李華
交通組 李爵如
公安組 劉運昌
救護組 孫以驊
編輯組 李小亞
第二股
集會組 劉學理
表演組 陳一齋
展覽組 舒傑
游戲組 劉學理
雜耍組 朱良田
游藝組 黃明德
勸募組 唐碧質
肆 實施
一 霧中輪廓 葛向榮
二 偉大的陣容 葛向榮
三 警報 李爵如
四 迅速的復員 葛向榮
五 熱烈的紀念 李小亞
六 最動人的一幕 碧質
七 弄假成真 玉麟
八 瘋狂的比武 一齋
九 文化的洗禮 舒傑
一〇 鄉土國寶 舒傑
一一 義賣可風 碧質
一二 別樹一幟 舒傑
一三 流芳千古 舒傑
一四 你最愛誰 舒傑
一五 科學化 舒傑
一六 橫貫山頭的隧 茉苓
一七 八百機械奴隸 向榮
一八 走馬觀花 茉苓
一九 西馬街揚 謝建堂
二〇 射之不工也 彭彰理
二一 優待金又兌現 茉苓
二二 欣賞的藝術 慶珏
二三 新奇的唱法 黃明德
二四 最後的一幕 茉苓
伍 整理
一 事物的結束
二 問題的檢討
1.各組報告
2.大會結束整理會議錄
陸 祝捷
1.電第九戰區全體將士祝捷
2.電致慰前方將士
3.為湘北大捷電蔣委員長致敬

四川嘉陵江三峽鄉村建設實驗區署發行

嘉陵江三峽鄉村建設實驗區

廿八年紀念國慶事物聯合檢閱大會報告

（壹）大會意義

——開會詞——

盧子英

今日為國慶紀念，我們要真正紀念國慶之意義，那嗎紀念日便應格外的有所活動，使一般民衆的快樂，更有勝於過年那樣。在紀念之日，事業應有格外的服務，民衆應有格外的收獲，尤其是智識財富方面的收獲。因此今年本區紀念國慶，特別發起了地方事物聯合檢閱大會。這樣不但對民衆是一種教育，而且對各事業間同人也是一種訓練，尤其是羣策羣力的精神訓練。這樣的活動，無論就事業與社會之關係上言，皆可謂為一種精神的建設，尤其是互相合作的精神建設。

不但我們這樣集會中之各種展覽與表演競賽，富有教育之意義，就是這樣廣大人羣的集會之本身，也有相當的教育意義。我們試看現代化的國家，無不常有這類大規模的活動與檢閱，這些都是象徵着它們已經是如何的有組織，有訓練有飛躍的進展，我們真正是要求，追逐，而且甚至於超超現代文明的話，那至少要立即與起這一類的社會運動，來促進我們社會的進化，我們此次紀念國慶之檢閱大會，就算是在學習並實驗社會運動的建設。我們很希望在明年的今日，更擴大而且超越去今年的一切紀錄，更望各城市和鄉村，很普遍地都起馬能同一樣的做這樣的社會運動，如習以為常，而且為了實行三民主義的政策，而配合着這樣的運動，我們堅信自然容易將社會國家運動得經常的動，將國家運動成機器一般的活動。所以這樣的活動，對於抗建大業不無相當的貢獻之處。

此次檢閱大會籌備不過十日，又加以前幾天的妨礙，故爾一切準備工作多不曾做夠，同時為了預防國慶紀念日空襲關係，我們事業間有多少的好的事物不便開箱搬來展覽，所以大會開場了，一切都是非常草率的。鬧飢荒似的。更加之以紀念日這一天，全國各地都有活動，因此在重慶方面可請求借用的人才，或工具，事物等，都不能如期取得幫助而應用，所以會場的活動也很為減色，這也是使我們大家同人抱歉的。尤以我們作社會運動，都不過在學習中，故望社會的明達，多惠教益。

我們當地的一切文化，教育，經濟，政治的事業。由這一次的聯合檢閱，已證明正走向精誠團結的大路。我們事業間已逐漸的能夠萬衆一心，羣策羣力，真正的精神總動員了。我們更盼望由事業而影響到而做到全社會都成一個樣。

還有希望的，就是今年今日的活動，總是以專業間爲多，惟願明年今日的活動，盡以羣衆爲主，而且是民衆自覺自發自動爲主的更大多數的人羣活動。

同時並盼望紀念國慶和紀念一切，都要辦法翻新。要求實效。要求眞正的普遍的人羣有所感應。我們還得要超越過去的紀錄，另有最新的發明，盼望會的先進朋友們和民衆，都共同來想一想，做一做吧！

我們試看前方此次各地的捷報，尤其湘北之大捷，眞令我們感動萬分，我們前方的戰士已經在如何地作更進步的紀念國慶，以大捷的成績來紀念國慶了。那嗎我們後方又應該怎樣的呢？我們的前方既拚命打大勝仗，我們後方就要拚命的努力作大建設，能夠作更進步的國慶，也可算是一種小小建設的成功。

（貳）計劃

目錄

第一部
一、意義
二、要求
三、精神
四、信念

第二部
一、人員分配
二、工作分配
三、時間分配
四、地點分配

第一部

一、意義：

1. 推進抗建工作
2. 擴大民衆教育
3. 策進鄉建運動

二、要求：

1. 頂有意義與內容
2. 頂有組織與訓練
3. 頂有秩序與紀錄
4. 頂實實在在
5. 頂轟轟烈烈

三、精神：

凡活動

1. 均有精密的計劃
2. 均有充分的準備
3. 均有確切的實施
4. 均有細緻的整理

凡進行

1. 均有標準的記錄
2. 均有強烈的比賽
3. 均有公正的講評

凡事

1. 均須決於會議
2. 均須勤於聯絡
3. 均須勇於接洽
4. 均須精於計算

四、信念

1、我們要當作偉大的工作做
2. 我們要當作偉大的建國運動做
3. 我們要當作偉大的革命工作做
4. 我們要盡心盡力，羣策羣力地做好。精益求精地做得頂好。

第二部

一、人員分配

籌備會委員兼主席副主席：

陸軍第××師	羅廣文
復旦大學	吳南軒
國立江蘇醫學院	胡定安
國立二中師範分校	馬客談
國立二中女子部	黃作舟
育才小學	陶行知
兼善中學	張博和
世界佛學苑漢藏教理院	釋太虛
嘉陵江溫泉公園事務所	鄧少琴
經濟部全國度量衡局	鄭禮誠
經濟部中央工業試驗所	顧毓瑔
中央研究院動植物研究所	王仲濟
中央研究院氣象研究所	呂炯
中國科學社生物研究所	錢崇樹
經濟部地質調查所	黃汲清
經濟部礦冶研究所	朱玉崙
行政院非常時期服務團	趙守鈺
通俗讀物編刊社	李一非
大鑫火磚廠	謝詩箴
大明染織廠	杏濟民
北碚蠶種製造場	陶英
北碚民衆電影院	李鐵生
中國西部科學院理化研究所	李樂元
民生公司北碚辦事處	盧志林
三峽區新運促進分會	張曾蔭
棉紡織推廣委員會	魏文元

東北青年教育救濟處 黃恆浩
三峽衛生所 孫以驊
三峽實驗區農業推廣所 焦龍華
三峽實驗區署 盧子英

籌備會常務委員：

復旦大學 葛三立
國立二中師範分校 龔家虎
國立二中女子部 黃作舟
行政院非常時期服務團 劉鐵庵
三峽區新運促進分會 張會蔭
通俗讀物編刊社 王澤民
三峽實驗區署 盧子英

籌備會各組負責幹事

第一股

- 文書組—趙仲舒
  - 撰擬—華文綸、劉旭、胡建文
  - 繕校—胡建文、周炳輝、陳叔癡
  - 收發—曹建初、黃偉彰、（管檔）
  - 人事—華文綸、曹建初
- 事務組—吳定域、胡天朗
  - 會計—陳尚權
  - 出納—楊鑣
  - 繕務—何文軒、夏述輝、鄧伯初、龔秉厚
  - 採買—羅柱
  - 借物—陳華益、楊永維
  - 保管—趙鹿鳴、徐俊
- 交際組—江澄、秦沛南
  - 招待—江澄
    - 詢問處—胡道馨
    - 休息處—胡存良
    - 餐堂—曾慕琴
    - 宿舍—何雲明
  - 引導—秦沛南
    - 普通來賓
    - 特別來賓
- 公安組—陳弢、劉運昌、陳之棠
  - 防護—陳能訓
  - 警備
    - 武裝—張子揚、孫開濟
    - 便衣—奚德靑
  - 糾察—袁公模、張振鵬
- 交通組—劉麒良、李爵如
  - 運輸—劉麒良
    - 陸路—魏大維、劉子良
    - 水路—陳琨杰、孫大洪
  - 通訊—李爵如
    - 傳達—曾建初
    - 電話—陶洪江
- 佈置組—李華、藍翔
  - 設計—全梅宣、各組組長、各評判員
  - 繪製—藍翔
  - 裝飾—章希吾、尹維邦
  - 修建—羅正義、劉克勤、張秉廉、王全安
- 救護組—孫以驊
  - 臨時分診所—江蘇醫學院
  - 巡迴救護隊—三峽衛生所
- 編輯組—周述亭、李小亞
  - 採訪—周述亭
  - 編輯—陳叔堯
  - 記錄—王蔭碩
  - 攝影

第二股

常委——劉鐵庵、張曾蔭

集會組——劉學理、龔肇章

- 國慶紀念慶祝大會——龔肇章、高慶豐
- 新運協進社成立會——張曾蔭
- 動員委員會成立會——鄧亮、彭德義
- 區兵役協會成立會——舒傑、蘇芷藩
- 合作社職員聯席會——黃明德、曹盛堂、李乾俊
- 保甲長工作檢討會——胡道馨、胡存良
- 出征家屬慰勞大會——唐必鑑、潘鴻幹
- 抗戰將士　曾國光

常委——龔家虎

表演組——陳一齋、陳能訓

評判——陸佩萱

- 防護演習
  - 評判——杜召棠、陳昌德、熊福、范元亮、張振鵬
  - 幹事——陳能訓、夏震、陳新齊
- 童軍操演
  - 評判——王健吾、冷雪樵、趙汝功
  - 幹事——雷利逸、周多福
- 團體游戲
  - 評判——周多福、翟蓮元、延愛蓮
  - 幹事——蔣希文
- 國術較技
  - 評判——朱嵐傑、馮俊卿、陳海雲、朱國福、朱國祥、張榮根、王鈺林、蔣紹全、唐永
  - 幹事——賴奎龍
- 物產展覽
  - 農業——劉文精、胡壽維（區署）
  - 工藝——吳培根（大鑫）吳太彬（棉紡）顏其滏（蠶桑）吳欽澤（大明）
- 家畜展覽——李本傑（兼農）（農推）鄧文俊

常委——葛三立

展覽組——舒傑、焦龍華

- 博物展覽——葛三立（復旦）高梅放（醫學院）
  - 吳良臣（度量衡局）　閻敦宜（中工）
  - 羅閔生（溫泉）　熊文彬（濾藏）
  - 鄧仁官（通俗）　曲仲湘（生物）
  - 胡榮祖（動植）　周耀湘（氣象）
  - 黃治平（理化）
- 抗戰展覽
  - 新武器——十八師
  - 戰利品——復旦
  - 敵寇暴行——周緝熙（新運）
  - 志願從軍光榮史蹟——舒傑
- 本區情勢——楊秀衡（區署）
- 統計展覽

常委——張曾蔭

遊戲組——劉學理

- 跑馬——謝建堂、評判熊止于、陳仲堯、劉禮昭、王訓能
- 射箭——徐俊
- 打靶——彭彰禮
- 拋圈——甘示武（新運）
- 燈謎、弈棋——蔣質彬

常委——王澤民

雜耍組——宋良田

- 街頭劇：堯登佛、鄧仁官
- 西洋鏡：新運會
- 演唱
  - 金錢板、蓮花落——陳蓮瀛
  - 大鼓、小調——鄧仁官
- 音樂——新運會——十八師
- 歌詠——程光裕、李之順

常委—黃作舟
（廣播—龔肇章、鄭志超
（劇場—朱鏡堅（碚小）濮齊棟（北慈）
（通俗）藍翔（民教）

游藝組—黃明德
（影院—李世虞（民電）陳漣漪（民教）

常委—盧子英
（勸捐寒衣—吳恆春（區署）潘用祥（新運）潘鴻幹（優待）時甲周學光（三青團）
熊文彬（漢藏）劉成邠、田樹德
（東北青救）

勸募組—唐必直
（徵募奬品—曾國光、蘇芷瀦

籌備會各校學生幹事

校別＼人數＼組別	交際	佈置	編輯	表演	展覽	雜要	遊戲	遊藝	勸募
復旦								、	6
醫學院									
師範分校									
女子部									
兼中									30
育才									
北碚小學									
黃桷小學									
文星小學									
澄江小學									

二、工作分配

第一股

一、文書組

一、撰擬　1.撰擬往來文件　2.繕寫往來文件

二、繕校　1.各項油印之繕寫　2.各項印刷之校對

三、收發　1.典守信印　2.收發文件　3.管理檔案

四、人事　1.籌備會議之通報、記錄、及執行檢討　2.工作人員聘書及標識之填發　3.管理辦公及開會之簽到

二、事務組

一、會計　1.各組用費預算之彙集及計算之編訂　2.賬項之記載整理

二、出納　1.現金之收支及保管

三、膳務　1.辦理工作人員之伙食　2.預備抗屬及來賓便餐一二〇席每席二元　3.預備參加團體之麵包五千份，每份五仙

四、採買　1.膳食用品　2.各組應用物品

五、借物　1.收集各組應用物品名單盡量設法向各方借用　2.辦理借用手續及物品登記

六、保管　1.設置保管室　2.各組凡可集中保管者均負責保管之

三、交際組

一、招待 I詢問處：1,來賓之登記，2,活動處所之指引，3,關於大會一切疑難問題之解答，4,隨時與各方面妥取連絡

II休息處：1,分發大會印刷品及各機關之刊物，2,照料茶水之供應，3,介紹大會各項活動及峽區事業概況。

III餐 堂：1,聯絡餐食之時間，2,檢查飲食用具及人員服裝之清潔，3,照料出菜之齊備，4,安置來賓坐位，5,指揮茶房公差之待應。

VI宿 舍：1,預備參加團體之駐地，2,預備常川駐會辦公人員之駐地，3,預備特別來賓之駐地及照應。

二、引導 I對 象：1,民衆或來賓，2,團體或個人，

II工 作：引導參加各項活動，2,引導參觀各種事業，3,引導遊覽各處名勝。

四、公安組

一、防空 1,確定防空洞之分配，2,計劃疏散之路線，3,靈通空襲消息之獲得，4,計劃空襲時重要物品之搬運或掩護。

二、警備 1,配置重要隘口之警戒以防意外，2,配置有危險性活動場所之警戒，以防誤傷（如打靶場，射箭場，跑馬場等）3,嚴密市街及活動場所之巡邏以防盜竊。

三、糾察 1,維持各項活動場所之秩序，並相機指導民衆參觀 2,劃定小販零賣之區域，3,維持正常之物價，4,檢查旅食店清潔。

五、交通組

一、運輸 1,集中水陸交通工具及組織統一管理，2,集中營業統一售票3,集中各組需要差遣之事項由本組統一指揮。

二、通訊 I傳達：1,管理傳達之派遣2,組織定時輸番郵遞之巡迴。

II電話：1,安裝需要新增之電機，2,管理電話接遞之靈活。

六、佈置組

一、設計 1,担任全場佈置地區之測繪，2,担任全場佈置設計之審訂及建議。

二、繪製 1,關於各項佈置之圖案畫，2,關於各項佈置之美術字。

三、裝飾 1,關於應用花卉或樹草枝葉之點綴，2,標語圖表之貼置。

四、修建 搭司令台，祈禱台，音樂台等，2,整理相互交通之道路，3,建置男女廁所，4,：：：

七、救護組

一、設臨時分診所。

二、組巡迴救護隊，

八、編輯組

一、採訪 1,編配各組採訪人員，2,商議採訪各項活動情況之要點，2,照規定之時間搜集稿件印發號外。

二、編輯 彙核標語口號，2,彙編報告詞，3,彙編大會嘉陵

江報特刊，4，彙編大會北碚月刊專號。

三、記錄 1，來賓講演詞之記錄及整理。

四、攝影 1，照料攝製各項活動照片，2，接洽攝製各項活動電影。

第二股

一、集會組

一、國慶紀念慶祝大會 1，通知並糾正普遍懸掛國旗，2，籌備慶祝典禮，3，舉行祈禱儀式，4，編配場地整列秩序，5，⋯⋯

二、新運協進社成立會 1，報告籌備經過及組織任務，2、選舉職員歡迎就職。

三、動員委員會成立會（同前）

四、區兵役協會成立會（同前）

五、合作社職員聯席會 1，報告過去狀況及成績之優異者，2，鎮聯合會之籌備，3，檢討工作，策劃業務之進展。

六、保甲人員全體大會 1，講解保甲長之責任及服務方法，2，檢討保甲長所感覺之問題，3、訪問民間疾苦。

七、出征家屬抗敵將士慰勞大會 1，慰勞出征將士：獻旗，搞豬，搞牛2，慰勞出征家屬，發放第二次優待金，招待午飯，宣傳優待。

二、表演組

一、防護演習 1，舉行檢閱式，2，消防演習，3，救護演習，4，試放輕性毒氣，5、施放烟幕。

二、童軍操演 1，會操，2，表演。

三、團體遊戲 1，團體操，2，團體器械操，3，團體徒手操，4，團體遊戲。

四、國術較技 1，表演較技，2，比賽較技。

三、展覽組

一、物產展覽 Ⅰ農產：1，作物類，2，園藝類，3，森林類，Ⅱ工藝：1，食品類，2，纖維類，3，陶瓷類，4，礦冶類，5，⋯⋯

二、家畜展覽 1，獸類2，禽類

三、博物展覽 1，理化儀器，2，衛生標本，3，輪船模型，4，古物文獻

四、抗戰展覽 1，新武器，2，戰利品，3，敵寇暴行，4，志願從軍光榮史蹟

五、本區情勢統計展覽 1，政治方面，2，經濟方面，3，文化方面，

四、遊戲組

一、跑馬 1，選手集體賽，2，個人自由賽

二、射箭 1，定盤，2，轉盤

三、打靶 1，手鎗，2，步鎗

四、抛圈 1，打鬼子，2，捉漢奸

五、燈謎 1，抗戰人名，2，抗戰地名，3，抗戰物名

六、弈棋 1，軍棋，2，象棋，3，圍棋

五、雜耍組

一、宣傳性質 1，游擊的（無定處、隨着大會廣大人羣的流動而流動）2、機動的（無定時、隨着大會中心時間的轉移而轉移）3，廣泛的，4、深入的

二、宣傳內容 1，抗戰情勢，2，志願從軍，3，捐獻寒衣，4，聲討漢奸

三、宣傳方式　1，街頭劇，2，西洋鏡，3，演唱（金錢板、蓮花鬧、大鼓、小調）、4，音樂歌詠，5，擴音廣播

六、遊藝組

一、劇場　京劇，川劇，話劇，歌劇

二、影院　1，映放電影，2，映放幻燈

七、勸募組

一、寒衣　1，發動獻金，2，發動義賣，3，發動勸捐

二、獎品　1，徵集，2，保管，3，分配

（說明：遊戲，雜耍，本屬遊藝之一，惟因活動時的時間和空間的限制，所以分組并列）

二、時間分配

大會活動節目單

時間	中心活動	內容大要	全部時間	備考
午八至九	集會	在民衆體育場舉行；國慶紀念慶祝大會，新運協進社體育及兵役協會成立會，保甲長大會，運台合作社職員聯席會，出征家屬抗敵將士慰勞大會	同上	
九至十一	表演	在體育體場中心舉行：（1）防護檢閱（有防空演習，要施放煙幕，施放毒氣）（2）童軍操演，3）團體遊戲（4）在新營房側看打擂台		
十一至十二	展覽	1.新營房有歷代貨幣，有四川經濟調查，有通俗讀物及連環圖畫 2.火焰山上有曲折的之字路，有陳列着邊地風物，峽區煤層，動物標本的民教館，有飼養，白熊，黑熊，豹子的動物園 3.操場壩裏邊有農產，工藝，戰利品，敵機殘骸等展覽有顯微鏡下，大得駭人的細菌有最精巧的船隻模型，最新的武器。 4.關廟女子部，有最名貴的藏經最規矩的升，斗，尺，稱。	午前九鐘起至午後五鐘止	
一至二		由廟嘴後面第三號防空洞穿過去，郎大明工廠，有用煤發電的鍋爐，有用電汲水，織布染色烘乾，扯寬，磨光的機器，對面爲惠字，有中央工業試驗所，經濟部地質調查所，中國科學社，中國西部科學院等機關的理化儀器，及動植物標本，有醴造，製糖，織維營養等試驗室，轉廟嘴區署，有地方情勢各種統計圖表，下河壩為家畜展覽場，有兩千磅重的荷蘭大乳牛，		
二至四	遊戲	在河壩下端有跑馬，射箭，打靶，勝者有紀念獎品，歡迎自由參加，試試看你的胆量如何？有尚武之精神否？	午後二至九鐘	
四至六	遊藝	在民衆會場，有川劇，話劇，有歌詠，清唱，節目繁多，歡迎請早，概不取費，		
七至九		在體育場頭，民衆電影院，有最新之名貴影片，免費歡迎。	同上	

四、地點分配（圖略）

叁　準備

第一股

一、文書組

一、接洽發起參加之事業機關。

二、印發籌備委員會會議錄。

茲選錄議決案如左。

（九月廿九日）

1. 每一事業機關各選派幹事一人以上，担任各組工作。

2. 常務委員從九月三十日起，幹事從十月二日(下星期一)起，均常川到會辦公，其宿食由大會統籌辦理。(被蓋自帶)。

3. 籌備會辦公地點，現設實驗區署，開會前移設新營房。

4. 每日辦公時間，定上午九時起，十二時止。但得視工作需要酌量增減之。

5. 每日開始辦公時，由常務委員及幹事共同開常務會一次。

6、各組幹事之分配，第一依據自願，第二由常務會議斟酌需要名額規定之。

7. 第二股各組之主任幹事，由常務委員兼任。

8. 遇雨順延一日。

9. 凡列入大會發起人之各事業機關，不出席講演。集會組預定之報告，每人以五至十分鐘爲限。

10 八鐘準時開會，九鐘結束。

11 給獎限於表演，物產展覽，游戲三組。

12 獎品須八號彙齊，由展覽，表演，事務三組於九號共同編配。

三、印發各次常務委員會議錄。

第一次議決案選錄：

1. 大會名稱定爲「嘉陵江三峽鄉村建設實驗區紀念國慶專物聯合機關大會。」

2. 請航空會派專機蒞臨北碚表演，并散發宣言。(請新運總會辦理之)

3. 各事業機關參加表演與展覽之一切開支，由事業機關自行担負。其餘(第一股應用文書及事務、交際、公安、交通、佈置、救護宣傳等)各費，由區署設法籌措。

4. 獎品不向外募集，由各參加之事業機關各別籌辦，交大會統一編配，以價廉物美爲主。(獎品上須粘固款識，上款由大會填寫)。

5. 用大會名義印製紀念狀，并將所有發起人及事業機關的名稱列上。

第二次議決案選錄　十月三日

1. 常務及幹事在辦公時間內；非因工作外出，或其他特別事故，仍遵守時間，不得隨便離開。

2. 大會空襲防護之秩序與紀律，除事前關照全體人員外，并於當日先行招呼一切應行注意事項，并臨事先行通知大會主要部門，以便屆時妥善疏散。

3. 大會遭遇空襲在解除警報後，全體仍集合繼續開會。

4. 各事業參加展覽者，宜應事實之需要，配合管理與解說，運輸人員須在五號以前確定之，并於八號以前開會研究一切說明，應用畫圖，列一大綱，俾有準則。

第三次議決案選綠　(十月三日)

1. 展覽場在空襲時不能搬運之物品，須由防護團固定部隊與人員負着守之責。

2. 各事物說明之卡片紙張，概由各事案機關自辦。

3. 凡展覽事物，數量較多且又笨重者，由大會預商防護團派團員搬運，由展覽機關派員嚴守。

第四次決議案選錄　(十月四日)

1. 商請大明廠開北碚市街電燈八、九、十三日，費用由區署負担。

2. 籌委會臨時辦公處掛牌，由華文倫辦理。

3. 本會擬應募集寒衣一萬套。

4. 勸募組應另成立一勸募寒衣委員會，各事業團體主幹人員爲勸募委員或幹事。

5. 聘請大會主席團主席，

附聘書

逕啓者：茲經本會會議决定公推台端爲本會主席團總主席尚希查照於開會前（十月十日午前八時開會）撥冗駕臨會場主持一切無任感禱此致

□□總主席　　啓

6. 聘請大會各組幹事

聘書

嘉陵江三峽鄉村建設實驗區紀念國慶事物聯合檢閱大會聘書

茲敦聘

台端担任本會第　股　組　幹事　尚希查照先期到會籌辦一切以利進行爲荷此致

□□先生

（附×職員證一條）

7. 聘請大會評判員

聘書

嘉陵江三峽鄉村建設實驗區紀念國慶事物聯合檢閱大會聘書

茲敦聘

台端担任本會第　股　組評判員尚希查照於國慶紀念日蒞會進行評判爲禱此致

□□先生

（附職員證一條）

8. 請大會佈置設計專家

——公函；

三峽實驗區紀念國慶事物聯合檢閱大會公函

逕啓者，本會爲推進抗建工作，擴大民衆教育，幷策進鄉建運動起見，特定於本年雙十節國慶紀念日（夏歷八月廿八日）聯絡峽區各事業機關共同發起，舉行事物聯合檢閱大會。關於會場之佈置、擬請素有研究者辦理之。夙仰貴□專才素多，尚祈賜予扶助，邀請藝術及體育專家各一員，先期到會與佈置組李華先生接洽共同佈置藉臻美善幷希見復爲荷

此致

9. 請復製三峽實驗區地勢摸型

——公函

敬啓者：此次大會擬請貴校史地系指導黃桷小學用泥工趕製一「三峽實驗區地勢摸型」，商同復旦大學史地系，標明山脈河流公路鐵路重要礦產並五鎮位置等，於雙十節前送會參加展覽用特函達，尚希查照辦理，爲荷！此致

復旦大學

黃桷小學

10 函請各界參加各組活動

請各學校參加表演函

逕啓者：查本區各事業機關訂於十月十日在北碚舉行「三峽實驗區事務聯合檢閱大會」曾經大會議决各學校參加表演節目在卷

貴校除參加各項表演節目外尚請表演童軍團體操并希於五日以前將參加表演節目列表送會以便編配爲荷此致

請軍事機關檢送戰利品函

逕啓者：茲定於本年國慶紀念日舉行三峽實驗區事物聯合檢閱大會需用抗戰所獲各種戰利物品作爲展覽以資激起同胞愛國熱忱及抗戰情緒素諗貴處熱心抗戰事宜對於戰利品搜集必多尚希賜予扶助多爲撿送到會以備陳列本會當負責保存會畢仍如數奉還相應函達尚希查照辦理賜復爲荷！此致

邀請善騎者乘騎到會參加比賽函

〇〇先生鑒：本區各事業機關及團體爲聯合展覽事物激發民衆抗戰熱情起見訂於本年國慶紀念日（即夏歷八八月廿日）舉行「三峽實驗區事物聯合檢閱大會」查計劃中有賽馬一項已函邀峽區各場及渝合各處飼馬者蒞會參加素諗貴處養有良馬特請屆時乘騎蒞會加入比賽并盼轉約附近各養馬者亦來參加爲感專此順頌

時祺

請挑選家畜送會展覽函

逕啓者　查本區紀念國慶事物聯合檢閱大會會中活動有家畜比賽一項素悉

貴　在畜牧方面卓著成績擬請挑選優良牲畜多頭於本月九日以前逕交到會俾便分配陳列藉資比賽並便農民觀摩爲荷

此致

（附送展覽表　份）

函請區內外士紳及各事業人員參加指導

公函

嘉陵江三峽鄉村建實驗區國慶事物聯合檢閱大會　公函

字第　要

逕啓者本會爲推進抗建工作擴大民衆教育並策進鄉建運動起見特聯絡本區各事業機關共同發起組織本區事物聯合檢閱大會訂於本年雙十節國慶紀念日（農歷八月二十八日）在北碚民衆體育場舉行其日午刻備有便餐，

尚希

查照。屆時　蒞會指導一切爲荷

此致

製贈參加展覽事業機關之紀念狀

——附紀念狀

> 嘉陵江三峽鄉村建設實驗區
>
> 紀念國慶事物聯合檢閱大會紀念狀
>
> 本會爲推進抗建工作擴大民衆教育於二十八年雙十節國慶紀念日聯合本區各事業機關舉行事物檢閱大會爰將參加機關及展覽事物給狀證明以資紀念此狀
>
> 一、參加者
>
> 二、展覽事物
>
> 三、成績評判列爲　等
>
> 中華民國二十八年十月十日

13　築集各組工作日程預定表

（附表式）

三峽實驗區紀念國慶事物聯極大會〇〇組工作日程預定表

開始辦理日期		項別	工作大要或數量	限定完成日期		工作人數						備考
						職員			學生	士兵	工人	
日	午			日	午	大	中	小				

14 預發各項印刷品

甲、發來賓：1.公函及報到單，2.來賓證及餐卷3.場地整列圖4.空襲集散辦法5.活動節目單，

乙、發工作人員：1.計劃大綱2.工作人員名單3.空襲集散辦法4.各種會議錄5.各種活動節目單。

二、事務組

1. 確定菜單：牛肉湯（燒蘿蔔）、粉蒸肉、燒白、雜合紅燒肉、臘八豆腐

2. 估計需要物料數量、預行定購

3. 接洽炭飯地點、（禹廟、文明飯店）、辦菜地點（樂天、元亨）燒茶地點（新營房）、擺席地點、（慶豐、對又來、青白、文明、復興齋、李萬成茶社、孫羨陶茶社）

4. 佈置保管室地點：禹廟右側、新營房、

5. 調派煮飯燒茶伕子五名、担水四名、兵二名、

6. 廚房伕子每處調用二人、雇用二人

7. 商大力組派收擺十二人、每處小工二人，挑水二人

8. 調派士兵二名、小工二名、協助保管

9. 借用廚具及食具

10 斟酌應設置公共茶缸地點、並預備茶具

11 印製領麵包條據、交由交際組負責填發、並請將統計數字隨時通知本組

12 印製借物條單、及借用物品標識、

借條

今借到

先生（物名）（件數）於敝會結束後二日內

當即奉還、如有損失、經手人願負賠償責任此據

""大會條

經手人　章

十月　日

借字第　號

存根

物主姓名住址	借用物名件數	特徵編列號數	領用人姓名蓋章	備攷

三、交際組

1. 調查空屋及可容團體之住地

2. 確定設置詢問處及休息處地點

3. 印製來賓登記册

4. 擬具請客各單交文書組函請

5. 商請各大中學校選派學生、担任招待員及引導員、

6. 徵集各事業機關刊物及大會一切印刷品

7. 編印招待及引導須知

招待須知

（A）紹待員應具備的條件：

一、態度：誠懇，殷勤，和藹。

二、言談：清楚，扼要，有禮貌、

三、須時時觀察對象的反應。

（B）招待員應注意的事項

甲、關於休息處

一、佈置簡單樸素整潔的休息處，二、注意飲具的清潔．三、注意茶點的清潔，四、訓練茶役的事件：

1. 手須洗乾淨、指甲須剪去、
2. 手指不得伸入茶杯內、
3. 應客茶湯須應用雙手以示敬意、

乙、關於食堂及宿舍：

一、注意棹凳碗筷等的整齊排列與清潔，二、菜疏須用碗覆蓋、以免蒼蠅、或塵埃飛入、三、宿舍須佈置清潔、四、大小便具之設置、五、燈火之準備、六、訓練伕役的事件；

1. 指甲宜剪除
2. 上菜宜自左方，切忌手指伸入碗內、
3. 上菜須分秩序、打盤與傳菜者各將人數地區固定、不得亂接，以免重復或漏落之弊
5. 客人用餐時、切忌搔頭、挖鼻、戲談話等、

一、登記（凡來賓請登記、本區各事業機關團體及民衆、請劃到）

二、登記後如係普通來賓、由引導員引至會場，如係特別來賓、先引至招待處休息

三、各機關首長及各界聞人為特別來賓，各界人士為普通來賓，

四、特別來賓胸際帶有來賓證，須招待食宿、

引導須知

（A）引導員應具備的條件；

一、態度：謙和，禮貌。
二、舉止：活潑，敏捷。
三、言談：簡單，文雅。
四、服裝：整齊，清潔。

（B）引導員應熟悉的事項。

一、大會情勢，會場佈置，參觀路綫，及各種展覽場所與表演地點，
二、峽區各事業機關情況，
三、峽區各項特產
四、峽區各項建設，
五、滑竿木船價目表，

（C）引導員應注意的事項。

一、事先到會按照指定的地段服務，
二、除已指定負某地段責任之引導員，其餘各引導員須齊集交際組辦事處，以便臨時派遣，
三、引導員均須佩職員證，由大會發給。
四、詢問處引導員於來賓登記後，如係普通來賓即引導至會場參觀，如係特別來賓即引導至招待處休息。
五、來賓到各機關參觀，如係團體或人數較多時，應先請來賓集合，由該機關管理人說明或報告該事業的意義與狀況，及各種數目字的統計，然後分頭循序參觀。
六、如來賓係一人或數人可請各機關說明人引導邊參觀邊解說。
七、當引導來賓於中途時，必儘乘機介紹大會內容。
八、引導員引導來賓參觀後仍須返本組辦公處。
九、午餐時由引導員引導來賓至餐室用膳。
十、來賓如須滑杆或船隻時，引導員代向交通組購票。
十一、來賓如到溫泉須送至輪船碼頭。
十二、引導員須帶筆記薄和鉛筆（自備），以便臨時紀載一切事項
十三、引導員須有始終不怠的服務精神。
十四、引導員須記載來賓之反應批評及所發的問題，會第後書面報告。

十五、特別來賓發給來賓證並招待午餐

十六、來賓有詢問及請求幫助時應誠懇答復，

8. 訓練招待及引導人員並預先實習

9. 檢查佈置各招待地點

四、佈置組

設計

1. 測量北碚市街及附近全圖

2. 計劃全場佈置之秩序及參觀路線

3. 劃分各事業機關利用之場地

4. 研究各個佈置之方式及圖案，

繪製

5. 預備需要之顏色紙張及文具

6. 繪製場地標識牌，及路線指引牌，

7. 繪製司令台大門之橫額及對聯。

8. 繪製各種大幅標語及旗幟，

裝飾

9. 採集花，草，枝，葉……等自然物，

10 預備圖釘，洋釘，麻線，漿糊等

11 張貼標語，圖表，照片，並加以藝術化之點綴。

12 裝扎會台及大門之牌坊，

修建

13 整理所有場地及道路，剷草，填平，劃線…

14 借購需用材料，雇請工人。

15 搭設司令台，祈禱台，及擂台，

16 修建男女廁所，（原有不合者加以取締或改良）

17 搭設簡易馬棚及家畜場棚。

18 挖掘靶溝及跪臥射工事，

五，交通組

1. 確定添設電話處所

2. 預備電機及電綫

3. 召開大小力業，及舟，車，轎，馬業同業公會開會

議決案選錄爲左——

甲、船業方面

1. 區署範圍內所有船隻（除指定者外）雙十節不能離開本

區範圍

2. 雙十節渡船派兩人收錢，平均分派。

3. 金剛碑大沱口船隻，雙十節拂曉駛往澄江鎮，接迎參

加大會民衆，

4. 東陽鎮船隻雙十節歸北碚船業公會指揮

5. 何家嘴金剛碑船隻雙十節靠北碚碼頭並設劃到處登記

6. 澄江鎮到北碚船隻，靠米船尾子，並規定：午後三鐘

以後，始能離開北碚。（因須担任警報時的疏散，

並到金剛碑等候接人，推返澄江鎮。

3. 遇空襲時，橫江船隻，停止收船錢。

乙、車馬轎業方面

1. 於民衆馬路設售票處，統制售票以便利乘客，

2. 各業除參加防護表演之外，其餘一律集中售票處，否

則取銷其輪次，

3. 售出之票，存根上限定回轉時間，

4. 售票處設大價目牌一塊，

丙、大小力業方面

1. 雙十節不全體集中，但至少須留二十八聽候派遣，

2. 大會如有物件運輸，由本組出派遣條據，結束後憑票繳給力資。
3. 製各幫代表標識、
4. 設置水陸統一售票處於河邊及車站
5. 製各幫價目表（表略）
6. 印製乘輿證

乘　存根

茲有　　先生乘　　由　　至
共計法幣　　元　　角　　仙正如數收訖此據
夫號數　　　經收人
票號
中華民國　　年　　月　　日

字第　　號

乘　執據

茲有　　先生乘　　由　　至
共計法幣　　元　　角　　仙正如數收訖此據
夫號數
票號　　　經收人
夫不能在正規
費外向客人勒索
中華民國　　年　　月　　日

7. 檢查整潔——服裝，身體，工具，

六、公安組

1. 擬具空襲時集散辦法（附原辦法）

（甲）消息的探訪

（一）聯絡

1. 由交通組指定專人，確與本市電報局，防空監視哨，合川防空監視哨，各處切取聯絡，
2. 由電話室電詢重慶某公館有無情報，并請隨時告訴消息。

（二）添設電話和管理

1. 遷移民教館之電話機，裝置於司令台附近，
2. 公安一中隊，旅客服務處之電話，由建設股特派專人管理。
3. 區署總機，特別注意消息之傳達與管理。
4. 前一日應特別派人檢查修理各處電機與線路

（乙）渡船的控制

（一）橫江

1. 北碚的渡船，以二分之一照常營業，以二分之一在正碼頭下面停泊待遣
2. 黃桷鎮渡船仍以二分之一照常營業，二分之一停泊於源渡船碼頭待遣。

（二）順江

1. 到碚趕場船隻，完全停泊於民生囤船附近，以備空襲時担任疏散之用
2. 無論橫江順江船隻，一聞空襲警報，均須停止營業，馳赴北碚碼頭担任疏散渡河工作。
3. 東陽鎮渡船完全照常營業，但聞空襲警報時完全馳回北碚担任疏散工作。

（丙）疏散區域的分配

1. 各事業機關來賓指定新村×兩號防空洞。
2. 大會全體工作人員，指定新村×號防空洞，
3. 抗屬指定火焰山×號防空洞。

4. 區署全體人員指定在遵警路×號防空洞。
5. 北碚民衆向齊北馬路五里外四郊疏散。
6. 北碚各校向龍鳳山方面疏散。
7. 北碚防護團，及義勇防護隊，向水嵐埡方面疏散
8. 文星各學校團體及防護團，義勇防護隊向毛背沱方面疏散
9. 黃桷民衆由北碚渡船過東陽鎮，向十字山附近疏散，
10 黃桷防護團及義勇防護隊，由北碚渡東陽鎮向么店子方面疏散。
11 黃桷各學校由北碚渡江，過黃桷鎮，向石磅右面疏散。
12 澄江二岩各學校團體民衆，自金剛碑方面疏散（走老路）
13 二岩澄江防護團及義勇防護隊向北碚杜家街金銀崗方面疏散。
41 其他團體向北碚新碼方面疏散。

（丁）疏散時的引導
1. 各事業機關來賓由旅客服務處負責。
2. 大會全體職員由內務股負責。
3. 區署全體職員由值日主任負責。
4. 各鎮民衆由各鎮副聯保主任及警衛隊助理員負責。
5. 各校學生由各校校長教員負責。
6. 各防護區分團由各區分團長負責。
7. 各義勇防護大隊由各級隊長負責。
8. 其他參加團體由旅客服務處負責。

（戊）疏散區域的警備。
（一）警備處所
1. 各防空洞由原有憲警負責，但聞空襲警報時須馳赴防空洞，照規定指揮入洞。
2. 團體有領隊。
3. 有符號。
4. 各事業機關有旅客服務處職員引導。
5. 各疏散區域由各鎮防護團警備班負責。
（二）警備任務
1. 切實維持疏散區域秩序，嚴防不良份子扒竊物件。
2. 疏散民衆團體應出以迅速穩妥之處置。
3. 鎮壓一切喧嘩鬥毆等事端。
4. 取締紅白衣帽及疏散區域之顯著目標
5. 檢查行跡可疑之人。
6. 注意漢奸放信號。
7. 倘遇轟炸掃射時，應維持民衆鎮靜，勿使狂奔。

（巳）疏散時注意事項。
1. 秩序。
2. 迅速。
3. 肅靜。

（庚）隱避地選擇 以能障蔽身體，不露目標爲原則。

（辛）避難處所的管理
1. 各防空洞預先派專人負責。
2. 指定之防空洞不許他人入洞。
3. 一聞機聲，無論已否隱避妥善須嚴禁亂跑。

(壬)警報解除後之集合

1.限一刻鐘內仍回原地繼續開會。

2.雙十節由北碚黃桷兩鎮，每保指派專人守侯警報之傳送，並特別注意警報之解除，以便疏散者，即時仍回原地繼續開會，

3.增設崗位，

4.劃定小販零賣場。

5.整頓市容，並檢查旅食店是否清潔。

6.編配各活動場所糾察人員。

7.訓練各糾察人員相機指導民衆之方法。

七救護組

1.分配藥品及衛生材料。

2.佈置臨時分診所地方。

八、編輯組

1.召開採訪會議

議決案選錄

1.各組採訪人員編配：集會組，展覽組，勸募組各四人，表演組六人，游藝組 雜要組 各三人，全場特寫一人，攝影一人，臨時編印發行三人。

2.採訪目標：着重活動的特殊意義，方法、精神、成績、及其他有關情況之描寫。

3.採訪材料要有敏捷迅速的報道，隨時遞交編輯組印發號外。

4.當天須出十次以上之號外，要求每半小時有一次。

5.採訪結束後，即舉行初步檢討，十二日午前再開整理會議一次。

6.採訪時各人自帶文具紙張由大會供給

7.聯絡印刷、

8.聯絡攝影、

9.佈置臨時辦公地點。

第二股

一、集會組

1.編印各會報告詞

兵役協會報告

一，兵役協會的產生

本區很有成績的三個兵役委員會——兵宣、兵監、優待委員會，在今天改成一個會，就是兵役協會，爲甚麽要改組呢？因爲兵役的宣傳監查，和優待慰問，原是一個事的整體，不容分割的，過去各自分離，未免疊床架房，於人力財力都不經濟，我們爲要使組織統一，機構簡單 力量集中，步調一致，工作成盤，效率加強起見，所以特遵照政府法令把他合成一個兵役協會。

二、兵役協會的任務

一、建議：看那些事情是否該辦？是該怎樣辦？

二•檢舉：看有不有人徇私，舞弊，欺弱避強？

三、調解：調解因兵役而發生的糾紛，免得各級辦理兵役人員，因一時的氣憤，而傷鄰里間的和好

四、勸募：勸募優待金及糧食，並負責保管分發。

五、調查：要清楚每一個抗戰家屬的情況，以便辦理慰問，救濟事宜。

六、宣傳：使大家都明白當兵的道理，以盡到保國家，

保鄉土的天職

七、慰勞：壯丁入營，出征，預備歡迎，歡送，過年過節慰問抗敵將士及其家屬。

三、兵役協會的組織

全區有個兵役協會，由陶先生（行知），藍師長（紹侶）孫經理（越崎），吳校長（南軒）胡院長（定安）馬校長（客談）張校長（博和）張先生（曾蔭）盧區長（子英）九個委員組成，內分宣傳，監查，優待，慰問，總務五組，由陶行知，胡寬寶，馬客談，張博和，張曾蔭五個常委分任組長，盧區長任主任委員。

四、兵役協會的希望

（各縣保兵役委員，酌量時間介紹，）

一，宣傳方面：要勸導全區的老太太，都像模範母親劉老太太，她把她的兒子用紅用火砲送到志願軍裏，並鼓勵他要努力殺敵。要勸導全區的保長，都像模範保長馮時齋，教子有方，他的兒子弟兄爭先從軍，要勸導全區的社訓助教，都像模範社訓助教羅瑞清，先送自己的兄弟入營，作全區民衆的好榜樣，要勸導全區的學生，都像模範學生，卿節文，卿先聘尊藥學從軍。要勸導全區的道士都像北碚禹王廟的模範道士徐光明，吳海源，削髮從軍。要勸導全區的理髮匠都像北碚的模範理髮匠鐘興茂，改業從軍，這些人他們都明白沒有國就沒有家，不能守住前線就不能保衛後方，你不去打日本鬼子，日本鬼子就要來打你，所以他們都踴躍服役，都志願應征，

二，監查方面：要監查到全區的兵役，沒有一點毛病，辦到真的三合——合理，合法，合情辦到真的三平——平等，平均，平允，

三，優待方面：要負起責任解決抗戰軍人家屬的生活問題，使他們的太太都有事做，使他們的女子，都有書讀，使他們的老人家。都有飯吃，隨時隨地要尊敬他們，過年過節要去祝賀他們，這樣才能使他們安心，也就是使前方將士們安心。

現在國家到了危急存亡的時候，民族到了生死奴主的關頭，抗戰是愈打愈強，我們的兵要愈出愈多，盼望每個兵役委員都協助政府，每個國民，都協助兵役委員，同心同德，羣策羣力，來共同完成這個偉大的使命和任務。

慰勞大會報告：

各位英勇的將士　親愛的家屬，今天是全國婦女慰勞總會，新運會和優待委員會，共同來辦的盤這個慰勞大會，我們因了勸募寒衣，事務麻煩，以致於在慰勞上有許多地方不甚十分週到，還要希望各位將士和家屬原諒！

今天這個會是非常有意義的，光榮的，快樂的一個會，因為我們這裏有這麼多中華優秀兒女——英勇的抗敵將士，有這多親愛的抗敵將士家屬：他們為了整個的中華民族不要受日本鬼子的殘酷壓迫合他們是為了整個中華民族的生存而英勇抗戰，他們是要爭取我們的勝利不顧一切而到前線衝鋒陷陣，他們是非常光榮的。是我們今天每一個人的模範，我們每一個人都要像他們這樣成為一個中華民族的好男兒。

現在我們在這第二期抗戰的時候，我們已得到了許多的勝利，加強了許多的抗戰力量，我們在準備反攻的時期中，雖然為了國際局勢的變遷，和汪派漢奸的活動，以致日本更加緊他們的侵略行為，企圖滅亡整個的中國；可是我們只要

擁護　總裁，堅決自力更生，同時以鎮靜應萬變，鞏固團結，抗戰徹底，後勝利一定是屬於我們的，

各位將士們，勝利快要到了，我們大家要很堅忍的作最後的努力，

我們現在已經在為將士勸募一萬件以上的寒衣，我們要用最大的努力，好好的優待將士的家屬，使大家絕無後顧之憂，一心努力的殺敵，早一天把日本鬼子趕出中國境去，早一天得凱旋歸家，我們再辦這樣十個盛大的會來慰勞大家，最後敬祝各位將士的健康。

各位家屬的健康！

合作事業報告

我們的合作事業是從廿七年一月份開始辦理，迄今有合作社七十個，在本區四鄉已經普遍設立了，平均每百家人中有一個合作社，社員已增加到二千二百五十四戶，約佔全區農民百分之四十三。

從合作社業務方面去看。去年貸款二萬八千元，已經全部收還金庫去了，今年因合作金庫資金調整問題，對本區貸款，曾經停到六個月，因此合作社的貸款現在還沒有結束，僅放出廿七社，計一萬九千五百三十元，再從貸款用途中去致查去年和今年都是百分之七十以上用在買猪，這個數字指出峽區這個農村需要養猪，我們既認識了這個趨向，就聯合了農本局試辦一種家畜保險社來保證這個養猪副業的進展，同時亦引起我們的注意和研究，合作社的貸款怎樣都運用到直接生產上，更希望我們的合作社怎樣能進步成為生產合作社。

峽區的合作組織有三種，在這事物檢閱大會中分別的來作一個檢討：

（一）信用合作社方面

本區有信用合作社六十六個，數量不能再事增加，今後注意的是加強合作機構，每一社除須健全自身的業務外，應該使聯合社提早成立，聯合社一天不實現，我們的合作金融一天不會合理化。

（二）棉紡織生產合作社方面；

棉紡織生產合作社是今年四月份才發動組織的，在四川省農村合作委員會方面，算是一個新的紀錄，本來我們有三個棉紡織生產合作社，一個以組織不健全，開工一月後就解散了，現在辦理的兩個生產合作社，設在黃桷樹之東陽鎮，正在不斷的努力，不斷的進步，已由十部紡織機增加到四十部，這兩個合作社之所以能特別進步，主要的是由於馬中鐵，秦茂秋兩位女同志能努力領導，和全體社員之能共同奮鬥，

（三）消費合作社方面，

峽區各事業為欲避免商人層層剝削，購買便利及期望分配走向合理化起見，先試驗地在北碚辦理一個消費合作社，隨即擴充在龍鳳山增辦一個，這種合作組織，在現制度下困難很多，但合作社應該不畏艱鉅克服一切困難，努力於自身健全，以取得羣衆的信賴。

我們理想在峽區組織一個消費合作社聯合社，在這一工作開始之先，我們即要準備着失敗後的救濟辦法，一方面我們要設計與其他合作社的生產者發生聯繫，生活用品與生產原料的供給都要事先取得相當保證那時我們的消費合作社才能健全的生長起去，

我們的工作就這樣計劃下去，打算每年造下一個新的紀錄，以完成我們合作社預定計劃。

保甲人員會議報告

為甚麼要保甲組織，這個問題不待報告，各位保甲長當然很明白，不過現在一間提醒各位保甲長更為注意，同時想使今天開會的各位同胞中不知道的也知道知道，所以不嫌麻煩的再簡單的申述一下：要辦保甲的意思，就是要改良人民的生活，這一點可從兩方面說。消極方面；因有了保甲組織，人民自衛力量得以充實，宵小歹人自然不能藏身，則社會秩序井然，地方安寧可保無虞；積極方面；保甲組織是最低層最基本推行 政令的組織，所以祗要認真辦理，何患政令之不能徹底推行，因此也很容易 達到地方自治的階段。

由上述可知保甲組織之重要性，那麼從今以後我們更應該如何鞏固本區保甲組織，發揚光大本區保甲組織，這個責任，就在我們保甲長和各位同胞身上，想我們是一定能負担這個責任的。

怎樣才能鞏固保甲組織，發揚光大保甲組織？首先各位保甲長應該十分明瞭我們本身的職責，現在先講保甲的責任是什麼，其次再說如何才能發揚本身職責。

各位甲長，我們的責任是甚麼？我們受保長的指揮監督負責維持在甲內安寧秩序的責任，我們的職務呢，大概要說有八點：

(一)輔助保長執行職務。

(二)清檢保甲內戶口，報告移動，編製門牌。

(三)敦促同甲各戶彼此監視，不另其切結，倘本甲內居民有通敵通匪情事，一經查覺，或被告發，判審有據，即予連座處分。

(四)檢選壯丁服役及訓練壯丁，

(五)檢查甲內盜匪，稽查他境入境人民。

(六)輔助軍警及區長聯保主任保長索搜逮捕人犯。

(七)教誡本甲內住民不做作奸犯科等情。

(八)其他依照法令，或保甲規約，議訂甲長應執行的職務。

各位保長我們的職責是甚麼？

一、監督指揮甲長執行職務輔助區長執行職務。

二、覆查本保戶口，及查報戶口移動

三、主持保甲會議，執行保甲規約

四、壯丁隊的督導及平時訓練

五、輔助軍警及區長，聯保主任逮捕人犯

六、保甲武器的保管及支配。

七、教誡本保內住民不做犯法之事。

八、隨時注意保甲內的新人民。

九、其他依照法 令及保甲規 約議訂應該保 長執行的事務。

其次再說我們保甲本身應具的兩個條件，第一應該以服務以助人為目的，第二須具熱熱誠，無論辦公，或對民衆．然後才有可能成為一個能盡忠職責的保甲長。

此間再實地介紹幾位本區保甲長中最能盡忠盡責，堪為我們模範的人物，然後再談應改善之處。

北碚鎮廉潔辦公者如第九保保長袁懋鑫，第十八保保長徐少清，第十九保保長馮時齋，兵役最力者，第廿保保長袁

五和，第廿七保保長官沛林，第廿八保保長罔俊倫，廿一保保長楊崇亮，卅一保保長譚黎祿，卅三保保長周屛藩

黃葛鎮第一保保長袁拾安，第十保保長，鄭炳煊，

文星場第六保鄧長泰，第七保蕭雲欽第九保鄧福安，第十三保劉　第十五保鄭書安，第十九保李森林，第廿一保第一甲李浩生，第六保第一甲鄧雲安，第九保第二甲鄧忠岐，第十二保六甲曹述云，第十八保四甲李海源。

二岩鎮二保周文合　三保劉炳合，三保之甲長譚銀臣，

這些保甲都是堪我們表率的，我們應該欽佩他們，學習他們。

至於應該改善之處，是甚麼呢？第一，少數保甲長智識太低，欲革除此，就是必須有隨時隨地研究學問的習慣，若是識字不多，更應該從努力識字着手，第二，其中有極少數家境清貧的，自顧還不暇，更無心盡保甲長的職責，所以必須選舉保甲長的時候，愼重人選，才不致發生此弊，第三，有一二人願意任保甲長的，完全是爲了緩服兵役，對於工作敷衍塞責，他們的動機既是出於自私，不愛國，那麼我們民衆決不可受他慫恿，選舉他們做保甲長，第四保長中會有一人服務相當時間，即不辭不到，我們應該知道各級保甲人員不得無故拒絕委任，委任後非面呈准，不得離職若是有無故拒絕或非撤職而自去者，就要依法懲處，我們倘若把上述四項改正，那麼我們保甲長就比較的健全了。

可是欲發揮保甲組織的優點，固然在保甲本身的健全與否。但同時也須我們民衆的輔助，各位同胞，保甲組織的好處，保甲長的職責是甚麼都已經報告過了，想各位業已深知，不必再說，保甲長的職責，就是保甲長應該辦的事，他們所做的事，自然與各位有密切的關係，所以他們應該注意的，也是我們應該牢牢記住的，並且輔助他們實行的，例如，一、我們應該尊重保甲組織，不可拒絕加委，對於保甲規約，應該確切履行，二、戶口發生異動，應該向所屬警衛區報告，三、我們應該輔助兵役順利進行，絕對不可以做出使保甲長掣肘的事，這不過舉三個例來說，總之凡是保甲長奉令辦的事情，我們都應該服從和輔助，再明切的說一句，假如我們各甲長民衆個個能實行剛才所報告的一切，那麼一定是模範保甲長，是一個優秀國民，

印發各種口號並預行訓練民衆呼口號

防空口號

問：日本強盜迫害我們，怕不怕？

答：不怕！不怕！我們絕對抵抗它！打退它！

問：敵人大批來轟炸我們，怕不怕？

答：不怕！不怕！我們拚命搶救它！立刻恢復它！

問答口號

問；那個侵佔我們的土地？

答；日本軍閥！

問：那個殘殺我們的同胞？

答：日本軍閥！

問：那個毀滅我們的財產？

答：日本軍閥！

問：那個是我們的敵人？

答：日本軍閥！

問：怎樣對付我們的敵人？

答：打倒他！

問：怎樣才可以打倒他？

答：擁護 總裁抗戰到底！

問：我們要怎樣幫助抗戰？

答：有錢出錢，有力出力！

問：怎樣出錢？

答：節衣縮食，捐款獻金！

問：怎樣出力？

答：勇躍服兵役

遊行口號

一、紀念雙十節我們要追念先烈締造中華民國的艱難，堅持抗戰必勝的信念，繼續奮鬥。

二、紀念雙十節我們要效法先烈慷慨牲牲精神，為民族盡大孝，為國家盡大忠而奮鬥，打倒日本軍閥！

三、紀念雙十節我們要有錢出錢募集寒衣，有力出力，踴躍參加兵役

四、紀念雙十節我們要肅清漢奸，打破苟安和平心理。

五、紀念雙十節我們要各就本位努力，爭取最後勝利的條件。

六、紀念雙十節我們要學習 總裁百折不撓的精神，抗戰到底。

七、紀念雙十節我們要擁護 總裁完成抗建大業

擬訂大會開會程序

一、全體肅立

二、唱黨歌

三、向黨國旗及總理遺像行最敬禮

四、升旗敬禮（奏軍樂）

五、主席恭讀總理遺囑

六、靜默

七、主席致開會詞

八、各機關報告

1.新運協進會成立會

2.動員委員會成立會

3.兵役協進會改組會

4.合作社職員聯合會

5.保甲長工作檢討會

6.抗敵將士出征家屬慰勞大會

九、自由講演

十、呼口號（問答式）

十一、獻金

十二、呼口號（集體式）

十三、檢閱大會開場

十四、散會

編配場地整列圖

附圖

嘉陵江三峽鄉村建設實驗區紀念國慶事物聯合檢閱

大會盤列圖　　民國二十八年十月十日

司令台　　祈禱台

育才小學 北泉小學 北泉慈幼院 重慶慈幼院 二岩鄉小	北碚小學 北碚鄉小 黃桷小學 黃桷鄉小	文星小學 文星鄉小 澄江小學 澄江鄉小	黃桷民衆
抗屬：二岩民衆 澄江民衆 文星民衆	表演場 防護團隊	兼中師範部 江蘇醫學院 復旦大學	北碚民衆
兵役委員 合作社職員	各部隊	來賓 各事業機關代表 各事業團體	

擬具大會出席人員須知

（1）準備辦法

A　應展覽之物，須先一日運碚儲藏，次日晨即佈置展覽。

B　領隊人（各機關主管人）須於九日前通知應出席人，按時集合規定地點，由領隊人率領來碚參加。

C　到會前須將大會所發之報到單按所到人數填好，於到會時交大會劃到處。

（2）勤員

A　各機關於九日須與區署對準時間

B　無論遠近，均限十日午前七鐘卅分到達會場。

C　無論到會人數多寡，須準是日午前捌鐘開會。

（3）集會次序

A到會先後次序依次站列，

B無論團體或個人須由集會組編制，

C如遇空襲，即按定集散辦法，由領隊人率領儘緊急疏散，解除時限三刻鐘站還原處。

（4）會場規則

A不得隨便咳嗽吐痰，B不可大聲言談嬉笑，

C不得隨地便溺，D不可自由離會，

E不可吸煙及其他零食，F須依司令人之口令動作，

（5）會後活動

A全場上須依司儀人分配領隊人指揮動作（讓出場

中卒地表演）
B場外活動由領隊人計算時間依次參觀閱覽。
C散日活動節目，及參觀路綫，應於報到時在劃到處領取。
（6）其他
A服裝須整潔，B精神須嚴肅。
C須注意舟車安全，D民衆須自帶乾糧。
6.製各會標識旗
（一）三峽實驗區新運協進會
（二）三峽實驗區兵役協會
（三）三峽實驗區各級合作社代表團
（四）三峽實驗區保甲人員
（五）三峽實驗區抗敵將士出征家屬慰勞大人會
7.預備鉄炮四個，並預先試驗。
8.預備司令台所需各物。
9.印發報到單
（附發各小學各聯保訓令）

事由　為令飭參加國慶紀念事物聯合檢閱大會務須按時參加並事前填具報到單由。

嘉陵江三峽鄉村建設實驗區署訓令內字第　號

令北碚　　小學

查本區雙十節紀念國慶事物聯合檢閱大會，現已籌備就緒，准期舉行，（過雨順延一日）凡本區各機關，各學校，各級人員，（助理員，保甲長，兵監委員，合作人員，花戶戶長）由助理員及保甲長，率領，於是日午前七鐘來碚參加，並於事前填具報到單，繳呈大會報到處，以便編配，除分令外，合亟令仰該　即便遵照辦理為要！

此令。

附發報到單　張。

嘉陵江三峽鄉村建設實驗區國慶紀念事物聯合檢閱大會（填機關全銜）出席人員報到單

領隊人姓名　開會人數　實驗人數　男　女　開會時間　點　分　點　分（此單、到會時即送交劃到處）　註

此致

大會劃到處

領隊人　簽名蓋章

二十八年十月十日

二　表演組

1.擬具防護表演程序

（附演習程序計劃草案）

甲、時間：十月十日午前七時，

乙、地點：北碚體育場，

丙、隊形：依左列次序成橫隊

面向中央銀行

第二十六中隊	北碚防護團
第二十五中隊	防護義勇第一大隊
防護義勇第五大隊	第二中隊
防護分團	第三中隊
第二十三中隊	第四中隊
第二十二中隊	第五中隊
防護義勇第四大隊	第六中隊
文星防護分團	第七中隊
第十九中隊	第八中隊
第十八中隊	黃桷防護團
第十七中隊	防護義勇第二大隊
第十六中隊	第十中隊
第十五中隊	第十一中隊
防護義勇第三大隊	第十二中隊
江防護團二岩分團	第十三中隊

面向嘉陵江

各團隊以每小隊為一班成二路縱隊如左式（市街防護團依裝具編制自定隊形但仍須依式成橫隊）

水桶　水桶　滑　竿

水桶　水桶　滑　竿

水桶　水桶　徒手

二、裝備；

1.防護團一律軍裝，依任務之分配攜武器及工具（警備班全副武裝）

2.防護義勇隊一律藍布短服，光頭，赤足，依義勇隊之任務規定攜帶裝具。

3.各團隊一律草鞋，

4.各團大中小隊長一律制服束皮帶

三、檢閱兵式；

1.由總指揮官，向檢閱官報告人數，裝具，同時呈出檢閱報告單（報告單另式訂之）；

2.閱兵時由總指揮官向檢閱呼敬禮口令，各鎮隊號兵集合部隊先頭奏號，

A身着軍服者行立正舉手注目禮。

B全副武裝者　立正行扶槍禮。

C着短服及徒手者，行立正注目禮。

丁、防護表演

一、防空總指揮部，臨時設司令臺，各區團部先派傳達二人到指揮部服務。

二、演習團隊及地區之分配；

1.北碚區團及義勇第一大隊

2.黃桷區團及義勇第二大隊

3.澄江區團及義勇第三大隊

4.文星區團及義勇第四大隊

5.二岩區團及義勇第五大隊

（地區分配臨時指定之）

三、情況想定

1.空襲警報

2.緊急警報

3.解除警報

四、任務動作：

1. 空襲警報時各團隊班之動作

A各區團大隊，當一得到空襲警報時，應即行馳赴指定擬點，準備待命

B警報班：一得空襲警報的指示、應即發出空襲緊報，（以黃色標幟表示）并繼續監視領空，同時各區團部之警報班長，應即自防空指揮部到各屬區團部之綫，造成一聯絡綫，確取聯絡，傳達命令，及一切情況。

C警備班；一聞空襲警報，各區團長應即指揮警備班在適當地點警戒。

D交通管制班；一聞空襲警報，應即在適當地點，指導民衆赴避難所，并維持交通秩序。

E燈火管制班：一聞空擊警報，應即樸滅不關重要之燈火，（如野火廁所燈之類）

F避難管理班：一聞空襲警報時，應即開啓防空洞，（或避難室）導引民衆入洞，并維持當地一切秩序。

G防毒救護班：一聞空襲警報，即將一切救護裝具，整理完善。準備出動。

H消防班：一聞空襲警報，即將一切消防裝具，整理完善，準備出動。

I工務班：一聞空襲警報，各組將應行準備事項，整理完善，待命出動。

J配給班：應經常準備一切材料，供給司令部各工作部門之需要，（本區防空事業發展未週，配給不易　轉將本班改為聯絡班）

K聯絡班；一聞空襲警報，各團部的聯絡班・應分配于班與團部之間，成壹聯絡綫，傳達命令，及一切情況於團部及班本部兩方。

2. 緊急警報，或毒氣警報一時各團隊班之動作：

A各區團隊一聞緊急警報，應即行全體準備出動。

B警報班：一得緊急警報，或毒氣警報之指示時，應即發出緊急警報（以紅色旗表示）或毒氣警報（以綠色旗表示）并繼續監視全區，如發生火警時應即向指揮部報告。

C警備班：一聞緊急警報，應嚴密警戒，并注意監視區域內一切違反空防之事宜而取締之（如緝拿漢奸，鎮壓暴動，防止強劫等事，）

D交通管制班：一聞緊急警報後，除防空負責人員或有特許通行證之車輛外，一律停止其交通活動。

E燈火管制班；一聞緊急警報，凡有遮蔽不密之燈火，一律予以樸滅，并監視施放電筒，或其他發信號之漢奸。

F避難管制班：一聞緊急警報，應即注意避難室之靜肅、并嚴禁發出一切光綫，如遇毒氣，應開放他端室門，依迅速靜肅方式，導引民衆向安全地帶移動，並注意出室後之疏散。

G防毒救護班：在緊急警報中，如已發現毒氣，或已發生被炸傷亡情事，防毒組，應即鑑別毒氣，施以消除，救護組應即辦理急救，搬移傷患，分

別送往醫院治療。

H消防班：在緊急警報中，如果某處被炸起火時，應即馳赴起火地點，先由警戒組，施行火場警戒，消防組即行折除火道，防護義勇隊，實行搬沙運水，搶救人物。

I工務班；在緊急警報中，如電氣，工程，道路，橋樑，被轟炸破壞時，電氣工程兩組人員，應即行修復，或因其危險預行拆卸，另行修繕。

J聯絡班：在緊急警報中，各員眼見耳聞一切情況，應即行通報有關部門，但不得妨礙正常聯絡。

3.「解除警報」時各團隊班之動作；

A各區團隊，一聞到解除警報時，應即行注意，如何收容，如何處置未完事件，如何善後事項。

B警報班；一得解除警報的指示，即發出解除警報，(以紅綠二色旗代表之)該班各員用遞步哨傳達法，向各該團部通知解除，由班長集合歸還原隊待命。

C警備班；當解除警報時，仍然照常嚴密警戒一切，(毒化區域尤須注意)聽命歸還本隊。

D交通管制班，凡在緊急警報中，一切被停止物事，應立即恢復其行動，仍然照常維持交通秩序，(毒化區域仍然不許通過)待命歸還。

E燈火管制班；一聞解除警報，即不再行控制燈火，并須先行恢復公用燈火，由班長集合歸還原隊待命。

F避難管理班；一聞解除警報，應即啓放室門，依前後秩序導引出室(洞)注意維持秩序及乘機剽竊，俟全體出洞後，由班長集合歸還原隊待命。

G防毒救護班；在解除警報中，應不斷的繼續完成其未竟的救護工作，并澈底掃清毒域，如有一時不能消除之毒氣，應標識警戒，俟任務完成後，歸還原隊待命。

H消防班；在解除警報中，警戒組，照常警戒，無論何人不准接近災區，消防組繼續努力折卸火道，以免蔓延，防護義勇隊尤須努力工作，以撲滅火頭為止，俟任務確實完成後，班長集合待命歸還。

2. 擬訂國術較技規約

國術比賽規約

1. 較技員於入場前應聽受檢查，身上不能攜帶鐵器。
2. 較技員上台之時不能談話。
3. 較技員相互比賽，嚴禁「吹燈」，「鎖喉」，「摘桃」。
4. 掛紅為輸，倒地為輸，下台為輸。
5. 勝方自行倒地，或失機倒地，均作輸一次。

3. 登記參加表演節目

4. 審查表演材料：斟酌時間，將材料相同，人數較少或校址過遠之校酌量刪減。

5. 召開評判會議，商訂評判標準

附防護評判標準

精神40%　紀律20%　動作10%　裝備30%

6. 擬訂評判記錄表

7 通知防護演習時計劃拆卸火巷之人家遷移

8 編製表演節目程序單

附表演節目

節次	表演名稱	表演者	備考	類別
1.	防護檢閱	全區防護團及防護義勇隊	在廣州路舉行	一
2.	拆火巷	全區防護團及防護義勇隊		一
3.	結綳比賽	國立二中女子部童軍		二
4.	救護表演	兼中女童軍		二
5.	蟠龍棍	賴奎龍		六
6.	雙演單刀	唐　永		六
7.	團體操	北碚小學		五
8.	頭巾操	黃桷小學		五
9.	慶祝雙十節	澄江小學		五
10	手巾舞	文星小學		五
11	催淚瓦斯烟幕小炸彈	復旦大學		三
12	團體操	二中女子部		五
13	柔軟操	東陽初小		五
14	徒手操	張家壩初小		五
15	八段錦	馮家灣初小		五
16	徒手操	莊子初小		五
17	搏鬥競技（雪恥）	張家壩初小		五
18	收復失地	姚家灣初小		五
19	團體遊戲	二中女子部		五
20	着裝表演	兼善中學		六
21	藍球比賽	三民主義青年團第七分團軍校特訓班白隊	在藍球場舉行	四
22	瞭望台	二中女子部		六
23	收復失地	文星小學		五
24	國術	天台初小		五
25	單棍使用	二中女子部		六
26	柔軟操	劉家院初小		五
27	國術	金佛初小		六
28	紅十字	雷家院初小		五
29	國術	黑石初小		六
30	鐵鳥	兩台短小		五
31	收復失地	柑子灣初小		五
32	旗操	梨園初小		五
33	向前衝	金剛初小		五
34	七星拳	白蝦初小		六
35	募寒衣	梨園初小		五
36	柔軟操	龍井短小		五
37	武裝自衛	三花初小		五
38	打倒日本軍閥	澄江小學		五
39	捉漢奸	白蝦初小		五
40	二十手	中間短小		六
41	徒手操	天生初小		五
42	最後勝利	金剛初小		五
43	軍事操	石坑初小		五
44	柔軟操	胡家堰短小		五
45	正斜十字	黑石初小		五

46	柳邊柳	雷家院初小	五
47	救護演習	二中女子部	六
48	小兵丁	莊子初小	五
49	搶旗遊戲	高家初小	五
50	對打	江賢鏞 王德冲	六
51	追進遊戲	龍井短小	五
52	小朋友打倒日本	杜家短小	五
53	表情唱	文昌宮短小	五
54	武裝自衞	八角短小	五
55	拍掌椅圖	龍華初小	五
56	消滅漢奸	八角短小	五

二、展覽組

徵集

1. 借用：函請各事業機關自行預備參加並先將登記表交會

2. 捐贈：如物產樣品 展覽後可捐贈博物館，不必攻回

3. 製作：如各種統計圖表及模型

4. 購買：如農產品等，可由大會備價徵集

整理

5. 分類登記：項目如類別，號數，物名，件數，特點，物主姓名，住址，收据號數，備致

6. 加工裝裱：如糧食須裝入玻瓶，木材須採用橫縱背面，志願軍照片須貼成標語或圖案

7. 貼製標籤：各事業機關參加之展覽品，則概行自製（因標籤項目須依展覽品性質分別製訂）

8. 負責保管：並預備空襲時之疏散搬運

陳列

9. 預備陳列用之桌架

10 依展覽品性質及容積作適當之陳列

11 商佈置組作有藝術性之點綴

12 預行檢閱訂正

介紹

13 編製說明大綱

14 訓練解說人員

15 擬具指引牌說明交佈置組繪製

附說明例

（一）請到新營房
看歷代貨幣及各種工程模型

（二）請看物產展覽

（三）請看敵機殘骸

（四）請看大得駭人的微菌

（五）請看志願軍光榮史蹟

（六）請看新式武器

（七）請到關廟女子部
看最名貴的大藏經及最規矩的升，尺，稱

（八）請看防毒衣褲

（九）請從廟嘴後面防空洞穿過去
看大明工廠的電力織布機染布機及惠宇裏面的各種科學儀器標本

（十）請看本區情勢統計圖表

（一一）請到河壩

看跑馬，射箭，打靶，及兩千磅重的荷蘭大種牛

四、遊戲組

建議設備

1. 預備跑馬用的掛紅及邊炮，
2. 借跑表一只
3. 製環靶，紅白色小旗及射擊依托，
4. 預備打靶械彈及擦槍油，擦槍布
5. 向新運會及溫泉借弓箭及箭靶
6. 向新運會借拋圈用之漢奸及日本鬼子頭模
7. 訂製籤條十個
8. 向新運會借棋子及弈棋器械
9. 刊登徵求參加遊戲比賽啓事
10. 於各聯保設報名處登記
11. 發函並派人運動參加

擬訂規則：

跑馬規則

1. 不得揚鞭放哨
2. 不得拍馬擅鬥
3. 嚴守會場秩序
4. 須聽評判員之指揮
5. 如有特殊情形須先向評判員聲明
6. 指揮符號用口笛行之
7. 比賽種類——賽完後舉行騎術表演
8. 比賽方式——四匹賽，用淘汰制，最後始決定頭二三名
9. 擬訂打靶規則及打靶場須知

打靶規則

1. 不得喧嘩及隨意亂走
2. 不得隨便裝填子彈
3. 不得私帶子彈藉故練習
4. 已裝填子彈之槍，應槍口向天
5. 已裝填子彈之槍，嚴禁作描槍瞄準，射擊……等動作之演習
6. 已裝填子彈之槍，若須離手時，須將子彈退出，若付託他人時，須聲明「已裝填子彈」
7. 須絕對聽從指揮

靶場須知

一、熟記靶場標識旗號

1. 射中紅心用白旗左右搖動
2. 射中九圓上下動
3. 射中八圓直立不動
4. 射中七圓 靶右斜
5. 射中六圓斜靶左斜
6. 紅旗直立表示停止射擊
7. 紅旗左右搖動表示射擊開始

在五四三二一之圓用紅白旗依同上之符號標示

二、入場在右邊領取射擊表即到填表處將表填好

三、每人步手槍彈最多不得超過三發（如彈不響另打）

四、繳表時須預繳彈費

五、須聽指揮射擊人員講解射擊各種注意和方法

六、唱名領槍到預備射擊處預備

七、再由記錄員唱名領子彈

八、聽指揮員指導裝彈(槍口向天)

九、已裝填子彈之槍若付託他人須先將子彈退出

十、自取姿勢看明標號射擊

十一、瞄準以一分鐘爲限

十二、彈費每發步槍彈二角手槍彈三角

十三、每彈射中靶心　彈費全免，射中靶心以外任何一圈減半，不中則照數實收：以此爲成績標準，除免費外另有獎品。

十四、遞槍遞殼

十五、算取預繳彈費

十六、如願自由樂捐者聽

十七、出場

五、雜耍組

1. 接洽各校組織隊數及人員
2. 編發介紹或核定宣傳內容
3. 預行演習，考察訓練程度
4. 預備應用工具
5. 安置擴音器，商借電杆，電線，及電力
6. 商請十八師或新運會之樂隊參加
7. 商量各隊活動指揮及聯絡辦法

六、遊藝組

1. 搜集遊藝節目
2. 審查表演內容
3. 佈設舞台檔幕
4. 通知交通組搬置坐櫈
5. 商電力廠配備燈光
6. 通知參加表演人自備化裝品及道具
7. 致函中國製片廠擇最新佳片來區映放
8. 接洽佈置組預備映放電影銀幕
9. 編排大會遊藝節目

附表

紀念國慶事物聯合檢閱大會遊藝節目　遊藝組公佈

項目	表演節目	表演團體	上演時間
1. 歌詠		川中女子部	午後二鐘
2. 兒童劇	1.打倒日本 2.捉漢奸	育才學校	二至三鐘
3. 歌詠	1.人生兩個寶 2.打倒日本帝國主義 3.獻給青年出征圖 4.我們不流眼淚 5.募寒衣 6.花非花 7.怎麼做 8.爭取我們最後勝利 9.快樂的人們	同上	
4. 歌詠	1.丈夫去當兵 2.八百壯士 4.壯丁到前線	澄江小學	三至四鐘
5. 話劇	1.敵人打進了 2.街頭	同上	
6. 歌詠	1.保家鄉 2.募寒衣 3.奮鬥	東陽小校	
7. 歌詠	1.爲和平自由而戰 2.長城謠 3.小小兵隊	同上	
8. 話劇	活捉日本鬼子	北碚小學	四至五鐘
9. 歌詠	救亡進行曲	劉家院小學	

10	歌詠	義勇軍進行曲2.農民進行曲3.做棉衣4.打倒日本5.中華民族不會亡	觀音初小	
11	歌詠	1.四萬萬人的中華2.小兵隊	天生小學	
12	歌詠	3.學本領4.小義勇軍	馮家蹤小學	
13	京劇	1、汾河灣2.甘露寺	北碚小學	五至六鐘
14	歌詠	1.軍民合作2、迷途的羔羊	同	
15	金錢板	爲戰士製寒衣	同	
16	歌詠	1.打殺漢奸2.募寒衣	同	
17	歌詠		川中師範部	
18	話劇	抗戰捨黃金	十八師俱樂部	六至七鐘
19	京劇		同	
20	川劇		抗戰工作團	午後七鐘
21	電影	1.保衛我們的土地2蘇聯影片	民衆電影院	

七、勸募組

1. 組織勸募委員會召開籌備會議

議決案選錄

A關於經濟生產事業勸募

1. 勸募方式：(一)依各事業恆產比例而勸募(二)盡可能按規則自由獻金

2. 勸募寒衣數量暫定一萬件，盡量要求達到目的。

3. 各鎮成立勸募委員會，推定一主任委員，各列主幹人爲勸募委員，分總務，宣傳，財務三組。

4. 決議聘北碚袁漢卿 黃桷王蓮槐 文星胡源華 澄江王湘官 二岩劉超白爲各鎮主任委員

5. 各鎮經濟生產事業機關，大商家等由三青團，新運會，優待會，實驗區署各派員一人至二人，共同進行，并于十月六日午前九鐘出發。

6. 此項勸募，須聯絡各鎮聯保主任共同進行，但以分別勸募，分別徵收，總合計算，混合繳爲原則，其攤募標準，以各場每保，平均一百五十元合計起碼數額。

7. 各較大之經濟生產事業，一經認捐數字，立就各方公佈(講演報告簡報日報)以廣宣傳。

8. 各進行勸捐之宣傳辦法，須預先商討，並作書面報告備查。

9. 各鎮勸募，須由聯保辦公處逐日供給情報，并加摘寫公佈報端，以便比較，以資鼓勵。

B關于自由勸募

1. 除各經濟事業特殊勸募外，其餘皆爲自由勸募，但須按規律而工作。

2. 各鎮市街，各工商家，及較富裕紳士，分別由本會各担任機關負責人聯絡各聯保主任共同進行。

3. 凡自由勸募捐款，須預先擬定數目，但應盡可能的量多募，決不可放棄機會，以致少募。

4. 各市街商家及重要士紳勸募，黃桷由三青團七分團担任外，文星，澄江，二岩，由東北青年救濟處，派二人担任之，而北碚則再聯絡川中女子部師範部，兼中，協助之。

5. 由兼善中學同學五十二人，或由十二人，到各聯保警衛隊與助理員共同進行，助理員以地方熟習，應多負責任，但最窮苦者不必勸募，抗戰家屬，可免募集。

6. 各警區所屬事業機關之個人亦可屬自由勸募之列。

7. 所有捐款除獻金外，一律最低在一角以上方可勸募。

8. 所募捐款務在九號前連收据交勸募組，以便結算在各場區公佈（但有特殊情形者在例外。）

9. 市街募集之東北青年同學，在十月六日出發鄉下，兼善中學十月九日出發，分配區域列下：

北碚市街　川中女子部師範部

黃桷市街　三青團七分團

文星市街　東北青年教育救濟處

澄江市街　同　前

二岩市街　同　前

10 除上項工作外可另委托對社會有廣大關係之人士幫助個別勸募。

C 各機關事業團體工作人一日所得獻捐運動：

1. 運動各機關事業團體工作人員響應一日所得運動，由徵募組負責。

2. 首先由本會發起三十八機關先行響應，贊助實行，次根據發函其他各機關，使其踴躍參加此項運動。

3. 一日所得捐獻運動，所有捐款，須列表交送本會勸募組，給據統收。

4. 一日捐獻運動，應由大會全體工作人員，努力發動響應由大明廠吳先生辦理。

D 獻金勸募運動大會工作人員須知：

1. 獻金勸募、事前各機關，事業團體，學校，民衆，盡量運動，準備造起濃厚獻金空氣。

2. 獻金以小朋友爲主幹，先加訓練，于九日齊集北碚，由北碚小學負責分配主持。

北碚小學十八　澄江小學五八

黃桷小學五八　文星小學五八

3. 勸募獻金之小學生應採下例方式：一人先作動人講演，並各自行捐獻糖果費，然後勸人去獻之，（由北碚小學負責辦理。）

4. 獻金上一元以上者，可記名給據，一元以下者，爲自由獻金，由北碚小學料理監辦，由勸募組印製收據，女子部協助之。

5. 佈置記名獻金台一座，自由獻金箱四個，二個設會場，二個設街市，（勸募組負責。）

6. 獻金所得，請各個機關監視，立卽淸好數目，當場公佈報告。

7. 獻金比例較多者，立卽獎勵（請張書記長負責）

E 義賣獻金

1. 北碚，黃桷，澄江。文星，川中師範部，女子部，兼善中學，各組織一義賣隊，各自籌劃一切，並擬競賽條例，以花樣翻新，義賣成績效果爲競賽標準（隊旗及義賣筒由徵募組製定之）

2. 由大會製定優勝旗四面，以作義賣成績優良者獎勵，以作紀念。

3. 各隊義賣除設一固定處外，其餘以二人爲一組，到各處勸募，（由佈置組負責）

4. 本組工作人員應活動商家，舉行義賣，造起義賣風潮。

5. 各義賣物品，可商各聯保，共同協助向商家勸募。

6. 徵募組可設三峽區物產小食推銷義賣處。

7. 募集各名貴書畫，舉行義賣（由徵募組負責）

2. 印製募捐收據，並編號蓋章，登記發給。

附式

三峽實驗區
寒衣捐存根

茲收到
先生捐助前方抗戰將士寒衣　件
合法幣　百　拾　元　角正除給據外留此存查
三峽實驗區區長
新運總會三峽區分會主任幹事　盧子英
優待委員會主任委員
經手人
中華民國　年　月　日

此聯由征募機關存查

寒字第　號

三峽實驗區
寒衣繳驗據

茲收到
先生捐助前方抗戰將士寒衣　件合法幣　百　拾
元　角正除給據外爲此填據
查核
三峽實驗區區長
新運總會三峽區分會主任幹事　盧子英
優待委員會主任委員
經手人
中華民國　年　月　日

此聯填報收款機關

寒字第　號

三峽實驗區
寒衣捐收據

茲收到
先生捐助前方抗戰將士寒衣　件合法幣　百　拾
元　角正除填留存根備查外特給此據爲憑
三峽實驗區區長
新運總會三峽區分會主任幹事　盧子英
優待委員會主任委員
經手人
中華民國　年　月　日

此聯給捐助人保存

3. 擬登寒衣募捐啓事

「同胞們：天氣快要冷了，安居在後方的我們，也覺得要加衣裳了。可是前線的將士們呢？他們爲了保衞國家民族，爲了保衞我們大家的父母兄弟姊妹兒女，遠離家鄉，在華北的冰天雪地裏，在江南的風吹雨打中，不分晝夜，不顧生死和鬼子們拚命！他們不冷麽？誰個去管照他們呢？同胞們，我們冷，我們要想到前綫的將士們沒有衣裳，他們爲了我們大家受苦，我豈能忍心不管他們？所以我們在蔣夫人號召領導之下，舉行了擴大的勸募寒衣運動，希望同胞本有錢出錢，有力出力的國民天職，省衣節食，踴躍輸將，使我們前綫的將士們，少受寒冷，努力殺敵，早日打跑日本鬼子，共享天下太平幸福。」

4. 擬發響應一日所得函

逕啓者：我們前方英勇將士，在深秋的淒風苦雨中，浴血抗戰，吾人安居後方，飽食煖衣，安可不竭盡全力，製送寒衣，一表援助之忱，俾禦嚴寒，努力抗戰，本會因此特發起一萬件寒衣勸募運動，以協助政府，增強抗戰力量，但本會在籌備中，曾接各事業機關來函建議，略云：「除個別勸募外，並擬發起全區所有事業機關團體工作人員，舉行一日所得寒衣獻金運動」等語，本會以此良好運動，自予決對採納，自本會發起此項運動後，各該關團體先後響應者甚多，素諗

貴　同仁熱心愛國，對於此舉，定荷贊同，用特函達，尚希查照，予以參加，所有捐獻數目，請於歡雙十節前列表送會，以便公佈致謝，爲荷

此致

附展覽物品表

嘉陵江山峽鄉村實驗區紀念國慶事物聯合檢閱大會展覽品一覽表

項別	出品人及關機	物品	數量	備攷
本區情勢表展覽統計	實驗區署	第一、二、三、號防空洞圖表	一張	
	,,	第四五號防空洞圖表	一張	
	,,	第六七號防空洞圖表	一張	
	,,	第九十號防空洞圖表	一張	
	實驗區署	第八十一號防空洞圖表	一張	
	,,	防空洞所在地圖表	一張	
	,,	本區合作社貸款農戶圖表	一張	
	,,	本區合作社進度表	一張	
	,,	合作社分佈圖表	一張	
	,,	電話線路分佈表	一張	
	,,	本區各項經費收支表	一張	

” 本區收入支出及負債總表 一張
” 本區鐵路、及公路長度表 一張
” 本區堰塘蓄水量及可灌量表 一張
” 本區育苗株數及佔地畝數表 一張
” 本區每月煤炭產量表 一張
” 本區玉蜀黍收獲量表 一張
” 本區木船隻數表 一張
” 本區飼養豬隻數表 一張
” 本區義務征工日數與人數表 一張
” 本區蠶戶與蠶繭收獲表 一張
” 本區桑樹株數及桑葉斤數表 一張
” 教育經費預算分配表 一張
” 學齡兒童與在學兒童人數表 一張
” 學校教職員數與學生數表 一張
” 區立學校分佈表 一張
” 應征壯丁分類人數表 一張
” 免役及緩役人數表 一張
” 志願軍人職業表 一張
” 志願軍教育程度表 一張
” 志願軍年齡表 一張
” 優待抗屬人數與費用表 一張
” 優待抗屬所免各費表 一張
” 優待收支對照表 一張
” 公私自衛槍彈數表 一張
” 現餘癮民年齡表 一張
實驗區署 積谷市石數表 一張
” 本區各鎮男女人口分佈表 一張
” 各鎮男女人口表 一張
” 男女人口及壯丁癮民人數表 一張
” 歷年剿匪概況表 一張
” 鄉保分佈圖表 一張
” 全區圖 一張
” 雙十節事物檢閱大會會場平面圖 一張

家畜展覽

黃桷聯保處 架子豬 三隻
” 奶豬 一隻
” 牛 三隻
” 羊 三隻
” 雞 三隻
” 鴨 三隻
澄江聯保處 隆昌豬 三隻

,,	雞	九隻
,,	鴨	九隻
,,	牛	二隻
,,	鵝	三隻
澄江聯保處	羊	一隻
二岩聯保處	鷄	一隻
經濟部全國度量衡局	度量衡地方標準器	一份
,,	一公尺鋼尺	一支
,,	二市尺量端器	一具
,,	一市尺量端器	一具
,,	量器公差器	一份
,,	銅斗，銅五升，銅五合，銅合，	一份
,,	鐵斗，鐵升，鐵合	一份
,,	「同」字鋼印	一份
,,	一市尺刻度鋼模	一具
,,	一公尺木尺	一支
,,	一公尺三摺尺	一支
,,	計算尺	一支
,,	繪圖尺	八支
,,	平行綫尺	二支
,,	比例尺（亦名縮尺）	二支
	圓方錐形木二斗五升	各一具
,,	方木二斗	一具
,,	圓木斗，木升，木合，	一份
,,	二百公分精細天平	一架
,,	一公斤架盤天平	一架
,,	二百公分架盤天平	一架
,,	二十公斤案秤	一架
,,	三十公斤案秤	一架
,,	桿秤	一份
,,	標準制盤秤	三支
,,	市用制盤秤	一支
,,	標準制戥秤	三支
,,	市用制戥秤	三支
,,	五市兩雙錘戥秤	一支
,,	標準制刀紐戥秤	二支
,,	二十公分鋼質遊卡尺	一支
,,	測弧規	一支
,,	垂線錘	一匣
,,	一公尺鋼尺	一支
,,	標準碼尺	一支
,,	標準俄尺	一支
,,	一公尺及營造尺標準器	二支
,,	戶部倉斗	
,,	戶部庫平法碼	
棉紡織推廣委員會	彈花機	一件

,,	紡紗機	二件	
,,	毛巾機	一件	
,,	織布機	一件	
中央工業試驗所	純鹽酸	一瓶	
,,	純硫酸	一瓶	
,,	純硝酸	一瓶	
,,	純阿摩尼亞	一瓶	
,,	可溶性澱粉	一瓶	
,,	白糊精	一瓶	
中國西部科學院	動物標本	五百件	
,,	植物標本	五百件	
,,	礦物標本	五百件	
農業推廣所	紡毛機	一件	
,,	修毛剪		
,,	夾鼻鉗(牛用)		
,,	圖表	三張	
,,	血清四種	每種一瓶	
,,	菌苗	一管	
,,	注射器	大小各一具	
,,	圖表	三張	
,,	家畜保險章則及大表格	全套	
漢藏教理院	瑜伽菩薩戒品釋	一本	
,,	阿底峽尊者傳	一本	
,,	辨了義不了義論	一本	
,,	辨了義不了義論釋稿	三本	
,,	七十空性論稿	一本	
,,	精研經釋稿	一本	
,,	極樂願文稿	一本	
,,	漢藏教理院紀念刊	,,	
,,	漢藏教理院年刊	,,	
,,	漢藏教理院立案文稿彙編	,,	
,,	漢藏教理院之使命	,,	
,,	怎樣建設人間佛教	,,	
,,	怎樣建設中國文化	,,	
,,	佛法僧義廣論	一本	
,,	漢藏教育院最近概況	,,	
,,	海潮音	,,	十九卷合訂本
,,	,,	三本	二十卷
,,	影印磧砂宋藏	一本	天字第一冊
,,	頻伽藏經	一本	宿字第一冊
,,	藏文甘珠大藏經	一本	第一輯第十九套第一冊
,,	藏文丹覺大藏經	一函	
,,	藏文密宗道廣論	,,	

”	大正新修大藏經	一本	
”	密宗道廣論稿	二十五本	
”	菩提道廣論	五本	
”	密宗道略論	一本	
”	菩提道修法	”	
”	現在莊嚴論	”	
”	現在西藏	”	
”	我過去的西藏	”	
”	苾芻學處	”	
”	緣起讚論	”	
”	緣起論講義	一本	
”	適用藏文小辭典稿	四本	
”	藏文文法	一本	附表一册
”	西藏民族政教史稿	一本	
氣象所	天氣圖舉例	一件	
”	實用儀器	四件	
國立江蘇醫學院	顯微鏡	十架	
”	標本片	一盒	
”	人體解剖掛圖	一套	
”	細菌掛圖	”	
”	寄生蟲掛圖	”	
”	傳染病掛圖	”	
”	育嬰保健圖說	”	
”	生物骨骸標本	”	
”	寄生蟲標本	”	

大鑫火磚廠	玻璃爐窰模型	一件	
”	船形皿	”	
”	鑽火管	”	
”	電火爐	二件	
”	小火爐	三件	
”	各式火磚	十塊	
溫泉公園	古錢	七枚	
”	鋼錢	十二枚	
”	鋼幣	五十一枚	
”	銀幣	十四枚	
”	外幣	三十八枚	日英法朝鮮安南等
”	錫幣	三枚	
”	銅牌（作錢用）	一枚	
”	紙鈔	三張	
”	石硯	十七個	

抗戰展覽

中央工業試驗所	防毒衣	一套
”	防毒口罩	一只
”	防毒面具	一只
”	防毒用活性炭	一瓶
”	防毒用人造浮石	一瓶
”	防毒用蘇打石灰	一瓶
”	防毒圖表及雜誌	

,,	柴油提煉之柴油	一瓶	
,,	柴油提煉之汽油	一瓶	
,,	代汽油用之高濃度酒精	一瓶	
溫泉公園	三八式步槍	二支	一二八之戰利品
,,	鏑兒槍	二支	一二八之戰利品
,,	左輪槍	一支	,,
,,	子彈	十五發	,,
,,	鋼盔	一頂	,,
,,	望遠鏡	一具	七七事變東戰場戰利品
,,	敵旗	一面	,,
,,	神符	八件	,,
,,	皮衣	一件	,,
,,	皮鞋	一雙	,,
,,	皮手套	一支	,,
,,	投彈鋸鏈	一個	,,
,,	機槍盤	,,	,,
,,	馬達蓋	一個	,,
,,	機槍	一挺	,,
,,	步槍	二支	,,
,,	飛機收發電報機	各二具	,,
,,	膠刀，軍刀	各二把	舊式武器
,,	古劍，漢劍	,,	,,

物產展覽

,,	弓	一張	,,
,,	箭	四支	,,
,,	刁斗	一個	,,
棉紡織推廣委員會	十七支紗	一支	
,,	十四支紗	一支	
,,	十六支紗	二支	
,,	二十支紗	一支	
,,	二十二支紗	一支	
,,	斜文布	二疋	
,,	帆布	一疋	
,,	毛巾	二塊	
,,	平紋布	一疋	
中央工業試驗所	柴油	一瓶	
,,	改良醋	二瓶	
,,	橘橙酒	,,	
,,	中工麵包	一瓶	
,,	種麴	,,	製醬油用
農業推廣所	水稻三種	各一束	
,,	包谷三種	各三個	
,,	小麥	三把	
,,	平元菌速成堆肥		
,,	骨粉		
,,	綠肥		
,,	苕子		

民國二十八國慶紀念三峽實驗區事物聯合檢閱大會農產展覽統計表

品名 \ 數 \ 機關	北碚聯保	黃桷聯保	澄江聯保	文星聯保	二岩聯保	農業推廣所	合計
穀子	八瓶	三瓶	三瓶	三瓶	五瓶	三把	二十二瓶又三子
包穀	六瓶	○	三瓶	○	六瓶	八個	十五瓶又八個
小麥	三瓶	三瓶	五瓶	三瓶	一瓶	三把	十五瓶又三把
胡豆	六瓶	三瓶	三瓶	三瓶	一瓶	○	十六瓶
高粱	一瓶	○	三瓶	一瓶	○	○	五瓶
豆子	○	三瓶	一瓶	二瓶	○	○	六瓶
豇豆	○	三瓶	二瓶	二瓶	一瓶	○	八瓶
南瓜	三個	二個	三個	三個	一個	○	十二個
芋子	三個	○	三個	○	○	○	六個
海椒	二十個	十個	○	○	○	○	三十個
冬瓜	二個	三個	一個	三個	○	○	九個
橙子	四個	六個	三個	三個	○	○	十六個
柑子	○	○	三個	○	一個	○	一瓶又三個
柿子	○	三個	八個	三個	一個	○	一瓶又十四個
綠豆	○	三瓶	一瓶	一瓶	○	○	五瓶
飯豆	○	○	○	二瓶	一瓶	○	三瓶
紅苕	二個	○	○	○	○	○	二個
茶葉	一瓶	○	一瓶	○	○	○	二瓶
麻子瓜	一瓶	○	○	○	○	○	一個
茄子	一個	○	○	○	○	○	一個

藤桐	一個	○	○	○	○	○	一個
金瓜	一個	○	○	○	○	○	一個
壺盧	二個	○	○	○	○	○	二個
絲瓜	一個	○	○	○	○	○	一個
花生	○	一瓶	○	○	○	○	一瓶
芝蔴	○	○	○	二瓶	○	○	二瓶
向日葵	一元	○	○	一瓶	○	○	一瓶 又一元
地瓜	○	○	二個	三個	○	○	五個
拐爪	○	○	○	一瓶	○	○	一瓶
板栗	○	一瓶	○	一瓶	○	○	二瓶
五爪桐	○	○	三個	○	○	○	三個
檸檬子	○	○	三個	○	○	○	三個
好醋	○	二罐	○	○	○	○	二罐
高粱酒	○	○	一瓶	○	○	○	一瓶
醬油	○	○	一瓶	○	○	○	一瓶
黑豆	○	一瓶	○	○	○	○	一瓶
棕巴豆	○	一瓶	○	○	○	○	一瓶
核桃	○	○	○	三個	○	○	三個
粉條	○	○	三子	○	○	○	三子
蠶繭	○	○	○	一包	○	○	一包
蕃巴菌	○	○	○	一朵	○	○	一朵
石灰	○	○	三塊	一包	○	○	四塊
煤炭	○	○	一塊	三塊	一塊	○	五塊
木料	八方	十五方	十五方	十三方	○	○	五十一方
核香	○	三子	三子	三子	○	○	九子
煤球	○	三個	○	○	○	○	三個

火炮	○	六個	○	○	○	○	六個
棕繩	○	三根	三根	三根	○	○	九根
磚	一疋	六疋	三疋	三疋	○	○	十三疋
瓦	○	三疋	○	三疋	○	○	六疋
花盤	○	一個	○	○	○	○	一個
沙罐	○	三個	○	○	○	○	三個
硫酸	○	一瓶	○	○	○	○	一瓶
鹽酸	○	一瓶	○	○	○	○	一瓶
麻繩	○	二井	○	○	○	○	二井
苧麻	○	一把	○	○	○	○	一個
沙灶	○	一個	○	○	○	○	一把
洋鹼	○	五塊	○	○	○	○	五塊
古花碗	○	○	○	一個	○	○	一個
電池	○	○	三件	二件	○	○	五件
土紅	○	○	○	三件	○	○	三件
白石頭	○	○	○	一件	○	○	一件
花石	○	○	○	一件	○	○	一件
古瓦罐	○	○	一個	○	○	○	一個
白布	○	○	三疋	○	○	○	三疋
紙殼	○	○	六盒	○	○	○	六盒
豬鬃	四子	○	○	○	○	○	四子
毛鉄	○	○	一塊	○	○	○	一塊
小米	一瓶	一瓶	一瓶	○	○	○	三瓶
巴豆	○	一瓶	○	○	○	○	一瓶
洋白菜	一棵	○	○	○	○	○	一棵
[illegible]墨木	一段	○	○	○	○	○	一段

肆　實施

一、霧中輪廓

我們懷着無限興奮的熱情，歡迎這舉國騰歡的日子，今天，終於到來了。

大地是白茫茫的一片，人影迷離，景物依稀，除了嘉陵江水的咆哮，船伕們悠然的吭歌，簡直看不出在濃霧的掩蓋下還醞釀着這樣偉大的活動！

日輪蹣跚地從飛蛾山上升起，透過迷濛的白霧，更顯映出它鮮紅的色調。

這時，已可看出成羣的人影，在薄霧中奔忙的來去，往日活躍的廣場，今天更頻添許多生趣，場頭搭着兩座平台，左邊一座用翠綠的柏枝襯托出幾個刺眼的紅字，頂上「擁護總裁，抗戰到底」兩邊加上一付「國家至上，民族至上」「軍事第一，勝利第一」的對語；右邊那一座，滿掛着長長的黃旗黃黻，很像三國時孔明「借東風」的祭壇，而中間却擺着抗戰陣亡將士的靈位。

我們的視線移穿過兩列整齊的法國梧桐樹下，那裏，好像在佈置着八陣圖的陣容；再掃過新營房，隱約可見成羣的人們在裏面游動；俯瞰江邊，那裏有着新開的長長的跑道，方方的篷棚，許多大小船隻在向那裏集中。

二、偉大的陣容

會場成了人羣歸聚的大海，若干支人馬的標幟。

起初是一支小隊伍到了，由領隊的一位孩子拿着「××小學」的校旗，接着許多支小隊伍從十幾里甚至幾十里外的小學跑了來，有的孩子穿着新製的布衣，臉龐抹得紅紅的，好像過新年一樣。接着幾個大中學的學生也到了，男女同學各穿着一色的制服，充分地表現了青年的活躍與朝氣。

各鎮的防護團及義勇防護大隊也先後到來，一隊隊的掮着滑竿，搖着樓梯，挑着水桶，

還有許多武裝的同志各背着背夾，許多扶老攜幼的抗戰家屬，胸前各掛光耀的紅條，許多合作社的代表，以及三三兩兩的民衆都從場的四面八方匯聚了攏來，

這時忙煞了集會組的幾位幹事，東指西劃，「你在這裏，他在那裏」，要把幾十個長長的隊伍，安排在他們預定的陣地。

另有幾十位胸前掛着「引導員」的學生，不斷在人叢中穿梭似的照應每一個來賓往招待處去

太陽和暖的光輝，撫摩着我們的頭頂、斜長的大小旗影，在人頭上飛動，八千四百方米的廣場，只餘留了幾條阡陌縱橫的交通道。

劃到處的報告到了一萬二千九百一十一人。

「為甚麼現在還不宣佈開會呢？」人們數萬條視線都集中在場子中央的一根電杆上，它懸着一支喇叭，兩個人還在上面忙着。

三、警報

喇叭已沙沙地響了，大家都等待着宣布開會。

一個人從台角的電話機走過來，而播放出的第一句話，

並不是「現在開會了」，却是令人心悸的「空襲集散辦法」尤其是最末的一段話使人心緒更頓形緊張起來。他說：「敵機已於湖北漢口起飛，經過沙洋，有襲川模樣，請大家沉着，鎮靜，迅速疏散？解除後三刻鐘內再行集合！」一種同仇敵愾的情緒立刻播種在每個同胞內心的深處，他們將永遠記得殘暴的敵人是如何阻撓他們這滿腔的興致！

首先由小人而大人，由邊緣而中心，在一刻鐘內，已秩序井然地，十分緊張地完全疏散了。

大明廠的汽笛發出嗚嗚的叫聲，尖銳而悽惋，刺得人震悸而忿怒！

公安組的武裝同志們，立刻站到防護的崗位上，英勇地指揮着疏散。銅鑼嘡嘡地在街上奔跑，附鎮四郊也一齊響應了起來，

交通組的幹事，在碼頭，在車站，忙着指揮水陸的運輸，尤以河邊二百餘隻木划，飛速地在水上奔馳，五六千民衆，立刻渡過了大江，

剛才活躍的廣場，熱鬧的市街，現在感覺非常甯靜與嚴肅，只有一位穿綠色制服的大會主席盧區長同着三兩關心的朋友，還在週遭巡視。

這時晴空萬里，無一縷雲翁，人們都投到大自然的懷抱——山坡，土坎，竹林，樹陰——中去盡量領略這秋日的美景，一洗胸中的悶氣。

四、迅速的復員

電話總機告訴我們：

「十時廿五分，敵機在梁山，廣安，綦江等處投彈後，現已逸去。」

於是大明廠汽笛，又發出悠然的長鳴，銅鑼在四郊很有節奏地響應着。

人們又開始迅速的復原，回歸到原站的位置。喇叭播放出和悅的音樂，小朋友啃着大會散發的麵包，人們的心情，又專注到新的活動上來了，雖然廣場，因疏散而空了一節，但熱烈的情緒，並沒有一點兒低減。

許多珍貴的展覽品，也迅速地從防空洞回到了自己的位置上，

五、熱烈的紀念

「開會了！」莊重的聲音，從喇叭裏傳了出來，全場即頓時肅穆地立正，首由主席，領導行禮，繼即致簡切的開會詞，(見首頁) 接着：便是新運促進會及婦女慰勞總會代表向模範抗敵將士——十八師的師長獻旗並犒勞兩條肥豬，兩條黃牛。

「今後當督率所部為衛國將士及死難同抱，向鬼子們索還血債 努力收復失地，以報答各位同胞的這種熱情，」在全場熱烈的掌聲中，結束了羅師長的答詞。

「呼口號：」司儀在擴音機上問：

「那個侵略我們的土地？」

全場一致的大聲回答：「日本軍閥！」

……………………………。

問答完了，大家又一齊合喊：

「紀念雙十節，我們要追念先烈締造中華民國的艱難，堅持抗戰必勝的信念，奮鬥到底！

「……………………」千萬付鉄的拳頭，高揚在空中，千萬人的聲音喊出了共同的要求！

六、最動人的一幕

獻金開始了，這是最動人的一幕。

你看那白廟子的力伕們，在萬難中，也把肩挑背磨辛苦掙來的血汗，湊了一百四十幾元，用抬盒高高興興地抬起來了！

你看那船伕李××，初獻一元，因主席將其姓名報告錯了；他又跑到獻金箱前去；再獻五元，他說：「這是我兩年的存蓄，都捐給國家拿去打日本吧！」

你看，那位白髮蒼蒼，骨瘦如柴的楊老乞丐，也顫威威地走到獻金箱前，把他從人們的白眼中，討得的一元錢，也笑迷迷地送進獻金箱裏去了；

你看那身經百戰的羅師長，既獻身國家，又獻金二百元！

你看，那許多小學生、男的、女的、老的、少的，都爭先恐後的擠住一團，各把平日的積蓄，往獻金箱裏送，盧次長的幾位公子，也合捐了糖菓費五十元。

每一次獻金，都博得熱烈的鼓動，引動許多新聞記者去拍照。……

最後，報告這次寒衣募捐的成績：共一一四一八、七六元。

七、弄假成真

消防隊的檢閱完了，就開始出動，先齊集在沙壩上，假設的警報發出後，警備班迅速向廣洲路四週佈防，幾條熙來攘往的街道上，在幾分鐘內，斷絕了交通，街道上呈現得冷闃闃的。

以「天下味」等三間民房，假作起火燃燒，消防隊立即架起水龍施救，水自龍頭噴出，矯健地直撲奔每一個角落的火頭，拆卸隊，架起雲梯，奮勇爬上屋頂。

一片片屋瓦被揭起了，一疊疊地迅速往梯子下遞，又被傳向另一個處所，整整地堆好。

積壘了不知好幾年的塵埃，今天意外地得到了自由，活潑潑地在空中飛揚，籠罩住整個的大街，鉄斧不停地揮動，房屋的支架，竹編的牆壁，均不斷地向四方傾倒。

瓦片的碎裂，人們的呼喊，脚步的奔馳，各種雜沓水西的聲響，交織成了一片。

兩個半鐘頭，一切又復歸於平靜，街道仍然是熙來攘往，人們仍然是做着生意，只是幾間街房，已變成了一片平地！

這純是假的演習，然而是眞的藉此撤除火巷。建設起來，要費好幾個月的時間，要費好多的人力，而破壞起來是多麼容易啊！

這裏我們又親切地體驗到：「建設爲破壞之前鋒！」

八、瘋狂地比武

防護團出動後，空出的場地，又開給了一種新的團體表演，首先就是兩個女子軍團（國立二中女子部及兼中）的結繩比賽及救護表演，均整齊嚴肅，敏捷活潑，極博得四週觀衆的采聲，兼中童軍在表演之前，還附帶玩個花樣：把卸下的服裝，兩分鐘之內，即在地上構成「獻金救國」四個大字，才開始他們的表演動作。各小學的團體遊戲，亦極其天眞爛漫，非常有趣，內容均富有國慶紀念及抗戰建國之意義。

國術較技在場的那一端舉行，四角插幾根竹竿，週圍圍以棕繩，便當作了英雄角逐擂台，每一對出來，總要老遠的扯幾個勢口，然後一步步逼攏去，拳足交加，打得「天昏地暗」，台外人亦頗躭心之餘，喝采壯威，更鼓舞得他們越打越不能下台！

在場的另一角，也圍着一堆較小的人羣，擠進去一看，三靑團直屬第七分團對中央軍校特訓班遠征隊的藍球賽，兩方勢均力敵，亦頗打得激烈可觀。

九、文化的洗禮

今天的新營房，有最高學府的最有文化意義的展覽，有通俗讀物編刊社的最通俗的圖書陳列。一進門口的左邊，就是復旦的一間小巧玲瓏的陳列室，佈置得非常曲折精緻，滿壁是很有價值的統計圖表，有四川的經濟調查，有他們學校的概說，整潔的桌上有他們農場的各種出品，有他們搜集的各種動植物標本，過道上也滿陳列着土木工程模型，有精緻的小洋房子，有奇特的長橋，再進裏面一間，就是中國歷代貨幣，戰時各地報紙……這一切都依着光綫，地勢，色彩，佈置得非常藝術

旁邊一間的通俗小册也陳列得非常之多，牆間不夠掛，還另在室中扯着許多蔴綫來穿起，我順便翻閱幾本連環畫來看看，的確是「意義深遠，話句通俗」極合乎大衆的口味。

我從這間茅草蓬走出來，不啻是受了一次文化的洗禮。

十、鄉土國寶

依着節目單的路綫，從新營房走進第一展覽場——物產展覽場去，第一排是各種各樣的農產，如南瓜、芋頭、橘子、橙子、穀米、小麥等，好的，大的都有，像賽寶一樣地放在那裏，讓識貨的先生們去欣賞它，認識它，第二排陳列的是工藝品，大鑫火磚廠的模型佔了一大半，不但模型多，樣式好，而且顏色也很調和，據說：這些磚的耐火度很高，專供給一般重工業如鋼鐵之類建築鍋爐用，所以它又可說是國防基礎工業的基礎，敵良場的蠶繭 計有九種，通通是白色，絲細質堅，爲普通蠶繭所不及。這樣的東西當然可以掉得大量的外匯。最末一排，是棉紡織推廣委員會的陳列，表演的有彈花機，紡紗機，毛巾機，織布機。成品有斜紋，帆布，毛巾，平紋布，在這衣科比食物還昂貴的抗戰時期，推廣棉紡織確是一種自給自救的很好辦法，今天他們的展覽，定會暗示民衆以一條解決「衣」的正當途徑，

這個展覽場最爲擁擠，鄉農要算最多，尤以彈花機的表演，他們是看得那樣出神。

十一、義氣可風。

連接着物產展覽的是義賣場，好多團體都在義賣場內各顯身手，除了民衆影戲院已早日舉行義賣外，其餘北碚，文星，黃桷等小學，他們募了許多的物品，如牙粉牙刷、毛巾等。日用品及文具之類，共數百件 他們佈置好了之後，一個個天眞活潑的小學生就努力推銷勸買了，此外還有黃桷棉

紡織合作社的毛巾手帕，五月書店的新書日報，復旦大學的農產品，：：：連黃桷鎮的乞丐也都把鷄毛撣，草蔫，挖耳，小玩具等，拿來參加義賣了。爲着勸募寒衣而舉行了五花八門的形形色色的義賣比賽。每個角落裏，都聽得着義賣的呼聲。他們勝利，他們曾把北泉贈的幾個美麗的硯台，賣上了六元一個，他們一塊糖果，賣得了一元錢。有幾位小朋友很高興的說：他們明天還要盡力到街頭巷尾去推銷呢。

十二、別樹一幟

與義賣場毗連的第二展覽場，是溫泉公園的展覽處，他的佈置在各個展覽場要算別樹一幟了。場地的外面，栽着一例斬齊的蘇瑞香，隱約地現出一道棱字格的竹籬，籬上再鋪滿一層如巴壁虎類的枝蔓植物。進出口栽着幾顆碧綠的芭蕉，這環境已足夠人留戀了。進場首先觸人眼簾的是一架敵機的殘骸和幾挺戰利品的機槍，萬人針上還存留侵略者斑斑的血跡。還有一部份貨幣，和精緻玲瓏的溫泉石硯，也很藝術的陳列在場內。這裏也是隨時擠擁不通，幸好解說的人也能誨人不倦的盡忠職守。

十三、流芳千古

再看第二展覽室——在兼中總務處，這裏分着兩部展覽，一部是江蘇醫學院的衛生展覽。佔了一間大房，牆壁上貼滿了衛生掛圖。展覽品又分做兩列陳設，第一列陳設了十多部顯微鏡，在一條線上看齊，鏡下安放各種病菌的染色玻片。第二列陳設了十幾架動物骨骼，這些是要仔細的觀看，才能領略其中的意趣。一部是志願軍光榮史跡的展覽、有幾百人慷慨具箕斗結的誓詞、有氣壯山河的出征留別照片，有生龍活虎般的生活寫實，單人攝影，以及許許多多的優待贈品。這裏一方面顯示了當兵是如何的光榮！一方面顯示了民衆對志願軍是如何的敬仰。

第三展覽場——在兼中總務處外面，是一片極大廣場，第一部是民生辦事處的幾隻輪船模型，做得極其精巧。第二部是××師的新武器展覽，有迫擊砲，輕機關槍，重機關槍，輕重兩用機關槍和各種子彈，彈盤。據說這些武器不但在前線要算新奇，就在敵方也是少見。參觀的民衆們，還有認機關槍爲高射砲而得意地去轉告他的朋友的。

十四、你最恨誰？

挨着第三展覽場的右邊，是一個遊戲場，裏面有「捉漢奸」，「打鬼子」兩種玩意兒，捉漢奸是用許多紙人頭，書明汪精衛，鄭孝胥，周佛海等漢奸的名字，擺在場子中央；場內再用繩子欄一大圈，捉漢奸的人站在圈外用鐵環向漢奸頭上擲去，套住了漢奸就有獎金，得來的獎金又自由獻金。打鬼子是在一幅布幕上畫着平沼，岡田，坂原等敵國的人物，打鬼子的人在圈外用皮球向着自己心裏最恨的敵人打去，也和捉漢奸一樣的有獎金，得了獎金又自由獻金。我進場時已有不少的人都在那裏要捉汪精衛，打平沼，看吧，汪精衛的腦袋，已被鐵圈擲壞了，而民衆還不肯放鬆他。

十五、科學化

再走向第三展覽室——國立二中女子部禮堂，首先令人驚奇的是全國度量衡局的展覽，法定每縣應備置一份的度量衡器，各機關學校，工程處，用的計算尺，繪圖尺，比例尺，測弧規等都無一不應有盡有，且係自造。很可的惜是我們許多機關學校，關於這類的用具還在國外購買，而不知我們自身已能製造。据先生說，他們還有一付白金製的世界最標準的公制度量衡器，可惜因防空襲損壞關係不能拿出來，以後歡迎我們到局裏去參觀，其次便是中央工業試驗所的陳列品了，你看那防毒衣，防毒面具，整套裝在一個木架上，活像一個身軀魁梧的將士，在前線作戰一樣的神氣。再有那用菜油提煉的汽油，用菜油提煉的柴油，用菜油提煉的燈油，等。這些非常的成就，對抗戰有很大的供獻。再便是漢藏教理院的陳列品了。陳列的藏文，藏經，刊物書籍等，這些都是溝通漢藏情感，和開發康藏最寶貴的參考資料。二中女子部，和師範分校的圖表，照片，漫畫，也充分表現出學校當局辦事的精神，和同學們活躍的氣概。

十六、橫貫山頭的北溫公路隧道

從女子部出來，一塊橫的標識牌，引住我的視線，他寫着：

「請從廟嘴後面防空洞穿過去……」

我於是順着他的指引一直走到防空洞門口，經幾個曲折才轉進去，一看，却是非常漆黑，幸好我胆子還大，手摸着支架的柱子，脚沿着坐橙，一步步地借着兩頭些微的亮光，摸了十八丈遠，終於穿了過去，據說，這號防空洞，打得，早一點，只去了三千多元，可容一千多人，現在劃入了防空支會接收，如果拿最近來打，恐怕三萬元也不會成功吧。而它，又是將來北溫公路的隧道，眞是一舉幾便呢！

十七、八百機械奴隸

走到了三峽大明工廠的門口，看「值」得有「衞」，但門上貼有「歡迎參觀」的條子，所以就不管三七廿一，冒失地擠了進去，可好他也沒來干涉。

首先我從右端動力部看起，在一個大的塔形的偽裝下，有兩座大的鍋爐，燒着汽，冲得飛輪直是轉，又把一根鉄絲從機器的一端接到台上去。又轉出去了，順着鉄絲的方向走進了工場，啊，好「好」的設備！平平的一間房子裏面却這樣空大，這樣亮，兩旁都安着好幾列機器，一扎齊，這裏機器還沒有開動。走進第二間，才有幾十部織布機，和幾部導線道筒機在轉動，順着那一排房子過去有染色機，拉寬機，磨光機，一直到成品，都全是機器，這樣多笨重的鉄東西，一根鉄絲就把它轉動了，眞是大力气，如果織布像這樣地快而不費力，到可多辦他幾個廠來幹。

十八、走馬觀花

惠宇——一幢新式的洋房，就在工廠對面，這裏也和工廠一樣，除了「我」這個觀衆而外，很少有人來，大概是因為裏面的東西大深奧的原故吧？的確，我除了知道是些藥瓶瓶礦子石，和野物皮之外，再也看不懂是些甚麽東西，只好匆匆地繞一轉出來到區署去，這裏除了幾張桌櫈外。四壁都是統計圖表，他表示着實驗區那些事物有好多，看這樣的東西，是頗費腦筋的。於是，我又跑到河邊去看家畜展覽。

這裏最引人注意的是復旦農場的荷蘭大乳牛，比我們普通的牛要大一倍，還有行政院服務團的兩隻藏狗，好像小獅子一樣。

那邊在拍掌了，好熱鬧呀，還有些豬牛羊雞鵝鴨，只好不看了。

事實上，今天可看的事物實在太多，那裏來得及細細緻緻的領略呢？只好走馬看花地了了「眼福」的眼吧了。

十九、西馬「得洋」

這裏遍坡遍壩，都站滿了人，自然這幾十匹馬良莠不齊，但匹匹都非常活躍。

開始比賽了，每四匹馬一次，只見馬蹄生風，往來疾馳，觀衆異常興高彩烈，這樣一來，却引動了偶來旁觀的兩匹西馬，也來加入表演。

這馬特別高大，身黑，配着花呢鞍子，跑起來比一切馬快，它跑一步，可當這些馬三步，觀衆皆同聲喝「好！」但是還不出奇，騎馬者再加上一套花樣：以肩觸鞍，兩足朝天，在空中做出各種奇異的姿勢，馬還是飛速地奔躍前進，而他却若無其事，惹得大家鼓掌高叫，「再來一次！」最後才洋洋得意地掛彩而去！

二〇、射之不工也！

打靶場挨近着跑馬道的東端，這時打靶的人學生爲最多，普通的商人只有三四人而已，標的是一個日本兵，以面部爲紅心，身體爲綠色，聽說剛才打了八十幾發，只有黃桷短小教師楊大榮一人擊中一發，當我剛要離開時，有一部份公安隊士兵自取彈來射擊了二十幾發，亦只發中紅心，及綠色，可見戰場上「着炮打」之不容易，而射擊敵人，却需要精熟之訓練了。

二一、抗屬優待金又兌現

繞了一個大圈，轉回體育場，還有好幾堆人沒有散，大的一個圈子是在看表演，還有許多小學校的團體表演沒有完，這一羣小朋友退場了，二一羣小朋友又出場吸引住很多的人，不想離開。

另有一堆中間，只圍着一個人站在板凳上，還有個同樣裝束的青年，站在旁邊，他們手裏拿着搖板，面前擱着小鼓在那裏很熱情地，又敲又唱，民衆也聽得很入神，只可惜我站遠了，聽不清楚唱些甚麼，不過據他的旗子看來，是通俗讀物編刊社的宣傳隊，大概總不外是講的「抗戰救國」吧？

還有一堆，觀衆是掛有紅條條的抗戰家屬，從裏面出來的人，都拿着幾張鈔票，翻來復去的審視並找旁的人幫他斟酌，驗明沒有假的，才歡天喜地的走了，據說：這是發第二次志願軍家屬優待金。今天已發了三千多元。

喇叭又在說話了，他說：「民衆會場的游藝節目開始，「歡迎大家去看，」我於是又隨着人的洪流，湧到民衆會場去。

二二、欣賞的藝術

慶琵

在民衆劇場中，首先，閃出在我們眼濂裏的，是生活在堅苦中的一羣，慈幼院的男女幼童，他們除掉學習，工作之外，還會歌唱。這三四十位幼小歌者一律穿着童子軍制服，由幼童之一的指揮者對大衆行過一個童子軍禮後，報告說：他們歌唱的是：「誰說我們年紀小」，「小英豪」，「流浪兒」，「青年進行曲」和張曙最著名的「洪波曲」。

　歌聲從小嘴裏傳出來，聲音並不高，然而雄健，整齊。「洪波曲」的情緒極佳。「流浪兒」以一個女高者張白萍獨唱一句，跟着就大家齊唱一句，再加一個遂花落的尾聲，如此循環數次，頗引得一些風趣。

　當然，這些表演博得了多少人的掌聲。接着表演了「流浪曲」，「長城謠」，「爭取我們最後的勝利」等。

　東陽鎮小學的女學生葛洪富以弱美的聲調，唱過了「長城謠」。這個歌帶有不少福斯德作的「黑奴繫Oldlack jocB）」的意味——

　在會場裏很欣幸地碰到了育才小學的表演。他們表演的是兩個兒童劇，一個叫「捉漢奸」；另一個叫「打日本」。這兩個戲的情節是類似的，先是兒童的遊戲中有假漢奸、假日本人。後來有真的漢奸，與日本人來了，小朋友們拋棄了假的，來對付真的漢奸和真的日本人。劇情裏加有許多兒童的遊戲作為穿插，有一種天真的，孩提氣的特趣。不過在「打日本」一劇裏，稍為顯得冗長一些。佈景稍簡單，但有藍天，有喬木，確有鄉間風味。演員方面無瑕可指，「捉漢奸」中的假漢奸（王遂安飾）這性格，正是合乎兒童心理的，有時候他想到自巳裝着漢奸，當然，要表出漢奸的態度來，有時候，四週的小孩子把漢奸駡得極可惡時，他便也種種方面聲明他不是漢奸。——這個角是演得成功的。此外，「打日本」中的小孩（王葛恩飾），能與姊姊頑皮，能哭，能笑，活躍……典型地表示他是一個活潑的小孩子——還是一個逗引了千百觀衆的笑聲的傑角。

　接着是他們的音樂表演在音樂導師常學墉指揮下。演唱了十個歌曲，都是齊唱和輪歌。沒有合唱，

　他們唱的「打倒日本帝國主義」，先是強調，後來突然改成弱調，顯得極悠長，再隨着一個打動心坎的強調。結尾是一齊唱「殺——」假使鬼子聽到了，一定會驚懼不堪。

　「募寒衣」（齊唱）是幽雅的柔弱的歌曲，辭藻卻甚美麗唱得最優美的首推「爭取我們最後的勝利」，它以弱調的尾聲取勝，那尾聲來自幼小者的口裏，彷彿這班勁力者的嘴巳經停止了歌唱，但那輕柔的風音，老像一根微細的鋼絲，在空氣裏顫震旋迴——它深深地穿透聽者的心坎深處，或者說，聽者的心神竟為歌聲攝去了。

一三、新奇的唱法

　育才學校的歌詠，他們不只唱得好，唱的方法又是一個新花樣，把歌辭分成單字，交給每個學生，當歌辭唱到某一個字時，就舉起某個字，一字一字的出現，就像電影卡通似的，觀衆不只是兩耳，就是眼睛亦受着這歌曲的支配，觀衆的影響愈更深刻。

　其次澄江鎮小學，北碚小學，東洋小學，一個個比賽似的出演，台上台下正出神的時候，忽然通俗讀物編刊社臨時參加一個節目，由某女同志演奏一曲大鼓，觀衆莫不叫絕！

　末後由某師政訓處表演京劇，再由抗敵工作團演出改良川劇，舞台終於在民衆熱烈情緒中閉幕了，每個人都含着微笑。

一四、最後的一幕

體育場又在播放着平和的音樂，場中央現出一幅雪白的銀幕，幕的兩面都聚集民衆，因爲今晚上的影片是一部蘇聯片子「海上警衛」除了看看飛機大砲和人影的動作之外，無論正看反看都只懂得一個大概：是蘇聯和日寇的邊境衝突，不過就這樣看看大砲彈的轟然爆發，飛機隆隆的聲音，探海燈光的掃射，軍艦巡弋的雄姿，也會令人情緒無限緊張而激動，到了九點多鐘，銀幕燈光一閃，軋軋的機聲，突然停止了，鮮明地現出一個「完」字，喇叭又恢復了她愉快的歌唱。

人們於是伸伸腿，舒舒腰，呼兄喚弟，燃着火把，提着燈籠，帶着「盡歡而散」的神情，得意地歸去。

（伍）整理

一、事物的結束

1. 清還所借用物：如桌櫈，樹料……
2. 繳還所領公物：
3. 報銷開支賬項
4. 辦理統計：

（一）收發文件統計

項別	公函	便函	聘書	會議錄	合計
收文	二	六六	—	—	六八
發文	一九三	五六六	一七三	四六六	一三九八

（二）獎品徵集分配表

月日別	贈來機關或人名	品名	數量	分配組別	受領者
十月六日	大沱口慈幼院	慈幼院之發展及現狀	三十本	展覽組	
〃	〃	襪子	二雙	展覽組	張澤民張文煊各一
〃	經濟部度量衡局	工業標準	十本	展覽組	
〃	〃	尺度表	三十本	展覽組	
〃	〃	新市尺	二十把	遊戲組展覽組各十	賽馬者
〃	〃	度衡號法規	三十本	展覽組	
十月八日	本區衛生所	江南肥皂	二十塊	遊戲組展覽組各十塊	賽馬者
〃	〃	毛巾	半打	展覽組	
〃	〃	鉛筆	一打	表演組	
〃	〃	拍紙簿	半打	表演組	
〃	溫泉公園	石硯台	十個	表演組	

〃	漢藏教理院	藏文	二捲	勸募組展覽組各一捲
〃	大明工廠	藍布	五十段	勸募組七段(義賣)展覽組二九段……
十月九日	中央工業試驗所	防毒口罩	三套	展覽組
〃	〃	防毒眼鏡	二套	展覽組
〃	行政院服務團	無敵牌牙粉	二百包	表演組
〃	〃	蔣委員長告民衆書	二千本	展覽組二〇〇……
〃	〃	傳單	一捆	
〃	通俗編刊社	通俗讀物	四百五十本	勸募組一〇〇本……
〃	國立二中女子部師範部	提袋	一隻	遊戲組　打靶第一名楊大榮
〃	〃	手巾	十二份	展覽組表演組各一半
〃	三峽實驗區署	毛巾	五打	展覽組
〃	〃	紅湖縐	三根	遊戲組　賽馬第一二三名
〃	北泉慈幼院	旗幟	一首	遊戲組　行政院非常時期服務團
〃	十八師羅師長	錦旗	一首	表演組　復旦大學
〃	江蘇醫院	紅旗	一首	表演組
〃	棉紡織推廣委員會	錦旗	一面	展覽組

(附註：因當時分配奬品登記不夠詳盡，事後亦難於清查，故此表數字人名均感不週，倘希領受者函告本刊，以便詳細公佈)

(三)經費開支表(指本署用者，各事業機關自己用費尚未計算在內，略)

(四)到會人數統計

鎮別	防護團員	保甲長	合作社職員	兵協會職員	志願軍抗屬	有證件抗屬	民衆學所 男	民衆學所 女	民衆學所 所	學校 男	學校 女	學校 所	機關 男	機關 女	合計
北碚	二九五	一三六	九〇	四三	九八	二	五五四	七三	二五	一三三七	六五五	七	一七三	一九	三五〇五
黃桷	一〇八	一〇一	六五	二五	八〇	一三	一三五三	五八九	一一	六〇八	二三五	三	九三	九	四一九六
文星	二四七	二〇三	九四	七三	六八	一九	一四二一	四五六	六	一〇五	八九				二七八一
二岩					三		二六四〇		三	八二	四四				七〇六

澄江	一二五	一三八	三三	二六	六五	七	一二四八	一九二	九	二〇七	六六	一	八	一	二〇三三
合計	七六五	五三六	二七一	三三四	一六七	四五	四六四〇	一三〇九	五四	二三四〇	二九〇	二	二五六	二九	一二九二

（五）敬謝捐獻寒衣

逕啓者，前荷

貴、函送寒衣捐款　　元　　角到會，業已如數收訖，彙送三峽實驗區署，轉解全國寒衣征募委員會重慶分會，製備寒衣，贈給前方抗戰將士外，用特函復聲謝尙希

查照爲荷此致

會啓

（六）敬謝惠贈獎品

逕啓者敝會此次荷蒙

貴　惠賜獎品多件，業照收訖，茲已于會畢之日按照參加表演及展覽成績之評定分別配發，所有配發情形，容另編書奉報外，特此函達藉申謝忱尙希

查照爲荷此致

二十八年十月十五日　啓

（七）召開整理會議

（一）先各組開　A先檢討自己　B後檢討他人

（二）再聯席開　A先檢討各組　B再檢討全體

（八）編寫報告

（一）各組主幹人爲該組當然主編

（二）月刊室爲總編輯

9 織存文件：如會議錄　印刷品　卷宗　表册等

二、問題的檢討

文書組

趙仲節

此次之會，籌備不可謂不密，分工不可謂不細，然於會前頗有感覺無事可作，臨時應付倉皇者，此實聯絡之未週，有以致之！

事務組

吳定域

今後對於此種大會之招待，宜動員全市比較有名之食店，代爲辦理，由公家製一種餐卷，註明時間及地點，隨來隨吃，並宜單份，彼此皆甚經濟，公家只派人照料淸潔秩序，一方面可減少招待不週之弊，一方面食店雖無厚利可圖，但不致過於防礙營業，彼等亦樂爲也。

交際組

江　澄

本組工作，以訓練工作之不足與介紹工作之欠缺，爲最大缺點，然工作人員之有組織與連絡，及其服務精神之熱烈，殊亦頗堪引爲自慰也。

佈置組

李　華

此次工作幸能按期實現，全賴本組同人熱心與努力，其中較爲困難者，莫如搭造兩座臺子，因大會經費困難，爲節省開支，故有許多器材，都係借自私人，而所需用數量又甚巨，以致甲處借了不夠，又向乙處再借，其中慷慨者還易辦，而遇着慳吝者，往往說得唇乾舌燥，仍不得解決，乃再輾轉託人解釋，始達到目的，其次，爲借桌子，亦有同樣的困難。

交通組

李爵如

(一)運輸方面

甲、水路運輸

A、優點：

(1)船業公會，以保甲編制管理船隻。

(2)代表整天輪番留守船業公會辦公處。

(3)確能遵守幫規。

B、缺點：

(1)飭令照規定收錢不澈底

乙、陸路運輸

A、優點

(1)代表負責

(2)深明統制售票義意，

(3)賣票收入之錢打關分配，

(4)深夜能幫助運輸。

B、缺點

(5)野力無法統制、

(5)大小力幫未全體集中

(二)通訊方面

甲、電話 「靈通消息」這回事，看起來雖然很簡單，但是數萬人的生命責任使得我的整天許不敢離電機一步、

乙、傳達

4.缺點

(1)未澈底區分任務

(2)人員不敷分配

(三)意見

(1)苦力力營應斟酌提高俾易統制

(2)須加強旅客服務處組織，「轎」「車」「馬」採用售票方式

(3)各鎮鄉保警報須切實嚴密組織

公安組

劉運昌

缺點：

(1)連絡不夠，事物已開始展覽，尚未派定警士，致一時缺人維持秩序與引導，嗣經派官長率警分赴各活動組後始歸常態，

(2)大會未派定專人担任雜役，一切靠集公安隊，實感無法應付

(3)升旗典禮次序應列為第一項，當日會場行禮太不一致，應改正，

優點：

(1)大會秩序尚佳，卒鬟疏散迅速。

(2)消防演習各防護團員精神頗緊張

編輯組

李小亞

缺點：

一、事務工作佈置得不夠：(也可說簡直沒有)油印機……筆墨紙……一切當日印發號外應需的工具，事前都未確定專人負責辦理，以致臨時一無所有！演成「急時抱佛脚」的局面！浪費了許多精力和時間！

二、與大會的聯系不夠：有些東西和幫助事務工作的人

，本來大會是可以供應的，但我們事前毫未接洽，以致臨時「抓不出來」！又如大會決定本組担任攝影，而我們却以為是限於攝取各種小鏡頭，至於全面的攝影那是集會組的事。以致大會開完，才發覺沒有攝影，害得周逃亨君蹶着脚坐起滑竿找攝影師。

三、主任幹事未盡應盡之責：因了第一項的缺點，以致主任幹事當時不能有計劃的介紹或引導各幹事到各組去專門採訪某一部門，而自身陷入「打雜師」的狀態：一時買東西，一時借東西，一時找人，一時又當招待，自己應做的事一點也未做！

四、大家缺乏恪守崗位的習慣：事前雖曾確定分工——某些人担任採訪某一組，但臨時却大都未遵守，而採取一種自由式的全面採訪，以致寫的文章大部份重複而陷於「差不多」！

優點：

一、有以公衆事業為己任的精神：事前我們的聘書未備夠，但復旦的同學們，都不拘儀式而熱心來參加。

三、鏡頭取得好：此次本組負責攝影的同學，不但光線調整得很好，而且每個鏡頭都取得很有意義。可惜限於經費，不能全體製版

集會組

劉學理

一、各團體各機關到會場很整齊有秩序，

二、遭遇空襲疏散後集中很迅速（還不到規定三刻鐘）

三、以後場應按照人數之多寡分配場地，並按性質分類，將場地劃大，每個單位應有標識，

四、以後應派專人組織民衆，管理民衆，

五、到會無論任何機關，須聽大會指揮

六、以後大會應設總指揮一人，綜續全場指揮事宜，

展覽組

舒傑

一、困難：

交來的展覽物品登記表，不一定能將展覽品完全拿來展覽；有的展覽物品也未登記在展覽表內。有的機關要在當天將展覽品陳列以後才能寫上登記表。

有的機關；因為他的展覽品十分珍貴，在戰前已不容易購得，而且搬運不便，有些展覽品，是從原來的處所遷到後方，從未開箱，而且未鑑定名稱，普通人是看不懂的，如果十分要免強來集中在一處展覽，那他們就只好拿一部份不十分重要的東西陳列，為要觀其全局，所以只得在他們的原住處所開放，歡迎民衆去參觀。由他們自己担任佈置，引導解說。

二、缺點：

1. 各機關多未按時派幹事出席辦公，派來的幹事一到辦公處簽到後卽行他去，且各顧各，聯絡困難。
2. 有的展覽部門未全盡職責，甚至展覽品之搬運及陳設全要展覽組負責。
3. 各個展覽場室，佈置不十分藝術，調和。展覽品陳列不十分妥當，嚴格。
4. 負責一部門展覽品的人，有少數未盡夠責，致聯絡欠週，影響整個展覽。
5. 因時間關係，準備不夠，展覽品內容欠充實。
6. 担任解說，及維持秩序人數太少。

7.各部門之展覽品無詳確之登記，

三、優點：

1.各個參加展覽機關，對展覽物品均能晝夜趕工，如大鑫廠趕製大磚模型，中工所趕製防毒衣架，溫泉公園提前佈置等……

2.工作人員不分彼此：如義賣場，游藝場，在本組展覽場內，本組工作人員亦併爲之佈置完成。

3.有忍苦耐勞循循誨人的精神：如棉紡織推廣會的工作人員，整日爲參觀群衆表演彈花，搖紗，織布等工作，直至黃昏。溫泉公園解說人盡日未離開崗位一步，且解說亦毫不馬虎。度量衡局，及江蘇醫學院，均以和藹親切之態度向民衆解說。

四、建議：

1.各展覽場室；進口，出口，及中途無人維持秩序，致佈置尚未完成，民衆已蜂踴而入，無法制止，中途竟有人翻越欄干走捷路，致不能將各處展覽物品一一看完。以後如有此種活動；應各個活動場所，派定專人專負進口，出口，及巡邏中途，維持秩序之責。

2.展覽應有充分時間準備，並延長時間。使各階層的人羣均得觀賞，一飽眼福。

3.對鄉下人應多加解說引導，因展覽是一種教育，鄉下人智識簡陋，又因不識字，常有畏縮心理，如不加以解說引導，則如走馬看花，毫無所得。

游戲組

劉學理

1 打靶

一、靶場，靶子，靶溝，標識槍彈等佈置均事先辦理完善，有條不紊。

二、靶場秩序較好

三、標識太少

四、規則和辦法須事公佈

五、靶場各部職員須分工

六、靶場附近人家須書面或口頭通知

七、須先懸獎品

八、須專人指導打靶知識

2 跑馬

一、參加表演各馬之馬伕很慷慨的把在馬道上去來騎馬一次，所取之騎馬費，無論多少，作爲獻金，有未來參加表演而他去營業者，一致認爲不對。

二、參加比賽人員均明大義，很能禮讓，本來預訂是走馬，而非跑馬，但行政院非常時期服務團之二匹是跑馬，雖然跑得很快而非走，因而取得第一，但各比賽人員並不爭執，且表示歡迎遠客，然後再以「走」的方式比賽，這種好的現像是很難得的。

三、獎品分配聽其給與：剩大明廠分贈之藍布七段（每段三尺）有人提議捐送兵役協會，義賣作寒衣捐，各賽員亦很樂意。

四，維持馬道秩序，須預先派員兵負責

五、跑道須有標識和起止點的符號

六、此次所聘之評判員均付缺席，覺得是很歉然的

七，此後約洽合間及其他遠處良馬參加時，須早發通知

3 附記

本組的節目共有六項：跑馬、射箭、打靶、拋圈，燈謎、象棋、而今天報告的祇有打靶、跑馬，餘者不及準備，或者準備不及，當時沒有工作，故報告從略，就成績說還不十分壞！當時在打靶場總着這樣的話，「今天打靶麼？還有多少人不知道哩！」又有人說：「希望以後每月有一次這樣的打靶，我們學習的機會就多了」同時在跑道上很多來賓都很願意出錢獻金騎馬，可見參加游戲組之觀衆何等熱烈，假如預定的項目：都一齊舉行，我們的收穫還不止此，這是今後要特別注意的。

雜務組

朱良田

1. 以後，組員須固定四人以上，以便分頭接洽各參加團體
2. 須於雙十節前一月即籌備，一，可使參加者有充分之預備，二，可使組員得擴大接洽。
3. 應需各物，應有專人保管。
4. 所有招待人員應於事先派定。
5. 住宿地點及便餐地，應由事務組管理人通知各組，以免臨時尋覓困難。

游藝組

黃明德

(一)表演時秩序尚佳●
(二)表演節目充實。
(三)預備時聯絡欠佳，致開場時無座或無燈光●
(四)中學團體未出席表演，殊爲遺恨！

勸募組

唐必達

甲、缺點：

1. 因時間太短促，準備工作不充分。
2. 人員分配，數量和質量不適合。
3. 工作人員不集中，幷缺乏各部門之聯繫。
4. 勸募的方法及工作經驗尚缺乏。

乙、優點：

1. 經濟人員時間，減少各方面之騷擾。
2. 勸募方式甚爲完善週全。
3. 各部工作甚爲努力，效果尚佳。

丙、對今後工作的建議：

對于各經濟事業勸募注意

1. 首先聯絡關於各事業機關有關之人員担任之。
2. 首先分組進行；以便提早結束公布。
3. 應首先集中精力，共同解決。

對自由勸募應注意；

1. 應與當地保甲人員密取聯絡，共同進行，以便明瞭地方情形。
2. 工作人員之編配對該勸募區域應有相當聯系。
3. 應多聯絡各事業機關，依據各事業機關的各種性質預先擇定工作人員。
4. 勸募方法須預先澈底研究，以免發生下列各蔽：

一、地區紊亂
二、時間過長
三、效果微細(富者反而少募)

對一日所得勸募應注意：

1. 應首先盡量運動聯絡，造成濃重之空氣。

2，用顯著的標題在報上公佈首先響應之事業機關。

3．標應設法向各處聯絡進行。

獻金注意：

1．須先行造成濃重之獻金空氣。

2，須依各項性質方面舉行獻金競賽，並預先組織競賽條款（如各界各行各幫等），多方鼓勵。

3．布置獻金台須特別藝術化。

義賣注意：

1．籌備須充分，義賣物品須特別新奇，內容須豐富。

2，担任義賣人員之方法態度須特別訓練。

3，布置須特別藝術

對大會的建議：

1．大會之各種活動不宜分散，須集中一處，尤其關於科學方面的更須聯系。

2．大會布置須特別藝術化以便吸引更多的觀衆。

3，大會工作人員須特別依據性質分別担任。並須特別注意能力，而定工作範圍。未有相當經驗，必須事前訓練演習（如招待員解說員勸募員等）

丁、附各種募捐統計

勸募捐

澄江鎮民衆	二〇二二·五〇
李會極	一〇〇〇·〇〇
天府公司	八〇〇·〇〇
二岩民衆	八八八·四〇
兼善中學	七七一·〇〇
溫泉公園	三〇〇·〇〇
大明染織廠	三〇〇·〇〇
民生公司北碚辦事處	三〇〇·〇〇
全濟	二〇〇·〇〇
美豐銀行	二〇〇·〇〇
二岩合記炭廠	二五〇·〇〇
甲子洞復興隆炭廠	一〇〇·〇〇
官蓄店	五〇·〇〇
國立二中女子部	七五九·〇〇
其他	七六·〇〇
合計	八二一八·〇九

一日所得捐

通俗讀物編刊社	三〇·〇〇
西部科學院	二五·〇〇
招商局北碚會計部	一八·〇〇
憲兵司令部三團三營八連二分遣排	二·八八
中醫救濟院	三九·一〇
西山坪農場	一〇·四〇
財政印稅局通訊處	二四·〇〇
義瑞第二桐林公司	五·〇〇
北碚合作社	一〇·二五
衛戍司令稽查處北碚分所	五·〇〇
天府白廟東站工友	六〇·〇〇
蠶桑改良場	三九·八五
國立二中女子部	二五·四五

電報局	二五・〇〇
北碚泥工工友	五九・七〇
興華灰廠	三〇・六〇
漢藏教理院	三〇・〇〇
兼善中學	七五・五〇
行政院非常時期服務團	六〇〇・〇〇
三峽鄉建實驗區區署及所屬各機關	三四六・五一
張振鵬先生	二・〇〇
其他	三一九・九三
合計	一七八五・一五

獻金

羅師長	二〇〇・〇〇
盧國紀先生	五〇〇・〇〇
白廟力伕	一五〇・〇〇
民衆學生	三八〇・〇八
合計	七八〇・〇八

義賣

復旦大學	一六・〇〇
黃桷小學	一七八・三〇
北碚小學	二二〇・一七
文星小學	三三・一二
白廟小學	四一・六六
國立二女子部	三二・一五
電影院	一〇八・三〇
五月書店	四三・五二
乞丐隊	五・二〇
合計	七二〇・二四

游藝

賽馬	三・〇五
打靶	四・〇〇
演劇(育才學校)	七・四七
合計	一五・二〇

附表演游藝兩組比賽成績最優勝表

表演組

項別 名次	第一名	第二名	第三名	第四名
防護演習	黃桷分團	澄江分團	北碚分團	齊生分團
團體游戲	北碚小學	莊子初小	澄江小學	梨園初小
國術較技	王德仲	江賢鑄	伍大金	

游藝組

項別 名次	第一名	第二名	第三名
跑馬	行政服務團的西馬	盧子英先生的玉定子馬	劉子恆先生的馬
打靶	楊大榮中一發		

大會結束整理會議錄

時間　十月十二日午后二時

地點　區署會客室

出席人 全國度量衡局吳良臣 國立二中女子部黃作舟 翟連元，周多福，陸佩護 大鑫火磚廠向維陽 電影院李鐵村 北泉公園維閔生 四川省棉委會吳大彬 復旦大學葛三立 二中師範部龔家虎，區署盧子英

主席 盧子英 記錄 蔣文倫

一 議決事項

1. 此次大會各專業出席人員除由大會專函致謝外，並就報端登鳴謝啓事。
2. 大會報告書印成後，每個人贈送一本。
3. 各體團應得獎品，限本期星以前發出，並將此次民衆獻金及勸募寒衣捐等登報公佈。
4. 以後籌備在分工以後，應多開幾次聯席會，務求責任清明，以免缺陷與推諉之弊。
5. 以後各組辦公，應聯合集中一處，如不可能，至少應由各組派一人在總辦公處以資聯繫。
6. 以後每組應有傳達公差一人，司令台前應有四人以上。
7. 以後大會陳列品，應設置屋內，以便早事籌辦，並先期自行檢閱研究，求極盡燦爛之能事。
8. 以後大會組織應有人事組，對各方務求非常熱習「應答如流」，詢問處應多設立標識，並在各要道多貼指標。
9. 以後大會場應安設臨時電話線，遍於各組。
10 以後各事業參加大會費用由大會負責。
11 此次大會重慶方面來物與人太少，今後應就重慶設辦事處。
12 以後展覽期間，至少三日，乃至一週。
13 此次大會指標太少，並太欠現代藝術化，以後應力求改良。
14 以後義賣應有組織，應有統一的收條，應有檢查與調查以杜流弊。
15 以後招待方面，應分農工商學幾組，各組宜自成系統，另有組織，獨立自主，而與人事組取密切聯絡。
16 以後展覽會，各個會場應編連號數，每一展覽，進出處，尤其挨近各場所之圖說，應有人親切指引，有如教育。
17 以後大會應將乞丐事前肅清，臨時防範。（特殊者例外）
18 以後大會公安組，應聯合各校童子軍等，維持行路（請靠左行）秩序。
19 如遇空襲疏散，應讓小學生先走。
20 以後會場播音機先兩日安設，並朝一個方向。
21 以後凡事力求萬全，不可有萬一的失敗之處。
22 還農曆三月三日爲峽區「民衆節」
23 各小學報名團體不出席者，應由教育股嚴加追究。
24 今後大會各種表演報名學校即須參加。
25 以後表演場所，應事先劃定，並定預進出口道路。
26 以後表演場應多搭幾個階梯式之看台，
27 以後表演節目各在開會四日前到齊以便編排。
28 此次獎品不敷者由區署補充之。
29 以後把搭司令台宜就旗杆附近以避陽光。

30 大會的缺點；一籌備不夠，二不成盤，三，不科學藝術，四標識太少（1指標2修標）五各種統計不好，專家不須看，民衆看不懂，以後應象形是圖，如壯丁猪牛等統計，最好象形而繪製圖表，以便一目了然。

31 以後作事一切須求諸已，非萬不得已，不求諸人。

32 以後假定負工作責任太多，自己辦不了，應早請人幫忙求援，以資進展。如此次安置喇叭未在預定時間安好，殊爲恨恨。

33 凡事須防患於未然，例如此次運送電影片，未趕上船，卽有誤事體，以後：（一）凡工作如打仗，應各獨立作戰，如萬不得已不求援，（二）謹慎，不說萬一，要求滿全。

34 各組開小組會議（一）先檢討自己，（二）後檢討他人，各組會畢然後開聯會。

35 各組文章各組主幹人爲該組當然主編，月刊室爲總編輯。

36 各組優點缺點，對大會意見，由各組將會議錄交文書組。

陸 祝捷

1. 致電第九戰區全體將士祝捷
2. 電慰前方抗敵將士
3. 爲湘北大捷電 蔣委員長致敬

1. 致電第九戰區全體將士祝捷

長沙薛主席並轉第九戰區全體將士勛：鑒倭寇逞憤，侵我湘北，賴我英勇將士，奮其威武，殺敵數萬：捷音傳來，舉國騰歡。值茲雙十令節，彌增強萬衆鼓舞。敵寇夢想，從此粉碎。國家益固，勝利匪遙，伏祈再接再厲，克奏大勛，謹電祝賀，並頌捷祺！嘉陵江三峽鄉村建設實驗區署同人暨全區七萬民衆叩蒸

2. 電慰前方抗敵將士

軍事委員會轉前方將士勛鑒：自倭寇進犯，已逾兩年，賴我前方英勇將士，浴血抗戰，奮其威武，大張撻伐，各方戰況，益見好轉，遠台兒莊之役近如湘北之大捷，使敵寇企圖，悉成粉碎，我國根本，益臻鞏固，追維歷次戰績，無任傾懷，值茲雙十令節更深欽敬。本區現已發起勸募一萬件寒衣運動，並於本日慰勞抗屬，尚祈一心殺敵，勇無後顧，勝利在卽，策勛不遠，謹致慰問，並祝捷祺！三峽實驗區署同人暨全區七萬民衆叩蒸

3. 爲湘北大捷電 蔣委員長致敬

軍事委員會蔣委員長鈞鑒：湘北大捷，敵寇喪膽，欽鈞座指揮之若定，料我國勝利之匪遙，捷音傳來，薄海忻躍！時値雙十令節，更增萬衆振奮，行看滅此朝食，不敢南犯，揚我旌旆，立向東指，衆志益堅，國本彌固，本署同人弗勝欽崇！謹電敬，伏祈垂鑒，嘉陵江三峽鄉村建設實驗區署同人暨全區七萬民衆叩蒸

將來的三峽

生產：

大規模增加特種農產、林產、和畜產。

大規模開發礦產——由土法採煤到機械採煤。

大規模創辦工業——由手工業到機械工業。

交通：

凡生產區都通輕便鐵路。文化區和風景區都通公路。

任何村落都通郵政、電話、和電報。

文化：

每保都有小學校、成年補習學校。

全區有大的圖書館、博物館、和運動場。

每保都有圖書閱覽室、展覽會、民衆會場、運動場、和俱樂部。

人民：

皆受教育。

皆有職業。

皆有現代的知識和技術。

皆能爲公衆服務。

地方：

皆清潔。

皆美麗。

皆有秩序。

皆可居住和遊覽。

↑事物聯檢大會全景

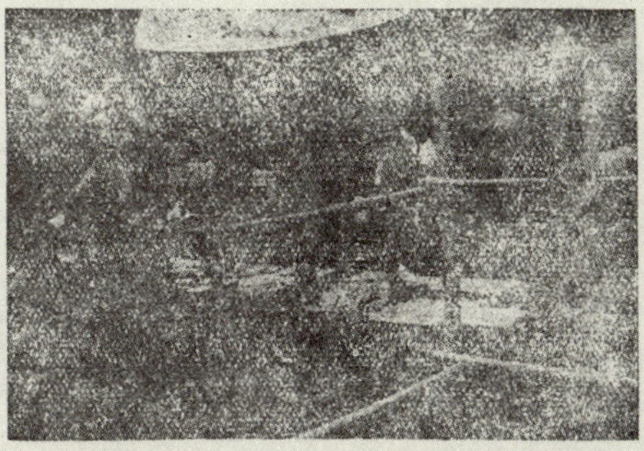

↑黃桷小學義賣隊

↑北溫公路之隧道

↑獻谷升獻幣元楊乞
包兩又法一之老丐

↑博物頭中之西康白熊

↑老農獨唱山歌

↑國立二中同學為前線將士趕製寒衣

北碚

第三卷 第三期

林森

民國廿九年四月十五日出版

目錄

孔副院長訓示抗戰建國方針……(1)
抗戰建國中的教育問題……陳部長講(3)
二十八年度的峽區兵役……舒 傑(7)
我們怎樣優待抗屬……曾國光(15)
北碚防空工作概況……李爵如(19)
戒烟所在三稜鏡下……左魯丹(23)
榮昌白猪在三峽推廣之動態……李本傑(25)
峽區的獸疫防治工作……李本傑(27)
峽區油菜推廣工作的檢討……唐尚紀(30)
參加北碚小學懇親會歸來……陳一齋(33)
歡送峽區第四次壯丁入營……洪 崗(34)
榮譽夫人……舒 傑(35)
元旦日的巡禮……江仁安(37)
道格拉斯機廠的故事……大公報(38)
我回憶中的兩個模範人物……胡石青先生講 葛向榮紀錄(41)

四川嘉陵江三峽鄉村建設實驗區署發行

總裁訓示

我們要克服一切的危險，担受任何困苦與艱難。我們不怕艱難，就沒有不可克服的艱難。

我們所有的努力，一定要爲羣衆，而不能僅爲個人；一定要利他愛羣，而不能自私自利。

我們要成就革命事業，領導民衆奮鬥，發揚團結精神，就要能過集團生活，要把我們自身列爲羣衆中的一員。

富强是我們建設的目標，勤儉是我們精神動員的根本。此日之痛苦犧牲，即來日勝利成功之代價。

此日多忍痛一分，將來成功多增加一分。

勝利的目標愈接近，我們的奮鬥便應該更艱苦。

孔副院長訓示抗戰建國方針

——三月十七日在北碚訓話記錄——

李洪崗
王蔭碩　記錄

盧區長，各位同志：

兄弟這次到北碚來，是第一次。兄弟自從到了行都以後，就聽說北碚建設成績很好。很早就想到這裏來看一看。但因爲職務的關係，沒有機會。這次到青木關參加國民教育會議，得到這個機會，一方面視察直屬的機關，一方面與各位父老見一見面。兄弟有這機會同大家見面，很是興奮的。

今天原來約定是午后一時到北碚。但因爲與財政部稅務署及行政院非常時期服務團談話，後來又到慈幼院和縉雲山，所以遲到，使大家久候，自己覺得非常抱歉！

今天我要向大家談的，就是抗戰建國的方針。

現在抗戰已經到了三個年頭，在這三年當中，大家都堅苦奮鬥，受了很大的犧牲。不單是後方精誠團結，爲着抗戰建國犧牲奮鬥。就是在前方，雖然更是艱苦，犧牲更大，但抗戰必勝的信念，都是非常堅決的。幷不因了過分的艱苦犧牲 對抗戰而有什麼怨言。我們從各方面得到的報告，眞使我們感動極了。

我們爲什麼要抗戰呢？我們本是個愛好和平的民族，從不欺負他人，即使有時被人欺負，只要不傷大體，我們都忍受了。從歷史上看，我們在威震華夏的時候，鄰近有許多弱小民族，我們從沒有侵略，或者併吞過那個國家民族。只是因了滿清的舊官僚，夜郎自大，閉關自守，把世界上別的國家，都看作不足道的夷狄，沒有了解在這生存競爭的世界不進步的危險。所以老不進步。

拿破侖曾說過中國是個睡獅，不要讓它醒來，醒來就會咬人。所以列強不讓中國進步，以致造成國家民族的衰微，而遭受列強的侵略。總理看清了這個危險，力求進步，以爭取國家民族自由平等，積四十年的奮鬥經驗，遺下了三民主義。過後在 蔣總裁領導之下，繼續奮鬥，不但統一了全國，而且積極在建設，使得中國飛躍的進步。

可是敵人怕我們統一進步，便阻擾我們統一進步，不斷的侵略我們，進而想吞滅全中國。我們爲了國家民族的生存，所以才毅然的抗戰。

我們雖然吃苦，幷不是白白的吃苦，我們雖然犧牲，幷不是白白的犧牲，我們的吃苦犧牲，已經獲得到了很大的勝利。

現在看看我們的敵人，不但外交上陷于孤立，而且經濟快要崩潰，國內反戰日烈。元老重臣，已無權柄。剩下的都是些橫暴的少壯軍人專權。而且少壯軍人派，也不是一致的。政治失去了重心，沒有一個領袖人物。一個國家陷入了這種境地，還有什麼希望呢。所以，最後勝利，一定是屬於我們的。

究竟什麼時候，可以達到最後勝利呢？我說三個月也可能，六個月也可能，一年也可能，這是決定於我們大家。即是說，如果我們大家用最大的努力，在三個月內也可以使敵人崩潰，而得最後勝利。

總之，時間久暫，要看我們努力的程度如何？

不問抗戰時期有好久，我們要知道，我們不單是抗戰，同時還有一個最大的目的，就是建國，就是復興民族。造成一個主權獨立，國土完整的國家。要使每個人都豐衣足食，都過着人的生活。

我們的國土，比整個歐洲還大。我們的歷史和文化到現在來說，已經是世界上最古的國家。我們還有無數的寶藏沒有開發。各方面的條件，已經具備了，只看我們的做法怎樣？譬如世界上最富強的美國，建國不過二百多年的歷史，原來的印第安人，在當地住了幾千年的時間，沒有絲毫的成績，仍然是個落後的民族，但自從白種人去了以後，很快的就建設起來了。而且把印第安人征服了，現在印第安人已漸漸的消滅了。

所以單是有土地，有富源，如果沒有守土的人，沒有開發的人，仍然是不能建成新的國家。

如像四川，素稱「天府之國」。在我看來，果然名不虛傳。但是，我看見四川一般人民的生活，仍然窮苦，窮苦到不是過的人的生活。這自然過去政治的不上軌道，也有原因。但主要的問題是人民不善於利用地利，不努力去開發富源。

所以今後的問題，不在乎資本和人才，因爲資本我們可以集聚小資本，成爲大資本，人才我們已有許多曾在外國留學的專家。主要的問題，是在於人格，譬如很多公司的董事，并不懂事，許多職員，以爲虧本賺錢，都是股東的事，與自己毫不相關。如果官辦的話，同樣，一些職員，不好好的經營，只是劃到，領薪，以爲虧本賺錢，只是公家的事，與自己毫不相關。至於用人行政更是每況愈下。

我爲什麼要說這樣的話呢？因爲在座諸位，有許多是商業家或實業家。所以我特別指出：「建國之道，在乎人格」。

譬如民生公司，起初說資本，也并沒有好大的資本。說人才，也并沒有專門家，或者外國顧問。但現在不但公司賺了錢，而且替抗戰盡了很大的力量。如在交通，假使沒有民生公司的幾十條船，那眞困難不少。

他們有這樣偉大的成績，就是他們有苦幹犧牲的精神，比方在座的盧次長，我老是看見他穿着那末一套布制服，而裏面有許多職員也是同他一樣的穿一套布制服，一望而知他們是與民生公司有關係的。在我到行都不久，去和民生公司全體職員談話的時候，看見了他們整天埋頭苦幹的那種精神，眞令我欽佩極了。

有很多外國朋友都向我說：「大院長，你們抗戰勝利過後，建國的時候，需要借款，我們一定大量的投資」。但是我說「不要」。你們想我爲什麼說不要呢？因爲借錢與辦一件事業，是最不划算的，做得不好，虧了本，也得要還錢，而且還要利。

我們要知道，一種事業，在現在可以賺錢的，在抗戰後不一定可以賺錢。所以我們對於一種事業，必須要有犧牲苦幹的精神，苦心經營。同時還要有計劃，但有了計劃而無人執行也不行，有了人執行而無苦幹精神也不成功。

最後，我留下一個警告，抗戰必勝，已爲時不遠，而建國工作，却更其艱難。如果沒有犧牲苦幹團結的精神，國家是無從建設起來的。

現在北碚，各方面都在蓬蓬勃勃的發展，這種精神是值得佩服的。

今天，也有復旦大學吳校長江蘇醫學院胡院長在座，我覺得這些學校，遷到北碚來，是最值得慶幸的。因爲這兒是最能夠得到訓練學生實幹硬幹苦幹的機會的。中國不是缺乏能寫文章能說道理的人，而是缺乏實地去做的人。

所以，我希望各教育機關，要培養出這些能夠實地去做的人才。

說到建國，也許會有人疑問怎樣着手？我認爲很簡單，只是看我們是否認眞去做。我覺得可分消極積極兩方面來說，我常想：我們中國，號稱四萬萬五千萬人，這是我當小學生的時候，就聽到說的，現在還是說四萬萬五千萬人，就算四萬萬五千萬吧，假如在積極方面，每人每年多生產一元錢，就是四萬萬五千萬元。這是很容易做到的事。在消極方面，每人每年多省下一元鈔，也是很容易做到的。總計起來就是九萬萬元。所以說辦法是有的，只是看我們愛不愛做。只要我們犧牲苦幹，十年以後，就沒有人敢再來和我們中國打仗了。現在我們各地在挖防空洞，老實說，有什麼用？只要我們國家富強了，不但我們不受人侵略，而且可以在國際上主持正義，實現世界大同的目的。這比挖防空洞經濟而可靠得多了。

我以此勉勵自己，勉勵大家，希望大家都有苦幹的精神。

李洪嵩　王蔭碩　舒傑　記錄

抗戰建國中的教育問題

——教育部長陳立夫先生在北碚講演——

諸位先生諸位教職員，諸位同學：

今天兄弟得到這個機會與諸位見面，非常高興，今天同諸位談一談抗戰建國中的教育問題。

抗戰兩年七個月來，我們看到我國新生命的成長，抗戰勝利一天比一天有把握，還在前線將士回來，有幾種事實告訴我們可以看得見的：

第一，以前日寇打仗，打到只剩一二人，還要頑強反抗，現在日寇一遇失敗，就繳槍投降。這證明日寇士氣日衰。

第二，以前我軍奪獲槍械，全是毀壞了的。現在繳獲的槍械，却是完整的。這證明日寇已沒有作戰的決心和勇氣，倉惶逃走，來不及毀壞自己的槍械。

第三，凡是日寇佔領區域，夜來總是緊閉城門，放槍不已，深怕我軍夜襲。

第四，日本將士厭戰自殺者很多，這些事實從日寇的日記簿上可以看到。

根據這些事實看來，可知中國抗戰前途是很樂觀的。最近桂南崑崙關賓陽之克服，可見勝利爲時不遠。不過「快到勝利的時候，也是最嚴重的時候」。今年這一年眞可說是勝利年，但每個同胞應加最大努力，才能獲得。如不加最大的努力，那就很危險，就會成為「功虧一簣」。

我們這次抗戰，不是為抗戰而抗戰，是為建國而抗戰。日本不要我們建國，破壞我們的自由平等，所以我們要抗戰。假使抗戰勝利而建國不成，那就失掉了抗戰的意義。

抗戰建國有三大要素：(1)武力，(2)經濟，(3)教育。

(1)武力建設方面，這次抗戰，把我們的武力建立起來了。許多師不能作戰，軍紀又不好的軍隊，到了前線都變好了，變成很能打仗的軍隊了。

(2)經濟建設方面，各種兵工廠，各種工廠，都超過了以前的建設。在抗戰中新生出來的工廠，已有二千個以上。農業商業也都進步了。

只有教育還進步得很慢。所以我們今天應想法使教育有澈底的改善。這是諸位的責任，也是我個人的責任。

我今天特別同各位談一談教育問題。

無論是武力或是經濟建設，無一不需要教育。武力建設的武器製造的技術方法，經濟建設所應用的物理化學等科學知識，都是學校教育教出來的。教育沒有進展，其他一切建設都成問題。因此 今天教育界應有一個理想也就是一個目的。

假使有人問我，辦教育如何辦？我的答覆很簡單。就是「管」「教」「養」「衛」四個字。

教育應該是教「管」，教「養」，教「衛」。是教一個人出來管人，管事，管國；是教人出來「養身」，「養性」，「養德」；教人出來「衛身」，「衛家」，「衛國」。

有的教育家把「教」和「養」連絡起來，于是提倡什麼「職業教育」，「生活教育，」「生產教育」，等論調，這是很滑稽的。有「生產教育」，難道還有「消費教育」嗎？

有的教育家又把「教」和「衛」連絡起來 于是有「軍事教育」的理論。

最合理的論調，應把「教」和「管」連絡起來。我們從事教育的人，最要緊的就是管理一切，而且要教學生學習如何管理。過去的學校如同旅館一樣，根本就沒有管理，隨便進出。甚至有些學校的校長，往往不在學校。那末，學生覺得這就是管理的教育，學生學了這一套怪教育，畢了業，到社會上去做事，就亂七八糟，辦事敷衍。所以中國政治，總是不容易管理好。

這樣辦學校是永久辦不好的。

過去我在黃埔軍校的時候，我看見我們的領袖主辦黃埔，那才是真正在辦教育。他早上五點鐘起床，就開始辦事。整天都在學校，把學生管理得很好。每天都要找學生談話。黃埔五百個學生，個個他都認識，每人的性格怎樣，有些什麼缺點，有些什麼特長，他都清楚。他時常指示學生如何糾正缺點，成為國家的完人。這樣一來，師生就會發生感情，學生才不敢妄為。

他不但管理學生管理得很好，就連學校一切事務，他都管理得很好。毛房廚房，他每天起床以後，都要去檢查，應改善的地方，他馬上下條子叫副官處改善。晚上睡覺，他等學生睡靜了，還要去查學生寢室，發見有學生被蓋未蓋好的，他就替他們把被蓋蓋好。他簡直像父母管理兒女一樣，愛護之心，無微不至。因此，學生對于蔣校長，敬之如父親，愛之如母親。

所以陳炯明造反，他帶五百個學生去平亂，學生都願意去死。因此，五百個黃埔學生竟把數萬人的陳炯明部隊打下來了，這就是管理得很好的結果。

管理學生要像父母管理兒女一樣，父母分工合作。父親極力發揮理智，母親極力發揮感情。今天當校長的就要負起父母的兩重管理責任。

有的人家，母親太嚴，小孩不敢亂動，結果養成的小孩都是呆板的。

有的人家，母親管不了小孩，于是小孩長大就胡行亂爲。

最好的母親，是要能放得開，拿得穩。平時和小孩一道游戲，使小孩活潑天真。小孩做錯了事，母親的眼睛一楞，小孩就規規矩矩，不敢亂動。

最好的校長就要有這種本事，才能管理出好學生來。

可是今天學校的管理，大部份是談不上的。今天中國沒有管理好，就是沒有學得管理的技能。

我們應向盧作孚先生學習，盧作孚先生管理民生公司，無論什麼大小的事情，無論是人，錢，物，事，他都細心管理，所以他管理得很好。他管理民生公司的方法，成了全國的模範。

假使管理人錢物事四樣東西，都管理不好，怎能管理國家？

所以使每個小孩懂得什麼是管理，是今天諸位要學的，要做的。

一個學校要教員把牠管理得清潔整齊迅速確實，才算是盡了責任。否則，學生畢業之後，只能被別人管理，不能管理別人。

希望各位特別注意這一點。上層不輕易下命令，下命令之前，要詳細審慎。命令一下，就要轟轟烈烈的去做。做校長要先從自身做起走，管理人就要把自己管理好。玩的辰光，痛痛快快的玩；作工的辰光，拚命的作工。我們要明白，人家爲什麼要被我管？因爲我能夠的，而他們不能夠。我能戒賭而他們不能戒賭，所以要被我管。假使我自己打麻將，怎能管理人家不打麻將呢？自身都管理不好，還能管理別人嗎？所謂「其身正，不令而行；其身不正，雖令不從」。就是這個道理。

委員長在武漢撤退時，他指揮所有軍隊所有官佐都撤退完了他自己最後才退出。凡是最危險的時候，他總是走在最後。自己以身作則，這就是頂好的教育，頂好的管理方法。

假使後方的學校，一聞空襲警報，校長早就逃避了，怎樣去管理學生呢？

教育的目的，就是要教學生會「管」，會「養」，會「衛」。就是要發揚管教養衛的精神。

此外教育的本身還有一個目的。就是要使每一個青年要立志，要有一個目的，要有一個人生觀。

我過去辦統計，問了很多學生，問他們爲什麼讀書？讀了書將來要做什麼事？有百分之八十的學生都答覆不出來。這是中國教育很大的危機。

試在英美等國去問他們的學生，問他們爲什麼讀書？將來打算做什麼事？他們都能清楚的回答你。中國教育界聽到這種消息，是感覺慚愧的。我國辦教育的人，吊耳郎當的，沒有前進的目標，這樣怎能把學校辦好？

假使中國學校裏，有些學生學開鑛，有些學造船，有些學造機器。于是鑛山開發了，工廠開起來了，船造好了，這一來，國家還不富強嗎？

辦教育的人應視學生的特長，指導學生，引起學生學習的興趣。我國學生對什麼事情，都不感興趣。什麼叫做「興」呢？就是「起」就是「向上」。什麼叫做「趣」呢？就是「向前」。

我國青年沒有前進的觀念，沒有上進的思想，所以對學問事業不感興趣

有目的的人就會有興趣，有興趣就會向前向上。譬如我今天的目的是到關廟來講演，我在路上沿途問關廟從那裏去？轎夫，商店老太太都指我的路。因為我有目的，轎夫老太太都是我的幫手，使我終于到了關廟。假使我沒有目的，這些人怎能幫助我呢？所以教育的第一件事，就是每個人要有目的。

國家如果沒有目的，那個國家就會頹唐衰弱，老不進步。

意志堅強是成功的要素。總理創立三民主義作為建國的目標，領袖就領導我們朝着這個目標前進，用三民主義來抗戰建國，復興中華民族。有了這個堅定的目標，所以能把中國復興起來。

所以我擬定的學校訓育綱要就是：

自治治事
自信信道
自養養人
自衛衛國

這十六個字如能做到，中國教育才辦得好，國家才能強盛。

一個人只能自己管自己，不能管別人，那他在社會上的地位，就是死了不少，存在不多。如果連自己都管不了，那他就不夠人格。什麼是人格，就是做人及格的意思。不夠人格，就是做人都不及格。就是沒有資格做人。

怎樣來完成管教養衛呢？因委員長所規定的「禮義廉恥」為校訓，認真的做去，就可完成。

禮——是嚴肅的紀律，完成「管」的目的。

義——是慷慨的犧牲，完成「教」的目的。

廉——是切實的節約，是儉以養廉，完成「養」的目的。

恥——是英勇的奮鬥，是明恥教戰，完成「衛」的目的。

我擬定了四句話，來說明「禮義廉恥」的作用：

重「禮」以見「管」之效；
尚「義」以成「教」之用；
守「廉」以資「養」之功；
明「恥」以促「衛」之能。

我今天希望各位了解教育的目的，知道禮義廉恥的意義，踏踏實實地從事教育。那末，我們就有把握說：「抗戰必勝，建國必成」。

二十八年度的峽區兵役

舒傑

一、引言
二、工作的開端：
甲、幾個必要機關的成立：
1.宣傳委員會　2.優待委員會　3.監查委員會　4.慰問委員會
乙、幾種基礎工作的籌辦：
1.實施抽籤準備　2.擴大兵役宣傳
三、我們辦理役政的原則
1.遵守三平原則　2.嚴禁貪污舞弊　3.切實執行優待　4.征集與志願並行
四、志願從軍的熱潮
1.第一期志願從軍的發動　2.第二期送子從軍的踴躍　3.第三期重慶歡迎的盛況　4.一二三期志願兵的比較
五、適齡壯丁的調查
1.壯丁調查　2.免緩各役之申請
六、結語

一、引言

現代的戰爭，是人力物力財力的總決賽。代表人力的當然是全國的民衆。在抗戰期中，不僅要動員全民努力的生產。同時，也要動員全民踴躍的服役。所以總裁說：「抗戰建國，首重兵役。」

服兵役本來是人民應盡的義務，所以東西各國，都採用了征兵的制度，來施行國民兵的教育，作戰時全國皆兵的準備，而成功世界的強國。我國因歷史的教訓，和環境的逼迫，也毅然決然採用了征兵的制度。可是，在開始征兵之始，即實行對倭作戰，人民因智識淺薄，生計煎迫，遂致誤會百出，艱難叢生。二十七年十二月峽區也奉到了征兵的命令，於是這偉大艱巨而神聖的工作，便在三峽由嘗試而慢慢地展開了起來。

二、工作的開端

爲了作征兵的準備，在二十八年的春天裏，幾個必要的機關，和幾種基礎的工作，都如雨後春筍似的先後出現成長起來了。

(甲)幾個必要機關的成立：

1.宣傳委員會：　宣傳是兵役工作的第一步工夫，除兵役室外它算是兵役方面成立得最早的機關了，是由本區的教育股，民教館，各大中小學校等文化團體、聯合組成，每個教師都是指導兵役宣傳者，每個學生都是兵役宣傳員，不管用戲劇，壁報，漫畫，標語傳單講演歌詠，雜耍，金錢板花鼓，蓮簫……等方式都可，總以深入民間爲原則。地區的分配；復大担任黃桷，二中女子部担任北碚，師範分校担任文星，兼中担任澄江和二岩，各小學担任所在地之宣傳，各個學校都用盡了各種宣傳方式來執行他們的任務。

2.優待委員會　接着宣傳委員會而成立是優待委員會，會內的職員，以地方事業首長和金融界的朋友佔多數，全區有一個總會，各場有一個分會，他們的任務，就是籌募捐款，優待出征軍人家屬，他們出力最多，他們的工作也最好。

3.監察委員會：　這會是由地方公正士紳合各層保甲人員組合而成，由保至聯保，至區署都有它的組織，本區舉辦兵役，沒有發生貪污和舞弊的事件，他們的工作有這種光榮的優點。

4.慰問委員會：　這會與民衆發生關係最多，除了聯保外，每保都有一個慰問隊的組織，由保長助理員任隊長，甲長和地方士紳任隊員，過時過節，他們必到抗屬家中送禮，恭賀，慰問，致敬。

以上四個會，爲統一機構，增強力量，省節人力，現奉命合併改組爲兵役協會。

(乙)幾個基本工作的籌辦

1.實施抽籤的準備：　以上的四個機關成立了，我們便廣即準備抽籤，首先，是公佈「四川省非常時期征集兵員第一次抽籤實施辦法，」使保甲長知道抽籤的手續。其次，便是督飭各聯保調查適齡壯丁，印製保甲拈鬮壯丁號次姓名册，……同時區署派定了到各場去監視抽籤的主管人，頒製了各聯保工作日程，以劃一兵役工作。茲附各聯保工作日程如後。

本區保甲人員兵役工作日程表

四月二十二日至五月八日

星期	陰曆月日	陽曆月日	工作事項
六	三・三	四・二二	舉行總動員兵役擴大宣傳。
七	三・四	四・二三	同前。
一	三・五	四・二四	復查適齡壯丁。
二	三・六	四・二五	公務人員宣誓。
三	三・七	四・二六	辦理免緩兵役之聲請，及兵役呈報。
四	三・八	四・二七	各聯保彙報適齡壯丁名册免緩兵役申請書兵役呈報書。各保通知該保兵監會全體人員及公正士紳。二號拈鬮。
五	三・九	四・二八	公民宣誓。
六	三・一〇	四・二九	同前
七	三・一一	四・三〇	各保準備初抽1.將拈鬮壯丁名册號次填好。2.準備鬮紙，蓋保長圖記，(附式一)。鬮筒(用竹筒、或箏筒須直徑九公分)以手能伸入爲原則。3.通知拈鬮壯丁準時臨場。
一	三・一二	五・一	成立兵役監察監督宣傳委員會，舉行歡送志願兵大會。
二	三・一三	五・二	各保同時舉行初抽，(用拈鬮辦法)在警衛區舉行。

三	三・一四	五・三	各聯保將初抽抽中壯丁名冊彙報區署，並自抄副本存查，同時準備復抽。1.各聯保指定唱名員，開籤員，登記員各一人。2.準備籤筒，竹籤，（附式二）及應征壯丁名冊。3.通知聯保兵監會全體職員，地方公正士紳，及區署所派監視人員，於抽籤壯丁時準時臨場。4.商請衛生所派員檢驗壯丁。
四	三・一五	五・四	各聯保同日舉行復抽，檢驗應征壯丁，在各聯保舉行。
五	三・一六	五・五	各聯保為出征壯丁準備食宿，並籌備歡迎大會。
六	三・一七	五・六	各聯保預定壯丁人員船隻彙報應征壯丁名冊。
七	三・一八	五・七	各聯保壯丁入營，舉行盛大歡送。
一	三・一九	五・八	分送江巴璧山交丁。

附式一

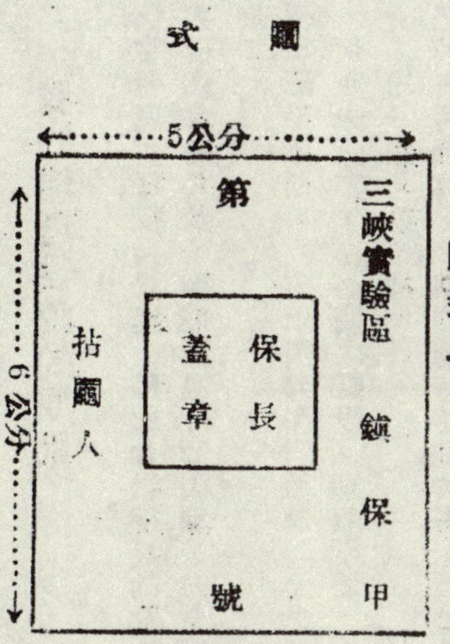

附式二

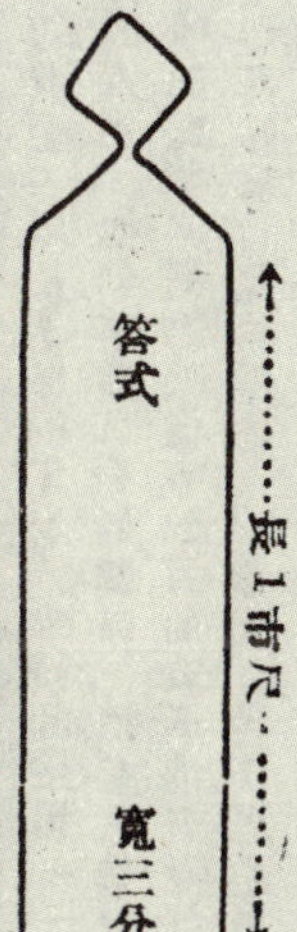

嘉陵江三峽鄉村建設實驗區署訓令　內役字第　號

令

查本區保甲人員辦理兵役工作，步調應趨一致，方能計日呈功。茲特製定日程表，隨令附發。令即遵照表列程序，逐日辦理，俾免參差。除分令外，合行令仰遵照為要！

此令。

計發兵役工作日程表一份，

區長盧子英

中華民國二十八年四月　日

2.擴大兵役宣傳：　峽區征兵算是第一次，許多人都不明白征兵的道理，和抽兵的手續。我們根據本區保甲人員兵役工作日程表，便在三月三號起發動了全區大中小學生一千餘人總動員作擴大兵役宣傳。依行政的組織，每鎮分派一大隊，每警衛區一中隊每保一分隊，一分隊平均有十二三位宣傳員。同時，印製了大批的宣傳品，內中對於我們為甚麼要和鬼子打仗？為甚麼要抽兵的道理，那些人該抽，那些人該緩，那些人該免。該抽的怎樣抽法，抽了後怎樣召集，舞弊逃役的怎樣懲處等兵役常識敍述得特別詳明。每一小隊的宣傳員到了指定的地點，便召集全體鄉民作一次集體的宣傳，以後又分頭作挨戶的拜訪和個別的宣傳，尤其是對那些適齡應征壯丁，更特別用力宣傳，一共是三天的時間，最後一天又召集全保的鄉民開一次聯歡會，作留別的紀念，這樣一來，使向來沉靜的鄉村，也呈現着非常濃厚熱烈的愛國空氣。

三、我們辦理役政的原則：

我們實驗區實行征兵最遲，因此知道征兵的弊病也最多，爲求兵役義務的普及，和征兵進行的順利，就定了幾個征兵的原則：

1.遵守三平原則，要求辦到平均平等平允的地步。應緩役者，須販夫走卒，亦必使之緩役。應服役者，須有錢有勢的富貴人家子弟，亦不能例外。

2.嚴辦貪汚舞弊，請我們隨時隨地告訴老百姓，對於征兵大家要互相監視。如有應派人而派錢的，一經查覺，小則嚴懲，大則懇請上峯槍決。公務人員更要以身作則，爲民衆的模範。

3.切實執行優待：我們不但要優待出征將士，最要緊的，還要優待出征軍人家屬。要以精神，物質等事實來表現優待。要切實，要兌現，絕不開空頭支票，使出征將士無後顧之憂。

4.征集與志願並行：我們一面又發動志願兵，盡量使民衆有表現愛國熱忱的機會，同時也執行抽丁，打破一般民衆觀望僥倖的心理。

四、志願從軍的熱潮

三月三四五日三天的總動員擴大兵役宣傳之後，燃燒起了許多民衆憤怒之火，沸騰了許多民衆的熱烈之血，像提起了多年來心頭的舊恨，像點穿了久籌不得的路途……我們正根據保甲兵役工作日程，準備快要抽籤的時候，出人意外的志願從軍的呼聲，便在一個鄉鎮—文星場爆發了，一鎮倡首，全區風從，便造成了峽區志願從軍的熱潮，完成了峽區一二三期志願軍出征的光榮成績。

第一期志願從軍的發動：一天在一個保甲的會議席上，幾個助理員和一羣保甲長，正聚精會神討論征兵的問題，有一個青年報告日本帝國主義者是怎樣的猙獰，想滅我人種，亡我國家，發動了極殘忍侵略的戰爭，我們要生存，我們要抵抗，我們要自願當兵，才能挽救當前的危難。……這一番話說得大家心旌搖搖欲動，這時他們便公推一位姓楊的甲長出來，說：「他年青力壯，家庭沒有甚麼負担，應該當兵，」一姓楊的總是猶預不決，惱了一位傍聽的中士，挺身而出，慷慨激昂的說道：「楊甲長只要你去當兵，我這十餘元錢一月的中士，也不當了，賠你去當志願兵。」話一說完，他便當衆簽了字，表示他當兵的決心。第二天便有四位公安隊的弟兄出來響應，不幾天就豎起了志願從軍的旗幟，設立了志願軍的報名處，兩週之內，報名登記的，竟達六百餘人，造成了三峽兵役成績最光榮的一頁，停止了準備好的抽籤。

這中士是誰？他就是三峽志願兵的創始者——王德福。

這六百多人中，有棄官從軍的，重上前線的，他方逃役來此的，送子從戎的，還有泥木石幫的工匠，街房鋪店的夥友，江上奔航的船夫，鄉村耕作的農人，理髮店的師友，禹王廟的道士，以及工廠的工友，學校的生員。……這各色各界的人們，他們爲着抗戰的關係，都意志集中，力量集中了。他們爲要達到志願從軍的目的，不惜夫妻打架，母子反目，主僕吵嘴，兄弟爭先，弄幾天弄得工廠不敢開門准假，鋪店無法照常營業，街頭巷尾爭論着志願從軍的故事，茶房酒店笑談着志願從軍的新聞。這種從軍之樂，從軍之狂的風倘，眞使每個未報名參加志願軍的三峽民衆，大有懦夫之感的羞慚。

第二期送子從軍的踴躍：

在第一期志願兵中，有一位姓劉的老太太，他看見自己的兒子參加了志願軍，她快活得了不得。馬上準備紅綾鞭炮，來爲她兒子掛紅放火炮，敬祝志願軍勝利。公家贈了她一塊「模範母親」的金匾，至今地方人士對她還是非常尊重敬仰。二期志願兵興起的時候，記得在幾個歡迎席上，便有好幾個父親、母親、師父、兄長、朋友、來爲他們的兒子、徒弟、兄弟、好友、掛紅。有的來晏了，在會場上掛脫了紅，還趕到數里以外的地方來舉行。這種偉大熱烈的抗敵情緒，不是金錢買得來的，不是矯揉造作而成的，他純粹是出乎良心，出乎天然。無怪一個「外國的四川人」（新運總會的外籍顧問，因他的四川話說得最流利，故有此綽號）被這慷慨激昂的行爲感動了，他說日本發動了侵華戰爭，便提倡節約，主張不用領帶，不着長褲。他自願不用領帶，剪短幾寸下裝，提倡節約抗戰，來抵抗日寇的節約侵略。希望中國抗戰到底。他又說：中華民族，有這種慷慨激昂的抗敵精神，勝利一定是屬於偉大的中華民族的。

第二期還種父母送兒子，妻子送丈夫，師父送徒弟，親戚送親戚，朋友送朋友的踴躍情形，完全是受了第一期劉老太太的感召，只要全國的父母、妻子、師父、親戚、朋友、都能把他的兒子、丈夫、徒弟、親戚、朋友、交出來供獻給國家。我想馬上就會解決征兵的困難，走入勝利的大道，趕走橫暴的日寇，建設民族獨立民權自由民生富裕的新中國。

3.第三期重慶歡迎的盛況：　三期志願兵成功了，峽區五鎮，仍然有熱烈的歡迎，盛大的公宴，激昂的講演，慷慨的贈旗，殷勤的慰勞……仍然在一個青天白日滿地紅的旗幟飄蕩在每家檐前的早上，在莊嚴愉快的北碚江干，全區幾千百個民衆舉行着誠懇熱烈的歡送。在雄壯的軍號聲中，壯士們走上了那預定好了的汽船，十幾竿爆竹在怒吼，千百萬掌聲在雷鳴。「嗚！——」汽笛長嘯一聲，汽船慢慢地離開了北碚，江邊與江心的歌聲交流着，幾十個健兒便告別了可愛的北碚。

我們起身的前晚，接到了重慶新運總會的通知：「重慶市已準備好了歡迎，」當我們乘風破浪，旆旗招展，浩浩蕩蕩快擠重慶的時候，千斯門的碼頭，與國船。早擠滿了黑壓壓一大堆人。汽船剛一靠岸，便有無數的新聞記者前來致敬，攝影。許多機關團體的代表，前來拜訪慰勞。到處在寒暄，到處在握手。形形色色，擁擁擠擠，約半個鐘頭之久，船又開往臨江門上岸。這兒歡迎的民衆更加多了，每人執着一手歡迎的小旗，不斷的呼着歡迎的口號。爲八百孤軍獻旗的楊惠敏女士，和幾個童軍佔在前面，不一會新運的總幹事黃仁霖先生到了，市政府的樂隊也到了，便由這位英勇的楊惠敏先生領隊，向着這戰時首都的大重慶市遊行。在悠揚的軍樂聲中，成千成萬的市民帶着驚奇欣愉的顏色，在看希奇，在呼口號，在放鞭炮，在攝電影。……志願兵的隊伍是那樣整齊，志願兵的精神是那樣抖擻，這時我們幾位申送志願兵入營的同志，心裏得到無限的欣慰！走到預先佈置完備的會場，路事休息，就又開起重慶市第一次歡迎壯丁的歡迎會來，由黃總幹事仁霖主席報告歡迎意義，次由徐中齊先生等演說，詞多勉勵，最後由楊惠敏女士獻花，會畢並餉以豐富之午餐，每人贈月餅一盒，午後即表演遊藝，我們為要提前過河，在三點鐘左右就宣告退席，又由楊惠敏等親送江干，船到南岸，兵役署又派人攜大批毛巾前來慰勞，團管區和接收部隊的長官，都特別看待他們，因此增強了他們殺敵的信念和自尊的信心。

4. 一二三期志願兵的比較：本年度我們發動了三期志願兵，無論那一期的素質，都比普通壯丁好，一般人看待他們也特別客氣，就是到鋪店裏去買東西，價錢都比較普通人相因些，普通壯丁隨時隨地要人看管，志願兵都不需要，普通壯丁要兩月才能學完的教練，他們一月就學會了，他們不希望做官，希望早上戰場去和鬼子拚命，有些恨不得立刻開赴戰場。

茲將本區一二三期志願兵年齡、職業、教育、列表於後：

一二三期志願兵年齡比較表

期別＼數目＼年齡	一八	一九	二〇	二一	二二	二三	二四	二五	二六	二七	二八	二九	三〇	三一	三二	三三	三四	三五	合計
第一期	六〇	二	一三	一九	一三	一七	一三	一六	二六	九	一八	七	五	二	七	二	五	六	二六七
第二期	二六	二三	一〇	一二	二六	八	二	九	六	五	三	二	二	四	四	二	四	三	一四一
第三期	八	二	四	七	四	五	一一	五	三	二	四	一	一	一	五			八	六二
總計	九四	二七	三〇	三八	四三	三〇	二六	三〇	三五	一七	二五	一〇	八	七	一六	四	九	一七	四七〇

一二三期志願軍職業比較表

期別＼數目＼職業	軍人	農人	下力	職工	麵工	泥水匠	木匠	石匠	鐵匠	篾匠	裁縫	理髮匠	推船	照像	小販	學生	公務員	炭商	米商	木商	屠戶	護士	道士	無業	合計
第一期	六五	六〇	三七	一四	二	三	一五	六	一	一	三	一	五	一	一九	八	八	四	二	一	一	二	二	六	二六七
第二期	五	五四	二六	七		二	一	二				一			四	二	三	四	三					二六	一四一
第三期	一	三一	一五		一	二	一	一		一	一	一	一		二			三	一					二	六二
總計	七一	一四五	七八	二一	三	七	一七	九	一	二	四	三	六	一	二五	一〇	一一	一一	六	一	一	二	二	三四	四七〇

一二三期志願軍教育程度比較表

期別＼數目＼教育	中學	高小	初小	私塾	不識字	合計
第一期	二三	五六	七五	四九	六四	二六七
第二期	六	二一	三三	一九	六二	一四一
第三期	一	二	二五	三四		六二
總計	二九	七八	一一〇	九三	一六〇	四七〇

從上面年齡、職業、教育、程度各種比較看來，志願軍年紀輕的比較年紀大的人數多，識字的比不識字的人數多，農人比其他各界的人數多。我們從此得出一個結論：年紀輕

的人比年紀大的人愛國，有智識的人比沒有智識的人愛國，純樸的農人比其他各界的人愛國。一二三期志願軍都是峽區有血性的青年，有勇氣的青年，有造就的優秀前進的青年。要抗戰建國，也就非動員全國這類「為社會柱石，人羣中堅」的青年不可。

五、適齡壯丁的調查

1.壯丁調查：要施行征丁，就首先要明白那些人該抽。怎樣抽法？那些人該緩？那些人該免？應該緩免的人應備甚麼條件，如何申請？我們雖然是舉辦志願兵，然而全區有好多壯丁？好多人該征？好多人該免該緩？却不能不弄個明白。中國人一般文化水準太低，不知道服兵役的意義，即使認得幾個字，也不知道申請的手續。所以我們就遵照二十八年度壯丁調查辦法，印好適齡壯丁調查表，散發各警衛區舉行調查　所調查的都是十八歲至卅五歲的甲級壯丁，根據第一次壯丁榜的統計，五鎮所有甲級壯丁如次：

北碚　一八九五人
黃桷　七五三人
文星　七四〇人
二岩　三一七人
澄江　九〇一人
合計　四六〇六人

再以全區甲級壯丁年次加以分析得表如次：

四川軍管區巴縣團管區三峽實驗區各年次壯丁人數統計報告表

師管區	團管區	鎮別	一八	一九	二〇	二一	二二	二三	二四	二五	二六	二七	二八	二九	三〇	三一	三二	三三	三四	三五	小計
壯丁人數 級別 年歲			甲																		級
渝西師管區	巴縣團管區	北碚	一五六	八八	一六三	九六	一一九	八四	一一八	一三五	一三七	五六	一三六	四二	九六	八六	一一三	六五	七六	一三一	一八九三
		黃桷	四一	四三	三五	四五	五六	三一	五〇	四八	四〇	三九	四五	四五	五一	五〇	三五	五四	三一	五六	七五五
		文星	三九	四三	四〇	四四	三六	二八	四一	四五	三九	三八	四五	三九	五五	四三	三六	五三	三四	四〇	七四〇
		二岩	一九	二〇	一七	二二	一八	一五	一四	二三	一六	二〇	二一	一七	一五	二〇	一八	一六	一五	一一	三一七
		澄江	五二	六六	五九	五六	五四	四一	三〇	五九	四四	四一	六七	三八	四五	五六	五四	五一	四八	四一	九〇一
		小計	三〇七	三五九	三〇四	二六五	二六三	一九九	二六三	三一〇	二六五	二〇四	三一二	一八五	二六二	二五五	二五六	二五八	二〇四	二三九	四六〇六
合計			四六〇六																		

2.免緩各役之申請　第一次壯丁榜上有名的人，如果該緩該免，就應檢具證件，依法申請。所以我們就預備好了各種申請書，並摘印一部份兵役適齡男子調查規則，使人們知道申請手續。印一部份違反兵役法治罪條例使人們知道懲處違反兵役法的嚴厲。但一般人都想規避兵役，不該申請的，他們也來聲請；應該申請的又不知道檢備證件。隨便找人做一張呈文，不問合不合法。甚至在千百張申請書中，竟無半張證件。因而退回更正，一來一往，花費三個月的時間，和無數的精力，才能完清申請手續。玆將闡管區核定之免緩人數列表如次：

嘉陵江三峽鄉村建設實驗區免緩各役人數報告表

鎮別＼項別＼人數	緩役 公務員	教師	中學肄業生	疾病	同胞半營	父兄俱無	民生公司職工	技術人員	合格醫師	七七前礦工	保甲長	社訓助教	合作助教	獨子	免役 殘廢	合計
北碚	八七	二五	一五	二〇	二	一七五	二	二	五		一六九	三〇	三一	三二一	一七	九〇一
黃桷	一五	二		一一	六	一五九					一六四	二七	一〇	一六八	一四	五五八
文星		四	二		四	九三					一六二	二五	三一	一三一	五	四五七
二岩		一		一一	一	一五		一		二	三五			一九	四	七一
澄江	二	一	五	九		二		二			一二六		五	二一〇	一五	三九四
總計	八七	三三	一〇	五一	一三	四四一	二	五	五	二	一〇三	一〇七	七七	八四九	五三	二三八一

統計本區本年度共有適齡壯丁四六〇六八人，已出志願兵四七〇人，合於免役者五三人，合於緩役者二三二八人，普通抗屬一二人。玆將二十八年度調查壯丁統計表列後：

三峽實驗區調查壯丁統計表

民國二十八年九月　日調製

鎮別＼項別	聯保數	保數	甲數	十八歲至三十五歲適齡壯丁人數	應免役者	應緩役者	應禁役者	已出征者 志願	普通軍人	合計	備考
北碚	一	二二	二三六	一八九五	一七	八八四		一五八	四〇	一九八	
黃桷	一	三	三二	七三五	一四	五四五		七八	三五	一一三	
文星	一	一九	一六一	七四〇	五五	四五五		八〇	一四	九四	

二岩	一	六	四〇	三二七	五	六六	六	五	五九
澄江	一	二〇	三二	九〇一	一五	五八一	二八	一九	一五七
總計	五	一〇〇	一〇〇六	四六〇六	五五	三三三八	四七〇	三一	五八一

六、結語

徵兵制度雖然是武裝民衆的最高形式，是打倒侵略的日本軍閥的唯一辦法，是中華民族爭取自由解放的有利保證，是全國不要做奴隸的人們所接受而踴躍應征的事體。可是在教育沒有普及，保甲沒有健全，生計沒有解決的我國，施行起來，不但沒有得到預期的效果，而且發生意外的困難。我們在辦理役政短短的一年中，得到些不少的經驗和教訓。

人民為甚麼不願意當兵？入營後為甚麼又要逃跑？怎樣才能使壯丁踴躍應征，安心服役？這是每一個關心抗戰建國的中華兒女，要力求決解的問題。

問題並不是不能解決的，壯丁不願當兵，不是怕苦，也不是怕死；他顧慮的是自已當兵來了，家庭不能生活——兒女無人撫育，妻子無人關照，父母無人奉養。……我們只要能解決他們心頭的顧慮，優待兌現，設辦抗屬養老院，使他們的老年者有所奉養；設辦抗屬女子學校，使他們的幼小者有所撫育；設辦抗屬工廠；使他們的妻子弟妹有所工作。他們就會樂於應征了。要不然，他們人去心未去，還是無補於抗戰的。

的確過去的軍隊惡習太深了，動輒脚尖拳頭，而且食不果腹，衣不蔽體，疾病呻吟，輾轉流離……現在猶有不少的這類非人生活在軍隊中出現。官長看士兵如囚犯，如寇讎。士兵安得不逃跑，安得不痛恨。最近上峯正在設法改善士兵生活，這類現象定會斷根絕跡。改善士兵生活，應先求改善直接待兵幹部的官長起。要訓練他們做到如 總裁所說：「視兵如子，使兵有情」的地步，才會使士兵樂意服役，收到「戰無不勝，攻無不克」的效能。

兵役並不是困難的工作，除了基礎的教育，宣傳工作而外，如能多在優待方面下工夫，多求兵營生活的改良，自然會展開順利光明的途徑。

我們在怎樣優待峽區抗敵軍人家屬

曾國光

(甲)優待方面：

(1)發放優待金——本區志願兵發動之後，抗戰家屬共達六百餘人，所發之優待金，除少數外籍，以路途遙遠未便領取外，實領優待金共達五百餘人，在出發時發給安家費二十元。其次則對志願兵家屬每次發給優待金五元，對普通抗屬每次發給四元，現已發了五次，在領取之日，舉行聚餐會，施以殷勤之招待，或游藝之表演，灌輸抗戰常識，都能使抗屬狂歡而散。計前後所發優待金已達一萬三千二百八十六元五角。

(2)特殊救濟——各抗屬除發優待金之外，如有生活十分困難，及遭意外事變者，則發給特殊救濟金，統計如下表：

原因	件數	救濟情形
病亡	三	共給撫恤費四十二元五角
生產	三	共給救濟費三十元
就學	四〇	共給書籍費四十八元三角一仙

(3)籌辦抗屬工廠——本會爲要使抗屬生活能得永久的保障，獲得永久職業起見，特會同本區新運會協商中國婦女慰勞會。共同籌組抗屬工廠，現已將計劃及預算擬就造報，關中國婦女慰勞會將撥開辦費二萬四千元，其經常費，則由兵役協會担任。工廠內部分爲紡紗織布縫級，織毛巾等科，以供將士之需，現正籌備中，不日卽可成立，

(4)申送抗屬子女入學……本會商請中華慈幼協會抗屬子女教養院，收容本區抗屬子女六十名施以教養，以減輕抗屬負担教養，現已申送兩批，共三十名。

(5)減免抗屬捐款……本區遵照政府頒佈法令對抗屬減免一切臨時捐款，計己免者有防空費、約三百餘元，保甲經費約二千餘元，學校學費及書費，約二百餘元，其他免費尚未列入，總之凡是一切臨時捐款、我們都要設法替他們減免，以減輕其家屬負担。

(6)協助解決糾紛及其困難……如抗屬有訴訟糾紛，地主加租糾紛，債欠等事務，我們隨時都幫助他們，使他們得着合理的圓滿的解決。

(乙)慰勞方面：

1. 季節慰勞抗屬：我們對于抗屬，不僅是物質的補助，而且也注重精神的慰勞，如在舊歷的夏季，中秋，紀念日的七七雙十節等，曾聯絡了新運會，發動地力士紳，保甲人員，自動地捐獻法幣，臘肉，皮蛋，粽子，……，等禮品、用抬盒藝術地擺着，火炮喧天，抬起遊街，後面跟着一大羣慰問的民衆，挨次抬往抗戰家屬致賀，當鞭炮怒吼的時候，後面跟了一羣喜氣洋洋看稀奇的男女老幼，市街上正工作的店友夥伴們，都暫時止了工作，來看熱鬧。這樣體面的排場，人都爲羨慕感動，抗屬們看見許許多多士紳前來恭恭敬敬的致賀，又得到許多的禮品，心中得到無限的愉快，臉上現出高興的顏色，感覺得有子當兵，眞能光宗耀祖，無怪一位老太婆，她看見這種情形，用手拍着他的女兒，「背時女你是個兒！也好啊」；來發洩他心中感慨，表示生女不如生兒的好了，因爲生兒能當兵殺敵，享受國人的優待。在我們送禮的時候，一面向他們致敬意，一面就偵詢他們的疾苦，設法解決他們的困難，因此在慰勞中是探得了一些抗屬的隱憂，解决了一些抗屬的疾苦。

2. 志願軍慰勞：除了慰勞抗屬以減除將士後顧之憂以外，我們又派員去慰勞入營的將士，以安慰其在營的寂寞，堅定其抗戰的決心，我們一二期入營的志願軍，時間不過七月，我們就準備了軍營生活中最需要的信封信箋，藥品毛巾香烟圖書等物，從幾百里外，去慰勞了他們六次。每一次他們聽說峽區有人來慰勞　精神就十倍百倍的興奮，連病得最沉重，最厲害的兵，也陡然好了起來。慰勞者到了他們的住營

地　他們像一羣遠嫁他方的姑娘，見了娘屋人一樣的親熱，蜂踴地圍着問長問短。隊上的帶兵官，看見這種情形，他說：「我帶了幾十年的兵，過了幾十年的軍人生活，今天所見這種愉快情形，要算我平生的第一次」旁的地方壯丁看到了，是異常的眼紅：「可惜我們投錯了營盤」。

我們除了帶着大批日用必需物品去慰問外，還徵求了一大批慰勞信去分發。說也奇怪，大家都樂意為這羣志願從軍為民族求自由解放的戰士們寫信、而且寫得來非常地親切動人，當志願兵讀到了後方民衆關懷他們贊揚他們的信的時候，高興得大跳大叫起來，有的向北碚方向望着無際無邊的天空，脈脈地出神。慰勞者回來了，也帶回了大批的回信，以及志願軍的家書，有的志願軍在數百里外，為他們好友帶回了一雙草鞋，有的志願軍在信中為他們的朋友許下了很甜蜜很歡諧的願，「我將來定要在前線為你帶回……」我將來定要用倭奴的血來，……」由這些地方也可概見前方的將士與後方的民衆的情感是如何的融洽了，

不久以前，我們接到他們在營的來信，希望我們贈送寒衣，於是我們在努力征募的全國寒衣運動外，又約集機關學校大家分工合作地為志願軍趕製了一批寒衣，託了從吉熙君運到千里以外的地方去慰勞，計每人發贈棉軍服一套，線背心一件，贈送的東西雖少，表示民衆的盛意却很大。

3.歡迎大會：本區一二三四期志願軍入營的時候，我們為要表現民衆對於志願從軍的敬愛，特聯絡各機關團體，舉行了三次歡迎大會，在每次歡迎會中，各界民衆，都紛紛地製了旗幟，買了毛巾，香烟，糖食　藥品，圖書等禮物前來奉贈，中國婦女慰勞總會，也遠在百里外的地方預備了面巾，牙刷，紙扇，肥皂，紀念漱口鐘等前來慰勞，家屬方面也預備了紅綾，火砲，前來為他們的子弟，親友掛紅，在會場中所感覺的是親切、熱烈，愉快，悲壯，等交織的濃霧。在第二三期歡迎會的時候，就同時發放優待金，備辦席棹，使抗戰家屬，與入營將士，會同聚餐，在將士入營後，我們更不斷地聯絡學校團體，前來慰問，送禮，來表示民衆對將士的熱情，增加將士們殺敵的信念。

4.公讌會：在兵役運動中、公宴要算是有趣味頂熱鬧的一個集會了。第一期志願兵入營的時候、峽區三十幾個機關聯合起來辦了一百多棹席的一個公宴大會，會場設在北碚體育場，佈置得非常裝嚴，堂皇，參加的人數在一千以上，大會上講演是非常的激昂，表情是非常的緊張，聚餐的時候，又轉變成一種狂歡的情況了。飲酒是用集體的方式擊鼓傳花，鼓聲一停、花在那兒，就該那個飲酒，後來又有陶行知先生，盧紹侶先生，鄧少琴經理等先後上台敬酒，志願兵代表上台還酒。在聚餐完畢的時候，很湊巧地飛來一架飛機，在天上看見體育場中萬頭鑽動　旆旗招展，於是以極純熟的技術，驚奇地低飛翻轉起來，極矮的時候，很清晰地看見機中人招手向地面致敬，地面上也萬手揚衣的還禮，很久很久，又翻了一個圈子作為留別的紀念而去。

誰也知道兵役是抗戰中的首要事業，優待是兵役中的重要部門，我們的工作雖然做得熱鬧，但是因為方法的不夠，人力的不足，還未做到盡美盡善的地步，滿足抗屬的要求，鼓舞民衆踴躍的從軍，因此我們謹以忠實、誠懇的盼望，敬請各界、隨時隨地指示我們的方法，督發我們的工作，使兵役得到順利的進展，勝利提早的到來

茲附兵役協會捐款收支概況：

甲、捐款收入

1.臨時自願捐（志願軍發動各事業機關團體民衆自願捐輸者）五千八百六十六元四角一仙。

依所屬五鎮範圍分別列後，

北碚四千二百二十元〇二仙

黃桷二百八十四元二角四仙

文星六百四十四元三角

澄江五百三十三元八角五仙

二岩一百八十四元

2.月捐：（各事業機關團體民衆每月志願經常認捐者，從廿八年至十一月止）一萬三千五百三十九元二角、

依所屬五鎮範圍分別列後

北碚　四千三百八十一元六角

黃桷　九百六十三元

文星　二千〇五十四元五角

澄江　五千二百七十三元一角

二岩　八百五十七元

3.榮譽捐（本區各教育團體學校曾發起榮譽游藝募捐出售榮譽卷）七千一百九十元

4.游藝捐（教育部巡迴歌詠團表演游藝募捐）一百一十四元一角

5.公宴捐（本區三二一期志願軍出發時各機關團體民衆歡迎公宴捐）七百二十元

6.襯衣捐（本區民衆的送志願軍之襯衣捐）五百元

7.罰金捐款及雜入（兵役事件之罰金及利息等雜入捐）一百四十八元五角四仙以上七項合計收入捐款二萬八千〇八十七元二角五仙

乙、捐款支出

一、優待費，（發抗屬優待金四次第一次……一，二，三，期，志願軍四百七十三人，出發時每人廿元，其餘三次志願軍家屬每次每人五元，普通抗屬二次每次每人四元，）共發一萬三千二百八十六元五角。

二、慰勞費，分下列二項

1.志願軍慰勞費（端午節中秋節等派員赴綦江南川松坎等地慰勞志願軍共九次購慰勞物品法幣醫藥等）共支二千零四十一元零六仙。

2.志願軍家屬慰勞費（各鎮發優待金時招待志願軍家屬聚餐）共支一百一十二元六角二仙。

三、救濟費，分下列三項

1.撫卹費，（志願兵二名及抗屬一名病故）共支撫卹費四十三元五角

2.救濟費，（貧苦抗屬三人生產用）共支三十元。

3.教育費，抗屬子女入學費及補助書籍費）共四十八元三角一仙。

四、公宴費，（公宴歡迎各期志願軍席棹）共支六百二十元八角九仙。

五、招待費（發起籌募月捐招待來賓及出捐人等用）共支四百七十三元三角八仙。

六、特別費，（送盧紹侶先生「月捐千金」　扁額裁題

字照像及歡迎趙老太太及榮譽卷遊藝募捐等開支。三百四十八元一角一仙。

七、旅運費（歡送各期志願軍航費及往綦江南川等舟車費）共五百六十五元六角五仙。

八、生活費、（志願軍入營未交撥期內之生活費）一期三百餘人住三十五日，二期二百餘人住二十日，三期七十餘人住十日，）共支二千二百三十一元四角八仙、

九、裝具費，（贈各期志願軍襯衣短褲草鞋等）共一千零二十八元一角六仙、

十、辦公費，分下四項

（一）文具，（紙筆墨硯及油印等）共支一百卌九元六角五仙

（二）購置、（出牌印盒等）共支七元七角六仙。

（三）郵電等、共支一十八元七角一仙。

（四）印刷、（月捐收據優待證「光榮之家」門牌等）共支三百卌一元六角二仙。

十一、雜支（募榮譽捐洋油及一期志願軍燈炭等）共支二百七十四元六角四仙。

十二、宣傳（勸募月捐及發動志願軍宣傳等費）共支二百九十八元二角四仙。

以上十二項合計支出捐款二萬一千九百五十元零二角八仙。

丙、收支品迭

本會合計收入（自二十八年十一月止）共二萬八千零八十七元二角五仙除開支（二十八年十二月止）二萬一千九百五十元零二角八仙、又除暫記款項八百三十元零一角四仙外，計結存五千三百零六元八角三仙。

北碚防空工作概況

李爵如　李華

（一）引言

（二）宣傳

甲、宣傳的重要

乙、宣傳的情形

（三）經費

甲、經費的來源

乙、經費的收集

丙、經費支付的審核

（四）工作

甲、開鑿防空洞

乙、建築重傷醫院

丙、訓練防護團

丁、組織義勇防護團

（五）尾音

一，引言

自抗戰軍興以後，敵機不斷地在我們全國各地，大小城鎮，濫施轟炸。使無數公私房屋化爲灰燼，使千萬男女同胞、粉身碎骨。本區位居三峽，當水陸要衝，交通便利，地方安謐，省外機關學校工廠人民紛紛遷來，因此人口激增，市面繁榮，形成京畿附近之重鎮。復以本區爲敵機襲渝必經之道，又爲敵我空戰區域，不得不嚴爲預防，以策安全。爰於本年二月十日成立本區防空支會，來推進及主持本區防空事宜。於是全區十萬民衆的生命便寄託在防空支會的肩上了。

二，宣傳

（甲）宣傳的重要

防空支會成立之後，即欲對全區防空業務，積極進行，以適應當前需要。惟因一般人民知識淺薄，尤以未曾身遭寇機慘炸，不但不肯捐出錢來幫助政府建設防空設備，而敵機臨頭，亦不知躲避，殊爲可慮！因此決定了我們首先應該做的工作是：「防空宣傳」。要這樣才能夠喚起民衆切實注意，使他們知道空襲危險及防空必要，俾避免空襲，減少無謂損失。

（乙）宣傳的情形

「各級學校組織防空宣傳隊」是第一次防空緊急會議的決議，利用課餘、假期、集會、各種時間，以戲劇、演講、漫畫，標語、歌詠等方式，輪流到各鎮宣傳。並於四月一日，在北碚舉行擴大宣傳，晚上作火炬遊行，藉以加深民衆印象，使人民對於防空有真切之認識，一致協助政府，努力防空建設，結果收效頗爲宏大。

三，經費

（甲）經費的來源

要着手建設防空設備，首先就要解決經費問題。我們即依據防空法並依照四川省防空司令部籌募防空設備經費辦法，按當時環境之需要，造具預算，呈准徵收人民附捐，以作防空設備經費。來源有下列幾種；

1. 金融業照資金原額徵千分之五；
2. 各商號照全年營業收入徵千分之六；
3. 房屋徵房主全年收益十二分之一；
4. 違法建築防空捐征百分之十（不遵規定建造房屋者）：
5. 餐旅館消費防空捐（餐館消費在二十元以上者抽百分之五；旅館消費值百抽五）；

（乙）經費的收集

經迭次宣傳的結果，民衆畢竟知道了，在此長期抗戰中，如果要求得生命財產，有相當保障，不致見毀於敵機，應當以所有的力量，貢獻政府，來作防空建設。所以我們征收設備經費，得以順利進行，同時我們力求攤派公允，不但調查時估計價值特別慎重，並於調查後公佈揭曉，然後才出通知限期繳納，所以一般人民繳納此項捐款，均極踴躍。截至今年十二月底止，即ホ收二萬三千五百餘元，未繳納者祇少數而已。

（丙）經費支付的審核

防空設備經費，取之於各界民衆，我們對於這錢的支付，總是格外的審慎，格外的核實，决不敢絲毫的浪費。所有的賬目不但是要經過本區防空設備委員會保管委員之審核，而且在結束之後，更印成專册，向各界公佈，請大家也加以審察和批評，我們是極其歡迎審查和接受批評的。

四，工作

(甲)開鑿防空洞

今春三月以後，敵機時常襲川，北碚非常危險。幾次敵機由上空掠過的時候，人民莫不驚恐萬分，因此感覺防空洞需要迫切，乃立即覓工包鑿，自此鑿天的石砲聲不絕於耳。

在未開鑿之先，我們本着過去各地防空洞遭受敵機轟炸的血肉教訓，來策劃我們的工程。就是其他地方的防空洞，隨時有因敵機丟炸彈，經不住震動，因而洞口洞內坍塌，壓死人民的；有因受空氣的巨大壓力或空氣不足致於死傷的；有因遭受敵機機槍掃射而死亡的。因此，本區的防空洞就注意到下面幾點；第一、是在防空洞的洞址上約考較，決定把多數都建築在山腰的岩石上。第二、多開洞口。第三、每個洞口鑿進五公尺的地方，即轉直角。第四、洞內用堅硬的木料做支架和天花板。第五、洞口砌護洞牆洞道。這樣一來，我們感覺危險性要少得多了。

但進行不久即發生一大問題：就是公衆發出的錢始終在工頭手上，大工頭剝削小工頭，小工頭剝削工人，以致工作發生阻礙，進展很慢。後來改用兩個方法；第一、由監工員計工給資，定期發放。第二、對於工頭祇發給火食費，工人工資直接由公家發給。才把這個問題勝利地解決了。

後來，我們感覺開鑿的防空洞，如果在被敵機轟炸之後才開鑿成功，那就是賊去關門的辦法，那就根本失掉了打防空洞的意義。因此。我們用了許多獎勵的方法，來促起工人晝夜趕工。經過六個月之努力，才將十一個防空洞打穿。洞內的支架以及板凳 方才設備就緒，這時人人都說：我們現在可以大放其心了。

茲將北碚公私防空洞的概況，分別列表於後

嘉陵江三峽鄉村建設實驗區防空支會公共防空洞概況表

號數	地域	容(以公尺為單位) 寬	高	進深	立方尺積	可容人數	備考
一	廟嘴黑龍潭	二	二	三三·八	一三五·五	二七六	
二	廟嘴招商船碼頭	二	二	八四·二	三三六·九	六七四	
三							現改為北溫公路隧道
四	新村磚瓦廠對面	二	二	六一·二五	二四五	四九〇	
五	同右	二	二	一〇三·八五	四一五·四	八三一	
六	新村電話局後山	二	二	三二·二五	一六一·二五	三二三	

七	同右	二	二	二五	一〇〇・一	二〇二
八	同右	三	三	二〇	九〇	一八〇
九	新村高坎	二	二	七五・五	三〇二	六〇四
十	北碚小學側邊	二	二	九一	三六四	七二八
十一	體育場後山	二	二	二〇・一	二八一・八	五六二

附註　除三號改作隧道外，總計可容四八六五人

(乙)建築重慶醫院

重傷醫院是預備萬一不幸，受敵機轟炸的重傷病人，作療養的地方。北碚原有醫院，房屋狹小，平常已告客滿；同時接近市區，危險極大。因此才在距北碚市鎮約四里之××建築了兩幅小房，可容納百餘人。距實驗區地方醫院很近交通亦極便利。現在暫借與區署作戒烟所所址。眞可謂一舉而兩得也。

(丙)訓練防護團

防護團不但空襲時可執行防護勤務，作各種活動。平時發生水災火災亦可積極協助作救護搶救工作。因此本區的防護團亦隨防空支會而成立。

每鎮設防護分團，團部設於區署，所有的防護團員，均旋行軍事訓練三個月，隨時並加以各種演習，使他們對防護的知識與技能有深刻的了解與純熟的動作。我們曾經作了一次試驗，就是今年的雙十節，集合各鄉防護團檢閱的時候，在他們不知不覺中，指示目標：「某處現在發生火警」令他們出動施救。當時撤卸隊撤房子之緊張，搬運瓦桷之速迅，水龍班施救之奮勇，把全部的人民，弄得倉惶逃跑，不知所措。結果警戒解除，鑼聲一響，始知爲演習，莫不大笑。

(丁)組織義勇防護團

組織義勇防護隊的目的，是爲補助防護之不足，以消防任務中之滅火一項爲中心任務。編制是以每保爲一小隊，每警衞區爲一中隊，每鎮爲一大隊。純粹以壯丁編制而成。每有警報的時候，他們都集中在指定的地方，整裝待發。我們有一個嚴格的規定，就是搶救的責任完全負在他們的肩上，所以們也不敢鬆懈一點。

五，尾音

收入的經費截至十二月底止，有二萬三千五百餘元。但支出數於同時截止則爲三萬一千五百四十元，就截至十二月止計算，已不敷一萬另四百元。這筆不敷的數子，是向實驗區署暫時借來墊支的，因感覺防空設備萬分迫切，所以區署在非常拮据當中，東拉西扯，借墊這筆鉅款來，完成各種設備。這是多麼難得的事，我們應該設法提早歸墊，才是對的。同時有的工資尚未結清，有的木料尚未付款，還是要望應出防空捐而來繳納的人，本着自救救人的兩大意義，踴躍輸將，才能完成這件大事的。

戒煙所在三稜鏡下

左魯丹

吸食鴉片是中華民族的怪現象，戒煙所也是中華民族的特殊產物，世界上嗜好鴉片的民族除去我國外，要算波斯人最爲普遍，可是波斯人嗜鴉片是吃鴉片，我國却用精緻的「燈」「槍」只吸煙而棄其渣滓，二者相較，似乎我國比波斯藝術得多，但鴉片對於他們的嗜好，并不因藝術與否而有所偏倚，換句話說：「長期嗜好鴉片無不上癮」一時吸食少量鴉片，因所含鹼鹹質，如嗎啡，高根，吧吧非林等輕度之麻醉作用，能使人發生爽快的感覺，然吸食日久，則所可發生快感之量——使人發生輕度麻醉之量，因人體抵抗力之增進，則煙毒隨着日漸增加，這樣一來，癮愈吸愈大，煙毒也越陷越深，終至人體高度衰弱，壯志消沉，工作能力減退，生殖能力亦減退，貪污犯罪觀念日漸滋長，其流弊不特使政治窳敗，貪污橫行，農村經濟破產，盜匪蜂起，且能危及民族生存，際此抗戰方殷，建國艱鉅的時候，欲恢復民族健康，挽回國家厄運，是非澈底肅清此煙毒不可，過去吾國戒煙工作，多附設于普通醫院，本所奉令組織，已于十二月七日忽忽開幕，雖設簡陋，然賴區署及地方士紳之熱忱愛護，暨本所同仁之克苦努力，廿餘日來，入所人數已達百九十餘人，經戒絕出所者已有百十餘人，茲值月刊出版之便，摘灑所中情形，以祈地方父老之指正。

本所組織

本所設所長一人主持全所一切事務，副所長兼營訓員一人，醫師兼藥師化驗師一人，助理醫員一人，文牘兼事務員一人，僱員一人，男女看護四人，所丁三人，一切均遵省府所定戒煙所組織規程辦理茲不贅述。

設備方面

本所現有病床可收容一百廿人，此後擬增造院舍一座，增闢男女觀驗室及甲等男女病房各一間，所有設備務求于最經濟，切合衛生條件（日光通風，濕度，溫度，方向等），均經精密計劃，本所設有化驗室藥房各一，所有藥品器械，小部爲地方醫院兼辦戒煙所時所剩餘，大部新自各方採購，凡難以購到或價値昂貴之藥品器械，均竭本所人員之能力，利用本地物產人工自行製備或用代替品代替，務于最簡單設備下，力求其完善，以上爲本所組織概況，茲更將本所實際情形簡述如下：

本所名爲戒煙所，顧名思義，第一件大事當然是怎樣戒煙，我們知道戒煙的宣傳，雖已數載，宣傳工作的人員也不可謂不力，但煙民之所以觀望不前，全在畏懼戒煙時之痛苦，東西洋各國既無我國吸食鴉片之惡習，其仍然因治療之目的能致成癮者，因其中毒較淺，施戒當然較爲容易，若僅抄襲外洋方法施諸我國煙民，其痛苦不待言也。

……本所戒法力求穩妥……

本所于煙民入所時卽詳細查其病狀，并詳訊吸煙原因，吸食數量，然後依西洋學說，參照華人之體質更因疾病之有無，年齡之大小，及施戒經過中之情形，而行最無痛苦最穩妥的方法施戒，廿餘日來因之而發生高度不適者，絕未見之，即發生輕度不適者，亦頗罕見，然屢見煙民誤聽無智無識者之間言慌報每日吸量，而致惹起不適者，是可注意之事也。次之爲

……戒煙期間力求迅速……

我們也知道有好多煙民因家務或經濟上的原因，致籌着不敢入所 但政府禁令，日漸追切，我們爲着顧全煙民的苦衷，且鑒於最短期內戒絕本屬全體煙民，以符政府法令計，盡力設法使戒期縮短，但遇患有嚴重合併症及高年者，本所仍以緩戒爲主旨，決不草率從事，此可告慰于父老者也，至於戒後復吸問題雖然有因意志不堅定而犯之，但我八處必推致，未能使煙民原發病根絕，不無原因，故本所施戒時，對于……戒斷力求確實……

換言之，於施戒期中，不但戒煙且力謀原發病之治療，以期正本淸源，一舉廓淸，據三週來之統計，施戒煙民之吸煙原因，以消化系病最佔多數，（如胆石症，胃潰瘍，痢疾，急慢性胃炎，等）。呼吸系病次之（如肺結核，氣管枝炎，氣管枝擴張，氣管枝喘息等）。神經系病中有坐骨神經痛一例，憂鬱症二例，新陳代謝病計糖尿病一例，病風一例。循環器病僅見動脈硬化症一例，運動器病計僂麻質斯五例。循環系病中應見動脈硬化症一例。泌尿器病據化驗室檢查結果之報告，蛋白尿頗佔多數，然臨床症狀大抵不顯明，故不能確定其爲何症，此外患性病者頗多，計梅毒五例，白濁七例。我們除竭力治療外，對於慢性病之一時難以治愈者，必指導其攝身之方法，及治療之簡法，以期日臻康健。

至於管理方面，本所完全根據省府所規定的煙民管理規則而力求嚴格，但生活則盡量使之自由，這二句話表面上似乎衝突，其實毫無抵觸，我們在規律許可範圍內，盡量使之自由，我們有個奢望，希望能使煙民在所內像在家裏，不覺太拘束的痛苦，同時設法誘導，使他們對於團體生活發生樂趣。但過規律所不容的情形，必定嚴格處理，並使他們自已知道過錯，自己改正自己 俾將管理情形分述如下：

……施行軍事訓練……

第一個原則是起居有節，作息有定時，使煙民生活規律化，每日晨起舉行早操卅分鐘并訓練軍事基本動作，解釋軍事知識，以期奠定軍訓基礎，養成服從命令，遵守紀律，迅速確實，整齊淸潔，愛護國家，對於防空防毒也作簡單而易於了解的闡述，本所并利用施戒時間，作

……常識講話及精神講話……

特請劉主任學理担任法律講述，尤側重于禁煙法令，務使明瞭政府禁絕鴉片之決心，及禁令之嚴厲以免其意志不堅定，誤入法網，次由本所職員講述簡單醫學常識施戒期中如何保護，戒絕後如何調養，再次由民教館每週派游藝班來所表演禁煙有關的游藝，寓教育于娛樂，頗使煙民感歡，對于時事問題除訂購報紙供給煙民閱讀外，并作國際形勢及抗戰意義之闡述，以奠定抗戰必勝 建國必成之信念，更在圖書館借有關書雜誌借煙民閱讀，不特可使煙民忘却施戒之苦悶，兼可收增長知識之效，此外對于入出所之煙民必作

……個別談話……

以明其生活及環境之情形，予以適當之指示，并糾正頹廢怠惰等不良習慣，且反復說明政府禁令之嚴厲，懍切訓諭

，不可玩忽。每日并舉行適當

勞作……

藉此適當之勞動，可增進其健康，及革除其懶惰苟安的惡習，養成克苦耐勞的精神，使每個戒絕出所之煙民均有朝氣勃勃能負起救忘圖存之大任。

最末希望已戒絕的黑籍同胞，將來若遇發生疾病，必請中醫或西醫診治服藥求正當的治療，不可再染煙毒，而犯政府禁令

榮昌白猪在三峽推廣之動態

李本傑

一，引言

四川省農業改進所川東南十六縣白猪推廣計劃，預積定三台，三峽為實驗推廣區，以期樹立白猪推廣之基礎，積極繁殖，以圖增加白豬產量，補救湘桂諸省戰區出產之不足。藉以保持出口貿易，平衡外匯，繁榮農村，助長農民收入。蔣委員長在全國生產會議所言：「在軍事時期，一切生產必須以國防為中心」，即斯旨也。

峽區包括五場，佔面積一千八百方里，山多地少，道路崎嶇，農民多以耕種為主業，養猪為副業。全區有猪一六二八七頭，其中母猪約佔百餘頭。土猪分黑花及全白（俗名彎子猪）三種，黑猪佔十之五六，餘為花或全白猪。加之血統混雜，體形短小，普通土猪一年長不過七八十斤之譜。其繁殖力又低，農民經濟損失頗大，改良猪種，統一種屬，實為峽區畜牧業必務之途。値此政府提倡白猪推廣之時，正適應農情　為改良猪種之絕好機會。

二，白猪推廣之經歷

前四川省農業改進所三峽實驗區，于二十七年十月份奉命辦理，二十八年一月開始在榮昌大量選購。又遵照省農業改進所頒佈之三峽榮昌猪推廣管理辦法，採用免費發給母猪，抽還仔猪辦法，運區推廣。當時極受農民歡迎，同聲稱善，較之推廣約克縣一代雜交猪，有利多矣。惜乎，選購雖有專人，而押運過信猪販經驗，未能克盡保護猪種之責。以致分發後，因染有疾病，多遭死亡。推廣白猪突變而為推廣病猪，大失農民信仰。乃中途停頓，專事肅清猪疫，從七月起，更換推廣地域，試作第三批之購運。所幸順利成功。此後大量購運，分批推廣，在本年已完成峽區五百頭白猪推廣之計劃。

三，各鎮推廣之程序

峽區白豬推廣，原定分發計劃係以北碚為中心，作輻射線式之推廣。以期普遍全區五鎮。後因病疫關係，中途改變方針，分鎮推廣。第三批種猪分發文星鎮，第四批種猪分發黃桷鎮，第五批種猪分發北碚鄉，第六批種猪分發澄江鎮，第七批種猪分發二岩鎮。五鎮仍以北碚鎮第五六兩警衛區為白猪推廣中心區。預計在明年秋季，即可大量繁殖。為統一品種，待領喂母猪生產後，擬將各鎮工種公母猪，令其自行

淘汰，以絕繁殖。期于三月內，將全區花㷊及劣種種猪，盡量淘汰，以全數優良之榮昌白猪代替之。

四，種猪之管理

欲統一品種，必須嚴厲種猪之管制，本區定有詳細規約及辦法，現將要點略述如後。

種公猪之統制，尤爲重要，凡本區餵喂榮昌脚猪（種公猪），年齡須在八個月，或體重一百二十市觔者，方可用以配種，每日限配母猪一頭，母猪體重須在一百市觔以下，花㷊及劣種母猪不許交配。每月登記請配猪畜主之姓名，住址，交配日期及窩次節報告一次，以上各點，經本所按月查實，每配種一頭，獎洋一角，違者罰洋一元。連罰三次，即收回脚猪，并取銷其營業資格。

種母猪之管理，由各鎮各警衞區，按月調查，該區所領喂榮昌猪之生長，配窩，分娩，及疾病等情形，逐月填表呈報。本所亦逐月輪流在各鎮分區檢查，以收管理嚴密之效。

五，全區各鎮白猪推廣頭數統計表

鎮名		北碚	黃桷	澄江	文星	二岩	總計
保數		33	22	20	19	6	100
種	母猪	210	54	102	101	20	487
	公猪	4	2	3	3	1	13
猪合計		214	56	105	104	21	500

六，推廣種母猪三年後之預測

預期產仔猪數：按領喂母猪配種年齡統計，除第一窩仔猪及公猪不算外，第一年可產仔猪一二四〇頭，可抽回仔猪八〇六一五〇頭。第二年可產仔猪六四四八頭，可抽回仔猪八〇六頭。第三年可產仔猪與第二年同，可抽回仔猪七九一頭。總計三年後，可產仔猪數爲一萬四千一百三十六頭，可抽回仔猪二千〇三十五頭。（照抽還仔猪辦法從第二窩起至六窩止，每頭母猪每窩抽一仔猪計算，已死亡者不在此數內）如加上所產之仔母猪繁殖數，爲數之巨，更可驚人。

預期白鬃產量：每猪可產白鬃以半斤計，仍從推廣母猪配窩年齡計算起，第一年可產白鬃八二七市觔。第二年可產四二九九市觔。第三年產量與第二年同，三年後，可產白鬃九四担，每担八百元計，峽區五鎮，白鬃總值在七萬五千二百餘元以上。事實尚不止此數。

七，結語

以上所述，並非紙上空談，現已正在實施，努力推進，農民養猪，除利用肥料栽培作物，并對本身經濟有極大之帮助外，全省教育經費，大部仰賴于活猪稅及屠宰捐，而猪鬃，腸衣對外貿易，又佔金融命脈，其重要可知。顧社會人士，每以猪爲賤畜，多存漠視，大足以阻礙養猪事業。爲現代國民，應當認識與注意，進而協同倡導，作一澈底之實施，健全峽區白猪之推廣，作爲西南十六縣白猪推廣計劃之生力軍，以奠定西南建設之基礎，樹立國家對外貿易之根源，願共勉之。

峽區的獸疫防治工作

李本傑

峽區的獸疫，在這裏僅指猪牛瘟而言，二十八年份的開端，工作的實施，就決定了防重于治的主意。這個政策，有他最大理由作基礎的，希臘古醫哲有言：「預防勝于治療」。這是獸醫的準繩。在歐美的獸醫成績上已有鐵一般的事實證明。英國的牛瘟及牛傳染性胸膜肺炎的絕迹，北美的牛口蹄疫及傳染性胸膜肺炎的停止蔓延，就是防重于治的傑作，我們有了這種信念，就決定了防重于治的工作。現在將一年來猪牛病疫防治的情形分記如後。

一 預防方面

1 完成猪丹毒預防注射

峽區自四川省家畜保育所成立以來，看到猪疫流行，就有很大的願望來做猪打預防針的工作。在二十六年的春季，因猪霍亂的發現，就在北碚的第七保，預防注射了三十四頭，以作預防的嘗試，因猪不止一種傳染病，外表的病狀，又為農友們不易分辨，如果猪遭病死了，農民們又回想起是打過保險針的，因之很難相信打預防針的效力。同年七月又舉行預防猪的「打火印」，一共注射了九十三頭，情形尚好。但是總不能建立農友們的信仰。二十七年七月有計劃的想在全峽普遍預防猪丹毒注射，工作的推動不到三天，共注射二百七十七頭，地方只跨十九和廿一兩保，不料注射後不吃的猪，數達三十餘頭，一天以後就死三頭，一週內連死八頭，這種意外的打擊，只得中途擱置。猪丹毒的預防運動，就裹足不前了。今年秋季猪丹毒病又在暗中醞釀，為着二十八年份的預防注射計劃和環境的要求，不許因循坐視，故再作猪丹毒的預防注射，在文星北碚先後注射了二百五十一頭，至今全數無恙。其中糾正了以往的弊病不少，可惜成都總所血清製造廠被炸，斷絕血清供給來源，中途停止，未達一千頭預防注射的計劃。但在成績上仍可算是峽區猪丹毒預防注射的成功。

附猪丹毒預防注射頭數統計表：

鎮別	保別	頭數	反應情況
文星	一	一三	一頭停食三天
	二	三〇	無
	三	二二	無
	一九	三	無
	五	二〇	無
	六	一〇	無
	七	一三	兩頭食慾稍減
	八	一一	無
	一五	一五	無
	一〇	五	無
	一七	三	無
	一八	一五	無
	四	二〇	無
	七	五二	無

	八	一	無
	三二	二	無
	一九	五	無
	二一	三	無
	二二	五	無
	二〇	三	無
合計	二〇	二五一	三

2.糾正病畜隔離的錯誤

病畜隔離，自然也可減少同檬健畜的染病。鄉下農友發覺同猪棬中有一兩頭不吃食時，很恐慌的想不出辦法，最先有的主意，就是牽開病畜，以免傳染了同檬的健畜，恰好合到隔離的原則。可是這種見害除害的辦法，暗中潛伏了大的錯誤。誰知不但不能防止病畜傳染同檬的健畜，反因病畜遷移，有時爲害了不同檬的健畜，這理由很是顯明，能傳染病的病原物，不是細菌便是血毒，凡有傳染病的病畜，所排泄的糞尿以及口水鼻涕等分泌物，都含有細菌或血毒，如在檬裏發現傳染病時，病畜的排泄物及分泌物，已污染檬內，現在把病畜隔離，又有什麼用呢？不是會污染更多一些地方嗎？這種不加思索的錯誤，是値得改正的。所以每到一家診治病畜，就很詳細的向他們解釋，隔離是要隔離健畜出病畜的檬，不許健畜病畜及病畜的排泄或分泌物接觸，才能保全健畜的安全。像傳教士傳教般的熱度，苦口婆心向友農們說明，凡出診過的農家，都更正了以往的錯誤。

3.預防牛瘟環境的收效

二十八年的獸疫防治辦法，奠定了重于治的核心，預防牛瘟的成功，正是事實上的證實，自六月間本所接到省農業改進所防疫股牛瘟調查專員吳廣榮來訊：南川牛瘟波及渝市，在兩路口各小牛奶場先後發現，疫勢普遍，情形嚴重，當時農業改進所已派防疫隊前往南川撲滅，同時和重慶中央大學農學院畜牧獸醫系取得聯繫，包圍疫區，再以各個擊破的策略，在短期裏，牛瘟全數就殲。惟峽區毗連重慶，加之三峽場鎮和鄉村，因重慶疏散人口關係，突然繁榮，同時日常需要的事業，亦應時興起，如利用本地黃牛作奶牛的奶牛場和屠牛場，也如雨後春筍一樣的到處創辦，各地搜找牛隻，病牛在所不免。爲農民利益計，嚴密防範牛瘟，避免蔓延入境，是迫切需要的。本所有鑒及此，特別擬定獸疫情報獎勵規約，通告各鎮各警衛區，轉知各保甲長及農友，嚴密情報組織，縮小獎勵情報範圍，以保爲單位，凡填具：獸疫緊急報告單：（爲本所規定格式印發），經獸醫診斷病症，如爲傳染病，每保第一名來報者，可得一元的獎償。規約改定後，各鎮各警衛區助理員及警士，熱心幫助，雷厲風行，不僅本區有病牛，競來報告，而區外的歇馬場亦有來報者，如歇馬場畜主羅吉修有病牛一頭，還注射過抗牛瘟血清，勸他不要外放，不久就好了，可惜因區域的限制，不能給他們的獎金，報答區外農友們的熱心幫助，這種以保爲單位的獎勵情報工作，到今整整一個年頭了，雖然南川重慶以至如三台內江榮昌等地，相續鬧著牛瘟的恐慌，甚至于傳言華瑩山也有牛病，峽區耕牛算是安全無恙，這組功績不得不歸功于農友們的情報得力，二十九年的計劃，還打算擴大情報網的組織，嚴厲辦法，凡農家有病猪牛不報者，要用處罰來督促，完成獎懲的規約，以收不漏網的功效。

4. 普遍石灰水消毒工作

凡有傳染病的牲畜，一切排泄物及分泌物皆含有病原菌或血毒，散佈欄內，如有健畜，即可感染，在瘟疫流行期，危險更大，防禦的方法祇是隔離亦難收效，隔離之後，必經消毒，方可達防疫之任務。峽區養猪農家，畜舍黑暗狹小，積蓄不除，更無打掃清潔之習慣，每月檢查領喂榮昌種猪，生長或出診時，必勸其清潔畜舍，利用石灰消毒，因石灰為三峽出產之一，價格低賤，農家皆備，取用方便。但因農家不知用法，多用乾石灰散入欄內，經猪呼吸引入，因受刺激多噴嚏，農友遂大不以為然，共傳為笑話，以後親自示範，用石灰水灑欄，方知錯誤，凡本所推廣種猪之農家，皆知利用石灰水消除畜舍毒的方法。由此奠定了推行畜舍清潔運動的基礎。

以上所述，可算是二十八年份預防獸疫工作的收獲。在原定計劃中，尚有牲畜集市買賣時施行康健檢查，當時決定檢查北碚猪市，以後因推廣所的遷移，人力和時間遂不夠分配，同時加了家畜保險的工作，檢查猪市計劃，遂成泡影。

二　診治方面

診治畜病　在推廣榮昌白猪，因病停頓的過程中，為積極肅清猪病和調查猪病起見，曾在文星、黃桷、北碚三鎮每月按場期輪流前往各鎮應診畜病一次。為便利鄉村的農友們，又規定就趕場之便，帶病畜診治。這樣的經過兩個月，因農友們一時沒有這種習慣，就醫者很少，為着要繼續，推廣白猪，各場定期應診的時間，又改為臨時出診。這是人力不敷應付的變通辦法，不過出診所攜的藥物有限，有時感到種種不方便，但是猪為笨畜，有了病更不能行走，專是門診，事實上是走不通的，有時因遠道出診，行走疲乏，診斷上不易盡心探討病原，加之家畜不能言語，除用反面方法探知痛苦的表情，或機械式的檢查體溫、脈膊、呼吸、等是否反常，皆不易定斷畜病，家畜主人又每多忽視，故獸醫極難看見初期患病的現象，當時疾病既重，醫治時又缺乏適宜的調養所，藥物又十分昂貴，有時無法購備，而家畜身體笨重，性情暴烈，有因機能的損傷，健康恢復的機會減少，診治常得不償失，這是獸醫到農村的困難，雖然事實儘管困難，工作的前進不會間斷的，這一年來的診治情形，可由下表看出：

1. 一年來診治畜病的統計

畜別＼月份	一	二	三	四	五	六	七	八	九	一〇	一一	一二	總數
猪	七七	三五	一〇三	四二	四二	三八	四九	四五	三四	三〇	一八	二四	五八二
牛	一				二		一		一		一		六
騾馬							三七					一五	五二
其他	二	一七		二	一	一			四				一五
合計	[illegible]	三〇	一〇三	四四	四五	三九	八七	四五	三七	三〇	一九	三九	六五五

附註包括貓狗兎及動物等

2. 一年來猪隻病疫的概況

峽區的畜病，據逐月統計，以猪病最多，單以猪病的情形來觀察，很明顯的看出，如以保為比較單位，場鎮上的猪病比鄉村裏的猪病為多。同在一個場上的猪病，飯店裏喂的猪比廳家人戶喂的猪容易生病，而飯店裏的病猪，又多爲腸胃病，其原因也易明白，鄉村裏的猪病，架子猪的病多于種母猪病，這個結果很值得注意，據問來的情形判斷：（一）峽區趕場的習慣太多，農友們手中積點錢，不像闊人貯存銀行，就出趕場，買一個猪來喂，到了囊空罄盡的時候，又會牽着猪出去趕場，將猪換點錢來用，（二）自己喂的猪忽然不吃或吃不飽，他也會牽出趕場，以求免受經濟上的損失，有了以上兩個原因，架子猪趕場的機會多，同時染病的可能也隨之增多，種母猪爲了用來生產仔猪的關係，不許可他們任意作爲，無意中得了保護，這是猪病分佈的大概。再談到猪獲病疫的統計，跟據逐月的診治報告，在病狀上及醫治上得來的證實，峽區的猪病，首推猪丹毒，約佔全數百分之三十五。腸胃病約佔百分之二十，猪肺疫與猪感冒病各佔百分之十五，腸熱症約佔百分之十，癬疥病約佔百分之二，其餘則爲不明之雜病。

以上拉雜的寫了一年來獸疫防治大概，自然不是滿意的收獲，與預定計劃相差還遠，我總覺得獸疫防治，在中國不過是幾十年的提倡，社會人士很少聽到獸醫的名字，即使不懷疑，也起輕視態度，他們深信「牛太醫」「猪郎中」的手藝，配不上用學問稱號，更何須專門學習　況且抗戰時期，醫藥昂貴，用以醫治畜病，未免太耗費，這種膚淺的見解希望改正過來。

峽區油菜推廣工作的檢討

唐尙紀

一，推廣工作的發動

1.油菜的用途　油菜因子實可以榨油而得名，在植物學上學名蕓薹，四川稱爲菜子。榨成的油爲菜油，乃佐食調味的必需品　亦爲燃料之一。鄉村人家沒有用美孚燈燃石油的能力，燃燈更多靠菜油，因此川內各地農民在夏季作物收穫之後，栽油菜的頗多，尤其在成都平原，爲最普遍的冬作。

2.抗戰期中油菜的銷路擴大，在平時，人民燃燈佐食所要的菜油量有限，故農人栽培油菜的面積也有一定的限度。自抗戰軍興以來，一方面，由於汽油輸入困難，外滙低落，價格倍漲，而軍用機器之發動，需油量激增，故有人發明從植物油中提鍊汽油之舉；一方面由於都市人口大批的疏散到內地各鄉村，這些人從前是用電燈或石油燈的，現在都改燃植物油燈了。菜油需要量逐驟燃增加。供求自然發生不平衡的恐慌，這是擺在眼前的事實。

3.省農業改進所訓令推廣油菜　因爲供需的不平衡，所以油菜子的價格隨菜油價格而節節上漲。四川省農業改進所有鑑及此，發動了本年度全川推廣油菜面積至少十萬畝的計劃，以期供給軍事原料，增加農民收入。報國持家，一舉兩得。本區農業推廣所於奉到訓令以後，在「十萬畝」的數字中，自當有所努力。於是發動了油菜推廣工作。

二，解決工作中的種種疑難

1.宣傳推廣的意義和辦法　每件推廣工作的進行，必先經過調查宣傳兩個步驟。關於峽區的油菜問題，如油菜品種，種植面積，和栽培方法（下種、施肥、中耕、除草）等，我們都是早有概念的，所以這次也就省掉了調查的工作，單從「宣傳推廣的意義和辦法」着手。

宣傳工作在整個的推廣工作當中，是頂好做的一部分，我們這次的宣傳方式更屬簡單，即是推廣所的外勤人員和各聯保各警衛區的工作人員，在油菜播種期以前，隨時隨地利用各鄉鎮保甲人員的集會和與農人接談的機會，解釋油菜增產對於抗戰軍事的幫助，和對於自己經濟收入的增益，使他們明白政府推廣栽培的意義，接受我們實施推廣的辦法。

我們的推廣辦法，似有在此稍加說明的必要：推廣辦法，可分兩個步驟：第一步是登記栽培面積，第二步是辦理肥料貸款，前者由推廣所和各警衛區的工作人員分赴各鄉，登記區內各農戶去年曾種油菜的面積，和本年擬種油菜的面積；後者即依據登記的數字算出每一農戶今年增種的面積，以每增種一畝地貸發肥料費二元為度，由推廣人員協同合作指導人員辦理肥料貸款事項。

2.避免不確實的數字。每一件推廣工作的發動，當然是，經多方面的考慮而後決定的。既決定以後，當然要努力邁進，希望推廣的成効愈大愈好。但是却要同時顧到成效的可靠性，切不可好大喜功，妄自誇大。即為這次油菜的推廣，假設今年增植的面積是一千畝，自然我們不應妄報一千一百畝，同時我們也不可疏於工作而祇登記九百畝。這即是說；我們在進行工作之際，應下定信心，「避免不確實的數字」，但是農人頭腦固執而却善於疑慮，當我們進行登記工作的時候，頭腦稍舊的認為政府也許要抽收種油菜的「窩捐」了，於是以多報少，要種五畝的，只報四畝；思想前進，消息靈通的，知道這是在「推廣」於是以少報多，只種一畝的，偏說要種五畝，以迎合推廣人員的心理。

上述兩種困難的發生，由于農人的誤會，我們一面從新解釋登記的意義和推廣的目的，使他們拂去收「窩捐」的妄測和「必須多種而後可」的強制心理；一面在播種期以後，我們復派員分赴各鄉考查實際生長的情形，并測算油菜田的面積是否和登記數字相符合。隨手將原登記的數字加以修正。至最後——後面報告的——數字十分可靠而後止。

3.「自耕農應多種油菜」的原則　峽區五鎮，全面積一千八百方里，而耕地面積却不到七萬畝。除去水田四分之一以外，約有五萬多畝可以種冬季作物旱地。而種油菜的面積，在往年不過佔千分之二．數目小到這樣可憐的原因，據我所知道的：一是油菜所需要的土質宜肥沃，人工和肥料也需要特多，雖成熟時忌雨，而土底却不可太乾燥。峽區多屬山地，土質概失於乾燥瘠薄，加以農民貧苦，沒有多餘的人工和肥料去培植牠。二是峽區的佃農特別多——佔農民全數的百分之九十，他們每戶種地的面積很少，每年水稻的收穫，繳納地主的租穀以後，餘存很少，自己不能終年吃白米飯，因此只有靠其他的夏作和冬作來作全家大小的食糧，易言之，他們必得多種小麥、蠶豆、豌豆，收穫以後，立刻可以果腹充飢。要是將這些土地都種了油菜，自然可以賣成現金，買得糧食，但是却沒有自己生產的那樣取食便當，同時賣出買入，也許還有價格漲迭的虧蝕。

佃農因為經濟環境逼迫着不能多種油菜的事實，既非向壁推想和空口宣傳可以避免，也不應太勉強以求其多種。於是我們便定下一個要求自耕農多種油菜的原則。半自耕農也是同樣的，因爲他們的經濟比較寬裕，耕種的地積也比較大，并不要靠小麥和蠶豆豌豆作食糧，我們登記推廣的時候，特別向他們多下宣傳工夫，結果都樂於接受增種了。

4. 地積單位的換算　地積單位的不統一，不精確，這是四川農村中極普遍的現象。峽區農人對於稻田面積的計算，是以能收穫稻子的量爲單位——一挑或一石，對於土地面積的計算，則以糧食的播種量或收穫量爲單位，油菜有種在土裏的，也有種在乾田裏的，所以登記的時候，有的說挑，有的說石，有的說下種的合數，有的說可以收穫的斗數。對這些不統一的單位，我們完全將他換算成畝數　換算的方法，在稻田是擇肥田，瘠田，中等田三種　實地丈量，得到畝數以後，再和原來的挑或石折合，結果是肥田約六挑或一石五斗合一畝，瘠田約四挑或一石合一畝。中等田約五挑多或一石二斗合一畝，地土亦係先就實地丈量得到畝數以後，再測算油菜的穴距和每穴的播種粒數及本地每合油菜子的粒數，結果得到每合約合〇・五畝。再從他的產量推算到每斗約合四・四畝。這樣的換算方法，用文字敍述起來似乎很簡單，可是實際工作的時候，却花費了不少的時光。

三，登記面積和推廣成績的預期

1. 四倍於去年的面積　區屬各鎮，油菜種植面積的登記，結果如下表：

峽區農推所二十八年油菜推廣登記統計表

鎮別	去年種植面積	今年種植面積	增加種植面積
北碚	一六畝	七五畝	五九畝
黃桷	一七畝	五〇畝	三三畝
文星	七二畝	三四一畝	二六九畝
澄江	五畝	一二畝	七畝
合計	一一〇畝	四七八畝	三六八畝

從上表內可以看出峽區去年種植油菜的面積，實在小到使人幾乎不敢相信，可是一查往年關於油業產量的調查，全區出產的油菜子還不到六十市石。却可以證明登記的一百一十畝的面積，是不致比實際種的還少，而今年種植的面積雖然也只有四百七十八畝，在全川十萬畝的計算計劃當中，實在渺小的很，可是和本區去年的面積比較，却是四倍有多了

2. 五千元收入的增加　全區面積四七八畝，若以每畝平均產七市斗計，可以預期明春全區油菜籽的生產量爲三百三十餘石。除去原種的一百一十畝應收七十餘石，增產二百六十石，每石油菜籽以重一百六十斤計，得油率以百分之三十五計，則二百六十石油菜籽可以增產菜油一萬四千多斤——即一百四十担，如果估計新市每担可以賣三十七元，則增加了峽區農村五千多元的收入。如照現在的市價算，那價值當在一萬元以上。

四，這次工作中的一點遺憾

峽區因爲土質人工種種的限制，自來種植油菜的面積就很小。這次推廣得到增加三倍多的結果，我們誠然覺得數量太小，不引爲足。可是各聯保各警衞區和農業推廣所工作人員的合力，盡了宣傳倡導的能事，總算收到這小小的成果。所以我們對此也并不覺得不滿。我們所引爲遺憾的是前面說過應做的肥料貸款事件。照理說：原來因爲種油菜所需的肥

料比其他作物特多，所以在推廣油菜培栽的計劃當中，特訂出肥料貸款的辦法，以補助增種的農家，而期達到推廣的目的。我們這次在宣傳登記的時候，雖會明白說過有肥料貸款，却始終沒有肥料款的貸出。這原因是各個農戶增種的面積都很小，假使貸款的話，照每畝二元計，頂多的也不過能貸到十元，普道都只能貸二元或四元，數目太小了，農民雖知道可以貸款，而都不向我們請貸，在這種情形之下，我們本想代他們請求怎樣將貸款的手續改簡單些，或者把貸款額稍增高些却因為時間來不及，終究擱置未去進行，也許正因為增種油菜的農人，恰是經濟優裕的自耕和半自耕農佔多數，他們也並不十分企望這肥料貸款吧。

參加北碚小學懇親會歸來

陳一齋

小學教育非得家庭之輔助不克收效，故聯絡家庭為小學重要工作之一，聯絡之方法甚多，要以懇親會為最有效，故本區區立各級小學除平日用家庭訪問，來校談話等法外，於每期之終必舉行懇親會一次，一方面與各家長懇談，借收彼此聯絡之效，一方面將全校師生靜的成績動的成績全體陳列，俾家長一目瞭然，收效至宏。在各校舉行懇親會之期，教育股全體職員必分別按期前往參加。二十九年一月二十八日為北碚小學舉行懇親會之期，一齋以區署職員及學生家長兩重資格前往參加，上午九時達到該校時，簽到簿上已有百餘人，而赴會者猶絡繹不絕，頗極一時之盛。爰就觀感所及，擇要述之於後：

一、兒童成績：全校兒童成績各依年級分別陳列於原課室，簿籍尚屬齊整，各科成績亦皆有可觀，尤以勞作成績為最佳，以其利用各種廢物——如蛋殼、火柴棒、火柴盒、香烟盒、竹頭、木屑……——製成玩具用具及裝飾品等，頗具匠心。又各級學生之月考期考成績均列表揭示，各家長逐一觀察，即明瞭自家兒童在該級所居之地位矣。

二、行政成績：該校行政成績陳列於二門穿堂內，有簡潔明晰之各項統計圖表，有規劃周詳之各種簿册，其尤難能可貴者為各先生研究論文數十篇，悉為該校教師之心得與經驗，琳瑯滿目，對於小學教育不無貢獻。其自編之補充教材及自製之教學用具，亦皆切於實用。推廣部陳列之成績有編繪之壁報，有兵役宣傳之記錄與攝影，有民衆夜校之各項成績，足見該校對於社會教育推行頗為盡力。

三、遊藝表演：遊藝表演在教師與家長懇談以後，但謂為遊藝表演莫若謂為抗戰宣傳及兵役宣傳，蓋遊藝演出節目多屬於抗戰宣傳兵役宣傳兩方面也。據聞該校為適應戰時需要，設有抗敵訓練特班，特施話劇歌詠講演救護等訓練。此次表演材料全係平日特班訓練之成績，觀於一班演員技術之熟練，可知非短期間訓練所能奏效也。

四、優待抗屬：該校除在遊藝表演中作抗敵宣傳兵役宣傳外，對於抗戰將士家屬及子弟均有特殊表示，對抗戰將士家屬特設一招待室，幷款以茶點；對抗戰將士子弟則由全校師生贈送文具。是日將贈送文具特為陳列，供各家長參觀，以示該校崇敬抗戰軍人之意。到會之來賓及家長，莫不感奮且深，景仰不已云。

歡送峽區第四次壯丁入營

洪崗

暖和的朝陽向着北碚公共體育場歡笑，平民公園的梅花泛出薄薄的紅霞。

三峽實驗區署的職員，公安隊，穿着黃色軍服，歡天喜地的集合在體育場里。一會兒，百多名義勇壯丁，灰布軍服，背着灰布棉被，像長蛇一樣的奔向體育場來。一時，北碚各機關團體以及市民們，像潮水一般湧了進來。

楊隊長叫了兩個志願兵出列，給每人披上一段紅綾。頓時，掌聲像青蛙一樣，刮拉刮拉的叫了起來。兩位披着紅綾的志願兵，很興奮地舉起右手，遮着帽緣，從左向右轉了一個半圓，答謝各位的敬意。

火砲響了，歡送的人羣，與被歡迎的壯丁，形成一條長蛇陣線，向着街道蠕動而去。街道兩旁，男男女女老老少少，掩映在無數朵青天白日旗下，注視着大隊前進。有的在喊「好！」，狂熱的掌聲和激昂的口號交織着，浮盪在北碚的市街。

大隊到了江邊，壯丁上船了，歡迎的人羣，排成無數的行列，佈滿在江岸。十餘幅歡送壯丁的旗子橫飄在人羣的頭上，在火砲喧天的硝黃氣味中，千百萬人羣高舉着鐵的臂膀在那里吶喊：

「歡送志願壯丁入營！

慶祝桂南勝利！

預祝各位將士，一帆風順，馬到成功！

恭祝各位將士，凱旋歸來，歡喜團圓。」

船頭上出現一位披紅綾的志願兵，挺着身子，握緊拳頭，顯現出十足的英雄氣概，在向岸上的人羣致答詞：

「承大家歡送，我們很感謝！我們要把日本鬼子趕走，收回失地，才回來和大家歡喜團圓」！

「好」！岸上的人羣，發生巨雷似的回音，接着是狂烈的掌聲，「刮拉！刮拉」！「低低大大……」木船鳴着號令開舵了，火砲又響了，歌聲在江岸浮盪起來。

「向前走，別退後，生死已到最後關頭。土地被強佔，同胞被屠殺，我們再也不能忍受！……」

船蓬上現出一位披紅綾的英雄，高舉着鐵的臂膀，向岸上呼喊：

是的，「我們再也不能忍受」！我們一定要把強佔土地，屠殺同胞的日本強盜，趕出中國去！

「好」！岸上的人羣揮舞着各色各樣的帽子，好似嘉陵江上的狂浪。我們相信，這洶湧的狂浪會把日本強盜淹沒下去！

榮譽夫人

舒傑

一個晴朗的晚上，民衆會場擠滿了黑壓壓一大羣觀衆，還各層各界的朋友，他們和她們是在藉演劇而消遣這一年一度難得的春宵，當「打囚車」一幕出演之後，鑼鼓停止了，台前出現了兩位樸實的婦女。

「各位先生，我是在婦女生活實驗區服務的，婦女生活實驗區究竟幹些甚麼工作呢？……」當她用清銳流利的言詞自我介紹之後，就指着另一位藍布長旗袍，黃黑臉孔的農婦，向大家介紹：「這位李大嫂，是李志芳的妻子。她家裏公婆都在，有三個小孩，種田一百二十挑，她的兄弟去年當志願軍去了，現在她又送夫從軍，可算得我們三峽區的一位標準婦女，模範夫人……」拍拍拍！一陣雷震似的掌聲，轉移了會場的情緒。

一分點後，全場寂靜得鴉雀無聲，李大嫂成了萬目注視的焦點，從未在大庭廣衆中談過話的她，嚇得耳燒面熱，半晌不語，這拘拘束束，手足無措，蒼惶窘逼的態度，弄得鬨堂大笑起來。掌聲又起，李大嫂看見觀衆鼓掌大笑，她也不由自主地大拍大笑起來，拍了又笑，笑了又拍，這時的掌聲，笑聲，呼好聲、鬧得會場天翻地動。

李大嫂嘴吧一張，觀衆們好像專候她的囑語，恭聆她的訓示一樣的沉靜了。全場無一點人聲，只有那光焰奪目的煤汽燈在火火火地怒吼，和那奔赴光明的小虫，在燈下拼死地橫飛糾纏。

「今天，盧區長招待我吃飯，看戲、實在不敢當得，我是李志芳的太太，我今天是親送丈夫到前方去的，我看到很多姐姐，妹妹，和很多的男先生伙，打起紅綠的旗子，放起熱鬧的火砲，也來歡送我的丈夫到前方。我們夫妻二人，走到河邊，上船分別的時候，我們沒有哭，李志芳把他所得的一根志願從軍掛的紅，掛在我身上，我歡喜得要命！（鼓聲）他害怕許多人把我圍住一圈，這時候我就想起了我的哥哥。他當兵，他跑到重慶被飛機炸死了，是被日本鬼子的飛機炸死的，沒有一個人替他可憐，日本鬼子是好萬惡呵！我的丈夫到前線去了，有這樣多的人看重他，我聽到人家說，當兵是很可以好的，要有國才有家，這話很是不錯，所以我很歡喜地把我的丈夫送到前線去，在河邊，我向李志芳說過：「你要好好安心地去打鬼子，就是三年五載不回屋，也沒有多大關係，家裏的老父老母和三個娃兒，完全有我侍俸撫養」，（台下鼓掌呼好）李志芳也向我說：「我要把鬼子打起走了，我才回來」，這是許多先生伙親耳聽到的，我們夫妻二人，就這樣快快活活地分手了，繼後有些看重了我們的先生伙，說我送夫從軍，是很好的一起，所以就一角兩角，一塊兩塊的捐了二十多塊錢給我恭養爹媽和娃兒，由我這樣看來。李志芳志願從軍，是好闘氣呵！連我都是很光耀的，所以，像你們那些有丈夫的呵，有兄弟的啊，有兒子的啊，有朋友的啊！都要勸他們志願當兵才好，大家早些把日本打起走了，大家早些過安樂日子，我沒有多的話說了，我這鄉下人，說得對不對，不要見笑」。

李大嫂談話的時候，那拘泥的態度，生硬的詞句，滑稽的表情，時時引起觀衆拍掌大笑在觀衆拍掌大笑得利害的時候，她自已也拍掌發笑，時而拍了又笑，笑了又拍。時而又說又拍，又笑，弄得全場拍笑若狂。成了一幅狂笑狂拍的圖畫。

李大嫂說完了話，她退後幾步，頭向下垂，似乎好像不好意思的樣子，那曉得她嘴巴一動，又弱腰點頭，比手比脚的唱起歌來。

「同胞們，大家來當兵，

國家亡了怎麼能活人；」

…………

…………

當兵好，當兵很可以好；

當兵好，當兵很可以好，

…………

她越唱越高興，越比越有勁，那偏偏倒倒，瘋瘋顛顛的樣兒，唱得滿堂大笑不止，有的笑得腹痛，有的笑得彎腰，有的笑得流淚……接着又咭咭咕咕的議論起來；有的說：「這女人怕是瘋了：」有的說：「這女人眞莫明其妙」；有的說：「他怕有神經病吧」；有的說：這女人過於受人尊敬，使他忘乎其形了；」有的說：「一個鄕下婦女，能出這樣的場面，倒還不錯；」有的說：「一個無知無識的女人，能夠送夫從軍，眞是難找；」有的說：「她算得三峽的模範女人呀」；正在議論紛云的時候，一位帶黑呢帽，穿帝國式大衣的鬍子出台了，他以堅決，誠懇，激勵的語調，發表他的感慨：「各位先先，我聽了這位李大嫂的談話，我發生了極大的感慨！他這樣一個無知無識的鄕下婦女、能夠慷慨地送夫從軍，眞是難能可貴，她的愛國行動，使得我們失掉了家鄉而流浪的人們，感激流淚！她的丈夫從軍去了，她家裏的老父老母，小孩的生活，我們應該負起責任來，我代表演劇班全體同仁向這位巾幗英雄致敬！願把我們今晚全盤的收入，捐獻出來（全體鼓掌）優待抗戰家屬。」

這位經理的談話，眞慷慨激昂，打動了無數觀衆的心坎，登時造成了一幕獻金運動，當他談話的時候，會場左邊，有一身穿靑色破舊短服的青年，老早站了起來，目瞪口呆，面部肌肉緊張，手緊捏一卷法幣，等到經理談畢，他馬上高舉左手，大聲急呼「我願把我所有的兩塊錢捐出來」，接着他很迅速地將錢送上台去，在全場熱烈的鼓掌聲中，台上有一位武裝同志，精神抖擻的大聲高唱「某先生捐洋兩元」，又是一陣鼓掌，接着便是，一角二角，一塊二塊地響應起來，也繼續的聽到：「王先生捐洋三元」，「張先生捐洋五元」的呼聲，這樣接接連連，爭先恐後的踴躍輸將，掌聲也像江裏的浪，海裏的濤一樣地怒吼不歇，這時的會場，只是不斷的呼好，不斷的唱名，不斷的捐款，不斷的收錢，全體都忙得不亦樂乎。捐款的數目，從一角起，到十塊止，捐款之羣，有小孩，有成人，有學生，有婦女，有勞工，有小販，這一幕不分男女老幼，不論富貴貧賤的獻金運動，一股勁，湊足了七十餘元。

李大嫂在掌聲如雷，衆目揆揆的情景中引退了，許久、許久、還有人笑談着她送夫從軍的故事。

元旦日的巡禮

澄江小學十三歲難童　汪仁安作

今天是廿九年的元旦日。

早晨，霧色籠罩了整個的夏溪口，風輕微的打着寒喻吹拂着，給人們帶來了無限快適的感覺，象徵着這是個勝利時日的開始。

我懷着無限的興奮跳出校門，這時劇台已裝點起來了，結了很好看的彩花。兩邊貼着慶祝元旦的對聯，禮堂正中，懸着黨國旗和總理遺像。場面是十分隆重而莊嚴。這偉大的神聖的節日，在每個人們的意識中掠過。那彩門上被微風吹動的松柏和紙花，好像在招手歡迎我們來參加這廿九年元旦日的慶祝大會。操場上的同學們，都瘋狂地踢着足球，跳繩，跑着…………………

噹！噹！噹…………集合的鐘聲響了，透過了嘈雜的人羣：在空間旋迴着悠長的尾音。站隊呀！每個人都這樣的喊着，同時都聚攏來按着高矮的次序列好。澄夏兩鎮的民衆也都到齊了。全場空氣頓時肅寂下來。一種不可言喻的緊張空氣，壓在每個人的心頭。

大會開幕了；司令台上的司儀高喊着：「全體肅立」「唱黨歌」…………接着是演講。第一個講的是「軍民合作」，並推論抗戰的勝利的把握。衆聽都非常激昂，隨後六半說的是廿八年廿九年的感想，也很能引起聽衆興趣。到十二點鐘；大會才閉幕，最後是遊行。一條長長的鐵的行列，灣灣曲曲在一副壯麗的黨國旗下前進。每個人都抑捺不住一腔高昂的情緒，臉上飛舞着霞光。從澄小起一直到澄江口王爺廟，才停止遊行。

整個下午是在玩笑中消逝了。

六點鐘的光景，開始演劇了。第一幕是十八師政治部出演的「江邊怒吼」。劇情的緊張，使看的人都興奮得幾乎跳起來。表演的技術也很不錯，而我們澄小出演的幾幕，要以「軍民合作」，「戰長沙」「漢奸」等，較能引起觀衆的興趣。至於表演的技術，當然談不上。不過我們爲了抗戰勝利，進行我們的宣傳工作，技術雖然幼稚點，而我們的目的確是達到了。我們已把這民族的仇恨播入每個男女老幼的心頭。他們都很懂得而且非常深刻。每當我們演到敵人殘暴的時候，他們都像潮水一般的怒吼起來。我們相信我們所播種的這些仇恨的種子，在他們內心會很迅速地成長的。同時我們更知道這將給廿九年的抗戰，發生更偉大的力量；這是我們澄江小學在元旦日這天給我們廿九年抗戰前途一種偉大的貢獻。

最後是北碚新運會放映的幼燈影片，這給大衆對於抗戰一個更深刻的認識。

戲演完了。夜已深了。初冬的寒風；冷透了人們的骨膚，但是冷不了每個人仇恨的心。憤怒的熱情，在黑暗中，他們是怒潮般的消逝了。

在今夜。我們是期待明天——廿九年的明天；盼望這仇恨隨着時日而成長，給我們抗戰帶來新的勝利的前途和希望。

道格拉斯機廠的故事

鮑爾薩克作

凡是搭乘飛機到過遠東旅行的人，無論是搭乘中航公司，汎美公司或是日本航空公司的飛機，也無論是到過荷屬東印度，或是菲律賓，或中國的西南和西部，或是經渝昆線到仰光的旅客，大概對於著名的道格拉斯 De2。De3 或是大客貨運輸機道格拉斯 De4 各式飛機沒有不熟悉的。道格拉斯飛機製造廠成功了世界上規模最大的飛機公司。

在世界各國多轉向軍國主義的今日，道格拉斯公司要以其世界聞名的客貨運輸飛機改造為軍用飛機，這是不可避免的事實。英法兩國已向美國訂製大批道格拉斯式飛機，而美國海陸軍部也早已大規模採用。在美國對蘇日兩國實行精神禁運的現狀之下，這兩個國家都沒有在美購機的可能。德國宣傳他們的米式忒美德式飛機舉世無匹，但是根據紐約路透電所傳消息，美國這種新式飛機不久便可以和德國飛機抗衡。然而道格拉斯飛機是怎樣發明的，公司是怎樣成立的，現了在發展到了沒有的程度，這裏有一個很清晰有趣的解答。

在洛杉磯一個狹隘的理髮店裏，理髮師剪刀互碰的聲音，銳利的剃刀同那堅硬的鬍鬚奮鬥的聲音，和道格拉斯為他將來第一個工廠草擬飛機圖樣的筆尖聲響打成一片。

那是差不多二十年前的事情了，但是那些理髮店現在都已發展成了世界最大的飛機製造廠。道格拉斯的名字，已經和美國以及其他二十二個國家的每一個航空點都發生了關係。

還在向前邁進

道格拉斯飛機製造廠現在接受軍用商用飛機訂單共達五千萬美元鉅款，可是道格拉斯本人坐在他那耀煌華麗的大辦公廳裏，還在注意着空中的將來。他是一個四十七歲富於保守性的人，談到他自己，他總是那樣靦覥，但是對於一個不常見面的客人，招待的總是十分週到，對於目前的航空熱，依然持之鎮定，泰然處之，好像和他計劃中止海軍生活，辭其整個銀行所有來的草擬一架飛機圖樣時的情形分毫不爽。

道格拉斯其原在亞那波里海軍學校任海軍士官候補生，在這時候他便在自己的房間裏繪畫圖樣，甚至造成了一個飛機的模型，他的腦筋完全是在空中，而不在水上，他已經預先看到了飛機很有成為軍事利器的可能。事實上，他離開海軍學校的一個原因，是因為他有一架弄着好玩的飛機在空中飛旋的時候，偶然的碰到了一位海軍大將，結果這位青年的海軍士官候補生，並沒有得到他的鼓勵，因此他便急遽的離開了。

在紐約城的開代郝克地方，另外有兩個青年——俄爾維洛和萊特——很巧妙的將一些鋼琴用的鋼綫，竹片和綢布用膠水黏起來，給予鼓動，便可以在空中飛旋。所以道格拉斯離開海軍學校之後，便向美爾進發，想看一看萊克兄弟怎樣征服他們的困難，怎樣使美國陸軍相信飛機應當是武器中的一種。這件事發生在一九〇九年，道格拉斯眼見第一架飛機賣給陸軍當局。自從這一天以後，道格拉斯便每天看到帝陸軍的飛機訂單以及外國戰鬥機訂單經過他的辦公棹了。

道格拉斯的父親是紐約一位銀行家，最初原希望他的兒子成爲一位海軍官佐，但是因爲他服務海軍，軍艦給他留下了深刻的印象。他好像是弗恩再生，也夢想着而且憧憬着空中運輸的景象，他想像着商業航空有需要，也有可能。

他離開海軍學校是由窗戶溜走的，現在從美爾回來，又從學校的後窗鑽了進去，在這裏和幾個同學爲海軍擬軍案而研究組織企業公司的計畫。披着金黃色背帶的海軍官佐立刻拒絕了他們的計畫，但是這絕不能停止了道格拉斯現在的活動。他再訪過昏憒的國會議員，他探視過官僚氣十足的海軍部官員，他也造謁過充滿了封建思想海校當局，但這一切祇能阻礙他幻想的實現而已，所以他在一九一二年退休了。

他從亞那波里去麻州，加入麻州工學院充任飛機製造工程師，不久，他又服務於康涅狄格飛機公司，協助第一次海軍飛機的製造工作。

同時，在甘陸斯州也有一個青年，他一向在他母親的廚房間裏製造索曳航空機，在飛機製造業上很有發展。這個青年叫馬丁，他在洛杉磯成立了一個可以叫作飛機廠的組織，承造美國陸軍和外國政府的飛機訂貨。他的事業很發達，需要一個助手，道格拉斯便成了他的工程師領班。一年以後，道格拉斯轉回美國東部，任陸軍模範軍航空部設計主任。

後來他又在克利夫蘭重行加入馬丁公司，自今向後，這個二十五歲的飛機製造業「老手」便有扶搖直上的氣概了。一般青年都喜歡戴上一個副總裁的高帽子，二十八歲的道格拉斯，便在一九二〇年得到了這個頭銜。在這時候，航空界還沒有人注意，但這並不足以使道格拉斯失望。他眼看着有過功績的飛行家竟至組織飛行表演團，藉謀溫飽，並且聽過許多關於飛行前途並沒有把握的議論。

他又帶着他的幻想和晒藍紙回到西部沿岸。他是個可愛的青年，但是他所造訪的一些權貴，却更喜歡將錢裝在自己的腰包裏。他的鞋子跑破了，這一日三餐都發生了問題。他所認識的所有的富翁，都認爲他的計劃太渺茫了。他們都勸告他，如果一定要說這是一種事業的話，最好還是脫離了吧。

後來在洛杉磯好容易發現了一位天使，名字是達衞斯，他是好來塢的體育家，很有錢，他想製造一架飛機，作第一次橫貫美國大陸飛行。道格拉斯飛機公司便這樣產生了，公司地址就在那個沒有棹子大小的理髮店裏。理髮店裏免不了彈吹拉唱的聲音，時常會有關於跳舞會的討論，道格拉斯要在這樣的環境中，擬定他第一架飛機——雲飛號——的製造計劃，怎能不受環境的紛擾？

一九二一年，雲飛號完成，達維斯搭乘該機飛往東部沿岸，駕駛員是斯普林格。飛機到達帕蘇附近，發動機發生障礙，被迫降落，在他們設法修理的時候，有兩個陸軍中尉——凱萊和麥克萊台由紐約飛往桑地雅各。達維斯的夢想頓成泡影，雲飛號飛機拍賣。但是達維斯允許協助這個青年製造家，共給他旅費，前往華盛頓，向海軍當局兜售雲飛式飛機，這個青年的飛機設計家的目的達到了。他向海軍部接洽，承訂購雲飛式飛機十二萬美金，海軍部訂購這批飛機，作爲投擲水雷之用。

祇要一萬五千元

這一項訂單對道格拉斯是一筆很大的數目了。但是在洛杉磯富翁們看起來並不值得什麼。道格拉斯在他們的理髮店裏原來認識了當時洛杉磯的灐得洛，對於道格拉斯是一個很大的幫忙。他要開始製造飛機，只需要一萬五千美金，灐得洛允許他，如果另有九個洛杉磯的商人願出同樣資本，他可以簽付一千五百美元的支票，給道格拉斯應用。因為灐得洛的支持，不久資本募齊，雲飛式飛機開始出貨，道格拉斯成功了公認的飛機製造家。

道格拉斯獲得資本十萬元，脫離了原來的公司，組織道格拉斯公司，遷入蒙尼加一個倒閉了的電影製片廠新址。在這裏，道格拉斯製造Dwc式飛機，一九二四年，美國陸軍會以此種飛機作環球飛行，因此，道格拉斯發出了一個飛航：「環球飛行第一。」

建築新廠

他的公司擴充了，當時這個二十三歲的公司總裁眼看着自己的僱員由十二個增加到五百個——一九二八年。後來新工廠建築完成，自今而後，事業擴大幾倍。及至今日，道格拉斯已有僱員九千名，每月薪金在一百萬美金以上。道格拉斯成功了美國加州規模最大的機關。公司去年收益為二百十四萬七千三百九十二美元。然而沒有幾年之前，他們曾經告訴過他，「如果這是個事業的話，也請早日脫離呢！」

在過去的十七年之內，道格拉斯公司製造了二三二六架飛機，「售款約達一萬萬美元。但是道格拉斯最認為滿意的，」還是道格拉斯DE3式飛機，現在各大航線差不多都採用這種飛機來運輸商貨了。他辦公廳裏掛滿了舊日飛機的照片和模型。這裏還有許多紀念品和獎章，說明了他在航空界的功績。

道格拉斯曾說過：「DE3式飛機在各方面都能適應今日商業航運的需要。但是明天又怎樣呢．那就成問題了。交通界對於大飛機的需要日益迫切。我們最近完成的可以裝載五十位旅客的DE4式飛機，也許可以適應這種需要。但是有誰知道呢？我們也許要建造重達十五萬磅一架的飛機，一個翅膀長二百五十英尺，可以載客一百人。」

五哩長的甬道

踏進道格拉斯工廠的門，你可以看見一條有五個哩長度的甬道。製造商業運輸機和軍用轟炸機的各種部隊也便都建築在這條甬道的兩旁。像製造道格拉斯這樣大的飛機，工作很繁，進行要慢，而所費資金亦多。從小釘子起一直到機輪，祇是鋼和鉛兩部，就要經過三萬到五萬種不同的部門。而且每一種極細微的部門也都要仔細的裝好，經過再三的檢查，和精裝鐘表的手續完全一樣。

道格拉斯製造廠共分兩部。其中主要的一部在蒙尼加地方，佔地一百四十萬方英尺，這和那原來十英尺見方的理髮店成一個怎樣的比例？另外一部，稱為西根杜部，設在洛杉磯飛機廠附近。第一部分是最近成立的，用以裝配飛機零件的，機廠大門可以容二百五十英尺機翼的飛機進出。

製造五十架運輸機

道格拉斯製造廠現正為各航空線製造商用運輸機五十架，每架造款約在十萬美金以上，此外，在製造De3式雙座運輸機。該廠承造軍用飛機量雖未經發表，但是也可以約略估

計爲五千萬美金。其中有值十二萬美金的飛機是法國轟炸機

現在正在西根杜工廠裝配中。美國陸軍訂購B 18式轟炸機佔全部的百分之四十六，B 23式轟炸機和另一種戰鬥機，據說速度最高。美國海軍訂購投雷機佔百分之六，三，外國訂購商用運輸機佔百分之五。五，而外國軍用機訂單則佔百分之三十。已經公佈的訂單並不包括載客五十三人的 Dc4 式巨型機在內。這一類飛機完成後，第一架以七十五萬美元售予日本。其造價每架爲五十萬美元，其產量正在逐漸增加，不久卽可以行駛美國各航綫。

道格拉斯機廠生產量的詳細數字告訴我們，在這極端複雜的工作中，該廠生產力眞是一般的標準。凡是有助於飛機製造的每一種新式機械，該廠無不採用。製造一架運輸機或轟炸機，都要經過幾千種手續，這種繁難的工作怎樣進行，眞是令人莫名其妙。每一種部門都有牠的獨立性，而同時又須和其他各種部門配合起來，最後還須要裝配成一個完整的飛機，能不是一件奇蹟？

大批鋁質合金的存儲

舉例來說，一小塊鋁質合金和其他各塊配合起來，便成功了機翼的邊緣　最初他拿一小塊合金用石膏模型造成一定的形式。但這些手續祇能完成這一部分工作，然後將印模放在五千噸水力壓力之下，鋁塊脫離印模，才能適合需要　在經過各種提煉等手續的過程中，還要秤過多少次。所以脂肪質必須削除淨盡。在道格拉斯工廠中，存儲鋁質合金共值二百萬美元，這裏都是大塊的合金，將來要造成運輸機和轟炸機的。鋁質合金是適於建造飛機最輕而最堅固的金屬。每一架飛機至少有三千部分是由鋁質合金製成的，從機翼和機倉起直到增加飛機力量，保證飛機安全的翼肋。

道格拉斯爲說明這個公司的範圍，曾經估計，去年工廠經費大約有一百十二五萬美金是購買材料用費。和該廠發生關係的共有一百五十家廠商，所購物料，由棉花製成的燃料儲藏器等共有三萬種。該廠所購物料，大約有百分之八十產至美國東部。去年一年，巨型飛機所用電線一項共值七萬美元。

看過了這個大規模的工廠，聽到了工廠發展的經過，走出工廠的大門，一定會發生一種奇想，就是道格拉斯現在也在採用電力作他製造空中運輸機的一種工具，他是不是會又回想到他那個理髮店呢？

——恩源譯自密勒氏評論報——

我回憶中的兩個模範人物

胡石青先生講
葛向榮紀錄

在我的國外遊歷回憶當中，使我最難忘懷的，有兩人，兩個都是出身寒微，而且都成就了很偉大事功的人物。

一、埃及歷史的發掘者

一位是法人馬立德霸下 (marite pasha)(「霸下」是回教徒裏一種最高的尊稱，在有教皇的時代可以說是「一人之下，萬人之上，」現在沒有教皇，便只有「霸下」算是至尊了，

馬立德原來不過是巴黎大學的一位事務員或者說是一位書記怎麼能夠在回教的王國裏，享得這樣崇高的尊榮呢？

緣當初，學校拿了兩萬法郎叫他到埃及去採買古物，但他來到埃及之後，一概不到市場上去買，却請求埃及政府，讓他去做發掘的工作，並與埃及人約定：「我出錢，我出人，我出一切工具及設備來幫你們共同發掘，掘出之後，我只得一半拿回法國去，分一半給你們，這是你們祖先的歷史，你們總得要清楚他，要好好地愛護他。」訂約之後，便開始發掘，結果，埃及和法國，都分得了很多東西。

巴黎政府，知道了他這次功績，要請他爲國家服務，並出政府拿了大筆錢（由議會通至號法郎）派他再到埃及去工作，他仍然用同樣的辦法，向埃及政府說：「我出錢，我出人，我出一切工具來幫你們發掘，發掘出來的東西，分一半給你，我拿一半還法國回復政府去，無論你們說是爲埃及也好，爲法國也好，這總是你們祖先的歷史，必得要清楚地認識他，要好好地愛護他，」結果，他又將埃及的很多古物，從地下發掘到地面上來，並分了半回法國去。

於是埃及政府，也不讓他回法國了，也要請他爲他們的國家而整理古物，並贈予很高的爵位，伯爵羅於是他就在埃及把所有古物都整理出一個清楚的系統來，並大規模的發掘一直工作到死。精神始終不懈，埃及人因此才恍然明瞭他們祖先的歷史，埃及全國人民對他都可說感激極了，便特別把他發掘和整理出來的古物成立了一個開羅博物館。馬先生生於西歷一八二一年，於一八五〇年開始埃及古物的工作，一八八一年卒於開羅，至一九〇四年爲他造成極偉大的銅像，以全國人的公意追贈他以至尊之號（爵下）。以作永久的紀念，當我遊歷到埃及，參觀他們古物陳列的時候，還看見他的肖像在那裏巍然立着，受着埃及人民非常的崇敬！

所以我覺得一個人，既來在這世界上了，就總要作成一樁事情，同時，以一個人的精力來說，也只要能作成一樁事就夠了，我們不要嫌小，不要見異思遷，不要這山望見那山高，如果每樁事都能作成了，自有他相當貢獻，自有他相當地位。

這是我對他最誠懇的印象和感想。

二、誰使芬蘭協調地進展？

我要說的第二人，便是 Kalio 葛寥先生，他最初是芬蘭的一個農家的雇工，但是，當我到芬蘭去遊歷的時候，他已在作芬蘭的首相了！而且他之成功，並不是經無產階級革命所奪取得來的，因此，更使我對他發生很濃厚的興趣，很想對他的一切加以深切的研究。

當時，就有位朋友，送了我一部內地殖民法，（Law of Inland Colonization）又叫土地分配法，我一研究這法的內容，可說是芬蘭最好的一部經濟建設計劃，與他國家的交通，人口，產業，國防，……都精密地聯絡一貫而協調地配合着的，尤其他的鐵路只有一個十字線其餘兩線相連的地方總是三叉線，總之他們是從有人的地方向無人的地方修，從已開闢的地方向未開闢的地方修，修了之後，就盡量獎勵窮人在當地購地墾殖，只要你有耕種的能力，便可以由國家農業銀行借錢你買地，修房子，置農具，養牲畜……一切都予以便利和扶助。

也許有人要這樣問：「爲甚麼不由國家把這許多房子修

好，東西買好，再交給他們呢？』這有兩個原因：一方面由政府把地賣給他，他得着一張地契可以滿足他的佔有慾，發展他的企業心，一方面由國家銀行借錢他，他就有一張借約存在銀行裏可以加重他的責任心，非努力進取不可，同時還有三種限制：第一必先買公地：國家沒有公地賣給你，才能向私人買。第二只能買餘地：就是地主有超過一定限度的，自己耕種不完的地，而你自己又曾經耕種過那幅地，才能買那幅地。第三只能買邊地：就是買原主界址的邊緣部份，以保持土地的集中，以免分散。

這法施行以後，全國很多地方的耕田，不久都流轉到無產階級的手裏去了。使無產者變成有產者，同時對於有產者也無所損害，這完全是一種分配的發展，也可說是世界上計劃經濟的最好典範，當時無論是共產主義者，社會主義者，資本主義者，……對它都很贊成。

最初的葛麥，不過一貧困的僱傭而已，因勤儉努力的結果，一面購置了些地方自己耕種，一方面爲人作僱傭，以後耕地逐漸增加　慢慢地逐漸變爲完全自耕農了。再經努力，不久就成了小地主了，成了大地主了。又當了國會議員了。過後，當芬蘭獨立的時候，政治機關各部門，均須找專家來担任，因爲他是農業出身的，就當了農業部長，於是他便根據他由雇工到地主，各階段的經驗，而製定了這部精美完備的農業法，把國家全盤建設都包括在內，使國家整個建設，都能協調的發展，國人爲紀念他，就把這法稱爲葛麥法，並任他爲全芬蘭的首相。雖然他的地位逐步升高了，而他的生活却並沒隨之摩登，仍保持從前生活的儉樸，當我在芬蘭遊歷的時候，（一九二三）他仍在繼續作首相，如果不是爲英國某記者的特別徵求而照了一個像，連我想徵求一張他的照片以作紀念，也幾不可得，（後來他國外交部尋出他的照像底板洗了一張，並請他簽了字送給我，現在我還很珍貴的保存着）。

所以，我認定萬事都可作起，都可一步一步向前發展，萬事都可發展天才，都可發展你底創造能力，只是不要忘了從前，不要忘了舊我，否則，雖有成就，也不會偉大，也不能永遠，例如當了成人，就把兒童的心理忘了，就不能作一個很成功的教育家，如果葛麥當了地主就把雇工階級的生活忘了，當了農業部長就把地主階級的生活忘了，那他就不能顧到各階層的利益，而爲大衆謀福利，也不能完成那樣美備的政治傑作，尤其是利害衝突的時候，更要牢牢記得，到了經驗多了才能顧到各方面的利益，才能得到各方面的擁護。

作孚先生就有這兩位人的精神，沒有甚麼學位，沒有甚麼憑籍，只是努力往前作，所以盧先生昆仲，也是我們當前好的模範，更希望大家在盧先生領導下，都變成模範人物，以爲全國的表率，以後實驗區的範圍一天一天的擴充，實驗區的成就一天一天的偉大，全國都樂向實驗區徵求人才，我將來再遊歷全國在任何地方都可會着峽區的朋友，那時回憶起今天今晚在這個地方的這席說話，那我們當是多麼高興啊！

將來的三峽

生產：

大規模增加特種農產、林產、和畜產。

大規模開發礦產——由土法採煤到機械採煤。

大規模創工業——由手工業到機械工業。

交通：

凡生產區都通輕便鉄路，文化區和風景區都通公路。任何村落都通郵政、電話、和電報。

文化：

每保都有小學校，成年補習學校。

全區有大的圖書館、博物館、和運動場。

每保都有圖書閱覽室、展覽室、民衆會場、運動場和俱樂部。

人民：

皆受教育。

皆有職業。

皆有現代的知識和技術。

皆能爲公衆服務。

地方：

皆清潔。 皆美麗。

皆有秩序。 皆可居住和遊覽。

總裁訓示

不進步就是落伍。

建設之首要在民生。

任何大小工作的成就，沒有不需要勞苦奮鬥的。

心裏如此想，口裏如此說，手裏就要如此做，並且繼續不斷的做到最後成功爲止。

我們必先能自助，他人始能助我。

在精神上要自立自强，在生活上要自愛自重。

要知道我們有了決心，必須同時有積極的奮鬥來實現這個決心。我們有了自信，也必須配合着這個自信的行動。

生活的目的在增進全體人類的生活；生活的意義在創造宇宙繼起的生命。

由生活的集結一體，來造成精神意志的共同一致；由行動的合羣連繫，來造成組織力量的統一集中。

我們必須過集體生活，然後生活才是合理；我們的行動必須是一種羣衆行動，然後行動必有效益。

本刊徵稿條例

一、本刊以反映三峽實驗區建設事業之進展情況，交換鄉建實施經驗，改進農業及生產技術為主旨，歡迎投稿其範圍如下：

1.峽區各建設事業進展概況。

2.峽區各項建設工作中的困難與克服困難的經驗。

3.全國各地鄉建消息及實施經驗談

4.鄉村建設之理論著述

5.世界各國建設故事。

6.生產技術改良實例。

7.科學發明故事。

8.自學成功者的學習經驗。

9.有關抗戰建國的名人講演。

10中國新興工業的介紹。

二、來稿須繕寫清楚，并加新式標點 標點佔一格。

三、譯稿請附寄原文或註明出處。

四、來稿本刊有修改權。

五、稿末請註明作者通信處，以便通信。

六、來稿請寄北碚實驗區署月刊室收.

北碚月刊

第三卷　第三期

民國二十九年四月十五日出版

編輯者　嘉陵江三峽鄉村建設實驗區署月刊室

發行者　嘉陵江三峽鄉村建設實驗區署　四川北碚

代售處　北碚重慶各大書店

印刷者　京華印書館　北碚天生橋

每册實價二角

北碚

林森

第三卷
第四期

民國廿九年
六月十五日出版

花木陰森的火焰山↑

北碚公園路上
游客熙熙攘攘↓

←高坑岩瀑布——水力約
五百匹馬力

四川嘉陵江三峽鄉村建設實驗區署發行

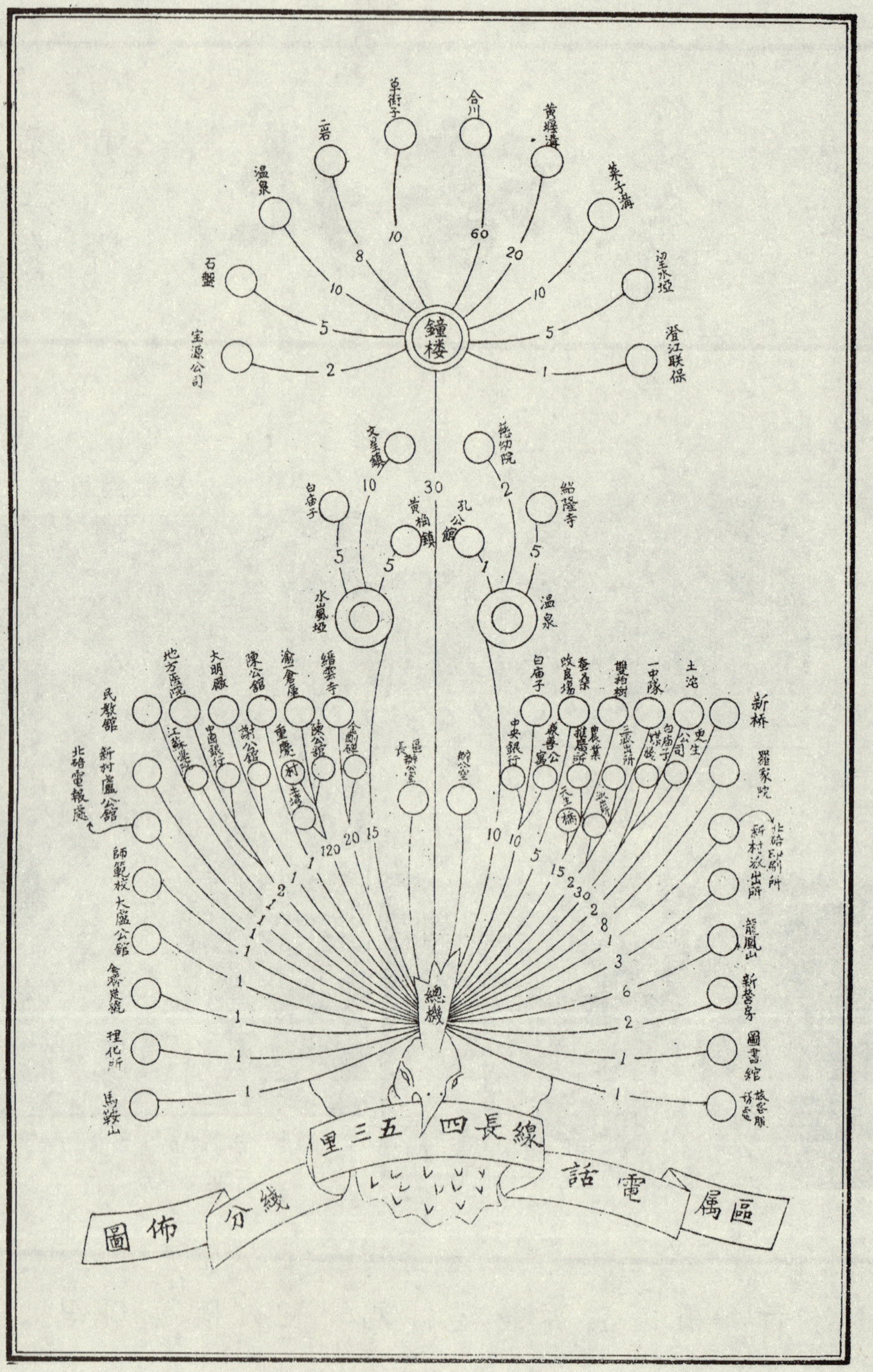

區屬電話分綫佈圖
線長四五三里
總機
鐘楼
合川
黄桷鎮
溫泉
石盤
宝源公司
澄江联保
水嵐埡
白庙子
縉雲寺
紹隆寺
孔公館
慈幼院
民教館
大明廠
陳公館
地方医院
一中隊
土沱
新桥
羅家院
中央銀行
北碚電報處
新村盧公館
師範校
大盛公館
理化所
馬鞍山
龍鳳山
新營房
圖書館

北培月刊 第三卷第四期 目錄

如何應用統計方法以觀察一般現象……朱君毅（一）
科學與國力……秉農山講演（九）
撤換峽區電話桿綫的意義……黃明德（一〇）
黃桷鎮紡織合作社參觀記……胡壽維（一四）
模範母親慰問三峽志願兵記……王蔭碩（一六）
今年峽區的造林運動……舒傑（一九）
森林苗木育成法……唐尚紀（二五）
峽區當前的養猪問題……楊濃（三一）
猪瘟的預防和醫治方法……焦龍華（三四）
老農養猪經驗談……黃世輔（三五）
峽區土質需要骨粉肥料……羅文信（三七）
堆肥的好處……鄭遠緒（四一）
元平式速堆肥法淺說……四川省立教育學院農化組（四三）
……四川農業改進所

元平式速成堆成法……彭家元 陳禹年（四五）

綠肥淺說……賈植三（五一）

怎樣減少稻子的白穗……封遠昌（五六）

再生稻試種結果……楊開渠（五七）

穀倉如何防虫……忻介六（五八）

麥類儲藏方法（補白）

夏天成熟的廣柑……張文湘（六〇）

峽區農業推廣所概况……農業推廣所（六一）

警察調查戶口須知……劉瑜（六四）

新彊棉業會議專家報告技術問題（補白）

峽區小學教育視察記……顧其美（六八）

民生公司是怎樣奮鬥起來的……李景芳（七一）

大鑫火磚廠概况……洪崗（七三）

為增進學齡兒童健康告家長書……衛生所（七四）

附載：實驗區各種集會須知

如何應用統計方法以觀察一般現象

朱君毅

今天所講的題目，是「如何應用統計方法以觀察一般現象」。何謂統計方法？就是根據客觀程序，來綜合，分析，及比較量的事實的方法。何謂一般現象？就是自然界及社會上一切複雜的情形。統計方法，原來是很繁冗，很艱深，但其中的四種最基層方法，就是(一)次數分配法；(二)平均數法；(三)差數法；(四)相關法。這四種方法，在其逐步演進時，可以把事實遞層分析。先則觀其輪廓，次則窺其隱微，終則察其聯繫。至於其他方法，雖條分縷析，各有其特殊作用，然追本溯源，都由以上四法演繹而來的。

一　次數分配法

次數分配法的功用，是要把事實全體分布的情形，顯示出來。

一、統計數列的種類　但是統計事實，很是複雜。倘是我們要看他的分配，先把他分類。分類的方法，就是把事實按照他的特性，爲之歸入幾種統計數列。統計數列，就是把統計數字，依照各種次序爲之排列。我們有三種方法。第一，是次數數列。就是依照材料數字的大小爲之依次排列。如一歲，二歲，三歲等，依次排列。第二，是時間數列。就是依照材料發現時間的先後，爲之依次排列。如民國元年，二年，三年等，依次排列。第三，是地理數列。就是依照材料所佔地理位置的先後；爲之依次排列。如江蘇省，浙江省，安徽省等，依次排列。這三種數列，其中以次數數列，最爲重要，所以以後所討論的，都是關於次數數列。

二、次數分配的種類　何謂次數？凡自然界及社會上任何特性，都可測量，並可用數字表示。譬如人的壽命，是一種特性，我們可以用年歲來量他，如某人幾歲等。譬如一歲的有五十人，二歲的有七十人，三歲的有八十人；那末，這五十，七十，八十就是一歲，二歲，三歲分別的次數。何謂次數分配？根據上面所說的，倘是把一歲，二歲，三歲等依次由左而右用同等距離畫在一條橫底綫上，再把五十，七十，八十等各在其相當年歲上依其數目的大小，而表出高低不同的各點，再把各點連接起來，成一種彎曲的綫，就得到一種次數分配曲線。這曲綫或高或低，一看就知道每個年齡各有多少人，所以這個次數分配，可以把壽命這一種特性全體分布的情形，顯示出來。

因爲自然界及社會上各種特性不同，所以次數分配或次數曲綫亦有各種的形狀。大體言之，可有四種：

(一)常態分配　上面已說過，若把測量一種特性的數字，依次畫在橫底綫上，再把其發現的次數分別用點記在上面，把各點連接起來，就可成一曲綫。在常態分配時，這條曲綫，像個鐘形，左右對稱，所以又稱對稱分配。看圖.1就明白了。這個圖有幾種特點，可以注意的：(一)橫底綫中間一點，是這特性的程度中間地位，上面的曲線最高，這就表示發現次數最多。(二)這圖左右形狀相同，是對稱的。(三)凡一種特性，其程度最低時，次數最少；程度漸升了則次數漸多，以至程度適中，次數最多；此後程度再高，次數反減少，以至程度最高時次數最少。

各種現象的分配，合於常態的，並不很多。據經驗所得，大約自然界所發現的現象，多合於常態；社會環境所造成的現象，很少合於常態。好像常態分配，多由於造化；非常態分配，多由於環境。現在舉幾個常態分配的例子：

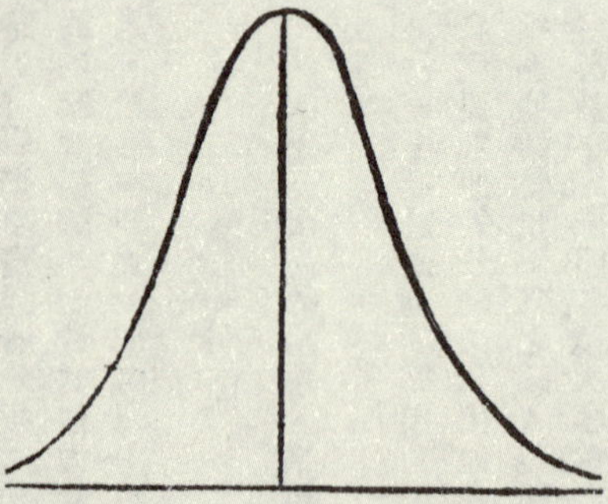

圖1. 常態分配

甲、人類智慧的分配　人類智慧，是由於天賦。自下愚以至中材而達上智，其人類的分配，正如圖1.所示。換句話說，智慧最低的，人數最少，佔圖橫底線的最下端（即左末端），該處曲綫最低。智慧漸高，人數亦漸多，及至中材人數最多，佔圖橫底線的中點，該處曲綫最高。過了中材，智慧愈高，人數反愈少，及至智慧最高時又人數復最少，佔圖橫底線的上端即(右末端)。從此我們可以說：窮愚極蠢，或大賢至聖，其人數最少，而中智庸材，比比皆是。

乙、人身長度的分配　人身的長度，似乎亦由天定，或用更科學的說法，由遺傳而定，其分配合乎常態。就是最矮的人，人數最少，最高的人，人數亦最少，而中材之軀，人數最多。但是人體重量，與氣候，飲食，勞逸，憂樂等環境的因素均有關係，其分配就不能合乎常態。從一個人羣中觀察，身體重胖的極多，而從另一個人羣中觀察，身體輕瘦的又極多。

丙、樹葉長度的分配　樹葉的長度，亦依自然而變化，其分配合乎常態。今若搜集無窮梧桐樹葉而一一測量他的長度，在橫底線上畫成尺度，而在各尺度上用點標記葉數，則連接各點所成的曲綫，亦必如鐘形。

丁、任機變化的分配　任意投擲銅元十枚，則「陰」「陽」二面，分別向上。今以投擲陽面爲準，則每擲之後　一個，二個，三個以至十個陽面均有向上的機遇。但一個陽面與十個陽面向上的機遇，同樣最爲稀少；二個陽面與九個陽面向上的機遇，同樣爲數較多；三個與八個陽面向上的機遇，同樣爲數漸多；四個與七個陽面向上的機遇，同樣爲數更多；而五個與六個陽面向上的機遇，同樣爲數最多。今若將十枚銅元，共擲一千次，而記錄各陽面向上的次數，再在橫底線上畫出一個至十個陽面彼此同距離的地位，而在其上用點標記，每一陽面所發現的次數，將各點連成曲綫，亦必成爲常態分配。以上所舉的　是常態分配最顯著的例子。

(二)偏態分配　但是許多現象，發現的狀態，不是依照常態分配的。他們的分配，常常是偏態的。偏態的分配，有兩種：一爲正偏態，如圖2.所示；一爲負偏態，如圖3.所示。二種偏態有何不同？在正偏態上，曲線向右拖長，或向程度高的地方偏斜，而次數最多處則在程度較低的部分。在負偏態上，曲線向左拖長，或向程度低的地方偏斜，而次數最多處，則在程度較高的部分。舉一個例子。人體重量的分配，如輕瘦者極多而同時有相當重胖的人，則其分配必近於正偏態。反之，如重胖者極多，而同時有相當輕瘦的人，則其分配必近於負偏態。社會上的現象，大多數近於這兩種偏態。

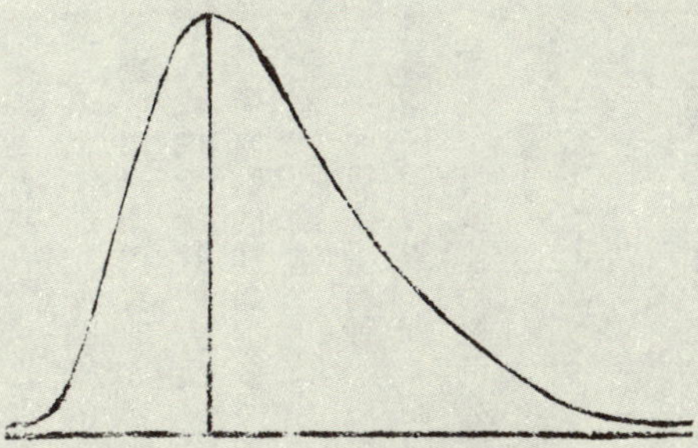

圖 2. 正偏態

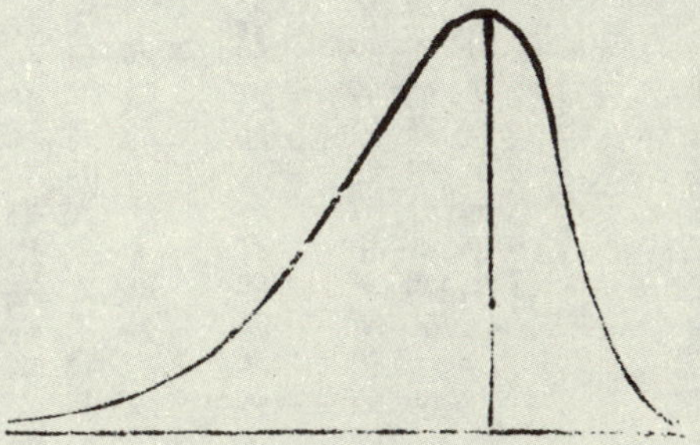

圖 3. 負偏態

(三)極不對稱分配　極不對稱分配，是由於特殊現象所造成。此種分配的形狀，如圖4.所示。在這種分配上，大部份次數均堆集於橫底線上一端，但他端亦有極少的次數。今舉兩個例子來說。有一個工廠，工人數千，工資均極低微，而其中的少數高級人員，其薪水特大。現在若把最低至最高的資薪，在橫底線上排列，而將各資薪的人數依法記在上面，則所成的曲線，必如圖4.所示。再舉一例，某大學招考新生，數學試題特難。二千人中，幾有一千人，其分數在零分與五分之間。而得到八十，九十分者，爲數甚少。今若將二千人的分數由零分以至百分畫在橫底線上，而將每一個分數的人數依法記在上面，則所成曲綫，亦爲極不對稱分配。但是分數分配、理應近乎常態，今則近乎極不對稱，我們就可加以研究，而發覺數學試題，實大太難，而非一般投考者所能解答。今再以數學試題爲例，若試題太易，那末，曲線形狀又反過來了，即最高曲綫移到右邊，而逐漸向左方尖端拖長削小。

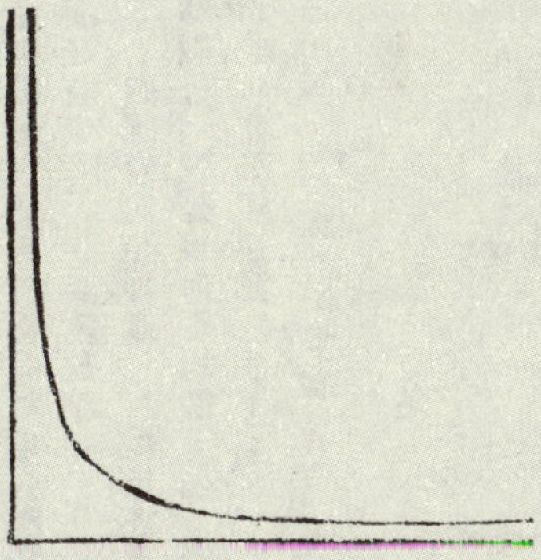

圖 4. 極不對稱分配

(四)凹形分配　凹形分配係如圖5.所示。就是橫底線上兩端次數最高，中間最低，成一凹形。最顯著的例子，就是人口死亡的現象。因人口在各年齡上的死亡，以嬰兒爲最多，次則爲老年人，故兩端次數特多，曲綫最高。至於橫底綫中間，代表中年的人，死亡稀少，故曲綫亦最低。

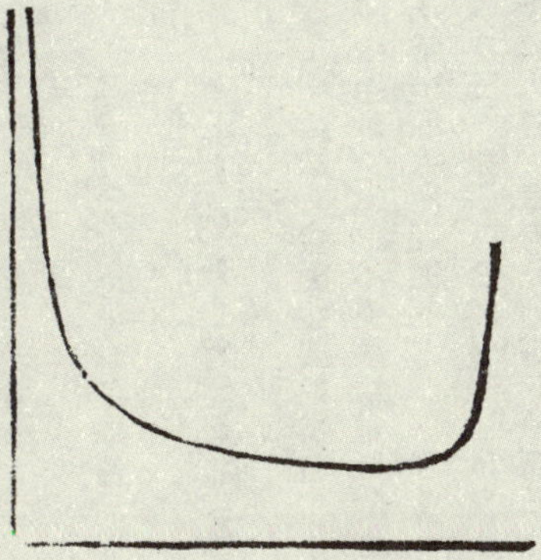

圖 5. 凹形分配

總之應用上述分配，可以察知現象的概況。若某種現象，應爲某種分配，而事實不是這樣，其中必有特殊原因。吾人卽可根據分配，而謀補救的方法。如上述數與考試分數，應爲常態分配，而實際則爲極不對稱分配。吾人推求其原因，而知爲試題太難所致。以後就可將試題改易，以適應一般投考人的水準。從此就可以看出次數分配的功用了。

二 平均數法

我們明瞭一種現象或事實的分布情形後，再進一步，就要知道他的重心在那裏。我們要用一個簡單的數字，來形容他，來代表他，使我們得到一個結晶的或縮影的觀念。因此我們就用平均數法。平均數法的功用，是從一羣繁複的事實中，尋到一個重心的或代表的量數。譬如把人類的身長來說，中國人有高有矮，日本人亦有高有矮。要比這兩國人的高矮，我們不能把中國矮的人，和日本高的人來比，我們要從每國找出一個代表的人來比。平均數的方法，就是尋求這代表人或代表量數的方法。

平均數的種類很多，各有各的求法，各有各的特性，現在把他依次論述。

一、算術平均數　以總次數除各數值的和，所得的商，就是算術平均數。例：設學生三人的算學分數爲60，65，76，那末，算術平均數的公式和算法，就是如下：

$$M(\text{算術平均數})=\frac{M(X)}{N}=\frac{60+65+67}{3}=64$$

這是最簡單的算法，算術平均數有幾種主要的特性：（一）算術平均數的數值，係根據全部量數，故最爲精確；（二）各數值對於平均數的差，其和爲零；（三）算法簡單，易於了解；（四）欲計算其值，祇須具有總次數與各數值的和。

二、中位數　若將全體數值，由小而大排列，其中間一數或中間二數的中點，就是中位數。例：設學生六人的算術分數爲45，46，47，48，49，100，那末，中位數的算法就是：

$$Mdn(\text{中位數})=\text{各項目中的第}\frac{N+1}{2}\text{個項目的數值}$$

$$=\frac{6+1}{2}=3.5\text{個項目的值，即}47.5$$

中位數有幾種主要的特性（一）中位數是一個位置排列上的平均數；（二）不受極端量數的影響；（三）容易計算；（四）不爲一般人所認識。

三、衆數　全體量數中的某值，其次數爲最大的，就是衆數。例：算術分數爲60分者三人，65分者四人，70分者十人，75分者二人，80分者一人，那末，衆數就是70分，因爲最多次數是十。衆數有幾種特性：（一）富有代表性；（二）不受極端量數的影響；（三）項目少時，可用觀察法指定；（四）項目過少時，並無衆數存在。

四、幾何平均數　N個比或率相乘後，開N次方，所得的數值，就是幾何平均數。例：求4，8，16三數的幾何平均數。其公式與算法如下：

$$g(\text{幾何平均數})=\sqrt[n]{X_1 X_2 X_3+\ldots X_n}$$

$$=\sqrt[3]{4\times8\times16}=8$$

幾何平均數有幾種主要的特性(一)幾何平均數係根據全部量數，此與算術平均數同；(二)倘數列中有一數爲零，則幾何平均數必爲零；(三)倘數列中有一數爲負，則幾何平均數不能決定；(四)計算不易，不爲一般人所認識。

五、倒數平均數　各量數的倒數的平均數的倒數，爲倒數平均數。例：甲砌磚一塊共需1.2分鐘；乙砌一塊共需.96分鐘，問平均每砌一塊共需幾分鐘，其公式與算法如下：

$$H(倒數平均數)=\frac{N}{\frac{1}{X_1}+\frac{1}{X_2}+\dots+\frac{1}{X_n}}$$

$$=\frac{2}{\frac{1}{1.2}+\frac{1}{.96}}=1.06\frac{2}{3}\text{分鐘}$$

三、差數法

有若干量數，若祇知他的代表數(即平均數)，而不知各量數對於平均數的離差，則意義甚少。因爲各量數對於平均量的離差若大，則此代表數就失去他代表的性質，而爲用很少。因之，比較兩種或多種分配，不但要知道其代表數值，更要知道其離差數值，以看二者不同之點。差數法就是求各量數對於平均數相差程度的方法。

我們倘是比較兩種分配，可以發現三種不同的情形如圖6.，圖7.，圖8.所示。圖6.表示兩分配的平均數不同而差數相同。圖7.表示兩分配的平均數相同，而差數不同。圖8.表示兩分配的平均數與差數均不相同。今用圖7.來說明差數的意義及他的重要性。設有男女學生各一千人。今求得其學業分數的分配，係如圖7.所示。現解釋如下：男女生的學業分數的平均均在M點，表示男女生學業成績是相等的。但這是知其一而不知其二的論斷。細察內容，男女生的學業大有分別。(一)從橫底線左端看，男生最劣的在a處而女生則在b處，換句話說，男生最劣的比女生最劣的更劣。從橫底線右端看，男生最優的在d處而女生最優的在c處。換句話說，男生最優的，比女生最優的更優。(二)從曲綫上看，男生有若干人均居於程度最優與最劣的地方，因之男生居於中間程度者，其人數不及女生之多，故女生曲綫，在中間上面隆起。總起來說，男女生學業成績的比較，根據此圖，男生較爲

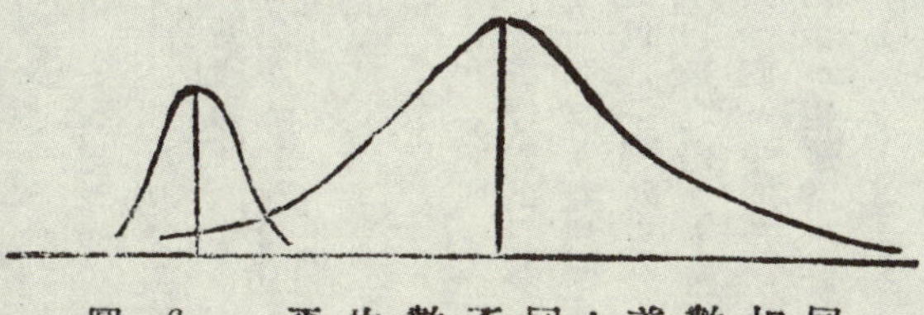

圖6.　平均數不同；差數相同

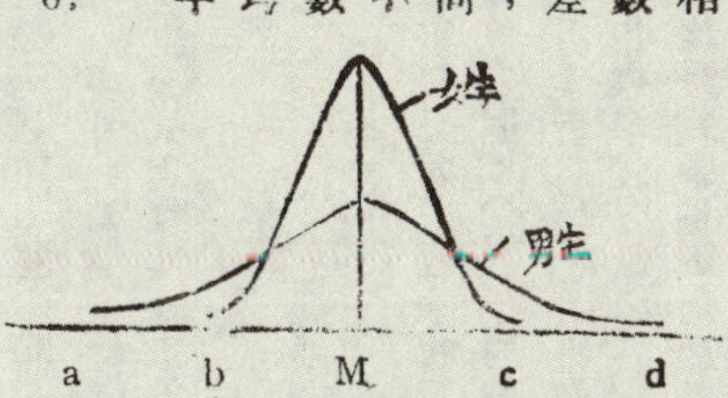

圖7.　平均數相同；差數不同

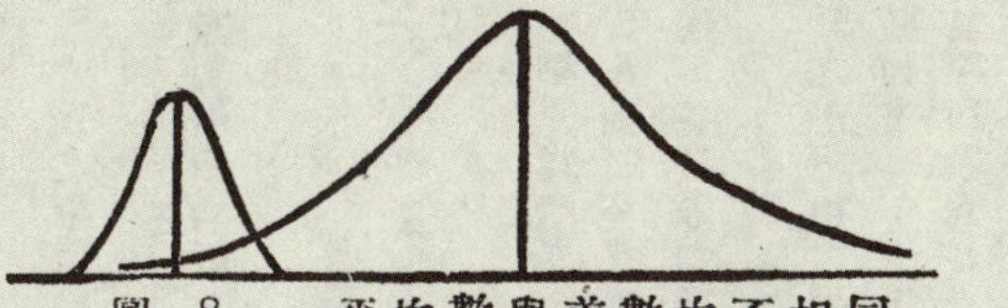

圖8.　平均數與差數均不相同

散漫，良莠不齊；女生較爲集中，程度爲純整。若爲教書的便利設想，男生程度，較爲複雜而難教；女生程度較爲純一而易教。但從另一方面看，低劣分子固出於男生之中，而優秀分子，亦出於男生之中。至於女生，雖乏至劣分子，亦缺極優分子，此不但於學業上可以看出男女的分別，即在文化上亦可以覘到男女的差異。古今中外，愚蠢白癡，以男性爲多；而聖賢豪傑，亦以男性爲多。此類男性，前者居於橫底線上的左末端；後者居於橫底線上右末端；前者爲社會的廢物，後者爲文化的功人。至於女子則保持中庸，優劣善惡，鮮有極端現象的表示。

這樣看來，差數的應用，實在很是重大。我們無論作任何幾種現象的比較，平均數固應注意，而差數更要顧及。現在把重要的差數說明如下：

一、全距　全距是數列中最大的一數與最小的一數的差數。若全距大，則兩端量數與平均數相差亦大，全距小則相差亦小。故全距可以作爲次數分配的差數。例：數列中最大數爲80，最小數爲20，那末全距就是60。但全距的數值，常受極端量數的影響，且不能用以察知分配內部的集中，與散佈情形，所以通常很少用他。

二、四分位差　若將全體數量，由小而大排列，分爲四個數量相差的部分，則第一四分位點與第三四分位點之間距離的一半，就是四分位差的數值。例：設有數列如下：35，36，37，38，39，40，41，42，43，44。若以四除之，則第一四分位點（Q¹）爲37，第三四分位點（Q³）爲42。其公式與算法如下：

$$Q(\text{四分位差})=\frac{Q_3-Q_1}{2}=\frac{42-37}{2}=2.5$$

四分位差的意義，可分爲三點來說：（一）四分位差爲橫底線上一距離。距離愈大，則表示差數愈大；距離愈小，則表示差數愈小。（二）若分配爲常態，則在橫底線上平均數之一點，左右各展開一個四分位差的距離，，在曲線下所包括之數，爲全體的百分之五十（三）在此範圍之內，各量數與平均數之差，不能超出四分位差之值以外。

三、標準差　標準差爲各量數對於平均數之差之平均數之平方根。例：設有數列如下：35，36，37，38，39，40，41，42，43，44，45，其平均數爲40，各量數對於平均數之差之平方之和爲110，其公式與算法如下：

$$S.D.(\text{標準差})=\sqrt{\frac{Mx^2}{N}}=\sqrt{\frac{110}{11}}=3.16$$

標準差的意義，亦可分爲三點來說（一）標準差爲橫底線上一距離，此與四分位差同；（二）平均數左右各展開一標準差包括全體的百分之68.26…（三）在此範圍內，各量數對於平均數之差，不能超出標準差之值以外。

四、平均差　平均差爲各量數對於平均數之差之和之平均數（但差數不計及正負號）。例：設有量數如下：1，1，1，1，3，8，13，15，15，15，15。其平均數爲8。各量數對於平均數之差之和爲66。其公式與算法如下：

$$A.D.(\text{平均差})=\frac{M|x|}{N}=\frac{66}{11}=6$$

五、相對差數　上述四種差數，其用途甚大，固不待言。然皆爲純對差數，祇可用於一種事實上。若有兩種事實，而須用此差數以作比較，就有不妥的地方，其理由如下：（一）差數有程度的不同。例：設鼠身平均長度為五寸，其標準差為半寸；人身平均長度為六十四寸，其標準差亦為半寸。二個標準差，似乎相同。但鼠身較人身為短，半寸的標準差，可謂極大；人身較鼠身為長，半寸的標準差，可謂極小。故此二個半寸的標準差，數字雖然相同，而意義却大不一樣，不能彼此比較。（二）差數有單位的不同。例：身長以寸計，身重以磅計，若某羣人的身長平均數為六十五寸，其標準差為十二磅，這兩個數字，各有各的單位，自然不能比較。所以要比較差數，須採用相對差數。即每種差數各以其平均數除之。所得即為相對數值，並為純數。這樣以上二種困難，就可免除。若差數用標準差表示，則其公式為：

$$VS.D.(相對差數)=\frac{S.D.}{M}\times 100$$

現計算鼠身及人身的相對差數。

$$VS.D.(鼠)=\frac{S.D.}{M}\times 100=\frac{.5}{5}\times 100=10$$

$$VS.D.(人)=\frac{S.D.}{M}\times 100=\frac{.5}{64}\times 100=.78$$

可見鼠身長度的標準差，比人身長的標準差，並非相同，乃為10與.78之比，大得多了。

再算某羣人身長與身重的相對差數

$$VS.D.(身長)=\frac{S.D.}{M}\times 100=\frac{1.5}{65}\times 100=2.3$$

$$VS.D.(體重)=\frac{S.D.}{M}\times 100=\frac{12}{120}\times 100=12$$

又可見體重的標準差，比身長的標準差為12與2.3之比，而非12與1.5之比。

四 相關法

一、相關的意義　宇宙間的事物，紛呈雜列，偶然一看，似乎千頭萬緒，淆亂無章的，但精細剖析他，都是脈絡貫通，彼此呼應。譬如雨量的多寡，和收獲的豐歉；智慧的高下，和造詣的深淺；醫政的良窳，和死亡的增減；貨幣的貴賤，和物價的漲落；莫不彼此消長。吾人若能明其關係，則執此可以知彼，根據以往，可以逆料將來，以之駕馭自然的環境，控制社會的現象，實有莫大的功效。

相關的方法，就是觀察數種現象的變化，因而尋求其相互的關係，並用一種係數，以確定其關係的深淺，以作預測的根據。

相關的定義，可作以下的說法：倘有兩種變量，彼此發生關係，這樣：一種變量發生變化時，而他種變量亦隨之發

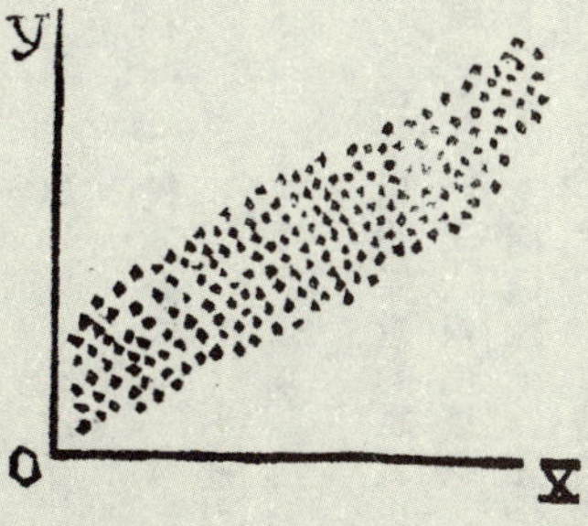

圖 9.　正相關

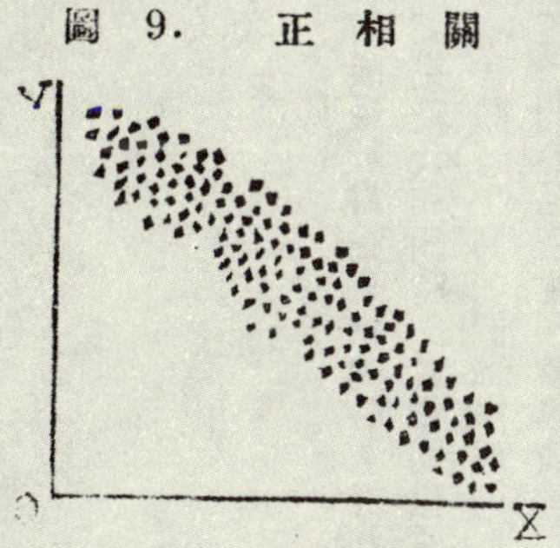

圖 10.　負相關

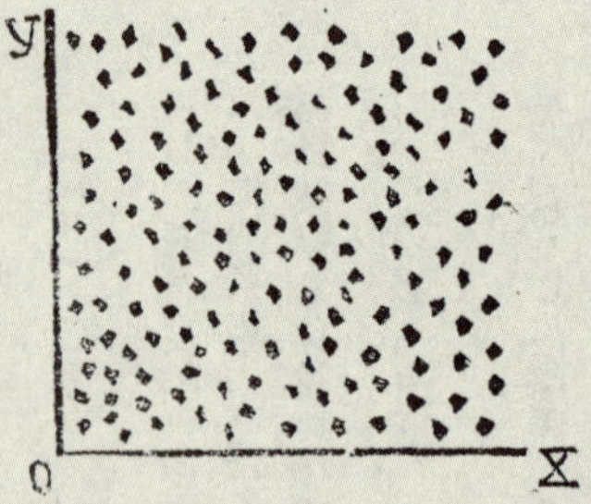

圖 11.　零相關

生變化，就是一種變量的增加，常伴以他種變量的增加，或一種變量的減少，常伴以他種變量的減少，且一種的變化愈大，他種變化亦隨之愈大，這就是兩種變量的相關。

倘是一種變量增加，他種變量亦有增加的趨勢，則相關為正；倘是一種變量增加，他種變量反有減少的趨勢，則相關為負；倘是一種變量增加或減少時，他種變量不受影響，則相關為零。現在用分布圖表示三種相關情形如下：

二、相關的計算法　相關的計算方法很多，公式亦不止一種。最普通的為皮而生氏積差相關法，其公式如下：

$$R(\text{相關係數})=\frac{M\times\cdot y}{\sqrt{M\times^2}\sqrt{My^2}}$$

例：設有X及y二種量數如下：

X	y
50	22
53	25
56	34
58	28
60	26
61	30
61	32
64	30
67	38
70	34
71	36
73	40

求得X各量數的平均數為62；y各量數的平均數為30.4；

公式中x為各X量數對於其平均數之差；y為各Y量數對於其平均數之差，從舉例中求得

$M\times\cdot y=317$；$\sqrt{\Sigma\times^2}=578$；$\sqrt{\Sigma y^2}=282.92$；

代入公式：

$$(r)=\frac{317}{\sqrt{578}\sqrt{282.92}}=.78$$

三、相關係數的意義　兩種量數為完全相關時，其相關係數為＋1.00；兩種量數，為完全負相關時，其相關係數為－1.00；兩種量數，為完全不相關時，其相關係數為〇。自－1.00至＋1.00，可得相關係數的各種程度。就事實言，＋1.00與－1.00不可多得。故重要問題，為何種係數，表示高相關，何種係數，表示低相關，茲將標準錄下：

〇　至 $\pm$.4　　表示低度相關

$\pm$.4 至 $\pm$.7　　表示切實相關

$\pm$.7 至 $\pm$ 1.00　　表示高度相關

故上例所得的＋.78之係數，表示x及y二種係數有切實的相關。

相關的意義，已如上述。相關的重要，更非一言可盡。設有二種現象，倘是我們明瞭其相關的程度，則我們知道其中一種現象發生時，就可以預測他種現象發生的程度。語云「月暈而風，礎潤而雨」。其意就是氣輪繞月，與起風相關；柱礎濕潤，與下雨相關。我們看到月暈，就可以預測起風；看到礎潤，就可以預測下雨。古人有先知之明，是無意的明瞭相關的道理來斷言的。今人在商業上能夠就現在而預測將來商情的變量，在教育上能夠從早期而預定學生後期的造詣，是有意的根據相關的方法，來推算的。

科學與國力

——秉農山先生四月一日在北碚的講演——

李洪濤 王蔭頤 記錄

我們現在是處在世界上最紊亂的時期，東方與歐洲都有戰爭，歐洲有些國家往往不到一個禮拜，就被人家征服了。

爲什麼世界上有侵略國家與被侵略國家呢？據經濟學家的研究、認爲人力只要用在正途、財富能夠合力開發出來，那末，人人都會有飯吃。但人類偏不朝正路走，偏往最壞的道路走去，強國要侵略弱國，人類要互相殘殺，這是什麼原因呢？

因爲人是一個動物，從動物進化歷程上去研究，就可得出人類互相殘殺的原因，自從世界上有了人類一直到現在，可分成兩個時期。第一是無文字無文化的野蠻時期，這一時期是很長的時期。第二，是有文字有文化的文明時期，這一時期是很短的時期。所以拿人類進化歷史的過程來說，人類脫離野蠻時期並不久。我們把它縮小比喻變成一個人來看，好比昨天還是一條野獸，今天却變成人了。因爲昨天還是野獸，所以今天還留存着互相殘殺的獸性。

爲什麼有些民族被侵略呢？就是因爲這個民族弱。一個民族強，他總是要生事的，不幸他旁邊有個弱者、他自然就會欺負弱者，世界上有殘殺的現象，就是因爲強者和弱者同時存在。

民族的強弱是怎樣形成的呢？有人以腦子的大小來估計人類文化的高低，民族的強弱。以爲人的腦子小，人種便不強了，澳洲土人南非洲黑人的腦子小，故國家也就弱了。但這個估計是錯誤的，拿中國人來說、中國人的腦子比起歐洲的白種人來，幷不小，中國有四五千年的文化，中國人的腦力也並不比白種人弱。實在是中國人的身體弱，不是先天不足，就是後天失調，因爲身體弱了，國家也就弱了。

因此，有些教育家科學家都在想法使國民身體強壯，國民身體強壯了，國家也就可以強起來。要是有人不知愛護身體、使身體強起來，這不但國家保不住，連身體也保存不下去。

我們拿動物學來看也可看得出來，自從有動物一直到現在．有許多動物絕了種，以前北平動物園的動物都是高大的、現在却變矮小了。在很好的溫度中，動物能夠生活下去，忽然溫度變冷了，動物也就不能生存了，有的動物就跑到別的地方去了，有的動物生長出特殊的毛來抵禦寒冷、仍然可以生存。能適應環境就能保存種類。不能適應環境就不能生存。有的環境沒有食物，動物能到別地方去找尋食物，也可以生存。總之，任何地方都可看出「天演」的道理。

我們在寒冷飢荒的環境中，都可想方法生存，但只有人類互相殘殺這件事情，還沒有方法免除。

日本人以白麵來毒化中國種族，用槍砲炸彈來消滅中國種族，你想還有什麼比這更殘暴呢？

自「七七事件」起，中國陷入最壞的環境中，中國有史以來都沒有這樣壞的環境，我們在這種環境中，只有奮鬥。

中國如果自尊自大、輕視敵人，那就會亡國滅種，我們只有堅苦奮鬥、長期奮鬥下去，以後也許會自強起來。比如不肖子孫，多受痛苦，他就會變成好人。中國民族在痛苦中奮鬥出來、就可像美國一樣建立成新的國家來。

所以，我希望大家千萬不要怕受痛苦，要能忍受痛苦，在痛苦的環境中奮鬥下去，自然會克服痛苦。假使不能忍受痛苦、不堅持抗戰，那就會自取滅亡。

我們要堅持抗戰，就必須要有強壯的身體和腦力，我們有了強壯的身體和腦力，就能堅持抗戰。

我們這一次誰也想不到、日本處心積慮、已有幾十年的建設和準備，要想滅亡中國；我們又是缺乏組織缺乏訓練的國家，我們居然能抵抗、能夠支持到現在。

究竟是什麼力量使我們能夠支持到現在呢？我們下細考查起來，實由於中國科學漸漸進步起來了，說因爲這個關係，中國人好虛僞的惡習克服下去了，能吃苦耐勞了，無形中好像把船的方向轉動了，使中國的力量漸漸加強了。

可知科學的發展和進步，是抗戰能夠支持到現在的最大原因。我們雖然不能說只是科學剛剛幹了幾年，就可以抵抗日本，但至少有了科學的精神，也就有了抗戰的力量。

北碚是全國的模範區，我很希望這個區域有更高的科學供獻，使科學常識，家喻戶曉，使得每個人關於處世接物，都有科學常識。希望北碚爲全國科學倡，成爲科學模範地。

我們可以斷定，抗戰以後，中國可以成爲最強的國家，有最大的科學建設。

我們看俄國自革命後，經過了第一第二個五年計劃，現在到了第三個五年計劃，竟將荒寒不毛之地，變成了世界最富強的國家。我們只要能夠像俄國那樣努力，發展科學，也就可以使中國富強起來。

撤換峽區電話杆線的意義

黃明德　胡壽維

一、電話杆綫對於峽區治安防空的重要性

峽區毗隣江巴璧合四縣，在十餘年前，爲土匪淵藪，人民朝夕惶恐，商旅裹足。自民十六年，盧作孚先生接長峽防局後，即盡力從事清剿盜匪，重視交通，遍設電話，始將盜匪肅清。

自抗戰軍興以來，峽區人口及各事業機關，日益增多，工商事業，亦日臻發達，空襲的危險，當不亞於其他各城市。因此，對於防空消息，必須取得靈活的聯絡。如果消息不靈，貽禍匪小。即以渝碚綫而言，不但供給本區空襲消息，即合川以上各縣，均賴北碚之報告，如本區電話發生障礙，匪但全區生命財產遭受損失，對鄰屬各縣貽害亦非淺鮮。

二、電話線分佈概況

實驗區當渝合交通衝要，區屬雖僅五鎮，而電話的安設，早已星羅棋佈，上至合川，下達重慶，電機滿佈區屬各鄉村，各警衛區及各事業機關，總分機計共六十三部，綫長四百五十三華里，其分佈概況如左圖：（見前封面裏面）

三、原有杆線損壞情形

重慶至北碚，由北碚轉合川的電話，敷設於民國十七年，到現在整整十三年了，其杆腐綫銹的狀況，眞是不堪言喻，所以隨時隨地發生障礙，影響交通至鉅，不察事實者，恆以爲區署置之不理，或云負責者不盡其責，誰想到區署及電話室同人的苦衷呢？

細細的鉛絲，小小的杉條，經過這樣長久的歲月，日曬夜露，風吹雨淋，誰都知道會壞會朽吧！既經壞朽，那個還能担保牠不出毛病呢？

孔子說：「工欲善其事，必先利其器」。俗語說得好「巧婦難爲無米之炊」！可見，電話綫壞了須得修理，而修理是需要材料的，需要人工的。材料要錢去買，人工要錢去僱，而區署的財力，素來有限，債台早已高築，並且材料的價値又飛漲不已，區署單獨的力量，是不能徹底修整的。可是，不修整還是不行，一再盡量設法，於二十八年春，才撤換了一部份。然而，渝合綫，僅僅撤換了三分之一，其餘三分之二，擱置到現在仍然無法修理。

一月前，區署派員率同技師，視察區屬各綫，歸來報告，當局亦有「綆短汲深」之感，乃發起募捐，以收「衆擎易舉」之效，但恐輸將之士，不明白杆線朽壞情形，茲復簡述如次：

查渝碚段電話綫，當磁器口市場附近，約兩里之遙，因人煙稠密，火藥塵積之故，比較容易銹壞，須得更換，以利交通。而白廟子至牛矢沱，及乾洞子至鞍子壩等處接近灰窰，杆綫最易腐銹，時生障礙。亦有電綫釘於活樹枝幹者，但一經狂風暴雨，樹身搖動，綫即爲之折斷，而朽腐之電杆，受此震動，即使不斷，亦容易與其他線相絞，不能通話。

北碚至澄江鎮一段，刻已修整過半，惟三花石至鐘樓一小段，以建築公路之故，尚未完成。蓋隨時施放石炮，打動杆綫，常有斷絞之虞，待公路完成，始作一勞永逸之遷定。

澄江鎮至沙溪廟約四十里，自敷設迄今，從未加以修整，是以時生障礙，電杆則十有八九，傾斜零亂，腐朽不堪，幾無一株完整之本。綫則全部銹蝕，從表面觀之，恰似婦女做鞋之麻繩，稍遇雨露，消息即不靈通。一旦斷毀，即成若干小節，不但修理爲難，亦且耗費材料，實非全部更換不可。

此外，如白廟子，水嵐埡，黃桷樹，文星場等處，與沙溪廟至澄江鎮之線，頗相類似，若不從速修整，行將作廢矣！

四、修整計劃

子、製定預算表(附預算表)

我們知道了渝合綫的重要，明白了杆綫的損壞情形，才來商討修整的計劃，而計劃的開始，須得有整個的預算，每一段間，需要若干鉛絲，若干電杆，若干磁珠，若干洋釘，應詳細計算出去。現在我們把全部預算。表例如左：

撤換渝合電話杆線預算表

二十九年四月製

綫別	分段修理起迄地點	里程	需用材料 鉛絲電	桿	磁珠	洋釘	備考
北合綫	果園至礎石灘	三里	六〇斤	一五根	一五個	一五顆	
	大沱口一段	一	一五	五	五	五	
	溫泉澡堂至馬家沱	五	一〇〇	四〇	四〇	四〇	
	澄江口至沙溪廟	四〇	七五〇	二三〇	二五〇	二五〇	
北澄綫	果園至礎石灘	三	六〇		一五	一五	與北合綫共電桿
	大沱口一段	一	一五		五	五	(仝)
	溫泉澡堂至馬家沱	五	一〇〇		三七	三七	(仝)
北溫綫	果園至礎石灘	三	六〇		一五	一五	(仝)
	大沱口一段	一	一五		五	五	(仝)
北渝綫	鞍子壩至乾洞子	七	二五	一八	一八	一八	該段因挨近石灰窰烟火薰着容易腐銹
	白廟子至牛矢沱	二	三〇	一〇	一〇	一〇	(仝)
	磁器口市場附近	一、五	三五		八	八	
北水綫	鞍子壩至乾洞子	七	一四〇		二〇	二〇	與北渝綫共桿子
	乾洞子至水嵐埡	五	一〇〇	一五	一五	一五	
北白綫	鞍子壩至乾洞子	七	五〇		一八	一八	與北渝線共桿子
	乾洞子至白廟子	二	三〇	二	二	二	
水文線	水嵐埡至文星場	一〇	二〇〇	三〇	四〇	四〇	
	合計	一〇三、五	一七八五	三六五	五一八	五一八	

材料價值預算表

品名	數量	單價	合價	備考
十四號鉛絲	一七八五斤	三·〇〇	五三五五·〇〇	
三寸半洋釘	二〇斤	二·八〇	五六·〇〇	
二寸磁珠	五一八個	〇·〇六	三一·〇八	
電桿	三六五根	四·〇〇	一四六〇·〇〇	
合計	六九〇二·〇八			

丑、募集經費

根據預算表，我們知道要需用好多材料，需用若干經費，然而，區署的財力素來有限，我們既已知道電話的關係，影響治安防空至鉅，要得大家安全，還得大家出錢，乃由區署發出募捐啓事，望各事業機關，暨熱心公益人士，勇躍輸將！

茲將現已募得捐款列表如左：

機關名稱	樂捐元數
天府公司	八〇〇
民生公司	六〇〇
大明染織廠	二〇〇
全濟實業公司	二〇〇
渝鑫煉鋼廠	一〇〇
復旦大學	一〇〇
果園陳公館	一〇〇
西南麻織廠	一〇〇
兼善實業公司	五〇
漢藏教理院	二〇
合計	二二七〇

其餘各機關正在勸募中

（附募捐啓事）

敬啓者：峽區鄉村電話之安設，爲時已久，桿線多有損壞，尤以渝合間之幹線爲甚。因此，通話間生障礙，深慮將來遇有空襲，消息不通，貽禍匪小。

北碚至重慶一段電話線路，不但有關本區防空，爲人民之生命財產所繫，尤於合川以上各縣之防空有所幫助。而北碚合川一切消息之聯絡，更爲重要，不可或缺。蓋在過去，敵機入川，有時得消息較重慶尤早者，賴有合川以上之傳來也。

渝合電線，敷設已十有三年之久，二十八年本署曾將北碚重慶段撤換半數，尚有半數須立即撤換，通話始無妨礙，否則遭遇空襲，則生命財產之犧牲，所値甯祇此撤換綫桿之數？爲防患未然計，亟應將原有電話綫路，擇要撤換，以期暢通消息。

無如此項工程，所費甚鉅。本署素無預備費，而各縣應撥之健設費，又從未照撥。區署本身經費，仍同於四年以前，兼以年來事業與工作人員加多，生活高漲，開支浩大！現在每月負債五千元以上，對於建設事業，實苦心餘力絀，無法補助。尤以重慶專綫在市區內者，去歲先後炸毀不下六七十處，修復材料所費，不下千元，派員工修理，往返旅費，亦在數百元，皆爲區署担任，近實無力再担撤換鉅費，不能不仰望於縉紳賢達，及機關事業之慷慨捐輸，俾此項工程，早得完成，此不僅有利於交通，更有關于空防，吾人安全之所繫也。如荷捐助，除塡發正式收據外，並登報誌謝。謹此佈臆，敬祈亮察爲荷！此致

附撤換電話桿綫材料預算及分佈圖各一份

嘉陵江三峽鄉村建設實驗區署謹啓

寅、材料購置

我們的經費，已承慷慨輸將熱心公益之士，開始捐助起來了。當這抗戰方酣，勝負未決的時候，貨物的運輸，受了交通影響，價格高漲，那是必然的趨勢，而寸送尺捐，苦心孤詣籌措得來的款子，不應坐視物價的繼續上漲，應該選派公正而有經驗的人，早日赴渝，把材料成批購置妥當。

卯、人工動員

材料齊備，就須動員工作，區署電話員工，除經常派住重慶村，紅岩嘴、土灣、蔡家場、澄江鎮、合川等處的駐段司守，不能調動外，人員已感不敷分配。電話技師及主管人亦常常公差外出。爲了我們的工作如期完成，須集中我們的力量，還須配上當地老百姓的扶助，總動員的趕修。

五、結語

我們的預算推定了，經費的來源有着了，只須總動員去工作，我們都預備着這四百五十三里的工程在短期內要把牠完成，從此治安和空襲的消息，都可靈活的傳報，生命財產的安全得到相當的保障，不但區署向各個輸將的事業，及熱忱的士紳鳴謝，全區的父老亦要向你們致敬。同時，你們自己的事業，亦向着你們微笑。

黃葛紡織合作社參觀記

王蔭碩

英國合作之父歐文說：

「等到大家能合作的時候，那愚笨，貧窮、悲慘的世界，就完全消滅了；新世界裏，人人不窮，大家不愚，富足安樂，自由和愛」。

黃桷鎮棉紡織生產合作社，是四川婦女界，在抗戰的烽火中，起來從事生產合作事業的先聲，這種事業的成就，使婦女參加生產和創造實業的信心，加倍的堅強了起來，同樣的婦女生產事業，風起雲湧的出現在各地，是值得我們從事婦女運動和贊助婦女運動者注意的。

黃葛鎮棉紡織生產合作社，是去年三月二十八日成立的，創辦時有社員十六人，當中除了兩個男社員外，其餘全是婦女，她們家庭的經濟環境，都是小康，她們的教育程度，初中高小畢業或修業的，參差不等，但她們都是最勇敢的，有事業志趣和創造精神的，在家庭封鎖線內，跳了出來，熱烈的參加這生產工作。股金只有四百五十五元，生產工作有紡織機十部，彈花機一部，退紗機兩部，在花磑一所民房內，大家因陋就簡的住起來。

創辦時的概況

創辦時的困難

據社裏的常務理事主席馬中鍵女士說：「在初開辦時，除了資金不夠，缺乏經營人才這兩個本身的缺陷，使工作進行感到困難外，還有兩個社會環境，給予我們的困難，就是一般人認為婦女組織什麼合作事業，參加什麼生產工作，算是古今奇觀，首先大家認定，婦女是脆弱無能的，一貫就是無生產依賴者，所以，對我們社裏這一羣，同樣的覺得不會有發展，恐怕還有大的失敗。因此，大家裹足不前，乃至熱心幫忙的都很少。其次我們社裏都是外縣人，對地方環境，認識不夠，地方人士對我們了解也不夠，所以起初大家總有些隔膜」。

終戰勝了困難

馬中鍵女士、露出了兩絲愉快的笑痕，又繼續着說：「這些本身內部和社會環境的困難，自然使我們工作的進度，受到很大的影響，可是，我們不斷的努力和掙扎，終於把他克復了。記得起初的時候，我們大家確實堅苦的忍耐着一切痛苦，一股作氣的拚命工作。當時我們的股金那樣的少，我們只有盡量的節約，加緊的生產，那時在花磑，我們沒有僱用一個工人，掃地煮飯，全是社員輪流担任。進棉出貨，遠在四五里地，也由自己搬運。過去呼奴使婢的富貴身份，一齊放了下來。尤其是去年七月裏由花磑遷移到東陽鎮來的時候，暴烈的太陽，沒有一天放鬆過我們；本來用批力夫幫我們搬運，在情理上未嘗說不過，但社員一致的要求，除了我們能力不及的以外，其餘我們要用盡氣力來自己担負。在這樣的天氣裏，大家却不示弱的完成了自己搬家的任務。經了這長期戰鬬之後，到去年底為止，在短短的九個月中，我們社員增加到卅四個人，股金增加到一千五百六十元，統計紡了一千一百二十九斤紗，雖沒有如何好的成績，却逐漸在成長着」。

成績打破疑團

在這段談話後，自己對婦女的認識，有了新的轉變，對婦女的力量，同時也有了新的估計，覺得婦女并不是環境控制下的羔羊，她們有自救救人的創造精神和力量，以她們這一羣婦女來說，社會的小視，她們并不埋怨或消沉；她們以頑強的戰鬥精神，創造出自己的成績，爭取社會的信仰，打破了一切的疑團，這確是一件非常值得敬佩的事實。

社員們的生活

關於社員的生活方面，在談話裏也得到不少的資料，他們社員中的每個人，至低限度都明白。「合作的意義」。他們知道不是為個人賺錢，而是為適應環境的需要，更是為增進戰時的生產，謀婦女職業的解放。所以，在這基本意識支配之下，他們的生活是艱苦的，行為是向上的，他們每天早晨五鐘起床，一齊到河邊洗冷水臉後，就在河邊的灘頭，運動、唱歌、讀書。六點半鐘吃早飯，再休息半鐘後，即開始工作，一直到十二點鐘吃午飯，休息至午後一點，又開工作，到六鐘完畢，六點半鐘吃晚飯，七至八鐘，則到合作補習學校去上課。課程有抗戰常識，寫信須知，珠算，合作概論，合作簿記等，都是每個職業婦女、非常迫切需要的材料。幷於每週星期日晚，有一次同樂會，大家充滿了學習的興趣和工作的愉快。

並不期求待遇

她們的生產量，平均每人每天，可紡特等紗八兩，甲等紗十兩，乙等紗十二兩。她們的待遇，是依生產數量來決定的，以此計算，每人每月有十六元多的酬勞金，還要除伙食費，但她們認為待遇的問題，就是自己的問題，這雖菲薄，但非任何人從中敲榨或剝削所致。因此，她們的精神和生活，幷沒有什麼絲毫抑鬱的成份，在他們工場裏，常有快樂的歌聲和笑聲透出。在今年添了織布的部門，這不純粹的社員，所以月薪大約在三十元左右，比較一般的高一些。可是，大家幷不羨慕，覺得還是僱傭性質，我們是主人，當然對他們應優厚些，都坦然無事的。

今年別開生面

今年三月以來，可謂突飛猛進了，股金增加二千二百五十元，最近又有一千以上的股本，快要收入了。紡織機有了二十二部，織布機有了六部，毛巾機買了一部，社員有了四十一人，生產的數量，紡了四百九十五斤紗，織了一百四十九匹布，都已銷售完了。

木機磨成鐵機

大家矢志不渝，不斷的學習，不斷掙扎，他們在困難關頭的時候，互相勉勵的說：「不要自暴自棄，不然，別人會笑我們婦女無用」，這話使他們充滿了勇氣，堅決的喊出一致的口號，「我們要把木機磨成鐵機」，這遠大的希望，更使他們努力地嚮往。

（完）

模範母親慰問三峽志願兵記

舒傑

一、模範母親是怎樣一個人

談到三峽的兵役史歷，誰也知道令人敬重的模範母親——劉老太太。劉老太太究竟是怎樣一個人？有些甚麼地方值得令人敬仰？堪稱模範？這不僅是無人知道，而且也無人介紹，因此作者在筆記她的一篇慰問之前，願把自己所看到她的一些事實，作一度忠實簡略的介紹；

一年以前的劉周玉福，她還是一位極無人注意的平凡農婦，自從去年四月間，她的愛子劉楷不讓家庭知道消息，晴自加入三峽志願兵之後，一天她走入戶到黃桷鎮住居的女兒家裏，在看志願兵很熱鬧的遊街的時候，出人意外地看到劉楷也在行列裏。旁人都替他着急担心，她反而非常得意，很高興地去買了一根紅，兩元火炮，前往志願兵住足地聯保公所，去為她的兒子掛紅放火炮，幷當衆勸她的兒子：「兒，家中之事有娘管，你到前線去，為娘盼你努力殺敵，得勝歸來」。

這事發生以後，到處有人請她吃飯，到處有人向她敬禮，在行路中人們向她讓道，在集會裏人們請她講演，這樣一來，劉周玉福不平凡了，人們都改口尊稱她劉老太太，她自己曾幾次在講話中很得意地談到：「劉楷當兵去了，大家都悲維我，稱我劉老太太，事事對我客氣，處處對我講禮，好像似我的兒子入了學，中了舉，其實我那裏夠得上當老太太呢？如果我的兒子不當兵，大家看到我這貧家小戶的女人，恐怕要叫我告化婆吧！那裏會有今天這種體面，盧區長歡迎我在峽區住家，黃桷鎮的王老板，房子讓我的租押，各位親朋好友，都湊活我，打會借錢給我做生意。眞把我看值了錢，這些都是由於我的兒子，當兵得來的好處……。」

後來志願兵入營了，開到××縣的一個鄉村去訓練，勇士些不斷地來信告訴在營的生活，家屬們也不斷地回信去慰問鼓勵。不久，勇士些，慢慢地感到了不能急於殺上前線的苦悶，加以物質生活欠缺的痛苦，便不得不向了解他們，關切他們的親友訴苦了；自然劉楷也不能例外。一天劉老太太很氣憤的帶了一封信到兵役協會，請求代為回覆：「志願當兵就應該有志願當兵的志氣，為人那裏不吃一點苦，稍不如意，就來嚕嗦，這成啥話？告訴他，在營的士兵，就如出嫁的姑娘，要聽官長的教訓，學習本領，不能再像家裏那樣安逸……吃得苦中苦，方為人上人。」她這樣興奮慷慨的言談，引起了一辦公廳公務員的驚異。

隨後，大家看見她在很熱忱的幫助合作社，很辛苦的在勸導抗屬子女入學，很動聽的在勸人當兵，很忠勇的在排難解紛……許許多多事實的反映，證實了她眞是一個現代的女性，模範的母親。

二、她何以要慰問三峽志願兵

她雖然歷次寫信勸勉志願兵，下定決心，歷盡艱苦，努力操練，不勝不歸，給勇士精神以莫大興憤，但精神的堅毅，終於勝不過物質的逼迫，壯士們的雄心，由動搖而灰頹了，病魔襲擊，醫藥缺乏，在營優待金領取煩難，全營志願兵眼睜睜看着×××××同志，壯志未籌，不瞑目的被犧牲了。×××，×××同志也因病無錢無藥而永別了。飲食不夠營養，疾病無法治療，他們於無可如何之下，只有傷心痛哭了，不幸的噩耗傳到後方，許多人為之同情灑淚，更有少數意志薄弱的同志，藉此私逃了，甚至請假不歸了，並且發出種種怨言。劉楷已寫信回來刺探母親的心意，表示他不能再過這樣不忍看，不忍聽的非人生活了，模範母親，初還半信半疑，漸次被這些問題侵佔了整個身心，終日焦灼，感嘆。

事實未必盡如傳說，傳說未必盡如事實，她老人家想去看看軍營生活的眞像，鼓勵在營士兵，和慰勉自己的兒子，來解除她胸中的愁悶，便決定了入營慰問的辦法，地方當局也很贊成她的主張。

三、慰問的情形

三月十一日的早上，令人敬佩的模範母親，憑着滿腔熱情，不帶禮品不帶金錢，單人獨馬向着目標地出發了，藉了交通的便利，和她對人的和達，次日午後，竟到了某軍野戰團的醫務所。

在醫務所第一次映入她眼簾的是一個垂死的病人，皮膚青黑，瘦如骷髏，僅有一線微弱的呼吸，在兩天前已斷絕了茶水，毫無知覺，看那副可憐可怕的病容，已可斷定是不可救藥了，這可憐的病人是誰？他就是模範母親的愛兒劉楷，請大家想想，這時的模範母親，心裏是如何的難過啊！的確她心如刀割，目釘口呆，幾乎馬上昏倒下去。

十分鐘以後，她恢復了常態，想起了來此的使命，她不肯在這裏逗留了，她馬上託人帶她到×連再由連上的一個志願兵帶她去見團長，在團部投遞了兵役協會給她介紹的公函，從容不迫的談訴她的來意。團長聽了非常敬佩，立馬指定人招待，派人辦理食宿。她要求團長，要注意軍隊衛生，充實醫藥設備。從談話中，團長知道了他的兒子病在垂危，立馬下令醫官，細心診治，最後她和團長商訂了她慰問志願兵的工作日程，決定了每日活動，這才告別出來。

在出團部的一般婦程中，招待她的W同志，以爲她要急於去看望她的兒子，便徵求他的意見，這位反乎尋常的母親，她却堅絕地要去看望全體志願兵，不肯立刻去看望自己的兒子，到了×營×連，全體志願兵，早已約集了在一起，等候她的大駕。一進營門，就一窩蜂似的將她圍住，眞像一羣小孩見了她久別的慈母一般地親熱，向她問長問短，弄得她接應不暇。當中有一部份士兵，指着自己身上的瘡痍，和破濫的軍裝，歷訴他們幾個月來深藏在內心而無人知曉的疾苦。連說帶哭，聲淚俱下。好幾位善感的同志，竟暗自流淚，嚶嚶地綴泣，這樣一來像一隻利針刺透了每個人的內心，引起了大家的悲哀。於是滿營哭泣，淚眼相對。老太太的淚珠幾乎奪眶而出。但她表面却極端鎮靜，內心在籌劃妥善對策，突然她以悲奮沉重的口吻發言了：「好了，好了，你們還未到前線，就這樣不值錢，我們在後方的女同胞比你們爭氣得多！你們通通回到後方，讓我們到前線去殺敵，好不好？我們絕不像你們這樣不愛乾淨，看你們這樣污髒的身手，成個甚麼體妥!?」這幾句話眞有力　止住了滿營的啼哭，扭轉了悲痛的情緒。

本來團長爲她打定了很清靜的旅館，但她不願意去住，她要住在志願兵一起，以便多知道一點他們的生活。因此和負招待責任的人幾度商量，才決定住在醫務所。一來是和志願兵接近，二來好看照她的兒子。等她回到醫務所時，所中的醫生已竭盡了他們的能力，在爲這位病人打針，這位可憐的青年壯士，因爲病勢深沉，昏昏迷迷，直到次日晨早，仍然半死如昨。長途勞頓的劉老太太，伴坐病榻，竟至終宵不能合眼。

次日的午後，×團長已命令分住在四五十里的幾營弟兄，全體集中在一個廣大的操場，恭請劉老太太訓話，並邀請她到各連視察。當時她就以代表全區民衆的資格，和代表全區抗屬的資格，以政府怎樣優待抗屬？出征將士應當怎樣報效國家？峽區的地方當局是怎樣辦理優待？峽區的將士應當怎樣報效國家？曉喻在營弟兄，他說：『日本和中國打仗，它想要亡我們的國，滅我們的種，有血性的人，明白道理的人，不須政府來抽他的丁，他會自動去當兵打日本。我們峽區的抗屬，沒有一人不希望在營的兄弟子侄伙，要立志，要爭氣，要守規矩，要聽官長的教訓，要克苦耐勞，操練本領，把日本鬼子打出中國，來爲國家爭光榮，爲家族爭體面。我們不願意有貪生怕死的兄弟子侄，我們已有不少的婦女姊妹，願上前線去做洗衣養飯送藥遞水的工作。將來還要和大家比一比成績。……』她在台上指手劃脚，點頭啄腦的講演，台下的弟兄聽得律津有味，目光跟着他的行動移轉，不住地點頭微笑。會畢全場官兵高呼：「劉老太太，是我們的母親，是全國的模範母親！」

十五的那天，是××鎮的場期，當地的軍民又開了一次軍民聯歡大會，有好幾千民衆和軍隊，又得靜聆她的教訓和瞻仰她的風采。自此以後，劉老太太，轟動了全鎮的軍民，她的一舉一動，深爲民衆注意，不管走到那裏，都有人爭看她，招呼她，向她行禮，稱她模範母親。

她用三天工夫，走了十五連兵的住地，慰問了一千多個官兵，探出了許多士兵的疾苦，糾正了許多士兵的錯誤，建議了許多改善的辦法。有許多意志薄弱的弟兄，因此意志堅定了，有許多精神頹唐的弟兄，因此精神振作了。她雖未帶金錢物品出慰勞，其作用確勝過金錢，十倍百倍。

五天後，劉楷的病體快復原了，她對他說，「楷兒，當志願兵是你自己來的，我並沒強迫你，爲甚麼中途又叫苦不幹呢？你自己是十七八歲的人了，應該有自己的主腦，是非好歹，未必都看不清楚嗎。你要是中途逃跑，我自有醫治的辦法」，劉楷也說：「母，我絕不私逃，如果私逃了，你請盧區長嚴辦我，我永不見你面」。

她在醫務所中，不單是看她兒子的病，凡是得病的士兵，她都親切地關照，她本身懂得一點土法的醫藥常識，她替病兵診病，主方，配藥，熬藥，並且以三角兩角的小費，接濟他們，她形成了軍中的醫藥婆，救治好了二十多士兵。臨別時，全體志願兵都來遠送她，託她帶信一百二十多封，信中都是向兵役協會和區長以及他們的家屬報告他們此次受了劉老太太的感召，今後要在　總裁領導之下抗戰到底」。並託她向區長和他們的家屬代信，「請放心不要懸念他們，他們誓死抗戰到底」。

四、歸來後一點感想

四月二十號的下午，劉老太太平安地歸來了，次日她很高興地到兵役協會來報告她到××的經過：「想不到在××鎮的軍民那樣抬舉人，眞令人難過，志願兵的爭氣也出人意料之外，我在路上感覺到空起一雙手去拜望人家實在不好說話，那曉他們是那樣的客氣呵！」末後她說：「此次去慰問，時機眞湊巧，剛好全團的官兵從千里以外的貴州開拔到了××縣的鄉村。士兵隔家較近，多起妄動意念，我去對他們幾度談話以後，大家都安心樂意地不願妄動了。隊中生活多少也改變了一些，再有劉楷的病，不是我去也萬難救藥，此行我心中感覺極大愉快……」

這兒我們看出在營的將士們，需要精神的安慰，勝過物質的慰勞。需要熱情的鼓勵勸勉，勝過普通的宣傳講演。需要人去欣賞慰問他們的生活，這些盼望每個從事兵役工作的同志都應加以深刻的研究。

今年峽區的造林運動

唐尚紀

一　導言——森林的利益和植樹節史略

二　事前的考慮和準備——怎樣避免一般徒有形式的植樹節

甲、樹種選定

乙、苗木來源
丙、植樹時期
丁、植樹技術
戊、管理保護

三　工作的實施——怎樣完成了今年的造林運動

甲、分區工作
乙、分期工作
丙、分工工作

四　結論——今後的保林辦法和育苗計劃

附註

一　導言——森林的利益和植樹節史略

談及造林運動，人人都可以立刻想到森林的主產物——木材的種種用途，還可以聯想到桐油、染料、漆料、藥材、松香、樟腦樹膠、硝皮質、造紙品……等等副產物的功用，除開這些直接利益之外，假若有人留心各方面的研究報告，更可以知道森林能調節氣溫(註一)，涵蓄水源(註二)，減少旱災(註三)保固泥土，防止流沙頹雪，鮮潔空氣，點綴風景……具有改變自然環境的偉力，美國國內因森林密佈，農業區域雖位大陸中央距海岸甚遠，而絕少發現旱災，這便是一個好例子。德國人民的職業統計，每百人中有十二人是靠林業維持生活的，美國的資產統計，投入林木業的資產佔全數的五分之一，這又可以看出森林與國計民生的關係。

我們中國地大物博，全國平均人口密度並不算大，照理說，凡關森林的各項事業都應該很有希望的，可是從海關統計報告上看出民國元年的木材輸入值二百五十萬兩，民國十年增至一千一百餘萬兩，民國二十年增至三千四百餘萬兩，截至抗戰發生以前，入口額一直是年年增加着。抗戰勝利以後，各具建築工程不消說是要突飛猛進的，今後的木材恐慌，更不知要鬧到若何程度！再從間接方面我們可以回憶到民國六年華北大水災延及數省，災民流離無家可歸者五百餘萬。民國九年又逢旱災，災區遍及五省，災民四千餘萬。民國二十年華中大水災廣及六省，災民亦四千餘萬，二十三年又逢大旱災，災區之廣，損失之大，較民國二十年水災尤過之，水旱災之輪番擴大，此又不能不使人聯想到各地森林保護失策年年催毀的危機。

抗戰發生以來，各項建設工作皆在齊頭併進中，行都所在地的四川，今年的植樹運動期間，普遍的造成了造林的風氣，各界人士對總理逝世紀念植樹式的舉行，已更深切的感覺其意義之偉大，這是抗戰期間的進步，森林事業的曙光。筆者在崇服欣慰之餘，特把今年峽區造林運動的經過寫出來，介紹本刊讀者，惟這個相當偉大的運動，動員約八百人，歷時一月有餘，自非我這一篇簡短的文字所能盡情描述的，應在此先為申明，希望參加工作者予以原諒！

二　事前的考慮和準備——怎樣避免一般徒有形式的植樹節

從民國四年農商部呈准大總統申令定每年清明節為植樹節，至民國十七年國民政府訓令全國改清明植樹節為 總理逝世紀念植樹式，直到現現，造林運動在我國已有二十幾年的歷史，而這二十幾年的收穫，却使很多人發出「年年植樹未見樹」的嘆息。這是因為我們只做到造林運動的形式而沒有澈底完成造林運動的各方面的緣故。

所謂造林運動的各方面，從其遠者大者說，是全國林業政策的確定，林業法規的執行；從其近者小者說，則不外造林的苗木、時期、方法和植樹的管理保護等技術上的問題。前項是全國性的林政問題，暫時用不着我們去過問他，後項造林前後的技術問題，這却是我們執行工作的人應當設法解決的。因此，在發動造林運動以前，我們便考慮到過去一般徒有形式的植樹節的原因，而求避免的方法。下面便是我們所考慮到的幾個問題：

甲、樹種選定　樹種選定，可以說是實施造林的先決問題，若在造林之先對於樹種的選擇不適當甚或完全錯選了，則一切造林的時間經費人力等於虛擲。過去造林運動的失敗，一般人都歸咎於保護失策，其實除此以外，樹種選定的不適當甚至不加選擇，當亦係重大原因之一，今年的造林運動，我們對於這件事曾有相當的考慮和準備。

關於樹種選定，其中包含兩大原則，一個是造林的目的，一個是造林的環境，屬於目的方面應當考慮的如經濟方面，保安方面，風景方面。屬於環境方面應當考慮的如氣候、地勢、土質，在這兩大原則各項條件之下，我們選定今年的造林運動以柏木、油桐、桑樹為經濟林的樹種，以洋槐、馬尾松、法國梧桐為風景林及公路陰木的樹種（選定這類樹種的理由留在本文第三段甲項去說明）

乙、苗木來源　古人說：「十年樹木，百年樹人，」我們從樹人方面對於幼年教育的重要，來推想培育苗木的重要，其理是相同的。培育不得法的苗木用來造林，則或因養分不足，或因曾經染受病害虫害，或因根群不發達，或因枝葉彎曲受傷，都很難望成功完美的森林。所以苗木的來源問題，也是實施造林以前應該多方面考慮的。許多地方舉行的造林運動，常因事前沒有準備苗木，只得臨時見財起意的到附近去尋掘野地原生苗(註四)，這樣取來的苗木，就算幸而植活成林，也不過是減少一部分天然林的生產而成功人工林，——枉費一些時間經濟和人力；何況成活率未見得是百分之百——大多數樹種的幼苗凡原生在一地而未經移植過的，因根群不發達，皆不宜於定植。

本區因經濟人力諸多困難，沒有較大的苗圃育成今年應當的苗木，但是我們曾於先期由農業推廣所呈准省農業改進所由該所重慶南岸苗圃增送柏和洋槐，又由區署建設股商准省蠶桑改良場川東推廣區辦事處贈送桑苗，兼善中學西山坪農場贈送馬尾松苗，茲將各類苗木狀況列表如下：

本年造林運動所用各類苗木狀況表

苗木種類	株數	年歲	高度	繁殖法	移植次數	來源	備攷
柏木	二〇、〇〇〇	二年	一尺二寸	實生	一	省農改所	

油桐	二、九六〇	二年	一尺八寸	實生	無	本區自育
桑樹	一八、二〇九	二年	二尺	插條	一	蠶桑場
洋槐	二、〇〇〇	二年	四尺	插條	一	省農改所
	二、九五六		四尺五寸	分蘖	無	本區自育
馬尾松	一、〇二〇	四年	三尺	實生	二	兼中農場（見註五）
法國梧桐	一、四七五	二年	六尺以內	插條	一	本區自育（見註六）

丙、植樹時期　舊書上說：「植樹無時勿令樹知」，可見植樹的時間問題是不十分嚴重的，不過為節省植樹的人工和金錢，同時為求樹木的發育不致因移植而受影響起見，植樹的最適當期是在春初樹液開始流動以前，或秋末樹液停止活動以後。我國從前定清明節為植樹節，就四川氣候說，這時期實嫌稍遲了些，繼經改為　總理逝世紀念日，便相當適當了，但是猶有值得我們考慮的，還有植樹日的天候問題。如果植樹日甚至前後幾日都是連天大雨或連天亢晴，都是不適宜的。國府除頒定三月十二日全國舉行植樹式之外，復因氣候關係而定有各地分期進行造林運動宣傳週的辦法，并且明定「植樹日期得將參加團體及人員分組分日赴各地栽植」，這實寓有酌天候進行造林的至意在裏面。可是歷年來各地造林的落實，只不過在植樹式的一天由地方政府聯絡各機關學校轟轟烈烈的舉行一個儀式之後，再在城市附郊植一些樹罷了。這樣只重在當天的形式，而不顧當天天候的造林辦法，我們今年是用分期的方法來避免了。

丁、植樹技術　從苗木的掘取到苗木定植入土以後，這一般過程當中，包据許多技術上的問題。例如掘苗方法，運輸的注意，栽植以前根部和枝葉的修剪，栽植時的距離，掘穴的深淺大小，根部入穴的安置，覆土的多少和次序……等，如果處置失當，都是可以影響成活率和林木的發育，林木的好壞的。造林運動宣傳週的辦法大綱上說：「植樹時應由負責辦理之機關派技術人員妥為指導」，可見立法時對於植樹技術原未忽視，但是同樣的一般的植樹運動恐亦未盡做到這一點。我們考慮結果，認為參加植樹的人員太多，分子太複雜，當其進行的時候，每人執着一株樹，急忙的欲植入土內，在技術人員還未到來，或者關於植樹方法的談話還未說完以前，早已紛紛完成其工作了。因此，我們今年約集參加植樹的人員不求其多，而求分子單純，便於指揮的，在事前加以解釋，在臨時又逐一協導。

戊、管理保護　森林的管理和保護在林業上是一個極重要的問題。假使造林的一切方法和步驟都合理的完成了，而沒有適當的保林管林辦法，或者有此辦法而不去認眞執行，則天災人害和病虫禽畜的侵擾在所難免。結果，便前功盡棄，各地年年植樹未見樹，此實一重大原因。

區域不寬，面積不大的保林管林工作，從道理上想，原算不得頂繁難的工作，但是在目前林業教育未普及，民衆公共道德未養成習慣的時候，我們覺得一面應用教育方法去鼓勵誘導，一面還應多用政府的力量去執行。所以今年在造林以前，曾由區署佈定區內森林保護暫行規則，係將已往的相則增訂得更詳細嚴密些，從頒定之日起，便嚴厲執行。這裏可以舉出一個執行有趣的例子：就是公路兩旁的蔭木，我們最初想在定植以後每株編豎一個竹籠以資保護，而這竹籠擬撥公款來雇工編豎，豎定以後，再依保甲的界線點交給沿路住戶分段負保護和簡單的管理責任——如澆水等。後來想想像這樣點交給他們定會有奉行公事的流弊，而不能對樹苗發生深切的關係。因此，改變辦法，將所有的竹籠亦派由負責保護管理的住戶，分別自行編製，自行豎立。這在經濟上節省了七百多元公款。而各住戶就地取材，在自己竹林內所取竹子，自己抽空編豎，在經濟上的損失極其微小。同時，就事情的效率上說，由於他們親自動手完成的這件工作，則他對植樹保林的關係更深一層，對植樹保林的意義也更明白一些。我們認爲這是含有教育意義在裏面的方法。

三 工作的實施——怎樣完成了今年年的造林運動

有了上段所述各項考慮和準備，我們今年造林運動的實施，便和其他各地有些異樣，現在把工作狀況列爲分區分期分工三項說明如下：

甲、分區工作　凡熟悉峽區狀況的都知道區內山多田少，全區面積約一千八百餘方里，除去百分之三十三的耕地而外，其餘悉爲葱綠森林或童禿荒山，據我們概況考查現有林木種類，松樹佔最多數，其次爲竹林桑林桐林，最少的爲柏林。我們覺得松林在峽區已經極其普遍，儘可聽其天然原生苗的滋生，而用不着再由人工植造。惟桑林和桐林既佔有峽區一部分的面積，則自然環境和人民習尚定有有利於牠的條件存在，在這抗戰建國的時期，桑林和桐林實有擴大面積，以求增加出口額的必要。所以決定提倡栽植，至於柏林呢，就峽區的地質看來，牠是很適於柏樹的生長的，因爲是石灰岩。而區內竟很少柏樹。人民亦深以欲植柏樹而無苗木爲苦，所以我們又決定分發柏苗以供栽植。凡此三種都是屬於經濟林的樹種，我們是發給農家種植的，這樣的造林工作是深入了鄉村，普及了民衆。此外對風景林方面我們亦是分區進行的，其分區的原則是除北碚市區附近及公園外，還有各鄉村小學和各警衛區辦公處所，這類地區的樹種我們選取的是馬尾松、洋槐、法國梧桐三種，因爲這類樹生長迅速，枝葉茂密，是夠增加風景的條件。玆將各種樹種分區栽植狀況列舉如下：

柏　苗	各鄉荒地
油　桐	各鄉荒地及郭家沱官山
桑　樹	各鄉荒地及石子山官山
洋　槐	各保小學、各警衛區辦公處、財政部稅務署、江蘇醫學院及天生橋公園
馬尾松	火焰山公園及區署後面馬鞍山上
法國梧桐	青北公路行道及本區衛生所農業推廣所附近

乙、分期工作　我們工作實施的方法，除開分區進行以外，還有分期進行也是值得在此敍述出來的。關於分期進行的理由本文第二段內已略有提及，這便是，第一我們要想選擇最適於植樹的天候，第二我們要求顧到人工的分配，第三我們還要相當的注意到各類樹種發芽的遲早。

分期工作的情形這裏可以列一日程表在下面：

日期	工作概況
二月二十一日至二月二十九日	向各地民衆宣傳植樹利益，植樹方法，保林法規等。幷進行領植柏苗桑苗桐苗農家之登記。
三月一日至三月十一日	1.三月一日至四日分發桑苗桐苗幷指導栽植 2.三月五日至九日栽植公路蔭木法國梧桐 3.三月八日至十日栽植公園及馬鞍山馬尾松 4.三月一日至十一日株植天生橋公園洋槐林，分發各學校各警衞區各機關洋槐及法國梧桐幷指導栽植。
三月十二日	區屬及遷區各學校機關團體聯合舉行植樹紀念式，由主席報告植樹式意義，農業推廣所報告本區今年植樹辦法。
三月十二日至三月二十一日	豎立公路行道樹竹籠及行道樹與風景林澆水
三月二十二日至三月二十五日	分發柏苗幷指導栽植

由這日程表可以看出我們從二月二十一日起至三月二十五日止，一連五個星期當中都在進行造林運動的工作。

丙、分工工作　在分區和分期工作之內，無形中還包含有分工進行的事實，關於分工的內容雖然非常簡單，却亦値得列述出來，藉以明瞭我們工作期中的動態，幷聊申對於工作人員的獎勉或謝意。

造林運動分工概況表

參加單位	工作人員	工作時間	担任工作及成績	備考
區內民衆	約五百戶	前後共七天	植桑一八二〇九株，柏二〇〇〇〇株，油桐二〇〇〇株，及行道樹管理保護	
東陽鎭合作社	二十餘人	一天	植桑六三〇〇株	石子山官山
〇〇軍〇〇師官兵	一連人	一天	植油桐九二八株	郭家沱官山
本區常備隊	三十人	前後共七天	植馬尾松一〇二〇株法國梧桐一四七五株	行道樹及風景林
本區民教館	三人	十天	苗木修剪及管理	
兼中西山坪農場	二人	三天	植樹技術指導	
區屬各警衞區及各小學	共百餘人	前後約十五天	宣傳登記分發苗木幷植洋槐四九五六株	
區署建設股	全體職員	全期	策劃、聯絡、宣傳、指導、	
本區農業推廣所	全體職員	全期	同　前	

四 結論

今年的造林運動過去了，但是我們的工作是不是盡滿人意呢？這一定有人要追問，同時也是每個參加工作者應當反省的，現在願提出幾件事以奉告於關心本區造林的人士，幷與區內工作同志相期勉。

第一、應當反省的是我們今年造林的數量還不夠，尤其是經濟利益較大的桑林和桐林，不要說是達到適應抗建而擴大栽培面積的理想，恐怕距補足近十年以來農家因蠶絲油桐價値衰落而斫除的桑樹桐樹的數量，其相差亦尙遠，我們雖因迫於苗木不夠而植得太少，但仍不能不深引爲憾！我們想儘可能的在今年秋季再進行一次植桑植桐的運動來補救這個遺憾。

第二、應當反省的是各地的風景林尤其是公路蔭木，因爲苗木培育還未達定植的年齡便勉強栽下去了，所以有許多地方距理想很遠，今後的問題還很多，我們爲隨時好好的去管理保護牠，幷且仍奇望今年秋季多費一些人力財力予以調整。

第三、應當反省的是我們的育苗計劃應當和造林計劃配合起來，我們的保林法應當嚴密執行，前者是造林的先決條件，後者是造林的最後保障。疏於前者則「失之毫厘差之千里」，疏於後者則「前功盡棄」「功虧一簣」。所以此兩項都是應當不惜財力和人力多用功夫的。

註一 據測驗平均夏季林內溫度低於外界5.87°F，冬季林內溫度高於外界 2.7°F，

註二 據測驗森林根幹枝葉能吸雨水23%，地下殘枝敗葉能蓄雨水25%，土中細根鬚能蓄雨水20%，枝葉蒸發需雨水8%，是雨水經山林而流失者僅24%，

註三 據測驗森林區雨量較普通地區增加 24%，

註四 本年植樹節前本區已完成一部分植樹工作，筆者曾遇一小學生偸拔已植苗木，詢悉係本區鄰近之某場小學生，因植樹節將到，學校當局令每生尋取苗木一株到校栽植。

註五 因在風景區內，欲使苗木早日成林，故選取之樹苗年齡稍大。

註六 大部分苗木未經移植，高度亦自數寸至數尺不等，惟爲工作便利計，不得不一齊定植。

森林苗木育成法

楊濃作

一、導言

二、繁殖

1. 播種 2. 扦插

三、播種前之準備

1. 選種 2. 苗圃之位置與方向 3. 播種苗圃與移植苗圃之區分 4. 苗圃道路及四週依地形排列整齊 5. 整

地6.水池溝渠7.藩籬

四、播種後之管理

1.鋪草2.灌溉3.鬆土4.間苗5.搭棚6.中耕除草7.防害8.施肥9.移植10嚴冬之保護

五、記載

六、結論

一、導言：

我國幅員廣大，童山禿嶺，比比皆是。政府亦注意及此，倡導造林，期達地盡其利，而鐵路枕木，建築用材，亦隨之得以解決，不第直接利益，有如是之巨，且間接防旱、防風、防空、保土、亦以之是賴，是以造林之重要也，明矣然造林工作，基於育苗，故造林必以育苗爲先研。著者近數年來，常留心此點之探討及實驗。茲將所得結果寫出，以供同志之參考和指正。

二、繁殖

1.播種：　春秋二季，均爲播種時期，大粒硬殼和不容易發芽種籽，可行秋播，淺根性和容易發芽之種籽　則宜春播。秋播多罹霜雪鳥獸之害，腐爛之虞。欲期早日出土，增速萌芽率，則浸種子手續，不得省略。未播之先，視種籽之厚薄，而定浸種日數之多寡。大抵硬殼種籽，浸水四五日，如栗、皂莢等類。小粒種籽，浸水一晝夜，如松、杉、等類。然陳舊種籽，更需溫湯浸種，以攝氏二十度左右爲宜，使種籽多吸收水分，以免久留土中。茲將各種播法，條述如次：

A條播：　苗床壓平，以鋤掘條，每條距離四五寸，深約一二寸，將種籽播於條中。覆土之深淺，以種籽直徑一倍至四倍爲準。此種播法，中耕除草等作業，均甚便利。

B撒播：　苗床仍須壓平，以手撮種籽撒之。未撒之先，將種籽混以泥沙，以免飛揚，撒後以板壓平。覆土宜薄但撒時務宜均勻，以防叢生。此種播法，耘草耕鋤較難，且易罹病菌，是其缺限。

C點播：　苗床不必精細，耙平即可下種。苗圃育苗，間用此法。雖中耕除草容易，因所佔面積，較前兩種播法爲寬，祇適於直播造林地。茲將苗木名稱，播種日期，播種法，播種深度，發芽日期，列表於左：

名稱	播種日期	播種法	播種深度	發芽日期
坂栗	三月五日	條播	八分	四月十八日
銀杏	三月十日	條播	五分	四月十九日
棋[illegible]	三月十日	條播	一寸二分	翌年三月廿七日
黑松	三月十一日	撒播	三分	四月八日
白皮松	三月十一日	撒播	三分	四月十三日
金錢松	三月十一日	撒播	三分	四月十日
黃槐	三月十一日	條播	四分	四月十七日
油桐	四月一日	條播	一寸	四月二十八日
杉樹	四月八日	撒播	二分	四月二十八日
構樹	四月九日	條播	三分	五月十九日
紫穗槐	四月十五日	條播	三分	四月二十八日

刺槐	四月十五日	條播	三分	四月二十四日
洋槐	四月十六日	條播	三分	四月二十三日
樅樹	四月十六日	條播	三分	五月二十八日
馬尾松	四月十七日	撒播	三分	四月三十日
枳椇	四月十七日	條播	三分	五月三日
梧桐	四月十七日	條播	三分	五月七日
槐樹	四月十八日	條播	五分	四月二十四日
黃檀	四月十八日	條播	二分	五月六日
鹽膚水	四月十八日	條播	二分	五月四日
櫻樹	四月十八日	條播	二分	五月四日
柑橘	四月十八日	點播	五分	五月二十日
君遷子	四月十九日	點播	五分	五月十九日
梓	四月十九日	條播	三分	五月七日
烏桕	四月二十日	條播	四分	五月十三日
法國梧桐	四月二十日	條播	二分	五月七日
黃連木	四月二十日	條播	四分	五月二十三日
掃帚柏	四月二十日	條播	三分	五月七日
柳杉	四月二十日	撒播	二分	五月十日
女貞	四月廿一日	條播	三分	五月二十八日
核桃	四月廿二日	點播	一寸一分	六月一日
皂莢	四月廿二日	條播	六分	五月四日
合歡	四月廿二日	條播	三分	四月二十六日
苦楝	四月廿三日	點播	八分	五月二十八日
油松	四月廿八日	撒播	二分	五月十九日
側柏	四月廿九日	撒播	三分	五月二十六日
臭椿	五月二日	條播	二分	五月二十六日
黃金樹	五月二日	條播	二分	五月十九日
海松	五月十二日	條播	六分	六月七日

2. 扦插：樹木中之種籽，有不易採得者，或播後發育不甚佳良，可採取樹上枝椏，切斷插入苗床，亦能生根發芽。一則可竄苗木從速育成，二則可節省人工，縮短時間。插條時令之早晚，影響成活，關係至切，普通多在年初二三月間舉行。但亦斟酌當地氣候，若在寒地，不妨稍緩。暖地則以早插爲宜。惟插時，宜擇陰天無風之日，苗床略帶潤濕行之，更爲妥善。茲將苗木名稱，扦插日期，適當插條，插後管理，列表於左：

名稱	扦插期	適當插條	插後管理
法國梧桐	二月中下旬	前年新生枝柯，發育強健者。	扦插後，時澆以水，芽出寸許，卽行搭棚。
美國白楊	二月上旬	前年生，徑逹四分或如指大，新生單枝。	同右
毛白楊	十月中旬至十一月上旬	前年生長，直立單生之壯枝，徑逹四分以內。	同右
垂柳	三月上旬	一年生之新生壯枝，徑粗三四分。	插後，常灌溉除草。
圓柏	二月下旬至三月中旬	母樹上一二年生，長約五六寸，向陽面之枝稍。	插後，灌溉搭棚。
大葉黃楊	三月中下旬	前年發出新枝，徑粗二分上下。	同右
龍柏	三月中旬	向陽之枝稍，徑粗二三分。	同右

三、播種前之準備

1. 選種： 種籽之良否，影響苗木生長，至爲重大。然自商販購入，多不純正豐滿，宜自採集，或在農事機關徵求，以杜窳劣。茲將選種條件及選種方法，述之於左：

A 選種之條件

1. 純正
2. 清潔
3. 發芽率
4. 容量及重量
5. 色澤
6. 種子年齡

B 選種之方法

1. 以容量爲標準（擇大者）
2. 以比重爲標準（水選、鹽水選）
3. 以形狀爲標準（形狀較豐滿者）

2. 苗圃之位置與方向： 高燥陡地，既不能蓄積水分，又易遭乾涸之害。故苗圃位置，以微傾斜，砂質壤土，接近林地，交通便利者，爲最適宜。至於苗圃之方向，朝東者，易受朝陽之害。正南者，有烈日照射之虞。朝北者，則罹霜雪冷凍之侵襲。以面西而約偏北者，爲最妥當。既得暮陽照射，又可減輕苗圃水分之蒸發。

3. 播種苗圃與移植苗圃之區分： 播種苗圃，乃播種籽而使之生長於地上者。移植苗圃，是將不移栽林地之苗木，移在一區，不致發生參差不齊，管理困難，播種苗圃，應少於移植苗圃，兩相比較，不過二十分之一。如有移植苗大二十方丈，僅設播種苗圃一方丈，即足矣。

4. 苗圃道路及四週依地形排列整齊： 視察地形，而定苗圃之形式，或長方形，正方形，三角形。普通多爲長方形，正方形。復依各種形式，而闢大小道路。既可節省土地，又可增加美觀。

5. 整地： 冬季深耕，土壤受霜雪侵襲，疏鬆軟化，使害虫卵蛹，受霜雪摧殘，斷絕其生機。深耕工作，甚爲粗陋，須將土塊碎細，耙平，石渣瓦片，樹根雜草，悉行除去，然後劃爲若干畦，再將泥土研成粉細，即可播種也。

6. 水池溝渠： 水池溝渠，爲苗圃防旱之工具，土中水分，受日光蒸發，和苗木吸收，漸感不足，故須建築水池，應苗木之需要，而施灌溉。面積較大之苗圃，用抽水機，更爲節省勞力及費用。溝渠作用在引水入苗圃，若水分供給過多，又可由溝渠排走。建築水池溝渠，須擇苗圃適中地點，務以能灌溉全苗圃爲適當。

7. 藩籬： 普通苗木，在安靜鄉間之苗圃，或無造藩籬必要。若育有貴重苗木，閒人及獸類易於損害，非藩籬不能保全。如築牆垣或掘溝，則感費用甚鉅，然最經濟耐久者，莫若生籬。生籬之選擇，以灌木，枝葉茂密，容易整理者爲佳。如山楂、山茱萸、槭樹、檜柏、側柏、柑橘等。亦有用水竹慈竹爲籬。并能增高地價，故人多採用之。

四、播種後之管理

1. 鋪草： 鋪草可減少水分蒸發，因之澆水次數亦可減少，在較小苗圃，利益不甚顯著。而在廣大苗圃，其利更覺圓滿。而草在當地容易得者，如茅草、稻草、麥桿、樹葉、馬糞、礱糠等均可。待種籽出芽後，始可取去。

2.灌漑：灌漑可促進種籽發芽。在久晴不雨之際，表土乾燥，灌漑可使土壤潤濕。灌漑用器，有用細眼噴壺，大口壺，抽水機者。前者適於播種。後二者適於苗木。灌漑時間，夏季宜早晚。冬季宜正午。

3.鬆土：天久不雨，久雨不晴，均能使表土凝積，有礙空氣流通，對於嫩芽出土之生機有阻。故鬆土爲苗圃必要之工作。否則，因空氣閉塞，嫩芽變黃，乃致於枯死。鬆土之用具，可用小鋤竹籤。但須注意，勿傷及嫩芽。

4.間苗：種籽出芽，長成四五葉時，即施間苗手術。密集叢生之苗，拔其弱者而棄之。或將健苗移補空隙。因此，空氣流通，日光透射，苗木得充分發育，欣欣間榮。

5.搭棚：嫩芽將出土時，即須搭棚，防止烈日曝射，致表土乾燥。棚架高二尺五寸爲適度。架用慈竹樹條。遮蓋物則用茅扇。扇可用茅草、麥桿、稻草等材料製成。扇長五尺，寬度依畦而定。先以竹篾編成三角形格子篾簀，茅草或麥桿鋪其上。然後兩塊相合，用細鉛絲或竹篾捆好，既經濟又耐用。

6.中耕除草：中耕使土壤疏鬆，空氣流通，風化活潑，減低水分蒸發，促進肥料分解。更可助苗木根系發達，枝幹繁茂。除草亦爲重要工作，苗圃內雜草，若不鏟除，任其蔓延，奪去土中養分，害虫亦潛伏其中。

7.防害：種籽播後，常有雀鳥山鼠爲害，如海松、油松、白皮松等。尤其鳥鼠喜食之物，若不防止，任其摧殘，則前功盡棄。防鳥方法，紮毛人，假鳥，獸皮，懸於苗圃，以驚駭之。防鼠可用打鼠機，置於必經之路，或用蕎麥粉，混以毒藥，置於竹筒中，（須防貓犬偷食）以誘殺之，至於害虫，可用人工捕殺。如爲食嫩葉類害虫，可用砒酸鉛，（$Pb_3(Aso_4)2$）或用石油乳劑殺滅。

8.施肥：肥料之效用，能改良土壤理學性質，增加土壤化學分解，促進苗木生長。土壤中之養分，一部分被苗木吸收，另一部分，多被雨水冲洗流失。故苗木育於苗床，有施肥之必要。肥料之要素，有氮、燐、鉀。除燐鉀作基肥外，追肥多用人糞尿。插種或扦插發芽後三四週，可施液肥一二次。至於已行移植之苗木，春秋季均可施人糞尿。

9.移植：苗木發育，有早有遲，而移植時期亦各有異。總之，在樹液流動完全停止時施行。自十月至翌年四月，均爲適當時期。落葉性苗木，可行露根移植。常綠苗木，則行宿土移植。否則，有枯死之虞。施行移施，宜在雨後，或未移植之先數小時澆水，掘時愼重，勿傷及根。若主根過長，可剪去一部分，促其多生鬚根。但傷口宜塗泥土或援蜡，以防腐爛。至於移苗距離之遠近，可以左列情形定之。

A大苗較小苗距離遠。

B苗木留床之期愈長者，距離愈遠。

C樹冠大者，距離較遠。

D陽性樹種比陰性樹種距離遠。

F距離遠近與移植次數成正比例，即移植次數愈多者，距離當愈遠也。

10嚴冬之保護：禦寒力弱之苗木，必需加以保護，始能維持生存。保護之方法，有堆土、埋藏、包裹等法。而易於移動之苗木，則移栽籬邊。若不移植，用草席草薦遮蓋亦可。暖地可免此設備，而在寒冷地方，則爲必要之工作也。

五、記載：

育苗貴乎記載，從記載當中，可以確定一年行事，更可作研究根據。茲將記載格式，列表於左：

育苗記載表

類別	項目	細目	記載
名稱	學名		
	中名		
	科名		
種子來歷			
種植	扦插及播種	時期	
		數量	
		方法	
		浸水方法	
		地積	
	發芽	初期	
		末期	
		百分率	
	移植	一次 時期	
		一次 數量	
		一次 方法	
		一次 高度	
		一次 地積	
		二次 時期	
		二次 數量	
		二次 方法	
		二次 高度	
		二次 地積	
中耕	時期及次數	一次	
		二次	
		三次	
		四次	
		五次	
		六次	
施肥	基肥	名稱	
		數量	
	追肥	時期肥名及數量 一次	
		二次	
		三次	
		四次	
		五次	
		六次	
病虫害	病害	名稱	
		發生時期	
		病狀	
		防治法	
	虫害	名稱	
		發生日期	
		形狀及色澤	
		防治法	
備考			

記載者　　　　年　　月　　日

六、結論：

以上所述，乃苗木育成極簡捷之法也。要而言之，苗木之育成，未着手之先，須有精密計劃（苗圃方向、整地、水池、藩籬等）。既着手之後，須有慇勤管理，（中耕、除草、灌溉、施肥、防害、保護等）。如斯育苗，未有不成功者也。

植物學專家焦啓源博士關於桐油問題談話記

——桐子採下，立即剝皮，免損油量。桐樹行間，須栽豆類植物，供給氮肥綠肥。——

南京金陵大學教授焦啓源先生，在歐美專研應用植物學四年，此次被建廳特邀來川，考察桐林，預備改良。現考察路線，先赴南充，次赴涪陵，最後赴灌縣。來峽小住兩日。據談，中國桐油，年產八十餘萬石，七十餘萬元，百分之七十五銷於美國。四川年產桐油約三十萬石，二千五百萬元。惜川人皆以此爲副業，若當主要事業經營，獲利必有可觀。植培桐類，亦應改良。應用接枝法，好的性質，始能遺傳。但宜酸性較多之土壤，若酸性太多，須加石灰，不足者加酸性肥料。桐樹需肥，與一般樹同，樹與樹間，最好栽豆類植物，利用吸引空間氮肥，且豆科本身，又具備有綠肥作用。四川桐樹，以簡州所產者爲最好，其實小者而重，果且多，與一般較大者，結實少而疏，有所不同。桐子打下後，普通揀法，係堆積濫皮，足以損失油量。今後應仿包谷脫離機，製一脫皮器，不過需洋數元，在桐子採得後，即將其皮脫去，所剩子實，更便儲藏。並謂桐油用途，亦正與友人共同研究。例如，工業方面需要普通工藝方面的製造，如油漆之類，需要亦乎不少。並要求適合於國民經濟，要資本少，設備簡，營業易，而同時種植農人與工商業有合作性的聯繫，則中國桐油業前途，更有希望。美國鑒於桐油需要日大，一旦軍事政治發生問題，必定感受恐慌，遠不如自已種植較爲合算而有把握。現在巳經種桐者，約佔二十二萬華畝，計該國全國需要量爲六十萬華畝，刻均在進行中，過六七年後，可不需要中國桐油。故中國桐油出路，極應另行設計。不過，洞油需要日廣，與文明進展成正比例，中國之建設，正勇往邁進，而銅油前途，當屬樂觀矣。

峽區當前的養猪問題

焦龍華

峽區養猪的情形，目前有幾個嚴重問題：

一、斷奶太早

金鋼碑有一個劉樹金，挑煤炭過活，他的女人，用背兜背來一個小猪兒，請我們替他醫，不用說，她是同一般人一樣地不知什麼叫預防，只曉得你們這裏是「做好事」替人家醫猪，不取錢的。

她背來的猪，萎瘦得同貓一般，混身發燒，間時發抖，呼吸和脈搏都很急迫，看來是只有奄奄一息的一線生機，於是我們就問她，喂了好久。不問則罷，問起笑話就來了，現在這猪只當天平十二斤，她倒說已經喂了八個月了，當買回來的時候，只有天平二斤，沒有一隻貓大，每頓只能吃半茶杯的粥羮。

這裏，我們來分析它的情形吧！她固然很窮，買不起較大的猪，因爲猪愈大，需錢愈多，小些的猪買回來，等於附帶隨便養養的，不做什麼猪圈，不費什麼功夫，死了也可以少折些本，空閑的時候，叫小孩子到坡上去找些野猪草喂牠，每天也少許有點兒吃剩的東西，喂猪總比喂狗好，所以她在買的時候，非挑便宜貨不可，居然市場上就有便宜貨等着她。

那些喂母猪的人呢，爲適應環境的需要而成了習慣，猪喂得大些，反而難買，而且籠子猪大了些，還得照架子猪的價錢賣，架子猪的價錢又太便宜。所以他們都是把乳猪養到四十天左右就出賣了，有些喂猪的人因爲急需錢用，或者是因爲那一隻猪特別小，搶不到奶吃，或者小猪從小就得了病的，或者是母猪中途害了重病而死了的，他們只得把小猪拿出去賣。在養猪常識充分的地方，那太小的猪兒，根本沒有人買，沒有人要，他就無法出賣，只好不賣，自已犧牲算了。如今既然有人需要，當然就成了風氣，沒有顧到小猪本身的生命。如像二斤重的小猪，怎麼喂得活呢？小猪生下來的時候，好一些的就有一斤半，那末，二斤不是頂多只十來天麽？十來天的猪，正在吃奶，那裏能喂得活呢？這就等于小孩子只吃二三個月的奶一樣，不但難于長大，而且抵抗力小，將來易於生病。像這樣的猪，生了病再來醫，根本就很少希望。因而我們只有希望大家注意下面兩點：

（1）小猪要滿兩個月才斷奶，才不吃虧，賣出去才不致害人！

（2）買猪的人須注意，不要到場上去揀便宜貨，要挑選一窠中大一些的，否則往往還是自己害自己。拿小猪來說，十斤以下的猪頂好不要買。大家不買，自然少有人拿來賣了。

二、閹割期間太遲

峽區的情形，凡不是拿來做種用的猪，當然，不論公母，一律要經過閹割。但閹割期間，全不一定，喂小猪的人，並不行閹割手術，多半是賣了出去，由買主自己化錢請閹猪匠去施行閹割手術。有的二十幾天閹了，有的要到五十幾天，更有到六七十天的，一般都是母猪比較割得遲些。這些統統是不妥當的。

猪的閹割，有一定的期間，最好是由生後六星期至八星期中間。因爲這個期間，正在吸乳期中，受一點痛苦，就是有傷口，也是容易恢復的。如果不在吸乳期中，等待小猪長得較大些再來施行閹割，則傷口定大，流血必多，受到的痛苦也重，傷口就不容易復元了。

這種事情也形成了風氣，一般賣小猪的人，他不願化錢來閹割猪兒，同時，還有一種流弊，有許多要留種猪的人，他就沒有先到喂有好猪的人家去訂定和挑選，他只管到猪市上去現看現買，一點也不管母性譜系方面的問題，在場上買到就算了。比較錢少些的人，更買不到好貨，他沒有資格去挑選，樣份好的，價錢貴些，因此，喂公猪的人，隨便揀一個便宜的猪就算了。你看，這傳起種來，一代一代下去，影響多大！所以閹割這套工作，應該由喂母猪的人化錢。公猪可留爲種猪，使不行閹割。

三、架子猪飼料太壞

許多人都說：「養猪要折本」。是的，養架子猪一定要折本，折本的原因在那裏呢？看吧：

「拖架子」，架子猪的時代，只要儘他拖好了，把架子拖大了，以後催肥只要飼料好，就自然會長起來的。

架子猪時代，吃的東西最壞，差不多眞只夠牠維持生命，叫牠怎麽長呢？架子猪長得慢，喂了一年的架子，往往只有二三十斤，是什麽原因呢？因爲全是喂猪草，坡坡上打來的野草，有幾十種，這幾十種中間，只有幾樣屬豆科的比較好，但理論上，即使完全是豆科的牧草都不行，何況還雜着很多雜草，盡是粗纖維呢。而且很明白的，猪又不是草食動物，僅僅吃些草當然不夠，所以這種拖架子的方法實在不妥。

因爲猪草中滋養成多少，所以猪就非多吃些，不足以供牠的需要，爲要維持生命，就盡量多吃，從小就如此地吃，以致把肚子脹大了，農民復以訛傳訛，說選猪的唯一條件就是要牠會吃，會吃會長又從何而知呢？那就要看牠肚子大不大？他們都說「肚子愈大愈好」。因而選種也趨向大肚子，殊不知肚子大了就要垂下與地接觸，一定會把肚子和奶頭弄髒，奶頭齷齪，小猪吃奶時，那有不容易染病症呢！即是以肥猪來說，肚子大了，全是長些泡泡肉，又鬆又不好吃。

四、猪草問題

猪草包括很多東西，通常把豆科作物的莖葉，晒乾，打碎，叫做乾豆葉。也是猪草的一種。這東西本來是農民家中頂普遍，頂經濟，頂合宜的喂猪飼料。

起始的用意，也是很好，他們爲着猪要吃猪草，省得另外出錢去買飼料，就把莊稼剩餘的殘枝落葉，晒乾貯藏，以補沒有綠葉飼料時的需用。所以它是用作貯藏的。這裏，最好用集體農場的辦法，合作，大規模來貯藏，歐美新式農場用新的設計，建築青貯飼料塔，使通年都吃青飼料。那種塔的構造，能使飼料保持不腐爛，稍許發點酵，反使青飼料有點兒青香，牲畜高興吃。青的飼料，如果不貯藏就不易保存，在農家，不晒乾就要爛 然而晒乾了，不但維他命要損失，蛋白質也起變化而失其有效能。在目下的農業制度，晒乾打碎來貯藏，當然是頂合式，然而在喂的時候，純粹用它，倒還不行，它的流弊，就同第三節說的一樣 影響很大

五、無隔離病猪的常識

街上新買回來的猪，（就是雞和牛也是一樣的道理），到家不可以立刻和原有的牲畜混合關在一起。爲的是怕買回來的新畜，帶有病原菌，任何病在潛伏期內是看不出病狀的，等到病已發生，早就把你原有的牲畜傳染着了，死起來就一齊死 由此而知新買的與原有的猪非分開喂養些時間不可。過去我們診治的經驗，告訴我們，他們的病猪，大半是從場上買回來，沒有好久，就傳染給原來喂的猪了。因爲有許多人都是因爲猪已生病，才拿到街上去賣的，所以買來一定要隔離飼養。

六、隔離後用石灰水之消毒法

過去所遇到的猪病，十之八九是腸熱症，在峽區，這一種病，全是由吃得太多，太飽所激發的。

碰到這種病，如果是街上新買回來的呢，就把它另外關在一個地方，停十一二天再和原喂的好猪關在一起。如果是在原有的猪羣裏發生了病，就應該趕快把好猪趕到另外沒有喂過猪的地方，把病猪也取出，將病猪睡過的猪舍　隨即打掃乾淨，用石灰水冲洗，隔一二月不喂猪。只要用上述的消毒隔離辦法，就可使病根消滅，不致傳染其他沒有生病的猪。

猪瘟的預防和醫治方法

黃世輔

喂猪者之多，與養猪的利益，不必說，是人人知道的，可是猪瘟流行，農家確無法抵禦，只得聽其陸續死亡，成本一併虧折，甚至波及鄰猪，亦被傳染，疫毒蔓延，不可收拾，損失鉅大。

現在夏天又到了——正是猪瘟流行的時候——隣近縣場內已有幾處發生猪瘟了，謹將預防和醫治的方法，寫在後面，以供農友們的採擇，希望減少一些損失，即無異增加生產了。

一、預防

猪瘟是一種傳染病，試看一圈之中，只要有一頭猪得了病，其餘的猪就陸續的病起來而不得活，所以最重的是在預防，只要預防得好，瘟疫無從發生，更是萬幸了。玆將預防的方法，分列於後；

1. 霉爛的食物，不要喂給猪吃。
2. 猪圈要每三天用石灰水洒掃一次，使其清潔，并可殺菌。
3. 猪進食後，猪槽要洗乾淨。
4. 在猪瘟流行的時候，外來的人和一切物品，不要挨近猪圈，更不可買瘟猪肉回家吃。
5. 天氣炎烈的時候，可用藿香摻在飼料內喂給猪吃。
6. 喂猪多者，可用　細辛一兩　蒼朮　二兩　降香二兩　川芎　二兩　甘松　二兩　乳香　二兩　礦成細末加以鋸粉，做成蚊烟，放在猪圈上薰之，夜間並加雄黃膳魚骨蛇床子。

二、狀病

猪瘟起病，其病狀如下：

1. 不食　2. 温度高（燒）
3. 無精神　4. 眼角起黃色眼屎　5. 行動不穩，後肢更甚。
6. 初起大便閉塞，後來腹瀉。　7. 不過三天週身起紅星（俗名打火印）

三、治醫

猪病起初，一二日內，尚可醫治，如果久了，則無法醫救。

1. 隔離　猪一生病，就須把好猪從病猪的圈裏牽出來，關在另外一個圈裏。以免傳染。

2.洗圈　速用石灰水（百分之二的防疫臭藥水更好）洗圈及猪身。

3.藥方　大黃　一兩　芒硝　一兩　只實　一兩　黃柏　三兩　枝子　一兩　甘草　一兩　藿香　一大把　澆水用竹筒灌之。

右方經實驗數次於三日內頗有奇效，久則病沉難治，如過小猪則份量減半。

四、死猪的處理

如果不幸，猪病死了，請農友們本着我們自助互助的精神把死猪深深埋去，不要愛惜小費，把病猪肉弄來吃或送到市上去賣，（因爲牠傳染）不然，瘟疫便更流行得厲害，所以甯肯捨去一隻瘟猪肉的代價，掉得自己的好猪和隣友的猪，不致傳染，安全無恙，多麼幸福呵！

老農養猪經驗談

羅文信

母猪交配過早，生產小猪不多，母猪咬死小猪，由于吃了胎衣。

蔡家鄉離北碚三十多里，那地方一面靠山，一面臨河，中間約三十方里的面積，邱陵起伏，阡陌交加，人口稠密，務農者多，農人每年除耕種田土外，大半都要養幾隻猪，利用田土中的菜蔬和可喫的野猪草，及庖廚的殘食作爲飼料，一方面能夠增加他們的收入，來彌補開支，一方面可得到許多肥料，來供給種植，所以養猪在蔡家鄉是農家很普遍的一種副業。

是鄉雖爲我的家鄉，但我一年很少在家。對於家鄉的一切情形，不免有些隔膜，這次因事返里，很想把家鄉養猪情形，詳細調查，但因時間有限，不能作普遍的調查，這時我恰好想起一位老農——隔壁趙老三。他家裏這幾年每年要賣幾次肥猪，聽說他喂猪每年還要賺很多的錢呢。我想他養猪一定有些經驗，於是我便打定主意，要去向他請教。

晚飯後，他手裏拿着一根旱烟管，坐在天井裏一株老桂樹下抽煙，我走攏去和他招呼的時候，他很和藹的扯了一根板凳來讓我坐，我看他額上的皺紋比從前更加深了，但他的精神還是很好。我們開始談了些別後的情况，和今年莊稼的困難情形，然後便慢慢地談到喂猪的問題上來了。

我問他，『你現在喂幾頭猪呢？』

他說『我現在喂了三頭。一頭母猪，兩頭架子猪。』

『喂母猪用些甚麼飼料呢？』

『平時就是用庖廚餘渣，米糠，豆渣及菜葉等，要生小猪的前半月，就要加喂大麥粉和玉蜀黍，生了小猪過後，更要加點稀飯或豆漿在內。』

『小猪又怎樣喂法呢？』

「小猪生後半月，因猪體漸大，需要的飼料較多，母猪分泌的乳，不夠充饑，就要用稀飯或豆漿，玉蜀黍粉加些青菜來喂，把飼料裝在盆內，先由母猪領着一羣小猪來吃，經過四五次，小猪便會自己來吃了，一月以後，豆漿減少，就要和些大麥粉在內，玉蜀黍粉和青菜也要加多，更換飼料的時候，也要注意，不可立刻完全更換，要慢慢地把所要更換的飼料摻進去，初時小猪每天喂一二回，過了幾天，回數就要增加，每天喂四五回，有時夜間也要喂一回，普通猪到兩月，就出賣了。」

架子猪又怎樣喂法呢？

「架子猪的飼料比較粗劣，是用青菜、胡蘿蔔，蕃薯蔓，胡豆糠，米糠和庖廚的殘渣來喂，每天喂兩回或三回，喂到七八十斤，就可以催肥了。但這一會鄉間的青菜都乾死了，所以多半是去找些野猪草來喂。」

催肥時又喂那些飼料呢？

「催肥的猪，飼料比較好些，青菜飼料減少，加喂玉蜀黍，大麥粉或胡豆等。」那時他把旱煙管在左手上拍了兩下，把煙尾拍掉了，把口張開深深地吸了一口氣，我又接下去問道：

猪的飼料你怎樣調製呢？

「還要看猪的情形了，小猪飼料，要新鮮，煮熟，厚薄適度，豆類需要炒熟磨碎，每餐飼料應煮熟，不要冷喂。飼料喂後，可給些青菜或青草與牠吃，以補充不足，架子猪的飼料，雖然比較粗劣，但應當注意清潔新鮮，腐敗發毒的殘渣，切不可喂。此外如芋葉，蕃薯蔓，蕃薯等，宜切碎煮熟了喂。喂肥猪的時候，飼料更要小心調製，洽合胃口，容易消化，使牠所吃下去的營養物，大部分都能生成肉質，那末生長力便很快，生長快，喂猪的才容易賺錢。否則，消耗飼料多，而生長仍是很慢的。」

說到這裏，他又從一個皮篋子裏摩出旱煙來捲好裝入煙斗，用火柴燃着慢慢地吸，我聽他談得很有趣味，禁不住的又往下問：

母猪發情時，怎樣知道呢？

「母猪發情時，性情發燥，大聲高叫，舉動不安，在猪欄內東跑西咬，兇猛非常，有時跳出欄來，向外奔跑，食量減少，這時候便要喂較好的飼料，我們就喂的煮熟玉蜀黍粉在發情第二天早晨，便去找專喂公猪的人家所喂公猪來行交配，交配後給洋二角或半升米。」

母猪好大才開始交配呢？

「這到不一定，普通母猪生後六七個月，體重四五十斤，便開始交配，也有喂到六七十斤才交配的。我自己的母猪要喂一歲左右，體重有八九十斤，方才開始交配。因爲交配過早，小猪生長不良，體格孱弱，時常生病，母猪的體格瘦小，生長率低，生小猪後，四肢柔軟，不能起立，數天方好。所以二三年後，就不能生產，與生產五六年還能繼續產生的母猪來比較，那眞差遠了。」

母猪產生小猪的時候，你怎樣看護呢？

「母猪交配後二三個月，肚腹膨大，就不要母猪往外跑，到第四個月，猪欄內墊草全行挑去，換些新鮮切斷藁草在內，見母猪啣草作窠，就是生小猪的預兆，我們便要常常去看，等到生時，須一人在旁看住，如胎膜不能脫下，應設法幫助牠脫去，太冷時，要用瓦罐盛熱水放在旁邊，增加溫暖。

『你的母猪沒有咬小猪的習慣嗎？』

『母猪的胎衣落下後，若不把它拿開，它就要吃胎衣，母猪吃了胎衣後，往往就會咬小猪，我的猪生產時，胎衣落下，就立刻拿走，所以沒有咬小猪這種習慣。有時生第一胎的母猪，見了小猪就要咬，在旁邊大聲威嚇。幾次後，它就不會咬了，老母猪是不會有的。』這時夜已深了，他因日間工作過勞，好像有些睡意的樣子，我便告辭走了，我覺得這位老農，雖說沒有深刻的研究，經驗却稱得上豐富，聽了他的話，我就忽然默想起孔子的一句話，「吾不如老農」，同時由他口述的話，也可知道我鄉養猪的大概情形，所以把他的話略加整理記了出來，也許可作養猪的農友們一個參攷吧。

峽區土質需要骨粉肥料

鄭遠緒

一、骨粉之重要

1.骨粉在川省應用之沿革

骨粉爲燐肥之王，對於作物之需要至爲重要，民國初年，川省尙無骨粉之稱謂，迄民十年以後，成都外東牛市口聚居回民，因屠牛棄骨之結果，道路兩傍，獸骨山積，嗣經發覺積骨附近之田土，靡不連年豐收，稻及玉米尤甚，骨粉應用，由是漸廣。

惟當時尙無專廠製造，用既不廣，價亦殊劣，相傳粗放，迄於民二十年以後，成都一地，始聞有設廠調製粗骨粉者

二十八年川省農業改進所，以增加後方食糧生產，捨推廣肥料而外，實無以應抗戰建國之需要，爰於合川，成都，瀘縣，設立蒸骨粉製造廠，本年度又將籌設嘉定，綿陽，重慶等分廠，骨粉事業，由是大備。

2.骨粉之效用

(一)、骨粉之肥分　骨粉含氮百分之四，含燐百分之二十三，鈣百分之三十，除氮較少外，燐鈣均含量最最多，故爲優良之燐肥。

(二)、對於作物之關係　無論何項作物，均須燐素；尤以栽培谷類的土地，更感需要。蓋骨粉能助種子發芽，幼根伸長，開花結實，故爲促進作物成熟不可少之要素。又施用骨粉，可使實大味美，產量增多，增強種子之組織及抵抗力，有人稱燐肥爲果肥，即此原因。

3.蒸製骨粉之優點

(二)骨粉之種類

A普通骨粉　此種骨粉，實爲一種骨粒，前於成都市上，出現極多，即今川省各地，尙有少數利用者，粒既粗大，含油復多，不特難於分解，抑使效能遲滯。

B骨　灰　此種骨灰，係將獸骨火鍛，使成灰末，雖油份較少，然氮素大減，燐質亦因燃燒而呈不溶解狀態，以之與蒸製骨粉相較，則知骨灰肥分損失最大，效用最差　開峽區農民，間有引用者。

C蒸製骨粉　此種骨粉，先以獸骨置於蒸汽鍋內，盡去骨脂，然後再用機器磨碎成粉，此為川省現行推廣之骨粉，各種成分，均較優異，如下表：

各種骨粉所含成分表

種類　成分	脂肪%	氮素%	燐質%	備攷
普通骨粉	六—八	三—四	三—二三	
骨灰	〇	〇·七	二九	燐質概為不溶性
蒸骨粉	四	四	二三	

（二）蒸製骨粉之優點

A骨脂含量減少，不致為害作物。

B含燐量豐富，全為有效成分。

C調製精細，效力迅速。

O價值低廉，用法簡便。

此外就農民之經濟立場言，蒸製骨粉，為政府提倡，所訂價格，恆較普通為低廉，農家購用，實為合算。

4. 骨粉推廣與農村經濟之關係

（一）國家經濟之基石　國之強弱興衰，恆以其經濟情形為觀察焦點，盡人皆知，無可諱言。吾國現時之國家經濟，論事者，多以為工商業之發展與落後，居於主要。殊彼所認為主要者　斯時尚為童齡，其繼長增高也，尚有賴於各方——如農業——之維護。縱能蓬勃成長，而此過渡時期中，國家經濟，其誰是賴。識時務者，必知國家經濟，基於農村，掩卷試思，當無疑義。

（二）農村經濟上骨粉之地位　國家經濟基於農村，已如上述，而農村經濟，復以農產為命脈，是故農產之優劣，直接間接影響抗戰建國之成功，工商業之發展。關心國事者，於改良種子，發展副業，改善栽培，增加肥料，特多注意焉。吾川肥料，唯燐最感缺乏，係據幾個專家研究之結果，蓋土中含量既少，又多不能溶解，而目前各地施用之肥料，含燐量皆甚微，故提倡骨粉肥料，以救濟土壤之燐慌，實為增加農業生產，充實農村經濟之要務。

5. 峽區農業環境對於骨粉之需要

（一）四川土地，一般缺乏燐肥，而各種作物，皆需用之，峽區自亦不能例外。

（二）峽區為大山橫亙，餘亦丘陵起伏，絕少平壤，土良肥料沖刷之結果，一般田土均感瘦瘠，亟應大量利用骨粉，藉資彌補。

（三）峽區土質，多為赤沙岩及石灰岩所構成之粘土，如能大量利用骨粉，不特一方面可以供給作物需要，且可藉以改良土壤。

（四）峽區田土，一部爲冷性，一部爲新墾，栽培作物，不易生長。宜大量應用骨粉，利用其釀熱功能，促進作物生長。

（五）峽區原無水利之可言，嗣經區署之精密擘劃，與工建築，成就塘堰水庫八十七處。此種農田水利尤立配備良法美種，及骨粉肥料，以促成其優良農業環境。

二、當前峽區骨粉之推廣概況

1.農民思想之一般

凡爲鄉村工作者，首衣探討農民之心裏，一則以補協事功，一則以啓發工作興趣，過來人當知其重要也，推一般農民，囿於自謀，其他均非所計，工作其中者，殊感困難，茲就一般農民之一貫思想，（以骨粉推廣爲例）簡表如左：

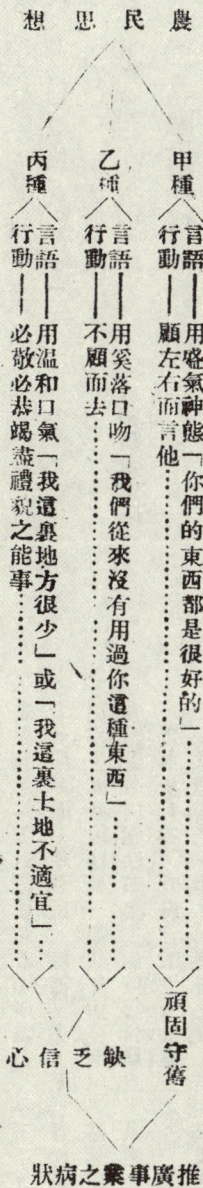

農民思想
- 甲種
  - 言語——用盛氣神態「你們的東西都是很好的」……頑固守舊
  - 行動——顧左右而言他……
- 乙種
  - 言語——用奚落口吻「我們從來沒有用過你這種東西」……
  - 行動——不顧而去……
- 丙種
  - 言語——用溫和口氣「我這裏地方很少」或「我這裏土地不適宜」……
  - 行動——必敬必恭竭盡禮貌之能事……

缺乏信心

推廣事業之病狀

2.推廣法

所謂推廣法，係探以農民思想所形成推廣事業之病狀，而予以針對治療之法也。

（一）宣傳　此即針對缺乏信心而作。本期蒸骨粉推廣，宣傳之內容，如骨粉與作物之關係，蒸製骨粉之優點，（見前）蒸製骨粉之施用量施用法等　茲略述如後：

A蒸製骨粉之施用量　蒸製骨粉之施用量，以作物種類、土壤氣候而不同，爲酌量農家經濟情形，暫定每畝分量如下：

水稻三〇——四〇斤　大小麥三〇——五〇斤

玉蜀黍二〇——四〇斤　豆類一五——三〇斤

果樹一——二斤（每株）　其他各種植物，可酌量增減。

B蒸製骨粉之施用法

a.骨粉所含之燐質，爲開花結實所必需，如作物結實少，空殼多，即需燐肥之徵。

b.骨粉富於燐質肥料，除燐以外，每百斤之含氮量，尚可抵菜餅六十餘斤，如稻田原用糞尿十挑，加骨粉三十斤後，僅須七八挑即足。

c.如須骨粉之效力，特別增加，則可用同量菜子餅及糞尿，堆積發酵，然後施用。

d.普通施用骨粉，當於移植或播種前十餘日，灑於田中，或與糞尿混和，作基補肥均可。

（二）引用政治力量　此即針對頑固守舊之病狀而來，農業推廣，原應避免行政，但爲顧及事實計，不如是不足以見事功。且純粹教育，在現階段形勢之下，尚難言及。良以普及教育，發動伊始，農民智識，尚待提高，推廣事業，動輒被阻。必須宣傳與政治，兩相酌合，同時施用。

3. 工作狀況

（一）推廣數量

二十九年度前期骨粉推廣數量統計表（以市斤爲單位）

推廣域別	原分配數	推廣實數	現存數	備註
文星鎮	四九〇〇	四七〇〇	二〇〇	
北碚鎮	二二〇〇	一、九〇〇	三〇〇	
黃桷鎮	二〇〇〇	一、八〇〇	二二〇	
澄江鎮	一六〇〇	一、六〇〇		
區內各農林場		一五〇〇		自動請求領購

（二）應用作物

二十九年度前期骨粉推廣應用作物比較表

作物名稱	應用數量	備註
菓樹	一二〇〇	
西瓜	六九〇〇	
包谷	二〇〇〇	
水稻	一〇〇〇	
其他	四〇〇	如其他各種園藝作物

4. 峽區肥料問題及解決辦法

（一）肥料問題　農家肥料之能自給者，固亦有人，其成問題者，比比皆是。茲就平常農家，常年肥料問題，估計如次：

農家自給肥料估計（人口六名種地二十畝）

- 最高產量需要肥料量
  - 糞尿　三石
  - 骨粉　三石
- 肥料來源
  - 人糞尿年產　三二四〇斤
  - 牲畜糞尿　牛一頭、猪四頭、狗二頭、鴨五隻、鷄五隻　二〇四三七斤
- 肥料不足量（問題）
  - 糞尿　三七三三斤
  - 骨粉　三〇〇斤

（二）解決方法　試觀上項估計，種地三十畝，人口六名之農家，年需人糞尿以普通產量計，爲五千九百六十三斤，而不足數量，幾估其半，至於骨粉則毫未引用，其產量低減，經濟生活交困，乃必然事實。爰檢獻解決辦法四項，尚望鄉村農友，及社會賢達，爲本身利益，爲社會改進，注意及之。

A夏季種綠肥作物，如猪屎豆者，枝葉繁茂，氮肥量豐，用於作物，生長特良，本年農業推廣所正從事繁殖。

B冬季種苕子一畝爲綠肥，查是項苕子，匪特俾益作物，對增進地力，亦頗能顯其最高功能，去年農業推廣所，已從事微量推廣，多數農民亦覺需要。惟少數頑梗，尚難盡去其守舊心理。

C搜集廢物，作速成堆肥五十斤，是項堆肥，純爲

利用廢物，農家本身已有巨額產量，無須購買，不特經濟合算，抑可促進鄉村衛生，各地農民，亦有以廢物落葉作堆肥者，惟其中之纖維分解菌，尚嫌過少，堆積腐熟，動需數月，致有未腐即用，引入病害，或俟腐始用，已失時效。欲除此弊，除利用川省農業改進所之元平菌而外，實無他途可循，蓋此種菌類，為發現後自化學培養而來，對於纖維分解，特具卓效。更依元平菌速成堆肥法泡製，三四週間，即可腐熟，時效肥分，均能保持。

○購買推廣所骨粉三百斤，本年農業推廣所之骨粉推廣，一萬三千斤，執筆時，每種手續，已將告竣。

上述解決辦法，為針對農家肥料自給估計之不足數而生，其為重要，不言可喻，如能採照以行，非只復興農村經濟，繁榮農村而已也。

堆肥的好處

四川省立教育學院農化組

堆肥就是把各種廢棄的植物，動物，和礦物等堆積起來，待醱酵腐熟後，所成的一種肥料。我國的農家有在住宅的附近，掘一坑，牛羊等家畜在坑的近旁休息，糞尿和飼料的殘屑，就掃入坑內；畜舍裏的糞尿穢物每天運入坑中；並不時從田基路邊鏟取雜草納入此坑，直至堆積物和坑外地面相平，下層已經腐爛時，就把坑內物掘起，上面還沒有腐熟的物料轉入下層，再堆積地面，加以遮蓋，使受同樣的腐敗作用，到了適當的時期，將堆耙開，約略風乾，打碎團塊，篩去磚瓦粗塊後，移入室內，以備隨時應用。當坑清除以後，牛糞草桿等又繼續加入，一年四季不稍停頓，這在農業上實在是一種很經濟的肥料，值得提倡和推廣的，因為這種肥料含有植物所需要的各種養料，並且以動物的身體內所含有的，施於土中，更還供於植物，自然是更合理了，又因他含有機質，所以能改良土壤的物理性，增殖土壤的微生物，增加土壤的溫度，增進土壤的吸收力，及保水力，作物得到這種良好境遇，間接的就助長其發育，但是這些還是他普通的許多優點，無庸贅述，今更就鄉村實地觀察與體驗，覺得他更有如下的幾種重要價值：

(一)促進鄉村衛生：

鄉村中的衛生，確實是很落後的，我想凡是實地到過鄉村的人，都可以明瞭，污水溢流滿地，垃圾雞糞到處皆是。臭氣四襲，鼻不能聞，欲求其清潔，則全賴人之善管理耳。可是現在鄉村中對於這些東西，都沒有適當的處置，即云掃除，也不過是掃東堆西；掃西堆東而已，更有什麼利益？於是那令人言之戰慄的蒼蠅蚊子，就借來做了一個繁殖的場所，傳染疾病，擾亂安眠，莫過於此，為害人類健康，豈是淺鮮？假使能在適當的處所，設以堆肥坑，隨時將垃圾禽畜糞等，掃集其中，並隨時傾注各項污水於其中，既可免除了上述的缺點，又可得到無貸價的良好肥料，其利益豈易估計乎？

(二)免除人畜傳染病

近年來，鄉村中人畜瘟疫流行很廣，所受損失極大，這種瘟疫的產生固然是基於氣候環境等各方面的情形，但農民的不知道適當處理，要為其主因，每見鄉村中對病人痰唾，棄物，以及病死家畜家禽的屍體糞便等，都不加注意，隨處倒拋，以至菌毒蔓延，傳人於未患者 亦繼之而死，因循而往，以至疫區日廣，不可挽回，倘把這種廢物，聚之以堆肥坑中，其中菌毒，卽可以因溫度空氣等的關係，自然予以消毒，或在坑中加以消毒劑，則可萬無一失，能免這種傳染病於無形。

(三)防除病虫害

植物疾病，多由菌類寄生而來，其中就有很多是行轉株寄生的，某一世代寄生於某一植物，而其他世代，則須寄生於另一植物上，方能完成其生活過程，雜草當然是其主要的中間寄生，如麥類的褐銹病，卽以唐松草為中間寄主，如果我們將雜草統統除去堆積於坑中，作為堆肥，那末他的生活就不能完成，而可防除植物病了。

(四)可利用農閑

農家的勞動多是季節性的，如在種稻區城 當插秧和收穫時，就為極度的農忙期，在冬季，就可說是農閑時期，在農閑的時候，就可利用來做種種整理預備的工作，把田旁路邊的枯草，除得淨盡，屋隙階前的一切廢物，棄水，清除無餘，運堆於坑中，作為來年的肥料 不僅於農家經濟可有少補，並可免在農閑時，犯賭博等許多不規則行為。

(五)養成鄉村兒童的勤勞習慣

在農忙的時候，許多的成人，固然要從事於正當的勞動，但是多數的兒童，却無事可做，他們不但會做出許多不正當的事業，並且就習成了不勞動的惡習，將來驟操勞作，則必感不勝其苦了，所以當此時父母就應教以洒掃刮鋤等的輕小工作，養成他的勞動習慣，更明瞭那鉄鈀，鋤頭刮子等的使用法，對於他將來的生活上，自然有着良好的幫助。

(六)疏通河流

農民常夾取河泥，絞割水草，混堆於田旁，使醱酵腐爛，待種植作物時，就掘起來散施田中，作為基肥。如此河池中的水草汚泥，就不至再有遺留，防其淤塞，便利船隻航行，對水利方面，大有補益。

(七)除去直接施用有機肥料的害處

農民中，在插秧前，亦有將垃圾草坭等廢物，運施田中，作為肥料者，但因醱酵腐爛作用，稻常不能健全發育，反易羅致病害有損收穫，如預先堆積使其醱酵完全，再行施用時，就可免除此弊了。

(八)堆肥同綠肥之比較

綠肥是一種經濟良好之肥料，總不會有人否認罷！但與堆肥比較起來，則其不及堆肥之處，可有如下數點：

（1）綠肥作物，多為豆科植物的利用，以其能藉根瘤菌，固定空氣中之氮素也，故其中所含成分，就多為氮素，施之作物，不無所害之處，而堆肥原料，包括植礦各方面，除含氮肥外，能再含燐鉀等其他各種肥料，庶可免於單純之弊。

（2）綠肥犂入土中後，就需插秧，他所受的釀酵害處，就與直接施用有機物相同，而施用堆肥就可免除。

（九）堆肥與廐肥之比較

堆肥之勝於廐肥者，可有如下數點：（1）能生產多量廐肥的家畜，當推役牛，但是在鄉村，能飼養役牛的有幾家呢？牠僅能為少數的富農所享有，大多數的中農貧農，都不能得到這種肥料，但對土地之利用，却並無二致，要補救這種的缺感，只有從事堆肥的利用。（2）此外家畜如羊等，雖亦能生產較多量的廐肥，但專為產生廐肥而從事飼養的，到底是一件不經濟不妥當的事情，所以廐肥也不是一種普遍性的肥料。（3）家畜所產生的廐肥量有限，不能隨施用量而增加，而堆肥則可盡量利用農業所餘勞力從事製造，絕不受原料缺乏之虞，或其他各種束縛。

從上面各點看來，堆肥無論在農村的實際情形上講，或在土壤的物理性化學性上講，或在作物的營養上講，都不失為一種具有良好條件的經濟肥料，實在有提倡的必要。

元平式速成堆肥法淺說

四川省農業改進所

四川到處做莊稼的都覺得肥料不夠，或者肥料太貴無法買來使用，因之莊稼做得不好這是一件很重要的問題。肥料的種類很多，除了糞尿油枯草木灰等之外，就算是堆肥了。

堆肥是把渣滓糞尿同牛吃剩下來的谷草，猪圈墊睡的草，田邊土角的雜草，不要的菜葉，落下來的樹葉，種種的廢物，柴炭等堆積起來，慢慢腐爛的東西。這是農家自己出產的，不要錢買就可得來的，不但經濟，並且可使地方清潔衛生。

但是一般的堆肥做法是沒有一定的方法，要四五個月才可以腐爛用的，並且因為不注意照管任隨日曬風吹雨打，不知不覺把肥氣已經損失一半，這是應該改良的。

速成堆肥法是在使堆肥快快的腐爛，便於使用在田地去。無論大春小春這種肥料都是需要很多的，依照元平式速堆

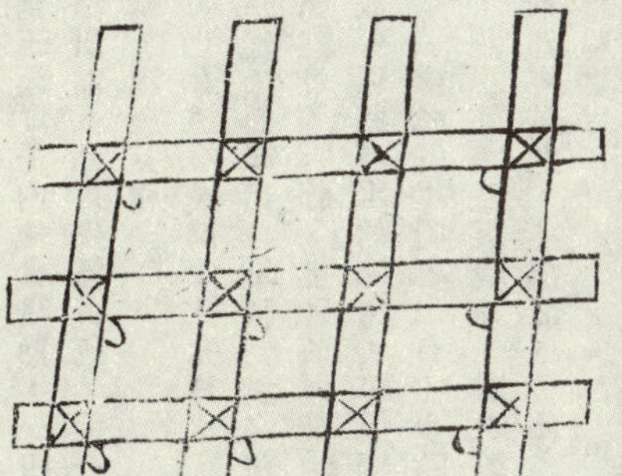

第一圖 →

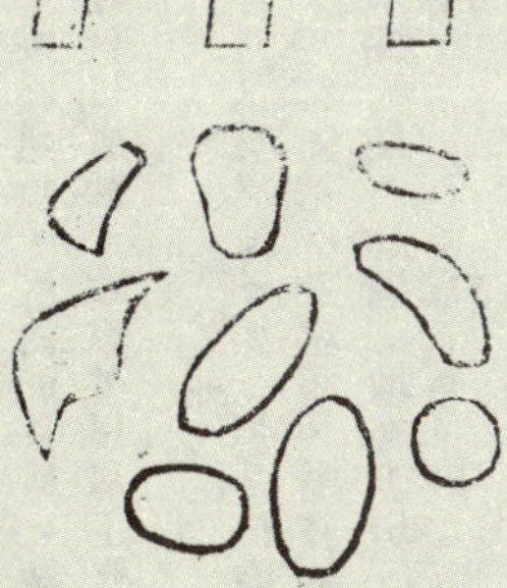

第二圖 ←

肥法去做，在天氣熱的幾個月中。只要三——四星期就可以成功。并且做出來的糞，肥力高的多。那也無異乎增加了好多肥料。

元平式速成堆肥法，是規定在茅草棚下或是在糞房裏去做，地基比較高，不積水的地方，在地面上預先排列石頭，上面再用竹桿架成縱橫五六尺方的格如第一圖，或是用些石頭排列在地上都可作爲堆肥的地基，這樣才可以通氣，可使過剩的水份流去。

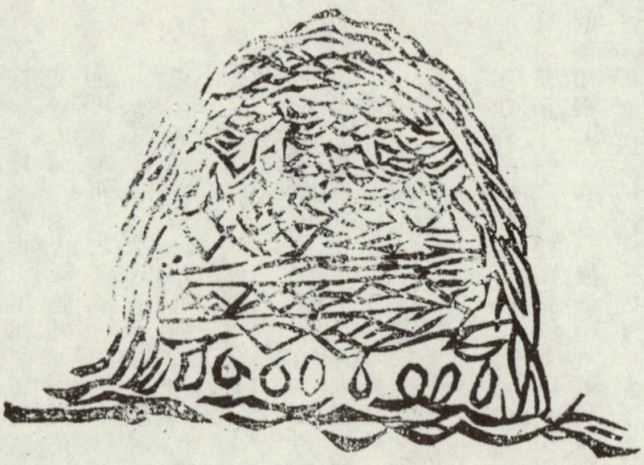

第三圖　堆積的樣子

如果所用的材料是谷草，須預先丟在水塘裏泡一天，才撈起堆積，渣滓要淋水浸濕。就是把谷草等物鋪在竹子架上，厚約兩尺的光景，淋糞水一層。糞水挑裏預先倒入些元平菌種，攪勻，又堆一層。又淋糞水，大約每二千斤材料用四川省農業改進所元平菌菌種一罐，糞水四挑至八挑，一直堆到五尺至六尺高時爲止，用脚踩緊，不要太鬆。堆子上面就鋪草一層免乾燥。

兩三天堆子內便會發熱，三四星期後退熱，堆內的材料，拿出看看，如果變黑黃色，手一揉就可成團，晾乾可以用手揉爛，這就是腐熟了。

在這堆積期間注意加水，不可太乾，也不要太濕，使有水從下面漏出。堆積完成之後，用釘鈀把堆子耙開，攤在地面陰乾，打碎，把磚頭瓦塊同未爛的東西篩過，堆在糞房。或可以遮雨水的地方，等候使用。

做成的堆肥也含有不少的菌，可以留作下次作堆肥使用，照以前方法混糞水，淋在堆積的材料上，堆積四——五星期即可腐爛，不過糞尿要用多些，這種堆肥代替菌種也要多用些才好。

製造速成堆肥特別應該注意事項

(一)堆積的時候必須在有遮雨的地方舉辦，例如草棚牛房等都可以用，否則不但不能腐熟並且損失肥效。

(二)加糞水愈多愈好，每千斤材料最少要加三担以上。

(三)加糞水時必須均勻，否則變成有的腐熟和有的不腐熟的危險。

(四)堆積完妥後，最好再加些污水使充份濕潤，再加稻草或麥草覆蓋以防表面乾燥。

(五)腐熟後的堆肥，把表面遮蓋的草除去，晒乾打碎，不能腐熟的東西如石子，瓦片，木塊，蔗皮，花生壳等用大孔篩篩過不要，篩過的可立刻施用，如要儲藏的話，則更須晒乾不可淋雨。

(六)倘若用稻草谷椿或其他雜草等做堆肥，未堆積前必須用水浸濕一夜，每堆積一層，須洒土一層谷草灰或泥土粉後，方可加糞水，否則糞水向下流走，同時每層要壓實，加糞水要均勻，堆四五星期後，容積縮了大半，濕時可搓成球形，用太陽晒乾，可打成粉碎狀態，這就算腐敗完全了，麥草比較難於腐爛，四個星期之後要翻一次，重新再堆過，加糞水。

（七）若用青草，須預先晒兩天，晒乾水氣，草皮須把泥土打落，不可混有泥土太多，粗硬些的包谷桿要斫斷。

（八）每堆積一次，至少要有材料一千多斤，愈多愈好，否則不易發熱。

元平式速成堆肥法

彭家元
陳禹平

（甲）堆肥的意義：

把糞尿，草稈，落葉，污泥，草木灰，渣滓，與乎農家一切廢棄物，除有傳染病之動植物外（註：有傳染病的動物屍體或有病蟲害的植物，須用火化，然後可作堆肥。）都可收集堆積起來，使其腐爛，變為肥料；這類東西叫做堆肥。通常在使用前再把粗硬的磚頭瓦塊木片石頭等或未經腐爛的篩去 便得一種黑褐色的碎粒堆肥。在秋冬播種小麥、菜子、胡豆、紅苕等等的時候，用之為基肥，為一般農家最良好的肥料。

（乙）堆肥的重要

堆肥是農家最經濟最易取得的肥料，雖堆肥所含有的植物食料——淡，燐，鉀——頗不一致，依堆積時所用的材料而不同，却是一種富於有機質而容積大的肥料。除供給四要素——淡，燐，鉀，鈣之外，最主要者是有機質。因為富於有機質，所以有下列的效用。

土壤因耕種關係，細菌容易繁殖，養化作用亦較甚，故有機質之消耗甚速，大凡土壤之富於有機質的，土色灰黑而鬆軟，保水力強。一般經驗皆以黑色土壤為沃土之表徵，在東三省及察綏省放墾土地以黑土之深淺定土地之深淺定土地之等級，不謂無因，然農民往往貪圖目前小利，以為不必施用肥料亦可豐收，久之由黑色者漸變為灰色，以至於灰白。鬆軟深肥者變為堅硬瘠薄，潤澤者變為乾燥難耕，終至所得不償所失，不能不放棄而任其荒蕪。這種情形在地曠人稀的原始農業頗為常見。這種辦法，猶如開鑛；地力掘盡之日，即為農業凋敗之時。我國內地各省土地有限，人口稠密，在一定面積之土地，不但求其能生產衣食住行之原料，以應目前之需要，千年萬世之後，亦賴此一片土地以生以養，決不可隨意損耗，當特別珍視以維持久遠。

內地各省農民對於有機質的施用，如利用糞尿，草稈，落葉，污泥，等物以為堆肥，或凡可以為肥料者不惜辛苦艱難，以加入土壤，歐美學者頗為稱道，美國金教授有句話說：「美國有許多地方耕種不到百年其生產力已大為減退，中國耕地常有超過千年，現在還是很肥沃而可以支持多數人民衣食的需要，其原因不能不歸功於中國農民的善用有機質肥料，土壤得以保持深，肥，軟之優良狀態」云。考歐美各國多施用化學肥料，這種肥料不但無有機質之存在，且促進土中有機質之消耗。如忽視有機質肥料之增加，久之往往土地變壞，生產大爲減少，近年廣東，福建，浙江等省施用化學肥料常有不良之現象發生，就是這個弊病。歐美各國施用化學肥料甚爲普遍，然未嘗忽視天然的有機質肥料，人糞尿雖在摒棄之列，而提倡畜牧業。以裕糞尿之來源，提倡栽培豆科作物以爲綠肥，利用農家之草稈殘屑等廢物以爲堆肥，宣傳指導不遺餘力，無非謀地力之保持與生產之增加。從廢物利用的一點看來，堆肥在戰時之經濟上與我國農村窮困上更爲重要。

（丙）舊式堆肥之缺點：

舊式堆肥的製作法，即是一般農民所行的方法，大概無一定方式，隨人不同，把渣滓，草稈，草木灰，牛糞，豬糞等隨意堆積，也有完全不加糞尿的。堆積的地方多在露天平地上或坑內，這樣任其自然，不管日晒雨淋，所以堆中的貴重肥料成份不免流失。堆在地面者如不下雨，常常過於乾燥，在堆內的又嫌過於濕潤，都難望迅速腐敗。所以舊式的堆肥法有下列之缺點：

一、非四五個月不能完全腐熟，時間不經濟，緩不濟急。

二、肥料成份損失容易，多可到達百分之五十。

三、過於粗放，堆積與管理無一定方式。

四、腐敗不完全，雜草種子仍多能發芽。

五、蟲和植物病害常存堆肥內不能死滅。

六、堆積材料不加選擇，混在一起，故有分解難易，參差不齊之弊。

七、不合衛生。

（丁）元平式速成堆肥法：

元平式速成堆肥法是廣東中山大學教授彭家元和技佐陳禹平所改良之方法，有下列特點：

一、加用一種纖維分解菌（研究所得）——即元平菌——或稱堆肥醱酵菌，於堆肥內使能迅速腐爛。

二、元平菌是好氣性的細菌，所以製造這種堆肥時要通空氣，與一般的嫌氣性細菌所要的環境不同。

三、普通作堆肥或堆肥時不要溫度增加過高，故常於以加水和壓緊的處理。元平式堆肥法，只略爲壓緊加水一次，非常便利，並且所用的一種細菌是好熱性，天暖最易繁殖，堆積時發出高溫度，可至攝氏六〇——八〇度。

四、元平式堆肥法不在露天而在茅屋遮蔽下，且於短時間內成熟，所以肥料貴重成分——氮的損失甚少，最多不過百分之五至十。

五、於三星期之時間可以迅速腐敗完成，時間經濟。

六、因爲發生高熱，所以用作堆肥材料中的病蟲害可以殺死，雜草種子也可失其發芽力。

七、許多不易腐敗的草稈或廢棄物可以使其腐敗利用。

八、都市或鄉村的渣滓穢物陰溝的汚泥皆可以利用，有益於公衆衞生，變無用爲有用。

九、堆積時一定加入相當量糞尿，又因肥料成分的損失較少，所以製出的堆肥比較效力高。

十、選擇分解程度無大差者，同一堆積，故腐敗完全，品質均勻，便於搬運和施用，不施用時且便於儲藏。

十一、腐熟無惡臭，且有效成份頗多。

(戊)元平式速成堆肥法之原理和方法：

一、增加細菌的食料與材料之選擇。

用作堆肥的各種有機物，其所以會腐爛的原因是由於細菌的功用。細菌必要有相當的食料才可以繁殖，查一般使用

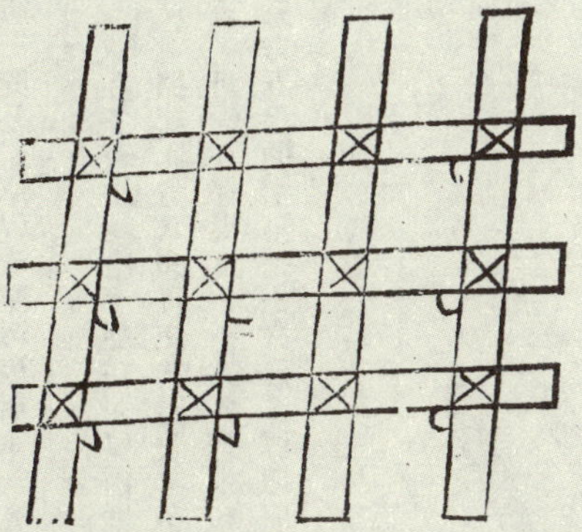

第一圖↑

第二圖→

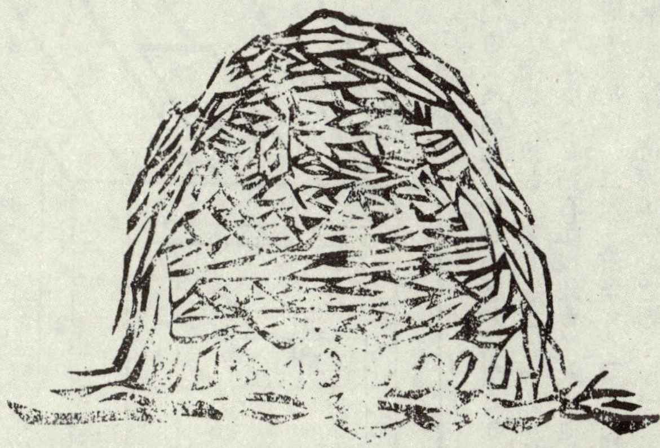

第三圖

的材料都是富於纖維質，其主要成分爲炭素，缺少淡素。堆肥製造時加糞尿卽所以增加「炭淡比率」。

細菌有好氣性與嫌氣性之分別。元平式速成堆肥法是把食料空氣水分都配合適當，幫助具有分解纖維作用的細菌——「元平菌」——的繁殖，所以能於三星期的時間腐爛完熟，元平菌是好氣性細菌，奇苗和綠肥作物最易腐敗，其次爲乾燥之稻草，麥稈，蔗渣，城市的渣滓，而最難分解者是乾燥的紅苕藤。故堆積時以分別處理爲宜，易分解者不到三星期卽能腐熟，難分解者有時亦需五星期方能腐熟也。

(二)(甲)堆積法：

夏天無論什麼地方，只要可以遮雨，太陽不能直射，地基比較高不積水的地方，都可以用來做堆肥的場所。如第一圖用竹木架縱橫五尺的方格或如第二圖用石頭排列地面，都可作爲堆肥的地基：如此可以通氣，可使過剩的水分流去。

子。

第三圖是將草稈渣滓汚泥草木灰等一層層的堆積完成的樣子。

在冬天比較冷，要在茅屋內堆積可以避風，容易保持溫度。照前述方式亦可使其腐敗，不過較慢不平均，應做一木箱，目的在保溫度，不必要好木料，不要好看。如第四圖是見方五尺的木箱，上有蓋，可以取下，蓋上有五寸方孔以為通氣之用，側面有一橫窗可從外面看見箱內堆積的東西，窗下有門可以掀起放下，箱底如牛肋巴窗，可以通氣。如有過多的水又可漏去。若無木箱設備，可利用牛舍茅屋，內牆壁角之兩邊再夾上兩塊木板或竹笆，即成四方箱，製成堆肥後，箱面加蓋蓋之亦無不可。

（乙）菌液之預備：

箱底

第四圖

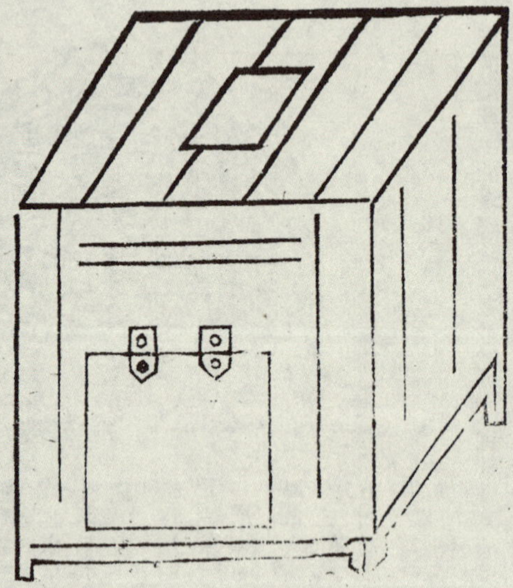

每罐菌種可製堆肥二十担，若要製成五担之堆肥，需兩担濃厚之人糞尿，故事前須依此比率即堆肥材料二十担，人糞尿四担，菌種一罐，未堆積前將菌種放入所用之人糞尿內，充分攪勻，以備使用（但必需臨時製）

（丙）堆積次序：

無論是在地面或在箱內，在夏天或冬天堆積，都可預先把所要堆積的草稈等（新鮮的須使乾）在塘內或溝內浸濕一夜，第二天撈起，使其流去過剩的水分（蔬菜葉綠肥渣滓無須用水浸）在鋪石頭或架有竹木的地基上，將草稈等散佈一層，大約厚一二尺 淋下多少糞水（即菌液），再加一層草木灰，渣滓，汚泥，落葉之類，厚一二尺再淋糞水，如是再加一層草稈，灰，又加糞水，至若干層，層次愈多愈好，一直到堆高五六尺爲止，堆下不致有糞水流出爲度。（淋糞水（菌液）亦以慢爲合度，若淋太速，新鮮堆肥不易吸收，堆妥後，倘覺材料太乾用手擦之無水流出卽爲太乾之證）

這樣處理經過三四天之後糞堆內漸次發熱，最高時可以升到攝氏七十至八十度，大約二星期慢慢溫度冷下去，糞堆的容積縮小，堆積的草稈等物變成黑褐色，三星期後用手一搓，很易碎爛，這就是纖維已經分解腐熟完成的表現。如果是用新鮮菜葉綠肥作物或是比較富於「淡」素的材料，腐敗更見容易。不論原來爲何種材料，十幾天卽可完全腐熟。腐熟之後，若在需要施肥時期，可立卽施用時可使之乾燥，乾燥之法有三：

（一）散放於空氣通透或有太陽到之場所，使其漸漸乾燥。

（二）加入乾燥坭土。

（三）加入乾草，草木灰，施於水稻最好在耙田時，其他作物最好在播種時。

（己）元平菌發現之經過及其性狀：

民國二十五年秋中山大學教授彭家元與技佐陳禹平研究土壤細菌中之纖維分解菌，從各土壤介紹細菌於一定的培養基內，用淘汰分離法選擇分解纖維力最強，繁殖最快的菌種，偶然得一種效力宏大的纖維分解菌，卽現在所謂「平元菌」。

在培養基上普通細菌至快要二十四小時才可以看見菌落。「元平菌」只要於相當溫度下十小時卽可看見，二十四小時已經菌落彼此擴大聯成一片，表面高低起皺紋，無法分別。

濾紙是純粹的纖維，放在培養液內，「元平菌」能於一星期把他分解百分之七十以上，從液內放出氣泡。

「元平菌」的菌落現微紅色，不平整，有氣體發出，故有許多小孔，是長桿狀菌，有幾個相聯的、也有單獨存在的。在攝氏六十五度以上最易繁殖，攝氏七十至八十五度也不會死，在廣州冬天溫度約攝氏十度至十五度可於三星期內將稻草等腐爛，今次在成都試驗從十一月二十二日至十二月十三日止溫度約攝氏五度至十度，也可以成功，不過不十分完全，後來在木箱內試驗比較可以保溫，那時的氣候也是五度至十度所得之結果亦算滿意。

（庚）速成堆肥試驗之經過及其肥料成分：

民國二十五年冬在中山大學農場各部份試驗認爲滿意之後，再往廣東各地試驗，前後共二百次，均不失望，各地試驗場知者如廣東各縣及江蘇河北河南湖南等省，均來函索取菌種試驗，惜因中日戰事一起，很多人事上的變遷，故未能向各方收集報告，茲將在中山大學用本法對于垃圾（渣滓）腐敗後的化學分析與普通堆積法的分析比較如次：

元平式速成堆肥與普通堆肥比較：

（1）未堆積前垃圾的化學分析（六個平均百分數）

淡(N)	○·六八%
燐(P_2O_5)	○·八九
鉀(K_2O)	○·四九
有機質	二五·八○

。

(2)人糞尿之組成(共用[illegible]斤)　(3)總共要素量(斤)

淡(N)	〇.五%	一二.〇二斤
燐(P_2O_5)	〇.〇五	一二.四〇斤
鉀(K_2O)	〇.二一八	七.一二斤
有機質	一.八七	三九四.九〇斤

上列垃圾及人糞尿總共是三千零六十八斤，其中有淡一二.〇二斤，燐一二.四〇斤，鉀七.一二斤，從二十六年一月二十日起至二月十二日止腐熟完成，當時的氣温是攝氏九度至十五度。

(4)腐熟後堆肥成分表(以無水物計)：

腐熟堆肥	有機質%	燐(P_2O_5)%	鉀(K_2O)	淡(N)總計%
第一號	二六.八四	一.三四二	〇.六九三	一.一九
第二第	二四.六八	一.一二六	〇.六九一	一.〇八
均平	二五.六二	一.二三四	〇.六九二	一.一三五

由此可見腐熟的堆肥比較原有物質所含有的植物食料——淡，燐，鉀——要豐富得多，其原因是由於容積縮小百分數自然增高。實際上總會有多少損失，原有的淡燐鉀三要素不會增加，由左表可見：

(5)三要素增減比較表：

成份%	垃	垃人尿	垃圾人尿三〇六八斤中	垃圾腐熟後%	腐熟堆肥二千斤	成份損失斤
淡 %	〇.六八	〇.五〇	一二.〇二斤	一.一三五	二二.三五斤	〇.六七
燐 %	〇.八九	〇.〇五	一二.四〇斤	一.二三四	二三.三四斤	〇.六〇
鉀 %	〇.四五	〇.二二	七.一二斤	〇.六九二	六.九二斤	〇.一〇
有機質	三三.一八	一.八七	三九四.九斤	二六.六二	二三六.二斤	一三八.七斤

由此可見淡之損失爲百分之五，燐不過千分之五，鉀不過百分之七，有機質減少百分之三五。如與普通堆積法所作成的堆肥比較，同樣的材料經四五個月才腐敗，又因露天堆積日晒雨淋，於不知不覺中，淡損失百分之六十，燐百分之二十，鉀百分之二十三。由左表可以見之。

(6)普通堆積法與本法三要素損失比較表：

垃圾成份	新鮮者原有成份	依本法腐熟後之成份	隨意露天堆積者	露天者損失量
淡 %	〇.六八	一.一三五	〇.四五	六〇.二
燐 %	〇.八九	一.二三四	〇.九八	二〇.四
鉀 %	〇.四五	〇.六九二	〇.五三	二三.五

(辛)結語

1. 露天堆積的堆肥製造法需要長久的時間且其中肥料成份的損失約百份之五十以上。
2. 元平式速成堆肥法能於三星期完成，其主要成份損失不到百分之十。
3. 堆肥所含成份的多少與所用的材料同管理上大有關係，元平式堆肥法是最科學最經濟最實用的方法，關於元平菌生理的研究，現仍未完成，因在中大研究完成者僅一部，以後仍在本所土壤肥料研究各項問題，俟有成績隨時報告也。

綠肥淺說

賈植三

一、何謂綠肥

將人工栽培之幼嫩植物，於一定期內犂入土中，藉以增加有機物，改善土壤狀態，便利將來作物之生長者，稱爲綠肥（Green manure）。綠肥俗名草糞，又曰苗肥。施用綠肥之方法，俗稱壓青。每於主要作物取穫之後，繼以栽培，使遮蔽土面不使土中養料因秋冬休閒而流失。適用於此目的之作物，雖曰綠肥，但以其覆蓋地表，保護土壤，有時名之爲覆蓋作物（Cover Crop）。概言之，綠肥與覆蓋作物原無若何區別，在未犂入土中之前，可稱覆蓋作物，既耕入土，又可謂之綠肥矣。

二、綠肥利用之歷史

十八世紀之末葉，美國之曼利蘭（Maryland）及韋基尼亞（Virginia）二州，起始種植綠肥。今日美國大西洋沿岸各州之用綠肥者甚衆，由韋基尼亞及南開魯令郎（South Carolina）一帶，莫不廣行栽培之。我國利用綠肥爲時最早，遠在周前。禮記月令載：『季夏之月，燒薙行水，利以殺草，如以熱湯，可以糞田疇，可以美土疆。』可知草糞即現時所謂綠肥，巳爲當時所利用。後魏賈勰齊民要術載：『美田之法，綠豆爲上，小豆胡麻次之，悉皆五六月播種，七八月犂掩殺之，爲春穀田，其美與蠶矢熟糞同。』可見綠肥之利用，已極進步。王楨農書中亦曾提及綠肥法，幷分綠肥爲苗糞與草糞二種，苗糞乃指人工栽培之綠肥作物而言，草糞乃指採取天然雜草及野樹之枝葉嫩芽等用作綠肥而言，明徐光啓農時全書載『苗糞蠶豆大麥皆好，草糞如翹蕘蔆荇，江南人皆特種以肥田，非野草也……苜蓿亦可壅稻。』可見現今各國所用之綠肥，我國農人早巳用之，惟不如提倡推廣，至今反落人後。

三、綠肥作物之種類

綠肥作物可分二類：一爲消耗土中之氮素者。一爲增加土中之氮素者。前者爲非豆科植物，而後者爲豆科植物。茲分論之：

（A）非豆科植物　凡土壤肥沃及生長期較長之處，主要作物收穫之後，恐氮素爲雨水所洗失，可種非豆科植物以吸收土中有效植物食料，使變爲有機化合物以保存之。非豆科植物中有禾本科十字花科及其他種種植物。禾本科植物之堪作綠肥者，必須播種容易，生長迅速及枝幹細小者爲上選。故大麥小穀等爲最適宜。十字花科植物之用作綠肥者，以石芥菜油菜（芸苔）與蘿蔔爲多。他如蕎麥（蓼科）亦可用作綠肥。

（B）豆科植物　若土壤缺乏氮素，則宜種豆科植物以固定空中遊離氮氣，組成有機氮素化合物，以增加土壤中之綠肥成分，豆科植物之可作綠肥者，種類繁多，列舉其要者如次：

1. 大豆　大豆又稱黃豆（Soybean）爲一年生草本植物，高達二尺餘，莖葉皆有毛，葉複生，複葉自三個小葉合成，

果實成豆莢　皮殼上帶毛。大豆有黃色青色黑色多種。能適應於多種氣候故分布極廣，其原產地為東三省，南北皆可生長，適於多雨之地，亦能耐旱。大豆可種於旱田作為水稻之綠肥，或於水稻秋收之後，不種油菜或小麥，單種綠肥大豆。或作油菜及小麥間作，播種期通常在三四月溫暖之地秋冬亦可播種。普通播種之法，多用條播　以使中耕。播種量綠肥大豆較採種實為目的者為多，小粒種每畝約五六升，大粒種需一斗左右。播種量綠肥大豆較以採種實為目的者為多，小粒種每畝約五六升，大粒種需一斗左右。播種之後，勤加耕鋤，直至開花時，刈其地上部以作肥料，稱為青刈大豆，養分極豐。各種大豆皆可用作綠肥，但秋大豆較夏大豆為佳，小粒種優於大粒種，黑豆為最適宜，因其枝葉特別繁茂，能多產有機物也。

2. 豌豆　豌豆（Pea）為一生草本植物，莖細弱，長達二三尺，羽狀複葉，尖端有卷鬚，三四月開花，花紫紅色或白色，為一種良好之棉田綠肥作物。豌豆種於何種土壤，皆能生長，而尤以黏土為佳。播種期約在九月下旬至十月下旬，每畝播種量需一斗左右。

3. 蠶豆　蠶豆（Horse bean or broad bean）之耐寒力，弱於豌豆，在氣候溫暖之地，可播種於稻田以作綠肥。蠶豆為一年生本草，莖呈方形，中空，高二尺餘，葉與莖皆柔嫩多汁，葉為羽狀複葉，春時開花，蝶形花冠，白色帶紅，雜以紫黑色斑紋，果實成莢。播種期在九月下旬至十月下旬，依地方情形而定。播種量每畝六至八升，小粒者則需一斗以上。

4. 綠豆　綠豆為小豆(Smoll bean)之一種，為一年生草本植物　莖高一尺餘，複葉，自三小葉合成，花黃色，稱子綠色，常與主要作物間種，亦可用作綠肥。

5. 紫苜蓿　紫苜蓿（Alfalfa）之原產地為中央亞細亞，乾燥之熱帶或亞熱帶　皆適其繁殖。紫苜蓿為多年生之草本植物，春夏秋播種皆可，下種數月，生長甚慢，易受雜草侵襲，幾無收穫之可言。由第二年起逐漸增其收量，每一個月或一個半月可收割一次。北方每年可割三次，南方可割四五次，其最大之收穫量為開花之初期，約四分之一開花之時，故宜注意其開花期。然全不開花者有之，於生長蓬勃，收割後四五週內再割，當無大誤。

6. 紫雲英　紫雲英別名翹搖，草子江西苕為冬季綠肥作物，我國繁殖甚廣。有早生中生晚生三種，以晚生種產量較多。水稻移植前犁入地中以作綠肥。播種量晚生種每畝約一升，中生二升，早生三升，如於秋收後數週內播種於稻田，翌年三四月即可犁入土中以作綠肥。紫雲英之葉為羽狀複葉，春日開花，生長花軸，直立狀，頂端生短總狀花序，如繖形，花冠為紅紫色，果實為莢，黑色。

7. 苜蓿　苜蓿為冬季草本綠肥作物，平臥地上，長達二尺餘，莖為羽狀複葉，由三個小葉合成。小葉呈倒卵狀，葉面粗，質強韌，開黃色之小花，數個聚集，莢有刺，呈螺旋形，種子較紫雲英小而為腎臟形，色黃褐至濃褐，抗寒力較紫雲英強，氮素含量亦高。此物在四川成都平原秋冬之交野生於排水後之稻田中，江浙則多人工播種。種子與莢不易分離，播種前浸水一晝夜或二三晝夜，但必須換二三次，浸漬之莢，每斗用草灰一二斤混合揉之，可在九月中旬左右播下，以作冬季綠肥。

8.苕子　苕子（Vetch）別名燕子花，野豌豆，毛豆等，爲一年生草本植物，係蔓狀，葉有捲鬚，高三尺至五尺，長江一帶多於八九月收稻後播種，寒冷地方可於早春播下，苕子在四川成都平原常與蠶豆混播，異春插秧之前刈下。作爲稻田綠肥。苕子之種類甚多，有普通苕子（Common vetch），毛苕子（Hairy vetch）。紫苕子（Purple vetch），匈牙利苕子（Hungarian vetch）及毛莢苕子（Woolly podded vetch）等五種。

9.三葉草　三葉草（Clover）別名詰草，金花菜，車軸草等，適於多雨之地，與紫苜蓿之習性相反，南方多於秋季播種，寒冷之地，則於早春播下亦可。種類甚多，有紅三葉草（Red Clover），瑞士三葉草（Alsike Clover），白三葉草（White Calvea）及甜三葉草（Sweet Clover）等，均可栽培以作綠肥。

除上述以外，尚有多種豆科綠肥作物，因限於篇幅，未及備載。

四、綠肥之功效

綠肥作物之功效極大，可分別簡述如次：

1.增加土壤有機質　綠肥於土壤中腐爛分解，即成爲土壤有機質，因有機質之增加，土壤物理狀態得以改良，微生物繁殖旺盛，藉以促進土壤之生產力。

2.保持土中可溶性養分　土壤因長時間之空閒，可溶性養分易被雨水沖刷而洗失，栽培綠肥作物可免此患。且綠肥遮覆地面，土壤可免烈日之照晒，則少水分蒸發之損失，土中硝酸鹽不致濃縮而其害作物或果樹。

3.增加作物營養料　綠肥分解時可產生有機酸及二氮化炭，二者均可溶解土中一部份不溶態養分，增加土內植物有效養料。

4.保存表層土壤　傾斜地勢於急雨之時，表土常被沖失，土質疏鬆如砂土，不僅雨水可沖失，大風亦可吹走，若常有作物生長，此患可除。故於主要作物收穫之後，最宜種植綠肥。

5.增加氮素　栽種豆科綠肥作物，因根瘤菌之關係可固定空中游離淡氣，因此土中氮素得以增加。

6.聚集肥分與改良底土　綠肥作物中之主根，長者如苜蓿之根，其範圍可達十二尺至三十尺，因此有改良底土之作用。土中養分藉根之吸收，達於植物體內，當其用作綠肥時，留其餘體於較小範圍之表層土中。是以植物養料可因綠肥而聚集於土壤表面，能使表土養分增加。

7.保持水分　有機質富於吸濕性，故增加有機質，土壤常濕潤，作物得較多水分之供給。綠肥富於有機質，故可保存水分。

8.改良土壤耕作性　砂土養分容易滲透流失，缺少團結力，黏土乾則成塊，濕則空氣不流通。凡此結構不良之土壤，皆可妨礙耕作，施以適當之綠肥，即有改良土壤結構之功效。

9.促進土壤微生物之繁殖　憩田於夏日溫度高時，細菌作用進行甚速，有機物因而破壞，若種綠肥作物，則因競爭食料，可減少細菌之生長，且可增加有機物之量。但綠肥於耕入土中後，微生物之繁殖，必因食料之充足而突然猛進，尤以細菌爲甚。

10.助益果樹生長　果園中如種綠肥，可調節果樹之食料的供給。春日果樹生長之時，綠肥作物尚未起始生長，果樹可自由取得食料而爲生長之用，秋季果樹應停止嫩枝之生長，否則有凍死之虞，此時有綠肥作物生長以奪取有效食料，則果樹必不能生秋枝而可免除凍害矣。

五、栽培綠肥之注意

栽培綠肥之方法，固依作物之種類而有不同，但亦有其共通應注意之點。玆述之於後：

1.土質　豆科植物多喜中性或微鹼性土壤，而酸性土壤往往生長不良。砂質土壤空氣流通，有機物分解甚速，故常感缺乏，宜多種綠肥。黏土數年一次卽可。栽種綠肥作物總以能增加土壤有機質，水分及氮素三者爲上選，若土中有機質充足，則可不必種植。

2.施肥　欲使綠肥莖葉繁茂，土中養分必須充足，自不待言。豆科植物能利用空中氮素，但磷鉀亦所必須，土壤中若感缺乏，又須以肥料補充之。據一般農夫之經驗，謂綠肥在未犂入土前，若施以廐肥，其利益頗大。蓋可增加土壤微生物促進綠肥之分解也。

3.水分　綠肥作物之栽培，須要充分水分，雨量稀少氣候乾旱之區，土中水分缺乏，不但不宜栽培綠肥，而且綠肥施於土中，不易分解。若必欲栽種，須加灌溉。

4.綠肥作物之生長，頗受氣候之支配，故宜選種務使適該地之氣候。

5.種子之優劣與新陳，影響於發芽率至大，故宜愼重選種。

6.播種期失之過早，幼植物生長迅速，組織柔嫩，易受風寒之害。反之，失之過遲，在越冬前易受霜害，故宜注意氣候，

六、施用綠肥之注意

1.綠肥耕入土中之時期　耕入綠肥之時期，多視土壤，氣候，成長期與長度爲轉移。大概言之，宜在開花初期；因在此時氮素最多，且柔嫩多汁，腐熟迅速，若待生長過度，粗硬纖維增加，分解不易，氮素含量較少。綠肥在主要作物耕種前四週或六週耕入土中最佳，至少須兩週之間隔，因綠肥施於土壤內，在分解過程中產生多量之有機酸及炭酸可影響種子之發芽故也。

2.施用綠肥尙須考慮土壤　砂土與黏土中均感綠肥之需要，但亦不宜過多，砂土中綠肥過多、增加土粒間之空隙，促進水分之蒸發。黏土中過多，則分解不易，且易促成有機酸之聚集。如酸土再加多量綠肥，必使土質更成酸性，故須施用石灰，一方面中和有機酸，一方面促其分解。

3.宜用何種作物繼續綠肥之後　大略言之，須時加中耕之作物如玉蜀黍，馬鈴薯，煙草，棉花等，皆可繼續綠肥之後、黑麥與燕麥繼於綠肥之後，無大影響，大麥與小麥則往往有生長不齊之弊。

4.綠肥對於後來作物之影響　綠肥對於後繼作物，確能增加產量，已經試驗證明，毋庸疑問。惟綠肥於分解之初期，其中間生成物（Intermediate products）有害植物之生長，而以幼嫩之植物爲甚，幷害及植物之發芽力。故播種不可與犂入土中之綠肥直接接觸此切宜注意者也。

5.綠肥富於氮素與鉀，缺乏磷質，故施用綠肥須以磷肥

補充之。

6.綠肥施用之多寡，因土質不同而有增減。對於缺少有機質之土壤，綠肥之用量宜多，若在腐殖質土中，甯可勿用，即便施用，亦須先經醱酵後，方可施用少許。普通施於稻田每畝少則千斤，多則二千五百斤。

7.施用綠肥宜注意由綠肥而來之病蟲害　由綠肥而來之病蟲害，往往影響後繼作物之生長至大，如冬季種綠肥，春季種棉花時，棉苗常被地老虎所害，種過綠肥之棉田，地老虎特形猖獗。綠肥作物又易引起土壤根瘤線蟲之繁殖，有害於主要作物，又須注意。

8.綠肥作物若不直接施於土壤，先與家畜食之，而後利爲排泄物以壅田，亦屬有效。

七、綠肥在四川栽培之情形

綠肥之於歐洲，莫不廣行栽培。我國以江蘇，浙江，湖南，湖北，江西等省種植爲最多，。（以上各省栽培之綠肥，多爲紫雲英。）四川栽培之綠肥作物，以苕子爲主，苜蓿，紫雲英；（又名江西苕）則多野生而鮮人工種植者。四川省稻麥改進所綠肥作物之栽培以成都平原最盛，川東川北二縣不甚注意，然經之提倡，據該所經濟部調查股之調查，二十六年度四川栽培苕子之面積，已有二百四十七萬五千七百九十五畝；以縣份言，則有成都，華陽，灌縣，新都，郫縣，雙流，彭縣，崇甯，資中，榮縣，簡陽，永川，巴縣，江津，江北，合川，榮昌，璧山，銅梁，眉山，大邑，彭山，洪雅，青神，樂山，犍爲，宜賓，南溪，江安，筠連，瀘縣，合江，酆都，石砫，奉節，忠縣，大竹，渠縣，廣安，鄰水，長壽，南充，蓬安，中江，綿陽，綿竹，廣漢，德陽，什邡，梓潼，羅江，蒼溪，江油，閬中，北川，遂縣，開江，宣漢。雅安，溫江等六十一縣。又該所於成都總場及瀘縣，合川，綿陽三分場試種苕子之成績，甚爲良好，去年特將種子推廣於瀘縣，合川，劍閣，梓潼，閬中，鹽亭，三台，營山，南充，遂甯。簡陽，安岳，宜賓，敍縣，宣漢，開縣，涪陵等十七縣，如能繼續提倡推廣，則二三年後，定可得優良結果。唯一般農人多囿于舊習，缺乏科學智識，以爲土中所產，應盡歸己有，還諸土中毋乃太不經濟，故專種綠肥以爲肥田之用者，尚未普及。此蓋不知綠肥之價値矣，亟宜設法勸導之。

八、四川急宜栽培綠肥

四川爲吾國最大之省，名山大川，縱橫全境，氣候溫暖，土地肥沃，自古即以天府著稱，誠一大好之農業區域也。惜近年以來，災旱瀕仍，民不聊生，昔日天府，而今不啻地獄，靠天吃飯，未盡人事。他勿論矣，姑就肥料言之。四川全省土地之生產力，大有每況愈下之勢；輒常以作物產量之情形，詢諸農家，所得答案，皆曰不如往昔，例如一畝之地，昔日可產稻穀二三石，今則有不過一石餘者。究其產量迭減之原因，大半由於肥料之不足使然。四川農家既無化學肥料可用，所恃者厥爲天然肥料，產量有限，供難應求，掠奪農業行之既久，生產勢必漸減。當此非常時期，增加生產乃爲全國一致之口號，上下人士競相爭論之問題，生產增加之途徑固多，而肥料之講求　實爲其主題之一。回顧四川肥料之給源，頗感不足，化學肥料之供給既無，天然肥料（綠綠除外）一時又難增長，是以綠肥作物之栽培，實有提倡之必要，茲將四川適於栽培綠肥之條件，簡舉如次：

1. 氣候溫暖　據四川大學理學院之記載：二十六年度成都最冷之月份，爲一月份，平均溫度在六度左右，溫度度最高者爲七月份，平均爲二十七度半。以成都溫度之高下，固不能包括全川，然由此亦可慨見一班矣。四川之氣侯，如此溫暖，除極少數作物不適於栽培外，他則無不相宜。故能利用冬日休閒之旱田以種綠肥，最爲得策。

2. 雨量補充　栽培綠肥作物必需充分水分，已如前敍。四川雨水之供給，異常豐富。據四川大學理學院之測量，二十六年度成都之年雨量約 1800 m.m. 左右，成都之雨量，固不能視爲全川雨量之標準，但他處平均總在 1000 m.m. 以上，栽培綠肥，常無問題。

3. 土性良好　四川全省之土性，雖無詳等調查，但以常識判斷，亦可知其非劣。多爲砂質壤土，反應中性或微酸性，栽培各種綠肥，大半相宜。縱有反應偏於酸性之土壤，稍旋石灰，亦可利用。

怎樣減少稻子的白穗

封昌遠

——封先生是專門研究害虫的，現在省政府技術室工作——

去年華陽縣府向省府來呈文說：縣境內稻子的白穗很多，單只在中興場的七千多畝田裏面，就因此損失了二千五百多石！叫許多農友們白白地辛苦一場，吃不成飽飯，特來請求省府設法救濟。

另外在成都附近的稻田裏，白穗也很多，據我所看到，大概總在二成的光景，叫好好的稻株抽出來的穗子，都變成了白的空殼殼，實在可惜得很。

我們要問問：分明是好好稻株，爲什麼會抽出白穗來呢？這個主要的原因，就是因爲有種名叫螟虫的害虫，在稻桿裏面喫害的原故，在鄉間普通都叫作「蛆打節」，牠把稻桿喫壞了，下面的養料同水分都不能夠升到穗上來，所以就不能不抽出白穗來了。像這標看來，我們只要能夠叫螟虫發生得少些，就不會有很多的白穗出現了。至於減少螟虫發生的方法本來很多，但能夠合於簡單明白與適用的條件的，大概有下面的幾項：

一、提早栽插的時期

今年華陽白穗發生特別多的原因，就是由於得水很遲，致使到芒種節後才開始栽插的原故。因爲栽遲了，生長就比較慢，在抽穗以前，正是螟虫發生最多的時候，所以很容易受害。因此，在田水不成問題的地方，最好能把稻子的栽插期提早到芒種節以前，就可以減少螟虫的爲害與白穗的發生了。

二、提早冬耕灌水的時期

螟虫大多在割稻後的根株裏面過冬，預備明年再出來爲害，所以若是能夠在割稻後立刻就把稻根翻耕下去，不種小春的田最好能把水灌進去，這樣，在根株裏面過冬的虫子，都會被壓死或者被淹死。就是在必須種小春的田裏面，只要翻耕得早，對於過冬螟虫的殺害，還是有效果的。

在成都平原一帶，常常有當着稻子收穫後，不等翻耕就撒種苕子作綠肥的，這雖說可以減省人工，但螟虫也因此可以安全過冬，使明年稻子的白穗更要增多，反而是得不償失的了！所以在撒播苕子的時候，還是以先把田翻耕過後再撒下去爲好。

三、改良秧田與插秧的方法

普通所看見的秧田，多是接連着一大片沒有工作的人涉足的餘地，這樣對於看虫，除稗子與採取苗秧葉尖的螟虫卵塊的工作，都有妨礙，所以若是能夠把秧田隔成寬四尺左右的長條形，在每條中間留出過道來，當早晨太陽出來的時候，就很容易借太陽光的作用到秧田裏去發見卵塊捕捉成虫，以減少螟孵化後鑽到桿裏面去爲害的機會了。

在四川插秧的方法，一般有兩種，一種是連根帶土的剷秧，一種是洗淨根部附土的白水秧；剷秧栽後活得快，生長也很旺盛，抽穗也很早。恰好可以避免螟虫發生得最多的時候，因此白穗的發生也很少，只是花費的工作要多一些。白水秧栽後活得慢，抽穗很遲，容易受螟虫的爲害，白穗也發生得多，同時這個方法也用得最普遍，所以若是能夠在人工比較便宜的地方，都採用剷秧的方法栽插，也是一種避免螟虫爲害與減少白穗發生的方法。

另外，還有一種用煙骨頭插在秧根的旁邊，以減少螟虫爲害的方法，在外省同本省試用的結果都很有效力，但是，這個方法用的錢很多（因爲一畝田至少要插四十斤左右才有效力）。同時用起來也不方便，在鄉間一時也不容易得到很多的煙骨頭，所以這個方法要拿到農村裏去推廣實在困難得很。

至於夜晚在田間點燈，引誘螟蛾的方法，在各地的農業學校同農場裏，雖說用的很多，同時也可以收到不少的效果，但是，若不是很普遍應用，只有你一家或幾家才點的話，那反到有集合許多螟蛾到你的田裏來產卵爲害的危險了。

這樣看來，前面所舉出的三種避免螟虫爲害與減少白穗的方法，雖說幷不是很有把握的，但農友們若能夠充分利用的話，我想一定是可以收到很大的結果的。

再生稻試種結果

頭道穀子收穫一百石
二道穀子可收二十石

楊開渠

再生稻俗二道谷子或抱孫穀子，亦有稱爲二抽稻者。就是第一期稻子收穫後，由稻椿上再發生出來的穀子。此種再生稻，從前很少有人保育。自二十六年四川大學農學院發表研究報告後，才引起農業界的注意。四川省政府特撥專款請該院繼續研究，現已出研究報告六種，還在繼續研究中。

四川省農業改進所則指定十縣為再生稻推廣試驗區，據該所二十八年度推廣之結果，推廣面積總數為二萬五千餘畝。每畝產量最高者如富順縣，曾經達到一百六十斤，最低者六十五斤。十縣平均，每畝產量為九十三斤。平均產量為第一期之百分之二一‧四，即再生稻可增加收穫百分之二十以上。就是說第一期穀子收穫一百石，再生稻可收穫二十石。該所認為大有推廣價值，今年預備擴大推廣。

再生稻的發生，據川大農學院的研究，以在稻稈之上部為多，且生長良好而整齊。故稻樁要留高些，高度一尺半至二尺內，左右為最合宜。

再生稻需用肥料很少，且無螟虫，手續簡單，只第一期稻收穫時留高稻樁，蓄以田水，除去雜草，再過兩個月，又可收穫。與栽培各季作物，毫無妨害。惟品種應擇早熟種，凡在八月二十號左右收穫者，皆有作再生稻之希望。若太遲，因溫度太低，多抽穗而不結實。川大的水白條穀種，其第一期稻產量甚高，再生力亦甚強，此品種如果栽種在三陝實驗區內，很有推廣再生稻之希望。

穀倉如何防虫

忻介六

忻先生是一位專門研究害虫學的博士，曾經在江西省主持積穀害虫防除工作多年，現任四川大學農學院教授。

當粒粒如黃金的穀子正在一担一担的挑入倉裏去，農民半年來的辛苦，已得到了豐富的報酬，似乎是可以高枕無憂的了！但是我們應該曉得，穀子進倉後還易發生「虫害」，「霉壞」，仍舊會使倉內的稻穀損失。我們在這個時候應該事前來設法預防。

我們應該知道「害虫」的損失決不是因為菩薩要責罰我們，而是人可以設法防止的，「霉壞」和「鼠害」當然更是由於人們的疏忽。這種損失，看來好像很少，實際是很多的。譬如一家貯藏十担穀，損失百分之五，（這是平年稻穀在貯藏期中極普通的損失率），就是五斗，拾家就是五石，百家就是五十石。全國每年產穀數量據中央農業實驗所二十四年的統計，為八萬七千萬市担，以損失百分之五計算，損失就有四千萬市担。這個數目比我國每年輸入的洋米數量還要大。尤其在現在抗戰正酣的時候，食糧是抗戰上一個重要的資源，我們更應如何極力設法免除此種無謂的損耗啊！但是要免除此種損失，必需農民大家對於自己的穀子，善為保護，纔能達到目的。現在將防止倉中穀子遭受「虫害」，「霉壞」，的簡而易行的有效力法述之如後：

吃谷子的三種害虫

吃穀子的害虫種類很多，我們通稱為積穀害虫，其中最普遍而為害最大的要算一種黃白色的小飛蛾，一種紅褐色，大頭長圓形的小硬殼虫，和一種褐色頭尖有象鼻狀口吻的小硬殼虫等三種。第一種小飛蛾就叫麥蛾，前一種硬殼虫叫做穀長蠹，後一種叫做米象。

這種害虫決不能無中生有的驟然發生，而是從田中與穀粒同時帶入倉庫，或本來潛匿在倉庫裏面，得到了適宜的生活環境，而繁殖起來的。什麽是這種積穀害虫的適宜的生活環境呢？就是暖熱和潮濕。所以我們第一要在穀子放入倉內以前，將這倉庫徹底的打掃清潔，不使有塵芥殘留。板壁及地板中有間隙的地方，應用石灰將牠填塞，使害虫不致潛匿。入倉的穀子應該在強烈的日光下多晒幾次，使其充分乾燥，附着於穀粒上的虫卵亦可因此而不易發育，或趨於死亡。這樣倉中及穀粒上的害虫大部都已除去，但是還難保不有若干殘留，所以還要設法減少倉內的熱度，和濕氣，使不適宜於害虫的生活，以防止其繁殖。

谷倉暖熱潮濕
害虫最易繁殖

大家貯藏稻穀的倉庫，若是一間普通的房間或在樓上的一部分，第一應注意，不使屋頂有雨水漏入，最好能加用天花板，使成所謂「雙層屋頂，」這可減少熱氣由屋頂進入，免得倉內之溫度太高。此外則應注意於門窗開閉的調節，其調節的原則，就是：「門窗在快晴而空氣寒冷的夜間開放，於高溫之晝間密閉。」這恰與我們從前的觀念相反，應該特別注意。凡有穀子堆積在屋內的時候，切忌接觸牆壁，因為由此易受潮濕。

殺滅害虫
兩種方法

假若不幸穀中害虫已經繁殖得很多，我們決不可委之天命，應該趕快設法來驅除。驅除的方法當然很多，最有效的要算毒氣薰蒸法，但因農民的倉庫簡陋，無法密閉，且薰蒸藥品在此抗戰時期，亦不易購得，所以只好利用別種方法。普通積穀害虫日常生活在黑暗的倉內，害怕太陽光，我們就可利用這個習性，來驅除牠。就是在大太陽的時候，用竹蓆鋪在地上，放一層草木灰，草木灰上再加一層糠殼，然後將受虫害的穀子放在上面。這時穀中的害虫因為怕日光，就鑽入穀子的下層去。經過數十分鐘後，就可將上層的穀子取去，其中已沒有害虫了，（不會動的虫卵及穀粒內的幼虫，當然不會向下爬，但晒過之後，也會死去許多。）如此把穀子一層一層的取去，就可將害虫驅逐到糠殼及草木灰裏頭，此時將糠殼及草木灰投入火中，將牠燒死。這樣除去害虫後的穀子，應再用風車扇過一次，以便將已受害的穀粒除去，並使穀子冷却，然後放入倉裏。

免除谷子
發熱方法

稻穀在貯藏期中常有發生「發熱」的現象，這時我們若將手插入穀堆中，就可感覺到有很高的熱度。這種「發熱」現象的發生，不外下列二個原因，一個是由於害虫繁殖過多，另一就是由於穀子過濕而致發酵。穀子經過此種現象，米質就發生很大的變化，有時且因此而發芽。我們在發見這種現象的時候，應該考察其原因，如係因虫害而發熱，應依上法驅除害虫。如因穀子過濕而發酵，則應從速設法乾燥。乾燥稻穀最好是利用日光，但平時若能在貯穀地方的一隅，放一大甕生石灰，使其吸收濕氣，亦有相當乾燥穀物的功效。俟生石灰風化後，則須再行掉換新的生石灰。

附帶的說一說種子的貯藏法。貯藏稻種最好長用「密封貯藏」的方法，就是用一洋油箱或罐子，將稻種放入於其中，務使貯滿不留空餘的地位，用蓋蓋好，再以厚紙或泥土密封，不使通氣。這你可使穀種不致霉爛及受害虫侵害，並能保持很高的發芽力。這種須特別注意的，即是如此密閉的稻種必需十分乾燥，不然就會在裏面腐爛，反不如用普通的貯藏的方法了。

總之，我們在將稻穀放入倉內以後，應該隨時檢查稻穀是否有何變化，而在觀察到有何變化的時候，決不可委之於天命，或視爲些小損失，而置之不顧。因爲害虫的發生常是由於人們的忽視，如江西省前四年，積穀害虫爲害最烈的縣份，損失達百分之五十以上，所以二十五年全省三十七縣損失總計達七百八十三萬餘元之鉅。現在每年江西省農業院仍爲此花費大宗經費，遣派許多治虫人員到各縣去指導改善貯藏稻穀，和驅除害虫的方法。這是前車之鑑，我們應該及早注意防範。

麥類儲藏方法

一、所用倉庫，以磚倉土倉爲佳，地位宜高燥，上裝天花板，下鋪離地較高之地板，并於西南方面，植樹以避烈日，內壁如有隙縫，塗補平滑，打掃清潔，使害虫無處躱藏，貯藏之麥，最好離開隔壁一尺左右，以減少倉外溫度之影響。

二、麥類當貯藏之前在烈日之下（溫度100°F以上）連續曝晒三日，使水分充分減低，以齒咬，覺堅爲度，乃趁熱貯入倉庫，密封門窗。

三、在九十月間，須出翻晒，風選一次，并打掃倉庫內壁，再行貯入，即可久藏不壞。

以上數端，爲較易實行之方法，如能修建防濕防熱防虫新倉庫自屬更佳，唯需款較多耳。

夏天成熟的廣柑

張文湘

張先生是一位研究果樹的專家，現任四川大學農學院果木學教授，他自己並辦有一個很大的果園。

中國所出的廣柑（一名甜橙）都是在冬季成熟，每當採取的時候，大家爭相出售，價值低至每担二三元，尚愁沒有買主，故常有因滯銷堆積而腐爛的。待至四五月後，市上甜橙，即漸漸絕跡，價值因之高漲，雖每担出價二三十元，尚愁買不到手，所以在若干年前即有人注意甜橙貯藏問題，想把冬季裏成熟的橙果，保留到夏天來賣，既可以免去冬季裏價值低賤之患，更可以在夏季裏得善價而沽，於種橙農民經濟之收入，當有莫大之補助。但是近十年來，經過各農業機關及農業學校之試驗還沒得到一個簡而易行，爲一般農民所能辦到的良好耐久的貯藏方法。冰庫貯藏雖好，但非一般農民財力所能辦到。至於一般農民及水果商現行的窖藏法，及堆積室內選果法，保存不到六月，一百個果子中，就要爛去七八十個或八九十。但是，如果能發明一種廣柑，在夏季成熟，那末，豈不是毋須貯藏，就可以賣很高的價錢麼？現在因為農學進步，果然已經有了這類品種，現在請向我們的讀者介紹兩種：

一種叫着六月熟甜橙。這個品種，果子的形狀色澤，皆與四川省趙家渡及綦江南充等地所產的甜橙相似，惟含種子甚少，成熟期由陽歷六月至十月，凡冬季霜雪較少之地，（如川東川南一帶）均可栽培。此項果子，在美國東南及西部諸省以及日本境內，均有大量的種植，且已早著成效，大可仿行。著者以其果子要到六月才開始成熟，故名之曰，六月熟甜橙。其果子成熟後。如不急於出售，可以聽其保留樹上，直到十月都不腐爛。

還有一種叫着劉錦濃甜橙。這個品種是住美國的華僑劉錦濃氏於四十年前，在美國佛諸立達省，用人工授粉法育種而成的，故叫做劉錦濃橙，其果子之形狀色澤，亦與川省原產之甜橙無大差異，惟成熟期在陽歷六月至九月，所含種子甚少，其耐寒力至強（甜橙品種中，以牠為最能耐寒）若於川西北一帶原產甜橙的區域種植，當大有希望。

峽區農業推廣所概況

農業推所

一、意義

峽區山多田少，土質瘠薄，區內每年糧食生產，僅可供全區人口三個月的食糧，農家經濟貧乏，人民生活不安，此乃若干年內匪盜猖獗的一大原因。故在峽防局時代，除整練團隊，盡力清剿外，并曾致力於荒山墾殖與手工業之提倡，以期安定人民生活，根絕盜匪本源。實驗區成立後，鑑於峽防局之經驗與成效，對於增加農民收益之各項事業，尤不遺餘力，積業倡導，數年以來，業經先後舉辦者，農村社會方面有各類農業調查，各種農業展覽會。農田水利方面有修築塘堰之倡導，農業生產改進方面有提倡養蠶養魚指導防治作物病害，介紹優良作物種子，改進農作物栽培技術等工作。對於啓發農民知能，安定農業生產上頗多收穫。自抗戰以後，深感農業建設工作，更應求較大之進展，與普遍之推行，以符非常時期之需要。為專一責成與加強工作力量計，爰由監署商取四川省農業改進所之同意，呈准省政府建設廳，創立本所，其任務可分列六項如下：

甲、推廣各種優良品種苗木種畜農具肥料防疫血清病虫藥劑及其他已著成效之技術方法。

乙、繁殖改良種子或苗木舉行地方試驗及示範農田。

丙、辦理動植物品種檢定牲畜配種及防疫護林造林等事項。

丁、辦理農民講習會農產展覽會及其他農業宣傳指導事項。

戊、協助農村合作農田水利及墾植事項。

己、承辦四川省農業改進所委託辦理之事項。

二、沿革

二十八年三月，四川省農業改造所派員來峽，會同區署進行籌備成立本所，擬訂三年事業計劃，暫設所址於新橋蔣家院省農改所畜牧獸醫組三峽實驗區辦公處內。於四月五日舉行成立典禮。自後一面按照計劃進行工作，一面則從事於所址農場之選定及各項設備之充實，適農改所三峽區辦公處奉令撤銷，所有事業併入本所辦理，該處原有藥物儀器種畜及一切辦公用具亦悉借撥本所應用，九月十四日遷入雙柏樹新所址，十一月向區署立約佃得所址所在地公產田土一十二畝，作爲繁殖農場，全所各項設佈，於是稍具雛型。

三、組織

本所組織設主任一人，綜理全所一切事宜，其下分設三股，由指導員兼任各股股長，茲將組織系統圖示如下：

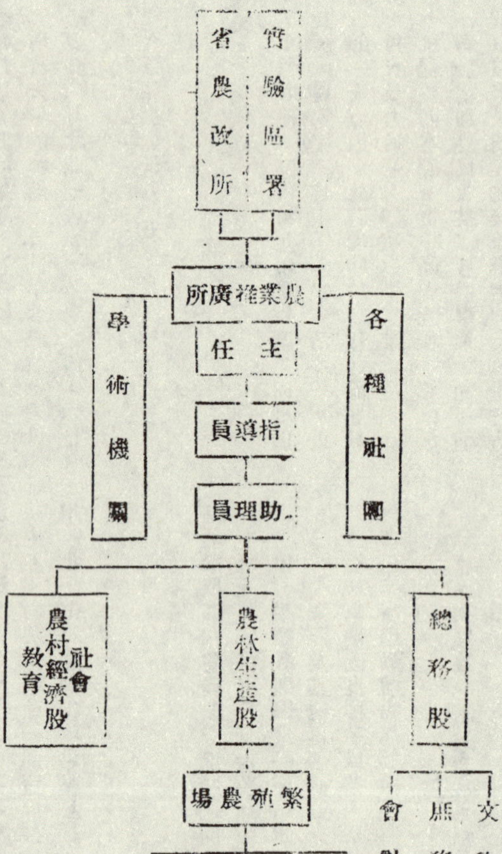

四、工作

本所自二八年四月起至年底止，在短促的九個月中，所收到的成效，自屬有限，茲將九個月內已有結果的工作分爲農林生產，農村經濟，農村社會，農村教育四部分簡列如下：

甲、農林生產

（一）畜牧方面

1. 推廣榮昌白猪：業經由榮昌購運來峽，分發特約農家飼養者，計共四百四十三頭。

2. 推行舍宿清潔運動：就領喂榮昌種猪之特約農家及保險猪之農家指導宿舍清潔消毒方法，計共實施四百戶。

3. 實施種猪管理辦法：發出改良公猪八頭，已成熟者七頭，共交配母猪八〇二次，推廣之榮昌母猪已分娩者六十二頭，共計仔猪四五七頭，抽回仔猪八頭。

（二）獸醫方面

1. 施行猪丹毒預防注射：七八兩月進行猪丹毒預預防注射共計二五〇頭。

2. 實施獸疫情報辦法：收到獸疫緊急情報單十二張，其中傳染病畜有猪六頭，牛一頭。

3. 診治病畜：共應診猪八百一十頭，牛七頭，騾五二頭，其他禽畜二十五頭。療治結果猪死亡率，百分之一·一二，騾死亡率，百分之〇·〇五，牛病痊愈，其他無統計。

4. 協辦家畜保險：協助家畜保險社檢查投保猪支之健康，共計四百一十三頭，合格者二百九十三頭。診治者二十九頭，解剖者一頭。

（三）作物方面

1. 小麥混合選種：指導小麥田間選穗方法，計麥田二十畝，選取一三·〇〇〇穗。

2. 小麥田間去僞去劣：指導二九〇五小麥田間去僞去劣共六二畝。

3. 油菜推廣：推廣油菜栽培面積計三六八畝，四倍於往年種植面積。

（四）森林方面：本年春季舉行造林運動共植樹四八六二〇株，其種類及株數如下：

1. 柏木二〇〇〇〇
2. 油桐二九六〇
3. 桑樹一八二〇九
4. 洋槐四九五六
5. 馬尾松一〇二〇
6. 法國梧桐一四七五

（五）肥料方面

1. 苕子繁殖：選定特約農家繁殖苕子種子，共計發出種子壹千貳百斤，栽培面積壹百貳拾畝。

2. 骨粉推廣：推廣施用蒸製骨粉一萬四千八百斤。

乙、農村經濟

按月進行峽區各場鎮飼料價格變遷之調查。

丙、農村社會

（一）九月十四日舉辦水稻苞谷展覽會，計參加農戶四四七戶，展覽品一〇九一件，參觀農人五千餘人，發出獎金九十二元。

（二）十月十日舉辦家畜展覽會，選取優良禽獸三十餘頭，參加峽區物產展覽會。

丁、農村教育

(一)調訓助理員及警士，共計受訓者三十三人，授課期一個月。

(二)設立民衆夜校，學生二五人，訓練期間一個月。

五、設備

本所現有設備，除辦公用具不計外，分列較重大者如下：

(一)雙列式猪舍一幢，共計六間。

(二)隔離猪舍一幢。

(三)約克縣純種公猪一頭，母猪二頭。

(四)榮昌母猪四頭，公猪一頭。

(五)藥物八十餘種，血清四種。

(六)儀器四十餘件。

(七)農場面積十二畝。

(八)農具十餘件。

六、經費

本所旅運費辦公費及職工薪餉等經費開支，每月由區署支撥三百六十元，作爲經常費。至各種種子、苗木、種畜、及防疫血清藥物儀器等事業費，則由四川省農業改進所按照事業計劃，或補助現金，或供給實物，故係因事業之需要，臨時專案呈請，無一定數額之規定。

七、未來計劃

本所工作動向，在接收各方對農業上業經改良之品種及已著成效之方法，參照本區農業情形與農民需要。本迅速有效之原則，負責倡導介紹於農家，以期增加農業生產，本此原則，我們擬定了二十九年的中心工作計：在農林生產方面，淘汰本地劣種種猪，代以優良之榮昌種猪以期改良猪種。獎勵獸疫情報，定期舉行各種預防注射，推行畜舍清潔運動等優良肥料，以期增進地力。擴大造林運動，以防土壤冲刷。繁殖優良作物種子，以備普遍推廣。在農村經濟方面，以調查猪鬃產量，協助組織白猪產銷合作社爲中心工作。農村社會方面，以舉辦各種農產展覽會，以期啓發農民，改進農業之興趣。組織農業推廣協進會，以期聯絡各有關機關合力推進農村改進事業爲中心工作。農村教育方面以創設農產陳列室，以供農民展覽，編輯農業淺說以期提高農民知能，編貼農民壁報，以期靈通各地農事消息的中心工作。關於各項事業之詳細計劃與預期效果，另有專册，玆不詳錄。

警察調查戶口須知

愚

一、前言

警察的任務，誰都知道，是預防危害社會的安甯和秩序，制壓反動勢力的醞釀和掀起，使人民安居樂業，高枕無憂，進而做到「道不拾遺，夜不閉戶」的程度。警察欲達到上述神聖的任務，無疑的，其一第關鍵，就要看戶口調查清楚，確實與否以爲斷，故筆者不惜愚昧，提出幾個要點，以供辦理戶口同人的參考。

二、戶口調查的目的

「戶口調查」是調查人民日常生活的靜態與動態。關於人民生活的習性，思想行動等，都要有一個翔實精細的瞭解，俾便給警察在執行職務時一個有力的幫助，或其他行政上的參考，這是戶口調查的主要目的。

三、戶口調查的種類

戶口調查可分定期與臨時調查二種：

甲、定期調查，就是在一定地方範圍內，換一句話說，即在所屬管轄區域內。一年內作定期數次（一月一次或一月二次）的調查戶口。

乙、臨時調查，是在定期調查外舉行的。如像所屬管轄區域內，發現傳染病的流行，匪盜的蜂起，以及反動份子的藏匿等等都是，假若警察認爲必要時，隨時隨地警察都可以舉行這種臨時調查。

四、應調查的事項

甲、一般的戶口調查

一、姓名、籍貫、年齡、性別、住址、職業，出生年月日，

二、住家或暫時寄居於朋友家或旅店，客棧。

三、性質，經歷。

四、思想的傾向如何。

五、資產，生活等實際狀況。

六、種痘，防疫，

七、負債，

八、人間的評語，信用。

乙、對於住民（居民）應注意事項：

一、思想異於常人或行動粗暴者。

二、罪刑期滿，被監獄釋放者。

三、屢犯或有犯罪企圖者。

四、貪圖盤剝重利藉以欺壓平民者。

五、不良少年。

六、行爲浪漫者。

七、無正當職業行爲不軌者。

八、有瘋狂病及精神狀態失常者。

九、拐帶婦女或販賣兒童者。

十、私娼，台基以及其他類似賣淫者。

十一、暴貧暴富者。

十二、放蕩成性不安本份者。

十三、家庭吵鬧不和者。

十四、無正當職業及無產遊民。

十五、奇裝怪服，與身份不符者。

五、調查須知

一、實行方面。

在未開始調查之時，須先把調查戶口的利害情形，詳細宣傳給人民知道，使人民個個瞭解，認識戶口調查的重要，和本身的利害關係。而樂於接受警察調查。如此，警察在言語方面，要特別表示和藹可親，在行動方面，要格外溫和，而堅決對禁止有欺騙和傲慢的行爲，使人民發生不好心理，而生反感。這是每個執行戶口調查人員，首先應遵守的信條。

二、時間方面

一、住民（居民），有在舉行結婚或喪葬，以及其他典禮百忙的時候，假若無必要時，頂好不要去，俟其完結後，再去從事調查，以免惹起憎惡心。

二、要選擇適當的時間，去切實調查住民（或居民）一定的職業，有無其他職業？及其他可疑的行動？以作將來執行業務的考參。

三、除有其他緊急之事外，夜間切不可去擾亂人民，以免引起人民的反感，即是在早、午、晚餐等時候，當人民正在吃飯之際，亦宜避往調查。

三、平常事項

關於住民（居民）的良莠，古語云：「人心不同，有如其面」。關於人民的一言一動，都要在我們警察的掌握中，如那些人是品行端正的，那些是品行不良的；又人民日常生活情形，如往來的朋友當中，有無思想言語過激的？曾否犯罪受過處罰？像這些人，不但要注意，并且還要明瞭他們各自以往的經歷；就是他們平常所買的書報，雜誌也要留心觀察。并須用直接的方法去訪問他本人，或用間接方法尋問他的鄰居，對他們的批評如何？這是調查員最不可忽視的工作。可是每每被人輕放了，調查員要格外留心！

四、特別人的調查

一、在社會上有（地位）的人，如像黨政軍要人，資本家，實業家，頂好是不要去當面去調查，可是在這個時候，為了執行自己職務起見，又不得不去調查，這樣怎麼辦呢？可去找這些人管理家務的人，或密切的家族和隨從，以達到調查的任務。如必要問其本人時，則先寫信約定時間會談或請其書面答覆，均無不可。

二、對於事務特別繁忙的人民，因不能得到詳細情況時也不妨採上述辦法以行之。

三、關於調查外國人的戶口情形，除依法律上有一般的規定外，須注意左列三點：

甲、外國人的風俗，習慣，語言，文字等等，因均與我國完全不同，所以在調查時，調查人員，應特別小心謹慎，切不可惹起他們的惡意。

乙、調查時間，頂好在上午舉行，假若不得已在下午舉行時，最好是在兩點至四點鐘的中間，過早或者過遲，均與外國人的生活習慣不合。

丙、對於外人婦女，一定要特別客氣，假若調查工作有特別麻煩，應該更進一步的表示和藹的態度并示歉意，并且外國婦女有許多習慣在我國認為禮貌，在她們看來不一定是禮的，如年齡一項，她是極不高興人家去問的，應格外注意，不要去問她本人，其他一切的一切，都要小心謹慎。

六、結語

總而言之，戶口調查工作，是警察一件最繁鉅最複雜的事情，然而戶口調查得清楚，可以消隱患於無形，使人民安居落業，而保持社會上正常的安甯秩序。現時軍警林立的都市，還時常發生搶刼和漢奸，即是戶口沒有辦理清楚完好的反映。

最後，筆者還得聲明一下，既非辦理戶籍專家，又乏實際經驗的我，本不敢有所論列，不過將所學的一點心得，簡略寫來，以求教於讀者同志而已。

一九四〇．五．十五．寫。

新疆棉業會議第三日

專家報告技術問題

各代表分組討論各項報告

二月一日爲棉業會議第三日。會議內容爲兩項，第一由建設廳棉業專家報告，第二爲代表分組討論及提案，而因時間的限制，反帝總會政治報告移至大會第四日進行。大會主席爲吐魯番代表艾及木定阿吉，於上午十一時卽宣佈開會，在全場熱烈鼓掌聲中，開始專家的報告。大意是：關于種棉之技術問題和怎樣利用科學的方法。同時指出棉業對新疆經濟發展有重大的關係。吐善托三縣棉業不發達的原因，是因爲方法不得當，經營的不完善，種植灌溉的不良。而不是因爲氣候土壤對棉業發展有影響。最後他提出以下幾點應注意的地方：

第一，耕地要深耕，深度達二十至二十五生的。（約合中國尺爲四寸至五寸深）深耕有很多利益，使棉可以生長茂盛；可使棉能多吸引水分；可在土內保存水量；還可省水。並且若在明年種棉時，可於今秋耕地，這樣就能增加棉之收穫。第二，要注意肥料問題，棉之肥料如人需要養料的意義相同，在吐善托三縣有各種和糞、灰土，油搾等，均可作爲肥料。第三，要播種，播種得使用播種機，用手來種，結果定生長不齊，並耗費人工，而播種機可省種子，人工，而且同時出苗成熟，這對收穫有很大的關係。第四，種棉要選種。新政府新購棉種有兩種。計小子和大子，卽其早熟晚熟兩種。吐善托民衆對選種不注意，不分等級，混爲一齊，結果壞的影響了好的，並減少收穫量。第五，種棉需要除草，建設廳在吐善托三縣設置大量除草機，以備農民使行。除草可以增加棉之養料，可以鬆土。第六，灌溉。吐善托民衆對灌溉的不得法，因不得法，所以耗費很多水量，並灌溉後，地皮裂口可以蒸發水量，灌溉時要得好的結果，需要棉田內築，在壟上種棉在壟間灌水，這樣能有好的效果。另外在冬季不用水時，可灌溉棉田，春季減少灌溉次數，並在吐善托種棉時，應於土壤溫度在十二，十三度，早種早收。第七，吐縣有幾處起大風，可以影響棉之生長。對於大風是有辦法的，第一可以在棉田周圍種植桑樹榆樹，可以避風，桑樹並可利用。第二臨時辦法可在棉田附近種高粱及包谷，也可避風。只要我們去作，這個難關我們可以克服的。專家希望若能按着上項辦法去作，那麼新疆棉業是有好的收穫。

專家報告後，繼分組討論阿廳長的報告，專家的報告，及關乎種棉的小册子。討論分爲四組，吐縣代表三十八分爲兩個組，善縣代表八人爲一組，吐縣代表八人爲一組，每組並選組長二人。討論的方式爲首先由組長宣讀報告原文；代表有疑問時，提出討論，使報告在每位代表都能明了，回縣後切實宣傳實行，討論時各代表並對提案加以充實發揮。除了書面提案外，而在討論時還有口頭提案。代表發表意見，甚爲熱烈。

（二十九年二月二日新疆日報）

峽區教育視察記

顧其美

國民教育為國家一切事業之根本大計，無論任何事業之基礎，必建築在國民教育上，方能達到完善之境地。本區自二十五年度下期即施行義社教合一教學制，每保成立保學一所，并附設民衆學校。此意義不僅在使學齡兒童有求知之機會，即一般成人，亦施以補習教育。誠以兒童為國家將來的主人翁，固要訓練成為一健全之公民，而成年民衆，則為當抗建國力之支柱，尤不可不灌輸以國家民族之觀念，使能效忠政府。前者為治本教育，後者為治標教育，標本兼治，易收實效。故本區近年來之教育，量的方面固在力求增加，即質的方面亦在經費萬分拮据之下，設法充實。

本學期視導工作，分為二次。第一次視導，注重學校概況。第二次視導，注重教師教法。本區共轄五鎮，北碚二岩兩鎮，由王視導員壽麟担任，黃桷文星澄江三鎮，由本人担任。奉區長命於三月十四日分別出發，作第一次視導，至五月三日結束。現正繼續分赴各校作第二次視導。俟結束後，再將經過情形，在本刊披露。茲將第一次視導時觀感所及，略抒管見於后：

(一)視導結果

甲、完全小學

1. 北碚小學校長朱鏡堅，服務尚負責任，每日均能在校辦公。該上環境佈置，頗為整潔。課室大部分尚能適用，惟運動場稍感狹小，且乏運動器具，該校上學期即實施衛生教育，大部分兒童均能注意清潔。卡片教學法及新二部制教學法，現在該校第二院試行，再謀推廣。新二部制之目的，在節省經費，減少人力，提高教育效率。而普及義務教育，在師資缺乏，經費困難，文化水準很低的本區，新二部制頗有提倡及推行之必要。據發明新二部制的侯銘先生說，新二部制的機構是「小先生」。新二部制的教員，除刻苦耐勞外，要具備三個條件：(一)要能製作教便物；(二)要能訓練小先生；(三)要能管理自動作業。關於新二部制比較詳細的說明及辦法，曾在戰區中小學教師第三服務團團刊發表，以後擬在本刊轉載。以供本區教育界同仁之參考。

2. 澄江小學校長唐愉，在地方上頗有聯繫，服務亦尚熱誠。該校校舍，均係新建，大部份課室，容量適度，光綫充足，空氣流通。此種校舍，在本區各校中，較為完善。各級課室——尤以幼稚園課室，似應予以簡單而藝術之佈置，使得環境優美，以引起兒童讀書之興趣。該校環境尚屬整潔。運動場足敷兒童活動之用，惟乏運動器具。當四月十一日視導該校時，適值第一次學月測驗，秩序不免稍有紊亂。

3. 黃桷小學校長程光裕，服務尚能努力。該校環境佈置頗為整潔。學生多知禮節，大部份亦能注意清潔。惟校舍係糟房改用，多不適宜。運動場似嫌狹小，且乏運動器具。課外活動者，雖有學生組織之糾察隊，執行職務，若無教師巡視其間，學生因活動不開，恐易發生糾紛。圖書館及禮堂，內中支柱林立，且傾斜，既不適用，復有危險，應予設法改建。

4. 文星小學，當五月三日前往視導時，校長丁昌遺，因事赴渝未回。教員服務，亦多鬆懈。內部職責，雖經分配，但均鮮成績表現。教室內秩序，除六年級學生因二日飲茶與總務主任許心鏡發生衝突，是日未到校，不予計算外，惟五年級稍好，其他各級學生秩序，似均嫌紊亂。課室既未佈置，復未能注意清潔，尤以二年級前面之溝內，及廚房下面，堆積垢穢甚多，瞬屆夏令，應切實注意清潔，以重衛生。是晨於一節課後，曾集合全體教職員於辦公室，勗以通力合作，努力職務，以期進展。該校校舍因係租佃民房，教室空氣光綫，多不合條件。該校以校長問題解決較遲，致一切事務，均未上軌道，情有可原。但以情形觀察，該校人事方面，似應予以調整，俾便改進。

乙、初小及短小

1. 北碚鎮之姚家灣初小校長馬象德，服務負責，各科作業，訂正詳細而不積壓。人亦簡樸，且能吃苦耐勞。金剛初小校長杜英，服務勤懇，且能抽暇檢閱各教師批改之課業，如發現錯誤，立予更正，頗有誨人不倦之精神。梨園初小校長金家讓，辦事熱心。澄江鎮之石廟短小校長馮超，服務勤懇，日誌能逐日填寫，且能吃苦耐勞，該校場面亦尚清潔。以上各員，對所任職務，均能努力，殊甚嘉尚。

2. 澄江鎮之大石初小，環境佈置尚可，就學兒童極形踴躍。因與陸軍十八師合辦，服務人員若能通力合作，當更有顯着之進步。黃桷鎮之天神初小校長劉正頤教員劉敬如等服務，較上學期努力。上學期實到兒童爲六十一人，當三月廿日視導該校實到兒童爲一百廿七人，增加在一倍以上。斑竹園初小校長董必明，服務尚可，課室佈置優美而整潔，足以引起兒童讀書之興趣。上學期實到兒童爲三十六人，當三月廿三日視導該校，見實到兒童爲四十七人，較上學期亦有增加，二岩鎮之龍華初小，學校環境較前整潔，校長劉育才教員陳煒東服務尚稱努力，上學期實到兒童爲十六人，當四月十一日視導該校，見人數之增加，約在五倍之多。以上各校，較上學期均有相當之進步。

3. 黃桷鎮之白廟初小校長鄧宗俊，精神萎靡，課室內秩序紛亂，學生禮貌亦欠週到。教員授課，不甚注意講解。文星鎮之樓房短小校長姚鳴喬，藥王初小教員謝德夢，服務精神欠佳，學校環境亦未注意整潔。本學期已過去二分之一，而日課表尚未調製，學生既少亦復齷齪不堪。澄江鎮之青雲短小，學生太少，環境亦未能注意整潔。二岩鎮之龍井短小，課室內高低不平，仍欠整潔。以上各校，較過去似均無進步。各該校教職員，應振作精神，努力服務，以期改進。

(二)視導意見

1. 各校監護教師，應切實負責，巡視活動場所，既可減少兒童意外之危險，復能指示幷糾正兒童之活動，以養成良好習慣。

2. 各校秩序稍嫌紊亂，禮貌亦多欠週到，今後應切實訓導，以養成兒童能守秩序知禮貌之習慣。

3. 各校之環境整潔及勤學，最好採取競賽方式，鼓勵各級兒童，以養成「整潔」和「勤學」之習慣。

4. 教師教學時，態度宜和善，教法要藝術，使被教者無形中受到感化，而喜興學習。幷須注意講解，不可如少數的教師一讀了事。

5. 批改成績要認眞，各科作業中之錯字，尤須更正，以養成兒童對於字之正確認識。

6. 各校課業如作文，習字，日記或週記等，應每週將成績最優者，分別公佈，俾資觀摩，而昭激勸。

7. 各校課室應利用廢物或就地自然物，在合於經濟原理之下，作富有藝術意味之簡單佈置，以引起兒童讀書之興趣。

8. 校長教員應多作學生家庭訪問，藉取聯絡，以期學校與家庭能打成一片；使家長瞭解學校，幷幫助學校發展，俾增加教育效率。

9. 校長教員應利用集會機會，多作簡短之精神訓話，曉以讀書明理之道，及對國家之認識。

10 各校衛生教育，應特別注意。除限於財力者外，各校教員，對於兒童之衛生實踐，須勤加檢查。隨時灌輸兒童衛生知識，尤須注意各項衛生生活習慣之養成。幷設法與學生家長充分聯絡，以減少困難，而收實效。

11 鄉間距離較近之學校，可於星期六舉行聯合週會。教職員除各報告教學及訓導上之心得外，幷可將所感到之困難，提出共同解決。各校師生既取得聯繫，學校亦可因互相觀摩，取長舍短而改進之。

12 鄉間各校校舍，多係租借民房，岡巒起伏，缺乏平坦寬曠之運動場所，此爲事實上之普通現象，致各校對於體育，多未能實施。今後各校健身操及體育課程，應與其他學科幷重，以增進兒童健康。

13 各校教師，勤學者固不乏其人，然因公私繁忙，無暇進修者，亦所在多有，不知學術日新月異，爲教師者必有學而不厭之精神，搜集教材，以供兒童之需要。若非知困自強，匪特個人思想落伍，而且影響整個的文化。應忙裏偸閒，閱讀書報及最新刊物，隨時吸收新知識，以資應付。

本區自渝市疏散人口後，區內人口激增，就學兒童，亦隨之加多，致各校多有人滿之患。惟所有校舍，因陋就簡，多不合條件。教師方面，因無師資訓練機關，向感缺乏，經請由戰區中小學教師第三服務團派來教師百十餘人，協助推進峽區小學教育，始有動態。惟地方教師，近以待遇菲薄，（尙多月僅十餘元者）物價飛漲，難以維持生活，紛紛改業，小學教師有供不應求之勢。對於教育前途，影響殊巨，應予設法救濟。

教育事業，雖云淸苦，如能深入，自有眞樂。在此抗戰建國期間，教育負有重大使命，尙希本區從事小學教育諸君，本「教育卽生活」之名言，以教育爲終身事業，不可見異思遷。須始終不懈，努力以赴。使受教的兒童，都能成爲國家的柱石，爲殲滅日寇的先鋒隊！

附註一：本文應與王視導員聯署發表，嗣以王君調往金剛碑協助辦理普查，此文卽由本人撰擬。不過，關於北碚二岩兩鎮學校之批評，曾徵得同意，并參照上學期視導結果寫成。至其他一切，自由筆者負責。

附註二：本文倉卒草成，挂漏之處，在所難免。尚希本區教育界同仁鑒諒，并請指正爲幸！

★　★　★

民生公司是怎樣奮鬥起來的

商務日報　李景芳

十四年來飛躍進展的經過

戰爭的成敗，交通關係最大，我們這次抗戰，除了鐵道和公路發生了偉大的效力而外，長江的水上運輸亦發到特殊的功能，我們說到水上運輸誰也忘不了民生公司的偉大功勞。

當十五年前盧作孚先生創辦民生公司的時候，很少人注意到這渺小的事業，那知在短短的十五年過程中，居然成功了今日水上的偉業，由一隻小火輪增加到一百二十八隻，資產由五萬餘圓遞增到二千八百另五萬餘元，這種事業在經濟落伍的環境中成長起來，不能不算是一件最寶貴的收獲。今當民生公司十四週年之際，記者特將該公司十四年來之奮鬥經過，略爲介紹，以使社會人士聊知梗概。

民國十四年盧作孚氏在蓉主辦通俗圖書館時，鑒於川江航業之衰落，爲謀振興計，乃與朋儕商决發起組織民生實業公司，以繁榮川江航業，遂於民國十四年十一月十一日在合川縣開始籌備，當初所定規模甚小，股額僅五萬元，而實收僅八千餘元，祇擬辦一航行合渝之短航小船，另辦一合川電燈廠，第一艘小輪名民生，全船僅七十噸，係在上海訂造，是時盧氏親身赴滬訂造，當時僅帶旅費二百元，此民生公司開辦時之困難也。

「有志者事竟成」這是成功事業的一句名言，而民生公司也就根據這個真義才得到今日的成績，它不僅成功了川江的盟主，不僅打破了「蜀道難」的謎語，而且在社會上還發生了示範作用，我們常常聽見許多創辦事業的人，很堅強的發表這樣的議論：「我們不要怕不成功，民生公司是怎樣發展起來的？」還有許多不崇拜偶像的自信家常常這樣策勵自己「不要以爲我的資格小，盧作孚先生他沒有留過洋，沒有進過大學和中學，爲甚麼他能夠幹出這樣轟轟烈烈的事業來」，的確民生公司職工的苦幹精神，影響社會上許多事業的長成。

這十四年來，民生公司的發展確是一件値得令人興奮的事情，有人說，假如這次抗戰沒有民生司公的輪船來運輸，再像過去一樣專靠外國輪船來獨霸，那種經濟的損失與不自由的狀態，眞難以想像。

該公司歷年的發展情形是相當迅速的，由下面歷年的資產增加表就可看出來。

十五年	七萬餘元
十六年	十七萬餘元
十七年	二十八萬餘元
十八年	卅一萬餘元
十九年	五十四萬餘元
二十年	一百一十餘萬元
廿一年	二百八十餘萬元
廿二年	三百八十餘萬元
廿三年	四百九十餘萬元
廿四年	七百三十餘萬元
廿五年	九百八十餘萬元
廿六年	一千二百一十餘萬元
廿七年	一千八百二十餘萬元
廿八年	一千八百另五萬餘元

該公司股東亦隨業務之加速發展步步激增，計由五萬元增加至七百萬元，其增加之程序如下：

十五年額定五萬元，十六年額定十萬元，十七年額定十五萬元，十八年實收十五萬三千五百元，十九年額定三十萬元，二十年額定一百萬元，二十一年臨時股東大會額定二百萬元，二十二年實收一百另六萬三千元，二十三年實收一百十七萬四千元，二十四年實收一百二十四萬元，二十五年常年股東大會額定二百五十萬元，二十六年常年股東大會額定三百五十萬元，實收三百五十萬九，二十七年實收三百五十萬元，二十八年常年股東大會額定七百萬元，實收七百萬元。

營業方面自開辦以來即蒸蒸日上，由民國十五年起每年之純益年年倍增，惟去歲因抗戰關係，業務稍爲減色，大部力量復努力於公物之運輸，致有四十餘萬元之虧損，然抗戰期中，有此區區損失，將來抗戰勝利後不難挽回也，其各年之純益列左：

十五年二萬餘元，十六年四萬餘元，十七年二萬餘元，十八年四萬餘元，十九年九萬餘元，二十年十六萬餘元，廿一年二十二萬餘元，廿二年三十一萬餘元，廿三年十六萬餘元，廿四年四十萬餘元，廿五年四十四萬餘元，廿六年三十五萬餘元，廿七年三十六萬餘元，（以上各年均爲純益）二十八年虧損四十三萬餘元。

該公司資產最大部門除所有輪船外，當爲民生機器廠，該廠係於民國十七年開工，其初爲修理輪船，後經歷年之擴充，基金已增爲一百二十萬元，全體職工達一千三百餘人，抗戰之後，除修理輪船外，幷創造新船，計一號，至六號之新船六艘，工程已大部告成，預計本年七月即可先後竣工，七號至十六號新船亦開始興工，所有一切機件均爲自造，此種工程之創立，擬與爲江南造船廠之第二也。

最後，記者再將該公司全部事業概況表述於後：（一）宗旨。輔助社會便利人羣開發產業，（二）資本，七百萬元，（三）資產，二千八百餘萬元，職工，六千五百餘人（民生機器廠等職工尚未計入），（四）營業，甲、航業，現有輪船一百二十八隻行駛渝宜，渝萬，渝敍，渝嘉，渝碚，渝合，渝沙各縣。乙，機器××設有民生廠，丙，水電，××設有電燈自來水廠，丁，物產，重慶設有物產部經營國內外各種物產，戊，投資於北川鐵路，中華船廠，四川水泥公司，大鑫鋼鐵廠，恆順機器廠，協和鐵廠，大明染織廠，四川國貨公司，石燕公司，天府公司，江合公司，聚興誠銀行，大中建築公司，裕華紗廠，中國木業公司等已達三百萬元。現有之各地公司及辦事處如下：上海，宜昌，敍府，萬縣，瀘縣，等地設有分公司，涪陵，沙市，嘉定，成都，昆明，海防，香港，北碚，合川，等地設有辦事處　以上是民生公司十四年來偉成績。

大鑫火磚廠概況

洪崗

自全面抗戰發生後，大鑫火磚廠奉命由申遷渝，製造各種耐火材料，以供大鑫鐵廠煉鋼之用。復因全國各工廠紛紛遷川開工，需要大量火磚，故於廿七年四月，經該廠廠長謝詩篋先生，來諸考察後，即在峽區××鎮購地建屋，已於是年七月，正式出貨，并在重慶小樑子街三七號設立辦事處，辦理營業事宜，該廠概況，略如下述：

（一）組織

由廠長兼技師、總理全廠一切事宜，直轄（甲）駐渝辦事處，內分營業，會計兩科。（乙）事務部，內分總務、會計兩科：總務科下又設有採購，運輸及工務三股，（丙）工場、內分模樣、輾粉，和料、製磚及燒磚等五部，

（二）設備

有新式磚窰二座、每座能容磚五千塊，方式磚烟筒一支，高八十五英尺，輾石機一部，拌泥機一部，壓磚機一部，製磚機一部。因黃桷鎮尚無電氣設備，以致各種機器均無法使用，現該廠正在計劃自己發電。

（三）出品

現已出有普通火磚，高鋁火磚及特形火磚，每月統計約出二萬五千塊，總值約一萬餘元，開支薪工約一千元，營業費二千元，原料二千元，煤炭三千元，總計開支八千元，每月約可護利二千元。

（四）工人

全廠有小工四十八，工資由二角到五角一天。有技術工人四八，工資由三元到六元一天，宿食皆由該廠供給。

（五）火磚特點

中性火磚、耐火度約在攝氏表一七七〇度以上，內含有百分之四十以上的氧化鋁，其壓力每平方公分為一二三公斤

（六）原料

滑石，產於江津，每月用量八十公噸、砂石及白泥均出

於本區，每月用量各二十公噸。

（七）製法

普通火磚，初將各種原料研碎至相當粗細，用鉛絲篩子篩過之後，互相混合，和水拌勻，次用各種模型製坏、經相當時候，坏略乾時，放在壓磚機上壓成緊密之磚坯，候完全乾燥時、放入爐窰、約經燃燒百小時，待冷透後取出，前後約需十日。至於特型火磚，則用乾泥法製造。

（八）銷路

除供給該廠建造煉鋼及煉鐵爐用外，各兵工廠及遷川工廠亦多採用造爐。

為增進學齡兒童健康告各家長書

衛生所

諸位賢明的家長們：

當你們看到健康活潑的孩子們上學去，他們的頰上泛着蘋果色，小口角映出哄笑，跳跳跑跑的充滿天眞快樂的神趣，你們會感到十二分的高興；當他們有着病時，你們就得陷入於憂慮，難過而苦痛，誰都愛自己的孩子們，孩子們的快樂就是你們的快樂，孩子們的苦痛就是你們的苦痛。因此，每個賢明的家長們都會很注意他們的健康，所以今天特別提出一個增進學齡兒童的健康問題。

健康是重要的，兒童期的健康更重要，因為這時期內的健康會影響於一生的健康，兒童期是人生正在發育的時期啊！你們送他們到學校去目的當然是希望他們將來有智識有學問為社會服務，可是健康的身體實比學問更重要得多。沒有健全的身體就不能研究精深的學問，即使已有了學問也不能為社會服務，本所為幫助各位指導小朋友增進健康，我們請求各位家長須特別注意下列各點：

第一：養成兒童的良好衛生習慣

（A）起居習慣：（1）早睡早起、（2）常到野外遊玩、（3）行動，坐，立，端正、（4）休息要充分、（5）衣服大小適度（6）注意清潔。

（B）飲食習慣：（1）要吃煮熟的東西和飲沸騰的水。（2）飲食須有定時與定量。（3）多吃富有營養價值成分的東西，如青菜、豆腐、鷄蛋、水菓。（4）細嚼食物，切勿吞嚥。

第二：注意疾病的預防方法：

（A）普通的預防：（1）切勿與患有傳染病的兒童接近（2）勿僱用有傳染病的僕役（3）切勿吃蠅類停留過的東西，夏日食物食具均宜用紗罩蓋着（4）床上宜用帳子以防蚊虫（5）室內應清潔，空氣流暢、（6）病人用過的東西與泄世物應消毒。

（B）特種預防：（1）種痘，預防天花。小孩出生二月後即可種痘，以後每隔一年種痘一次、（2）六歲左右的兒童，可注射白喉毒素以預防白喉，若稍長，則宜先行「錫克氏」白喉感應試驗法，以驗有無白喉抵抗力，如無抵抗力，再須注射白喉類毒素。

第三：注意普通疾病護理法：

（A）便祕：（1）多食新鮮水菓與菜蔬。（2）隨時請醫生指導。

（B）腹瀉：（1）減少食物多飲開水。（2）衣服宜清潔溫暖、（3）請醫診治。

（C）發寒熱：（1）靜臥休息。（2）多飲開水，食物選於易消化者。（3）速即延醫診治。

（D）傷風：（1）多飲開水。（2）靜臥休息。（3）使大便暢通。（4）熱水洗澡。

其他疾患如高熱驚風，呼吸短促，或其他重症那就應去即就醫了。

諸位家長們：兒童是來的國家主人，注意他們的健康，你們是責無旁貸的。

附載

實驗區各種集會須知

一 紀念週

紀念週本為紀念 先總理而設，我們要紀念 先總理，起碼是要學習 先總理偉大的人格為公苦鬥的精神。最有意義的紀念，是要用行動或事實來表現來紀念，就要以切實的工作，要以切實而加強當前的工作，期必迅速地完成 先總[illegible]遺志——三民主義的新中國。

我們的工作，工作的方法，和工作所得的成績，是我們自已應得知道的，尤其是在我們這些事業當中，共同為社會工作的朋友，應得共同知道的：一個是一切中間的新的意義的提起，二個是隨時需要知道我們的進程，（新方法與新精神及新成績）三個是隨時造起有比賽性的要求。…………

週會的各種報告兼有這幾個意義

所以我們自有工作便有週會，自有週會便有報告，不但有報告，而且有指導，有督策，不但可認清事業與環境進展之情勢，兼可群策群力，相互影響，相互切磋砥礪，而且也更易博得周圍之同情與扶助，至於報告習慣與技能之養成，亦為我們每個工作朋友，應有的良好進修，何況週會即工作，會場即工作場，全體之週會，且為最神聖之工作，故任何機關。任何人，不得假藉任何平時之工作以抵觸，而遲到或缺席。

我們的週會，應該轟轟烈烈的舉行，我們要週會能夠這樣做到，那嗎，平時的一切工作，也才能夠一樣的做到。週會的象徵，等於平時工作的縮影：很有相互影響，故對於週會的情事，我們大家更要特別地嚴格要求：

一、報告之選擇

1 有積極之意義者。

2 有教育與修養之意義者

3 省同人必須知道者：或須參考，或須警戒，或須有所應用，凡與大衆無關者，不得報告。

二、報告之資料

1 兩週間重要之時事

2 層峯近頒之新法令及事業重要之新規定

8 工作方法之明說，精神之介紹，成績之統計，及特殊事情之經過，必須報告者。

4 主聯會，內政會，教育研究會，其他臨時會集，會議錄中之應宣讀者。

5 一週間功過之宣佈。

9 平日所見所聞有關社會或事業問題者。

7 有關爲人修養，做事技能，甚或一般生活所迫切需要之常識或心得。

8 讀書報告中之最精彩者。

9 介紹必讀之書報雜誌。

三、報告之編輯

1 不但要求有條理與統系之科學組織，且須加以文學藝術之描寫，使其生動活躍而愈有效力。

2 報告文須如課文，且須最後有歸結。

3 報告詞之最重要者，於旁加「〰〰」符號；次要者加「～～～」符號；以便時間來不及時，得節略而報告之。

四、報告之審核

1 報告內容，不但須經該機關主管人核定，重大者，還須主管人詳爲擬定，並通過於全體同人。

2 週會報告詞須先一日午後三鐘前，用送件簿交教育股陶洪江收轉區長核閱。

五、報告之人員

1 報告者，須輪留出席，不可祇由一二人經常担任。

2 報告內容過長者，得由二人或二人以上，同時出席，挨次報告。

3 報告者係各該機關之全權代表，故不但本人要慎重將事，即主管人亦應確予訓練，助其修養。

4 凡特別重要之事項，每於報告之後，尚須由各該主管人加以有力之說明。

六、報告之程序

開會程序

1 全體肅立
2 唱國歌
3 向黨國旗及　總理遺像行最敬禮
4 主席恭讀　總理遺囑
5 靜默
9 報告
7 講評
3 散會

報告次序

1 主席作時事報告

2 區長講話
3 秘書室報告
4 內務股
5 教育股
6 建設股
7 財務股
8 五聯保及三公安隊
9 防空支會
10 市黨會
11 三峽衛生所
12 農業推廣所
13 兵役協會
14 國民兵團
15 民教館
16 博物館
17 圖書館
18 青報社
19 北碚月刊社
20 體育場
21 旅客服務處
22 電力廠
23 合作社
24 屠宰場
25 四中心小學

七、報告之方法

1 周會時間，應力求緊縮，但其方法，端在求資料之精彩，組識之優良，語調之嫻熟流利。
2 報告者對報告之內容須熟悉，音調須洪大，姿態須良好。
3 報告者應要求精神之飽滿與活躍，要如數家珍，如演戲劇，如上戰場，必須抖擻精神一樣。
4 出席報告人須儼如教師之教學，故須先有教學方法之設計。
5 出席報告的人，不但要精誠地，而且還要熱烈地，有鼓勵性的作風，有誠懇之意識與精神。若本身便無精打彩的人，請幸不出席報告。
6 報告者須以紙片記目錄，以免報告時之有所遺誤。
7 對重要之事項，不但須加重語氣，尤須重言以申明之。
8 對抽象或較繁複之報告須事先預備表解或圖說。

八、報告之講評

1 週會本極有文化之意義，本為勸善規過，（勸學求好）而舉行，故凡報告者，如漫不預察，臨時枉費時間與精神者，則必記過一次，並連坐其主管人。
2 聽取報告的人，他要一樣精誠地十分注意，鑑別每一個人的報告，欣賞他，贊美他，或者是講評他，大家一致的要求他——精益求精，（方法，精神，一切的成績。）
3 今後每機關報告之後，即由區長立加以簡明之講評。

九、報告之紀錄

1 凡有講評雖一二語，亦必記錄之。

2 記錄人員，須編組編班，各宜要求效率，共事比較，由主管人加以考核，按進度比例計分，並獎懲之公佈之。

2 凡歡迎人員講演皆須記錄並須將介紹詞或結語一併附入

附註

1 週會之前後須加演遊藝 以吸引市民，愈多愈善，

2 凡各種報告之有特殊意義，須出席月會宣行報告者，由鄧亮（葛向榮協助，）節略後，交各原人補充，再交北碚月刊社彙編，再由鄧亮付印，分發各鄉區，至各鄉區出席報告前，更須將當地聯保或警衛區應有報告之事項加入之。

3 月會一切，得參照周會之例類推之。

4 凡重大事項，應即早影響各方者，應不待出席周會，即須電告各方，尤須電報區長及各股當事人，轉爲發出新聞與簡報。

凡有緊急之簡報，概由陶洪江統辦。

實驗區署內務股製訂　（附印通報）

通報

二十八年三月二十八日于區署

「本署爲紀念　總理，並策勵工作之前進　事業之推動

，與相互影響切磋砥礪計，對於週會特別嚴格，任何工作除因緊急剿匪等非常事變外，任何工作皆須暫時停止，一齊參加，不容一人例外，例如各種報告，對於各事業進展之情勢，不但得以明瞭，尤於工作之意義，工作之方法與精神，不無比賽關係，不無修學意義，無論對於人格精神思想意志技能服務成績，多少皆有所影響，吾人爲人尙須認清環境，何况身爲公務員，更應認清環境，方能帮助環境之改進，與本身工作效能之增進，如云週會意義太少，儘可共同廢除，如云勢所必須，則任何人皆須一致出席參加，不應逃避，以致不但有喪個人人格精神，抑且有干紀律，有反組織 有所抵觸社會也。查××小學缺席教師尤多，自然學校星期應有融相當之休假，但際此國難緊急關頭，上峯迭有明令，增加辦公時間，充實辦公內容，何况週會每月僅僅至多不過兩次，即使教師工作勞苦，但同人中敢謂大多數人並不在教師之下，兼之×小教師，率來自省外，更身受日本帝國主義侵略壓迫之苦，既不甘作順民，自然深明大義，則應如何嘗胆臥薪，格外振作，勵精圖治，以爲同胞模範，否則誠反乎此者，將予後方人士以何等印象耶。週會本身，如有問題，或以報告內容有問題，或以出席報告之人成問題，儘可開誠佈公，光明正大，提供改良意見，萬不可以此爲藉口假託逃避之理由，此種消極動向，極應革除，尤其身爲學生表率，公民模範之教師，値得檢討，否則類推，將令人不堪設想，若對於週會，如此苟安懶散則平時更可概其餘，此種人物，對於社會現在之意義，非薄如此，安望其對社會未來之意義能豐富乎，今後任何機關，任何人物，再有玩忽，則機關不惜解放，人物不惜開除，萬望同人以積極之意義爲懷，各從本位

努力救國之道互勉，尤其念茲國難空前緊急之關頭，犧牲現在之小安，爭取未來共同之福利，注目國家前途，注目自己前程，一三思焉。茲查×××藉故公差，本可用電話請示，而竟用信函辦理，殊函到時已臨開會時間，故仍記過一次。×××亦藉公差缺席，事前並未請示，何況該項事件，儘可提前或緩後辦理，故亦應記過一次。雖醫院醫師在週會時間有所公差亦須先經核准。×××確奮辦理交代，但早令其稍緩辦理，任何事件，絕不能與週會時間衝突，可謂週會高於一切會集，重於一切工作，又可謂週會不啻全體同人集體之一種工作也。又×××因未得通知爲由，事實上本人應周期向教育股清詢，决不能作普遍個人之通知，仍應記過。×××爲整理消費合作社業務，其工作幷非何等緊張，儘可在週會前後辦理，雖曾請假，未經核准，仍應記過。至於××兩君，尤其×君在情理上當無不可諒之處，然在法理决不能作如是觀。故爲健全組織與紀律，仍不得不忍痛予以如此之處分也。仰內務股錄諭通報全體同人知照」

二 讀書會

通報 十一月二十八日於實驗區署

「查讀書係所以提高辦事的興趣和能力，足以堅定爲社會爲事業的志向，足以擴大爲人的或做事的眼光，並可參攷建設共同社會之理想，和造就美滿前途的有效辦法，故好學不但所以增進服務成就，抑且關係各個人今後之幸福，尤以値茲抗戰建國緊急關頭，凡我鄉建同人，更應如何臥薪嘗膽苦幹，苦學，以身作則，爲社會倡，故規定自即日（十一月二十八日）起，除星期一外，即恢復自習時間讀書辦法，有家庭之人員應在家努力自修，在各機關之職員兵役，應齊集各該機關發憤講學，視讀書即工作，讀書成績即作爲服務成績之一部，其讀書成績特佳者，並得享受文化的獎勵，仰各主管人，負責嚴格督導，即家庭自修人員，亦須嚴予考成，不可視爲例外，急宜逐日檢討內容與成績，循循善誘，其功德不僅在扶助青年，抑且幫助社會，在公家之責在上，在私人之義務上，尤應有事實上之關切，不僅指導讀物與讀法，並當嚴格管理，檢討記錄與劃到，幸勿姑息苟安，蓋君子愛人以德，小人方愛人以姑息也，否則部屬有過，即直屬之長官有過，决連坐從事，茲再檢附原辦法一份，仰即一體遵照爲要。」

自習時間讀書會辦法

I 組織

1 區署設讀書總會區屬各部份各機關設讀書分會
2 讀書總會設總幹事一人主持讀書事宜由區長指派之
3 讀書分會設幹事一人主持分會讀書事宜由各機關主管人兼任之
4 凡區署及所屬各機關職員與兵伕均爲本會會員
5 總會及分會會員得按照其性能之程度分別編組

II 讀閱

一，閱讀的範圍

1 關於做事的　與職業或職務之技能有關的
2 關於為人的　與思想意志人格精神等修養有關的
3 關於社會問題的　與解決各種社會問題甚至於國際問題有關的尤其是建設性質的
4 關於一般常識的　例如普通科學的文藝的時事的外國語文的

二，閱讀的選擇

1 多在專書上或報章雜誌上自選，商承主管人決定
2 總分幹事得就圖現存書籍，或公私各方面可借之圖書中，選擇若干種，為會員必要讀物。
3 會見專家時，請其介紹。
4 由團負責檢舉介紹。
5 由主管人代選指定。
6 由各個人相互介紹。
7 由教育股向各方徵求。
8 嘉陵江報甚至於新聞簡報，負責宣揚。

三，閱讀的記載

1 每人須作讀書筆記　可提綱，摘要，或品評。
2 須交由主管人逐日核閱，並講評。
3 由區長隨時調閱，並奬懲。

四，閱讀的考核

1 須將全體會員名單及讀物，列對照表，以便考核。
2 每週主幹會議時檢討各機關讀書事宜幷不時由區署派人往各機關視察讀書實況。

Ⅲ 報告

一，報告的時間

1 每晚以十分鐘作簡單之報告，只說明該內容之性質及優劣。
2 星期六晚作較完善之報告　由各主管人主持，幷即晚加以講評。

二，報告的人員

1 以各股室或事業為單位。
2 出席制度分：一、志願，二、公推，三、指定，四、輪流四種。
3 每次報告時即確定下次出席報告人選。

三，報告的審核

1 報告材材須先商決主管人，而後準備。
2 報告內容，須於每週星期三，繳署核定。

四，報告的內容（週有最好之報告者於週會上更向全體公開）

1 大意。
2 最精彩的片斷，
3 品評，與感，或其他。

三　晨間運動

通報 二十八年三月七日于區署

「查晨間運動意義極豐蓋運動即體育無體育即無健全的人生無體育即無國防故列強異常提倡體育甚至常有五十萬運動員的盛大檢閱者德意志強迫體育非常嚴格並認為「不受鍛鍊體魄者即不愛國家」清代曾文正公亦注意鍛鍊體魄與早起故湘軍有拂曉早餐之風氣吾人之提倡晨間運動兼有提倡早起之意習於早起與運動頗有自強不息之義如早起與運動而不能者遑論服務社會更遑論共同強國苟安為成功之大敵在此國難關頭倘早起與運動猶不能者何能嘗胆臥薪故吾人力圖振作應自早起始語云頭難頭難起頭之後堅持稍久即成習慣習慣成自然吾人即不為社會意義計而為自私自利計者例如運動可以却病延年強身強心吾人須嗜好運動等於吃飯之一日不可或缺一樣則吾人體魄自強人人誠能如此相習成風則民族將由此而自強國家前途自當與無限光華吾人誠自愛愛國者盍興乎來又運動缺席等違規者之罰金改名為「苟安之捐款」用累進法征收即第一日不到捐金一角第二日不到捐金二角由此類推辦理征收所得悉用充實運動設備凡捐款者并將姓名就報章登上揭曉以誌不忘。」

四　音樂會

通報 廿八年十一月二十五日于區署

「查音樂會對於吾人人格，精神，身體，皆有影響，對於性格與之陶冶與心境之快樂，關係尤大，無論同人職位如何，年齡性別如何，皆應參加，不但關係個人，又關係全體之組織與紀律，至於有音樂方面之素養者，第一應共同領導，第二可分別編組練習，第三應共同嚴守公約性之紀律，尤其抗戰緊急關頭，參加音樂會之意義更大，各較資深之職員，尤應身體力行，共同推進，況音樂會必須羣衆共同合唱，方更有力量，同人中如有浪漫論調與動外者，不但有負羣衆關係，並有反社會意義，從十一月二十七日起，每星期日晚舉行一次凡有不到者，決予存記，但此種存記兩次，即作為小過一次」

將來的三峽

生產：

大規模增加特種農產、林產、和畜產。

大規模開發礦產——由土法採煤到機械採煤。

大規模創辦工業——由手工業到機械工業。

交通：

凡生產區都通輕便鉄路，文化區和風景區都通公路。任何村落都通郵政、電話、和電報。

文化：

每保都有小學校，成年補習學校。

全區有大的圖書館、博物館、和運動場。

每保都有圖書閱覽室、展覽室、民衆會場、運動場和俱樂部。

人民：

皆受教育。

皆有職業。

皆有現代的知識和技術。

皆能爲公衆服務。

地方：

皆清潔。　皆美麗。

皆有秩序。　皆可居住和遊覽。

本刊徵稿條例

一、本刊以反映三峽實驗區建設事業之進展情況，交換鄉建實施經驗，改進農業及生產技術爲主旨，歡迎投稿，其範圍如下：

1. 峽區各建設事業進展概況。
2. 峽區各項建設工作中的困難與克服困難的經驗。
3. 全國各地鄉建消息及實施經驗談。
4. 鄉村建設之理論著述。
5. 世界各國建設故事。
6. 生產技術改良實例。
7. 科學發明故事。
8. 自學成功者的學習經驗。
9. 有關抗戰建國的名人講演。
10 中國新興工業的介紹。

二、來稿須繕寫清楚，並加新式標點，標點佔一格。
三、譯稿請附寄原文或註明出處。
四、來稿本刊有修改權。
五、稿末請註明作者通信處，以便通信。
六、來稿請寄北碚實驗區署月刊室收

北碚月刊

第三卷　第四期

民國二十九年六月十五日出版

編輯者　嘉陵江三峽鄉村建設實驗區署月刊室

發行者　嘉陵江三峽鄉村建設實驗區署　四川北碚

代售處　北碚重慶各大書店

印刷者　京華印書館　北碚天生橋

本期特價四角

北碚平民公園一瞥

火焰山全景↑

倚欄看白熊↓

可愛的愛湖↓

鉄欄中的豹吼↑